저자약력 : 강경석 세무사

- 연세대학교 졸업
- 한국세무전문학교 회계학교수
- 종로경영아카데미 세법교수
- 한국금융연수원 한국채택국제회계기준 교수
- 회계사·세무사 전문 월간회계 집필위원
- 신한은행 PB 양도소득세 고문세무사
- 킨텍스세무그룹 대표세무사
- EBS교육방송·에듀피디·두목넷·자격동스쿨·에어클래스 : 회계학/세법 대표강사

주요저서 [출간예정도서포함]

- SAMIL 전산세무2급 : 강경석·김혜숙-삼일인포마인
- SAMIL 전산회계1급 : 강경석·김혜숙-삼일인포마인
- 회계사·세무사 회계학요해 : 강경석-회경사
- 회계사·세무사 세법요해 : 강경석-회경사
- THE BEST 세무관리3급 : 강경석·김혜숙-경영과회계
- POINT 전산세무1급 : 강경석·김윤주-경영과회계
- POINT 전산세무2급 : 강경석·김윤주-경영과회계
- POINT ERP회계2급-단기합격특강 : 강경석·임정식-경영과회계
- POINT 기업회계2·3급-단기합격특강 : 강경석-경영과회계
- POINT 세무회계2·3급-단기합격특강 : 강경석-경영과회계
- FINAL 전산세무1·2급-백점이론특강 : 강경석-세무라이선스
- FINAL 기업회계1급·2급·3급[이론과기출]-한권으로끝장 : 강경석-세무라이선스
- FINAL 세무회계1급·2급·3급[이론과기출]-한권으로끝장 : 강경석-세무라이선스
- FINAL IFRS관리사[이론과기출]-한권으로끝장 : 강경석-세무라이선스
- FINAL 회계관리2급[실전기출완성]-기출문제특강 : 강경석-세무라이선스
- FINAL 회계관리2급 공개기출해설 : 강경석-세무라이선스
- FINAL 회계관리1급[실전기출완성]-기출문제특강 : 강경석-세무라이선스
- FINAL 회계관리1급 공개기출해설 : 강경석-세무라이선스
- FINAL 재경관리사 한권으로끝장[적중이론/기출문제/적중문제] : 강경석-세무라이선스
- FINAL 재경관리사 기출문제특강[유형별총정리] : 강경석-세무라이선스
- FINAL 재경관리사 공개기출해설[재무] : 강경석-세무라이선스
- FINAL 재경관리사 공개기출해설[세무] : 강경석-세무라이선스
- FINAL 재경관리사 공개기출해설[원가] : 강경석-세무라이선스
- FINAL 재경관리사 최신기출해설[2023년기출] : 강경석-세무라이선스
- FINAL 감정평가사·관세사 회계학[재무·원가]-적중서브노트 : 강경석-도서출판 탐진
- FINAL 세무사·회계사 회계학[재무·원가]-적중서브노트 : 강경석-도서출판 탐진
- 그 외 다수

SEMOOLICENCE

도서출판 세무라이선스는
고객의 needs를 현실적 수준을 넘어 미래의 도전과제로 삼는
최고의 교육이념과 서비스로 고객 여러분을 위한 평생교육시대를 열어가겠습니다.
더불어, 시간적으로 경제적으로 고민하고 노력하는 전국의 모든 수험생들에게
자격증 취득의 단순한 지름길이 아닌 가장 효율적인 가치의 제공을 위해
최선을 다하고 있습니다.

FINAL

3P POTENTIALITY PASSION PROFESSION

우리가 꿈꿀 수 있는 가장 먼 세상으로 나아가자!
그 출발점을 세무라이선스 파이널로 시작하자. 반드시 이룰 것이다.
지름길을 찾지 말자!
간절함과 열정으로 최선을 다해 묵묵히 달려가자.
그 종착점에 지금의 내가 아닌 또 다른 나를 기다리며…

www.semoolicence.com [추록 및 정오표 확인]

■ 도서출간 이후에 발견되는 오류 및 정오표를 세무라이선스 홈페이지를 통해 먼저 확인하신 후 학습하여 주시기 바랍니다.
■ 개정판을 출간하지 않을 경우 개정사항이 추록으로 대체될 수 있으며, 당사 홈페이지에서 다운받으실 수 있습니다.

FINAL

■ MONTHLY EXAM PLAN ■

POTENTIALITY
PASSION
PROFESSION

재경관리사 시험일정계획

■ 자세한 수험일정은 주관처 홈페이지에서 확인하시기 바랍니다.

01월	
02월	
03월	
04월	
05월	
06월	
07월	
08월	
09월	
10월	
11월	
12월	

FINAL

FINALLY FINAL

삼일회계법인주관 재경관리사 자격시험

재경관리사 · 공개기출해설 [재무]

고득점 단기합격 최종정리서

[4개년 27회분]

제1편 공개기출문제해설 [회차별기출총정리]

제2편 기출문제오답노트 [서술형객관식정리]

합본부록 재무회계 공개기출문제 [2019년~2022년]

SEMOOLICENCE

3P

FINAL

POTENTIALITY
PASSION
PROFESSION

3P는 여러분의 무한한 잠재적 능력과 반드시 성취하겠다는 열정을 토대로 전문가의 길로 나아가는 세무라이선스 파이널시리즈의 학습 정신입니다.

수험생 여러분의 합격을 응원합니다.

본서는 현행 K-IFRS를 완벽 반영하고 있습니다.

강경석세무사『FINAL』시리즈

FINAL'재경관리사	한권으로끝장【적중이론/기출문제/적중문제】
FINAL'재경관리사	기출문제특강【유형별총정리】
FINAL'재경관리사	공개기출해설【재무】- 4개년 27회분
FINAL'재경관리사	공개기출해설【세무】- 4개년 27회분
FINAL'재경관리사	공개기출해설【원가】- 4개년 27회분
FINAL'IFRS관리사	한권으로끝장【적중이론/기출유형/적중문제】
FINAL'IFRS관리사	기출문제특강【기출해설/오답노트/모의고사】
FINAL'기업회계1급·2급·3급	한권으로끝장【적중이론/기출문제/적중문제】
FINAL'감정평가사·관세사	회계학 적중서브노트【재무/원가】
FINAL'세무사·회계사	회계학 적중서브노트【재무/원가】

본서는 국가공인 재경관리사 자격시험에 대비하여 주관처에서 연도별/회차별로 공개한 기출문제를 국내에서 가장 정확하고 상세하며 완벽하게 분석한 해설서로써, 저자의 오랜 노하우로 체계적으로 집필된 재경관리사 필독서이다. 해설은 현행 회계기준에 부합되도록 일부 문제의 수정/보완/삭제가 가미되어 구성되었다.

본서의 특징

1. 국내 가장 상세·완벽한 집필로 공개기출문제에 대한 별도 강의가 필요없도록 하였다.

풀이의 맥을 정확히 짚어 상세하며 일관되게 해설하였으며, 가능한 풍부한 사례를 제시하여 쉽게 이해할 수 있도록 집필하였다. 따라서, 독학으로도 공개기출문제 전체를 단기간에 섭렵할 수 있도록 하였다.

2. 모든 기출문제마다 출제구분란을 두어 문제를 분류하여 제시하였다.

기출문제를 기초문제/재출제/기출변형/신유형으로 분류하였다. 시간이 촉박하거나 여유가 없어 전체 문제에 대한 학습이 불가능한 수험생의 경우는 최소한 기출변형과 신유형으로 표시한 문제는 반드시 숙지하길 권장한다.

3. 문제별로 각 문제의 시험 난이도를 제시하였다.

기출문제의 난이도를 다음과 같이 3단계로 분류하여 접근할 수 있도록 하였다.
- 하급(별1개 : ★☆☆), 중급(별2개 : ★★☆), 상급(별3개 : ★★★)

4. 가이드 란을 별도로 두어 해당 문제와 관련된 이론을 학습할 수 있도록 하였다.

관련 이론의 배경 지식이 반드시 필요하다고 판단되는 문제에 대하여는 '가이드'란을 별도로 해설 말미에 첨부하여 자연스럽게 이론정리를 할 수 있도록 하였다.

5. 일부 문제에 대한 삭제 및 수정을 통해 현행 시험에 대한 적응력을 배가시켰다.

K-IFRS 개정으로 문제 자체가 성립되지 않는 극히 일부 기출문제는 해설을 생략하고 삭제하여 혼동이 없도록 하였으며, 일부 문제는 현행 K-IFRS에 부합하도록 수정자료를 제시하여 해설하였다.

6. 전 과목에 대한 완벽한 기출문제오답노트를 편제하여 제시하였다.

서술형 기출문제에서 답으로 등장하는 오답 문구를 빠짐없이 정리하여 제시함으로써 수험생들의 오답노트 작성의 수고로움을 덜도록 하였으며 혼동할 수 있는 문구를 다시 한번 확인 및 최종 점검할 수 있도록 하였다.

7. 공개기출문제는 별도로 합본부록에 편제하여 제시하였다.

주관처 공개기출문제를 원형 그대로 편집하여 제시하였다. 다만, 기출문제의 출력량이 방대한 관계로 이를 다운사이즈로 편집하여 콤팩트하게 볼 수 있도록 편제하였다. 제한시간을 체크하여 먼저 풀어 본 후 제1편의 해설을 통해 숙지하기 바란다.

8. 계산형 문제를 빨리 풀 수 있는 비법인 일명 '고속철' 풀이법을 제시하였다.

기본이론 접근시 체화된 강학상의 회계처리 방식에 의할 경우 한정된 시간 내에 효율적으로 계산형 문제를 풀기란 불가능하므로 저자의 노하우로 개발한 빨리 풀 수 있는 방법을 '고속철'로 표기하여 모두 제시하였다. 실전에서 놀라운 효과가 발휘되는 방법이므로 반드시 숙지하기 바란다.

▷▷▷

체계적으로 집필된 본서를 찬찬히 학습하다보면 어느 순간 자신도 모르게 자격증 취득에 한걸음 다가섰음을 느낄 수 있을 것으로 확신하며, 바라건데 본 교재가 최고의 재경전문가로 성장하는데 밑거름이 되고 수험생의 합격을 이끄는 반려자가 되길 기원한다. 또한 최선은 다했으나 혹시 미처 파악하지 못한 오류는 없는지에 대한 두려움과 아쉬움이 남는 것이 사실이나, 독자제위의 질책과 서평을 겸허히 수용하여 부족한 부분은 계속해서 보완해 나갈 것을 약속한다.

끝으로 본 교재의 출간을 위해 물심양면 지원을 아끼지 않은 세무라이선스 임원진과 고통스런 편집 작업에 고생하신 세무라이선스 편집부에 감사를 드리며, '고통은 순간이고 그 순간은 추억이 된다'라며 더 격렬하게 하얗게 불태울 수 있도록 항상 옆에서 격려해준 사랑하는 아내 경화에게 감사를 전한다.

세무사 강경석 씀

SEMOOLICENCE

1
CHAPTER

공개기출문제해설 [회차별기출총정리]

2
CHAPTER

기출문제오답노트 [서술형객관식정리]

합본
부록
CHAPTER

▶

3P FINAL

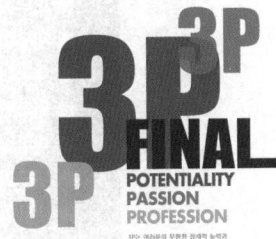

POTENTIALITY
PASSION
PROFESSION

3P는 여러분의 무한한 잠재적 능력과 반드시 성취하겠다는 열정을 토대로 전문가의 길로 나아가는 세무라이선스 파이널시리즈의 학습 정신입니다.

수험생 여러분의 합격을 응원합니다.

공개기출문제해설

풀이의 맥을 정확히 짚어 상세하며 일관되게 해설하였으며, 가능한 풍부한 사례를 제시하여 쉽게 이해할 수 있도록 집필하였습니다. 따라서 독학으로도 공개기출문제 전체를 단기간에 섭렵할 수 있도록 하였습니다.

재경관리사 공개기출해설 [재무]

FINAL

Certified Accounting Manager

제1편. 공개기출문제해설

NOTICE !

SEMOOLICENCE

SEMOOLICENCE

3P 3P FINAL 3P

POTENTIALITY
PASSION
PROFESSION

3P는 여러분의 무한한 잠재적 능력과 반드시 성취하겠다는 열정을 토대로 전문가의 길로 나아가는 세무라이선스 파이널시리즈의 학습 정신입니다.

수험생 여러분의 합격을 응원합니다.

재경관리사 공개기출해설[재무]

2019년 1월에 시행된 기출문제에 대한 완벽한 해설을 관련이론(가이드)과 함께 제시하였습니다. 해당 문제는 합본부록을 참고바랍니다.

FINAL

Certified Accounting Manager

재무회계

공개기출문제해설

[2019년 01월 시행]

SEMOOLICENCE

문제 1번	재무회계와 관리회계	출제구분	재출제	난이도	★ ☆ ☆	정답	①

• 관리회계는 법적 강제력이 없으므로 일정한 양식이 없다.

Guide 재무회계와 관리회계 비교

구분	재무회계	관리회계
목적	• 외부보고(회계정보 제공)	• 내부보고(의사결정정보 제공)
회계정보이용자	• 주주, 채권자 등 외부이해관계자	• 경영자 등 내부이해관계자
보고서류 (보고양식)	• 기업회계기준에 의한 재무제표 →∴정형화(일정양식이 있음.)	• 이용목적에 따라 작성된 보고서 →∴비정형화(일정양식이 없음)
작성기준 (작성근거)	• 기업회계기준(일반적으로 인정된 회계원칙) →법적강제력 있음.	• 경제이론, 경영학, 통계학 등 →법적강제력 없음.
보고시점	• 1년, 분기, 반기,	• 주기적 또는 수시
정보의 성격	• 과거지향적	• 미래지향적

문제 2번	재무상태표 작성기준	출제구분	기초문제	난이도	★ ☆ ☆	정답	①

• 재무상태표(재무제표)에는 가지급금이나 가수금 등 미결산항목(임시계정)이 표시될 수 없으며, 결산시 비용(선급금), 단기차입금(예수금) 등의 과목으로 대체처리하여야 한다.

→예 지출액 1,000원을 임시로 가지급금 처리하였으며, 결산시 동 지출이 출장여비인 경우

- [지출시] (차) 가지급금 1,000 (대) 현금 1,000
- [결산시] (차) 여비교통비 1,000 (대) 가지급금 1,000

문제 3번	보강적 질적특성의 적용과 원가제약	출제구분	신유형	난이도	★ ★ ☆	정답	④

• 보강적 질적특성은 가능한 극대화되어야 하며, 보강적 질적특성이 다른 질적특성의 극대화를 위해 감소되어야 할 수도 있다.

Guide 보강적 질적특성 적용과 질적특성의 원가제약

보강적 질적특성 적용	• 보강적 질적특성은 가능한 한 극대화되어야 함. →그러나 보강적 질적특성은 정보가 목적적합하지 않거나 나타내고자 하는 바를 충실하게 표현하지 않으면, 개별적으로든 집단적으로든 그 정보를 유용하게 할 수 없음. • 보강적 질적특성을 적용하는 것은 어떤 규정된 순서를 따르지 않는 반복적인 과정이며, 때로는 하나의 보강적 질적특성이 다른 질적 특성의 극대화를 위해 감소되어야 할 수도 있음.
질적특성의 원가제약	• 원가는 재무보고로 제공될 수 있는 정보에 대한 포괄적 제약요인임. →재무정보의 보고에는 원가가 소요되고, 정보 보고의 효익이 그 원가를 정당화한다는 것이 중요함. →모든 이용자가 목적적합하다고 보는 모든 정보를 일반목적재무보고서에서 제공은 가능치 않음.

문제 4번	유동자산 집계	출제구분	기초문제	난이도	★ ☆ ☆	정답	③

- 유동자산 : 당좌자산+재고자산
  →당좌자산 : 40,000(단기대여금)+400,000(매출채권)+600,000(선급비용)+50,000(선급금)=1,090,000
  →재고자산 : 0
- 유동자산 : 1,090,000+0=1,090,000

문제 5번	수정을 요하는 보고기간후사건	출제구분	재출제	난이도	★ ☆ ☆	정답	③

- 보고기간말과 재무제표 발행승인일 사이에 투자자산의 공정가치(시장가치) 하락은 수정을 요하지 않는 보고기간후사건의 대표적인 사례에 해당한다.
  →공정가치의 하락은 일반적으로 보고기간말의 상황과 관련된 것이 아니라 보고기간 후에 발생한 상황이 반영된 것이므로, 그 투자자산에 대해서 재무제표에 인식된 금액을 수정하지 아니한다.
- 그 외 나머지 사항은 모두 수정을 요하는 보고기간후사건이다.

Guide 기타 수정을 요하는 보고기간후사건

- 보고기간말에 이미 자산손상이 발생되었음을 나타내는 정보를 보고기간 후에 입수하는 경우나 이미 손상차손을 인식한 자산에 대하여 손상차손금액의 수정이 필요한 정보를 보고기간 후에 입수하는 경우(보고기간후 매출처 파산 등)
- 보고기간말 이전에 구입한 자산의 취득원가나 매각한 자산의 대가를 보고기간 후에 결정하는 경우
- 재무제표가 부정확하다는 것을 보여주는 부정이나 오류를 발견한 경우

문제 6번	재고자산평가방법과 상대적 크기 분석	출제구분	신유형	난이도	★ ★ ★	정답	②

- 매출액을 A라 가정하며, 매출액은 총평균법, 선입선출법 모두 동일하다.

  총평균법의 평균단가 : $\frac{6,000,000+21,000,000}{3,000개+7,000개}$ =@2,700
- 기말재고 - ㉠ 총평균법 : 1,500개×@2,700=4,050,000 ㉡ 선입선출법 : 1,500개×@3,000=4,500,000
  →∴선입선출법을 적용했을 때보다 총평균법을 적용하였을 경우 450,000원 만큼 작다.
- 매출원가 - ㉠ 총평균법 : 27,000,000-4,050,000=22,950,000 ㉡ 선입선출법 : 27,000,000-4,500,000=22,500,000
  →∴선입선출법을 적용했을 때보다 총평균법을 적용하였을 경우 450,000원 만큼 크다.
- 매출총이익(당기순이익) - ㉠ 총평균법 : A-22,950,000(매출원가) ㉡ 선입선출법 : A-22,500,000(매출원가)
  →∴선입선출법을 적용했을 때보다 총평균법을 적용하였을 경우 450,000원 만큼 작다.
- 매출총이익률 - ㉠ 총평균법 : $\frac{A-22,950,000}{A}$ ㉡ 선입선출법 : $\frac{A-22,500,000}{A}$
  →∴선입선출법을 적용했을 때보다 총평균법을 적용했을 경우 상대적으로 더 작다.

문제 7번	시용판매가 있는 경우 기말재고 계산	출제구분	기출변형	난이도	★ ★ ☆	정답	③

- 시용판매 개수 : 4,800개 - 300개(매입의사 미표시분) = 4,500개
- 기말재고 : 500개 × @14,000 + 21,750,000 = 28,750,000

Guide 시송품의 수익인식

- 매입자가 매입의사표시를 한 날 수익인식.
  →∴매입의사표시 없는 시송품은 창고에 없을지라도 기말재고에 포함.

문제 8번	재고자산평가손실 총액에 의한 계산	출제구분	재출제	난이도	★ ☆ ☆	정답	③

- 재고자산평가손실 : 실사수량에 따른 기말재고자산금액(4,000,000) - 순실현가능가치(3,000,000) = 1,000,000

*참고 재고자산감모손실과 재고자산평가손실을 구체적으로 분석하면 다음과 같다.

장부수량 × 단위당원가	실제수량 × 단위당원가	실제수량 × 단위당시가
(1,200개 × @4,000 = 4,800,000)	(1,000개 × @4,000 = 4,000,000)	(1,000개 × @3,000 = 3,000,000)

재고자산감모손실 800,000　　재고자산평가손실 1,000,000

문제 9번	상각 · 비상각자산 처분 회계처리	출제구분	재출제	난이도	★ ★ ☆	정답	①

- 건물(부속토지 포함)을 처분시 상각자산인 건물에 대해 처분시점까지 계상한 감가상각누계액을 제거한다.
- 처분시점 건물의 감가상각누계액 : $(5,000,000 - 500,000) \times \frac{39개월}{240개월} = 731,250$
- 처분시점(20x4년 12월 31일) 회계처리

(차) 현금(처분금액)	7,000,000	(대) 토지(취득원가)	3,000,000
감가상각누계액(건물)	731,250	건물(취득원가)	5,000,000
유형자산처분손실(대차차액)	268,750		

문제 10번	유형자산 인식과 후속원가	출제구분	신유형	난이도	★ ★ ★	정답	④

- ① 안전 또는 환경상의 이유로 취득하는 유형자산은 그 자체로는 직접적인 미래경제적효익을 얻을 수 없지만, 다른 자산에서 미래경제적효익을 얻기 위하여 필요할 수 있다. 이러한 유형자산은 당해 유형자산을 취득하지 않았을 경우보다 관련 자산으로부터 미래경제적효익을 더 많이 얻을 수 있게 해주기 때문에 자산으로 인식할 수 있다.[K-IFRS 제1016호 문단11]
  ② 일상적인 수선 · 유지와 관련하여 발생하는 원가는 해당 유형자산의 장부금액에 포함하여 인식하지 아니한다. 이러한 원가는 발생시점에 당기손익으로 인식한다.[K-IFRS 제1016호 문단12]
  ③ 유형자산 일부를 대체시 발생하는 원가가 인식기준을 충족시는 이를 해당 유형자산의 장부금액에 포함하여 인식한다. 대체되는 부분의 장부금액은 제거 규정에 따라 제거한다.[K-IFRS 제1016호 문단13]
  ④ 정기적인 종합검사과정에서 발생하는 원가가 인식기준 충족시는 유형자산의 일부가 대체되는 것으로 보아 해당 유형자산의 장부금액에 포함하여 인식한다. 이 경우 직전에 이루어진 종합검사에서의 원가와 관련되어 남아 있는 장부금액(물리적 부분의 장부금액과는 구별됨)을 제거한다.[K-IFRS 제1016호 문단14]

문제 11번	무형자산 상각	출제구분	신유형	난이도	★ ★ ☆	정답	④

• 회계추정의 변경은 전진법으로 회계처리한다.(회계정책의 변경은 소급법으로 회계처리한다.)

Guide 무형자산 잔존가치·상각기간·상각방법 변경

잔존가치 변경	• 잔존가치는 적어도 매 회계연도 말에는 검토한다. 잔존가치의 변동은 회계추정의 변경으로 처리한다.[K-IFRS 제1038호 문단102]
상각기간 · 상각방법 변경	• 내용연수가 유한한 무형자산의 상각기간과 상각방법은 적어도 매 회계연도 말에 검토한다. 자산의 예상 내용연수가 과거의 추정치와 다르다면 상각기간을 이에 따라 변경한다. 자산이 갖는 미래경제적효익의 예상소비형태가 변동된다면, 변동된 소비형태를 반영하기 위하여 상각방법을 변경한다. 그러한 변경은 회계추정의 변경으로 회계처리한다.[K-IFRS 제1038호 문단104]

문제 12번	연구단계활동과 개발단계활동의 구분	출제구분	재출제	난이도	★ ★ ☆	정답	②

• 재료, 장치, 제품, 공정, 시스템이나 용역에 대한 여러가지 대체안을 탐색하는 활동은 연구단계활동이므로 그 지출은 당기비용으로 처리한다.

Guide 연구단계활동과 개발단계활동

의의	• 인식기준을 충족하는지를 평가하기 위해 무형자산 창출과정을 연구단계와 개발단계로 구분함. 주의 무형자산을 창출하기 위해 내부 프로젝트를 연구단계와 개발단계로 구분할 수 없는 경우에는 발생한 지출은 모두 연구단계에서 발생한 것으로 봄.	
회계처리	연구단계활동 지출	• 비용(연구비)
	개발단계활동 지출	• 자산인식요건 충족O : 무형자산(개발비) • 자산인식요건 충족X : 비용(경상개발비)
연구활동	• 새로운 지식을 얻고자 하는 활동 • 연구결과나 기타 지식을 탐색, 평가, 최종 선택, 응용하는 활동 • 재료 · 장치 · 제품 · 공정 · 시스템등에 대한 여러 가지 대체안을 탐색하는 활동 • 새롭거나 개선된 재료 · 장치 · 제품 · 공정 · 시스템 등에 대한 여러 가지 대체안을 제안, 설계, 평가, 최종 선택하는 활동	
개발활동	• 생산이나 사용 전의 시제품과 모형을 설계, 제작, 시험하는 활동 • 새로운 기술과 관련된 공구, 지그, 주형, 금형등을 설계하는 활동 • 상업적 생산 목적으로 실현가능한 경제적 규모가 아닌 시험공장을 설계, 건설, 가동하는 활동 • 신규 또는 개선된 재료 · 장치 · 제품 · 공정 · 시스템등에 대하여 최종적으로 선정된 안을 설계, 제작, 시험하는 활동	

문제 13번	투자부동산 공정가치모형 평가손익	출제구분	재출제	난이도	★ ★ ☆	정답	④

- 공정가치모형이므로 당기손익에 미치는 영향은 공정가치 증가분인 평가이익이 된다.
  →공정가치 증가분인 평가이익 : 12억원(20x2년말 공정가치) - 8억원(20x1년말 공정가치) = 4억원

20x1년초	(차) 투자부동산	1,000,000,000	(대) 현금	1,000,000,000
20x1년말	(차) 투자부동산평가손실	200,000,000	(대) 투자부동산	200,000,000
20x2년말	(차) 투자부동산	400,000,000	(대) 투자부동산평가이익	400,000,000

*참고 원가모형이라면 당기손익에 미치는 영향은 감가상각비(10억원÷10년=1억원)이다.

Guide 투자부동산 일반사항

부동산 일반적 분류	임대수익 · 시세차익목적 보유		• 투자부동산
	재화생산 · 용역제공 · 관리목적 보유		• 유형자산(자가사용부동산)
	통상적 영업과정에서 판매목적 보유		• 재고자산
평가모형 (선택)	원가모형	• 감가상각 O	• 공정가치는 주석공시
	공정가치모형	• 감가상각 X	• 평가손익(당기손익)
투자부동산 해당여부	투자부동산 O [예시]	• 장기시세차익을 얻기 위하여 보유하고 있는 토지 →통상적인 영업과정에서 단기간에 판매하기 위하여 보유하는 토지 제외 • 장래 용도를 결정하지 못한 채로 보유하고 있는 토지 • 직접소유하고 운용리스로 제공하는 건물 • 운용리스로 제공하기 위하여 보유하는 미사용 건물 • 미래에 투자부동산으로 사용하기 위하여 건설 · 개발중인 부동산	
	투자부동산 X [예시]	• 통상영업과정에서 판매 또는 이를 위하여 건설 · 개발 중인 부동산 • 자가사용부동산 • 금융리스로 제공한 부동산	

문제 14번	금융자산의 분류	출제구분	재출제	난이도	★ ★ ☆	정답	④

- AC금융자산(상각후원가측정금융자산)과 FVOCI금융자산(기타포괄손익-공정가치측정금융자산)의 충족조건(이하 참조!)을 만족시키지 못하는 그 외 모든 금융자산(예 매매목적 채무상품)은 FVPL금융자산(당기손익-공정가치측정금융자산)으로 분류한다.

Guide 금융자산 분류

	분류 · 측정	충족조건	해당증권
원칙	• 사업모형과 현금흐름특성에 근거하여 다음과 같이 분류 · 측정함.		
	AC금융자산 [상각후원가측정]	• ㉠ 현금흐름수취목적 사업모형일 것 ㉡ 원리금지급만으로 구성된 현금흐름일 것	채무상품
	FVOCI금융자산 [기타포괄손익-공정가치측정]	• ㉠ 현금흐름수취와 금융자산매도목적 사업모형일 것 ㉡ 원리금지급만으로 구성된 현금흐름일 것	채무상품
	FVPL금융자산 [당기손익-공정가치측정]	• 그 외 모든 금융자산 →예 단기매매항목	지분상품 채무상품 파생상품
선택	• 최초인식시점에 다음과 같이 측정하기로 선택할 수 있음.		
	FVOCI금융자산 [기타포괄손익-공정가치측정]	• 단기매매항목이 아닐 것	지분상품
	FVPL금융자산 [당기손익-공정가치측정]	• 회계불일치를 제거하거나 유의적으로 줄이기 위한 경우일 것	지분상품 채무상품

문제 15번	FVPL금융자산(지분상품) 처분손익	출제구분	재출제	난이도	★ ★ ☆	정답	④

- 장부금액(20x1년말 공정가치) : 1,000주×@9,500 = 9,500,000
  처분금액(20x2년초 공정가치) : 1,000주×@10,200 = 10,200,000
- 처분손익 : 10,200,000(처분금액) - 9,500,000(장부금액) = 700,000(이익)

*참고 회계처리

20x1년초	(차) FVPL금융자산	10,000,000	(대) 현금	10,000,000
20x1년말	(차) FVPL금융자산평가손실	500,000	(대) FVPL금융자산	500,000
20x2년초	(차) 현금	10,200,000	(대) FVPL금융자산	9,500,000
			FVPL금융자산처분이익	700,000

Guide FVPL금융자산(지분상품/채무상품) 회계처리

취득	거래원가	• 취득과 직접 관련된 거래원가는 발생즉시 당기비용으로 처리함. 주의 AC금융자산과 FVOCI금융자산의 거래원가는 취득원가에 가산함.
	채무상품	• 이자지급일사이에 취득한 경우에는 경과이자는 취득원가에서 제외하여 미수이자로 계상하며, 보유기간 해당분만 이자수익으로 인식함. →∴취득원가 = 구입가 - 경과이자
평가	평가손익	• 공정가치와 장부금액의 차액을 당기손익 처리함.
	회계처리	• 평가손익을 FVPL금융자산에서 직접 가감함. →(차) FVPL금융자산 xxx (대) FVPL금융자산평가이익 xxx 주의 ∴'장부금액=전기말 공정가치'가 되며, 채무상품은 할인·할증상각이 없음.
처분	처분손익	• 처분금액(매각대금-거래원가) - 장부금액
	이자수익	• 채무상품을 이자지급일 사이에 처분시 경과이자는 이자수익으로 우선 인식함.

문제 16번	금융자산의 제거	출제구분	재출제	난이도	★ ★ ★	정답	②

• 양도자가 매도한 금융자산을 재매입시점의 '공정가치로 재매입'할 수 있는 권리를 보유하고 있는 경우에 위험과 보상의 대부분이 이전된 것으로 보아 금융자산을 제거하며, 단순한 재매입약정은 금융자산에 대한 권리를 양도하였다고 할 수 없으므로 금융자산을 계속 인식한다.

Guide 금융자산의 제거조건

<table>
<tr><td>권리소멸</td><td colspan="3">• 금융자산의 현금흐름에 대한 계약상 권리가 소멸한 경우</td></tr>
<tr><td rowspan="6">현금흐름양도</td><td colspan="3">• 금융자산의 현금흐름을 수취할 계약상 권리를 양도한 경우
→본 조건을 만족시는 이하의 위험과 보상의 이전여부를 추가로 고려함.</td></tr>
<tr><td colspan="2">위험과 보상</td><td>회계처리</td></tr>
<tr><td colspan="2">이전O</td><td>• 금융자산을 제거</td></tr>
<tr><td colspan="2">보유O</td><td>• 금융자산을 계속인식</td></tr>
<tr><td rowspan="2">이전X/보유X</td><td>금융자산을 통제X</td><td>• 금융자산을 제거</td></tr>
<tr><td>금융자산을 통제O</td><td>• 지속적관여 정도까지 금융자산을 계속인식</td></tr>
<tr><td>이전과 통제</td><td colspan="3">① 양도자가 위험과 보상의 대부분을 이전하는 경우의 예는 다음과 같음.
• 금융자산을 아무런 조건 없이 매도한 경우
• 양도자가 매도한 금융자산을 재매입시점의 공정가치로 재매입할 수 있는 권리를 보유하고 있는 경우
• 양도자가 매도한 금융자산에 대한 콜옵션을 보유하고 있거나 양수자가 당해 금융자산에 대한 풋옵션을 보유하고 있지만, 당해 콜옵션이나 풋옵션이 깊은 외가격 상태이기 때문에 만기 이전에 당해 옵션이 내가격 상태가 될 가능성이 매우 낮은 경우
② 양수자가 자산을 제3자에게 매도할수 있는 실질적 능력을 가지고 있으면 양도자는 양도자산에 대한 통제를 상실한 것임.</td></tr>
</table>

문제 17번	사채할인발행차금 잔액 계산	출제구분	재출제	난이도	★ ★ ☆	정답	①

• 발행금액 : 800,000×2.6730+20,000,000×0.8396=18,930,400 →사채할인발행차금 : 20,000,000-18,930,400=1,069,600
• 20x1년말 사채할인발행차금 상각액 : 유효이자(18,930,400×6%)-액면이자(20,000,000×4%)=335,824
• 20x1년말 사채할인발행차금 잔액 : 1,069,600-335,824=733,776

*참고 회계처리

20x1년초	(차) 현금	18,930,400	(대) 사채	20,000,000
	사채할인발행차금	1,069,600		
20x1년말	(차) 이자비용	1,135,824	(대) 현금	800,000
			사채할인발행차금	335,824

제1편 공개기출문제해설 제2편 기출문제오답노트 합본부록 재무회계 공개기출문제

문제 18번	전환권대가의 처리	출제구분	재출제	난이도	★ ☆ ☆	정답	②

• 전환권대가(전환권가치)는 자본의 가산항목으로 계상한다.

Guide 전환사채 기본사항

장점(회사입장)	• 전환권 부여로 인해 액면이자율을 낮게 하여 발행할 수 있음. →∴액면이자율 〈 보장수익률 〈 유효이자율
현재가치	• 원리금과 상환할증금을 전환권없는 일반사채 유효이자율로 할인한 금액
전환권대가(자본 가산항목)	• 전환권대가(자본) = 발행금액 - 현재가치
전환권조정(전환사채에서 차감)	• 전환권조정 = 전환권대가 + 상환할증금

문제 19번	우발부채와 우발자산	출제구분	재출제	난이도	★ ☆ ☆	정답	④

• 우발부채는 당해 의무 이행을 위해 자원이 유출될 가능성이 아주 낮은 경우는 공시하지 않는다.

Guide 충당부채와 우발부채의 인식

금액추정가능성 / 자원유출가능성	신뢰성있게 추정가능	추정불가능
가능성이 높음	충당부채로 인식	우발부채로 주석공시
가능성이 어느 정도 있음(높지 않음)	우발부채로 주석공시	
가능성이 희박(아주 낮음)	공시하지 않음	공시하지 않음

문제 20번	충당부채 인식과 회계처리	출제구분	기출변형	난이도	★ ☆ ☆	정답	④

• 화재 등으로 인한 미래 멸실액은 충당부채 인식요건을 충족하지 않으므로 충당부채를 계상하지 않는다.
→충당부채는 다음의 요건을 모두 충족하는 경우에 인식한다.

㉠ 현재의무가 존재 ㉡ 자원유출 가능성이 높음. ㉢ 금액을 신뢰성 있게 추정할 수 있음.

문제 21번	기타포괄손익의 집계	출제구분	재출제	난이도	★ ☆ ☆	정답	②

【문제수정】

❒ 매도가능금융자산평가이익을 기타포괄손익-공정가치측정금융자산평가이익으로 수정

• 기타포괄손익누계액 : 3,000,000(FVOCI금융자산평가이익) + 4,000,000(유형자산재평가잉여금) = 7,000,000

Guide 기타포괄손익

항목	• 기타포괄손익-공정가치측정(FVOCI)금융자산평가손익, 재평가잉여금, 해외사업환산손익 • 현금흐름위험회피파생상품평가손익(위험회피에 효과적인 부분), 확정급여제도 재측정손익

문제 22번	자본변동표 구성항목	출제구분	신유형	난이도	★ ☆ ☆	정답	③

- 자본변동표는 자본의 각 항목별 기초잔액, 변동사항, 기말잔액을 표시해 주는 재무보고서로서, 자본을 구성하고 있는 각 분류별 납입자본, 각 분류별 기타포괄손익의 누계액과 이익잉여금의 누계액 등에 대한 포괄적인 정보를 제공해 준다.
  →기계장치의 취득은 재무상태표 비유동자산에 표시되는 항목이므로, 자본변동표에는 표시되지 않는다.

문제 23번	라이선스와 수익인식	출제구분	재출제	난이도	★ ★ ☆	정답	③

- 라이선스 기간 전체에 걸쳐 존재하는, 기업의 지적재산에 접근할 권리인 접근권이 2년간 보장되어 있는 라이선스 거래이다. 따라서, 기간에 걸쳐 수행하는 의무에 해당하므로 2년에 걸쳐 수익으로 인식한다.
- 20x1년 라이선스 수익인식액 : 100,000,000÷2년=50,000,000

Guide 구별되는 라이선스의 접근권과 사용권

접근권	정의	• 라이선스 기간 전체에 걸쳐 존재하는, 기업의 지적재산에 접근할 권리
	수익인식	• 기간에 걸쳐 이행하는 수행의무로 회계처리(진행률에 따라 수익인식)
사용권	정의	• 라이선스를 부여하는 시점에 존재하는, 기업의 지적재산을 사용할 권리
	수익인식	• 한 시점에 이행하는 수행의무로 회계처리(사용권 이전시점에 수익인식)

문제 24번	할부판매 매출채권 장부금액	출제구분	재출제	난이도	★ ★ ☆	정답	②

- 회계처리

20x1년초	(차) 매출채권	30,000,000	(대) 매출	10,000,000×2.7232=27,232,000
			현재가치할인차금	2,768,000
	(차) 매출원가	xxx	(대) 상품	xxx
20x1년말 (20x2년초)	(차) 현금	10,000,000	(대) 매출채권	10,000,000
	(차) 현재가치할인차금	1,361,600	(대) 이자수익	27,232,000×5%=1,361,600

- 매출채권잔액 계산

매출채권 : 30,000,000 - 10,000,000 = 20,000,000
현재가치할인차금 : 2,768,000 - 1,361,600 = (1,406,400)
18,593,600

*고속철 미래현금흐름의 현재가치를 구해도 된다. →10,000,000÷1.05+10,000,000÷1.05^2≒18,594,104

*저자주 매출채권잔액 보다는 매출채권장부금액을 물어야 명확한 출제가 되므로, 아쉬운 출제로 사료됩니다!

문제 25번	총예상손실의 경우 2차연도 계약손익	출제구분	기출변형	난이도	★ ★ ★	정답	③

- 20x2년 추정총계약원가 계산
  3,000,000(20x1년 발생원가) + 5,400,000(20x2년 발생원가) + 3,600,000(추가예정원가) = 12,000,000
- 건설계약금액(11,000,000)보다 추정총계약원가(12,000,000)가 더 크므로, 건설계약 전체에 총예상손실이 발생하는 상황이다. 따라서, 예상손실을 즉시 비용인식한다.
- 연도별 계약손익 계산

구분	20x1년	20x2년
진행률	$\frac{3,000,000}{3,000,000+7,000,000}=30\%$	$\frac{3,000,000+5,400,000}{3,000,000+5,400,000+3,600,000}=70\%$
계약수익	11,000,000 × 30% = 3,300,000	11,000,000 × 70% - 3,300,000 = 4,400,000
계약원가	3,000,000	5,400,000 + **300,000***) = 5,700,000
계약손익	300,000	△1,300,000

*) 예상손실 : 3,600,000 - 11,000,000 × (1 - 70%) = 300,000

* 고속철 예상손실 = 추가소요원가 – 계약금액×(1 – 현재진행률)

문제 26번	건설계약 1차연도 미청구 · 초과청구공사	출제구분	재출제	난이도	★ ★ ☆	정답	②

- 20x1년 계약수익 : $30,000,000\times\frac{4,000,000}{20,000,000}=6,000,000$
- 20x1년 계약이익 : 6,000,000(계약수익) - 4,000,000(계약원가) = 2,000,000
- 20x1년말 미성공사 : 4,000,000(계약원가) + 2,000,000(계약이익) = 6,000,000
- 20x1년말 미청구공사(계약자산) : 6,000,000(미성공사) - 5,500,000(진행청구액) = 500,000

* 고속철 '미성공사 = 누적계약수익'이므로, 누적계약수익 6,000,000이 미성공사금액이 된다.

* 참고 20x1년 회계처리

계약원가 발생	(차) 미성공사	4,000,000	(대) 현금	4,000,000
계약대금 청구	(차) 공사미수금	5,500,000	(대) 진행청구액	5,500,000
계약대금 수령	(차) 현금	xxx	(대) 공사미수금	xxx
계약손익인식	(차) 계약원가 미성공사	4,000,000 2,000,000	(대) 계약수익	6,000,000

* 저자주 문제의 '~ 누적발생계약에 기초하여'를 '~ 누적발생계약원가에 기초하여'로 수정바랍니다.

문제 27번	종업원급여와 퇴직급여제도	출제구분	재출제	난이도	★ ☆ ☆	정답	④

- ① 확정기여제도에서의 기업의 부담은 출연금액에 한정된다.
  ② 기여금 불입으로 모든 의무가 종료되는 것은 확정기여제도이다.
  ③ 보험수리적 가정은 상황변화에 따라 상이한 값을 적용한다.
  ④ 재측정요소는 확정급여채무나 사외적립자산의 예상치 못한 변동을 말하며, 기타포괄손익으로 인식하므로 올바른 설명이다.

Guide **퇴직급여제도 비교**

	기업의 부담	종업원수령액	위험부담자
확정기여제도(DC형)	출연금액에 한정 (기여금 납부함으로써 모든 의무가 종결됨.)	불확정적	종업원
확정급여제도(DB형)	변동적	확정적	기업

문제 28번	주식기준보상거래 일반	출제구분	신유형	난이도	★ ☆ ☆	정답	③

- 주식결제형 주식기준보상거래의 보상원가 산정시 지분상품의 공정가치는 재측정 없이 부여일 공정가치로 측정하고 기대권리소멸률을 반영한 보상원가를 용역제공비율(=당기말까지 기간÷용역제공기간)에 따라 가득기간에 걸쳐 인식한다.

문제 29번	법인세회계 회계처리	출제구분	재출제	난이도	★ ☆ ☆	정답	②

- ① 이연법인세자산·부채는 비유동자산(비유동부채)로만 표시한다.
  ② 이연법인세 자산과 부채는 할인하지 아니한다.
  →이연법인세 자산과 부채를 신뢰성 있게 현재가치로 할인하기 위해서는 각 일시적차이의 소멸시점을 상세히 추정하여야 하나, 많은 경우 소멸시점을 실무적으로 추정할 수 없거나 추정이 매우 복잡하므로, 기준서에서는 이연법인세자산과 부채를 할인하지 않도록 규정하고 있다.
  ③ 차이 발생시점의 한계세율(X) → 소멸시점의 미래예상세율(평균세율)
  ④ 영구적차이는 제외하고 일시적차이를 고려한다.

*참고 **한계세율과 평균세율**〈법인세율은 2억원이하 10% 2억원초과 20%로 가정〉
  ① 한계세율이란 한 지점에서 적용받는 세율을 의미한다.(즉, 소득의 증가분 중 조세의 증가분으로 지불해야하는 비율)
  예 법인세 과세표준이 20억이면 20억은 20%의 세율을 적용받는 구간에 있으므로 한계세율은 20%가 된다.
  ② 평균세율이란 평균적으로 적용받는 세율을 의미한다.
  예 법인세 과세표준이 20억이면 →평균세율 = $\frac{2억\times10\%+18억\times20\%}{20억}$ = 19%

문제 30번	오류수정 처리방법	출제구분	재출제	난이도	★☆☆	정답	②

- ① 당기 중에 발견한 당기 잠재적 오류는 재무제표의 발행승인일 전에 수정한다. 그러나, 중요한 오류를 후속기간에 발견하는 경우 이러한 전기오류는 해당 후속기간의 재무제표에 비교표시된 재무정보를 재작성하여 수정한다.
  ③ 전기오류의 수정은 오류가 발견된 기간의 당기손익으로 보고하지 않는다. 따라서 과거 재무자료의 요약을 포함한 과거기간의 정보는 실무적으로 적용할 수 있는 최대한 앞선 기간까지 소급재작성한다.
  ④ 재고자산 단위원가 결정방법을 선입선출법에서 가중평균법으로 변경하는 것은 회계정책의 변경에 해당한다.

문제 31번	유상증자와 EPS	출제구분	재출제	난이도	★★☆	정답	②

- 가중평균유통보통주식수 계산

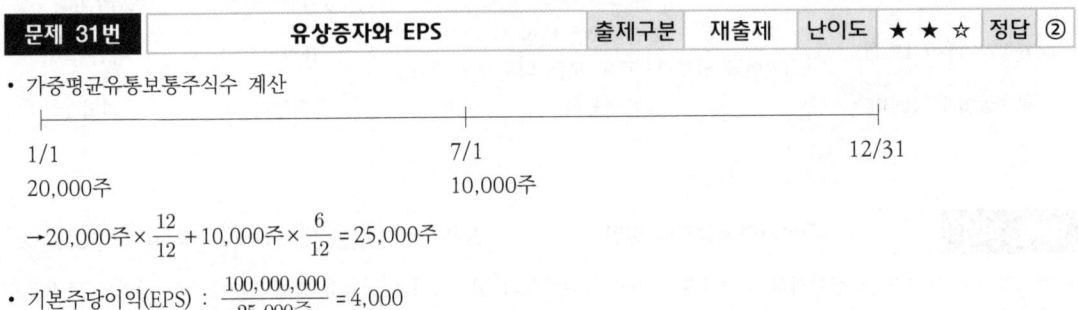

1/1	7/1	12/31
20,000주	10,000주	

$\rightarrow 20{,}000주 \times \frac{12}{12} + 10{,}000주 \times \frac{6}{12} = 25{,}000주$

- 기본주당이익(EPS) : $\frac{100{,}000{,}000}{25{,}000주} = 4{,}000$

Guide 기본주당이익의 산정

보통주당기순이익	• 보통주당기순이익 = 당기순이익 - 우선주배당금
기본주당이익(EPS)	• 기본주당이익(EPS) = $\frac{보통주당기순이익}{가중평균유통보통주식수}$

문제 32번	지분법의 적용	출제구분	재출제	난이도	★☆☆	정답	①

- 지분법을 적용함에 있어 피투자회사(관계기업)로부터 배당금을 수령시는 투자주식을 감소시킨다.

Guide 취득일이후 지분법 회계처리

당기순이익 보고시	• '피투자회사의 순이익×지분율'만큼 지분법이익(당기손익)을 인식함. →(차) 관계기업투자주식 xxx (대) 지분법이익 xxx
배당시	• 배당결의시 : (차) 미수배당금 xxx (대) 관계기업투자주식 xxx • 배당수령시 : (차) 현금 xxx (대) 미수배당금 xxx 주의 지분법에서는 피투자회사가 배당을 하면 순자산이 감소하므로 투자주식을 감소시키는 처리를 하며, 배당금수익을 인식하는 것이 아님.
기타포괄손익 증감시	• '피투자회사의 기타포괄손익×지분율'만큼 지분법자본변동(기타포괄손익)을 인식함. →(차) 관계기업투자주식 xxx (대) 지분법자본변동 xxx

문제 33번	관계기업투자주식 장부금액	출제구분	재출제	난이도	★ ☆ ☆	정답	③

• 20x1년말 관계기업투자주식 장부금액 : 3,000,000(취득원가)+1,000,000(당기순이익)×30%=3,300,000

*참고 ㈜삼일 회계처리

취득시(20x1년초)	(차) 관계기업투자주식	3,000,000	(대) 현금	3,000,000
당기순이익 보고시(20x1년말)	(차) 관계기업투자주식	300,000	(대) 지분법이익	300,000

문제 34번	외화표시재무제표의 외화환산	출제구분	기출변형	난이도	★ ★ ☆	정답	①

• 외화표시재무제표 환산방법(적용환율)

자산(마감환율)	부채(마감환율)
	자본(거래일환율)
비용(거래일환율 or 평균환율)	수익(거래일환율 or 평균환율)
	외환차이(대차차이)

→수익 · 비용은 거래일의 환율을 일일이 제시하기 어려우므로, 환율이 유의적으로 차이나지 않는다면 평균환율의 적용도 가능하다. 그러나 환율이 유의적으로 변동한 경우에는 평균환율을 사용하는 것은 부적절하다.

문제 35번	화폐성 · 비화폐성항목 구분	출제구분	재출제	난이도	★ ☆ ☆	정답	①

• 화폐성항목을 묻는 문제이다. → 선수금은 비화폐성항목에 해당한다.

Guide **화폐성·비화폐성항목**

화폐성항목	• 현금, 매출채권, 미수금, 대여금, 매입채무, 미지급금, 차입금, 미지급비용, 미수수익 등
비화폐성항목	• 재고자산, 유형자산, 무형자산, 지분상품, 선수금, 선급금, 선급비용, 선수수익 등

문제 36번	통화선도계약(수출)	출제구분	재출제	난이도	★ ★ ★	정답	①

• 외화대금 수령분을 일정 안정된 환율로 매도하는 통화선도 매도계약을 체결한다.

(차) 매출채권	$1,000,000×1,200=1,200,000,000	(대) 매출	1,200,000,000
(차) 현금	$1,000,000×1,100=1,100,000,000	(대) 매출채권	1,200,000,000
외환손실	100,000,000		
(차) 현금	$1,000,000×1,150=1,150,000,000	(대) 현금	$1,000,000×1,100=1,100,000,000
		통화선도거래이익	50,000,000

문제 37번	K-IFRS '리스' 개정으로 인한 문제 불성립

문제 38번	K-IFRS '리스' 개정으로 인한 문제 불성립

문제 39번	현금흐름표 작성방법	출제구분	재출제	난이도	★ ☆ ☆	정답	④

- 직접법, 간접법은 영업활동을 표시하는 방법이므로 양자 모두에서 투자활동, 재무활동 표시방법은 동일하다.

Guide 현금흐름표 작성방법

보고	• 영업활동현금흐름은 직접법, 간접법 중 선택하여 보고함. →∴직접법과 간접법 모두 투자활동, 재무활동 표시방법은 동일함. →K-IFRS는 직접법을 권장하고 있음.
비현금거래	• 재무제표의 다른 부분에 공시함.(즉, 주석공시) 예 현물출자, 유형자산 연불구입, 주식배당, 전환사채의 전환 등
별도공시	• 이자·배당금의 수취·지급과 법인세 현금흐름은 간접법의 경우에도 직접법을 적용한 것처럼 별도로 표시함.

문제 40번	현금주의 이자비용 유출액	출제구분	신유형	난이도	★ ★ ☆	정답	①

- 20x1년(당기)에 설립되었으므로 현금주의 유출액 분석시 관련 자산·부채는 당기 이자비용 회계처리에 계상한 미지급비용(미지급이자)만을 고려하면 된다. 또한 유출액 분석이므로 분석시 (-)로 출발한다.
- 이자지급액(현금주의 유출액) 계산

발생주의 이자비용	(1,100,000)
미지급비용(미지급이자) 증가	800,000
현금주의 이자비용	(300,000)

Guide 발생주의의 현금주의 전환 : 이자비용

<table>
<tr><td rowspan="1">이자비용
유출액</td><td>
• (-)로 출발하며, 자산의 증감은 역방향으로, 부채의 증감은 순방향으로 가감하여 분석
<table>
<tr><th colspan="3">이자비용 유출액〈금액은 가정치임〉</th></tr>
<tr><td>발생주의이자비용</td><td>(10,000)</td><td>→ (-)로 출발함에 주의!</td></tr>
<tr><td>사채할인발행차금(현재가치할인차금)상각액</td><td>1,000</td><td></td></tr>
<tr><td>미지급이자증가(or선급이자감소)</td><td>2,000</td><td></td></tr>
<tr><td>유출액(현금주의이자비용)</td><td>(7,000)</td><td></td></tr>
</table>
➡(차) 이자비용 100 (대) 현금 80
사채할인발행차금 20
<table>
<tr><td>직접법</td><td>• 사채할인발행차금을 계산시 가산</td></tr>
<tr><td>간접법</td><td>• 사채할인발행차금을 당기순이익에 가산</td></tr>
</table>
</td></tr>
</table>

재경관리사 공개기출해설[재무]

2019년 3월에 시행된 기출문제에 대한 완벽한 해설을 관련이론(가이드)과 함께 제시하였습니다. 해당 문제는 합본부록을 참고바랍니다.

FINAL

Certified Accounting Manager

재무회계 공개기출문제해설

[2019년 03월 시행]

SEMOOLICENCE

문제 1번	재무회계와 관리회계	출제구분	재출제	난이도	★ ☆ ☆	정답	④

• 관리회계는 법적 강제력이 없으므로 일정한 양식이 없다.

Guide 재무회계와 관리회계 비교

구분	재무회계	관리회계
목적	• 외부보고(회계정보 제공)	• 내부보고(의사결정정보 제공)
회계정보이용자	• 주주, 채권자 등 외부이해관계자	• 경영자 등 내부이해관계자
보고서류 (보고양식)	• 기업회계기준에 의한 재무제표 →∴정형화(일정양식이 있음.)	• 이용목적에 따라 작성된 보고서 →∴비정형화(일정양식이 없음)
작성기준 (작성근거)	• 기업회계기준(일반적으로 인정된 회계원칙) →법적강제력 있음.	• 경제이론, 경영학, 통계학 등 →법적강제력 없음.
보고시점	• 1년, 분기, 반기,	• 주기적 또는 수시
정보의 성격	• 과거지향적	• 미래지향적

문제 2번	주석의 표시	출제구분	재출제	난이도	★ ★ ☆	정답	①

• ① 주석은 특수한 형태의 재무제표가 아니라 일반적인 재무제표 중의 하나이므로, 동일하게 재무보고를 위한 개념체계의 적용을 받는다.
③ 재무제표 본문에 인식되지 않는 우발자산, 우발부채가 주석으로 공시될 수 있다.

문제 3번	목적적합성과 표현충실성의 내용	출제구분	기출변형	난이도	★ ☆ ☆	정답	①

• 표현충실성은 모든 면에서 정확한 것을 의미하지는 않는다.[K-IFRS 개념체계 문단2.18]
→오류가 없다는 것은 현상의 기술에 오류나 누락이 없고, 보고 정보를 생산하는데 사용되는 절차의 선택과 적용시 절차상 오류가 없음을 의미한다. 이 맥락에서 오류가 없다는 것은 모든 면에서 완벽하게 정확하다는 것을 의미하지는 않는다.

문제 4번	포괄손익계산서 표시	출제구분	기출변형	난이도	★ ☆ ☆	정답	④

• 비용을 기능별로 분류하는 기업은 감가상각비, 기타 상각비와 종업원급여비용을 포함하여 비용의 성격에 대한 추가정보를 공시한다.[K-IFRS 제1001호 문단104]

Guide 비용 분류방법(이하 둘 중 선택 적용)

성격별 분류법	• 비용은 그 성격별로 통합함.(즉, 각 항목의 유형별로 구분표시) →예 감가상각비, 원재료구입, 운송비, 종업원급여, 광고비 등 • 매출원가를 다른 비용과 분리하여 공시하지 않음. • 기능별로 재배분하지 않으므로 적용이 간단함.(미래현금흐름 예측에는 유용함)
기능별 분류법 (=매출원가법)	• 비용은 그 기능별로 분류함. →예 매출원가, 물류원가, 관리활동원가 등 • 적어도 매출원가를 다른 비용과 분리하여 공시함. • 목적적합하나, 자의적인 기능별 배분과 판단이 개입될 수 있음. • 기능별로 분류시에는 성격별 분류에 따른 추가공시가 필요함.

문제 5번	중간재무보고서에 포함할 구성요소	출제구분	신유형	난이도	★ ☆ ☆	정답	④

- 중간재무보고서는 최소한 다음의 구성요소를 포함하여야 한다.[K-IFRS 제1034호 문단8]

  요약재무상태표, 요약포괄손익계산서, 요약자본변동표, 요약현금흐름표, 선별적 주석

- 중간재무보고서의 최소 내용은 요약재무제표와 선별적 주석을 포함하는 것으로 보며, 중간재무보고서에 요약재무제표와 선별적 주석이 아닌 전체 재무제표를 포함할 수 있다.[K-IFRS 제1034호 문단6,7]
  →∴이익잉여금처분계산서나 제조원가명세서는 재무제표에 포함되지 않으므로 중간재무보고서의 구성요소가 아니다.

문제 6번	이동평균법 기말재고자산금액	출제구분	신유형	난이도	★ ★ ☆	정답	①

- 4월 22일 현재 이동평균단가 : (80,000+22,000)÷(1,000개+200개)=@85
- 매출원가 : 800개×@85=68,000
- 기말재고 : (80,000+22,000+24,000)-68,000=58,000

문제 7번	기말재고 순장부금액	출제구분	신유형	난이도	★ ★ ★	정답	①

*고속철 기말재고 순장부금액 : (1,500개×@90)+(4,500개×@500)+(2,000개×@250)=2,885,000

*참고 재고자산감모손실·평가손실 분석

㉠ 재고자산감모손실(제품) : (5,000개-4,500개)×@500=250,000 →상품·재공품은 감모손실이 없다.

장부수량(5,000개)×단위당원가(@500)=2,500,000	실제수량(4,500개)×단위당원가(@500)=2,250,000

재고자산감모손실(250,000)

→(차) 재고자산감모손실(매출원가) 250,000 (대) 재고자산(제품) 250,000

㉡ 재고자산평가손실(상품) : 1,500개×(@100-@90)=15,000 →제품·재공품은 평가손실이 없다.

실제수량(1,500개)×단위당원가(@100)=150,000	실제수량(1,500개)×단위당시가(@90)=135,000

재고자산평가손실(15,000)

→(차) 재고자산평가손실(매출원가) 15,000 (대) 재고자산평가충당금(재고자산차감) 15,000

㉢ 기말재고 순장부금액 : (1,500개×@100+5,000개×@500+2,000개×@250)-(250,000+15,000)=2,885,000

문제 8번	재고자산과 유형자산의 구분	출제구분	신유형	난이도	★ ☆ ☆	정답	①

- ① 의류회사에서 공장의 일부를 폐쇄하면서 처분하고자 하는 설비자산
  →사용목적 보유자산이므로 유형자산 또는 요건충족시 매각예정비유동자산으로 분류된다.
  ② 자동차제조회사의 공장에서 생산 중에 있는 미완성 엔진
  →판매(제품판매)목적 보유자산이므로 재고자산(재공품)으로 분류된다.
  ③ 건설회사에서 분양사업을 위해 신축하는 건물
  →판매(건물분양)목적 보유자산이므로 재고자산으로 분류된다.
  ④ 부동산매매업을 영위하는 기업에서 보유하는 판매목적 토지
  →판매(부동산매매)목적 보유자산이므로 재고자산으로 분류된다.

문제 9번	일반차입금 자본화이자율 계산	출제구분	신유형	난이도	★ ★ ☆	정답	②

• 일반차입금차입원가 : $10,000,000 \times 6\% \times \frac{12}{12} + 20,000,000 \times 9\% \times \frac{6}{12} = 1,500,000$

• 연평균일반차입금 : $10,000,000 \times \frac{12}{12} + 20,000,000 \times \frac{6}{12} = 20,000,000$

• 자본화이자율 : $\frac{\text{일반차입금차입원가}(1,500,000)}{\text{연평균일반차입금}(20,000,000)} = 7.5\%$

Guide 차입원가 자본화액

특정차입금 자본화금액	일반차입금 자본화금액 [한도] 일반차입금차입원가
❐ 특정차입금 차입원가 - 일시투자수익	❐ (연평균지출액 - 연평균특정차입금[1])×자본화이자율 →자본화이자율= $\frac{\text{일반차입금차입원가}}{\text{연평균일반차입금}}$ [1]일시예치금 차감액

문제 10번	유형자산 손상차손	출제구분	재출제	난이도	★ ★ ☆	정답	④

• 손상차손 계산

구분	기계장치A	기계장치B
장부금액	225,000,000	80,000,000
회수가능액	Max[150,000,000, 135,000,000] = 150,000,000	Max[40,000,000, 96,000,000] = 96,000,000
손상차손	225,000,000 - 150,000,000 = 75,000,000	없음

Guide 유형자산 손상차손

손상차손(당기손익)	• 손상차손액 = 장부금액 - 회수가능액
회수가능액	• 회수가능액 = Max[순공정가치, 사용가치] → 순공정가치 : 매각금액 – 처분부대원가 / 사용가치 : 기대미래현금흐름의 현재가치
회계처리	• (차) 유형자산손상차손 xxx (대) 손상차손누계액(유형자산 차감) xxx

문제 11번	무형자산 및 비용인식 항목	출제구분	재출제	난이도	★ ☆ ☆	정답	②

• ① 기업은 숙련된 종업원이나 교육훈련으로부터 발생하는 미래경제적효익에 대해서는 일반적으로 무형자산의 정의를 충족하기에는 충분한 통제를 가지고 있지 않다.[K-IFRS 제1038호 문단15]

② 사업결합으로 취득한 영업권(=외부구입 영업권)은 신뢰성있는 측정이 가능하므로 무형자산으로 인식한다.
→반면, 내부창출영업권은 원가를 신뢰성있게 측정할 수 없고 기업이 통제하고 있는 식별가능한 자원이 아니기 때문에 무형자산으로 인식하지 않는다.

③ 기업의 전부나 일부의 이전 또는 조직 개편에 관련된 지출은 발생시점에 비용으로 인식하는 지출의 예에 해당한다.

④ 내부 프로젝트의 연구단계에서는 미래경제적효익을 창출할 무형자산이 존재한다는 것을 제시할 수 없기 때문에, 내부 프로젝트의 연구단계에서 발생한 지출은 발생시점에 비용으로 인식한다.

Guide 비용인식항목 사례[K-IFRS 제1038호 문단69]

사업개시원가	• 설립시 법적비용·사무비용과 같은 설립원가, 개업원가, 신규 영업준비원가
교육훈련비	• 교육훈련을 위한 지출
광고선전비	• 광고·판매촉진 활동을 위한 지출
조직개편비	• 기업의 전부나 일부의 이전 또는 조직 개편에 관련된 지출

문제 12번	무형자산상각비	출제구분	재출제	난이도	★★☆	정답	①

- 경제적효익이 소비되는 형태를 신뢰성있게 결정할 수 없는 경우 상각방법 : 정액법
- 상각개시시점 : 자산이 사용가능한 때부터 시작 →∴20x1년 상각비 계상기간은 3개월(10/1~12/31)
- 20x1년 인식할 무형자산상각비 : (6,000,000÷5년)×3/12=300,000

문제 13번	투자부동산 해당여부	출제구분	재출제	난이도	★☆☆	정답	④

- 금융리스로 제공한 부동산은 투자부동산에 해당하지 않는다.

Guide 투자부동산에 해당하지 않는 항목

투자부동산X [예시]	• 통상영업과정에서 판매 또는 이를 위하여 건설·개발 중인 부동산 • 자가사용부동산 • 금융리스로 제공한 부동산

문제 14번	AC금융자산 취득원가	출제구분	재출제	난이도	★☆☆	정답	②

- 현금흐름 : 20x1년말 이자 10,000 / 20x2년말 원리금 10,000+100,000=110,000
- [방법1] 취득원가 : 10,000×0.89286+110,000×0.79719=96,620
  [방법2] 취득원가 : 10,000×1.69005+100,000×0.79719=96,620

문제 15번	금융자산 분류별 취득원가	출제구분	재출제	난이도	★★★	정답	②

- (주)용산의 지분상품 : FVPL금융자산(당기손익-공정가치측정금융자산)
  →취득원가 : 1,000,000(FVPL금융자산 거래원가는 당기비용 처리함)
- (주)마포의 채무상품 : AC금융자산(상각후원가측정금융자산)
  →취득원가 : 1,000,000(액면발행)
- (주)구로의 지분상품 : FVOCI금융자산(기타포괄손익-공정가치측정금융자산)
  →취득원가 : 1,650,000(FVPL금융자산 이 외의 금융자산 거래원가는 취득 공정가치에 가산)

Guide 금융자산 분류

	분류·측정	충족조건	해당증권
원칙	• 사업모형과 현금흐름특성에 근거하여 다음과 같이 분류·측정함.		
원칙	AC금융자산 [상각후원가측정]	• ㉠ 현금흐름수취목적 사업모형일 것 ㉡ 원리금지급만으로 구성된 현금흐름일 것	채무상품
원칙	FVOCI금융자산 [기타포괄손익-공정가치측정]	• ㉠ 현금흐름수취와 금융자산매도목적 사업모형일 것 ㉡ 원리금지급만으로 구성된 현금흐름일 것	채무상품
원칙	FVPL금융자산 [당기손익-공정가치측정]	• 그 외 모든 금융자산 →예 단기매매항목	지분상품 채무상품 파생상품
선택	• 최초인식시점에 다음과 같이 측정하기로 선택할 수 있음.		
선택	FVOCI금융자산 [기타포괄손익-공정가치측정]	• 단기매매항목이 아닐 것	지분상품
선택	FVPL금융자산 [당기손익-공정가치측정]	• 회계불일치를 제거하거나 유의적으로 줄이기 위한 경우일 것	지분상품 채무상품

문제 16번	현금및현금성자산 집계	출제구분	재출제	난이도	★ ★ ☆	정답	③

- 1,650,000(요구불예금) + 2,500,000(타인발행수표) + 1,000,000(상환우선주) = 5,150,000
  →상환우선주 : 취득당시 상환일까지의 기간이 3개월 이내이므로 현금성자산에 해당한다.
  →정기예금 : 취득당시(추정취득일은 2월 1일) 만기가 3개월 이내가 아니므로 현금성자산에 해당하지 않는다.

Guide **현금예금의 공시**

현금	통화	• 지폐, 주화
	통화대용증권	• 타인발행당좌수표, 가계수표, 자기앞수표, 송금수표, 여행자수표, 우편환, 만기도래공사채이자지급표, 대체저금지급증서, 지점전도금, 배당금지급통지표, 일람출급어음, 국세환급통지서
	요구불예금	• 당좌예금, 보통예금
현금성자산		• 유동성이 매우 높은 단기투자자산으로서 확정금액의 현금전환이 용이하고 가치 변동위험이 경미한 자산을 말함. • 투자자산은 취득당시 만기(상환일)가 3개월 이내인 경우에만 현금성자산으로 분류되며, 지분상품은 원칙적으로 현금성자산에서 제외함. 주의 결산일로부터 3개월 이내가 아님. 사례 다음은 현금성자산으로 분류함. ① 취득당시 만기가 3개월 이내인 금융기관이 취급하는 단기금융상품 ② 취득당시 만기가 3개월 이내에 도래하는 채무증권 ③ 취득당시 상환일까지의 기간이 3개월 이내인 상환우선주 ④ 3개월 이내의 환매조건인 환매채
단기금융상품		• 단기자금운용 목적이거나 보고기간말부터 1년 이내에 도래하는 현금성자산이 아닌 다음의 것 ① 정기예금, 정기적금, 사용이 제한된 예금(예 양건예금) ② 기타 정형화된 상품(예 양도성예금증서(CD)등의 금융상품) →그 외는 장기금융상품으로 분류함.

문제 17번	사채할증발행의 경우 총이자비용	출제구분	기출변형	난이도	★ ★ ☆	정답	③

*고속철 사채할인발행시 만기까지 총이자비용 : 총액면이자 + 총사채할인발행차금
사채할증발행시 만기까지 총이자비용 : 총액면이자 - 총사채할증발행차금

- 발행금액(현재가치) : 10,000,000 × 2.57710 + 100,000,000 × 0.79383 = 105,154,000
  →총사채할증발행차금 : 105,154,000 - 100,000,000 = 5,154,000
- 총이자비용 : 총액면이자(10,000,000 × 3년) - 총사채할증발행차금(5,154,000) = 24,846,000

문제 18번	전환사채 기본사항	출제구분	재출제	난이도	★ ☆ ☆	정답	④

- 전환권대가(전환권가치)는 자본의 가산항목으로 계상한다.

Guide **전환사채 발행시 회계처리(금액은 가정치임)**

발행시점 (액면발행)	(차) 현금(발행금액)	1,000,000	(대) 전환사채(액면금액 = 발행금액)	10,000,000
	(차) 전환권조정(전환사채 차감)	192,711	(대) 전환권대가(발행금액 - 현재가치)	24,011
			상환할증금(전환사채 가산)	168,700

문제 19번	충당부채 변제와 자산인식액	출제구분	신유형	난이도	★ ★ ★	정답	③

• 제3자가 변제할 것이 확실한 금액(11억원)을 자산(미수금)으로 인식하되, 자산인식금액은 충당부채(10억원) 금액을 초과할 수 없으므로 자산인식액은 10억원이 된다.

회계처리	
방법[1]	방법[2]
(차) 비용 10억원 (대) 충당부채 10억원 미수금 10억원 수익 10억원	(차) 미수금 10억원 (대) 충당부채 10억원

Guide **충당부채 변제**

재무상태표 (총액인식)	• 의무금액 총액을 부채로 인식 • 제3자가 변제할 것이 확실한 금액만 자산으로 인식 →단, 자산인식금액은 충당부채금액 초과불가함. 주의 ∴충당부채와 제3자 변제관련자산을 상계치 않음.
손익계산서 (순액인식가능)	• 수익은 충당부채의 인식과 관련된 비용과 상계가능함. 방법[1]: (차) 비용 1,000 (대) 충당부채 1,000 / 미수금 200 수익 200 방법[2]: (차) 비용 800 (대) 충당부채 1,000 / 미수금 200

문제 20번	충당부채 기본사항	출제구분	재출제	난이도	★ ☆ ☆	정답	④

• 충당부채 : 반드시 재무제표에 부채로 인식하여야 한다.
→우발부채 : 부채로 인식할 수 없으며 주석으로 공시한다.
→우발자산 : 자산으로 인식할 수 없으며 경제적효익 유입가능성이 높은 경우에만 주석으로 공시한다.

Guide **충당부채·우발부채·우발자산 인식**

	충당부채	우발부채	우발자산
조건	유출가능성이 높다 and 측정가능	유출가능성이 높다 or 유출가능성이 높더라도 측정불가능	유입가능성이 높다
인식	F/S에 부채인식	주석공시(F/S인식불가)	주석공시(F/S인식불가)
그 외의 사항은 아예 공시하지 않음			

문제 21번	자본항목별 변동분석	출제구분	재출제	난이도	★ ★ ☆	정답	③

- 유상증자(20x1년 2월 4일) 회계처리
  (차) 현금 100,000주×7,500 = 750,000,000 (대) 자본금 500,000,000
  주식발행초과금 250,000,000
  →자본금 500백만원 증가, 주식발행초과금 250백만원 증가
- 자기주식취득(20x1년 10월 10일) 회계처리
  (차) 자기주식 5,000주×10,000 = 50,000,000 (대) 현금 50,000,000
  →자기주식 50백만원 증가

∴(가) : 500백만원 + 500백만원 = 1,000백만원
(나) : 750백만원 + 250백만원 = 1,000백만원
(다) : (100백만원) + (50백만원) = (150백만원)

문제 22번	우선주 배당액(비누적적 · 비참가적)	출제구분	재출제	난이도	★ ★ ☆	정답	②

- 우선주가 비누적적 · 비참가적 우선주이므로, '우선주의 배당률에 해당하는 금액(=우선주자본금×배당률)'을 우선주에 배당하고, 나머지 금액 모두를 보통주에게 배당한다.
- 우선주배당금 : 500,000(우선주자본금)×5%(배당률) = 25,000
  보통주배당금 : 200,000(배당금총액) - 25,000(우선주배당금) = 175,000

문제 23번	선수금에 포함된 유의적인 금융요소	출제구분	재출제	난이도	★ ★ ☆	정답	④

- 매출액 계산

선수금	:	5,000
20x1년 이자비용	:	5,000×5% = 250
20x2년 이자비용	:	(5,000 + 250)×5% = 262.5
20x2년 매출액		5,512.5

*참고 회계처리

20x1년초	(차) 현금	5,000	(대) 계약부채	5,000
20x1년말	(차) 이자비용	250	(대) 계약부채	250
20x2년말	(차) 이자비용	262.5	(대) 계약부채	262.5
	(차) 계약부채	5,512.5	(대) 매출	5,512.5

*저자주 문제에 소수점 첫째자리에서 반올림한다는 단서가 없으므로 출제오류에 해당합니다.

문제 24번	고객충성제도 실무사례	출제구분	재출제	난이도	★ ★ ☆	정답	③

- 고객충성제도는 재화나 용역을 구매하는 고객에게 인센티브를 제공하기 위하여 사용하며, 고객이 재화나 용역을 구매하면 기업은 고객보상점수(흔히 '포인트')를 부여한다. 고객은 보상점수를 사용하여 재화나 용역을 무상취득하거나 할인 구매하는 방법으로 보상을 받을 수 있다.
- 무상수리제도는 판매와 직접 관련하여 발생하는 추가적인 원가부담 예상액으로서 현재의무이므로 '판매보증충당부채'의 회계처리가 적용된다.

문제 25번	건설계약 1차연도 미청구 · 초과청구공사	출제구분	재출제	난이도	★ ★ ☆	정답	①

- 20x1년 계약수익 : $120,000,000 \times \frac{20,000,000}{100,000,000} = 24,000,000$
- 20x1년 계약이익 : 24,000,000(계약수익) - 20,000,000(계약원가) = 4,000,000
- 20x1년말 미성공사 : 20,000,000(계약원가) + 4,000,000(계약이익) = 24,000,000
- 20x1년말 초과청구공사(계약부채) : 30,000,000(진행청구액) - 24,000,000(미성공사) = 6,000,000

*고속철 '미성공사 = 누적계약수익'이므로, 누적계약수익 24,000,000이 미성공사금액이 된다.

*참고 20x1년 회계처리

계약원가 발생	(차) 미성공사	20,000,000	(대) 현금	20,000,000
계약대금 청구	(차) 공사미수금	30,000,000	(대) 진행청구액	30,000,000
계약대금 수령	(차) 현금	xxx	(대) 공사미수금	xxx
계약손익인식	(차) 계약원가 미성공사	20,000,000 4,000,000	(대) 계약수익	24,000,000

문제 26번	계약수익과 계약원가의 인식	출제구분	기출변형	난이도	★ ★ ☆	정답	②

- 계약의 진행률은 계약의 성격에 따라 원가비율, 측량비율(예노동시간비례법), 물리적 완성비율 등으로 측정할 수 있다. 그러나 발주자에게서 수령한 기성금과 선수금은 수행의무의 이행정도를 반영하지 못하므로 진행률로 사용할 수 없다.

문제 27번	확정급여제도의 손익처리	출제구분	신유형	난이도	★ ☆ ☆	정답	③

- 보험수리적손익(확정급여채무의 재측정손익)은 기타포괄손익으로 인식한다.
  ① 당기근무원가 : (차) 퇴직급여(당기손익) xxx (대) 확정급여채무 xxx
  ② 이자원가 : (차) 퇴직급여(당기손익) xxx (대) 확정급여채무 xxx
  ③ 보험수리적손익 : (차) 재측정손실(기타포괄손익) xxx (대) 확정급여채무 xxx
  ④ 과거근무원가 : (차) 퇴직급여(당기손익) xxx (대) 확정급여채무 xxx

*참고 재측정요소의 다음 3가지는 기타포괄손익으로 인식한다.
㉠ 확정급여채무의 재측정손익(보험수리적손익)
㉡ 사외적립자산의 재측정손익(투자손익 : 실제수익 - 기대수익)
㉢ 순확정급여자산('사외적립자산>확정급여채무'인 경우)의 자산인식상한 초과액

문제 28번	주식결제형 주식기준보상 행사시 자본증감	출제구분	재출제	난이도	★ ★ ☆	정답	②

• 자본항목의 변화

자본증가 :	자기주식	22,000,000
자본증가 :	자기주식처분이익	3,000,000
자본감소 :	주식선택권	(5,000,000)
		20,000,000

Guide **주식결제형 주식기준보상**

보고기간말	• 재측정없이 부여일 공정가치로 측정하고 기대권리소멸률을 반영한 보상원가를 용역제공비율(=당기말까지 기간÷용역제공기간)에 따라 가득기간에 걸쳐 인식 (차) 주식보상비용(당기비용) xxx (대) 주식선택권(자본) xxx
가득일이후	• 회계처리 없음.
권리행사시	(차) 현금 xxx (대) 자본금(액면)[1] xxx 주식선택권 xxx 주식발행초과금(대차차액)[2] xxx →자기주식교부시는 [1]은 자기주식, [2]는 자기주식처분이익으로 처리함.
권리소멸시	• 인식한 보상원가는 환입하지 않으며, 주식선택권은 다른 자본계정으로 계정대체가능. (차) 주식선택권 xxx (대) 소멸이익(자본) xxx

문제 29번	1차연도 이연법인세자산·부채 계산	출제구분	재출제	난이도	★ ★ ☆	정답	②

• 세무조정 내역
- 손금불산입 접대비한도초과액 600,000(기타사외유출)
- 손금불산입 감가상각비한도초과액 900,000(유보)

• 이연법인세자산(유보) : 300,000×25%+300,000×30%+300,000×30%=255,000

*참고 회계처리

(차)	법인세비용(대차차액)	1,120,000	(대) 미지급법인세(당기법인세)	5,500,000×25%=1,375,000
	이연법인세자산	255,000		

Guide **이연법인세 계산구조**

대상	• 일시적차이(유보)
공시	• 이연법인세자산(부채)는 비유동자산(부채)로만 표시하고 소정 요건을 충족하는 경우 상계하여 표시 • 현재가치평가를 하지 않음.
절차	• **[1단계]** 미지급법인세(과세소득×당기세율) =(세전순이익±영구적차이±일시적차이)×당기세율 **[2단계]** 이연법인세자산(부채) =유보(△유보)×미래예상세율(평균세율) **[3단계]** 법인세비용=대차차액에 의해 계산 주의 이연법인세자산(부채)은 당기세율이 아니라 소멸시점의 미래예상세율을 적용함.

문제 30번	측정기준 변경의 처리	출제구분	기출변형	난이도	★ ☆ ☆	정답	①

• 유형자산의 측정기준을 원가모형에서 재평가모형으로 변경 : 회계정책의 변경

Guide 회계정책변경 사례

재고자산 원가흐름의 가정 변경	• 예 선입선출법에서 가중평균법으로 변경
유형자산과 무형자산의 측정기준 변경	• 예 원가모형에서 재평가모형으로 변경
투자부동산의 측정기준 변경	• 예 원가모형에서 공정가치모형으로 변경

문제 31번	EPS · PER를 이용한 주가 계산	출제구분	신유형	난이도	★ ★ ☆	정답	④

• 주가수익비율(PER) : 주가가 EPS의 몇 배인지를 나타내는 지표 → PER = 주가 ÷ EPS
• PER(10) = 주가 ÷ EPS(500)
→∴주가 = 5,000

문제 32번	관계기업투자주식 장부금액	출제구분	재출제	난이도	★ ★ ☆	정답	③

• 20x1년 ㈜용산 당기순이익(이익잉여금 증가) : 1,300,000 - 1,100,000 = 200,000
• 20x1년말 ㈜삼일 관계기업투자주식 장부금액 : 850,000(취득원가) + 200,000(당기순이익) × 30% = 910,000

*참고 ㈜삼일 회계처리

취득시(20x1년초)	(차) 관계기업투자주식	850,000	(대) 현금	850,000
당기순이익 보고시(20x1년말)	(차) 관계기업투자주식	60,000	(대) 지분법이익	60,000

문제 33번	지분법의 적용	출제구분	재출제	난이도	★ ☆ ☆	정답	②

• 지분법을 적용함에 있어 피투자회사(관계기업)로부터 배당금을 수령시는 투자주식을 감소시킨다.
• 영업권은 상각하지 않으나 손상대상이다.

Guide 취득일이후 지분법 회계처리

당기순이익 보고시	• '피투자회사의 순이익 × 지분율'만큼 지분법이익(당기손익)을 인식함. →(차) 관계기업투자주식 xxx (대) 지분법이익 xxx
배당시	• 배당결의시 : (차) 미수배당금 xxx (대) 관계기업투자주식 xxx • 배당수령시 : (차) 현금 xxx (대) 미수배당금 xxx 주의 지분법에서는 피투자회사가 배당을 하면 순자산이 감소하므로 투자주식을 감소시키는 처리를 하며, 배당금수익을 인식하는 것이 아님.
기타포괄손익 증감시	• '피투자회사의 기타포괄손익 × 지분율'만큼 지분법자본변동(기타포괄손익)을 인식함. →(차) 관계기업투자주식 xxx (대) 지분법자본변동 xxx

문제 34번	외화자산의 환산	출제구분	재출제	난이도	★ ★ ☆	정답	③

• 20x1년말 매출채권 : 20x1년말의 환율로 계상된다. → $10,000×@1,250 = 12,500,000
• 외환이익(외화환산이익) : 환율 증가분이 계상된다. → $10,000×(@1,250 - @1,200) = 500,000

*참고 ㈜삼일 회계처리

20x1.6.11	(차) 매출채권	$10,000×@1,200 = 12,000,000	(대) 매출	12,000,000
20x1.12.31	(차) 매출채권	500,000	(대) 외환이익	$10,000×50 = 500,000

문제 35번	화폐성 · 비화폐성항목 구분	출제구분	재출제	난이도	★ ☆ ☆	정답	①

• 선수금, 재고자산, 건물(유형자산)은 비화폐성항목에 해당한다.

Guide 화폐성·비화폐성항목

화폐성항목	• 현금, 매출채권, 미수금, 대여금, 매입채무, 미지급금, 차입금, 미지급비용, 미수수익 등
비화폐성항목	• 재고자산, 유형자산, 무형자산, 지분상품, 선수금, 선급금, 선급비용, 선수수익 등

문제 36번	파생상품의 적용	출제구분	재출제	난이도	★ ★ ☆	정답	①

• 6개월 후의 외화대금 수령분 $1,000,000를 일정 안정된 환율로 매도하는 통화선도 매도계약을 체결한다.

문제 37번	K-IFRS '리스' 개정으로 인한 문제 불성립

문제 38번	K-IFRS '리스' 개정으로 인한 문제 불성립

문제 39번	현금주의 이자수익	출제구분	재출제	난이도	★ ★ ☆	정답	③

• 190,000(발생주의 이자수익) + 10,000(미수이자의 감소) = 200,000(현금주의 이자수익=이자수취액)

Guide **발생주의의 현금주의 전환 : 이자수익과 이자비용**

이자수익 유입액

• (+)로 출발하며, 자산의 증감은 역방향으로, 부채의 증감은 순방향으로 가감하여 분석

이자수익 유입액〈금액은 가정치임〉		
발생주의이자수익	10,000	→ (+)로 출발함에 주의!
현재가치할인차금상각액	(2,000)	
미수이자증가(or선수이자감소)	(3,000)	
유입액(현금주의이자수익)	5,000	

➡ (차) 현금 80 (대) 이자수익 100
현재가치할인차금 20

직접법	• 현재가치할인차금을 계산시 차감
간접법	• 현재가치할인차금을 당기순이익에서 차감

이자비용 유출액

• (-)로 출발하며, 자산의 증감은 역방향으로, 부채의 증감은 순방향으로 가감하여 분석

이자비용 유출액〈금액은 가정치임〉		
발생주의이자비용	(10,000)	→ (-)로 출발함에 주의!
사채할인발행차금(현재가치할인차금)상각액	1,000	
미지급이자증가(or선급이자감소)	2,000	
유출액(현금주의이자비용)	(7,000)	

➡ (차) 이자비용 100 (대) 현금 80
사채할인발행차금 20

직접법	• 사채할인발행차금을 계산시 가산
간접법	• 사채할인발행차금을 당기순이익에 가산

문제 40번	현금흐름표상 활동의 구분	출제구분	기출변형	난이도	★ ☆ ☆	정답	③

• 매출채권을 증가 또는 감소시키는 요소(예 외상매출, 매출채권 회수, 매출채권 매각·양도 등)는 영업활동 현금흐름에서 분석한다.

Guide **영업활동 현금흐름 사례[K-IFRS 제1007호 문단14]**

• 영업활동 현금흐름은 주로 기업의 주요 수익창출활동에서 발생한다. 따라서 영업활동 현금흐름은 일반적으로 당기순손익의 결정에 영향을 미치는 거래나 그 밖의 사건의 결과로 발생한다. 영업활동 현금흐름의 예는 다음과 같다.
㉠ 재화의 판매와 용역 제공에 따른 현금유입
㉡ 로열티, 수수료, 중개료 및 기타수익에 따른 현금유입
㉢ 재화와 용역의 구입에 따른 현금유출
㉣ 종업원과 관련하여 직·간접으로 발생하는 현금유출
㉤ 법인세의 납부 또는 환급. 다만 재무활동과 투자활동에 명백히 관련되는 것은 제외한다.
㉥ 단기매매목적으로 보유하는 계약에서 발생하는 현금유입과 현금유출

3P
3P
3P
FINAL
POTENTIALITY
PASSION
PROFESSION

3P는 여러분의 무한한 잠재적 능력과 반드시 성취하겠다는 열정을 토대로 전문가의 길로 나아가는 세무라이선스 파이널시리즈의 학습 정신입니다.

수험생 여러분의 합격을 응원합니다.

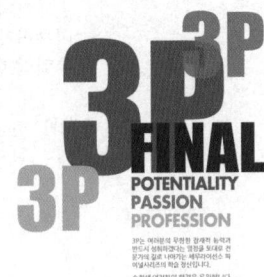

재경관리사 공개기출해설[재무]

2019년 5월에 시행된 기출문제에 대한 완벽한 해설을 관련이론(가이드)과 함께 제시하였습니다. 해당 문제는 합본부록을 참고바랍니다.

FINAL

Certified Accounting Manager

재무회계
공개기출문제해설
[2019년 05월 시행]

SEMOOLICENCE

문제 1번	국제회계기준의 특징	출제구분	재출제	난이도	★ ☆ ☆	정답	④

• ① 상세하고 구체적인 회계처리 방법을 제시하지 않는 원칙중심의 회계기준이다.
② 원칙적으로 공정가치로 측정할 것을 요구하고 있다.
③ 공시 강화로 주석공시 양이 증가하였다.

Guide **국제회계기준의 특징**

원칙중심	• 기본원칙과 방법론만 제시 주의 규칙중심이 아님. →회계처리, 양식, 계정과목을 정형화하지 않고 다양성과 재량을 부여
연결재무제표중심	• 연결재무제표를 기본재무제표로 제시 주의 개별재무제표 중심이 아님.
공시강화	• 주석을 통한 많은 공시항목을 요구함.
공정가치확대	• 원칙적으로 자산·부채의 공정가치 측정을 요구
협업제정	• 독자적이 아닌 각국의 협업을 통해 제정

문제 2번	재무상태표 작성기준	출제구분	재출제	난이도	★ ☆ ☆	정답	①

• 재무상태표(재무제표)에는 가지급금이나 가수금 등 미결산항목(임시계정)이 표시될 수 없으며, 결산시 비용(선급금), 단기차입금(예수금) 등의 과목으로 대체처리하여야 한다.
→예 지출액 1,000원을 임시로 가지급금 처리하였으며, 결산시 동 지출이 출장여비인 경우
- [지출시] (차) 가지급금 1,000 (대) 현금 1,000
- [결산시] (차) 여비교통비 1,000 (대) 가지급금 1,000

문제 3번	K-IFRS '재무보고를 위한 개념체계' 개정으로 인한 문제 불성립

문제 4번	특수관계자 공시	출제구분	재출제	난이도	★ ★ ☆	정답	②

• 특수관계자 거래가 없더라도 특수관계 자체가 기업의 당기순손익과 재무상태에 영향을 줄 수 있다. 지배기업과 그 종속기업 사이의 관계는 거래의 유무에 관계없이 공시한다.

Guide **특수관계자 공시사항**

지배·종속 공시사항	• 지배기업과 그 종속기업 사이의 관계는 거래의 유무에 관계없이 공시 • 지배기업의 명칭을 공시 • 최상위지배자와 지배기업이 다른 경우에는 최상위지배자의 명칭도 공시 주의 기업과 단순히 통상적인 업무 관계를 맺고 있는 자금제공자, 노동조합, 공익기업 그리고 보고기업에 지배력, 공동지배력 또는 유의적인 영향력이 없는 정부부처와 정부기관(기업 활동의 자율성에 영향을 미치거나 기업의 의사결정과정에 참여할 수 있다 하더라도 상관없음)은 특수관계자가 아님.
주요경영진 공시사항	• 주요 경영진에 대한 보상의 총액 • 분류별 금액 →단기종업원급여, 퇴직급여, 기타장기급여, 해고급여, 주식기준보상
기타 공시사항	• 특수관계자거래가 있는 경우 F/S에 미치는 특수관계의 잠재적 영향파악에 필요한 거래, 약정을 포함한 채권·채무 잔액에 대한 정보뿐만 아니라 특수관계의 성격도 공시

문제 5번	재고자산평가방법과 상대적 크기 분석	출제구분	재출제	난이도	★ ★ ★	정답	②

• 매출액을 A라 가정하며, 매출액(8,500개×판매단가)은 총평균법, 선입선출법 모두 동일하다.

총평균법의 평균단가 : $\frac{6,000,000+21,000,000}{3,000\text{개}+7,000\text{개}}$ = @2,700

• 기말재고 - ㉠ 총평균법 : 1,500개×@2,700 = 4,050,000 ㉡ 선입선출법 : 1,500개×@3,000 = 4,500,000
→∴선입선출법을 적용했을 때보다 총평균법을 적용하였을 경우 450,000원 만큼 작다.

• 매출원가 - ㉠ 총평균법 : 27,000,000 - 4,050,000 = 22,950,000 ㉡ 선입선출법 : 27,000,000 - 4,500,000 = 22,500,000
→∴선입선출법을 적용했을 때보다 총평균법을 적용하였을 경우 450,000원 만큼 크다.

• 매출총이익(당기순이익) - ㉠ 총평균법 : A - 22,950,000(매출원가) ㉡ 선입선출법 : A - 22,500,000(매출원가)
→∴선입선출법을 적용했을 때보다 총평균법을 적용하였을 경우 450,000원 만큼 작다.

• 매출총이익률 - ㉠ 총평균법 : $\frac{A-22,950,000}{A}$ ㉡ 선입선출법 : $\frac{A-22,500,000}{A}$
→∴선입선출법을 적용했을 때보다 총평균법을 적용했을 경우 상대적으로 더 작다.

문제 6번	유동자산 집계	출제구분	재출제	난이도	★ ☆ ☆	정답	③

• 유동자산 : 당좌자산+재고자산
→당좌자산 : 40,000(단기대여금)+400,000(매출채권)+600,000(선급비용)+50,000(선급금) = 1,090,000
→재고자산 : 0

• 유동자산 : 1,090,000+0 = 1,090,000

문제 7번	재고자산 관련 비용처리액	출제구분	재출제	난이도	★ ★ ★	정답	③

• 매출원가(구) : 450,000(기초재고+당기매입 = 판매가능상품) - 130,000(기말재고장부금액) = 320,000
• 순실현가능가치(NRV) : 150,000 - 60,000 = 90,000
• 평가손실 : 130,000(기말재고장부금액 = 기말재고실사금액) - 90,000(순실현가능가치) = 40,000
∴비용총액 : 320,000[매출원가(구)]+40,000(평가손실)+0(정상감모손실)+0(비정상감모손실) = 360,000

Guide **판매가능상품(기초재고+당기매입)의 구성**

〈평가손실/정상감모손실을 매출원가 처리한다고 가정시〉

기초재고	450,000
당기매입	

‖

① 매출원가(구)[평가·감모손실 반영전]	320,000
② 평가손실	40,000
③ 정상감모손실	0
④ 비정상감모손실	0
⑤ 기말재고[평가·감모손실 반영후]	90,000

→매출원가(신) = ①+②+③
→비용총액 = ①+②+③+④

문제 8번	재고자산 매입원가 가감항목	출제구분	재출제	난이도	★ ☆ ☆	정답	②

• ① 매입운임 : 매입원가에 가산
③ 판매수수료(판매비용) : 판매비와관리비
④ 매입할인 및 리베이트 : 매입원가 결정시 차감

문제 9번	상각 · 비상각자산 처분 회계처리	출제구분	재출제	난이도	★ ★ ☆	정답	①

• 건물(부속토지 포함)을 처분시 상각자산인 건물에 대해 처분시점까지 계상한 감가상각누계액을 제거한다.

• 처분시점 건물의 감가상각누계액 : $(5,000,000-500,000)\times\frac{39개월}{240개월}=731,250$

• 처분시점(20x4년 12월 31일) 회계처리

(차) 현금(처분금액)	7,000,000	(대) 토지(취득원가)	3,000,000
감가상각누계액(건물)	731,250	건물(취득원가)	5,000,000
유형자산처분손실(대차차액)	268,750		

문제 10번	일반차입금 연평균지출액	출제구분	재출제	난이도	★ ☆ ☆	정답	②

• 연평균지출액 : $10,000,000\times\frac{12}{12}+12,000,000\times\frac{7}{12}+9,000,000\times\frac{4}{12}=20,000,000$

Guide 차입원가 자본화액

특정차입금 자본화금액	일반차입금 자본화금액 [한도] 일반차입금차입원가
❒ 특정차입금 차입원가 - 일시투자수익	❒ (연평균지출액 - 연평균특정차입금[1])×자본화이자율 →자본화이자율= $\frac{일반차입금차입원가}{연평균일반차입금}$ [1]일시예치금 차감액

문제 11번	무형자산 및 비용인식 항목	출제구분	기출변형	난이도	★ ☆ ☆	정답	①

• 내부 프로젝트의 연구단계에서는 미래경제적효익을 창출할 무형자산이 존재한다는 것을 제시할 수 없기 때문에, 내부 프로젝트의 연구단계에서 발생한 지출은 발생시점에 비용으로 인식한다.

Guide 연구단계와 개발단계 지출의 처리

<table>
<tr><td>의의</td><td colspan="2">• 인식기준을 충족하는지를 평가하기 위해 무형자산 창출과정을 연구단계와 개발단계로 구분함.
주의 무형자산을 창출하기 위해 내부 프로젝트를 연구단계와 개발단계로 구분할 수 없는 경우에는 발생한 지출은 모두 연구단계에서 발생한 것으로 봄.</td></tr>
<tr><td rowspan="2">회계처리</td><td>연구단계활동 지출</td><td>• 비용(연구비)</td></tr>
<tr><td>개발단계활동 지출</td><td>• 자산인식요건 충족O : 무형자산(개발비)
• 자산인식요건 충족X : 비용(경상개발비)</td></tr>
</table>

문제 12번	무형자산의 정의(인식요건)	출제구분	신유형	난이도	★ ☆ ☆	정답	③

• 무형자산의 정의와 인식조건

정의	• 물리적 실체는 없지만 식별가능하고, 통제하고 있으며 미래경제적효익이 있는 비화폐성자산
인식조건	• ㉠ 자산에서 발생하는 미래경제적효익이 기업에 유입될 가능성이 높다. ㉡ 자산의 원가를 신뢰성 있게 측정할 수 있다.

문제 13번	투자부동산 원가모형 감가상각비	출제구분	재출제	난이도	★ ★ ☆	정답	④

• 원가모형이므로 당기손익에 미치는 영향은 감가상각비이다.

→감가상각비(당기순이익 감소분) : $(600,000,000-60,000,000) \div 30\text{년} \times \frac{3}{12} = 4,500,000$

20x1.10.1	(차) 투자부동산	600,000,000	(대) 현금	600,000,000
20x1.12.31	(차) 감가상각비	4,500,000	(대) 감가상각누계액	4,500,000

*참고 공정가치모형이라면 당기손익에 미치는 영향은 공정가치 증가분인 평가이익이 된다.
→공정가치 증가분인 평가이익 : 610,000,000(20x1년말 공정가치) - 600,000,000 = 10,000,000

Guide 투자부동산 평가모형(선택)

원가모형	• 감가상각 O	• 공정가치는 주석공시
공정가치모형	• 감가상각 X	• 평가손익(당기손익)

문제 14번	매출채권 대손발생액 추정	출제구분	재출제	난이도	★ ★ ☆	정답	④

*고속철 대손충당금(손실충당금) 계정흐름 도해

대손충당금

대손발생(대손확정)1)	?	기초대손충당금	42,500
대손충당금환입	0	대손채권회수	0
기말대손충당금	85,000	대손상각비2)	72,500

1)기중발생한 대손총액

2)기중발생대손 중 대손상각비처리액과 기말설정 대손상각비의 합계

∴대손발생(대손이 확정되어 상계된 매출채권)=30,000

문제 15번	금융부채·지분상품 분류	출제구분	신유형	난이도	★ ★ ★	정답	①

• ① 잠재적으로 불리한 조건으로 거래상대방과 금융자산이나 금융부채를 교환하기로 한 계약상 의무는 금융자산이 아니라 금융부채로 분류한다.

② '미확정금액 & 확정수량(380주)' 이므로 금융부채로 분류한다.

	수량이 확정(확정수량)	수량이 미확정(미확정수량)
미래수취대가 확정(확정금액)	지분상품	금융부채
미래수취대가 미확정(미확정금액)	금융부채	금융부채

③ 보유자에 대한 상환의무가 있거나 보유자가 상환청구권이 있는 상환우선주는 금융부채로 분류한다.

④ '미확정수량' 이므로 미래 수취대가 확정·미확정 불문하고 금융부채로 분류한다.(위 ②의 표 참조)

문제 16번	FVOCI금융자산(지분상품) 평가손익	출제구분	재출제	난이도	★ ★ ★	정답	②

• FVOCI금융자산의 평가이익과 평가손실은 발생시 상계하여 계상한다.
• 회계처리

20x1.1.3	(차) FVOCI금융자산	5,000,000[1]	(대) 현금	5,000,000
20x1년말	(차) FVOCI금융자산	1,500,000	(대) 평가이익	1,500,000[2]
20x2년말	(차) 평가이익 평가손실	1,500,000[3] 100,000[3]	(대) FVOCI금융자산	1,600,000

[1] 1,000주×5,000=5,000,000
[2] 1,000주×(6,500-5,000)=1,500,000
[3] 1,000주×(4,900-6,500)=△1,600,000
∴20x1년 계상할 평가이익 1,500,000, 20x2년 계상할 평가손실 100,000
* 저자주 만약, 기타포괄손익에의 영향을 물으면?
→20x1년 기타포괄손익 1,500,000 증가, 20x2년 기타포괄손익 1,600,000 감소

문제 17번	사채할증발행 발행금액	출제구분	기출변형	난이도	★ ☆ ☆	정답	③

• '액면이자율(10%) 〉 시장이자율(8%)' ⇒ 할증발행에 해당한다.
• 액면이자 : 100,000,000×10%=10,000,000
• 현금흐름
- 20x1년말 이자 10,000,000, 20x2년말 이자 10,000,000, 20x3년말 원리금 10,000,000+100,000,000=110,000,000
• [방법1] 발행금액 : 10,000,000×0.92593+10,000,000×0.85734+110,000,000×0.79383=105,154,000
[방법2] 발행금액 : 10,000,000×2.57710+100,000,000×0.79383=105,154,000

문제 18번	전환사채 총괄 회계처리	출제구분	신유형	난이도	★ ★ ★	정답	④

- 상환할증금 : 100,000 →전환사채에 가산하는 형식으로 기재
  현재가치 : 900,000 →동일한 조건의 일반사채의 경우의 발행금액 = 일반사채 유효이자율로 할인한 금액
  전환권대가 : 1,000,000(발행금액) - 900,000(현재가치) = 100,000
  전환권조정 : 100,000(전환권대가) + 100,000(상환할증금) = 200,000 →전환사채에서 차감하는 형식으로 기재

발행시점 회계처리	(차) 현금	1,000,000	(대) 전환사채(액면 = 발행금액)	1,000,000
	(차) 전환권조정	200,000	(대) 전환권대가(발행금액 - 현재가치)	100,000
			상환할증금	100,000

발행일 부분재무상태표(액면발행/할증상환조건)

부채	전환사채	1,000,000
	전환권조정	(200,000)
	상환할증금	100,000
		900,000
기타자본요소	전환권대가	100,000

- 만기에 지급하는 금액
  ㉠ 미전환의 경우 : 100,000(액면이자) + 1,000,000(원금) + 100,000(상환할증금) = 1,200,000
  ㉡ 40%전환의 경우 : 1,200,000(미전환시 지급액) × 60% = 720,000
  →∴만기지급액은 고정액 1,100,000원이 아니라 전환권 행사 여부에 따라 상이하다.

문제 19번	기댓값에 의한 충당부채 계상	출제구분	신유형	난이도	★ ★ ★	정답	③

- 충당부채로 인식하여야 하는 금액과 관련된 불확실성은 상황에 따라 판단한다. 다수의 항목과 관련되는 충당부채를 측정하는 경우에 해당 의무는 가능한 모든 결과에 관련된 확률을 가중평균하여 추정한다.(이러한 통계적 추정방법을 '기댓값'이라고 함.) 따라서 특정 금액의 손실이 생길 확률(예 60%나 90%)에 따라 충당부채로 인식하는 금액은 달라지게 된다.[K-IFRS 제1037호 문단39]
- 수리비용과 발생확률

구분	수리비용	발생확률
하자가 없는 경우(전혀 결함이 발생하지 않는 경우)	0원	80%
중요하지 않은(사소한) 결함이 발생할 경우	50,000원	15%
치명적인(중요한) 결함이 발생할 경우	200,000원	5%

→충당부채(수리비용의 기댓값) : (0원 × 80%) + (50,000원 × 15%) + (200,000원 × 5%) = 17,500원

* 저자주 K-IFRS 제1037호 문단39의 사례를 문제화한 것으로 재경관리사 시험수준을 고려할 때 다소 무리한 출제로 사료됩니다. 다만, 회계사·세무사 등 전문직 시험에서는 빈출되고 있는 문제입니다.

문제 20번	충당부채의 인식	출제구분	재출제	난이도	★ ☆ ☆	정답	②

• 충당부채의 정의와 인식요건

정의	• 충당부채는 지출하는 시기 또는 금액이 불확실한 부채를 말함. →부채란 과거사건으로 생긴 현재의무로서, 기업이 가진 경제적 효익이 있는 자원의 유출을 통해 그 이행이 예상되는 의무를 말함.
인식요건	• 충당부채는 다음의 요건을 모두 충족하는 경우에 인식함. ㉠ 과거사건의 결과로 현재의무(법적의무나 의제의무)가 존재한다. ㉡ 해당 의무를 이행하기 위하여 경제적 효익이 있는 자원을 유출할 가능성이 높다. ㉢ 해당 의무를 이행하기 위하여 필요한 금액을 신뢰성 있게 추정할 수 있다.

문제 21번	자본변동표 작성	출제구분	재출제	난이도	★ ★ ☆	정답	②

• FVOCI금융자산평가이익 : 이익잉여금이 아니라 기타자본요소(기타포괄손익)에 표시되어야 한다.
• 회계처리

①	(차) 현금	100,000,000	(대) 자본금	100,000,000
②	(차) FVOCI금융자산	30,000,000	(대) FVOCI금융자산평가이익(기타자본요소)	30,000,000
③	(차) 집합손익	10,000,000	(대) 이익잉여금	10,000,000
④	(차) 이익잉여금	20,000,000	(대) 현금	20,000,000

문제 22번	기타포괄손익의 집계	출제구분	재출제	난이도	★ ☆ ☆	정답	③

• 기타포괄손익누계액 : 2,500,000(보험수리적이익)+500,000(유형자산 재평가잉여금)=3,000,000
→주식발행초과금, 자기주식처분이익 : 자본 가산항목

Guide 기타포괄손익 항목

• FVOCI금융자산평가손익(지분상품/채무상품), 재평가잉여금, 보험수리적손익(확정급여제도 재측정손익)
• 해외사업장외화환산차이, 현금흐름위험회피파생상품평가손익(위험회피에 효과적인 부분)

문제 23번	할부판매 매출총이익	출제구분	재출제	난이도	★ ☆ ☆	정답	②

• 매출총이익 계산
매출액 : 3,000,000×2.40183 = 7,205,490
매출원가 : (6,000,000)
1,205,490

*참고 회계처리

20x1년초	(차) 매출채권	9,000,000	(대) 매출	3,000,000×2.40183=7,205,490
			현재가치할인차금	1,794,510
	(차) 매출원가	6,000,000	(대) 상품	6,000,000
20x1년말	(차) 현금	3,000,000	(대) 매출채권	3,000,000
	(차) 현재가치할인차금	864,659	(대) 이자수익	7,205,490×12%=864,659

문제 24번	수행의무 이행형태와 수익인식	출제구분	재출제	난이도	★ ★ ☆	정답	①

• ①은 기간에 걸쳐 이행하는 수행의무와 관련되어 있다.

Guide 기간에 걸쳐 이행하는 수행의무와 한 시점에 이행하는 수행의무

❐ 다음 기준 중 어느 하나를 충족하면, 기업은 재화나 용역에 대한 통제를 기간에 걸쳐 이전하므로 기간에 걸쳐 수행의무를 이행하는 것이고 기간에 걸쳐 수익을 인식함.

㉠ 고객은 기업이 수행하는 대로 기업의 수행에서 제공하는 효익을 동시에 얻고 소비한다.
㉡ 기업이 수행하여 만들어지거나 가치가 높아지는 대로 고객이 통제하는 자산(예: 재공품)을 기업이 만들거나 그 자산 가치를 높인다.
㉢ 기업이 수행하여 만든 자산이 기업 자체에는 대체 용도가 없고, 지금까지 수행을 완료한 부분에 대해 집행 가능한 지급청구권이 기업에 있다.

❐ 수행의무가 기간에 걸쳐 이행되지 않는다면, 그 수행의무는 한 시점에 이행되는 것임. 고객이 약속된 자산을 통제하고 기업이 수행의무를 이행하는 시점을 판단하기 위해, 다음과 같은 통제 이전의 지표를 참고하여야 함.

㉠ 기업은 자산에 대해 현재 지급청구권이 있다.
㉡ 고객에게 자산의 법적 소유권이 있다.
㉢ 기업이 자산의 물리적 점유를 이전하였다.
㉣ 자산의 소유에 따른 유의적인 위험과 보상이 고객에게 있다.
㉤ 고객이 자산을 인수하였다.

문제 25번	2차연도 건설계약손익	출제구분	재출제	난이도	★ ★ ☆	정답	③

• 20x2년 계약손익 : $(50,000,000\times\frac{10,000,000+30,000,000}{40,000,000}-50,000,000\times\frac{10,000,000}{40,000,000})-30,000,000=7,500,000$

• 연도별 계약손익 계산

구분	20x1년	20x2년
진행률	$\frac{10,000,000}{40,000,000}=25\%$	$\frac{10,000,000+30,000,000}{40,000,000}=100\%$
계약수익	50,000,000 × 25% = 12,500,000	50,000,000 × 100% - 12,500,000 = 37,500,000
계약원가	10,000,000	30,000,000
계약손익	2,500,000	7,500,000

문제 26번	계약수익과 계약원가의 인식	출제구분	재출제	난이도	★ ★ ☆	정답	②

• 하도급계약에 따라 수행될 공사에 대해 하도급자에게 선급한 금액은 진행률 산정을 위한 누적발생원가에서 제외시켜야 한다.

문제 27번	퇴직급여제도 일반사항	출제구분	신유형	난이도	★ ☆ ☆	정답	③

• 사외적립자산은 기금(보험회사)이 보유하고 있는 자산을 말하며, 보고기간말에 공정가치로 측정하고 재무상태표에 확정급여채무에서 차감하여 표시한다.

Guide 사외적립자산 회계처리

기여금 적립시	(차) 사외적립자산	xxx	(대) 현금	xxx
이자수익(수익발생)	(차) 사외적립자산	xxx	(대) 퇴직급여(이자수익)	xxx
퇴직시(퇴직급여지급)	(차) 확정급여채무	xxx	(대) 사외적립자산	xxx

문제 28번	주식결제형 주식기준보상 보상원가 측정	출제구분	신유형	난이도	★ ☆ ☆	정답	①

• 주식기준보상 보상원가 측정(거래상대방이 종업원인 경우)

적용순서	보상원가	측정기준일	비고
〈1순위〉	• 제공받는 재화·용역 공정가치	일반적으로 추정불가	
〈2순위〉	• 부여한 지분상품 공정가치	**부여일**	재측정하지 않음
〈3순위〉	• 부여한 지분상품 내재가치(=주가 - 행사가격)	제공받는 날	재측정(기말 & 가득기간이후)

참고 거래상대방이 종업원이 아닌 경우는 모두 제공받는 날을 기준으로 위 순위대로 측정함.

문제 29번	2차연도말 법인세비용 계산	출제구분	재출제	난이도	★ ★ ☆	정답	③

• 20x2년말 이연법인세자산 150,000이 계상되어야 하므로, 20x1년말 현재 계상되어 있는 이연법인세부채 50,000을 제거하고 추가로 이연법인세자산 150,000을 계상한다. 법인세비용은 대차차액으로 구한다.

→ (차) 법인세비용(대차차액)	200,000	(대) 미지급법인세(당기법인세)	400,000
이연법인세부채	50,000		
이연법인세자산	150,000		

Guide 이연법인세 계산구조

대상	• 일시적차이(유보)
공시	• 이연법인세자산(부채)는 비유동자산(부채)로만 표시하고 소정 요건을 충족하는 경우 상계하여 표시 • 현재가치평가를 하지 않음.
절차	• **[1단계]** 미지급법인세(과세소득×당기세율) = (세전순이익 ± 영구적차이 ± 일시적차이) × 당기세율 **[2단계]** 이연법인세자산(부채) = 유보(△유보) × 미래예상세율(평균세율) **[3단계]** 법인세비용 = 대차차액에 의해 계산 주의 이연법인세자산(부채)은 당기세율이 아니라 소멸시점의 미래예상세율을 적용함.

문제 30번	감가상각방법의 회계추정변경	출제구분	재출제	난이도	★★☆	정답	①

• 20x1년 감가상각비 : 100,000×40%=40,000
  20x2년 감가상각비 : (100,000-40,000)×40%=24,000
• 감가상각방법 변경은 회계추정변경이므로 변경효과를 전진적으로 인식한다.(잔존내용연수=3년)
  ㉠ [1단계] 변경된 시점의 장부금액 계산
    20x3년초 장부금액 : 100,000-(40,000+24,000)=36,000
  ㉡ [2단계] 새로운 추정방법을 위 장부금액에 적용하여 감가상각비 계산
    20x3년 감가상각비 : (36,000-0)÷3년=12,000

Guide 회계변경의 처리

회계정책변경	• 처리 : (원칙)소급법 →전기재무제표 재작성O
회계추정변경	• 처리 : 전진법 →전기재무제표 재작성X 주의 회계정책의 변경인지 회계추정의 변경인지 구분하는 것이 어려운 경우에는 이를 회계추정의 변경으로 봄.

문제 31번	EPS · PER를 이용한 주가 계산	출제구분	재출제	난이도	★★☆	정답	④

• 주가수익비율(PER) : 주가가 EPS의 몇 배인지를 나타내는 지표 → PER=주가÷EPS
• PER(10)=주가÷EPS(500)
  →∴주가=5,000

문제 32번	관계기업투자주식 장부금액	출제구분	재출제	난이도	★☆☆	정답	③

• 20x1년말 관계기업투자주식 장부금액 : 900,000(취득원가)+300,000(당기순이익)×40%=1,020,000

*참고 ㈜삼일 회계처리

취득시(20x1년초)	(차) 관계기업투자주식	900,000	(대) 현금	900,000
당기순이익 보고시(20x1년말)	(차) 관계기업투자주식	120,000	(대) 지분법이익	120,000

문제 33번	지분법의 적용	출제구분	재출제	난이도	★☆☆	정답	④

• 취득시점 이후 발생한 피투자회사의 순자산 변동액은 투자주식 계정에 반영한다.

Guide 취득일이후 지분법 회계처리

당기순이익 보고시	• '피투자회사의 순이익×지분율'만큼 지분법이익(당기손익)을 인식함. →(차) 관계기업투자주식 xxx (대) 지분법이익 xxx
배당시	• 배당결의시 : (차) 미수배당금 xxx (대) 관계기업투자주식 xxx • 배당수령시 : (차) 현금 xxx (대) 미수배당금 xxx 주의 지분법에서는 피투자회사가 배당을 하면 순자산이 감소하므로 투자주식을 감소시키는 처리를 하며, 배당금수익을 인식하는 것이 아님.
기타포괄손익 증감시	• '피투자회사의 기타포괄손익×지분율'만큼 지분법자본변동(기타포괄손익)을 인식함. →(차) 관계기업투자주식 xxx (대) 지분법자본변동 xxx

문제 34번	기능통화와 표시통화	출제구분	신유형	난이도	★ ★ ☆	정답	①

• 기능통화란 영업활동이 이루어지는 주된 경제환경의 통화로, 장부에 기록(거래인식)하는 통화이다.

Guide 기능통화와 표시통화

기능통화	• 영업활동이 이루어지는 주된 경제환경의 통화로, 장부에 기록(거래인식)하는 통화 →기능통화 이외의 통화는 모두 외화에 해당함. • 기능통화는 일단 결정된 이후에는 원칙적으로 변경불가함. →기능통화가 변경되는 경우에는 기능통화가 변경된 날의 환율을 사용하여 모든 항목을 새로운 기능통화로 환산하여 전진적용함.
표시통화	• 재무제표를 표시할 때 사용하는 통화 →국내영업기업의 기능통화는 원화로서 이는 표시통화와 동일함. • 기업은 어떤 통화든지 표시통화로 사용할 수 있으나, 기능통화와 표시통화가 다른 경우에는 기능통화를 표시통화로 환산하여 재무제표에 보고해야 함. • 기능통화를 표시통화로 환산시 환산차이는 기타포괄손익으로 인식함. 예시 ㉠ 국내영업기업 달러화는 외화 → 이를 환산한 원화는 기능통화 → 원화는 표시통화와 동일 ㉡ 미국현지법인 엔화는 외화 → 이를 환산한 달러화는 기능통화(장부기록) → 이를 환산한 원화는 표시통화

문제 35번	화폐성 · 비화폐성항목 구분	출제구분	재출제	난이도	★ ☆ ☆	정답	④

• 선급금은 비화폐성항목에 해당한다.

Guide 화폐성·비화폐성항목

화폐성항목	• 현금, 매출채권, 미수금, 대여금, 매입채무, 미지급금, 차입금, 미지급비용, 미수수익 등
비화폐성항목	• 재고자산, 유형자산, 무형자산, 지분상품, 선수금, 선급금, 선급비용, 선수수익 등

문제 36번	파생상품 해당여부	출제구분	재출제	난이도	★ ☆ ☆	정답	①

• 주식, 국공채, 회사채는 파생상품이 아니다.

Guide ▶ 파생상품의 종류

선물	• 현재 합의된 가격으로 미래 표준화된 특정대상을 인수할 것을 불특정다수와 약정한 조직화된 시장인 장내거래(선물거래소)에서의 계약 →예 배추밭떼기 : 3개월 후에 ₩100에 산다는 계약 • 거래증거금이 필요하며 일일정산제도가 있음.	• 무조건 계약을 이행해야함. • 권리와 의무 모두 존재
선도	• 선물과 동일하나 장외거래이며 특정인과의 계약임. →장외거래이므로 상대방의 신용상태파악이 필수적임.	
옵션	• 특정대상을 일정기간 내에 미리 정해진 가격으로 사거나 팔수 있는 권리에 대한 계약 →예 3개월 후에 ₩1,000에 살 수 있는 권리를 ₩100에 사는 계약을 한 경우 3개월 후에 가격동향을 판단하여 가격이 오르면 권리를 행사함. →미국형옵션 : 만기 전에 언제라도 권리행사 가능 →유럽형옵션 : 만기에만 권리행사 가능	• 계약파기 가능 • 권리나 의무중 하나만 존재
스왑	• 거래 쌍방 간에 상품 또는 경제적조건을 서로 맞바꾸는 것	

문제 37번	리스료의 구성	출제구분	재출제	난이도	★ ☆ ☆	정답	①

• 무보증잔존가치는 리스료의 구성항목에 해당되지 않는다.

Guide ▶ 리스료의 구성항목

고정리스료	• 지급액에서 변동리스료를 뺀 금액(리스인센티브는 차감)
변동리스료	• 시간경과가 아닌 지수·요율(이율)에 따라 달라지는 리스료
매수선택권행사가격 (소유권이전금액)	• 리스이용자가 매수선택권을 행사할 것이 상당히 확실한 경우 그 매수선택권의 행사가격(또는 소유권이전금액)
종료선택권행사가격	• 리스기간이 리스이용자의 종료선택권 행사를 반영하는 경우에 그 리스를 종료하기 위하여 부담하는 금액
보증잔존가치	• ① 리스이용자의 경우 : 잔존가치보증에 따라 지급할 것으로 예상되는 금액 ② 리스제공자의 경우 : 다음의 자의 잔존가치보증액 - 리스이용자와 리스이용자의 특수관계자 - 리스제공자와 특수관계에 있지 않고 보증의무 이행할 재무적 능력이 있는 제3자

문제 38번	리스이용자 감가상각비 계산	출제구분	기출변형	난이도	★ ★ ☆	정답	③

• 사용권자산(리스부채) : 40,000(리스료의 현재가치)
• 감가상각대상금액 : 40,000 - 0(추정잔존가치) = 40,000
• 감가상각기간 : 소유권이전이 있으므로 내용연수 5년 적용
• 20x1년 감가상각비 : 40,000÷5년 = 8,000

*참고 회계처리

20x1년초(리스개시일)	(차) 사용권자산	40,000	(대) 리스부채	40,000
20x1년말(보고기간말)	(차) 이자비용	xxx	(대) 현금	12,000
	리스부채	xxx		
	(차) 감가상각비	8,000	(대) 감가상각누계액	8,000

Guide 리스이용자 회계처리

리스개시일		• (차) 사용권자산(원가) xxx (대) 리스부채 xxx 현금(리스개설직접원가) xxx
	리스부채	❒ 지급되지 않은 리스료를 내재이자율로 할인한 현재가치 (내재이자율 산정불가시는 리스이용자의 증분차입이자율로 할인)
보고기간말		• (차) 이자비용 xxx (대) 현금 xxx 리스부채 xxx (차) 감가상각비 xxx (대) 감가상각누계액 xxx
	이자비용	❒ 리스부채 장부금액×내재이자율
	감가상각	아래 표 참조

구분	감가상각대상금액	감가상각기간
소유권이전O	원가-추정잔존가	내용연수
소유권이전X	원가-보증잔존가	Min[리스기간, 내용연수]

문제 39번	현금흐름표상 활동의 구분	출제구분	재출제	난이도	★ ☆ ☆	정답	④

• 유형자산의 취득에 따른 현금유출은 투자활동 현금흐름에 해당한다.

Guide 투자활동현금흐름의 예[K-IFRS 제1007호 문단16]

㉠ 유형자산, 무형자산 및 기타 장기성 자산의 취득·처분
㉡ 다른 기업의 지분상품이나 채무상품 및 공동기업 투자지분의 취득·처분
㉢ 제3자에 대한 선급금 및 대여금과 선급금 및 대여금의 회수(금융회사의 현금 선지급과 대출채권 제외)
㉣ 선물계약, 선도계약, 옵션계약 및 스왑계약

문제 40번	간접법과 감가상각비	출제구분	재출제	난이도	★★★	정답	④

• 감가상각비 계산

기초순액	100,000 - 20,000 = 80,000	처분순액	0
		감가상각비	X
취득	165,000 - 100,000 = 65,000	기말순액	165,000 - 50,000 = 115,000

→ X(감가상각비) = 30,000

• 간접법에 의한 영업활동현금흐름 계산

당기순이익	:	50,000
감가상각비	:	30,000
매출채권증가	:	(10,000)
매입채무증가	:	30,000
		100,000

Guide **유형자산 현금흐름추정 Trick**

유형자산 현금흐름 계정분석			
기초순액	xxx	처분순액(= 취득원가 - 감가상각누계액)	xxx
		감가상각비	xxx
취득	xxx	기말순액	xxx

→현금유입액 : 처분순액 + 처분이익

예 (차) 현금	1,000	(대) 기계장치	2,500
감가상각누계액	1,800	처분이익	300

→현금유출액 : 취득

예 (차) 기계장치	1,000	(대) 현금	1,000

3P

3P FINAL

3P

POTENTIALITY
PASSION
PROFESSION

3P는 여러분의 무한한 잠재적 능력과 반드시 성취하겠다는 열정을 토대로 전문가의 길로 나아가는 세무라이선스 파이널시리즈의 학습 정신입니다.

수험생 여러분의 합격을 응원합니다.

재경관리사 공개기출해설[재무]

2019년 7월에 시행된 기출문제에 대한 완벽한 해설을 관련이론(가이드)과 함께 제시하였습니다. 해당 문제는 합본부록을 참고바랍니다.

FINAL

Certified Accounting Manager

재무회계 공개기출문제해설

[2019년 07월 시행]

SEMOOLICENCE

문제 1번	K-IFRS와 일반기업회계기준 특징	출제구분	재출제	난이도	★ ☆ ☆	정답	①

- 한국채택국제회계기준은 비용의 성격별 또는 기능별 분류방법 중에서 신뢰성 있고 더욱 목적적합한 정보를 제공할 수 있는 방법을 적용하여 당기손익으로 인식한 비용의 분석내용을 표시하도록 규정하고 있다.

Guide K-IFRS 비용 분류방법(이하 둘 중 선택 적용)

성격별 분류법	• 비용은 그 성격별로 통합함.(즉, 각 항목의 유형별로 구분표시) →예 감가상각비, 원재료구입, 운송비, 종업원급여, 광고비 등 • 매출원가를 다른 비용과 분리하여 공시하지 않음. • 기능별로 재배분하지 않으므로 적용이 간단함.(미래현금흐름 예측에는 유용함)
기능별 분류법 (=매출원가법)	• 비용은 그 기능별로 분류함. →예 매출원가, 물류원가, 관리활동원가 등 • 적어도 매출원가를 다른 비용과 분리하여 공시함. • 목적적합하나, 자의적인 기능별 배분과 판단이 개입될 수 있음. • 기능별로 분류시에는 성격별 분류에 따른 추가공시가 필요함.

문제 2번	K-IFRS '재무보고를 위한 개념체계' 개정으로 인한 문제 불성립

문제 3번	근본적 질적특성 세부고찰	출제구분	기출변형	난이도	★ ★ ☆	정답	③

- 중요성은 개별 기업 재무보고서 관점에서 해당 정보와 관련된 항목의 성격이나 규모 또는 이 둘 다에 근거하여 해당 기업에 특유한 측면의 목적적합성을 의미한다. 따라서 회계기준위원회는 중요성에 대한 획일적인 계량 임계치를 정하거나 특정한 상황에서 무엇이 중요한 것인지를 미리 결정할 수 없다. 즉, 중요성은 기업마다 다르므로 회계기준위원회가 사전에 규정할 수 없다.

Guide 근본적 질적특성 개괄

목적적합성	예측가치와 확인가치	• 이용자들이 미래 결과를 예측하기 위해 사용하는 절차의 투입요소로 재무정보가 사용될 수 있다면 그 재무정보는 예측가치를 갖음. →재무정보가 과거 평가에 대해 피드백을 제공한다면(과거 평가를 확인하거나 변경시킨다면) 확인가치를 갖음. • 재무정보가 예측가치를 갖기 위해서 그 자체가 예측치 또는 예상치일 필요는 없음.
	중요성	• 정보가 누락·잘못기재된 경우 일반목적재무보고서에 근거하여 이루어지는 주요이용자의 의사결정에 영향을 줄 수 있다면 그 정보는 중요한 것임. • 중요성은 개별기업 재무보고서 관점에서 해당 정보와 관련된 항목의 성격이나 규모 또는 이 둘 모두에 근거하여 해당 기업에 특유한 측면의 목적적합성을 의미함.
표현충실성	완전한 서술 중립적 서술 오류없는 서술	• 오류가 없다는 것은 현상의 기술에 오류나 누락이 없고, 보고정보를 생산하는데 사용되는 절차의 선택과 적용시 절차상 오류가 없음을 의미함. →즉, 오류가 없다는 것은 모든 면에서 완벽, 정확하다는 것을 의미하지는 않음.

문제 4번	재무제표 표시(재무상태표 작성기준)	출제구분	기출변형	난이도	★ ☆ ☆	정답	③

• 재무상태표의 양식 및 포함항목 등을 재량적으로 결정가능하다.

Guide 재무제표 표시 일반사항 개괄

K-IFRS 준수	• K-IFRS를 준수하여 작성하는 기업은 그 준수사실을 주석에 명시적이고 제한없이 기재함. • 부적절한 회계정책은 공시·주석·보충자료를 통해 설명하더라도 정당화될 수 없음.
계속기업	• 경영진은 재무제표작성시 계속기업으로서의 존속가능성을 평가해야함.
발생기준	• 기업은 현금흐름정보를 제외하고는 발생기준 회계를 사용하여 재무제표를 작성함.
중요성과 통합표시	• 유사한 항목은 중요성 분류에 따라 F/S에 구분표시하며, 상이한 성격·기능을 가진 항목은 구분 표시함. →다만, 중요치 않은 항목은 성격·기능이 유사한 항목과 통합표시 가능함.
상계	• K-IFRS에서 요구하거나 허용하지 않는 한 자산·부채, 수익·비용은 상계하지 아니함. →단, 재고자산평가충당금과 대손충당금(손실충당금)과 같은 평가충당금을 차감하여 관련자산을 순액으로 측정하는 것은 상계표시에 해당하지 아니함.
보고빈도	• 전체 재무제표(비교정보를 포함)는 적어도 1년마다 작성함.
비교정보	• 최소한 두 개의 재무상태표와 두 개씩의 그외 재무제표·관련주석을 표시해야 함.
표시의 계속성	• 표시·분류는 소정사항의 경우를 제외하고는 매기 동일해야함.

문제 5번	수정을 요하는 보고기간후사건	출제구분	재출제	난이도	★ ☆ ☆	정답	③

• 보고기간말과 재무제표 발행승인일 사이에 투자자산의 공정가치(시장가치) 하락은 수정을 요하지 않는 보고기간후사건의 대표적인 사례에 해당한다.

→공정가치의 하락은 일반적으로 보고기간말의 상황과 관련된 것이 아니라 보고기간 후에 발생한 상황이 반영된 것이므로, 그 투자자산에 대해서 재무제표에 인식된 금액을 수정하지 아니한다.

• 그 외 나머지 사항은 모두 수정을 요하는 보고기간후사건이다.

Guide 기타 수정을 요하는 보고기간후사건

• 보고기간말에 이미 자산손상이 발생되었음을 나타내는 정보를 보고기간 후에 입수하는 경우나 이미 손상차손을 인식한 자산에 대하여 손상차손금액의 수정이 필요한 정보를 보고기간 후에 입수하는 경우(보고기간후 매출처 파산 등)
• 보고기간말 이전에 구입한 자산의 취득원가나 매각한 자산의 대가를 보고기간 후에 결정하는 경우
• 재무제표가 부정확하다는 것을 보여주는 부정이나 오류를 발견한 경우

문제 6번	매출원가(신) 계산	출제구분	신유형	난이도	★ ★ ★	정답	②

• 이하 도표에 해당 금액을 대입하여 매출원가(구)를 먼저 계산한다.

기초재고	400,000
당기매입	1,000,000

‖

① 매출원가(구)[평가 · 감모손실 반영전](?)	**530,000**
② 평가손실	550,000
③ 정상감모손실	20,000
④ 비정상감모손실	0
⑤ 기말재고[평가 · 감모손실 반영후]	300,000

• 매출원가(신) = ① + ② + ③ + ④ : 530,000 + 550,000 + 20,000 + 0 = 1,100,000

문제 7번	재고자산감모손실 · 평가손실	출제구분	신유형	난이도	★ ★ ★	정답	④

• 재고자산감모손실 · 평가손실은 비용이나 매출원가로 처리하므로 처리방법 불문하고 당기이익을 감소시킨다.
• 개당 순실현가능가치(NRV) : 160 - 160 × 5% = 152
• 재고자산감모손실과 재고자산평가손실 계산

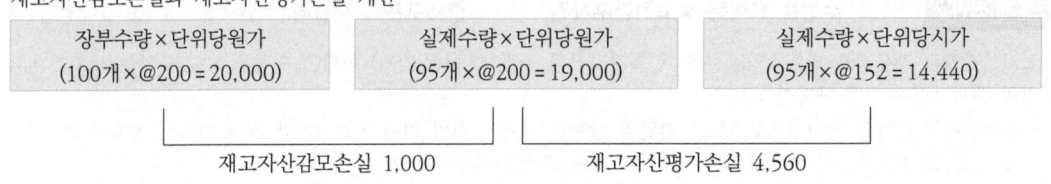

장부수량 × 단위당원가 (100개 × @200 = 20,000)	실제수량 × 단위당원가 (95개 × @200 = 19,000)	실제수량 × 단위당시가 (95개 × @152 = 14,440)

재고자산감모손실 1,000　　　재고자산평가손실 4,560

∴당기손익에 미치는 영향 : 1,000 + 4,560 = 5,560(감소)

* 저자주 문제의 명확한 성립을 위해 '단, 20x1년 기초재고자산의 재고자산평가충당금은 없다'를 추가하기 바랍니다.

문제 8번	외화매입시 재고자산 매입원가	출제구분	신유형	난이도	★ ★ ☆	정답	②

• 매입할인은 매입원가에서 차감한다.
• 운송보험료는 매입원가에 가산한다.
• 매입관리부서 인원의 인건비는 일반적인 판관비(영업비용)에 해당한다.

∴재고자산 가액 : $1,000 × 1,100 - $120 × 1,100 + 80,000 = 1,048,000

문제 9번	유형자산 취득원가 포함여부	출제구분	재출제	난이도	★★☆	정답	②

• 기계장치의 취득금액 : 700,000,000+15,000,000=715,000,000
→기계장치에서 생산된 새로운 상품을 소개하는 데 소요되는 광고비와 기계장치와 관련된 산출물에 대한 수요가 형성되는 과정에서 발생하는 가동손실은 취득원가에 포함되지 않는 항목에 해당한다.

Guide 유형자산 취득원가 포함/불포함 항목

포함항목	• ㉠ 관세 및 환급불가능한 취득 관련 세금(취득세, 등록세)을 가산하고 매입할인과 리베이트 등을 차감한 구입가격 →주의 보유자산 재산세와 자동차세는 비용처리함. ㉡ 경영진이 의도하는 방식으로 유형자산을 가동하는 데 필요한 장소와 상태에 이르게 하는데 직접 관련되는 다음과 같은 원가 ㉠ 유형자산의 매입 또는 건설과 직접적으로 관련되어 발생한 종업원급여 ㉡ 설치장소 준비원가, 최초의 운송 및 취급 관련 원가, 설치원가 및 조립원가 ㉢ 유형자산이 정상적 작동여부를 시험하는 과정에서 발생하는 원가 비교 시제품의 순매각금액 : ㉠ 일반기업회계기준 - 원가차감 ㉡ K-IFRS - 당기손익 ㉣ 전문가에게 지급하는 수수료, 구입시 중개수수료·보험료 ㉢ 자산을 해체, 제거, 복구하는데 소요될 것으로 최초에 추정되는 원가(=복구원가)
불포함항목	• ㉠ 새로운 시설을 개설하는 데 소요되는 원가 ㉡ 새로운 상품과 서비스를 소개하는 데 소요되는 원가(예 광고·판촉활동관련 원가) ㉢ 새로운 지역, 새로운 고객층 대상 영업을 하는 데 소요되는 원가(예 직원 교육훈련비) ㉣ 관리 및 기타 일반간접원가 ㉤ 경영진이 의도하는 방식으로 가동될 수 있으나 아직 실제로 사용되지는 않고 있는 경우 또는 가동수준이 완전조업도 수준에 미치지 못하는 경우에 발생하는 원가 ㉥ 산출물에 대한 수요가 형성되는 과정에서 발생하는 가동손실과 같은 초기가동손실 ㉦ 기업의 영업 전부 또는 일부를 재배치하거나 재편성하는 과정에서 발생하는 원가 ㉧ 부수 영업활동 손익(예 건설시작 전에 건설용지를 주차장 용도로 사용시 손익)

문제 10번	유형자산 손상후 감가상각비 계산	출제구분	재출제	난이도	★★☆	정답	③

• 20x1년말 회수가능액 : Max[35,000,000, 30,000,000]=35,000,000
• 20x1년말 장부금액 : 손상차손을 인식한 후의 금액(=회수가능액)인 35,000,000
• 20x2년 감가상각비 : (35,000,000-0)÷10년=3,500,000

Guide 유형자산 손상차손

손상차손(당기손익)	• 손상차손액=장부금액-회수가능액
회수가능액	• 회수가능액=Max[순공정가치, 사용가치] →{순공정가치 : 매각금액–처분부대원가 사용가치 : 기대미래현금흐름의 현재가치
회계처리	• (차) 유형자산손상차손 xxx (대) 손상차손누계액(유형자산 차감) xxx

문제 11번	연구 · 개발단계지출의 비용계상액 계산	출제구분	재출제	난이도	★ ☆ ☆	정답	③

• 비용 : 300억원(연구비)+120억원(경상개발비)=420억원
• 자산 : 80억원(개발비) →상각비는 사용가능시점인 20x2년부터 계상된다.

Guide 연구단계와 개발단계 지출의 처리

의의	• 인식기준을 충족하는지를 평가하기 위해 무형자산 창출과정을 연구단계와 개발단계로 구분함. 주의 무형자산을 창출하기 위해 내부 프로젝트를 연구단계와 개발단계로 구분할 수 없는 경우에는 발생한 지출은 모두 연구단계에서 발생한 것으로 봄.	
회계처리	연구단계활동 지출	• 비용(연구비)
	개발단계활동 지출	• 자산인식요건 충족O : 무형자산(개발비) • 자산인식요건 충족X : 비용(경상개발비)

문제 12번	연구 · 개발단계지출의 처리	출제구분	재출제	난이도	★ ★ ☆	정답	①

• 새로운 지식을 얻고자 하는 활동
→연구단계활동에서 발생한 것이므로 연구비의 과목으로 비용처리한다.
• 사용 전의 시제품을 설계, 제작 및 시험하는 활동
→개발단계활동에서 발생한 것이므로 자산인식기준을 충족하지 못하는 것은 경상개발비의 과목으로 비용처리하고, 자산인식기준을 충족하는 것은 개발비의 과목으로 무형자산으로 처리한다.

Guide 연구단계활동과 개발단계활동

연구활동	• 새로운 지식을 얻고자 하는 활동 • 연구결과나 기타 지식을 탐색, 평가, 최종 선택, 응용하는 활동 • 재료 · 장치 · 제품 · 공정 · 시스템등에 대한 여러 가지 대체안을 탐색하는 활동 • 새롭거나 개선된 재료 · 장치 · 제품 · 공정 · 시스템 등에 대한 여러 가지 대체안을 제안, 설계, 평가, 최종 선택하는 활동
개발활동	• 생산이나 사용 전의 시제품과 모형을 설계, 제작, 시험하는 활동 • 새로운 기술과 관련된 공구, 지그, 주형, 금형등을 설계하는 활동 • 상업적 생산 목적으로 실현가능한 경제적 규모가 아닌 시험공장을 설계, 건설, 가동하는 활동 • 신규 또는 개선된 재료 · 장치 · 제품 · 공정 · 시스템 등에 대하여 최종적으로 선정된 안을 설계, 제작, 시험하는 활동

문제 13번	투자부동산 해당여부	출제구분	기출변형	난이도	★ ☆ ☆	정답	④

【문제수정】

❒ 선지 ①을 다음으로 교체

'① 투자부동산은 임대수익이나 시세차익 또는 둘 다를 얻기 위하여 소유자가 보유하거나 리스이용자가 사용권자산으로 보유하고 있는 부동산을 말한다.'

- 통상적인 영업과정에서 판매를 위한 부동산이나 이를 위하여 건설 또는 개발 중인 부동산은 투자부동산에 해당하지 않는다.

*저자주 K-IFRS 개정으로 '정상적인'은 '통상적인'으로 문구가 변경되었으니 참고바랍니다.

Guide 투자부동산의 정의·일반적 분류·해당여부

투자부동산 정의	• 투자부동산은 임대수익이나 시세차익 또는 둘 다를 얻기 위하여 소유자가 보유하거나 리스이용자가 사용권자산으로 보유하고 있는 부동산을 말함.	
부동산 일반적 분류	임대수익·시세차익목적 보유	• 투자부동산
	재화생산·용역제공·관리목적 보유	• 유형자산(자가사용부동산)
	통상적 영업과정에서 판매목적 보유	• 재고자산
투자부동산 해당여부	투자부동산O [예시]	• 장기시세차익을 얻기 위하여 보유하고 있는 토지 →통상적인 영업과정에서 단기간에 판매하기 위하여 보유하는 토지 제외 • 장래 용도를 결정하지 못한 채로 보유하고 있는 토지 • 직접소유하고 운용리스로 제공하는 건물 • 운용리스로 제공하기 위하여 보유하는 미사용 건물 • 미래에 투자부동산으로 사용하기 위하여 건설·개발중인 부동산
	투자부동산X [예시]	• 통상영업과정에서 판매 또는 이를 위하여 건설·개발 중인 부동산 • 자가사용부동산 • 금융리스로 제공한 부동산

문제 14번	상각후원가측정금융자산 분류 · 평가	출제구분	재출제	난이도	★ ★ ☆	정답	③

• 채무상품은 사업모형과 충족조건에 따라 AC금융자산, FVOCI금융자산, FVPL금융자산 모두로 분류된다.

Guide 금융자산 분류

<table>
<tr><td rowspan="5">원칙</td><td colspan="3">• 사업모형과 현금흐름특성에 근거하여 다음과 같이 분류 · 측정함.</td></tr>
<tr><td>분류 · 측정</td><td>충족조건</td><td>해당증권</td></tr>
<tr><td>AC금융자산
[상각후원가측정]</td><td>• ㉠ 현금흐름수취목적 사업모형일 것
㉡ 원리금지급만으로 구성된 현금흐름일 것</td><td>채무상품</td></tr>
<tr><td>FVOCI금융자산
[기타포괄손익-공정가치측정]</td><td>• ㉠ 현금흐름수취와 금융자산매도목적 사업모형일 것
㉡ 원리금지급만으로 구성된 현금흐름일 것</td><td>채무상품</td></tr>
<tr><td>FVPL금융자산
[당기손익-공정가치측정]</td><td>• 그 외 모든 금융자산 →예 단기매매항목</td><td>지분상품
채무상품
파생상품</td></tr>
<tr><td rowspan="4">선택</td><td colspan="3">• 최초인식시점에 다음과 같이 측정하기로 선택할 수 있음.</td></tr>
<tr><td>분류 · 측정</td><td>충족조건</td><td>해당증권</td></tr>
<tr><td>FVOCI금융자산
[기타포괄손익-공정가치측정]</td><td>• 단기매매항목이 아닐 것</td><td>지분상품</td></tr>
<tr><td>FVPL금융자산
[당기손익-공정가치측정]</td><td>• 회계불일치를 제거하거나 유의적으로 줄이기 위한 경우일 것</td><td>지분상품
채무상품</td></tr>
</table>

문제 15번	금융자산 분류별 취득원가	출제구분	재출제	난이도	★ ★ ★	정답	②

• (주)용산의 지분상품 : FVPL금융자산(당기손익-공정가치측정금융자산)
→취득원가 : 1,000,000(FVPL금융자산 거래원가는 당기비용 처리함)
• (주)마포의 채무상품 : AC금융자산(상각후원가측정금융자산)
→취득원가 : 1,000,000(액면발행)
• (주)구로의 지분상품 : FVOCI금융자산(기타포괄손익-공정가치측정금융자산)
→취득원가 : 1,650,000(FVPL금융자산 이 외의 금융자산 거래원가는 취득 공정가치에 가산)

Guide 문제14번 Guide의 '금융자산 분류' 참조!

문제 16번	금융자산의 제거	출제구분	재출제	난이도	★ ★ ★	정답	②

• 양도자가 매도한 금융자산을 재매입시점의 '공정가치로 재매입'할 수 있는 권리를 보유하고 있는 경우에 위험과 보상의 대부분이 이전된 것으로 보아 금융자산을 제거하며, 단순한 재매입약정은 금융자산에 대한 권리를 양도하였다고 할 수 없으므로 금융자산을 계속 인식한다.

Guide 금융자산의 제거조건

<table>
<tr><td>권리소멸</td><td colspan="3">• 금융자산의 현금흐름에 대한 계약상 권리가 소멸한 경우</td></tr>
<tr><td rowspan="6">현금흐름양도</td><td colspan="3">• 금융자산의 현금흐름을 수취할 계약상 권리를 양도한 경우
→본 조건을 만족시는 이하의 위험과 보상의 이전여부를 추가로 고려함.</td></tr>
<tr><td colspan="2">위험과 보상</td><td>회계처리</td></tr>
<tr><td colspan="2">이전O</td><td>• 금융자산을 제거</td></tr>
<tr><td colspan="2">보유O</td><td>• 금융자산을 계속인식</td></tr>
<tr><td rowspan="2">이전X/보유X</td><td>금융자산을 통제X</td><td>• 금융자산을 제거</td></tr>
<tr><td>금융자산을 통제O</td><td>• 지속적관여 정도까지 금융자산을 계속인식</td></tr>
<tr><td>이전과 통제</td><td colspan="3">① 양도자가 위험과 보상의 대부분을 이전하는 경우의 예는 다음과 같음.
• 금융자산을 아무런 조건 없이 매도한 경우
• 양도자가 매도한 금융자산을 재매입시점의 공정가치로 재매입할 수 있는 권리를 보유하고 있는 경우
• 양도자가 매도한 금융자산에 대한 콜옵션을 보유하고 있거나 양수자가 당해 금융자산에 대한 풋옵션을 보유하고 있지만, 당해 콜옵션이나 풋옵션이 깊은 외가격 상태이기 때문에 만기 이전에 당해 옵션이 내가격 상태가 될 가능성이 매우 낮은 경우
② 양수자가 자산을 제3자에게 매도할수 있는 실질적 능력을 가지고 있으면 양도자는 양도자산에 대한 통제를 상실한 것임.</td></tr>
</table>

문제 17번	사채할증발행의 경우 총이자비용	출제구분	재출제	난이도	★ ★ ☆	정답	③

*고속철 사채할인발행시 만기까지 총이자비용 : 총액면이자 + 총사채할인발행차금
사채할증발행시 만기까지 총이자비용 : 총액면이자 - 총사채할증발행차금

• 발행금액(현재가치) : 10,000,000×2.57710+100,000,000×0.79383=105,154,000
→총사채할증발행차금 : 105,154,000-100,000,000=5,154,000

• 총이자비용 : 총액면이자(10,000,000×3년)-총사채할증발행차금(5,154,000)=24,846,000

문제 18번	전환사채 전환시 주식발행초과금	출제구분	재출제	난이도	★ ★ ★	정답	③

- 전환시 발행될 주식수 : 1,000,000÷50,000=20주
- 전환시 회계처리

(차) 전환사채	1,000,000	(대) 전환권조정		100,000
상환할증금	120,000	자본금	20주×10,000=	200,000
전환권대가	50,000	주식발행초과금(대차차액)		870,000

Guide ▶ 전환사채 액면발행 회계처리

발행시점(액면발행)	(차) 현금(발행금액)	xxx	(대) 전환사채(액면금액=발행금액)	xxx
	(차) 전환권조정(전환사채 차감)	xxx	(대) 전환권대가(발행금액-현재가치)	xxx
			상환할증금(전환사채 가산)	xxx
이자지급시점	(차) 이자비용	xxx	(대) 현금(액면이자)	xxx
			전환권조정(상각액)	xxx
전환시점	(차) 전환사채	xxx	(대) 전환권조정(미상각액)	xxx
	상환할증금	xxx	자본금	xxx
	전환권대가	xxx	주식발행초과금(대차차액)	xxx
상환시점	(차) 전환사채	xxx	(대) 현금	xxx
	상환할증금	xxx		

문제 19번	충당부채 인식	출제구분	신유형	난이도	★ ☆ ☆	정답	①

- 충당부채와 우발부채의 인식은 다음과 같다.

자원유출가능성 \ 금액추정가능성	신뢰성있게 추정가능	추정불가능
가능성이 높음	충당부채로 인식	우발부채로 주석공시
가능성이 어느 정도 있음(높지 않음)	우발부채로 주석공시	우발부채로 주석공시
가능성이 희박(아주 낮음)	공시하지 않음	공시하지 않음

- (ㄱ) : 충당부채, (ㄴ) : 우발부채, (ㄷ) : 공시하지 않음

문제 20번	복구충당부채 인식액	출제구분	재출제	난이도	★ ★ ☆	정답	②

- 20x1년 1월 1일 복구충당부채(실제복구비용 현재가치) : 200,000×0.62092=124,184
  →구축물 취득원가 : 1,000,000+124,184=1,124,184

*참고 20x1년 1월 1일 회계처리

(차) 구축물	1,124,184	(대) 현금	1,000,000
		복구충당부채	124,184

문제 21번	자본과 주식 세부고찰	출제구분	재출제	난이도	★ ★ ★	정답	④

- ① 법정자본금 : 5,000,000,000(자본금)
  ② 발행주식수 : 5,000,000,000(자본금)÷5,000(주당 액면금액)=1,000,000주
  ③ 기말 이익잉여금 : 10,000,000,000-(5,000,000,000+3,500,000,000)=1,500,000,000
  ④ 주당 주식발행금액 : (5,000,000,000+3,500,000,000)÷1,000,000주=@8,500

문제 22번	우선주 배당액(비누적적 · 비참가적)	출제구분	재출제	난이도	★ ★ ☆	정답	④

- 우선주가 비누적적 · 비참가적 우선주이므로, '우선주의 배당률에 해당하는 금액(=우선주자본금×배당률)'을 우선주에 배당하고, 나머지 금액 모두를 보통주에게 배당한다.
- 우선주배당금 : 500,000(우선주자본금)×5%(배당률)=25,000
  보통주배당금 : 300,000(배당금총액)-25,000(우선주배당금)=275,000

문제 23번	할부판매 매출총이익	출제구분	재출제	난이도	★ ★ ☆	정답	②

- 매출액 : 3,000,000×2.40183=7,205,490
- 매출총이익 : 7,205,490(매출액)-6,000,000(매출원가)=1,205,490

*참고 회계처리

20x1년초	(차) 매출채권	9,000,000	(대) 매출		3,000,000×2.40183=7,205,490
				현재가치할인차금	1,794,510
	(차) 매출원가	6,000,000	(대) 상품		6,000,000
20x1년말	(차) 현금	3,000,000	(대) 매출채권		3,000,000
	(차) 현재가치할인차금	864,659	(대) 이자수익		7,205,490×12%=864,659

문제 24번	고객충성제도 실무사례	출제구분	재출제	난이도	★ ★ ☆	정답	③

- 고객충성제도는 재화나 용역을 구매하는 고객에게 인센티브를 제공하기 위하여 사용하며, 고객이 재화나 용역을 구매하면 기업은 고객보상점수(흔히 '포인트')를 부여한다. 고객은 보상점수를 사용하여 재화나 용역을 무상취득하거나 할인 구매하는 방법으로 보상을 받을 수 있다.
- 무상수리제도는 판매와 직접 관련하여 발생하는 추가적인 원가부담 예상액으로서 현재의무이므로 '판매보증충당부채'의 회계처리가 적용된다.

문제 25번	건설계약 연도별 계약손익	출제구분	재출제	난이도	★ ★ ☆	정답	②

• 계약손익 계산

	20x1년	20x2년	20x3년
진행률	$\frac{60,000,000}{300,000,000}$=20%	$\frac{180,000,000}{360,000,000}$=50%	$\frac{360,000,000}{360,000,000}$=100%
계약수익	500,000,000×20% =100,000,000	500,000,000×50%-100,000,000 =150,000,000	500,000,000×100%-250,000,000 =250,000,000
계약원가	60,000,000	120,000,000	180,000,000
계약이익	40,000,000	30,000,000	70,000,000

Guide 계약손익 계산

수익인식방법	• 장·단기 모두 진행기준에 의함.
계약수익	• 계약금액×진행률 - 전기누적계약수익
계약원가	• 추정총계약원가×진행률 - 전기누적계약원가 ⇒ '당기발생계약원가'와 동일함.

문제 26번	미청구공사·초과청구공사 계산	출제구분	재출제	난이도	★ ★ ☆	정답	②

• 20x1년 계약수익 : 30,000,000× $\frac{4,000,000}{20,000,000}$ =6,000,000

• 20x1년 계약이익 : 6,000,000(계약수익) - 4,000,000(계약원가) = 2,000,000

• 20x1년말 미성공사 : 4,000,000(계약원가) + 2,000,000(계약이익) = 6,000,000

• 20x1년말 미청구공사(계약자산) : 6,000,000(미성공사) - 5,500,000(진행청구액) = 500,000

*고속철 '미성공사 = 누적계약수익'이므로, 누적계약수익 6,000,000이 미성공사금액이 된다.

*참고 20x1년 회계처리

계약원가 발생	(차) 미성공사	4,000,000	(대) 현금	4,000,000
계약대금 청구	(차) 공사미수금	5,500,000	(대) 진행청구액	5,500,000
계약대금 수령	(차) 현금	xxx	(대) 공사미수금	xxx
계약손익인식	(차) 계약원가 미성공사	4,000,000 2,000,000	(대) 계약수익	6,000,000

문제 27번	확정급여채무 관련항목의 증감	출제구분	재출제	난이도	★★★	정답	④

• 당기근무원가, 이자원가, 확정급여채무의 현재가치 모두 매년 증가한다.

예시 20x1년 3년간 근무하고 퇴사할(20x3년말에 퇴직할 경우) 종업원의 퇴직시 퇴직금이 300원(보험수리적평가방법 추정액)으로 예상된다. 할인율은 10%로 가정한다.(단, 20x1년초에 입사함)

㉠ 현재가치를 무시한 연도별 당기근무원가 계산

배분액 : 300÷3년=100 → 20x1년 100, 20x2년 100, 20x3년 100

㉡ 당기근무원가와 확정급여채무의 현재가치 계산

	20x1년	20x2년	20x3년
당기근무원가	$100 \div 1.1^2 = 83$	$100 \div 1.1 = 91$	100
이자원가	-	83×10%≒8	(83+8)×10%+91×10%≒18
추가인식할 확정급여채무	83	99	118

㉢ 회계처리

20x1년	(차)	퇴직급여(근무원가)	83	(대)	확정급여채무	83
20x2년	(차)	퇴직급여(이자원가) 퇴직급여(근무원가)	8 91	(대)	확정급여채무	99
20x3년	(차)	퇴직급여(이자원가) 퇴직급여(근무원가)	18 100	(대)	확정급여채무	118
	(차)	확정급여채무	300	(대)	현금	300

문제 28번	현금결제형 주식기준보상 당기보상비용	출제구분	재출제	난이도	★☆☆	정답	①

• 27,000개×250,000(20x1년말 주가차액보상권의 개당 공정가치)×$\frac{1}{3}$=2,250,000,000(22.5억원)

Guide 현금결제형 주식기준보상 보고기간말 회계처리

보고기간말	• 주가차액보상권은 보고기간말 공정가치로 재측정하고 기대권리소멸률을 반영한 보상원가를 용역제공비율에 따라 가득기간에 걸쳐 인식 →(차) 주식보상비용(당기비용) xxx (대) 장기미지급비용(부채) xxx
가득일 이후	• 가득일 이후에도 매 보고기간말의 공정가치를 기준으로 보상원가를 재측정하고 보상원가의 재측정으로 변동한 금액은 주식보상비용과 장기미지급비용으로 처리

문제 29번	1차연도 이연법인세자산·부채 계산	출제구분	기출변형	난이도	★☆☆	정답	②

• 이연법인세회계는 현재가치평가를 하지 않으므로, '3년, 1원의 현가계수'는 현혹자료에 해당된다.
• 가산할 일시적차이=△유보
• 이연법인세부채 : 2,000,000×10%=200,000

*참고 회계처리

(차) 법인세비용(대차차액)	xxx	(대) 미지급법인세(당기법인세)	xxx
		이연법인세부채	200,000

*저자주 20x1년에 설립(사업개시)되었다는 단서가 있어야 명확한 출제가 되므로, 아쉬운 출제로 사료됩니다!

문제 30번	감가상각방법의 회계추정변경	출제구분	재출제	난이도	★ ★ ☆	정답	①

• 감가상각방법 변경은 회계추정변경이므로 변경효과를 전진적으로 인식한다.(잔존내용연수 = 8년)

㉠ [1단계] 변경된 시점의 장부금액 계산

20x3년초 장부금액 : 1,000,000 - (200,000 + 160,000) = 640,000

㉡ [2단계] 새로운 추정방법을 위 장부금액에 적용하여 감가상각비 계산

20x3년 감가상각비 : (640,000 - 0) ÷ 8년 = 80,000

Guide **회계변경의 처리**

회계정책변경	• 처리 : (원칙)소급법 →전기재무제표 재작성O
회계추정변경	• 처리 : 전진법 →전기재무제표 재작성X 주의 회계정책의 변경인지 회계추정의 변경인지 구분하는 것이 어려운 경우에는 이를 회계추정의 변경으로 봄.

문제 31번	기본주당이익 계산방법	출제구분	재출제	난이도	★ ★ ★	정답	①

• 누적적 우선주는 배당금을 지급하지 못하였을 경우 그 부족액을 후년도의 이익에서 충당할 수 있는 우선주를 말하며, 누적적 우선주의 배당금은 배당결의 여부에 관계없이 손실이 발생한 경우에도 당해 회계기간과 관련된 세후배당금을 차감하여 산정한다.

예시 전기당기순손실 50,000원, 당기순이익 200,000원, 전기,당기 모두 유통보통주식은 1,000주, 우선주는 비참가적, 누적적 우선주. 당기에 전기분과 당기분 우선주배당 30,000원씩 60,000원을 배당키로 결의함.

- 전기 기본EPS : $\dfrac{-50,000-30,000}{1,000\text{주}}$ = - 80

- 당기 기본EPS : $\dfrac{200,000-30,000}{1,000\text{주}}$ = 170 → $\dfrac{200,000-60,000}{1,000\text{주}}$ =140(X)

*배당결의하지 않은 경우에도 위와 동일함!

Guide **보통주유통일수를 계산하는 기산일의 사례**

구분	기산일
현금납입의 경우('일반적 유상증자')	• 현금을 받을 권리가 발생하는 날
보통주나 우선주 배당금을 자발적으로 재투자하여 보통주 발행시	• 배당금의 재투자일
채무상품의 전환으로 인하여 보통주를 발행하는 경우	• 최종이자발생일의 다음날
기타금융상품에 대하여 이자지급·원금상환 대신 보통주를 발행시	• 최종이자발생일의 다음날
채무를 변제하기 위하여 보통주를 발행하는 경우('출자전환')	• 채무변제일
현금 이외의 자산을 취득하기 위하여 보통주를 발행하는 경우	• 그 자산의 취득을 인식한 날
용역의 대가로 보통주를 발행하는 경우	• 용역제공일

문제 32번	관계기업투자주식 장부금액	출제구분	재출제	난이도	★ ☆ ☆	정답	③

• 20x1년말 관계기업투자주식 장부금액 : 900,000(취득원가) + 500,000(당기순이익) × 30% = 1,050,000

*참고 ㈜삼일 회계처리

취득시(20x1년초)	(차) 관계기업투자주식	900,000	(대) 현금	900,000
당기순이익 보고시(20x1년말)	(차) 관계기업투자주식	150,000	(대) 지분법이익	150,000

문제 33번	관계기업에 대한 유의적 영향력	출제구분	재출제	난이도	★ ★ ☆	정답	④

- ① 20% 이상을 보유하여야 한다.
  ② 20% 이상을 보유하더라도 지분법 적용을 배제하며, 매각예정비유동자산으로 분류한다.
  ③ 의결권 있는 주식을 보유하여야 한다.
  ④ 20% 미만 보유하더라도 유의적인 영향력이 있는 경우에 해당한다.

Guide 유의적인 영향력

원칙	• 직·간접으로 의결권의 20%이상 소유시 명백한 반증이 있는 경우를 제외하고는 유의적인 영향력이 있는 것으로 보아 지분법을 적용함.
예외	❖20%미만 이더라도 유의적인 영향력이 있는 경우 • 의사결정기구·정책결정과정에 참여하는 경우와 필수적 기술정보를 제공하는 경우 주의 일반적 기술정보제공이 아님. • 중요한 거래가 있는 경우와 경영진의 상호 교류가 이루어지는 경우 ❖유의적인 영향력이 있어도 지분법적용을 배제하는 경우 • 12개월 이내에 매각할 목적으로 투자주식을 취득하여 적극적으로 매수자를 찾고 있는 일시보유목적의 투자주식 →매각예정비유동자산으로 분류함.

문제 34번	기능통화와 표시통화	출제구분	기출변형	난이도	★ ★ ☆	정답	④

- 기업은 어떤 통화든지 표시통화로 사용할 수 있다.(기능통화와 표시통화가 다른 경우에는 기능통화를 표시통화로 환산하여 재무제표에 보고해야 함.)
  →표시통화와 기능통화는 반드시 동일한 화폐로 사용하여야 하는 것은 아니다.

Guide 기능통화와 표시통화

기능통화	• 영업활동이 이루어지는 주된 경제환경의 통화로, 장부에 기록(거래인식)하는 통화 →기능통화 이외의 통화는 모두 외화에 해당함. • 기능통화는 일단 결정된 이후에는 원칙적으로 변경불가함. →기능통화가 변경되는 경우에는 기능통화가 변경된 날의 환율을 사용하여 모든 항목을 새로운 기능통화로 환산하여 전진적용함.
표시통화	• 재무제표를 표시할 때 사용하는 통화 →국내영업기업의 기능통화는 원화로서 이는 표시통화와 동일함. • 기업은 어떤 통화든지 표시통화로 사용할 수 있으나, 기능통화와 표시통화가 다른 경우에는 기능통화를 표시통화로 환산하여 재무제표에 보고해야 함. • 기능통화를 표시통화로 환산시 환산차이는 기타포괄손익으로 인식함. 예시 ㉠ 국내영업기업 달러화는 외화 → 이를 환산한 원화는 기능통화 → 원화는 표시통화와 동일 ㉡ 미국현지법인 엔화는 외화 → 이를 환산한 달러화는 기능통화(장부기록) → 이를 환산한 원화는 표시통화

문제 35번	재고자산평가손실의 환산	출제구분	재출제	난이도	★ ★ ★	정답	①

- 장부금액은 거래일환율, 순실현가능가치는 마감환율로 환산하여 순실현가능가치가 작은 경우 평가손실을 인식한다.
- 장부금액 : CNY2,000×@110 = 220,000
  순실현가능가치 : CNY1,800×@115 = (207,000)
  평가손실 13,000

Guide 재고자산 저가법에 따른 환산

장부금액	• 거래일환율(그 금액이 결정된 날의 환율)로 환산
순실현가능가치(NRV)	• 마감환율(그 가치가 결정된 날의 환율)로 환산
평가손실	• 장부금액-Min[장부금액, 순실현가능가치] →즉, 순실현가능가치가 장부금액 보다 작은 경우 평가손실을 인식

문제 36번	파생상품의 적용	출제구분	재출제	난이도	★ ★ ☆	정답	①

- 9개월 후의 외화대금 수령분 $2,000를 일정 안정된 환율로 매도하는 통화선도 매도계약을 체결한다.

문제 37번	리스용어의 정의	출제구분	재출제	난이도	★ ☆ ☆	정답	②

- 리스이용자의 증분차입이자율에 대한 정의에 해당한다.

Guide 리스용어의 정의 주요사항

리스약정일	• 리스계약일과 리스의 주요 조건에 대하여 계약당사자들이 합의한 날 중 이른 날 주의 리스는 리스약정일에 분류함.
리스개시일	• 리스제공자가 리스이용자에게 기초자산을 사용할수 있게 하는 날 주의 리스에 따른 자산, 부채, 수익, 비용의 최초인식일임.(즉, 회계처리시점)
리스료	• 리스이용자가 리스제공자에게 지급하는 금액 →고정리스료+변동리스료+매수선택권행사가격(소유권이전금액)+종료선택권행사가격+보증잔존가치
내재이자율	• 소유권이전이 확실하지 않은 경우 다음 산식을 성립시키게 하는 할인율 (리스료+무보증잔존가치)의 현재가치 = 공정가치+리스개설직접원가(제공자) '리스총투자' = 'リ스순투자'

문제 38번	리스이용자 감가상각비 계산	출제구분	재출제	난이도	★ ★ ☆	정답	①

- 사용권자산(리스부채) : 400,000(리스료의 현재가치)
- 감가상각대상금액 : 400,000 - 0(추정잔존가치) = 400,000
- 감가상각기간 : 소유권이전이 있으므로 내용연수 5년 적용
- 20x1년 감가상각비 : 400,000 ÷ 5년 = 80,000

*참고 회계처리

20x1년초(리스개시일)	(차) 사용권자산	400,000	(대) 리스부채	400,000
20x1년말(보고기간말)	(차) 이자비용	xxx	(대) 현금	xxx
	리스부채	xxx		
	(차) 감가상각비	80,000	(대) 감가상각누계액	80,000

Guide 리스이용자 회계처리

<table>
<tr><td rowspan="2">리스개시일</td><td colspan="2">• (차) 사용권자산(원가) xxx (대) 리스부채 xxx
현금(리스개설직접원가) xxx</td></tr>
<tr><td>리스부채</td><td>❐ 지급되지 않은 리스료를 내재이자율로 할인한 현재가치
(내재이자율 산정불가시는 리스이용자의 증분차입이자율로 할인)</td></tr>
<tr><td rowspan="3">보고기간말</td><td colspan="2">• (차) 이자비용 xxx (대) 현금 xxx
리스부채 xxx
(차) 감가상각비 xxx (대) 감가상각누계액 xxx</td></tr>
<tr><td>이자비용</td><td>❐ 리스부채 장부금액×내재이자율</td></tr>
<tr><td>감가상각</td><td><table><tr><td>구분</td><td>감가상각대상금액</td><td>감가상각기간</td></tr><tr><td>소유권이전O</td><td>원가-추정잔존가</td><td>내용연수</td></tr><tr><td>소유권이전X</td><td>원가-보증잔존가</td><td>Min[리스기간, 내용연수]</td></tr></table></td></tr>
</table>

문제 39번	매출활동 현금유입액	출제구분	재출제	난이도	★ ★ ★	정답	①

• 대손발생액 계산

대손발생	?	기초대손충당금	50,000
기말대손충당금	70,000	당기대손상각비	30,000

→대손발생 = 10,000

• 발생주의 순매출액 : 560,000
매출채권(총액)의 증가 :(100,000)
대손발생 : (10,000)
현금주의 매출액 450,000

Guide **발생주의의 현금주의 전환 : 매출액**

❒ (+)로 출발하며 자산의 증감은 역방향으로 가감하며, 부채의 증감은 순방향으로 가감하여 분석

• **발생주의 순매출액**(매출할인 · 에누리 · 환입을 차감한 후의 금액)	: xxx	▶ (+)로 출발함에 주의!
매출채권(총액)의 증가	: (xxx)	
선수금의 증가	: xxx	
대손발생	: (xxx)	
현금주의 매출액(매출채권회수액, 선수금수령액, 현금매출)	xxx	

문제 40번	현금흐름표상 활동의 구분	출제구분	재출제	난이도	★ ☆ ☆	정답	④

• 장기차입금에 따른 현금유입은 재무활동 현금흐름에 해당한다.

Guide **영업활동 현금흐름 사례[K-IFRS 제1007호 문단14]**

• 영업활동 현금흐름은 주로 기업의 주요 수익창출활동에서 발생한다. 따라서 영업활동 현금흐름은 일반적으로 당기순손익의 결정에 영향을 미치는 거래나 그 밖의 사건의 결과로 발생한다. 영업활동 현금흐름의 예는 다음과 같다.

㉠ 재화의 판매와 용역 제공에 따른 현금유입
㉡ 로열티, 수수료, 중개료 및 기타수익에 따른 현금유입
㉢ 재화와 용역의 구입에 따른 현금유출
㉣ 종업원과 관련하여 직 · 간접으로 발생하는 현금유출
㉤ 법인세의 납부 또는 환급. 다만 재무활동과 투자활동에 명백히 관련되는 것은 제외한다.
㉥ 단기매매목적으로 보유하는 계약에서 발생하는 현금유입과 현금유출

재경관리사 공개기출해설[재무]

2019년 9월에 시행된 기출문제에 대한 완벽한
해설을 관련이론(가이드)과 함께 제시하였습니다.
해당 문제는 합본부록을 참고바랍니다.

FINAL

Certified Accounting Manager

재무회계
공개기출문제해설
[2019년 09월 시행]

SEMOOLICENCE

문제 1번	재무회계와 관리회계	출제구분	재출제	난이도	★ ☆ ☆	정답	②

- 보고양식(보고서류) : 재무회계는 재무제표, 관리회계는 일정한 양식이 없다.
- 법적강제력 : 재무회계는 법적강제력이 있으나, 관리회계는 법적강제력이 없다.

Guide 재무회계와 관리회계 비교

구분	재무회계	관리회계
목적	• 외부보고(회계정보 제공)	• 내부보고(의사결정정보 제공)
회계정보이용자	• 주주, 채권자 등 외부이해관계자	• 경영자 등 내부이해관계자
보고서류 (보고양식)	• 기업회계기준에 의한 재무제표 →∴정형화(일정양식이 있음.)	• 이용목적에 따라 작성된 보고서 →∴비정형화(일정양식이 없음)
작성기준 (작성근거)	• 기업회계기준(일반적으로 인정된 회계원칙) →법적강제력 있음.	• 경제이론, 경영학, 통계학 등 →법적강제력 없음.
보고시점	• 1년, 분기, 반기,	• 주기적 또는 수시
정보의 성격	• 과거지향적	• 미래지향적

문제 2번	재무제표의 활용	출제구분	재출제	난이도	★ ★ ☆	정답	②

- ① 미래현금창출능력을 예측하기는 어렵다.(X) → 미래현금창출능력을 예측할 수 있다.(O)
  ③ 판단하는데 있어서는 유용하지 않다.(X) → 판단하는데 있어서 유용하다.(O)
  ④ 재무상태에 관한 정보는 주로 재무상태표, 성과에 관한 정보는 포괄손익계산서에서 확인할 수 있다.

문제 3번	재무정보 근본적 질적특성의 구성요소	출제구분	재출제	난이도	★ ☆ ☆	정답	①

- 목적적합성의 구성 : 예측가치, 확인가치, 중요성

Guide 근본적 질적특성 개괄

목적적합성	예측가치와 확인가치	• 이용자들이 미래 결과를 예측하기 위해 사용하는 절차의 투입요소로 재무정보가 사용될 수 있다면 그 재무정보는 예측가치를 갖음. →재무정보가 과거 평가에 대해 피드백을 제공한다면(과거 평가를 확인하거나 변경시킨다면) 확인가치를 갖음. • 재무정보가 예측가치를 갖기 위해서 그 자체가 예측치 또는 예상치일 필요는 없음.
	중요성	• 정보가 누락·잘못기재된 경우 일반목적재무보고서에 근거하여 이루어지는 주요이용자의 의사결정에 영향을 줄 수 있다면 그 정보는 중요한 것임. • 중요성은 개별기업 재무보고서 관점에서 해당 정보와 관련된 항목의 성격이나 규모 또는 이 둘 모두에 근거하여 해당 기업에 특유한 측면의 목적적합성을 의미함.
표현충실성	완전한 서술 중립적 서술 오류없는 서술	• 오류가 없다는 것은 현상의 기술에 오류나 누락이 없고, 보고정보를 생산하는데 사용되는 절차의 선택과 적용시 절차상 오류가 없음을 의미함. →즉, 오류가 없다는 것은 모든 면에서 완벽, 정확하다는 것을 의미하지는 않음.

문제 4번	포괄손익계산서 표시	출제구분	재출제	난이도	★★☆	정답	④

- 비용을 기능별로 분류하는 기업은 감가상각비, 기타 상각비와 종업원급여비용을 포함하여 비용의 성격에 대한 추가 정보를 공시한다.[K-IFRS 제1001호 문단104]

Guide 비용 분류방법(이하 둘 중 선택 적용)

성격별 분류법	• 비용은 그 성격별로 통합함.(즉, 각 항목의 유형별로 구분표시) →예 감가상각비, 원재료구입, 운송비, 종업원급여, 광고비 등 • 매출원가를 다른 비용과 분리하여 공시하지 않음. • 기능별로 재배분하지 않으므로 적용이 간단함.(미래현금흐름 예측에는 유용함)
기능별 분류법 (=매출원가법)	• 비용은 그 기능별로 분류함. →예 매출원가, 물류원가, 관리활동원가 등 • 적어도 매출원가를 다른 비용과 분리하여 공시함. • 목적적합하나, 자의적인 기능별 배분과 판단이 개입될 수 있음. • 기능별로 분류시에는 성격별 분류에 따른 추가공시가 필요함.

문제 5번	중간재무보고의 대상기간과 비교형식	출제구분	재출제	난이도	★☆☆	정답	②

- 포괄손익계산서는 중간기간과 누적기간을 직전회계연도의 동일기간과 비교하는 형식으로 작성한다.

Guide 중간재무보고 대상기간과 비교형식

재무상태표	• 중간보고기간말과 직전 연차보고기간말을 비교하는 형식으로 작성 주의 직전 중간보고기간말을 비교하는 형식으로 작성하는게 아님.
포괄손익계산서	• 중간기간과 누적기간을 직전회계연도의 동일기간과 비교하는 형식으로 작성
현금흐름표 자본변동표	• 누적기간을 직전회계연도의 동일기간과 비교하는 형식으로 작성 주의 중간기간을 직전회계연도 동일기간과 비교형식으로 작성하는게 아님.

문제 6번	재고자산 적용범위	출제구분	신유형	난이도	★★☆	정답	③

- 재고자산 : 정상적인 영업과정에서 판매를 위해 보유 중인 자산
→부동산매매업의 토지·건물은 판매목적 보유자산이므로 유형자산이 아닌 재고자산으로 분류된다.
비교 사용목적보유 : 유형자산

문제 7번	이동평균법 매출원가	출제구분	기출변형	난이도	★★☆	정답	①

- 6월 15일 현재 이동평균단가 : (100개×100+300개×200)÷(100개+300개)=@175
- 12월 22일 현재 이동평균단가 : (100개×175+100개×225)÷(100개+100개)=@200

∴매출원가 : 6월 15일 매출원가(300개×@175)+12월 22일 매출원가(50개×@200)=62,500

문제 8번	총평균법과 선입선출법 기말재고 차이	출제구분	기출변형	난이도	★ ★ ☆	정답	④

• 총평균법 기말재고 : 700개×@ $\frac{(1,000개\times100)+(500개\times120)+(1,500개\times140)+(200개\times150)}{3,200개}$ =87,500

• 선입선출법 기말재고 : 5/15매입분(500개×140)+11/10매입분(200개×150)=100,000

∴두 평가금액의 차이 : 100,000-87,500=12,500

문제 9번	재고자산 평가	출제구분	신유형	난이도	★ ★ ☆	정답	②

• 제품이 원가이상으로 판매 예상하는 경우에는 예외적으로 그 생산에 투입하기 위해 보유하는 원재료를 감액하지 않는다. →즉, 평가손실을 인식하지 않는다.

Guide 재고자산 저가법 적용시가

일반적인 경우	• 순실현가능가치	판매로 실현을 기대하는 순매각금액 →즉, '예상판매금액-추가예상원가와 판매비용'
원재료	• 현행대체원가	현재 매입하거나 재생산하는데 소요되는 금액
확정판매계약	• ㉠ 계약분 : 계약금액 ㉡ 계약초과분 : 일반판매가격	

주의 제품이 원가이상으로 판매예상하는 경우에는 그 생산에 투입하기 위해 보유하는 원재료를 감액하지 않음. (즉, 평가손실을 인식하지 않음.)

문제 10번	감가상각방법의 적용과 변경	출제구분	재출제	난이도	★ ★ ☆	정답	④

• 소비형태를 신뢰성 있게 결정할 수 없다하여 특정 감가상각방법을 강제 적용하지는 아니하며, 미래경제적효익의 예상 소비형태를 추정하여 가장 잘 반영하는 방법을 선택하여야 한다.

Guide 감가상각방법 선택과 감가상각비 계산

감가상각방법 선택	• 예상 소비형태를 가장 잘 반영하는 방법에 따라 선택함. →감가상각방법의 변경은 회계추정의 변경으로 회계처리함.	
감가상각비 계산	정액법	• (취득원가-잔존가치)/내용연수
	정률법	• 기초장부금액×상각률
	이중체감법	• 기초장부금액×2/내용연수
	연수합계법	• (취득원가-잔존가치)×내용연수의 역순/내용연수의 합계

문제 11번	연구 · 개발활동의 처리	출제구분	재출제	난이도	★ ★ ☆	정답	③

- 당기비용 : 100,000(연구비) + 30,000(경상개발비) = 130,000
  무형자산 : 120,000(개발비)
  상각개시시점 : 자산이 사용가능한 때부터 시작 →∴20x1년 상각비 계상기간은 3개월(10/1~12/31)

∴ 20x1년 인식할 무형자산상각비 : $(120,000 \div 5년) \times \frac{3}{12} = 6,000$

20x1년말 무형자산 : 120,000 - 6,000 = 114,000

Guide 연구단계와 개발단계 지출의 처리

의의	• 인식기준을 충족하는지를 평가하기 위해 무형자산 창출과정을 연구단계와 개발단계로 구분함. 주의 무형자산을 창출하기 위해 내부 프로젝트를 연구단계와 개발단계로 구분할 수 없는 경우에는 발생한 지출은 모두 연구단계에서 발생한 것으로 봄.	
회계처리	연구단계활동 지출	• 비용(연구비)
	개발단계활동 지출	• 자산인식요건 충족O : 무형자산(개발비) • 자산인식요건 충족X : 비용(경상개발비)

문제 12번	무형자산 후속측정	출제구분	신유형	난이도	★ ★ ★	정답	②

- 유형자산과 동일하게 무형자산 손상검토시 회수가능액은 순공정가치와 사용가치 중 큰 금액을 기준으로 판단한다.

*저자주 무형자산 손상 회계처리는 기본적으로 유형자산 손상과 동일합니다.

문제 13번	투자부동산 원가모형 감가상각비	출제구분	재출제	난이도	★ ★ ☆	정답	①

• 원가모형이므로 당기손익에 미치는 영향은 감가상각비이다.
→20x1년 감가상각비 : (10억원 - 1억원)÷10년=90,000,000 〈 90,000,000원 당기순이익 감소〉

20x1년초	(차) 투자부동산	1,000,000,000	(대) 현금	1,000,000,000
20x1년말	(차) 감가상각비	90,000,000	(대) 감가상각누계액	90,000,000

*참고 공정가치모형이라면 당기손익에 미치는 영향은 공정가치 감소분인 평가손실이 된다.
→공정가치 감소분인 평가손실 : 8억원(20x1년말 공정가치) - 10억원(20x1년초 취득원가) = △2억원

Guide 투자부동산 일반사항

부동산 일반적 분류	임대수익 · 시세차익목적 보유		• 투자부동산
	재화생산 · 용역제공 · 관리목적 보유		• 유형자산(자가사용부동산)
	통상적 영업과정에서 판매목적 보유		• 재고자산
평가모형 (선택)	원가모형	• 감가상각 O	• 공정가치는 주석공시
	공정가치모형	• 감가상각 X	• 평가손익(당기손익)
투자부동산 해당여부	투자부동산O [예시]	• 장기시세차익을 얻기 위하여 보유하고 있는 토지 →통상적인 영업과정에서 단기간에 판매하기 위하여 보유하는 토지 제외 • 장래 용도를 결정하지 못한 채로 보유하고 있는 토지 • 직접소유하고 운용리스로 제공하는 건물 • 운용리스로 제공하기 위하여 보유하는 미사용 건물 • 미래에 투자부동산으로 사용하기 위하여 건설 · 개발중인 부동산	
	투자부동산X [예시]	• 통상영업과정에서 판매 또는 이를 위하여 건설 · 개발 중인 부동산 • 자가사용부동산 • 금융리스로 제공한 부동산	

문제 14번	금융자산의 분류	출제구분	재출제	난이도	★ ★ ☆	정답	④

- AC금융자산(상각후원가측정금융자산)과 FVOCI금융자산(기타포괄손익-공정가치측정금융자산)의 충족조건(이하 참조!)을 만족시키지 못하는 그 외 모든 금융자산(예 매매목적 채무상품)은 FVPL금융자산(당기손익-공정가치측정금융자산)으로 분류한다.

Guide 금융자산 분류

구분	분류 · 측정	충족조건	해당증권
원칙	• 사업모형과 현금흐름특성에 근거하여 다음과 같이 분류 · 측정함.		
	AC금융자산 [상각후원가측정]	• ㉠ 현금흐름수취목적 사업모형일 것 ㉡ 원리금지급만으로 구성된 현금흐름일 것	채무상품
	FVOCI금융자산 [기타포괄손익-공정가치측정]	• ㉠ 현금흐름수취와 금융자산매도목적 사업모형일 것 ㉡ 원리금지급만으로 구성된 현금흐름일 것	채무상품
	FVPL금융자산 [당기손익-공정가치측정]	• 그 외 모든 금융자산 →예 단기매매항목	지분상품 채무상품 파생상품
선택	• 최초인식시점에 다음과 같이 측정하기로 선택할 수 있음.		
	FVOCI금융자산 [기타포괄손익-공정가치측정]	• 단기매매항목이 아닐 것	지분상품
	FVPL금융자산 [당기손익-공정가치측정]	• 회계불일치를 제거하거나 유의적으로 줄이기 위한 경우일 것	지분상품 채무상품

문제 15번	FVOCI금융자산 일반사항	출제구분	재출제	난이도	★ ★ ☆	정답	②

- ① 기타포괄손익-공정가치측정금융자산은 원칙적으로 공정가치로 평가하여 평가손익을 기타포괄손익에 반영한다.
  ③ 당기손익-공정가치측정금융자산의 거래원가만 당기비용으로 인식하며 그 외의 금융자산은 공정가치(취득원가)에 가산한다.
  ④ 기타포괄손익-공정가치측정금융자산 중 채무상품은 손상대상에 해당한다.

문제 16번	AC금융자산 취득원가	출제구분	재출제	난이도	★ ☆ ☆	정답	②

- 현금흐름 : 20x1년말 이자 10,000 / 20x2년말 원리금 10,000+100,000=110,000
- [방법1] 취득원가 : 10,000×0.89286+110,000×0.79719=96,620
  [방법2] 취득원가 : 10,000×1.69005+100,000×0.79719=96,620

문제 17번	사채할증발행 발행금액	출제구분	재출제	난이도	★ ☆ ☆	정답	③

- '액면이자율(10%) 〉 시장이자율(8%)' ⇒ 할증발행에 해당한다.
- 액면이자 : 100,000,000×10%=10,000,000
- 현금흐름

 - 20x1년말 이자 10,000,000, 20x2년말 이자 10,000,000, 20x3년말 원리금 10,000,000+100,000,000=110,000,000

- [방법1] 발행금액 : 10,000,000×0.92593+10,000,000×0.85734+110,000,000×0.79383=105,154,000
  [방법2] 발행금액 : 10,000,000×2.57710+100,000,000×0.79383=105,154,000

문제 18번	할인발행 조기상환 사채상환손익	출제구분	재출제	난이도	★ ★ ☆	정답	①

- 상환시점 장부금액 : 951,980+(951,980×12%-100,000)=966,218
- 사채상환손익 : 966,218(장부금액)-847,180(상환금액)=119,038(사채상환이익)

Guide 사채상환 회계처리

<table>
<tr><td rowspan="3">장부금액</td><td>액면발행시</td><td>• 액면금액</td></tr>
<tr><td>할인발행시</td><td>• 액면금액-상환시점의 사채할인발행차금</td></tr>
<tr><td>할증발행시</td><td>• 액면금액+상환시점의 사채할증발행차금</td></tr>
<tr><td rowspan="2">상환손익</td><td>장부금액 〉 상환금액</td><td>• 사채상환이익
(차) 사채 100 (대) 현금(상환금액) 60
사채할인발행차금 20
사채상환이익 20</td></tr>
<tr><td>장부금액 〈 상환금액</td><td>• 사채상환손실
(차) 사채 100 (대) 현금(상환금액) 120
사채상환손실 40 사채할인발행차금 20</td></tr>
</table>

문제 19번	충당부채의 인식	출제구분	재출제	난이도	★ ★ ★	정답	④

• 충당부채 인식여부 분석

①	현재의무	보증의무가 발생한다.
	유출가능성	가능성이 높다.
	인식여부	보증이행원가에 대한 최선의 추정치로 제품보증충당부채를 인식한다.
②	현재의무	해양오염 복구를 요구하는 법안 제정이 거의 확실하므로 복구의무가 발생한다.
	유출가능성	가능성이 높다.
	인식여부	해양오염 복구원가에 대한 최선의 추정치로 복구충당부채를 인식한다.
③	현재의무	전문가의 조언에 근거하여 볼 때 현재의무가 존재한다.
	유출가능성	가능성이 높다.
	인식여부	손해배상을 이행하기 위한 금액에 대한 최선의 추정치로 배상손실충당부채를 인식한다.
④	현재의무 유출가능성	기업이 미래에 설비자산을 매각하는 등의 미래행위로 미래지출을 회피할 수 있으므로 독립적인 의무는 존재하지 않는다. 따라서, 수선원가에 대해서는 부채가 발생되지 않는다.
	인식여부	충당부채를 인식하지 않는다.

Guide 충당부채와 우발부채의 인식

<table>
<tr><td rowspan="6">개요</td><td>금액추정가능성 / 자원유출가능성</td><td>신뢰성있게 추정가능</td><td>추정불가능</td></tr>
<tr><td>가능성이 높음</td><td>충당부채로 인식</td><td rowspan="2">우발부채로 주석공시</td></tr>
<tr><td>가능성이 어느 정도 있음</td><td>우발부채로 주석공시</td></tr>
<tr><td>가능성이 아주 낮음(거의 없음)</td><td>공시하지 않음</td><td>공시하지 않음</td></tr>
<tr><td colspan="3">비교 충당부채는 재무제표에 부채로 인식하나, 우발부채는 부채로 인식하지 않음.</td></tr>
<tr></tr>
<tr><td>충당부채 인식요건</td><td colspan="3">• 과거사건의 결과로 현재의무(법적의무나 의제의무)가 존재한다.
• 해당 의무를 이행하기 위하여 경제적효익이 있는 자원이 유출될 가능성이 높다.
• 해당 의무의 이행에 소요되는 금액을 신뢰성있게 추정할 수 있다.</td></tr>
</table>

문제 20번	제품보증충당부채 기말잔액	출제구분	재출제	난이도	★ ☆ ☆	정답	③

• 제품보증비(추정보증비) : 1,000,000×2%=20,000
• 20x1년말 제품보증충당부채 : 20,000-5,000(실제 제품보증 발생액)=15,000

Guide 제품보증충당부채 회계처리<금액은 가정치>

<table>
<tr><td>20x1년 매출과 보증비 실제 발생시</td><td>(차) 현금 1,000 (대) 매출 1,000
(차) 보증비 10 (대) 현금 10</td></tr>
<tr><td>20x1년 결산시</td><td>(차) 보증비 20 (대) 제품보증충당부채 20
→추정보증비가 30인 경우로 이미 인식분 10을 차감하여 계상</td></tr>
<tr><td>20x2년 실제 발생시</td><td>(차) 제품보증충당부채 20 (대) 현금 20
→if, 유효기간 경과시는 제품보증충당부채 잔액을 환입함.</td></tr>
</table>

문제 21번	주식발행(유상증자)) 회계처리	출제구분	신유형	난이도	★ ★ ☆	정답	②

• 주식발행시 직접관련원가(예 신주발행비)는 주식발행금액에서 차감한다.

→(차) 현금 2,000주×7,000 - 200,000 = 13,800,000 (대) 자본금 2,000주×5,000 = 10,000,000
주식발행초과금(대차차액) 3,800,000

*참고 만약, 할인발행된 경우라면 주식할인발행차금은 계상되어 있는 주식발행초과금과 상계한다.

Guide ▶ 주식발행 회계처리

할증발행	(차) 현금 xxx (대) 자본금(액면) xxx 주식발행초과금 xxx	• 주식할인발행차금과 주식발행초과금은 발생순서에 관계없이 우선 서로 상계함.
할인발행	(차) 현금 xxx (대) 자본금(액면) xxx 주식할인발행차금 xxx	
신주발행비	- 주식발행금액에서 차감 -	• 액면 · 할인발행시 : 주식할인발행차금 증액 • 할증발행시 : 주식발행초과금 감액

문제 22번	자본항목별 변동분석	출제구분	재출제	난이도	★ ★ ☆	정답	②

• 자기주식취득(20x2년 11월 11일) 회계처리
(차) 자기주식 5,000주×10,000 = 50,000,000 (대) 현금 50,000,000
→자기주식 50백만원 증가

• 토지 재평가(20x2년말) 회계처리
(차) 토지 50,000,000 (대) 재평가잉여금 1,070,000,000 - 1,020,000,000 = 50,000,000
→재평가잉여금 50백만원 증가

∴(ㄱ) : 800백만원 + 0 = 800백만원
(ㄴ) : (100백만원) + (50백만원) = (150백만원)
(ㄷ) : 20백만원 + 50백만원 = 70백만원

문제 23번	수익인식기준	출제구분	재출제	난이도	★ ★ ★	정답	④

• 검사조건부판매의 수익인식

합의한 규격에 따른 것인지를 객관적으로 판단할 수 있는 경우	• 고객의 인수는 형식적인 것이므로 고객의 인수여부와 관계없이 수익을 인식함. →즉, 인수수락 여부에 관계없이 인수 전이라도 이전시점에 수익을 인식함.
합의한 규격에 따른 것인지를 객관적으로 판단할 수 없는 경우	• 고객이 인수하는 시점에 수익을 인식함.

문제 24번	반품권이 있는 판매의 수익인식	출제구분	재출제	난이도	★★☆	정답	③

- 예상반품률 : 10,000,000÷50,000,000 = 20%
- 매출액 : 50,000,000×(1 - 20%) = 40,000,000

Guide 반품권이 있는 판매 회계처리(반품가능성 예측가능한 경우)

수익인식	(차) 현금	50,000,000	(대) 매출(판매예상분) 환불부채(반품예상분)	40,000,000[1)] 10,000,000[2)]
원가인식	(차) 매출원가(판매예상분) 반품제품회수권(반품예상분)	24,000,000[3)] 6,000,000[4)]	(대) 제품	30,000,000

[1)] 50,000,000×80% = 40,000,000 [2)] 50,000,000×20% = 10,000,000
[3)] 30,000,000×80% = 24,000,000 [4)] 30,000,000×20% = 6,000,000

문제 25번	2차연도와 3차연도 건설계약손익	출제구분	재출제	난이도	★★☆	정답	③

- 연도별 계약손익 계산

구분	20x1년	20x2년	20x3년
진행률	$\frac{9억원}{45억원}$ = 20%	$\frac{9억원+27억원}{48억원}$ = 75%	$\frac{9억원+27억원+12억원}{48억원}$ = 100%
계약수익	50억원×20% = 10억원	50억원×75% - 10억원 = 27.5억원	50억원×100% - (10억원+27.5억원) = 12.5억원
계약원가	9억원	27억원	12억원
계약손익	1억원	0.5억원	0.5억원

문제 26번	건설계약의 계약수익	출제구분	신유형	난이도	★☆☆	정답	④

- 계약수익은 진행기준을 적용하여 진행률에 따라 인식한다.

Guide 계약수익 일반사항

측정	• 건설업자가 발주자로부터 지급받을 건설계약금액에 근거하여 계상하며, 수령하였거나 수령할 대가의 공정가치로 측정함. →계약수익은 미래 불확실성에 따라 증감가능함. 주의 수익과 계약원가에 대한 추정치의 변경은 회계추정의 변경으로 처리함.
구성항목	• ① 최초에 합의한 계약금액 ② 공사변경, 보상금 및 장려금에 따라 추가되는 금액
수익인식방법	• 장·단기 모두 진행기준에 의함. →∵기간에 걸쳐 이행하는 수행의무

문제 27번	주식기준보상거래 일반	출제구분	기초문제	난이도	★☆☆	정답	③

- 주식결제형 주식기준보상거래의 보상원가 산정시 지분상품의 공정가치는 재측정 없이 부여일 공정가치로 측정하고 기대권리소멸률을 반영한 보상원가를 용역제공비율(=당기말까지 기간÷용역제공기간)에 따라 가득기간에 걸쳐 인식한다.

문제 28번	종업원급여와 퇴직급여제도	출제구분	재출제	난이도	★ ☆ ☆	정답	④

• ① 확정기여제도에서의 기업의 부담은 출연금액에 한정된다.
② 기여금 불입으로 모든 의무가 종료되는 것은 확정기여제도이다.
③ 보험수리적 가정은 상황변화에 따라 상이한 값을 적용한다.
④ 재측정요소는 확정급여채무나 사외적립자산의 예상치 못한 변동을 말하며, 기타포괄손익으로 인식하므로 올바른 설명이다.

Guide 퇴직급여제도 비교

구분	기업의 부담	종업원수령액	위험부담자
확정기여제도(DC형)	출연금액에 한정 (기여금 납부함으로써 모든 의무가 종결됨.)	불확정적	종업원
확정급여제도(DB형)	변동적	확정적	기업

문제 29번	이연법인세자산 · 부채 도출과 법인세비용	출제구분	신유형	난이도	★ ★ ★	정답	①

• 세무조정 내역
- 손금불산입 접대비한도초과액 100,000(기타사외유출)
- 손금불산입 감가상각비한도초과액 60,000(유보)
- 익금불산입 FVPL금융자산평가이익 20,000(△유보)

• 미지급법인세(당기법인세) : (2,000,000+100,000+60,000-20,000)×20%=428,000
• 이연법인세자산 : 60,000(유보)×20%-20,000(△유보)×20%=8,000
• 회계처리
(차) 법인세비용(대차차액) 420,000 (대) 미지급법인세(당기법인세) 428,000
이연법인세자산 8,000

*저자주 본 문제는 관세사 기출문제로서, 재경관리사 시험에 그대로 출제되었습니다.

Guide 이연법인세 계산구조

대상	• 일시적차이(유보)
공시	• 이연법인세자산(부채)는 비유동자산(부채)로만 표시하고 소정 요건을 충족하는 경우 상계하여 표시 • 현재가치평가를 하지 않음.
절차	• **[1단계]** 미지급법인세(과세소득×당기세율) =(세전순이익±영구적차이±일시적차이)×당기세율 **[2단계]** 이연법인세자산(부채) =유보(△유보)×미래예상세율(평균세율) **[3단계]** 법인세비용=대차차액에 의해 계산 주의 이연법인세자산(부채)은 당기세율이 아니라 소멸시점의 미래예상세율을 적용함.

문제 30번	회계변경 · 오류수정 일반사항	출제구분	신유형	난이도	★ ★ ★	정답	②

• 전기오류의 수정은 오류가 발견된 기간의 당기손익으로 보고하지 않는다. 따라서 과거 재무자료의 요약을 포함한 과거기간의 정보는 실무적으로 적용할 수 있는 최대한 앞선 기간까지 소급재작성한다.

문제 31번	유상증자와 EPS	출제구분	재출제	난이도	★ ★ ☆	정답	④

• 가중평균유통보통주식수 계산

1/1 18,000주 —— 10/1 8,000주 —— 12/31

$\rightarrow 18,000주 \times \frac{12}{12} + 8,000주 \times \frac{3}{12} = 20,000주$

• 기본주당이익(EPS) : $\frac{10,000,000 - 1,000,000}{20,000주} = 450$

문제 32번	관계기업투자주식 장부금액	출제구분	재출제	난이도	★ ☆ ☆	정답	③

• 20x1년말 관계기업투자주식 장부금액 : 3,000,000(취득원가)+1,000,000(당기순이익)×30%=3,300,000

*참고 ㈜서울 회계처리

취득시(20x1년초)	(차) 관계기업투자주식	3,000,000	(대) 현금	3,000,000
당기순이익 보고시(20x1년말)	(차) 관계기업투자주식	300,000	(대) 지분법이익	300,000

문제 33번	관계기업에 대한 유의적 영향력(지분법)	출제구분	재출제	난이도	★ ★ ☆	정답	④

• ① 의결권 있는 주식을 보유하여야 한다.
② 20% 이상을 보유하더라도 지분법 적용을 배제하며, 매각예정비유동자산으로 분류한다.
③ 의결권 있는 주식을 보유하여야 한다.
④ 유의적인 영향력이 있는 경우(의사결정기구에 참여)에 해당하므로 지분법을 적용한다.

Guide 유의적인 영향력

원칙	• 직·간접으로 의결권의 20%이상 소유시 명백한 반증이 있는 경우를 제외하고는 유의적인 영향력이 있는 것으로 보아 지분법을 적용함.
예외	❖20%미만 이더라도 유의적인 영향력이 있는 경우 • 의사결정기구·정책결정과정에 참여하는 경우와 필수적 기술정보를 제공하는 경우 주의 일반적 기술정보제공이 아님. • 중요한 거래가 있는 경우와 경영진의 상호 교류가 이루어지는 경우 ❖유의적인 영향력이 있어도 지분법적용을 배제하는 경우 • 12개월 이내에 매각할 목적으로 투자주식을 취득하여 적극적으로 매수자를 찾고 있는 일시보유목적의 투자주식 →매각예정비유동자산으로 분류함.

문제 34번	환율변동효과와 외화환산	출제구분	기출변형	난이도	★ ★ ☆	정답	②

• 역사적원가로 측정하는 비화폐성 외화항목은 마감환율이 아니라 거래일환율로 환산한다.

Guide 화폐성·비화폐성항목의 기말환산

<table>
<tr><td>화폐성항목</td><td colspan="4">• 마감환율(보고기간말환율)로 환산하고 외환차이는 당기손익 처리</td></tr>
<tr><td rowspan="5">비화폐성항목</td><td>구분</td><td>적용환율</td><td colspan="2">외환차이 처리</td></tr>
<tr><td>역사적원가측정항목
(예)유형자산 원가모형)</td><td>거래일환율</td><td colspan="2">외환차이 없음</td></tr>
<tr><td rowspan="2">공정가치측정항목
(예)유형자산 재평가모형)</td><td rowspan="2">공정가치결정일환율</td><td>당기손익인 경우</td><td>당기손익</td></tr>
<tr><td>기타포괄손익인 경우</td><td>기타포괄손익</td></tr>
</table>

문제 35번	외화자산의 외환손익	출제구분	재출제	난이도	★ ★ ☆	정답	③

• 20x1년말 매출채권 : 20x1년말의 환율로 계상된다. → $1,000×@1,100 = 1,100,000
• 20x1년말 외환이익(외화환산이익) : 환율 증가분이 계상된다. → $1,000×(@1,100 - @1,000) = 100,000
• 20x2년 계상할 외환손실(외환차손) : 환율 감소분이 계상된다. → $1,000×(@1,050 - @1,100) = △50,000

*참고 회계처리

20x1년 12월 1일(수출일)	(차) 현금	$1,000×@1,000 = 1,000,000	(대) 매출채권	1,100,000
20x1년 12월 31일(보고기간말)	(차) 매출채권	100,000	(대) 외환이익	100,000
20x2년(대금회수일)	(차) 현금	1,050,000	(대) 매출채권	1,100,000
	외환손실	50,000		

*저자주 K-IFRS는 외화환산손익과 외환차손익을 구분하지 않고, 외환손익으로 일원화하여 규정하고 있습니다.

문제 36번	통화선도계약(수입)	출제구분	재출제	난이도	★ ★ ★	정답	①

• 회계처리

20x1.10.1	(차) 원재료	118,000	(대) 외화매입채무	$100×1,180 = 118,000
20x1.12.31	(차) 통화선도	2,000	(대) 통화선도평가이익	$100×(1,220-1,200) = 2,000
	(차) 외환손실	$100×(1,210-1,180) = 3,000	(대) 외화매입채무	3,000
20x2.2.28	(차) 현금	$100×1,230 = 123,000	(대) 현금	$100×1,200 = 120,000
			통화선도	2,000
			통화선도거래이익	1,000
	(차) 외화매입채무	121,000	(대) 현금	$100×1,230 = 123,000
	외환손실	2,000		

문제 37번	리스의 분류	출제구분	재출제	난이도	★ ☆ ☆	정답	①

• 단기리스 또는 소액 기초자산 리스에 대하여는 리스이용자는 사용권자산과 리스부채를 인식하지 않기로 선택할 수 있다. 이 경우에 리스이용자는 해당 리스에 관련되는 리스료를 리스기간에 걸쳐 정액 기준이나 다른 체계적인 기준에 따라 비용으로 인식한다. 다른 체계적인 기준이 리스이용자의 효익의 형태를 더 잘 나타내는 경우에는 그 기준을 적용한다.

Guide 리스의 분류유형과 금융리스 사례

분류유형	금융리스	• 기초자산의 소유에 따른 위험과 보상의 대부분을 이전하는 리스
	운용리스	• 기초자산의 소유에 따른 위험과 보상의 대부분을 이전하지 않는 리스
금융리스 사례	❖ 일반적으로 금융리스로 분류되는 상황의 예는 다음과 같다.	
	소유권이전약정	• 종료시점 이전에 소유권이 리스이용자에게 이전되는 리스
	염가매수선택권	• 선택권을 행사할 수 있는 날의 공정가치보다 충분히 낮을 것으로 예상되는 가격으로 매수할 수 있는 선택권을 가지고 있고, 그 선택권을 행사할 것이 리스약정일 현재 상당히 확실한 경우
	리스기간기준	• 소유권이 이전되지는 않더라도 리스기간이 경제적내용연수의 상당 부분을 차지하는 경우
	공정가치기준	• 리스약정일 현재 리스료의 현재가치가 적어도 공정가치의 대부분에 해당하는 경우
	범용성없는 자산	• 리스이용자만이 주요한 변경없이 사용할수 있는 경우

문제 38번	리스 일반사항	출제구분	재출제	난이도	★ ☆ ☆	정답	③

• 무보증잔존가치는 리스료의 구성항목에 해당되지 않는다.

Guide 리스료의 구성항목

고정리스료	• 지급액에서 변동리스료를 뺀 금액(리스인센티브는 차감)
변동리스료	• 시간경과가 아닌 지수·요율(이율)에 따라 달라지는 리스료
매수선택권행사가격 (소유권이전금액)	• 리스이용자가 매수선택권을 행사할 것이 상당히 확실한 경우 그 매수선택권의 행사가격(또는 소유권이전금액)
종료선택권행사가격	• 리스기간이 리스이용자의 종료선택권 행사를 반영하는 경우에 그 리스를 종료하기 위하여 부담하는 금액
보증잔존가치	• ① 리스이용자의 경우 : 잔존가치보증에 따라 지급할 것으로 예상되는 금액 ② 리스제공자의 경우 : 다음의 자의 잔존가치보증액 - 리스이용자와 리스이용자의 특수관계자 - 리스제공자와 특수관계에 있지 않고 보증의무 이행할 재무적 능력이 있는 제3자

문제 39번	간접법과 영업활동현금흐름	출제구분	재출제	난이도	★ ☆ ☆	정답	④

• 2,500,000(당기순이익)+300,000(감가상각비)+450,000(유형자산처분손실) - 200,000(선급비용증가)+100,000(재고자산감소)+350,000(매입채무증가)=3,500,000

Guide 간접법 영업활동현금흐름 계산구조

〈출발점〉 법인세비용차감전순이익		
현금수입 · 지출이 없는 손익계정	• 감가상각비, 금융자산평가손익 • 이자비용, 이자수익, 배당수익*)	• 비용 → 가산 • 수익 → 차감
투자 · 재무활동관련 손익계정	• 자산처분손익, 부채상환손익	
영업활동관련 자산 · 부채계정	• 매출채권(순액), 선수금, 매입채무, 선급금 • 재고자산(순액), 미수수익, 선급비용 • 선수수익, 미지급비용, FVPL금융자산	• 자산증(감) → 차감(가산) • 부채증(감) → 가산(차감)

*)영업활동으로 분류되는 경우 가감조정을 해주는 이유는 현금흐름표 양식상 이들을 직접법을 적용한 것처럼 별도로 표시해주기 때문임.

주의 영업활동관련 자산 · 부채계정 관련손익(예 매출채권 대손상각비, FVPL금융자산평가이익 · 처분이익, 재고자산감모손실, 퇴직급여 등)은 위의 현금수입 · 지출이 없는 손익계정에서 고려치 않음. 따라서, 영업활동과 관련없는 대여금이나 미수금 해당분 대손상각비는 위의 현금수입 · 지출이 없는 손익계정에서 고려(가산)함.

문제 40번	이자 · 배당금 현금흐름 활동 구분	출제구분	신유형	난이도	★ ★ ☆	정답	①

• 이자수입은 투자활동현금흐름으로도 분류할 수 있다.

Guide 현금흐름 구분시 주의사항

구분	영업활동현금흐름	투자활동현금흐름	재무활동현금흐름	비고
이자수입 · 배당수입	O	O	-	선택가능
이자지급 · 배당지급	O	-	O	선택가능
단기매매(FVPL)금융자산	O	-	-	단기매매목적
법인세지급	O(원칙)	O	O	-

재경관리사 공개기출해설[재무]

2019년 11월에 시행된 기출문제에 대한 완벽한 해설을 관련이론(가이드)과 함께 제시하였습니다.
해당 문제는 합본부록을 참고바랍니다.

FINAL

Certified Accounting Manager

재무회계

공개기출문제해설

[2019년 11월 시행]

SEMOOLICENCE

문제 1번	K-IFRS 특징	출제구분	재출제	난이도	★ ☆ ☆	정답	①

• K-IFRS는 원칙중심(principle-based)의 회계기준이며, 자산 · 부채의 공정가치측정을 요구한다.

Guide **국제회계기준의 특징**

원칙중심	• 기본원칙과 방법론만 제시 주의 규칙중심이 아님. →회계처리, 양식, 계정과목을 정형화하지 않고 다양성과 재량을 부여
연결재무제표중심	• 연결재무제표를 기본재무제표로 제시 주의 개별재무제표 중심이 아님.
공시강화	• 주석을 통한 많은 공시항목을 요구함.
공정가치확대	• 원칙적으로 자산 · 부채의 공정가치 측정을 요구
협업제정	• 독자적이 아닌 각국의 협업을 통해 제정

문제 2번	즉시 비용처리 회계사상	출제구분	기초문제	난이도	★ ☆ ☆	정답	②

• 중요성은 특정정보에 대한 인식이나 보고의 출발점을 제시하므로 소액의 소모품 구입비는 중요성 관점에서 일반적으로 비용처리한다.

문제 3번	재무제표 기본요소	출제구분	재출제	난이도	★ ☆ ☆	정답	④

• ① 재무상태 관련요소는 자산, 부채, 자본이다.
② 자산에 대한 일반적인 설명이다.
③ 부채에 대한 일반적인 설명이다.

Guide **재무제표 관련요소 개괄**

재무상태 요소	경제적자원		• 자산
	청구권		• 부채, 자본
재무성과 요소	재무성과를 반영하는 경제적자원 · 청구권의 변동		• 수익, 비용
요소별 정의	자산	• 과거사건의 결과로 기업이 통제하는 현재의 경제적자원 →경제적자원 : 경제적효익을 창출할 잠재력을 지닌 권리	
	부채	• 과거사건의 결과로 기업이 경제적자원을 이전해야 하는 현재의무	
	자본	• 기업의 자산에서 모든 부채를 차감한 후의 잔여지분	
	수익	• 자본증가를 가져오는 자산증가나 부채감소(자본청구권보유자 출자 제외)	
	비용	• 자본감소를 가져오는 자산감소나 부채증가(자본청구권보유자 분배 제외)	

문제 4번	유동자산 집계	출제구분	재출제	난이도	★ ☆ ☆	정답	④

• 유동자산 : 당좌자산+재고자산
→당좌자산 : 80,000(단기대여금)+100,000(선급금)+400,000(선급비용)+320,000(매출채권)=900,000
→재고자산 : 250,000
• 유동자산 : 900,000+250,000=1,150,000

문제 5번	수정을 요하지 않는 보고기간후사건	출제구분	신유형	난이도	★ ★ ☆	정답	①

- 수정을 요하는 보고기간후사건을 반영하기 위하여 재무제표에 인식된 금액을 수정한다.(수정을 요하는 보고기간후사건의 영향으로 재무제표에 이미 인식한 금액은 수정하고, 재무제표에 인식하지 아니한 항목은 새로 인식하여야 한다.)
- ① 수정불요 : 보고기간말과 재무제표 발행승인일 사이에 투자자산(예 FVPL금융자산)의 공정가치(시장가치) 하락은 수정을 요하지 않는 보고기간후사건의 대표적인 사례에 해당한다.
  ② 수정필요 : 보고기간말에 이미 자산손상이 발생되었음을 나타내는 정보를 보고기간 후에 입수하는 경우나 이미 손상차손을 인식한 자산에 대하여 손상차손금액의 수정이 필요한 정보를 보고기간 후에 입수하는 경우는 수정을 요하는 보고기간후사건에 해당한다. 다음과 같은 예를 들 수 있다.
  ㉠ 보고기간후의 매출처파산은 일반적으로 보고기간말에 고객 신용이 손상되었음을 확인해준다.
  ㉡ 보고기간후의 재고자산 판매는 보고기간말의 순실현가능가치에 대한 증거를 제공할 수 있다.
  ③ 수정필요 : 보고기간말에 존재하였던 현재의무가 보고기간 후에 소송사건의 확정에 의해 확인되는 경우 수정을 요하는 보고기간후사건에 해당한다.
  ④ 수정필요 : 보고기간말 이전에 구입한 자산의 취득원가나 매각한 자산의 대가를 보고기간 후에 결정하는 경우는 수정을 요하는 보고기간후사건에 해당한다.

문제 6번	재고자산 관련 비용처리액	출제구분	재출제	난이도	★ ★ ★	정답	③

- 기말재고장부금액 : 90,000 + 20,000 = 110,000
- 매출원가(구) : 450,000(기초재고 + 당기매입 = 판매가능상품) - 110,000(기말재고장부금액) = 340,000
- 평가손실 : 20,000

∴비용총액 : 340,000[매출원가(구)] + 20,000(평가손실) + 0(정상감모손실) + 0(비정상감모손실) = 360,000

Guide 판매가능상품(기초재고 + 당기매입)의 구성

〈평가손실/정상감모손실을 매출원가 처리한다고 가정시〉

기초재고	450,000
당기매입	

‖

① 매출원가(구)[평가 · 감모손실 반영전]	340,000
② 평가손실	20,000
③ 정상감모손실	0
④ 비정상감모손실	0
⑤ 기말재고[평가 · 감모손실 반영후]	90,000

→매출원가(신) = ①+②+③

→비용총액 = ①+②+③+④

문제 7번	총평균법 평균단가(단위당원가)	출제구분	재출제	난이도	★ ☆ ☆	정답	②

- 평균단가(총평균법 단위당원가) : $\dfrac{5,000,000+2,700,000+5,800,000}{2,000\text{개}+1,000\text{개}+2,000\text{개}}$ = @2,700

*참고 총평균법 기말재고 : 3,500개 × @2,700 = 9,450,000

문제 8번	기말재고자산 평가 일반사항	출제구분	신유형	난이도	★ ★ ☆	정답	③

- 선입선출법은 먼저 매입된 재고자산이 먼저 판매된다는 가정하에 가장 최근에 매입된 항목을 기말재고액으로 결정하는 방법이다.
  →선입선출 가정은 일반적으로 물량흐름과 일치(유사)하므로 개별법과 유사한 결과를 얻을 수 있다는 장점이 있을 뿐, 선입선출법 자체가 실제 물량흐름을 고려하여 기말재고액을 결정하는 방법인 것은 아니다.
  (예 모래, 시멘트, 석탄 등 야적해서 판매하는 재고의 실제 물량흐름은 나중에 매입한 것이 먼저 판매됨)

문제 9번	유형자산 손상후 감가상각비 계산	출제구분	재출제	난이도	★ ★ ☆	정답	②

- 20x0년말 회수가능액 : Max[45,000,000, 35,000,000] = 45,000,000
- 20x0년말 장부금액 : 손상차손을 인식한 후의 금액(= 회수가능액)인 45,000,000
- 20x1년 감가상각비 : (45,000,000 - 0) ÷ 20년 = 2,250,000

Guide 유형자산 손상차손

손상차손(당기손익)	• 손상차손액 = 장부금액 - 회수가능액
회수가능액	• 회수가능액 = Max[순공정가치, 사용가치] → {순공정가치 : 매각금액 – 처분부대원가 사용가치 : 기대미래현금흐름의 현재가치}
회계처리	• (차) 유형자산손상차손 xxx (대) 손상차손누계액(유형자산 차감) xxx

문제 10번	유형자산 재평가모형의 적용	출제구분	재출제	난이도	★ ★ ☆	정답	①

- 재평가 결과 발생한 평가손익은 원칙적으로 평가이익은 자본(재평가잉여금)으로 처리하며, 평가손실은 당기손익(재평가손실)로 처리한다.

Guide 유형자산 재평가모형 적용과 회계처리

선택적용	• 원가모형 · 재평가모형 중 선택하여, 유형자산 유형별(분류별)로 동일하게 적용함. 주의 유형자산 전체에 동일하게 적용하는 것이 아님.
유형별(분류별) 재평가	• 특정유형자산을 재평가할 때, 해당자산이 포함되는 유형자산 유형(분류) 전체를 재평가함. 주의 유형자산별로 선택적 재평가를 하는 것이 아님.
재평가빈도	• 장부금액이 공정가치와 중요하게 차이가 나지 않도록 주기적으로 수행
최초재평가	• ① 재평가증가액 : '장부금액 < 공정가치' → 재평가잉여금(기타포괄손익) 처리 ② 재평가감소액 : '장부금액 > 공정가치' → 재평가손실(당기손익) 처리
회계처리(선택)	• ① 감가상각누계액제거방법 : 총장부금액에서 기존의 감가상각누계액을 제거하여 자산의 순장부금액이 재평가금액이 되도록 수정하는 방법 ② 비례적수정방법 : 재평가 후 자산의 장부금액이 재평가금액과 일치하도록 감가상각누계액과 총장부금액을 비례적으로 수정하는 방법

문제 11번	무형자산 및 비용인식 항목	출제구분	기출변형	난이도	★☆☆	정답	④

- 새로운 지식을 얻고자 하는 활동에 지출한 연구비는 '연구단계활동'에 해당하므로 발생시점에 비용으로 인식한다.(내부 프로젝트의 연구단계에서는 미래경제적효익을 창출할 무형자산이 존재한다는 것을 제시할 수 없기 때문에, 내부 프로젝트의 연구단계에서 발생한 지출은 발생시점에 비용으로 인식한다.)

Guide 연구단계와 개발단계 지출의 처리

의의	• 인식기준을 충족하는지를 평가하기 위해 무형자산 창출과정을 연구단계와 개발단계로 구분함. 주의 무형자산을 창출하기 위해 내부 프로젝트를 연구단계와 개발단계로 구분할 수 없는 경우에는 발생한 지출은 모두 연구단계에서 발생한 것으로 봄.	
회계처리	연구단계활동 지출	• 비용(연구비)
	개발단계활동 지출	• 자산인식요건 충족O : 무형자산(개발비) • 자산인식요건 충족X : 비용(경상개발비)

문제 12번	무형자산상각비	출제구분	재출제	난이도	★★☆	정답	③

- 내용연수 : Min[㉠ 경제적 내용연수(10년) ㉡ 법적인 내용연수(5년)] = 5년
- 경제적효익이 소비되는 형태를 신뢰성있게 결정할 수 없는 경우 상각방법 : 정액법
- 상각개시시점 : 자산이 사용가능한 때부터 시작 →∴20x1년 상각비 계상기간은 3개월(10/1~12/31)
- 20x1년 인식할 무형자산상각비 : $(20,000,000 \div 5년) \times \frac{3}{12} = 1,000,000$

문제 13번	투자부동산 공정가치모형 회계처리	출제구분	신유형	난이도	★★☆	정답	④

- 투자부동산이 공정가치모형이므로 감가상각없이 공정가치 증감을 평가손익으로 인식한다.
- 20x2년말 평가손익 : 90,000,000(20x2년말 공정가치) - 95,000,000(20x1년말 공정가치) = △5,000,000(손실)

20x1년초	(차) 투자부동산	100,000,000	(대) 현금	100,000,000
20x1년말	(차) 투자부동산평가손실	5,000,000	(대) 투자부동산	5,000,000
20x2년말	(차) 투자부동산평가손실	5,000,000	(대) 투자부동산	5,000,000

*참고 원가모형이라면 감가상각비(100,000,000÷5년=20,000,000)를 인식한다.(잔존가치는 없다고 가정)

20x1년초	(차) 투자부동산	100,000,000	(대) 현금	100,000,000
20x1년말	(차) 감가상각비	20,000,000	(대) 감가상각누계액	20,000,000
20x2년말	(차) 감가상각비	20,000,000	(대) 감가상각누계액	20,000,000

문제 14번	금융자산 · 금융부채 · 지분상품 분류	출제구분	재출제	난이도	★ ★ ★	정답	①

• ① 잠재적으로 불리한 조건으로 거래상대방과 금융자산이나 금융부채를 교환하기로 한 계약상 의무는 금융자산이 아니라 금융부채로 분류한다.

② '미확정금액 & 확정수량(300주)' 이므로 금융부채로 분류한다.

	수량이 확정(확정수량)	수량이 미확정(미확정수량)
미래수취대가 확정(확정금액)	지분상품	금융부채
미래수취대가 미확정(미확정금액)	금융부채	금융부채

③ 보유자에 대한 상환의무가 있거나 보유자가 상환청구권이 있는 상환우선주는 금융부채로 분류한다.

④ '미확정수량' 이므로 미래 수취대가 확정 · 미확정 불문하고 금융부채로 분류한다.(위 ②의 표 참조)

문제 15번	AC금융자산 장부금액	출제구분	재출제	난이도	★ ★ ☆	정답	③

• 현금흐름 : 20x1년말 이자 10,000 / 20x2년말 원리금 10,000+100,000=110,000

• 취득원가 : [방법1] 10,000×0.89285+110,000×0.79719=96,620

[방법2] 10,000×1.69005+100,000×0.79719=96,620

• 20x1년말 상각액 : 96,620×12%-10,000=1,594

∴20x1년말 AC금융자산 장부금액 : 96,620+1,594=98,214

*참고 회계처리

20x1년초	(차) 현금	96,620	(대) AC금융자산	96,620
20x1년말	(차) 현금	10,000	(대) 이자수익	96,620×12%=11,594
	AC금융자산	1,594		
	(차) 손상차손	xxx	(대) 손실충당금	xxx

*저자주 문제의 명확한 성립을 위해 누락된 단서인 '단, 기대신용손실은 없다고 가정한다.'를 추가하기 바랍니다. 한편, 현가계수의 '1.69005'를 '1.69004'로 수정바랍니다.

문제 16번	투자부동산 계정대체 사유	출제구분	신유형	난이도	★ ★ ★	정답	②

• ① 제3자에게 금융리스제공을 개시한 경우 : 투자부동산에 해당하지 않으므로 계정대체와 무관하다.

② 제3자에 대한 운용리스 제공의 약정의 경우 : 재고자산에서 투자부동산으로 대체한다.

③ 자가사용을 개시한 경우 : 투자부동산에서 자가사용부동산으로 대체한다.

→∴투자부동산으로의 계정대체가 가능하지 않다.

④ 통상적인 영업과정에서 판매할 목적으로 개발을 시작한 경우 : 투자부동산에서 재고자산으로 대체한다.

→∴투자부동산으로의 계정대체가 가능하지 않다.

Guide 투자부동산 계정대체 사유

자가사용의 개시나 자가사용을 목적으로 개발을 시작	• 투자부동산 ▶ 자가사용부동산
통상적인 영업과정에서 판매할 목적으로 개발을 시작	• 투자부동산 ▶ 재고자산
자가사용의 종료	• 자가사용부동산 ▶ 투자부동산
제3자에 대한 운용리스 제공의 약정	• 재고자산 ▶ 투자부동산

문제 17번	전환사채 기본사항	출제구분	재출제	난이도	★ ☆ ☆	정답	④

• 전환권대가(전환권가치)는 자본의 가산항목으로 계상한다.

Guide **전환사채 기본사항과 발행시점 회계처리(금액은 가정치임)**

장점(회사입장)	• 전환권 부여로 인해 액면이자율을 낮게 하여 발행할 수 있음. →∴액면이자율 〈 보장수익률 〈 유효이자율
현재가치	• 원리금과 상환할증금을 전환권없는 일반사채 유효이자율로 할인한 금액
전환권대가(자본 가산항목)	• 전환권대가(자본) = 발행금액 - 현재가치
전환권조정(전환사채에서 차감)	• 전환권조정 = 전환권대가 + 상환할증금

발행시점 (액면발행)	(차) 현금(발행금액)	1,000,000	(대) 전환사채(액면금액 = 발행금액)	10,000,000
	(차) 전환권조정(전환사채 차감)	192,711	(대) 전환권대가(발행금액 - 현재가치)	24,011
			상환할증금(전환사채 가산)	168,700

문제 18번	전환사채 전환권대가와 전환권조정	출제구분	재출제	난이도	★ ★ ☆	정답	③

• 액면이자 : 2,000,000×7% = 140,000, 상환할증금 : 2,000,000×13% = 260,000
• 현재가치(원리금 · 상환할증금을 일반사채 유효이자율로 할인) : 140,000×2.4018 + 2,260,000×0.7118 = 1,944,920
• 전환권대가 : 2,000,000(발행금액) - 1,944,920(현재가치) = 55,080
• 전환권조정 : 55,080(전환권대가) + 260,000(상환할증금) = 315,080

*참고 발행시점 회계처리

(차) 현금(발행금액)	2,000,000	(대) 전환사채(액면금액 = 발행금액)	2,000,000
(차) 전환권조정(전환권대가 + 상환할증금)	315,080	(대) 전환권대가(발행금액 - 현재가치)	55,080
		상환할증금	260,000

문제 19번	충당부채기준서 실무적용지침사례	출제구분	재출제	난이도	★ ★ ★	정답	①

• 충당부채 인식여부 분석

현재의무	토지 정화를 요구하는 법률 제정이 거의 확실하므로 의무발생사건은 토지의 오염이다.
유출가능성	가능성이 높다.
결론(인식여부)	토지정화 원가에 대한 최선의 추정치로 충당부채를 인식한다.

Guide **충당부채와 우발부채의 인식**

개요

자원유출가능성 \ 금액추정가능성	신뢰성있게 추정가능	추정불가능
가능성이 높음	충당부채로 인식	우발부채로 주석공시
가능성이 어느 정도 있음	우발부채로 주석공시	
가능성이 아주 낮음(거의 없음)	공시하지 않음	공시하지 않음

비교 충당부채는 재무제표에 부채로 인식하나, 우발부채는 부채로 인식하지 않음.

충당부채 인식요건

• 과거사건의 결과로 현재의무(법적의무나 의제의무)가 존재한다.
• 해당 의무를 이행하기 위하여 경제적효익이 있는 자원이 유출될 가능성이 높다.
• 해당 의무의 이행에 소요되는 금액을 신뢰성있게 추정할 수 있다.

문제 20번	충당부채의 인식	출제구분	기출변형	난이도	★ ★ ☆	정답	②

• ② 충당부채 : 반드시 재무제표에 부채로 인식하여야 한다.
→우발부채 : 부채로 인식할 수 없으며 주석으로 공시한다.
→우발자산 : 자산으로 인식할 수 없으며 경제적효익 유입가능성이 높은 경우에만 주석으로 공시한다.
④ 화재 등으로 인한 미래 멸실액은 충당부채 인식요건을 충족하지 않으므로 충당부채를 계상하지 않는다.
→충당부채는 다음의 요건을 모두 충족하는 경우에 인식한다.

㉠ 현재의무(법적의무나 의제의무) 존재 ㉡ 자원유출 가능성 높음 ㉢ 신뢰성있는 금액추정 가능

Guide 충당부채·우발부채·우발자산 인식

	충당부채	우발부채	우발자산
조건	유출가능성이 높다 and 측정가능	유출가능성이 높다 or 유출가능성이 높더라도 측정불가능	유입가능성이 높다
인식	F/S에 부채인식	주석공시(F/S인식불가)	주석공시(F/S인식불가)
그 외의 사항은 아예 공시하지 않음			

문제 21번	기말재무상태표 이익잉여금	출제구분	재출제	난이도	★ ★ ☆	정답	④

• 연차배당(현금배당과 주식배당)은 다음연도 이익잉여금처분항목에 해당한다.
• 기말재무상태표 이익잉여금(=미처분이익잉여금) : 전기이월미처분이익잉여금 - 중간배당 + 당기순이익
∴20x1년말 이익잉여금(미처분이익잉여금) : 2,000,000 - 200,000 + 1,000,000 = 2,800,000

Guide 중간배당·현금배당·주식배당 회계처리

중간배당	중간배당일(20x1.7.1)	(차) 중간배당액	xxx	(대) 현금	xxx
	보고기간말(20x1.12.31)	(차) 이월이익잉여금	xxx	(대) 중간배당액	xxx
현금배당	보고기간말(20x1.12.31)	- 회계처리 없음 -			
	배당선언일(20x2.3.20)	(차) 이월이익잉여금	xxx	(대) 미지급배당금	xxx
	배당지급일(20x2.4.1)	(차) 미지급배당금	xxx	(대) 현금	xxx
주식배당	보고기간말(20x1.12.31)	- 회계처리 없음 -			
	배당선언일(20x2.3.20)	(차) 이월이익잉여금	xxx	(대) 미교부주식배당금	xxx
	배당지급일(20x2.4.1)	(차) 미교부주식배당금	xxx	(대) 자본금	xxx

문제 22번	자본변동표 의의와 표시	출제구분	재출제	난이도	★ ★ ★	정답	③

- 자본변동표는 자본의 각 항목별 기초잔액, 변동사항, 기말잔액을 표시해 주는 재무보고서로서, 자본을 구성하고 있는 각 분류별 납입자본, 각 분류별 기타포괄손익의 누계액과 이익잉여금의 누계액 등에 대한 포괄적인 정보를 제공해 준다.

*참고 자본변동표 의의와 표시항목

의의	• 자본변동표는 자본의 크기와 그 변동에 관한 정보를 제공하는 재무보고서로서, 자본을 구성하고 있는 각 분류별 납입자본, 각 분류별 기타포괄손익의 누계액과 이익잉여금의 누계액 등에 대한 포괄적인 정보를 제공해 줌. • 따라서, 기업실체의 자본변동에 관한 정보는 일정기간 동안에 발생한 기업실체와 소유주(주주)간의 거래내용을 이해하고 소유주에게 귀속될 이익 및 배당가능이익을 파악하는데 유용함.
표시항목	• 자본변동표에 다음 항목을 표시함. ㉠ 지배기업의 소유주와 비지배지분에게 각각 귀속되는 금액으로 구분하여 표시한 해당 기간의 총포괄손익 ㉡ 자본의 각 구성요소별로, K-IFRS '회계정책, 회계추정의 변경 및 오류'에 따라 인식된 소급적용이나 소급재작성의 영향 ㉢ 자본의 각 구성요소별로 다음의 각 항목에 따른 변동액을 구분하여 표시한, 기초시점과 기말시점의 장부금액 조정내역 - 당기순손익 - 기타포괄손익의 각 항목 - 소유주로서의 자격을 행사하는 소유주와의 거래(소유주에 의한 출자와 소유주에 대한 배분, 그리고 지배력을 상실하지 않는 종속기업에 대한 소유지분의 변동을 구분하여 표시)

문제 23번	변동대가 반영 수익(거래가격) 계산	출제구분	재출제	난이도	★ ★ ★	정답	②

- 3월 수익(거래가격) : 75개×120＝9,000
- 6월 수익(거래가격) : 변동대가 반영

2분기 판매분 : 500개×100＝50,000
1분기 판매분 중 소급분 : 75개×(120－100)＝(1,500)
48,500

*참고 회계처리

3월	(차) 매출채권	9,000	(대) 매출	9,000
6월	(차) 매출채권	48,500	(대) 매출	48,500

문제 24번	수행의무 이행형태와 수익인식	출제구분	재출제	난이도	★★☆	정답	①

• ①은 기간에 걸쳐 이행하는 수행의무와 관련되어 있다.

Guide 기간에 걸쳐 이행하는 수행의무와 한 시점에 이행하는 수행의무

❒ 다음 기준 중 어느 하나를 충족하면, 기업은 재화나 용역에 대한 통제를 기간에 걸쳐 이전하므로 기간에 걸쳐 수행의무를 이행하는 것이고 기간에 걸쳐 수익을 인식함.

㉠ 고객은 기업이 수행하는 대로 기업의 수행에서 제공하는 효익을 동시에 얻고 소비한다.
㉡ 기업이 수행하여 만들어지거나 가치가 높아지는 대로 고객이 통제하는 자산(예: 재공품)을 기업이 만들거나 그 자산 가치를 높인다.
㉢ 기업이 수행하여 만든 자산이 기업 자체에는 대체 용도가 없고, 지금까지 수행을 완료한 부분에 대해 집행 가능한 지급청구권이 기업에 있다.

❒ 수행의무가 기간에 걸쳐 이행되지 않는다면, 그 수행의무는 한 시점에 이행되는 것임. 고객이 약속된 자산을 통제하고 기업이 수행의무를 이행하는 시점을 판단하기 위해, 다음과 같은 통제 이전의 지표를 참고하여야 함.

㉠ 기업은 자산에 대해 현재 지급청구권이 있다.
㉡ 고객에게 자산의 법적 소유권이 있다.
㉢ 기업이 자산의 물리적 점유를 이전하였다.
㉣ 자산의 소유에 따른 유의적인 위험과 보상이 고객에게 있다.
㉤ 고객이 자산을 인수하였다.

문제 25번	연도별 계약손익과 계약자산(부채)	출제구분	재출제	난이도	★★☆	정답	②

• 계약손익 계산

	20x1년	20x2년	20x3년
계약수익	1,500,000×20%=300,000	1,500,000×50%-300,000=450,000	1,500,000×100%-750,000=750,000
계약원가	200,000	600,000 - 200,000 = 400,000	1,300,000 - 600,000 = 700,000
계약이익	100,000	50,000	50,000

Guide 계약손익 계산

진행기준	계약수익	• 계약금액×진행률 - 전기누적계약수익
	계약원가	• 추정총계약원가×진행률 - 전기누적계약원가 ⇒ '당기발생계약원가'와 동일함.

문제 26번	2차연도 미청구공사 · 초과청구공사 계산	출제구분	신유형	난이도	★ ★ ★	정답	③

- 20x1년말 미성공사 : 200,000(계약원가) + 100,000(계약이익) = 300,000
  20x1년말 미청구공사(계약자산) : 300,000(미성공사) - 250,000(진행청구액) = 50,000
- 20x2년말 미성공사 : 300,000(20x1년말 미성공사) + 400,000(계약원가) + 50,000(계약이익) = 750,000
  20x1년말 초과청구공사(계약부채) : 800,000(진행청구액) - 750,000(미성공사) = 50,000

*고속철 '미성공사 = 누적계약수익'이므로, 20x1년말 300,000, 20x2년말 750,000이 미성공사금액이 된다.

*참고 회계처리

20x1년	계약원가 발생	(차) 미성공사	200,000	(대) 현금	200,000
	계약대금 청구	(차) 공사미수금	250,000	(대) 진행청구액	250,000
	계약대금 수령	(차) 현금	200,000	(대) 공사미수금	200,000
	계약손익인식	(차) 계약원가 미성공사	200,000 100,000	(대) 계약수익	300,000
20x2년	계약원가 발생	(차) 미성공사	400,000	(대) 현금	400,000
	계약대금 청구	(차) 공사미수금	550,000	(대) 진행청구액	550,000
	계약대금 수령	(차) 현금	400,000	(대) 공사미수금	400,000
	계약손익인식	(차) 계약원가 미성공사	400,000 50,000	(대) 계약수익	450,000

문제 27번	퇴직급여제도 일반사항	출제구분	재출제	난이도	★ ☆ ☆	정답	③

- 사외적립자산은 기금(보험회사)이 보유하고 있는 자산을 말하며, 보고기간말에 공정가치로 측정하고 재무상태표에 확정급여채무에서 차감하여 표시한다.

Guide 사외적립자산 회계처리

기여금 적립시	(차) 사외적립자산	xxx	(대) 현금	xxx
이자수익(수익발생)	(차) 사외적립자산	xxx	(대) 퇴직급여(이자수익)	xxx
퇴직시(퇴직급여지급)	(차) 확정급여채무	xxx	(대) 사외적립자산	xxx

문제 28번	주식기준보상거래 일반	출제구분	신유형	난이도	★ ★ ☆	정답	①

- 주식기준보상약정은 특정 가득조건이 있다면 그 가득조건이 충족되는 때에 거래상대방에게 대가를 받을 권리를 획득하게 하는 기업과 종업원을 포함한 거래상대방 사이의 계약이므로, 주식기준보상거래는 종업원과 거래상대방 모두에게 부여한다.

Guide 주식기준보상 보상원가 측정(거래상대방이 종업원인 경우)

적용순서	보상원가	측정기준일	비고
〈1순위〉	• 제공받는 재화 · 용역 공정가치	일반적으로 추정불가	
〈2순위〉	• 부여한 지분상품 공정가치	부여일	재측정하지 않음
〈3순위〉	• 부여한 지분상품 내재가치(=주가 - 행사가격)	제공받는 날	재측정(기말 & 가득기간이후)

→참고 거래상대방이 종업원이 아닌 경우는 모두 제공받는 날을 기준으로 위 순위대로 측정함.

문제 29번	2차연도말 법인세비용 계산	출제구분	재출제	난이도	★ ★ ☆	정답	④

- 20x1년말 이연법인세부채 700,000이 계상되어야 하므로, 현재 계상되어 있는 이연법인세자산 400,000을 제거하고 추가로 이연법인세부채 700,000을 계상한다. 법인세비용은 대차차액으로 구한다.

→(차) 법인세비용(대차차액) 3,600,000 (대) 미지급법인세(당기법인세) 2,500,000
이연법인세자산 400,000
이연법인세부채 700,000

Guide **이연법인세 계산구조**

대상	• 일시적차이(유보)
공시	• 이연법인세자산(부채)는 비유동자산(부채)로만 표시하고 소정 요건을 충족하는 경우 상계하여 표시 • 현재가치평가를 하지 않음.
절차	• **[1단계]** 미지급법인세(과세소득×당기세율) =(세전순이익±영구적차이±일시적차이)×당기세율 **[2단계]** 이연법인세자산(부채) =유보(△유보)×미래예상세율(평균세율) **[3단계]** 법인세비용=대차차액에 의해 계산 주의 이연법인세자산(부채)은 당기세율이 아니라 소멸시점의 미래예상세율을 적용함.

문제 30번	감가상각방법의 회계추정변경	출제구분	기출변형	난이도	★ ★ ★	정답	④

- 20x1년 감가상각비 : [(500,000-100,000)÷5년]×6/12=40,000
- 감가상각방법 변경은 회계추정변경이므로 변경효과를 전진적으로 인식한다.(잔존내용연수=3년)
  - ㉠ 20x2년초 장부금액 : 500,000-40,000=460,000
  - ㉡ 20x2년말 감가상각비 : (460,000-0)×3/(1+2+3)=230,000
  - ㉢ 20x2년말 장부금액 : 460,000-230,000=230,000

Guide **회계변경의 처리**

회계정책변경	• 처리 : (원칙)소급법 →전기재무제표 재작성O
회계추정변경	• 처리 : 전진법 →전기재무제표 재작성X 주의 회계정책의 변경인지 회계추정의 변경인지 구분하는 것이 어려운 경우에는 이를 회계추정의 변경으로 봄.

문제 31번	기본주당이익	출제구분	재출제	난이도	★ ☆ ☆	정답	②

- 기본주당이익(EPS) : $\frac{500,000,000-140,000,000}{60,000주}=6,000$

Guide **기본주당이익의 산정**

보통주당기순이익	• 보통주당기순이익=당기순이익-우선주배당금
기본주당이익(EPS)	• 기본주당이익(EPS)= $\frac{보통주당기순이익}{가중평균유통보통주식수}$

문제 32번	지분법 배당금 회계처리	출제구분	기출변형	난이도	★ ☆ ☆	정답	③

• 지분법을 적용함에 있어 피투자회사(관계기업)로부터 배당금을 수령시는 투자주식을 감소시킨다.

Guide **배당금수령과 지분법**

배당 회계처리	• 배당결의시 : (차) 미수배당금 xxx (대) 관계기업투자주식 xxx • 배당수령시 : (차) 현금 xxx (대) 미수배당금 xxx 주의 지분법에서는 피투자회사가 배당을 하면 순자산이 감소하므로 투자주식을 감소시키는 처리를 하며, 배당금수익을 인식하는 것이 아님.

문제 33번	관계기업에 대한 유의적 영향력	출제구분	신유형	난이도	★ ★ ★	정답	②

• 유의적인 영향력을 판단함에 있어 피투자자에 대한 의결권은 투자자의 지분율과 종속기업이 보유하고 있는 지분율의 단순 합계로 계산한다.

Guide **유의적인 영향력**

원칙	• 직·간접으로 의결권의 20%이상 소유시 명백한 반증이 있는 경우를 제외하고는 유의적인 영향력이 있는 것으로 보아 지분법을 적용함.
예외	❖20%미만 이더라도 유의적인 영향력이 있는 경우 • 의사결정기구·정책결정과정에 참여하는 경우와 필수적 기술정보를 제공하는 경우 주의 일반적 기술정보제공이 아님. • 중요한 거래가 있는 경우와 경영진의 상호 교류가 이루어지는 경우 ❖유의적인 영향력이 있어도 지분법적용을 배제하는 경우 • 12개월 이내에 매각할 목적으로 투자주식을 취득하여 적극적으로 매수자를 찾고 있는 일시보유 목적의 투자주식 →매각예정비유동자산으로 분류함.

*참고 '간접'의 의미

개요	• 종속기업을 통하여 피투자자에 대한 의결권을 소유하는 것을 말함. → 즉, 아래에서 A는 반드시 모회사의 종속기업이어야 함. 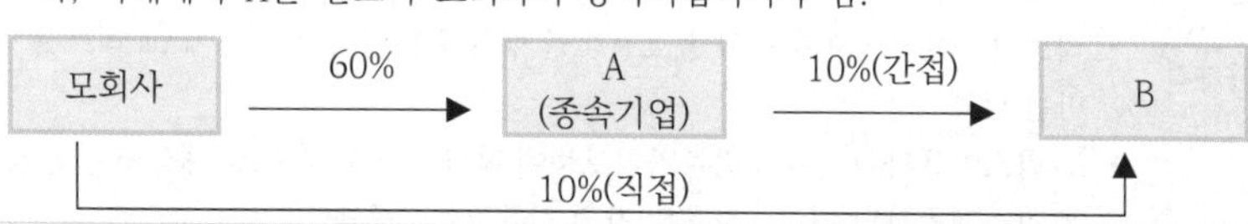
지분율 계산	• 단순하게 합산하여 판단함. → 위에서 10%(직접)+10%(간접)=20% 이므로 모회사는 B에 대해 유의적인 영향력 있음.

문제 34번	화폐성·비화폐성항목 구분	출제구분	재출제	난이도	★ ☆ ☆	정답	④

• 매출채권, 단기대여금만 화폐성항목에 해당한다.(나머지는 비화폐성항목)

Guide **화폐성·비화폐성항목**

화폐성항목	• 현금, 매출채권, 미수금, 대여금, 매입채무, 미지급금, 차입금, 미지급비용, 미수수익 등
비화폐성항목	• 재고자산, 유형자산, 무형자산, 지분상품, 선수금, 선급금, 선급비용, 선수수익 등

문제 35번	외화자산의 환산	출제구분	재출제	난이도	★ ★ ☆	정답	②

• 20x1년말 재무상태표상 매출채권 : 20x1년말의 환율로 환산한 금액 →$250,000 × 1,070 = 267,500,000

*참고 회계처리

20x1.5.10	(차) 외화매출채권	$250,000 × 1,100 = 275,000,000	(대) 매출	275,000,000
20x1.12.31	(차) 외환손실	$250,000 × (1,100 - 1,070) = 7,500,000	(대) 외화매출채권	7,500,000
20x2.1.2	(차) 현금	$250,000 × 1,110 = 277,500,000	(대) 외화매출채권	267,500,000
			외환이익	10,000,000

문제 36번	통화선도계약(수출)	출제구분	재출제	난이도	★ ★ ★	정답	①

• 외화대금 수령분을 일정 안정된 환율로 매도하는 통화선도 매도계약을 체결한다.

(차) 매출채권	$1,000,000 × 1,300 = 1,300,000,000	(대) 매출		1,300,000,000
(차) 현금	$1,000,000 × 1,100 = 1,100,000,000	(대) 매출채권		1,300,000,000
외환손실	200,000,000			
(차) 현금	$1,000,000 × 1,150 = 1,150,000,000	(대) 현금		$1,000,000 × 1,100 = 1,100,000,000
		통화선도거래이익		50,000,000

문제 37번	리스료의 구성	출제구분	재출제	난이도	★ ☆ ☆	정답	③

• 무보증잔존가치는 리스료의 구성항목에 해당되지 않는다.

Guide 리스료의 구성항목

고정리스료	• 지급액에서 변동리스료를 뺀 금액(리스인센티브는 차감)
변동리스료	• 시간경과가 아닌 지수·요율(이율)에 따라 달라지는 리스료
매수선택권행사가격 (소유권이전금액)	• 리스이용자가 매수선택권을 행사할 것이 상당히 확실한 경우 그 매수선택권의 행사가격(또는 소유권이전금액)
종료선택권행사가격	• 리스기간이 리스이용자의 종료선택권 행사를 반영하는 경우에 그 리스를 종료하기 위하여 부담하는 금액
보증잔존가치	• ① 리스이용자의 경우 : 잔존가치보증에 따라 지급할 것으로 예상되는 금액 ② 리스제공자의 경우 : 다음의 자의 잔존가치보증액 - 리스이용자와 리스이용자의 특수관계자 - 리스제공자와 특수관계에 있지 않고 보증의무 이행할 재무적 능력이 있는 제3자

문제 38번	리스이용자 감가상각비 계산	출제구분	재출제	난이도	★★☆	정답	①

- 사용권자산(리스부채) : 400,000(리스료의 현재가치)
- 감가상각대상금액 : 400,000 - 0(추정잔존가치) = 400,000
- 감가상각기간 : 소유권이전이 있으므로 내용연수 5년 적용
- 20x1년 감가상각비 : 400,000÷5년 = 80,000

*참고 회계처리

20x1년초(리스개시일)	(차) 사용권자산	400,000	(대) 리스부채	400,000
20x1년말(보고기간말)	(차) 이자비용 리스부채	xxx xxx	(대) 현금	12,000
	(차) 감가상각비	80,000	(대) 감가상각누계액	80,000

Guide 리스이용자 회계처리

리스개시일	• (차) 사용권자산(원가) xxx (대) 리스부채 xxx 현금(리스개설직접원가) xxx
	리스부채: ❐ 지급되지 않은 리스료를 내재이자율로 할인한 현재가치 (내재이자율 산정불가시는 리스이용자의 증분차입이자율로 할인)
보고기간말	• (차) 이자비용 xxx (대) 현금 xxx 리스부채 xxx (차) 감가상각비 xxx (대) 감가상각누계액 xxx
	이자비용: ❐ 리스부채 장부금액×내재이자율
	감가상각: (아래 표)

구분	감가상각대상금액	감가상각기간
소유권이전O	원가-추정잔존가	내용연수
소유권이전X	원가-보증잔존가	Min[리스기간, 내용연수]

문제 39번	간접법과 영업활동현금흐름	출제구분	재출제	난이도	★☆☆	정답	③

- 20,000(당기순이익) + 4,600(감가상각비) - 15,000(매출채권증가) + 2,500(재고자산감소) + 10,400(매입채무증가) = 22,500

Guide 간접법 영업활동현금흐름 계산구조

〈출발점〉 법인세비용차감전순이익		
현금수입·지출이 없는 손익계정	• 감가상각비, 금융자산평가손익 • 이자비용, 이자수익, 배당수익*)	• 비용 → 가산 • 수익 → 차감
투자·재무활동관련 손익계정	• 자산처분손익, 부채상환손익	
영업활동관련 자산·부채계정	• 매출채권(순액), 선수금, 매입채무, 선급금 • 재고자산(순액), 미수수익, 선급비용 • 선수수익, 미지급비용, FVPL금융자산	• 자산증(감) → 차감(가산) • 부채증(감) → 가산(차감)

*) 영업활동으로 분류되는 경우 가감조정을 해주는 이유는 현금흐름표 양식상 이들을 직접법을 적용한 것처럼 별도로 표시해주기 때문임.

주의 영업활동관련 자산·부채계정 관련손익(예 매출채권 대손상각비, FVPL금융자산평가이익·처분이익, 재고자산 감모손실, 퇴직급여 등)은 위의 현금수입·지출이 없는 손익계정에서 고려치 않음. 따라서, 영업활동과 관련없는 대여금이나 미수금 해당분 대손상각비는 위의 현금수입·지출이 없는 손익계정에서 고려(가산)함.

문제 40번	현금흐름표 직접법 · 간접법 선택	출제구분	신유형	난이도	★ ☆ ☆	정답	①

• 영업활동 현금흐름은 다음 중 하나의 방법으로 보고한다.[K-IFRS 제1007호 문단18]

㉠ 직접법 : 총현금유입과 총현금유출을 주요 항목별로 구분하여 표시하는 방법

㉡ 간접법 : 당기순손익에 현금을 수반하지 않는 거래, 과거 또는 미래의 영업활동 현금유입이나 현금유출의 이연 또는 발생, 투자활동 현금흐름이나 재무활동 현금흐름과 관련된 손익항목의 영향을 조정하여 표시하는 방법

Guide **현금흐름표 작성방법**

보고	• 영업활동현금흐름은 직접법, 간접법 중 선택하여 보고함. →∴직접법과 간접법 모두 투자활동, 재무활동 표시방법은 동일함. →K-IFRS는 직접법을 권장하고 있음.
비현금거래	• 재무제표의 다른 부분에 공시함.(즉, 주석공시) 예 현물출자, 유형자산 연불구입, 주식배당, 전환사채의 전환 등
별도공시	• 이자 · 배당금의 수취 · 지급과 법인세 현금흐름은 간접법의 경우에도 직접법을 적용한 것처럼 별도로 표시함.

재경관리사 공개기출해설[재무]

2020년 1월에 시행된 기출문제에 대한 완벽한 해설을 관련이론(가이드)과 함께 제시하였습니다. 해당 문제는 합본부록을 참고바랍니다.

FINAL

Certified Accounting Manager

재무회계 공개기출문제해설

[2020년 01월 시행]

SEMOOLICENCE

문제 1번	일반목적재무보고서가 제공하는 정보	출제구분	재출제	난이도	★ ☆ ☆	정답	④

- 과거 현금흐름이 반영된 재무성과에 관한 정보의 제공을 통해 기업의 미래 순현금유입 창출 능력을 평가하는데 도움이 되는 것이며, 미래의 현금흐름에 대한 예측이 이미 반영된 재무정보를 제공하는 것은 아니다.
- 재무보고를 위한 개념체계에서 규정하고 있는 일반목적재무보고서가 제공하는 정보는 다음과 같다.

> ㉠ 경제적자원 및 청구권　　㉡ 경제적자원 및 청구권의 변동
> ㉢ 발생기준 회계가 반영된 재무성과　　㉣ 과거 현금흐름이 반영된 재무성과
> ㉤ 재무성과에 기인하지 않은 경제적자원 및 청구권의 변동

문제 2번	근본적 질적특성 세부고찰	출제구분	재출제	난이도	★ ★ ☆	정답	①

- 재무정보가 예측가치를 갖기 위해서 그 자체가 예측치 또는 예상치일 필요는 없다.

Guide **근본적 질적특성 개괄**

목적적합성	예측가치와 확인가치	• 이용자들이 미래 결과를 예측하기 위해 사용하는 절차의 투입요소로 재무정보가 사용될 수 있다면 그 재무정보는 예측가치를 갖음. →재무정보가 과거 평가에 대해 피드백을 제공한다면(과거 평가를 확인하거나 변경시킨다면) 확인가치를 갖음. • 재무정보가 예측가치를 갖기 위해서 그 자체가 예측치 또는 예상치일 필요는 없음.
	중요성	• 정보가 누락·잘못기재된 경우 일반목적재무보고서에 근거하여 이루어지는 주요이용자의 의사결정에 영향을 줄 수 있다면 그 정보는 중요한 것임. • 중요성은 개별기업 재무보고서 관점에서 해당 정보와 관련된 항목의 성격이나 규모 또는 이 둘 모두에 근거하여 해당 기업에 특유한 측면의 목적적합성을 의미함.
표현충실성	완전한 서술 중립적 서술 오류없는 서술	• 오류가 없다는 것은 현상의 기술에 오류나 누락이 없고, 보고정보를 생산하는데 사용되는 절차의 선택과 적용시 절차상 오류가 없음을 의미함. →즉, 오류가 없다는 것은 모든 면에서 완벽, 정확하다는 것을 의미하지는 않음.

문제 3번	재무제표 표시 일반사항	출제구분	재출제	난이도	★ ★ ☆	정답	②

- 매출채권에 대한 대손충당금(손실충당금)을 차감하여 순액으로 측정하는 것은 상계표시에 해당하지 않는다.

Guide **재무제표 표시(발생기준/중요성과 통합표시/상계)**

발생기준		• 기업은 현금흐름정보를 제외하고는 발생기준 회계를 사용하여 재무제표를 작성함.
중요성과 통합표시		• 유사한 항목은 중요성 분류에 따라 F/S에 구분표시하며, 상이한 성격·기능을 가진 항목은 구분 표시함. →다만, 중요치 않은 항목은 성격·기능이 유사한 항목과 통합표시 가능함.
상계	원칙	• K-IFRS에서 요구하거나 허용하지 않는 한 자산·부채, 수익·비용은 상계하지 아니함. →단, 재고자산평가충당금과 대손충당금(손실충당금)과 같은 평가충당금을 차감하여 관련자산을 순액으로 측정하는 것은 상계표시에 해당하지 아니함.
	예외	• 상계가 거래의 실질을 반영한다면 상계하여 표시함. →예 ㉠ 비유동자산처분손익(처분비용차감액), 충당부채관련 지출을 제3자 보전액과 상계 ㉡ 외환손익, 단기매매금융상품차익·차손을 순액으로 표시(단, 중요시는 구분표시)

문제 4번	포괄손익계산서 표시	출제구분	재출제	난이도	★★☆	정답	④

- 매출원가를 다른 비용과 분리하여 공시하고 있으므로 기능별 분류법이다.

Guide **비용 분류방법(이하 둘 중 선택 적용)**

성격별 분류법	• 비용은 그 성격별로 통합함.(즉, 각 항목의 유형별로 구분표시) →예 감가상각비, 원재료구입, 운송비, 종업원급여, 광고비 등 • 매출원가를 다른 비용과 분리하여 공시하지 않음. • 기능별로 재배분하지 않으므로 적용이 간단함.(미래현금흐름 예측에는 유용함)
기능별 분류법 (=매출원가법)	• 비용은 그 기능별로 분류함. →예 매출원가, 물류원가, 관리활동원가 등 • 적어도 매출원가를 다른 비용과 분리하여 공시함. • 목적적합하나, 자의적인 기능별 배분과 판단이 개입될 수 있음. • 기능별로 분류시에는 성격별 분류에 따른 추가공시가 필요함.

문제 5번	중간재무보고의 대상기간과 비교형식	출제구분	재출제	난이도	★☆☆	정답	①

- 중간재무보고서는 당해 중간보고기간말을 직전 연차보고기간 말과 비교하는 형식으로 작성한 재무상태표를 포함하여야 한다.

Guide **중간재무보고 대상기간과 비교형식**

재무상태표	• 중간보고기간말과 직전 연차보고기간말을 비교하는 형식으로 작성 주의 직전 중간보고기간말을 비교하는 형식으로 작성하는게 아님.
포괄손익계산서	• 중간기간과 누적기간을 직전회계연도의 동일기간과 비교하는 형식으로 작성
현금흐름표 자본변동표	• 누적기간을 직전회계연도의 동일기간과 비교하는 형식으로 작성 주의 중간기간을 직전회계연도 동일기간과 비교형식으로 작성하는게 아님.

문제 6번	재고자산 취득원가 고려사항	출제구분	재출제	난이도	★ ☆ ☆	정답	④

- ① 재고자산은 취득원가와 순실현가능가치 중 낮은 금액으로 측정한다.(저가법)
  ② 매입할인, 리베이트 및 기타 유사한 항목은 매입원가를 결정할 때 차감한다.
  ③ 재고자산을 현재의 장소에 현재의 상태로 이르게 하는데 기여하지 않은 관리간접원가는 재고자산의 취득원가에 포함하지 않고 비용처리한다.
  ④ 판매원가는 재고자산의 취득원가에 포함하지 않고 비용(판매비와관리비)처리한다.

Guide 재고자산 취득원가 일반사항

취득원가 범위	매입원가	• 매입가격에 수입관세와 제세금(과세당국으로부터 추후 환급받을 수 있는 금액은 제외), 매입운임, 하역료를 가산 • 매입할인(에누리,환출), 리베이트 항목은 매입원가를 결정할 때 차감
	전환원가	• 제조기업에서 완제품으로 전환하는데 발생하는 직접노무비와 제조간접비
	기타원가	• 재고자산을 현재의 장소에 현재의 상태로 이르게 하는데 발생한 원가
매입운임	선적지인도기준	• 매입자가 부담 → ∴매입자의 재고자산 취득원가에 가산
	도착지인도기준	• 판매자가 부담 → ∴판매자의 판매비(매출운임)로 계상
비용처리 원가	• ㉠ 재료원가, 노무원가, 기타 제조원가 중 비정상적으로 낭비된 원가 ㉡ 후속 생산단계에 투입하기 전에 보관이 필요한 경우 이외의 보관원가 ㉢ 재고자산을 현재장소에 현재 상태로 이르게 하는데 기여하지 않은 관리간접원가 ㉣ 판매원가	

문제 7번	재고자산 선입선출법 매출총이익	출제구분	재출제	난이도	★ ☆ ☆	정답	①

- 매출액 : 25개×130=3,250
  매출원가 : 10개×100+15개×110=2,650

∴매출총이익 : 3,250(매출액) - 2,650(매출원가)=600

문제 8번	기말재고 순장부금액	출제구분	재출제	난이도	★ ★ ★	정답	①

*고속철 기말재고 순장부금액 : (1,500개×@90)+(4,500개×@500)+(2,000개×@300)=2,985,000

*참고 재고자산감모손실·평가손실 분석

[상품A·상품C는 감모손실이 없다. & 상품B는 평가손실이 없다.]

㉠ 재고자산감모손실(상품B) : (5,000개 - 4,500개)×@500=250,000

장부수량(5,000개)×단위당원가(@500)=2,500,000	실제수량(4,500개)×단위당원가(@500)=2,250,000

재고자산감모손실(250,000)

→(차) 재고자산감모손실(매출원가) 250,000 (대) 재고자산(상품B) 250,000

㉡ 재고자산평가손실(상품A) : 1,500개×(@100 - @90)=15,000

실제수량(1,500개)×단위당원가(@100)=150,000	실제수량(1,500개)×단위당시가(@90)=135,000

재고자산평가손실(15,000)

→(차) 재고자산평가손실(매출원가) 15,000 (대) 재고자산평가충당금(재고자산차감) 15,000

㉢ 재고자산평가손실(상품C) : 2,000개×(@400 - @300)=200,000

실제수량(2,000개)×단위당원가(@400)=800,000	실제수량(2,000개)×단위당시가(@300)=600,000

재고자산평가손실(200,000)

→(차) 재고자산평가손실(매출원가) 200,000 (대) 재고자산평가충당금(재고자산차감) 200,000

㉣ 기말재고 순장부금액 : (1,500개×@100+5,000개×@500+2,000개×@400) - (250,000+15,000+200,000)=2,985,000

문제 9번	유형자산처분손익	출제구분	재출제	난이도	★ ☆ ☆	정답	④

• 감가상각비 계상기간 : 45개월(20x1년 7월 1일 ~ 20x5년 4월 1일)

• 처분시점 감가상각누계액 : (500,000,000 - 0)× $\frac{45개월}{120개월}$ =187,500,000

• 처분시점 장부금액 : 500,000,000 - 187,500,000=312,500,000

∴유형자산처분손익 : 300,000,000(처분금액) - 312,500,000(장부금액)=△12,500,000(손실)

*참고 처분시점(20x5년 4월 1일) 회계처리

(차) 현금(처분금액)	300,000,000	(대) 건물(취득원가)	500,000,000
감가상각누계액	187,500,000		
유형자산처분손실(대차차액)	12,500,000		

문제 10번	유형자산 재평가모형의 적용	출제구분	재출제	난이도	★ ☆ ☆	정답	③

- 자산의 장부금액이 재평가로 인하여 증가된 경우 원칙적으로 그 증가액은 자본(재평가잉여금)으로 인식한다.
  →즉, 재평가 결과 발생한 평가손익은 원칙적으로 평가이익은 자본(재평가잉여금)으로 처리하며, 평가손실은 당기손익(재평가손실)로 처리한다.

Guide 유형자산 재평가모형 적용과 회계처리

선택적용	• 원가모형·재평가모형 중 선택하여, 유형자산 유형별(분류별)로 동일하게 적용함. 주의 유형자산 전체에 동일하게 적용하는 것이 아님.
유형별(분류별) 재평가	• 특정유형자산을 재평가할 때, 해당자산이 포함되는 유형자산 유형(분류) 전체를 재평가함. 주의 유형자산별로 선택적 재평가를 하는 것이 아님.
재평가빈도	• 장부금액이 공정가치와 중요하게 차이가 나지 않도록 주기적으로 수행
최초재평가	• ① 재평가증가액 : '장부금액 < 공정가치' → 재평가잉여금(기타포괄손익) 처리 ② 재평가감소액 : '장부금액 > 공정가치' → 재평가손실(당기손익) 처리
회계처리(선택)	• ① 감가상각누계액제거방법 : 총장부금액에서 기존의 감가상각누계액을 제거하여 자산의 순장부금액이 재평가금액이 되도록 수정하는 방법 ② 비례적수정방법 : 재평가 후 자산의 장부금액이 재평가금액과 일치하도록 감가상각누계액과 총장부금액을 비례적으로 수정하는 방법

문제 11번	연구·개발단계지출의 구분	출제구분	재출제	난이도	★ ☆ ☆	정답	①

- 20x1년 비용 : 100,000(연구비)+150,000(경상개발비)=250,000
- 20x1년 자산 : 200,000(개발비) →상각비는 사용가능시점인 20x2년부터 계상된다.

Guide 연구단계와 개발단계 지출의 처리

의의	• 인식기준을 충족하는지를 평가하기 위해 무형자산 창출과정을 연구단계와 개발단계로 구분함. 주의 무형자산을 창출하기 위해 내부 프로젝트를 연구단계와 개발단계로 구분할 수 없는 경우에는 발생한 지출은 모두 연구단계에서 발생한 것으로 봄.	
회계처리	연구단계활동 지출	• 비용(연구비)
	개발단계활동 지출	• 자산인식요건 충족O : 무형자산(개발비) • 자산인식요건 충족X : 비용(경상개발비)

문제 12번	무형자산 후속측정	출제구분	재출제	난이도	★ ★ ★	정답	②

- 유형자산과 동일하게 무형자산 손상검토시 회수가능액은 순공정가치와 사용가치 중 큰 금액을 기준으로 판단한다.

* 저자주 무형자산 손상 회계처리는 기본적으로 유형자산 손상과 동일합니다.

문제 13번	재고자산의 투자부동산으로의 계정대체	출제구분	재출제	난이도	★ ★ ★	정답	①

- 재고자산(판매목적 건물)을 제3자에게 운용리스로 제공하는 것은 투자부동산으로의 계정대체에 해당한다.
- 재고자산 장부금액과 대체시점(용도변경시점)의 공정가치의 차액은 당기손익으로 인식한다.

㉠ (차) 재고자산 120억 - 100억 = 20억 (대) 재평가이익(당기손익) 20억
㉡ (차) 투자부동산 120억 (대) 재고자산 120억

* 저자주 문제의 명확한 성립을 위해 누락된 단서인 '(주)삼일은 투자부동산에 대하여 공정가치모형을 적용하고 있다'를 추가하기 바랍니다.

Guide 투자부동산 계정대체 세부고찰(회계처리)

투자부동산에 원가모형 적용시	• 대체전 자산의 장부금액으로 대체함.(∴별도 손익이 발생하지 않음)	
투자부동산에 공정가치모형 적용시	투자부동산 ▶ 자가사용부동산	• 변경시점에 투자부동산평가손익 인식후 공정가치로 대체
	투자부동산 ▶ 재고자산	
	자가사용부동산 ▶ 투자부동산	• 변경시점의 장부금액과 공정가치의 차액은 유형자산 재평가모형과 동일한 방법으로 회계처리
	재고자산 ▶ 투자부동산	• 재고자산 장부금액과 대체시점의 공정가치의 차액은 당기손익으로 인식

문제 14번	상각후원가측정금융자산 분류 · 평가	출제구분	재출제	난이도	★ ★ ☆	정답	②

- 채무상품은 사업모형과 충족조건에 따라 AC금융자산, FVOCI금융자산, FVPL금융자산 모두로 분류된다.

Guide 금융자산 분류

원칙 · 사업모형과 현금흐름특성에 근거하여 다음과 같이 분류 · 측정함.

분류 · 측정	충족조건	해당증권
AC금융자산 [상각후원가측정]	• ㉠ 현금흐름수취목적 사업모형일 것 ㉡ 원리금지급만으로 구성된 현금흐름일 것	채무상품
FVOCI금융자산 [기타포괄손익-공정가치측정]	• ㉠ 현금흐름수취와 금융자산매도목적 사업모형일 것 ㉡ 원리금지급만으로 구성된 현금흐름일 것	채무상품
FVPL금융자산 [당기손익-공정가치측정]	• 그 외 모든 금융자산 →예 단기매매항목	지분상품 채무상품 파생상품

선택 · 최초인식시점에 다음과 같이 측정하기로 선택할 수 있음.

분류 · 측정	충족조건	해당증권
FVOCI금융자산 [기타포괄손익-공정가치측정]	• 단기매매항목이 아닐 것	지분상품
FVPL금융자산 [당기손익-공정가치측정]	• 회계불일치를 제거하거나 유의적으로 줄이기 위한 경우일 것	지분상품 채무상품

문제 15번	현금및현금성자산 집계	출제구분	재출제	난이도	★ ★ ☆	정답	③

- 1,650,000(요구불예금)+2,500,000(타인발행수표)+1,000,000(상환우선주)=5,150,000
  →상환우선주 : 취득당시 상환일까지의 기간이 3개월 이내이므로 현금성자산에 해당한다.
  →정기예금 : 취득당시(추정취득일은 2월 1일) 만기가 3개월 이내가 아니므로 현금성자산에 해당하지 않는다.

Guide 현금예금의 공시

현금	통화	• 지폐, 주화
	통화대용증권	• 타인발행당좌수표, 가계수표, 자기앞수표, 송금수표, 여행자수표, 우편환, 만기도래공사채이자지급표, 대체저금지급증서, 지점전도금, 배당금지급통지표, 일람출급어음, 국세환급통지서
	요구불예금	• 당좌예금, 보통예금
현금성자산	• 유동성이 매우 높은 단기투자자산으로서 확정금액의 현금전환이 용이하고 가치 변동위험이 경미한 자산을 말함. • 투자자산은 취득당시 만기(상환일)가 3개월 이내인 경우에만 현금성자산으로 분류되며, 지분상품은 원칙적으로 현금성자산에서 제외함. 주의 결산일로부터 3개월 이내가 아님. 사례 다음은 현금성자산으로 분류함. ① 취득당시 만기가 3개월 이내인 금융기관이 취급하는 단기금융상품 ② 취득당시 만기가 3개월 이내에 도래하는 채무증권 ③ 취득당시 상환일까지의 기간이 3개월 이내인 상환우선주 ④ 3개월 이내의 환매조건인 환매채	
단기금융상품	• 단기자금운용 목적이거나 보고기간말부터 1년 이내에 도래하는 현금성자산이 아닌 다음의 것 ① 정기예금, 정기적금, 사용이 제한된 예금(예 양건예금) ② 기타 정형화된 상품(예 양도성예금증서(CD)등의 금융상품) →그 외는 장기금융상품으로 분류함.	

문제 16번	금융자산의 손상증거	출제구분	재출제	난이도	★ ☆ ☆	정답	①

- '유동부채가 유동자산을 초과하는 경우'는 손상 발생의 객관적인 증거로 규정되어 있지 않다.

Guide 금융자산의 손상인식

손상대상	• ㉠ AC금융자산[=상각후원가금융자산] →(차) 손상차손(당기손익) xxx (대) 손실충당금(자산차감) xxx ㉡ FVOCI금융자산(채무상품)[=기타포괄손익-공정가치측정금융자산(채무상품)] →(차) 손상차손(당기손익) xxx (대) 평가이익(기타포괄손익) xxx
기대손실모형	• 신용이 손상되지 않은 경우에도 기대신용손실을 추정하여 인식함. • 신용이 손상된 경우(손상발생의 객관적 증거가 있는 경우) ❐ 재무적 어려움, 채무불이행, 연체와 같은 계약위반 ❐ 차입조건의 불가피한 완화, 파산가능성 ❐ 재무구조조정가능성, 활성시장의 소멸, 크게 할인가격으로 매입하거나 창출

문제 17번	금융부채의 분류와 상각후원가	출제구분	재출제	난이도	★ ★ ★	정답	②

- ① 단기간 내에 재매입할 목적으로 부담하는 금융부채 : 당기손익-공정가치측정금융부채
  ② 유형자산 취득을 위해 은행으로부터 조달한 장기차입금 : 상각후원가측정금융부채
  ③ 최초 인식시점에 당기손익-공정가치 측정항목으로 지정한 금융부채 : 당기손익-공정가치측정금융부채
  ④ 시장이자율보다 낮은 이자율로 대출하기로 한 약정 : 기타금융부채

Guide 금융부채 분류

상각후원가측정금융부채 【AC금융부채】	• FVPL금융부채와 기타금융부채를 제외한 모든 금융부채 →예 매입채무, 미지급금, 차입금, 사채 등
당기손익-공정가치측정금융부채 【FVPL금융부채】	• 다음 중 하나의 조건을 충족하는 금융부채를 말함. ㉠ 단기매매금융부채 : 단기매매항목의 정의를 충족 - 주로 단기간에 재매입할 목적으로 부담한다. - 최초인식시점에 공동으로 관리하는 특정 금융상품 포트폴리오의 일부로 운용형태가 단기적 이익획득 목적이라는 증거가 있다. - 파생상품이다.(즉, 가치변동이 있다.) →단, 금융보증계약인 파생상품이나 위험회피수단으로 지정되고 위험회피에 효과적인 파생상품은 제외함. ㉡ 당기손익인식지정금융부채 - 최초 인식시점에 당기손익-공정가치측정 항목으로 지정함. 주의 부채가 단기매매활동의 자금조달에 사용된다는 사실만으로는 당해부채를 단기매매금융부채로 분류할 수 없음.
기타금융부채	• ㉠ 금융자산 양도관련 부채 : 양도가 제거조건을 충족하지 못하거나 지속적관여접근법이 적용되는 경우에 생기는 금융부채 ㉡ 금융보증계약에 따른 금융부채 ㉢ 시장이자율보다 낮은 이자율로 대출하기로 한 대출약정 ㉣ 사업결합에서 취득자가 인식하는 조건부대가

보론 당기손익-공정가치측정 항목으로 지정하면 서로 다른 기준에 따라 자산·부채를 측정하거나 그에 따른 손익을 인식하여 생길수 있는 인식·측정의 불일치(회계불일치)를 제거하거나 유의적으로 줄이는 경우 당기손익-공정가치측정 항목으로 지정할 수 있음.
→위 '보론'의 경우 한번 지정하면 이를 취소할 수 없으며, 지정은 회계정책의 선택과 비슷하지만 비슷한 모든 거래에 같은 회계처리를 반드시 적용해야 하는 것은 아니라는 점에서 다름.

문제 18번	2차연도 사채이자비용	출제구분	기출변형	난이도	★ ★ ☆	정답	③

- 발행금액 : 100,000×2.40183+1,000,000×0.71178=951,963
- 20x1년말 사채할인발행차금 상각액 : 951,963×12%-100,000=14,236
- 20x1년말 장부금액 : 951,963+14,236=966,199
- 20x2년말 이자비용(유효이자) : 966,199×12%=115,944

*참고 회계처리

20x2년말	(차) 이자비용	115,944	(대) 현금	100,000
			사채할인발행차금	15,944

문제 19번	우발부채 · 우발자산	출제구분	기출변형	난이도	★ ☆ ☆	정답	②

• 우발부채는 재무상태표상 부채로 인식할 수 없으며, 주석으로 공시한다.

Guide 충당부채와 우발부채의 인식

금액추정가능성 / 자원유출가능성	신뢰성있게 추정가능	추정불가능
가능성이 높음	충당부채로 인식	우발부채로 주석공시
가능성이 어느 정도 있음(높지 않음)	우발부채로 주석공시	우발부채로 주석공시
가능성이 희박(아주 낮음)	공시하지 않음	공시하지 않음

문제 20번	기댓값에 의한 충당부채 계상	출제구분	재출제	난이도	★ ★ ★	정답	③

• 충당부채로 인식하여야 하는 금액과 관련된 불확실성은 상황에 따라 판단한다. 다수의 항목과 관련되는 충당부채를 측정하는 경우에 해당 의무는 가능한 모든 결과에 관련된 확률을 가중평균하여 추정한다.(이러한 통계적 추정방법을 '기댓값'이라고 함.) 따라서 특정 금액의 손실이 생길 확률(예 60%나 90%)에 따라 충당부채로 인식하는 금액은 달라지게 된다.[K-IFRS 제1037호 문단39]

• 수선비용과 발생확률

구분	수리비용	발생확률
하자가 없는 경우(전혀 결함이 발생하지 않는 경우)	0원	80%
중요하지 않은(사소한) 결함이 발생할 경우	50,000원	15%
치명적인(중요한) 결함이 발생할 경우	200,000원	5%

→충당부채(수리비용의 기댓값) : (0원×80%)+(50,000원×15%)+(200,000원×5%)=17,500원

* 저자주 K-IFRS 제1037호 문단39의 사례를 문제화한 것으로 재경관리사 시험수준을 고려할 때 다소 무리한 출제로 사료됩니다. 다만, 회계사·세무사 등 전문직 시험에서는 빈출되고 있는 문제입니다.

문제 21번	무상감자의 영향 분석	출제구분	재출제	난이도	★ ★ ★	정답	④

• 회계처리 : (차) 자본금 20,000,000 (대) 이월결손금 20,000,000
• ① 자본과 부채가 불변이므로 부채비율(부채/자본)도 불변이다.
  ② 유상감자(자본금 xxx / 현금 xxx)시에는 순자산(자본)이 감소한다.
  ③ 무상감자 후 주식발행초과금은 불변이다.
  ④ 감자후의 자본총계는 20,000,000+10,000,000=30,000,000으로 감자전과 자본총계가 동일하다.

문제 22번	자본변동표 작성	출제구분	재출제	난이도	★ ★ ☆	정답	②

• FVOCI금융자산평가이익 : 이익잉여금이 아니라 기타자본요소(기타포괄손익)에 표시되어야 한다.
• 회계처리

①	(차) 현금	100,000,000	(대) 자본금	100,000,000
②	(차) FVOCI금융자산	30,000,000	(대) FVOCI금융자산평가이익(기타자본요소)	30,000,000
③	(차) 집합손익	10,000,000	(대) 이익잉여금	10,000,000
④	(차) 이익잉여금	20,000,000	(대) 현금	20,000,000

문제 23번	수익인식기준	출제구분	재출제	난이도	★★★	정답	④

• 검사조건부판매의 수익인식

합의한 규격에 따른 것인지를 객관적으로 판단할 수 있는 경우	• 고객의 인수는 형식적인 것이므로 고객의 인수여부와 관계없이 수익을 인식함. → 즉, 인수수락 여부에 관계없이 인수 전이라도 이전시점에 수익을 인식함.
합의한 규격에 따른 것인지를 객관적으로 판단할 수 없는 경우	• 고객이 인수하는 시점에 수익을 인식함.

문제 24번	할부판매 매출채권 순장부금액	출제구분	재출제	난이도	★★☆	정답	①

• 회계처리

20x1년초	(차) 매출채권	30,000,000	(대) 매출	10,000,000×2.4869=24,869,000
			현재가치할인차금	5,131,000
	(차) 매출원가	xxx	(대) 상품	xxx
20x1년말	(차) 현금	10,000,000	(대) 매출채권	10,000,000
	(차) 현재가치할인차금	2,486,900	(대) 이자수익	24,869,000×10%=2,486,900

• 매출채권 순장부금액 계산

매출채권	: 30,000,000 - 10,000,000 =	20,000,000
현재가치할인차금	: 5,131,000 - 2,486,900 =	(2,644,100)
		17,355,900

*고속철 미래현금흐름의 현재가치를 구해도 된다. →10,000,000÷1.1+10,000,000÷1.1^2≒17,355,372

문제 25번	건설계약 일반사항	출제구분	재출제	난이도	★★☆	정답	②

• 계약원가는 계약직접원가와 계약공통원가(보험료, 건설간접원가, 차입원가 등)로 구성된다.

*참고 수주비와 하자보수예상원가

수주비 (계약체결증분원가)	거래형태	• 건설계약 전의 지출(예 견적서 · 입찰서류작성비용)로 계약체결증분원가임.
	자산처리	• 회수될 것으로 예상된다면 자산(선급계약원가) 처리함.
	계약원가	• 선급계약원가를 진행률에 따라 미성공사로 대체하고 계약원가 처리함.
	진행률산정	• 진행률 산정에는 불포함.(∵건설계약 진행정도와는 관계가 없음.)
하자보수예상원가	거래형태	• 공사종료 후 하자보수 의무가 있는 경우 추정된 하자보수비 예상액
	계약원가	• 예상액을 진행률에 따라 하자보수충당부채를 계상하고 계약원가 처리함.
	진행률산정	• 진행률 산정에는 불포함.(∵건설계약 진행정도와는 관계가 없음.)

문제 26번	2차연도 건설계약손익	출제구분	재출제	난이도	★ ★ ☆	정답	①

- 20x2년 계약손익 : $(170,000,000 \times \frac{60,000,000+72,000,000}{165,000,000} - 170,000,000 \times \frac{60,000,000}{150,000,000}) - 72,000,000 = \triangle 4,000,000$
- 연도별 계약손익 계산

구분	20x1년	20x2년
진행률	$\frac{60,000,000}{150,000,000} = 40\%$	$\frac{60,000,000+72,000,000}{165,000,000} = 80\%$
계약수익	170,000,000×40% = 68,000,000	170,000,000×80% - 68,000,000 = 68,000,000
계약원가	60,000,000	72,000,000
계약손익	8,000,000	△4,000,000

문제 27번	확정급여제도 손익 구분	출제구분	신유형	난이도	★ ★ ☆	정답	②

- 다음은 당기손익으로 인식한다.
  - ㉠ 당기근무원가

→ (차) 퇴직급여(당기손익)	xxx	(대) 확정급여채무	xxx

  - ㉡ 과거근무원가

→ (차) 퇴직급여(당기손익)	xxx	(대) 확정급여채무	xxx

  - ㉢ 정산으로 인한 손익

→ (차) 확정급여채무	xxx	(대) 사외적립자산	xxx
정산손실(당기손익)	xxx	현금	xxx

  - ㉣ 순확정급여부채 및 사외적립자산의 순이자

→ (차) 퇴직급여(이자원가)	xxx	(대) 확정급여채무	xxx
(차) 사외적립자산	xxx	(대) 퇴직급여(이자수익)	xxx

- 재측정요소의 다음 3가지는 기타포괄손익으로 인식한다.
  - ㉠ 확정급여채무의 재측정손익(보험수리적손익)

→ (차) 재측정손실(기타포괄손익)	xxx	(대) 확정급여채무	xxx

  - ㉡ 사외적립자산의 재측정손익(투자손익 : 실제수익 - 기대수익)

→ (차) 사외적립자산	xxx	(대) 재측정이익(기타포괄손익)	xxx

  - ㉢ 순확정급여자산('사외적립자산〉확정급여채무'인 경우)의 자산인식상한 초과액

→ (차) 재측정손실(기타포괄손익)	xxx	(대) 사외적립자산조정충당금	xxx

*저자주 본 문제는 세무사 기출문제의 지문을 그대로 인용한 문제로, 재측정요소에 대한 구체적인 내용은 재경관리사 시험수준을 초과하므로 참고만 하기 바랍니다.

문제 28번	주식결제형 주식기준보상 보상원가 측정	출제구분	재출제	난이도	★ ☆ ☆	정답	②

• 주식기준보상 보상원가 측정(거래상대방이 종업원인 경우)

적용순서	보상원가	측정기준일	비고
〈1순위〉	• 제공받는 재화·용역 공정가치	일반적으로 추정불가	
〈2순위〉	• 부여한 지분상품 공정가치	**부여일**	재측정하지 않음
〈3순위〉	• 부여한 지분상품 내재가치(=주가-행사가격)	제공받는 날	재측정(기말 & 가득기간이후)

참고 거래상대방이 종업원이 아닌 경우는 모두 제공받는 날을 기준으로 위 순위대로 측정함.

문제 29번	1차연도 이연법인세자산·부채 계산	출제구분	재출제	난이도	★ ☆ ☆	정답	①

• 가산할 일시적차이=△유보 →이연법인세부채 : 3,000,000×20%=600,000

***참고** 일시적차이가 발생하더라도 이연법인세자산·부채를 인식하지 아니하는 경우

이연법인세자산 인식 X	• 자산·부채를 최초로 인식할때 발생하는 거래로 사업결합거래가 아니고, 거래당시 회계이익·과세소득에 영향을 미치지 않는 거래(예 정부보조금)
이연법인세부채 인식 X	• 영업권을 최초로 인식할 때 • 자산·부채가 최초로 인식되는 거래가 사업결합거래가 아니고, 거래당시 회계이익·과세소득에 영향을 미치지 않는 거래(예 업무무관자산)

문제 30번	보고기간후사건과 수정후 당기순이익	출제구분	재출제	난이도	★ ★ ☆	정답	③

• ㄱ : 보고기간말 이후 화재로 인한 건물 200,000원의 손실 발생
　→일반적인 재해손실에 해당하므로 발생한 기간의 비용으로 처리한다.

ㄴ : 당기손익-공정가치 측정 금융자산의 공정가치가 보고기간말과 재무제표가 확정된 날 사이에 하락하여 150,000원 추가 손실 발생
　→투자자산의 시장가치 하락으로써, 대표적인 수정불요사건에 해당한다.

ㄷ : 보고기간말 이전에 존재했던 소송사건의 결과가 보고기간말 이후에 확정되어 100,000원의 손실 발생
　→소송사건의 확정은 수정필요사건에 해당한다.

∴수정후 당기순이익 : 10,000,000-100,000=9,900,000

Guide 수정필요 보고기간후사건

소송사건 확정	• 보고기간말 존재 현재의무가 보고기간 후 소송사건 확정에 의해 확인되는 경우
손상발생과 수정	• 보고기간말에 이미 자산손상이 발생되었음을 나타내는 정보를 보고기간후에 입수하는 경우나 이미 손상차손을 인식한 자산에 대하여 손상차손금액의 수정이 필요한 정보를 보고기간후에 입수하는 경우
자산대가 등 결정	• 보고기간말 이전에 구입한 자산의 취득원가나 매각한 자산의 대가를 보고기간후에 결정하는 경우
종업원지급액 확정	• 보고기간말 이전사건의 결과로서 보고기간 말에 종업원에게 지급해야 할 법적의무나 의제의무가 있는 이익분배·상여금지급액을 보고기간후에 확정하는 경우
부정·오류발견	• 재무제표가 부정확하다는 것을 보여주는 부정이나 오류를 발견한 경우

문제 31번	희석주당이익 산정시 잠재적보통주	출제구분	재출제	난이도	★ ★ ☆	정답	④

• 자기주식은 기본주당이익 산정에 있어 자기주식의 취득시점 이후부터 매각시점까지의 기간 동안 가중평균유통보통주식수에 포함하지 아니한다.

Guide 잠재적보통주

• 잠재적보통주는 다음과 같다.[K-IFRS 제1033호 문단7]
㉠ 보통주로 전환할 수 있는 금융부채나 지분상품 →예 전환사채, 전환우선주
㉡ 옵션과 주식매입권 →예 신주인수권, 주식선택권
㉢ 사업인수 · 자산취득과 같이 계약상 합의에 따라 조건이 충족되면 발행하는 보통주 →예 조건부발행보통주

문제 32번	지분법 회계처리	출제구분	신유형	난이도	★ ☆ ☆	정답	③

• 지분법을 적용함에 있어 피투자회사(관계기업)로부터 배당금을 수령시는 투자주식을 감소시킨다.

Guide 투자차액 처리와 지분법 중지

투자차액 처리	• 영업권금액을 도출하면 다음과 같음.(도출과정은 이하 문제 33번 참조!) ❐ 영업권 = 취득원가 - 순자산공정가 × 지분율 • 취득원가 - 순자산공정가 × 지분율 ⇒ {(+) : 영업권 ~ 상각X/손상대상O (−) : 염가매수차익 ~ 당기수익(지분법이익)
지분법 중지	• 관계기업(피투자회사)의 손실을 반영하여 관계기업투자주식의 장부금액이 영(0) 이하가 될 경우에는 지분법적용을 중지하고 관계기업투자주식의 장부금액은 영(0)으로 처리함. 이유 유한책임 : 즉, 피투자회사 자본잠식에 대해 추가적 손실을 부담할 필요없음.

문제 33번	관계기업회계와 영업권 계산	출제구분	재출제	난이도	★ ★ ☆	정답	①

• 영업권 = 취득원가 - 순자산공정가 × 지분율
→∴영업권 : 4,000,000 - 10,000,000 × 40% = 0

Guide 영업권금액 도출

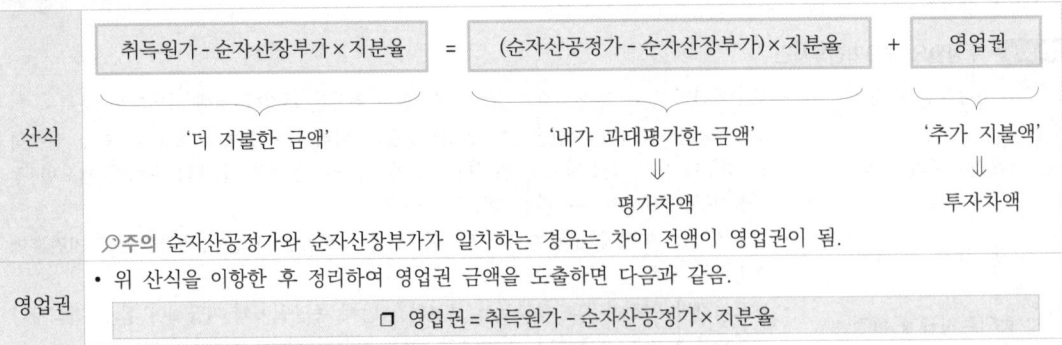

산식	취득원가 - 순자산장부가 × 지분율 = (순자산공정가 - 순자산장부가) × 지분율 + 영업권 '더 지불한 금액' = '내가 과대평가한 금액' ⇓ 평가차액 + '추가 지불액' ⇓ 투자차액 주의 순자산공정가와 순자산장부가가 일치하는 경우는 차이 전액이 영업권이 됨.
영업권	• 위 산식을 이항한 후 정리하여 영업권 금액을 도출하면 다음과 같음. ❐ 영업권 = 취득원가 - 순자산공정가 × 지분율

문제 34번	관계기업에 대한 유의적 영향력(지분법)	출제구분	재출제	난이도	★ ★ ☆	정답	④

- ① 의결권 있는 주식을 보유하여야 한다.
  ② 20% 이상을 보유하더라도 지분법 적용을 배제하며, 매각예정비유동자산으로 분류한다.
  ③ 의결권 있는 주식을 보유하여야 한다.
  ④ 20% 미만 보유하더라도 유의적인 영향력이 있는 경우에 해당하므로 지분법을 적용한다.

Guide 유의적인 영향력

원칙	• 직·간접으로 의결권의 20%이상 소유시 명백한 반증이 있는 경우를 제외하고는 유의적인 영향력이 있는 것으로 보아 지분법을 적용함.
예외	❖20%미만 이더라도 유의적인 영향력이 있는 경우 • 의사결정기구·정책결정과정에 참여하는 경우와 필수적 기술정보를 제공하는 경우 주의 일반적 기술정보제공이 아님. • 중요한 거래가 있는 경우와 경영진의 상호 교류가 이루어지는 경우 ❖유의적인 영향력이 있어도 지분법적용을 배제하는 경우 • 12개월 이내에 매각할 목적으로 투자주식을 취득하여 적극적으로 매수자를 찾고 있는 일시보유목적의 투자주식 →매각예정비유동자산으로 분류함.

문제 35번	외화표시재무제표의 외화환산	출제구분	기출변형	난이도	★ ★ ☆	정답	②

- 외화표시재무제표 환산방법(적용환율)

자산(마감환율)	부채(마감환율)
	자본(거래일환율)
비용(거래일환율 or 평균환율)	수익(거래일환율 or 평균환율)
	외환차이(대차차이)

문제 36번	선물거래의 특징	출제구분	재출제	난이도	★ ★ ☆	정답	③

- 비표준화 계약(X) → 표준화 계약(O)
  - 선물거래는 현재 합의된 가격으로 미래에 표준화된 특정대상을 인수할 것을 불특정다수와 약정한 조직화된 시장인 장내거래(선물거래소)에서의 계약으로, 거래증거금이 필요하며 일일정산제도가 있다.
  - 비표준화 계약은 선도거래의 특징이다.

문제 37번	리스 일반사항	출제구분	재출제	난이도	★ ☆ ☆	정답	②

• 무보증잔존가치는 리스료의 구성항목에 해당되지 않는다.

Guide 리스료의 구성항목

고정리스료	• 지급액에서 변동리스료를 뺀 금액(리스인센티브는 차감)
변동리스료	• 시간경과가 아닌 지수·요율(이율)에 따라 달라지는 리스료
매수선택권행사가격(소유권이전금액)	• 리스이용자가 매수선택권을 행사할 것이 상당히 확실한 경우 그 매수선택권의 행사가격(또는 소유권이전금액)
종료선택권행사가격	• 리스기간이 리스이용자의 종료선택권 행사를 반영하는 경우에 그 리스를 종료하기 위하여 부담하는 금액
보증잔존가치	• ① 리스이용자의 경우 : 잔존가치보증에 따라 지급할 것으로 예상되는 금액 ② 리스제공자의 경우 : 다음의 자의 잔존가치보증액 - 리스이용자와 리스이용자의 특수관계자 - 리스제공자와 특수관계에 있지 않고 보증의무 이행할 재무적 능력이 있는 제3자

문제 38번	리스이용자 이자비용과 감가상각비	출제구분	신유형	난이도	★ ★ ★	정답	④

• 사용권자산(=리스부채) : 100,000×2.40183=240,183 →감가상각기간은 소유권이전이 있으므로 내용연수 5년
• 20x1년 이자비용 : 240,183×12%=28,822
• 20x1년 감가상각비 : [240,183-40,183(추정잔존가치)]÷5년=40,000
∴28,822(이자비용)+40,000(감가상각비)=68,822

*참고 회계처리

20x1년초(리스개시일)	(차) 사용권자산	240,183	(대) 리스부채	240,183
20x1년말(보고기간말)	(차) 이자비용 리스부채 (차) 감가상각비	28,822 71,178 40,000	(대) 현금 (대) 감가상각누계액	100,000 40,000

Guide 리스이용자 회계처리

리스개시일	• (차) 사용권자산(원가) xxx (대) 리스부채 xxx 현금(리스개설직접원가) xxx [리스부채] ❐ 지급되지 않은 리스료를 내재이자율로 할인한 현재가치 (내재이자율 산정불가시는 리스이용자의 증분차입이자율로 할인)
보고기간말	• (차) 이자비용 xxx (대) 현금 xxx 리스부채 xxx (차) 감가상각비 xxx (대) 감가상각누계액 xxx [이자비용] ❐ 리스부채 장부금액×내재이자율 [감가상각] 아래 표 참조

구분	감가상각대상금액	감가상각기간
소유권이전O	원가-추정잔존가	내용연수
소유권이전X	원가-보증잔존가	Min[리스기간, 내용연수]

문제 39번	현금흐름표의 유용성	출제구분	신유형	난이도	★ ★ ☆	정답	③

• 순이익이 크게 보고된 기업이라 할지라도 현금유동성(현금보유량)이 작은 경우에는 이익의 질(quality of profit)이 떨어져 흑자경영인 상태에서 도산할 수 있는 위험이 존재한다. 현금흐름표는 이러한 현금유동성에 대한 구체적 정보를 제공해 준다.

Guide 현금흐름표의 유용성

영업활동현금흐름 · 당기순이익 차이에 관한 정보	• 간접법을 적용하여 작성된 현금흐름표에서는 포괄손익계산서상의 당기순이익에 현금의 유출이 없는 비용 등을 가산하고, 현금의 유입이 없는 수익 등을 차감하여 영업활동에서 조달된 현금을 파악함으로써 기업의 가장 중요한 활동인 수익획득활동으로부터 조달된 현금에 대한 유용한 정보를 제공한다. →예를 들어, 유형자산에 대한 감가상각비는 비록 포괄손익계산서에 비용으로 보고되기는 하나 실제 현금지출을 수반하지 않는다.
투자활동에 관한 정보	• 조달된 현금을 어떠한 투자활동에 사용하였는가에 대한 구체적인 정보를 제공해 주며, 투자활동과 관련된 자산의 감소를 통하여 유입된 현금의 내역에 관한 정보를 제공한다.
재무활동에 관한 정보	• 회사의 고유한 영업활동(수익창출활동) 이외에 재무활동 현금흐름의 내역을 보여준다. →즉, 어떠한 재무활동에 의해 현금이 조달되었고, 장기부채의 상환 등 어떠한 재무활동에 얼마만큼의 현금을 사용하였는가에 관한 정보를 제공한다.
미래현금흐름에 관한 정보	• 포괄손익계산서와 함께 이용함으로써 미래의 현금흐름액, 시기 및 불확실성을 예측하는 데 도움을 준다. →즉, 발생주의에 의하여 인식 · 측정된 당기순이익과 현금흐름과의 상관관계와 차이의 원인을 설명해 줌으로써 기업의 미래현금창출능력과 실현시기에 대한 예측을 가능하게 한다.
부채상환능력과 배당금지급능력에 관한 정보	• 기업의 현금창출능력에 대한 정보를 제공함으로써 부채상환능력과 배당의 지급과 같은 지속적인 영업활동 가능여부에 대한 판단을 가능하게 한다.

문제 40번	간접법과 영업활동현금흐름	출제구분	재출제	난이도	★ ★ ☆	정답	④

• 당기순이익+200,000(유형자산처분손실)-900,000(매출채권증가)+300,000(감가상각비)+1,000,000(재고자산감소)-500,000(매입채무감소)=5,000,000
→∴당기순이익=4,900,000

Guide 간접법 영업활동현금흐름 계산구조

〈출발점〉 법인세비용차감전순이익		
현금수입 · 지출이 없는 손익계정	• 감가상각비, 금융자산평가손익 • 이자비용, 이자수익, 배당수익*)	• 비용 → 가산 • 수익 → 차감
투자 · 재무활동관련 손익계정	• 자산처분손익, 부채상환손익	
영업활동관련 자산 · 부채계정	• 매출채권(순액), 선수금, 매입채무, 선급금 • 재고자산(순액), 미수수익, 선급비용 • 선수수익, 미지급비용, FVPL금융자산	• 자산증(감) → 차감(가산) • 부채증(감) → 가산(차감)

*) 영업활동으로 분류되는 경우 가감조정을 해주는 이유는 현금흐름표 양식상 이들을 직접법을 적용한 것처럼 별도로 표시해주기 때문임.

주의 영업활동관련 자산 · 부채계정 관련손익(예 매출채권 대손상각비, FVPL금융자산평가이익 · 처분이익, 재고자산감모손실, 퇴직급여 등)은 위의 현금수입 · 지출이 없는 손익계정에서 고려치 않음. 따라서, 영업활동과 관련없는 대여금이나 미수금 해당분 대손상각비는 위의 현금수입 · 지출이 없는 손익계정에서 고려(가산)함.

3P FINAL

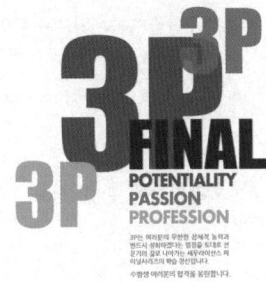

POTENTIALITY
PASSION
PROFESSION

3P는 여러분의 무한한 잠재적 능력과 반드시 성취하겠다는 열정을 토대로 전문가의 길로 나아가는 세무라이선스 파이널시리즈의 학습 정신입니다.

수험생 여러분의 합격을 응원합니다.

재경관리사 공개기출해설[재무]

2020년 5월에 시행된 기출문제에 대한 완벽한 해설을 관련이론(가이드)과 함께 제시하였습니다. 해당 문제는 합본부록을 참고바랍니다.

FINAL

Certified Accounting Manager

재무회계
공개기출문제해설
[2020년 05월 시행]

SEMOOLICENCE

문제 1번	국제회계기준의 도입효과	출제구분	신유형	난이도	★ ★ ☆	정답	①

• 통일된 회계기준에 의하여 재무제표가 작성되므로 회계정보의 국제적 비교가능성은 물론 재무제표에 대한 신뢰성도 증가되었다.

Guide 국제회계기준의 필요성과 도입효과

필요성	• 오늘날에는 세계화로 인하여 글로벌 경영이 보편화되면서 자금조달이나 해외증시에 상장을 위하여 자국의 회계원칙에 따라 작성된 재무제표를 다른 국가의 회계원칙에 따라 수정해야 하는 일이 흔하게 되었다. 이에 따라 각국의 회계기준이 별도로 운영됨에 따른 비용손실이 매우 커지게 되었으며 국경을 초월하여 투자를 하고 있는 국제적인 투자자들에게도 각국 재무제표의 비교가능성과 투명성의 부족은 자본자유화의 걸림돌이 되었다.
도입효과	• 국제적으로 통일된 회계기준에 의하여 재무제표가 작성되면 해외자금조달이나 투자시 추가적으로 다른 국가의 회계원칙에 따라 재무제표를 재작성할 필요가 없으므로 이에 대한 노력과 비용을 절감할 수 있고, 회계정보의 국제적 비교가능성과 신뢰성이 제고될 수 있다. 뿐만 아니라 국제적 합작계약에서 상호이해가능성을 증진시킬 수 있다. 가속화된 자본자유화 추세에 발맞추어 해외사업확장을 촉진하여 자본시장의 활성화에도 기여할 수 있을 것으로 기대된다.

문제 2번	재무제표 표시(재무상태표 작성기준)	출제구분	재출제	난이도	★ ☆ ☆	정답	③

• 재무상태표의 양식 및 포함항목 등을 재량적으로 결정가능하다.

Guide 재무제표 표시 일반사항 개괄

K-IFRS 준수	• K-IFRS를 준수하여 작성하는 기업은 그 준수사실을 주석에 명시적이고 제한없이 기재함. • 부적절한 회계정책은 공시·주석·보충자료를 통해 설명하더라도 정당화될수 없음.
계속기업	• 경영진은 재무제표작성시 계속기업으로서의 존속가능성을 평가해야함.
발생기준	• 기업은 현금흐름정보를 제외하고는 발생기준 회계를 사용하여 재무제표를 작성함.
중요성과 통합표시	• 유사한 항목은 중요성 분류에 따라 F/S에 구분표시하며, 상이한 성격·기능을 가진 항목은 구분 표시함. →다만, 중요치 않은 항목은 성격·기능이 유사한 항목과 통합표시 가능함.
상계	• K-IFRS에서 요구하거나 허용하지 않는 한 자산·부채, 수익·비용은 상계하지 아니함. →단, 재고자산평가충당금과 대손충당금(손실충당금)과 같은 평가충당금을 차감하여 관련자산을 순액으로 측정하는 것은 상계표시에 해당하지 아니함.
보고빈도	• 전체 재무제표(비교정보를 포함)는 적어도 1년마다 작성함.
비교정보	• 최소한 두 개의 재무상태표와 두 개씩의 그외 재무제표·관련주석을 표시해야 함.
표시의 계속성	• 표시·분류는 소정사항의 경우를 제외하고는 매기 동일해야함.

문제 3번	일반목적재무보고의 목적과 주요이용자	출제구분	기출변형	난이도	★ ★ ☆	정답	②

• 현재 및 잠재적 투자자, 대여자 및 그 밖의 채권자는 정보를 제공하도록 직접 요구할 수 없고, 필요로 하는 정보의 많은 부분을 일반목적재무보고서에 의존해야만 한다. 따라서 그들이 주요이용자이다.
→보고기업의 경영진도 해당 기업에 대한 재무정보에 관심이 있다. 그러나 경영진은 그들이 필요로 하는 재무정보를 내부에서 구할 수 있기 때문에 일반목적재무보고서에 의존할 필요가 없다.
→그 밖의 당사자들, 예를 들어 규제기관(감독당국) 그리고(투자자, 대여자와 그 밖의 채권자가 아닌) 일반대중도 일반목적재무보고서가 유용하다고 여길 수 있다. 그렇더라도 일반목적재무보고서는 이러한 그 밖의 집단을 주요 대상으로 한 것이 아니다.

∴규정상 감독당국(규제기관), 경영진, 일반대중은 일반목적재무보고의 주요대상에 포함하지 않는다.

문제 4번	재무상태표 표시 : 유동과 비유동 구분	출제구분	재출제	난이도	★ ★ ☆	정답	④

• 기업이 기존의 대출계약조건에 따라 보고기간 후 적어도 12개월 이상 부채를 연장할 것으로 기대하고 있고, 그런 재량권이 있다면, 보고기간 후 12개월 이내에 만기가 도래한다 하더라도 비유동부채로 분류한다.
→그러나 기업에게 부채의 연장에 대한 재량권이 없다면 유동부채로 분류한다.

*참고 영업주기는 영업활동을 위한 자산의 취득시점부터 그 자산이 현금이나 현금성자산으로 실현되는 시점까지 소요되는 기간이다. 정상영업주기를 명확히 식별할 수 없는 경우에는 그 기간이 12개월인 것으로 가정한다.

문제 5번	수정을 요하지 않는 보고기간후사건	출제구분	재출제	난이도	★ ☆ ☆	정답	③

• 보고기간말과 재무제표 발행승인일 사이에 투자자산(FVOCI금융자산 등)의 공정가치(시장가치) 하락은 수정을 요하지 않는 보고기간후사건의 대표적인 사례에 해당한다.
→공정가치의 하락은 일반적으로 보고기간말의 상황과 관련된 것이 아니라 보고기간 후에 발생한 상황이 반영된 것이므로, 그 투자자산에 대해서 재무제표에 인식된 금액을 수정하지 아니한다.

• 그 외 나머지 사항은 모두 수정을 요하는 보고기간후사건이다.

Guide ▶ 기타 수정을 요하는 보고기간후사건

• 보고기간말에 이미 자산손상이 발생되었음을 나타내는 정보를 보고기간 후에 입수하는 경우나 이미 손상차손을 인식한 자산에 대하여 손상차손금액의 수정이 필요한 정보를 보고기간 후에 입수하는 경우(보고기간후 매출처 파산 등)
• 보고기간말 이전에 구입한 자산의 취득원가나 매각한 자산의 대가를 보고기간 후에 결정하는 경우

문제 6번	선입선출법과 총평균법 기말재고	출제구분	재출제	난이도	★ ★ ☆	정답	①

• 선입선출법 기말재고 : (1,000개×2,800)+(1,000개×3,000)=5,800,000

• 총평균법 기말재고 : $2{,}000\text{개}\times @\dfrac{6{,}000{,}000+5{,}000{,}000+5{,}600{,}000+3{,}000{,}000}{3{,}000\text{개}+2{,}000\text{개}+2{,}000\text{개}+1{,}000\text{개}}=4{,}900{,}000$

문제 7번	재고자산 취득원가 고려사항	출제구분	기출변형	난이도	★ ☆ ☆	정답	④

• 매입에누리(재고자산 구입후 상품의 하자로 매입대금을 할인받는 경우)는 매입원가를 결정할 때 차감한다.

Guide ▶ 재고자산 취득원가 일반사항

취득원가 범위	매입원가	• 매입가격에 수입관세와 제세금(과세당국으로부터 추후 환급받을 수 있는 금액은 제외), 매입운임, 하역료를 가산 • 매입할인(에누리,환출), 리베이트 항목은 매입원가를 결정할 때 차감
	전환원가	• 제조기업에서 완제품으로 전환하는데 발생하는 직접노무비와 제조간접비
	기타원가	• 재고자산을 현재의 장소에 현재의 상태로 이르게 하는데 발생한 원가
매입운임	선적지인도기준	• 매입자가 부담 → ∴매입자의 재고자산 취득원가에 가산
	도착지인도기준	• 판매자가 부담 → ∴판매자의 판매비(매출운임)로 계상
비용처리 원가	• ㉠ 재료원가, 노무원가, 기타 제조원가 중 비정상적으로 낭비된 원가 ㉡ 후속 생산단계에 투입하기 전에 보관이 필요한 경우 이외의 보관원가 ㉢ 재고자산을 현재장소에 현재 상태로 이르게 하는데 기여하지 않은 관리간접원가 ㉣ 판매원가	

문제 8번	매출원가(신) 계산	출제구분	재출제	난이도	★ ★ ★	정답	①

• 이하 도표에 해당 금액을 대입하여 매출원가(구)를 먼저 계산한다.

기초재고	400,000
당기매입	1,000,000

‖

① 매출원가(구)[평가 · 감모손실 반영전](?)	**530,000**
② 평가손실	550,000
③ 정상감모손실	0
④ 비정상감모손실	20,000
⑤ 기말재고[평가 · 감모손실 반영후]	300,000

• 매출원가(신) = ① + ② + ③ : 530,000 + 550,000 + 0 = 1,080,000

문제 9번	유형자산 취득원가 포함여부	출제구분	신유형	난이도	★ ★ ☆	정답	③

• 신제품 A를 시장에 소개하기 위한 광고 : 판관비(광고비)
유형자산 B의 관리 업무를 담당하는 직원에 대한 급여 : 판관비(급여)
∴유형자산 B의 취득원가 : 100,000,000 + 5,000,000 + 3,000,000 + 2,000,000 = 110,000,000

Guide 유형자산 취득원가 포함 항목

㉠ 관세 및 환급 불가능한 취득관련 세금(취득세, 등록세)을 가산하고 매입할인과 리베이트 등을 차감한 구입가격
→주의 보유자산 재산세와 자동차세는 비용처리함.

㉡ 경영진이 의도하는 방식으로 가동하는데 필요한 장소와 상태에 이르게 하는데 직접 관련되는 다음과 같은 원가
- 유형자산의 매입 또는 건설과 직접적으로 관련되어 발생한 종업원급여
- 설치장소 준비원가, 최초의 운송 및 취급 관련 원가, 설치원가 및 조립원가
- 유형자산이 정상적 작동여부를 시험하는 과정에서 발생하는 원가
  비교 시제품의 순매각금액 : ㉠ 일반기업회계기준 - 원가차감 ㉡ K-IFRS - 당기손익
- 전문가에게 지급하는 수수료, 구입시 중개수수료 · 보험료

㉢ 자산을 해체, 제거, 복구하는데 소요될 것으로 최초에 추정되는 원가(=복구원가)

문제 10번	유형자산 손상차손환입액	출제구분	신유형	난이도	★★☆	정답	②

• 손상차손환입액 : Min[㉠ 손상되지 않았을 경우의 장부금액 ㉡ 회수가능액] - 손상후 장부금액
→손상되지 않았을 경우의 장부금액 : 100,000-100,000×2년/5년 = 60,000
→회수가능액 : 80,000
→손상후 장부금액 : 40,000 - 40,000×1년/4년 = 30,000
∴Min[㉠ 60,000 ㉡ 80,000] - 30,000 = 30,000

*참고 회계처리

20x1년 1월 1일	(차) 기계장치	100,000	(대) 현금	100,000
20x1년 12월 31일	(차) 감가상각비	20,000	(대) 감가상각누계액	20,000
	(차) 손상차손	40,000	(대) 손상차손누계액	40,000
20x2년 12월 31일	(차) 감가상각비	10,000	(대) 감가상각누계액	10,000
	(차) 손상차손누계액	30,000	(대) 손상차손환입	30,000

Guide 유형자산 손상차손과 손상차손환입

손상차손	• 손상차손액 = 장부금액 - 회수가능액 • 회수가능액 = Max[순공정가치, 사용가치] → {순공정가치 : 매각금액 – 처분부대원가 / 사용가치 : 기대미래현금흐름의 현재가치} • (차) 유형자산손상차손(당기손익) xxx (대) 손상차손누계액(유형자산 차감) xxx
손상차손 환입	• 손상차손환입액 = Min[㉠ 손상되지 않았을 경우의 장부금액 ㉡ 회수가능액] - 손상후 장부금액 • (차) 손상차손누계액 xxx (대) 유형자산손상차손환입(당기손익) xxx

문제 11번	연구 · 개발단계 지출의 비용인식	출제구분	재출제	난이도	★★★	정답	③

• 연구비(비용) : 3,000,000 + 27,000,000 = 30,000,000
경상개발비(비용) : 7,000,000
개발비(자산) : 40,000,000
• 상각개시시점 : 자산이 사용가능한 때부터 시작〈∴20x1년 상각비 계상기간은 6개월(7/1~12/31)〉
→ 20x1년 인식할 개발비상각비 : $(40,000,000 \div 10\text{년}) \times \frac{6}{12} = 2,000,000$
∴20x1년 총비용 : 30,000,000(연구비) + 7,000,000(경상개발비) + 2,000,000(개발비상각비) = 39,000,000

Guide 연구단계와 개발단계 지출의 처리

의의	• 인식기준을 충족하는지를 평가하기 위해 무형자산 창출과정을 연구단계와 개발단계로 구분함. 주의 무형자산을 창출하기 위해 내부 프로젝트를 연구단계와 개발단계로 구분할 수 없는 경우에는 발생한 지출은 모두 연구단계에서 발생한 것으로 봄.	
회계처리	연구단계활동 지출	• 비용(연구비)
	개발단계활동 지출	• 자산인식요건 충족O : 무형자산(개발비) • 자산인식요건 충족X : 비용(경상개발비)

문제 12번	내부창출 무형자산 인식	출제구분	신유형	난이도	★☆☆	정답	①

• 사업결합으로 취득한 영업권[=외부구입(유상취득) 영업권]은 신뢰성있는 측정이 가능하므로 무형자산으로 인식한다. 반면, 내부적으로 창출한 영업권은 원가를 신뢰성있게 측정할 수 없고 기업이 통제하고 있는 식별가능한 자원이 아니기 때문에 무형자산으로 인식하지 않는다.

문제 13번	투자부동산 해당여부	출제구분	신유형	난이도	★ ★ ☆	정답	④

• 투자부동산으로 계정분류 되어야 할 금액 : 100,000,000+80,000,000=180,000,000
→자가사용부동산(직원 연수원으로 사용할 목적의 건물)과 금융리스로 제공한 토지는 투자부동산에 해당하지 않는다.

Guide 투자부동산에 해당하지 않는 항목

투자부동산X [예시]	• 통상영업과정에서 판매 또는 이를 위하여 건설 · 개발 중인 부동산 →예 가까운 장래에 판매하거나 개발하여 판매하기 위한 목적으로만 취득한 부동산 • 자가사용부동산 →미래에 자가사용하기 위한 부동산, 미래에 개발 후 자가사용할 부동산, 종업원이 사용하고 있는 부동산(종업원이 시장요율로 임차료를 지급하고 있는지는 관계없음), 처분 예정인 자가사용부동산을 포함함. • 금융리스로 제공한 부동산

문제 14번	금융자산 범위	출제구분	신유형	난이도	★ ★ ☆	정답	④

• 금융자산은 다음의 자산을 말한다.[K-IFRS 제1032호 문단11]

㉠ 현금
㉡ 다른 기업의 지분상품
㉢ 다음 중 어느 하나에 해당하는 계약상 권리
ⓐ 거래상대방에게서 현금 등 금융자산을 수취할 계약상 권리
ⓑ 잠재적으로 유리한 조건으로 거래상대방과 금융자산이나 금융부채를 교환하기로 한 계약상 권리
㉣ 기업 자신의 지분상품('자기지분상품')으로 결제하거나 결제할 수 있는 다음 중 하나의 계약
ⓐ 수취할 자기지분상품의 수량이 변동 가능한 비파생상품
ⓑ 확정 수량의 자기지분상품을 확정 금액의 현금 등 금융자산과 교환하여 결제하는 방법 외의 방법으로 결제하거나 결제할 수 있는 파생상품.

문제 15번	FVOCI금융자산 취득원가 및 거래원가	출제구분	신유형	난이도	★ ★ ★	정답	④

• 액면이자 : 200,000,000×12%=24,000,000

• 현재가치(=취득과 관련하여 유출될 현금=취득원가) : $\frac{24,000,000}{1.08}+\frac{24,000,000+200,000,000}{1.08^2}=214,266,118$

• 거래원가(금융거래수수료) : 200,000,000×0.5%=1,000,000 → 취득원가(공정가치)에 가산한다.

∴취득과 관련하여 유출될 현금(=취득원가) : 214,266,118+1,000,000=215,266,118

*저자주 현가계수가 주어지지 않은 경우이므로, 직접 현금흐름을 할인하여 구해야 합니다.

Guide 금융자산 인식시 거래원가 처리

FVPL금융자산(당기손익-공정가치측정금융자산)	• 발생 즉시 당기비용으로 인식
그 외 금융자산	• 공정가치에 가산

문제 16번	금융자산 손상대상과 인식	출제구분	신유형	난이도	★ ★ ★	정답	③

- 기타포괄손익-공정가치측정금융자산의 손실충당금을 인식하고 측정하는데 손상 요구사항을 적용한다. 그러나 해당 손실충당금은 기타포괄손익에서 인식하고 재무상태표에서 금융자산의 장부금액을 줄이지 아니한다.[K-IFRS 제1109호 문단5.5.2] 즉, FVOCI금융자산에 대해서 인식하는 손상차손은 손실충당금으로 인식하지 않고 기타포괄손익(FVOCI 금융자산평가손익)에서 조정한다.
  →[이유] FVOCI금융자산의 보고기간말 장부금액은 공정가치로 표시되어야 하는데, 손상차손을 인식하면서 이를 손실충당금의 변동으로 회계처리하면 장부금액(손실충당금이 차감된 순액)이 공정가치와 다른 금액으로 표시되는 문제가 발생한다. 따라서 기타포괄손익으로 인식했던 평가손익에서 조정한다. 이렇게 회계처리하면 공정가치로 인식했던 재무상태표상 금융자산의 장부금액은 줄어들지 않는다.

Guide ▶ 금융자산 손상대상과 기대신용손실 인식방법

<table>
<tr><td>손상대상
·
회계처리</td><td colspan="3">• ㉠ AC금융자산[=상각후원가금융자산]
→(차) 손상차손(당기손익) xxx (대) 손실충당금(자산차감) xxx
㉡ FVOCI금융자산(채무상품)[=기타포괄손익-공정가치측정금융자산(채무상품)]
→(차) 손상차손(당기손익) xxx (대) 평가이익(기타포괄손익) xxx</td></tr>
<tr><td rowspan="3">기대신용손실
(손실충당금)
인식방법</td><td>신용손상 O</td><td colspan="2">• 전체기간 기대신용손실을 손실충당금으로 인식</td></tr>
<tr><td rowspan="2">신용손상 X</td><td>신용위험 유의적 증가 O</td><td>• 전체기간 기대신용손실을 손실충당금으로 인식</td></tr>
<tr><td>신용위험 유의적 증가 X</td><td>• 12개월 기대신용손실을 손실충당금으로 인식</td></tr>
</table>

문제 17번	사채할인발행 이자비용 추이	출제구분	재출제	난이도	★ ☆ ☆	정답	②

- 사채 할인발행의 경우
  - 유효이자율법하의 이자비용 = 장부금액 × 유효이자율
  - 장부금액이 매기 증가하므로 이자비용(유효이자)도 매기 증가한다.

*참고 ①번 그래프 : 사채 할증발행의 경우 이자비용 추이이다.
→장부금액이 매기 감소하므로 이자비용(유효이자)도 매기 감소한다.
③번 그래프 : 사채 액면발행의 경우 이자비용 추이이다.
→또는 상각방법을 유효이자율법이 아닌 정액법을 적용한 경우의 이자비용 추이이다.

문제 18번	전환사채 기본사항	출제구분	재출제	난이도	★ ☆ ☆	정답	④

- 전환권대가(전환권가치)는 자본의 가산항목으로 계상한다.

Guide ▶ 전환사채 발행시 회계처리(금액은 가정치임)

<table>
<tr><td rowspan="3">발행시점
(액면발행)</td><td>(차) 현금(발행금액)</td><td>1,000,000</td><td>(대) 전환사채(액면금액=발행금액)</td><td>10,000,000</td></tr>
<tr><td>(차) 전환권조정(전환사채 차감)</td><td>192,711</td><td>(대) 전환권대가(발행금액-현재가치)</td><td>24,011</td></tr>
<tr><td></td><td></td><td>상환할증금(전환사채 가산)</td><td>168,700</td></tr>
</table>

문제 19번	제품보증충당부채 기말잔액	출제구분	재출제	난이도	★ ☆ ☆	정답	②

- 제품보증비(추정보증비) : 2,000억원×2%=40억원
- 20x1년말 제품보증충당부채 : 40억원-20억원(실제 제품보증비 발생액)=20억원

Guide 제품보증충당부채 회계처리

20x1년 매출과 보증비 실제 발생시	(차) 현금 2,000억원 (대) 매출 2,000억원 (차) 보증비 20억원 (대) 현금 20억원
20x1년 결산시	(차) 보증비 20억원 (대) 제품보증충당부채 20억원 →추정보증비가 40억원인 경우로 이미 인식분 20억원을 차감하여 계상
20x2년 실제 발생시	(차) 제품보증충당부채 xxx (대) 현금 xxx →if, 추후 유효기간 경과시는 제품보증충당부채 잔액을 환입함.

문제 20번	충당부채의 인식	출제구분	재출제	난이도	★ ★ ★	정답	④

- 충당부채 인식여부 분석

①	현재의무	보증의무가 발생한다.
	유출가능성	가능성이 높다.
	인식여부	보증이행원가에 대한 최선의 추정치로 제품보증충당부채를 인식한다.
②	현재의무	해양오염 복구를 요구하는 법안 제정이 거의 확실하므로 복구의무가 발생한다.
	유출가능성	가능성이 높다.
	인식여부	해양오염 복구원가에 대한 최선의 추정치로 복구충당부채를 인식한다.
③	현재의무	전문가의 조언에 근거하여 볼 때 현재의무가 존재한다.
	유출가능성	가능성이 높다.
	인식여부	손해배상을 이행하기 위한 금액에 대한 최선의 추정치로 배상손실충당부채를 인식한다.
④	현재의무 유출가능성	기업이 미래에 설비자산을 매각하는 등의 미래행위로 미래지출을 회피할 수 있으므로 독립적인 의무는 존재하지 않는다. 따라서, 수선원가에 대해서는 부채가 발생되지 않는다.
	인식여부	충당부채를 인식하지 않는다.

Guide 충당부채와 우발부채의 인식

개요

자원유출가능성 \ 금액추정가능성	신뢰성있게 추정가능	추정불가능
가능성이 높음	충당부채로 인식	우발부채로 주석공시
가능성이 어느 정도 있음	우발부채로 주석공시	
가능성이 아주 낮음(거의 없음)	공시하지 않음	공시하지 않음

비교 충당부채는 재무제표에 부채로 인식하나, 우발부채는 부채로 인식하지 않음.

충당부채 인식요건

- 과거사건의 결과로 현재의무(법적의무나 의제의무)가 존재한다.
- 해당 의무를 이행하기 위하여 경제적효익이 있는 자원이 유출될 가능성이 높다.
- 해당 의무의 이행에 소요되는 금액을 신뢰성있게 추정할 수 있다.

문제 21번	자본과 주식 세부고찰	출제구분	기출변형	난이도	★ ★ ★	정답	③

- ① 발행주식수 : 10,000,000,000(자본금)÷10,000(주당 액면금액) = 1,000,000주
  ② 주당 주식발행금액 : (10,000,000,000+3,000,000,000)÷1,000,000주 = @13,000
  ③ 주당이익(EPS) : $\frac{1,000,000,000(\text{당기순이익})}{1,000,000\text{주}} = 1,000$
  ④ 법정자본금 : 10,000,000,000(자본금)

* 저자주 문제의 명확한 성립을 위해 누락된 단서인 '단, 설립시 발행한 우선주는 없다.'를 추가하기 바랍니다.

문제 22번	자본항목별 변동분석	출제구분	재출제	난이도	★ ★ ☆	정답	④

- 자기주식취득(20x2년 11월 11일) 회계처리
  (차) 자기주식 10,000주×10,000 = 100,000,000 (대) 현금 100,000,000
  →자기주식 100백만원 증가
- 토지 재평가(20x2년말) 회계처리
  (차) 토지 50,000,000 (대) 재평가잉여금 1,100,000,000 - 1,020,000,000 = 80,000,000
  →재평가잉여금 80백만원 증가

∴(ㄱ) : 800백만원+0 = 800백만원
(ㄴ) : (100백만원)+(100백만원) = (200백만원)
(ㄷ) : 20백만원+80백만원 = 100백만원

문제 23번	수행의무 이행형태와 수익인식	출제구분	재출제	난이도	★ ★ ☆	정답	①

- ①은 기간에 걸쳐 이행하는 수행의무와 관련되어 있다.

Guide 기간에 걸쳐 이행하는 수행의무와 한 시점에 이행하는 수행의무

❒ 다음 기준 중 어느 하나를 충족하면, 기업은 재화나 용역에 대한 통제를 기간에 걸쳐 이전하므로 기간에 걸쳐 수행의무를 이행하는 것이고 기간에 걸쳐 수익을 인식함.

> ㉠ 고객은 기업이 수행하는 대로 기업의 수행에서 제공하는 효익을 동시에 얻고 소비한다.
> ㉡ 기업이 수행하여 만들어지거나 가치가 높아지는 대로 고객이 통제하는 자산(예: 재공품)을 기업이 만 만들거나 그 자산 가치를 높인다.
> ㉢ 기업이 수행하여 만든 자산이 기업 자체에는 대체 용도가 없고, 지금까지 수행을 완료한 부분에 대해 집행 가능한 지급청구권이 기업에 있다.

❒ 수행의무가 기간에 걸쳐 이행되지 않는다면, 그 수행의무는 한 시점에 이행되는 것임. 고객이 약속된 자산을 통제하고 기업이 수행의무를 이행하는 시점을 판단하기 위해, 다음과 같은 통제 이전의 지표를 참고하여야 함.

> ㉠ 기업은 자산에 대해 현재 지급청구권이 있다.
> ㉡ 고객에게 자산의 법적 소유권이 있다.
> ㉢ 기업이 자산의 물리적 점유를 이전하였다.
> ㉣ 자산의 소유에 따른 유의적인 위험과 보상이 고객에게 있다.
> ㉤ 고객이 자산을 인수하였다.

문제 24번	고객충성제도 실무사례	출제구분	재출제	난이도	★ ★ ☆	정답	③

- 고객충성제도는 재화나 용역을 구매하는 고객에게 인센티브를 제공하기 위하여 사용하며, 고객이 재화나 용역을 구매하면 기업은 고객보상점수(흔히 '포인트')를 부여한다. 고객은 보상점수를 사용하여 재화나 용역을 무상취득하거나 할인 구매하는 방법으로 보상을 받을 수 있다.
- 무상수리제도는 판매와 직접 관련하여 발생하는 추가적인 원가부담 예상액으로서 현재의무이므로 '판매보증충당부채'의 회계처리가 적용된다.

문제 25번	2차연도 건설계약손익	출제구분	기출변형	난이도	★ ★ ☆	정답	②

- 20x2년 계약손익 : $(50,000,000 \times \frac{30,000,000}{40,000,000} - 50,000,000 \times \frac{10,000,000}{40,000,000}) - (30,000,000 - 10,000,000) = 5,000,000$
- 연도별 계약손익 계산

구분	20x1년	20x2년
진행률	$\frac{10,000,000}{40,000,000} = 25\%$	$\frac{30,000,000}{40,000,000} = 75\%$
계약수익	50,000,000×25% = 12,500,000	50,000,000×75% - 12,500,000 = 25,000,000
계약원가	10,000,000	30,000,000 - 10,000,000 = 20,000,000
계약손익	2,500,000	5,000,000

문제 26번	손실예상 건설계약 회계처리	출제구분	신유형	난이도	★ ★ ☆	정답	①

- 총계약원가가 총계약수익을 초과할 가능성이 높은 경우(건설계약 총예상손실)에 예상되는 손실은 즉시 당기비용으로 인식한다.
  →계약 전체에서 손실발생이 예상되는 경우 예상되는 손실을 즉시 인식한다. 즉, 보수적인 관점에서 예상손실을 진행된 부분만큼 인식하지 않고 예상시점에 조기 인식하는 것이다.

*저자주 참고로, K-IFRS 제1115호 '고객과의 계약에서 생기는 수익'에서는 계약 전체에서 손실 발생이 예상되는 경우에 대한 회계처리를 명시적으로 언급하고 있지 않습니다.(K-IFRS 제1115호 '고객과의 계약에서 생기는 수익'이 공포되면서 종전 K-IFRS 제1011호 '건설계약'은 더 이상 적용되지 않습니다. 그러나 제1115호에서는 건설계약의 회계처리에 적용할 구체적인 계정이나 분개 등이 언급되어 있지 않아 제1115호의 내용만으로는 건설계약을 어떻게 회계처리해야 하는지 명확하지 않은 상태이긴 하나, 종전 제1011호에 의한 회계처리를 실제 적용하더라도 문제는 없을 것으로 판단하고 있는 것이 현재 회계학계의 입장입니다.)

문제 27번	퇴직급여제도 일반사항	출제구분	재출제	난이도	★ ☆ ☆	정답	③

- 사외적립자산은 기금(보험회사)이 보유하고 있는 자산을 말하며, 보고기간말에 공정가치로 측정하고 재무상태표에 확정급여채무에서 차감하여 표시한다.

Guide 사외적립자산 회계처리

기여금 적립시	(차) 사외적립자산	xxx	(대) 현금	xxx
이자수익(수익발생)	(차) 사외적립자산	xxx	(대) 퇴직급여(이자수익)	xxx
퇴직시(퇴직급여지급)	(차) 확정급여채무	xxx	(대) 사외적립자산	xxx

문제 28번	현금결제형 주식기준보상 당기보상비용	출제구분	재출제	난이도	★ ☆ ☆	정답	①

• 20,000개 × 150,000 × $\frac{1}{3}$ = 1,000,000,000(10억원)

Guide 현금결제형 주식기준보상 보고기간말 회계처리

보고기간말	• 주가차액보상권은 보고기간말 공정가치로 재측정하고 기대권리소멸률을 반영한 보상원가를 용역제공비율에 따라 가득기간에 걸쳐 인식 →(차) 주식보상비용(당기비용) xxx (대) 장기미지급비용(부채) xxx
가득일 이후	• 가득일 이후에도 매 보고기간말의 공정가치를 기준으로 보상원가를 재측정하고 보상원가의 재측정으로 변동한 금액은 주식보상비용과 장기미지급비용으로 처리

문제 29번	이연법인세자산 · 부채와 법인세비용	출제구분	기출변형	난이도	★ ★ ☆	정답	②

• 유보(차감할 일시적차이) 800,000
• 미지급법인세(당기법인세) : 4,400,000 × 30% = 1,320,000
• 이연법인세자산 : 400,000 × 30% + 400,000 × 30% = 240,000

• 회계처리

(차) 법인세비용(대차차액)	1,080,000	(대) 미지급법인세(당기법인세)	1,320,000
이연법인세자산	240,000		

Guide 이연법인세 계산구조

대상	• 일시적차이(유보)
공시	• 이연법인세자산(부채)는 비유동자산(부채)로만 표시하고 소정 요건을 충족하는 경우 상계하여 표시 • 현재가치평가를 하지 않음.
절차	• **[1단계]** 미지급법인세(과세소득 × 당기세율) = (세전순이익 ± 영구적차이 ± 일시적차이) × 당기세율 **[2단계]** 이연법인세자산(부채) = 유보(△유보) × 미래예상세율(평균세율) **[3단계]** 법인세비용 = 대차차액에 의해 계산 주의 이연법인세자산(부채)은 당기세율이 아니라 소멸시점의 미래예상세율을 적용함.

문제 30번	회계변경 · 오류수정 일반사항	출제구분	재출제	난이도	★ ★ ★	정답	②

• 전기오류의 수정은 오류가 발견된 기간의 당기손익으로 보고하지 않는다. 따라서 과거 재무자료의 요약을 포함한 과거기간의 정보는 실무적으로 적용할 수 있는 최대한 앞선 기간까지 소급재작성한다.

문제 31번	유상증자 · 자기주식취득과 EPS	출제구분	신유형	난이도	★ ★ ★	정답	③

• 가중평균유통보통주식수 계산

1/1	4/1	10/1	12/31
50,000주	50,000주×30%=15,000주	(5,000주)	

→$50,000주\times\frac{12}{12}+15,000주\times\frac{9}{12}-5,000주\times\frac{3}{12}=60,000주$

• 기본주당이익(EPS) : $\frac{500,000,000-20,000,000}{60,000주}=8,000$

Guide 가중평균유통보통주식수의 산정

우선주	• 발행된 총주식수에서 우선주식수를 차감
자기주식	• 보유기간(취득~매각)동안 유통보통주식수에서 제외 주의 기초에 발행주식수 10주, 자기주식수 1주인 경우 유통주식수 9주로 계산
무상증자 · 주식배당 · 주식분할	• 기초에 실시된 것으로 간주 →단, 기중 유상증자 발행신주는 유상증자의 납입일에 실시된 것으로 간주
유상증자	• 일반적인 경우(공정가치이상 유상증자) 납입일을 기준으로 가중평균

문제 32번	관계기업에 대한 유의적 영향력	출제구분	재출제	난이도	★ ★ ★	정답	②

• 유의적인 영향력을 판단함에 있어 피투자자에 대한 의결권은 투자자의 지분율과 종속기업이 보유하고 있는 지분율의 단순 합계로 계산한다.

Guide 유의적인 영향력

원칙	• 직 · 간접으로 의결권의 20%이상 소유시 명백한 반증이 있는 경우를 제외하고는 유의적인 영향력이 있는 것으로 보아 지분법을 적용함.
예외	❖20%미만 이더라도 유의적인 영향력이 있는 경우 • 의사결정기구·정책결정과정에 참여하는 경우와 필수적 기술정보를 제공하는 경우 주의 일반적 기술정보제공이 아님. • 중요한 거래가 있는 경우와 경영진의 상호 교류가 이루어지는 경우 ❖유의적인 영향력이 있어도 지분법적용을 배제하는 경우 • 12개월 이내에 매각할 목적으로 투자주식을 취득하여 적극적으로 매수자를 찾고 있는 일시보유목적의 투자주식 →매각예정비유동자산으로 분류함.

*참고 '간접'의 의미

개요	• 종속기업을 통하여 피투자자에 대한 의결권을 소유하는 것을 말함. →즉, 아래에서 A는 반드시 모회사의 종속기업이어야 함. 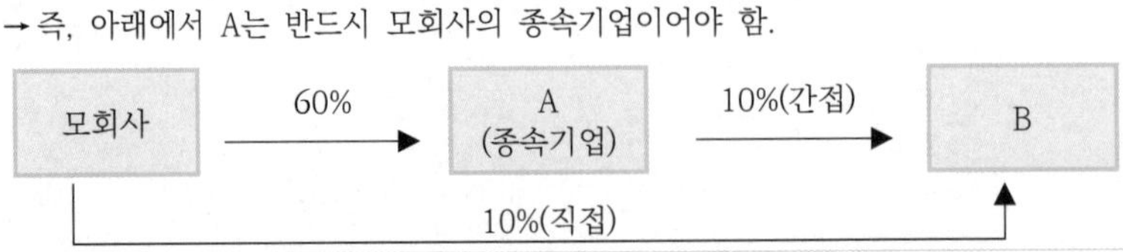
지분율 계산	• 단순하게 합산하여 판단함. →위에서 10%(직접)+10%(간접)=20% 이므로 모회사는 B에 대해 유의적인 영향력 있음.

문제 33번	관계기업투자주식 장부금액	출제구분	재출제	난이도	★ ☆ ☆	정답	④

• 20x1년말 관계기업투자주식 장부금액 : 2,000,000(취득원가)+6,000,000(당기순이익)×20%=3,200,000

*참고 ㈜서울 회계처리

취득시(20x1년초)	(차) 관계기업투자주식	2,000,000	(대) 현금	2,000,000
당기순이익 보고시(20x1년말)	(차) 관계기업투자주식	1,200,000	(대) 지분법이익	1,200,000

문제 34번	외화표시재무제표의 외화환산	출제구분	재출제	난이도	★ ★ ☆	정답	①

• 외화표시재무제표 환산방법(적용환율)

자산(마감환율)	부채(마감환율)
	자본(거래일환율)
비용(거래일환율 or 평균환율)	수익(거래일환율 or 평균환율)
	외환차이(대차차이)

→수익·비용은 거래일의 환율을 일일이 제시하기 어려우므로, 환율이 유의적으로 차이나지 않는다면 평균환율의 적용도 가능하다. 그러나 환율이 유의적으로 변동한 경우에는 평균환율을 사용하는 것은 부적절하다.

문제 35번	외화자산의 환산	출제구분	기출변형	난이도	★ ★ ☆	정답	①

• 20x1년말 재무상태표상 매출채권 : 20x1년말의 환율로 환산한 금액
→\$200,000×1,070+\$50,000×1,070=267,500,000

*참고 회계처리

20x1.5.10	(차) 외화매출채권	\$200,000×1,100=220,000,000	(대) 매출	220,000,000
20x1.7.15	(차) 외화매출채권	\$50,000×1,120=56,000,000	(대) 매출	56,000,000
20x1.12.31	(차) 외화손실(외화환산손실)	8,500,000[1)]	(대) 외화매출채권	8,500,000

[1)] \$200,000×(1,100－1,070)+\$50,000×(1,120－1,070)=8,500,000

문제 36번	파생상품의 적용	출제구분	재출제	난이도	★ ★ ☆	정답	④

• 6개월 후의 외화대금 수령분 \$1,000,000를 일정 안정된 환율로 매도하는 통화선도 매도계약을 체결한다.

문제 37번	리스용어의 정의	출제구분	재출제	난이도	★ ☆ ☆	정답	②

• 리스이용자의 증분차입이자율에 대한 정의에 해당한다.

Guide 리스용어의 정의 주요사항

리스약정일	• 리스계약일과 리스의 주요 조건에 대하여 계약당사자들이 합의한 날 중 이른 날 주의 리스는 리스약정일에 분류함.
리스개시일	• 리스제공자가 리스이용자에게 기초자산을 사용할수 있게 하는 날 주의 리스에 따른 자산, 부채, 수익, 비용의 최초인식일임.(즉, 회계처리시점)
리스료	• 리스이용자가 리스제공자에게 지급하는 금액 →고정리스료+변동리스료+매수선택권행사가격(소유권이전금액)+종료선택권행사가격+보증잔존가치
내재이자율	• 소유권이전이 확실하지 않은 경우 다음 산식을 성립시키게 하는 할인율 (리스료+무보증잔존가치)의 현재가치 = 공정가치 + 리스개설직접원가(제공자) '리스총투자' (좌변) / '리스순투자' (우변)

문제 38번	리스이용자 감가상각비 계산	출제구분	재출제	난이도	★ ★ ☆	정답	③

• 사용권자산(리스부채) : 40,000(리스료의 현재가치)
• 감가상각대상금액 : 40,000 - 0(추정잔존가치) = 40,000
• 감가상각기간 : 소유권이전이 있으므로 내용연수 5년 적용
• 20x1년 감가상각비 : 40,000÷5년 = 8,000

*참고 회계처리

20x1년초(리스개시일)	(차) 사용권자산	40,000	(대) 리스부채	40,000
20x1년말(보고기간말)	(차) 이자비용	xxx	(대) 현금	12,000
	리스부채	xxx		
	(차) 감가상각비	8,000	(대) 감가상각누계액	8,000

Guide 리스이용자 회계처리

리스개시일

• (차) 사용권자산(원가) xxx (대) 리스부채 xxx
　　　　　　　　　　　　　　　현금(리스개설직접원가) xxx

리스부채	❒ 지급되지 않은 리스료를 내재이자율로 할인한 현재가치 (내재이자율 산정불가시는 리스이용자의 증분차입이자율로 할인)

보고기간말

• (차) 이자비용 xxx (대) 현금 xxx
　　　리스부채 xxx
　(차) 감가상각비 xxx (대) 감가상각누계액 xxx

이자비용	❒ 리스부채 장부금액×내재이자율

감가상각

구분	감가상각대상금액	감가상각기간
소유권이전O	원가-추정잔존가	내용연수
소유권이전X	원가-보증잔존가	Min[리스기간, 내용연수]

문제 39번	현금흐름표 작성 일반사항	출제구분	신유형	난이도	★ ★ ☆	정답	③

• 영업활동 현금흐름의 예는 다음과 같다.[K-IFRS 제1007호 문단14]

> ㉠ 재화의 판매와 용역 제공에 따른 현금유입
> ㉡ 로열티, 수수료, 중개료 및 기타수익에 따른 현금유입
> ㉢ 재화와 용역의 구입에 따른 현금유출
> ㉣ 종업원과 관련하여 직·간접으로 발생하는 현금유출
> ㉤ 법인세의 납부 또는 환급. 다만 재무활동과 투자활동에 명백히 관련되는 것은 제외한다.
> **㉥ 단기매매목적으로 보유하는 계약에서 발생하는 현금유입과 현금유출**

• 기업은 단기매매목적으로 유가증권이나 대출채권을 보유할 수 있으며, 이 때 유가증권이나 대출채권은 판매를 목적으로 취득한 재고자산과 유사하다. 따라서 단기매매목적으로 보유하는 유가증권의 취득과 판매에 따른 현금흐름은 영업활동으로 분류한다. 마찬가지로 금융회사의 현금 선지급이나 대출채권은 주요 수익창출활동과 관련되어 있으므로 일반적으로 영업활동으로 분류한다.[K-IFRS 제1007호 문단15]

*참고 직접법은 당기순이익에서 조정을 거쳐 현금의 흐름을 사후적으로 확인하는 간접법에 비하여 영업거래의 다양한 원천별 현금의 흐름내역을 일목요연하게 제시해 줌으로써 진정한 의미에서의 현금흐름을 파악할 수 있는 방법으로 미래현금흐름을 추정하는 데 보다 유용한 정보를 제공한다.

→즉, 현금유입의 발생원천과 현금유출의 운용에 관한 개별정보는 미래현금흐름의 예측에 더 유용하다.

→한편, 직접법은 현금흐름을 개별 항목별로 파악할 수 있기 때문에 전문회계지식이 없더라도 그 내용을 쉽게 파악할 수 있는 장점이 있다.

문제 40번	현금주의 이자수익	출제구분	재출제	난이도	★★☆	정답	④

• 200,000(발생주의 이자수익)+10,000(미수이자의 감소)=210,000(현금주의 이자수익=이자수취액)

Guide **발생주의의 현금주의 전환 : 이자수익과 이자비용**

이자수익 유입액

• (+)로 출발하며, 자산의 증감은 역방향으로, 부채의 증감은 순방향으로 가감하여 분석

이자수익 유입액〈금액은 가정치임〉		
발생주의이자수익	10,000	→ (+)로 출발함에 주의!
현재가치할인차금상각액	(2,000)	
미수이자증가(or선수이자감소)	(3,000)	
유입액(현금주의이자수익)	5,000	

➡ (차) 현금 80 (대) 이자수익 100
　　현재가치할인차금 20

직접법	• 현재가치할인차금을 계산시 차감
간접법	• 현재가치할인차금을 당기순이익에서 차감

이자비용 유출액

• (-)로 출발하며, 자산의 증감은 역방향으로, 부채의 증감은 순방향으로 가감하여 분석

이자비용 유출액〈금액은 가정치임〉		
발생주의이자비용	(10,000)	→ (-)로 출발함에 주의!
사채할인발행차금(현재가치할인차금)상각액	1,000	
미지급이자증가(or선급이자감소)	2,000	
유출액(현금주의이자비용)	(7,000)	

➡ (차) 이자비용 100 (대) 현금 80
　　　　　　　　사채할인발행차금 20

직접법	• 사채할인발행차금을 계산시 가산
간접법	• 사채할인발행차금을 당기순이익에 가산

재경관리사 공개기출해설[재무]

2020년 7월에 시행된 기출문제에 대한 완벽한 해설을 관련이론(가이드)과 함께 제시하였습니다. 해당 문제는 합본부록을 참고바랍니다.

FINAL

Certified Accounting Manager

재무회계 공개기출문제해설

[2020년 07월 시행]

SEMOOLICENCE

문제 1번	K-IFRS와 일반기업회계기준 특징	출제구분	재출제	난이도	★ ☆ ☆	정답	②

- 한국채택국제회계기준은 비용의 성격별 또는 기능별 분류방법 중에서 신뢰성 있고 더욱 목적적합한 정보를 제공할 수 있는 방법을 적용하여 당기손익으로 인식한 비용의 분석내용을 표시하도록 규정하고 있다.

Guide K-IFRS 비용 분류방법(이하 둘 중 선택 적용)

성격별 분류법	• 비용은 그 성격별로 통합함.(즉, 각 항목의 유형별로 구분표시) →예 감가상각비, 원재료구입, 운송비, 종업원급여, 광고비 등 • 매출원가를 다른 비용과 분리하여 공시하지 않음. • 기능별로 재배분하지 않으므로 적용이 간단함.(미래현금흐름 예측에는 유용함)
기능별 분류법 (=매출원가법)	• 비용은 그 기능별로 분류함. →예 매출원가, 물류원가, 관리활동원가 등 • 적어도 매출원가를 다른 비용과 분리하여 공시함. • 목적적합하나, 자의적인 기능별 배분과 판단이 개입될 수 있음. • 기능별로 분류시에는 성격별 분류에 따른 추가공시가 필요함.

문제 2번	목적적합성과 표현충실성의 내용	출제구분	재출제	난이도	★ ☆ ☆	정답	④

- 표현충실성은 모든 면에서 정확한 것을 의미하지는 않는다.[K-IFRS 개념체계 문단2.18]
  →오류가 없다는 것은 현상의 기술에 오류나 누락이 없고, 보고 정보를 생산하는데 사용되는 절차의 선택과 적용시 절차상 오류가 없음을 의미한다. 이 맥락에서 오류가 없다는 것은 모든 면에서 완벽하게 정확하다는 것을 의미하지는 않는다.

문제 3번	재무상태표 표시	출제구분	신유형	난이도	★ ★ ☆	정답	②

- ① 기업마다 재무상태표의 양식 및 재무상태표에 포함할 항목을 재량적으로 결정가능하다.
  ③ 유동성 순서에 따른 표시방법(=유동성배열법)이 신뢰성 있고 더욱 목적적합한 정보를 제공하는 경우를 제외하고는 유동자산과 비유동자산, 유동부채와 비유동부채로 재무상태표에 구분하여 표시(=유동성·비유동성 구분법)한다.
  ④ 보고기간후 재무제표발행승인일 전에 지급기일 장기 재조정약정이 체결되었더라도, 보고기간일 현재 기준으로 12개월 이내에 결제일이 도래하면 유동부채로 분류한다.

*보론 유동부채·비유동부채 관련 기타사항

㉠ 매입채무는 보고기간 후 12개월 후에 결제일이 도래한다 하더라도 유동부채로 분류함. ㉡ 보고기간 후 12개월 내 만기도래 시에도 기존 대출계약조건에 따라 보고기간 후 적어도 12개월 이상 부채를 차환·연장할 것으로 기대하고 있고, 그런 재량권이 있다면 비유동부채로 분류함. →재량권이 없다면 유동부채로 분류함. ㉢ 장기차입약정을 위반했을 때 즉시 상환을 요구할 수 있는 채무는 보고기간 후 재무제표발행승인일 전에 대여자(채권자)가 상환을 요구하지 않기로 합의하더라도 유동부채로 분류함.

문제 4번	유동자산 집계	출제구분	기초문제	난이도	★ ☆ ☆	정답	③

- 유동자산 : 당좌자산+재고자산
  →당좌자산 : 400,000(매출채권)+50,000(선급금)=450,000
  →재고자산 : 600,000
- 유동자산 : 450,000+600,000=1,050,000

문제 5번	수정을 요하는 보고기간후사건	출제구분	재출제	난이도	★ ☆ ☆	정답	②

• 보고기간말과 재무제표 발행승인일 사이에 투자자산의 공정가치(시장가치) 하락은 수정을 요하지 않는 보고기간후사건의 대표적인 사례에 해당한다.
→공정가치의 하락은 일반적으로 보고기간말의 상황과 관련된 것이 아니라 보고기간 후에 발생한 상황이 반영된 것이므로, 그 투자자산에 대해서 재무제표에 인식된 금액을 수정하지 아니한다.
• 그 외 나머지 사항은 모두 수정을 요하는 보고기간후사건이다.

Guide 기타 수정을 요하는 보고기간후사건

• 보고기간말에 이미 자산손상이 발생되었음을 나타내는 정보를 보고기간 후에 입수하는 경우나 이미 손상차손을 인식한 자산에 대하여 손상차손금액의 수정이 필요한 정보를 보고기간 후에 입수하는 경우(보고기간후 매출처 파산 등)
• 재무제표가 부정확하다는 것을 보여주는 부정이나 오류를 발견한 경우

문제 6번	재고자산과 유형자산의 구분	출제구분	재출제	난이도	★ ☆ ☆	정답	①

• ① 의류회사에서 공장의 일부를 폐쇄하면서 처분하고자 하는 설비자산
→사용목적 보유자산이므로 유형자산 또는 요건충족시 매각예정비유동자산으로 분류된다.
② 자동차제조회사의 공장에서 생산 중에 있는 미완성 엔진
→판매(제품판매)목적 보유자산이므로 재고자산(재공품)으로 분류된다.
③ 건설회사에서 분양사업을 위해 신축하는 건물
→판매(건물분양)목적 보유자산이므로 재고자산으로 분류된다.
④ 부동산매매업을 영위하는 기업에서 보유하는 판매목적 토지
→판매(부동산매매)목적 보유자산이므로 재고자산으로 분류된다.

문제 7번	시용판매가 있는 경우 기말재고 계산	출제구분	재출제	난이도	★ ★ ☆	정답	③

• 시용판매 개수 : 4,800개 - 300개(매입의사 미표시분) = 4,500개
• 기말재고 : 500개×@14,000 + 21,750,000 = 28,750,000

Guide 시송품의 수익인식

• 매입자가 매입의사표시를 한 날 수익인식.
→∴매입의사표시 없는 시송품은 창고에 없을지라도 기말재고에 포함.

문제 8번	재고자산 저가법과 재평가(환입)	출제구분	신유형	난이도	★ ★ ☆	정답	①

• 매 후속기간에 순실현가능가치를 재평가한다. 재고자산의 감액을 초래했던 상황이 해소되거나 경제상황의 변동으로 순실현가능가치가 상승한 명백한 증거가 있는 경우에는 최초의 장부금액을 초과하지 않는 범위 내에서 평가손실을 환입한다. 그 결과 새로운 장부금액은 취득원가와 수정된 순실현가능가치 중 작은 금액이 된다. 판매가격의 하락 때문에 순실현가능가치로 감액한 재고항목을 후속기간에 계속 보유하던 중 판매가격이 상승한 경우가 이에 해당한다.[K-IFRS 제1002호 문단33]

문제 9번	유형자산 교환 처분손익(상업적실질 존재)	출제구분	재출제	난이도	★ ★ ☆	정답	②

• 유형자산 교환거래가 상업적실질이 있으므로 제공한 자산(차량운반구)의 공정가치를 취득한 자산(기계장치)의 취득원가로 계상하여 처분손익을 인식한 후, 현금지급액을 취득원가에 가산한다.

• 교환시점 회계처리

(차) 기계장치(차량운반구 공정가치)	2,000,000	(대) 차량운반구		4,000,000
감가상각누계액(차량운반구)	3,500,000		처분이익(교환이익)	1,500,000
(차) 기계장치	1,000,000	(대) 현금		1,000,000

∴처분이익 1,500,000, 기계장치 취득원가 : 2,000,000+1,000,000=3,000,000

Guide ▶ 유형자산 교환시 취득원가

상업적실질 존재	원칙	• 취득원가=제공자산공정가치±현금수수액
	취득자산 공정가치가 더 명백한 경우	• 취득원가=취득자산공정가치
	취득자산과 제공자산의 공정가치를 신뢰성있게 측정할수 없는 경우	• 취득원가=제공자산장부금액±현금수수액
상업적실질 결여	• 취득원가=제공자산장부금액±현금수수액	

문제 10번	유형자산 취득원가 포함여부	출제구분	기출변형	난이도	★ ☆ ☆	정답	③

• 보유중인 건물에 대하여 부과되는 재산세 : 비용처리한다.
 매입할인 : 매입가격(구입가격)에서 차감한다.

Guide ▶ 유형자산 취득원가 포함 항목

㉠ 관세 및 환급 불가능한 취득관련 세금(취득세, 등록세)을 가산하고 매입할인과 리베이트 등을 차감한 구입가격
 →주의 보유자산 재산세와 자동차세는 비용처리함.

㉡ 경영진이 의도하는 방식으로 가동하는데 필요한 장소와 상태에 이르게 하는데 직접 관련되는 다음과 같은 원가

- 유형자산의 매입 또는 건설과 직접적으로 관련되어 발생한 종업원급여
- 설치장소 준비원가, 최초의 운송 및 취급 관련 원가, 설치원가 및 조립원가
- 유형자산이 정상적 작동여부를 시험하는 과정에서 발생하는 원가
 비교 시제품의 순매각금액 : ㉠ 일반기업회계기준 - 원가차감 ㉡ K-IFRS - 당기손익
- 전문가에게 지급하는 수수료, 구입시 중개수수료·보험료

㉢ 자산을 해체, 제거, 복구하는데 소요될 것으로 최초에 추정되는 원가(=복구원가)

문제 11번	유형자산 감가상각 일반사항	출제구분	신유형	난이도	★ ☆ ☆	정답	②

• 자산에 내재된 미래경제적효익의 예상되는 소비형태가 유의적으로 달라졌다면 달라진 소비형태를 반영하기 위하여 감가상각방법을 변경하며, 그러한 변경은 회계추정의 변경으로 회계처리한다.[K-IFRS 제1016호 문단61]

Guide ▶ 유형자산 감가상각

의의	• 자산 이용에 따라 효익이 발생하는 기간에 체계적 · 합리적 방법에 의한 원가의 배분과정 →감가상각대상액 = 취득원가 - 잔존가치
상각방법	• 미래경제적효익의 예상 소비형태를 가장 잘 반영하는 방법에 따라 선택함. →적어도 매 회계기간말에 재검토하며, 감가상각방법의 변경은 회계추정의 변경으로 처리함.
동시취득	• 토지 · 건물을 동시 취득시에도 분리가능한 자산이므로 별개의 자산으로 회계처리함. →건물이 위치한 토지 가치가 증가하더라도 건물의 감가상각대상금액에는 영향을 미치지 않음.
토지	• 원칙적으로 채석장 · 매립지 등을 제외하고는 토지의 내용연수는 무한하므로 감가상각하지 않음.

문제 12번	연구 · 개발단계 지출의 비용인식	출제구분	신유형	난이도	★ ★ ★	정답	③

• 연구비(비용) : 200,000
  경상개발비(비용) : 1,500,000
  개발비(자산) : 500,000(개발단계 자산조건만족)+800,000(내부개발소프트웨어 자산조건만족)=1,300,000
• 상각개시시점 : 자산이 사용가능한 때부터 시작〈∴20x1년 상각비 계상기간은 6개월(7/1~12/31)〉
  → 20x1년 인식할 개발비상각비 : $(1,300,000 \div 5년) \times \frac{6}{12} = 130,000$

∴20x1년 총비용 : 200,000+1,500,000+130,000=1,830,000

Guide ▶ 연구·개발단계 지출의 처리와 소프트웨어

연구 · 개발단계지출	연구단계활동 지출	• 비용(연구비)
	개발단계활동 지출	• 자산인식요건 충족O : 무형자산(개발비) • 자산인식요건 충족X : 비용(경상개발비)
소프트웨어	내부개발소프트웨어	• 자산인식조건 충족시 '개발비'의 과목으로 무형자산 처리
	외부구입소프트웨어	• 자산인식조건 충족시 '소프트웨어'의 과목으로 무형자산 처리

문제 13번	무형자산 상각	출제구분	신유형	난이도	★★☆	정답	①

• 내용연수가 비한정인 무형자산(=상각하지 않는 무형자산)에 대하여 사건과 상황이 그 자산의 내용연수가 비한정이라는 평가를 계속하여 정당화하는지를 매 회계기간에 검토한다. 사건과 상황이 그러한 평가를 정당화하지 않는 경우에 비한정 내용연수를 유한 내용연수로 변경하는 것은 회계추정의 변경으로 회계처리한다.[K-IFRS 제1038호 문단109]

Guide 무형자산 상각 세부고찰

상각여부	내용연수가 유한	• 내용연수가 유한한 무형자산은 내용연수에 걸쳐 상각함.
	내용연수가 비한정	• 내용연수가 비한정인 무형자산은 상각하지 않음. →매년 또는 손상징후가 있을 때 손상검사를 수행함. →'비한정'이라는 용어는 '무한(infinite)'을 의미하지 않음.
잔존가치 증감	• 잔존가치는 해당자산의 장부금액과 같거나 큰 금액으로 증가할 수도 있으며, 잔존가치가 이후에 장부금액보다 작은 금액으로 감소될 때까지는 상각액은 영(0)이 됨.	
상각중지	• 매각예정으로 분류되는 날과 재무상태표에서 제거되는 날 중 이른 날에 중지함. →즉, 더 이상 사용하지 않을 때도 상각을 중지하지 아니함. 다만, 완전히 상각하거나 매각예정으로 분류되는 경우에는 상각을 중지함.	
검토와 변경	• 잔존가치 · 상각기간 · 상각방법은 적어도 매 회계기간말에 검토함. • 잔존가치 · 상각기간 · 상각방법의 변경은 회계추정의 변경으로 회계처리함.	

문제 14번	투자부동산의 후속측정	출제구분	신유형	난이도	★★★	정답	④

• 투자부동산의 공정가치를 산정할 때에는 매각이나 다른 형태의 처분으로 발생할 수 있는 거래원가를 차감하지 않고 산정한다.

* 저자주 다소 지엽적인 내용에 대한 출제로 사료됩니다. 'Guide' 위주로 참고하여 재출제에 대비하기 바랍니다.

Guide 투자부동산 인식 후의 측정 세부고찰

회계정책 선택	• 최초 인식후 공정가치모형과 원가모형 중 하나를 선택하여 모든 투자부동산에 적용함.
원가모형	• 최초 인식후 평가방법을 원가모형으로 선택한 경우에는 모든 투자부동산에 대하여 유형자산 원가모형에 따라 측정함. →감가상각대상자산인 경우 유형자산과 동일하게 감가상각비를 인식함. →매각예정으로 분류하는 조건을 충족하는 경우에는 기준서 제1105호 '매각예정비유동자산과 중단영업'에 따라 처리함.
공정가치모형	• 공정가치모형을 선택한 경우에는 최초 인식후 모든 투자부동산을 공정가치로 측정함. →공정가치 변동으로 발생하는 손익은 발생한 기간의 당기손익에 반영함.(감가상각대상자산인 경우에도 감가상각은 수행하지 않음.) →공정가치는 측정일에 시장참여자 사이의 정상거래에서 자산을 매도할 때 받거나 부채를 이전할 때 지급하게 될 가격을 말함. 투자부동산의 공정가치를 산정할 때에는 매각이나 다른 형태의 처분으로 발생할 수 있는 거래원가를 차감하지 않고 산정함. →투자부동산을 공정가치로 측정해 온 경우라면 비교할만한 시장의 거래가 줄어들거나 시장가격 정보를 쉽게 얻을 수 없게 되더라도, 당해 부동산을 처분할 때까지 또는 자가사용부동산으로 대체하거나 통상적인 영업과정에서 판매하기 위하여 개발을 시작하기 전까지는 계속하여 공정가치로 측정함.

문제 15번	FVPL금융자산(지분상품) 처분손익	출제구분	재출제	난이도	★ ★ ☆	정답	④

• 장부금액(20x1년말 공정가치) : 1,000주×@9,500 = 9,500,000
  처분금액(20x2년초 공정가치) : 1,000주×@10,200 = 10,200,000
• 처분손익 : 10,200,000(처분금액) - 9,500,000(장부금액) = 700,000(이익)

*참고 회계처리

20x1년초	(차) FVPL금융자산	10,000,000	(대) 현금	10,000,000
20x1년말	(차) FVPL금융자산평가손실	500,000	(대) FVPL금융자산	500,000
20x2년초	(차) 현금	10,200,000	(대) FVPL금융자산	9,500,000
			FVPL금융자산처분이익	700,000

Guide FVPL금융자산(지분상품/채무상품) 회계처리

취득	거래원가	• 취득과 직접 관련된 거래원가는 발생즉시 당기비용으로 처리함. 주의 AC금융자산과 FVOCI금융자산의 거래원가는 취득원가에 가산함.
	채무상품	• 이자지급일사이에 취득한 경우에는 경과이자는 취득원가에서 제외하여 미수이자로 계상하며, 보유기간 해당분만 이자수익으로 인식함.
평가	평가손익	• 공정가치와 장부금액의 차액을 당기손익 처리함.
	회계처리	• 평가손익을 FVPL금융자산에서 직접 가감함. →(차) FVPL금융자산 xxx (대) FVPL금융자산평가이익 xxx 주의 ∴'장부금액=전기말 공정가치'가 되며, 채무상품은 할인·할증상각이 없음.
처분	처분손익	• 처분금액(매각대금-거래원가) - 장부금액
	이자수익	• 채무상품을 이자지급일 사이에 처분시 경과이자는 이자수익으로 우선 인식함.

문제 16번	FVOCI금융자산(채무상품) 처분손익	출제구분	신유형	난이도	★ ★ ★	정답	④

• 회계처리

20x1년 1월 1일	(차) FVOCI금융자산	951,963	(대) 현금		951,963
20x1년 12월 31일	(차) 현금	100,000[1)]	(대) 이자수익		114,236[2)]
	FVOCI금융자산	14,236			
	(차) FVOCI금융자산	13,801	(대) 평가이익(기타포괄손익)		13,801[3)]
20x2년 1월 1일 (처분시점)	(차) FVOCI금융자산	10,000[4)]	(대) 평가이익(기타포괄손익)		10,000
	(차) 현금	990,000	(대) FVOCI금융자산		990,000
	(차) 평가이익	23,801[5)]	(대) **처분이익**		**23,801**

1) 1,000,000×10%=100,000　2) 951,963×12%=114,236　3) 980,000-(951,963+14,236)=13,801
4) 990,000-980,000=10,000　5) 13,801+10,000=23,801

* 고속철 원가법(상각후원가)에 의한 처분손익과 동일함. →990,000-(951,963+14,236)=23,801(이익)
* 저자주 문제의 명확한 성립을 위해 누락된 단서인 '단, 기대신용손실은 없다고 가정한다.'를 추가하기 바랍니다.

Guide FVOCI금융자산(채무상품) 평가와 처분

평가손익	산식: ❒ 최초평가시 평가손익=당기공정가치-총장부금액 ❒ 최초평가후 평가손익=당기공정가치-(전기공정가치+상각액) • 평가손익(발생시 상계)은 기타포괄손익 처리하며, 자산 제거시 당기손익으로 재분류함. 비교 FVOCI금융자산(지분상품)의 평가손익은 당기손익으로 재분류하지 않음.
기대신용손실	• 신용이 손상되지 않은 경우에도 손상차손(당기손익)과 평가손익(기타포괄손익)을 인식함. 비교 AC금융자산 : 손상차손(당기손익)과 손실충당금(자산차감)을 인식함. • 전기말 기대신용손실과의 차액을 손상차손(환입)으로 인식함.
처분손익	• 처분시 공정가치(=처분금액)로 먼저 선평가하여 평가손익(기타포괄손익)을 인식함.

선평가	(차) FVOCI금융자산	xxx	(대) 평가이익(기타포괄손익)	xxx
처분	(차) 현금	xxx	(대) FVOCI금융자산	xxx
재분류	(차) 평가이익(기타포괄손익누계)	xxx	(대) 처분이익	xxx

문제 17번	2차연도 사채이자비용	출제구분	재출제	난이도	★ ★ ☆	정답	③

• 발행금액 : 100,000×2.40183+1,000,000×0.71178=951,963
• 20x1년말 사채할인발행차금 상각액 : 951,963×12%-100,000=14,236
• 20x1년말 장부금액 : 951,963+14,236=966,199
• 20x2년말 이자비용(유효이자) : 966,199×12%=115,944

* 참고 회계처리

20x2년말	(차) 이자비용	115,944	(대) 현금	100,000
			사채할인발행차금	15,944

문제 18번	사채할증발행 발행금액	출제구분	재출제	난이도	★ ☆ ☆	정답	④

- '액면이자율(5%) 〉 시장이자율(3%)' ⇒ 할증발행에 해당한다.
- 액면이자 : 30,000,000×5%=1,500,000
- 현금흐름
  - 20x1년말 이자 1,500,000, 20x2년말 이자 1,500,000, 20x3년말 원리금 1,500,000+30,000,000=31,500,000
- 현금으로 조달가능한 금액(=발행금액)

  [방법1] 1,500,000×0.9709+1,500,000×0.9426+31,500,000×0.9151=31,695,900

  [방법2] 1,500,000×2.8286+30,000,000×0.9151=31,695,900

*참고 회계처리

20x1.1.1	(차) 현금	31,695,900	(대) 사채 사채할증발행차금	30,000,000 1,695,900
20x1.12.31	(차) 이자비용 사채할증발행차금	31,695,900×3%=950,877 549,123	(대) 현금	1,500,000

문제 19번	복합금융상품의 정의	출제구분	신유형	난이도	★ ☆ ☆	정답	①

- 복합금융상품의 종류

전환사채	• 유가증권의 소유자가 일정한 조건하에 보통주로의 전환권을 행사할 수 있는 사채로서, 전환권을 행사하면 보통주로 전환되는 사채
신주인수권부사채	• 유가증권의 소유자가 일정한 조건하에 신주인수권을 행사하여 보통주 발행을 청구할 수 있는 권리가 부여된 사채
전환우선주	• 유가증권의 소유자가 일정한 조건하에 전환권을 행사할 수 있는 우선주로서, 전환권을 행사하면 보통주로 전환되는 우선주
교환사채	• 유가증권의 소유자가 사채발행자가 보유하고 있는 유가증권과 교환을 청구할 수 있는 권리가 부여된 사채

*참고 회사채와 영구채

회사채	• 기업이 시설투자나 운영 등의 장기자금을 조달하기 위해 발행하는 채권을 말함. →채권은 발행 주체에 따라 국가가 발행하는 국채, 지방자치단체가 발행하는 지방채, 특별법인이 발행하는 특수채, 금융기관이 발행하는 금융채, 주식회사가 발행하는 회사채로 구분됨.
영구채	• 원금상환 없이 이자만 영구히 지급하는 채권을 말함. →즉, 만기가 없는 채권으로 신종자본증권(하이브리드채권)이라고도 함.

문제 20번	제품보증충당부채 기말잔액	출제구분	재출제	난이도	★ ☆ ☆	정답	①

- 제품보증비(추정보증비) : 50억원×5% = 2.5억원
- 20x1년말 제품보증충당부채 : 2.5억원 - 2억원(실제 제품보증비 발생액) = 0.5억원

Guide 제품보증충당부채 회계처리

20x1년 매출과 보증비 실제 발생시	(차) 현금	50억원	(대) 매출	50억원
	(차) 보증비	2억원	(대) 현금	2억원
20x1년 결산시	(차) 보증비	0.5억원	(대) 제품보증충당부채	0.5억원
	→추정보증비가 2.5억원인 경우로 이미 인식분 2억원을 차감하여 계상			
20x2년 실제 발생시	(차) 제품보증충당부채	xxx	(대) 현금	xxx
	→if, 추후 유효기간 경과시는 제품보증충당부채 잔액을 환입함.			

문제 21번	자본거래의 자본항목별 영향 분석	출제구분	재출제	난이도	★ ★ ☆	정답	①

- 각 자본항목에 미치는 영향 분석(금액은 가정치임)

		회계처리			자본금	이익잉여금	총자본
①	주식배당	(차) 이익잉여금	500	(대) 자본금 500	증가	감소	**불변**
②	주식의 할인발행	(차) 현금 주식할인발행차금(자본차감)	400 100	(대) 자본금 500	증가	불변	증가
③	자기주식 취득	(차) 자기주식(자본차감)	500	(대) 현금 500	불변	불변	감소
④	현금배당	(차) 이익잉여금	500	(대) 현금 500	불변	감소	감소

문제 22번	자기주식거래	출제구분	신유형	난이도	★ ★ ★	정답	④

- 20x1년 회계처리

10/1	(차) 자기주식(자본감소)	150주×6,000 = 900,000	(대) 현금	900,000
11/2	(차) 현금	50주×7,000 = 350,000	(대) 자기주식(자본증가) 자기주식처분이익(자본증가)	300,000 50,000
12/5	(차) 현금 자기주식처분이익(자본감소)	50주×5,500 = 275,000 25,000	(대) 자기주식(자본증가)	300,000
12/31	(차) 현금	50주×6,500 = 325,000	(대) 자기주식(자본증가) 자기주식처분이익(자본증가)	300,000 25,000

- ① 20x1년 10월 1일 거래로 자본이 900,000원 감소한다.
  고속철 자본증감액 = 현금유출입액 →현금감소 900,000(자본감소)
  ② 20x1년 11월 2일 거래로 자본잉여금(자기주식처분이익)이 50,000원 증가한다.
  ③ 20x1년 12월 5일 거래로 자본이 275,000원 증가한다.
  고속철 자본증감액 = 현금유출입액 →현금증가 275,000(자본증가)
  ④ 20x1년 12월 31일 거래로 자본이 325,000원 증가한다.
  고속철 자본증감액 = 현금유출입액 →현금증가 325,000(자본증가)

문제 23번	세금과공과(영업비용)	출제구분	기초문제	난이도	★ ☆ ☆	정답	①

• 취득세 : 자산 가산항목 → 자산 취득관련 지출은 취득원가로 처리한다.
재산세 · 종합부동산세 : 세금과공과(영업비용) → 자산 보유관련 지출은 비용처리한다.

Guide 영업비용과 영업외비용

영업비용 (판매비와관리비)	• 급여, 퇴직급여, 복리후생비, 임차료, 접대비, 감가상각비, 무형자산상각비, 세금과공과, 광고선전비, 연구비, 경상개발비, 대손상각비, 잡비 등
영업외비용	• 이자비용, 금융자산처분손실, FVPL금융자산평가손실, 재고자산감모손실(원가성 없음), 외환손실, 기부금, 유형자산처분손실, 사채상환손실, 기타의 대손상각비, 잡손실 등

문제 24번	할부판매 매출채권 장부금액	출제구분	신유형	난이도	★ ★ ★	정답	②

• 상각표 작성〈20x3년말은 단수차이 조정함.〉

일자	할부금 회수액	이자수익(r=12%) 〈유효이자〉	매출채권 원금회수액 〈순채권회수액〉	매출채권 장부금액
20x1.01.01				4,803,660
20x1.12.31	2,000,000	4,803,660×12%=576,439	2,000,000-576,439=1,423,561	4,803,660-1,423,561=3,380,099
20x2.12.31	2,000,000	3,380,099×12%=405,612	2,000,000-405,612=1,594,388	3,380,099-1,594,388=1,785,711
20x3.12.31	2,000,000	1,785,711×12%=214,289	2,000,000-214,289=1,785,711	1,785,711-1,785,711=0

*참고 회계처리

20x1년초	(차) 매출채권	6,000,000	(대) 매출	4,803,660
			현재가치할인차금	1,196,340
	(차) 매출원가	xxx	(대) 상품	xxx
20x1년말	(차) 현금	2,000,000	(대) 매출채권	2,000,000
	(차) 현재가치할인차금	576,439	(대) 이자수익	576,439
20x2년말	(차) 현금	2,000,000	(대) 매출채권	2,000,000
	(차) 현재가치할인차금	405,612	(대) 이자수익	405,612
20x3년말	(차) 현금	2,000,000	(대) 매출채권	2,000,000
	(차) 현재가치할인차금	214,289	(대) 이자수익	214,289

문제 25번	2차연도 건설계약손익	출제구분	재출제	난이도	★ ★ ☆	정답	③

• 20x2년 계약손익 : $(50,000,000\times\frac{10,000,000+30,000,000}{40,000,000}-50,000,000\times\frac{10,000,000}{40,000,000})-30,000,000=7,500,000$

• 연도별 계약손익 계산

구분	20x1년	20x2년
진행률	$\frac{10,000,000}{40,000,000}=25\%$	$\frac{10,000,000+30,000,000}{40,000,000}=100\%$
계약수익	50,000,000×25%=12,500,000	50,000,000×100%-12,500,000=37,500,000
계약원가	10,000,000	30,000,000
계약손익	2,500,000	7,500,000

문제 26번	미청구공사 · 초과청구공사 계산	출제구분	재출제	난이도	★ ★ ☆	정답	①

- 20x1년 계약수익 : $120,000,000 \times \frac{20,000,000}{100,000,000} = 24,000,000$
- 20x1년 계약이익 : 24,000,000(계약수익) - 20,000,000(계약원가) = 4,000,000
- 20x1년말 미성공사 : 20,000,000(계약원가) + 4,000,000(계약이익) = 24,000,000
- 20x1년말 초과청구공사(계약부채) : 30,000,000(진행청구액) - 24,000,000(미성공사) = 6,000,000

*고속철 '미성공사 = 누적계약수익'이므로, 누적계약수익 24,000,000이 미성공사금액이 된다.

*참고 20x1년 회계처리

계약원가 발생	(차) 미성공사	20,000,000	(대) 현금	20,000,000
계약대금 청구	(차) 공사미수금	30,000,000	(대) 진행청구액	30,000,000
계약대금 수령	(차) 현금	xxx	(대) 공사미수금	xxx
계약손익인식	(차) 계약원가 미성공사	20,000,000 4,000,000	(대) 계약수익	24,000,000

문제 27번	확정기여제도와 확정급여제도 비교	출제구분	기출변형	난이도	★ ☆ ☆	정답	①

- 확정급여제도는 보험수리적 위험과 투자위험을 기업이 부담하는 퇴직급여제도이다.

Guide 퇴직급여제도 비교

	기업의 부담	종업원수령액	위험부담자
확정기여제도(DC형)	출연금액에 한정 (기여금 납부함으로써 모든 의무가 종결됨.)	불확정적	종업원
확정급여제도(DB형)	변동적	확정적	기업

문제 28번	현금결제형 주식기준보상거래 일반사항	출제구분	신유형	난이도	★ ☆ ☆	정답	②

- 기업이 재화나 용역을 제공받는 대가로 자신의 지분상품을 부여하는 것은 주식결제형 주식기준보상거래이다.

Guide 현금결제형 주식기준보상 회계처리

보상원가 측정	• 보상원가 : 주가차액보상권의 공정가치로 측정 • 측정 : 매 보고기간말 공정가치를 재측정하고, 공정가치의 변동액은 당기손익으로 인식
보고기간말	• 주가차액보상권은 보고기간말 공정가치로 재측정하고 기대권리소멸률을 반영한 보상원가를 용역제공비율에 따라 가득기간에 걸쳐 인식 (차) 주식보상비용(당기비용) xxx (대) 장기미지급비용(부채) xxx
가득일이후	• 가득일 이후에도 매 보고기간말의 공정가치를 기준으로 보상원가를 재측정하고 보상원가의 재측정으로 변동한 금액은 주식보상비용과 장기미지급비용으로 처리
권리행사시	• 우선 공정가치 변동분을 당기손익으로 인식한 후, 상계할 장기미지급비용의 장부금액과 현금결제액(=내재가치=주가-행사가격)의 차액을 주식보상비용으로 인식 (차) 주식보상비용 xxx (대) 장기미지급비용 xxx (차) 장기미지급비용 xxx (대) 현금(내재가치) xxx 주식보상비용 xxx 참고 권리행사기간 종료시 장기미지급비용을 환입하여 당기손익으로 인식함.

문제 29번	일시적차이 발생 항목	출제구분	신유형	난이도	★ ☆ ☆	정답	①

- 일시적차이를 발생시키는 항목 ⇒ 유보(△유보)로 소득처분되는 항목
- ① 감가상각비 한도초과액 : 손금불산입(유보)
  ② 접대비 한도초과액 : 손금불산입(기타사외유출)
  ③ 기부금 한도초과액 : 손금불산입(기타사외유출)
  ④ 임원퇴직금 한도초과액 : 손금불산입(상여)

문제 30번	이연법인세자산 · 부채 계산	출제구분	재출제	난이도	★ ☆ ☆	정답	②

- 유보(차감할 일시적차이) 900,000
- 이연법인세자산 : 300,000×30%+300,000×30%+300,000×30%=270,000

*참고 회계처리
(차) 법인세비용(대차차액) 1,105,000 (대) 미지급법인세(당기법인세) 5,500,000×25%=1,375,000
이연법인세자산 270,000

Guide 이연법인세 계산구조

대상	• 일시적차이(유보)
공시	• 이연법인세자산(부채)는 비유동자산(부채)로만 표시하고 소정 요건을 충족하는 경우 상계하여 표시 • 현재가치평가를 하지 않음.
절차	• **[1단계]** 미지급법인세(과세소득×당기세율) =(세전순이익±영구적차이±일시적차이)×당기세율 **[2단계]** 이연법인세자산(부채) =유보(△유보)×미래예상세율(평균세율) **[3단계]** 법인세비용=대차차액에 의해 계산 주의 이연법인세자산(부채)은 당기세율이 아니라 소멸시점의 미래예상세율을 적용함.

문제 31번	오류수정후 당기순이익	출제구분	재출제	난이도	★ ★ ☆	정답	②

- 위탁판매의 수익인식시점은 수탁자[(주)하나]가 판매한 시점인 차기 20x2년이므로, 당기 20x1년에 인식한 매출액과 매출원가를 오류수정하여야 한다.
- 20x1년 위탁판매 이익(매출총이익) 과대계상액 : 500,000,000(매출액) - 400,000,000(매출원가) = 100,000,000

∴수정후 당기순이익 : 300,000,000 - 100,000,000 = 200,000,000

Guide 오류수정 처리방법

개요	• 당기 중에 발견한 당기 잠재적 오류는 재무제표의 발행승인일 전에 수정함. →그러나, 중요한 오류를 후속기간에 발견하는 경우 이러한 전기오류는 해당 후속기간의 재무제표에 비교 표시된 재무정보를 재작성하여 수정함. * 저자주 K-IFRS는 중요하지 않은 오류의 처리방법에 대하여는 규정이 없습니다. • 전기오류의 수정은 오류가 발견된 기간의 당기손익으로 보고하지 않음.
소급적용	• 중요한 전기오류가 발견된 이후 최초 발행승인하는 재무제표에 다음 방법으로 소급하여 수정함. ㉠ 오류가 발생한 과거기간의 재무제표가 비교표시되는 경우에는 그 재무정보를 재작성함. ㉡ 오류가 비교표시되는 가장 이른 과거기간 이전에 발생한 경우에는 비교 표시되는 가장 이른 과거기간의 자산, 부채 및 자본의 기초금액을 재작성함.
재작성	• 소급재작성이란 전기오류가 처음부터 발생하지 않은 것처럼 재무제표 구성요소의 인식, 측정 및 공시를 수정하는 것을 말함.

문제 32번	무상증자 · 자기주식취득과 유통보통주식수	출제구분	재출제	난이도	★ ★ ★	정답	④

- 가중평균유통보통주식수 계산

1/1	7/1	12/31
5,000주	(1,000주)	
5,000주×40% = 2,000주		
7,000주		

$$\rightarrow 7{,}000\text{주}\times\frac{12}{12} - 1{,}000\text{주}\times\frac{6}{12} = 6{,}500\text{주}$$

Guide 가중평균유통보통주식수의 산정

우선주	• 발행된 총주식수에서 우선주식수를 차감
자기주식	• 보유기간(취득~매각)동안 유통보통주식수에서 제외 주의 기초에 발행주식수 10주, 자기주식수 1주인 경우 유통주식수 9주로 계산
무상증자 · 주식배당 · 주식분할	• 기초에 실시된 것으로 간주 →단, 기중 유상증자 발행신주는 유상증자의 납입일에 실시된 것으로 간주
유상증자	• 일반적인 경우(공정가치이상 유상증자) 납입일을 기준으로 가중평균

문제 33번	관계기업투자주식 장부금액	출제구분	재출제	난이도	★ ☆ ☆	정답	②

- 20x1년말 관계기업투자주식 장부금액 : 800,000(취득원가) + 300,000(당기순이익) × 40% = 920,000

* 참고 ㈜삼일 회계처리

취득시(20x1년초)	(차) 관계기업투자주식	800,000	(대) 현금	800,000
당기순이익 보고시(20x1년말)	(차) 관계기업투자주식	120,000	(대) 지분법이익	120,000

문제 34번	지분법 회계처리	출제구분	재출제	난이도	★ ☆ ☆	정답	③

• 피투자회사가 배당금지급을 결의한 시점에 투자회사가 수취하게 될 배당금 금액을 투자주식 계정에서 직접 차감한다.

Guide **취득일이후 지분법 회계처리**

당기순이익 보고시	• '피투자회사의 순이익×지분율'만큼 지분법이익(당기손익)을 인식함. →(차) 관계기업투자주식 xxx (대) 지분법이익 xxx
배당시	• 배당결의시 : (차) 미수배당금 xxx (대) 관계기업투자주식 xxx • 배당수령시 : (차) 현금 xxx (대) 미수배당금 xxx 주의 지분법에서는 피투자회사가 배당을 하면 순자산이 감소하므로 투자주식을 감소시키는 처리를 하며, 배당금수익을 인식하는 것이 아님.
기타포괄손익 증감시	• '피투자회사의 기타포괄손익×지분율'만큼 지분법자본변동(기타포괄손익)을 인식함. →(차) 관계기업투자주식 xxx (대) 지분법자본변동 xxx

문제 35번	기능통화와 표시통화	출제구분	기출변형	난이도	★ ★ ☆	정답	③

• 기능통화와 표시통화가 다른 경우에는 기능통화를 표시통화로 환산하여 재무제표에 보고해야 한다.(즉, 반드시 환산하는 절차가 필요하다.)

Guide **기능통화와 표시통화**

기능통화	• 영업활동이 이루어지는 주된 경제환경의 통화로, 장부에 기록(거래인식)하는 통화 →기능통화 이외의 통화는 모두 외화에 해당함. • 기능통화는 일단 결정된 이후에는 원칙적으로 변경불가함. →기능통화가 변경되는 경우에는 기능통화가 변경된 날의 환율을 사용하여 모든 항목을 새로운 기능통화로 환산하여 전진적용함.
표시통화	• 재무제표를 표시할 때 사용하는 통화 →국내영업기업의 기능통화는 원화로서 이는 표시통화와 동일함. • 기업은 어떤 통화든지 표시통화로 사용할 수 있으나, 기능통화와 표시통화가 다른 경우에는 기능통화를 표시통화로 환산하여 재무제표에 보고해야 함. • 기능통화를 표시통화로 환산시 환산차이는 기타포괄손익으로 인식함. 예시 ㉠ 국내영업기업 달러화는 외화 → 이를 환산한 원화는 기능통화 → 원화는 표시통화와 동일 ㉡ 미국현지법인 엔화는 외화 → 이를 환산한 달러화는 기능통화(장부기록) → 이를 환산한 원화는 표시통화

문제 36번	파생상품회계 일반원칙	출제구분	기출변형	난이도	★ ★ ☆	정답	④

• 현금흐름 위험회피회계에서 위험회피에 효과적이지 않은 부분은 당해 회계연도의 당기손익으로 인식한다.

Guide 파생상품평가손익의 처리

❖파생상품은 계약상 권리 · 의무에 따라 자산 · 부채로 재무제표에 계상하며, 평가손익은 다음과 같이 처리함.

매매목적[1]	• 당기손익	
공정가치위험회피[2]	• 당기손익	
현금흐름위험회피[3]	위험회피에 효과적인 부분	• 기타포괄손익
	위험회피에 효과적이지 못한 부분	• 당기손익

[1]매매목적으로 파생상품을 이용하는 것을 말함.

[2]위험회피대상항목이 자산, 부채, 확정계약으로서 당해 항목의 공정가치변동을 상쇄하기 위하여 파생상품을 이용하는 것을 말함.

[3]위험회피대상항목이 미래에 예상되는 거래로서 당해 거래에 따른 미래현금흐름변동을 상쇄하기 위하여 파생상품을 이용하는 것을 말함.

문제 37번	리스 일반사항	출제구분	재출제	난이도	★ ☆ ☆	정답	①

• 무보증잔존가치는 리스료의 구성항목에 해당되지 않는다.

Guide 리스료의 구성항목

고정리스료	• 지급액에서 변동리스료를 뺀 금액(리스인센티브는 차감)
변동리스료	• 시간경과가 아닌 지수·요율(이율)에 따라 달라지는 리스료
매수선택권행사가격 (소유권이전금액)	• 리스이용자가 매수선택권을 행사할 것이 상당히 확실한 경우 그 매수선택권의 행사가격(또는 소유권이전금액)
종료선택권행사가격	• 리스기간이 리스이용자의 종료선택권 행사를 반영하는 경우에 그 리스를 종료하기 위하여 부담하는 금액
보증잔존가치	• ① 리스이용자의 경우 : 잔존가치보증에 따라 지급할 것으로 예상되는 금액 ② 리스제공자의 경우 : 다음의 자의 잔존가치보증액 - 리스이용자와 리스이용자의 특수관계자 - 리스제공자와 특수관계에 있지 않고 보증의무 이행할 재무적 능력이 있는 제3자

문제 38번	투자활동 순현금흐름 집계	출제구분	기출변형	난이도	★ ★ ☆	정답	④

• 800,000(유형자산의 처분) - 1,000,000(관계기업투자주식의 취득) - 500,000(무형자산의 취득) = - 700,000

*참고 매출채권의 회수, 급여의 지급 : 영업활동현금흐름
차입금의 상환, 유상증자 : 재무활동현금흐름
배당금의 지급 : 영업활동현금흐름 또는 재무활동현금흐름 중 선택

Guide 투자활동현금흐름의 예[K-IFRS 제1007호 문단16]

㉠ 유형자산, 무형자산 및 기타 장기성 자산의 취득 · 처분
㉡ 다른 기업의 지분상품이나 채무상품 및 공동기업 투자지분의 취득 · 처분
㉢ 제3자에 대한 선급금 및 대여금과 선급금 및 대여금의 회수(금융회사의 현금 선지급과 대출채권 제외)
㉣ 선물계약, 선도계약, 옵션계약 및 스왑계약

문제 39번	간접법과 영업활동현금흐름	출제구분	재출제	난이도	★ ☆ ☆	정답	③

• 20,000(당기순이익)+4,600(감가상각비)-15,000(매출채권증가)+2,500(재고자산감소)+10,400(매입채무증가)=22,500

Guide **간접법 영업활동현금흐름 계산구조**

〈출발점〉 법인세비용차감전순이익		
현금수입·지출이 없는 손익계정	• 감가상각비, 금융자산평가손익 • 이자비용, 이자수익, 배당수익*)	• 비용 → 가산 • 수익 → 차감
투자·재무활동관련 손익계정	• 자산처분손익, 부채상환손익	
영업활동관련 자산·부채계정	• 매출채권(순액), 선수금, 매입채무, 선급금 • 재고자산(순액), 미수수익, 선급비용 • 선수수익, 미지급비용, FVPL금융자산	• 자산증(감) → 차감(가산) • 부채증(감) → 가산(차감)

*) 영업활동으로 분류되는 경우 가감조정을 해주는 이유는 현금흐름표 양식상 이들을 직접법을 적용한 것처럼 별도로 표시해주기 때문임.

주의 영업활동관련 자산·부채계정 관련손익(예 매출채권 대손상각비, FVPL금융자산평가이익·처분이익, 재고자산 감모손실, 퇴직급여 등)은 위의 현금수입·지출이 없는 손익계정에서 고려치 않음. 따라서, 영업활동과 관련없는 대여금이나 미수금 해당분 대손상각비는 위의 현금수입·지출이 없는 손익계정에서 고려(가산)함.

문제 40번	현금흐름표상 활동의 구분	출제구분	재출제	난이도	★ ☆ ☆	정답	③

• 매출채권을 증가 또는 감소시키는 요소(예 외상매출, 매출채권 회수, 매출채권 매각·양도 등)는 영업활동 현금흐름에서 분석한다.

Guide **영업활동 현금흐름 사례[K-IFRS 제1007호 문단14]**

• 영업활동 현금흐름은 주로 기업의 주요 수익창출활동에서 발생한다. 따라서 영업활동 현금흐름은 일반적으로 당기순손익의 결정에 영향을 미치는 거래나 그 밖의 사건의 결과로 발생한다. 영업활동 현금흐름의 예는 다음과 같다.

㉠ 재화의 판매와 용역 제공에 따른 현금유입
㉡ 로열티, 수수료, 중개료 및 기타수익에 따른 현금유입
㉢ 재화와 용역의 구입에 따른 현금유출
㉣ 종업원과 관련하여 직·간접으로 발생하는 현금유출
㉤ 법인세의 납부 또는 환급. 다만 재무활동과 투자활동에 명백히 관련되는 것은 제외한다.
㉥ 단기매매목적으로 보유하는 계약에서 발생하는 현금유입과 현금유출

3P FINAL 3P

POTENTIALITY
PASSION
PROFESSION

3P는 여러분의 무한한 잠재적 능력과 반드시 성취하겠다는 열정을 토대로 전문가의 길로 나아가는 세무라이선스 파이널시리즈의 학습 정신입니다.

수험생 여러분의 합격을 응원합니다.

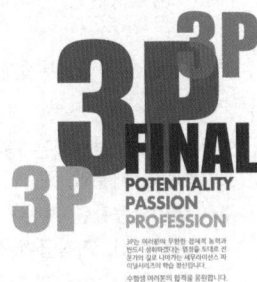

재경관리사 공개기출해설[재무]

2020년 9월에 시행된 기출문제에 대한 완벽한 해설을 관련이론(가이드)과 함께 제시하였습니다. 해당 문제는 합본부록을 참고바랍니다.

FINAL

Certified Accounting Manager

재무회계
공개기출문제해설
[2020년 09월 시행]

SEMOOLICENCE

문제 1번	재무회계와 관리회계	출제구분	재출제	난이도	★ ☆ ☆	정답	②

• 보고양식(보고서류) : 재무회계는 재무제표, 관리회계는 일정한 양식이 없다.
• 법적강제력 : 재무회계는 법적강제력이 있으나, 관리회계는 법적강제력이 없다.

Guide **재무회계와 관리회계 비교**

구분	재무회계	관리회계
목적	• 외부보고(회계정보 제공)	• 내부보고(의사결정정보 제공)
회계정보이용자	• 주주, 채권자 등 외부이해관계자	• 경영자 등 내부이해관계자
보고서류 (보고양식)	• 기업회계기준에 의한 재무제표 →∴정형화(일정양식이 있음.)	• 이용목적에 따라 작성된 보고서 →∴비정형화(일정양식이 없음)
작성기준 (작성근거)	• 기업회계기준(일반적으로 인정된 회계원칙) →법적강제력 있음.	• 경제이론, 경영학, 통계학 등 →법적강제력 없음.
보고시점	• 1년, 분기, 반기,	• 주기적 또는 수시
정보의 성격	• 과거지향적	• 미래지향적

문제 2번	일반목적재무보고의 목적과 주요이용자	출제구분	기출변형	난이도	★ ★ ☆	정답	④

• 현재 및 잠재적 투자자, 대여자 및 그 밖의 채권자는 정보를 제공하도록 직접 요구할 수 없고, 필요로 하는 정보의 많은 부분을 일반목적재무보고서에 의존해야만 한다. 따라서 그들이 주요이용자이다.
→보고기업의 경영진도 해당 기업에 대한 재무정보에 관심이 있다. 그러나 경영진은 필요로 하는 재무정보를 내부에서 구할 수 있기 때문에 일반목적재무보고서에 의존할 필요가 없다.
→그 밖의 당사자들, 예를 들어 규제기관(감독당국) 그리고(투자자, 대여자와 그 밖의 채권자가 아닌) 일반대중도 일반목적재무보고서가 유용하다고 여길 수 있다. 그렇더라도 일반목적재무보고서는 이러한 그 밖의 집단을 주요 대상으로 한 것이 아니다.

문제 3번	재무정보 근본적 질적특성의 구성요소	출제구분	재출제	난이도	★ ☆ ☆	정답	①

• 목적적합성의 구성 : 예측가치, 확인가치, 중요성

Guide **근본적 질적특성 개괄**

목적적합성	예측가치와 확인가치	• 이용자들이 미래 결과를 예측하기 위해 사용하는 절차의 투입요소로 재무정보가 사용될 수 있다면 그 재무정보는 예측가치를 갖음. →재무정보가 과거 평가에 대해 피드백을 제공한다면(과거 평가를 확인하거나 변경시킨다면) 확인가치를 갖음. • 재무정보가 예측가치를 갖기 위해서 그 자체가 예측치 또는 예상치일 필요는 없음.
	중요성	• 정보가 누락·잘못기재된 경우 일반목적재무보고서에 근거하여 이루어지는 주요이용자의 의사결정에 영향을 줄 수 있다면 그 정보는 중요한 것임. • 중요성은 개별기업 재무보고서 관점에서 해당 정보와 관련된 항목의 성격이나 규모 또는 이 둘 모두에 근거하여 해당 기업에 특유한 측면의 목적적합성을 의미함.
표현충실성	완전한 서술 중립적 서술 오류없는 서술	• 오류가 없다는 것은 현상의 기술에 오류나 누락이 없고, 보고정보를 생산하는데 사용되는 절차의 선택과 적용시 절차상 오류가 없음을 의미함. →즉, 오류가 없다는 것은 모든 면에서 완벽, 정확하다는 것을 의미하지는 않음.

문제 4번	포괄손익계산서 표시	출제구분	기출변형	난이도	★ ★ ☆	정답	②

• 기타포괄손익의 항목은 다음 중 한 가지 방법으로 표시할 수 있다.

㉠ 관련 법인세효과를 차감한 순액으로 표시
㉡ 기타포괄손익의 항목과 관련된 법인세효과 반영 전 금액으로 표시하고, 각 항목들에 관련된 법인세효과는 단일 금액으로 합산하여 표시

Guide **비용 분류방법(이하 둘 중 선택 적용)**

성격별 분류법	• 비용은 그 성격별로 통합함.(즉, 각 항목의 유형별로 구분표시) →예 감가상각비, 원재료구입, 운송비, 종업원급여, 광고비 등 • 매출원가를 다른 비용과 분리하여 공시하지 않음. • 기능별로 재배분하지 않으므로 적용이 간단함.(미래현금흐름 예측에는 유용함)
기능별 분류법 (=매출원가법)	• 비용은 그 기능별로 분류함. →예 매출원가, 물류원가, 관리활동원가 등 • 적어도 매출원가를 다른 비용과 분리하여 공시함. • 목적적합하나, 자의적인 기능별 배분과 판단이 개입될 수 있음. • 기능별로 분류시에는 성격별 분류에 따른 추가공시가 필요함.

문제 5번	수정을 요하는 보고기간후사건	출제구분	재출제	난이도	★ ★ ☆	정답	④

• 모두 수정을 요하는 보고기간후사건에 해당한다.
→보고기간말에 이미 자산손상이 발생되었음을 나타내는 정보를 보고기간 후에 입수하는 경우나 이미 손상차손을 인식한 자산에 대하여 손상차손금액의 수정이 필요한 정보를 보고기간 후에 입수하는 경우는 수정을 요하는 보고기간후사건에 해당한다. 다음과 같은 예를 들 수 있다.
㉠ 보고기간후의 매출처파산은 일반적으로 보고기간말에 고객 신용이 손상되었음을 확인해준다.
㉡ 보고기간후의 재고자산 판매는 보고기간말의 순실현가능가치에 대한 증거를 제공할 수 있다.

Guide **기타 수정을 요하는 보고기간후사건**

• 보고기간말 이전 사건의 결과로서 보고기간말에 종업원에게 지급하여야 할 법적의무나 의제의무가 있는 이익분배나 상여금지급 금액을 보고기간 후에 확정하는 경우
• 보고기간말 이전에 구입한 자산의 취득원가나 매각한 자산의 대가를 보고기간 후에 결정하는 경우

문제 6번	외화매입시 재고자산 매입원가	출제구분	재출제	난이도	★ ★ ☆	정답	③

• 매입할인은 매입원가에서 차감한다.
• 운송보험료는 매입원가에 가산한다.
• 환급 불가한 수입관세 및 제세금은 매입원가에 가산한다.
• 매입관리부서 인원의 인건비는 일반적인 판관비(영업비용)에 해당한다.
∴재고자산 가액 : $800×1,100 - $80×1,100+80,000+15,000=887,000

문제 7번	재고자산평가방법과 상대적 크기 분석	출제구분	재출제	난이도	★ ★ ★	정답	①

- 매출액을 A라 가정하며, 매출액(8,500개×판매단가)은 총평균법, 선입선출법 모두 동일하다.

  총평균법의 평균단가 : $\frac{6,000,000+10,500,000}{3,000개+7,000개}$ =@1,650
- 기말재고 - ㉠ 총평균법 : 1,500개×@1,650 = 2,475,000 ㉡ 선입선출법 : 1,500개×@1,500 = 2,250,000

  →∴선입선출법을 적용했을 때보다 총평균법을 적용하였을 경우 225,000원 만큼 크다.
- 매출원가 - ㉠ 총평균법 : 16,500,000 - 2,475,000 = 14,025,000 ㉡ 선입선출법 : 16,500,000 - 2,250,000 = 14,250,000

  →∴선입선출법을 적용했을 때보다 총평균법을 적용하였을 경우 225,000원 만큼 작다.
- 매출총이익(당기순이익) - ㉠ 총평균법 : A - 14,025,000(매출원가) ㉡ 선입선출법 : A - 14,250,000(매출원가)

  →∴선입선출법을 적용했을 때보다 총평균법을 적용하였을 경우 225,000원 만큼 크다.
- 매출총이익률 - ㉠ 총평균법 : $\frac{A-14,025,000}{A}$ ㉡ 선입선출법 : $\frac{A-14,250,000}{A}$

  →∴선입선출법을 적용했을 때보다 총평균법을 적용했을 경우 상대적으로 더 크다.

문제 8번	재고자산 관련 비용처리액	출제구분	재출제	난이도	★ ★ ★	정답	③

- 기말재고장부금액 : 50,000 + 73,000 = 123,000
- 매출원가(구) : 200,000(기초재고) + 180,000(당기매입) - 123,000(기말재고장부금액) = 257,000
- 평가손실 : 73,000

∴비용총액 : 257,000[매출원가(구)] + 73,000(평가손실) + 0(정상감모손실) + 0(비정상감모손실) = 330,000

Guide 판매가능상품(기초재고 + 당기매입)의 구성

〈평가손실/정상감모손실을 매출원가 처리한다고 가정시〉

기초재고(200,000)	380,000
당기매입(180,000)	

‖

① 매출원가(구)[평가 · 감모손실 반영전]	257,000
② 평가손실	73,000
③ 정상감모손실	0
④ 비정상감모손실	0
⑤ 기말재고[평가 · 감모손실 반영후]	50,000

→매출원가(신) = ① + ② + ③

→비용총액 = ① + ② + ③ + ④

제1편 공개기출문제해설
제2편 기출문제오답노트
합본부록 재무회계 공개기출문제

문제 9번	유형자산 취득원가 포함여부	출제구분	재출제	난이도	★★☆	정답	①

• 기계장치의 취득금액 : 700,000,000+15,000,000=715,000,000
→기계장치에서 생산된 새로운 상품을 소개하는 데 소요되는 광고비, 기계장치와 관련된 산출물에 대한 수요가 형성되는 과정에서 발생하는 가동손실, 경영진이 의도하는 방식으로 가동될 수 있으나 아직 실제로 사용되지는 않고 있음에 따라 발생하는 원가는 취득원가에 포함되지 않는 항목에 해당한다.

Guide 유형자산 취득원가 포함/불포함 항목

포함항목	• ㉠ 관세 및 환급불가능한 취득 관련 세금(취득세, 등록세)을 가산하고 매입할인과 리베이트 등을 차감한 구입가격 →주의 보유자산 재산세와 자동차세는 비용처리함. ㉡ 경영진이 의도하는 방식으로 유형자산을 가동하는 데 필요한 장소와 상태에 이르게 하는데 직접 관련되는 다음과 같은 원가 ㉠ 유형자산의 매입 또는 건설과 직접적으로 관련되어 발생한 종업원급여 ㉡ 설치장소 준비원가, 최초의 운송 및 취급 관련 원가, 설치원가 및 조립원가 ㉢ 유형자산이 정상적 작동여부를 시험하는 과정에서 발생하는 원가 비교 시제품의 순매각금액 : ㉠ 일반기업회계기준 - 원가차감 ㉡ K-IFRS - 당기손익 ㉣ 전문가에게 지급하는 수수료, 구입시 중개수수료·보험료 ㉢ 자산을 해체, 제거, 복구하는데 소요될 것으로 최초에 추정되는 원가(=복구원가)
불포함항목	• ㉠ 새로운 시설을 개설하는 데 소요되는 원가 ㉡ 새로운 상품과 서비스를 소개하는 데 소요되는 원가(예 광고·판촉활동관련 원가) ㉢ 새로운 지역, 새로운 고객층 대상 영업을 하는 데 소요되는 원가(예 직원 교육훈련비) ㉣ 관리 및 기타 일반간접원가 ㉤ 경영진이 의도하는 방식으로 가동될 수 있으나 아직 실제로 사용되지는 않고 있는 경우 또는 가동수준이 완전조업도 수준에 미치지 못하는 경우에 발생하는 원가 ㉥ 산출물에 대한 수요가 형성되는 과정에서 발생하는 가동손실과 같은 초기가동손실 ㉦ 기업의 영업 전부 또는 일부를 재배치하거나 재편성하는 과정에서 발생하는 원가 ㉧ 부수 영업활동 손익(예 건설시작 전에 건설용지를 주차장 용도로 사용시 손익)

문제 10번	감가상각방법의 적용과 변경	출제구분	재출제	난이도	★★☆	정답	④

• 소비형태를 신뢰성 있게 결정할 수 없다하여 특정 감가상각방법을 강제 적용하지는 아니하며, 미래경제적효익의 예상 소비형태를 추정하여 가장 잘 반영하는 방법을 선택하여야 한다.

Guide 감가상각방법 선택과 감가상각비 계산

감가상각방법 선택	• 예상 소비형태를 가장 잘 반영하는 방법에 따라 선택함. →감가상각방법의 변경은 회계추정의 변경으로 회계처리함.	
감가상각비 계산	정액법	• (취득원가 - 잔존가치)/내용연수
	정률법	• 기초장부금액×상각률
	이중체감법	• 기초장부금액×2/내용연수
	연수합계법	• (취득원가 - 잔존가치)×내용연수의 역순/내용연수의 합계

문제 11번	자본화 차입원가(일반+특정)	출제구분	신유형	난이도	★ ★ ★	정답	②

- 연평균지출액 : $10,000,000 \times \frac{12}{12} + 8,000,000 \times \frac{6}{12} + 9,000,000 \times \frac{4}{12} = 17,000,000$
- 자본화이자율 : $\frac{20,000,000 \times 8\% \times 6/12 = 800,000}{20,000,000 \times 6/12 = 10,000,000} = 8\%$
- 자본화 차입원가 : ㉠+㉡=1,520,000
  - ㉠ 특정 : $8,000,000 \times 10\% \times \frac{12}{12} = 800,000$
  - ㉡ 일반 : $(17,000,000 - 8,000,000 \times \frac{12}{12}) \times 8\% = 720,000$ [한도] 800,000(자본화이자율의 분자금액)

Guide 차입원가 자본화액

특정차입금 자본화금액	일반차입금 자본화금액 [한도] 일반차입금차입원가
❐ 특정차입금 차입원가 - 일시투자수익	❐ (연평균지출액 - 연평균특정차입금[1])×자본화이자율 →자본화이자율= $\frac{\text{일반차입금차입원가}}{\text{연평균일반차입금}}$ [1]일시예치금 차감액

문제 12번	무형자산 상각 개시시점	출제구분	신유형	난이도	★ ★ ☆	정답	①

- 개발활동에 사용하는 기계장치의 감가상각비를 개발비 인식기준 충족시점(=개발단계에 돌입한 시점)에 무형자산으로 인식한다.
- 개발비(무형자산)는 사용가능시점(=신약 생산 · 판매가 개시되는 시점)부터 상각한다.

∴신약개발활동이 진행 중이므로 상각비(비용)로 계상할 금액은 없다.

문제 13번	무형자산의 인식 필요조건	출제구분	재출제	난이도	★ ☆ ☆	정답	④

- 무형자산의 정의와 인식조건

정의	• 물리적 실체는 없지만 식별가능하고, 통제하고 있으며 미래경제적효익이 있는 비화폐성자산
인식조건	• ㉠ 자산에서 발생하는 미래경제적효익이 기업에 유입될 가능성이 높다. ㉡ 자산의 원가를 신뢰성 있게 측정할 수 있다.

제1편 공개기출문제해설
제2편 기출문제오답노트
합본부록 재무회계 공개기출문제

문제 14번	투자부동산 계정대체	출제구분	신유형	난이도	★ ★ ★	정답	②

• 공정가치모형 적용 임대수익 목적의 건물을 자가사용으로 전환하면 유형자산으로 분류하고, 변경시점에 투자부동산 평가손익을 인식 후 공정가치로 대체한다.

Guide **투자부동산 계정대체 세부고찰(회계처리)**

투자부동산에 원가모형 적용시	• 대체전 자산의 장부금액으로 대체함.(∴별도 손익이 발생하지 않음)	
투자부동산에 공정가치모형 적용시	투자부동산 ▶ 자가사용부동산	• 변경시점에 투자부동산평가손익 인식후 공정가치로 대체
	투자부동산 ▶ 재고자산	
	자가사용부동산 ▶ 투자부동산	• 변경시점의 장부금액과 공정가치의 차액은 유형자산 재평가모형과 동일한 방법으로 회계처리
	재고자산 ▶ 투자부동산	• 재고자산 장부금액과 대체시점의 공정가치의 차액은 당기손익으로 인식

문제 15번	금융자산 분류별 취득원가	출제구분	재출제	난이도	★ ★ ★	정답	②

• (주)용산의 지분상품 : FVPL금융자산(당기손익-공정가치측정금융자산)
 →취득원가 : 1,000,000(FVPL금융자산 거래원가는 당기비용 처리함)
• (주)마포의 채무상품 : AC금융자산(상각후원가측정금융자산)
 →취득원가 : 1,000,000(액면발행)
• (주)구로의 지분상품 : FVOCI금융자산(기타포괄손익-공정가치측정금융자산)
 →취득원가 : 1,650,000(FVPL금융자산 이 외의 금융자산 거래원가는 취득 공정가치에 가산)

Guide **금융자산 분류**

원칙: • 사업모형과 현금흐름특성에 근거하여 다음과 같이 분류·측정함.

분류·측정	충족조건	해당증권
AC금융자산 [상각후원가측정]	• ㉠ 현금흐름수취목적 사업모형일 것 ㉡ 원리금지급만으로 구성된 현금흐름일 것	채무상품
FVOCI금융자산 [기타포괄손익-공정가치측정]	• ㉠ 현금흐름수취와 금융자산매도목적 사업모형일 것 ㉡ 원리금지급만으로 구성된 현금흐름일 것	채무상품
FVPL금융자산 [당기손익-공정가치측정]	• 그 외 모든 금융자산 →예 단기매매항목	지분상품 채무상품 파생상품

선택: • 최초인식시점에 다음과 같이 측정하기로 선택할 수 있음.

분류·측정	충족조건	해당증권
FVOCI금융자산 [기타포괄손익-공정가치측정]	• 단기매매항목이 아닐 것	지분상품
FVPL금융자산 [당기손익-공정가치측정]	• 회계불일치를 제거하거나 유의적으로 줄이기 위한 경우일 것	지분상품 채무상품

문제 16번	FVPL금융자산 평가손익	출제구분	신유형	난이도	★ ★ ☆	정답	①

• 20x1년 중 처분(4주) 후 20x1년말 보유 주식수 : 10주 - 4주(처분) = 6주
• 20x1년말 평가손익 : 6주×(3,000 - 2,000) = 6,000(이익)

*저자주 풀이와 정답에는 영향을 미치지 않으나, 문제의 흐름상 9월 10일 '~ 총 3,000원에 처분하였다'를 '~ 주당 3,000원에 처분하였다'로 수정바랍니다.<이후 재출제된 기출문제에서는 수정되어 출제되었습니다.>

*참고 회계처리

20x1.1.7	(차) FVPL금융자산	10주×2,000=20,000	(대) 현금	20,000
20x1.9.10	(차) 현금	4주×3,000=12,000	(대) FVPL금융자산 처분이익	4주×2,000=8,000 4,000
20x1.12.31	(차) FVPL금융자산	6,000	(대) 평가이익	6주×(3,000 - 2,000)=6,000
20x2.4.10	(차) 현금 처분손실	2주×2,000=4,000 2,000	(대) FVPL금융자산	2주×3,000=6,000
20x2.12.31	(차) 평가손실	4주×(3,000 - 1,500)=6,000	(대) FVPL금융자산	6,000

문제 17번	매출채권 대손발생액 추정	출제구분	재출제	난이도	★ ★ ☆	정답	④

*고속철 대손충당금(손실충당금) 계정흐름 도해

대손충당금

대손발생(대손확정)1)	?	기초대손충당금	42,500
대손충당금환입	0	대손채권회수	0
기말대손충당금	85,000	대손상각비2)	72,500

1)기중발생한 대손총액

2)기중발생대손 중 대손상각비처리액과 기말설정 대손상각비의 합계

∴대손발생(대손이 확정되어 상계된 매출채권)=30,000

문제 18번	사채할인발행 이자비용 추이	출제구분	재출제	난이도	★ ☆ ☆	정답	②

• 사채 할인발행의 경우
  - 유효이자율법하의 이자비용 = 장부금액 × 유효이자율
  - 장부금액이 매기 증가하므로 이자비용(유효이자)도 매기 증가한다.

*참고 ①번 그래프 : 사채 할증발행의 경우 이자비용 추이이다.
→장부금액이 매기 감소하므로 이자비용(유효이자)도 매기 감소한다.
③번 그래프 : 사채 액면발행의 경우 이자비용 추이이다.
→또는 상각방법을 유효이자율법이 아닌 정액법을 적용한 경우의 이자비용 추이이다.

문제 19번	할인발행 조기상환 사채상환손익	출제구분	재출제	난이도	★ ★ ☆	정답	①

• 상환시점 장부금액 : 951,980+(951,980×12%-100,000)=966,218
• 사채상환손익 : 966,218(장부금액)-847,180(상환금액)=119,038(사채상환이익)

Guide **사채상환 회계처리**

장부금액	액면발행시	• 액면금액
	할인발행시	• 액면금액-상환시점의 사채할인발행차금
	할증발행시	• 액면금액+상환시점의 사채할증발행차금
상환손익	장부금액 〉 상환금액	• 사채상환이익 (차) 사채 100 (대) 현금(상환금액) 60 사채할인발행차금 20 사채상환이익 20
	장부금액 〈 상환금액	• 사채상환손실 (차) 사채 100 (대) 현금(상환금액) 120 사채상환손실 40 사채할인발행차금 20

문제 20번	충당부채의 인식과 측정	출제구분	신유형	난이도	★ ★ ★	정답	④

• ③ 구조조정을 완료하는 날까지 생길 것으로 예상되는 영업손실은 충당부채로 인식하지 아니한다. 다만 손실부담계약과 관련된 예상 영업손실은 충당부채로 인식한다.[K-IFRS 제1037호 문단82]
• ④ 구조조정의 일환으로 자산의 매각을 계획하는 경우라도 구조조정과 관련하여 예상되는 자산 처분이익은 문단51(예상되는 자산 처분이익은 충당부채를 측정하는 데 고려하지 아니한다.)에 따라 구조조정충당부채를 측정하는데 고려하지 아니한다.[K-IFRS 제1037호 문단83]

*저자주 ③과 ④는 세무사·회계사 시험에서 언급되는 내용들로서, 재경관리사 시험수준을 초과하는 내용입니다. 그러나 출제기 된 만큼 문구정도만 숙지하여 재출제에 대비하기 바랍니다.

Guide **손실부담계약 세부고찰**

의의	• 손실부담계약이란 계약상의 의무에 따라 발생하는 회피 불가능한 원가가 당해 계약에 의하여 받을 것으로 기대되는 경제적효익을 초과하는 계약을 말함. →예 손실이 예상되는 확정매입계약
충당부채 인식	• 손실부담계약을 체결한 경우에는 관련된 현재의무를 충당부채로 인식함.
회피불가능한 원가	❒ Min{계약을 이행하기 위하여 필요한 원가, 계약을 이행하지 못하였을때 지급하여야 할 보상금 또는 위약금}

문제 21번	이익잉여금 처분 일반사항	출제구분	신유형	난이도	★ ★ ☆	정답	③

- ② (차) 이익잉여금(자본감소) xxx (대) 현금(자산감소) xxx →자산과 자본 모두 감소
  ③ (차) 이익잉여금(자본감소) xxx (대) 주식할인발행차금(자본증가) xxx →자본금 · 자본총계에 영향없음.
  ④ (차) 이익잉여금(자본감소) xxx (대) 자본금(자본증가) xxx →자본총계는 불변이나, 자본금은 증가

*참고 이익잉여금처분계산서 양식

이익잉여금처분계산서

20x1년 1월 1일부터 12월 31일까지

xxx회사 처분확정일 : 20x2. 2. 22

Ⅰ. 미처분이익잉여금		xxx
전기이월미처분이익잉여금	xxx	
회계정책변경누적효과/전기오류수정손익	xxx	
중간배당액	(xxx)	
당기순이익	xxx	
Ⅱ. 임의적립금이입액		xxx
합계		xxx
Ⅲ. 이익잉여금처분액		(xxx)
〈1순위〉 이익준비금	xxx	
〈2순위〉 기타법정적립금	xxx	
〈3순위〉 이익잉여금처분에 의한 상각액	xxx	
〈4순위〉 배당금(현금배당과 주식배당 구분기재)	xxx	
〈5순위〉 임의적립금	xxx	
Ⅳ. 차기이월미처분이익잉여금		xxx

문제 22번	자본과 주식 세부고찰	출제구분	재출제	난이도	★ ★ ★	정답	①

- ① 주당이익(EPS) : $\frac{1,000,000}{2,000주}=500$ →발행주식수 2,000주는 이하 ③번 참조!
  ② 법정자본금 : 1,000,000(자본금)
  ③ 발행주식수 : 1,000,000(자본금)÷500(주당 액면금액) = 2,000주
  ④ 당기순이익 : 1,000,000 →신설법인이므로 기말 이익잉여금이 당기순이익이다.

*저자주 문제의 명확한 성립을 위해 누락된 단서인 '단, 설립시 발행한 우선주는 없다.'를 추가하기 바랍니다.

문제 23번	수행의무 이행형태와 수익인식	출제구분	기출변형	난이도	★ ★ ☆	정답	②

• 판매기업에게 자산의 법적 소유권이 있다.(X) → 고객에게 자산의 법적 소유권이 있다.(O)

Guide 기간에 걸쳐 이행하는 수행의무와 한 시점에 이행하는 수행의무

❒ 다음 기준 중 어느 하나를 충족하면, 기업은 재화나 용역에 대한 통제를 기간에 걸쳐 이전하므로 기간에 걸쳐 수행의무를 이행하는 것이고 기간에 걸쳐 수익을 인식함.

㉠ 고객은 기업이 수행하는 대로 기업의 수행에서 제공하는 효익을 동시에 얻고 소비한다.
㉡ 기업이 수행하여 만들어지거나 가치가 높아지는 대로 고객이 통제하는 자산(예: 재공품)을 기업이 만들거나 그 자산 가치를 높인다.
㉢ 기업이 수행하여 만든 자산이 기업 자체에는 대체 용도가 없고, 지금까지 수행을 완료한 부분에 대해 집행 가능한 지급청구권이 기업에 있다.

❒ 수행의무가 기간에 걸쳐 이행되지 않는다면, 그 수행의무는 한 시점에 이행되는 것임. 고객이 약속된 자산을 통제하고 기업이 수행의무를 이행하는 시점을 판단하기 위해, 다음과 같은 통제 이전의 지표를 참고하여야 함.

㉠ 기업은 자산에 대해 현재 지급청구권이 있다.
㉡ 고객에게 자산의 법적 소유권이 있다.
㉢ 기업이 자산의 물리적 점유를 이전하였다.
㉣ 자산의 소유에 따른 유의적인 위험과 보상이 고객에게 있다.
㉤ 고객이 자산을 인수하였다.

문제 24번	고객충성제도 실무사례	출제구분	재출제	난이도	★ ★ ☆	정답	③

• 고객충성제도는 재화나 용역을 구매하는 고객에게 인센티브를 제공하기 위하여 사용하며, 고객이 재화나 용역을 구매하면 기업은 고객보상점수(흔히 '포인트')를 부여한다. 고객은 보상점수를 사용하여 재화나 용역을 무상취득하거나 할인 구매하는 방법으로 보상을 받을 수 있다.
• 무상수리제도는 판매와 직접 관련하여 발생하는 추가적인 원가부담 예상액으로서 현재의무이므로 '판매보증충당부채'의 회계처리가 적용된다.

문제 25번	건설계약 진행률 추정	출제구분	신유형	난이도	★ ★ ☆	정답	④

• 당기계약수익 = 총건설계약금액 × 진행률 - 전기계약수익
• 10,000,000(20x2년 계약수익) = 50,000,000 × 20x2년말 진행률 - 20,000,000(20x1년 계약수익)
→∴20x2년말 진행률 = 60%

문제 26번	건설계약의 공시	출제구분	신유형	난이도	★ ☆ ☆	정답	②

• 미성공사(=누적계약수익=누적발생원가에 인식한 이익을 가산한 금액)가 진행청구액(=계약대금청구액)을 초과하는 금액은 미청구공사(계약자산)로 표시한다.

Guide 건설계약의 공시방법

미성공사금액 〉 진행청구액	• 차액을 '미청구공사(계약자산)' 과목으로 자산처리
미성공사금액 〈 진행청구액	• 차액을 '초과청구공사(계약부채)' 과목으로 부채처리
재무상태표 표시	〈유동자산〉 **미청구공사(계약자산)** 미성공사 5,000 진행청구액 <u>4,000</u> 1,000 〈유동부채〉 **초과청구공사(계약부채)** 진행청구액 4,000 미성공사 <u>3,000</u> 1,000

문제 27번	퇴직급여제도 일반사항	출제구분	재출제	난이도	★ ☆ ☆	정답	③

• 사외적립자산은 기금(보험회사)이 보유하고 있는 자산을 말하며, 보고기간말에 공정가치로 측정하고 재무상태표에 확정급여채무에서 차감하여 표시한다.

Guide 사외적립자산 회계처리

기여금 적립시	(차) 사외적립자산	xxx	(대) 현금	xxx
이자수익(수익발생)	(차) 사외적립자산	xxx	(대) 퇴직급여(이자수익)	xxx
퇴직시(퇴직급여지급)	(차) 확정급여채무	xxx	(대) 사외적립자산	xxx

문제 28번	현금결제형 주식기준보상 당기보상비용	출제구분	재출제	난이도	★ ☆ ☆	정답	①

• 10,000개 $\times$ 300,000 $\times \frac{1}{3}$ = 1,000,000,000(10억원)

Guide 현금결제형 주식기준보상 보고기간말 회계처리

보고기간말	• 주가차액보상권은 보고기간말 공정가치로 재측정하고 기대권리소멸률을 반영한 보상원가를 용역제공비율에 따라 가득기간에 걸쳐 인식 →(차) 주식보상비용(당기비용) xxx (대) 장기미지급비용(부채) xxx
가득일 이후	• 가득일 이후에도 매 보고기간말의 공정가치를 기준으로 보상원가를 재측정하고 보상원가의 재측정으로 변동한 금액은 주식보상비용과 장기미지급비용으로 처리

문제 29번	이연법인세자산 인식여부와 영향	출제구분	신유형	난이도	★ ★ ★	정답	②

- 전기까지 인식하였던 세무상 결손금에 대한 이연법인세자산을 더 이상 인식하지 않는 회계처리를 할 경우 이연법인세자산이 제거되고 법인세비용이 증가한다.

(차) 법인세비용(비용증가) xxx (대) 이연법인세자산(자산감소) xxx

- ㉠ 법인세비용 증가 → 당기순이익 감소 → 이익잉여금 감소 → 자본 감소 → 부채비율(= $\frac{부채}{자본}$) 증가

  ㉡ 법인세비용차감전순이익에는 영향이 없다.

문제 30번	이연법인세자산 · 부채와 법인세비용	출제구분	기출변형	난이도	★ ★ ☆	정답	①

- 유보(차감할 일시적차이) 100,000
- 미지급법인세(당기법인세) : (500,000 + 100,000) × 30% = 180,000
- 이연법인세자산 : 100,000 × 20% = 20,000
- 회계처리

(차) 법인세비용(대차차액)	160,000	(대) 미지급법인세(당기법인세)	180,000
이연법인세자산	20,000		

Guide 이연법인세 계산구조

대상	• 일시적차이(유보)
공시	• 이연법인세자산(부채)는 비유동자산(부채)로만 표시하고 소정 요건을 충족하는 경우 상계하여 표시 • 현재가치평가를 하지 않음.
절차	• **[1단계]** 미지급법인세(과세소득 × 당기세율) = (세전순이익 ± 영구적차이 ± 일시적차이) × 당기세율 **[2단계]** 이연법인세자산(부채) = 유보(△유보) × 미래예상세율(평균세율) **[3단계]** 법인세비용 = 대차차액에 의해 계산 주의 이연법인세자산(부채)은 당기세율이 아니라 소멸시점의 미래예상세율을 적용함.

문제 31번	회계추정변경 사항	출제구분	재출제	난이도	★ ☆ ☆	정답	④

- 재고자산 원가흐름의 가정을 변경하는 것은 회계정책의 변경에 해당한다.

Guide 회계정책변경 사례

재고자산 원가흐름의 가정 변경	• 예 선입선출법에서 가중평균법으로 변경
유형자산과 무형자산의 측정기준 변경	• 예 원가모형에서 재평가모형으로 변경
투자부동산의 측정기준 변경	• 예 원가모형에서 공정가치모형으로 변경

문제 32번	유상증자 · 자기주식취득과 유통보통주식수	출제구분	재출제	난이도	★ ★ ☆	정답	②

• 가중평균유통보통주식수 계산

1/1	4/1	10/1	12/31
50,000주	50,000주×20%=10,000주	(2,000주)	

$\rightarrow 50,000주\times\frac{12}{12}+10,000주\times\frac{9}{12}-2,000주\times\frac{3}{12}=57,000주$

Guide ▶ 가중평균유통보통주식수의 산정

우선주	• 발행된 총주식수에서 우선주식수를 차감
자기주식	• 보유기간(취득~매각)동안 유통보통주식수에서 제외 주의 기초에 발행주식수 10주, 자기주식수 1주인 경우 유통주식수 9주로 계산
무상증자 · 주식배당 · 주식분할	• 기초에 실시된 것으로 간주 →단, 기중 유상증자 발행신주는 유상증자의 납입일에 실시된 것으로 간주
유상증자	• 일반적인 경우(공정가치이상 유상증자) 납입일을 기준으로 가중평균

문제 33번	유의적인 영향력이 있는 경우	출제구분	기출변형	난이도	★ ☆ ☆	정답	②

• 기업이 다음 중 하나 이상에 해당하는 경우 일반적으로 유의적인 영향력을 보유한다는 것이 입증된다.[K-IFRS 제1028호 문단6]

> ㉠ 피투자자의 이사회나 이에 준하는 의사결정기구에 참여
> ㉡ 배당이나 다른 분배에 관한 의사결정에 참여하는 것을 포함하여 정책결정과정에 참여
> ㉢ 기업과 피투자자 사이의 중요한 거래
> ㉣ 경영진의 상호 교류
> ㉤ 필수적 기술정보의 제공

문제 34번	지분법이익 계산	출제구분	기출변형	난이도	★ ★ ★	정답	③

• 20x1년 ㈜용산 이익잉여금 변동 내역 분석
1,100,000(20x1년초) - 100,000(중간배당) + 당기순이익 = 1,300,000(20x1년말)
→∴당기순이익=300,000
• 20x1년말 ㈜삼일 지분법이익 : 300,000(당기순이익)×30% = 90,000

*참고 ㈜삼일 회계처리

취득시(20x1년초)	(차) 관계기업투자주식	850,000	(대) 현금	850,000
중간배당금 수취(20x1.7.1)	(차) 현금	xxx	(대) 관계기업투자주식	xxx
당기순이익 보고시(20x1년말)	(차) 관계기업투자주식	90,000	(대) 지분법이익	90,000

문제 35번	외화부채의 외환손익	출제구분	재출제	난이도	★ ★ ☆	정답	④

• 20x1년말 외환손실(외화환산손실) : 환율 증가분이 계상된다. → $2,500×(@1,200 - @1,000) = 500,000

*참고 회계처리

20x1년 3월 30일(구입일)	(차) 기계장치	2,500,000	(대) 외화미지급금	2,500,000
20x1년 12월 31일(보고기간말)	(차) 외환손실(외화환산손실)	500,000	(대) 외화미지급금	500,000
20x2년(대금지급일)	(차) 외화미지급금	3,000,000	(대) 현금	2,750,000
			외환이익(외환차익)	250,000

*저자주 K-IFRS는 외화환산손익과 외환차손익을 구분하지 않고, 외환손익으로 일원화하여 규정하고 있습니다.

Guide 외화자산·부채의 환율적용

외화자산	환율증가	• 외환이익(∵받을 돈 증가)
	환율감소	• 외환손실(∵받을 돈 감소)
외화부채	환율증가	• 외환손실(∵줄 돈 증가)
	환율감소	• 외환이익(∵줄 돈 감소)

문제 36번	통화선도계약(수출)	출제구분	재출제	난이도	★ ★ ★	정답	①

• 외화대금 수령분을 일정 안정된 환율로 매도하는 통화선도 매도계약을 체결한다.

(차) 매출채권	$1,000,000×1,200 = 1,200,000,000	(대) 매출	1,200,000,000
(차) 현금	$1,000,000×1,100 = 1,100,000,000	(대) 매출채권	1,200,000,000
외환손실	100,000,000		
(차) 현금	$1,000,000×1,150 = 1,150,000,000	(대) 현금	$1,000,000×1,100 = 1,100,000,000
		통화선도거래이익	50,000,000

문제 37번	리스이용자 감가상각비 계산	출제구분	재출제	난이도	★ ★ ☆	정답	③

- 사용권자산(리스부채) : 50,000(리스료의 현재가치)
- 감가상각대상금액 : 50,000 - 0(추정잔존가치) = 50,000
- 감가상각기간 : 소유권이전이 있으므로 내용연수 5년 적용
- 20x1년 감가상각비 : 50,000÷5년 = 10,000

*참고 회계처리

20x1년초(리스개시일)	(차) 사용권자산	50,000	(대) 리스부채	50,000
20x1년말(보고기간말)	(차) 이자비용	xxx	(대) 현금	12,000
	리스부채	xxx		
	(차) 감가상각비	10,000	(대) 감가상각누계액	10,000

Guide 리스이용자 회계처리

리스개시일	• (차) 사용권자산(원가) xxx (대) 리스부채 xxx 현금(리스개설직접원가) xxx 리스부채: ❒ 지급되지 않은 리스료를 내재이자율로 할인한 현재가치 (내재이자율 산정불가시는 리스이용자의 증분차입이자율로 할인)
보고기간말	• (차) 이자비용 xxx (대) 현금 xxx 리스부채 xxx (차) 감가상각비 xxx (대) 감가상각누계액 xxx 이자비용: ❒ 리스부채 장부금액×내재이자율

감가상각:

구분	감가상각대상금액	감가상각기간
소유권이전O	원가-추정잔존가	내용연수
소유권이전X	원가-보증잔존가	Min[리스기간, 내용연수]

문제 38번	현금흐름표 활동과 작성방법	출제구분	신유형	난이도	★ ☆ ☆	정답	④

- 직접법은 당기순이익에서 조정을 거쳐 현금의 흐름을 사후적으로 확인하는 간접법에 비하여 영업거래의 다양한 원천별 현금의 흐름내역을 일목요연하게 제시해 줌으로써 진정한 의미에서의 현금흐름을 파악할 수 있는 방법으로 미래현금흐름을 추정하는 데 보다 유용한 정보를 제공한다.
  →즉, 현금유입의 발생원천과 현금유출의 운용에 관한 개별정보는 미래현금흐름의 예측에 더 유용하다.
  →한편, 직접법은 현금흐름을 개별 항목별로 파악할 수 있기 때문에 전문회계지식이 없더라도 그 내용을 쉽게 파악할 수 있는 장점이 있다.

문제 39번	현금흐름표상 활동의 구분	출제구분	재출제	난이도	★ ☆ ☆	정답	④

• 차입금의 상환에 따른 현금유출은 재무활동 현금흐름에 해당한다.

Guide **재무활동현금흐름의 예[K-IFRS 제1007호 문단17]**

㉠ 주식이나 기타 지분상품의 발행에 따른 현금유입
㉡ 주식의 취득이나 상환에 따른 소유주에 대한 현금유출
㉢ 담보 · 무담보부사채 및 어음의 발행과 기타 장 · 단기차입에 따른 현금유입
㉣ 차입금의 상환에 따른 현금유출
㉤ 리스이용자의 리스부채 상환에 따른 현금유출

문제 40번	매입활동 현금지급액	출제구분	재출제	난이도	★ ★ ☆	정답	③

• 발생주의 순매입액 :(160,000,000)
  매입채무의 증가 : 25,000,000
  현금주의 매입액 (135,000,000)

Guide **발생주의의 현금주의 전환 : 매입액**

❒ (-)로 출발하며 자산의 증감은 역방향으로 가감하며, 부채의 증감은 순방향으로 가감하여 분석

• **발생주의 순매입액**(매입할인 · 에누리 · 환출을 차감한 후의 금액)	:	(xxx)	▶ (-)로 출발함에 주의!
매입채무의 증가	:	xxx	
선급금의 증가	:	(xxx)	
현금주의 매입액(매입채무지급액, 선급금지급액, 현금매입)		(xxx)	

3P FINAL

POTENTIALITY
PASSION
PROFESSION

3P는 여러분의 무한한 잠재적 능력과 반드시 성취하겠다는 열정을 토대로 전문가의 길로 나아가는 세무라이선스 파이널시리즈의 학습 정신입니다.

수험생 여러분의 합격을 응원합니다.

재경관리사 공개기출해설[재무]

2020년 11월에 시행된 기출문제에 대한 완벽한 해설을 관련이론(가이드)과 함께 제시하였습니다. 해당 문제는 합본부록을 참고바랍니다.

FINAL

Certified Accounting Manager

재무회계

공개기출문제해설

[2020년 11월 시행]

SEMOOLICENCE

문제 1번	일반목적재무보고서가 제공하는 정보	출제구분	재출제	난이도	★ ☆ ☆	정답	④

- 과거 현금흐름이 반영된 재무성과에 관한 정보의 제공을 통해 기업의 미래 순현금유입 창출 능력을 평가하는데 도움이 되는 것이며, 미래의 현금흐름에 대한 예측이 이미 반영된 재무정보를 제공하는 것은 아니다.
- 재무보고를 위한 개념체계에서 규정하고 있는 일반목적재무보고서가 제공하는 정보는 다음과 같다.

> ㉠ 경제적자원 및 청구권 ㉡ 경제적자원 및 청구권의 변동
> ㉢ 발생기준 회계가 반영된 재무성과 ㉣ 과거 현금흐름이 반영된 재무성과
> ㉤ 재무성과에 기인하지 않은 경제적자원 및 청구권의 변동

문제 2번	예측가치와 확인가치	출제구분	기출변형	난이도	★ ★ ☆	정답	③

- 재무정보가 과거 평가에 대해 피드백을 제공한다면 즉, 과거 평가를 확인하거나 변경시킨다면 확인가치를 갖는다.

Guide 근본적 질적특성 개괄

목적적합성	예측가치와 확인가치	• 이용자들이 미래 결과를 예측하기 위해 사용하는 절차의 투입요소로 재무정보가 사용될 수 있다면 그 재무정보는 예측가치를 갖음. →재무정보가 과거 평가에 대해 피드백을 제공한다면(과거 평가를 확인하거나 변경시킨다면) 확인가치를 갖음. • 재무정보가 예측가치를 갖기 위해서 그 자체가 예측치 또는 예상치일 필요는 없음.
	중요성	• 정보가 누락·잘못기재된 경우 일반목적재무보고서에 근거하여 이루어지는 주요이용자의 의사결정에 영향을 줄 수 있다면 그 정보는 중요한 것임. • 중요성은 개별기업 재무보고서 관점에서 해당 정보와 관련된 항목의 성격이나 규모 또는 이 둘 모두에 근거하여 해당 기업에 특유한 측면의 목적적합성을 의미함.
표현충실성	완전한 서술 중립적 서술 오류없는 서술	• 오류가 없다는 것은 현상의 기술에 오류나 누락이 없고, 보고정보를 생산하는데 사용되는 절차의 선택과 적용시 절차상 오류가 없음을 의미함. →즉, 오류가 없다는 것은 모든 면에서 완벽, 정확하다는 것을 의미하지는 않음.

문제 3번	재무제표 요소 중 자산의 측정	출제구분	기출변형	난이도	★ ★ ☆	정답	①

- ② 사용가치(자산) ③ 현행원가(자산) ④ 공정가치(자산)

Guide 재무제표 요소의 측정

역사적원가	자산		• 지급한대가+거래원가(예 건물취득시 취득세)
	부채		• 수취한대가-거래원가(예 사채발행시 사채발행비)
현행가치	공정가치	자산	• 시장참여자 사이의 정상거래에서 자산매도시 받게 될 가격
		부채	• 시장참여자 사이의 정상거래에서 부채이전시 지급하게 될 가격
	사용가치(자산)		• 자산사용과 처분으로 기대하는 현금흐름 및 그 밖의 경제적효익의 현재가치
	이행가치(부채)		• 부채이행시 이전해야 하는 현금 및 그 밖의 경제적자원의 현재가치
	현행원가	자산	• 측정일에 동등한 자산의 원가로서 측정일에 지급할 대가(측정일에 발생할 거래원가 포함) →즉, 자산구입시 지급대가를 의미함.
		부채	• 측정일에 동등한 부채에 대해 수취할 수 있는 대가(측정일에 발생할 거래원가 차감) →즉, 부채발생시 수취대가를 의미함.

문제 4번	재무제표의 성격	출제구분	기초문제	난이도	★ ☆ ☆	정답	④

- 현금흐름표는 영업활동현금흐름, 투자활동현금흐름, 재무활동현금흐름으로 구분하여 표시한다.
  →현금흐름표에는 잉여현금흐름은 표시하지 않는다.

문제 5번	특수관계자 공시	출제구분	재출제	난이도	★ ★ ★	정답	④

- 개인의 경우 다음 중 어느 하나에 해당한다면 보고기업과 특수관계가 있는 것으로 본다.

> ㉠ 보고기업에 지배력 또는 공동지배력이 있는 경우
> ㉡ 보고기업에 유의적인 영향력이 있는 경우
> ㉢ 보고기업 또는 그 지배기업의 주요 경영진의 일원인 경우

Guide 특수관계자 공시사항

지배·종속 공시사항	• 지배기업과 그 종속기업 사이의 관계는 거래의 유무에 관계없이 공시 • 지배기업의 명칭을 공시 • 최상위지배자와 지배기업이 다른 경우에는 최상위지배자의 명칭도 공시 주의 기업과 단순히 통상적인 업무 관계를 맺고 있는 자금제공자, 노동조합, 공익기업 그리고 보고기업에 지배력, 공동지배력 또는 유의적인 영향력이 없는 정부부처와 정부기관(기업 활동의 자율성에 영향을 미치거나 기업의 의사결정과정에 참여할 수 있다 하더라도 상관없음)은 특수관계자가 아님.
주요경영진 공시사항	• 주요 경영진에 대한 보상의 총액 • 분류별 금액 →단기종업원급여, 퇴직급여, 기타장기급여, 해고급여, 주식기준보상
기타 공시사항	• 특수관계자거래가 있는 경우 F/S에 미치는 특수관계의 잠재적 영향파악에 필요한 거래, 약정을 포함한 채권·채무 잔액에 대한 정보뿐만 아니라 특수관계의 성격도 공시

문제 6번	외화매입시 재고자산 매입원가	출제구분	재출제	난이도	★ ★ ☆	정답	②

- 매입할인은 매입원가에서 차감한다.
- 운송보험료는 매입원가에 가산한다.
- 매입관리부서 인원의 인건비는 일반적인 판관비(영업비용)에 해당한다.

∴재고자산 가액 : $1,000×1,100－$120×1,100＋80,000＝1,048,000

문제 7번	재고자산 관련 비용처리액	출제구분	재출제	난이도	★ ★ ★	정답	④

• 이하 도표에 해당 금액을 대입하여 매출원가(구)를 먼저 계산한다.

기초재고	500,000
당기매입	2,000,000

‖

① 매출원가(구)[평가 · 감모손실 반영전](?)	**1,200,000**
② 평가손실	200,000
③ 정상감모손실	100,000
④ 비정상감모손실	0
⑤ 기말재고[평가 · 감모손실 반영후]	1,000,000

• 비용총액 = ① + ② + ③ + ④ : 1,200,000 + 200,000 + 100,000 + 0 = 1,500,000

문제 8번	총평균법과 선입선출법 기말재고 차이	출제구분	재출제	난이도	★ ★ ☆	정답	④

• 총평균법 기말재고 : $700\text{개} \times @\dfrac{(1{,}000\text{개} \times 100) + (500\text{개} \times 120) + (1{,}500\text{개} \times 140) + (200\text{개} \times 150)}{3{,}200\text{개}} = 87{,}500$

• 선입선출법 기말재고 : 5/15매입분(500개 × 140) + 11/10매입분(200개 × 150) = 100,000

∴두 평가금액의 차이 : 100,000 - 87,500 = 12,500

문제 9번	특정차입금 자본화 차입원가	출제구분	재출제	난이도	★ ☆ ☆	정답	①

• 특정차입금 자본화 차입원가 : $24{,}000{,}000 \times 3\% \times \dfrac{10}{12} = 600{,}000$

Guide 차입원가 자본화액

특정차입금 자본화금액	일반차입금 자본화금액 [한도] 일반차입금차입원가
❒ 특정차입금 차입원가 - 일시투자수익	❒ (연평균지출액 - 연평균특정차입금[1]) × 자본화이자율 →자본화이자율 = $\dfrac{\text{일반차입금차입원가}}{\text{연평균일반차입금}}$ [1]일시예치금 차감액

문제 10번	유형자산 손상 일반사항	출제구분	신유형	난이도	★ ★ ★	정답	③

- ① 유형자산에 대해 재평가모형을 적용하는 경우에도 손상차손을 인식한다.
  →재평가잉여금을 감소시키고 그 차액을 손상차손으로 인식한다.
  ② 자산의 회수가능액은 순공정가치와 사용가치 중 큰 금액이다.
  ④ 자산손상을 시사하는 징후가 있는지를 검토할 때는 내부정보(내부정보원천)와 외부정보(외부정보원천)를 모두 고려한다.

*참고 자산손상 징후 검토시 최소한 고려할 사항

내부정보(내부정보원천)	• ㉠ 자산이 진부화하거나 물리적으로 손상된 증거를 얻을 수 있다. ㉡ 자산의 사용 범위나 사용 방법에서 기업에 불리한 영향을 미치는 유의적 변화가 회계기간 중에 일어났거나 가까운 미래에 일어날 것으로 예상된다. 이 변화에는 자산의 유휴화, 자산을 사용하는 영업부문을 중단하거나 구조 조정할 계획, 예상 시점보다 앞서 자산을 처분할 계획, 비한정 내용연수를 유한 내용연수로 재평가하기 등을 포함한다. ㉢ 자산의 경제적 성과가 예상수준에 미치지 못하거나 못할 것으로 예상되는 증거를 내부보고에서 얻을 수 있다.
외부정보(외부정보원천)	• ㉠ 회계기간 중에 자산의 시장가치가 시간의 경과나 정상적인 사용에 따라 하락할 것으로 예상되는 수준보다 유의적으로 더 하락하였다는 관측가능한 징후가 있다. ㉡ 기업이 영업하는 기술·시장·경제·법률 환경이나 해당 자산을 사용하여 재화나 용역을 공급하는 시장에서 기업에 불리한 영향을 미치는 유의적 변화가 회계기간 중에 일어났거나 가까운 미래에 일어날 것으로 예상된다. ㉢ 시장이자율이 회계기간 중에 상승하여 자산의 사용가치를 계산할 때 사용하는 할인율에 영향을 미쳐 자산의 회수가능액이 중요하게 감소할 가능성이 높다. ㉣ 기업의 순자산 장부금액이 기업의 시가총액보다 많다.

문제 11번	상각·비상각자산 처분 회계처리	출제구분	재출제	난이도	★ ★ ☆	정답	①

- 건물(부속토지 포함)을 처분시 상각자산인 건물에 대해 처분시점까지 계상한 감가상각누계액을 제거한다.
- 처분시점 건물의 감가상각누계액 : $(5,000,000-500,000)\times\frac{39개월}{240개월}=731,250$
- 처분시점(20x4년 12월 31일) 회계처리

(차) 현금(처분금액)	7,000,000	(대) 토지(취득원가)	3,000,000
감가상각누계액(건물)	731,250	건물(취득원가)	5,000,000
유형자산처분손실(대차차액)	268,750		

문제 12번	연구·개발단계지출의 비용계상액 계산	출제구분	재출제	난이도	★ ☆ ☆	정답	③

• 비용 : 300억원(연구비)+120억원(경상개발비)=420억원
• 자산 : 80억원(개발비) →상각비는 사용가능시점인 20x2년부터 계상된다.

Guide 연구단계와 개발단계 지출의 처리

의의	• 인식기준을 충족하는지를 평가하기 위해 무형자산 창출과정을 연구단계와 개발단계로 구분함. 주의 무형자산을 창출하기 위해 내부 프로젝트를 연구단계와 개발단계로 구분할 수 없는 경우에는 발생한 지출은 모두 연구단계에서 발생한 것으로 봄.	
회계처리	연구단계활동 지출	• 비용(연구비)
	개발단계활동 지출	• 자산인식요건 충족O : 무형자산(개발비) • 자산인식요건 충족X : 비용(경상개발비)

문제 13번	내부적으로 창출한 무형자산	출제구분	기출변형	난이도	★ ★ ☆	정답	④

• 내부적으로 창출한 브랜드, 제호, 출판표제, 고객 목록과 이와 실질이 유사한 항목은 사업을 전체적으로 개발하는데 발생한 원가와 구별할 수 없으므로 무형자산으로 인식하지 아니한다.[K-IFRS 제1038호 문단64]
→브랜드, 제호, 출판표제, 고객목록, 그리고 이와 실질이 유사한 항목(외부에서 취득하였는지 또는 내부적으로 창출하였는지에 관계없이)에 대한 취득이나 완성 후의 지출은 발생시점에 항상 당기손익으로 인식한다. 왜냐하면 그러한 지출은 사업을 전체적으로 개발하기 위한 지출과 구분할 수 없기 때문이다.[K-IFRS 제1038호 문단20]

Guide 연구단계활동과 개발단계활동

연구활동	• 새로운 지식을 얻고자 하는 활동 • 연구결과나 기타 지식을 탐색, 평가, 최종 선택, 응용하는 활동 • 재료·장치·제품·공정·시스템등에 대한 여러 가지 대체안을 탐색하는 활동 • 새롭거나 개선된 재료·장치·제품·공정·시스템 등에 대한 여러 가지 대체안을 제안, 설계, 평가, 최종 선택하는 활동
개발활동	• 생산이나 사용 전의 시제품과 모형을 설계, 제작, 시험하는 활동 • 새로운 기술과 관련된 공구, 지그, 주형, 금형등을 설계하는 활동 • 상업적 생산 목적으로 실현가능한 경제적 규모가 아닌 시험공장을 설계, 건설, 가동하는 활동 • 신규 또는 개선된 재료·장치·제품·공정·시스템등에 대하여 최종적으로 선정된 안을 설계, 제작, 시험하는 활동

문제 14번	투자부동산의 유형자산으로의 계정대체	출제구분	신유형	난이도	★ ★ ★	정답	③

• 투자부동산을 변경시점(대체시점)에 공정가치로 평가하여 평가손익을 먼저 인식한 후, 유형자산(건물)으로 대체한다.

20x1년 3월 1일	(차) 투자부동산	1,000,000	(대) 현금	1,000,000
20x1년 12월 31일	(차) 투자부동산평가손실	100,000[1)]	(대) 투자부동산	100,000
20x2년 10월 1일	(차) 투자부동산	200,000[2)]	(대) 투자부동산평가이익	200,000
	(차) 건물	1,100,000	(대) 투자부동산	1,100,000
20x2년 12월 31일	(차) 감가상각비	27,500[3)]	(대) 감가상각누계액	27,500

[1)] 900,000 - 1,000,000 = △100,000(평가손실)
[2)] 1,100,000 - 900,000 = 200,000(평가이익)
[3)] (1,100,000÷10년)×3/12 = 27,500

∴20x2년 당기순손익에 미치는 영향 : 200,000(투자부동산평가이익) - 27,500(감가상각비) = 172,500(증가)

Guide 투자부동산 계정대체 세부고찰(회계처리)

투자부동산에 원가모형 적용시	• 대체전 자산의 장부금액으로 대체함.(∴별도 손익이 발생하지 않음)	
투자부동산에 공정가치모형 적용시	투자부동산 ▶ 자가사용부동산	• 변경시점에 투자부동산평가손익 인식후 공정가치로 대체
	투자부동산 ▶ 재고자산	
	자가사용부동산 ▶ 투자부동산	• 변경시점의 장부금액과 공정가치의 차액은 유형자산 재평가모형과 동일한 방법으로 회계처리
	재고자산 ▶ 투자부동산	• 재고자산 장부금액과 대체시점의 공정가치의 차액은 당기손익으로 인식

문제 15번	FVPL금융자산 일반사항	출제구분	재출제	난이도	★ ★ ☆	정답	②

• 금융자산의 재분류는 채무상품만 가능하며 지분상품은 재분류가 불가하다.
• FVPL금융자산(당기손익-공정가치측정금융자산)은 다음과 같이 재분류가 가능하다.
㉠ FVPL금융자산 → AC금융자산(상각후원가측정금융자산)
㉡ FVPL금융자산 → FVOCI금융자산(기타포괄손익-공정가치측정금융자산)

∴채무상품인 FVPL금융자산(당기손익-공정가치측정금융자산)은 사업모형이 변경되는 경우 다른 금융상품으로 재분류 할 수 있다.

문제 16번	AC금융자산 취득원가	출제구분	재출제	난이도	★ ☆ ☆	정답	②

• 현금흐름 : 20x1년말 이자 10,000 / 20x2년말 원리금 10,000 + 100,000 = 110,000
• [방법1] 취득원가 : 10,000×0.89286 + 110,000×0.79719 = 96,620
[방법2] 취득원가 : 10,000×1.69005 + 100,000×0.79719 = 96,620

문제 17번	사채할증발행의 경우 총이자비용	출제구분	재출제	난이도	★★☆	정답	③

*고속철 사채할인발행시 만기까지 총이자비용 : 총액면이자+총사채할인발행차금
사채할증발행시 만기까지 총이자비용 : 총액면이자-총사채할증발행차금

- 발행금액(현재가치) : 10,000,000×2.57710+100,000,000×0.79383=105,154,000
  →총사채할증발행차금 : 105,154,000-100,000,000=5,154,000
- 총이자비용 : 총액면이자(10,000,000×3년)-총사채할증발행차금(5,154,000)=24,846,000

문제 18번	사채할인발행시 정액법상각 오류의 영향	출제구분	기출변형	난이도	★★★	정답	②

- 할인발행시 장부금액 : 액면금액-사채할인발행차금잔액
  할인발행시 이자비용 : 액면이자+사채할인발행차금상각액
- 사채 할인발행시 유효이자율법에 의한 사채할인발행차금상각액은 작은 금액에서 큰 금액으로 매기 증가한다.
  →발행연도(1차연도)의 상각액 크기는 유효이자율법보다 정액법하의 상각액이 더 크다.
- 정액법을 적용한 경우
  ㉠ 사채할인발행차금상각액 과대계상 → 사채할인발행차금잔액 과소계상 → 사채장부금액 과대계상
  ㉡ 사채할인발행차금상각액 과대계상 → 이자비용 과대계상 → 당기순이익 과소계상

문제 19번	전환사채 총괄 회계처리	출제구분	신유형	난이도	★★★	정답	④

- 전환사채는 전환사채보유자의 요구에 따라 주식으로 전환할 수 있는 권리가 내재되어 있어 일반적으로 일반사채보다 액면이자가 낮게 책정되어 발행된다.(전환권 부여로 인해 액면이자율을 낮게 하여 발행할 수 있음.)
  →∴액면이자율 〈 보장수익률 〈 유효이자율
- 상환할증금 : 1,000,000 →전환사채에 가산하는 형식으로 기재
  현재가치 : 8,200,000 →동일한 조건의 일반사채의 경우의 발행금액=일반사채 유효이자율로 할인한 금액
  전환권대가 : 10,000,000(발행금액)-8,200,000(현재가치)=1,800,000
  전환권조정 : 1,800,000(전환권대가)+1,000,000(상환할증금)=2,800,000 →전환사채에서 차감하는 형식으로 기재

발행시점 회계처리	(차) 현금	10,000,000	(대) 전환사채(액면=발행금액)	10,000,000
	(차) 전환권조정	2,800,000	(대) 전환권대가(발행금액-현재가치)	1,800,000
			상환할증금	1,000,000

발행일 부분재무상태표(액면발행/할증상환조건)

부채	전환사채	10,000,000
	전환권조정	(2,800,000)
	상환할증금	1,000,000
		8,200,000
기타자본요소	전환권대가	1,800,000

- 전환권이 행사되면 자본금이 증가하고 부채(사채)가 소멸한다. 즉, 전환 전의 부채·자본 합계액은 전환 후 부채·자본 합계액과 동일하다.
  →∴전환권이 행사되어도 자산에는 영향이 없다.

전환권 행사 회계처리	(차) 전환사채	xxx	(대) 전환권조정(미상각액)	xxx
	상환할증금	xxx	자본금	xxx
	전환권대가	xxx	주식발행초과금(대차차액)	xxx

문제 20번	충당부채의 인식	출제구분	신유형	난이도	★ ★ ☆	정답	④

• 충당부채 인식여부 분석

①	현재의무	법률전문가의 의견에 근거하여 볼 때 현재의무가 존재한다.
	유출가능성	가능성이 높다.
	인식여부	의무를 이행하기 위한 금액에 대한 최선의 추정치로 충당부채를 인식한다.
②	현재의무	토지 정화를 요구하는 법률 제정이 확실하므로 의무발생사건은 토지의 오염이다.
	유출가능성	가능성이 높다.
	인식여부	토지 정화원가에 대한 최선의 추정치로 충당부채를 인식한다.
③	현재의무	판매한 제품을 기업이 환불해 줄 것이라는 정당한 기대를 고객이 갖게 되기 때문에 제품판매는 의제의무를 생기게 하는 의무발생사건이다.
	유출가능성	가능성이 높다. 일정비율의 제품이 환불을 통해 반품된다.
	인식여부	환불원가의 최선의 추정치로 충당부채를 인식한다.
④	미래의 예상 영업손실은 충당부채로 인식하지 아니한다. →미래의 예상 영업손실은 부채의 정의에 부합하지 않을 뿐만 아니라 충당부채의 인식기준도 충족하지 못한다.(즉, 현재의무가 없다.) 한편, 미래에 영업손실이 예상되는 경우에는 영업과 관련된 자산이 손상되었을 가능성이 있으므로 '자산손상'에 따라 손상검사를 수행한다.	

Guide 충당부채와 우발부채의 인식

개요

자원유출가능성 \ 금액추정가능성	신뢰성있게 추정가능	추정불가능
가능성이 높음	충당부채로 인식	우발부채로 주석공시
가능성이 어느 정도 있음	우발부채로 주석공시	
가능성이 아주 낮음(거의 없음)	공시하지 않음	공시하지 않음

비교 충당부채는 재무제표에 부채로 인식하나, 우발부채는 부채로 인식하지 않음.

충당부채 인식요건	• 과거사건의 결과로 현재의무(법적의무나 의제의무)가 존재한다. • 해당 의무를 이행하기 위하여 경제적효익이 있는 자원이 유출될 가능성이 높다. • 해당 의무의 이행에 소요되는 금액을 신뢰성있게 추정할 수 있다.

문제 21번	기타포괄손익의 집계	출제구분	재출제	난이도	★ ☆ ☆	정답	②

• 기타포괄손익누계액 : 3,000,000(해외사업환산이익)+4,000,000(유형자산재평가잉여금)=7,000,000

Guide 기타포괄손익

항목	• 기타포괄손익-공정가치측정(FVOCI)금융자산평가손익, 재평가잉여금, 해외사업환산손익 • 현금흐름위험회피파생상품평가손익(위험회피에 효과적인 부분), 확정급여제도 재측정손익

문제 22번	자기주식거래 일반사항	출제구분	기출변형	난이도	★ ☆ ☆	정답	②

• 자기주식처분손익은 기타포괄손익이 아니라 자본에 가감하는 항목이다.

Guide 자기주식 회계처리

취득시	(차) 자기주식 xxx (대) 현금 xxx	
재발행시 (처분)	**재발행가 〉 취득원가** (차) 현금 xxx (대) 자기주식 xxx 자기주식처분이익 xxx	**재발행가 〈 취득원가** (차) 현금 xxx (대) 자기주식 xxx 자기주식처분손실 xxx
소각시	**액면금액 〉 취득원가** (차) 자본금(액면) xxx (대) 자기주식 xxx 감자차익 xxx	**액면금액 〈 취득원가** (차) 자본금(액면) xxx (대) 자기주식 xxx 감자차손 xxx
수증시	**취득시** - 회계처리 없음 -	**처분시** (차) 현금 xxx (대) 자기주식처분이익 xxx

❒ 취득시 자기주식은 취득원가로 기록하며, 자기주식은 부(-)의 자본항목으로 표시함.
❒ 자기주식처분손실(감자차손)은 부(-)의 자본항목으로 표시한 후 이익잉여금으로 상각하며, 자기주식처분이익(감자차익)은 자본에 가산하여 표시함.
❒ 자기주식처분손실(감자차손)과 자기주식처분이익(감자차익)은 발생순서에 관계없이 서로 상계함.

문제 23번	5단계 수익인식모형	출제구분	재출제	난이도	★ ☆ ☆	정답	①

• 모든 유형의 계약에 적용되는 수익인식의 단계는 다음과 같다.

【1단계】계약의 식별	• 고객과의 계약인지 여부를 확인하는 단계
【2단계】수행의무 식별	• 고객에게 수행할 의무가 무엇인지를 확인하는 단계
【3단계】거래가격 산정	• 고객에게 받을 대가를 측정하는 단계
【4단계】거래가격 배분	• 거래가격을 수행의무별로 배분하는 단계
【5단계】수익인식	• 수행의무의 이행시 수익을 인식하는 단계

문제 24번	반품권이 있는 판매의 매출원가	출제구분	기출변형	난이도	★ ★ ☆	정답	①

• 예상반품률 : 10,000,000÷50,000,000 = 20%
• 매출원가 : 30,000,000×(1 - 20%) = 24,000,000

Guide 반품권이 있는 판매 회계처리(반품가능성 예측가능한 경우)

수익인식	(차) 현금	50,000,000	(대) 매출(판매예상분) 환불부채(반품예상분)	40,000,000[1)] 10,000,000[2)]
원가인식	(차) 매출원가(판매예상분) 반품제품회수권(반품예상분)	24,000,000[3)] 6,000,000[4)]	(대) 제품	30,000,000

1) 50,000,000×80% = 40,000,000 2) 50,000,000×20% = 10,000,000
3) 30,000,000×80% = 24,000,000 4) 30,000,000×20% = 6,000,000

문제 25번	손실예상 건설계약 회계처리	출제구분	기출변형	난이도	★ ☆ ☆	정답	①

- 총계약원가가 총계약수익을 초과할 가능성이 높은 경우(건설계약 총예상손실)에 예상되는 손실은 즉시 당기비용으로 인식한다.
  →계약 전체에서 손실발생이 예상되는 경우 예상되는 손실을 즉시 인식한다. 즉, 보수적인 관점에서 예상손실을 진행된 부분만큼 인식하지 않고 예상시점에 조기 인식하는 것이다.

*저자주 참고로, K-IFRS 제1115호 '고객과의 계약에서 생기는 수익'에서는 계약 전체에서 손실 발생이 예상되는 경우에 대한 회계처리를 명시적으로 언급하고 있지 않습니다.(K-IFRS 제1115호 '고객과의 계약에서 생기는 수익'이 공포되면서 종전 K-IFRS 제1011호 '건설계약'은 더 이상 적용되지 않습니다. 그러나 제1115호에서는 건설계약의 회계처리에 적용할 구체적인 계정이나 분개 등이 언급되어 있지 않아 제1115호의 내용만으로는 건설계약을 어떻게 회계처리해야 하는지 명확하지 않은 상태이긴 하나, 종전 제1011호에 의한 회계처리를 실제 적용하더라도 문제는 없을 것으로 판단하고 있는 것이 현재 회계학계의 입장입니다.)

문제 26번	미청구공사 · 초과청구공사 계산	출제구분	재출제	난이도	★ ★ ☆	정답	②

- 20x1년 계약수익 : $30,000,000 \times \dfrac{4,000,000}{20,000,000} = 6,000,000$
- 20x1년 계약이익 : 6,000,000(계약수익) - 4,000,000(계약원가) = 2,000,000
- 20x1년말 미성공사 : 4,000,000(계약원가) + 2,000,000(계약이익) = 6,000,000
- 20x1년말 미청구공사(계약자산) : 6,000,000(미성공사) - 5,500,000(진행청구액) = 500,000

*고속철 '미성공사 = 누적계약수익'이므로, 누적계약수익 6,000,000이 미성공사금액이 된다.

*참고 20x1년 회계처리

계약원가 발생	(차) 미성공사	4,000,000	(대) 현금	4,000,000
계약대금 청구	(차) 공사미수금	5,500,000	(대) 진행청구액	5,500,000
계약대금 수령	(차) 현금	xxx	(대) 공사미수금	xxx
계약손익인식	(차) 계약원가 미성공사	4,000,000 2,000,000	(대) 계약수익	6,000,000

문제 27번	확정급여제도 손익 구분	출제구분	재출제	난이도	★★☆	정답	②

- 다음은 당기손익으로 인식한다.
  ㉠ 당기근무원가

  → (차) 퇴직급여(당기손익) xxx (대) 확정급여채무 xxx

  ㉡ 과거근무원가

  → (차) 퇴직급여(당기손익) xxx (대) 확정급여채무 xxx

  ㉢ 정산으로 인한 손익

  → (차) 확정급여채무 xxx (대) 사외적립자산 xxx
  정산손실(당기손익) xxx 현금 xxx

  ㉣ 순확정급여부채 및 사외적립자산의 순이자

  → (차) 퇴직급여(이자원가) xxx (대) 확정급여채무 xxx
  (차) 사외적립자산 xxx (대) 퇴직급여(이자수익) xxx

- 재측정요소의 다음 3가지는 기타포괄손익으로 인식한다.
  ㉠ 확정급여채무의 재측정손익(보험수리적손익)

  → (차) 재측정손실(기타포괄손익) xxx (대) 확정급여채무 xxx

  ㉡ 사외적립자산의 재측정손익(투자손익 : 실제수익 - 기대수익)

  → (차) 사외적립자산 xxx (대) 재측정이익(기타포괄손익) xxx

  ㉢ 순확정급여자산('사외적립자산〉확정급여채무'인 경우)의 자산인식상한 초과액

  → (차) 재측정손실(기타포괄손익) xxx (대) 사외적립자산조정충당금 xxx

*저자주 본 문제는 세무사 기출문제의 지문을 그대로 인용한 문제로, 재측정요소에 대한 구체적인 내용은 재경관리사 시험 수준을 초과하므로 참고만 하기 바랍니다.

문제 28번	주식기준보상 회계처리 개괄	출제구분	신유형	난이도	★★☆	정답	③

- 종업원으로부터 제공받는 용역의 공정가치는 일반적으로 신뢰성있게 측정할 수 없을 것이기 때문에 부여일의 지분상품의 공정가치에 기초하여 측정하며, 부여한 지분상품의 공정가치는 추후 가치가 변동하는 경우에도 추정치를 변경하지 않는다. 즉, 재측정하지 않는다.

Guide 주식결제형 주식기준보상

보고기간말	• 재측정없이 부여일 공정가치로 측정하고 기대권리소멸률을 반영한 보상원가를 용역제공비율(=당기말까지 기간÷용역제공기간)에 따라 가득기간에 걸쳐 인식 (차) 주식보상비용(당기비용) xxx (대) 주식선택권(자본) xxx
가득일이후	• 회계처리 없음.
권리행사시	(차) 현금 xxx (대) 자본금(액면)[1] xxx 주식선택권 xxx 주식발행초과금(대차차액)[2] xxx →자기주식교부시는 [1]은 자기주식, [2]는 자기주식처분이익으로 처리함.
권리소멸시	• 인식한 보상원가는 환입하지 않으며, 주식선택권은 다른 자본계정으로 계정대체가능. (차) 주식선택권 xxx (대) 소멸이익(자본) xxx

문제 29번	법인세회계 일반사항	출제구분	신유형	난이도	★ ★ ☆	정답	③

- ① 법인세부담액(당기법인세)을 포괄손익계산서상 법인세비용으로 계상하게 되면 회계이익과 무관한 금액이 계상되므로, 수익·비용의 올바른 대응을 위해 법인세부담액을 배분한다.
  ② 차감할 일시적차이 ⇒ 유보 ⇒ 이연법인세자산
  ③ 이연법인세 자산과 부채는 할인하지 아니한다.
  →이연법인세 자산과 부채를 신뢰성 있게 현재가치로 할인하기 위해서는 각 일시적차이의 소멸시점을 상세히 추정하여야 한다. 많은 경우 소멸시점을 실무적으로 추정할 수 없거나 추정이 매우 복잡하다. 따라서 이연법인세 자산과 부채를 할인하도록 하는 것은 적절하지 않다. 또한 할인을 강요하지 않지만 허용한다면 기업 간 이연법인세 자산과 부채의 비교가능성이 저해될 것이다. 따라서 K-IFRS에서는 이연법인세자산과 부채를 할인하지 않도록 하였다.
  ④ 일시적차이로 인한 이연법인세자산(부채)의 계상으로 법인세비용이 그 만큼 증감한다.

이연법인세자산이 계상되는 경우	이연법인세부채가 계상되는 경우
(차) 법인세비용 400 (대) 당기법인세 500 이연법인세자산 100	(차) 법인세비용 650 (대) 당기법인세 500 이연법인세부채 150

문제 30번	이연법인세자산·부채 도출과 법인세비용	출제구분	재출제	난이도	★ ★ ★	정답	①

- 세무조정 내역
  - 손금불산입 접대비한도초과액 100,000(기타사외유출)
  - 손금불산입 감가상각비한도초과액 60,000(유보)
  - 익금불산입 FVPL금융자산평가이익 20,000(△유보)
- 미지급법인세(당기법인세) : (2,000,000+100,000+60,000-20,000)×20%=428,000
- 이연법인세자산 : 60,000(유보)×20%-20,000(△유보)×20%=8,000

- 회계처리
  (차) 법인세비용(대차차액) 420,000 (대) 미지급법인세(당기법인세) 428,000
  이연법인세자산 8,000

* 저자주 본 문제는 관세사 기출문제로서, 재경관리사 시험에 그대로 출제되었습니다.

Guide 이연법인세 계산구조

대상	• 일시적차이(유보)
공시	• 이연법인세자산(부채)는 비유동자산(부채)로만 표시하고 소정 요건을 충족하는 경우 상계하여 표시 • 현재가치평가를 하지 않음.
절차	• **[1단계]** 미지급법인세(과세소득×당기세율) =(세전순이익±영구적차이±일시적차이)×당기세율 **[2단계]** 이연법인세자산(부채) =유보(△유보)×미래예상세율(평균세율) **[3단계]** 법인세비용=대차차액에 의해 계산 주의 이연법인세자산(부채)은 당기세율이 아니라 소멸시점의 미래예상세율을 적용함.

문제 31번	회계추정변경 사항	출제구분	재출제	난이도	★ ☆ ☆	정답	②

• 재고자산 원가흐름의 가정을 변경하는 것은 회계정책의 변경에 해당한다.

Guide **회계정책변경 사례**

재고자산 원가흐름의 가정 변경	• 예 선입선출법에서 가중평균법으로 변경
유형자산과 무형자산의 측정기준 변경	• 예 원가모형에서 재평가모형으로 변경
투자부동산의 측정기준 변경	• 예 원가모형에서 공정가치모형으로 변경

문제 32번	유상증자와 EPS	출제구분	재출제	난이도	★ ★ ☆	정답	④

• 가중평균유통보통주식수 계산

1/1 18,000주 ——— 10/1 8,000주 ——— 12/31

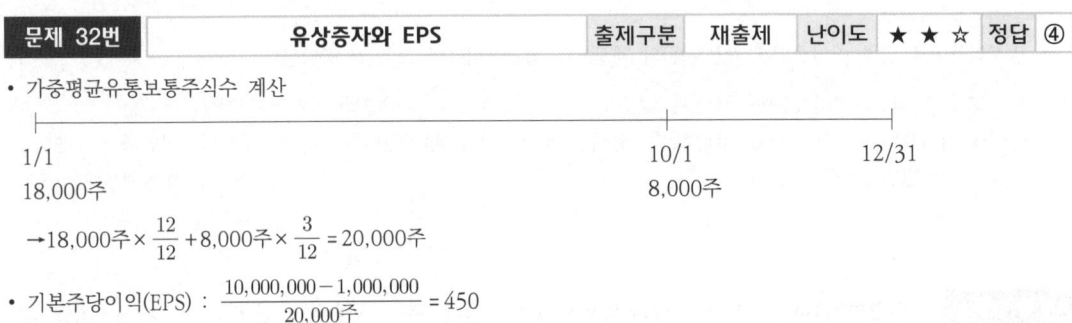

$\rightarrow 18{,}000주 \times \frac{12}{12} + 8{,}000주 \times \frac{3}{12} = 20{,}000주$

• 기본주당이익(EPS) : $\frac{10{,}000{,}000 - 1{,}000{,}000}{20{,}000주} = 450$

문제 33번	관계기업투자주식 장부금액	출제구분	재출제	난이도	★ ★ ☆	정답	③

• 20x1년 ㈜용산 당기순이익(이익잉여금 증가) : 1,300,000 - 1,100,000 = 200,000

• 20x1년말 ㈜삼일 관계기업투자주식 장부금액 : 850,000(취득원가) + 200,000(당기순이익) × 30% = 910,000

* **참고** ㈜삼일 회계처리

취득시(20x1년초)	(차) 관계기업투자주식	850,000	(대) 현금	850,000
당기순이익 보고시(20x1년말)	(차) 관계기업투자주식	60,000	(대) 지분법이익	60,000

문제 34번	관계기업에 대한 유의적 영향력(지분법)	출제구분	재출제	난이도	★ ★ ☆	정답	④

- ① 의결권 있는 주식을 보유하여야 한다.
  ② 20% 이상을 보유하더라도 지분법 적용을 배제하며, 매각예정비유동자산으로 분류한다.
  ③ 의결권 있는 주식을 보유하여야 한다.
  ④ 20% 미만 보유하더라도 유의적인 영향력이 있는 경우에 해당하므로 지분법을 적용한다.

Guide 유의적인 영향력

원칙	• 직·간접으로 의결권의 20%이상 소유시 명백한 반증이 있는 경우를 제외하고는 유의적인 영향력이 있는 것으로 보아 지분법을 적용함.
예외	❖20%미만 이더라도 유의적인 영향력이 있는 경우 • 의사결정기구·정책결정과정에 참여하는 경우와 필수적 기술정보를 제공하는 경우 주의 일반적 기술정보제공이 아님. • 중요한 거래가 있는 경우와 경영진의 상호 교류가 이루어지는 경우 ❖유의적인 영향력이 있어도 지분법적용을 배제하는 경우 • 12개월 이내에 매각할 목적으로 투자주식을 취득하여 적극적으로 매수자를 찾고 있는 일시보유목적의 투자주식 →매각예정비유동자산으로 분류함.

문제 35번	외화자산의 환산	출제구분	재출제	난이도	★ ★ ☆	정답	③

- 20x1년말 매출채권 : 20x1년말의 환율로 계상된다. → $8,000×@1,200=9,600,000
- 외환이익(외화환산이익) : 환율 증가분이 계상된다. → $8,000×(@1,200-@1,100)=800,000

*참고 회계처리

20x1.6.11	(차) 매출채권	$8,000×@1,100=8,800,000	(대) 매출		8,800,000
20x1.12.31	(차) 매출채권	800,000	(대) 외환이익		$8,000×100=800,000

문제 36번	파생상품의 적용	출제구분	재출제	난이도	★ ★ ☆	정답	①

- 9개월 후의 외화대금 수령분 $2,000를 일정 안정된 환율로 매도하는 통화선도 매도계약을 체결한다.

문제 37번	리스제공자 리스채권 계산	출제구분	기출변형	난이도	★ ★ ☆	정답	②

- 20x2년초 리스채권 : 758,158
- 20x2년말 회계처리

(차) 현금	200,000	(대) 이자수익		758,158×10%=75,816
			리스채권(대차차액)	124,184

∴20x2년말 인식해야 할 리스채권(=20x2년말 리스채권 장부금액) : 758,158 - 124,184 = 633,974

Guide 리스제공자 회계처리

리스개시일	• (차) 리스채권 xxx (대) 선급리스자산 xxx 현금(리스개설직접원가) xxx 리스채권: ❐ (리스료+무보증잔존가치)를 내재이자율로 할인한 현가 =공정가치(신규취득시 취득원가)+리스개설직접원가
보고기간말	• (차) 현금 xxx (대) 이자수익 xxx 리스채권 xxx 이자수익: ❐ 리스채권 장부금액×내재이자율

문제 38번	현금흐름표 활동과 작성방법	출제구분	신유형	난이도	★ ★ ☆	정답	②

- 법인세로 인한 현금흐름은 재무활동·투자활동에 명백히 관련되지 않는 한 영업활동 현금흐름으로 분류한다.
  →즉, 영업활동으로 분류가 원칙이며, 투자활동이나 재무활동으로의 분류도 가능하다.

Guide 현금흐름표 양식

영업활동 현금흐름	×××
직접법(K-IFRS권장) ← 선택적으로 작성	
간접법 ← 선택적으로 작성	
투자활동 현금흐름	×××
재무활동 현금흐름	×××
현금및현금성자산의 환율변동효과	×××
기초 현금및현금성자산	×××
기말 현금및현금성자산	×××

문제 39번	매출활동 현금유입액	출제구분	재출제	난이도	★ ★ ★	정답	③

• 대손발생액 계산

대손발생	?	기초대손충당금	300
기말대손충당금	470	당기대손상각비	550

→대손발생 = 380

• 발생주의 순매출액 : 560,000
매출채권(총액)의 증가 : (10,000)
대손발생 : (380)
현금주의 매출액 549,620

Guide 발생주의의 현금주의 전환 : 매출액

❒ (+)로 출발하며 자산의 증감은 역방향으로 가감하며, 부채의 증감은 순방향으로 가감하여 분석

• **발생주의 순매출액**(매출할인 · 에누리 · 환입을 차감한 후의 금액)	:	xxx	(+)로 출발함에 주의!
매출채권(총액)의 증가	:	(xxx)	
선수금의 증가	:	xxx	
대손발생	:	(xxx)	
현금주의 매출액(매출채권회수액, 선수금수령액, 현금매출)		xxx	

문제 40번	이자 · 배당금 현금흐름 활동 구분	출제구분	기출변형	난이도	★ ★ ☆	정답	③

• 배당금지급은 영업활동이나 재무활동으로 분류하며, 투자활동으로 분류할 수 없다.

Guide 현금흐름 구분시 주의사항

구분	영업활동현금흐름	투자활동현금흐름	재무활동현금흐름	비고
이자수입 · 배당수입	O	O	-	선택가능
이자지급 · 배당지급	O	-	O	선택가능
단기매매(FVPL)금융자산	O	-	-	단기매매목적
법인세지급	O(원칙)	O	O	-

3P 3P 3P
FINAL
POTENTIALITY
PASSION
PROFESSION

3P는 여러분의 무한한 잠재력 능력과 반드시 성취하겠다는 열정을 토대로 전문가의 길로 나아가는 세무라이선스 파이널시리즈의 학습 정신입니다.

수험생 여러분의 합격을 응원합니다.

재경관리사 공개기출해설[재무]

2021년 1월에 시행된 기출문제에 대한 완벽한 해설을 관련이론(가이드)과 함께 제시하였습니다. 해당 문제는 합본부록을 참고바랍니다.

FINAL

Certified Accounting Manager

재무회계 공개기출문제해설

[2021년 01월 시행]

SEMOOLICENCE

문제 1번	재무회계와 관리회계	출제구분	재출제	난이도	★ ☆ ☆	정답	③

• 재무회계는 법적강제력이 있으나, 관리회계는 법적강제력이 없다.

Guide **재무회계와 관리회계 비교**

구분	재무회계	관리회계
목적	• 외부보고(회계정보 제공)	• 내부보고(의사결정정보 제공)
회계정보이용자	• 주주, 채권자 등 외부이해관계자	• 경영자 등 내부이해관계자
보고서류 (보고양식)	• 기업회계기준에 의한 재무제표 →∴정형화(일정양식이 있음.)	• 이용목적에 따라 작성된 보고서 →∴비정형화(일정양식이 없음)
작성기준 (작성근거)	• 기업회계기준(일반적으로 인정된 회계원칙) →법적강제력 있음.	• 경제이론, 경영학, 통계학 등 →법적강제력 없음.
보고시점	• 1년, 분기, 반기,	• 주기적 또는 수시
정보의 성격	• 과거지향적	• 미래지향적

문제 2번	주석의 표시	출제구분	재출제	난이도	★ ★ ☆	정답	③

• ③ 주석은 특수한 형태의 재무제표가 아니라 일반적인 재무제표 중의 하나이므로, 동일하게 재무보고를 위한 개념체계의 적용을 받는다.
④ 재무제표 본문에 인식되지 않는 우발자산, 우발부채가 주석으로 공시될 수 있다.

문제 3번	재무상태표 표시 : 유동과 비유동 구분	출제구분	재출제	난이도	★ ★ ☆	정답	④

• 기업이 기존의 대출계약조건에 따라 보고기간 후 적어도 12개월 이상 부채를 연장할 것으로 기대하고 있고, 그런 재량권이 있다면, 보고기간 후 12개월 이내에 만기가 도래한다 하더라도 비유동부채로 분류한다.
→그러나 기업에게 부채의 연장에 대한 재량권이 없다면 유동부채로 분류한다.

*참고 영업주기는 영업활동을 위한 자산의 취득시점부터 그 자산이 현금이나 현금성자산으로 실현되는 시점까지 소요되는 기간이다. 정상영업주기를 명확히 식별할 수 없는 경우에는 그 기간이 12개월인 것으로 가정한다.

문제 4번	포괄손익계산서 표시	출제구분	기출변형	난이도	★ ★ ☆	정답	③

- 기업은 비용의 성격별 또는 기능별 분류방법 중에서 신뢰성 있고 더욱 목적적합한 정보를 제공할 수 있는 방법을 선택적용하여 당기손익으로 인식한 비용의 분석내용을 표시한다.

Guide 비용 분류방법(이하 둘 중 선택 적용)

성격별 분류법	• 비용은 그 성격별로 통합함.(즉, 각 항목의 유형별로 구분표시) →예 감가상각비, 원재료구입, 운송비, 종업원급여, 광고비 등 • 매출원가를 다른 비용과 분리하여 공시하지 않음. • 기능별로 재배분하지 않으므로 적용이 간단함.(미래현금흐름 예측에는 유용함)
기능별 분류법 (=매출원가법)	• 비용은 그 기능별로 분류함. →예 매출원가, 물류원가, 관리활동원가 등 • 적어도 매출원가를 다른 비용과 분리하여 공시함. • 목적적합하나, 자의적인 기능별 배분과 판단이 개입될 수 있음. • 기능별로 분류시에는 성격별 분류에 따른 추가공시가 필요함.

문제 5번	수정을 요하지 않는 보고기간후사건	출제구분	재출제	난이도	★ ★ ☆	정답	②

- 수정을 요하는 보고기간후사건을 반영하기 위하여 재무제표에 인식된 금액을 수정한다.(수정을 요하는 보고기간후사건의 영향으로 재무제표에 이미 인식한 금액은 수정하고, 재무제표에 인식하지 아니한 항목은 새로 인식하여야 한다.)
- ① 수정필요 : 보고기간말에 이미 자산손상이 발생되었음을 나타내는 정보를 보고기간 후에 입수하는 경우나 이미 손상차손을 인식한 자산에 대하여 손상차손금액의 수정이 필요한 정보를 보고기간 후에 입수하는 경우는 수정을 요하는 보고기간후사건에 해당한다. 다음과 같은 예를 들 수 있다.
  - ㉠ 보고기간후의 매출처파산은 일반적으로 보고기간말에 고객 신용이 손상되었음을 확인해준다.
  - ㉡ 보고기간후의 재고자산 판매는 보고기간말의 순실현가능가치에 대한 증거를 제공할 수 있다.

  ② 수정불요 : 보고기간말과 재무제표 발행승인일 사이에 투자자산(예 FVPL금융자산)의 공정가치(시장가치) 하락은 수정을 요하지 않는 보고기간후사건의 대표적인 사례에 해당한다.

  ③ 수정필요 : 보고기간말에 존재하였던 현재의무가 보고기간 후에 소송사건의 확정에 의해 확인되는 경우 수정을 요하는 보고기간후사건에 해당한다.

  ④ 수정필요 : 보고기간말 이전에 구입한 자산의 취득원가나 매각한 자산의 대가를 보고기간 후에 결정하는 경우는 수정을 요하는 보고기간후사건에 해당한다.

문제 6번	재고자산감모손실 · 평가손실	출제구분	재출제	난이도	★ ★ ★	정답	④

- 재고자산감모손실 · 평가손실은 비용이나 매출원가로 처리하므로 처리방법 불문하고 당기이익을 감소시킨다.
- 개당 순실현가능가치(NRV) : 160 - 160×5% = 152
- 재고자산감모손실과 재고자산평가손실 계산

장부수량×단위당원가	실제수량×단위당원가	실제수량×단위당시가
(100개×@200 = 20,000)	(95개×@200 = 19,000)	(95개×@152 = 14,440)

재고자산감모손실 1,000 / 재고자산평가손실 4,560

∴당기손익에 미치는 영향 : 1,000 + 4,560 = 5,560(감소)

* 저자주 문제의 명확한 성립을 위해 '단, 20x1년 기초재고자산의 재고자산평가충당금은 없다'를 추가하기 바랍니다.

문제 7번	선입선출법 재고자산 기말재고	출제구분	재출제	난이도	★ ☆ ☆	정답	③

• 선입선출법 기말재고 : 2/3구입분(250개×1,500)+9/5구입분(3,000개×2,000)=6,375,000

문제 8번	매출원가(신) 계산	출제구분	재출제	난이도	★ ★ ★	정답	②

• 이하 도표에 해당 금액을 대입하여 매출원가(구)를 먼저 계산한다.

기초재고	400,000
당기매입	1,000,000

‖

① 매출원가(구)[평가 · 감모손실 반영전](?)	**530,000**
② 평가손실	550,000
③ 정상감모손실	20,000
④ 비정상감모손실	0
⑤ 기말재고[평가 · 감모손실 반영후]	300,000

• 매출원가(신)=①+②+③+④ : 530,000+550,000+20,000+0=1,100,000

문제 9번	유형자산 개괄	출제구분	기초문제	난이도	★ ☆ ☆	정답	③

• ① 유형자산은 사용목적 보유자산이며, 재고자산은 판매목적 보유 자산이다.
② 유형자산은 통상적으로 한 회계기간을 초과하여 사용될 것이 예상되는 비유동자산이다.
③ 사무용 소모품은 일반적으로 소액자산이므로 중요성이라는 거래 인식의 회계사상에 따라 비용으로 처리한다.(유형자산으로 처리하여 감가상각을 통해 비용화하지는 않는다.)
④ 토지나 건설중인자산은 감가상각을 하지 않으므로 모든 유형자산에 대하여 감가상각이 필요한 것은 아니다.

문제 10번	유형자산 재평가모형 장부금액	출제구분	신유형	난이도	★★☆	정답	④

• 재평가모형의 경우 매년 말 유형자산 장부금액은 공정가치와 일치한다.

*참고 회계처리(20x1년말 공정가치를 200,000원으로 가정)

20x1년초	(차) 기계장치	50,000	(대) 현금	50,000
20x1년말	(차) 감가상각비	50,000÷5년=10,000	(대) 감가상각누계액	10,000
	(차) 감가상각누계액	10,000	(대) 재평가잉여금	160,000
	기계장치	150,000		
20x2년말	(차) 감가상각비	200,000÷4년=50,000	(대) 감가상각누계액	50,000
	(차) 감가상각누계액	50,000	(대) 기계장치	100,000
	재평가잉여금	50,000		

Guide 재평가손익 처리방법

최초재평가	재평가증가액	• '장부금액 〈 공정가치' →재평가잉여금(자본 : 기타포괄손익)	
	재평가감소액	• '장부금액 〉 공정가치' →재평가손실(손익)	
재평가이후 후속재평가	재평가손실 인식후 재평가잉여금이 발생	◉전기재평가손실	• 재평가이익(손익)
		◉나머지 금액	• 재평가잉여금(자본)
	재평가잉여금 인식후 재평가손실이 발생	◉전기재평가잉여금	• 재평가잉여금과 상계
		◉나머지 금액	• 재평가손실(손익)

문제 11번	유형자산 취득과 장기미지급금	출제구분	신유형	난이도	★★★	정답	④

• 현재가치 : 5,000,000+1,000,000×2.4018=7,401,800

20x1년 1월 1일	(차) 기계장치	7,401,800	(대) 현금	5,000,000
	현재가치할인차금	598,200	장기미지급금	3,000,000

• ① 기계장치의 취득원가는 7,401,800원이다.
② 장기미지급금 계정(대변)에 기록되는 금액은 3,000,000원이다.
③ 기계장치의 취득원가는 7,401,800원이고, 현재가치할인차금 계정의 차변에는 598,200원이 기록된다.

문제 12번	무형자산 손상차손	출제구분	재출제	난이도	★★★	정답	①

• 20x1년말 손상 전 특허권 장부금액 : 500,000-500,000÷5년=400,000
• 손상차손 : 400,000-Max[400,000, 360,000]=0
∴손상이 없으므로 20x1년말 특허권 장부금액은 20x1년말 손상 전 특허권 장부금액(400,000)과 동일함.
*저자주 무형자산 손상 회계처리는 기본적으로 유형자산 손상과 동일합니다.

문제 13번	무형자산 후속측정	출제구분	기출변형	난이도	★ ★ ★	정답	④

- ① 다음의 각 경우에 회수가능액과 장부금액을 비교하여 내용연수가 비한정인 무형자산의 손상검사를 수행하여야 한다.[K-IFRS 제1038호 문단108]

㉠ 매년	㉡ 무형자산의 손상을 시사하는 징후가 있을 때

② 유형자산과 동일하게 무형자산 손상검토시 회수가능액은 순공정가치와 사용가치 중 큰 금액을 기준으로 판단한다.[K-IFRS 제1038호 문단111]

저자주 무형자산 손상 회계처리는 기본적으로 유형자산 손상과 동일합니다.

③ 무형자산의 상각방법은 자산의 경제적 효익이 소비될 것으로 예상되는 형태를 반영한 방법이어야 한다. 다만, 그 형태를 신뢰성있게 결정할 수 없는 경우에는 정액법을 사용한다.[K-IFRS 제1038호 문단97]

④ 잔존가치는 적어도 매 회계연도 말에는 검토한다.[K-IFRS 제1038호 문단102]
상각기간과 상각방법은 적어도 매 회계연도 말에 검토한다.[K-IFRS 제1038호 문단104]

문제 14번	투자부동산 원가모형 감가상각비	출제구분	재출제	난이도	★ ★ ☆	정답	③

- 원가모형이므로 당기손익에 미치는 영향은 감가상각비이다.

→감가상각비(당기순이익 감소분) : (600,000,000 - 60,000,000)÷30년 × $\frac{3}{12}$ = 4,500,000

20x1.10.1	(차) 투자부동산	600,000,000	(대) 현금	600,000,000
20x1.12.31	(차) 감가상각비	4,500,000	(대) 감가상각누계액	4,500,000

*참고 공정가치모형이라면 당기손익에 미치는 영향은 공정가치 증가분인 평가이익이 된다.
→공정가치 증가분인 평가이익 : 610,000,000(20x1년말 공정가치) - 600,000,000 = 10,000,000

Guide ▶ 투자부동산 평가모형(선택)

원가모형	• 감가상각 O	• 공정가치는 주석공시
공정가치모형	• 감가상각 X	• 평가손익(당기손익)

문제 15번	현금및현금성자산 집계	출제구분	기출변형	난이도	★ ★ ☆	정답	④

- 100,000(양도성예금증서) + 130,000(배당금지급통지표) + 90,000(환매채) + 100,000(당좌예금) = 420,000
  →양도성예금증서(60일 만기) : 취득당시 만기가 3개월 이내인 단기금융상품이므로 현금성자산에 해당한다.
  →환매채(90일 만기) : 3개월 이내의 환매조건이므로 현금성자산에 해당한다.

Guide 현금성자산

현금성자산	• 유동성이 매우 높은 단기투자자산으로서 확정금액의 현금전환이 용이하고 가치 변동위험이 경미한 자산을 말함. • 투자자산은 취득당시 만기(상환일)가 3개월 이내인 경우에만 현금성자산으로 분류되며, 지분상품은 원칙적으로 현금성자산에서 제외함. 주의 결산일로부터 3개월 이내가 아님. 사례 다음은 현금성자산으로 분류함. ① 취득당시 만기가 3개월 이내인 금융기관이 취급하는 단기금융상품 ② 취득당시 만기가 3개월 이내에 도래하는 채무증권 ③ 취득당시 상환일까지의 기간이 3개월 이내인 상환우선주 ④ 3개월 이내의 환매조건인 환매채

문제 16번	FVOCI금융자산 취득원가 및 거래원가	출제구분	재출제	난이도	★ ★ ★	정답	④

- 액면이자 : 200,000,000 × 12% = 24,000,000
- 현재가치(= 취득과 관련하여 유출될 현금 = 취득원가) : $\frac{24,000,000}{1.08}+\frac{24,000,000+200,000,000}{1.08^2}$ = 214,266,118
- 거래원가(금융거래수수료) : 200,000,000 × 0.5% = 1,000,000 → 취득원가(공정가치)에 가산한다.

∴취득과 관련하여 유출될 현금(= 취득원가) : 214,266,118 + 1,000,000 = 215,266,118

* 저자주 현가계수가 주어지지 않은 경우이므로, 직접 현금흐름을 할인하여 구해야 합니다.

Guide 금융자산 인식시 거래원가 처리

FVPL금융자산(당기손익-공정가치측정금융자산)	• 발생 즉시 당기비용으로 인식
그 외 금융자산	• 공정가치에 가산

문제 17번	금융자산의 제거	출제구분	재출제	난이도	★ ★ ★	정답	②

• 양도자가 매도한 금융자산을 재매입시점의 '공정가치로 재매입'할 수 있는 권리를 보유하고 있는 경우에 위험과 보상의 대부분이 이전된 것으로 보아 금융자산을 제거하며, 단순한 재매입약정은 금융자산에 대한 권리를 양도하였다고 할 수 없으므로 금융자산을 계속 인식한다.

Guide 금융자산의 제거조건

<table>
<tr><td>권리소멸</td><td>• 금융자산의 현금흐름에 대한 계약상 권리가 소멸한 경우</td></tr>
<tr><td>현금흐름양도</td><td>• 금융자산의 현금흐름을 수취할 계약상 권리를 양도한 경우
→본 조건을 만족시는 이하의 위험과 보상의 이전여부를 추가로 고려함.
<table>
<tr><th colspan="2">위험과 보상</th><th>회계처리</th></tr>
<tr><td colspan="2">이전O</td><td>• 금융자산을 제거</td></tr>
<tr><td colspan="2">보유O</td><td>• 금융자산을 계속인식</td></tr>
<tr><td rowspan="2">이전X/보유X</td><td>금융자산을 통제X</td><td>• 금융자산을 제거</td></tr>
<tr><td>금융자산을 통제O</td><td>• 지속적관여 정도까지 금융자산을 계속인식</td></tr>
</table></td></tr>
<tr><td>이전과 통제</td><td>① 양도자가 위험과 보상의 대부분을 이전하는 경우의 예는 다음과 같음.
• 금융자산을 아무런 조건 없이 매도한 경우
• 양도자가 매도한 금융자산을 재매입시점의 공정가치로 재매입할 수 있는 권리를 보유하고 있는 경우
• 양도자가 매도한 금융자산에 대한 콜옵션을 보유하고 있거나 양수자가 당해 금융자산에 대한 풋옵션을 보유하고 있지만, 당해 콜옵션이나 풋옵션이 깊은 외가격 상태이기 때문에 만기 이전에 당해 옵션이 내가격 상태가 될 가능성이 매우 낮은 경우
② 양수자가 자산을 제3자에게 매도할수 있는 실질적 능력을 가지고 있으면 양도자는 양도자산에 대한 통제를 상실한 것임.</td></tr>
</table>

문제 18번	사채할인발행 1차연도말 장부금액	출제구분	신유형	난이도	★ ☆ ☆	정답	①

• 20x1년 12월 31일 사채할인발행차금상각액 : 950,244×10% - 1,000,000×8% = 15,024

∴20x1년 12월 31일의 장부금액 : 950,244 + 15,024 = 965,268

*참고 회계처리

<table>
<tr><td rowspan="2">20x1.1.1</td><td>(차) 현금</td><td>950,244</td><td>(대) 사채</td><td>1,000,000</td></tr>
<tr><td>사채할인발행차금</td><td>49,756</td><td></td><td></td></tr>
<tr><td rowspan="2">20x1.12.31</td><td>(차) 이자비용</td><td>950,244×10% = 95,024</td><td>(대) 현금</td><td>1,000,000×8% = 80,000</td></tr>
<tr><td></td><td></td><td>사채할인발행차금</td><td>15,024</td></tr>
</table>

제1편 공개기출문제해설
제2편 기출문제오답노트
합본부록 재무회계 공개기출문제

문제 19번	전환사채의 부채요소와 자본요소	출제구분	신유형	난이도	★★☆	정답	④

• 전환사채는 부채요소와 자본요소를 모두 가지고 있는 복합금융상품이다.

요소구분	❒ ㉠ 부채요소(금융부채) = 일반사채 : 현금 등 금융자산을 인도하기로 하는 계약 ㉡ 자본요소(지분상품) = 전환권 : 확정수량 보통주로 전환할 수 있는 권리를 보유자에게 부여하는 콜옵션 ❒ 자본요소는 잔여지분이라는 정의와 일관되도록 하기 위해, 부채요소해당액(사채현재가치)을 먼저 측정하고, 발행금액에서 부채요소해당액을 차감한 금액으로 자본요소해당액을 측정하도록 규정하고 있다. →발행금액 - 부채요소해당액(현재가치) = 자본요소해당액(전환권가치)

• 전환권대가 : 3,000,000 - 2,500,000 = 500,000
부채(금융부채) : 3,000,000 - 500,000(전환권대가) = 2,500,000
자본(지분상품) : 500,000(전환권대가)

문제 20번	기댓값에 의한 충당부채 계상	출제구분	재출제	난이도	★★★	정답	④

• 충당부채로 인식하여야 하는 금액과 관련된 불확실성은 상황에 따라 판단한다. 다수의 항목과 관련되는 충당부채를 측정하는 경우에 해당 의무는 가능한 모든 결과에 관련된 확률을 가중평균하여 추정한다.(이러한 통계적 추정방법을 '기댓값'이라고 함.) 따라서 특정 금액의 손실이 생길 확률(예 60%나 90%)에 따라 충당부채로 인식하는 금액은 달라지게 된다.[K-IFRS 제1037호 문단39]
• 수리비용과 발생확률

구분	수리비용	발생확률
하자가 없는 경우(전혀 결함이 발생하지 않는 경우)	0원	75%
중요하지 않은(사소한) 결함이 발생할 경우	100,000원	15%
치명적인(중요한) 결함이 발생할 경우	300,000원	10%

→충당부채(수리비용의 기댓값) : (0원×75%)+(100,000원×15%)+(300,000원×10%)=45,000원

* 저자주 K-IFRS 제1037호 문단39의 사례를 문제화한 것으로 재경관리사 시험수준을 고려할 때 다소 무리한 출제로 사료됩니다. 다만, 회계사·세무사 등 전문직 시험에서는 빈출되고 있는 문제입니다.

문제 21번	자본항목별 증감분석	출제구분	재출제	난이도	★★☆	정답	②

• 주식배당은 이익잉여금을 자본에 전입하고 주식을 발행하는 것이므로, 주식수가 증가한다.

Guide 주식배당, 무상증자, 주식분할, 주식병합 비교

- 주식배당 : 이익잉여금을 자본에 전입하고 주식을 발행하는 것
- 무상증자 : 이익잉여금이나 자본잉여금을 자본에 전입하고 주식을 발행하는 것
- 주식분할 : 예 1,000원의 주식 1주를 500원 주식 2주로 쪼개는 것
- 주식병합 : 예 500원의 주식 2주를 1,000원 주식 1주로 합치는 것

	주식배당	무상증자	주식분할	주식병합
발행주식수	증가	증가	증가	감소
주당액면금액	불변	불변	감소	증가
총자본	불변	불변	불변	불변
자본금	증가	증가	불변	불변
자본잉여금	불변	감소가능	불변	불변
이익잉여금	감소	감소가능	불변	불변

문제 22번	기말재무상태표 이익잉여금	출제구분	재출제	난이도	★★☆	정답	④

• 연차배당(현금배당과 주식배당)은 다음연도 이익잉여금처분항목에 해당한다.
• 기말재무상태표 이익잉여금(=미처분이익잉여금) : 전기이월미처분이익잉여금 - 중간배당 + 당기순이익
∴20x1년말 이익잉여금(미처분이익잉여금) : 2,000,000 - 200,000 + 1,000,000 = 2,800,000

Guide 중간배당·현금배당·주식배당 회계처리

중간배당	중간배당일(20x1.7.1)	(차) 중간배당액	xxx	(대) 현금	xxx
	보고기간말(20x1.12.31)	(차) 이월이익잉여금	xxx	(대) 중간배당액	xxx
현금배당	보고기간말(20x1.12.31)	- 회계처리 없음 -			
	배당선언일(20x2.3.20)	(차) 이월이익잉여금	xxx	(대) 미지급배당금	xxx
	배당지급일(20x2.4.1)	(차) 미지급배당금	xxx	(대) 현금	xxx
주식배당	보고기간말(20x1.12.31)	- 회계처리 없음 -			
	배당선언일(20x2.3.20)	(차) 이월이익잉여금	xxx	(대) 미교부주식배당금	xxx
	배당지급일(20x2.4.1)	(차) 미교부주식배당금	xxx	(대) 자본금	xxx

제1편 공개기출문제해설
제2편 기출문제오답노트
할부부록 재무회계 공개기출문제

문제 23번	반품권이 있는 판매의 수익인식	출제구분	재출제	난이도	★ ★ ☆	정답	③

• 예상반품률 : $\frac{20,000,000}{60,000,000}=\frac{1}{3}$

• 매출액 : $60,000,000\times(1-\frac{1}{3})=40,000,000$

Guide **반품권이 있는 판매 회계처리(반품가능성 예측가능한 경우)**

수익인식	(차) 현금	60,000,000	(대) 매출(판매예상분) 환불부채(반품예상분)	40,000,000[1)] 20,000,000[2)]
원가인식	(차) 매출원가(판매예상분) 반품제품회수권(반품예상분)	16,000,000[3)] 8,000,000[4)]	(대) 제품	24,000,000

1) $60,000,000\times2/3=40,000,000$ 2) $60,000,000\times1/3=20,000,000$
3) $24,000,000\times2/3=16,000,000$ 4) $24,000,000\times1/3=8,000,000$

문제 24번	할부판매 매출총이익	출제구분	재출제	난이도	★ ☆ ☆	정답	②

• 매출총이익 계산
매출액 : $3,000,000\times2.40183=$ 7,205,490
매출원가 : (6,000,000)
1,205,490

*참고 회계처리

20x1년초	(차) 매출채권	9,000,000	(대) 매출 현재가치할인차금	$3,000,000\times2.40183=7,205,490$ 1,794,510
	(차) 매출원가	6,000,000	(대) 상품	6,000,000
20x1년말	(차) 현금	3,000,000	(대) 매출채권	3,000,000
	(차) 현재가치할인차금	864,659	(대) 이자수익	$7,205,490\times12\%=864,659$

문제 25번	건설계약의 계약수익	출제구분	재출제	난이도	★ ☆ ☆	정답	③

• 계약수익은 진행기준을 적용하여 진행률에 따라 인식한다.

Guide **계약수익 일반사항**

측정	• 건설업자가 발주자로부터 지급받을 건설계약금액에 근거하여 계상하며, 수령하였거나 수령할 대가의 공정가치로 측정함. →계약수익은 미래 불확실성에 따라 증감가능함. 주의 수익과 계약원가에 대한 추정치의 변경은 회계추정의 변경으로 처리함.
구성항목	• ① 최초에 합의한 계약금액 ② 공사변경, 보상금 및 장려금에 따라 추가되는 금액
수익인식방법	• 장·단기 모두 진행기준에 의함. →∵기간에 걸쳐 이행하는 수행의무

문제 26번	2차연도 건설계약손익	출제구분	재출제	난이도	★ ★ ☆	정답	①

• 20x2년 계약손익 : $(170,000,000\times\frac{60,000,000+72,000,000}{165,000,000}-170,000,000\times\frac{60,000,000}{150,000,000})-72,000,000=\triangle 4,000,000$

• 연도별 계약손익 계산

구분	20x1년	20x2년
진행률	$\frac{60,000,000}{150,000,000}=40\%$	$\frac{60,000,000+72,000,000}{165,000,000}=80\%$
계약수익	170,000,000×40% = 68,000,000	170,000,000×80% - 68,000,000 = 68,000,000
계약원가	60,000,000	72,000,000
계약손익	8,000,000	△4,000,000

문제 27번	퇴직급여제도 일반사항	출제구분	신유형	난이도	★ ★ ☆	정답	④

• ① 확정기여제도에서 가입자의 미래급여금액은 사용자나 가입자가 출연하는 기여금과 기금의 운영 효율성 및 투자 수익에 따라 결정된다.
② 확정급여제도는 보험수리적 평가기법에 따라 퇴직 후 예상급여를 확정시키고 이에 대한 지급을 기업이 보증하는 형태이다.
③ 확정급여제도에서는 사외적립자산을 출연하는데 이때 사외적립자산은 공정가치로 측정한다.

Guide **재분류조정(기타포괄손익으로 인식되었으나 당기손익으로 재분류된 금액) 발생여부 구분**

재분류조정이 발생하는 기타포괄손익	재분류조정이 발생하지 않는 기타포괄손익
• FVOCI금융자산평가손익(채무상품) • 해외사업장외화환산차이 • 현금흐름위험회피파생상품평가손익(위험회피 효과적 부분)	• 재평가잉여금의 변동 • 보험수리적손익(확정급여제도 재측정요소) • FVOCI금융자산평가손익(지분상품)

문제 28번	주식기준보상거래 일반	출제구분	재출제	난이도	★ ★ ☆	정답	①

• 주식기준보상약정은 특정 가득조건이 있다면 그 가득조건이 충족되는 때에 거래상대방에게 대가를 받을 권리를 획득하게 하는 기업과 종업원을 포함한 거래상대방 사이의 계약이므로, 주식기준보상거래는 종업원과 거래상대방 모두에게 부여한다.

Guide **주식기준보상 보상원가 측정(거래상대방이 종업원인 경우)**

적용순서	보상원가	측정기준일	비고
〈1순위〉	• 제공받는 재화 · 용역 공정가치	일반적으로 추정불가	
〈2순위〉	• 부여한 지분상품 공정가치	부여일	재측정하지 않음
〈3순위〉	• 부여한 지분상품 내재가치(=주가 - 행사가격)	제공받는 날	재측정(기말 & 가득기간이후)

→ 참고 거래상대방이 종업원이 아닌 경우는 모두 제공받는 날을 기준으로 위 순위대로 측정함.

문제 29번	법인세비용 계산	출제구분	재출제	난이도	★★☆	정답	①

- 20x2년말 이연법인세자산 50,000이 계상되어야 하므로, 20x1년말 현재 계상되어 있는 이연법인세부채 50,000을 제거하고 추가로 이연법인세자산 50,000을 계상한다. 법인세비용은 대차차액으로 구한다.

→(차) 법인세비용(대차차액) 300,000 (대) 미지급법인세(당기법인세) 400,000
이연법인세부채 50,000
이연법인세자산 50,000

Guide 이연법인세 계산구조

대상	• 일시적차이(유보)
공시	• 이연법인세자산(부채)는 비유동자산(부채)로만 표시하고 소정 요건을 충족하는 경우 상계하여 표시 • 현재가치평가를 하지 않음.
절차	• **[1단계]** 미지급법인세(과세소득×당기세율) =(세전순이익±영구적차이±일시적차이)×당기세율 **[2단계]** 이연법인세자산(부채) =유보(△유보)×미래예상세율(평균세율) **[3단계]** 법인세비용=대차차액에 의해 계산 주의 이연법인세자산(부채)은 당기세율이 아니라 소멸시점의 미래예상세율을 적용함.

문제 30번	이연법인세자산 인식여부와 영향	출제구분	재출제	난이도	★★★	정답	②

- 전기까지 인식하였던 세무상 결손금에 대한 이연법인세자산을 더 이상 인식하지 않는 회계처리를 할 경우 이연법인세자산이 제거되고 법인세비용이 증가한다.

(차) 법인세비용(비용증가) xxx (대) 이연법인세자산(자산감소) xxx

- ㉠ 법인세비용 증가 → 당기순이익 감소 → 이익잉여금 감소 → 자본 감소 → 부채비율(= $\frac{부채}{자본}$) 증가

㉡ 법인세비용차감전순이익에는 영향이 없다.

문제 31번	감가상각방법의 회계추정변경	출제구분	재출제	난이도	★★☆	정답	①

- 20x1년 감가상각비 : 100,000×40%=40,000
20x2년 감가상각비 : (100,000-40,000)×40%=24,000
- 감가상각방법 변경은 회계추정변경이므로 변경효과를 전진적으로 인식한다.(잔존내용연수=3년)
㉠ [1단계] 변경된 시점의 장부금액 계산
20x3년초 장부금액 : 100,000-(40,000+24,000)=36,000
㉡ [2단계] 새로운 추정방법을 위 장부금액에 적용하여 감가상각비 계산
20x3년 감가상각비 : (36,000-0)÷3년=12,000

Guide 회계변경의 처리

회계정책변경	• 처리 : (원칙)소급법 →전기재무제표 재작성O
회계추정변경	• 처리 : 전진법 →전기재무제표 재작성X 주의 회계정책의 변경인지 회계추정의 변경인지 구분하는 것이 어려운 경우에는 이를 회계추정의 변경으로 봄.

문제 32번	EPS · PER를 이용한 주가 계산	출제구분	기출변형	난이도	★ ★ ☆	정답	①

- 주가수익비율(PER) : 주가가 EPS의 몇 배인지를 나타내는 지표 → PER = 주가 ÷ EPS
- EPS : 50,000(당기순이익) ÷ 1,000주(가중평균유통보통주식수) = 50
- PER(10) = 주가 ÷ EPS(50) →∴주가 = 500

문제 33번	관계기업에 대한 유의적 영향력	출제구분	재출제	난이도	★ ★ ★	정답	②

- 유의적인 영향력을 판단함에 있어 피투자자에 대한 의결권은 투자자의 지분율과 종속기업이 보유하고 있는 지분율의 단순 합계로 계산한다.

Guide **유의적인 영향력**

원칙	• 직 · 간접으로 의결권의 20%이상 소유시 명백한 반증이 있는 경우를 제외하고는 유의적인 영향력이 있는 것으로 보아 지분법을 적용함.
예외	❖20%미만 이더라도 유의적인 영향력이 있는 경우 • 의사결정기구·정책결정과정에 참여하는 경우와 필수적 기술정보를 제공하는 경우 주의 일반적 기술정보제공이 아님. • 중요한 거래가 있는 경우와 경영진의 상호 교류가 이루어지는 경우 ❖유의적인 영향력이 있어도 지분법적용을 배제하는 경우 • 12개월 이내에 매각할 목적으로 투자주식을 취득하여 적극적으로 매수자를 찾고 있는 일시보유 목적의 투자주식 →매각예정비유동자산으로 분류함.

*참고 '간접'의 의미

개요	• 종속기업을 통하여 피투자자에 대한 의결권을 소유하는 것을 말함. →즉, 아래에서 A는 반드시 모회사의 종속기업이어야 함. 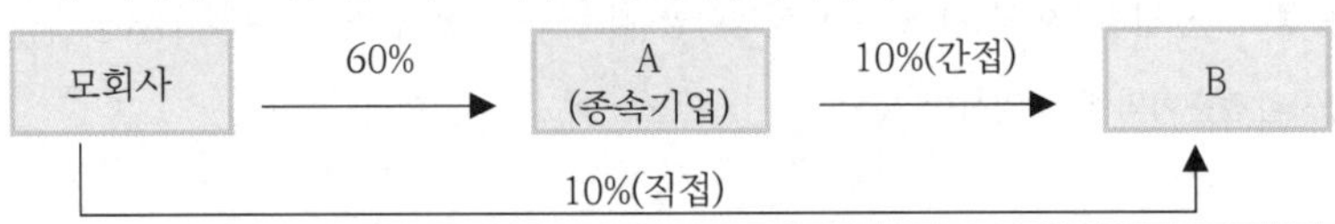
지분율 계산	• 단순하게 합산하여 판단함. →위에서 10%(직접)+10%(간접)=20% 이므로 모회사는 B에 대해 유의적인 영향력 있음.

문제 34번	기능통화와 표시통화	출제구분	재출제	난이도	★★☆	정답	④

- 기업은 어떤 통화든지 표시통화로 사용할 수 있다.(기능통화와 표시통화가 다른 경우에는 기능통화를 표시통화로 환산하여 재무제표에 보고해야 함.)
  →표시통화와 기능통화는 반드시 동일한 화폐로 사용하여야 하는 것은 아니다.

Guide 기능통화와 표시통화

기능통화	• 영업활동이 이루어지는 주된 경제환경의 통화로, 장부에 기록(거래인식)하는 통화 →기능통화 이외의 통화는 모두 외화에 해당함. • 기능통화는 일단 결정된 이후에는 원칙적으로 변경불가함. →기능통화가 변경되는 경우에는 기능통화가 변경된 날의 환율을 사용하여 모든 항목을 새로운 기능통화로 환산하여 전진적용함.
표시통화	• 재무제표를 표시할 때 사용하는 통화 →국내영업기업의 기능통화는 원화로서 이는 표시통화와 동일함. • 기업은 어떤 통화든지 표시통화로 사용할 수 있으나, 기능통화와 표시통화가 다른 경우에는 기능통화를 표시통화로 환산하여 재무제표에 보고해야 함. • 기능통화를 표시통화로 환산시 환산차이는 기타포괄손익으로 인식함. 예시 ㉠ 국내영업기업 달러화는 외화 → 이를 환산한 원화는 기능통화 → 원화는 표시통화와 동일 ㉡ 미국현지법인 엔화는 외화 → 이를 환산한 달러화는 기능통화(장부기록) → 이를 환산한 원화는 표시통화

문제 35번	파생상품 해당여부	출제구분	재출제	난이도	★☆☆	정답	①

- 주식, 국공채, 회사채는 파생상품이 아니다.

Guide 파생상품의 종류

선물	• 현재 합의된 가격으로 미래 표준화된 특정대상을 인수할 것을 불특정다수와 약정한 조직화된 시장인 장내거래(선물거래소)에서의 계약 →예 배추밭떼기 : 3개월 후에 ₩100에 산다는 계약 • 거래증거금이 필요하며 일일정산제도가 있음.	• 무조건 계약을 이행해야함. • 권리와 의무 모두 존재
선도	• 선물과 동일하나 장외거래이며 특정인과의 계약임. →장외거래이므로 상대방의 신용상태파악이 필수적임.	
옵션	• 특정대상을 일정기간 내에 미리 정해진 가격으로 사거나 팔수 있는 권리에 대한 계약 →예 3개월 후에 ₩1,000에 살 수 있는 권리를 ₩100에 사는 계약을 한 경우 3개월 후에 가격동향을 판단하여 가격이 오르면 권리를 행사함. →미국형옵션 : 만기 전에 언제라도 권리행사 가능 →유럽형옵션 : 만기에만 권리행사 가능	• 계약파기 가능 • 권리나 의무중 하나만 존재
스왑	• 거래 쌍방 간에 상품 또는 경제적조건을 서로 맞바꾸는 것	

문제 36번	통화선도계약(수입)	출제구분	재출제	난이도	★ ★ ★	정답	①

• 회계처리

20x1.10.1	(차) 원재료	118,000	(대) 외화매입채무	$100×1,180=118,000
20x1.12.31	(차) 통화선도	2,000	(대) 통화선도평가이익	$100×(1,220-1,200)=2,000
	(차) 외환손실	$100×(1,210-1,180)=3,000	(대) 외화매입채무	3,000
20x2.2.28	(차) 현금	$100×1,230=123,000	(대) 현금	$100×1,200=120,000
			통화선도	2,000
			통화선도거래이익	1,000
	(차) 외화매입채무	121,000	(대) 현금	$100×1,230=123,000
	외환손실	2,000		

문제 37번	리스이용자 감가상각비 계산	출제구분	재출제	난이도	★ ★ ☆	정답	②

• 사용권자산(리스부채) : 100,000(리스료의 현재가치)
• 감가상각대상금액 : 100,000 - 0(추정잔존가치) = 100,000
• 감가상각기간 : 소유권이전이 있으므로 내용연수 5년 적용
• 20x1년 감가상각비 : 100,000÷5년 = 20,000

*참고 회계처리

20x1년초(리스개시일)	(차) 사용권자산	100,000	(대) 리스부채	100,000
20x1년말(보고기간말)	(차) 이자비용	xxx	(대) 현금	50,000
	리스부채	xxx		
	(차) 감가상각비	20,000	(대) 감가상각누계액	20,000

Guide 리스이용자 회계처리

리스개시일	• (차) 사용권자산(원가) xxx (대) 리스부채 xxx 현금(리스개설직접원가) xxx	
	리스부채	❒ 지급되지 않은 리스료를 내재이자율로 할인한 현재가치 (내재이자율 산정불가시는 리스이용자의 증분차입이자율로 할인)
보고기간말	• (차) 이자비용 xxx (대) 현금 xxx 리스부채 xxx (차) 감가상각비 xxx (대) 감가상각누계액 xxx	
	이자비용	❒ 리스부채 장부금액×내재이자율
	감가상각	

구분	감가상각대상금액	감가상각기간
소유권이전O	원가-추정잔존가	내용연수
소유권이전X	원가-보증잔존가	Min[리스기간, 내용연수]

문제 38번	현금흐름표 분석	출제구분	신유형	난이도	★ ★ ★	정답	①

• ① 당기순손익에서 출발하여 조정사항을 가감하여 영업활동현금흐름을 도출하므로, 당기순손실인 경우에도 조정사항 가감액의 크기에 따라 영업활동현금흐름이 (+)가 될 수 있다. 따라서, 당기순이익이 발생했을 것이라고 단정지을 수 없다.
② 유형자산의 처분은 투자활동 현금유입이므로, (-)상황을 (+)로 만드는 것이 가능하다.
③ 배당금지급은 영업활동 또는 재무활동으로 분류가능하며, 만약 배당금지급을 영업활동으로 분류한 경우라면 이를 재무활동으로 분류하여 영업활동 현금유출의 감소를 통한 영업활동현금흐름의 증가가 가능하다.
④ (-)의 재무활동현금흐름을 야기시킨 원인으로, 재무활동 현금유출인 차입금상환과 배당금지급(재무활동으로 분류한 경우)이 있었다고 추정할 수 있다.

문제 39번	매입활동 현금지급액	출제구분	재출제	난이도	★ ★ ☆	정답	③

• 발생주의 순매입액 :(160,000,000)
매입채무의 증가 : 25,000,000
현금주의 매입액 (135,000,000)

Guide **발생주의의 현금주의 전환 : 매입액**

❒ (-)로 출발하며 자산의 증감은 역방향으로 가감하며, 부채의 증감은 순방향으로 가감하여 분석

• **발생주의 순매입액**(매입할인 · 에누리 · 환출을 차감한 후의 금액)	:	(xxx)	▶ (-)로 출발함에 주의!
매입채무의 증가	:	xxx	
선급금의 증가	:	(xxx)	
현금주의 매입액(매입채무지급액, 선급금지급액, 현금매입)		(xxx)	

문제 40번	현금흐름표 작성 일반사항	출제구분	기출변형	난이도	★ ★ ☆	정답	②

• 직접법, 간접법은 영업활동을 표시하는 방법이므로, 직접법과 간접법 모두에서 투자활동, 재무활동 표시방법은 동일하다.

Guide **현금흐름표 양식**

영업활동 현금흐름		×××
직접법(K-IFRS권장)	◀ 선택적으로 작성	
간접법	◀	
투자활동 현금흐름		×××
재무활동 현금흐름		×××
현금및현금성자산의 환율변동효과		×××
기초 현금및현금성자산		×××
기말 현금및현금성자산		×××

3P 3P FINAL 3P

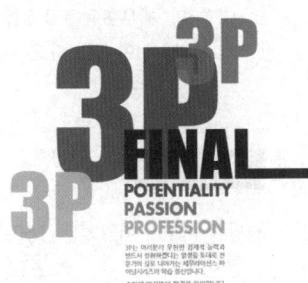

POTENTIALITY
PASSION
PROFESSION

3P는 여러분의 무한한 잠재적 능력과 반드시 성취하겠다는 열정을 토대로 전문가의 길로 나아가는 세무라이선스 파이널시리즈의 학습 정신입니다.

수험생 여러분의 합격을 응원합니다.

재경관리사 공개기출해설[재무]

2021년 3월에 시행된 기출문제에 대한 완벽한 해설을 관련이론(가이드)과 함께 제시하였습니다. 해당 문제는 합본부록을 참고바랍니다.

FINAL

Certified Accounting Manager

재무회계 공개기출문제해설

[2021년 03월 시행]

SEMOOLICENCE

문제 1번	국제회계기준의 특징	출제구분	재출제	난이도	★ ☆ ☆	정답	②

• 국제회계기준은 연결재무제표를 기본재무제표로 제시하고 있으므로, 국제회계기준은 개별재무제표가 아닌 연결재무제표 중심이다.

Guide **국제회계기준의 특징**

원칙중심	• 기본원칙과 방법론만 제시 주의 규칙중심이 아님. →회계처리, 양식, 계정과목을 정형화하지 않고 다양성과 재량을 부여
연결재무제표중심	• 연결재무제표를 기본재무제표로 제시 주의 개별재무제표 중심이 아님.
공시강화	• 주석을 통한 많은 공시항목을 요구함.
공정가치확대	• 원칙적으로 자산·부채의 공정가치 측정을 요구
협업제정	• 독자적이 아닌 각국의 협업을 통해 제정

문제 2번	근본적 질적특성의 구성	출제구분	기초문제	난이도	★ ☆ ☆	정답	①

• 근본적 질적특성 : 목적적합성(예측가치와 확인가치, 중요성), 표현충실성

Guide **재무정보의 질적특성 개괄**

재무정보의 질적특성	구성요소	포괄적 제약요인
근본적 질적특성	목적적합성(예측가치와 확인가치, 중요성), 표현충실성	원가
보강적 질적특성	비교가능성, 검증가능성, 적시성, 이해가능성	

문제 3번	재무제표 요소 중 자산의 측정	출제구분	재출제	난이도	★ ★ ☆	정답	①

• ② 사용가치(자산) ③ 현행원가(자산) ④ 공정가치(자산)

Guide **재무제표 요소의 측정**

역사적원가	자산		• 지급한대가+거래원가(예 건물취득시 취득세)
	부채		• 수취한대가-거래원가(예 사채발행시 사채발행비)
현행가치	공정가치	자산	• 시장참여자 사이의 정상거래에서 자산매도시 받게 될 가격
		부채	• 시장참여자 사이의 정상거래에서 부채이전시 지급하게 될 가격
	사용가치(자산)		• 자산사용과 처분으로 기대하는 현금흐름 및 그 밖의 경제적효익의 현재가치
	이행가치(부채)		• 부채이행시 이전해야 하는 현금 및 그 밖의 경제적자원의 현재가치
	현행원가	자산	• 측정일에 동등한 자산의 원가로서 측정일에 지급할 대가(측정일에 발생할 거래원가 포함) →즉, 자산구입시 지급대가를 의미함.
		부채	• 측정일에 동등한 부채에 대해 수취할 수 있는 대가(측정일에 발생할 거래원가 차감) →즉, 부채발생시 수취대가를 의미함.

문제 4번	유동자산 집계	출제구분	기초문제	난이도	★☆☆	정답	④

- 유동자산 : 당좌자산+재고자산
  →당좌자산 : 40,000(단기대여금)+400,000(매출채권)+50,000(선급금)+40,000(미수금)=530,000
  →재고자산 : 600,000
- 유동자산 : 530,000+600,000=1,130,000

문제 5번	특수관계자 공시	출제구분	기출변형	난이도	★★☆	정답	②

- 특수관계자 거래가 없더라도 특수관계 자체가 기업의 당기순손익과 재무상태에 영향을 줄 수 있다. 지배기업과 그 종속기업 사이의 관계는 거래의 유무에 관계없이 공시한다.

Guide 특수관계자 공시사항

지배·종속 공시사항	• 지배기업과 그 종속기업 사이의 관계는 거래의 유무에 관계없이 공시 • 지배기업의 명칭을 공시 • 최상위지배자와 지배기업이 다른 경우에는 최상위지배자의 명칭도 공시 주의 기업과 단순히 통상적인 업무 관계를 맺고 있는 자금제공자, 노동조합, 공익기업 그리고 보고기업에 지배력, 공동지배력 또는 유의적인 영향력이 없는 정부부처와 정부기관(기업 활동의 자율성에 영향을 미치거나 기업의 의사결정과정에 참여할 수 있다 하더라도 상관없음)은 특수관계자가 아님.
주요경영진 공시사항	• 주요 경영진에 대한 보상의 총액 • 분류별 금액 →단기종업원급여, 퇴직급여, 기타장기급여, 해고급여, 주식기준보상
기타 공시사항	• 특수관계자거래가 있는 경우 F/S에 미치는 특수관계의 잠재적 영향파악에 필요한 거래, 약정을 포함한 채권·채무 진액에 대한 정보뿐만 아니라 특수관계의 성격도 공시

문제 6번	재고자산 취득원가 고려사항	출제구분	재출제	난이도	★☆☆	정답	④

- 재료원가, 노무원가 및 기타 제조원가 중 비정상적으로 낭비된 부분과 후속 생산단계에 투입하기 전에 보관이 필요한 경우 이외에 발생하는 보관원가는 발생기간의 비용으로 처리한다.

Guide 재고자산 취득원가 일반사항

취득원가 범위	매입원가	• 매입가격에 수입관세와 제세금(과세당국으로부터 추후 환급받을 수 있는 금액은 제외), 매입운임, 하역료를 가산 • 매입할인(에누리,환출), 리베이트 항목은 매입원가를 결정할 때 차감
	전환원가	• 제조기업에서 완제품으로 전환하는데 발생하는 직접노무비와 제조간접비
	기타원가	• 재고자산을 현재의 장소에 현재의 상태로 이르게 하는데 발생한 원가
매입운임	선적지인도기준	• 매입자가 부담 → ∴매입자의 재고자산 취득원가에 가산
	도착지인도기준	• 판매자가 부담 → ∴판매자의 판매비(매출운임)로 계상
비용처리 원가	• ㉠ 재료원가, 노무원가, 기타 제조원가 중 비정상적으로 낭비된 원가 ㉡ 후속 생산단계에 투입하기 전에 보관이 필요한 경우 이외의 보관원가 ㉢ 재고자산을 현재장소에 현재 상태로 이르게 하는데 기여하지 않은 관리간접원가 ㉣ 판매원가	

문제 7번	재고자산 관련 비용처리액	출제구분	재출제	난이도	★ ★ ★	정답	①

- 매출원가(구) : 450,000(기초재고+당기매입=판매가능상품) - 150,000(기말재고장부금액)=300,000
- 순실현가능가치(NRV) : 170,000-40,000=130,000
- 평가손실 : 150,000(기말재고장부금액=기말재고실사금액) - 130,000(순실현가능가치)=20,000

∴비용총액 : 300,000[매출원가(구)]+20,000(평가손실)+0(정상감모손실)+0(비정상감모손실)=320,000

Guide 판매가능상품(기초재고+당기매입)의 구성

〈평가손실/정상감모손실을 매출원가 처리한다고 가정시〉

기초재고	450,000
당기매입	

‖

① 매출원가(구)[평가 · 감모손실 반영전]	300,000
② 평가손실	20,000
③ 정상감모손실	0
④ 비정상감모손실	0
⑤ 기말재고[평가 · 감모손실 반영후]	130,000

→매출원가(신)=①+②+③

→비용총액=①+②+③+④

문제 8번	이동평균법 기말재고자산금액	출제구분	기출변형	난이도	★ ★ ★	정답	③

- 4월 22일 현재 이동평균단가 : (90,000+30,000)÷(1,000개+200개)=@100
  →매출원가 : 900개×@100=90,000
- 7월 12일 현재 이동평균단가 : (300개×100+22,000)÷(300개+200개)=@104
  →매출원가 : 100개×@104=10,400
- 기말재고 : (90,000+30,000+22,000) - (90,000+10,400)=41,600

문제 9번	유형자산 후속원가 처리	출제구분	재출제	난이도	★ ★ ★	정답	④

• 인식기준을 충족하는 경우에는 일상적인 수선·유지를 위한 지출을 제외하고 해당 유형자산의 장부금액에 포함하여 인식하고 대체되는 부분의 장부금액은 당초 그 부분을 별도로 분리하여 인식하였는지 여부와는 관계없이(즉, 분리하여 인식하지 않은 경우에도) 제거한다.

Guide 유형자산 후속원가

수선·유지	**사례** 용광로의 내화벽돌 교체, 항공기의 좌석 등 내부설비 교체 • 일상적인 수선·유지 관련원가는 발생시점에 당기손익으로 인식함.
정기교체	• 인식기준을 충족하는 경우에는 해당 유형자산의 장부금액에 포함하여 인식하고, 대체되는 부분의 장부금액은 제거함. 신부품 대체: (차) 유형자산 xxx (대) FVPL금융자산 xxx 구부품 제거: (차) 감가상각누계액 xxx (대) 유형자산 xxx / 처분손실 xxx
종합검사	**사례** 항공기의 결함에 대한 정기적인 종합검사 • 인식기준을 충족하는 경우에는 해당 유형자산의 장부금액에 포함하여 인식하고, 직전 종합검사에서의 원가와 관련되어 남아 있는 장부금액을 제거함. 주의 해당 유형자산을 매입·건설할 때 종합검사와 관련된 원가를 분리하여 인식하였는지 여부와 관계없이 위와 같이 회계처리함.

문제 10번	일반차입금 연평균지출액	출제구분	재출제	난이도	★ ☆ ☆	정답	②

• 연평균지출액 : $15,000,000\times\frac{12}{12}+24,000,000\times\frac{7}{12}+8,000,000\times\frac{3}{12}=31,000,000$

Guide 차입원가 자본화액

특정차입금 자본화금액	일반차입금 자본화금액 [한도] 일반차입금차입원가
❒ 특정차입금 차입원가 - 일시투자수익	❒ (연평균지출액 - 연평균특정차입금[1])×자본화이자율 →자본화이자율 = $\frac{\text{일반차입금차입원가}}{\text{연평균일반차입금}}$ [1]일시예치금 차감액

문제 11번	손상후 감가상각비와 손상차손환입	출제구분	재출제	난이도	★ ★ ★	정답	③

• 20x2년 감가상각비 : 12,000만원÷10년 = 1,200만원
손상후 장부금액(20x2년말) : 12,000만원 - 1,200만원 = 10,800만원
20x2년말 회수가능액 : Max[① 28,000만원(순공정가치) ② 22,000만원(사용가치)] = 28,000만원

• 20x2년말 손상차손환입액 : Min[㉠ 손상되지 않았을 경우의 장부금액 ㉡ 회수가능액] - 손상후 장부금액
→손상되지 않았을 경우의 장부금액 : 30,000만원-30,000만원÷10년 = 27,000만원
→회수가능액 : 28,000만원
→손상후 장부금액 : 10,800만원
∴Min[㉠ 27,000만원 ㉡ 28,000만원] - 10,800만원 = 16,200만원

***참고** 회계처리

20x2년 12월 31일	(차) 감가상각비	1,200만원	(대) 감가상각누계액	1,200만원
	(차) 손상차손누계액	16,200만원	(대) 손상차손환입	16,200만원

문제 12번	연구 · 개발단계 지출의 비용인식	출제구분	재출제	난이도	★ ★ ★	정답	③

• 연구비(비용) : 200,000
경상개발비(비용) : 1,500,000
개발비(자산) : 500,000(개발단계 자산조건만족)+800,000(내부개발소프트웨어 자산조건만족)=1,300,000
• 상각개시시점 : 자산이 사용가능한 때부터 시작〈∴20x1년 상각비 계상기간은 6개월(7/1~12/31)〉

→ 20x1년 인식할 개발비상각비 : $(1,300,000 \div 5년) \times \frac{6}{12} = 130,000$

∴20x1년 총비용 : 200,000+1,500,000+130,000=1,830,000

Guide **연구·개발단계 지출의 처리와 소프트웨어**

연구 · 개발단계지출	연구단계활동 지출	• 비용(연구비)
	개발단계활동 지출	• 자산인식요건 충족O : 무형자산(개발비) • 자산인식요건 충족X : 비용(경상개발비)
소프트웨어	내부개발소프트웨어	• 자산인식조건 충족시 '개발비'의 과목으로 무형자산 처리
	외부구입소프트웨어	• 자산인식조건 충족시 '소프트웨어'의 과목으로 무형자산 처리

문제 13번	무형자산 상각	출제구분	재출제	난이도	★ ★ ☆	정답	④

• 회계추정의 변경은 전진법으로 회계처리한다.(회계정책의 변경은 소급법으로 회계처리한다.)

Guide **무형자산 잔존가치·상각기간·상각방법 변경**

잔존가치 변경	• 잔존가치는 적어도 매 회계연도 말에는 검토한다. 잔존가치의 변동은 회계추정의 변경으로 처리한다.[K-IFRS 제1038호 문단102]
상각기간 · 상각방법 변경	• 내용연수가 유한한 무형자산의 상각기간과 상각방법은 적어도 매 회계연도 말에 검토한다. 자산의 예상 내용연수가 과거의 추정치와 다르다면 상각기간을 이에 따라 변경한다. 자산이 갖는 미래경제적효익의 예상소비형태가 변동된다면, 변동된 소비형태를 반영하기 위하여 상각방법을 변경한다. 그러한 변경은 회계추정의 변경으로 회계처리한다.[K-IFRS 제1038호 문단104]

문제 14번	투자부동산 해당여부	출제구분	기출변형	난이도	★ ☆ ☆	정답	①

• 장기 시세차익을 얻기 위하여 보유하고 있는 토지는 투자부동산에 해당하나, 통상적인 영업과성에서 단기긴에 판매하기 위하여 보유하는 토지는 제외한다.[K-IFRS 제1040호 문단8]

Guide **투자부동산에 해당하는 항목**

투자부동산O [예시]	• 장기시세차익을 얻기 위하여 보유하고 있는 토지 →통상적인 영업과정에서 단기간에 판매하기 위하여 보유하는 토지는 제외함. • 장래 용도를 결정하지 못한 채로 보유하고 있는 토지 • 직접소유하고 운용리스로 제공하는 건물 • 운용리스로 제공하기 위하여 보유하는 미사용 건물 • 미래에 투자부동산으로 사용하기 위하여 건설 · 개발중인 부동산

* 저자주 K-IFRS 개정으로 '정상적인'은 '통상적인'으로 문구가 변경되었으니 참고바랍니다.

문제 15번	FVOCI금융자산 기타포괄손익 상계	출제구분	기출변형	난이도	★★☆	정답	③

- 거래원가(취득관련수수료)는 취득원가(공정가치)에 가산한다.
- FVOCI금융자산의 평가이익과 평가손실은 발생시 상계하여 계상한다.
- 회계처리

20x0년초	(차) FVOCI금융자산	110,000	(대) 현금	100,000
			현금	10,000
20x0년말	(차) 평가손실	10,000[1]	(대) FVOCI금융자산	10,000
20x1년말	(차) FVOCI금융자산	50,000	(대) 평가손실	10,000[2]
			평가이익	40,000[2]

[1] 110,000 - 100,000 = 10,000　　[2] 150,000 - 100,000 = 50,000

*고속철 20x1년말 기타포괄손익누계액 : 150,000(20x1년말 공정가치) - 110,000(20x0년초 취득원가) = 40,000

*저자주 만약, 기타포괄손익에의 영향을 물으면?

→20x0년 기타포괄손익 10,000 감소, 20x1년 기타포괄손익 50,000 증가

Guide 금융자산 인식시 거래원가 처리

FVPL금융자산(당기손익-공정가치측정금융자산)	• 발생 즉시 당기비용으로 인식
그 외 금융자산	• 공정가치에 가산

Guide FVOCI금융자산(지분상품) 평가와 처분

평가손익	자본처리	• 공정가치와 장부금액의 차액 : 기타포괄손익(자본)으로 처리함. 주의 평가이익과 평가손실은 발생시 상계하여 표시함.
	재분류불가	• 평가손익은 후속적으로 당기손익으로 재분류하지 않음.(재순환 불가) →즉, 다른 자본계정(이익잉여금)으로 대체는 가능함. 비교 FVOCI금융자산(채무상품)평가손익은 제거시 당기손익으로 재분류함.
처분손익	선평가	• 처분시 공정가치(=처분금액)로 먼저 평가하여 평가손익을 인식함.
	처분손익 인식불가	• 처분손익을 인식하지 않음. 예시 장부금액 ₩90, 처분금액(=공정가치) ₩100인 경우 선평가: (차) FVOCI금융자산 10 (대) 평가이익 10 처 분: (차) 현금 100 (대) FVOCI금융자산 100

문제 16번	손상차손 인식대상 금융자산	출제구분	신유형	난이도	★ ☆ ☆	정답	④

• 금융자산 손상대상 : AC금융자산과 FVOCI금융자산(채무상품)

Guide 금융자산의 손상인식

손상대상	• ㉠ AC금융자산[=상각후원가금융자산] →(차) 손상차손(당기손익) xxx (대) 손실충당금(자산차감) xxx ㉡ FVOCI금융자산(채무상품)[=기타포괄손익-공정가치측정금융자산(채무상품)] →(차) 손상차손(당기손익) xxx (대) 평가이익(기타포괄손익) xxx
기대손실모형	• 신용이 손상되지 않은 경우에도 기대신용손실을 추정하여 인식함. • 신용이 손상된 경우(손상발생의 객관적 증거가 있는 경우) ❒ 재무적 어려움, 채무불이행, 연체와 같은 계약위반 ❒ 차입조건의 불가피한 완화, 파산가능성 ❒ 재무구조조정가능성, 활성시장의 소멸, 크게 할인가격으로 매입하거나 창출

문제 17번	사채할인발행 2차연도말 장부금액	출제구분	신유형	난이도	★ ★ ☆	정답	③

• 20x1년 12월 31일 사채할인발행차금상각액 : 87,565×10%-100,000×5%=3,757
 →20x1년 12월 31일의 장부금액 : 87,565+3,757=91,322
• 20x2년 12월 31일 사채할인발행차금상각액 : 91,322×10%-100,000×5%=4,132
 →20x2년 12월 31일의 장부금액 : 91,322+4,132=95,454

*[별해] 유효이자율법에 의한 상각표

일자	유효이자(10%)	액면이자(5%)	상각액	장부금액
20x1년 1월 1일				87,565
20x1년 12월 31일	87,565×10%=8,757	100,000×5%=5,000	8,757-5,000=3,757	87,565+3,757=91,322
20x2년 12월 31일	91,322×10%=9,132	100,000×5%=5,000	9,132-5,000=4,132	91,322+4,132=**95,454**
20x3년 12월 31일	95,454×10%=9,546	100,000×5%=5,000	9,546-5,000=4,546	95,454+4,546=100,000

*참고 회계처리

20x1년 1월 1일	(차) 현금 87,565 (대) 사채 100,000 사채할인발행차금 12,435
20x1년 12월 31일	(차) 이자비용 8,757 (대) 현금 5,000 사채할인발행차금 3,757
20x2년 12월 31일	(차) 이자비용 9,132 (대) 현금 5,000 사채할인발행차금 4,132
20x3년 12월 31일	(차) 이자비용 9,546 (대) 현금 5,000 사채할인발행차금 4,546 (차) 사채 100,000 (대) 현금 100,000

문제 18번	사채할증발행과 사채상환	출제구분	신유형	난이도	★ ★ ★	정답	②

* 저자주 문제의 명확한 성립을 위해 선지 ②,③,④에 누락된 '20x1년말'을 추가하기 바랍니다.
- 발행금액(현재가치) : 10,000×2.5771+100,000×0.7938=105,151
- 사채할증발행차금 : 105,151-100,000=5,151
- 유효이자율법에 의한 상각표

일자	액면이자(10%)	유효이자(8%)	상각액	장부금액
20x1년 1월 1일				105,151
20x1년 12월 31일	10,000	105,151×8%=8,412	10,000-8,412=1,588	105,151-1,588=103,563

- ① 고속철 할증발행시 총이자비용=총액면이자-총사채할증발행차금
  →총액면이자(10,000×3년)-총사채할증발행차금(5,151)=24,849
  ② 20x1년말 장부금액 : 103,563〈유효이자율법에 의한 상각표 참조!〉
  ③ 20x1년말 사채상환손익 : 장부금액(103,563)-상환금액(105,000)=△1,437(상환손실)
  ④ 20x1년말 사채할증발행차금상각액 : 1,588〈유효이자율법에 의한 상각표 참조!〉

* 참고 회계처리

20x1년 1월 1일	(차) 현금	105,151	(대) 사채	100,000
			사채할증발행차금	5,151
20x1년 12월 31일	(차) 이자비용	8,412	(대) 현금	10,000
	사채할증발행차금	1,588		
	(차) 사채	100,000	(대) 현금	105,000
	사채할증발행차금	3,563		
	사채상환손실	1,437		

문제 19번	전환사채 부채요소	출제구분	신유형	난이도	★ ★ ☆	정답	②

- 전환사채 발행일에 부채로 계상할 금액 : 부채요소해당액(=일반사채현재가치)

∴(3,000,000+390,000)×0.7118=2,413,002

Guide 전환사채의 부채요소와 자본요소

요소구분	❐ ㉠ 부채요소(금융부채)=일반사채 : 현금 등 금융자산을 인도하기로 하는 계약 ㉡ 자본요소(지분상품)=전환권 : 확정수량 보통주로 전환할 수 있는 권리를 보유자에게 부여하는 콜옵션 ❐ 자본요소는 잔여지분이라는 정의와 일관되도록 하기 위해, 부채요소해당액(사채현재가치)을 먼저 측정하고, 발행금액에서 부채요소해당액을 차감한 금액으로 자본요소해당액을 측정하도록 규정하고 있다. →발행금액-부채요소해당액(현재가치)=자본요소해당액(전환권가치)

문제 20번	손실부담계약과 충당부채	출제구분	재출제	난이도	★ ★ ★	정답	④

• 회피불가능한 원가는 계약을 이행하기 위하여 소요되는 원가와 계약을 이행하지 못하였을 때 지급하여야 할 위약금 중 작은 금액이다.

Guide 손실부담계약 세부고찰

의의	• 손실부담계약이란 계약상의 의무에 따라 발생하는 회피 불가능한 원가가 당해 계약에 의하여 받을 것으로 기대되는 경제적효익을 초과하는 계약을 말함. →예 손실이 예상되는 확정매입계약
충당부채 인식	• 손실부담계약을 체결한 경우에는 관련된 현재의무를 충당부채로 인식함.
회피불가능한 원가	❒ Min{계약을 이행하기 위하여 필요한 원가 계약을 이행하지 못하였을때 지급하여야 할 보상금 또는 위약금

문제 21번	자본과 주식 세부고찰	출제구분	재출제	난이도	★ ★ ★	정답	④

• ① 법정자본금 : 5,000,000,000(자본금)
② 발행주식수 : 5,000,000,000(자본금)÷5,000(주당 액면금액)=1,000,000주
③ 기말 이익잉여금 : 10,000,000,000-(5,000,000,000+3,500,000,000)=1,500,000,000
④ 주당 주식발행금액 : (5,000,000,000+3,500,000,000)÷1,000,000주=@8,500

문제 22번	자본항목별 변동분석	출제구분	재출제	난이도	★ ★ ☆	정답	③

• 유상증자(20x1년 2월 4일) 회계처리
(차) 현금 100,000주×7,500=750,000,000 (대) 자본금 500,000,000
주식발행초과금 250,000,000
→자본금 500백만원 증가, 주식발행초과금 250백만원 증가
• 자기주식취득(20x1년 10월 10일) 회계처리
(차) 자기주식 5,000주×10,000=50,000,000 (대) 현금 50,000,000
→자기주식 50백만원 증가

∴(가) : 500백만원+500백만원=1,000백만원
(나) : 750백만원+250백만원=1,000백만원
(다) : (100백만원)+(50백만원)=(150백만원)

문제 23번	5단계 수익인식모형	출제구분	재출제	난이도	★ ☆ ☆	정답	①

• 모든 유형의 계약에 적용되는 수익인식의 단계는 다음과 같다.

【1단계】계약의 식별	• 고객과의 계약인지 여부를 확인하는 단계
【2단계】수행의무 식별	• 고객에게 수행할 의무가 무엇인지를 확인하는 단계
【3단계】거래가격 산정	• 고객에게 받을 대가를 측정하는 단계
【4단계】거래가격 배분	• 거래가격을 수행의무별로 배분하는 단계
【5단계】수익인식	• 수행의무의 이행시 수익을 인식하는 단계

문제 24번	반품권이 있는 판매의 수익인식	출제구분	재출제	난이도	★ ★ ☆	정답	④

- 예상반품률 : 10,000,000÷50,000,000 = 20%
- 매출액 : 50,000,000×(1 - 20%) = 40,000,000

Guide 반품권이 있는 판매 회계처리(반품가능성 예측가능한 경우)

수익인식	(차) 현금	50,000,000	(대)	매출(판매예상분) 환불부채(반품예상분)	40,000,000[1)] 10,000,000[2)]
원가인식	(차) 매출원가(판매예상분) 반품제품회수권(반품예상분)	24,000,000[3)] 6,000,000[4)]	(대)	제품	30,000,000

[1)] 50,000,000×80% = 40,000,000 [2)] 50,000,000×20% = 10,000,000
[3)] 30,000,000×80% = 24,000,000 [4)] 30,000,000×20% = 6,000,000

문제 25번	미청구공사 · 초과청구공사 계산	출제구분	재출제	난이도	★ ★ ☆	정답	③

- 20x1년 계약수익 : $120,000,000 \times \frac{40,000,000}{100,000,000} = 48,000,000$
- 20x1년 계약이익 : 48,000,000(계약수익) - 40,000,000(계약원가) = 8,000,000
- 20x1년말 미성공사 : 40,000,000(계약원가) + 8,000,000(계약이익) = 48,000,000
- 20x1년말 미청구공사(계약자산) : 48,000,000(미성공사) - 40,000,000(진행청구액) = 8,000,000

*고속철 '미성공사 = 누적계약수익'이므로, 누적계약수익 24,000,000이 미성공사금액이 된다.

*참고 20x1년 회계처리

계약원가 발생	(차) 미성공사	40,000,000	(대) 현금	40,000,000
계약대금 청구	(차) 공사미수금	40,000,000	(대) 진행청구액	40,000,000
계약대금 수령	(차) 현금	xxx	(대) 공사미수금	xxx
계약손익인식	(차) 계약원가 미성공사	40,000,000 8,000,000	(대) 계약수익	48,000,000

문제 26번	계약수익과 계약원가의 인식	출제구분	재출제	난이도	★ ★ ☆	정답	②

- 하도급계약에 따라 수행될 공사에 대해 하도급자에게 선급한 금액은 진행률 산정을 위한 누적발생원가에서 제외시켜야 한다.

문제 27번	확정급여제도 손익 구분	출제구분	재출제	난이도	★ ★ ☆	정답	②

• 다음은 당기손익으로 인식한다.

㉠ 당기근무원가

→ (차) 퇴직급여(당기손익) xxx (대) 확정급여채무 xxx

㉡ 과거근무원가

→ (차) 퇴직급여(당기손익) xxx (대) 확정급여채무 xxx

㉢ 정산으로 인한 손익

→ (차) 확정급여채무 xxx (대) 사외적립자산 xxx
정산손실(당기손익) xxx 현금 xxx

㉣ 순확정급여부채 및 사외적립자산의 순이자

→ (차) 퇴직급여(이자원가) xxx (대) 확정급여채무 xxx
(차) 사외적립자산 xxx (대) 퇴직급여(이자수익) xxx

• 재측정요소의 다음 3가지는 기타포괄손익으로 인식한다.

㉠ 확정급여채무의 재측정손익(보험수리적손익)

→ (차) 재측정손실(기타포괄손익) xxx (대) 확정급여채무 xxx

㉡ 사외적립자산의 재측정손익(투자손익 : 실제수익 - 기대수익)

→ (차) 사외적립자산 xxx (대) 재측정이익(기타포괄손익) xxx

㉢ 순확정급여자산('사외적립자산〉확정급여채무'인 경우)의 자산인식상한 초과액

→ (차) 재측정손실(기타포괄손익) xxx (대) 사외적립자산조정충당금 xxx

* 저자주 본 문제는 세무사 기출문제의 지문을 그대로 인용한 문제로, 재측정요소에 대한 구체적인 내용은 재경관리사 시험수준을 초과하므로 참고만 하기 바랍니다.

문제 28번	현금결제형 주식기준보상 당기보상비용	출제구분	재출제	난이도	★ ☆ ☆	정답	①

• $27{,}000\text{개} \times 250{,}000 \times \frac{1}{3} = 2{,}250{,}000{,}000$(22.5억원)

Guide 현금결제형 주식기준보상 보고기간말 회계처리

보고기간말	• 주가차액보상권은 보고기간말 공정가치로 재측정하고 기대권리소멸률을 반영한 보상원가를 용역제공비율에 따라 가득기간에 걸쳐 인식 →(차) 주식보상비용(당기비용) xxx (대) 장기미지급비용(부채) xxx
가득일 이후	• 가득일 이후에도 매 보고기간말의 공정가치를 기준으로 보상원가를 재측정하고 보상원가의 재측정으로 변동한 금액은 주식보상비용과 장기미지급비용으로 처리

문제 29번	이연법인세자산 · 부채 계산	출제구분	재출제	난이도	★ ☆ ☆	정답	②

- 유보(차감할 일시적차이) 900,000
- 이연법인세자산 : 300,000×30%+300,000×30%+300,000×30%=270,000

*참고 회계처리
(차) 법인세비용(대차차액) 1,105,000 (대) 미지급법인세(당기법인세) 5,500,000×25%=1,375,000
이연법인세자산 270,000

문제 30번	법인세비용 계산	출제구분	재출제	난이도	★ ★ ☆	정답	③

- 20x2년말 이연법인세자산 50,000이 계상되어야 하므로, 20x1년말 현재 계상되어 있는 이연법인세자산 10,000에 40,000을 추가로 계상한다. 법인세비용은 대차차액으로 구한다.

→(차) 법인세비용(대차차액) 160,000 (대) 미지급법인세(당기법인세) 200,000
이연법인세자산 40,000

Guide 이연법인세 계산구조

대상	• 일시적차이(유보)
공시	• 이연법인세자산(부채)는 비유동자산(부채)로만 표시하고 소정 요건을 충족하는 경우 상계하여 표시 • 현재가치평가를 하지 않음.
절차	• **[1단계]** 미지급법인세(과세소득×당기세율) =(세전순이익±영구적차이±일시적차이)×당기세율 **[2단계]** 이연법인세자산(부채) =유보(△유보)×미래예상세율(평균세율) **[3단계]** 법인세비용=대차차액에 의해 계산 주의 이연법인세자산(부채)은 당기세율이 아니라 소멸시점의 미래예상세율을 적용함.

문제 31번	오류수정후 당기순이익	출제구분	재출제	난이도	★★☆	정답	②

- 위탁판매의 수익인식시점은 수탁자[(주)하나]가 판매한 시점인 차기 20x2년이므로, 당기 20x1년에 인식한 매출액과 매출원가를 오류수정하여야 한다.
- 20x1년 위탁판매 이익(매출총이익) 과대계상액 : 500,000,000(매출액) - 400,000,000(매출원가) = 100,000,000

∴수정후 당기순이익 : 300,000,000 - 100,000,000 = 200,000,000

Guide **오류수정 처리방법**

개요	• 당기중에 발견한 당기 잠재적 오류는 재무제표의 발행승인일 전에 수정함. →그러나, 중요한 오류를 후속기간에 발견하는 경우 이러한 전기오류는 해당 후속기간의 재무제표에 비교 표시된 재무정보를 재작성하여 수정함. * 저자주 K-IFRS는 중요하지 않은 오류의 처리방법에 대하여는 규정이 없습니다. • 전기오류의 수정은 오류가 발견된 기간의 당기손익으로 보고하지 않음.
소급적용	• 중요한 전기오류가 발견된 이후 최초 발행승인하는 재무제표에 다음 방법으로 소급하여 수정함. ㉠ 오류가 발생한 과거기간의 재무제표가 비교표시되는 경우에는 그 재무정보를 재작성함. ㉡ 오류가 비교표시되는 가장 이른 과거기간 이전에 발생한 경우에는 비교 표시되는 가장 이른 과거기간의 자산, 부채 및 자본의 기초금액을 재작성함.
재작성	• 소급재작성이란 전기오류가 처음부터 발생하지 않은 것처럼 재무제표 구성요소의 인식, 측정 및 공시를 수정하는 것을 말함.

문제 32번	유상증자와 EPS	출제구분	재출제	난이도	★★☆	정답	③

- 가중평균유통보통주식수 계산

1/1 — 7/1 — 12/31

10,000주 (1/1), 5,000주 (7/1)

$\rightarrow 10{,}000주 \times \frac{12}{12} + 5{,}000주 \times \frac{6}{12} = 12{,}500주$

- 기본주당이익(EPS) : $\frac{45{,}000{,}000}{12{,}500주} = 3{,}600$

Guide **기본주당이익의 산정**

보통주당기순이익	• 보통주당기순이익 = 당기순이익 - 우선주배당금
기본주당이익(EPS)	• 기본주당이익(EPS) = $\frac{보통주당기순이익}{가중평균유통보통주식수}$

문제 33번	유의적인 영향력이 있는 경우	출제구분	재출제	난이도	★ ☆ ☆	정답	④

• 기업이 다음 중 하나 이상에 해당하는 경우 일반적으로 유의적인 영향력을 보유한다는 것이 입증된다.[K-IFRS 제1028호 문단6]

> ㉠ 피투자자의 이사회나 이에 준하는 의사결정기구에 참여
> ㉡ 배당이나 다른 분배에 관한 의사결정에 참여하는 것을 포함하여 정책결정과정에 참여
> ㉢ 기업과 피투자자 사이의 중요한 거래
> ㉣ 경영진의 상호 교류
> ㉤ 필수적 기술정보의 제공

문제 34번	관계기업투자주식 장부금액	출제구분	재출제	난이도	★ ☆ ☆	정답	③

• 20x1년말 관계기업투자주식 장부금액 : 3,000(취득원가)+1,000(당기순이익)×30%=3,300

*참고 ㈜삼일 회계처리

취득시(20x1년초)	(차) 관계기업투자주식	3,000	(대) 현금	3,000
당기순이익 보고시(20x1년말)	(차) 관계기업투자주식	300	(대) 지분법이익	300

문제 35번	외화자산의 환산	출제구분	재출제	난이도	★ ★ ☆	정답	①

• 20x1년말 재무상태표상 매출채권 : 20x1년말의 환율로 환산한 금액
→$200,000×1,070+$50,000×1,070=267,500,000

*참고 회계처리

20x1.5.10	(차) 외화매출채권	$200,000×1,100=220,000,000	(대) 매출	220,000,000
20x1.7.15	(차) 외화매출채권	$50,000×1,120=56,000,000	(대) 매출	56,000,000
20x1.12.31	(차) 외환손실(외화환산손실)	8,500,000[1)]	(대) 외화매출채권	8,500,000

1) $200,000×(1,100 - 1,070)+$50,000×(1,120 - 1,070)=8,500,000

문제 36번	선물거래의 개념	출제구분	신유형	난이도	★ ☆ ☆	정답	①

• 선물거래는 수량·규격·품질 등이 표준화되어 있는 특정 대상에 대하여 현재 시점에서 결정된 가격에 의해 미래 일정시점에 인도·인수할 것을 약정한 계약으로서 조직화된 시장에서 정해진 방법으로 거래되는 것을 말한다.

Guide 파생상품의 종류

선물	• 현재 합의된 가격으로 미래 표준화된 특정대상을 인수할 것을 불특정다수와 약정한 조직화된 시장인 장내거래(선물거래소)에서의 계약 →예 배추밭떼기 : 3개월 후에 ₩100에 산다는 계약 • 거래증거금이 필요하며 일일정산제도가 있음.	• 무조건 계약을 이행해야함. • 권리와 의무 모두 존재
선도	• 선물과 동일하나 장외거래이며 특정인과의 계약임. →장외거래이므로 상대방의 신용상태파악이 필수적임.	
옵션	• 특정대상을 일정기간 내에 미리 정해진 가격으로 사거나 팔수 있는 권리에 대한 계약 →예 3개월 후에 ₩1,000에 살 수 있는 권리를 ₩100에 사는 계약을 한 경우 3개월 후에 가격동향을 판단하여 가격이 오르면 권리를 행사함. →미국형옵션 : 만기 전에 언제라도 권리행사 가능 →유럽형옵션 : 만기에만 권리행사 가능	• 계약파기 가능 • 권리나 의무중 하나만 존재
스왑	• 거래 쌍방 간에 상품 또는 경제적조건을 서로 맞바꾸는 것	

문제 37번	리스용어의 정의	출제구분	재출제	난이도	★ ☆ ☆	정답	②

• 리스이용자의 증분차입이자율에 대한 정의에 해당한다.

Guide 리스용어의 정의 주요사항

리스약정일	• 리스계약일과 리스의 주요 조건에 대하여 계약당사자들이 합의한 날 중 이른 날 주의 리스는 리스약정일에 분류함.
리스개시일	• 리스제공자가 리스이용자에게 기초자산을 사용할수 있게 하는 날 주의 리스에 따른 자산, 부채, 수익, 비용의 최초인식일임.(즉, 회계처리시점)
리스료	• 리스이용자가 리스제공자에게 지급하는 금액 →고정리스료+변동리스료+매수선택권행사가격(소유권이전금액)+종료선택권행사가격+보증잔존가치
내재이자율	• 소유권이전이 확실하지 않은 경우 다음 산식을 성립시키게 하는 할인율 (리스료+무보증잔존가치)의 현재가치 = 공정가치+리스개설직접원가(제공자) '리스총투자' / '리스순투자'

문제 38번	현금주의 이자비용 유출액	출제구분	재출제	난이도	★ ★ ☆	정답	①

- 20x1년(당기)에 설립되었으므로 현금주의 유출액 분석시 관련 자산·부채는 당기 이자비용 회계처리에 계상한 미지급비용(미지급이자)만을 고려하면 된다. 또한 유출액 분석이므로 분석시 (-)로 출발한다.
- 이자지급액(현금주의 유출액) 계산

발생주의 이자비용	(1,100,000)
미지급비용(미지급이자) 증가	800,000
현금주의 이자비용	(300,000)

Guide 발생주의의 현금주의 전환 : 이자비용

이자비용 유출액

- (-)로 출발하며, 자산의 증감은 역방향으로, 부채의 증감은 순방향으로 가감하여 분석

이자비용 유출액〈금액은 가정치임〉		
발생주의이자비용	(10,000)	→ (-)로 출발함에 주의!
사채할인발행차금(현재가치할인차금)상각액	1,000	
미지급이자증가(or선급이자감소)	2,000	
유출액(현금주의이자비용)	(7,000)	

➡ (차) 이자비용 100 (대) 현금 80
사채할인발행차금 20

직접법	• 사채할인발행차금을 계산시 가산
간접법	• 사채할인발행차금을 당기순이익에 가산

문제 39번	매출활동 현금유입액	출제구분	재출제	난이도	★ ★ ★	정답	④

- 대손발생액 계산

대손발생	?	기초대손충당금	470
기말대손충당금	300	당기대손상각비	550

→대손발생 = 720

- 발생주의 순매출액 : 560,000
  매출채권(총액)의 감소 : 10,000
  대손발생 : (720)
  현금주의 매출액 569,280

Guide 발생주의의 현금주의 전환 : 매출액

❐ (+)로 출발하며 자산의 증감은 역방향으로 가감하며, 부채의 증감은 순방향으로 가감하여 분석

• **발생주의 순매출액**(매출할인·에누리·환입을 차감한 후의 금액)	: xxx	(+)로 출발함에 주의!
매출채권(총액)의 증가	: (xxx)	
선수금의 증가	: xxx	
대손발생	: (xxx)	
현금주의 매출액(매출채권회수액, 선수금수령액, 현금매출)	xxx	

문제 40번	이자 · 배당금 현금흐름 활동 구분	출제구분	재출제	난이도	★ ★ ☆	정답	③

• 배당금지급은 영업활동이나 재무활동으로 분류하며, 투자활동으로 분류할 수 없다.

Guide 현금흐름 구분시 주의사항

구분	영업활동현금흐름	투자활동현금흐름	재무활동현금흐름	비고
이자수입 · 배당수입	O	O	-	선택가능
이자지급 · 배당지급	O	-	O	선택가능
단기매매(FVPL)금융자산	O	-	-	단기매매목적
법인세지급	O(원칙)	O	O	-

재경관리사 공개기출해설[재무]

2021년 5월에 시행된 기출문제에 대한 완벽한 해설을 관련이론(가이드)과 함께 제시하였습니다. 해당 문제는 합본부록을 참고바랍니다.

FINAL

Certified Accounting Manager

재무회계

공개기출문제해설

[2021년 05월 시행]

SEMOOLICENCE

문제 1번	국제회계기준의 도입효과	출제구분	재출제	난이도	★★☆	정답	②

• 통일된 회계기준에 의하여 재무제표가 작성되므로 회계정보의 국제적 비교가능성은 물론 재무제표에 대한 신뢰성도 증가되었다.

Guide ▶ 국제회계기준의 필요성과 도입효과

필요성	• 오늘날에는 세계화로 인하여 글로벌 경영이 보편화되면서 자금조달이나 해외증시에 상장을 위하여 자국의 회계원칙에 따라 작성된 재무제표를 다른 국가의 회계원칙에 따라 수정해야 하는 일이 흔하게 되었다. 이에 따라 각국의 회계기준이 별도로 운영됨에 따른 비용손실이 매우 커지게 되었으며 국경을 초월하여 투자를 하고 있는 국제적인 투자자들에게도 각국 재무제표의 비교가능성과 투명성의 부족은 자본자유화의 걸림돌이 되었다.
도입효과	• 국제적으로 통일된 회계기준에 의하여 재무제표가 작성되면 해외자금조달이나 투자시 추가적으로 다른 국가의 회계원칙에 따라 재무제표를 재작성할 필요가 없으므로 이에 대한 노력과 비용을 절감할 수 있고, 회계정보의 국제적 비교가능성과 신뢰성이 제고될 수 있다. 뿐만 아니라 국제적 합작계약에서 상호이해가능성을 증진시킬 수 있다. 가속화된 자본자유화 추세에 발맞추어 해외사업확장을 촉진하여 자본시장의 활성화에도 기여할 수 있을 것으로 기대된다.

문제 2번	재무제표 기본가정	출제구분	신유형	난이도	★☆☆	정답	②

• 기업이 청산할 의도나 필요가 있다면 재무제표는 계속업과는 다른 기준에 따라 작성되어야 한다.

Guide ▶ 재무제표 기본가정

❒ 개념체계상 재무제표는 '계속기업'을 가정하여 작성

• 재무제표는 일반적으로 보고기업이 계속기업이며 예측가능한 미래에 영업을 계속할 것이라는 가정 하에 작성됨. 따라서 기업이 청산을 하거나 거래를 중단하려는 의도가 없으며, 그럴 필요도 없다고 가정함.
• 만약 그러한 의도나 필요가 있다면, 재무제표는 계속기업과는 다른 기준에 따라 작성되어야 함. 그러한 경우라면, 사용된 기준을 재무제표에 기술함.

*참고 계속기업 관련 파생개념 : 기간개념, 유동성배열, 감가상각, 역사적원가주의

문제 3번	수익과 비용	출제구분	기초문제	난이도	★☆☆	정답	③

• 비용의 정의 : 자본의 감소를 가져오는 자산의 감소 또는 부채의 증가로서 자본청구권 보유자에 대한 분배와 관련된 것을 제외
→따라서, 일반적으로 미실현손실(예 재고자산평가손실, FVPL평가손실)도 비용에 포함된다.

Guide ▶ 재무제표 요소별 정의

재무상태 요소	자산	• 과거사건의 결과로 기업이 통제하는 현재의 경제적자원 →경제적자원 : 경제적효익을 창출할 잠재력을 지닌 권리
	부채	• 과거사건의 결과로 기업이 경제적자원을 이전해야 하는 현재의무
	자본	• 기업의 자산에서 모든 부채를 차감한 후의 잔여지분
재무성과 요소	수익	• 자본증가를 가져오는 자산증가나 부채감소(자본청구권보유자 출자 제외)
	비용	• 자본감소를 가져오는 자산감소나 부채증가(자본청구권보유자 분배 제외)

문제 4번	재무제표 표시 일반사항	출제구분	재출제	난이도	★ ★ ☆	정답	②

• 매출채권에 대한 대손충당금(손실충당금)을 차감하여 순액으로 측정하는 것은 상계표시에 해당하지 않는다.

Guide ▶ 재무제표 표시(발생기준/중요성과 통합표시/상계)

발생기준		• 기업은 현금흐름정보를 제외하고는 발생기준 회계를 사용하여 재무제표를 작성함.
중요성과 통합표시		• 유사한 항목은 중요성 분류에 따라 F/S에 구분표시하며, 상이한 성격 · 기능을 가진 항목은 구분 표시함. →다만, 중요치 않은 항목은 성격 · 기능이 유사한 항목과 통합표시 가능함.
상계	원칙	• K-IFRS에서 요구하거나 허용하지 않는 한 자산 · 부채, 수익 · 비용은 상계하지 아니함. →단, 재고자산평가충당금과 대손충당금(손실충당금)과 같은 평가충당금을 차감하여 관련자산을 순액으로 측정하는 것은 상계표시에 해당하지 아니함.
	예외	• 상계가 거래의 실질을 반영한다면 상계하여 표시함. →예 ㉠ 비유동자산처분손익(처분비용차감액), 충당부채관련 지출을 제3자 보전액과 상계 ㉡ 외환손익, 단기매매금융상품차익 · 차손을 순액으로 표시(단, 중요시는 구분표시)

문제 5번	중간재무보고의 대상기간과 비교형식	출제구분	재출제	난이도	★ ★ ☆	정답	①

• 자본변동표는 당 회계연도 1월 1일부터 9월 30일까지의 누적기간을 대상으로 작성하고 직전 회계연도의 동일 기간을 대상으로 작성한 자본변동표와 비교 표시한다.

Guide ▶ 중간재무보고 대상기간과 비교형식

재무상태표	• 중간보고기간말과 직전 연차보고기간말을 비교하는 형식으로 작성 ⚲주의 직전 중간보고기간말을 비교하는 형식으로 작성하는게 아님.
포괄손익계산서	• 중간기간과 누적기간을 직전회계연도의 동일기간과 비교하는 형식으로 작성
현금흐름표 자본변동표	• 누적기간을 직전회계연도의 동일기간과 비교하는 형식으로 작성 ⚲주의 중간기간을 직전회계연도 동일기간과 비교형식으로 작성하는게 아님.

문제 6번	재고자산과 유형자산의 구분	출제구분	재출제	난이도	★ ☆ ☆	정답	④

• ① 부동산매매업을 영위하는 기업에서 보유하는 판매목적 토지
→판매(부동산매매)목적 보유자산이므로 재고자산으로 분류된다.
② 자동차제조회사의 공장에서 생산 중에 있는 미완성 엔진
→판매(제품판매)목적 보유자산이므로 재고자산(재공품)으로 분류된다.
③ 건설회사에서 분양사업을 위해 신축하는 건물
→판매(건물분양)목적 보유자산이므로 재고자산으로 분류된다.
④ 의류회사에서 공장의 일부를 폐쇄하면서 처분하고자 하는 설비자산
→사용목적 보유자산이므로 유형자산 또는 요건충족시 매각예정비유동자산으로 분류된다.

문제 7번	외화매입시 재고자산 매입원가	출제구분	재출제	난이도	★ ★ ☆	정답	③

- 매입할인은 매입원가에서 차감한다.
- 운송보험료는 매입원가에 가산한다.
- 환급 불가한 수입관세 및 제세금은 매입원가에 가산한다.
- 매입관리부서 인원의 인건비는 일반적인 판관비(영업비용)에 해당한다.

∴재고자산 가액 : $1,000×1,000 - $100×1,000+100,000+20,000=1,020,000

문제 8번	재고자산 관련 비용처리액	출제구분	재출제	난이도	★ ★ ★	정답	④

- 이하 도표에 해당 금액을 대입하여 매출원가(구)를 먼저 계산한다.

기초재고	500,000
당기매입	2,000,000

‖

① 매출원가(구)[평가 · 감모손실 반영전](?)	**1,200,000**
② 평가손실	200,000
③ 정상감모손실	100,000
④ 비정상감모손실	0
⑤ 기말재고[평가 · 감모손실 반영후]	1,000,000

- 비용총액=①+②+③+④ : 1,200,000+200,000+100,000+0=1,500,000

문제 9번	유형자산 교환 취득원가(상업적실질 결여)	출제구분	신유형	난이도	★ ★ ☆	정답	①

- 유형자산 교환거래가 상업적실질 결여이므로 제공한 자산(차량운반구A)의 장부금액을 취득한 자산(차량운반구B)의 취득원가로 계상한 후, 현금지급액을 취득원가에 가산한다.
- 교환시점 회계처리

(차)	차량운반구B(차량운반구A 장부금액)	2,300,000	(대) 차량운반구A	3,500,000
	감가상각누계액(차량운반구A)	1,200,000		
(차)	차량운반구B	300,000	(대) 현금	300,000

∴차량운반구B 취득원가 : 2,300,000+300,000=2,600,000

Guide **유형자산 교환시 취득원가**

상업적실질 존재	원칙	• 취득원가=제공자산공정가치±현금수수액
	취득자산 공정가치가 더 명백한 경우	• 취득원가=취득자산공정가치
	취득자산과 제공자산의 공정가치를 신뢰성있게 측정할수 없는 경우	• 취득원가=제공자산장부금액±현금수수액
상업적실질 결여	• 취득원가=제공자산장부금액±현금수수액	

문제 10번	특정차입금 자본화 차입원가	출제구분	재출제	난이도	★ ☆ ☆	정답	③

• 특정차입금 자본화 차입원가 : $24,000,000 \times 5\% \times \frac{8}{12} = 800,000$

Guide 차입원가 자본화액

특정차입금 자본화금액	일반차입금 자본화금액 [한도] 일반차입금차입원가
❐ 특정차입금 차입원가 - 일시투자수익	❐ (연평균지출액 - 연평균특정차입금[1])×자본화이자율 →자본화이자율= $\frac{\text{일반차입금차입원가}}{\text{연평균일반차입금}}$ [1]일시예치금 차감액

문제 11번	유형자산 손상후 감가상각비 계산	출제구분	재출제	난이도	★ ★ ☆	정답	②

• 20x1년말 회수가능액 : Max[45,000,000, 35,000,000] = 45,000,000
• 20x1년말 장부금액 : 손상차손을 인식한 후의 금액(=회수가능액)인 45,000,000
• 20x2년 감가상각비 : (45,000,000 - 0)÷20년 = 2,250,000

Guide 유형자산 손상차손

손상차손(당기손익)	• 손상차손액 = 장부금액 - 회수가능액
회수가능액	• 회수가능액 = Max[순공정가치, 사용가치] → {순공정가치 : 매각금액 – 처분부대원가 사용가치 : 기대미래현금흐름의 현재가치
회계처리	• (차) 유형자산손상차손 xxx (대) 손상차손누계액(유형자산 차감) xxx

문제 12번	연구단계 · 개발단계 구분과 처리	출제구분	재출제	난이도	★ ★ ☆	정답	③

• 무형자산을 창출하기 위한 내부 프로젝트를 연구단계와 개발단계로 구분할 수 없는 경우에는 그 프로젝트에서 발생한 지출은 모두 연구단계에서 발생한 것으로 본다.[K-IFRS 제1038호 문단53]

Guide 연구단계활동과 개발단계활동

의의	• 인식기준을 충족하는지를 평가하기 위해 무형자산 창출과정을 연구단계와 개발단계로 구분함. 주의 무형자산을 창출하기 위해 내부 프로젝트를 연구단계와 개발단계로 구분할 수 없는 경우에는 발생한 지출은 모두 연구단계에서 발생한 것으로 봄.	
회계처리	연구단계활동 지출	• 비용(연구비)
	개발단계활동 지출	• 자산인식요건 충족O : 무형자산(개발비) • 자산인식요건 충족X : 비용(경상개발비)
연구활동	• 새로운 지식을 얻고자 하는 활동 • 연구결과나 기타 지식을 탐색, 평가, 최종 선택, 응용하는 활동 • 재료 · 장치 · 제품 · 공정 · 시스템등에 대한 여러 가지 대체안을 탐색하는 활동 • 새롭거나 개선된 재료 · 장치 · 제품 · 공정 · 시스템 등에 대한 여러 가지 대체안을 제안, 설계, 평가, 최종 선택하는 활동	
개발활동	• 생산이나 사용 전의 시제품과 모형을 설계, 제작, 시험하는 활동 • 새로운 기술과 관련된 공구, 지그, 주형, 금형등을 설계하는 활동 • 상업적 생산 목적으로 실현가능한 경제적 규모가 아닌 시험공장을 설계, 건설, 가동하는 활동 • 신규 또는 개선된 재료 · 장치 · 제품 · 공정 · 시스템등에 대하여 최종적으로 선정된 안을 설계, 제작, 시험하는 활동	

문제 13번	무형자산상각비	출제구분	재출제	난이도	★ ★ ☆	정답	①

• 경제적효익이 소비되는 형태를 신뢰성있게 결정할 수 없는 경우 상각방법 : 정액법
• 상각개시시점 : 자산이 사용가능한 때부터 시작 →∴20x1년 상각비 계상기간은 3개월(10/1~12/31)
• 20x1년 인식할 무형자산상각비 : $(6,000,000 \div 5년) \times \frac{3}{12} = 300,000$

문제 14번	투자부동산 해당여부	출제구분	재출제	난이도	★ ☆ ☆	정답	④

• 장래 용도(사용목적)를 결정하지 못한 채로 보유하고 있는 토지는 투자부동산의 예에 해당한다.

* 저자주 K-IFRS 개정으로 '정상적인'은 '통상적인'으로 문구가 변경되었으니 참고바랍니다.

Guide 투자부동산에 해당하는 항목과 해당하지 않는 항목

투자부동산O [예시]	• 장기시세차익을 얻기 위하여 보유하고 있는 토지 →통상적인 영업과정에서 단기간에 판매하기 위하여 보유하는 토지는 제외함. • 장래 용도를 결정하지 못한 채로 보유하고 있는 토지 • 직접소유하고 운용리스로 제공하는 건물 • 운용리스로 제공하기 위하여 보유하는 미사용 건물 • 미래에 투자부동산으로 사용하기 위하여 건설 · 개발중인 부동산
투자부동산X [예시]	• 통상영업과정에서 판매 또는 이를 위하여 건설 · 개발 중인 부동산 →예 가까운 장래에 판매하거나 개발하여 판매하기 위한 목적으로만 취득한 부동산 • 자가사용부동산 →미래에 자가사용하기 위한 부동산, 미래에 개발 후 자가사용할 부동산, 종업원이 사용하고 있는 부동산(종업원이 시장요율로 임차료를 지급하고 있는지는 관계없음), 처분 예정인 자가사용부동산을 포함함. • 금융리스로 제공한 부동산

문제 15번	FVOCI금융자산(지분상품) 평가손익	출제구분	재출제	난이도	★ ★ ★	정답	②

• FVOCI금융자산의 평가이익과 평가손실은 발생시 상계하여 계상한다.

• 회계처리

20x1.1.3	(차) FVOCI금융자산	5,000,000[1]	(대) 현금	5,000,000
20x1년말	(차) FVOCI금융자산	1,500,000	(대) 평가이익	1,500,000[2]
20x2년말	(차) 평가이익 평가손실	1,500,000[3] 100,000[3]	(대) FVOCI금융자산	1,600,000

[1] 1,000주×5,000=5,000,000

[2] 1,000주×(6,500-5,000)=1,500,000

[3] 1,000주×(4,900-6,500)=△1,600,000

∴20x1년 계상할 평가이익 1,500,000, 20x2년 계상할 평가손실 100,000

* 저자주 만약, 기타포괄손익에의 영향을 물으면?

→20x1년 기타포괄손익 1,500,000 증가, 20x2년 기타포괄손익 1,600,000 감소

문제 16번	금융자산의 손상증거	출제구분	재출제	난이도	★ ☆ ☆	정답	④

• '유동부채가 유동자산을 초과하는 경우'는 손상 발생의 객관적인 증거로 규정되어 있지 않다.

Guide 신용이 손상된 경우(손상발생의 객관적 증거가 있는 경우)

❒ 재무적 어려움, 채무불이행, 연체와 같은 계약위반

❒ 차입조건의 불가피한 완화, 파산가능성

❒ 재무구조조정가능성, 활성시장의 소멸, 크게 할인가격으로 매입하거나 창출

문제 17번	위험 · 보상의 이전 및 보유 사례	출제구분	신유형	난이도	★ ★ ★	정답	①

• 금융자산을 아무런 조건 없이 매도한 경우는 양도자가 소유에 따른 위험과 보상의 대부분을 이전하는 경우에 해당하는 예이다.

*참고 양도자가 위험과 보상의 대부분을 보유하는 경우의 예(즉, 금융자산을 제거하지 않고 계속 인식)

㉠ 양도자가 매도 후에 미리 정한 가격으로 또는 매도가격에 양도자에게 금전을 대여하였더라면 그 대가로 받았을 이자수익을 더한 금액으로 양도자산을 재매입하는 거래의 경우
㉡ 유가증권대여계약을 체결한 경우
㉢ 시장위험 익스포저를 양도자에게 다시 이전하는 총수익스왑 체결과 함께 금융자산을 매도한 경우
㉣ 양도자가 매도한 금융자산에 대한 콜옵션을 보유하고 있거나 양수자가 해당 금융자산에 대한 풋옵션을 보유하고 있으며, 해당 콜옵션이나 풋옵션이 현재까지 깊은 내가격 상태이기 때문에 만기 이전에 해당 옵션이 외가격 상태가 될 가능성이 매우 낮은 경우(=행사가능성 높음)
㉤ 양도자가 발생가능성이 높은 신용손실의 보상을 양수자에게 보증하면서 단기 수취채권을 매도한 경우

Guide 금융자산의 제거조건

<table>
<tr><td>권리소멸</td><td>• 금융자산의 현금흐름에 대한 계약상 권리가 소멸한 경우</td></tr>
<tr><td>현금흐름양도</td><td>• 금융자산의 현금흐름을 수취할 계약상 권리를 양도한 경우
→본 조건을 만족시는 이하의 위험과 보상의 이전여부를 추가로 고려함.
<table>
<tr><th colspan="2">위험과 보상</th><th>회계처리</th></tr>
<tr><td colspan="2">이전O</td><td>• 금융자산을 제거</td></tr>
<tr><td colspan="2">보유O</td><td>• 금융자산을 계속인식</td></tr>
<tr><td rowspan="2">이전X/보유X</td><td>금융자산을 통제X</td><td>• 금융자산을 제거</td></tr>
<tr><td>금융자산을 통제O</td><td>• 지속적관여 정도까지 금융자산을 계속인식</td></tr>
</table></td></tr>
<tr><td>이전과 통제</td><td>① 양도자가 위험과 보상의 대부분을 이전하는 경우의 예는 다음과 같음.
• 금융자산을 아무런 조건 없이 매도한 경우
• 양도자가 매도한 금융자산을 재매입시점의 공정가치로 재매입할 수 있는 권리를 보유하고 있는 경우
• 양도자가 매도한 금융자산에 대한 콜옵션을 보유하고 있거나 양수자가 당해 금융자산에 대한 풋옵션을 보유하고 있지만, 당해 콜옵션이나 풋옵션이 깊은 외가격 상태이기 때문에 만기 이전에 당해 옵션이 내가격 상태가 될 가능성이 매우 낮은 경우
② 양수자가 자산을 제3자에게 매도할수 있는 실질적 능력을 가지고 있으면 양도자는 양도자산에 대한 통제를 상실한 것임.</td></tr>
</table>

문제 18번	전환사채 기본사항	출제구분	재출제	난이도	★ ☆ ☆	정답	①

• 전환권대가(전환권가치)는 자본의 가산항목으로 계상한다.

*보론 전환사채는 전환사채보유자의 요구에 따라 주식으로 전환할 수 있는 권리가 내재되어 있어 일반적으로 일반사채보다 액면이자가 낮게 책정되어 발행된다.(전환권 부여로 인해 액면이자율을 낮게 하여 발행할 수 있음.)
→∴액면이자율 〈 보장수익률 〈 유효이자율

Guide 전환사채 발행시 회계처리(금액은 가정치임)

<table>
<tr><td rowspan="3">발행시점
(액면발행)</td><td>(차) 현금(발행금액)</td><td>1,000,000</td><td>(대) 전환사채(액면금액 = 발행금액)</td><td>10,000,000</td></tr>
<tr><td>(차) 전환권조정(전환사채 차감)</td><td>192,711</td><td>(대) 전환권대가(발행금액 - 현재가치)</td><td>24,011</td></tr>
<tr><td></td><td></td><td>상환할증금(전환사채 가산)</td><td>168,700</td></tr>
</table>

문제 19번	전환사채 전환시 주식발행초과금	출제구분	재출제	난이도	★ ★ ★	정답	①

- 전환시 발행될 주식수 : 1,000,000÷50,000 = 20주
- 전환시 회계처리

(차) 전환사채	1,000,000	(대) 전환권조정		100,000
상환할증금	120,000	자본금		20주×10,000 = 200,000
전환권대가	50,000	주식발행초과금(대차차액)		870,000

Guide 전환사채 액면발행 회계처리

발행시점 (액면발행)	(차) 현금(발행금액) (차) 전환권조정(전환사채 차감)	xxx xxx	(대) 전환사채(액면금액 = 발행금액) (대) 전환권대가(발행금액 - 현재가치) 상환할증금(전환사채 가산)	xxx xxx xxx
이자지급시점	(차) 이자비용	xxx	(대) 현금(액면이자) 전환권조정(상각액)	xxx xxx
전환시점	(차) 전환사채 상환할증금 전환권대가	xxx xxx xxx	(대) 전환권조정(미상각액) 자본금 주식발행초과금(대차차액)	xxx xxx xxx
상환시점	(차) 전환사채 상환할증금	xxx xxx	(대) 현금	xxx

문제 20번	충당부채 회계처리 일반사항	출제구분	재출제	난이도	★ ★ ☆	정답	②

- ① 미래의 예상 영업손실은 충당부채로 인식하지 아니한다.[K-IFRS 제1037호 문단63]
  →미래의 예상 영업손실은 부채의 정의에 부합하지 않을 뿐만 아니라 충당부채의 인식기준도 충족하지 못한다. (즉, 현재의무가 없다.) 한편, 미래에 영업손실이 예상되는 경우에는 영업과 관련된 자산이 손상되었을 가능성이 있으므로 '자산손상'에 따라 손상검사를 수행한다.
  ③ 충당부채는 지출의 시기와 금액이 모두 불확실한 부채이다.[K-IFRS 제1037호 문단10]
  →충당부채는 과거사건이나 거래의 결과에 의한 현재의무로서, 지출의 시기 또는 금액이 불확실하지만 그 의무를 이행하기 위하여 자원이 유출될 가능성이 높고 또한 금액을 신뢰성 있게 추정할 수 있는 의무를 말한다.
  ④ 화폐의 시간가치 영향이 중요한 경우에 충당부채는 의무를 이행하기 위하여 예상되는 지출액의 현재가치로 평가한다.[K-IFRS 제1037호 문단45]
  →화폐의 시간가치 때문에, 보고기간 후에 즉시 지급하는 충당부채의 부담은 같은 금액을 더 늦게 지급하는 충당부채보다 더 크다. 따라서 그 영향이 중요한 경우에는 충당부채를 현재가치로 평가한다.

문제 21번	보통주 · 우선주 배당액 계산	출제구분	재출제	난이도	★ ★ ☆	정답	①

- 우선주가 비누적적 · 비참가적 우선주이므로, '우선주의 배당률에 해당하는 금액(= 우선주자본금×배당률)'을 우선주에 배당하고, 나머지 금액 모두를 보통주에게 배당한다.
- 우선주배당금 : 500,000(우선주자본금)×5%(배당률) = 25,000
  보통주배당금 : 300,000(배당금총액) - 25,000(우선주배당금) = 275,000

문제 22번	무상감자의 영향 분석	출제구분	재출제	난이도	★ ★ ★	정답	④

- 회계처리 : (차) 자본금 20,000,000 (대) 이월결손금 20,000,000
- ① 자본과 부채가 불변이므로 부채비율(부채/자본)도 불변이다.
  ② 유상감자(자본금 xxx / 현금 xxx)시에는 순자산(자본)이 감소한다.
  ③ 무상감자 후 주식발행초과금은 불변이다.
  ④ 감자후의 자본총계는 20,000,000+10,000,000=30,000,000으로 감자전과 자본총계가 동일하다.

문제 23번	수익 일반사항	출제구분	신유형	난이도	★ ★ ★	정답	③

- 계약의 결합[K-IFRS 제1115호 문단 17]
  다음 기준 중 하나 이상을 충족한다면(즉, 다음 기준 중 하나만 충족해도 됨), 같은 고객(또는 그 고객의 특수관계자)과 동시에 또는 가까운 시기에 체결한 둘 이상의 계약을 결합하여 단일 계약으로 회계처리한다.

  ㉠ 복수의 계약을 하나의 상업적 목적으로 일괄 협상한다.
  ㉡ 한 계약에서 지급하는 대가(금액)는 다른 계약의 가격이나 수행에 따라 달라진다.
  ㉢ 복수의 계약에서 약속한 재화나 용역(또는 각 계약에서 약속한 재화나 용역의 일부)은 단일 수행의무에 해당한다.

Guide K-IFRS 제1115호 '고객과의 계약에서 생기는 수익' 적용범위

적용대상	• 계약 상대방이 고객인 경우에만 그 계약에 적용함.
적용제외	• ㉠ 리스계약, 보험계약, 금융상품 ㉡ 고객이나 잠재적 고객에게 판매를 쉽게 하기 위해 행하는 같은 사업 영역에 있는 기업 사이의 비화폐성 교환(예 두 정유사가 서로 다른 특정지역에 있는 고객의 수요를 적시에 충족하기 위해, 두 정유사끼리 유류를 교환하기로 합의한 계약에는 적용하지 않음.)

* 저자주 ③과 ④는 재경관리사 시험수준을 초과하는 내용이나 출제가 된 만큼 가볍게 검토 바랍니다.

문제 24번	수행의무 이행형태와 수익인식	출제구분	재출제	난이도	★ ★ ☆	정답	③

• 판매기업에게 자산의 법적 소유권이 있다.(X) → 고객에게 자산의 법적 소유권이 있다.(O)

Guide 기간에 걸쳐 이행하는 수행의무와 한 시점에 이행하는 수행의무

❒ 다음 기준 중 어느 하나를 충족하면, 기업은 재화나 용역에 대한 통제를 기간에 걸쳐 이전하므로 기간에 걸쳐 수행의무를 이행하는 것이고 기간에 걸쳐 수익을 인식함.

㉠ 고객은 기업이 수행하는 대로 기업의 수행에서 제공하는 효익을 동시에 얻고 소비한다.
㉡ 기업이 수행하여 만들어지거나 가치가 높아지는 대로 고객이 통제하는 자산(예: 재공품)을 기업이 만 만들거나 그 자산 가치를 높인다.
㉢ 기업이 수행하여 만든 자산이 기업 자체에는 대체 용도가 없고, 지금까지 수행을 완료한 부분에 대해 집행 가능한 지급청구권이 기업에 있다.

❒ 수행의무가 기간에 걸쳐 이행되지 않는다면, 그 수행의무는 한 시점에 이행되는 것임. 고객이 약속된 자산을 통제하고 기업이 수행의무를 이행하는 시점을 판단하기 위해, 다음과 같은 통제 이전의 지표를 참고하여야 함.

㉠ 기업은 자산에 대해 현재 지급청구권이 있다.
㉡ 고객에게 자산의 법적 소유권이 있다.
㉢ 기업이 자산의 물리적 점유를 이전하였다.
㉣ 자산의 소유에 따른 유의적인 위험과 보상이 고객에게 있다.
㉤ 고객이 자산을 인수하였다.

문제 25번	2차연도 건설계약손익	출제구분	재출제	난이도	★ ★ ☆	정답	①

• 20x2년 계약손익 : $(400억원\times\frac{100억원+110억원}{300억원}-400억원\times\frac{100억원}{250억원})-110억원=10억원$

• 연도별 계약손익 계산

구분	20x1년	20x2년
진행률	$\frac{100억원}{250억원}=40\%$	$\frac{100억원+110억원}{300억원}=70\%$
계약수익	400억원×40%=160억원	400억원×70%-160억원=120억원
계약원가	100억원	110억원
계약손익	60억원	10억원

문제 26번	미청구공사 · 초과청구공사 계산	출제구분	재출제	난이도	★ ★ ☆	정답	④

- 20x1년 계약수익 : $30,000,000 \times \frac{4,000,000}{20,000,000} = 6,000,000$
- 20x1년 계약이익 : 6,000,000(계약수익) - 4,000,000(계약원가) = 2,000,000
- 20x1년말 미성공사 : 4,000,000(계약원가) + 2,000,000(계약이익) = 6,000,000
- 20x1년말 미청구공사(계약자산) : 6,000,000(미성공사) - 5,500,000(진행청구액) = 500,000

*고속철 '미성공사 = 누적계약수익'이므로, 누적계약수익 6,000,000이 미성공사금액이 된다.

*참고 20x1년 회계처리

계약원가 발생	(차) 미성공사	4,000,000	(대) 현금	4,000,000
계약대금 청구	(차) 공사미수금	5,500,000	(대) 진행청구액	5,500,000
계약대금 수령	(차) 현금	xxx	(대) 공사미수금	xxx
계약손익인식	(차) 계약원가 미성공사	4,000,000 2,000,000	(대) 계약수익	6,000,000

문제 27번	사외적립자산 공정가치 계산	출제구분	신유형	난이도	★ ★ ★	정답	②

- 당기근무원가 : (차) 퇴직급여 800,000 (대) 확정급여채무 800,000
- 사외적립자산 기대수익 : (차) 사외적립자산 200,000 (대) 퇴직급여 200,000
- 사외적립자산 재측정요소(실제수익 - 기대수익) : (차) 재측정손실 50,000 (대) 사외적립자산 50,000
  → '실제수익 - 기대수익'이 (+)이면 재측정이익, (-)이면 재측정손실

∴20x1년말 사외적립자산 공정가치 : 2,000,000 + 200,000 - 50,000 = 2,150,000

Guide 확정급여제도 회계처리 순서

① 과거근무원가(증가시)	(차) 퇴직급여	xxx	(대) 확정급여채무	xxx
② 퇴직급여 지급	(차) 확정급여채무	xxx	(대) 사외적립자산	xxx
③ 사외적립자산 적립	(차) 사외적립자산	xxx	(대) 현금	xxx
④ 확정급여채무 이자원가	(차) 퇴직급여	xxx	(대) 확정급여채무	xxx
⑤ 확정급여채무 당기근무원가	(차) 퇴직급여	xxx	(대) 확정급여채무	xxx
⑥ 확정급여채무 재측정요소(보험수리적손익)	(차) 재측정손실	xxx	(대) 확정급여채무	xxx
⑦ 사외적립자산 기대수익(이자수익)	(차) 사외적립자산	xxx	(대) 퇴직급여	xxx
⑧ 사외적립자산 재측정요소(실제수익-기대수익)	(차) 사외적립자산	xxx	(대) 재측정이익	xxx

문제 28번	주식결제형 주식기준보상 행사시 자본증감	출제구분	재출제	난이도	★ ★ ☆	정답	②

• 자본항목의 변화

자본증가 : 자기주식		22,000,000
자본증가 : 자기주식처분이익		3,000,000
자본감소 : 주식선택권		(5,000,000)
		20,000,000

Guide **주식결제형 주식기준보상**

보고기간말	• 재측정없이 부여일 공정가치로 측정하고 기대권리소멸률을 반영한 보상원가를 용역제공비율(=당기말까지 기간÷용역제공기간)에 따라 가득기간에 걸쳐 인식 (차) 주식보상비용(당기비용) xxx (대) 주식선택권(자본) xxx
가득일이후	• 회계처리 없음.
권리행사시	(차) 현금 xxx (대) 자본금(액면)[1] xxx 주식선택권 xxx 주식발행초과금(대차차액)[2] xxx →자기주식교부시는 [1]은 자기주식, [2]는 자기주식처분이익으로 처리함.
권리소멸시	• 인식한 보상원가는 환입하지 않으며, 주식선택권은 다른 자본계정으로 계정대체가능. (차) 주식선택권 xxx (대) 소멸이익(자본) xxx

문제 29번	1차연도 이연법인세자산 · 부채 계산	출제구분	기출변형	난이도	★ ★ ☆	정답	④

• 세무조정 내역
- 손금불산입 접대비한도초과액 600,000(기타사외유출)
- 손금불산입 감가상각비한도초과액 900,000(유보)
- 손금불산입 제품보증충당부채설정액 500,000(유보)

• 이연법인세자산(유보) : 300,000×25%+(300,000+500,000)×30%+300,000×30%=405,000

*참고 회계처리

(차) 법인세비용(대차차액) 1,095,000 (대) 미지급법인세(당기법인세) 6,000,000×25%=1,500,000
이연법인세자산 405,000

Guide **이연법인세 계산구조**

대상	• 일시적차이(유보)
공시	• 이연법인세자산(부채)는 비유동자산(부채)로만 표시하고 소정 요건을 충족하는 경우 상계하여 표시 • 현재가치평가를 하지 않음.
절차	• **[1단계]** 미지급법인세(과세소득×당기세율) =(세전순이익±영구적차이±일시적차이)×당기세율 **[2단계]** 이연법인세자산(부채) =유보(△유보)×미래예상세율(평균세율) **[3단계]** 법인세비용=대차차액에 의해 계산 주의 이연법인세자산(부채)은 당기세율이 아니라 소멸시점의 미래예상세율을 적용함.

문제 30번	2차연도 법인세비용 계산	출제구분	신유형	난이도	★ ★ ☆	정답	③

• ㉠ 20x2년말 이연법인세자산 50,000이 계상되어야 하므로, 20x1년말 현재 계상되어 있는 이연법인세자산 10,000에 40,000을 추가로 계상한다.
  ㉡ 20x2년말 이연법인세부채 10,000이 계상되어야 하므로, 20x1년말 현재 계상되어 있는 이연법인세부채 30,000 중 20,000을 제거한다.
• 법인세비용은 대차차액으로 구한다.

→(차)	법인세비용(대차차액)	140,000	(대) 미지급법인세(당기법인세)	200,000
	이연법인세자산	40,000		
	이연법인세부채	20,000		

문제 31번	기말재고자산 오류수정과 이익분석	출제구분	신유형	난이도	★ ★ ★	정답	④

• 오류분석

	20x1년	20x2년
20x1년 기말과대 3,000	이익과대 3,000[1)]	이익과소 3,000[2)]
20x2년 기말과소 2,000	-	이익과소 2,000[3)]
합계	**이익과대 3,000**	**이익과소 5,000**

[1)]20x1년 매출원가과소 3,000 → 20x1년 이익과대 3,000
[2)]20x2년 기초과대 3,000 → 20x2년 매출원가과대 3,000 → 20x2년 이익과소 3,000
[3)]20x2년 매출원가과대 2,000 → 20x2년 이익과소 2,000

• 20x2년 오류수정후 당기순이익
  20x2년 이익과소 5,000이므로 이익이 5,000만큼 증가되어야 한다. →∴35,000+5,000=40,000

*참고 이익잉여금에의 영향
2년에 걸쳐 총이익 2,000 과소계상(=20x1년 이익과대 3,000+20x2년 이익과소 5,000)이므로, 오류수정후 이익잉여금은 2,000 증가되어야 한다.

문제 32번	유상증자 · 무상증자와 유통보통주식수	출제구분	재출제	난이도	★ ★ ★	정답	②

• 가중평균유통보통주식수 계산

1/1	4/1	12/31
100,000주	100,000주×20%=20,000주	
100,000주×10%=10,000주	20,000주×10%=2,000주	
110,000주	22,000주	

$\rightarrow 110,000주\times\frac{12}{12}+22,000주\times\frac{9}{12}=126,500주$

Guide **가중평균유통보통주식수의 산정**

우선주	• 발행된 총주식수에서 우선주식수를 차감
자기주식	• 보유기간(취득~매각)동안 유통보통주식수에서 제외 주의 기초에 발행주식수 10주, 자기주식수 1주인 경우 유통주식수 9주로 계산
무상증자 · 주식배당 · 주식분할	• 기초에 실시된 것으로 간주 →단, 기중 유상증자 발행신주는 유상증자의 납입일에 실시된 것으로 간주
유상증자	• 일반적인 경우(공정가치이상 유상증자) 납입일을 기준으로 가중평균

문제 33번	관계기업에 대한 유의적 영향력	출제구분	재출제	난이도	★ ★ ★	정답	②

• 유의적인 영향력을 판단함에 있어 피투자자에 대한 의결권은 투자자의 지분율과 종속기업이 보유하고 있는 지분율의 단순 합계로 계산한다.

Guide **유의적인 영향력**

원칙	• 직 · 간접으로 의결권의 20%이상 소유시 명백한 반증이 있는 경우를 제외하고는 유의적인 영향력이 있는 것으로 보아 지분법을 적용함.
예외	❖20%미만 이더라도 유의적인 영향력이 있는 경우 • 의사결정기구·정책결정과정에 참여하는 경우와 필수적 기술정보를 제공하는 경우 주의 일반적 기술정보제공이 아님. • 중요한 거래가 있는 경우와 경영진의 상호 교류가 이루어지는 경우 ❖유의적인 영향력이 있어도 지분법적용을 배제하는 경우 • 12개월 이내에 매각할 목적으로 투자주식을 취득하여 적극적으로 매수자를 찾고 있는 일시보유목적의 투자주식 →매각예정비유동자산으로 분류함.

*참고 '간접'의 의미

개요	• 종속기업을 통하여 피투자자에 대한 의결권을 소유하는 것을 말함. → 즉, 아래에서 A는 반드시 모회사의 종속기업이어야 함. 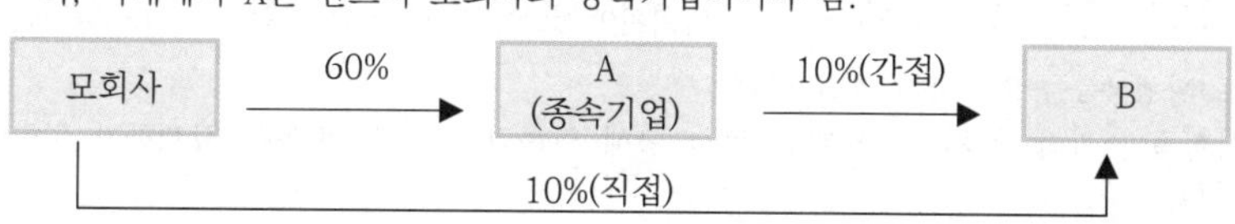
지분율 계산	• 단순하게 합산하여 판단함. → 위에서 10%(직접)+10%(간접)=20% 이므로 모회사는 B에 대해 유의적인 영향력 있음.

문제 34번	기능통화와 표시통화	출제구분	재출제	난이도	★ ★ ☆	정답	③

• 기업의 표시통화와 기능통화가 다른 경우에는 표시통화로 환산하여 재무제표에 보고한다.

Guide **기능통화와 표시통화**

기능통화	• 영업활동이 이루어지는 주된 경제환경의 통화로, 장부에 기록(거래인식)하는 통화 →기능통화 이외의 통화는 모두 외화에 해당함. • 기능통화는 일단 결정된 이후에는 원칙적으로 변경불가함. →기능통화가 변경되는 경우에는 기능통화가 변경된 날의 환율을 사용하여 모든 항목을 새로운 기능통화로 환산하여 전진적용함.
표시통화	• 재무제표를 표시할 때 사용하는 통화 →국내영업기업의 기능통화는 원화로서 이는 표시통화와 동일함. • 기업은 어떤 통화든지 표시통화로 사용할 수 있으나, 기능통화와 표시통화가 다른 경우에는 기능통화를 표시통화로 환산하여 재무제표에 보고해야 함. • 기능통화를 표시통화로 환산시 환산차이는 기타포괄손익으로 인식함. 예시 ㉠ 국내영업기업 달러화는 외화 → 이를 환산한 원화는 기능통화 → 원화는 표시통화와 동일 ㉡ 미국현지법인 엔화는 외화 → 이를 환산한 달러화는 기능통화(장부기록) → 이를 환산한 원화는 표시통화

문제 35번	외화표시재무제표의 외화환산	출제구분	재출제	난이도	★ ★ ☆	정답	②

• 외화표시재무제표 환산방법(적용환율)

자산(마감환율)	**부채(마감환율)**
	자본(거래일환율)
비용(거래일환율 or 평균환율)	수익(거래일환율 or 평균환율)
	외환차이(대차차이)

문제 36번	파생상품평가손익	출제구분	기출변형	난이도	★ ☆ ☆	정답	③

• 현금흐름위험회피 목적으로 체결한 파생상품의 평가손익 중 위험회피에 효과적인 부분 : 기타포괄손익

Guide **파생상품평가손익의 처리**

❒ 파생상품은 계약상 권리·의무에 따라 자산·부채로 재무제표에 계상하며, 평가손익은 다음과 같이 처리함.

매매목적[1]	• 당기손익	
공정가치위험회피[2]	• 당기손익	
현금흐름위험회피[3]	위험회피에 효과적인 부분	• 기타포괄손익
	위험회피에 효과적이지 못한 부분	• 당기손익

[1] 매매목적으로 파생상품을 이용하는 것을 말함.

[2] 위험회피대상항목이 자산, 부채, 확정계약으로서 당해 항목의 공정가치변동을 상쇄하기 위하여 파생상품을 이용하는 것을 말함.

[3] 위험회피대상항목이 미래에 예상되는 거래로서 당해 거래에 따른 미래현금흐름변동을 상쇄하기 위하여 파생상품을 이용하는 것을 말함.

문제 37번	리스 일반사항	출제구분	재출제	난이도	★ ☆ ☆	정답	①

• 무보증잔존가치는 리스료의 구성항목에 해당되지 않는다.

Guide **리스료의 구성항목**

고정리스료	• 지급액에서 변동리스료를 뺀 금액(리스인센티브는 차감)
변동리스료	• 시간경과가 아닌 지수·요율(이율)에 따라 달라지는 리스료
매수선택권행사가격 (소유권이전금액)	• 리스이용자가 매수선택권을 행사할 것이 상당히 확실한 경우 그 매수선택권의 행사가격(또는 소유권이전금액)
종료선택권행사가격	• 리스기간이 리스이용자의 종료선택권 행사를 반영하는 경우에 그 리스를 종료하기 위하여 부담하는 금액
보증잔존가치	• ① 리스이용자의 경우 : 잔존가치보증에 따라 지급할 것으로 예상되는 금액 ② 리스제공자의 경우 : 다음의 자의 잔존가치보증액 - 리스이용자와 리스이용자의 특수관계자 - 리스제공자와 특수관계에 있지 않고 보증의무 이행할 재무적 능력이 있는 제3자

문제 38번	매출활동 현금유입액	출제구분	재출제	난이도	★ ★ ★	정답	④

• 대손발생액 계산

대손발생	?	기초대손충당금	1,000
기말대손충당금	2,000	당기대손상각비	5,000

→대손발생 = 4,000

• 발생주의 순매출액 : 100,000
매출채권(총액)의 증가 : (10,000)
대손발생 : (4,000)
현금주의 매출액 86,000

Guide **발생주의의 현금주의 전환 : 매출액**

❐ (+)로 출발하며 자산의 증감은 역방향으로 가감하며, 부채의 증감은 순방향으로 가감하여 분석

• **발생주의 순매출액**(매출할인 · 에누리 · 환입을 차감한 후의 금액)	: xxx	▶ (+)로 출발함에 주의!
매출채권(총액)의 증가	: (xxx)	
선수금의 증가	: xxx	
대손발생	: (xxx)	
현금주의 매출액(매출채권회수액, 선수금수령액, 현금매출)	xxx	

문제 39번	간접법과 영업활동현금흐름	출제구분	재출제	난이도	★★☆	정답	④

• 당기순이익 + 200,000(유형자산처분손실) - 900,000(매출채권증가) + 300,000(감가상각비) + 1,000,000(재고자산감소) - 500,000(매입채무감소) = 5,000,000
→∴당기순이익 = 4,900,000

Guide **간접법 영업활동현금흐름 계산구조**

〈출발점〉 법인세비용차감전순이익		
현금수입·지출이 없는 손익계정	• 감가상각비, 금융자산평가손익 • 이자비용, 이자수익, 배당수익*)	• 비용 → 가산 • 수익 → 차감
투자·재무활동관련 손익계정	• 자산처분손익, 부채상환손익	
영업활동관련 자산·부채계정	• 매출채권(순액), 선수금, 매입채무, 선급금 • 재고자산(순액), 미수수익, 선급비용 • 선수수익, 미지급비용, FVPL금융자산	• 자산증(감) → 차감(가산) • 부채증(감) → 가산(차감)

*) 영업활동으로 분류되는 경우 가감조정을 해주는 이유는 현금흐름표 양식상 이들을 직접법을 적용한 것처럼 별도로 표시해주기 때문임.

주의 영업활동관련 자산·부채계정 관련손익(예 매출채권 대손상각비, FVPL금융자산평가이익·처분이익, 재고자산 감모손실, 퇴직급여 등)은 위의 현금수입·지출이 없는 손익계정에서 고려치 않음. 따라서, 영업활동과 관련없는 대여금이나 미수금 해당분 대손상각비는 위의 현금수입·지출이 없는 손익계정에서 고려(가산)함.

문제 40번	매입활동 현금지급액	출제구분	재출제	난이도	★★★	정답	③

• 5,000(기초재고) + 발생주의 순매입액 - 9,000(기말재고) = 60,000(매출원가)
→발생주의 순매입액 = 64,000

• 발생주의 순매입액 : (64,000)
매입채무의 증가 : 2,000
현금주의 매입액 (62,000)

Guide **발생주의의 현금주의 전환 : 매입액**

❑ (-)로 출발하며 자산의 증감은 역방향으로 가감하며, 부채의 증감은 순방향으로 가감하여 분석

• **발생주의 순매입액**(매입할인·에누리·환출을 차감한 후의 금액) : (xxx) ▶ (-)로 출발함에 주의!
매입채무의 증가 : xxx
선급금의 증가 : (xxx)
현금주의 매입액(매입채무지급액, 선급금지급액, 현금매입) (xxx)

재경관리사 공개기출해설[재무]

2021년 6월에 시행된 기출문제에 대한 완벽한 해설을 관련이론(가이드)과 함께 제시하였습니다. 해당 문제는 합본부록을 참고바랍니다.

FINAL

Certified Accounting Manager

재무회계
공개기출문제해설
[2021년 06월 시행]

SEMOOLICENCE

문제 1번	재무회계와 관리회계	출제구분	재출제	난이도	★ ☆ ☆	정답	①

• 관리회계는 법적 강제력이 없으므로 일정한 양식이 없다.

Guide 재무회계와 관리회계 비교

구분	재무회계	관리회계
목적	• 외부보고(회계정보 제공)	• 내부보고(의사결정정보 제공)
회계정보이용자	• 주주, 채권자 등 외부이해관계자	• 경영자 등 내부이해관계자
보고서류 (보고양식)	• 기업회계기준에 의한 재무제표 →∴정형화(일정양식이 있음.)	• 이용목적에 따라 작성된 보고서 →∴비정형화(일정양식이 없음)
작성기준 (작성근거)	• 기업회계기준(일반적으로 인정된 회계원칙) →법적강제력 있음.	• 경제이론, 경영학, 통계학 등 →법적강제력 없음.
보고시점	• 1년, 분기, 반기,	• 주기적 또는 수시
정보의 성격	• 과거지향적	• 미래지향적

문제 2번	재무상태표 기본요소	출제구분	기초문제	난이도	★ ☆ ☆	정답	②

• 현재의무는 다음 모두에 해당시에만 과거사건의 결과로 존재한다.

> ㉠ 기업이 이미 경제적효익을 얻었거나 조치를 취했을 경우
> ㉡ 기업이 이전하지 않아도 되었을 경제적자원을 이전해야 하거나 이전하게 될 수 있는 경우

→따라서, 현재의무와 미래약속은 구별되어야 하며 미래에 특정 자산을 취득하겠다는 경영진의 의사결정은 현재의무가 발생하지 않는다.

문제 3번	재무제표 요소 중 자산의 측정	출제구분	재출제	난이도	★ ★ ☆	정답	④

• ① 공정가치(자산) ② 사용가치(자산) → 현재가치인 경우 ③ 현행원가(자산)

Guide 재무제표 요소의 측정

역사적원가	자산		• 지급한대가+거래원가(예 건물취득시 취득세)
	부채		• 수취한대가-거래원가(예 사채발행시 사채발행비)
현행가치	공정가치	자산	• 시장참여자 사이의 정상거래에서 자산매도시 받게 될 가격
		부채	• 시장참여자 사이의 정상거래에서 부채이전시 지급하게 될 가격
	사용가치(자산)		• 자산사용과 처분으로 기대하는 현금흐름 및 그 밖의 경제적효익의 현재가치
	이행가치(부채)		• 부채이행시 이전해야 하는 현금 및 그 밖의 경제적자원의 현재가치
	현행원가	자산	• 측정일에 동등한 자산의 원가로서 측정일에 지급할 대가(측정일에 발생할 거래원가 포함) →즉, 자산구입시 지급대가를 의미함.
		부채	• 측정일에 동등한 부채에 대해 수취할 수 있는 대가(측정일에 발생할 거래원가 차감) →즉, 부채발생시 수취대가를 의미함.

문제 4번	포괄손익계산서 표시	출제구분	재출제	난이도	★ ★ ☆	정답	④

• 매출원가를 다른 비용과 분리하여 공시하고 있으므로 기능별 분류법이다.

Guide 비용 분류방법(이하 둘 중 선택 적용)

성격별 분류법	• 비용은 그 성격별로 통합함.(즉, 각 항목의 유형별로 구분표시) →예 감가상각비, 원재료구입, 운송비, 종업원급여, 광고비 등 • 매출원가를 다른 비용과 분리하여 공시하지 않음. • 기능별로 재배분하지 않으므로 적용이 간단함.(미래현금흐름 예측에는 유용함)
기능별 분류법 (=매출원가법)	• 비용은 그 기능별로 분류함. →예 매출원가, 물류원가, 관리활동원가 등 • 적어도 매출원가를 다른 비용과 분리하여 공시함. • 목적적합하나, 자의적인 기능별 배분과 판단이 개입될 수 있음. • 기능별로 분류시에는 성격별 분류에 따른 추가공시가 필요함.

문제 5번	특수관계자 공시	출제구분	재출제	난이도	★ ★ ★	정답	③

• ① 최상위 지배자와 지배기업이 다른 경우에는 최상위 지배자의 명칭도 공시한다.
  ② 주요 경영진에 대한 보상의 총액과 분류별(단기종업원급여, 퇴직급여, 기타장기급여, 해고급여, 주식기준보상) 금액을 공시한다.
  ③ 개인의 경우 다음 중 어느 하나에 해당한다면 보고기업과 특수관계가 있는 것으로 본다.

> ㉠ 보고기업에 지배력 또는 공동지배력이 있는 경우
> ㉡ 보고기업에 유의적인 영향력이 있는 경우
> ㉢ 보고기업 또는 그 지배기업의 주요 경영진의 일원인 경우

  ④ 지배기업과 그 종속기업 사이의 관계는 거래의 유무에 관계없이 공시한다.

Guide 특수관계자 공시사항

지배·종속 공시사항	• 지배기업과 그 종속기업 사이의 관계는 거래의 유무에 관계없이 공시 • 지배기업의 명칭을 공시 • 최상위지배자와 지배기업이 다른 경우에는 최상위지배자의 명칭도 공시 주의 기업과 단순히 통상적인 업무 관계를 맺고 있는 자금제공자, 노동조합, 공익기업 그리고 보고기업에 지배력, 공동지배력 또는 유의적인 영향력이 없는 정부부처와 정부기관(기업 활동의 자율성에 영향을 미치거나 기업의 의사결정과정에 참여할 수 있다 하더라도 상관없음)은 특수관계자가 아님.
주요경영진 공시사항	• 주요 경영진에 대한 보상의 총액 • 분류별 금액 →단기종업원급여, 퇴직급여, 기타장기급여, 해고급여, 주식기준보상
기타 공시사항	• 특수관계자거래가 있는 경우 F/S에 미치는 특수관계의 잠재적 영향파악에 필요한 거래, 약정을 포함한 채권·채무 잔액에 대한 정보뿐만 아니라 특수관계의 성격도 공시

문제 6번	원재료의 저가법 적용여부	출제구분	신유형	난이도	★ ★ ★	정답	①

- 원재료는 현행대체원가, 제품은 순실현가능가치를 적용시가로 하여 저가법을 적용한다.
- 제 품 : 순실현가능가치가 원가를 초과하므로 저가법 평가손실을 인식하지 않는다.
  원재료 : 제품(NRV=230,000)이 원가(200,000) 이상으로 판매 예상되므로 제품 생산에 투입하기 위해 보유하는 원재료를 감액하지 않는다. 따라서, 원재료도 저가법에 의한 평가손실을 인식하지 않는다.

문제 7번	재고자산 관련 비용처리액	출제구분	재출제	난이도	★ ★ ★	정답	②

- 기말재고장부금액 : 50,000+50,000=100,000
- 매출원가(구) : 500,000(기초재고+당기매입=판매가능상품)-100,000(기말재고장부금액)=400,000
- 평가손실 : 50,000

∴비용총액 : 400,000[매출원가(구)]+50,000(평가손실)+0(정상감모손실)+0(비정상감모손실)=450,000

Guide 판매가능상품(기초재고+당기매입)의 구성

〈평가손실/정상감모손실을 매출원가 처리한다고 가정시〉

기초재고	500,000
당기매입	

‖

① 매출원가(구)[평가 · 감모손실 반영전]	400,000
② 평가손실	50,000
③ 정상감모손실	0
④ 비정상감모손실	0
⑤ 기말재고[평가 · 감모손실 반영후]	50,000

→매출원가(신)=①+②+③

→비용총액=①+②+③+④

문제 8번	재고자산 평가	출제구분	재출제	난이도	★ ★ ☆	정답	③

- 제품이 원가이상으로 판매 예상하는 경우에는 예외적으로 그 생산에 투입하기 위해 보유하는 원재료를 감액하지 않는나. →즉, 평가손실을 인식하지 않는다.

Guide 재고자산 저가법 적용시가

일반적인 경우	• 순실현가능가치	판매로 실현을 기대하는 순매각금액 →즉, '예상판매금액-추가예상원가와 판매비용'
원재료	• 현행대체원가	현재 매입하거나 재생산하는데 소요되는 금액
확정판매계약	• ㉠ 계약분 : 계약금액 ㉡ 계약초과분 : 일반판매가격	

주의 제품이 원가이상으로 판매 예상하는 경우에는 그 생산에 투입하기 위해 보유하는 원재료를 감액하지 않음. (즉, 평가손실을 인식하지 않음.)

문제 9번	자산관련 정부보조금 일반사항	출제구분	신유형	난이도	★ ★ ☆	정답	④

- 정부보조금을 관련 자산에서 차감하는 방법으로 표시하는 경우 유형자산의 장부금액은 유형자산 취득금액에서 정부보조금을 차감한 금액으로 한다.

Guide 자산관련 정부보조금 회계처리

개요	• 정부보조금을 수령하여 유형자산을 취득시 정부보조금은 재무상태표에 자산에서 차감(자산차감법)하거나 이연수익(이연수익법)으로 표시하는 방법 중 한 가지 방법을 선택 가능함. • 자산차감법의 경우 유형자산의 장부금액은 취득금액에서 정부보조금을 차감한 금액임.	
회계처리(선택)	**자산차감법(원가차감법)**	**이연수익법**
	자산취득시 (차) 자산 xxx (대) 현금 xxx 현금 xxx 보조금(자산차감) xxx	**자산취득시** (차) 자산 xxx (대) 현금 xxx 현금 xxx 이연수익(부채) xxx
	감가상각시 (차) 감가상각비 xxx (대) 감가상각누계액 xxx 보조금 xxx 감가상각비 xxx	**감가상각시** (차) 감가상각비 xxx (대) 감가상각누계액 xxx 이연수익 xxx 보조금수익 xxx

문제 10번	유형자산처분손익	출제구분	재출제	난이도	★ ☆ ☆	정답	④

- 감가상각비 계상기간 : 45개월(20x1년 7월 1일 ~ 20x5년 4월 1일)
- 처분시점 감가상각누계액 : $(500,000,000-0)\times\frac{45개월}{120개월}=187,500,000$
- 처분시점 장부금액 : 500,000,000 - 187,500,000 = 312,500,000

∴유형자산처분손익 : 300,000,000(처분금액) - 312,500,000(장부금액) = △12,500,000(손실)

*참고 처분시점(20x5년 4월 1일) 회계처리

(차) 현금(처분금액)	300,000,000	(대) 건물(취득원가)	500,000,000
감가상각누계액	187,500,000		
유형자산처분손실(대차차액)	12,500,000		

문제 11번	유형자산 재평가모형의 적용	출제구분	재출제	난이도	★ ☆ ☆	정답	②

• 자산의 장부금액이 재평가로 인하여 증가된 경우 원칙적으로 그 증가액은 자본(재평가잉여금)으로 인식한다.
→즉, 재평가 결과 발생한 평가손익은 원칙적으로 평가이익은 자본(재평가잉여금)으로 처리하며, 평가손실은 당기손익(재평가손실)로 처리한다.

Guide 유형자산 재평가모형 적용과 회계처리

선택적용	• 원가모형 · 재평가모형 중 선택하여, 유형자산 유형별(분류별)로 동일하게 적용함. 주의 유형자산 전체에 동일하게 적용하는 것이 아님.
유형별(분류별) 재평가	• 특정유형자산을 재평가할 때, 해당자산이 포함되는 유형자산 유형(분류) 전체를 재평가함. 주의 유형자산별로 선택적 재평가를 하는 것이 아님.
재평가빈도	• 장부금액이 공정가치와 중요하게 차이가 나지 않도록 주기적으로 수행
최초재평가	• ① 재평가증가액 : '장부금액 < 공정가치' → 재평가잉여금(기타포괄손익) 처리 ② 재평가감소액 : '장부금액 > 공정가치' → 재평가손실(당기손익) 처리

문제 12번	연구 · 개발단계 지출의 비용인식	출제구분	재출제	난이도	★ ★ ★	정답	③

• 연구비(비용) : 3,000,000+27,000,000=30,000,000
경상개발비(비용) : 7,000,000
개발비(자산) : 40,000,000

• 상각개시시점 : 자산이 사용가능한 때부터 시작〈∴20x1년 상각비 계상기간은 6개월(7/1~12/31)〉

→ 20x1년 인식할 개발비상각비 : $(40,000,000 \div 10\text{년}) \times \frac{6}{12} = 2,000,000$

∴20x1년 총비용 : 30,000,000(연구비)+7,000,000(경상개발비)+2,000,000(개발비상각비)=39,000,000

Guide 연구단계와 개발단계 지출의 처리

의의	• 인식기준을 충족하는지를 평가하기 위해 무형자산 창출과정을 연구단계와 개발단계로 구분함. 주의 무형자산을 창출하기 위해 내부 프로젝트를 연구단계와 개발단계로 구분할 수 없는 경우에는 발생한 지출은 모두 연구단계에서 발생한 것으로 봄.	
회계처리	연구단계활동 지출	• 비용(연구비)
	개발단계활동 지출	• 자산인식요건 충족O : 무형자산(개발비) • 자산인식요건 충족X : 비용(경상개발비)

문제 13번	내부창출 무형자산 인식	출제구분	재출제	난이도	★ ☆ ☆	정답	①

• 사업결합으로 취득한 영업권[=외부구입(유상취득) 영업권]은 신뢰성있는 측정이 가능하므로 무형자산으로 인식한다. 반면, 내부적으로 창출한 영업권은 원가를 신뢰성있게 측정할 수 없고 기업이 통제하고 있는 식별가능한 자원이 아니기 때문에 무형자산으로 인식하지 않는다.

문제 14번	투자부동산 해당여부	출제구분	재출제	난이도	★ ☆ ☆	정답	③

- 미래에 투자부동산으로 사용하기 위하여 건설 또는 개발중인 부동산과 운용리스로 제공하기 위하여 보유하는 미사용 건물은 투자부동산의 예에 해당한다.

* 저자주 K-IFRS 개정으로 '정상적인'은 '통상적인'으로 문구가 변경되었으니 참고바랍니다.

Guide 투자부동산에 해당하는 항목과 해당하지 않는 항목

투자부동산O [예시]	• 장기시세차익을 얻기 위하여 보유하고 있는 토지 →통상적인 영업과정에서 단기간에 판매하기 위하여 보유하는 토지는 제외함. • 장래 용도를 결정하지 못한 채로 보유하고 있는 토지 • 직접소유하고 운용리스로 제공하는 건물 • 운용리스로 제공하기 위하여 보유하는 미사용 건물 • 미래에 투자부동산으로 사용하기 위하여 건설 · 개발중인 부동산
투자부동산X [예시]	• 통상영업과정에서 판매 또는 이를 위하여 건설 · 개발 중인 부동산 →예 가까운 장래에 판매하거나 개발하여 판매하기 위한 목적으로만 취득한 부동산 • 자가사용부동산 →미래에 자가사용하기 위한 부동산, 미래에 개발 후 자가사용할 부동산, 종업원이 사용하고 있는 부동산(종업원이 시장요율로 임차료를 지급하고 있는지는 관계없음), 처분 예정인 자가사용부동산을 포함함. • 금융리스로 제공한 부동산

문제 15번	금융자산 · 금융부채의 의의와 해당항목	출제구분	재출제	난이도	★ ★ ☆	정답	③

- 매입채무와 미지급금은 금융부채에 해당한다.

Guide 금융상품 해당항목

금융자산 해당여부	금융자산 O	• 현금및현금성자산, 대여금, 매출채권, 미수금, 미수수익, FVPL금융자산, FVOCI 금융자산, AC금융자산, 금융기관취급 기타금융상품
	금융자산 X	• 재고자산, 유형자산, 무형자산, 사용권자산, 선급비용, 선급금, 계약에 의하지 않은 자산, 법인세관련 자산(이연법인세자산)
금융부채 해당여부	금융부채 O	• 매입채무, 지급어음, 차입금, 사채, 미지급금, 미지급비용, 금융리스부채, 금융보증계약, 상환우선주(보유자에게 상환청구권이 있는 경우)
	금융부채 X	• 선수금, 선수수익, 품질보증의무, 당기법인세부채(미지급법인세), 이연법인세부채, 충당부채, 의제의무

문제 16번	AC금융자산 장부금액	출제구분	재출제	난이도	★ ★ ☆	정답	③

- 현금흐름 : 20x1년말 이자 10,000 / 20x2년말 원리금 10,000+100,000=110,000
- 취득원가 : 10,000×0.89285+110,000×0.79719=96,620 또는 10,000×1.69005+100,000×0.79719=96,620
- 20x1년말 상각액 : 96,620×12%-10,000=1,594 →∴20x1년말 AC금융자산 장부금액 : 96,620+1,594=98,214

20x1년초	(차) 현금	96,620	(대) AC금융자산	96,620
20x1년말	(차) 현금	10,000	(대) 이자수익	96,620×12%=11,594
	AC금융자산	1,594		
	(차) 손상차손	xxx	(대) 손실충당금	xxx

*저자주 문제의 명확한 성립을 위해 누락된 단서인 '단, 기대신용손실은 없다고 가정한다.'를 추가하기 바랍니다.

문제 17번	금융자산 제거 경제적 실질 판단요소	출제구분	신유형	난이도	★ ★ ☆	정답	②

- 법률상 금융자산의 이전여부는 금융자산 제거의 경제적 실질 판단 요소에 포함되지 않는다.

Guide 금융자산의 제거조건

<table>
<tr><td>권리소멸</td><td>• 금융자산의 현금흐름에 대한 계약상 권리가 소멸한 경우</td></tr>
<tr><td>현금흐름양도</td><td>• 금융자산의 현금흐름을 수취할 계약상 권리를 양도한 경우
→본 조건을 만족시는 이하의 위험과 보상의 이전여부를 추가로 고려함.
<table>
<tr><th colspan="2">위험과 보상</th><th>회계처리</th></tr>
<tr><td colspan="2">이전O</td><td>• 금융자산을 제거</td></tr>
<tr><td colspan="2">보유O</td><td>• 금융자산을 계속인식</td></tr>
<tr><td rowspan="2">이전X/보유X</td><td>금융자산을 통제X</td><td>• 금융자산을 제거</td></tr>
<tr><td>금융자산을 통제O</td><td>• 지속적관여 정도까지 금융자산을 계속인식</td></tr>
</table></td></tr>
<tr><td>이전과 통제</td><td>① 양도자가 위험과 보상의 대부분을 이전하는 경우의 예는 다음과 같음.
• 금융자산을 아무런 조건 없이 매도한 경우
• 양도자가 매도한 금융자산을 재매입시점의 공정가치로 재매입할 수 있는 권리를 보유하고 있는 경우
• 양도자가 매도한 금융자산에 대한 콜옵션을 보유하고 있거나 양수자가 당해 금융자산에 대한 풋옵션을 보유하고 있지만, 당해 콜옵션이나 풋옵션이 깊은 외가격 상태이기 때문에 만기 이전에 당해 옵션이 내가격 상태가 될 가능성이 매우 낮은 경우
② 양수자가 자산을 제3자에게 매도할수 있는 실질적 능력을 가지고 있으면 양도자는 양도자산에 대한 통제를 상실한 것임.</td></tr>
</table>

문제 18번	사채할인발행 이자비용 추이	출제구분	재출제	난이도	★ ☆ ☆	정답	④

- 사채 할인발행의 경우
  - 유효이자율법하의 이자비용=장부금액×유효이자율
  - 장부금액이 매기 증가하므로 이자비용(유효이자)도 매기 증가한다.

*참고 ①번 그래프 : 사채 할증발행의 경우 이자비용 추이이다.
→장부금액이 매기 감소하므로 이자비용(유효이자)도 매기 감소한다.
③번 그래프 : 사채 액면발행의 경우 이자비용 추이이다.
→또는 상각방법을 유효이자율법이 아닌 정액법을 적용한 경우의 이자비용 추이이다.

문제 19번	전환사채 개념	출제구분	신유형	난이도	★ ☆ ☆	정답	①

• 복합금융상품의 종류

전환사채	• 유가증권의 소유자가 일정한 조건하에 보통주로의 전환권을 행사할 수 있는 사채로서, 전환권을 행사하면 보통주로 전환되는 사채
신주인수권부사채	• 유가증권의 소유자가 일정한 조건하에 신주인수권을 행사하여 보통주 발행을 청구할 수 있는 권리가 부여된 사채
전환우선주	• 유가증권의 소유자가 일정한 조건하에 전환권을 행사할 수 있는 우선주로서, 전환권을 행사하면 보통주로 전환되는 우선주
교환사채	• 유가증권의 소유자가 사채발행자가 보유하고 있는 유가증권과 교환을 청구할 수 있는 권리가 부여된 사채

*참고 회사채와 영구채

회사채	• 기업이 시설투자나 운영 등의 장기자금을 조달하기 위해 발행하는 채권을 말함. →채권은 발행 주체에 따라 국가가 발행하는 국채, 지방자치단체가 발행하는 지방채, 특별법인이 발행하는 특수채, 금융기관이 발행하는 금융채, 주식회사가 발행하는 회사채로 구분됨.
영구채	• 원금상환 없이 이자만 영구히 지급하는 채권을 말함. →즉, 만기가 없는 채권으로 신종자본증권(하이브리드채권)이라고도 함.

문제 20번	기댓값에 의한 충당부채 계상	출제구분	재출제	난이도	★ ★ ★	정답	④

• 충당부채로 인식하여야 하는 금액과 관련된 불확실성은 상황에 따라 판단한다. 다수의 항목과 관련되는 충당부채를 측정하는 경우에 해당 의무는 가능한 모든 결과에 관련된 확률을 가중평균하여 추정한다.(이러한 통계적 추정방법을 '기댓값'이라고 함.) 따라서 특정 금액의 손실이 생길 확률(예 60%나 90%)에 따라 충당부채로 인식하는 금액은 달라지게 된다.[K-IFRS 제1037호 문단39]

• 수리비용과 발생확률

구분	수리비용	발생확률
하자가 없는 경우(전혀 결함이 발생하지 않는 경우)	0원	80%
중요하지 않은(사소한) 결함이 발생할 경우	50,000원	15%
치명적인(중요한) 결함이 발생할 경우	300,000원	5%

→충당부채(수리비용의 기댓값) : (0원×80%)+(50,000원×15%)+(300,000원×5%)=22,500원

*저자주 K-IFRS 제1037호 문단39의 사례를 문제화한 것으로 재경관리사 시험수준을 고려할 때 다소 무리한 출제로 사료됩니다. 다만, 회계사·세무사 등 전문직 시험에서는 빈출되고 있는 문제입니다.

문제 21번	자본과 주식 세부고찰	출제구분	재출제	난이도	★ ★ ★	정답	①

• ① 주당이익(EPS) : $\frac{1,500,000}{1,000주}$ = 1,500 →발행주식수 2,000주는 이하 ③번 참조!

② 법정자본금 : 500,000(자본금)

③ 발행주식수 : 500,000(자본금)÷500(주당 액면금액) = 1,000주

④ 당기순이익 : 1,500,000 →신설법인이므로 기말 이익잉여금이 당기순이익이다.

*저자주 문제의 명확한 성립을 위해 누락된 단서인 '단, 설립시 발행한 우선주는 없다.'를 추가하기 바랍니다.

문제 22번	기말재무상태표 이익잉여금	출제구분	재출제	난이도	★ ★ ☆	정답	④

- 연차배당(현금배당과 주식배당)은 다음연도 이익잉여금처분항목에 해당한다.
- 기말재무상태표 이익잉여금(=미처분이익잉여금) : 전기이월미처분이익잉여금 - 중간배당 + 당기순이익

∴20x1년말 이익잉여금(미처분이익잉여금) : 2,000,000 - 200,000 + 1,000,000 = 2,800,000

Guide **중간배당·현금배당·주식배당 회계처리**

중간배당	중간배당일(20x1.7.1)	(차) 중간배당액	xxx	(대) 현금	xxx
	보고기간말(20x1.12.31)	(차) 이월이익잉여금	xxx	(대) 중간배당액	xxx
현금배당	보고기간말(20x1.12.31)	- 회계처리 없음 -			
	배당선언일(20x2.3.20)	(차) 이월이익잉여금	xxx	(대) 미지급배당금	xxx
	배당지급일(20x2.4.1)	(차) 미지급배당금	xxx	(대) 현금	xxx
주식배당	보고기간말(20x1.12.31)	- 회계처리 없음 -			
	배당선언일(20x2.3.20)	(차) 이월이익잉여금	xxx	(대) 미교부주식배당금	xxx
	배당지급일(20x2.4.1)	(차) 미교부주식배당금	xxx	(대) 자본금	xxx

문제 23번	선수금에 포함된 유의적인 금융요소	출제구분	기출변형	난이도	★ ★ ☆	정답	④

- 매출액 계산

선수금	:	100,000
20x1년 이자비용	:	100,000×5%=5,000
20x2년 이자비용	:	(100,000+5,000)×5%=5,250
20x2년 매출액		110,250

*참고 회계처리

20x1년초	(차) 현금	100,000	(대) 계약부채	100,000
20x1년말	(차) 이자비용	5,000	(대) 계약부채	5,000
20x2년말	(차) 이자비용	5,250	(대) 계약부채	5,250
	(차) 계약부채	110,250	(대) 매출	110,250

문제 24번	거래가격 산정과 배분	출제구분	신유형	난이도	★★★	정답	②

- 총계약금액 : 240,000+40,000×24개월=1,200,000
- 개별판매가격
  - 핸드폰 단말기 : 400,000
  - 통신서비스 : 50,000×24개월=1,200,000
- 20x1년 핸드폰 단말기 매출액 : $1,200,000\times\frac{400,000}{400,000+1,200,000}=300,000$
- 20x1년 통신서비스 매출액 : $(1,200,000\times\frac{1,200,000}{400,000+1,200,000})\times\frac{12\text{개월}}{24\text{개월}}=450,000$

∴20x1년 수익(매출액)으로 인식할 금액 : 300,000+450,000=750,000

Guide **수익인식모형 4단계 : 거래가격의 배분**

배분목적	• 약속한 재화·용역을 이전하고 그 대가로 받을 권리를 갖게 될 금액을 나타내는 금액으로 각 수행의무(또는 구별되는 재화나 용역)에 거래가격을 배분하는 것임.
비례배분	• 계약 개시시점에 개별판매가격을 산정하고 이에 비례하여 거래가격을 배분함.

문제 25번	미청구공사·초과청구공사 계산	출제구분	재출제	난이도	★★☆	정답	①

- 20x1년 계약수익 : $120,000,000\times\frac{20,000,000}{100,000,000}=24,000,000$
- 20x1년 계약이익 : 24,000,000(계약수익)-20,000,000(계약원가)=4,000,000
- 20x1년말 미성공사 : 20,000,000(계약원가)+4,000,000(계약이익)=24,000,000
- 20x1년말 초과청구공사(계약부채) : 30,000,000(진행청구액)-24,000,000(미성공사)=6,000,000

*고속철 '미성공사=누적계약수익'이므로, 누적계약수익 24,000,000이 미성공사금액이 된다.

*참고 20x1년 회계처리

계약원가 발생	(차)	미성공사	20,000,000	(대) 현금	20,000,000
계약대금 청구	(차)	공사미수금	30,000,000	(대) 진행청구액	30,000,000
계약대금 수령	(차)	현금	xxx	(대) 공사미수금	xxx
계약손익인식	(차)	계약원가 미성공사	20,000,000 4,000,000	(대) 계약수익	24,000,000

문제 26번	2차연도 건설계약손익	출제구분	재출제	난이도	★★☆	정답	①

- 20x2년 계약손익 : $(3\text{억원}\times\frac{1.5\text{억원}}{2.5\text{억원}}-3\text{억원}\times\frac{1\text{억원}}{2.5\text{억원}})-0.5\text{억원}=0.1\text{억원}$
- 연도별 계약손익 계산

구분	20x1년	20x2년
진행률	$\frac{1\text{억원}}{2.5\text{억원}}=40\%$	$\frac{1.5\text{억원}}{2.5\text{억원}}=60\%$
계약수익	3억원×40%=1.2억원	3억원×60%-1.2억원=0.6억원
계약원가	1.0억원	0.5억원
계약손익	0.2억원	0.1억원

문제 27번	확정급여제도와 당기비용	출제구분	신유형	난이도	★ ★ ★	정답	②

• 회계처리

사외적립자산 적립	(차) 사외적립자산	5,000	(대) 현금	5,000
확정급여채무 이자원가	(차) 퇴직급여	3,000	(대) 확정급여채무	3,000
확정급여채무 당기근무원가	(차) 퇴직급여	10,000	(대) 확정급여채무	10,000
확정급여채무 재측정요소(보험수리적손익)	(차) 재측정손실(기타포괄손익)	200	(대) 확정급여채무	200
사외적립자산 기대수익(이자수익)	(차) 사외적립자산	1,000	(대) 퇴직급여	1,000

∴20x1년 당기비용 : 3,000 + 10,000 - 1,000 = 12,000

Guide 확정급여제도 회계처리 순서

① 과거근무원가(증가시)	(차) 퇴직급여	xxx	(대) 확정급여채무	xxx
② 퇴직급여 지급	(차) 확정급여채무	xxx	(대) 사외적립자산	xxx
③ 사외적립자산 적립	(차) 사외적립자산	xxx	(대) 현금	xxx
④ 확정급여채무 이자원가	(차) 퇴직급여	xxx	(대) 확정급여채무	xxx
⑤ 확정급여채무 당기근무원가	(차) 퇴직급여	xxx	(대) 확정급여채무	xxx
⑥ 확정급여채무 재측정요소(보험수리적손익)	(차) 재측정손실	xxx	(대) 확정급여채무	xxx
⑦ 사외적립자산 기대수익(이자수익)	(차) 사외적립자산	xxx	(대) 퇴직급여	xxx
⑧ 사외적립자산 재측정요소(실제수익-기대수익)	(차) 사외적립자산	xxx	(대) 재측정이익	xxx

문제 28번	현금결제형 주식기준보상 당기보상비용	출제구분	재출제	난이도	★ ☆ ☆	정답	②

• 30,000개 × 150,000 × $\frac{1}{3}$ = 1,500,000,000(15억원)

Guide 현금결제형 주식기준보상 보고기간말 회계처리

보고기간말	• 주가차액보상권은 보고기간말 공정가치로 재측정하고 기대권리소멸률을 반영한 보상원가를 용역제공비율에 따라 가득기간에 걸쳐 인식 →(차) 주식보상비용(당기비용) xxx (대) 장기미지급비용(부채) xxx
가득일 이후	• 가득일 이후에도 매 보고기간말의 공정가치를 기준으로 보상원가를 재측정하고 보상원가의 재측정으로 변동한 금액은 주식보상비용과 상기미지급비용으로 처리

문제 29번	법인세회계 일반사항	출제구분	재출제	난이도	★ ★ ☆	정답	③

- ① 법인세부담액(당기법인세)을 포괄손익계산서상 법인세비용으로 계상하게 되면 회계이익과 무관한 금액이 계상되므로, 수익 · 비용의 올바른 대응을 위해 법인세부담액을 배분한다.
  ② 차감할 일시적차이 ⇒ 유보 ⇒ 이연법인세자산
  ③ 이연법인세 자산과 부채는 할인하지 아니한다.
  →이연법인세 자산과 부채를 신뢰성 있게 현재가치로 할인하기 위해서는 각 일시적차이의 소멸시점을 상세히 추정하여야 한다. 많은 경우 소멸시점을 실무적으로 추정할 수 없거나 추정이 매우 복잡하다. 따라서 이연법인세 자산과 부채를 할인하도록 하는 것은 적절하지 않다. 또한 할인을 강요하지 않지만 허용한다면 기업 간 이연법인세 자산과 부채의 비교가능성이 저해될 것이다. 따라서 K-IFRS에서는 이연법인세자산과 부채를 할인하지 않도록 하였다.
  ④ 일시적차이로 인한 이연법인세자산(부채)의 계상으로 법인세비용이 그 만큼 증감한다.

이연법인세자산이 계상되는 경우	이연법인세부채가 계상되는 경우
(차) 법인세비용 400 (대) 당기법인세 500 이연법인세자산 100	(차) 법인세비용 650 (대) 당기법인세 500 이연법인세부채 150

문제 30번	1차연도 이연법인세자산 · 부채 계산	출제구분	재출제	난이도	★ ☆ ☆	정답	①

- 가산할 일시적차이 = △유보 →이연법인세부채 : 3,000,000 × 20% = 600,000

*참고 일시적차이가 발생하더라도 이연법인세자산 · 부채를 인식하지 아니하는 경우

이연법인세자산 인식 X	• 자산 · 부채를 최초로 인식할때 발생하는 거래로 사업결합거래가 아니고, 거래당시 회계이익 · 과세소득에 영향을 미치지 않는 거래(예 정부보조금)
이연법인세부채 인식 X	• 영업권을 최초로 인식할 때 • 자산 · 부채가 최초로 인식되는 거래가 사업결합거래가 아니고, 거래당시 회계이익 · 과세소득에 영향을 미치지 않는 거래(예 업무무관자산)

문제 31번	오류수정후 당기순이익	출제구분	재출제	난이도	★ ★ ☆	정답	①

• 위탁판매의 수익인식시점은 수탁자[(주)하나]가 판매한 시점인 차기 20x2년이므로, 당기 20x1년에 인식한 매출액과 매출원가를 오류수정하여야 한다.
• 20x1년 위탁판매 이익(매출총이익) 과대계상액 : 400,000,000(매출액) - 310,000,000(매출원가) = 90,000,000
∴수정후 당기순이익 : 200,000,000 - 90,000,000 = 110,000,000

Guide 오류수정 처리방법

개요	• 당기중에 발견한 당기 잠재적 오류는 재무제표의 발행승인일 전에 수정함. →그러나, 중요한 오류를 후속기간에 발견하는 경우 이러한 전기오류는 해당 후속기간의 재무제표에 비교 표시된 재무정보를 재작성하여 수정함. * 저자주 K-IFRS는 중요하지 않은 오류의 처리방법에 대하여는 규정이 없습니다. • 전기오류의 수정은 오류가 발견된 기간의 당기손익으로 보고하지 않음.
소급적용	• 중요한 전기오류가 발견된 이후 최초 발행승인하는 재무제표에 다음 방법으로 소급하여 수정함. ㉠ 오류가 발생한 과거기간의 재무제표가 비교표시되는 경우에는 그 재무정보를 재작성함. ㉡ 오류가 비교표시되는 가장 이른 과거기간 이전에 발생한 경우에는 비교 표시되는 가장 이른 과거기간의 자산, 부채 및 자본의 기초금액을 재작성함.
재작성	• 소급재작성이란 전기오류가 처음부터 발생하지 않은 것처럼 재무제표 구성요소의 인식, 측정 및 공시를 수정하는 것을 말함.

문제 32번	유상증자 · 자기주식취득과 EPS	출제구분	재출제	난이도	★ ★ ☆	정답	②

• 가중평균유통보통주식수 계산

1/1	3/1	7/1	12/31
12,000주	3,000주	(3,000주)	

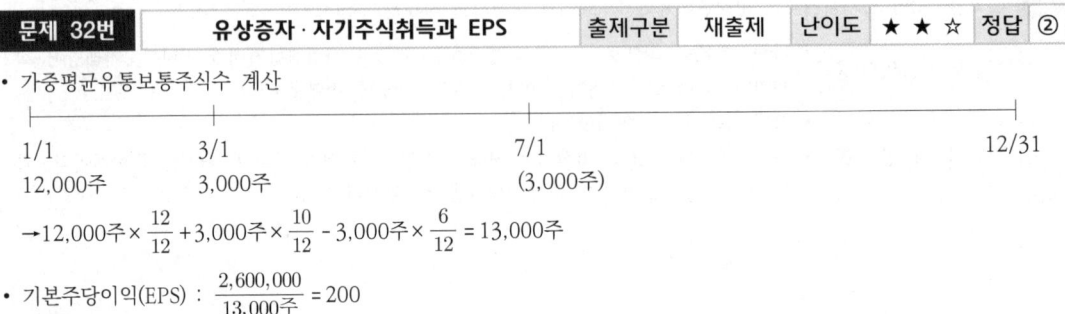

$\rightarrow 12,000주 \times \frac{12}{12} + 3,000주 \times \frac{10}{12} - 3,000주 \times \frac{6}{12} = 13,000주$

• 기본주당이익(EPS) : $\frac{2,600,000}{13,000주} = 200$

Guide 가중평균유통보통주식수의 산정

우선주	• 발행된 총주식수에서 우선주식수를 차감
자기주식	• 보유기간(취득~매각)동안 유통보통주식수에서 제외 주의 기초에 발행주식수 10주, 자기주식수 1주인 경우 유통주식수 9주로 계산
무상증자 · 주식배당 · 주식분할	• 기초에 실시된 것으로 간주 →단, 기중 유상증자 발행신주는 유상증자의 납입일에 실시된 것으로 간주
유상증자	• 일반적인 경우(공정가치이상 유상증자) 납입일을 기준으로 가중평균

문제 33번	유의적인 영향력이 있는 경우	출제구분	재출제	난이도	★ ☆ ☆	정답	④

- 기업이 다음 중 하나 이상에 해당하는 경우 일반적으로 유의적인 영향력을 보유한다는 것이 입증된다.[K-IFRS 제1028호 문단6]

> ㉠ 피투자자의 이사회나 이에 준하는 의사결정기구에 참여
> ㉡ 배당이나 다른 분배에 관한 의사결정에 참여하는 것을 포함하여 정책결정과정에 참여
> ㉢ 기업과 피투자자 사이의 중요한 거래
> ㉣ 경영진의 상호 교류
> ㉤ 필수적 기술정보의 제공

문제 34번	외화표시재무제표의 외화환산	출제구분	재출제	난이도	★ ★ ★	정답	①

- 외화표시재무제표 환산방법(적용환율)

자산(마감환율)	부채(마감환율)
	자본(거래일환율)
비용(거래일환율 or 평균환율)	수익(거래일환율 or 평균환율)
	외환차이(대차차이)

- 자산총계 : $5,000×1,200(마감환율) = 6,000,000
  부채총계 : $2,000×1,200(마감환율) = 2,400,000
  자본금 : $1,000×1,000(거래일환율) = 1,000,000
  당기순이익 : $2,000×1,150(평균환율) = 2,300,000

자산	6,000,000	부채	2,400,000
		자본금	1,000,000
		순이익	2,300,000
		외환차이	300,000
	6,000,000		6,000,000

문제 35번	환율변동효과와 외화환산	출제구분	재출제	난이도	★ ★ ☆	정답	②

- 역사적원가로 측정하는 비화폐성 외화항목은 마감환율이 아니라 거래일환율로 환산한다.

Guide 화폐성·비화폐성항목의 기말환산

화폐성항목	• 마감환율(보고기간말환율)로 환산하고 외환차이는 당기손익 처리			
비화폐성항목	구분	적용환율	외환차이 처리	
	역사적원가측정항목 (예유형자산 원가모형)	거래일환율	외환차이 없음	
	공정가치측정항목 (예유형자산 재평가모형)	공정가치결정일환율	당기손익인 경우	당기손익
			기타포괄손익인 경우	기타포괄손익

문제 36번	파생상품 일반사항	출제구분	기출변형	난이도	★★☆	정답	③

• 위험회피수단으로 지정되지 않고 매매목적 등으로 보유하고 있는 파생상품의 평가손익은 당기손익으로 계상해야 한다.

*참고 비파생금융상품과 내재파생상품

파생상품은 원금 이상의 손실을 입을 수 있는 것인데 반해, 비파생금융상품은 주식과 같이 종이 조각이 되면 끝이 나는 즉, 원금 이상의 손실을 입지 않는 것을 의미한다. 한편, 내재파생상품은 전환사채의 전환권과 같은 경우를 예로 들 수 있으며 만약 전환권이 독립적으로 거래·양도 등이 가능하면 내재파생상품이 아니다. 이 경우 내재파생상품을 주계약과 분리하여 파생상품으로 처리한다.

Guide 파생상품평가손익의 처리

❐ 파생상품은 계약상 권리·의무에 따라 자산·부채로 재무제표에 계상하며, 평가손익은 다음과 같이 처리함.

매매목적[1]	• 당기손익	
공정가치위험회피[2]	• 당기손익	
현금흐름위험회피[3]	위험회피에 효과적인 부분	• 기타포괄손익
	위험회피에 효과적이지 못한 부분	• 당기손익

[1]매매목적으로 파생상품을 이용하는 것을 말함.
[2]위험회피대상항목이 자산, 부채, 확정계약으로서 당해 항목의 공정가치변동을 상쇄하기 위하여 파생상품을 이용하는 것을 말함.
[3]위험회피대상항목이 미래에 예상되는 거래로서 당해 거래에 따른 미래현금흐름변동을 상쇄하기 위하여 파생상품을 이용하는 것을 말함.

문제 37번	리스료의 구성	출제구분	재출제	난이도	★☆☆	정답	③

• 무보증잔존가치는 리스료의 구성항목에 해당되지 않는다.

Guide 리스료의 구성항목

고정리스료	• 지급액에서 변동리스료를 뺀 금액(리스인센티브는 차감)
변동리스료	• 시간경과가 아닌 지수·요율(이율)에 따라 달라지는 리스료
매수선택권행사가격 (소유권이전금액)	• 리스이용자가 매수선택권을 행사할 것이 상당히 확실한 경우 그 매수선택권의 행사가격(또는 소유권이전금액)
종료선택권행사가격	• 리스기간이 리스이용자의 종료선택권 행사를 반영하는 경우에 그 리스를 종료하기 위하여 부담하는 금액
보증잔존가치	• ① 리스이용자의 경우 : 잔존가치보증에 따라 지급할 것으로 예상되는 금액 ② 리스제공자의 경우 : 다음의 자의 잔존가치보증액 - 리스이용자와 리스이용자의 특수관계자 - 리스제공자와 특수관계에 있지 않고 보증의무 이행할 재무적 능력이 있는 제3자

문제 38번	현금흐름표 분석	출제구분	기출변형	난이도	★ ★ ★	정답	②

- ① 당기순손익에서 출발하여 조정사항을 가감하여 영업활동현금흐름을 도출하므로, 당기순손실인 경우에도 조정사항 가감액의 크기에 따라 영업활동현금흐름이 (+)가 될 수 있다.
  ② 유형자산의 처분은 처분손실 발생과 무관하게 투자활동 현금유입이므로, 투자활동 현금흐름에 무조건 (+)효과로 작용한다.
  ③ 배당금지급은 영업활동 또는 재무활동으로 분류가능하며, 만약 배당금지급을 영업활동으로 분류한 경우라면 이를 재무활동으로 분류하여 영업활동 현금유출의 감소를 통한 영업활동현금흐름의 증가가 가능하다.
  ④ 이자지급은 영업활동 또는 재무활동으로 분류가능하며, 만약 이자지급을 영업활동으로 분류한 경우라면 이를 재무활동으로 분류하여 영업활동 현금유출의 감소를 통한 영업활동현금흐름의 증가가 가능하다.

Guide **현금흐름 구분시 주의사항**

구분	영업활동현금흐름	투자활동현금흐름	재무활동현금흐름	비고
이자수입 · 배당수입	O	O	-	선택가능
이자지급 · 배당지급	O	-	O	선택가능
단기매매(FVPL)금융자산	O	-	-	단기매매목적
법인세지급	O(원칙)	O	O	-

문제 39번	현금주의 이자수익	출제구분	재출제	난이도	★ ★ ☆	정답	①

- 200,000(발생주의 이자수익) - 20,000(미수이자의 증가) = 180,000(현금주의 이자수익=이자수취액)

Guide **발생주의의 현금주의 전환 : 이자수익과 이자비용**

이자수익 유입액

- (+)로 출발하며, 자산의 증감은 역방향으로, 부채의 증감은 순방향으로 가감하여 분석

이자수익 유입액〈금액은 가정치임〉		
발생주의이자수익	10,000	→ (+)로 출발함에 주의!
현재가치할인차금상각액	(2,000)	
미수이자증가(or선수이자감소)	(3,000)	
유입액(현금주의이자수익)	5,000	

➡ (차) 현금 80 (대) 이자수익 100
　　현재가치할인차금 20

직접법	• 현재가치할인차금을 계산시 차감
간접법	• 현재가치할인차금을 당기순이익에서 차감

이자비용 유출액

- (-)로 출발하며, 자산의 증감은 역방향으로, 부채의 증감은 순방향으로 가감하여 분석

이자비용 유출액〈금액은 가정치임〉		
발생주의이자비용	(10,000)	→ (-)로 출발함에 주의!
사채할인발행차금(현재가치할인차금)상각액	1,000	
미지급이자증가(or선급이자감소)	2,000	
유출액(현금주의이자비용)	(7,000)	

➡ (차) 이자비용 100 (대) 현금 80
　　　　　　　　　　사채할인발행차금 20

직접법	• 사채할인발행차금을 계산시 가산
간접법	• 사채할인발행차금을 당기순이익에 가산

문제 40번	간접법 현금흐름 추정	출제구분	재출제	난이도	★ ★ ☆	정답	③

• 법인세비용차감전순이익	500,000
감가상각비	300,000
유형자산처분손실	150,000
재고자산의 증가	(300,000)
매입채무의 (ㄱ)	X
영업활동으로 인한 현금흐름	50,000

→X = -600,000(∴매입채무의 감소)

Guide 간접법 영업활동현금흐름 계산구조

〈출발점〉 법인세비용차감전순이익		
현금수입 · 지출이 없는 손익계정	• 감가상각비, 금융자산평가손익 • 이자비용, 이자수익, 배당수익*)	• 비용 → 가산 • 수익 → 차감
투자 · 재무활동관련 손익계정	• 자산처분손익, 부채상환손익	
영업활동관련 자산 · 부채계정	• 매출채권(순액), 선수금, 매입채무, 선급금 • 재고자산(순액), 미수수익, 선급비용 • 선수수익, 미지급비용, FVPL금융자산	• 자산증(감) → 차감(가산) • 부채증(감) → 가산(차감)

*) 영업활동으로 분류되는 경우 가감조정을 해주는 이유는 현금흐름표 양식상 이들을 직접법을 적용한 것처럼 별도로 표시해주기 때문임.

주의 영업활동관련 자산 · 부채계정 관련손익(예 매출채권 대손상각비, FVPL금융자산평가이익 · 처분이익, 재고자산 감모손실, 퇴직급여 등)은 위의 현금수입 · 지출이 없는 손익계정에서 고려치 않음. 따라서, 영업활동과 관련없는 대여금이나 미수금 해당분 대손상각비는 위의 현금수입 · 지출이 없는 손익계정에서 고려(가산)함.

재경관리사 공개기출해설[재무]

2021년 7월에 시행된 기출문제에 대한 완벽한 해설을 관련이론(가이드)과 함께 제시하였습니다. 해당 문제는 합본부록을 참고바랍니다.

FINAL

Certified Accounting Manager

재무회계
공개기출문제해설
[2021년 07월 시행]

SEMOOLICENCE

문제 1번	K-IFRS 특징	출제구분	재출제	난이도	★ ☆ ☆	정답	①

• K-IFRS는 원칙중심(principle-based)의 회계기준이며, 자산·부채의 공정가치측정을 요구한다.

Guide 국제회계기준의 특징

원칙중심	• 기본원칙과 방법론만 제시 ⌕주의 규칙중심이 아님. →회계처리, 양식, 계정과목을 정형화하지 않고 다양성과 재량을 부여
연결재무제표중심	• 연결재무제표를 기본재무제표로 제시 ⌕주의 개별재무제표 중심이 아님.
공시강화	• 주석을 통한 많은 공시항목을 요구함.
공정가치확대	• 원칙적으로 자산·부채의 공정가치 측정을 요구
협업제정	• 독자적이 아닌 각국의 협업을 통해 제정

문제 2번	재무정보 근본적 질적특성의 구성요소	출제구분	재출제	난이도	★ ☆ ☆	정답	①

• 목적적합성의 구성 : 예측가치, 확인가치, 중요성

Guide 근본적 질적특성 개괄

목적적합성	예측가치와 확인가치	• 이용자들이 미래 결과를 예측하기 위해 사용하는 절차의 투입요소로 재무정보가 사용될 수 있다면 그 재무정보는 예측가치를 갖음. →재무정보가 과거 평가에 대해 피드백을 제공한다면(과거 평가를 확인하거나 변경시킨다면) 확인가치를 갖음. • 재무정보가 예측가치를 갖기 위해서 그 자체가 예측치 또는 예상치일 필요는 없음.
	중요성	• 정보가 누락·잘못기재된 경우 일반목적재무보고서에 근거하여 이루어지는 주요이용자의 의사결정에 영향을 줄 수 있다면 그 정보는 중요한 것임. • 중요성은 개별기업 재무보고서 관점에서 해당 정보와 관련된 항목의 성격이나 규모 또는 이 둘 모두에 근거하여 해당 기업에 특유한 측면의 목적적합성을 의미함.
표현충실성	완전한 서술 중립적 서술 오류없는 서술	• 오류가 없다는 것은 현상의 기술에 오류나 누락이 없고, 보고정보를 생산하는데 사용되는 절차의 선택과 적용시 절차상 오류가 없음을 의미함. →즉, 오류가 없다는 것은 모든 면에서 완벽, 정확하다는 것을 의미하지는 않음.

문제 3번	재무정보의 질적특성	출제구분	신유형	난이도	★ ★ ☆	정답	③

• 계량화된 정보가 검증가능하기 위해서 단일 점추정치이어야 할 필요는 없다.

Guide 재무정보의 보강적 질적특성 : 검증가능성

• 정보가 나타내고자 하는 경제적 현상을 충실히 표현하는지를 이용자들이 확인하는데 도움을 줌.
• 합리적인 판단력이 있고 독립적인 서로 다른 관찰자가 어떤 서술이 표현충실성이라는데, 비록 반드시 완전히 일치하지는 않더라도, 합의에 이를 수 있다는 것을 의미함.
• 계량화된 정보가 검증가능하기 위해서 단일 점 추정치이어야 할 필요는 없음. 가능한 금액의 범위 및 관련된 확률도 검증될 수 있음.

문제 4번	유동자산 집계	출제구분	기초문제	난이도	★ ☆ ☆	정답	②

- 유동자산 : 당좌자산+재고자산
  →당좌자산 : 40,000(단기대여금)+400,000(매출채권)+600,000(선급비용)=1,040,000
  →재고자산 : 0
- 유동자산 : 1,040,000+0=1,040,000

문제 5번	중간재무보고서 작성	출제구분	신유형	난이도	★ ★ ★	정답	④

- 적시성과 재무제표 작성 비용의 관점에서 또한 이미 보고된 정보와의 중복을 방지하기 위하여 연차재무제표에 비하여 적은 정보를 공시할 수 있다. 중간재무보고서의 최소 내용은 요약재무제표와 선별적 주석을 포함하는 것으로 본다.
- 직전의 전체 연차재무제표를 갱신하는 정보를 제공하기 위하여 작성한 것으로 본다. 따라서 중간재무보고서는 새로운 활동, 사건, 환경에 중점을 두며 이미 보고정보를 반복하지 않는다.

*저자주 세무사·회계사 시험에서 가볍게 언급되는 내용들로서, 재경관리사 시험수준을 초과하는 내용들입니다.

문제 6번	재고자산 취득원가 고려사항	출제구분	재출제	난이도	★ ☆ ☆	정답	④

- ① 재고자산은 취득원가와 순실현가능가치 중 낮은 금액으로 측정한다.(저가법)
  ② 매입할인, 리베이트 및 기타 유사한 항목은 매입원가를 결정할 때 차감한다.
  ③ 재고자산을 현재의 장소에 현재의 상태로 이르게 하는데 기여하지 않은 관리간접원가는 재고자산의 취득원가에 포함하지 않고 비용처리한다.
  ④ 판매원가는 재고자산의 취득원가에 포함하지 않고 비용(판매비와관리비)처리한다.

Guide 재고자산 취득원가 일반사항

취득원가 범위	매입원가	• 매입가격에 수입관세와 제세금(과세당국으로부터 추후 환급받을 수 있는 금액은 제외), 매입운임, 하역료를 가산 • 매입할인(에누리,환출), 리베이트 항목은 매입원가를 결정할 때 차감
	전환원가	• 제조기업에서 완제품으로 전환하는데 발생하는 직접노무비와 제조간접비
	기타원가	• 재고자산을 현재의 장소에 현재의 상태로 이르게 하는데 발생한 원가
매입운임	선적지인도기준	• 매입자가 부담 → ∴매입자의 재고자산 취득원가에 가산
	도착지인도기준	• 판매자가 부담 → ∴판매자의 판매비(매출운임)로 계상
비용처리 원가	• ㉠ 재료원가, 노무원가, 기타 제조원가 중 비정상적으로 낭비된 원가 ㉡ 후속 생산단계에 투입하기 전에 보관이 필요한 경우 이외의 보관원가 ㉢ 재고자산을 현재장소에 현재 상태로 이르게 하는데 기여하지 않은 관리간접원가 ㉣ 판매원가	

문제 7번	재고자산평가손실 총액에 의한 계산	출제구분	재출제	난이도	★ ☆ ☆	정답	③

• 재고자산평가손실 : 실사수량에 따른 기말재고자산금액(4,000,000) - 순실현가능가치(3,000,000) = 1,000,000

*참고 재고자산감모손실과 재고자산평가손실을 구체적으로 분석하면 다음과 같다.

장부수량×단위당원가 (1,200개×@4,000 = 4,800,000)	실제수량×단위당원가 (1,000개×@4,000 = 4,000,000)	실제수량×단위당시가 (1,000개×@3,000 = 3,000,000)

재고자산감모손실 800,000　　　재고자산평가손실 1,000,000

문제 8번	총평균법과 이동평균법 매출원가	출제구분	신유형	난이도	★ ★ ☆	정답	①

• 실지재고조사법(총평균법)

- 평균단가 : $\frac{100,000+230,000+90,000}{1,000개+2,000개+500개}$ = @120
- 매출원가 : 2,500개×@120 = 300,000

• 실지재고조사법(이동평균법)

- 6/12 이동평균단가 : $\frac{100,000+230,000}{1,000개+2,000개}$ = @110
- 매출원가 : 2,500개×@110 = 275,000

문제 9번	자본적지출시 유형자산 장부금액	출제구분	신유형	난이도	★ ★ ☆	정답	②

• 유형자산 인식요건을 충족하는 자본적지출은 장부금액에 가산한다.

• 20x3년초 자본적지출 전 장부금액 : 1,000,000 - (1,000,000 - 0)×2년/5년 = 600,000

• 20x3년초 자본적지출 후 장부금액 : 600,000 + 100,000(자본적지출) = 700,000

• 20x3년 감가상각비 : 700,000÷(3년 + 2년) = 140,000

∴20x3년말 장부금액 : 700,000 - 140,000 = 560,000

문제 10번	특정차입금 자본화 차입원가	출제구분	재출제	난이도	★ ★ ☆	정답	③

• 특정차입금 자본화 차입원가 계산시 일시예치에 의한 일시투자수익은 차감하고 계산한다.

• 특정차입금 자본화 차입원가 : $(5,000,000\times12\%\times\frac{12}{12})-(1,000,000\times9\%\times\frac{6}{12})=555,000$

Guide 차입원가 자본화액

특정차입금 자본화금액	일반차입금 자본화금액 [한도] 일반차입금차입원가
❐ 특정차입금 차입원가 - 일시투자수익	❐ (연평균지출액 - 연평균특정차입금[1])×자본화이자율 →자본화이자율= $\frac{일반차입금차입원가}{연평균일반차입금}$ [1]일시예치금 차감액

문제 11번	유형자산 제거와 회계처리 추정	출제구분	신유형	난이도	★ ★ ★	정답	②

- 20x1년/20x2년 감가상각누계액 : (5,000,000 - 0)×2년/5년 = 2,000,000
- 20x3년 7월 1일 처분시점 감가상각비 : [(5,000,000 - 0)÷5년]×6/12 = 500,000
  →∴회사는 처분시점 감가상각비 500,000을 누락하여, 감가상각누계액을 2,000,000을 상계하였다.
- 올바른 회계처리

처분시 회계처리	(차) 현금	3,500,000	(대) 비품(컴퓨터)	5,000,000
	감가상각누계액	2,500,000	유형자산처분이익	1,000,000

- 이익에 미치는 영향 분석

회사의 처리	올바른 처리
감가상각비 : 0 / 처분이익 : 500,000	감가상각비 : 500,000 / 처분이익 : 1,000,000

∴이익에의 영향은 없음

문제 12번	무형자산 재평가	출제구분	신유형	난이도	★ ★ ★	정답	③

- 무형자산의 장부금액이 재평가로 인하여 증가된 경우에 그 증가액은 기타포괄손익으로 인식하고 재평가잉여금의 과목으로 자본에 가산한다. 그러나 그 증가액 중 그 자산에 대하여 이전에 당기손익으로 인식한 재평가감소에 해당하는 금액이 있다면 그 금액을 한도로 당기손익으로 인식한다.[K-IFRS 제1038호 문단85]

Guide 무형자산 재평가 세부고찰

재평가모형 불허사항	㉠ 이전에 자산으로 인식하지 않은 무형자산의 재평가는 허용되지 않음. ㉡ 원가가 아닌 금액으로 무형자산을 최초로 인식시는 재평가가 허용되지 않음.	
적용 특수사례	• 재평가모형은 자산을 원가로 최초에 인식한 후에 적용하나, 다음의 특수사례가 있음.	
	일부인식시	• 일부 과정이 종료될 때까지 인식기준을 충족하지 않아서 원가의 일부만 자산인식시는 그 자산 전체에 대하여 재평가모형을 적용할 수 있음.
	정부보조 취득시	• 공정가치가 아닌 명목상 금액으로 인식한 무형자산에 대해서도 재평가모형을 적용할 수 있음.
활성시장 특수사례	동일분류내 재평가 불가시	• 재평가 자산과 같은 분류내의 자산을 활성시장이 없어서 재평가할 수 없는 경우 원가에서 상각누계액·손상차손누계액을 차감한 금액으로 표시함.
	공정가치 결정불가시	• 재평가한 자산의 공정가치를 더 이상 활성시장을 기초로 측정할 수 없는 경우에는 장부금액은 활성시장을 기초로 한 최종 재평가일의 재평가금액에서 이후의 상각누계액·손상차손누계액을 차감한 금액으로 함.
	추후 공정가치 결정가능시	• 자산의 공정가치를 이후의 측정일에 활성시장을 기초로 하여 결정할 수 있는 경우에는 그 날부터 재평가모형을 적용함.
회계처리	• 기본적으로 유형자산 재평가와 동일함.	

문제 13번	무형자산 상각	출제구분	재출제	난이도	★ ★ ☆	정답	②

- 내용연수가 비한정인 무형자산(=상각하지 않는 무형자산)에 대하여 사건과 상황이 그 자산의 내용연수가 비한정이라는 평가를 계속하여 정당화하는지를 매 회계기간에 검토한다. 사건과 상황이 그러한 평가를 정당화하지 않는 경우에 비한정 내용연수를 유한 내용연수로 변경하는 것은 회계추정의 변경으로 회계처리한다.[K-IFRS 제1038호 문단109]

Guide ▶ 무형자산 상각 세부고찰

상각여부	내용연수가 유한	• 내용연수가 유한한 무형자산은 내용연수에 걸쳐 상각함.
	내용연수가 비한정	• 내용연수가 비한정인 무형자산은 상각하지 않음. →매년 또는 손상징후가 있을 때 손상검사를 수행함. →'비한정'이라는 용어는 '무한(infinite)'을 의미하지 않음.
잔존가치 증감	• 잔존가치는 해당자산의 장부금액과 같거나 큰 금액으로 증가할 수도 있으며, 잔존가치가 이후에 장부금액보다 작은 금액으로 감소될 때까지는 상각액은 영(0)이 됨.	
상각중지	• 매각예정으로 분류되는 날과 재무상태표에서 제거되는 날 중 이른 날에 중지함. →즉, 더 이상 사용하지 않을 때도 상각을 중지하지 아니함. 다만, 완전히 상각하거나 매각예정으로 분류되는 경우에는 상각을 중지함.	
검토와 변경	• 잔존가치 · 상각기간 · 상각방법은 적어도 매 회계기간말에 검토함. • 잔존가치 · 상각기간 · 상각방법의 변경은 회계추정의 변경으로 회계처리함.	

문제 14번	재고자산의 투자부동산으로의 계정대체	출제구분	재출제	난이도	★ ★ ★	정답	①

- 재고자산(판매목적 건물)을 제3자에게 운용리스로 제공하는 것은 투자부동산으로의 계정대체에 해당한다.
- 재고자산 장부금액과 대체시점(용도변경시점)의 공정가치의 차액은 당기손익으로 인식한다.

㉠ (차) 재고자산 13억 - 10억 = 3억 (대) 재평가이익(당기손익) 3억
㉡ (차) 투자부동산 13억 (대) 재고자산 13억

Guide ▶ 투자부동산 계정대체 세부고찰(회계처리)

투자부동산에 원가모형 적용시	• 대체전 자산의 장부금액으로 대체함.(∴별도 손익이 발생하지 않음)	
투자부동산에 공정가치모형 적용시	투자부동산 ▶ 자가사용부동산	• 변경시점에 투자부동산평가손익 인식후 공정가치로 대체
	투자부동산 ▶ 재고자산	
	자가사용부동산 ▶ 투자부동산	• 변경시점의 장부금액과 공정가치의 차액은 유형자산 재평가모형과 동일한 방법으로 회계처리
	재고자산 ▶ 투자부동산	• 재고자산 장부금액과 대체시점의 공정가치의 차액은 당기손익으로 인식

문제 15번	FVPL금융자산 평가손익	출제구분	재출제	난이도	★★☆	정답	①

- 20x1년 중 처분(5주) 후 20x1년말 보유 주식수 : 10주 - 5주(처분) = 5주
- 20x1년말 평가손익 : 5주×(3,000 - 2,000) = 5,000(이익)

*참고 회계처리

20x1.1.7	(차) FVPL금융자산	10주×2,000=20,000	(대) 현금	20,000
20x1.9.10	(차) 현금	5주×3,000=15,000	(대) FVPL금융자산 처분이익	5주×2,000=10,000 5,000
20x1.12.31	(차) FVPL금융자산	5,000	(대) 평가이익	5주×(3,000 - 2,000)=5,000
20x2.4.10	(차) 현금 처분손실	2주×2,000=4,000 2,000	(대) FVPL금융자산	2주×3,000=6,000
20x2.12.31	(차) 평가손실	3주×(3,000 - 1,500)=4,500	(대) FVPL금융자산	4,500

문제 16번	매출채권 대손발생액 추정	출제구분	재출제	난이도	★★☆	정답	④

*고속철 대손충당금(손실충당금) 계정흐름 도해

대손충당금

대손발생(대손확정)1)	?	기초대손충당금	42,500
대손충당금환입	0	대손채권회수	0
기말대손충당금	85,000	대손상각비2)	72,500

1) 기중발생한 대손총액

2) 기중발생대손 중 대손상각비처리액과 기말설정 대손상각비의 합계

∴대손발생(대손이 확정되어 상계된 매출채권)=30,000

문제 17번	사채할증발행 발행금액	출제구분	재출제	난이도	★☆☆	정답	③

- '액면이자율(10%) 〉 시장이자율(8%)' ⇒ 할증발행에 해당한다.
- 액면이자 : 100,000,000×10% = 10,000,000
- 현금흐름
  - 20x1년말 이자 10,000,000, 20x2년말 이자 10,000,000, 20x3년말 원리금 10,000,000+100,000,000 = 110,000,000
- [방법1] 발행금액 : 10,000,000×0.92593+10,000,000×0.85734+110,000,000×0.79383 = 105,154,000

  [방법2] 발행금액 : 10,000,000×2.57710+100,000,000×0.79383 = 105,154,000

문제 18번	전환사채의 부채요소와 자본요소	출제구분	재출제	난이도	★ ★ ☆	정답	④

• 전환사채는 부채요소와 자본요소를 모두 가지고 있는 복합금융상품이다.

요소구분	❒ ㉠ 부채요소(금융부채) = 일반사채 : 현금 등 금융자산을 인도하기로 하는 계약 ㉡ 자본요소(지분상품) = 전환권 : 확정수량 보통주로 전환할 수 있는 권리를 보유자에게 부여하는 콜옵션 ❒ 자본요소는 잔여지분이라는 정의와 일관되도록 하기 위해, 부채요소해당액(사채현재가치)을 먼저 측정하고, 발행금액에서 부채요소해당액을 차감한 금액으로 자본요소해당액을 측정하도록 규정하고 있다. →발행금액 - 부채요소해당액(현재가치) = 자본요소해당액(전환권가치)

• 전환권대가 : 3,000,000 - 2,500,000 = 500,000
부채(금융부채) : 3,000,000 - 500,000(전환권대가) = 2,500,000
자본(지분상품) : 500,000(전환권대가)

문제 19번	전환사채 전환권대가	출제구분	재출제	난이도	★ ★ ☆	정답	③

• 상환할증금 : 6,000,000 × 13% = 780,000
• 현재가치(원리금 · 상환할증금을 일반사채 유효이자율로 할인) : 6,780,000 × 0.7118 = 4,826,004
• 전환권대가 : 6,000,000(발행금액) - 4,826,004(현재가치) = 1,173,996
• 전환권조정 : 1,173996(전환권대가) + 780,000(상환할증금) = 1,953,996

*참고 발행시점 회계처리

(차) 현금(발행금액)	6,000,000	(대) 전환사채(액면금액 = 발행금액)	6,000,000
(차) 전환권조정(전환권대가 + 상환할증금)	1,953,996	(대) 전환권대가(발행금액 - 현재가치)	1,173,996
		상환할증금	780,000

문제 20번	복구충당부채 인식액	출제구분	재출제	난이도	★ ★ ☆	정답	②

*저자주 현가계수가 주어지지 않은 경우이므로, 직접 현금흐름을 할인하여 구해야 합니다.

• 20x1년 1월 1일 복구충당부채(실제복구비용 현재가치) : $\frac{200,000}{1.1^5}$ = 124,184

→구축물 취득원가 : 1,000,000 + 124,184 = 1,124,184

*참고 20x1년 1월 1일 회계처리

(차) 구축물	1,124,184	(대) 현금	1,000,000
		복구충당부채	124,184

문제 21번	자기주식거래 일반사항	출제구분	재출제	난이도	★ ☆ ☆	정답	①

• 자기주식처분손익은 기타포괄손익이 아니라 자본에 가감하는 항목이다.

Guide 자기주식 회계처리

취득시	(차) 자기주식 xxx (대) 현금 xxx	
재발행시(처분)	**재발행가 〉 취득원가** (차) 현금 xxx (대) 자기주식 xxx 자기주식처분이익 xxx	**재발행가 〈 취득원가** (차) 현금 xxx (대) 자기주식 xxx 자기주식처분손실 xxx
소각시	**액면금액 〉 취득원가** (차) 자본금(액면) xxx (대) 자기주식 xxx 감자차익 xxx	**액면금액 〈 취득원가** (차) 자본금(액면) xxx (대) 자기주식 xxx 감자차손 xxx
수증시	**취득시** - 회계처리 없음 -	**처분시** (차) 현금 xxx (대) 자기주식처분이익 xxx

❒ 취득시 자기주식은 취득원가로 기록하며, 자기주식은 부(-)의 자본항목으로 표시함.
❒ 자기주식처분손실(감자차손)은 부(-)의 자본항목으로 표시한 후 이익잉여금으로 상각하며, 자기주식처분이익(감자차익)은 자본에 가산하여 표시함.
❒ 자기주식처분손실(감자차손)과 자기주식처분이익(감자차익)은 발생순서에 관계없이 서로 상계함.

문제 22번	자본항목별 변동분석	출제구분	재출제	난이도	★ ★ ☆	정답	②

• 자기주식취득(20x2년 11월 11일) 회계처리
(차) 자기주식 5,000주×10,000=50,000,000 (대) 현금 50,000,000
→자기주식 50백만원 증가
• 토지 재평가(20x2년말) 회계처리
(차) 토지 50,000,000 (대) 재평가잉여금 1,070,000,000-1,020,000,000=50,000,000
→재평가잉여금 50백만원 증가

∴(ㄱ) : 800백만원+0=800백만원
(ㄴ) : (100백만원)+(50백만원)=(150백만원)
(ㄷ) : 20백만원+50백만원=70백만원

문제 23번	라이선스와 수익인식	출제구분	재출제	난이도	★ ★ ☆	정답	②

• 라이선스 기간 전체에 걸쳐 존재하는, 기업의 지적재산에 접근할 권리인 접근권이 4년간 보장되어 있는 라이선스 거래이다. 따라서, 기간에 걸쳐 수행하는 의무에 해당하므로 4년에 걸쳐 수익으로 인식한다.
• 20x1년 라이선스 수익인식액 : 100,000,000÷4년=25,000,000

Guide 구별되는 라이선스의 접근권과 사용권

접근권	정의	• 라이선스 기간 전체에 걸쳐 존재하는, 기업의 지적재산에 접근할 권리
	수익인식	• 기간에 걸쳐 이행하는 수행의무로 회계처리(진행률에 따라 수익인식)
사용권	정의	• 라이선스를 부여하는 시점에 존재하는, 기업의 지적재산을 사용할 권리
	수익인식	• 한 시점에 이행하는 수행의무로 회계처리(사용권 이전시점에 수익인식)

문제 24번	고객과의 계약에서 생기는 수익 일반사항	출제구분	신유형	난이도	★ ★ ☆	정답	①

• 다음 기준을 모두 충족하는 때에만, K-IFRS 제1115호 '고객과의 계약에서 생기는 수익'의 적용범위에 포함되는 고객과의 계약으로 회계처리한다.

승인과 확약	• 계약 당사자들이 계약을 서면으로, 구두로, 그 밖의 사업 관행에 따라 승인하고 각자의 의무를 수행하기로 확약한다.
권리 식별가능	• 이전할 재화나 용역과 관련된 각 당사자의 권리를 식별할 수 있다.
지급조건 식별가능	• 이전할 재화나 용역의 지급조건을 식별할 수 있다.
상업적실질 존재	• 계약에 상업적 실질이 있다. →계약의 결과로 기업의 미래현금흐름의 위험 · 시기 · 금액이 변동될 것으로 예상된다.
높은 회수가능성	• 고객에게 이전할 재화 · 용역에 대하여 받을 권리를 갖게 될 대가의 회수가능성이 높다. →대가의 회수 가능성이 높은지를 평가할 때에는 지급기일에 고객이 대가(금액)를 지급할 수 있는 능력과 지급할 의도만을 고려한다. 기업이 고객에게 가격할인(price concessions)을 제공할 수 있기 때문에 대가가 변동될 수 있다면, 기업이 받을 권리를 갖게 될 대가는 계약에 표시된 가격보다 적을 수 있다.

문제 25번	계약수익과 계약원가의 인식	출제구분	재출제	난이도	★ ★ ☆	정답	②

• 하도급계약에 따라 수행될 공사에 대해 하도급자에게 선급한 금액은 진행률 산정을 위한 누적발생원가에서 제외시켜야 한다.

문제 26번	건설계약 진행률 추정	출제구분	재출제	난이도	★ ★ ☆	정답	④

• 당기계약수익 = 총건설계약금액 × 진행률 - 전기계약수익
• 25,000,000(20x2년 계약수익) = 50,000,000 × 20x2년말 진행률 - 15,000,000(20x1년 계약수익)
→∴20x2년말 진행률 = 80%

문제 27번	확정기여제도 미달납부 회계처리	출제구분	신유형	난이도	★ ☆ ☆	정답	④

- 확정기여제도에서 기업은 기여금을 약정금액 이상의 추가납부의무가 없으므로 기여금을 불입함으로써 퇴직급여와 관련된 모든 의무가 종료되며, 당해 회계기간에 대하여 회사가 납부하여야 할 부담금(기여금)을 퇴직급여(비용)로 인식한다.(퇴직급여 xxx / 현금 xxx)
- 만약 기납부금액이 납부해야 할 기여금보다 적은 경우 일정기간 종업원이 근무용역을 제공하였을 때 기업은 해당 근무용역과 교환하여 확정기여제도하에서 납부해야 할 기여금 중 이미 납부한 기여금을 차감한 금액을 부채(미지급비용)로 인식한다.

20x1.10.31	(차) 퇴직급여	120,000	(대) 현금	120,000
20x1.12.31	(차) 퇴직급여	180,000	(대) 미지급비용	300,000 - 120,000 = 180,000

Guide 확정기여제도 의의 및 특성

- 확정기여제도란 기업이 기금에 출연하기로 약정한 금액을 납부하고, 기금의 책임하에 종업원에게 급여를 지급하는 제도로 당해 기금이 모든 종업원급여를 지급할 수 있을 정도로 충분한 자산을 보유하지 못하더라도 기업에게는 추가 납부의 의무가 없는 퇴직급여제도이다. 기업이 부담하는 채무는 당해 기간의 기여금으로 결정되므로 채무나 비용을 측정하기 위해 보험수리적 가정을 세울 필요가 없고 그 결과 사외적립자산의 운용에 따른 기대수익과 실제수익의 차이로 인한 손익이 발생할 가능성도 없다.

문제 28번	주식기준보상거래 일반	출제구분	재출제	난이도	★ ☆ ☆	정답	③

- 주식결제형 주식기준보상거래의 보상원가 산정시 지분상품의 공정가치는 재측정 없이 부여일 공정가치로 측정하고 기대권리소멸률을 반영한 보상원가를 용역제공비율(=당기말까지 기간÷용역제공기간)에 따라 가득기간에 걸쳐 인식한다.

문제 29번	법인세비용 계산	출제구분	재출제	난이도	★ ★ ☆	정답	①

- 20x2년말 이연법인세자산 150,000이 계상되어야 하므로, 20x1년말 현재 계상되어 있는 이연법인세부채 50,000을 제거하고 추가로 이연법인세자산 150,000을 계상한다. 법인세비용은 대차차액으로 구한다.

→(차) 법인세비용(대차차액) 200,000 (대) 미지급법인세(당기법인세) 400,000
이연법인세부채 50,000
이연법인세자산 150,000

Guide 이연법인세 계산구조

대상	• 일시적차이(유보)
공시	• 이연법인세자산(부채)는 비유동자산(부채)로만 표시하고 소정 요건을 충족하는 경우 상계하여 표시 • 현재가치평가를 하지 않음.
절차	• **[1단계]** 미지급법인세(과세소득×당기세율) =(세전순이익±영구적차이±일시적차이)×당기세율 **[2단계]** 이연법인세자산(부채) =유보(△유보)×미래예상세율(평균세율) **[3단계]** 법인세비용=대차차액에 의해 계산 주의 이연법인세자산(부채)은 당기세율이 아니라 소멸시점의 미래예상세율을 적용함.

문제 30번	이연법인세자산 인식 항목	출제구분	신유형	난이도	★ ☆ ☆	정답	②

• ① 차감할 일시적 차이의 법인세효과는 미래 법인세부담을 감소시키기 때문에 차감할 일시적차이가 사용될 수 있는 과세소득의 발생가능성이 높은 경우에 차감할 일시적차이에 대하여 이연법인세자산을 인식한다.
② 가산할 일시적 차이가 발생하면 미래 과세소득이 증가하게 되어 미래 납부할 법인세를 증가시킨다. 이로 인하여 미래 자산 유출이 증가하게 되어 이를 이연법인세부채로 계상한다. 이연법인세자산과는 달리 이연법인세부채의 경우에는 실현가능성을 검토하지 않고 바로 부채로 계상한다.
③ 결손금이 발생하게 되면 차기 이후 회계연도의 이익발생시 납부할 법인세가 감소되는 효과가 나타나므로 이연법인세자산을 계상한다.
④ 이월세액공제액이 발생하게 되면 차기 이후 회계연도의 이익발생시 납부할 법인세가 감소되는 효과가 나타나므로 이연법인세자산을 계상하게 된다. 다만, 미사용 세무상결손금이나 일시적차이를 일으키는 유보사항과는 달리 세액공제액은 전액이 법인세 산출세액에서 직접 차감되므로 이월세액공제액을 이연법인세자산 금액으로 계상한다.

문제 31번	회계정책변경 사항	출제구분	기출변형	난이도	★ ☆ ☆	정답	④

• 유형자산 내용연수, 잔존가치, 감가상각방법을 변경하는 것은 회계추정의 변경에 해당한다.

Guide 회계추정치의 예[K-IFRS 제1008호 문단32]

기대신용손실에 대한 손실충당금	• 기업회계기준서 제1109호 '금융상품' 적용
재고자산 항목의 순실현가능가치	• 기업회계기준서 제1002호 '재고자산' 적용
자산이나 부채의 공정가치	• 기업회계기준서 제1113호 '공정가치 측정' 적용
유형자산 항목의 감가상각비 (내용연수, 잔존가치, 감가상각방법)	• 기업회계기준서 제1016호 '유형자산' 적용
보증의무에 대한 충당부채	• 기업회계기준서 제1037호 '충당부채, 우발부채, 우발자산' 적용

문제 32번	가중평균유통보통주식수 산정방법	출제구분	기출변형	난이도	★ ★ ☆	정답	①

• ② 당기 중 무상증자를 실시한 경우 기초에 실시된 것으로 간주하여 주식수를 조정한다.
③ 당기 중 유상증자로 보통주가 발행된 경우 그 납입일을 기준으로 주식수를 조정한다.
④ 가중평균유통보통주식수에는 우선주식수는 제외한다.

Guide 가중평균유통보통주식수의 산정

우선주	• 발행된 총주식수에서 우선주식수를 차감
자기주식	• 보유기간(취득~매각)동안 유통보통주식수에서 제외 주의 기초에 발행주식수 10주, 자기주식수 1주인 경우 유통주식수 9주로 계산
무상증자 · 주식배당 · 주식분할	• 기초에 실시된 것으로 간주 →단, 기중 유상증자 발행신주는 유상증자의 납입일에 실시된 것으로 간주
유상증자	• 일반적인 경우(공정가치이상 유상증자) 납입일을 기준으로 가중평균

문제 33번	관계기업회계와 영업권 계산	출제구분	재출제	난이도	★ ★ ☆	정답	③

- 영업권 = 취득원가 - 순자산공정가 × 지분율
  → ∴영업권 : 4,000,000 - 9,000,000 × 40% = 400,000

Guide 영업권금액 도출

산식	취득원가 - 순자산장부가 × 지분율 = (순자산공정가 - 순자산장부가) × 지분율 + 영업권 취득원가 - 순자산장부가 × 지분율: '더 지불한 금액' (순자산공정가 - 순자산장부가) × 지분율: '내가 과대평가한 금액' ⇓ 평가차액 영업권: '추가 지불액' ⇓ 투자차액 주의 순자산공정가와 순자산장부가가 일치하는 경우는 차이 전액이 영업권이 됨.
영업권	• 위 산식을 이항한 후 정리하여 영업권 금액을 도출하면 다음과 같음. ❒ 영업권 = 취득원가 - 순자산공정가 × 지분율

문제 34번	기능통화와 표시통화	출제구분	신유형	난이도	★ ★ ★	정답	①

- 기능통화(영업활동이 이루어지는 주된 경제환경의 통화) : 주요지표(이하 '참고')에 의해 유로화이다.
- 표시통화(재무제표를 표시할 때 사용하는 통화) : ㈜삼일은 우리나라 기업이므로 원화이다.
- 외화 : 기능통화 이외의 통화인 원화와 달러화이다.

*참고 기능통화 결정

주된 경제환경	• 일반적으로 영업활동이 이루어지는 주된 경제환경은 주로 현금을 창출하고 사용하는 환경을 말함.	
기능통화 결정의 필요성	• 기능통화가 결정되어야 외화의 범위가 결정되고 이에 따라 기업이 외화거래를 하고 있는지를 결정할 수 있음.	
기능통화 결정시 고려사항	❖기능통화를 결정할 때는 다음의 사항을 고려함.	
	주요 지표	• ㉠ 재화 · 용역의 공급가격에 주로 영향을 미치는 통화 ㉡ 위 공급가격을 주로 결정하는 경쟁요인 · 법규가 있는 국가의 통화 ㉢ 재화를 공급하거나 용역을 제공하는데 드는 노무원가, 재료원가와 그 밖의 원가에 주로 영향을 미치는 통화
	보조 지표	• 다음 사항도 기능통화의 증거가 될 수 있음. ㉠ 재무활동(즉, 채무상품이나 지분상품의 발행)으로 조달되는 통화 ㉡ 영업활동에서 유입되어 통상적으로 보유하는 통화

*저자주 본 문제는 공인회계사 기출문제로서, 재경관리사 시험수준을 고려할 때 다소 무리한 출제로 사료됩니다.

문제 35번	외화자산의 환산	출제구분	재출제	난이도	★★☆	정답	③

• 20x1년말 매출채권 : 20x1년말의 환율로 계상된다. → \$10,000×@1,250 = 12,500,000
• 외환이익(외화환산이익) : 환율 증가분이 계상된다. → \$10,000×(@1,250 - @1,200) = 500,000

*참고 회계처리

20x1.6.11	(차) 매출채권	\$10,000×@1,200 = 12,000,000	(대) 매출	12,000,000
20x1.12.31	(차) 매출채권	500,000	(대) 외환이익	\$10,000×50 = 500,000

문제 36번	파생상품 회계처리	출제구분	재출제	난이도	★★☆	정답	①

• 위험회피수단으로 지정되지 않고 매매목적 등으로 보유하고 있는 파생상품의 평가손익은 당기손익으로 계상해야 한다.

Guide 파생상품평가손익의 처리

❒ 파생상품은 계약상 권리·의무에 따라 자산·부채로 재무제표에 계상하며, 평가손익은 다음과 같이 처리함.

매매목적[1]	• 당기손익	
공정가치위험회피[2]	• 당기손익	
현금흐름위험회피[3]	위험회피에 효과적인 부분	• 기타포괄손익
	위험회피에 효과적이지 못한 부분	• 당기손익

[1] 매매목적으로 파생상품을 이용하는 것을 말함.
[2] 위험회피대상항목이 자산, 부채, 확정계약으로서 당해 항목의 공정가치변동을 상쇄하기 위하여 파생상품을 이용하는 것을 말함.
[3] 위험회피대상항목이 미래에 예상되는 거래로서 당해 거래에 따른 미래현금흐름변동을 상쇄하기 위하여 파생상품을 이용하는 것을 말함.

문제 37번	리스이용자 이자비용과 감가상각비	출제구분	재출제	난이도	★ ★ ★	정답	④

- 사용권자산(=리스부채) : 100,000×2.40183=240,183 →감가상각기간은 소유권이전이 있으므로 내용연수 5년
- 20x1년 이자비용 : 240,183×12%=28,822
- 20x1년 감가상각비 : [240,183-40,183(추정잔존가치)]÷5년=40,000

∴28,822(이자비용)+40,000(감가상각비)=68,822

*참고 회계처리

20x1년초(리스개시일)	(차) 사용권자산	240,183	(대) 리스부채	240,183
20x1년말(보고기간말)	(차) 이자비용	28,822	(대) 현금	100,000
	리스부채	71,178		
	(차) 감가상각비	40,000	(대) 감가상각누계액	40,000

Guide 리스이용자 회계처리

<table>
<tr><td rowspan="2">리스개시일</td><td colspan="2">• (차) 사용권자산(원가) xxx (대) 리스부채 xxx
현금(리스개설직접원가) xxx</td></tr>
<tr><td>리스부채</td><td>❒ 지급되지 않은 리스료를 내재이자율로 할인한 현재가치
(내재이자율 산정불가시는 리스이용자의 증분차입이자율로 할인)</td></tr>
<tr><td rowspan="3">보고기간말</td><td colspan="2">• (차) 이자비용 xxx (대) 현금 xxx
리스부채 xxx
(차) 감가상각비 xxx (대) 감가상각누계액 xxx</td></tr>
<tr><td>이자비용</td><td>❒ 리스부채 장부금액×내재이자율</td></tr>
<tr><td>감가상각</td><td><table><tr><th>구분</th><th>감가상각대상금액</th><th>감가상각기간</th></tr><tr><td>소유권이전O</td><td>원가-추정잔존가</td><td>내용연수</td></tr><tr><td>소유권이전X</td><td>원가-보증잔존가</td><td>Min[리스기간, 내용연수]</td></tr></table></td></tr>
</table>

문제 38번	현금흐름표상 활동의 구분	출제구분	재출제	난이도	★ ☆ ☆	정답	③

- 기업은 단기매매목적으로 유가증권이나 대출채권을 보유할 수 있으며, 이 때 유가증권이나 대출채권은 판매를 목적으로 취득한 재고자산과 유사하다. 따라서 단기매매목적으로 보유하는 유가증권의 취득과 판매에 따른 현금흐름은 영업활동으로 분류한다. 마찬가지로 금융회사의 현금 선지급이나 대출채권은 주요 수익창출활동과 관련되어 있으므로 일반적으로 영업활동으로 분류한다.[K-IFRS 제1007호 문단15]

Guide 영업활동 현금흐름 사례[K-IFRS 제1007호 문단14]

- 영업활동 현금흐름은 주로 기업의 주요 수익창출활동에서 발생한다. 따라서 영업활동 현금흐름은 일반적으로 당기순손익의 결정에 영향을 미치는 거래나 그 밖의 사건의 결과로 발생한다. 영업활동 현금흐름의 예는 다음과 같다.
  - ㉠ 재화의 판매와 용역 제공에 따른 현금유입
  - ㉡ 로열티, 수수료, 중개료 및 기타수익에 따른 현금유입
  - ㉢ 재화와 용역의 구입에 따른 현금유출
  - ㉣ 종업원과 관련하여 직·간접으로 발생하는 현금유출
  - ㉤ 법인세의 납부 또는 환급. 다만 재무활동과 투자활동에 명백히 관련되는 것은 제외한다.
  - **㉥ 단기매매목적으로 보유하는 계약에서 발생하는 현금유입과 현금유출**

문제 39번	투자활동 순현금흐름 집계	출제구분	재출제	난이도	★★☆	정답	③

• -800,000(유형자산의 취득)+1,000,000(관계기업투자주식의 처분)+500,000(무형자산의 처분)=700,000

*참고 매출채권의 회수, 급여의 지급 : 영업활동현금흐름
차입금의 상환, 유상증자 : 재무활동현금흐름
배당금의 지급 : 영업활동현금흐름 또는 재무활동현금흐름 중 선택

Guide 투자활동현금흐름의 예[K-IFRS 제1007호 문단16]

㉠ 유형자산, 무형자산 및 기타 장기성 자산의 취득 · 처분
㉡ 다른 기업의 지분상품이나 채무상품 및 공동기업 투자지분의 취득 · 처분
㉢ 제3자에 대한 선급금 및 대여금과 선급금 및 대여금의 회수(금융회사의 현금 선지급과 대출채권 제외)
㉣ 선물계약, 선도계약, 옵션계약 및 스왑계약

문제 40번	현금주의 이자수익	출제구분	재출제	난이도	★★☆	정답	④

• 200,000(발생주의 이자수익)+10,000(미수이자의 감소)=210,000(현금주의 이자수익=이자수취액)

Guide 발생주의의 현금주의 전환 : 이자수익과 이자비용

이자수익 유입액

• (+)로 출발하며, 자산의 증감은 역방향으로, 부채의 증감은 순방향으로 가감하여 분석

이자수익 유입액〈금액은 가정치임〉		
발생주의이자수익	10,000	→ (+)로 출발함에 주의!
현재가치할인차금상각액	(2,000)	
미수이자증가(or선수이자감소)	(3,000)	
유입액(현금주의이자수익)	5,000	

➡ (차) 현금 80 (대) 이자수익 100
　　현재가치할인차금 20

직접법	• 현재가치할인차금을 계산시 차감
간접법	• 현재가치할인차금을 당기순이익에서 차감

이자비용 유출액

• (-)로 출발하며, 자산의 증감은 역방향으로, 부채의 증감은 순방향으로 가감하여 분석

이자비용 유출액〈금액은 가정치임〉		
발생주의이자비용	(10,000)	→ (-)로 출발함에 주의!
사채할인발행차금(현재가치할인차금)상각액	1,000	
미지급이자증가(or선급이자감소)	2,000	
유출액(현금주의이자비용)	(7,000)	

➡ (차) 이자비용 100 (대) 현금 80
　　　　　　　　사채할인발행차금 20

직접법	• 사채할인발행차금을 계산시 가산
간접법	• 사채할인발행차금을 당기순이익에 가산

재경관리사 공개기출해설[재무]

2021년 9월에 시행된 기출문제에 대한 완벽한 해설을 관련이론(가이드)과 함께 제시하였습니다. 해당 문제는 합본부록을 참고바랍니다.

FINAL

Certified Accounting Manager

재무회계
공개기출문제해설
[2021년 09월 시행]

SEMOOLICENCE

문제 1번	재무제표 작성 목적	출제구분	기초문제	난이도	★ ☆ ☆	정답	②

• 재무제표는 투자자, 채권자 등 일반적인 외부이해관계자에게 경제적 의사결정에 유용한 기업의 정보를 제공하기 위하여 작성된다.

문제 2번	근본적 질적특성의 구성	출제구분	기초문제	난이도	★ ☆ ☆	정답	①

• 근본적 질적특성 : 목적적합성(예측가치와 확인가치, 중요성), 표현충실성

Guide 재무정보의 질적특성 개괄

재무정보의 질적특성	구성요소	포괄적 제약요인
근본적 질적특성	목적적합성(예측가치와 확인가치, 중요성), 표현충실성	원가
보강적 질적특성	비교가능성, 검증가능성, 적시성, 이해가능성	

문제 3번	재무제표 요소 중 자산의 측정	출제구분	재출제	난이도	★ ★ ☆	정답	①

• ② 사용가치(자산) ③ 현행원가(자산) ④ 공정가치(자산)

Guide 재무제표 요소의 측정

역사적원가	자산		• 지급한대가+거래원가(예 건물취득시 취득세)
	부채		• 수취한대가-거래원가(예 사채발행시 사채발행비)
현행가치	공정가치	자산	• 시장참여자 사이의 정상거래에서 자산매도시 받게 될 가격
		부채	• 시장참여자 사이의 정상거래에서 부채이전시 지급하게 될 가격
	사용가치(자산)		• 자산사용과 처분으로 기대하는 현금흐름 및 그 밖의 경제적효익의 현재가치
	이행가치(부채)		• 부채이행시 이전해야 하는 현금 및 그 밖의 경제적자원의 현재가치
	현행원가	자산	• 측정일에 동등한 자산의 원가로서 측정일에 지급할 대가(측정일에 발생할 거래원가 포함) →즉, 자산구입시 지급대가를 의미함.
		부채	• 측정일에 동등한 부채에 대해 수취할 수 있는 대가(측정일에 발생할 거래원가 차감) →즉, 부채발생시 수취대가를 의미함.

문제 4번	기타포괄손익 항목	출제구분	신유형	난이도	★ ☆ ☆	정답	②

• 당기순손익과 총포괄손익 간에 차이를 발생시키는 항목은 기타포괄손익이다.

• ① 투자부동산평가손익 : 당기손익
② 확정급여제도의 재측정요소 : 기타포괄손익
③ 당기손익-공정가치측정금융자산 평가손익 : 당기손익
④ 자기주식처분이익 : 자본요소(자본 가산항목)

Guide 기타포괄손익 항목 종류

㉠ FVOCI금융자산 평가손익(기타포괄손익-공정가치측정금융자산평가손익)
㉡ 재평가잉여금
㉢ 확정급여제도의 재측정요소(보험수리적손익)
㉣ 해외사업장 외화환산차이
㉤ 현금흐름위험회피 파생상품평가손익(위험회피에 효과적인 부분)

문제 5번	특수관계자 공시	출제구분	재출제	난이도	★ ★ ★	정답	④

• 개인의 경우 다음 중 어느 하나에 해당한다면 보고기업과 특수관계가 있는 것으로 본다.

> ㉠ 보고기업에 지배력 또는 공동지배력이 있는 경우
> ㉡ 보고기업에 유의적인 영향력이 있는 경우
> ㉢ 보고기업 또는 그 지배기업의 주요 경영진의 일원인 경우

Guide 특수관계자 공시사항

지배·종속 공시사항	• 지배기업과 그 종속기업 사이의 관계는 거래의 유무에 관계없이 공시 • 지배기업의 명칭을 공시 • 최상위지배자와 지배기업이 다른 경우에는 최상위지배자의 명칭도 공시 주의 기업과 단순히 통상적인 업무 관계를 맺고 있는 자금제공자, 노동조합, 공익기업 그리고 보고기업에 지배력, 공동지배력 또는 유의적인 영향력이 없는 정부부처와 정부기관(기업 활동의 자율성에 영향을 미치거나 기업의 의사결정과정에 참여할 수 있다 하더라도 상관없음)은 특수관계자가 아님.
주요경영진 공시사항	• 주요 경영진에 대한 보상의 총액 • 분류별 금액 →단기종업원급여, 퇴직급여, 기타장기급여, 해고급여, 주식기준보상
기타 공시사항	• 특수관계자거래가 있는 경우 F/S에 미치는 특수관계의 잠재적 영향파악에 필요한 거래, 약정을 포함한 채권·채무 잔액에 대한 정보뿐만 아니라 특수관계의 성격도 공시

문제 6번	시용판매가 있는 경우 기말재고 계산	출제구분	재출제	난이도	★ ★ ☆	정답	③

• 시용판매 개수 : 4,800개 - 300개(매입의사 미표시분) = 4,500개
• 기말재고 : 500개 × @14,000 + 21,750,000 = 28,750,000

Guide 시송품의 수익인식

> • 매입자가 매입의사표시를 한 날 수익인식.
> →∴매입의사표시 없는 시송품은 창고에 없을지라도 기말재고에 포함.

문제 7번	매출총이익률에 의한 재고손실액 추정	출제구분	신유형	난이도	★ ★ ★	정답	④

• 발생주의 순매출액 : X
  매출채권 증가 : (400,000)
  현금주의 매출액 7,000,000

→ X(발생주의 순매출액) = 7,400,000
• 매출원가 : 7,400,000(순매출액) × (1 - 20%) = 5,920,000
• 도착지조건 미착상품은 도착해야 소유권이 이전되므로 회계처리상 매입액 6,300,000원에 포함되어 있지 않다.
• 기말재고(홍수시점) : 500,000(1월 1일) + 6,300,000(매입액) - 5,920,000(매출원가) = 880,000
∴홍수로 인한 재고손실액 : 880,000 - 200,000(처분가치) = 680,000

Guide 매출총이익률법 산식 적용

매출총이익률이 주어질 때	• 매출원가 = 매출액 × (1 - 매출총이익률)
원가가산이익률(= 원가대비매출총이익률)이 주어질 때	• 매출원가 = 매출액 ÷ (1 + 원가가산이익률)

문제 8번	재고자산 관련 비용총액 계산	출제구분	기출변형	난이도	★ ★ ★	정답	②

• 이하 도표에 해당 금액을 대입하여 매출원가(구)를 먼저 계산한다.

기초재고	500,000
당기매입	2,000,000

||

① 매출원가(구)[평가 · 감모손실 반영전](?)	**1,000,000**
② 평가손실	200,000
③ 정상감모손실	100,000
④ 비정상감모손실	0
⑤ 기말재고[평가 · 감모손실 반영후]	1,200,000

• 비용총액(매출원가 등 관련비용) = ① + ② + ③ + ④ : 1,200,000 + 200,000 + 100,000 + 0 = 1,300,000

문제 9번	유형자산 인식과 후속원가	출제구분	재출제	난이도	★ ★ ★	정답	④

• ① 안전 또는 환경상의 이유로 취득하는 유형자산은 그 자체로는 직접적인 미래경제적효익을 얻을 수 없지만, 다른 자산에서 미래경제적효익을 얻기 위하여 필요할 수 있다. 이러한 유형자산은 당해 유형자산을 취득하지 않았을 경우보다 관련 자산으로부터 미래경제적효익을 더 많이 얻을 수 있게 해주기 때문에 자산으로 인식할 수 있다.[K-IFRS 제1016호 문단11]

② 일상적인 수선 · 유지와 관련하여 발생하는 원가는 해당 유형자산의 장부금액에 포함하여 인식하지 아니한다. 이러한 원가는 발생시점에 당기손익으로 인식한다.[K-IFRS 제1016호 문단12]

③ 유형자산 일부를 대체시 발생하는 원가가 인식기준을 충족시는 이를 해당 유형자산의 장부금액에 포함하여 인식한다. 대체되는 부분의 장부금액은 제거 규정에 따라 제거한다.[K-IFRS 제1016호 문단13]

④ 정기적인 종합검사과정에서 발생하는 원가가 인식기준 충족시는 유형자산의 일부가 대체되는 것으로 보아 해당 유형자산의 장부금액에 포함하여 인식한다. 이 경우 직전에 이루어진 종합검사에서의 원가와 관련되어 남아 있는 장부금액(물리적 부분의 장부금액과는 구별됨)을 제거한다.[K-IFRS 제1016호 문단14]

제1편 공개기출문제해설
제2편 기출문제오답노트
합본부록 재무회계 공개기출문제

문제 10번	유형자산 취득원가 포함여부	출제구분	재출제	난이도	★ ★ ☆	정답	①

• 기계장치의 취득금액 : 700,000,000+15,000,000=715,000,000
→기계장치에서 생산된 새로운 상품을 소개하는 데 소요되는 광고비, 기계장치와 관련된 산출물에 대한 수요가 형성되는 과정에서 발생하는 가동손실, 경영진이 의도하는 방식으로 가동될 수 있으나 아직 실제로 사용되지는 않고 있음에 따라 발생하는 원가는 취득원가에 포함되지 않는 항목에 해당한다.

Guide 유형자산 취득원가 불포함 항목

불포함항목	• ① 새로운 시설을 개설하는 데 소요되는 원가 ② 새로운 상품과 서비스를 소개하는 데 소요되는 원가(예 광고·판촉활동관련 원가) ③ 새로운 지역에서 또는 새로운 고객층을 대상으로 영업을 하는 데 소요되는 원가 (예 직원 교육훈련비) ④ 관리 및 기타 일반간접원가 ⑤ 경영진이 의도하는 방식으로 가동될 수 있으나 아직 실제로 사용되지는 않고 있는 경우 또는 가동수준이 완전조업도 수준에 미치지 못하는 경우에 발생하는 원가 ⑥ 산출물에 대한 수요가 형성되는 과정에서 발생하는 가동손실과 같은 초기가동손실 ⑦ 기업의 영업 전부 또는 일부를 재배치하거나 재편성하는 과정에서 발생하는 원가 ⑧ 부수 영업활동 손익(예 건설시작 전에 건설용지를 주차장 용도로 사용시 손익)

문제 11번	감가상각방법 변경과 회계추정변경 처리	출제구분	신유형	난이도	★ ★ ☆	정답	③

• 회계추정의 변경효과는 당기손익에 포함하여 전진적으로 인식한다.
→즉, 과거에 보고된 재무제표에 대해서는 어떠한 수정도 하지 않으며, 회계변경으로 인한 누적효과를 전혀 반영하지 않고 당기와 미래기간에만 변경된 회계처리방법을 적용한다.

Guide 회계변경의 처리

회계정책변경	• 처리 : (원칙)소급법 →전기재무제표 재작성O
회계추정변경	• 처리 : 전진법 →전기재무제표 재작성X 주의 회계정책의 변경인지 회계추정의 변경인지 구분하는 것이 어려운 경우에는 이를 회계추정의 변경으로 봄.

문제 12번	무형자산 상각	출제구분	재출제	난이도	★ ★ ☆	정답	④

• 회계추정의 변경은 전진법으로 회계처리한다.(회계정책의 변경은 소급법으로 회계처리한다.)

Guide 무형자산 잔존가치·상각기간·상각방법 변경

잔존가치 변경	• 잔존가치는 적어도 매 회계연도 말에는 검토한다. 잔존가치의 변동은 회계추정의 변경으로 처리한다.[K-IFRS 제1038호 문단102]
상각기간·상각방법 변경	• 내용연수가 유한한 무형자산의 상각기간과 상각방법은 적어도 매 회계연도 말에 검토한다. 자산의 예상 내용연수가 과거의 추정치와 다르다면 상각기간을 이에 따라 변경한다. 자산이 갖는 미래경제적효익의 예상소비형태가 변동된다면, 변동된 소비형태를 반영하기 위하여 상각방법을 변경한다. 그러한 변경은 회계추정의 변경으로 회계처리한다.[K-IFRS 제1038호 문단104]

문제 13번	무형자산상각비	출제구분	재출제	난이도	★ ★ ☆	정답	③

- 내용연수 : Min[㉠ 경제적 내용연수(10년) ㉡ 법적인 내용연수(5년)] = 5년
- 경제적효익이 소비되는 형태를 신뢰성있게 결정할 수 없는 경우 상각방법 : 정액법
- 상각개시시점 : 자산이 사용가능한 때부터 시작 →∴20x1년 상각비 계상기간은 3개월(10/1~12/31)
- 20x1년 인식할 무형자산상각비 : $(20,000,000 \div 5년) \times \frac{3}{12} = 1,000,000$

문제 14번	투자부동산 공정가치모형 평가손익	출제구분	재출제	난이도	★ ★ ☆	정답	④

- 공정가치모형이므로 당기손익에 미치는 영향은 공정가치 증가분인 평가이익이 된다.
  →공정가치 증가분인 평가이익 : 12억원(20x2년말 공정가치) - 8억원(20x1년말 공정가치) = 4억원

20x1년초	(차) 투자부동산	1,000,000,000	(대) 현금	1,000,000,000
20x1년말	(차) 투자부동산평가손실	200,000,000	(대) 투자부동산	200,000,000
20x2년말	(차) 투자부동산	400,000,000	(대) 투자부동산평가이익	400,000,000

*참고 원가모형이라면 당기손익에 미치는 영향은 감가상각비(10억원÷10년=1억원)이다.

Guide 투자부동산 일반사항

부동산 일반적 분류	임대수익 · 시세차익목적 보유		• 투자부동산
	재화생산 · 용역제공 · 관리목적 보유		• 유형자산(자가사용부동산)
	통상적 영업과정에서 판매목적 보유		• 재고자산
평가모형 (선택)	원가모형	• 감가상각 O	• 공정가치는 주석공시
	공정가치모형	• 감가상각 X	• 평가손익(당기손익)
투자부동산 해당여부	투자부동산 O [예시]	• 장기시세차익을 얻기 위하여 보유하고 있는 토지 →통상적인 영업과정에서 단기간에 판매하기 위하여 보유하는 토지 제외 • 장래 용도를 결정하지 못한 채로 보유하고 있는 토지 • 직접소유하고 운용리스로 제공하는 건물 • 운용리스로 제공하기 위하여 보유하는 미사용 건물 • 미래에 투자부동산으로 사용하기 위하여 건설 · 개발중인 부동산	
	투자부동산 X [예시]	• 통상영업과정에서 판매 또는 이를 위하여 건설 · 개발 중인 부동산 • 자가사용부동산 • 금융리스로 제공한 부동산	

문제 15번	FVPL금융자산 평가손익	출제구분	재출제	난이도	★ ★ ☆	정답	①

- 20x1년 중 처분(4주) 후 20x1년말 보유 주식수 : 10주 - 4주(처분) = 6주
- 20x1년말 평가손익 : 6주×(3,000 - 2,000) = 6,000(이익)

*참고 회계처리

20x1.1.7	(차) FVPL금융자산	10주×2,000=20,000	(대) 현금	20,000
20x1.9.10	(차) 현금	4주×3,000=12,000	(대) FVPL금융자산 처분이익	4주×2,000=8,000 4,000
20x1.12.31	(차) FVPL금융자산	6,000	(대) 평가이익	6주×(3,000 - 2,000)=6,000
20x2.4.10	(차) 현금 처분손실	2주×2,000=4,000 2,000	(대) FVPL금융자산	2주×3,000=6,000
20x2.12.31	(차) 평가손실	4주×(3,000 - 1,500)=6,000	(대) FVPL금융자산	6,000

문제 16번	FVOCI금융자산(채무상품) 처분손익	출제구분	재출제	난이도	★ ★ ★	정답	④

- 회계처리

20x1년 1월 1일	(차) FVOCI금융자산	951,963	(대) 현금	951,963
20x1년 12월 31일	(차) 현금 FVOCI금융자산	100,000[1)] 14,236	(대) 이자수익	114,236[2)]
	(차) FVOCI금융자산	13,801	(대) 평가이익(기타포괄손익)	13,801[3)]
20x2년 1월 1일 (처분시점)	(차) FVOCI금융자산	10,000[4)]	(대) 평가이익(기타포괄손익)	10,000
	(차) 현금	990,000	(대) FVOCI금융자산	990,000
	(차) 평가이익	23,801[5)]	(대) **처분이익**	**23,801**

1) 1,000,000×10% = 100,000　2) 951,963×12% = 114,236　3) 980,000 - (951,963 + 14,236) = 13,801
4) 990,000 - 980,000 = 10,000　5) 13,801 + 10,000 = 23,801

*고속철 원가법(상각후원가)에 의한 처분손익과 동일함. →990,000 - (951,963 + 14,236) = 23,801(이익)

*저자주 문제의 명확한 성립을 위해 누락된 단서인 '단, 기대신용손실은 없다고 가정한다.'를 추가하기 바랍니다.

Guide FVOCI금융자산(채무상품) 평가와 처분

평가손익	산식: ❒ 최초평가시 평가손익 = 당기공정가치 - 총장부금액 ❒ 최초평가후 평가손익 = 당기공정가치 - (전기공정가치 + 상각액) • 평가손익(발생시 상계)은 기타포괄손익 처리하며, 자산 제거시 당기손익으로 재분류함. 비교 FVOCI금융자산(지분상품)의 평가손익은 당기손익으로 재분류하지 않음.
기대신용손실	• 신용이 손상되지 않은 경우에도 손상차손(당기손익)과 평가손익(기타포괄손익)을 인식함. 비교 AC금융자산 : 손상차손(당기손익)과 손실충당금(자산차감)을 인식함. • 전기말 기대신용손실과의 차액을 손상차손(환입)으로 인식함.
처분손익	• 처분시 공정가치(=처분금액)로 먼저 선평가하여 평가손익(기타포괄손익)을 인식함. 선평가: (차) FVOCI금융자산 xxx (대) 평가이익(기타포괄손익) xxx 처분: (차) 현금 xxx (대) FVOCI금융자산 xxx 재분류: (차) 평가이익(기타포괄손익누계) xxx (대) 처분이익 xxx

문제 17번	사채할증발행 발행금액	출제구분	재출제	난이도	★ ☆ ☆	정답	④

- '액면이자율(5%) 〉 시장이자율(3%)' ⇒ 할증발행에 해당한다.
- 액면이자 : 30,000,000×5%=1,500,000
- 현금흐름
  - 20x1년말 이자 1,500,000, 20x2년말 이자 1,500,000, 20x3년말 원리금 1,500,000+30,000,000=31,500,000
- 현금으로 조달가능한 금액(=발행금액)
  [방법1] 1,500,000×0.9709+1,500,000×0.9426+31,500,000×0.9151=31,695,900
  [방법2] 1,500,000×2.8286+30,000,000×0.9151=31,695,900

*참고 회계처리

20x1.1.1	(차) 현금	31,695,900	(대) 사채 사채할증발행차금	30,000,000 1,695,900
20x1.12.31	(차) 이자비용 사채할증발행차금	31,695,900×3%=950,877 549,123	(대) 현금	1,500,000

문제 18번	복합금융상품의 종류	출제구분	신유형	난이도	★ ★ ☆	정답	③

- 우선권(X) → 전환권(O)
  (즉, 전환우선주란 유가증권의 소유자가 일정한 조건하에 전환권을 행사할 수 있는 우선주로서, 전환권을 행사하면 보통주로 전환되는 우선주이다.)

Guide 복합금융상품의 종류

전환사채	• 유가증권의 소유자가 일정한 조건하에 보통주로의 전환권을 행사할 수 있는 사채로서, 전환권을 행사하면 보통주로 전환되는 사채
신주인수권부사채	• 유가증권의 소유자가 일정한 조건하에 신주인수권을 행사하여 보통주 발행을 청구할 수 있는 권리가 부여된 사채
전환우선주	• 유가증권의 소유자가 일정한 조건하에 전환권을 행사할 수 있는 우선주로서, 전환권을 행사하면 보통주로 전환되는 우선주
교환사채	• 유가증권의 소유자가 사채발행자가 보유하고 있는 유가증권과 교환을 청구할 수 있는 권리가 부여된 사채

문제 19번	전환사채 전환권대가와 전환권조정	출제구분	재출제	난이도	★ ★ ☆	정답	①

- 액면이자 : 3,000,000×7%=210,000, 상환할증금 : 3,000,000×13%=390,000
- 현재가치(원리금·상환할증금을 일반사채 유효이자율로 할인) : 210,000×2.4018+3,390,000×0.7118=2,917,380
- 전환권대가 : 3,000,000(발행금액)-2,917,380(현재가치)=82,620
- 전환권조정 : 82,620(전환권대가)+390,000(상환할증금)=472,620

*참고 발행시점 회계처리

(차) 현금(발행금액)	3,000,000	(대) 전환사채(액면금액=발행금액)	3,000,000
(차) 전환권조정(전환권대가+상환할증금)	472,620	(대) 전환권대가(발행금액-현재가치) 상환할증금	82,620 390,000

문제 20번	충당부채기준서 실무적용지침사례	출제구분	신유형	난이도	★ ★ ★	정답	②

- 20x0년 12월 31일 충당부채를 인식하지 아니한다. 다만, 유출될 가능성이 희박하지 않다면 그 사항을 우발부채로 공시한다.

*참고 본 문제는 K-IFRS 제1037호에서 제시한 적용사례이다. 구체적인 분석을 하면 다음과 같다.

㉠ 20x0년 12월 31일

현재의무	• 재무제표(F/S) 승인시점에 사용가능한 증거에 근거하여 볼 때 과거사건에 따른 의무는 없다.
결론	• 충당부채를 인식하지 아니한다. →유출될 가능성이 희박하지 않다면(=유출가능성이 어느 정도 있음) 그러한 사항을 우발부채로 공시한다.

㉡ 20x1년 12월 31일

현재의무	• 사용가능한 증거에 근거하여 볼 때 현재의무가 존재한다.
유출가능성	• 가능성이 높다.
결론	• 의무를 이행하기 위한 금액에 대한 최선의 추정치로 충당부채를 인식한다.

문제 21번	자본과 주식 세부고찰	출제구분	재출제	난이도	★ ★ ★	정답	②

- ① 발행주식수 : 10,000,000,000(자본금)÷10,000(주당 액면금액)=1,000,000주
  ② 주당 주식발행금액 : (10,000,000,000+3,000,000,000)÷1,000,000주=@13,000
  ③ 주당이익(EPS) : $\frac{1,000,000,000}{1,000,000\text{주}}=1,000$
  ④ 법정자본금 : 10,000,000,000(자본금)

*저자주 문제의 명확한 성립을 위해 누락된 단서인 '단, 설립시 발행한 우선주는 없다.'를 추가하기 바랍니다.

문제 22번	자본항목별 변동분석	출제구분	재출제	난이도	★ ★ ☆	정답	③

- 유상증자(20x1년 2월 4일) 회계처리
  (차) 현금 100,000주×7,500=750,000,000 (대) 자본금 500,000,000
  주식발행초과금 250,000,000
  →자본금 500백만원 증가, 주식발행초과금 250백만원 증가
- 자기주식취득(20x1년 10월 10일) 회계처리
  (차) 자기주식 5,000주×10,000=50,000,000 (대) 현금 50,000,000
  →자기주식 50백만원 증가

∴(가) : 500백만원+500백만원=1,000백만원
(나) : 750백만원+250백만원=1,000백만원
(다) : (100백만원)+(50백만원)=(150백만원)

문제 23번	선수금에 포함된 유의적인 금융요소	출제구분	재출제	난이도	★★☆	정답	④

• 매출액 계산

선수금	:	5,000
20x1년 이자비용	:	5,000×5%=250
20x2년 이자비용	:	(5,000+250)×5%=262.5
20x2년 매출액		5,512.5

*참고 회계처리

20x1년초	(차) 현금	5,000	(대) 계약부채	5,000
20x1년말	(차) 이자비용	250	(대) 계약부채	250
20x2년말	(차) 이자비용	262.5	(대) 계약부채	262.5
	(차) 계약부채	5,512.5	(대) 매출	5,512.5

문제 24번	장기할부판매 현재가치할인차금상각표	출제구분	신유형	난이도	★★☆	정답	③

• 매출채권 장부금액은 매출채권 원금회수액만큼 매년 감소하며, 할부금회수액은 매년 2,000,000원으로 일정
→매출채권 장부금액이 매년 감소하므로, 이자수익(=매출채권 장부금액×유효이자율)도 매년 감소한다.
→할부금회수액은 매년 일정, 이자수익은 매년 감소하므로, 매출채권 원금회수액(=할부금회수액-이자수익)은 매년 증가한다.

*참고 상각표 작성〈20x3년말은 단수차이 조정함.〉 & 회계처리

일자	할부금 회수액	이자수익(r=12%) 〈유효이자〉	매출채권 원금회수액 〈순채권회수액〉	매출채권 장부금액
20x1.01.01				4,803,660
20x1.12.31	2,000,000	4,803,660×12%=576,439	2,000,000-576,439=1,423,561	4,803,660-1,423,561=3,380,099
20x2.12.31	2,000,000	3,380,099×12%=405,612	2,000,000-405,612=1,594,388	3,380,099-1,594,388=1,785,711
20x3.12.31	2,000,000	1,785,711×12%=214,289	2,000,000-214,289=1,785,711	1,785,711-1,785,711=0

20x1년초	(차) 매출채권	6,000,000	(대) 매출	4,803,660
			현재가치할인차금	1,196,340
	(차) 매출원가	xxx	(대) 상품	xxx
20x1년말	(차) 현금	2,000,000	(대) 매출채권	2,000,000
	(차) 현재가치할인차금	576,439	(대) 이자수익	576,439
20x2년말	(차) 현금	2,000,000	(대) 매출채권	2,000,000
	(차) 현재가치할인차금	405,612	(대) 이자수익	405,612
20x3년말	(차) 현금	2,000,000	(대) 매출채권	2,000,000
	(차) 현재가치할인차금	214,289	(대) 이자수익	214,289

문제 25번	건설계약의 계약수익	출제구분	재출제	난이도	★ ☆ ☆	정답	③

• 계약수익은 진행기준을 적용하여 진행률에 따라 인식한다.

Guide 계약수익 일반사항

측정	• 건설업자가 발주자로부터 지급받을 건설계약금액에 근거하여 계상하며, 수령하였거나 수령할 대가의 공정가치로 측정함. →계약수익은 미래 불확실성에 따라 증감가능함. 주의 수익과 계약원가에 대한 추정치의 변경은 회계추정의 변경으로 처리함.
구성항목	• ① 최초에 합의한 계약금액 ② 공사변경, 보상금 및 장려금에 따라 추가되는 금액
수익인식방법	• 장 · 단기 모두 진행기준에 의함. →∵기간에 걸쳐 이행하는 수행의무

문제 26번	2차연도 건설계약손익	출제구분	재출제	난이도	★ ★ ☆	정답	①

• 20x2년 계약손익 : $(3억원\times\frac{1.5억원}{2.5억원}-3억원\times\frac{1억원}{2.5억원})-0.5억원=0.1억원$

• 연도별 계약손익 계산

구분	20x1년	20x2년
진행률	$\frac{1억원}{2.5억원}=40\%$	$\frac{1.5억원}{2.5억원}=60\%$
계약수익	3억원×40% = 1.2억원	3억원×60% - 1.2억원 = 0.6억원
계약원가	1.0억원	0.5억원
계약손익	0.2억원	0.1억원

문제 27번	종업원급여와 퇴직급여제도	출제구분	재출제	난이도	★ ☆ ☆	정답	④

• ① 확정기여제도에서의 기업의 부담은 출연금액에 한정된다.
② 기여금 불입으로 모든 의무가 종료되는 것은 확정기여제도이다.
③ 보험수리적 가정은 상황변화에 따라 상이한 값을 적용한다.
④ 재측정요소는 확정급여채무나 사외적립자산의 예상치 못한 변동을 말하며, 기타포괄손익으로 인식하므로 올바른 설명이다.

Guide 퇴직급여제도 비교

	기업의 부담	종업원수령액	위험부담자
확정기여제도(DC형)	출연금액에 한정 (기여금 납부함으로써 모든 의무가 종결됨.)	불확정적	종업원
확정급여제도(DB형)	변동적	확정적	기업

문제 28번	현금결제형 주식기준보상 당기보상비용	출제구분	재출제	난이도	★ ☆ ☆	정답	①

- 10,000개 × 150,000 × $\frac{1}{3}$ = 500,000,000(5억원)

Guide **현금결제형 주식기준보상 보고기간말 회계처리**

보고기간말	• 주가차액보상권은 보고기간말 공정가치로 재측정하고 기대권리소멸률을 반영한 보상원가를 용역제공비율에 따라 가득기간에 걸쳐 인식 →(차) 주식보상비용(당기비용) xxx (대) 장기미지급비용(부채) xxx
가득일 이후	• 가득일 이후에도 매 보고기간말의 공정가치를 기준으로 보상원가를 재측정하고 보상원가의 재측정으로 변동한 금액은 주식보상비용과 장기미지급비용으로 처리

문제 29번	이연법인세자산 · 부채와 법인세비용	출제구분	재출제	난이도	★ ★ ☆	정답	②

- 유보(차감할 일시적차이) 800,000
- 미지급법인세(당기법인세) : 4,400,000 × 30% = 1,320,000
- 이연법인세자산 : 400,000 × 30% + 400,000 × 30% = 240,000

- 회계처리

(차)	법인세비용(대차차액)	1,080,000	(대) 미지급법인세(당기법인세)	1,320,000
	이연법인세자산	240,000		

Guide **이연법인세 계산구조**

대상	• 일시적차이(유보)
공시	• 이연법인세자산(부채)는 비유동자산(부채)로만 표시하고 소정 요건을 충족하는 경우 상계하여 표시 • 현재가치평가를 하지 않음.
절차	• **[1단계]** 미지급법인세(과세소득 × 당기세율) = (세전순이익 ± 영구적차이 ± 일시적차이) × 당기세율 **[2단계]** 이연법인세자산(부채) = 유보(△유보) × 미래예상세율(평균세율) **[3단계]** 법인세비용 = 대차차액에 의해 계산 주의 이연법인세자산(부채)은 당기세율이 아니라 소멸시점의 미래예상세율을 적용함.

문제 30번	법인세비용 계산	출제구분	재출제	난이도	★ ★ ☆	정답	④

- 20x1년말 이연법인세부채 700,000이 계상되어야 하므로, 20x0년말 현재 계상되어 있는 이연법인세자산 400,000을 제거하고 추가로 이연법인세부채 700,000을 계상한다. 법인세비용은 대차차액으로 구한다.

→(차)	법인세비용(대차차액)	3,600,000	(대)	미지급법인세(당기법인세)	2,500,000
				이연법인세자산	400,000
				이연법인세부채	700,000

문제 31번	유형자산 관련 회계추정변경 사항	출제구분	신유형	난이도	★ ☆ ☆	정답	④

• 유형자산의 원가모형을 재평가모형으로 변경하는 것은 회계정책의 변경에 해당한다.

Guide **회계정책변경 사례**

재고자산 원가흐름의 가정 변경	• 예 선입선출법에서 가중평균법으로 변경
유형자산과 무형자산의 측정기준 변경	• 예 원가모형에서 재평가모형으로 변경
투자부동산의 측정기준 변경	• 예 원가모형에서 공정가치모형으로 변경

문제 32번	유상증자 · 자기주식취득과 EPS	출제구분	재출제	난이도	★ ★ ★	정답	③

• 가중평균유통보통주식수 계산

1/1	4/1	10/1	12/31
50,000주	50,000주×30%=15,000주	(5,000주)	

$\rightarrow 50,000주\times\frac{12}{12}+15,000주\times\frac{9}{12}-5,000주\times\frac{3}{12}=60,000주$

• 기본주당이익(EPS) : $\frac{500,000,000-20,000,000}{60,000주}=8,000$

Guide **가중평균유통보통주식수의 산정**

우선주	• 발행된 총주식수에서 우선주식수를 차감
자기주식	• 보유기간(취득~매각)동안 유통보통주식수에서 제외 주의 기초에 발행주식수 10주, 자기주식수 1주인 경우 유통주식수 9주로 계산
무상증자 · 주식배당 · 주식분할	• 기초에 실시된 것으로 간주 →단, 기중 유상증자 발행신주는 유상증자의 납입일에 실시된 것으로 간주
유상증자	• 일반적인 경우(공정가치이상 유상증자) 납입일을 기준으로 가중평균

문제 33번	관계기업투자주식 장부금액	출제구분	재출제	난이도	★ ☆ ☆	정답	②

• 20x1년말 관계기업투자주식 장부금액 : 800,000(취득원가)+400,000(당기순이익)×40%=960,000

*참고 ㈜삼일 회계처리

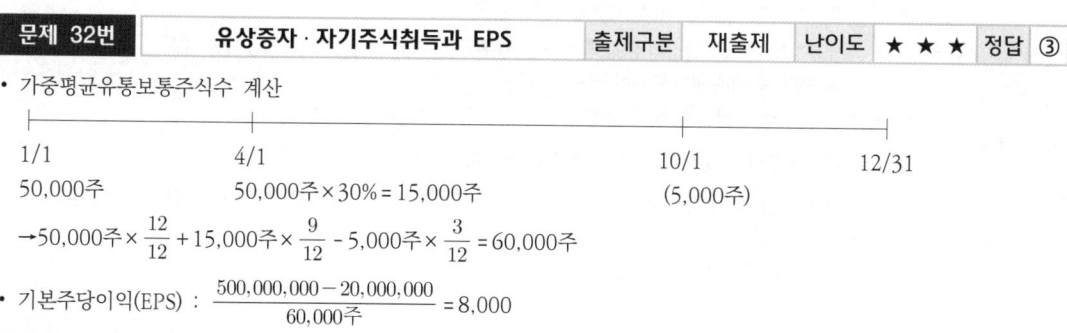

취득시(20x1년초)	(차) 관계기업투자주식	800,000	(대) 현금	800,000
당기순이익 보고시(20x1년말)	(차) 관계기업투자주식	160,000	(대) 지분법이익	160,000

문제 34번	관계기업에 대한 유의적 영향력(지분법)	출제구분	재출제	난이도	★ ★ ☆	정답	②

- ① 의결권 있는 주식을 보유하여야 한다.
  ② 20% 미만 보유하더라도 유의적인 영향력이 있는 경우에 해당하므로 지분법을 적용한다.
  ③ 의결권 있는 주식을 보유하여야 한다.
  ④ 지분법 적용을 배제하며, 매각예정비유동자산으로 분류한다.

Guide **유의적인 영향력**

원칙	• 직·간접으로 의결권의 20%이상 소유시 명백한 반증이 있는 경우를 제외하고는 유의적인 영향력이 있는 것으로 보아 지분법을 적용함.
예외	❖20%미만 이더라도 유의적인 영향력이 있는 경우 • 의사결정기구·정책결정과정에 참여하는 경우와 필수적 기술정보를 제공하는 경우 주의 일반적 기술정보제공이 아님. • 중요한 거래가 있는 경우와 경영진의 상호 교류가 이루어지는 경우 ❖유의적인 영향력이 있어도 지분법적용을 배제하는 경우 • 12개월 이내에 매각할 목적으로 투자주식을 취득하여 적극적으로 매수자를 찾고 있는 일시보유목적의 투자주식 →매각예정비유동자산으로 분류함.

문제 35번	외화표시재무제표의 외화환산	출제구분	기출변형	난이도	★ ★ ☆	정답	④

- 외화표시재무제표의 환산에서 생기는 외환차이(환산차이)는 기타포괄손익으로 인식한다.

Guide **외화표시재무제표 환산**

의의	• 영업활동이 이루어지는 주된 경제 환경의 통화인 기능통화와 재무제표 표시통화가 다른 경우 기능통화로 표시된 재무제표를 표시통화로 환산해야함.	
환산차이 (해외사업장환산차이)	• 재무상태표와 포괄손익계산서의 환산에서 생기는 외환차이는 기타포괄손익으로 인식함.	
환산방법	자산(마감환율)	부채(마감환율) 자본(거래일환율)
	비용(거래일환율 or 평균환율)	수익(거래일환율 or 평균환율) 외환차이(대차차이)

문제 36번	파생상품평가손익	출제구분	재출제	난이도	★ ☆ ☆	정답	③

• 현금흐름위험회피 목적으로 체결한 파생상품의 평가손익 중 위험회피에 효과적인 부분 : 기타포괄손익

Guide 파생상품평가손익의 처리

❐ 파생상품은 계약상 권리·의무에 따라 자산·부채로 재무제표에 계상하며, 평가손익은 다음과 같이 처리함.

매매목적[1]	• 당기손익	
공정가치위험회피[2]	• 당기손익	
현금흐름위험회피[3]	위험회피에 효과적인 부분	• 기타포괄손익
	위험회피에 효과적이지 못한 부분	• 당기손익

[1]매매목적으로 파생상품을 이용하는 것을 말함.
[2]위험회피대상항목이 자산, 부채, 확정계약으로서 당해 항목의 공정가치변동을 상쇄하기 위하여 파생상품을 이용하는 것을 말함.
[3]위험회피대상항목이 미래에 예상되는 거래로서 당해 거래에 따른 미래현금흐름변동을 상쇄하기 위하여 파생상품을 이용하는 것을 말함.

문제 37번	리스의 분류	출제구분	재출제	난이도	★ ☆ ☆	정답	①

• 단기리스 또는 소액 기초자산 리스에 대하여는 리스이용자는 사용권자산과 리스부채를 인식하지 않기로 선택할 수 있다. 이 경우에 리스이용자는 해당 리스에 관련되는 리스료를 리스기간에 걸쳐 정액 기준이나 다른 체계적인 기준에 따라 비용으로 인식한다. 다른 체계적인 기준이 리스이용자의 효익의 형태를 더 잘 나타내는 경우에는 그 기준을 적용한다.

Guide 리스의 분류유형과 금융리스 사례

분류유형	금융리스	• 기초자산의 소유에 따른 위험과 보상의 대부분을 이전하는 리스
	운용리스	• 기초자산의 소유에 따른 위험과 보상의 대부분을 이전하지 않는 리스
금융리스 사례	❖일반적으로 금융리스로 분류되는 상황의 예는 다음과 같다.	
	소유권이전약정	• 종료시점 이전에 소유권이 리스이용자에게 이전되는 리스
	염가매수선택권	• 선택권을 행사할 수 있는 날의 공정가치보다 충분히 낮을 것으로 예상되는 가격으로 매수할 수 있는 선택권을 가지고 있고, 그 선택권을 행사할 것이 리스약정일 현재 상당히 확실한 경우
	리스기간기준	• 소유권이 이전되지는 않더라도 리스기간이 경제적내용연수의 상당 부분을 차지하는 경우
	공정가치기준	• 리스약정일 현재 리스료의 현재가치가 적어도 공정가치의 대부분에 해당하는 경우
	범용성없는 자산	• 리스이용자만이 주요한 변경없이 사용할수 있는 경우

문제 38번	현금흐름표 분석	출제구분	재출제	난이도	★★★	정답	③

- 20x1년초 구입한 건물의 취득원가 : 300억원(현금흐름표상 건물매입으로 인한 현금유출)
- B(감가상각비)의 도출
  300억원(건물의 취득원가)÷10년=30억원
- C(현금및현금성자산의 변동)의 도출
  50억원(기말 현금및현금성자산) - 150억원(기초 현금및현금성자산)=△100억원(감소)
- A(영업활동현금흐름)의 도출
  A(영업활동현금흐름)+△300억원(투자활동현금흐름)+0(재무활동현금흐름)=△100억원(현금및현금성자산의 변동)
  →A(영업활동현금흐름)=200억원

문제 39번	현금흐름표 작성 일반사항	출제구분	재출제	난이도	★★☆	정답	②

- 직접법, 간접법은 영업활동을 표시하는 방법이므로, 직접법과 간접법 모두에서 투자활동, 재무활동 표시방법은 동일하다.

Guide **현금흐름표 양식**

영업활동 현금흐름		×××
직접법(K-IFRS권장)	← 선택적으로 작성	
간접법	←	
투자활동 현금흐름		×××
재무활동 현금흐름		×××
현금및현금성자산의 환율변동효과		×××
기초 현금및현금성자산		×××
기말 현금및현금성자산		×××

문제 40번	매입활동 현금지급액	출제구분	재출제	난이도	★★☆	정답	③

- 발생주의 순매입액 :(160,000,000)
  매입채무의 증가 : 20,000,000
  현금주의 매입액 (140,000,000)

Guide **발생주의의 현금주의 전환 : 매입액**

❒ (-)로 출발하며 자산의 증감은 역방향으로 가감하며, 부채의 증감은 순방향으로 가감하여 분석

• **발생주의 순매입액**(매입할인 · 에누리 · 환출을 차감한 후의 금액)	: (xxx)	▶ (-)로 출발함에 주의!
매입채무의 증가	: xxx	
선급금의 증가	: (xxx)	
현금주의 매입액(매입채무지급액, 선급금지급액, 현금매입)	(xxx)	

재경관리사 공개기출해설[재무]

2021년 11월에 시행된 기출문제에 대한 완벽한 해설을 관련이론(가이드)과 함께 제시하였습니다. 해당 문제는 합본부록을 참고바랍니다.

FINAL

Certified Accounting Manager

재무회계 공개기출문제해설

[2021년 11월 시행]

SEMOOLICENCE

문제 1번	재무회계와 관리회계	출제구분	재출제	난이도	★ ☆ ☆	정답	①

- 보고양식(보고서류) : 재무회계는 재무제표, 관리회계는 일정한 양식이 없다.
- 법적강제력 : 재무회계는 법적강제력이 있으나, 관리회계는 법적강제력이 없다.

Guide 재무회계와 관리회계 비교

구분	재무회계	관리회계
목적	• 외부보고(회계정보 제공)	• 내부보고(의사결정정보 제공)
회계정보이용자	• 주주, 채권자 등 외부이해관계자	• 경영자 등 내부이해관계자
보고서류 (보고양식)	• 기업회계기준에 의한 재무제표 →∴정형화(일정양식이 있음.)	• 이용목적에 따라 작성된 보고서 →∴비정형화(일정양식이 없음)
작성기준 (작성근거)	• 기업회계기준(일반적으로 인정된 회계원칙) →법적강제력 있음.	• 경제이론, 경영학, 통계학 등 →법적강제력 없음.
보고시점	• 1년, 분기, 반기,	• 주기적 또는 수시
정보의 성격	• 과거지향적	• 미래지향적

문제 2번	재무제표의 활용	출제구분	재출제	난이도	★ ★ ☆	정답	②

- ① 미래현금창출능력을 예측하기는 어렵다.(X) → 미래현금창출능력을 예측할 수 있다.(O)
  ③ 판단하는데 있어서는 유용하지 않다.(X) → 판단하는데 있어서 유용하다.(O)
  ④ 재무상태에 관한 정보는 주로 재무상태표, 성과에 관한 정보는 포괄손익계산서에서 확인할 수 있다.

문제 3번	재무제표 요소 중 자산의 측정	출제구분	재출제	난이도	★ ★ ☆	정답	①

- ② 사용가치(자산) ③ 현행원가(자산) ④ 공정가치(자산)

Guide 재무제표 요소의 측정

역사적원가	자산		• 지급한대가+거래원가(예 건물취득시 취득세)
	부채		• 수취한대가-거래원가(예 사채발행시 사채발행비)
현행가치	공정가치	자산	• 시장참여자 사이의 정상거래에서 자산매도시 받게 될 가격
		부채	• 시장참여자 사이의 정상거래에서 부채이전시 지급하게 될 가격
	사용가치(자산)		• 자산사용과 처분으로 기대하는 현금흐름 및 그 밖의 경제적효익의 현재가치
	이행가치(부채)		• 부채이행시 이전해야 하는 현금 및 그 밖의 경제적자원의 현재가치
	현행원가	자산	• 측정일에 동등한 자산의 원가로서 측정일에 지급할 대가(측정일에 발생할 거래원가 포함) →즉, 자산구입시 지급대가를 의미함.
		부채	• 측정일에 동등한 부채에 대해 수취할 수 있는 대가(측정일에 발생할 거래원가 차감) →즉, 부채발생시 수취대가를 의미함.

문제 4번	포괄손익계산서 표시	출제구분	재출제	난이도	★ ★ ☆	정답	②

• 기타포괄손익의 항목은 다음 중 한 가지 방법으로 표시할 수 있다.

㉠ 관련 법인세효과를 차감한 순액으로 표시
㉡ 기타포괄손익의 항목과 관련된 법인세효과 반영 전 금액으로 표시하고, 각 항목들에 관련된 법인세효과는 단일 금액으로 합산하여 표시

Guide 비용 분류방법(이하 둘 중 선택 적용)

성격별 분류법	• 비용은 그 성격별로 통합함.(즉, 각 항목의 유형별로 구분표시) →예 감가상각비, 원재료구입, 운송비, 종업원급여, 광고비 등 • 매출원가를 다른 비용과 분리하여 공시하지 않음. • 기능별로 재배분하지 않으므로 적용이 간단함.(미래현금흐름 예측에는 유용함)
기능별 분류법 (=매출원가법)	• 비용은 그 기능별로 분류함. →예 매출원가, 물류원가, 관리활동원가 등 • 적어도 매출원가를 다른 비용과 분리하여 공시함. • 목적적합하나, 자의적인 기능별 배분과 판단이 개입될 수 있음. • 기능별로 분류시에는 성격별 분류에 따른 추가공시가 필요함.

문제 5번	특수관계자 공시	출제구분	재출제	난이도	★ ★ ☆	정답	③

• 특수관계자 거래가 없더라도 특수관계 자체가 기업의 당기순손익과 재무상태에 영향을 줄 수 있다. 지배기업과 그 종속기업 사이의 관계는 거래의 유무에 관계없이 공시한다.

Guide 특수관계자 공시사항

지배·종속 공시사항	• 지배기업과 그 종속기업 사이의 관계는 거래의 유무에 관계없이 공시 • 지배기업의 명칭을 공시 • 최상위지배자와 지배기업이 다른 경우에는 최상위지배자의 명칭도 공시 주의 기업과 단순히 통상적인 업무 관계를 맺고 있는 자금제공자, 노동조합, 공익기업 그리고 보고기업에 지배력, 공동지배력 또는 유의적인 영향력이 없는 정부부처와 정부기관(기업 활동의 자율성에 영향을 미치거나 기업의 의사결정과정에 참여할 수 있다 하더라도 상관없음)은 특수관계자가 아님.
주요경영진 공시사항	• 주요 경영진에 대한 보상의 총액 • 분류별 금액 →단기종업원급여, 퇴직급여, 기타장기급여, 해고급여, 주식기준보상
기타 공시사항	• 특수관계자거래가 있는 경우 F/S에 미치는 특수관계의 잠재적 영향파악에 필요한 거래, 약정을 포함한 채권·채무 잔액에 대한 정보뿐만 아니라 특수관계의 성격도 공시

문제 6번	재고자산 취득원가	출제구분	재출제	난이도	★ ☆ ☆	정답	②

• 매입원가 : 취득원가에 해당한다.
• 재고자산의 판매와 관련된 원가 : 판관비(판매수수료)로 비용처리한다.
• 환급 불가한 수입관세 및 제세금 : 매입원가(취득원가)에 가산한다.
• 재고자산 관리직원에 대한 급여 : 일반적인 판관비(영업비용)에 해당한다.

문제 7번	재고자산평가방법과 상대적 크기 분석	출제구분	재출제	난이도	★ ★ ★	정답	①

- 매출액을 A라 가정하며, 매출액(6,500개×판매단가)은 총평균법, 선입선출법 모두 동일하다.

  총평균법의 평균단가 : $\frac{9,000,000+20,000,000}{3,000개+5,000개}$ = @3,625
- 기말재고 - ㉠ 총평균법 : 1,500개×@3,625 = 5,437,500 ㉡ 선입선출법 : 1,500개×@4,000 = 6,000,000

  →∴총평균법을 적용했을 때보다 선입선출법을 적용하였을 경우 562,500원 만큼 크다.
- 매출원가 - ㉠ 총평균법 : 29,000,000 - 5,437,500 = 23,562,500 ㉡ 선입선출법 : 29,000,000 - 6,000,000 = 23,000,000

  →∴총평균법을 적용했을 때보다 선입선출법을 적용하였을 경우 562,500원 만큼 작다.
- 매출총이익(당기순이익) - ㉠ 총평균법 : A - 23,562,500(매출원가) ㉡ 선입선출법 : A - 23,000,000(매출원가)

  →∴총평균법을 적용했을 때보다 선입선출법을 적용하였을 경우 562,500원 만큼 크다.
- 매출총이익률 - ㉠ 총평균법 : $\frac{A-23,562,500}{A}$ ㉡ 선입선출법 : $\frac{A-23,000,000}{A}$

  →∴선입선출법을 적용했을 때보다 총평균법을 적용했을 경우 상대적으로 더 작다.

문제 8번	매출원가(신) 계산	출제구분	재출제	난이도	★ ★ ★	정답	②

- 이하 도표에 해당 금액을 대입하여 매출원가(구)를 먼저 계산한다.

기초재고	400,000
당기매입	1,000,000

‖

① 매출원가(구)[평가 · 감모손실 반영전](?)	530,000
② 평가손실	550,000
③ 정상감모손실	20,000
④ 비정상감모손실	
⑤ 기말재고[평가 · 감모손실 반영후]	300,000

- 매출원가(신) = ①+②+③+④ : 530,000+550,000+20,000 = 1,100,000

문제 9번	유형자산 취득원가와 일괄구입	출제구분	신유형	난이도	★ ★ ☆	정답	④

- 토지와 건물 일괄구입 후 기존건물 철거로 발생한 건물철거비용(폐자재처분수입은 차감, 폐자재처리비용은 가산)은 토지의 취득원가로 처리한다.
  →∴폐자재들을 처리하는 비용이 발생하는 경우 이는 당기손실이 아닌 토지의 취득원가로 처리한다.

Guide 유형자산 일괄구입

토지만 사용목적	• 새 건물을 신축할 목적으로 기존 건물이 있는 토지를 구입하여 기존건물을 철거하고 새 건물을 신축하는 경우 → 건물철거비용(폐자재처분수입은 차감, 폐자재처리비용은 가산)은 토지취득원가로 처리 주의 이 경우는 일괄구입이 아니므로, 토지취득원가 = 총일괄구입가 + 건물철거비용 등
모두 사용목적	• 개별자산의 공정가치비율로 안분하여 원가를 산정함. →공통부대원가가 아닌 취·등록세와 같은 개별비용은 각각 개별적으로 배분함. 예시 토지(공정가치 400)와 건물(공정가치 100)을 일괄하여 200에 구입함. →토지 : 200×400/500 = 160, 건물 : 200×100/500 = 40 • 건물을 업무에 사용하고 감가상각도 하던 중 사용 중인 건물을 철거하고 새로운 건물을 신축하는 경우에는 기존 건물의 장부금액과 철거비용은 당기비용(처분손실)처리함.

문제 10번	유형자산 취득원가 포함여부	출제구분	재출제	난이도	★ ★ ☆	정답	①

- 기계장치의 취득금액 : 700,000,000 + 15,000,000 = 715,000,000
  →기계장치에서 생산된 새로운 상품을 소개하는 데 소요되는 광고비, 기계장치와 관련된 산출물에 대한 수요가 형성되는 과정에서 발생하는 가동손실, 경영진이 의도하는 방식으로 가동될 수 있으나 아직 실제로 사용되지는 않고 있음에 따라 발생하는 원가는 취득원가에 포함되지 않는 항목에 해당한다.

Guide 유형자산 취득원가 포함/불포함 항목

포함항목	• ① 관세 및 환급불가능한 취득 관련 세금(취득세, 등록세)을 가산하고 매입할인과 리베이트 등을 차감한 구입가격 →주의 보유자산 재산세와 자동차세는 비용처리함. ② 경영진이 의도하는 방식으로 유형자산을 가동하는 데 필요한 장소와 상태에 이르게 하는데 직접 관련되는 다음과 같은 원가 ㉠ 유형자산의 매입 또는 건설과 직접적으로 관련되어 발생한 종업원급여 ㉡ 설치장소 준비원가, 최초의 운송 및 취급 관련 원가, 설치원가 및 조립원가 ㉢ 유형자산이 정상적 작동여부를 시험하는 과정에서 발생하는 원가 비교 시제품의 순매각금액 : ㉠ 일반기업회계기준 - 원가차감 ㉡ K-IFRS - 당기손익 ㉣ 전문가에게 지급하는 수수료, 구입시 중개수수료·보험료 ③ 자산을 해체, 제거, 복구하는데 소요될 것으로 최초에 추정되는 원가(=복구원가)
불포함항목	• ① 새로운 시설을 개설하는 데 소요되는 원가 ② 새로운 상품과 서비스를 소개하는 데 소요되는 원가(예 광고·판촉활동관련 원가) ③ 새로운 지역에서 또는 새로운 고객층을 대상으로 영업을 하는 데 소요되는 원가 (예 직원 교육훈련비) ④ 관리 및 기타 일반간접원가 ⑤ 경영진이 의도하는 방식으로 가동될 수 있으나 아직 실제로 사용되지는 않고 있는 경우 또는 가동수준이 완전조업도 수준에 미치지 못하는 경우에 발생하는 원가 ⑥ 산출물에 대한 수요가 형성되는 과정에서 발생하는 가동손실과 같은 초기가동손실 ⑦ 기업의 영업 전부 또는 일부를 재배치하거나 재편성하는 과정에서 발생하는 원가 ⑧ 부수 영업활동 손익(예 건설시작 전에 건설용지를 주차장 용도로 사용시 손익)

문제 11번	일반차입금 연평균지출액	출제구분	재출제	난이도	★ ☆ ☆	정답	②

• 연평균지출액 : $10,000,000\times\frac{12}{12}+12,000,000\times\frac{7}{12}+9,000,000\times\frac{4}{12}=20,000,000$

Guide 차입원가 자본화액

특정차입금 자본화금액	일반차입금 자본화금액 [한도] 일반차입금차입원가
❒ 특정차입금 차입원가 - 일시투자수익	❒ (연평균지출액 - 연평균특정차입금[1])×자본화이자율 →자본화이자율= $\frac{\text{일반차입금차입원가}}{\text{연평균일반차입금}}$ [1]일시예치금 차감액

문제 12번	연구단계활동과 개발단계활동의 구분	출제구분	재출제	난이도	★ ★ ☆	정답	④

• 재료, 장치, 제품, 공정, 시스템이나 용역에 대한 여러가지 대체안을 탐색하는 활동은 연구단계활동이므로 그 지출은 당기비용으로 처리한다.

Guide 연구단계활동과 개발단계활동

의의	• 인식기준을 충족하는지를 평가하기 위해 무형자산 창출과정을 연구단계와 개발단계로 구분함. 주의 무형자산을 창출하기 위해 내부 프로젝트를 연구단계와 개발단계로 구분할 수 없는 경우에는 발생한 지출은 모두 연구단계에서 발생한 것으로 봄.	
회계처리	연구단계활동 지출	• 비용(연구비)
	개발단계활동 지출	• 자산인식요건 충족O : 무형자산(개발비) • 자산인식요건 충족X : 비용(경상개발비)
연구활동	• 새로운 지식을 얻고자 하는 활동 • 연구결과나 기타 지식을 탐색, 평가, 최종 선택, 응용하는 활동 • 재료 · 장치 · 제품 · 공정 · 시스템등에 대한 여러 가지 대체안을 탐색하는 활동 • 새롭거나 개선된 재료 · 장치 · 제품 · 공정 · 시스템 등에 대한 여러 가지 대체안을 제안, 설계, 평가, 최종 선택하는 활동	
개발활동	• 생산이나 사용 전의 시제품과 모형을 설계, 제작, 시험하는 활동 • 새로운 기술과 관련된 공구, 지그, 주형, 금형등을 설계하는 활동 • 상업적 생산 목적으로 실현가능한 경제적 규모가 아닌 시험공장을 설계, 건설, 가동하는 활동 • 신규 또는 개선된 재료 · 장치 · 제품 · 공정 · 시스템등에 대하여 최종적으로 선정된 안을 설계, 제작, 시험하는 활동	

문제 13번	연구 · 개발단계 지출의 비용인식	출제구분	재출제	난이도	★ ★ ★	정답	③

- 연구비(비용) : 3,000,000 + 27,000,000 = 30,000,000
  경상개발비(비용) : 7,000,000
  개발비(자산) : 40,000,000
- 상각개시시점 : 자산이 사용가능한 때부터 시작〈∴20x1년 상각비 계상기간은 6개월(7/1~12/31)〉
  → 20x1년 인식할 개발비상각비 : $(40,000,000 \div 5년) \times \frac{6}{12} = 4,000,000$

∴20x1년 총비용 : 30,000,000(연구비) + 7,000,000(경상개발비) + 4,000,000(개발비상각비) = 41,000,000

Guide 연구단계와 개발단계 지출의 처리

의의	• 인식기준을 충족하는지를 평가하기 위해 무형자산 창출과정을 연구단계와 개발단계로 구분함. 주의 무형자산을 창출하기 위해 내부 프로젝트를 연구단계와 개발단계로 구분할 수 없는 경우에는 발생한 지출은 모두 연구단계에서 발생한 것으로 봄.	
회계처리	연구단계활동 지출	• 비용(연구비)
	개발단계활동 지출	• 자산인식요건 충족O : 무형자산(개발비) • 자산인식요건 충족X : 비용(경상개발비)

문제 14번	투자부동산 계정대체 사유	출제구분	재출제	난이도	★ ★ ★	정답	①

- ① 제3자에 대한 운용리스 제공의 약정의 경우 : 재고자산에서 투자부동산으로 대체한다.
  ② 제3자에게 금융리스제공을 개시한 경우 : 투자부동산에 해당하지 않으므로 계정대체와 무관하다.
  ③ 자가사용을 개시한 경우 : 투자부동산에서 자가사용부동산으로 대체한다.
  →∴투자부동산으로의 계정대체가 가능하지 않다.
  ④ 통상적인 영업과정에서 판매할 목적으로 개발을 시작한 경우 : 투자부동산에서 재고자산으로 대체한다.
  →∴투자부동산으로의 계정대체가 가능하지 않다.

* 저자주 K-IFRS 개정으로 '정상적인'은 '통상적인'으로 문구가 변경되었으니 참고바랍니다.

Guide 투자부동산 계정대체 사유

자가사용의 개시나 자가사용을 목적으로 개발을 시작	• 투자부동산 ▶ 자가사용부동산
통상적인 영업과정에서 판매할 목적으로 개발을 시작	• 투자부동산 ▶ 재고자산
자가사용의 종료	• 자가사용부동산 ▶ 투자부동산
제3자에 대한 운용리스 제공의 약정	• 재고자산 ▶ 투자부동산

문제 15번	금융상품 일반사항	출제구분	신유형	난이도	★ ★ ★	정답	②

• 사용권자산과 무형자산(예 : 특허권, 상표권)은 금융자산이 아니다.

금융자산 O	• 현금및현금성자산, 대여금, 매출채권, 미수금, 미수수익, FVPL금융자산, FVOCI금융자산, AC금융자산, 금융기관취급 기타금융상품
금융자산 X	• 재고자산, 유형자산, 무형자산, 사용권자산, 선급비용, 선급금, 계약에 의하지 않은 자산, 법인세관련 자산(이연법인세자산)

*참고 금융상품에 포함여부

㉠ 금융리스의 경우 대출약정에 따른 원금과 이자의 지급액을 혼합한 것과 실질적으로 동일한 일련의 지급액을 수취할 권리와 지급할 의무가 각각 리스제공자와 리스이용자에게 있다. 반면에 운용리스의 경우 리스제공자는 미래 기간에 자산을 사용하게 하는 대가로 용역수수료와 유사한 대가를 수취하게 된다. 따라서 금융리스는 금융상품에 해당하지만 운용리스는 금융상품에 해당되지 않는다.

→그러나 실물자산(예 재고자산, 유형자산), 사용권자산과 무형자산(예 특허권, 상표권)은 금융자산이 아니다. 그 이유는 이러한 실물자산이나 무형자산에 대한 통제는 현금 등 금융자산이 유입될 기회를 제공하지만, 현금 등 금융자산을 수취할 현재의 권리를 발생시키지 않기 때문이다.

㉡ 미래경제적효익이 현금 등 금융자산을 수취할 권리가 아니라 재화나 용역의 수취인 자산(예 선급비용)은 금융자산이 아니다.

→마찬가지로 선수수익과 대부분의 품질보증의무와 같은 항목도 현금 등 금융자산을 지급할 계약상 의무가 아니라 재화나 용역의 인도를 통하여 당해 항목과 관련된 경제적효익이 유출될 것이므로 금융부채가 아니다.

→그러나, 미지급비용과 미수수익은 미래경제적효익이 현금 등 금융자산을 지급하거나 수취할 계약상 권리나 의무이므로 금융부채와 금융자산이다.

㉢ 계약에 의하지 않은 부채나 자산은 금융부채나 금융자산이 아니다. 이러한 예로는 정부가 부과하는 법적 요구사항에 따라 발생하는 법인세와 관련된 부채를 들 수 있다. 충당부채에서 정의하고 있는 의제의무도 계약에서 발생한 것이 아니며 금융부채가 아니다.

문제 16번	AC금융자산 이자수익	출제구분	신유형	난이도	★ ★ ☆	정답	③

• 회계처리

20x1년 1월 1일	(차) AC금융자산	950,266	(대) 현금	950,266
20x1년 12월 31일	(차) 현금 1,000,000×8%=80,000 AC금융자산	80,000 15,027	(대) 이자수익	950,266×10%=95,027
20x2년 12월 31일	(차) 현금 1,000,000×8%=80,000 AC금융자산	80,000 16,529	(대) 이자수익	(950,266+15,027)×10%=96,529

*저자주 문제의 명확한 성립을 위해 누락된 단서인 '단, 기대신용손실은 없다고 가정한다.'를 추가하기 바랍니다. 한편, 문제의 편집오류에 해당하는 '~ 계산한 것으로 옳은 가장 것은'을 '~ 계산한 것으로 가장 옳은 것은'으로 수정바랍니다.(충분한 검토과정과 신중한 출제가 필요하다고 사료됩니다.)

Guide AC금융자산(상각후원가) 회계처리

이자수익	산식	❒ 이자수익=총장부금액(손상전 상각후원가)×최초유효이자율	
	→손실충당금 인식후에도 신용이 손상되기 전까지는 총장부금액에 유효이자율을 적용함.		
기대신용손실 [손실충당금]	• 신용이 손상되지 않은 경우에도 손상차손(당기손익)과 손실충당금(자산차감)을 인식함. • 전기 손실충당금이 있는 경우 당기말 손실충당금과의 차액을 손상차손(환입)으로 인식함.		
	신용손상 X	신용위험 유의적 증가 O	• 전체기간 기대신용손실을 손실충당금으로 인식
		신용위험 유의적 증가 X	• 12개월 기대신용손실을 손실충당금으로 인식
처분손익	• 처분금액과 순장부금액(=총장부금액-손실충당금)의 차액을 처분손익으로 인식함. →단, 처분일까지 미수이자는 이자수익으로 우선 인식함.		

문제 17번	금융상품 일반사항	출제구분	신유형	난이도	★ ★ ★	정답	④

• 잠재적으로 유리한 조건으로 거래상대방과 금융자산이나 금융부채를 교환하기로 한 계약상 권리는 금융자산이다.

Guide 금융상품 정의 및 금융부채 범위

금융상품	정의	• 거래 당사자 어느 한쪽에게는 금융자산이 생기게 하고 동시에 거래상대방에게 금융부채나 지분상품(자본)이 생기게 하는 모든 계약을 말함. 참고 금융상품을 수취, 인도, 교환하는 계약상 권리·의무는 그 자체로 금융상품임.
	분류	• 금융상품은 다시 금융자산, 금융부채, 지분상품(=자산에서 모든 부채를 차감한 후의 잔여지분을 나타내는 모든 계약)으로 분류함.
금융부채 범위	• ㉠ 다음 중 어느 하나에 해당하는 계약상 의무 ⓐ 거래상대방에게 현금 등 금융자산을 인도하기로 한 계약상 의무 ⓑ 잠재적으로 불리한 조건으로 거래상대방과 금융자산이나 금융부채를 교환하기로 한 계약상 의무 ㉡ 자기지분상품으로 결제하거나 결제할 수 있는 다음 중 하나의 계약 ⓐ 인도할 자기지분상품의 수량이 변동 가능한 비파생상품 ⓑ 확정 수량의 자기지분상품을 확정 금액의 현금 등 금융자산과 교환하여 결제하는 방법 외의 방법으로 결제하거나 결제할 수 있는 파생상품	

문제 18번	복합금융상품의 정의	출제구분	재출제	난이도	★ ☆ ☆	정답	③

• 복합금융상품의 종류

전환사채	• 유가증권의 소유자가 일정한 조건하에 보통주로의 전환권을 행사할 수 있는 사채로서, 전환권을 행사하면 보통주로 전환되는 사채
신주인수권부사채	• 유가증권의 소유자가 일정한 조건하에 신주인수권을 행사하여 보통주 발행을 청구할 수 있는 권리가 부여된 사채
전환우선주	• 유가증권의 소유자가 일정한 조건하에 전환권을 행사할 수 있는 우선주로서, 전환권을 행사하면 보통주로 전환되는 우선주
교환사채	• 유가증권의 소유자가 사채발행자가 보유하고 있는 유가증권과 교환을 청구할 수 있는 권리가 부여된 사채

*참고 회사채와 영구채

회사채	• 기업이 시설투자나 운영 등의 장기자금을 조달하기 위해 발행하는 채권을 말함. →채권은 발행 주체에 따라 국가가 발행하는 국채, 지방자치단체가 발행하는 지방채, 특별법인이 발행하는 특수채, 금융기관이 발행하는 금융채, 주식회사가 발행하는 회사채로 구분됨.
영구채	• 원금상환 없이 이자만 영구히 지급하는 채권을 말함. →즉, 만기가 없는 채권으로 신종자본증권(하이브리드채권)이라고도 함.

문제 19번	전환사채 전환권대가와 전환권조정	출제구분	재출제	난이도	★ ★ ☆	정답	③

• 액면이자 : 1,000,000×7%=70,000, 상환할증금 : 1,000,000×13%=130,000
• 현재가치(원리금 · 상환할증금을 일반사채 유효이자율로 할인) : 70,000×2.4018+1,130,000×0.7118=972,460
• 전환권대가 : 1,000,000(발행금액)-972,460(현재가치)=27,540
• 전환권조정 : 27,540(전환권대가)+130,000(상환할증금)=157,540

*참고 발행시점 회계처리

(차) 현금(발행금액)	1,000,000	(대) 전환사채(액면금액=발행금액)	1,000,000
(차) 전환권조정(전환권대가+상환할증금)	157,540	(대) 전환권대가(발행금액-현재가치)	27,540
		상환할증금	130,000

문제 20번	제품보증충당부채 기말잔액	출제구분	신유형	난이도	★ ★ ★	정답	②

- 1년간 보증조건이므로, 20x1년 매출분에 대하여는 20x2년말 계상할 제품보증충당부채는 없다.
  →따라서, 20x2년 매출분에 대하여만 제품보증충당부채 잔액을 계산하여야 한다.
- 20x2년말 제품보증충당부채 : 14,000,000×2% - 120,000(실제 제품보증비 발생액) = 160,000

*참고 회계처리

20x1년	매출시	(차) 현금(매출채권)	10,000,000	(대) 매출	10,000,000
	보증시	(차) 보증비	50,000	(대) 현금	50,000
	결산시	(차) 보증비	150,000	(대) 제품보증충당부채	150,000[1]
20x2년	매출시	(차) 현금(매출채권)	14,000,000	(대) 매출	14,000,000
	보증시	(차) 제품보증충당부채 보증비	100,000 120,000	(대) 현금	220,000
	결산시	(차) 제품보증충당부채 (차) 보증비	50,000 160,000	(대) 제품보증충당부채환입 (대) 제품보증충당부채	50,000[2] 160,000[3]

[1] 10,000,000×2% - 50,000 = 150,000 [2] 150,000 - 100,000 = 50,000 [3] 14,000,000×2% - 120,000 = 160,000

문제 21번	보통주 · 우선주 배당액 계산	출제구분	재출제	난이도	★ ★ ☆	정답	③

- 우선주가 비누적적 · 비참가적 우선주이므로, '우선주의 배당률에 해당하는 금액(= 우선주자본금×배당률)'을 우선주에 배당하고, 나머지 금액 모두를 보통주에게 배당한다.
- 우선주배당금 : 2,000,000(우선주자본금)×10%(배당률) = 200,000
  보통주배당금 : 300,000(배당금총액) - 200,000(우선주배당금) = 100,000

문제 22번	자본항목별 증감분석	출제구분	재출제	난이도	★ ★ ☆	정답	②

- 주식배당은 이익잉여금을 자본에 전입하고 주식을 발행하는 것이므로, 주식수가 증가한다.

Guide 주식배당, 무상증자, 주식분할, 주식병합 비교

- 주식배당 : 이익잉여금을 자본에 전입하고 주식을 발행하는 것
- 무상증자 : 이익잉여금이나 자본잉여금을 자본에 전입하고 주식을 발행하는 것
- 주식분할 : 예 1,000원의 주식 1주를 500원 주식 2주로 쪼개는 것
- 주식병합 : 예 500원의 주식 2주를 1,000원 주식 1주로 합치는 것

	주식배당	무상증자	주식분할	주식병합
발행주식수	증가	증가	증가	감소
주당액면금액	불변	불변	감소	증가
총자본	불변	불변	불변	불변
자본금	증가	증가	불변	불변
자본잉여금	불변	감소가능	불변	불변
이익잉여금	감소	감소가능	불변	불변

문제 23번	5단계 수익인식모형	출제구분	재출제	난이도	★ ☆ ☆	정답	④

• 모든 유형의 계약에 적용되는 수익인식의 단계는 다음과 같다.

【1단계】계약의 식별	• 고객과의 계약인지 여부를 확인하는 단계
【2단계】수행의무 식별	• 고객에게 수행할 의무가 무엇인지를 확인하는 단계
【3단계】거래가격 산정	• 고객에게 받을 대가를 측정하는 단계
【4단계】거래가격 배분	• 거래가격을 수행의무별로 배분하는 단계
【5단계】수익인식	• 수행의무의 이행시 수익을 인식하는 단계

문제 24번	반품권이 있는 판매의 수익인식	출제구분	재출제	난이도	★ ★ ☆	정답	③

• 예상반품률 : $10,000,000 \div 60,000,000 = \frac{1}{6}$

• 매출액 : $60,000,000 \times (1 - \frac{1}{6}) = 50,000,000$

Guide 반품권이 있는 판매 회계처리(반품가능성 예측가능한 경우)

수익인식	(차) 현금	60,000,000	(대) 매출(판매예상분) 환불부채(반품예상분)	50,000,000[1)] 10,000,000[2)]
원가인식	(차) 매출원가(판매예상분) 반품제품회수권(반품예상분)	25,000,000[3)] 5,000,000[4)]	(대) 제품	30,000,000

[1)] $60,000,000 \times 5/6 = 50,000,000$ [2)] $60,000,000 \times 1/6 = 10,000,000$
[3)] $30,000,000 \times 5/6 = 25,000,000$ [4)] $30,000,000 \times 1/6 = 5,000,000$

문제 25번	수행의무 이행형태와 수익인식	출제구분	재출제	난이도	★ ★ ☆	정답	①

• ①은 기간에 걸쳐 이행하는 수행의무와 관련되어 있다.

Guide 기간에 걸쳐 이행하는 수행의무와 한 시점에 이행하는 수행의무

❒ 다음 기준 중 어느 하나를 충족하면, 기업은 재화나 용역에 대한 통제를 기간에 걸쳐 이전하므로 기간에 걸쳐 수행의무를 이행하는 것이고 기간에 걸쳐 수익을 인식함.

㉠ 고객은 기업이 수행하는 대로 기업의 수행에서 제공하는 효익을 동시에 얻고 소비한다.
㉡ 기업이 수행하여 만들어지거나 가치가 높아지는 대로 고객이 통제하는 자산(예: 재공품)을 기업이 만만들거나 그 자산 가치를 높인다.
㉢ 기업이 수행하여 만든 자산이 기업 자체에는 대체 용도가 없고, 지금까지 수행을 완료한 부분에 대해 집행 가능한 지급청구권이 기업에 있다.

❒ 수행의무가 기간에 걸쳐 이행되지 않는다면, 그 수행의무는 한 시점에 이행되는 것임. 고객이 약속된 자산을 통제하고 기업이 수행의무를 이행하는 시점을 판단하기 위해, 다음과 같은 통제 이전의 지표를 참고하여야 함.

㉠ 기업은 자산에 대해 현재 지급청구권이 있다.
㉡ 고객에게 자산의 법적 소유권이 있다.
㉢ 기업이 자산의 물리적 점유를 이전하였다.
㉣ 자산의 소유에 따른 유의적인 위험과 보상이 고객에게 있다.
㉤ 고객이 자산을 인수하였다.

문제 26번	2차연도 건설계약손익	출제구분	재출제	난이도	★ ★ ☆	정답	②

• 20x2년 계약손익 : $(90,000,000\times\frac{10,000,000+30,000,000}{80,000,000}-90,000,000\times\frac{10,000,000}{80,000,000})-30,000,000=$

• 연도별 계약손익 계산

구분	20x1년	20x2년
진행률	$\frac{10,000,000}{80,000,000}=12.5\%$	$\frac{10,000,000+30,000,000}{80,000,000}=50\%$
계약수익	90,000,000×12.5% = 11,250,000	90,000,000×50% - 11,250,000 = 33,750,000
계약원가	10,000,000	30,000,000
계약손익	1,250,000	3,750,000

문제 27번	확정급여채무 증감항목	출제구분	신유형	난이도	★ ☆ ☆	정답	④

• 사외적립자산 기대수익(이자수익) : (차) 사외적립자산 xxx (대) 퇴직급여 xxx

Guide 확정급여제도 회계처리 순서

① 과거근무원가(증가시)	(차) 퇴직급여	xxx	(대) 확정급여채무	xxx
② 퇴직급여 지급	(차) 확정급여채무	xxx	(대) 사외적립자산	xxx
③ 사외적립자산 적립	(차) 사외적립자산	xxx	(대) 현금	xxx
④ 확정급여채무 이자원가	(차) 퇴직급여	xxx	(대) 확정급여채무	xxx
⑤ 확정급여채무 당기근무원가	(차) 퇴직급여	xxx	(대) 확정급여채무	xxx
⑥ 확정급여채무 재측정요소(보험수리적손익)	(차) 재측정손실	xxx	(대) 확정급여채무	xxx
⑦ 사외적립자산 기대수익(이자수익)	(차) 사외적립자산	xxx	(대) 퇴직급여	xxx
⑧ 사외적립자산 재측정요소(실제수익-기대수익)	(차) 사외적립자산	xxx	(대) 재측정이익	xxx

문제 28번	현금결제형 주식기준보상 당기보상비용	출제구분	재출제	난이도	★ ☆ ☆	정답	②

• $30,000개\times150,000\times\frac{1}{4}=1,125,000,000$(11.25억원)

Guide 현금결제형 주식기준보상 보고기간말 회계처리

보고기간말	• 주가차액보상권은 보고기간말 공정가치로 재측정하고 기대권리소멸률을 반영한 보상원가를 용역제공비율에 따라 가득기간에 걸쳐 인식 →(차) 주식보상비용(당기비용) xxx (대) 장기미지급비용(부채) xxx
가득일 이후	• 가득일 이후에도 매 보고기간말의 공정가치를 기준으로 보상원가를 재측정하고 보상원가의 재측정으로 변동한 금액은 주식보상비용과 장기미지급비용으로 처리

문제 29번	법인세회계 일반사항	출제구분	신유형	난이도	★ ★ ☆	정답	①

- 이연법인세자산(이연법인세부채)는 비유동자산(비유동부채)로 계상한다.

*저자주 K-IFRS 제1012호(법인세)에서는 이연법인세자산·부채의 유동·비유동 구분에 대하여 규정하고 있지 않습니다. 그러나 K-IFRS 제1001호(재무제표 표시)에 따라 기업이 자산과 부채를 유동·비유동 구분법을 선택한 경우에는 이연법인세자산·부채를 비유동항목으로 분류하여야 합니다.

→기업이 재무상태표에 유동자산과 비유동자산, 그리고 유동부채와 비유동부채로 구분하여 표시하는 경우, 이연법인세자산(부채)은 유동자산(부채)으로 분류하지 아니한다.(K-IFRS 제1001호 문단56)

Guide 법인세회계 의의·대상·공시방법

의의	• 법인세부담액을 손익계산서상 법인세비용으로 계상하게 되면 회계이익과 무관한 금액이 계상되므로, 수익· 비용의 올바른 대응을 위해 법인세부담액을 배분함. • 이연법인세자산(=차감할일시적차이) : 회계이익 〈 과세소득 →유보(익금산입)존재 → 반대조정으로 미래에 세금 덜냄. → ∴자산성있음. • 이연법인세부채(=가산할일시적차이) : 회계이익 〉 과세소득 →△유보(손금산입)존재 → 반대조정으로 미래에 세금 더냄. → ∴부채성있음.
대상	• ㉠ 일시적차이 ㉡ 미사용 세무상결손금의 이월액 ㉢ 미사용 세액공제의 이월액
공시방법	• 이연법인세자산(부채)는 비유동으로만 표시하고 소정 요건을 충족하는 경우 상계하여 표시 • 현재가치평가를 하지 않음.

문제 30번	2차연도 이연법인세자산·부채 계산	출제구분	재출제	난이도	★ ★ ☆	정답	③

- ㉠ 20x2년말 이연법인세자산 50,000이 계상되어야 하므로, 20x1년말 현재 계상되어 있는 이연법인세자산 10,000에 40,000을 추가로 계상한다.
  ㉡ 20x2년말 이연법인세부채 10,000이 계상되어야 하므로, 20x1년말 현재 계상되어 있는 이연법인세부채 30,000 중 20,000을 제거한다.
- 법인세비용은 대차차액으로 구한다.

→(차) 법인세비용(대차차액) 140,000 (대) 미지급법인세(당기법인세) 200,000
이연법인세자산 40,000
이연법인세부채 20,000

문제 31번	감가상각방법의 회계추정변경	출제구분	재출제	난이도	★ ★ ☆	정답	①

- 20x1년 감가상각비 : 100,000×40%=40,000
  20x2년 감가상각비 : (100,000-40,000)×40%=24,000
- 감가상각방법 변경은 회계추정변경이므로 변경효과를 전진적으로 인식한다.(잔존내용연수=3년)
  ㉠ [1단계] 변경된 시점의 장부금액 계산
  20x3년초 장부금액 : 100,000-(40,000+24,000)=36,000
  ㉡ [2단계] 새로운 추정방법을 위 장부금액에 적용하여 감가상각비 계산
  20x3년 감가상각비 : (36,000-0)÷3년=12,000

Guide 회계변경의 처리

회계정책변경	• 처리 : (원칙)소급법 →전기재무제표 재작성O
회계추정변경	• 처리 : 전진법 →전기재무제표 재작성X 주의 회계정책의 변경인지 회계추정의 변경인지 구분하는 것이 어려운 경우에는 이를 회계추정의 변경으로 봄.

문제 32번	유상증자와 EPS	출제구분	재출제	난이도	★ ★ ☆	정답	③

• 가중평균유통보통주식수 계산

1/1 17,000주 — 9/1 9,000주 — 12/31

$\rightarrow 17{,}000주 \times \frac{12}{12} + 9{,}000주 \times \frac{4}{12} = 20{,}000주$

• 기본주당이익(EPS) : $\frac{20{,}000{,}000 - 2{,}000{,}000}{20{,}000주} = 900$

문제 33번	지분법적용과 평가차액 조정	출제구분	신유형	난이도	★ ★ ★	정답	②

• 건물의 평가차액(200,000)을 ㈜용산의 감가상각시에 평가차액 조정액[(200,000×지분율)÷내용연수]을 관계기업투자주식에서 차감한다. →(차) 지분법이익(지분법손실) xxx (대) 관계기업투자주식 xxx

• 20x1년말 관계기업투자주식 장부금액 계산

취득원가	:	= 1,000,000
당기순이익	: 300,000×30% =	90,000
평가차액조정액	: (200,000×30%)÷5년 =	(12,000)
		1,078,000

*참고 ㈜삼일 회계처리

취득시(20x1년초)	(차) 관계기업투자주식	1,000,000	(대) 현금	1,000,000
당기순이익 보고시(20x1년말)	(차) 관계기업투자주식	90,000	(대) 지분법이익	90,000
평가차액조정(20x1년말)	(차) 지분법이익	12,000	(대) 관계기업투자주식	12,000

*저자주 지분법 적용과 관련하여 평가차액의 조정을 묻는 문제로서, 재경관리사 시험수준을 초과하는 무리한 출제로 사료됩니다. 다만, 회계사·세무사 등 전문직 시험에서는 빈출되고 있는 문제입니다.

Guide 평가차액 조정

산식

취득원가 - 순자산장부가×지분율 = (순자산공정가 - 순자산장부가)×지분율 + 영업권

- 취득원가 - 순자산장부가×지분율: '더 지불한 금액'
- (순자산공정가 - 순자산장부가)×지분율: '내가 과대평가한 금액' ⇓ **평가차액**
- 영업권: '추가지불액' ⇓ **투자차액**

주의 순자산공정가와 순자산장부가가 일치하는 경우는 차이 전액이 영업권이 됨.

평가차액

• 평가차액은 실현(비용화)되는 방법에 따라 상각하여 투자주식에 차감함.
→회계처리 : (차) 지분법이익(지분법손실) xxx (대) 관계기업투자주식 xxx

차액조정

대상	조정시점	조정액
재고자산	매출시 (∵재고과소→매출원가과소→이익과대→투자주식과대)	평가차액×지분율
건물	감가상각시 (∵건물과소→감가상각비과소→이익과대→투자주식과대)	(평가차액×지분율)÷내용연수
토지	처분시 (∵토지과소→처분이익과대→이익과대→투자주식과대)	평가차액×지분율

문제 34번	재고자산평가손실의 환산	출제구분	재출제	난이도	★ ★ ★	정답	①

- 장부금액은 거래일환율, 순실현가능가치는 마감환율로 환산하여 순실현가능가치가 작은 경우 평가손실을 인식한다.
- 장부금액　　　:CNY2,000×@110 = 220,000
  순실현가능가치 :CNY1,800×@115 = (207,000)
  평가손실　　　　　　　　　　　　13,000

Guide 재고자산 저가법에 따른 환산

장부금액	• 거래일환율(그 금액이 결정된 날의 환율)로 환산
순실현가능가치(NRV)	• 마감환율(그 가치가 결정된 날의 환율)로 환산
평가손실	• 장부금액 - Min[장부금액, 순실현가능가치] →즉, 순실현가능가치가 장부금액 보다 작은 경우 평가손실을 인식

문제 35번	외화표시재무제표의 외화환산	출제구분	신유형	난이도	★ ★ ☆	정답	③

- 재무제표의 외화환산과 관련하여 포괄손익계산서의 수익과 비용은 해당 거래일의 환율을 적용하되 환율이 유의적으로 변동하지 않을 경우에는 해당 기간의 평균환율을 적용할 수 있다.

Guide 외화표시재무제표 환산

의의	• 영업활동이 이루어지는 주된 경제 환경의 통화인 기능통화와 재무제표 표시통화가 다른 경우 기능통화로 표시된 재무제표를 표시통화로 환산해야함.	
환산차이 (해외사업장환산차이)	• 재무상태표와 포괄손익계산서의 환산에서 생기는 외환차이는 기타포괄손익으로 인식함.	
환산방법	자산(마감환율)	부채(마감환율) 자본(거래일환율)
	비용(거래일환율 or 평균환율)	수익(거래일환율 or 평균환율) 외환차이(대차차이)

문제 36번	파생상품의 적용	출제구분	기출변형	난이도	★ ★ ☆	정답	②

- 9개월 후의 외화대금 지급분 $2,000를 일정 안정된 환율로 매입하는 통화선도 매입계약을 체결한다.

문제 37번	리스이용자 이자비용과 감가상각비	출제구분	재출제	난이도	★ ★ ★	정답	②

- 사용권자산(= 리스부채) : 50,000×2.40183 = 120,092 →감가상각기간은 소유권이전이 있으므로 내용연수 5년
- 20x1년 이자비용 : 120,092×12% = 14,411
- 20x1년 감가상각비 : [120,092 - 20,092(추정잔존가치)] ÷ 5년 = 20,000

∴14,411(이자비용) + 20,000(감가상각비) = 34,411

*참고 회계처리

20x1년초(리스개시일)	(차) 사용권자산	120,092	(대) 리스부채	120,092
20x1년말(보고기간말)	(차) 이자비용	14,411	(대) 현금	50,000
	리스부채	35,589		
	(차) 감가상각비	20,000	(대) 감가상각누계액	20,000

Guide 리스이용자 회계처리

리스개시일	• (차) 사용권자산(원가)	xxx	(대) 리스부채	xxx	
			현금(리스개설직접원가)	xxx	
	리스부채	❐ 지급되지 않은 리스료를 내재이자율로 할인한 현재가치 (내재이자율 산정불가시는 리스이용자의 증분차입이자율로 할인)			
보고기간말	• (차) 이자비용	xxx	(대) 현금	xxx	
	리스부채	xxx			
	(차) 감가상각비	xxx	(대) 감가상각누계액	xxx	
	이자비용	❐ 리스부채 장부금액×내재이자율			
	감가상각	구분	감가상각대상금액	감가상각기간	
		소유권이전O	원가-추정잔존가	내용연수	
		소유권이전X	원가-보증잔존가	Min[리스기간, 내용연수]	

문제 38번	현금흐름표 활동과 작성방법	출제구분	재출제	난이도	★ ☆ ☆	정답	④

- 직접법은 당기순이익에서 조정을 거쳐 현금의 흐름을 사후적으로 확인하는 간접법에 비하여 영업거래의 다양한 원천별 현금의 흐름내역을 일목요연하게 제시해 줌으로써 진정한 의미에서의 현금흐름을 파악할 수 있는 방법으로 미래현금흐름을 추정하는 데 보다 유용한 정보를 제공한다.
  →즉, 현금유입의 발생원천과 현금유출의 운용에 관한 개별정보는 미래현금흐름의 예측에 더 유용하다.
  →한편, 직접법은 현금흐름을 개별 항목별로 파악할 수 있기 때문에 전문회계지식이 없더라도 그 내용을 쉽게 파악할 수 있는 장점이 있다.

문제 39번	매입활동 현금지급액	출제구분	재출제	난이도	★ ★ ★	정답	①

• 92,000(기초재고)+발생주의 순매입액 - 67,000(기말재고) = 210,000(매출원가)
→발생주의 순매입액 = 185,000

• 발생주의 순매입액 : (185,000)
매입채무의 감소 : (15,000)
현금주의 매입액 (200,000)

Guide **발생주의의 현금주의 전환 : 매입액**

❒ (-)로 출발하며 자산의 증감은 역방향으로 가감하며, 부채의 증감은 순방향으로 가감하여 분석

• **발생주의 순매입액**(매입할인 · 에누리 · 환출을 차감한 후의 금액)	: (xxx)	▶ **(-)로 출발함에 주의!**
매입채무의 증가	: xxx	
선급금의 증가	: (xxx)	
현금주의 매입액(매입채무지급액, 선급금지급액, 현금매입)	(xxx)	

문제 40번	투자활동 순현금흐름 집계	출제구분	재출제	난이도	★ ★ ☆	정답	④

• 500,000(유형자산의 처분) - 1,000,000(FVOCI금융자산의 취득) = - 500,000

*참고 매출채권의 회수, 급여의 지급 : 영업활동현금흐름
차입금의 상환, 유상증자 : 재무활동현금흐름
배당금의 지급 : 영업활동현금흐름 또는 재무활동현금흐름 중 선택

Guide **투자활동현금흐름의 예[K-IFRS 제1007호 문단16]**

㉠ 유형자산, 무형자산 및 기타 장기성 자산의 취득 · 처분
㉡ 다른 기업의 지분상품이나 채무상품 및 공동기업 투자지분의 취득 · 처분
㉢ 제3자에 대한 선급금 및 대여금과 선급금 및 대여금의 회수(금융회사의 현금 선지급과 대출채권 제외)
㉣ 선물계약, 선도계약, 옵션계약 및 스왑계약

재경관리사 공개기출해설[재무]

2021년 12월에 시행된 기출문제에 대한 완벽한 해설을 관련이론(가이드)과 함께 제시하였습니다. 해당 문제는 합본부록을 참고바랍니다.

FINAL

Certified Accounting Manager

재무회계
공개기출문제해설
[2021년 12월 시행]

SEMOOLICENCE

문제 1번	국제회계기준의 특징	출제구분	재출제	난이도	★ ☆ ☆	정답	③

• 국제회계기준의 가장 큰 특징은 역사적 원가에 기초한 측정에서 공정가치 측정으로 대폭 그 방향을 전환하였다는 점이다.

Guide 국제회계기준의 특징

원칙중심	• 기본원칙과 방법론만 제시 주의 규칙중심이 아님. →회계처리, 양식, 계정과목을 정형화하지 않고 다양성과 재량을 부여
연결재무제표중심	• 연결재무제표를 기본재무제표로 제시 주의 개별재무제표 중심이 아님.
공시강화	• 주석을 통한 많은 공시항목을 요구함.
공정가치확대	• 원칙적으로 자산·부채의 공정가치 측정을 요구
협업제정	• 독자적이 아닌 각국의 협업을 통해 제정

문제 2번	재무제표 기본가정	출제구분	재출제	난이도	★ ☆ ☆	정답	②

• 기업이 청산할 의도나 필요가 있다면 재무제표는 계속업과는 다른 기준에 따라 작성되어야 한다.

Guide 재무제표 기본가정

❐ 개념체계상 재무제표는 '계속기업'을 가정하여 작성

• 재무제표는 일반적으로 보고기업이 계속기업이며 예측가능한 미래에 영업을 계속할 것이라는 가정 하에 작성됨. 따라서 기업이 청산을 하거나 거래를 중단하려는 의도가 없으며, 그럴 필요도 없다고 가정함.
• 만약 그러한 의도나 필요가 있다면, 재무제표는 계속기업과는 다른 기준에 따라 작성되어야 함. 그러한 경우라면, 사용된 기준을 재무제표에 기술함.

*참고 계속기업 관련 파생개념 : 기간개념, 유동성배열, 감가상각, 역사적원가주의

문제 3번	재무정보 근본적 질적특성의 구성요소	출제구분	재출제	난이도	★ ☆ ☆	정답	②

• 목적적합성의 구성 : 예측가치, 확인가치, 중요성

Guide 근본적 질적특성 개괄

목적적합성	예측가치와 확인가치	• 이용자들이 미래 결과를 예측하기 위해 사용하는 절차의 투입요소로 재무정보가 사용될 수 있다면 그 재무정보는 예측가치를 갖음. →재무정보가 과거 평가에 대해 피드백을 제공한다면(과거 평가를 확인하거나 변경시킨다면) 확인가치를 갖음. • 재무정보가 예측가치를 갖기 위해서 그 자체가 예측치 또는 예상치일 필요는 없음.
	중요성	• 정보가 누락·잘못기재된 경우 일반목적재무보고서에 근거하여 이루어지는 주요이용자의 의사결정에 영향을 줄 수 있다면 그 정보는 중요한 것임. • 중요성은 개별기업 재무보고서 관점에서 해당 정보와 관련된 항목의 성격이나 규모 또는 이 둘 모두에 근거하여 해당 기업에 특유한 측면의 목적적합성을 의미함.
표현충실성	완전한 서술 중립적 서술 오류없는 서술	• 오류가 없다는 것은 현상의 기술에 오류나 누락이 없고, 보고정보를 생산하는데 사용되는 절차의 선택과 적용시 절차상 오류가 없음을 의미함. →즉, 오류가 없다는 것은 모든 면에서 완벽, 정확하다는 것을 의미하지는 않음.

문제 4번	재무제표 표시 일반사항	출제구분	재출제	난이도	★ ★ ☆	정답	②

• 매출채권에 대한 대손충당금(손실충당금)을 차감하여 순액으로 측정하는 것은 상계표시에 해당하지 않는다.

Guide 재무제표 표시(발생기준/중요성과 통합표시/상계)

발생기준		• 기업은 현금흐름정보를 제외하고는 발생기준 회계를 사용하여 재무제표를 작성함.
중요성과 통합표시		• 유사한 항목은 중요성 분류에 따라 F/S에 구분표시하며, 상이한 성격 · 기능을 가진 항목은 구분 표시함. →다만, 중요치 않은 항목은 성격 · 기능이 유사한 항목과 통합표시 가능함.
상계	원칙	• K-IFRS에서 요구하거나 허용하지 않는 한 자산 · 부채, 수익 · 비용은 상계하지 아니함. →단, 재고자산평가충당금과 대손충당금(손실충당금)과 같은 평가충당금을 차감하여 관련자산을 순액으로 측정하는 것은 상계표시에 해당하지 아니함.
	예외	• 상계가 거래의 실질을 반영한다면 상계하여 표시함. →예 ㉠ 비유동자산처분손익(처분비용차감액), 충당부채관련 지출을 제3자 보전액과 상계 ㉡ 외환손익, 단기매매금융상품차익 · 차손을 순액으로 표시(단, 중요시는 구분표시)

문제 5번	수정을 요하는 보고기간후사건	출제구분	재출제	난이도	★ ☆ ☆	정답	③

• 보고기간말과 재무제표 발행승인일 사이에 투자자산의 공정가치(시장가치) 하락은 수정을 요하지 않는 보고기간후사건의 대표적인 사례에 해당한다.
→공정가치의 하락은 일반적으로 보고기간말의 상황과 관련된 것이 아니라 보고기간 후에 발생한 상황이 반영된 것이므로, 그 투자자산에 대해서 재무제표에 인식된 금액을 수정하지 아니한다.
• 그 외 나머지 사항은 모두 수정을 요하는 보고기간후사건이다.

Guide 기타 수정을 요하는 보고기간후사건

• 보고기간말에 이미 자산손상이 발생되었음을 나타내는 정보를 보고기간 후에 입수하는 경우나 이미 손상차손을 인식한 자산에 대하여 손상차손금액의 수정이 필요한 정보를 보고기간 후에 입수하는 경우(보고기간후 매출처 파산 등)
• 보고기간말 이전에 구입한 자산의 취득원가나 매각한 자산의 대가를 보고기간 후에 결정하는 경우
• 재무제표가 부정확하다는 것을 보여주는 부정이나 오류를 발견한 경우

문제 6번	원재료의 저가법 적용여부	출제구분	재출제	난이도	★ ★ ★	정답	①

• 원재료는 현행대체원가, 제품은 순실현가능가치를 적용시가로 하여 저가법을 적용한다.
• 제　품 : 순실현가능가치가 원가를 초과하므로 저가법 평가손실을 인식하지 않는다.
원재료 : 제품이 원가 이상으로 판매 예상되므로 제품 생산에 투입하기 위해 보유하는 원재료를 감액하지 않는다. 따라서, 원재료에 대하여도 저가법에 의한 평가손실을 인식하지 않는다.

문제 7번	이동평균법 기말재고자산금액	출제구분	재출제	난이도	★ ★ ☆	정답	①

• 4월 22일 현재 이동평균단가 : (80,000+22,000)÷(1,000개+200개)=@85
• 매출원가 : 800개×@85=68,000
• 기말재고 : (80,000+22,000+24,000)-68,000=58,000

문제 8번	재고자산 평가	출제구분	재출제	난이도	★ ★ ☆	정답	③

- 제품이 원가이상으로 판매 예상하는 경우에는 예외적으로 그 생산에 투입하기 위해 보유하는 원재료를 감액하지 않는다. →즉, 평가손실을 인식하지 않는다.

Guide 재고자산 저가법 적용시가

일반적인 경우	• 순실현가능가치	판매로 실현을 기대하는 순매각금액 →즉, '예상판매금액 - 추가예상원가와 판매비용'
원재료	• 현행대체원가	현재 매입하거나 재생산하는데 소요되는 금액
확정판매계약	• ㉠ 계약분 : 계약금액 ㉡ 계약초과분 : 일반판매가격	

주의 제품이 원가이상으로 판매예상하는 경우에는 그 생산에 투입하기 위해 보유하는 원재료를 감액하지 않음. (즉, 평가손실을 인식하지 않음.)

문제 9번	감가상각방법별 감가상각비 금액 비교	출제구분	신유형	난이도	★ ☆ ☆	정답	①

- ① 정액법 감가상각비 : $(5,000,000-500,000)\times\frac{1}{5}=900,000$

  ② 정률법 감가상각비 : $5,000,000\times 0.451=2,255,000$

  ③ 생산량비례법 감가상각비 : $(5,000,000-500,000)\times\frac{1,500\text{개}}{6,000\text{개}}=1,125,000$

  ④ 연수합계법 감가상각비 : $(5,000,000-500,000)\times\frac{5}{1+2+3+4+5}=1,500,000$

Guide 감가상각방법별 감가상각비

정액법	• 감가상각대상액 $\times\frac{1}{\text{내용연수}}$	정률법	• 기초장부금액×상각률
연수합계법	• 감가상각대상액 $\times\frac{\text{연수의 역순}}{\text{내용연수합계}}$	생산량비례법	• 감가상각대상액 $\times\frac{\text{당기생산량}}{\text{총예정생산량}}$
이중체감법	• 기초장부금액 $\times\frac{2}{\text{내용연수}}$		

문제 10번	유형자산 후속측정(재평가)	출제구분	기출변형	난이도	★ ☆ ☆	정답	④

- 재평가로 인하여 자산이 감소된 경우 재평가손실의 과목으로 당기손익 처리한다.(단, 재평가잉여금이 계상되어 있는 경우는 재평가잉여금과 상계한 후 재평가손실을 인식한다.)

Guide 재평가손익 처리방법

최초재평가	재평가증가액	• '장부금액 〈 공정가치' →재평가잉여금(자본 : 기타포괄손익)	
	재평가감소액	• '장부금액 〉 공정가치' →재평가손실(당기손익)	
재평가이후 후속재평가	재평가손실 인식후 재평가잉여금이 발생	◉전기재평가손실	• 재평가이익(당기손익)
		◉나머지 금액	• 재평가잉여금(자본)
	재평가잉여금 인식후 재평가손실이 발생	◉전기재평가잉여금	• 재평가잉여금과 상계
		◉나머지 금액	• 재평가손실(당기손익)

문제 11번	유형자산 손상 일반사항	출제구분	기출변형	난이도	★★★	정답	④

• 유형자산에 대하여 손상차손 또는 손상차손환입을 인식한 후에는 원가모형을 적용하든 재평가모형을 적용하든 관계없이 수정된 장부금액에서 잔존가치를 차감한 금액에 기초하여 잔존내용연수에 걸쳐 감가상각을 한다.

Guide **유형자산 손상 회계처리**

손상차손 (당기손익)	• 손상차손액 : 장부금액 - 회수가능액 →(차) 유형자산손상차손 xxx (대) 손상차손누계액(유형자산 차감) xxx • 회수가능액 = Max[순공정가치, 사용가치] → {순공정가치 : 매각금액 – 처분부대원가, 사용가치 : 기대미래현금흐름의 현재가치}
손상차손환입 (당기손익)	• 환입액 : Min[손상되지 않았을 경우의 장부금액, 회수가능액] - 손상후 장부금액 →(차) 손상차손누계액 xxx (대) 유형자산손상차손환입 xxx

문제 12번	무형자산 상각 개시시점	출제구분	재출제	난이도	★★☆	정답	①

• 개발활동에 사용하는 기계장치의 감가상각비를 개발비 인식기준 충족시점(=개발단계에 돌입한 시점)에 무형자산으로 인식한다.

• 개발비(무형자산)는 사용가능시점(=신약 생산·판매가 개시되는 시점)부터 상각한다.

∴신약개발활동이 진행 중이므로 상각비(비용)로 계상할 금액은 없다.

문제 13번	무형자산 후속측정	출제구분	재출제	난이도	★★★	정답	④

• ① 다음의 각 경우에 회수가능액과 장부금액을 비교하여 내용연수가 비한정인 무형자산의 손상검사를 수행하여야 한다.[K-IFRS 제1038호 문단108]

㉠ 매년	㉡ 무형자산의 손상을 시사하는 징후가 있을 때

② 유형자산과 동일하게 무형자산 손상검토시 회수가능액은 순공정가치와 사용가치 중 큰 금액을 기준으로 판단한다.[K-IFRS 제1038호 문단111]

저자주 무형자산 손상 회계처리는 기본적으로 유형자산 손상과 동일합니다.

③ 무형자산의 상각방법은 자산의 경제적 효익이 소비될 것으로 예상되는 형태를 반영한 방법이어야 한다. 다만, 그 형태를 신뢰성있게 결정할 수 없는 경우에는 정액법을 사용한다.[K-IFRS 제1038호 문단97]

④ 잔존가치는 적어도 매 회계연도 말에는 검토한다.[K-IFRS 제1038호 문단102]
상각기간과 상각방법은 적어도 매 회계연도 말에 검토한다.[K-IFRS 제1038호 문단104]

문제 14번	재고자산의 투자부동산으로의 계정대체	출제구분	재출제	난이도	★ ★ ★	정답	①

- 재고자산(판매목적 건물)을 제3자에게 운용리스로 제공하는 것은 투자부동산으로의 계정대체에 해당한다.
- 재고자산 장부금액과 대체시점(용도변경시점)의 공정가치의 차액은 당기손익으로 인식한다.

㉠ (차) 재고자산 150억 - 120억 = 30억 (대) 재평가이익(당기손익) 30억
㉡ (차) 투자부동산 150억 (대) 재고자산 150억

Guide 투자부동산 계정대체 세부고찰(회계처리)

투자부동산에 원가모형 적용시	• 대체전 자산의 장부금액으로 대체함.(∴별도 손익이 발생하지 않음)	
투자부동산에 공정가치모형 적용시	투자부동산 ▶자가사용부동산	• 변경시점에 투자부동산평가손익 인식후 공정가치로 대체
	투자부동산 ▶재고자산	
	자가사용부동산▶투자부동산	• 변경시점의 장부금액과 공정가치의 차액은 유형자산 재평가모형과 동일한 방법으로 회계처리
	재고자산 ▶투자부동산	• 재고자산 장부금액과 대체시점의 공정가치의 차액은 당기손익으로 인식

문제 15번	상각후원가측정금융자산 분류 · 평가	출제구분	재출제	난이도	★ ★ ☆	정답	④

- 채무상품은 사업모형과 충족조건에 따라 AC금융자산, FVOCI금융자산, FVPL금융자산 모두로 분류된다.

Guide 금융자산 분류

원칙: • 사업모형과 현금흐름특성에 근거하여 다음과 같이 분류 · 측정함.

분류 · 측정	충족조건	해당증권
AC금융자산 [상각후원가측정]	• ㉠ 현금흐름수취목적 사업모형일 것 ㉡ 원리금지급만으로 구성된 현금흐름일 것	채무상품
FVOCI금융자산 [기타포괄손익-공정가치측정]	• ㉠ 현금흐름수취와 금융자산매도목적 사업모형일 것 ㉡ 원리금지급만으로 구성된 현금흐름일 것	채무상품
FVPL금융자산 [당기손익-공정가치측정]	• 그 외 모든 금융자산 →예 단기매매항목	지분상품 채무상품 파생상품

선택: • 최초인식시점에 다음과 같이 측정하기로 선택할 수 있음.

분류 · 측정	충족조건	해당증권
FVOCI금융자산 [기타포괄손익-공정가치측정]	• 단기매매항목이 아닐 것	지분상품
FVPL금융자산 [당기손익-공정가치측정]	• 회계불일치를 제거하거나 유의적으로 줄이기 위한 경우일 것	지분상품 채무상품

문제 16번	FVOCI금융자산 일반사항	출제구분	재출제	난이도	★ ★ ☆	정답	②

- ① 기타포괄손익-공정가치측정금융자산은 원칙적으로 공정가치로 평가하여 평가손익을 기타포괄손익에 반영한다.
  ③ 당기손익-공정가치측정금융자산의 거래원가만 당기비용으로 인식하며 그 외의 금융자산은 공정가치에 가산한다.
  ④ 기타포괄손익-공정가치측정금융자산 중 채무상품은 손상대상에 해당한다.

문제 17번	FVOCI금융자산 취득원가 및 거래원가	출제구분	재출제	난이도	★ ★ ★	정답	④

- 액면이자 : 200,000,000×12% = 24,000,000
- 현재가치 : $\frac{24,000,000}{1.08}+\frac{24,000,000+200,000,000}{1.08^2}=214,266,118$
- 거래원가(금융거래수수료) : 200,000,000×0.5% = 1,000,000 → 취득원가(공정가치)에 가산한다.

∴취득원가 : 214,266,118+1,000,000 = 215,266,118

* 저자주 현가계수가 주어지지 않은 경우이므로, 직접 현금흐름을 할인하여 구해야 합니다.

Guide 금융자산 인식시 거래원가 처리

FVPL금융자산(당기손익-공정가치측정금융자산)	• 발생 즉시 당기비용으로 인식
그 외 금융자산	• 공정가치에 가산

문제 18번	금융부채 일반사항	출제구분	신유형	난이도	★ ★ ☆	정답	④

- 연속상환사채의 발행금액은 일반사채와 동일하게 사채로부터 발생하는 미래현금흐름의 사채 발행시점의 시장이자율로 할인한 현재가치이다.

* 참고 사채상환손익이 발생하는 이유

❒ 사채상환시점의 시장이자율이 변동되어 현재가치(사채의 실질가치)가 변동되기 때문임.

→즉, 현재가치(=사채의 실질가치=사채가격)

$$\frac{\text{이자}}{(1+r)}+\cdots\cdots+\frac{\text{이자}+\text{원금}}{(1+r)^n}$$

㉠ 시장이자율(r)이 상승하면 현재가치(사채의 실질가치) 하락으로 싼가격에 상환하므로 상환이익이 발생함.

㉡ 시장이자율(r)이 하락하면 현재가치(사채의 실질가치) 상승으로 비싼가격에 상환하므로 상환손실이 발생함.

Guide 금융부채 인식

최초인식	• 금융부채는 금융상품의 계약당사자가 되는 때에만 재무상태표에 인식함. • 최초 인식시점에는 공정가치로 측정함.	
거래원가	FVPL금융부채	• 발생즉시 당기비용으로 인식 (차) 현금 100 (대) 금융부채 100 수수료비용 10 현금 10
	그 외 금융부채	• 공정가치에서 차감 (차) 현금 100 (대) 금융부채 100 할인차금 10 현금 10

문제 19번	이자지급일 · 결산일 불일치 사채상환	출제구분	신유형	난이도	★ ★ ★	정답	①

- 발행금액(현재가치) : 100,000×2.5771+1,000,000×0.7938=1,051,510
- 사채할증발행차금 : 1,051,510-1,000,000=51,510
- 유효이자율법에 의한 상각표

일자	액면이자(10%)	유효이자(8%)	상각액	장부금액
20x1년 4월 1일				1,051,510
20x2년 3월 31일	100,000	1,051,510×8%=84,120	100,000-84,120=15,880	1,051,510-15,880=1,035,630

- 20x2년 4월 1일 공정가치(=미래 2년분 현금흐름을 10%로 할인한 현재가치) ⇒상환금액
  100,000×1.7355+1,000,000×0.8264=999,950
- 20x2년 4월 1일 사채상환손익 : 장부금액(1,035,630)-상환금액(999,950)=35,680(상환이익)

*참고 회계처리

일자	차변	금액	대변	금액
20x1년 4월 1일	(차) 현금	1,051,510	(대) 사채	1,000,000
			사채할증발행차금	51,510
20x1년 12월 31일	(차) 이자비용	63,090[1]	(대) 미지급이자	75,000[2]
	사채할증발행차금	11,910[3]		
20x2년 3월 31일	(차) 이자비용	21,030[4]	(대) 현금	100,000
	미지급이자	75,000		
	사채할증발행차금	3,970[5]		
	(차) 사채	1,000,000	(대) 현금	999,950
	사채할증발행차금	35,630	사채상환이익	35,680

[1] $1,051,510\times8\%\times\frac{9}{12}=63,090$ [2] $100,000\times\frac{9}{12}=75,000$ [3] $15,880\times\frac{9}{12}=11,910$

[4] $1,051,510\times8\%\times\frac{3}{12}=21,030$ [5] $15,880\times\frac{3}{12}=3,970$

문제 20번	제품보증충당부채 심화회계처리	출제구분	재출제	난이도	★ ★ ★	정답	①

- 20x1년말 충당부채 추계액(20x1년말 재무상태표에 보고될 제품보증충당부채)

$$\frac{144\times10\%+296\times60\%+640\times30\%}{1.2}+\frac{220\times40\%+300\times50\%+500\times10\%}{1.2^2}=520$$

*주의 본 문제에서는 충당부채로 추정하는 금액이 보고기간말 이후의 미래현금흐름 예상치이므로(즉, 20x2년, 20x3년의 기대예상비용으로 충당부채계상액을 산정) 당기에 실제 발생한 210원은 차감하지 않는다.

→만약, 20x1년에 판매한 제품에 대한 3년 동안의 총예상비용이 매출액의 10%인 520이라고 가정하면 20x1년말 인식할 충당부채는 310(=520-210)이 된다. 그러나 본 문제에서는 20x1년 발생비용과 무관하게, 제시된 기대예상비용은 20x1년말 현재 금액을 의미하며 20x2년, 20x3년 기대예상비용으로 충당부채를 추정하므로 충당부채는 기대예상비용 520 전액이 충당부채로 인식된다.

〈회계처리〉

(차) 보증비 210 (대) 현금 210

(차) 보증비 520 (대) 제보충 520

*저자주 ㉠ '일반적인 제품보증'은 법적의무가 있으므로(법률에서 보증을 요구) 수익기준서에 따라 보증구매선택권이 없는 확신유형으로 간주하면 되며, '무상수리제공 형태의 제품보증'도 보증구매선택권이 없는 확신유형으로 간주하여 문제를 풀면 됩니다.

㉡ 본 문제는 회계사 기출문제로서, 재경관리사 시험수준을 초과하는 무리한 출제에 해당하나, 반복 출제가 되고 있는 만큼 재출제에 대비하여 숙지하기 바랍니다.

문제 21번	자본과 주식 세부고찰	출제구분	재출제	난이도	★ ★ ★	정답	②

- ① 발행주식수 : 5,000,000,000(자본금)÷5,000(주당 액면금액) = 1,000,000주
  ② 주당 주식발행금액 : (5,000,000,000+3,000,000,000)÷1,000,000주 = @8,000
  ③ 법정자본금 : 5,000,000,000(자본금)
  ④ 주당이익(EPS) : $\frac{1,000,000,000}{1,000,000\text{주}}$ = 1,000

* 저자주 문제의 명확한 성립을 위해 누락된 단서인 '단, 설립시 발행한 우선주는 없다.'를 추가하기 바랍니다.

문제 22번	자본변동표 의의와 표시	출제구분	재출제	난이도	★ ★ ★	정답	③

- 자본변동표는 자본의 각 항목별 기초잔액, 변동사항, 기말잔액을 표시해 주는 재무보고서로서, 자본을 구성하고 있는 각 분류별 납입자본, 각 분류별 기타포괄손익의 누계액과 이익잉여금의 누계액 등에 대한 포괄적인 정보를 제공해 준다.

* 참고 자본변동표 의의와 표시항목

의의	• 자본변동표는 자본의 크기와 그 변동에 관한 정보를 제공하는 재무보고서로서, 자본을 구성하고 있는 각 분류별 납입자본, 각 분류별 기타포괄손익의 누계액과 이익잉여금의 누계액 등에 대한 포괄적인 정보를 제공해 줌. • 따라서, 기업실체의 자본변동에 관한 정보는 일정기간 동안에 발생한 기업실체와 소유주(주주)간의 거래내용을 이해하고 소유주에게 귀속될 이익 및 배당가능이익을 파악하는데 유용함.
표시항목	• 자본변동표에 다음 항목을 표시함. ㉠ 지배기업의 소유주와 비지배지분에게 각각 귀속되는 금액으로 구분하여 표시한 해당 기간의 총포괄손익 ㉡ 자본의 각 구성요소별로, K-IFRS '회계정책, 회계추정의 변경 및 오류'에 따라 인식된 소급적용이나 소급재작성의 영향 ㉢ 자본의 각 구성요소별로 다음의 각 항목에 따른 변동액을 구분하여 표시한, 기초시점과 기말시점의 장부금액 조정내역 - 당기순손익 - 기타포괄손익의 각 항목 - 소유주로서의 자격을 행사하는 소유주와의 거래(소유주에 의한 출자와 소유주에 대한 배분, 그리고 지배력을 상실하지 않는 종속기업에 대한 소유지분의 변동을 구분하여 표시)

문제 23번	수행의무 이행형태와 수익인식	출제구분	재출제	난이도	★ ★ ☆	정답	④

• ①은 기간에 걸쳐 이행하는 수행의무와 관련되어 있다.

Guide 기간에 걸쳐 이행하는 수행의무와 한 시점에 이행하는 수행의무

❒ 다음 기준 중 어느 하나를 충족하면, 기업은 재화나 용역에 대한 통제를 기간에 걸쳐 이전하므로 기간에 걸쳐 수행의무를 이행하는 것이고 기간에 걸쳐 수익을 인식함.

㉠ 고객은 기업이 수행하는 대로 기업의 수행에서 제공하는 효익을 동시에 얻고 소비한다.
㉡ 기업이 수행하여 만들어지거나 가치가 높아지는 대로 고객이 통제하는 자산(예: 재공품)을 기업이 만들거나 그 자산 가치를 높인다.
㉢ 기업이 수행하여 만든 자산이 기업 자체에는 대체 용도가 없고, 지금까지 수행을 완료한 부분에 대해 집행 가능한 지급청구권이 기업에 있다.

❒ 수행의무가 기간에 걸쳐 이행되지 않는다면, 그 수행의무는 한 시점에 이행되는 것임. 고객이 약속된 자산을 통제하고 기업이 수행의무를 이행하는 시점을 판단하기 위해, 다음과 같은 통제 이전의 지표를 참고하여야 함.

㉠ 기업은 자산에 대해 현재 지급청구권이 있다.
㉡ 고객에게 자산의 법적 소유권이 있다.
㉢ 기업이 자산의 물리적 점유를 이전하였다.
㉣ 자산의 소유에 따른 유의적인 위험과 보상이 고객에게 있다.
㉤ 고객이 자산을 인수하였다.

문제 24번	반품권이 있는 판매의 매출총이익	출제구분	기출변형	난이도	★ ★ ☆	정답	③

• 반품예상액 : $10,000,000 \times \frac{500개}{10,000개} = 500,000$(원가 : $7,000,000 \times \frac{500개}{10,000개} = 350,000$)
• 예상반품률 : $500,000 \div 10,000,000 = 5\%$
• 매출액 : $10,000,000 \times (1 - 5\%) = 9,500,000$
• 매출원가 : $7,000,000 \times (1 - 5\%) = 6,650,000$

∴매출총이익 : $9,500,000 - 6,650,000 = 2,850,000$

Guide 반품권이 있는 판매 회계처리(반품가능성 예측가능한 경우)

수익인식	(차) 현금	10,000,000	(대) 매출(판매예상분) 환불부채(반품예상분)	9,500,000[1)] 500,000[2)]
원가인식	(차) 매출원가(판매예상분) 반품제품회수권(반품예상분)	6,650,000[3)] 350,000[4)]	(대) 제품	7,000,000

1) 10,000,000×95% = 9,500,000　2) 10,000,000×5% = 500,000
3) 7,000,000×95% = 6,650,000　4) 7,000,000×5% = 350,000

문제 25번	건설계약 연도별 계약손익	출제구분	재출제	난이도	★ ★ ☆	정답	②

• 계약손익 계산

	20x1년	20x2년	20x3년
진행률	$\frac{60,000,000}{300,000,000}$=20%	$\frac{180,000,000}{360,000,000}$=50%	$\frac{360,000,000}{360,000,000}$=100%
계약수익	500,000,000×20% =100,000,000	500,000,000×50%-100,000,000 =150,000,000	500,000,000×100%-250,000,000 =250,000,000
계약원가	60,000,000	120,000,000	180,000,000
계약이익	40,000,000	30,000,000	70,000,000

Guide 계약손익 계산

수익인식방법	• 장 · 단기 모두 진행기준에 의함.
계약수익	• 계약금액×진행률 - 전기누적계약수익
계약원가	• 추정총계약원가×진행률 - 전기누적계약원가 ⇒ '당기발생계약원가'와 동일함.

문제 26번	손실예상 건설계약 회계처리	출제구분	재출제	난이도	★ ★ ☆	정답	③

• 총계약원가가 총계약수익을 초과할 가능성이 높은 경우에 예상되는 손실은 즉시 당기비용으로 인식한다.
→계약 전체에서 손실발생이 예상되는 경우 예상되는 손실을 즉시 인식한다. 즉, 보수적인 관점에서 예상손실을 진행된 부분만큼 인식하지 않고 예상시점에 조기 인식하는 것이다.

*저자주 참고로, K-IFRS 제1115호에서는 계약 전체에서 손실 발생이 예상되는 경우에 대한 회계처리를 명시적으로 언급하고 있지 않습니다.(K-IFRS 제1115호 '고객과의 계약에서 생기는 수익'이 공포되면서 종전 K-IFRS 제1011호 '건설계약'은 더 이상 적용되지 않습니다. 그러나 제1115호에서는 건설계약의 회계처리에 적용할 구체적인 계정이나 분개 등이 언급되어 있지 않아 제1115호의 내용만으로는 건설계약을 어떻게 회계처리해야 하는지 명확하지 않은 상태이긴 하나, 종전 제1011호에 의한 회계처리를 실제 적용하더라도 문제는 없을 것으로 판단하고 있는 것이 현재 회계학계의 입장입니다.)

문제 27번	확정급여제도와 당기비용	출제구분	재출제	난이도	★★★	정답	①

• 회계처리〈재측정손익은 기타포괄손익〉

사외적립자산 적립	(차) 사외적립자산	5,000	(대) 현금	5,000
확정급여채무 이자원가	(차) 퇴직급여	2,000	(대) 확정급여채무	2,000
확정급여채무 당기근무원가	(차) 퇴직급여	10,000	(대) 확정급여채무	10,000
확정급여채무 재측정요소(보험수리적손익)	(차) 재측정손실	200	(대) 확정급여채무	200
사외적립자산 기대수익(이자수익)	(차) 사외적립자산	2,000	(대) 퇴직급여	2,000
사외적립자산 재측정요소	(차) 사외적립자산	100	(대) 재측정이익	100

∴20x1년 당기비용 : 2,000+10,000-2,000=10,000

Guide **확정급여제도 회계처리 순서**

① 과거근무원가(증가시)	(차) 퇴직급여	xxx	(대) 확정급여채무	xxx
② 퇴직급여 지급	(차) 확정급여채무	xxx	(대) 사외적립자산	xxx
③ 사외적립자산 적립	(차) 사외적립자산	xxx	(대) 현금	xxx
④ 확정급여채무 이자원가	(차) 퇴직급여	xxx	(대) 확정급여채무	xxx
⑤ 확정급여채무 당기근무원가	(차) 퇴직급여	xxx	(대) 확정급여채무	xxx
⑥ 확정급여채무 재측정요소(보험수리적손익)	(차) 재측정손실	xxx	(대) 확정급여채무	xxx
⑦ 사외적립자산 기대수익(이자수익)	(차) 사외적립자산	xxx	(대) 퇴직급여	xxx
⑧ 사외적립자산 재측정요소(실제수익-기대수익)	(차) 사외적립자산	xxx	(대) 재측정이익	xxx

문제 28번	주식보상비용 계산시 필요한 정보	출제구분	신유형	난이도	★☆☆	정답	④

• 주식결제형 주식기준보상은 재측정을 하지 않으므로 보고기간말 공정가치는 필요한 정보가 아니다.
→그러나, 현금결제형 주식기준보상은 재측정을 하므로 보고기간말 공정가치는 필요한 정보이다.

Guide **주식결제형 주식기준보상 보고기간말 회계처리**

보고기간말	• 재측정없이 부여일 공정가치로 측정하고 기대권리소멸률을 반영한 보상원가를 용역제공비율(=당기말까지 기간÷용역제공기간)에 따라 가득기간에 걸쳐 인식 (차) 주식보상비용(당기비용) xxx (대) 주식선택권(자본) xxx
가득일 이후	• 회계처리 없음

Guide **현금결제형 주식기준보상 보고기간말 회계처리**

보고기간말	• 주가차액보상권은 보고기간말 공정가치로 재측정하고 기대권리소멸률을 반영한 보상원가를 용역제공비율에 따라 가득기간에 걸쳐 인식 (차) 주식보상비용(당기비용) xxx (대) 장기미지급비용(부채) xxx
가득일 이후	• 가득일 이후에도 매 보고기간말의 공정가치를 기준으로 보상원가를 재측정하고 보상원가의 재측정으로 변동한 금액은 주식보상비용과 장기미지급비용으로 처리

문제 29번	1차연도 이연법인세자산 · 부채 계산	출제구분	기출변형	난이도	★ ☆ ☆	정답	①

- 유보(차감할 일시적차이) 500,000
- 이연법인세자산 : 500,000×30% = 150,000

* 참고 회계처리

(차) 법인세비용(대차차액) xxx (대) 미지급법인세(당기법인세) xxx
이연법인세자산 150,000

Guide 이연법인세 계산절차

절차	• [1단계] 미지급법인세(과세소득×당기세율) = (세전순이익±영구적차이±일시적차이)×당기세율 [2단계] 이연법인세자산(부채) = 유보(△유보)×미래예상세율(평균세율) [3단계] 법인세비용 = 대차차액에 의해 계산 주의 이연법인세자산(부채)은 당기세율이 아니라 소멸시점의 미래예상세율을 적용함.

문제 30번	2차연도 이연법인세자산 · 부채 계산	출제구분	재출제	난이도	★ ★ ☆	정답	②

- ㉠ 20x2년말 이연법인세자산 50,000이 계상되어야 하므로, 20x1년말 현재 계상되어 있는 이연법인세자산 10,000에 40,000을 추가로 계상한다.
  ㉡ 20x2년말 이연법인세부채 10,000이 계상되어야 하므로, 20x1년말 현재 계상되어 있는 이연법인세부채 50,000 중 40,000을 제거한다.
- 법인세비용은 대차차액으로 구한다.

→(차) 법인세비용(대차차액) 120,000 (대) 미지급법인세(당기법인세) 200,000
이연법인세자산 40,000
이연법인세부채 40,000

문제 31번	기말재고자산 오류수정과 이익분석	출제구분	신유형	난이도	★ ★ ★	정답	④

• 오류분석

	20x1년	20x2년	20x3년
20x1년 기말과대 5,000	이익과대 5,000[1]	이익과소 5,000[2]	-
20x2년 기말과대 2,000	-	이익과대 2,000[3]	이익과소 2,000[4]
20x3년 기말과대 3,000	-	-	이익과대 3,000[5]
합계	**이익과대 5,000**	**이익과소 3,000**	**이익과대 1,000**

[1] 20x1년 매출원가과소 5,000 → 20x1년 이익과대 5,000
[2] 20x2년 기초과대 5,000 → 20x2년 매출원가과대 5,000 → 20x2년 이익과소 5,000
[3] 20x2년 매출원가과소 2,000 → 20x2년 이익과대 2,000
[4] 20x3년 기초과대 2,000 → 20x3년 매출원가과대 2,000 → 20x3년 이익과소 2,000
[5] 20x3년 매출원가과소 3,000 → 20x3년 이익과대 3,000

• 20x3년 오류수정후 당기순이익
20x3년 이익과대 1,000이므로 이익이 1,000만큼 감소되어야 한다.
→∴30,000 - 1000 = 29,000

• 20x3년 오류수정후 이익잉여금
3년에 걸쳐 총이익 3,000 과대계상(= 20x1년 이익과대 5,000 + 20x2년 이익과소 3,000 + 20x3년 이익과대 1,000)이므로, 오류수정후 이익잉여금은 3,000 감소되어야 한다.
→∴100,000 - 3000 = 97,000

문제 32번	EPS계산시 발행주식수 · 유통주식수의 구분	출제구분	신유형	난이도	★ ★ ★	정답	②

• 가중평균유통보통주식수 계산과 관련하여 발행주식수와 유통주식수는 동일할 수도 있지만 다를 수도 있다.
→예 기초시점에 1,000주를 발행한 상태에서 100주를 재매입하여 자기주식으로 보유하고 있다면 발행주식수는 1,000주이나 유통주식수는 900주이다.

• 가중평균유통보통주식수 계산

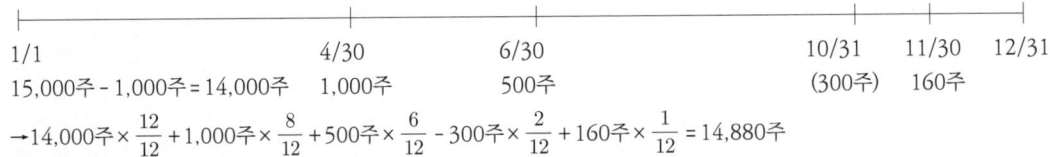

1/1	4/30	6/30	10/31	11/30	12/31
15,000주 - 1,000주 = 14,000주	1,000주	500주	(300주)	160주	

$$\rightarrow 14,000주\times\frac{12}{12}+1,000주\times\frac{8}{12}+500주\times\frac{6}{12}-300주\times\frac{2}{12}+160주\times\frac{1}{12}=14,880주$$

Guide 가중평균유통보통주식수의 산정

우선주	• 발행된 총주식수에서 우선주식수를 차감
자기주식	• 보유기간(취득~매각)동안 유통보통주식수에서 제외 주의 기초에 발행주식수 10주, 자기주식수 1주인 경우 유통주식수 9주로 계산
무상증자 · 주식배당 · 주식분할	• 기초에 실시된 것으로 간주 →단, 기중 유상증자 발행신주는 유상증자의 납입일에 실시된 것으로 간주
유상증자	• 일반적인 경우(공정가치이상 유상증자) 납입일을 기준으로 가중평균

문제 33번	관계기업투자주식 장부금액	출제구분	재출제	난이도	★ ★ ☆	정답	③

- 20x1년 ㈜용산 당기순이익(이익잉여금 증가) : 25,000 - 5,000 = 20,000
- 20x1년말 ㈜삼일 관계기업투자주식 장부금액 : 4,000(취득원가) + 20,000(당기순이익) × 40% = 12,000

*참고 ㈜삼일 회계처리

취득시(20x1년초)	(차) 관계기업투자주식	4,000	(대) 현금	4,000
당기순이익 보고시(20x1년말)	(차) 관계기업투자주식	8,000	(대) 지분법이익	8,000

문제 34번	비상각자산(토지) 재평가모형 외화환산	출제구분	신유형	난이도	★ ★ ★	정답	④

- 20x1년말 재평가잉여금(기타포괄손익) : ($15,000 × 1,200) - ($10,000 × 1,000) = 8,000,000

20x1년 4월 1일(환율 : 1,000/1$)	(차) 외화토지	10,000,000	(대) 현금	10,000,000
20x1년 12월 31일(환율 : 1,200/1$)	(차) 외화토지	8,000,000	(대) 재평가잉여금	8,000,000

*저자주 비상각자산 재평가모형 외화환산은 난이도 자체를 떠나 재경관리사 시험과는 어울리지 않는 어색한 출제로서, 적절하지 않은 무리한 출제로 사료됩니다. 다만, 출제가 된 만큼 이하 '참고'에서 구체적 내용은 제시하도록 하겠습니다.

*참고 비상각자산(토지) 외화환산

환산방법

원가모형	거래일환율	• 환율변동효과(외환차이) 없음.
재평가모형	공정가치 결정일환율	• 손익을 당기손익(재평가손실)으로 인식하는 경우 →그 손익에 포함된 환율변동효과(외환차이)도 당기손익
		• 손익을 기타포괄손익(재평가잉여금)으로 인식하는 경우 →그 손익에 포함된 환율변동효과(외환차이)도 기타포괄손익

[예시] 공정가치결정일환율을 적용한다 함은 장부금액이 언제의 금액인지를 검토하여 그때의 환율을 적용함을 의미함.(무조건 기말환율을 적용하는 화폐성항목과 다름.)

	20x1년초(거래일)	20x1년말(재평가O)	20x2년말(재평가X)
장부금액	$100	$130	$130
환율적용	20x1년초 환율	20x1년말 환율	20x1년말 환율 (∴회계처리 없음)

[기타] '그 손익에 포함된 환율변동효과도 기타포괄손익'의 의미

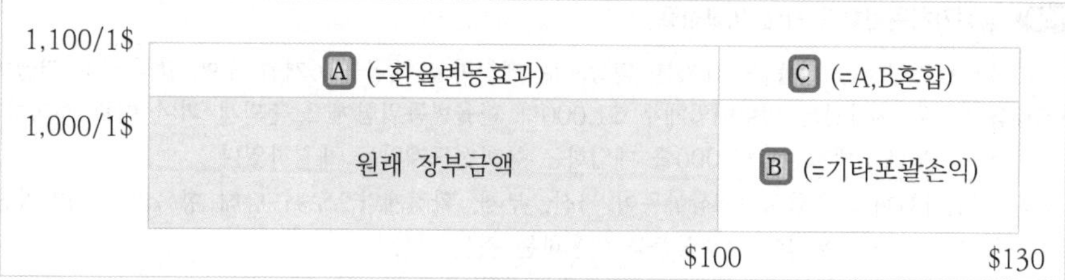

→B 를 기타포괄손익으로 인식하는 경우 A , B , C 전체를 기타포괄손익 처리함.

문제 35번	기능통화 · 표시통화 및 외화거래	출제구분	기출변형	난이도	★ ★ ☆	정답	①

• 외화표시재무제표의 환산에서 생기는 외환차이(환산차이)는 기타포괄손익으로 인식한다.

Guide 외화표시재무제표 환산

<table>
<tr><td>의의</td><td colspan="2">• 영업활동이 이루어지는 주된 경제 환경의 통화인 기능통화와 재무제표 표시통화가 다른 경우 기능통화로 표시된 재무제표를 표시통화로 환산해야함.</td></tr>
<tr><td>환산차이
(해외사업장환산차이)</td><td colspan="2">• 재무상태표와 포괄손익계산서의 환산에서 생기는 외환차이는 기타포괄손익으로 인식함.</td></tr>
<tr><td rowspan="4">환산방법</td><td rowspan="2">자산(마감환율)</td><td>부채(마감환율)</td></tr>
<tr><td>자본(거래일환율)</td></tr>
<tr><td rowspan="2">비용(거래일환율 or 평균환율)</td><td>수익(거래일환율 or 평균환율)</td></tr>
<tr><td>외환차이(대차차이)</td></tr>
</table>

Guide 화폐성·비화폐성항목의 기말환산

<table>
<tr><td>화폐성항목</td><td colspan="4">• 마감환율(보고기간말환율)로 환산하고 외환차이는 당기손익 처리</td></tr>
<tr><td rowspan="4">비화폐성항목</td><td>구분</td><td>적용환율</td><td colspan="2">외환차이 처리</td></tr>
<tr><td>역사적원가측정항목
(예)유형자산 원가모형)</td><td>거래일환율</td><td colspan="2">외환차이 없음</td></tr>
<tr><td rowspan="2">공정가치측정항목
(예)유형자산 재평가모형)</td><td rowspan="2">공정가치결정일환율</td><td>당기손익인 경우</td><td>당기손익</td></tr>
<tr><td>기타포괄손익인 경우</td><td>기타포괄손익</td></tr>
</table>

문제 36번	위험회피유형 구분	출제구분	신유형	난이도	★ ★ ★	정답	②

• 현금흐름위험회피 : 위험회피대상항목이 미래에 예상되는 거래로서 당해 거래에 따른 미래현금흐름변동을 상쇄(회피)하기 위하여 파생상품을 이용하는 것을 말함.

㉠ 6개월 후에 $2,000의 재고자산을 구입할 예정
→위험회피대상항목이 미래에 예상되는 거래

㉡ 6개월 후에 $2,000를 $1당 1,050원에 매입하는 통화선도계약을 체결
→미래현금흐름변동을 상쇄(회피)하기 위하여 파생상품을 이용

Guide 공정가치위험회피 사례 비교검토

<table>
<tr><td>거래내용</td><td>• ㈜삼일은 상품 $1,000를 외상으로 매입하고 대금을 6개월 후에 달러($)로 지급하기로 하였다. 이 경우 ㈜삼일은 외화매입채무 $1,000가 환율변동위험에 노출되게 되어 이를 회피하기 위하여 약정된 환율로 6개월 후 $1,000를 매입하는 통화선도계약을 체결하였다.</td></tr>
<tr><td colspan="2">• 공정가치위험회피 : 위험회피대상항목이 자산, 부채, 확정계약으로서 당해 항목의 공정가치변동을 상쇄(회피)하기 위하여 파생상품을 이용하는 것을 말함.
㉠ 상품 $1,000를 외상으로 매입하고 대금을 6개월 후에 달러($)로 지급
→위험회피대상항목이 부채(매입채무)
㉡ 약정된 환율로 6개월 후 $1,000를 매입하는 통화선도계약을 체결
→부채(매입채무)의 공정가치변동을 상쇄(회피)하기 위하여 파생상품을 이용</td></tr>
</table>

문제 37번	리스이용자 감가상각비 계산	출제구분	재출제	난이도	★ ★ ☆	정답	①

- 사용권자산(리스부채) : 400,000(리스료의 현재가치)
- 감가상각대상금액 : 400,000 - 0(추정잔존가치) = 400,000
- 감가상각기간 : 소유권이전이 있으므로 내용연수 5년 적용
- 20x1년 감가상각비 : 400,000 ÷ 5년 = 80,000

*참고 회계처리

20x1년초(리스개시일)	(차) 사용권자산	400,000	(대) 리스부채	400,000
20x1년말(보고기간말)	(차) 이자비용	xxx	(대) 현금	xxx
	리스부채	xxx		
	(차) 감가상각비	80,000	(대) 감가상각누계액	80,000

Guide 리스이용자 회계처리

리스개시일	• (차) 사용권자산(원가)	xxx	(대) 리스부채	xxx
			현금(리스개설직접원가)	xxx
	리스부채	❒ 지급되지 않은 리스료를 내재이자율로 할인한 현재가치 (내재이자율 산정불가시는 리스이용자의 증분차입이자율로 할인)		
보고기간말	• (차) 이자비용	xxx	(대) 현금	xxx
	리스부채	xxx		
	(차) 감가상각비	xxx	(대) 감가상각누계액	xxx
	이자비용	❒ 리스부채 장부금액×내재이자율		

감가상각:

구분	감가상각대상금액	감가상각기간
소유권이전O	원가-추정잔존가	내용연수
소유권이전X	원가-보증잔존가	Min[리스기간, 내용연수]

문제 38번	매출활동 현금유입액	출제구분	재출제	난이도	★ ★ ★	정답	③

- 대손발생액 계산

대손발생	?	기초대손충당금	300
기말대손충당금	470	당기대손상각비	550

→대손발생 = 380

- 발생주의 순매출액 : 560,000
  매출채권(총액)의 증가 : (10,000)
  대손발생 : (380)
  현금주의 매출액 549,620

Guide 발생주의의 현금주의 전환 : 매출액

❒ (+)로 출발하며 자산의 증감은 역방향으로 가감하며, 부채의 증감은 순방향으로 가감하여 분석

- **발생주의 순매출액**(매출할인 · 에누리 · 환입을 차감한 후의 금액) : xxx ▶ (+)로 출발함에 주의!
  매출채권(총액)의 증가 : (xxx)
  선수금의 증가 : xxx
  대손발생 : (xxx)
  현금주의 매출액(매출채권회수액, 선수금수령액, 현금매출) xxx

문제 39번	간접법과 영업활동현금흐름	출제구분	재출제	난이도	★ ☆ ☆	정답	③

• 20,000(당기순이익)+4,600(감가상각비) - 15,000(매출채권증가)+2,500(재고자산감소)+10,400(매입채무증가)=22,500

Guide 간접법 영업활동현금흐름 계산구조

〈출발점〉 법인세비용차감전순이익		
현금수입 · 지출이 없는 손익계정	• 감가상각비, 금융자산평가손익 • 이자비용, 이자수익, 배당수익*)	• 비용 → 가산 • 수익 → 차감
투자 · 재무활동관련 손익계정	• 자산처분손익, 부채상환손익	
영업활동관련 자산 · 부채계정	• 매출채권(순액), 선수금, 매입채무, 선급금 • 재고자산(순액), 미수수익, 선급비용 • 선수수익, 미지급비용, FVPL금융자산	• 자산증(감) → 차감(가산) • 부채증(감) → 가산(차감)

*) 영업활동으로 분류되는 경우 가감조정을 해주는 이유는 현금흐름표 양식상 이들을 직접법을 적용한 것처럼 별도로 표시해주기 때문임.

주의 영업활동관련 자산 · 부채계정 관련손익(예 매출채권 대손상각비, FVPL금융자산평가이익 · 처분이익, 재고자산 감모손실, 퇴직급여 등)은 위의 현금수입 · 지출이 없는 손익계정에서 고려치 않음. 따라서, 영업활동과 관련없는 대여금이나 미수금 해당분 대손상각비는 위의 현금수입 · 지출이 없는 손익계정에서 고려(가산)함.

문제 40번	현금흐름표 비현금거래	출제구분	재출제	난이도	★ ☆ ☆	정답	④

• ① 현물출자로 인한 유형자산의 취득

(차) 건물	xxx	(대) 자본금	xxx

• ② 주식배당

(차) 이익잉여금	xxx	(대) 자본금	xxx

• ③ 전환사채의 전환

(차) 전환사채	xxx	(대) 전환권조정	xxx
상환할증금	xxx	자본금	xxx
전환권대가	xxx	주식발행초과금	xxx

• ④ 유상증자

(차) 현금	xxx	(대) 자본금	xxx

Guide 비현금거래[K-IFRS 제1007호 문단43,44]

• 현금및현금성자산의 사용을 수반하지 않는 투자활동과 재무활동 거래는 현금흐름표에서 제외한다. 그러한 거래는 투자활동과 재무활동에 대하여 모든 목적적합한 정보를 제공할 수 있도록 재무제표의 다른 부분에 공시한다.

• 비현금거래의 예를 들면 다음과 같다.

㉠ 자산 취득시 직접 관련된 부채를 인수하거나 리스로 자산을 취득하는 경우

㉡ 주식 발행을 통한 기업의 인수

㉢ 채무의 지분전환

재경관리사 공개기출해설[재무]

2022년 1월에 시행된 기출문제에 대한 완벽한 해설을 관련이론(가이드)과 함께 제시하였습니다. 해당 문제는 합본부록을 참고바랍니다.

FINAL

Certified Accounting Manager

재무회계
공개기출문제해설
[2022년 01월 시행]

SEMOOLICENCE

문제 1번	재무회계와 관리회계	출제구분	재출제	난이도	★ ☆ ☆	정답	①

• 보고양식(보고서류) : 재무회계는 재무제표, 관리회계는 일정한 양식이 없다.
• 법적강제력 : 재무회계는 법적강제력이 있으나, 관리회계는 법적강제력이 없다.

Guide 재무회계와 관리회계 비교

구분	재무회계	관리회계
목적	• 외부보고(회계정보 제공)	• 내부보고(의사결정정보 제공)
회계정보이용자	• 주주, 채권자 등 외부이해관계자	• 경영자 등 내부이해관계자
보고서류 (보고양식)	• 기업회계기준에 의한 재무제표 →∴정형화(일정양식이 있음.)	• 이용목적에 따라 작성된 보고서 →∴비정형화(일정양식이 없음)
작성기준 (작성근거)	• 기업회계기준(일반적으로 인정된 회계원칙) →법적강제력 있음.	• 경제이론, 경영학, 통계학 등 →법적강제력 없음.
보고시점	• 1년, 분기, 반기,	• 주기적 또는 수시
정보의 성격	• 과거지향적	• 미래지향적

문제 2번	재무제표 요소 중 자산의 측정	출제구분	기출변형	난이도	★ ★ ☆	정답	②

• ②(기업이 부채를 이행할 때 이전해야 하는 현금이나 그 밖의 경제적 자원의 현재가치)는 현행원가가 아니라 '이행가치(부채)'에 대한 설명이다.

Guide 재무제표 요소의 측정

역사적원가	자산		• 지급한대가+거래원가(예 건물취득시 취득세)
	부채		• 수취한대가-거래원가(예 사채발행시 사채발행비)
현행가치	공정가치	자산	• 시장참여자 사이의 정상거래에서 자산매도시 받게 될 가격
		부채	• 시장참여자 사이의 정상거래에서 부채이전시 지급하게 될 가격
	사용가치(자산)		• 자산사용과 처분으로 기대하는 현금흐름 및 그 밖의 경제적효익의 현재가치
	이행가치(부채)		• 부채이행시 이전해야 하는 현금 및 그 밖의 경제적자원의 현재가치
	현행원가	자산	• 측정일에 동등한 자산의 원가로서 측정일에 지급할 대가(측정일에 발생할 거래원가 포함) →즉, 자산구입시 지급대가를 의미함.
		부채	• 측정일에 동등한 부채에 대해 수취할 수 있는 대가(측정일에 발생할 거래원가 차감) →즉, 부채발생시 수취대가를 의미함.

문제 3번	기타포괄손익의 당기손익 재분류 여부	출제구분	신유형	난이도	★★☆	정답	①

- K-IFRS에서는 유형자산의 재평가시 인식하는 재평가잉여금에 대하여 후속적으로 당기손익으로 재분류(대체)하지 못하도록 규정하고 있다.(단, 관련 유형자산이 제거될 때 재평가잉여금을 이익잉여금으로 직접 대체할 수는 있음.)

*저자주 참고로, 재평가잉여금을 후속적으로 당기손익으로 재분류하지 못하도록 규정하고 있는 이유는 재평가잉여금을 인식했던 자산을 선택적으로 처분함으로써 당기손익을 수월하게 조작할 수 있는 문제점을 방지하기 위함입니다.

Guide 기타포괄손익의 종류와 후속적인 당기손익으로의 재분류 여부

재분류O	• FVOCI금융자산 평가손익(채무상품), 해외사업장 외화환산차이 • 현금흐름위험회피 파생상품평가손익(위험회피에 효과적인 부분) • 지분법자본변동(관계기업·공동기업의 재분류되는 기타포괄손익에 대한 지분)
재분류X	• 재평가잉여금의 변동, 확정급여제도 재측정요소, FVOCI 선택 지분상품 금융자산 평가손익 • FVPL 지정 금융부채의 신용위험 변동에 따른 공정가치 평가손익 • 지분법자본변동(관계기업·공동기업의 재분류되지 않는 기타포괄손익에 대한 지분)

문제 4번	유동자산 집계	출제구분	기초문제	난이도	★☆☆	정답	③

- 유동자산 : 당좌자산+재고자산
  →당좌자산 : 50,000(단기대여금)+200,000(매출채권)+100,000(선급금)=350,000
  →재고자산 : 300,000
- 유동자산 : 350,000+300,000=650,000

문제 5번	보고기간후 사건	출제구분	신유형	난이도	★★☆	정답	④

- ① 보고기간말과 재무제표 발행승인일 사이에 투자자산의 공정가치(시장가치) 하락은 수정을 요하지 않는 보고기간후사건의 대표적인 사례에 해당한다.
  →공정가치의 하락은 일반적으로 보고기간말의 상황과 관련된 것이 아니라 보고기간 후에 발생한 상황이 반영된 것이므로, 그 투자자산에 대해서 재무제표에 인식된 금액을 수정하지 아니한다.

  ② 수정을 요하지 않는 보고기간후사건이 중요한 경우에, 이를 공시하지 않는다면 특정 보고기업에 대한 일반목적재무제표에 기초하여 내리는 주요 이용자의 의사결정에 영향을 줄 것으로 합리적으로 예상할 수 있다. 따라서 기업은 수정을 요하지 않는 보고기간후사건으로서 중요한 것은 그 범주별로 다음 사항을 공시한다.[K-IFRS 제1010호 문단21]

  > ㉠ 사건의 성격
  > ㉡ 사건의 재무적 영향에 대한 추정치. 그러한 추정을 할 수 없는 경우에는 이에 대한 설명

  ③ 보고기간말 이전에 구입한 자산의 취득원가나 매각한 자산의 대가를 보고기간 후에 결정하는 경우는 수정을 요하는 보고기간후사건의 예로 규정되어 있다.

  ④ 수정을 요하는 보고기간후사건이란 보고기간말에 존재하였던 상황에 대해 증거를 제공하는 사건을 말한다.(수정을 요하지 않는 보고기간후사건 : 보고기간 후에 발생한 상황을 나타내는 사건)

문제 6번	재고자산 취득원가 고려사항	출제구분	재출제	난이도	★ ☆ ☆	정답	④

- ① 재고자산은 취득원가와 순실현가능가치 중 낮은 금액으로 측정한다.(저가법)
  ② 매입할인, 리베이트 및 기타 유사한 항목은 매입원가를 결정할 때 차감한다.
  ③ 재고자산을 현재의 장소에 현재의 상태로 이르게 하는데 기여하지 않은 관리간접원가는 재고자산의 취득원가에 포함하지 않고 비용처리한다.
  ④ 판매원가는 재고자산의 취득원가에 포함하지 않고 비용(판매비와관리비)처리한다.

Guide 재고자산 취득원가 일반사항

취득원가 범위	매입원가	• 매입가격에 수입관세와 제세금(과세당국으로부터 추후 환급받을 수 있는 금액은 제외), 매입운임, 하역료를 가산 • 매입할인(에누리,환출), 리베이트 항목은 매입원가를 결정할 때 차감
	전환원가	• 제조기업에서 완제품으로 전환하는데 발생하는 직접노무비와 제조간접비
	기타원가	• 재고자산을 현재의 장소에 현재의 상태로 이르게 하는데 발생한 원가
매입운임	선적지인도기준	• 매입자가 부담 → ∴매입자의 재고자산 취득원가에 가산
	도착지인도기준	• 판매자가 부담 → ∴판매자의 판매비(매출운임)로 계상
비용처리 원가	• ㉠ 재료원가, 노무원가, 기타 제조원가 중 비정상적으로 낭비된 원가 ㉡ 후속 생산단계에 투입하기 전에 보관이 필요한 경우 이외의 보관원가 ㉢ 재고자산을 현재장소에 현재 상태로 이르게 하는데 기여하지 않은 관리간접원가 ㉣ 판매원가	

문제 7번	선입선출법 재고자산 기말재고	출제구분	재출제	난이도	★ ☆ ☆	정답	③

- 선입선출법 기말재고 : 2/3구입분(250개×1,500)+9/5구입분(3,000개×2,000)=6,375,000

문제 8번	재고자산평가방법과 상대적 크기 분석	출제구분	재출제	난이도	★ ★ ★	정답	②

- 매출액을 A라 가정하며, 매출액(8,500개×판매단가)은 총평균법, 선입선출법 모두 동일하다.

  총평균법의 평균단가 : $\frac{6,000,000+21,000,000}{3,000개+7,000개}$ =@2,700
- 기말재고 - ㉠ 총평균법 : 1,500개×@2,700=4,050,000 ㉡ 선입선출법 : 1,500개×@3,000=4,500,000
  →∴선입선출법을 적용했을 때보다 총평균법을 적용하였을 경우 450,000원 만큼 작다.
- 매출원가 - ㉠ 총평균법 : 27,000,000-4,050,000=22,950,000 ㉡ 선입선출법 : 27,000,000-4,500,000=22,500,000
  →∴선입선출법을 적용했을 때보다 총평균법을 적용하였을 경우 450,000원 만큼 크다.
- 매출총이익(당기순이익) - ㉠ 총평균법 : A-22,950,000(매출원가) ㉡ 선입선출법 : A-22,500,000(매출원가)
  →∴선입선출법을 적용했을 때보다 총평균법을 적용하였을 경우 450,000원 만큼 작다.
- 매출총이익률 - ㉠ 총평균법 : $\frac{A-22,950,000}{A}$ ㉡ 선입선출법 : $\frac{A-22,500,000}{A}$
  →∴선입선출법을 적용했을 때보다 총평균법을 적용했을 경우 상대적으로 더 작다.

문제 9번	유형자산 취득후 기말장부금액	출제구분	신유형	난이도	★★☆	정답	②

- 20x1년말에 증가할 유형자산의 금액 ⇒ 20x1년초 취득한 유형자산의 감가상각후 장부금액
- ㄱ : 본사 사옥 건설을 위해 취득한 토지 = 유형자산
  ㄴ : 임대수익을 얻을 목적으로 취득한 건물 = 투자부동산
  ㄷ : 재고자산의 운송을 위해 취득한 설비자산 = 유형자산
  ㄹ : 제조공장 내 구축물을 자체 건설하는데 소요된 원가(20x1년말 현재 건설중임) = 유형자산(건설중인자산)
- 토지(ㄱ)와 건설중인자산(ㄹ)은 감가상각대상이 아니므로 설비자산(ㄷ)에 대한 감가상각비만을 반영하여 20x1년말에 증가할 유형자산의 금액을 계산한다.
  →20x1년말에 증가할 유형자산의 금액 : 10억+(2억-2억÷4년)+1억=12.5억

문제 10번	유형자산 취득원가와 일괄구입	출제구분	재출제	난이도	★★☆	정답	④

- 토지와 건물 일괄구입 후 기존건물 철거로 발생한 건물철거비용(폐자재처분수입은 차감, 폐자재처리비용은 가산)은 토지의 취득원가로 처리한다.
  →∴폐자재들을 처리하는 비용이 발생하는 경우 이는 당기손실이 아닌 토지의 취득원가로 처리한다.

Guide 유형자산 일괄구입

토지만 사용목적	• 새 건물을 신축할 목적으로 기존 건물이 있는 토지를 구입하여 기존건물을 철거하고 새 건물을 신축하는 경우 → 건물철거비용(폐자재처분수입은 차감, 폐자재처리비용은 가산)은 토지취득원가로 처리 주의 이 경우는 일괄구입이 아니므로, 토지취득원가 = 총일괄구입가 + 건물철거비용 등
모두 사용목적	• 개별자산의 공정가치비율로 안분하여 원가를 산정함. →공통부대원가가 아닌 취·등록세와 같은 개별비용은 각각 개별적으로 배분함. 예시 토지(공정가치 400)와 건물(공정가치 100)을 일괄하여 200에 구입함. →토지 : 200×400/500=160, 건물 : 200×100/500=40 • 건물을 업무에 사용하고 감가상각도 하던 중 사용 중인 건물을 철거하고 새로운 건물을 신축하는 경우에는 기존 건물의 장부금액과 철거비용은 당기비용(처분손실)처리함.

문제 11번	유형자산처분손익	출제구분	재출제	난이도	★☆☆	정답	③

- 감가상각비 계상기간 : 45개월(20x1년 7월 1일 ~ 20x5년 1월 1일)
- 처분시점 감가상각누계액 : $(500,000,000-0)\times\frac{42개월}{120개월}=175,000,000$
- 처분시점 장부금액 : 500,000,000 - 175,000,000 = 325,000,000

∴유형자산처분손익 : 300,000,000(처분금액) - 325,000,000(장부금액) = △25,000,000(손실)

*참고 처분시점(20x5년 1월 1일) 회계처리

(차) 현금(처분금액)	300,000,000	(대) 건물(취득원가)	500,000,000
감가상각누계액	175,000,000		
유형자산처분손실(대차차액)	25,000,000		

문제 12번	연구개발지출과 소프트웨어 회계처리	출제구분	신유형	난이도	★ ★ ☆	정답	②

- 당기비용
  연구단계지출(350,000 = 연구비)과 자산인식조건을 만족시키지 못하는 개발단계지출(1,000,000 = 경상개발비)
  →350,000 + 1,000,000 = 1,350,000
- 무형자산(개발비)
  자산인식조건 만족 개발단계지출(900,000)과 자산인식조건 만족 내부개발소프트웨어(250,000)
  →900,000 + 250,000 = 1,150,000

Guide **연구개발지출과 소프트웨어의 처리**

연구개발지출	연구단계활동 지출	• 비용(연구비)
	개발단계활동 지출	• 자산인식요건 충족O : 무형자산(개발비) • 자산인식요건 충족X : 비용(경상개발비)
소프트웨어	내부개발소프트웨어	• 자산인식요건 충족시 '개발비'의 과목으로 무형자산 처리
	외부구입소프트웨어	• 자산인식요건 충족시 '소프트웨어'의 과목으로 무형자산 처리

문제 13번	무형자산 상각	출제구분	신유형	난이도	★ ★ ★	정답	④

- 무형자산의 내용연수가 '비한정'이라는 용어는 '무한(infinite)'을 의미하지 않는다.[K-IFRS 제1038호 문단91]
  →왜냐하면, 무형자산의 내용연수를 추정하는 시점에서 여러 가지 요인을 종합적으로 고려하여 볼 때 미래경제적효익의 지속연수를 결정하지 못할 뿐이지, 그렇다고 해서 미래경제적효익이 무한히 지속될 것으로 보는 것은 아니기 때문이다.(참고로, K-IFRS의 적용사례에는 무형자산의 내용연수 평가에 대한 다양한 사례를 제시하고 있다.)

Guide **무형자산 상각여부 및 검토와 변경**

상각여부	내용연수가 유한	• 내용연수가 유한한 무형자산은 내용연수에 걸쳐 상각함.
	내용연수가 비한정	• 내용연수가 비한정인 무형자산은 상각하지 않음. →매년 또는 손상징후가 있을 때 손상검사를 수행함. →'비한정'이라는 용어는 '무한(infinite)'을 의미하지 않음.
검토와 변경	• 잔존가치 · 상각기간 · 상각방법은 적어도 매 회계기간말에 검토함. • 잔존가치 · 상각기간 · 상각방법의 변경은 회계추정의 변경으로 회계처리함.	

문제 14번	투자부동산의 후속측정	출제구분	재출제	난이도	★ ☆ ☆	정답	①

- ② 투자부동산은 공정가치모형과 원가모형 중 하나를 선택하여 모든 투자부동산에 적용한다.
  ③ 투자부동산의 공정가치모형 적용시 공정가치 변동으로 발생하는 손익은 당기손익에 반영한다.
  ④ 투자부동산은 공정가치모형의 적용도 가능하다.(∵공정가치모형과 원가모형 중 하나를 선택하므로)

Guide **투자부동산의 회계정책 선택과 평가모형 회계처리**

회계정책 선택	• 최초 인식후 공정가치모형과 원가모형 중 하나를 선택하여 모든 투자부동산에 적용함.		
평가모형 (선택)	원가모형	• 감가상각 O	• 공정가치는 주석공시
	공정가치모형	• 감가상각 X	• 평가손익(당기손익)

문제 15번	상각후원가측정금융자산 분류 · 평가	출제구분	재출제	난이도	★ ★ ☆	정답	③

• 채무상품은 사업모형과 충족조건에 따라 AC금융자산, FVOCI금융자산, FVPL금융자산 모두로 분류된다.

Guide 금융자산 분류

원칙
• 사업모형과 현금흐름특성에 근거하여 다음과 같이 분류 · 측정함.

분류 · 측정	충족조건	해당증권
AC금융자산 [상각후원가측정]	• ㉠ 현금흐름수취목적 사업모형일 것 ㉡ 원리금지급만으로 구성된 현금흐름일 것	채무상품
FVOCI금융자산 [기타포괄손익-공정가치측정]	• ㉠ 현금흐름수취와 금융자산매도목적 사업모형일 것 ㉡ 원리금지급만으로 구성된 현금흐름일 것	채무상품
FVPL금융자산 [당기손익-공정가치측정]	• 그 외 모든 금융자산 →예 단기매매항목	지분상품 채무상품 파생상품

선택
• 최초인식시점에 다음과 같이 측정하기로 선택할 수 있음.

분류 · 측정	충족조건	해당증권
FVOCI금융자산 [기타포괄손익-공정가치측정]	• 단기매매항목이 아닐 것	지분상품
FVPL금융자산 [당기손익-공정가치측정]	• 회계불일치를 제거하거나 유의적으로 줄이기 위한 경우일 것	지분상품 채무상품

문제 16번	FVPL금융자산(지분상품) 처분손익	출제구분	재출제	난이도	★ ★ ☆	정답	④

• 장부금액(20x1년말 공정가치) : 1,000주×@9,500 = 9,500,000
  처분금액(20x2년초 공정가치) : 1,000주×@10,200 = 10,200,000
• 처분손익 : 10,200,000(처분금액) - 9,500,000(장부금액) = 700,000(이익)

*참고 회계처리

20x1년초	(차) FVPL금융자산	10,000,000	(대)	현금	10,000,000
20x1년말	(차) FVPL금융자산평가손실	500,000	(대)	FVPL금융자산	500,000
20x2년초	(차) 현금	10,200,000	(대)	FVPL금융자산	9,500,000
				FVPL금융자산처분이익	700,000

Guide FVPL금융자산(지분상품/채무상품) 회계처리

취득	거래원가	• 취득과 직접 관련된 거래원가는 발생즉시 당기비용으로 처리함. 주의 AC금융자산과 FVOCI금융자산의 거래원가는 취득원가에 가산함.
	채무상품	• 이자지급일사이에 취득한 경우에는 경과이자는 취득원가에서 제외하여 미수이자로 계상하며, 보유기간 해당분만 이자수익으로 인식함. →∴취득원가 = 구입가 - 경과이자
평가	평가손익	• 공정가치와 장부금액의 차액을 당기손익 처리함.
	회계처리	• 평가손익을 FVPL금융자산에서 직접 가감함. →(차) FVPL금융자산 xxx (대) FVPL금융자산평가이익 xxx 주의 ∴'장부금액=전기말 공정가치'가 되며, 채무상품은 할인 · 할증상각이 없음.
처분	처분손익	• 처분금액(매각대금 - 거래원가) - 장부금액
	이자수익	• 채무상품을 이자지급일 사이에 처분시 경과이자는 이자수익으로 우선 인식함.

문제 17번	금융자산 제거 경제적 실질 판단요소	출제구분	재출제	난이도	★ ★ ☆	정답	①

- 법률상 금융자산의 이전여부는 금융자산 제거의 경제적 실질 판단 요소에 포함되지 않는다.

Guide 금융자산의 제거조건

<table>
<tr><td>권리소멸</td><td>• 금융자산의 현금흐름에 대한 계약상 권리가 소멸한 경우</td></tr>
<tr><td>현금흐름양도</td><td>• 금융자산의 현금흐름을 수취할 계약상 권리를 양도한 경우
→본 조건을 만족시는 이하의 위험과 보상의 이전여부를 추가로 고려함.
<table>
<tr><th colspan="2">위험과 보상</th><th>회계처리</th></tr>
<tr><td colspan="2">이전O</td><td>• 금융자산을 제거</td></tr>
<tr><td colspan="2">보유O</td><td>• 금융자산을 계속인식</td></tr>
<tr><td rowspan="2">이전X/보유X</td><td>금융자산을 통제X</td><td>• 금융자산을 제거</td></tr>
<tr><td>금융자산을 통제O</td><td>• 지속적관여 정도까지 금융자산을 계속인식</td></tr>
</table></td></tr>
<tr><td>이전과 통제</td><td>① 양도자가 위험과 보상의 대부분을 이전하는 경우의 예는 다음과 같음.
• 금융자산을 아무런 조건 없이 매도한 경우
• 양도자가 매도한 금융자산을 재매입시점의 공정가치로 재매입할 수 있는 권리를 보유하고 있는 경우
• 양도자가 매도한 금융자산에 대한 콜옵션을 보유하고 있거나 양수자가 당해 금융자산에 대한 풋옵션을 보유하고 있지만, 당해 콜옵션이나 풋옵션이 깊은 외가격 상태이기 때문에 만기 이전에 당해 옵션이 내가격 상태가 될 가능성이 매우 낮은 경우
② 양수자가 자산을 제3자에게 매도할수 있는 실질적 능력을 가지고 있으면 양도자는 양도자산에 대한 통제를 상실한 것임.</td></tr>
</table>

문제 18번	사채할증발행 발행금액	출제구분	재출제	난이도	★ ☆ ☆	정답	③

- '액면이자율(10%) 〉 시장이자율(8%)' ⇒ 할증발행에 해당한다.
- 액면이자 : 100,000,000×10%=10,000,000
- 현금흐름
  - 20x1년말 이자 10,000,000, 20x2년말 이자 10,000,000, 20x3년말 원리금 10,000,000+100,000,000=110,000,000
- [방법1] 발행금액 : 10,000,000×0.92593+10,000,000×0.85734+110,000,000×0.79383=105,154,000
  [방법2] 발행금액 : 10,000,000×2.57710+100,000,000×0.79383=105,154,000

문제 19번	전환사채 상환할증금 인식시점	출제구분	신유형	난이도	★ ★ ☆	정답	③

• 전환사채 만기에 주식으로 전환되지 못했을 경우 투자자에게 지급되는 상환할증금은 발행시점에서 인식한다.

Guide 전환사채 기본사항

장점(회사입장)	• 전환권 부여로 인해 액면이자율을 낮게 하여 발행할 수 있음. →∴액면이자율 〈 보장수익률 〈 유효이자율
현재가치	• 원리금과 상환할증금을 전환권없는 일반사채 유효이자율로 할인한 금액
전환권대가(자본 가산항목)	• 전환권대가(자본) = 발행금액 - 현재가치
전환권조정(전환사채에서 차감)	• 전환권조정 = 전환권대가 + 상환할증금

Guide 전환사채 액면발행 회계처리

발행시점 (액면발행)	(차)	현금(발행금액) 전환권조정(전환사채 차감)	xxx xxx	(대)	전환사채(액면금액 = 발행금액) 전환권대가(발행금액 - 현재가치) 상환할증금(전환사채 가산)	xxx xxx xxx
이자지급시점	(차)	이자비용	xxx	(대)	현금(액면이자) 전환권조정(상각액)	xxx xxx
전환시점	(차)	전환사채 상환할증금 전환권대가	xxx xxx xxx	(대)	전환권조정(미상각액) 자본금 주식발행초과금(대차차액)	xxx xxx xxx
상환시점	(차)	전환사채 상환할증금	xxx xxx	(대)	현금	xxx

문제 20번	제품보증시 보증비용 계산	출제구분	신유형	난이도	★ ★ ☆	정답	④

• 20x1년 제품보증비(추정보증비) : 200억원×5% = 10억원

*참고 20x1년말 제품보증충당부채 : 10억원 - 7억원(실제 제품보증비 발생액) = 3억원

Guide 제품보증충당부채 회계처리

20x1년 매출과 보증비 실제 발생시	(차) 현금 200억원 (대) 매출 200억원 (차) 보증비 7억원 (대) 현금 7억원
20x1년 결산시	(차) 보증비 3억원 (대) 제품보증충당부채 3억원 →추정보증비가 10억원인 경우로 이미 인식분 7억원을 차감하여 계상
20x2년 실제 발생시	(차) 제품보증충당부채 xxx (대) 현금 xxx →if, 추후 유효기간 경과시는 제품보증충당부채 잔액을 환입함.

문제 21번	자본과 주식 세부고찰	출제구분	재출제	난이도	★ ★ ★	정답	④

• ① 법정자본금 : 5,000,000,000(자본금)
② 발행주식수 : 5,000,000,000(자본금)÷5,000(주당 액면금액) = 1,000,000주
③ 기말 이익잉여금 : 10,000,000,000 - (5,000,000,000 + 3,500,000,000) = 1,500,000,000
④ 주당 주식발행금액 : (5,000,000,000 + 3,500,000,000)÷1,000,000주 = @8,500

문제 22번	자기주식의 개념과 회계처리	출제구분	신유형	난이도	★ ★ ☆	정답	②

• 자기주식의 매각(재발행)에 따른 손실(자기주식처분손실)은 자기주식처분이익으로 우선 상계하며, 자기주식의 소각에 따른 손실(감자차손)은 감자차익으로 우선 상계한다.

Guide ▶ 자기주식 일반사항

자기주식		• 주식회사가 기발행된 자사발행주식을 매입 또는 증여에 의하여 재취득한 주식을 말함.
취득목적		• 최근 자본시장에서는 주가하락을 방지하고 안정된 주가수준을 유지하기 위해 자기주식을 취득하기도 하고 stock option과 같이 전문경영자 등에 대한 보상을 위해 취득하기도 함. →자기계산으로 자기주식을 취득하면 자본환급과 동일한 결과가 생겨 회사재산의 기초를 위태롭게 할 위험성이 있으므로 상법에서는 일정한 경우에만 예외적으로 취득을 인정하고 있음.
회계처리	취득시	• 자기주식[부(-)의 자본항목]은 취득원가로 기록함. →매각목적이든 소각목적이든 불문
	재발행시(매각)	• 자기주식처분손실[부(-)의 자본항목]은 자기주식처분이익[자본 가산항목]과 우선적으로 상계하고 그 잔액은 결손금 처리순서에 준하여 처리함.
	소각시	• 감자차손[부(-)의 자본항목]을 감자차익[자본 가산항목]과 우선적으로 상계하고 그 잔액은 결손금의 처리순서에 준하여 처리함.
	수증시	• 취득시 : 회계처리 없음. • 처분시 : (차) 현금 xxx (대) 자기주식처분이익 xxx

문제 23번	수행의무 이행형태와 수익인식	출제구분	재출제	난이도	★ ★ ☆	정답	③

• 판매기업에게 자산의 법적 소유권이 있다.(X) → 고객에게 자산의 법적 소유권이 있다.(O)

Guide ▶ 기간에 걸쳐 이행하는 수행의무와 한 시점에 이행하는 수행의무

❒ 다음 기준 중 어느 하나를 충족하면, 기업은 재화나 용역에 대한 통제를 기간에 걸쳐 이전하므로 기간에 걸쳐 수행의무를 이행하는 것이고 기간에 걸쳐 수익을 인식함.

> ㉠ 고객은 기업이 수행하는 대로 기업의 수행에서 제공하는 효익을 동시에 얻고 소비한다.
> ㉡ 기업이 수행하여 만들어지거나 가치가 높아지는 대로 고객이 통제하는 자산(예: 재공품)을 기업이 만 만들거나 그 자산 가치를 높인다.
> ㉢ 기업이 수행하여 만든 자산이 기업 자체에는 대체 용도가 없고, 지금까지 수행을 완료한 부분에 대해 집행 가능한 지급청구권이 기업에 있다.

❒ 수행의무가 기간에 걸쳐 이행되지 않는다면, 그 수행의무는 한 시점에 이행되는 것임. 고객이 약속된 자산을 통제하고 기업이 수행의무를 이행하는 시점을 판단하기 위해, 다음과 같은 통제 이전의 지표를 참고하여야 함.

> ㉠ 기업은 자산에 대해 현재 지급청구권이 있다.
> ㉡ 고객에게 자산의 법적 소유권이 있다.
> ㉢ 기업이 자산의 물리적 점유를 이전하였다.
> ㉣ 자산의 소유에 따른 유의적인 위험과 보상이 고객에게 있다.
> ㉤ 고객이 자산을 인수하였다.

문제 24번	반품권이 있는 판매의 매출원가	출제구분	재출제	난이도	★ ★ ☆	정답	②

- 예상반품률 : 10,000,000÷50,000,000 = 20%
- 매출원가 : 30,000,000×(1 - 20%) = 24,000,000

Guide 반품권이 있는 판매 회계처리(반품가능성 예측가능한 경우)

수익인식	(차) 현금	50,000,000	(대)	매출(판매예상분) 환불부채(반품예상분)	40,000,000[1)] 10,000,000[2)]
원가인식	(차) 매출원가(판매예상분) 반품제품회수권(반품예상분)	24,000,000[3)] 6,000,000[4)]	(대)	제품	30,000,000

1) 50,000,000×80% = 40,000,000 2) 50,000,000×20% = 10,000,000
3) 30,000,000×80% = 24,000,000 4) 30,000,000×20% = 6,000,000

문제 25번	계약수익과 계약원가의 인식	출제구분	재출제	난이도	★ ★ ☆	정답	①

- 계약의 진행률은 계약의 성격에 따라 원가비율, 측량비율(예노동시간비례법), 물리적 완성비율 등으로 측정할 수 있다. 그러나 발주자에게서 수령한 기성금과 선수금은 수행의무의 이행정도를 반영하지 못하므로 진행률로 사용할 수 없다.

문제 26번	건설계약 진행률 추정	출제구분	재출제	난이도	★ ★ ☆	정답	④

- 당기계약수익 = 총건설계약금액×진행률 - 전기계약수익
- 10,000,000(20x2년 계약수익) = 50,000,000×20x2년말 진행률 - 20,000,000(20x1년 계약수익)
  →∴20x2년말 진행률 = 60%

문제 27번	확정급여제도의 손익처리	출제구분	재출제	난이도	★ ☆ ☆	정답	③

- 보험수리적손익(확정급여채무의 재측정손익)은 기타포괄손익으로 인식한다.
  ① 당기근무원가 : (차) 퇴직급여(당기손익) xxx (대) 확정급여채무 xxx
  ② 이자원가 : (차) 퇴직급여(당기손익) xxx (대) 확정급여채무 xxx
  ③ 보험수리적손익 : : (차) 재측정손실(기타포괄손익) xxx (대) 확정급여채무 xxx
  ④ 과거근무원가 : (차) 퇴직급여(당기손익) xxx (대) 확정급여채무 xxx

*참고 재측정요소의 다음 3가지는 기타포괄손익으로 인식한다.
㉠ 확정급여채무의 재측정손익(보험수리적손익)
㉡ 사외적립자산의 재측정손익(투자손익 : 실제수익 - 기대수익)
㉢ 순확정급여자산('사외적립자산>확정급여채무'인 경우)의 자산인식상한 초과액

문제 28번	주식결제형 주식기준보상 주식보상비용	출제구분	기출변형	난이도	★★☆	정답	②

- 행사가능주식수 : (10명×100개)×80%=800주
- 주식결제형의 주식보상비용은 재측정없이 부여일의 공정가치로 측정하며, 권리상실비율의 변동이 없으므로 20x1년말, 20x2년말 동일한 금액의 주식보상비용이 인식된다.
- 20x1년말, 20x2년말 주식보상비용 : 800주×100×$\frac{1}{2}$=40,000

*참고 회계처리

20x1년말	(차) 주식보상비용	800주×100×1/2=40,000	(대) 주식선택권	40,000
20x2년말	(차) 주식보상비용	800주×100×2/2-40,000=40,00	(대) 주식선택권	40,000

Guide 주식결제형 주식기준보상

보고기간말	• 재측정없이 부여일 공정가치로 측정하고 기대권리소멸률을 반영한 보상원가를 용역제공비율(=당기말까지 기간÷용역제공기간)에 따라 가득기간에 걸쳐 인식 (차) 주식보상비용(당기비용) xxx (대) 주식선택권(자본) xxx
가득일이후	• 회계처리 없음.
권리행사시	(차) 현금 xxx (대) 자본금(액면)[1) xxx 주식선택권 xxx 주식발행초과금(대차차액)[2) xxx →자기주식교부시는 1)은 자기주식, 2)는 자기주식처분이익으로 처리함.
권리소멸시	• 인식한 보상원가는 환입하지 않으며, 주식선택권은 다른 자본계정으로 계정대체가능. (차) 주식선택권 xxx (대) 소멸이익(자본) xxx

문제 29번	1차연도 이연법인세자산·부채 계산	출제구분	재출제	난이도	★★☆	정답	②

- 세무조정 내역
  - 손금불산입 접대비한도초과액 600,000(기타사외유출)
  - 손금불산입 감가상각비한도초과액 900,000(유보)
- 이연법인세자산(유보) : 300,000×25%+300,000×30%+300,000×30%=255,000

*참고 회계처리

(차) 법인세비용(대차차액) 1,120,000 (대) 미지급법인세(당기법인세) 5,500,000×25%=1,375,000
이연법인세자산 255,000

Guide 이연법인세 계산

문제 30번	이연법인세자산 인식여부와 영향	출제구분	재출제	난이도	★★★	정답	②

- 전기까지 인식하였던 세무상 결손금에 대한 이연법인세자산을 더 이상 인식하지 않는 회계처리를 할 경우 이연법인세자산이 제거되고 법인세비용이 증가한다.

(차) 법인세비용(비용증가) xxx (대) 이연법인세자산(자산감소) xxx

- ㉠ 법인세비용 증가 → 당기순이익 감소 → 이익잉여금 감소 → 자본 감소 → 부채비율(=$\frac{부채}{자본}$) 증가

  ㉡ 법인세비용차감전순이익에는 영향이 없다.

문제 31번	회계추정변경 사항	출제구분	재출제	난이도	★ ☆ ☆	정답	②

- 재고자산 원가흐름의 가정을 변경하는 것은 회계정책의 변경에 해당한다.

Guide 회계정책변경 사례

재고자산 원가흐름의 가정 변경	• 예 선입선출법에서 가중평균법으로 변경
유형자산과 무형자산의 측정기준 변경	• 예 원가모형에서 재평가모형으로 변경
투자부동산의 측정기준 변경	• 예 원가모형에서 공정가치모형으로 변경

문제 32번	EPS · PER를 이용한 주가 계산	출제구분	재출제	난이도	★ ★ ☆	정답	①

- 주가수익비율(PER) : 주가가 EPS의 몇 배인지를 나타내는 지표 → PER = 주가 ÷ EPS
- EPS : 50,000(당기순이익) ÷ 1,000주(가중평균유통보통주식수) = 50
- PER(10) = 주가 ÷ EPS(50) →∴주가 = 500

문제 33번	관계기업회계와 영업권 계산	출제구분	재출제	난이도	★ ★ ☆	정답	③

- 영업권 = 취득원가 - 순자산공정가 × 지분율
  →∴영업권 : 4,000,000 - 9,000,000 × 40% = 400,000

Guide 영업권금액 도출

산식	취득원가 - 순자산장부가 × 지분율 = (순자산공정가 - 순자산장부가) × 지분율 + 영업권 '더 지불한 금액' / '내가 과대평가한 금액' ⇓ 평가차액 / '추가 지불액' ⇓ 투자차액 주의 순자산공정가와 순자산장부가가 일치하는 경우는 차이 전액이 영업권이 됨.
영업권	• 위 산식을 이항한 후 정리하여 영업권 금액을 도출하면 다음과 같음. ❐ 영업권 = 취득원가 - 순자산공정가 × 지분율

문제 34번	외화표시재무제표의 외화환산	출제구분	기출변형	난이도	★★☆	정답	①

• 외화표시재무제표 환산방법(적용환율)

자산(마감환율)	부채(마감환율)
	자본(거래일환율)
비용(거래일환율 or 평균환율)	수익(거래일환율 or 평균환율)
	외환차이(대차차이)

→수익·비용은 거래일의 환율을 일일이 제시하기 어려우므로, 환율이 유의적으로 차이나지 않는다면 평균환율의 적용도 가능하다. 그러나 환율이 유의적으로 변동한 경우에는 평균환율을 사용하는 것은 부적절하다.

문제 35번	화폐성·비화폐성항목 구분	출제구분	재출제	난이도	★☆☆	정답	①

• 선수금은 비화폐성항목에 해당한다.

Guide ▶ 화폐성·비화폐성항목

화폐성항목	• 현금, 매출채권, 미수금, 대여금, 매입채무, 미지급금, 차입금, 미지급비용, 미수수익 등
비화폐성항목	• 재고자산, 유형자산, 무형자산, 지분상품, 선수금, 선급금, 선급비용, 선수수익 등

문제 36번	파생상품평가손익	출제구분	재출제	난이도	★☆☆	정답	③

• 현금흐름위험회피 목적으로 체결한 파생상품의 평가손익 중 위험회피에 효과적인 부분 : 기타포괄손익

Guide ▶ 파생상품평가손익의 처리

❒ 파생상품은 계약상 권리·의무에 따라 자산·부채로 재무제표에 계상하며, 평가손익은 다음과 같이 처리함.

매매목적[1]	• 당기손익	
공정가치위험회피[2]	• 당기손익	
현금흐름위험회피[3]	위험회피에 효과적인 부분	• 기타포괄손익
	위험회피에 효과적이지 못한 부분	• 당기손익

[1]매매목적으로 파생상품을 이용하는 것을 말함.

[2]위험회피대상항목이 자산, 부채, 확정계약으로서 당해 항목의 공정가치변동을 상쇄하기 위하여 파생상품을 이용하는 것을 말함.

[3]위험회피대상항목이 미래에 예상되는 거래로서 당해 거래에 따른 미래현금흐름변동을 상쇄하기 위하여 파생상품을 이용하는 것을 말함.

문제 37번	리스 용어의 정의	출제구분	신유형	난이도	★ ★ ☆	정답	④

- 내재이자율은 리스료 및 무보증잔존가치의 현재가치 합계액을 기초자산의 공정가치와 리스제공자의 리스개설직접원가의 합계액과 동일하게 하는 할인율을 말한다.
  →내재이자율은 엄밀히 말해 목표수익률과 동일한 개념이 아니며, 내재이자율은 리스료와 무보증잔존가치 모두를 고려하여 산정된다.

Guide 내재이자율 세부고찰

계산구조	• 소유권이전이 확실하지 않은 경우 다음 산식을 성립시키게 하는 할인율 (리스료+무보증잔존가치)의 현재가치=공정가치+리스개설직접원가(리스제공자) '리스총투자' / '리스순투자'	
비교분석 →참고사항	목표수익률 (목표투자수익률)	• 리스료를 산정하기 위하여 리스제공자가 사전적(ex-ante)으로 설정한 이자율을 말함.
	내재이자율	• 리스료가 결정된 이후 사후적(ex-post)으로 해당 리스거래에서 리스제공자가 얻게 되는 수익률을 말함.

문제 38번	리스이용자 감가상각비 계산	출제구분	기출변형	난이도	★ ★ ★	정답	③

- 사용권자산(리스부채) : 100,000×2.40183=240,183
- 감가상각대상금액 : 240,183-40,183(추정잔존가치)=200,000
- 감가상각기간 : 소유권이전이 있으므로 내용연수 5년 적용
- 20x1년 감가상각비 : 200,000÷5년=40,000

*참고 회계처리

20x1년초(리스개시일)	(차) 사용권자산	240,183	(대) 리스부채	240,183
20x1년말(보고기간말)	(차) 이자비용	240,183×12%=28,822	(대) 현금	100,000
	리스부채	71,178		
	(차) 감가상각비	40,000	(대) 감가상각누계액	40,000

Guide 리스이용자 회계처리

리스개시일	• (차) 사용권자산(원가) xxx (대) 리스부채 xxx 현금(리스개설직접원가) xxx			
	리스부채	❒ 지급되지 않은 리스료를 내재이자율로 할인한 현재가치 (내재이자율 산정불가시는 리스이용자의 증분차입이자율로 할인)		
보고기간말	• (차) 이자비용 xxx (대) 현금 xxx 리스부채 xxx (차) 감가상각비 xxx (대) 감가상각누계액 xxx			
	이자비용	❒ 리스부채 장부금액×내재이자율		
	감가상각	구분	감가상각대상금액	감가상각기간
		소유권이전O	원가-추정잔존가	내용연수
		소유권이전X	원가-보증잔존가	Min[리스기간, 내용연수]

문제 39번	매입활동 현금지급액	출제구분	재출제	난이도	★ ★ ☆	정답	②

- 발생주의 순매입액 :(160,000,000)
  매입채무의 증가 : 25,000,000
  현금주의 매입액 (135,000,000)

Guide 발생주의의 현금주의 전환 : 매입액

❐ (-)로 출발하며 자산의 증감은 역방향으로 가감하며, 부채의 증감은 순방향으로 가감하여 분석

- **발생주의 순매입액**(매입할인 · 에누리 · 환출을 차감한 후의 금액) : (xxx) ▶ (-)로 출발함에 주의!
  매입채무의 증가 : xxx
  선급금의 증가 : (xxx)
  현금주의 매입액(매입채무지급액, 선급금지급액, 현금매입) (xxx)

문제 40번	간접법과 영업활동현금흐름	출제구분	재출제	난이도	★ ☆ ☆	정답	④

- 15,000,000(당기순이익) + 1,000,000(감가상각비) - 3,000,000(매출채권증가) - 2,500,000(매입채무감소) = 10,500,000

Guide 간접법 영업활동현금흐름 계산구조

〈출발점〉 법인세비용차감전순이익		
현금수입 · 지출이 없는 손익계정	• 감가상각비, 금융자산평가손익 • 이자비용, 이자수익, 배당수익*)	• 비용 → 가산 • 수익 → 차감
투자 · 재무활동관련 손익계정	• 자산처분손익, 부채상환손익	
영업활동관련 자산 · 부채계정	• 매출채권(순액), 선수금, 매입채무, 선급금 • 재고자산(순액), 미수수익, 선급비용 • 선수수익, 미지급비용, FVPL금융자산	• 자산증(감) → 차감(가산) • 부채증(감) → 가산(차감)

*) 영업활동으로 분류되는 경우 가감조정을 해주는 이유는 현금흐름표 양식상 이들을 직접법을 적용한 것처럼 별도로 표시해주기 때문임.

주의 영업활동관련 자산 · 부채계정 관련손익(예 매출채권 대손상각비, FVPL금융자산평가이익 · 처분이익, 재고자산 감모손실, 퇴직급여 등)은 위의 현금수입 · 지출이 없는 손익계정에서 고려치 않음. 따라서, 영업활동과 관련없는 대여금이나 미수금 해당분 대손상각비는 위의 현금수입 · 지출이 없는 손익계정에서 고려(가산)함.

재경관리사 공개기출해설[재무]

2022년 3월에 시행된 기출문제에 대한 완벽한 해설을 관련이론(가이드)과 함께 제시하였습니다. 해당 문제는 합본부록을 참고바랍니다.

FINAL

Certified Accounting Manager

재무회계

공개기출문제해설

[2022년 03월 시행]

SEMOOLICENCE

문제 1번	K-IFRS 특징	출제구분	재출제	난이도	★ ☆ ☆	정답	①

• K-IFRS는 원칙중심(principle-based)의 회계기준이며, 자산·부채의 공정가치측정을 요구한다.

Guide **국제회계기준의 특징**

원칙중심	• 기본원칙과 방법론만 제시 주의 규칙중심이 아님. →회계처리, 양식, 계정과목을 정형화하지 않고 다양성과 재량을 부여
연결재무제표중심	• 연결재무제표를 기본재무제표로 제시 주의 개별재무제표 중심이 아님.
공시강화	• 주석을 통한 많은 공시항목을 요구함.
공정가치확대	• 원칙적으로 자산·부채의 공정가치 측정을 요구
협업제정	• 독자적이 아닌 각국의 협업을 통해 제정

문제 2번	재무보고개념체계 목적과 위상	출제구분	신유형	난이도	★ ☆ ☆	정답	④

• 개념체계는 회계기준(=한국채택국제회계기준)이 아니다. 따라서 개념체계의 어떠한 내용도 회계기준이나 회계기준의 요구사항에 우선하지 아니한다.
→∴개념체계와 한국채택국제회계기준이 상충될 경우에는 한국채택국제회계기준이 개념체계보다 우선한다.

Guide **개념체계의 목적과 위상**

개념체계 목적	회계기준위원회	• 한국회계기준위원회가 일관된 개념에 기반하여 한국채택국제회계기준(=회계기준)을 제·개정하는데 도움을 줌.
	재무제표 작성자	• 특정 거래나 다른 사건에 적용할 회계기준이 없거나 회계기준에서 회계정책 선택이 허용되는 경우에 재무제표 작성자가 일관된 회계정책을 개발하는 데 도움을 줌.
	기타 이해관계자	• 모든 이해관계자가 회계기준을 이해하고 해석하는 데 도움을 줌.
개념체계 위상	회계기준과의 관련성	• 개념체계는 회계기준이 아님. 주의 따라서 개념체계의 어떠한 내용도 회계기준이나 회계기준의 요구사항에 우선하지 아니함.
	개념체계에서의 일탈	• 일반목적재무보고의 목적을 달성하기 위해 회계기준위원회는 개념체계의 관점에서 벗어난 요구사항을 정하는 경우가 있을 수 있음. →만약, 회계기준위원회가 그러한 사항을 정한다면, 해당 기준서의 결론도출근거에 그러한 일탈에 대해 설명할 것임.

문제 3번	재무제표 표시 일반사항	출제구분	신유형	난이도	★ ★ ☆	정답	③

• 재무제표와 주석에 적용하는 중요성의 기준은 다를 수 있다.
→즉, 재무제표에는 중요하지 않아 구분하여 표시하지 않은 항목이라도 주석에서는 구분 표시해야 할 만큼 충분히 중요할 수 있다.

Guide 문제와 관련된 재무제표 표시 일반사항 내용

계속기업	평가	• 경영진은 재무제표를 작성할 때 계속기업으로서의 존속가능성을 평가해야 함. →계속기업의 가정이 적절한지의 여부를 평가할 때 경영진은 적어도 보고기간말로부터 향후 12개월 기간에 대하여 이용가능한 모든 정보를 고려함.
	작성	• 경영진이 기업을 청산하거나 경영활동을 중단할 의도를 가지고 있지 않거나, 청산 또는 경영활동의 중단 외에 다른 현실적 대안이 없는 경우가 아니면 계속기업을 전제로 재무제표를 작성함.
	공시	• 계속기업으로서의 존속능력에 유의적인 의문이 제기될 수 있는 사건이나 상황과 관련된 중요한 불확실성을 알게 된 경우, 경영진은 그러한 불확실성을 공시하여야 함. • 재무제표가 계속기업의 기준하에 작성되지 않는 경우에는 그 사실과 함께 재무제표가 작성된 기준 및 그 기업을 계속기업으로 보지 않는 이유를 공시하여야 함.
비교정보		• 한국채택국제회계기준이 달리 허용하거나 요구하는 경우를 제외하고는 당기 재무제표에 보고되는 모든 금액에 대해 전기 비교정보를 표시함. →당기 재무제표를 이해하는데 목적적합하다면 서술형 정보의 경우에도 비교정보를 표시함. • 최소한, 두 개의 재무상태표와 두 개의 포괄손익계산서, 두 개의 별개 손익계산서(표시하는 경우), 두 개의 현금흐름표, 두 개의 자본변동표 그리고 관련 주석을 표시해야 함.
중요성과 통합표시		• 유사한 항목은 중요성 분류에 따라 재무제표에 구분하여 표시함. 상이한 성격이나 기능을 가진 항목은 구분하여 표시함. →다만, 중요하지 않은 항목은 성격이나 기능이 유사한 항목과 통합하여 표시할 수 있음. 주의 재무제표와 주석에 적용하는 중요성의 기준은 다를 수 있음. 즉, 재무제표에는 중요하지 않아 구분하여 표시하지 않은 항목이라도 주석에서는 구분 표시해야 할 만큼 충분히 중요할 수 있음.
상계	원칙	• 한국채택국제회계기준에서 요구하거나 허용하지 않는 한 자산과 부채 그리고 수익과 비용은 상계하지 아니함. →그러나, 재고자산에 대한 재고자산평가충당금과 매출채권에 대한 대손충당금(손실충당금)과 같은 평가충당금을 차감하여 관련 자산을 순액으로 측정하는 것은 상계표시에 해당하지 아니함.
	예외	• 동일 거래에서 발생하는 수익과 관련비용의 상계표시가 거래나 그 밖의 사건의 실질을 반영한다면 그러한 거래의 결과는 상계하여 표시함. →예 ① 투자자산 및 영업용자산을 포함한 비유동자산의 처분손익은 처분대가에서 그 자산의 장부금액과 관련처분비용을 차감하여 표시함. ② 충당부채와 관련된 지출을 제3자와의 계약관계(예 : 공급자의 보증약정)에 따라 보전 받는 경우, 당해 지출과 보전받는 금액은 상계하여 표시할 수 있음. ③ 외환손익 또는 단기매매 금융상품에서 발생하는 손익과 같이 유사한 거래의 집합에서 발생하는 차익과 차손은 순액으로 표시함.(그러나 그러한 차익과 차손이 중요한 경우에는 구분하여 표시함.)

문제 4번	포괄손익계산서 표시	출제구분	재출제	난이도	★ ★ ☆	정답	③

• 기업은 비용의 성격별 또는 기능별 분류방법 중에서 신뢰성 있고 더욱 목적적합한 정보를 제공할 수 있는 방법을 선택적용하여 당기손익으로 인식한 비용의 분석내용을 표시한다.

Guide 비용 분류방법(이하 둘 중 선택 적용)

성격별 분류법	• 비용은 그 성격별로 통합함.(즉, 각 항목의 유형별로 구분표시) →예 감가상각비, 원재료구입, 운송비, 종업원급여, 광고비 등 • 매출원가를 다른 비용과 분리하여 공시하지 않음. • 기능별로 재배분하지 않으므로 적용이 간단함.(미래현금흐름 예측에는 유용함)
기능별 분류법 (=매출원가법)	• 비용은 그 기능별로 분류함. →예 매출원가, 물류원가, 관리활동원가 등 • 적어도 매출원가를 다른 비용과 분리하여 공시함. • 목적적합하나, 자의적인 기능별 배분과 판단이 개입될 수 있음. • 기능별로 분류시에는 성격별 분류에 따른 추가공시가 필요함.

문제 5번	수정을 요하지 않는 보고기간후사건	출제구분	재출제	난이도	★ ★ ☆	정답	②

• 수정을 요하는 보고기간후사건을 반영하기 위하여 재무제표에 인식된 금액을 수정한다.(수정을 요하는 보고기간후사건의 영향으로 이미 인식한 금액은 수정하고, 인식하지 아니한 항목은 새로 인식하여야 한다.)

• ① 수정필요 : 보고기간말에 이미 자산손상이 발생되었음을 나타내는 정보를 보고기간 후에 입수하는 경우나 이미 손상차손을 인식한 자산에 대하여 손상차손금액의 수정이 필요한 정보를 보고기간 후에 입수하는 경우는 수정을 요하는 보고기간후사건에 해당한다. 다음과 같은 예를 들 수 있다.
  ㉠ 보고기간후의 매출처파산은 일반적으로 보고기간말에 고객 신용이 손상되었음을 확인해준다.
  ㉡ 보고기간후의 재고자산 판매는 보고기간말의 순실현가능가치에 대한 증거를 제공할 수 있다.
  ② 수정불요 : 보고기간말과 재무제표 발행승인일 사이에 투자자산(예 FVPL금융자산)의 공정가치(시장가치) 하락은 수정을 요하지 않는 보고기간후사건의 대표적인 사례에 해당한다.
  ③ 수정필요 : 보고기간말에 존재하였던 현재의무가 보고기간 후에 소송사건의 확정에 의해 확인되는 경우 수정을 요하는 보고기간후사건에 해당한다.
  ④ 수정필요 : 보고기간말 이전에 구입한 자산의 취득원가나 매각한 자산의 대가를 보고기간 후에 결정하는 경우는 수정을 요하는 보고기간후사건에 해당한다.

문제 6번	재고자산 취득원가 고려사항	출제구분	재출제	난이도	★ ☆ ☆	정답	③

• 재료원가나 노무원가 중 비정상적으로 낭비된 부분은 발생기간의 비용으로 처리한다.

Guide 재고자산 취득원가와 비용처리 항목

취득원가 범위	매입원가	• 매입가격에 수입관세와 제세금(과세당국으로부터 추후 환급받을 수 있는 금액은 제외), 매입운임, 하역료를 가산 • 매입할인(에누리,환출), 리베이트 항목은 매입원가를 결정할 때 차감
	전환원가	• 제조기업에서 완제품으로 전환하는데 발생하는 직접노무비와 제조간접비
	기타원가	• 재고자산을 현재의 장소에 현재의 상태로 이르게 하는데 발생한 원가
비용처리 원가	• ㉠ 재료원가, 노무원가, 기타 제조원가 중 비정상적으로 낭비된 원가 ㉡ 후속 생산단계에 투입하기 전에 보관이 필요한 경우 이외의 보관원가 ㉢ 재고자산을 현재장소에 현재 상태로 이르게 하는데 기여하지 않은 관리간접원가 ㉣ 판매원가	

문제 7번	선입선출법과 이동평균법 기말재고 계산	출제구분	기출변형	난이도	★ ★ ☆	정답	①

- 선입선출법 기말재고 : 500개×1,800=900,000
- 6월 30일 현재 이동평균단가 : (7,500,000+4,000,000)÷(3,000개+2,000개)=@2,300
  →매출원가 : 3,500개×@2,300=8,050,000

  7월 20일 현재 이동평균단가 : (1,500개×2,300+1,800,000)÷(1,500개+1,000개)=@2,100
  →매출원가 : 2,000개×@2,100=4,200,000

  이동평균법 기말재고 : (7,500,000+4,000,000+1,800,000)-(8,050,000+4,200,000)=1,050,000

문제 8번	재고자산 관련 비용총액 계산	출제구분	기출변형	난이도	★ ★ ★	정답	④

- 이하 도표에 해당 금액을 대입하여 매출원가(구)를 먼저 계산한다.

기초재고	1,000,000
당기매입	3,000,000

||

① 매출원가(구)[평가 · 감모손실 반영전](?)	**2,500,000**
② 평가손실	300,000
③ 정상감모손실	200,000
④ 비정상감모손실	0
⑤ 기말재고[평가 · 감모손실 반영후]	1,500,000-(300,000+200,000)=1,000,000

- 비용총액(매출원가 등 관련비용)=①+②+③+④ : 2,500,000+300,000+200,000+0=3,000,000

문제 9번	자본적지출시 유형자산 장부금액	출제구분	재출제	난이도	★ ★ ☆	정답	②

- 유형자산 인식요건을 충족하는 자본적지출은 장부금액에 가산한다.
- 20x3년초 자본적지출 전 장부금액 : 1,000,000-(1,000,000-0)×2년/5년=600,000
- 20x3년초 자본적지출 후 장부금액 : 600,000+100,000(자본적지출)=700,000
- 20x3년 감가상각비 : 700,000÷(3년+2년)=140,000

∴20x3년말 장부금액 : 700,000-140,000=560,000

문제 10번	유형자산 취득원가 포함여부	출제구분	재출제	난이도	★ ☆ ☆	정답	③

• 보유중인 건물에 대하여 부과되는 재산세 : 비용처리, 매입할인 : 매입가격(구입가격)에서 차감

Guide 유형자산 취득원가 포함 항목

㉠ 관세 및 환급 불가능한 취득관련 세금(취득세, 등록세)을 가산하고 매입할인과 리베이트 등을 차감한 구입가격
→주의 보유자산 재산세와 자동차세는 비용처리함.

㉡ 경영진이 의도하는 방식으로 가동하는데 필요한 장소와 상태에 이르게 하는데 직접 관련되는 다음과 같은 원가

- 유형자산의 매입 또는 건설과 직접적으로 관련되어 발생한 종업원급여
- 설치장소 준비원가, 최초의 운송 및 취급 관련 원가, 설치원가 및 조립원가
- 유형자산이 정상적 작동여부를 시험하는 과정에서 발생하는 원가
  비교 시제품의 순매각금액 : ㉠ 일반기업회계기준 - 원가차감 ㉡ K-IFRS - 당기손익
- 전문가에게 지급하는 수수료, 구입시 중개수수료 · 보험료

㉢ 자산을 해체, 제거, 복구하는데 소요될 것으로 최초에 추정되는 원가(=복구원가)

문제 11번	유형자산(토지) 재평가 회계처리	출제구분	재출제	난이도	★ ★ ☆	정답	①

• 재평가로 인하여 자산이 증가된 경우 재평가잉여금의 과목으로 기타포괄손익 처리한다.(단, 전기재평가손실이 계상되어 있는 경우는 동 금액을 재평가이익으로 인식한 후 나머지 금액을 재평가잉여금 처리한다.)

• 20x1년말 재평가감소액 : 27억원 - 30억원 = △3억원(재평가손실)

• 20x2년말 재평가증가액 : 36억원 - 27억원 = 9억원
  - 전기재평가손실 3억원을 재평가이익(당기손익)으로 인식한다.
  - 나머지 6억원은 재평가잉여금(기타포괄손익)으로 인식한다.

*참고 회계처리

20x1년초(취득시)	(차) 토지	3,000,000,000	(대) 현금	3,000,000,000
20x1년말(재평가)	(차) 재평가손실	300,000,000	(대) 토지	300,000,000
20x2년말(재평가)	(차) 토지	900,000,000	(대) 재평가이익	300,000,000
			재평가잉여금	600,000,000

Guide 재평가손익 처리방법

최초재평가	재평가증가액	• '장부금액 〈 공정가치' →재평가잉여금(자본 : 기타포괄손익)	
	재평가감소액	• '장부금액 〉 공정가치' →재평가손실(당기손익)	
재평가이후 후속재평가	재평가손실 인식후 재평가잉여금이 발생	◉전기재평가손실	• 재평가이익(당기손익)
		◉나머지 금액	• 재평가잉여금(자본)
	재평가잉여금 인식후 재평가손실이 발생	◉전기재평가잉여금	• 재평가잉여금과 상계
		◉나머지 금액	• 재평가손실(당기손익)

문제 12번	무형자산의 정의(인식요건)	출제구분	재출제	난이도	★ ☆ ☆	정답	③

• 무형자산의 정의와 인식조건

정의	• 물리적 실체는 없지만 식별가능하고, 통제하고 있으며 미래경제적효익이 있는 비화폐성자산
인식조건	• ㉠ 자산에서 발생하는 미래경제적효익이 기업에 유입될 가능성이 높다. ㉡ 자산의 원가를 신뢰성 있게 측정할 수 있다.

문제 13번	연구단계활동과 개발단계활동의 구분	출제구분	기출변형	난이도	★ ★ ☆	정답	①

• ① 무형자산을 창출하기 위한 내부 프로젝트를 연구단계와 개발단계로 구분할 수 없는 경우에는 그 프로젝트에서 발생한 지출은 모두 연구단계에서 발생한 것으로 본다.
③ 사업결합으로 취득한 영업권[=외부구입(유상취득) 영업권]은 신뢰성있는 측정이 가능하므로 무형자산으로 인식한다. 반면, 내부적으로 창출한 영업권은 원가를 신뢰성있게 측정할 수 없고 기업이 통제하고 있는 식별가능한 자원이 아니기 때문에 무형자산으로 인식하지 않는다.

Guide 연구단계활동과 개발단계활동

의의	• 인식기준을 충족하는지를 평가하기 위해 무형자산 창출과정을 연구단계와 개발단계로 구분함. 주의 무형자산을 창출하기 위해 내부 프로젝트를 연구단계와 개발단계로 구분할 수 없는 경우에는 발생한 지출은 모두 연구단계에서 발생한 것으로 봄.	
회계처리	연구단계활동 지출	• 비용(연구비)
	개발단계활동 지출	• 자산인식요건 충족O : 무형자산(개발비) • 자산인식요건 충족X : 비용(경상개발비)
연구활동	• 새로운 지식을 얻고자 하는 활동 • 연구결과나 기타 지식을 탐색, 평가, 최종 선택, 응용하는 활동 • 재료 · 장치 · 제품 · 공정 · 시스템등에 대한 여러 가지 대체안을 탐색하는 활동 • 새롭거나 개선된 재료 · 장치 · 제품 · 공정 · 시스템 등에 대한 여러 가지 대체안을 제안, 설계, 평가, 최종 선택하는 활동	
개발활동	• 생산이나 사용 전의 시제품과 모형을 설계, 제작, 시험하는 활동 • 새로운 기술과 관련된 공구, 지그, 주형, 금형등을 설계하는 활동 • 상업적 생산 목적으로 실현가능한 경제적 규모가 아닌 시험공장을 설계, 건설, 가동하는 활동 • 신규 또는 개선된 재료 · 장치 · 제품 · 공정 · 시스템등에 대하여 최종적으로 선정된 안을 설계, 제작, 시험하는 활동	

문제 14번	투자부동산 해당여부	출제구분	재출제	난이도	★ ☆ ☆	정답	④

• 장래 용도(사용목적)를 결정하지 못한 채로 보유하고 있는 토지는 투자부동산의 예에 해당한다.

* 저자주 K-IFRS 개정으로 '정상적인'은 '통상적인'으로 문구가 변경되었으니 참고바랍니다.

Guide **투자부동산에 해당하는 항목과 해당하지 않는 항목**

투자부동산O [예시]	• 장기시세차익을 얻기 위하여 보유하고 있는 토지 →통상적인 영업과정에서 단기간에 판매하기 위하여 보유하는 토지는 제외함. • 장래 용도를 결정하지 못한 채로 보유하고 있는 토지 • 직접소유하고 운용리스로 제공하는 건물 • 운용리스로 제공하기 위하여 보유하는 미사용 건물 • 미래에 투자부동산으로 사용하기 위하여 건설·개발중인 부동산
투자부동산X [예시]	• 통상영업과정에서 판매 또는 이를 위하여 건설·개발 중인 부동산 →예 가까운 장래에 판매하거나 개발하여 판매하기 위한 목적으로만 취득한 부동산 • 자가사용부동산 →미래에 자가사용하기 위한 부동산, 미래에 개발 후 자가사용할 부동산, 종업원이 사용하고 있는 부동산(종업원이 시장요율로 임차료를 지급하고 있는지는 관계없음), 처분 예정인 자가사용부동산을 포함함. • 금융리스로 제공한 부동산

문제 15번	금융자산의 분류	출제구분	기출변형	난이도	★ ★ ★	정답	④

• 파생상품은 'AC금융자산과 FVOCI금융자산의 충족조건을 만족시키지 못하는 그 외 모든 금융자산'에 해당하므로, FVPL금융자산(당기손익-공정가치측정금융자산)으로 분류된다.

Guide **금융자산 분류**

원칙

• 사업모형과 현금흐름특성에 근거하여 다음과 같이 분류·측정함.

분류·측정	충족조건	해당증권
AC금융자산 [상각후원가측정]	• ㉠ 현금흐름수취목적 사업모형일 것 ㉡ 원리금지급만으로 구성된 현금흐름일 것	채무상품
FVOCI금융자산 [기타포괄손익-공정가치측정]	• ㉠ 현금흐름수취와 금융자산매도목적 사업모형일 것 ㉡ 원리금지급만으로 구성된 현금흐름일 것	채무상품
FVPL금융자산 [당기손익-공정가치측정]	• 그 외 모든 금융자산 →예 단기매매항목	지분상품 채무상품 파생상품

선택

• 최초인식시점에 다음과 같이 측정하기로 선택할 수 있음.

분류·측정	충족조건	해당증권
FVOCI금융자산 [기타포괄손익-공정가치측정]	• 단기매매항목이 아닐 것	지분상품
FVPL금융자산 [당기손익-공정가치측정]	• 회계불일치를 제거하거나 유의적으로 줄이기 위한 경우일 것	지분상품 채무상품

문제 16번	금융자산 분류별 취득원가	출제구분	재출제	난이도	★ ★ ★	정답	③

- (주)용산의 지분상품 : FVPL금융자산(당기손익-공정가치측정금융자산)
  →취득원가 : 1,500,000(FVPL금융자산 거래원가는 당기비용 처리함)
- (주)삼정의 채무상품 : AC금융자산(상각후원가측정금융자산)
  →취득원가 : 1,000,000(액면발행)
- (주)한일의 지분상품 : FVOCI금융자산(기타포괄손익-공정가치측정금융자산)
  →취득원가 : 1,100,000(FVPL금융자산 이 외의 금융자산 거래원가는 취득 공정가치에 가산)

Guide 금융자산 분류<위 15번 가이드와 동일함>

	분류·측정	충족조건	해당증권
원칙	• 사업모형과 현금흐름특성에 근거하여 다음과 같이 분류·측정함.		
	AC금융자산 [상각후원가측정]	• ㉠ 현금흐름수취목적 사업모형일 것 ㉡ 원리금지급만으로 구성된 현금흐름일 것	채무상품
	FVOCI금융자산 [기타포괄손익-공정가치측정]	• ㉠ 현금흐름수취와 금융자산매도목적 사업모형일 것 ㉡ 원리금지급만으로 구성된 현금흐름일 것	채무상품
	FVPL금융자산 [당기손익-공정가치측정]	• 그 외 모든 금융자산 →예 단기매매항목	지분상품 채무상품 파생상품
선택	• 최초인식시점에 다음과 같이 측정하기로 선택할 수 있음.		
	FVOCI금융자산 [기타포괄손익-공정가치측정]	• 단기매매항목이 아닐 것	지분상품
	FVPL금융자산 [당기손익-공정가치측정]	• 회계불일치를 제거하거나 유의적으로 줄이기 위한 경우일 것	지분상품 채무상품

문제 17번	금융자산 손상대상과 인식	출제구분	재출제	난이도	★ ★ ★	정답	①

- 기타포괄손익-공정가치측정금융자산의 손실충당금을 인식하고 측정하는데 손상 요구사항을 적용한다. 그러나 해당 손실충당금은 기타포괄손익에서 인식하고 재무상태표에서 금융자산의 장부금액을 줄이지 아니한다.[K-IFRS 제1109호 문단5.5.2] 즉, FVOCI금융자산에 대해서 인식하는 손상차손은 손실충당금으로 인식하지 않고 기타포괄손익(FVOCI 금융자산평가손익)에서 조정한다.
  →[이유] FVOCI금융자산의 보고기간말 장부금액은 공정가치로 표시되어야 하는데, 손상차손을 인식하면서 이를 손실충당금의 변동으로 회계처리하면 장부금액(손실충당금이 차감된 순액)이 공정가치와 다른 금액으로 표시되는 문제가 발생한다. 따라서 기타포괄손익으로 인식했던 평가손익에서 조정한다. 이렇게 회계처리하면 공정가치로 인식했던 재무상태표상 금융자산의 장부금액은 줄어들지 않는다.

Guide 금융자산 손상대상과 기대신용손실 인식방법

손상대상 · 회계처리	• ㉠ AC금융자산[=상각후원가금융자산] →(차) 손상차손(당기손익) xxx (대) 손실충당금(자산차감) xxx ㉡ FVOCI금융자산(채무상품)[=기타포괄손익-공정가치측정금융자산(채무상품)] →(차) 손상차손(당기손익) xxx (대) 평가이익(기타포괄손익) xxx		
기대신용손실 (손실충당금) 인식방법	신용손상 O		• 전체기간 기대신용손실을 손실충당금으로 인식
	신용손상 X	신용위험 유의적 증가 O	• 전체기간 기대신용손실을 손실충당금으로 인식
		신용위험 유의적 증가 X	• 12개월 기대신용손실을 손실충당금으로 인식

문제 18번	복합금융상품의 정의	출제구분	재출제	난이도	★ ☆ ☆	정답	③

• 복합금융상품의 종류

전환사채	• 유가증권의 소유자가 일정한 조건하에 보통주로의 전환권을 행사할 수 있는 사채로서, 전환권을 행사하면 보통주로 전환되는 사채
신주인수권부사채	• 유가증권의 소유자가 일정한 조건하에 신주인수권을 행사하여 보통주 발행을 청구할 수 있는 권리가 부여된 사채
전환우선주	• 유가증권의 소유자가 일정한 조건하에 전환권을 행사할 수 있는 우선주로서, 전환권을 행사하면 보통주로 전환되는 우선주
교환사채	• 유가증권의 소유자가 사채발행자가 보유하고 있는 유가증권과 교환을 청구할 수 있는 권리가 부여된 사채

*참고 회사채와 영구채

회사채	• 기업이 시설투자나 운영 등의 장기자금을 조달하기 위해 발행하는 채권을 말함. →채권은 발행 주체에 따라 국가가 발행하는 국채, 지방자치단체가 발행하는 지방채, 특별법인이 발행하는 특수채, 금융기관이 발행하는 금융채, 주식회사가 발행하는 회사채로 구분됨.
영구채	• 원금상환 없이 이자만 영구히 지급하는 채권을 말함. →즉, 만기가 없는 채권으로 신종자본증권(하이브리드채권)이라고도 함.

문제 19번	전환사채의 부채요소와 자본요소	출제구분	재출제	난이도	★ ★ ☆	정답	④

• 전환사채는 부채요소와 자본요소를 모두 가지고 있는 복합금융상품이다.

요소구분	❒ ㉠ 부채요소(금융부채) = 일반사채 : 현금 등 금융자산을 인도하기로 하는 계약 ㉡ 자본요소(지분상품) = 전환권 : 확정수량 보통주로 전환할 수 있는 권리를 보유자에게 부여하는 콜옵션 ❒ 자본요소는 잔여지분이라는 정의와 일관되도록 하기 위해, 부채요소해당액(사채현재가치)을 먼저 측정하고, 발행금액에서 부채요소해당액을 차감한 금액으로 자본요소해당액을 측정하도록 규정하고 있다. →발행금액 - 부채요소해당액(현재가치) = 자본요소해당액(전환권가치)

• 전환권대가 : 3,000,000 - 2,500,000 = 500,000
부채(금융부채) : 3,000,000 - 500,000(전환권대가) = 2,500,000
자본(지분상품) : 500,000(전환권대가)

문제 20번	충당부채의 인식	출제구분	재출제	난이도	★★☆	정답	④

• 충당부채 인식여부 분석

①	현재의무	법률전문가의 의견에 근거하여 볼 때 현재의무가 존재한다.
	유출가능성	가능성이 높다.
	인식여부	의무를 이행하기 위한 금액에 대한 최선의 추정치로 충당부채를 인식한다.
②	현재의무	토지 정화를 요구하는 법률 제정이 확실하므로 의무발생사건은 토지의 오염이다.
	유출가능성	가능성이 높다.
	인식여부	토지 정화원가에 대한 최선의 추정치로 충당부채를 인식한다.
③	현재의무	판매한 제품을 기업이 환불해 줄 것이라는 정당한 기대를 고객이 갖게 되기 때문에 제품판매는 의제의무를 생기게 하는 의무발생사건이다.
	유출가능성	가능성이 높다. 일정비율의 제품이 환불을 통해 반품된다.
	인식여부	환불원가의 최선의 추정치로 충당부채를 인식한다.
④	미래의 예상 영업손실은 충당부채로 인식하지 아니한다. →미래의 예상 영업손실은 부채의 정의에 부합하지 않을 뿐만 아니라 충당부채의 인식기준도 충족하지 못한다.(즉, 현재의무가 없다.) 한편, 미래에 영업손실이 예상되는 경우에는 영업과 관련된 자산이 손상되었을 가능성이 있으므로 '자산손상'에 따라 손상검사를 수행한다.	

Guide 충당부채와 우발부채의 인식

개요	금액추정가능성 / 자원유출가능성	신뢰성있게 추정가능	추정불가능
	가능성이 높음	충당부채로 인식	우발부채로 주석공시
	가능성이 어느 정도 있음	우발부채로 주석공시	우발부채로 주석공시
	가능성이 아주 낮음(거의 없음)	공시하지 않음	공시하지 않음
	비교 충당부채는 재무제표에 부채로 인식하나, 우발부채는 부채로 인식하지 않음.		
충당부채 인식요건	• 과거사건의 결과로 현재의무(법적의무나 의제의무)가 존재한다. • 해당 의무를 이행하기 위하여 경제적효익이 있는 자원이 유출될 가능성이 높다. • 해당 의무의 이행에 소요되는 금액을 신뢰성있게 추정할 수 있다.		

문제 21번	우선주 배당액(비누적적 · 비참가적)	출제구분	재출제	난이도	★★☆	정답	②

• 우선주가 비누적적 · 비참가적 우선주이므로, '우선주의 배당률에 해당하는 금액(=우선주자본금×배당률)'을 우선주에 배당하고, 나머지 금액 모두를 보통주에게 배당한다.

• 우선주배당금 : 500,000(우선주자본금)×5%(배당률)=25,000
보통주배당금 : 200,000(배당금총액)-25,000(우선주배당금)=175,000

문제 22번	자본항목별 변동분석	출제구분	재출제	난이도	★★☆	정답	④

• 유상증자(20x1년 2월 4일) 회계처리
(차) 현금 100,000주×7,500=750,000,000 (대) 자본금 500,000,000
주식발행초과금 250,000,000
→자본금 500백만원 증가, 주식발행초과금 250백만원 증가
• 자기주식취득(20x1년 10월 10일) 회계처리
(차) 자기주식 5,000주×10,000=50,000,000 (대) 현금 50,000,000
→자기주식 50백만원 증가

∴(가) : 500백만원+500백만원=1,000백만원
(나) : 500백만원+250백만원=750백만원
(다) : (50백만원)+(50백만원)=(100백만원)

문제 23번	반품권이 있는 판매의 수익인식	출제구분	재출제	난이도	★★☆	정답	③

• 예상반품률 : 10,000,000÷50,000,000=20%
• 매출액 : 50,000,000×(1-20%)=40,000,000

Guide 반품권이 있는 판매 회계처리(반품가능성 예측가능한 경우)

수익인식	(차) 현금	50,000,000	(대) 매출(판매예상분) 환불부채(반품예상분)	40,000,000[1)] 10,000,000[2)]
원가인식	(차) 매출원가(판매예상분) 반품제품회수권(반품예상분)	24,000,000[3)] 6,000,000[4)]	(대) 제품	30,000,000

1) 50,000,000×80%=40,000,000 2) 50,000,000×20%=10,000,000
3) 30,000,000×80%=24,000,000 4) 30,000,000×20%=6,000,000

문제 24번	고객충성제도 실무사례	출제구분	재출제	난이도	★★☆	정답	④

• 고객충성제도는 재화나 용역을 구매하는 고객에게 인센티브를 제공하기 위하여 사용하며, 고객이 재화나 용역을 구매하면 기업은 고객보상점수(흔히 '포인트')를 부여한다. 고객은 보상점수를 사용하여 재화나 용역을 무상취득하거나 할인 구매하는 방법으로 보상을 받을 수 있다.
• 무상수리제도는 판매와 직접 관련하여 발생하는 추가적인 원가부담 예상액으로서 현재의무이므로 '판매보증충당부채'의 회계처리가 적용된다.

문제 25번	2차연도 건설계약손익	출제구분	재출제	난이도	★★☆	정답	③

• 20x2년 계약손익 : $(60,000,000\times\frac{10,000,000+30,000,000}{50,000,000}-60,000,000\times\frac{10,000,000}{50,000,000})-30,000,000=6,000,000$
• 연도별 계약손익 계산

구분	20x1년	20x2년
진행률	$\frac{10,000,000}{50,000,000}=20\%$	$\frac{10,000,000+30,000,000}{50,000,000}=80\%$
계약수익	60,000,000×20%=12,000,000	60,000,000×80%-12,000,000=36,000,000
계약원가	10,000,000	30,000,000
계약손익	2,000,000	6,000,000

문제 26번	건설계약 1차연도 계약자산 · 계약부채	출제구분	기출변형	난이도	★★☆	정답	①

• 20x1년 계약수익 : $150{,}000{,}000 \times \frac{30{,}000{,}000}{100{,}000{,}000} = 45{,}000{,}000$

• 20x1년 계약이익 : 45,000,000(계약수익) - 30,000,000(계약원가) = 15,000,000

• 20x1년말 미성공사 : 30,000,000(계약원가) + 15,000,000(계약이익) = 45,000,000

• 20x1년말 계약부채(=초과청구공사) : 50,000,000(진행청구액) - 45,000,000(미성공사) = 5,000,000

*고속철 '미성공사 = 누적계약수익'이므로, 누적계약수익 45,000,000이 미성공사금액이 된다.

*참고 20x1년 회계처리

계약원가 발생	(차) 미성공사	30,000,000	(대) 현금	30,000,000
계약대금 청구	(차) 공사미수금	50,000,000	(대) 진행청구액	50,000,000
계약대금 수령	(차) 현금	xxx	(대) 공사미수금	xxx
계약손익인식	(차) 계약원가 미성공사	30,000,000 15,000,000	(대) 계약수익	45,000,000

문제 27번	순확정급여부채 계산	출제구분	재출제	난이도	★☆☆	정답	③

• 순확정급여부채 : 700,000(확정급여채무의 현재가치) - 80,000(사외적립자산의 공정가치) = 620,000

Guide 확정급여제도의 재무제표 표시

재무상태표	• 확정급여채무(현재가치)에서 사외적립자산(공정가치)을 차감금액을 순확정급여부채로 표시 ❐ 순확정급여부채 = 확정급여채무(현재가치) - 사외적립자산(공정가치)
포괄손익계산서	• 포괄손익계산서에는 다음의 금액을 퇴직급여로 계상함. ❐ 퇴직급여 = 당기근무원가 + (확정급여채무 이자원가 - 사외적립자산의 수익)

문제 28번	주식기준보상 용어의 정의	출제구분	신유형	난이도	★★☆	정답	②

• 가득조건에 대한 K-IFRS 용어정의는 다음과 같다.

가득조건 정의	• 가득조건이란 주식기준보상약정에 따라 거래상대방이 현금, 그 밖의 자산, 또는 기업의 지분상품을 받을 권리를 획득하게 하는 용역을 기업이 제공받을지를 결정짓는 조건을 말한다.	
가득조건 구분	• 가득조건은 다음과 같이 용역제공조건과 성과조건으로 구분된다.	
	용역제공조건	• 거래상대방에게 특정기간 기업에 용역을 제공하도록 요구하는 가득조건
	성과조건	• 거래상대방이 특정기간 용역을 제공하고 특정 성과목표를 달성할 것을 요구하는 가득조건

*참고 성과조건은 다시 시장성과조건과 비시장성과조건으로 구분된다.

㉠ 시장성과조건 : 지분상품 시장가격과 관련되는 조건 →예 주가

㉡ 비시장성과조건 : 지분상품 시장가격과 관련없는 영업관련 조건 →예 판매액(매출), 이익, 시장점유율

문제 29번	2차연도말 이연법인세부채 추정	출제구분	신유형	난이도	★ ★ ★	정답	②

• 20x2년말 이연법인세자산은 50,000이 되도록 회계처리하여야 한다.
→20x1년말 계상되어 있는 이연법인세자산이 10,000이므로 추가로 이연법인세자산 40,000을 계상한다.
• 회계처리 추정

(차)	법인세비용	150,000	(대) 미지급법인세(당기법인세)	200,000
	이연법인세자산	40,000		
	이연법인세부채(대차차액)	10,000		

• 위 회계처리에서 이연법인세부채 10,000이 감소한다.
→∴20x2년말 이연법인세부채 : 50,000 - 10,000 = 40,000

Guide 이연법인세 계산구조

대상	• 일시적차이(유보)
공시	• 이연법인세자산(부채)는 비유동자산(부채)로만 표시하고 소정 요건을 충족하는 경우 상계하여 표시 • 현재가치평가를 하지 않음.
절차	• **[1단계]** 미지급법인세(과세소득×당기세율) = (세전순이익±영구적차이±일시적차이)×당기세율 **[2단계]** 이연법인세자산(부채) = 유보(△유보)×미래예상세율(평균세율) **[3단계]** 법인세비용 = 대차차액에 의해 계산 주의 이연법인세자산(부채)은 당기세율이 아니라 소멸시점의 미래예상세율을 적용함.

문제 30번	2차연도말 법인세비용 계산	출제구분	재출제	난이도	★ ★ ☆	정답	④

• 20x1년말 이연법인세부채 450,000이 계상되어야 하므로, 20x0년말 계상되어 있는 이연법인세자산 600,000을 제거하고 추가로 이연법인세부채 450,000을 계상한다. 법인세비용은 대차차액으로 구한다.

→ (차)	법인세비용(대차차액)	3,550,000	(대)	미지급법인세(당기법인세)	2,500,000
				이연법인세자산	600,000
				이연법인세부채	450,000

문제 31번	회계변경 일반사항	출제구분	재출제	난이도	★ ☆ ☆	정답	②

• 재고자산의 진부화 여부에 대한 판단추정치를 변경하는 것은 회계추정의 변경에 해당한다.

Guide 회계변경의 처리

회계정책변경	• 처리 : (원칙)소급법 →전기재무제표 재작성O
회계추정변경	• 처리 : 전진법 →전기재무제표 재작성X 주의 회계정책의 변경인지 회계추정의 변경인지 구분하는 것이 어려운 경우에는 이를 회계추정의 변경으로 봄.

문제 32번	가중평균유통보통주식수 산정방법	출제구분	재출제	난이도	★★☆	정답	①

- ② 당기 중 무상증자를 실시한 경우 기초에 실시된 것으로 간주하여 주식수를 조정한다.
  ③ 당기 중 유상증자로 보통주가 발행된 경우 그 납입일을 기준으로 주식수를 조정한다.
  ④ 가중평균유통보통주식수에는 우선주식수는 제외한다.

Guide 가중평균유통보통주식수의 산정

우선주	• 발행된 총주식수에서 우선주식수를 차감
자기주식	• 보유기간(취득~매각)동안 유통보통주식수에서 제외 주의 기초에 발행주식수 10주, 자기주식수 1주인 경우 유통주식수 9주로 계산
무상증자 · 주식배당 · 주식분할	• 기초에 실시된 것으로 간주 →단, 기중 유상증자 발행신주는 유상증자의 납입일에 실시된 것으로 간주
유상증자	• 일반적인 경우(공정가치이상 유상증자) 납입일을 기준으로 가중평균

문제 33번	관계기업투자주식 장부금액	출제구분	재출제	난이도	★☆☆	정답	③

- 20x1년말 관계기업투자주식 장부금액 : 900,000(취득원가)+300,000(당기순이익)×40%=1,020,000

*참고 ㈜삼일 회계처리

취득시(20x1년초)	(차) 관계기업투자주식	900,000	(대) 현금	900,000
당기순이익 보고시(20x1년말)	(차) 관계기업투자주식	120,000	(대) 지분법이익	120,000

문제 34번	화폐성 · 비화폐성항목 구분	출제구분	재출제	난이도	★☆☆	정답	②

- 선수금, 재고자산, 토지(유형자산)는 비화폐성항목에 해당한다.

Guide 화폐성·비화폐성항목

화폐성항목	• 현금, 매출채권, 미수금, 대여금, 매입채무, 미지급금, 차입금, 미지급비용, 미수수익 등
비화폐성항목	• 재고자산, 유형자산, 무형자산, 지분상품, 선수금, 선급금, 선급비용, 선수수익 등

문제 35번	외화표시재무제표의 외화환산	출제구분	기출변형	난이도	★★☆	정답	①

- 외화표시재무제표 환산방법(적용환율)

자산(마감환율)	부채(마감환율)
	자본(거래일환율)
비용(거래일환율 or 평균환율)	수익(거래일환율 or 평균환율)
	외환차이(대차차이)

문제 36번	선물거래의 개념	출제구분	재출제	난이도	★ ☆ ☆	정답	①

• 선물거래는 수량 · 규격 · 품질 등이 표준화되어 있는 특정 대상에 대하여 현재 시점에서 결정된 가격에 의해 미래 일정시점에 인도 · 인수할 것을 약정한 계약으로서 조직화된 시장에서 정해진 방법으로 거래되는 것을 말한다.

Guide 파생상품의 종류

선물	• 현재 합의된 가격으로 미래 표준화된 특정대상을 인수할 것을 불특정다수와 약정한 조직화된 시장인 장내거래(선물거래소)에서의 계약 →예 배추밭떼기 : 3개월 후에 ₩100에 산다는 계약 • 거래증거금이 필요하며 일일정산제도가 있음.	• 무조건 계약을 이행해야함. • 권리와 의무 모두 존재
선도	• 선물과 동일하나 장외거래이며 특정인과의 계약임. →장외거래이므로 상대방의 신용상태파악이 필수적임.	
옵션	• 특정대상을 일정기간 내에 미리 정해진 가격으로 사거나 팔수 있는 권리에 대한 계약 →예 3개월 후에 ₩1,000에 살 수 있는 권리를 ₩100에 사는 계약을 한 경우 3개월 후에 가격동향을 판단하여 가격이 오르면 권리를 행사함. →미국형옵션 : 만기 전에 언제라도 권리행사 가능 →유럽형옵션 : 만기에만 권리행사 가능	• 계약파기 가능 • 권리나 의무중 하나만 존재
스왑	• 거래 쌍방 간에 상품 또는 경제적조건을 서로 맞바꾸는 것	

문제 37번	리스의 분류와 리스료 및 리스채권	출제구분	신유형	난이도	★ ★ ☆	정답	②

• ① 무보증잔존가치는 리스료의 구성항목에 포함되지 않는다.
③ 변동리스료는 리스료의 구성항목에 포함된다.
④ 리스제공자는 금융리스나 운용리스로 분류하나, 리스이용자는 분류하지 않는다.

Guide 리스료의 구성항목

고정리스료	• 지급액에서 변동리스료를 뺀 금액(리스인센티브는 차감)
변동리스료	• 시간경과가 아닌 지수 · 요율(이율)에 따라 달라지는 리스료
매수선택권행사가격 (소유권이전금액)	• 리스이용자가 매수선택권을 행사할 것이 상당히 확실한 경우 그 매수선택권의 행사가격(또는 소유권이전금액)
종료선택권행사가격	• 리스기간이 리스이용자의 종료선택권 행사를 반영하는 경우에 그 리스를 종료하기 위하여 부담하는 금액
보증잔존가치	• ① 리스이용자의 경우 : 잔존가치보증에 따라 지급할 것으로 예상되는 금액 ② 리스제공자의 경우 : 다음의 자의 잔존가치보증액 - 리스이용자와 리스이용자의 특수관계자 - 리스제공자와 특수관계에 있지 않고 보증의무 이행할 재무적 능력이 있는 제3자

문제 38번	투자활동 순현금흐름 집계	출제구분	재출제	난이도	★ ★ ☆	정답	④

• 500,000(유형자산의 처분) - 1,000,000(FVOCI금융자산 취득) = - 500,000

*참고 매출채권의 회수, 급여의 지급 : 영업활동현금흐름
차입금의 상환, 유상증자 : 재무활동현금흐름
배당금의 지급 : 영업활동현금흐름 또는 재무활동현금흐름 중 선택

Guide 투자활동현금흐름의 예[K-IFRS 제1007호 문단16]

㉠ 유형자산, 무형자산 및 기타 장기성 자산의 취득 · 처분
㉡ 다른 기업의 지분상품이나 채무상품 및 공동기업 투자지분의 취득 · 처분
㉢ 제3자에 대한 선급금 및 대여금과 선급금 및 대여금의 회수(금융회사의 현금 선지급과 대출채권 제외)
㉣ 선물계약, 선도계약, 옵션계약 및 스왑계약

문제 39번	현금주의 이자비용 유출액	출제구분	재출제	난이도	★ ★ ☆	정답	③

• 20x1년(당기)에 설립되었으므로 현금주의 유출액 분석시 관련 자산 · 부채는 당기 이자비용 회계처리에 계상한 미지급비용(미지급이자)만을 고려하면 된다. 또한 유출액 분석이므로 분석시 (-)로 출발한다.

• 이자지급액(현금주의 유출액) 계산

발생주의 이자비용	(1,100,000)
미지급비용(미지급이자) 증가	300,000
현금주의 이자비용	(800,000)

Guide 발생주의의 현금주의 전환 : 이자수익과 이자비용

<table>
<tr><td rowspan="1">이자비용
유출액</td><td>
• (-)로 출발하며, 자산의 증감은 역방향으로, 부채의 증감은 순방향으로 가감하여 분석

이자비용 유출액〈금액은 가정치임〉
발생주의이자비용 (10,000) → (-)로 출발함에 주의!
사채할인발행차금(현재가치할인차금)상각액 1,000
미지급이자증가(or선급이자감소) 2,000
유출액(현금주의이자비용) (7,000)

➡(차) 이자비용 100 (대) 현금 80
사채할인발행차금 20

직접법 : • 사채할인발행차금을 계산시 가산
간접법 : • 사채할인발행차금을 당기순이익에 가산
</td></tr>
</table>

문제 40번	간접법과 영업활동현금흐름	출제구분	재출제	난이도	★ ☆ ☆	정답	②

- 50,000(당기순이익) + 2,500(감가상각비) - 1,800(유형자산처분이익) + 15,000(매출채권감소) - 10,000(재고자산증가) - 22,000(매입채무감소) = 33,700

Guide 간접법 영업활동현금흐름 계산구조

〈출발점〉 법인세비용차감전순이익		
현금수입 · 지출이 없는 손익계정	• 감가상각비, 금융자산평가손익 • 이자비용, 이자수익, 배당수익*)	• 비용 → 가산 • 수익 → 차감
투자 · 재무활동관련 손익계정	• 자산처분손익, 부채상환손익	
영업활동관련 자산 · 부채계정	• 매출채권(순액), 선수금, 매입채무, 선급금 • 재고자산(순액), 미수수익, 선급비용 • 선수수익, 미지급비용, FVPL금융자산	• 자산증(감) → 차감(가산) • 부채증(감) → 가산(차감)

*) 영업활동으로 분류되는 경우 가감조정을 해주는 이유는 현금흐름표 양식상 이들을 직접법을 적용한 것처럼 별도로 표시해주기 때문임.

주의 영업활동관련 자산 · 부채계정 관련손익(예 매출채권 대손상각비, FVPL금융자산평가이익 · 처분이익, 재고자산 감모손실, 퇴직급여 등)은 위의 현금수입 · 지출이 없는 손익계정에서 고려치 않음. 따라서, 영업활동과 관련없는 대여금이나 미수금 해당분 대손상각비는 위의 현금수입 · 지출이 없는 손익계정에서 고려(가산)함.

재경관리사 공개기출해설[재무]

2022년 5월에 시행된 기출문제에 대한 완벽한 해설을 관련이론(가이드)과 함께 제시하였습니다. 해당 문제는 합본부록을 참고바랍니다.

FINAL

Certified Accounting Manager

재무회계
공개기출문제해설
[2022년 05월 시행]

SEMOOLICENCE

문제 1번	재무제표 작성 목적	출제구분	기초문제	난이도	★ ☆ ☆	정답	④

• 재무제표는 투자자, 채권자 등 일반적인 외부이해관계자에게 경제적 의사결정에 유용한 기업의 정보를 제공하기 위하여 작성된다.

문제 2번	재무제표 요소 중 자산의 측정	출제구분	재출제	난이도	★ ★ ☆	정답	②

• ②(기업이 부채를 이행할 때 이전해야 하는 현금이나 그 밖의 경제적 자원의 현재가치)는 현행원가가 아니라 '이행가치(부채)'에 대한 설명이다.

Guide 재무제표 요소의 측정

역사적원가	자산		• 지급한대가+거래원가(예 건물취득시 취득세)
	부채		• 수취한대가-거래원가(예 사채발행시 사채발행비)
현행가치	공정가치	자산	• 시장참여자 사이의 정상거래에서 자산매도시 받게 될 가격
		부채	• 시장참여자 사이의 정상거래에서 부채이전시 지급하게 될 가격
	사용가치(자산)		• 자산사용과 처분으로 기대하는 현금흐름 및 그 밖의 경제적효익의 현재가치
	이행가치(부채)		• 부채이행시 이전해야 하는 현금 및 그 밖의 경제적자원의 현재가치
	현행원가	자산	• 측정일에 동등한 자산의 원가로서 측정일에 지급할 대가(측정일에 발생할 거래원가 포함) →즉, 자산구입시 지급대가를 의미함.
		부채	• 측정일에 동등한 부채에 대해 수취할 수 있는 대가(측정일에 발생할 거래원가 차감) →즉, 부채발생시 수취대가를 의미함.

문제 3번	재무제표 표시(재무상태표 작성기준)	출제구분	기출변형	난이도	★ ☆ ☆	정답	②

• 중요치 않은 항목은 성격이나 기능이 유사한 항목과 통합하여 표시할 수 있다.

Guide 재무제표 표시 일반사항 개괄

K-IFRS 준수	• K-IFRS를 준수하여 작성하는 기업은 그 준수사실을 주석에 명시적이고 제한없이 기재함. • 부적절한 회계정책은 공시·주석·보충자료를 통해 설명하더라도 정당화될수 없음.
계속기업	• 경영진은 재무제표작성시 계속기업으로서의 존속가능성을 평가해야함.
발생기준	• 기업은 현금흐름정보를 제외하고는 발생기준 회계를 사용하여 재무제표를 작성함.
중요성과 통합표시	• 유사한 항목은 중요성 분류에 따라 F/S에 구분표시하며, 상이한 성격·기능을 가진 항목은 구분 표시함. →다만, 중요치 않은 항목은 성격·기능이 유사한 항목과 통합표시 가능함.
상계	• K-IFRS에서 요구하거나 허용하지 않는 한 자산·부채, 수익·비용은 상계하지 아니함. →단, 재고자산평가충당금과 대손충당금(손실충당금)과 같은 평가충당금을 차감하여 관련자산을 순액으로 측정하는 것은 상계표시에 해당하지 아니함.
보고빈도	• 전체 재무제표(비교정보를 포함)는 적어도 1년마다 작성함.
비교정보	• 최소한 두 개의 재무상태표와 두 개씩의 그외 재무제표·관련주석을 표시해야 함.
표시의 계속성	• 표시·분류는 소정사항의 경우를 제외하고는 매기 동일해야함.

문제 4번	유동자산 집계	출제구분	기초문제	난이도	★ ☆ ☆	정답	③

- 유동자산 : 당좌자산+재고자산
  →당좌자산 : 40,000(단기대여금)+400,000(매출채권)+600,000(선급비용)+50,000(선급금)=1,090,000
  →재고자산 : 0
- 유동자산 : 1,090,000+0=1,090,000

문제 5번	보고기간후사건과 계속기업	출제구분	기출변형	난이도	★ ★ ☆	정답	①

- 경영진이 보고기간후에 기업을 청산하거나 경영활동을 중단할 의도를 가지고 있거나, 청산 또는 경영활동의 중단 외에 다른 현실적 대안이 없다고 판단하는 경우에는 계속기업의 기준에 따라 재무제표를 작성해서는 아니된다.[K-IFRS 제1010호 문단14]
  →만약, 계속기업의 가정이 더 이상 적절하지 않다면 그 효과가 광범위하게 미치므로, 단순히 원래의 회계처리방법 내에서 이미 인식한 금액을 조정하는 정도가 아니라 회계처리방법을 근본적으로 변경해야 한다.[K-IFRS 제1010호 문단15]

공시 [K-IFRS 제1010호 문단16]	㉠ 재무제표가 계속기업의 기준 하에 작성되지 않은 경우 ㉡ 계속기업으로서의 존속 능력에 대해 유의적인 의문이 제기될 수 있는 사건이나 상황과 관련된 중요한 불확실성을 경영진이 알게 된 경우

Guide 보고기간후사건과 배당금

부채 인식여부	• 보고기간후에 지분상품 보유자에 대해 배당을 선언한 경우 그 배당금을 보고기간말의 부채(미지급배당금)로 인식하지 아니함.[K-IFRS 제1010호 문단12] →∵보고기간 후부터 재무제표 발행승인일 전 사이에 배당을 선언한 경우 보고기간말에 어떠한 의무도 존재하지 않으므로 보고기간말에 부채로 인식하지 아니함.[K-IFRS 제1010호 문단13] 주의 따라서, 보고기간말 재무상태표 이익잉여금은 이익잉여금처분 전의 재무상태를 표시함.				
회계처리	보고기간말(20x1년)	- 회계처리 없음 -			
	배당선언시(20x2년)	(차) 이익잉여금	xxx	(대) 미지급배당금(부채)	xxx
	배당지급시(20x2년)	(차) 미지급배당금(부채)	xxx	(대) 현금	xxx

문제 6번	외화매입시 재고자산 매입원가	출제구분	재출제	난이도	★ ★ ☆	정답	③

- 매입할인은 매입원가에서 차감한다.
- 운송보험료는 매입원가에 가산한다.
- 환급 불가한 수입관세 및 제세금은 매입원가에 가산한다.
- 매입관리부서 인원의 인건비는 일반적인 판관비(영업비용)에 해당한다.

∴재고자산 가액 : $1,000×1,000－$100×1,000+100,000+20,000=1,020,000

문제 7번	재고자산 관련 비용총액 계산	출제구분	재출제	난이도	★ ★ ★	정답	②

• 이하 도표에 해당 금액을 대입하여 매출원가(구)를 먼저 계산한다.

기초재고	300,000
당기매입	2,000,000

‖

① 매출원가(구)[평가 · 감모손실 반영전](?)	**800,000**
② 평가손실	400,000
③ 정상감모손실	100,000
④ 비정상감모손실	0
⑤ 기말재고[평가 · 감모손실 반영후]	1,000,000

• 비용총액(매출원가 등 관련비용) = ①+②+③+④ : 800,000+400,000+100,000+0 = 1,300,000

문제 8번	기말재고자산 평가 일반사항	출제구분	재출제	난이도	★ ★ ☆	정답	①

• 선입선출법은 먼저 매입된 재고자산이 먼저 판매된다는 가정하에 가장 최근에 매입된 항목을 기말재고액으로 결정하는 방법이다.
→선입선출 가정은 일반적으로 물량흐름과 일치(유사)하므로 개별법과 유사한 결과를 얻을 수 있다는 장점이 있을 뿐, 선입선출법 자체가 실제 물량흐름을 고려하여 기말재고액을 결정하는 방법인 것은 아니다.
(예 모래, 시멘트, 석탄 등 야적해서 판매하는 재고의 실제 물량흐름은 나중에 매입한 것이 먼저 판매됨)

문제 9번	자산관련 정부보조금 일반사항	출제구분	재출제	난이도	★ ★ ☆	정답	④

• 정부보조금을 관련 자산에서 차감하는 방법으로 표시하는 경우 유형자산의 장부금액은 유형자산 취득금액에서 정부보조금을 차감한 금액으로 한다.

Guide **자산관련 정부보조금 회계처리**

<table>
<tr><td>개요</td><td colspan="2">• 정부보조금을 수령하여 유형자산을 취득시 정부보조금은 재무상태표에 자산에서 차감(자산차감법)하거나 이연수익(이연수익법)으로 표시하는 방법 중 한 가지 방법을 선택 가능함.
• 자산차감법의 경우 유형자산의 장부금액은 취득금액에서 정부보조금을 차감한 금액임.</td></tr>
<tr><td rowspan="3">회계처리
(선택)</td><td>자산차감법(원가차감법)</td><td>이연수익법</td></tr>
<tr><td>자산취득시
(차) 자산 xxx (대) 현금 xxx
현금 xxx 보조금(자산차감) xxx</td><td>자산취득시
(차) 자산 xxx (대) 현금 xxx
현금 xxx 이연수익(부채) xxx</td></tr>
<tr><td>감가상각시
(차) 감가상각비 xxx (대) 감가상각누계액 xxx
보조금 xxx 감가상각비 xxx</td><td>감가상각시
(차) 감가상각비 xxx (대) 감가상각누계액 xxx
이연수익 xxx 보조금수익 xxx</td></tr>
</table>

문제 10번	유형자산 취득원가 포함여부	출제구분	신유형	난이도	★ ★ ☆	정답	④

- 취득금액 : 600,000(매입금액)+30,000(운송비)+10,000(관세 · 취득세)+50,000(시운전비) - 20,000(매입할인) = 670,000
  →다른 기계장치의 재배치 과정에서 발생하는 원가는 당해 기계장치의 취득금액에 포함하지 않는다.

Guide 유형자산 취득원가 불포함 사례[K-IFRS 제1016호 문단20]

개요	• 유형자산이 경영진이 의도하는 방식으로 가동될 수 있는 장소와 상태에 이른 후에는 원가를 더 이상 인식하지 않음. 따라서, 유형자산을 사용하거나 이전하는 과정에서 발생하는 원가는 당해 유형자산의 장부금액에 포함하여 인식하지 아니함.
사례	• 예를 들어 다음과 같은 원가는 유형자산의 장부금액에 포함하지 아니함. ㉠ 유형자산이 경영진이 의도하는 방식으로 가동될 수 있으나 아직 실제로 사용되지는 않고 있는 경우 또는 가동수준이 완전조업도 수준에 미치지 못하는 경우에 발생하는 원가 ㉡ 유형자산과 관련된 산출물에 대한 수요가 형성되는 과정에서 발생하는 가동손실과 같은 초기 가동손실 ㉢ 기업의 영업 전부 또는 일부를 재배치하거나 재편성하는 과정에서 발생하는 원가

문제 11번	자본화 차입원가(일반+특정)	출제구분	재출제	난이도	★ ★ ★	정답	①

- 연평균지출액 : 10,000,000×12/12+8,000,000×6/12+8,000,000×3/12=16,000,000
- 자본화이자율 : $\dfrac{20,000,000\times 8\%\times 6/12=800,000}{20,000,000\times 6/12=10,000,000}=8\%$
- 자본화 차입원가 : ㉠+㉡=1,520,000
  ㉠ 특정 : 8,000,000×10%×12/12=800,000
  ㉡ 일반 : (16,000,000 - 8,000,000×12/12)×8%=1,440,000 [한도] 800,000(자본화이자율의 분자금액)

Guide 차입원가 자본화액

특정차입금 자본화금액	일반차입금 자본화금액 [한도] 일반차입금차입원가
❒ 특정차입금 차입원가 - 일시투자수익	❒ (연평균지출액 - 연평균특정차입금[1])×자본화이자율 →자본화이자율= $\dfrac{\text{일반차입금차입원가}}{\text{연평균일반차입금}}$ [1]일시예치금 차감액

문제 12번	다양한 무형자산의 집계	출제구분	신유형	난이도	★ ★ ★	정답	①

- 미래의 기술에 관한 지식 탐구활동 지출액
  - 연구단계활동(연구결과나 기타 지식을 탐색하는 활동)에 해당하므로 '연구비' 과목으로 비용처리한다.
- 내부적으로 창출된 브랜드의 가치평가금액
  - 사업을 전체적으로 개발하는데 발생한 원가와 구별할 수 없으므로 무형자산으로 인식하지 않는다.
- 천연가스의 탐사 권리 취득을 위한 지출액
  - 탐사 권리 취득을 위한 지출액은 탐사평가자산의 최초 인식액에 해당하므로 무형자산('시추권') 처리한다.
- 개발단계 지출로 자산인식 조건을 만족하는 금액
  - 자산요건을 충족하는 개발단계활동 지출은 '개발비' 과목으로 무형자산 처리한다.
- 사업결합으로 취득한 고객목록 평가금액
  - 내부창출이 아닌 사업결합으로 유상취득한 고객목록이므로 영업권과 분리하여 무형자산 처리한다.

∴무형자산에 해당하는 금액의 합계 : 160,000(탐사평가자산)+320,000(개발비)+180,000(고객목록)=660,000

Guide 탐사평가자산 일반사항[K-IFRS 제1106호]

의의	• 탐사평가자산이란 광물자원에 대한 탐사권리를 획득한 때부터 광물자원 추출의 기술적 실현가능성·상업화가능성을 제시할 수 있는 시점까지의 사이에 발생한 지출로서, 기업의 회계정책에 따라 자산으로 인식한 것을 말함.
최초인식	• 인식시점에 원가로 측정하며, 최초로 측정할 때 포함할 수 있는 지출의 예는 다음과 같음. ❒ 탐사 권리의 취득, 지형학적 등 연구, 탐사를 위한 시추, 굴착, 표본추출, 평가관련 활동
분류	• 탐사평가자산은 유형자산이나 무형자산으로 분류하고 이 분류를 일관되게 적용함. →무형자산을 개발하기 위해 소모된 유형자산 금액은 무형자산원가를 구성함. 그러나 무형자산을 개발하기 위해 유형자산을 사용하더라도 유형자산에서 무형자산으로 변경되는 것은 아님.
후속측정	• 탐사평가자산을 인식한 후에는 원가모형이나 재평가모형을 적용함.
재분류	• 광물자원 추출에 대한 기술적 실현가능성·상업화가능성을 제시할 수 있는 시점에는 더 이상 탐사평가자산으로 분류하지 아니함. →재분류하기 전에 손상을 검토하여 손상차손을 인식함.

Guide 브랜드·고객목록 회계처리

내부적으로 창출한 것	• 무형자산으로 인식하지 않음.
사업결합(또는 외부구입)으로 취득한 것	• 영업권과 분리하여 무형자산으로 인식함.

참고 브랜드, 고객목록에 대한 취득후(또는 완성후)의 지출은 항상 발생시점에 당기손익으로 인식함.
→이는 내부에서 창출하였는지 사업결합(외부구입)으로 취득하였는지에 관계없이 당기손익 처리함.

문제 13번	무형자산 상각	출제구분	재출제	난이도	★ ★ ☆	정답	④

- 회계추정의 변경은 전진법으로 회계처리한다.(회계정책의 변경은 소급법으로 회계처리한다.)

Guide 무형자산 잔존가치·상각기간·상각방법 변경

잔존가치 변경	• 잔존가치는 적어도 매 회계연도 말에는 검토한다. 잔존가치의 변동은 회계추정의 변경으로 처리한다.[K-IFRS 제1038호 문단102]
상각기간·상각방법 변경	• 내용연수가 유한한 무형자산의 상각기간과 상각방법은 적어도 매 회계연도 말에 검토한다. 자산의 예상 내용연수가 과거의 추정치와 다르다면 상각기간을 이에 따라 변경한다. 자산이 갖는 미래경제적효익의 예상소비형태가 변동된다면, 변동된 소비형태를 반영하기 위하여 상각방법을 변경한다. 그러한 변경은 회계추정의 변경으로 회계처리한다.[K-IFRS 제1038호 문단104]

문제 14번	투자부동산 해당여부	출제구분	재출제	난이도	★ ☆ ☆	정답	③

• 미래에 투자부동산으로 사용하기 위하여 건설 또는 개발중인 부동산과 운용리스로 제공하기 위하여 보유하는 미사용 건물은 투자부동산의 예에 해당한다.

* 저자주 K-IFRS 개정으로 '정상적인'은 '통상적인'으로 문구가 변경되었으니 참고바랍니다.

Guide 투자부동산에 해당하는 항목과 해당하지 않는 항목

투자부동산O [예시]	• 장기시세차익을 얻기 위하여 보유하고 있는 토지 →통상적인 영업과정에서 단기간에 판매하기 위하여 보유하는 토지는 제외함. • 장래 용도를 결정하지 못한 채로 보유하고 있는 토지 • 직접소유하고 운용리스로 제공하는 건물 • 운용리스로 제공하기 위하여 보유하는 미사용 건물 • 미래에 투자부동산으로 사용하기 위하여 건설·개발중인 부동산
투자부동산X [예시]	• 통상영업과정에서 판매 또는 이를 위하여 건설·개발 중인 부동산 →예 가까운 장래에 판매하거나 개발하여 판매하기 위한 목적으로만 취득한 부동산 • 자가사용부동산 →미래에 자가사용하기 위한 부동산, 미래에 개발 후 자가사용할 부동산, 종업원이 사용하고 있는 부동산(종업원이 시장요율로 임차료를 지급하고 있는지는 관계없음), 처분 예정인 자가사용부동산을 포함함. • 금융리스로 제공한 부동산

문제 15번	금융자산의 분류	출제구분	신유형	난이도	★ ★ ☆	정답	④

③ FVPL금융자산(당기손익-공정가치측정금융자산)의 거래원가만 당기비용으로 인식하며, 그 외의 금융자산은 취득원가(공정가치)에 가산한다.

④ 단기매매목적 외의 지분상품에 대한 공정가치 변동을 기타포괄손익으로 인식하기로 선택한 경우 FVOCI금융자산(기타포괄손익-공정가치측정금융자산)으로 분류한다.
→단기매매목적 외의 지분상품 중 FVOCI금융자산(기타포괄손익-공정가치측정금융자산)으로 지정한 것을 제외하고는 FVPL금융자산(당기손익-공정가치측정금융자산)으로 분류한다.

Guide 금융자산 분류

원칙
• 사업모형과 현금흐름특성에 근거하여 다음과 같이 분류·측정함.

분류·측정	충족조건	해당증권
AC금융자산 [상각후원가측정]	• ㉠ 현금흐름수취목적 사업모형일 것 ㉡ 원리금지급만으로 구성된 현금흐름일 것	채무상품
FVOCI금융자산 [기타포괄손익-공정가치측정]	• ㉠ 현금흐름수취와 금융자산매도목적 사업모형일 것 ㉡ 원리금지급만으로 구성된 현금흐름일 것	채무상품
FVPL금융자산 [당기손익-공정가치측정]	• 그 외 모든 금융자산 →예 단기매매항목	지분상품 채무상품 파생상품

선택
• 최초인식시점에 다음과 같이 측정하기로 선택할 수 있음.

분류·측정	충족조건	해당증권
FVOCI금융자산 [기타포괄손익-공정가치측정]	• 단기매매항목이 아닐 것	지분상품
FVPL금융자산 [당기손익-공정가치측정]	• 회계불일치를 제거하거나 유의적으로 줄이기 위한 경우일 것	지분상품 채무상품

문제 16번	FVOCI금융자산(지분상품) 손익 구분	출제구분	신유형	난이도	★★☆	정답	①

- ① 주식(지분법이 적용되는 관계기업투자주식을 제외) 보유에서 수취하는 배당금은 배당금수익 처리한다.
  →따라서, '주식보유로 인한 배당수익'은 당기손익에 반영되는 항목이다.
  ② FVOCI금융자산(지분상품)은 손상차손은 물론 처분손익도 인식하지 않는다.
  →따라서, '주식처분으로 인한 처분손익'은 당기손익에 반영되는 항목이 아니다.
  ③ FVOCI금융자산(지분상품)의 공정가치와 장부금액의 차액은 기타포괄손익(자본) 처리한다.
  →따라서, '공정가치평가로 인한 평가손익'은 당기손익에 반영되는 항목이 아니다.
  ④ FVPL금융자산의 거래원가만 당기비용으로 인식하며, 그 외의 금융자산은 취득원가(공정가치)에 가산한다.
  →따라서, '주식취득과 관련하여 발생한 거래원가'는 당기손익에 반영되는 항목이 아니다.

문제 17번	매출채권 대손발생액 추정	출제구분	재출제	난이도	★★☆	정답	④

*고속철 대손충당금(손실충당금) 계정흐름 도해

대손충당금

대손발생(대손확정)[1]	?	기초대손충당금	42,500
대손충당금환입	0	대손채권회수	0
기말대손충당금	85,000	대손상각비[2]	72,500

[1]기중발생한 대손총액 [2]기중발생대손 중 대손상각비처리액과 기말설정 대손상각비의 합계

∴대손발생(대손이 확정되어 상계된 매출채권)=30,000

문제 18번	사채할인발행의 경우 총이자비용	출제구분	재출제	난이도	★★☆	정답	④

*고속철 사채할인발행시 만기까지 총이자비용 : 총액면이자+총사채할인발행차금
사채할증발행시 만기까지 총이자비용 : 총액면이자-총사채할증발행차금

- 발행금액(현재가치) : 2,000,000×2.6730+50,000,000×0.8396=47,326,000
  →총사채할인발행차금 : 50,000,000-47,326,000=2,674,000
- 만기까지 인식해야 하는 총이자비용 : 총액면이자(2,000,000×3년)+총사채할인발행차금(2,674,000)=8,674,000

문제 19번	전환사채 개념	출제구분	재출제	난이도	★ ☆ ☆	정답	①

• 복합금융상품의 종류

전환사채	• 유가증권의 소유자가 일정한 조건하에 보통주로의 전환권을 행사할 수 있는 사채로서, 전환권을 행사하면 보통주로 전환되는 사채
신주인수권부사채	• 유가증권의 소유자가 일정한 조건하에 신주인수권을 행사하여 보통주 발행을 청구할 수 있는 권리가 부여된 사채
전환우선주	• 유가증권의 소유자가 일정한 조건하에 전환권을 행사할 수 있는 우선주로서, 전환권을 행사하면 보통주로 전환되는 우선주
교환사채	• 유가증권의 소유자가 사채발행자가 보유하고 있는 유가증권과 교환을 청구할 수 있는 권리가 부여된 사채

*참고 회사채와 영구채

회사채	• 기업이 시설투자나 운영 등의 장기자금을 조달하기 위해 발행하는 채권을 말함. →채권은 발행 주체에 따라 국가가 발행하는 국채, 지방자치단체가 발행하는 지방채, 특별법인이 발행하는 특수채, 금융기관이 발행하는 금융채, 주식회사가 발행하는 회사채로 구분됨.
영구채	• 원금상환 없이 이자만 영구히 지급하는 채권을 말함. →즉, 만기가 없는 채권으로 신종자본증권(하이브리드채권)이라고도 함.

문제 20번	충당부채기준서 실무적용지침사례	출제구분	재출제	난이도	★ ★ ★	정답	①

• 충당부채 인식여부 분석

현재의무	토지 정화를 요구하는 법률 제정이 거의 확실하므로 의무발생사건은 토지의 오염이다.
유출가능성	가능성이 높다.
결론(인식여부)	토지정화 원가에 대한 최선의 추정치로 충당부채를 인식한다.

Guide ▶ 충당부채와 우발부채의 인식

<table>
<tr><td rowspan="5">개요</td><td>금액추정가능성 / 자원유출가능성</td><td>신뢰성있게 추정가능</td><td>추정불가능</td></tr>
<tr><td>가능성이 높음</td><td>충당부채로 인식</td><td rowspan="2">우발부채로 주석공시</td></tr>
<tr><td>가능성이 어느 정도 있음</td><td>우발부채로 주석공시</td></tr>
<tr><td>가능성이 아주 낮음(거의 없음)</td><td>공시하지 않음</td><td>공시하지 않음</td></tr>
<tr><td colspan="3">비교 충당부채는 재무제표에 부채로 인식하나, 우발부채는 부채로 인식하지 않음.</td></tr>
<tr><td>충당부채 인식요건</td><td colspan="3">• 과거사건의 결과로 현재의무(법적의무나 의제의무)가 존재한다.
• 해당 의무를 이행하기 위하여 경제적효익이 있는 자원이 유출될 가능성이 높다.
• 해당 의무의 이행에 소요되는 금액을 신뢰성있게 추정할 수 있다.</td></tr>
</table>

문제 21번	기타포괄손익의 집계	출제구분	재출제	난이도	★ ☆ ☆	정답	③

- 기타포괄손익누계액 : 2,500,000(보험수리적이익)+500,000(유형자산 재평가잉여금)=3,000,000
  →주식발행초과금, 자기주식처분이익 : 자본 가산항목

Guide 기타포괄손익 항목

- FVOCI금융자산평가손익(지분상품/채무상품), 재평가잉여금, 보험수리적손익(확정급여제도 재측정손익)
- 해외사업장외화환산차이, 현금흐름위험회피파생상품평가손익(위험회피에 효과적인 부분)

문제 22번	자본항목별 변동분석	출제구분	재출제	난이도	★ ★ ☆	정답	③

- 유상증자(20x1년 2월 4일) 회계처리
  (차) 현금 100,000주×8,500=850,000,000 (대) 자본금 500,000,000
  주식발행초과금 350,000,000
  →자본금 500백만원 증가, 주식발행초과금 350백만원 증가
- 자기주식취득(20x1년 10월 10일) 회계처리
  (차) 자기주식 5,000주×6,000=30,000,000 (대) 현금 30,000,000
  →자기주식 30백만원 증가

∴(가) : 500백만원+500백만원=1,000백만원
(나) : 750백만원+350백만원=1,100백만원
(다) : (100백만원)+(30백만원)=(130백만원)

문제 23번	변동대가 반영 수익(거래가격) 계산	출제구분	재출제	난이도	★ ★ ★	정답	②

- 3월 수익(거래가격) : 75개×120=9,000
- 6월 수익(거래가격) : 변동대가 반영

  2분기 판매분 : 500개×100=50,000
  1분기 판매분 중 소급분 : 75개×(120-100)=(1,500)
  48,500

*참고 회계처리

3월	(차) 매출채권	9,000	(대) 매출	9,000
6월	(차) 매출채권	48,500	(대) 매출	48,500

문제 24번	수익 일반사항	출제구분	재출제	난이도	★ ★ ★	정답	④

• 계약의 결합[K-IFRS 제1115호 문단 17]
다음 기준 중 하나 이상을 충족한다면(즉, 다음 기준 중 하나만 충족해도 됨), 같은 고객(또는 그 고객의 특수관계자)과 동시에 또는 가까운 시기에 체결한 둘 이상의 계약을 결합하여 단일 계약으로 회계처리한다.

㉠ 복수의 계약을 하나의 상업적 목적으로 일괄 협상한다.
㉡ 한 계약에서 지급하는 대가(금액)는 다른 계약의 가격이나 수행에 따라 달라진다.
㉢ 복수의 계약에서 약속한 재화나 용역(또는 각 계약에서 약속한 재화나 용역의 일부)은 단일 수행의무에 해당한다.

Guide K-IFRS 제1115호 '고객과의 계약에서 생기는 수익' 적용범위

적용대상	• 계약 상대방이 고객인 경우에만 그 계약에 적용함.
적용제외	• ㉠ 리스계약, 보험계약, 금융상품 ㉡ 고객이나 잠재적 고객에게 판매를 쉽게 하기 위해 행하는 같은 사업 영역에 있는 기업 사이의 비화폐성 교환(예 두 정유사가 서로 다른 특정지역에 있는 고객의 수요를 적시에 충족하기 위해, 두 정유사끼리 유류를 교환하기로 합의한 계약에는 적용하지 않음.)

* 저자주 ③과 ④는 재경관리사 시험수준을 초과하는 내용이나 출제가 된 만큼 가볍게 검토 바랍니다.

문제 25번	계약수익과 계약원가의 인식	출제구분	재출제	난이도	★ ★ ☆	정답	②

• 하도급계약에 따라 수행될 공사에 대해 하도급자에게 선급한 금액은 진행률 산정을 위한 누적발생원가에서 제외시켜야 한다.

문제 26번	건설계약의 공시	출제구분	재출제	난이도	★ ☆ ☆	정답	②

• 미성공사(=누적계약수익=누적발생원가에 인식한 이익을 가산한 금액)가 진행청구액(=계약대금청구액)을 초과하는 금액은 미청구공사(계약자산)로 표시한다.

Guide 건설계약의 공시방법

미성공사금액 〉 진행청구액	• 차액을 '미청구공사(계약자산)' 과목으로 자산처리
미성공사금액 〈 진행청구액	• 차액을 '초과청구공사(계약부채)' 과목으로 부채처리
재무상태표 표시	〈유동자산〉 **미청구공사(계약자산)** 미성공사 5,000 진행청구액 <u>4,000</u> 1,000 〈유동부채〉 **초과청구공사(계약부채)** 진행청구액 4,000 미성공사 <u>3,000</u> 1,000

문제 27번	종업원급여와 퇴직급여제도의 유형	출제구분	신유형	난이도	★ ★ ☆	정답	④

• 확정급여제도는 기업이 종업원 퇴직시 약정된 퇴직급여의 지급을 약속한 것으로 그 운용과 위험을 기업이 부담한다.

Guide 퇴직급여제도 비교

	기업의 부담	종업원수령액	위험부담자
확정기여제도(DC형)	출연금액에 한정 (기여금 납부함으로써 모든 의무가 종결됨.)	불확정적	종업원
확정급여제도(DB형)	변동적	확정적	기업

문제 28번	현금결제형 주식기준보상 당기보상비용	출제구분	재출제	난이도	★ ☆ ☆	정답	②

• 27,000개 × 250,000(20x1년말 주가차액보상권의 개당 공정가치) × $\frac{1}{3}$ = 2,250,000,000(22.5억원)

Guide 현금결제형 주식기준보상 보고기간말 회계처리

보고기간말	• 주가차액보상권은 보고기간말 공정가치로 재측정하고 기대권리소멸률을 반영한 보상원가를 용역제공비율에 따라 가득기간에 걸쳐 인식 →(차) 주식보상비용(당기비용) xxx (대) 장기미지급비용(부채) xxx
가득일 이후	• 가득일 이후에도 매 보고기간말의 공정가치를 기준으로 보상원가를 재측정하고 보상원가의 재측정으로 변동한 금액은 주식보상비용과 장기미지급비용으로 처리

문제 29번	2차연도 이연법인세자산 · 부채	출제구분	기출변형	난이도	★ ★ ☆	정답	②

• 유보(차감할 일시적차이) 900,000
• 미지급법인세(당기법인세) : 5,500,000 × 25% = 1,375,000
• 이연법인세자산 : 300,000 × 30% + 300,000 × 30% + 300,000 × 30% = 270,000

• 회계처리

(차) 법인세비용(대차차액) 1,105,000 (대) 미지급법인세(당기법인세) 1,375,000
이연법인세자산 270,000

Guide 이연법인세 계산구조

대상	• 일시적차이(유보)
공시	• 이연법인세자산(부채)는 비유동자산(부채)로만 표시하고 소정 요건을 충족하는 경우 상계하여 표시 • 현재가치평가를 하지 않음.
절차	• **[1단계]** 미지급법인세(과세소득 × 당기세율) = (세전순이익 ± 영구적차이 ± 일시적차이) × 당기세율 **[2단계]** 이연법인세자산(부채) = 유보(△유보) × 미래예상세율(평균세율) **[3단계]** 법인세비용 = 대차차액에 의해 계산 주의 이연법인세자산(부채)은 당기세율이 아니라 소멸시점의 미래예상세율을 적용함.

문제 30번	2차연도 법인세비용 계산	출제구분	재출제	난이도	★ ★ ☆	정답	③

- ㉠ 20x2년말 이연법인세자산 50,000이 계상되어야 하므로, 20x1년말 현재 계상되어 있는 이연법인세자산 10,000에 40,000을 추가로 계상한다.
  ㉡ 20x2년말 이연법인세부채 10,000이 계상되어야 하므로, 20x1년말 현재 계상되어 있는 이연법인세부채 30,000 중 20,000을 제거한다.
- 법인세비용은 대차차액으로 구한다.

→(차) 법인세비용(대차차액) 140,000 (대) 미지급법인세(당기법인세) 200,000
이연법인세자산 40,000
이연법인세부채 20,000

문제 31번	재고자산 원가흐름가정의 회계정책변경	출제구분	재출제	난이도	★ ★ ★	정답	③

- 재고자산 분석(가중평균법과 비교한 선입선출법 금액)
  20x1년 : 기말재고 10,000원 과대계상 → 매출원가 10,000원 과소계상 → 이익 10,000원 과대계상
  20x2년 : 기초재고 10,000원 과대계상 → 매출원가 10,000원 과대계상 → 이익 10,000원 과소계상
  20x2년 : 기말재고 5,000원 과대계상 → 매출원가 5,000원 과소계상 → 이익 5,000원 과대계상
- 이익잉여금 분석

	20x1년	20x2년
20x1년 기말과대	이익 10,000 과대계상	이익 10,000 과소계상
20x2년 기말과대		이익 5,000 과대계상
	이익 10,000 과대계상	이익 5,000 과소계상

→총이익 5,000 과대계상(이익 10,000 과대계상+이익 5,000 과소계상)
∴이익잉여금 5,000 감소시키는 처리를 해야 한다.

문제 32번	자기주식취득 · 유상증자와 EPS	출제구분	기출변형	난이도	★ ★ ★	정답	③

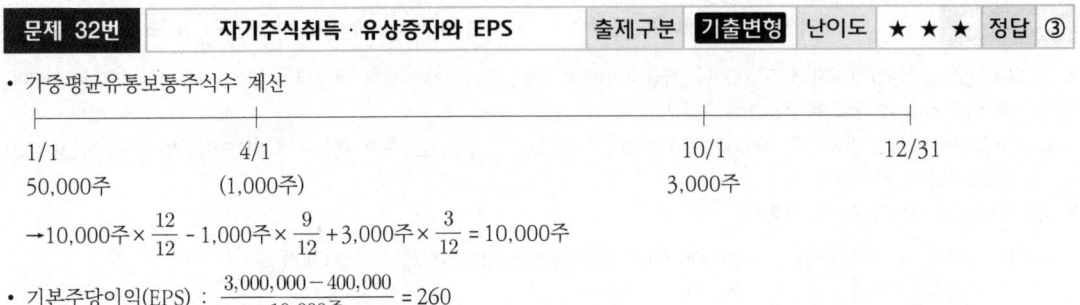

• 가중평균유통보통주식수 계산

1/1	4/1	10/1	12/31
50,000주	(1,000주)	3,000주	

$\rightarrow 10{,}000주 \times \frac{12}{12} - 1{,}000주 \times \frac{9}{12} + 3{,}000주 \times \frac{3}{12} = 10{,}000주$

• 기본주당이익(EPS) : $\frac{3{,}000{,}000 - 400{,}000}{10{,}000주} = 260$

*저자주 문제의 명확한 성립을 위해 누락된 단서인 '단, 유상신주의 발행금액과 공정가치는 동일하다고 가정한다'를 추가하기 바랍니다.

Guide 가중평균유통보통주식수의 산정

우선주	• 발행된 총주식수에서 우선주식수를 차감
자기주식	• 보유기간(취득~매각)동안 유통보통주식수에서 제외 주의 기초에 발행주식수 10주, 자기주식수 1주인 경우 유통주식수 9주로 계산
무상증자 · 주식배당 · 주식분할	• 기초에 실시된 것으로 간주 →단, 기중 유상증자 발행신주는 유상증자의 납입일에 실시된 것으로 간주
유상증자	• 일반적인 경우(공정가치이상 유상증자) 납입일을 기준으로 가중평균

문제 33번	유의적 영향력과 지분법 적용	출제구분	신유형	난이도	★ ★ ★	정답	②

- 기업이 해당 피투자자에 대하여 유의적인 영향력이 있는지 여부를 평가할 때에는 다른 기업이 보유한 잠재적 의결권도 고려하여야 한다.

Guide 지분율기준 유의적 영향력 세부고찰

원칙	• 투자자가 직접으로 또는 간접(예 종속기업을 통하여)으로 피투자자에 대한 의결권의 20%이상을 소유하고 있다면 명백한 반증이 있는 경우를 제외하고는 유의적인 영향력이 있는 것으로 보아 지분법을 적용함.
고려사항	• 유의적인 영향력 판단을 위한 지분율 계산에 고려할 사항은 다음과 같음. ㉠ 유의적인 영향력을 판단함에 있어 피투자자에 대한 의결권은 투자자의 지분율과 종속기업이 보유하고 있는 지분율의 단순합계로 계산함. ㉡ 기업이 해당 피투자자에 대하여 유의적인 영향력이 있는지 여부를 평가할 때에는, 다른 기업이 보유한 잠재적 의결권(예 주식매입권, 주식콜옵션, 보통주식으로 전환할 수 있는 채무상품이나 지분상품, 또는 그 밖의 유사한 금융상품)을 포함하여 현재 행사할 수 있거나 전환할 수 있는 잠재적 의결권의 존재와 영향을 고려하여야 함.

*참고 '간접'의 의미와 지분율 계산 사례

개요	• 종속기업을 통하여 피투자자에 대한 의결권을 소유하는 것을 말함. → 즉, 아래에서 A는 반드시 모회사의 종속기업이어야 함. 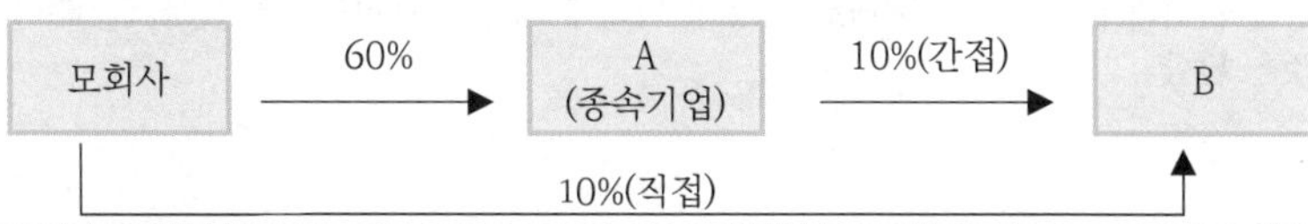
지분율 계산	• 단순하게 합산하여 판단함. → 위에서 10%(직접)+10%(간접)=20% 이므로 모회사는 B에 대해 유의적인 영향력 있음.

*저자주 본 문제는 회계사·세무사 시험에서는 빈출되고 있는 문제에 해당하나, 재경관리사 시험수준을 고려할 때 다소 무리한 출제로 사료됩니다. 출제가 된 만큼 문구 정도 숙지 바랍니다.

문제 34번	관계기업투자주식 장부금액과 지분법이익	출제구분	재출제	난이도	★ ☆ ☆	정답	③

- 20x1년말 관계기업투자주식 장부금액 : 6,000(취득원가)+6,000(당기순이익)×30%=7,800
- 20x1년말 지분법이익 : 6,000(당기순이익)×30%=1,800

*참고 ㈜삼일 회계처리

취득시(20x1년초)	(차) 관계기업투자주식	6,000	(대) 현금	6,000
당기순이익 보고시(20x1년말)	(차) 관계기업투자주식	1,800	(대) 지분법이익	1,800

문제 35번	외화자산의 환산	출제구분	재출제	난이도	★ ★ ☆	정답	①

- 20x1년말 매출채권 : 20x1년말의 환율로 계상된다. → $80,000×@1,080=86,400,000
- 외환손실(외화환산손실) : 환율 감소분이 계상된다. → $80,000×(@1,100-@1,080)=1,600,000

*참고 ㈜삼일 회계처리

20x1.11.21	(차) 매출채권	$80,000×@1,100=88,000,000	(대) 매출	88,000,000
20x1.12.31	(차) 외환손실	$80,000×20=1,600,000	(대) 매출채권	1,600,000

문제 36번	파생상품 일반사항	출제구분	재출제	난이도	★ ★ ☆	정답	④

• 위험회피수단으로 지정되지 않고 매매목적 등으로 보유하고 있는 파생상품의 평가손익은 당기손익으로 계상해야 한다.

*참고 비파생금융상품과 내재파생상품

파생상품은 원금 이상의 손실을 입을 수 있는 것인데 반해, 비파생금융상품은 주식과 같이 종이 조각이 되면 끝이 나는 즉, 원금 이상의 손실을 입지 않는 것을 의미한다. 한편, 내재파생상품은 전환사채의 전환권과 같은 경우를 예로 들 수 있으며 만약 전환권이 독립적으로 거래·양도 등이 가능하면 내재파생상품이 아니다. 이 경우 내재파생상품을 주계약과 분리하여 파생상품으로 처리한다.

Guide 파생상품평가손익의 처리

❐ 파생상품은 계약상 권리·의무에 따라 자산·부채로 재무제표에 계상하며, 평가손익은 다음과 같이 처리함.

매매목적1)	• 당기손익	
공정가치위험회피2)	• 당기손익	
현금흐름위험회피3)	위험회피에 효과적인 부분	• 기타포괄손익
	위험회피에 효과적이지 못한 부분	• 당기손익

1) 매매목적으로 파생상품을 이용하는 것을 말함.

2) 위험회피대상항목이 자산, 부채, 확정계약으로서 당해 항목의 공정가치변동을 상쇄하기 위하여 파생상품을 이용하는 것을 말함.

3) 위험회피대상항목이 미래에 예상되는 거래로서 당해 거래에 따른 미래현금흐름변동을 상쇄하기 위하여 파생상품을 이용하는 것을 말함.

문제 37번	리스이용자 사용권자산	출제구분	신유형	난이도	★ ★ ★	정답	③

• 리스부채 : 1,000,000(고정리스료)×2.4869=2,486,900
→내재이자율을 알 수 없는 경우에는 리스이용자의 증분차입이자율로 할인하여 리스부채를 계산한다.
• 리스개시일에 인식할 사용권자산 : 2,486,900(리스부채)+100,000(리스이용자 리스개설직접원가)=2,586,900

*참고 회계처리

20x1년초(리스개시일)	(차) 사용권자산	2,586,900	(대) 리스부채	2,486,900
			현금	100,000
20x1년말(보고기간말)	(차) 이자비용	2,486,900×10%=248,690	(대) 현금	1,000,000
	리스부채	751,310		
	(차) 감가상각비	2,586,900÷Min[3년,5년]=862,300	(대) 감가상각누계액	862,300

Guide **리스이용자 회계처리**

<table>
<tr><td rowspan="2">리스개시일</td><td colspan="2">• (차) 사용권자산(원가) xxx (대) 리스부채 xxx
현금(리스개설직접원가) xxx</td></tr>
<tr><td>리스부채</td><td>❒ 지급되지 않은 리스료를 내재이자율로 할인한 현재가치
(내재이자율 산정불가시는 리스이용자의 증분차입이자율로 할인)</td></tr>
<tr><td rowspan="3">보고기간말</td><td colspan="2">• (차) 이자비용 xxx (대) 현금 xxx
리스부채 xxx
(차) 감가상각비 xxx (대) 감가상각누계액 xxx</td></tr>
<tr><td>이자비용</td><td>❒ 리스부채 장부금액×내재이자율</td></tr>
<tr><td>감가상각</td><td><table><tr><td>구분</td><td>감가상각대상금액</td><td>감가상각기간</td></tr><tr><td>소유권이전O</td><td>원가-추정잔존가</td><td>내용연수</td></tr><tr><td>소유권이전X</td><td>원가-보증잔존가</td><td>Min[리스기간, 내용연수]</td></tr></table></td></tr>
</table>

문제 38번	투자활동 순현금흐름 집계	출제구분	재출제	난이도	★ ★ ☆	정답	③

• -800,000(유형자산의 취득)+1,000,000(관계기업투자주식의 처분)+500,000(무형자산의 처분)=700,000

*참고 매출채권의 회수, 급여의 지급 : 영업활동현금흐름
차입금의 상환, 유상증자 : 재무활동현금흐름
배당금의 지급 : 영업활동현금흐름 또는 재무활동현금흐름 중 선택

Guide **투자활동현금흐름의 예[K-IFRS 제1007호 문단16]**

㉠ 유형자산, 무형자산 및 기타 장기성 자산의 취득·처분
㉡ 다른 기업의 지분상품이나 채무상품 및 공동기업 투자지분의 취득·처분
㉢ 제3자에 대한 선급금 및 대여금과 선급금 및 대여금의 회수(금융회사의 현금 선지급과 대출채권 제외)
㉣ 선물계약, 선도계약, 옵션계약 및 스왑계약

문제 39번	간접법과 영업활동현금흐름	출제구분	재출제	난이도	★☆☆	정답	④

• 15,000,000(당기순이익)+1,000,000(감가상각비)-3,000,000(매출채권증가)-2,500,000(매입채무감소)=10,500,000

Guide **간접법 영업활동현금흐름 계산구조**

〈출발점〉 법인세비용차감전순이익		
현금수입 · 지출이 없는 손익계정	• 감가상각비, 금융자산평가손익 • 이자비용, 이자수익, 배당수익*)	• 비용 → 가산 • 수익 → 차감
투자 · 재무활동관련 손익계정	• 자산처분손익, 부채상환손익	
영업활동관련 자산 · 부채계정	• 매출채권(순액), 선수금, 매입채무, 선급금 • 재고자산(순액), 미수수익, 선급비용 • 선수수익, 미지급비용, FVPL금융자산	• 자산증(감) → 차감(가산) • 부채증(감) → 가산(차감)

*) 영업활동으로 분류되는 경우 가감조정을 해주는 이유는 현금흐름표 양식상 이들을 직접법을 적용한 것처럼 별도로 표시해주기 때문임.

주의 영업활동관련 자산 · 부채계정 관련손익(예 매출채권 대손상각비, FVPL금융자산평가이익 · 처분이익, 재고자산 감모손실, 퇴직급여 등)은 위의 현금수입 · 지출이 없는 손익계정에서 고려치 않음. 따라서, 영업활동과 관련없는 대여금이나 미수금 해당분 대손상각비는 위의 현금수입 · 지출이 없는 손익계정에서 고려(가산)함.

문제 40번	현금주의 이자비용 유출액	출제구분	신유형	난이도	★★★	정답	②

• 유출액 분석이므로 분석시 (-)로 출발한다.

• 이자지급액(현금주의 유출액) 계산

발생주의 이자비용	(100,000)
미지급이자 증가	15,000
선급이자 감소	5,000
현금주의 이자비용	(80,000)

Guide **발생주의의 현금주의 전환 : 이자비용**

이자비용 유출액

• (-)로 출발하며, 자산의 증감은 역방향으로, 부채의 증감은 순방향으로 가감하여 분석

이자비용 유출액〈금액은 가정치임〉		
발생주의이자비용	(10,000)	→ **(-)로 출발함에 주의!**
사채할인발행차금(현재가치할인차금)상각액	1,000	
미지급이자증가(or선급이자감소)	2,000	
유출액(현금주의이자비용)	(7,000)	

➡ (차) 이자비용 100 (대) 현금 80
사채할인발행차금 20

직접법	• 사채할인발행차금을 계산시 가산
간접법	• 사채할인발행차금을 당기순이익에 가산

재경관리사 공개기출해설[재무]

2022년 6월에 시행된 기출문제에 대한 완벽한 해설을 관련이론(가이드)과 함께 제시하였습니다. 해당 문제는 합본부록을 참고바랍니다.

FINAL

Certified Accounting Manager

재무회계
공개기출문제해설
[2022년 06월 시행]

SEMOOLICENCE

문제 1번	일반목적재무보고의 의의	출제구분	재출제	난이도	★ ★ ☆	정답	①

- 현재 및 잠재적 투자자, 대여자 및 그 밖의 채권자는 정보를 제공하도록 직접 요구할 수 없고, 필요로 하는 정보의 많은 부분을 일반목적재무보고서에 의존해야만 한다. 따라서 그들이 주요이용자이다.
  →보고기업의 경영진도 해당 기업에 대한 재무정보에 관심이 있다. 그러나 경영진은 그들이 필요로 하는 재무정보를 내부에서 구할 수 있기 때문에 일반목적재무보고서에 의존할 필요가 없다.

Guide 일반목적재무보고 일반사항

주요이용자	• 일반목적재무보고서 대상 주요이용자 : 현재 및 잠재적 투자자, 대여자 및 그 밖의 채권자 ㉠ 경영진은 그들이 필요로 하는 재무정보를 내부에서 구할 수 있기 때문에 일반목적재무보고서에 의존할 필요가 없음. ㉡ 규제기관(감독당국) 그리고 투자자, 대여자와 그 밖의 채권자가 아닌 일반대중도 일반목적재무보고서가 유용하다고 여길 수 있음. →그렇더라도 일반목적재무보고서는 이러한 그 밖의 집단을 주요 대상으로 한 것이 아님.
목적	• 일반목적재무보고의 목적은 현재 및 잠재적 투자자, 대여자와 그 밖의 채권자가 기업에 자원을 제공하는 것과 관련된 의사결정을 할 때 유용한 보고기업 재무정보를 제공하는 것임.

문제 2번	재무정보 근본적 질적특성의 구성요소	출제구분	재출제	난이도	★ ☆ ☆	정답	②

- 목적적합성의 구성 : 예측가치, 확인가치, 중요성

Guide 근본적 질적특성 개괄

목적적합성	예측가치와 확인가치	• 이용자들이 미래 결과를 예측하기 위해 사용하는 절차의 투입요소로 재무정보가 사용될 수 있다면 그 재무정보는 예측가치를 갖음. →재무정보가 과거 평가에 대해 피드백을 제공한다면(과거 평가를 확인하거나 변경시킨다면) 확인가치를 갖음. • 재무정보가 예측가치를 갖기 위해서 그 자체가 예측치 또는 예상치일 필요는 없음.
	중요성	• 정보가 누락·잘못기재된 경우 일반목적재무보고서에 근거하여 이루어지는 주요이용자의 의사결정에 영향을 줄 수 있다면 그 정보는 중요한 것임. • 중요성은 개별기업 재무보고서 관점에서 해당 정보와 관련된 항목의 성격이나 규모 또는 이 둘 모두에 근거하여 해당 기업에 특유한 측면의 목적적합성을 의미함.
표현충실성	완전한 서술 중립적 서술 오류없는 서술	• 오류가 없다는 것은 현상의 기술에 오류나 누락이 없고, 보고정보를 생산하는데 사용되는 절차의 선택과 적용시 절차상 오류가 없음을 의미함. →즉, 오류가 없다는 것은 모든 면에서 완벽, 정확하다는 것을 의미하지는 않음.

문제 3번	수익과 비용	출제구분	기초문제	난이도	★ ☆ ☆	정답	③

• 비용의 정의 : 자본의 감소를 가져오는 자산의 감소 또는 부채의 증가로서 자본청구권 보유자에 대한 분배와 관련된 것을 제외

→따라서, 일반적으로 미실현손실(예 재고자산평가손실, FVPL평가손실)도 비용에 포함된다.

Guide 재무제표 요소별 정의

재무상태 요소	자산	• 과거사건의 결과로 기업이 통제하는 현재의 경제적자원 →경제적자원 : 경제적효익을 창출할 잠재력을 지닌 권리
	부채	• 과거사건의 결과로 기업이 경제적자원을 이전해야 하는 현재의무
	자본	• 기업의 자산에서 모든 부채를 차감한 후의 잔여지분
재무성과 요소	수익	• 자본증가를 가져오는 자산증가나 부채감소(자본청구권보유자 출자 제외)
	비용	• 자본감소를 가져오는 자산감소나 부채증가(자본청구권보유자 분배 제외)

문제 4번	기타포괄손익 항목	출제구분	신유형	난이도	★ ★ ☆	정답	②

• 기타포괄손익은 포괄손익계산서의 구성요소로서 당기순손익과 총포괄손익 간에 차이를 발생시키는 항목이다.

• 관계기업에 대한 지분법 평가로 발생하는 손익은 당기손익이나 기타포괄손익으로 인식한다.

- 당기손익 : 피투자회사가 당기순손익 보고시 '지분법손익'
- 기타포괄손익 : 피투자회사의 기타포괄손익이 증감시 '지분법자본변동(=관계기업기타포괄손익)'

Guide 기타포괄손익 항목 종류

㉠ FVOCI금융자산 평가손익(기타포괄손익-공정가치측정금융자산평가손익)
㉡ 재평가잉여금
㉢ 확정급여제도의 재측정요소(보험수리적손익)
㉣ 해외사업장 외화환산차이
㉤ 현금흐름위험회피 파생상품평가손익(위험회피에 효과적인 부분)

Guide 기타포괄손익의 세부 종류와 후속적인 당기손익으로의 재분류 여부

재분류O	• FVOCI금융자산 평가손익(채무상품), 해외사업장 외화환산차이 • 현금흐름위험회피 파생상품평가손익(위험회피에 효과적인 부분) • 지분법자본변동(관계기업 · 공동기업의 재분류되는 기타포괄손익에 대한 지분)
재분류X	• 재평가잉여금의 변동, 확정급여제도 재측정요소, FVOCI 선택 지분상품 금융자산 평가손익 • FVPL 지정 금융부채의 신용위험 변동에 따른 공정가치 평가손익 • 지분법자본변동(관계기업 · 공동기업의 재분류되지 않는 기타포괄손익에 대한 지분)

문제 5번	특수관계자 해당여부	출제구분	기출변형	난이도	★ ☆ ☆	정답	①

• 기업과 단순히 통상적인 업무 관계를 맺고 있는 자금제공자, 노동조합, 공익기업 그리고 보고기업에 지배력, 공동지배력 또는 유의적인 영향력이 없는 정부부처와 정부기관(기업 활동의 자율성에 영향을 미치거나 기업의 의사결정과정에 참여할 수 있다 하더라도 상관없음)은 특수관계자가 아니다.

• 개인의 경우 다음 중 어느 하나에 해당한다면 보고기업과 특수관계가 있는 것으로 본다.

㉠ 보고기업에 지배력 또는 공동지배력이 있는 경우
㉡ 보고기업에 유의적인 영향력이 있는 경우
㉢ 보고기업 또는 그 지배기업의 주요 경영진의 일원인 경우

문제 6번	재고자산 수량결정방법	출제구분	신유형	난이도	★ ★ ☆	정답	③

- 실지재고조사법(periodic inventory method)은 상품재고장에 입고기록만 할 뿐, 출고기록을 하지 않는다.
  →계속기록법(perpetual inventory method)은 상품의 입 · 출고시마다 수량을 계속적으로 기록한다.

Guide 재고자산의 수량결정

계속기록법	• 상품의 입 · 출고시마다 수량을 계속적으로 기록하는 방법으로 장부상 재고잔량을 기말재고수량으로 결정하는 방법임. 계속기록법 산식은 다음과 같음. ❒ 기초재고수량+당기매입수량-당기판매수량=기말재고수량 →계속기록법에 의할 경우 기초재고수량, 당기매입수량, 당기판매수량이 모두 기입되므로 언제든지 장부상의 재고수량을 파악할 수 있음.
실지재고조사법	• 정기적으로 실지재고조사를 통하여 재고수량을 파악하는 방법으로 상품재고장에 입고기록만 할 뿐, 출고기록을 하지 않음. 실지재고조사법 산식은 다음과 같음. ❒ 기초재고수량+당기매입수량-기말재고수량(실사)=당기판매수량 →즉, 기초재고수량과 당기매입수량만 기록하고 당기판매수량은 기말에 실지재고조사를 한 후에 일괄적으로 파악하는 방법임.

문제 7번	시용판매가 있는 경우 기말재고 계산	출제구분	재출제	난이도	★ ★ ☆	정답	③

- 시용판매 개수 : 4,800개-300개(매입의사 미표시분)=4,500개
- 기말재고 : 500개×@14,000+21,750,000=28,750,000

Guide 시송품의 수익인식

- 매입자가 매입의사표시를 한 날 수익인식.
  →∴매입의사표시 없는 시송품은 창고에 없을지라도 기말재고에 포함.

문제 8번	재고자산감모손실 · 평가손실	출제구분	재출제	난이도	★ ★ ★	정답	④

- 재고자산감모손실 · 평가손실은 비용이나 매출원가로 처리하므로 처리방법 불문하고 당기이익을 감소시킨다.
- 개당 순실현가능가치(NRV) : 160-160×5%=152
- 재고자산감모손실과 재고자산평가손실 계산

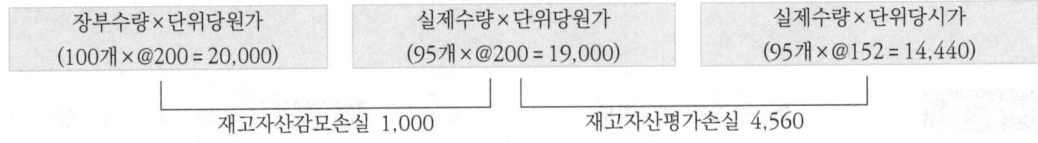

장부수량×단위당원가	실제수량×단위당원가	실제수량×단위당시가
(100개×@200=20,000)	(95개×@200=19,000)	(95개×@152=14,440)

재고자산감모손실 1,000　　재고자산평가손실 4,560

∴당기손익에 미치는 영향 : 1,000+4,560=5,560(감소)

문제 9번	유형자산 교환 취득원가(상업적실질 결여)	출제구분	재출제	난이도	★ ★ ☆	정답	①

• 유형자산 교환거래가 상업적실질 결여이므로 제공한 자산(차량운반구A)의 장부금액을 취득한 자산(차량운반구B)의 취득원가로 계상한 후, 현금지급액을 취득원가에 가산한다.

• 교환시점 회계처리

(차)	차량운반구B(차량운반구A 장부금액)	2,300,000	(대) 차량운반구A	3,500,000
	감가상각누계액(차량운반구A)	1,200,000		
(차)	차량운반구B	300,000	(대) 현금	300,000

∴차량운반구B 취득원가 : 2,300,000 + 300,000 = 2,600,000

Guide 유형자산 교환시 취득원가

상업적실질 존재	원칙	• 취득원가 = 제공자산공정가치 ± 현금수수액
	취득자산 공정가치가 더 명백한 경우	• 취득원가 = 취득자산공정가치
	취득자산과 제공자산의 공정가치를 신뢰성있게 측정할수 없는 경우	• 취득원가 = 제공자산장부금액 ± 현금수수액
상업적실질 결여	• 취득원가 = 제공자산장부금액 ± 현금수수액	

문제 10번	유형자산처분손익	출제구분	재출제	난이도	★ ☆ ☆	정답	④

• 감가상각비 계상기간 : 45개월(20x1년 7월 1일 ~ 20x5년 4월 1일)

• 처분시점 감가상각누계액 : $(500,000,000 - 0) \times \frac{45개월}{120개월} = 187,500,000$

• 처분시점 장부금액 : 500,000,000 - 187,500,000 = 312,500,000

∴유형자산처분손익 : 300,000,000(처분금액) - 312,500,000(장부금액) = △12,500,000(손실)

*참고 처분시점(20x5년 4월 1일) 회계처리

(차)	현금(처분금액)	300,000,000	(대) 건물(취득원가)	500,000,000
	감가상각누계액	187,500,000		
	유형자산처분손실(대차차액)	12,500,000		

문제 11번	유형자산 손상 일반사항	출제구분	재출제	난이도	★ ★ ★	정답	③

• ① 유형자산에 대해 재평가모형을 적용하는 경우에도 손상차손을 인식한다.
→재평가잉여금을 감소시키고 그 차액을 손상차손으로 인식한다.
② 자산의 회수가능액은 순공정가치와 사용가치 중 큰 금액이다.
④ 자산손상을 시사하는 징후가 있는지를 검토할 때는 내부정보(내부정보원천)와 외부정보(외부정보원천)를 모두 고려한다.

*참고 자산손상 징후 검토시 최소한 고려할 사항

내부정보(내부정보원천)	• ㉠ 자산이 진부화하거나 물리적으로 손상된 증거를 얻을 수 있다. ㉡ 자산의 사용 범위나 사용 방법에서 기업에 불리한 영향을 미치는 유의적 변화가 회계기간 중에 일어났거나 가까운 미래에 일어날 것으로 예상된다. 이 변화에는 자산의 유휴화, 자산을 사용하는 영업부문을 중단하거나 구조 조정할 계획, 예상 시점보다 앞서 자산을 처분할 계획, 비한정 내용연수를 유한 내용연수로 재평가하기 등을 포함한다. ㉢ 자산의 경제적 성과가 예상수준에 미치지 못하거나 못할 것으로 예상되는 증거를 내부보고에서 얻을 수 있다.
외부정보(외부정보원천)	• ㉠ 회계기간 중에 자산의 시장가치가 시간의 경과나 정상적인 사용에 따라 하락할 것으로 예상되는 수준보다 유의적으로 더 하락하였다는 관측가능한 징후가 있다. ㉡ 기업이 영업하는 기술·시장·경제·법률 환경이나 해당 자산을 사용하여 재화나 용역을 공급하는 시장에서 기업에 불리한 영향을 미치는 유의적 변화가 회계기간 중에 일어났거나 가까운 미래에 일어날 것으로 예상된다. ㉢ 시장이자율이 회계기간 중에 상승하여 자산의 사용가치를 계산할 때 사용하는 할인율에 영향을 미쳐 자산의 회수가능액이 중요하게 감소할 가능성이 높다. ㉣ 기업의 순자산 장부금액이 기업의 시가총액보다 많다.

문제 12번	무형자산의 정의(인식요건)	출제구분	기출변형	난이도	★ ☆ ☆	정답	④

• 무형자산의 정의와 인식조건

정의	• 물리적 실체는 없지만 식별가능하고, 통제하고 있으며 미래경제적효익이 있는 비화폐성자산
인식조건	• ㉠ 자산에서 발생하는 미래경제적효익이 기업에 유입될 가능성이 높다. ㉡ 자산의 원가를 신뢰성 있게 측정할 수 있다.

문제 13번	연구 · 개발단계 지출의 비용인식	출제구분	재출제	난이도	★★★	정답	②

• 연구비(비용) : 3,000,000+27,000,000=30,000,000
경상개발비(비용) : 7,000,000
개발비(자산) : 40,000,000

• 상각개시시점 : 자산이 사용가능한 때부터 시작⟨∴20x1년 상각비 계상기간은 3개월(10/1~12/31)⟩

→ 20x1년 인식할 개발비상각비 : $(40,000,000 \div 10\text{년}) \times \frac{3}{12} = 1,000,000$

∴20x1년 총비용 : 30,000,000(연구비)+7,000,000(경상개발비)+1,000,000(개발비상각비)=38,000,000

Guide▶ 연구단계와 개발단계 지출의 처리

의의	• 인식기준을 충족하는지를 평가하기 위해 무형자산 창출과정을 연구단계와 개발단계로 구분함. 주의 무형자산을 창출하기 위해 내부 프로젝트를 연구단계와 개발단계로 구분할 수 없는 경우에는 발생한 지출은 모두 연구단계에서 발생한 것으로 봄.	
회계처리	연구단계활동 지출	• 비용(연구비)
	개발단계활동 지출	• 자산인식요건 충족O : 무형자산(개발비) • 자산인식요건 충족X : 비용(경상개발비)

문제 14번	재고자산의 투자부동산으로의 계정대체	출제구분	재출제	난이도	★★★	정답	④

• 재고자산(판매목적 건물)을 제3자에게 운용리스로 제공하는 것은 투자부동산으로의 계정대체에 해당한다.
• 재고자산 장부금액과 대체시점(용도변경시점)의 공정가치의 차액은 당기손익으로 인식한다.

㉠ (차) 재고자산 140억-100억=40억 (대) 재평가이익(당기손익) 40억
㉡ (차) 투자부동산 140억 (대) 재고자산 140억

Guide▶ 투자부동산 계정대체 세부고찰(회계처리)

투자부동산에 원가모형 적용시	• 대체전 자산의 장부금액으로 대체함.(∴별도 손익이 발생하지 않음)	
투자부동산에 공정가치모형 적용시	투자부동산 ▶ 자가사용부동산 투자부동산 ▶ 재고자산	• 변경시점에 투자부동산평가손익 인식후 공정가치로 대체
	자가사용부동산 ▶ 투자부동산	• 변경시점의 장부금액과 공정가치의 차액은 유형자산 재평가모형과 동일한 방법으로 회계처리
	재고자산 ▶ 투자부동산	• 재고자산 장부금액과 대체시점의 공정가치의 차액은 당기손익으로 인식

문제 15번	금융부채와 지분상품 구분	출제구분	신유형	난이도	★★★	정답	③

• 자기지분상품으로 결제되는 파생상품 계약의 구분

	수량이 확정(확정수량)	수량이 미확정(미확정수량)
미래수취대가 확정(확정금액)	지분상품	금융부채
미래수취대가 미확정(미확정금액)	금융부채	금융부채

① '확정금액(100억) & 미확정수량' 이므로 금융부채로 분류한다.
② '미확정금액 & 미확정수량' 이므로 금융부채로 분류한다.
③ '확정금액(100억) & 확정수량(1만주)' 이므로 지분상품으로 분류한다.
④ '미확정금액 & 확정수량(1만주)' 이므로 금융부채로 분류한다.

문제 16번	FVOCI금융자산(지분상품) 처분의 손익효과	출제구분	신유형	난이도	★ ★ ★	정답	①

• FVOCI금융자산(지분상품)은 손상차손은 물론 처분손익도 인식하지 않는다.(이로 인해 기타포괄손익인 평가손익을 다른 자본계정으로 대체하지 않는 한 평가손익이 그대로 재무상태표에 남아있게 된다.)

• 회계처리

20x1년 1월 1일	(차) FVOCI금융자산	1,000,000	(대) 현금	1,000,000
20x1년 12월 31일	(차) FVOCI금융자산	200,000	(대) 평가이익	200,000[1]
20x2년 6월 30일	(차) FVOCI금융자산	100,000	(대) 평가이익	100,000[2]
	(차) 현금	1,300,000[3]	(대) FVOCI금융자산	1,300,000

[1] 100주×(12,000 - 10,000) = 200,000 [2] 100주×(13,000 - 12,000) = 100,000 [3] 100주×13,000 = 1,300,000

• 20x2년도 당기순손익에 미치는 영향 : 처분손익을 인식하지 않으므로 당기순손익에 미치는 영향은 없다.
20x2년도 기타포괄손익에 미치는 영향 : 100,000(평가이익) 증가

Guide FVOCI금융자산(지분상품) 평가와 처분

평가손익	자본처리	• 공정가치와 장부금액의 차액 : 기타포괄손익(자본)으로 처리함. 주의 평가이익과 평가손실은 발생시 상계하여 표시함.
	재분류불가	• 평가손익은 후속적으로 당기손익으로 재분류하지 않음.(재순환 불가) →즉, 다른 자본계정(이익잉여금)으로 대체는 가능함. 비교 FVOCI금융자산(채무상품)평가손익은 제거시 당기손익으로 재분류함.
처분손익	선평가	• 처분시 공정가치(=처분금액)로 먼저 평가하여 평가손익을 인식함.
	처분손익 인식불가	• 처분손익을 인식하지 않음. 예시 장부금액 ₩90, 처분금액(=공정가치) ₩100인 경우 선평가: (차) FVOCI금융자산 10 (대) 평가이익 10 처 분: (차) 현금 100 (대) FVOCI금융자산 100

문제 17번	FVOCI금융자산(채무상품) 처분 회계처리	출제구분	신유형	난이도	★ ★ ★	정답	③

• FVOCI금융자산(채무상품)의 평가손익(기타포괄손익)은 후속적으로 제거(처분)시 당기손익으로 재분류한다.
→ 비교 FVOCI금융자산(지분상품)의 평가손익은 후속적으로 제거(처분)시 당기손익으로 재분류하지 아니한다.

• 20x1년말 평가이익 : 250,000 - 200,000 = 50,000

• 처분 회계처리

선평가	(차) FVOCI금융자산	30,000	(대) 평가이익	280,000 - 250,000 = 30,000
처분	(차) 현금	280,000	(대) FVOCI금융자산	280,000
재분류	(차) 평가이익	50,000 + 30,000 = 80,000	(대) 처분이익	80,000

* 저자주 문제의 명확한 성립을 위해 누락된 단서인 '단, 기대신용손실은 없다고 가정한다.'를 추가하기 바랍니다.

문제 18번	금융부채의 분류	출제구분	신유형	난이도	★ ★ ★	정답	②

• 부채가 단기매매활동의 자금조달에 사용된다는 사실만으로는 당해 부채를 단기매매금융부채로 분류할 수 없다.

Guide 금융부채 분류

상각후원가측정금융부채 【AC금융부채】	• FVPL금융부채와 기타금융부채를 제외한 모든 금융부채 →예 매입채무, 미지급금, 차입금, 사채 등
당기손익-공정가치측정금융부채 【FVPL금융부채】	• 다음 중 하나의 조건을 충족하는 금융부채를 말함. ㉠ 단기매매금융부채 : 단기매매항목의 정의를 충족 - 주로 단기간에 재매입할 목적으로 부담한다. - 최초인식시점에 공동으로 관리하는 특정 금융상품 포트폴리오의 일부로 운용형태가 단기적 이익획득 목적이라는 증거가 있다. - 파생상품이다.(즉, 가치변동이 있다.) →단, 금융보증계약인 파생상품이나 위험회피수단으로 지정되고 위험회피에 효과적인 파생상품은 제외함. ㉡ 당기손익인식지정금융부채 - 최초 인식시점에 당기손익-공정가치측정 항목으로 지정함. 주의 부채가 단기매매활동의 자금조달에 사용된다는 사실만으로는 당해부채를 단기매매금융부채로 분류할 수 없음.
기타금융부채	• ㉠ 금융자산 양도관련 부채 : 양도가 제거조건을 충족하지 못하거나 지속적관여접근법이 적용되는 경우에 생기는 금융부채 ㉡ 금융보증계약에 따른 금융부채 ㉢ 시장이자율보다 낮은 이자율로 대출하기로 한 대출약정 ㉣ 사업결합에서 취득자가 인식하는 조건부대가

보론 당기손익-공정가치측정 항목으로 지정하면 서로 다른 기준에 따라 자산·부채를 측정하거나 그에 따른 손익을 인식하여 생길수 있는 인식·측정의 불일치(회계불일치)를 제거하거나 유의적으로 줄이는 경우 당기손익-공정가치측정 항목으로 지정할 수 있음.
→위 '보론'의 경우 한번 지정하면 이를 취소할 수 없으며, 지정은 회계정책의 선택과 비슷하지만 비슷한 모든 거래에 같은 회계처리를 반드시 적용해야 하는 것은 아니라는 점에서 다름.

문제 19번	사채할인발행의 경우 총이자비용	출제구분	기출변형	난이도	★ ★ ☆	정답	③

*고속철 사채할인발행시 만기까지 총이자비용 : 총액면이자+총사채할인발행차금
사채할증발행시 만기까지 총이자비용 : 총액면이자-총사채할증발행차금

• 총사채할인발행차금 : 1,000,000-922,687=77,313
• 만기 3년동안 인식해야 할 총이자비용 : 총액면이자(50,000×3년)+총사채할인발행차금(77,313)=227,313

문제 20번	충당부채 인식과 회계처리	출제구분	재출제	난이도	★ ☆ ☆	정답	②

• 화재 등으로 인한 미래 멸실액은 충당부채 인식요건을 충족하지 않으므로 충당부채를 계상하지 않는다.
→충당부채는 다음의 요건을 모두 충족하는 경우에 인식한다.

㉠ 현재의무가 존재 ㉡ 자원유출 가능성이 높음. ㉢ 금액을 신뢰성 있게 추정할 수 있음.

문제 21번	자본과 주식 세부고찰	출제구분	재출제	난이도	★ ★ ★	정답	④

- ① 법정자본금 : 5,000,000,000(자본금)
  ② 발행주식수 : 5,000,000,000(자본금)÷5,000(주당 액면금액)=1,000,000주
  ③ 기말 이익잉여금 : 10,000,000,000-(5,000,000,000+3,500,000,000)=1,500,000,000
  ④ 주당 주식발행금액 : (5,000,000,000+3,500,000,000)÷1,000,000주=@8,500

문제 22번	이익잉여금 처분 일반사항	출제구분	재출제	난이도	★ ★ ☆	정답	②

- ① (차) 이익잉여금(자본감소) xxx (대) 현금(자산감소) xxx →자산과 자본 모두 감소
  ② (차) 이익잉여금(자본감소) xxx (대) 자본금(자본증가) xxx →자본총계는 불변이나, 자본금은 증가
  ③ (차) 이익잉여금(자본감소) xxx (대) 주식할인발행차금(자본증가) xxx →자본금 · 자본총계에 영향없음.

*참고 이익잉여금처분계산서 양식

<u>이익잉여금처분계산서</u>

20x1년 1월 1일부터 12월 31일까지

xxx회사 처분확정일 : 20x2. 2. 22

Ⅰ.	미처분이익잉여금		xxx
	전기이월미처분이익잉여금	xxx	
	회계정책변경누적효과/전기오류수정손익	xxx	
	중간배당액	(xxx)	
	당기순이익	xxx	
Ⅱ.	임의적립금이입액		xxx
	합계		xxx
Ⅲ.	이익잉여금처분액		(xxx)
	〈1순위〉 이익준비금	xxx	
	〈2순위〉 기타법정적립금	xxx	
	〈3순위〉 이익잉여금처분에 의한 상각액	xxx	
	〈4순위〉 배당금(현금배당과 주식배당 구분기재)	xxx	
	〈5순위〉 임의적립금	xxx	
Ⅳ.	차기이월미처분이익잉여금		xxx

문제 23번	5단계 수익인식모형	출제구분	재출제	난이도	★ ☆ ☆	정답	①

- 모든 유형의 계약에 적용되는 수익인식의 단계는 다음과 같다.

【1단계】계약의 식별	• 고객과의 계약인지 여부를 확인하는 단계
【2단계】수행의무 식별	• 고객에게 수행할 의무가 무엇인지를 확인하는 단계
【3단계】거래가격 산정	• 고객에게 받을 대가를 측정하는 단계
【4단계】거래가격 배분	• 거래가격을 수행의무별로 배분하는 단계
【5단계】수익인식	• 수행의무의 이행시 수익을 인식하는 단계

문제 24번	반품권이 있는 판매의 수익인식	출제구분	재출제	난이도	★★☆	정답	②

- 예상반품률 : 10,000,000÷50,000,000 = 20%
- 매출액 : 50,000,000×(1 - 20%) = 40,000,000

Guide 반품권이 있는 판매 회계처리(반품가능성 예측가능한 경우)

수익인식	(차) 현금	50,000,000	(대) 매출(판매예상분) 환불부채(반품예상분)	40,000,000[1)] 10,000,000[2)]
원가인식	(차) 매출원가(판매예상분) 반품제품회수권(반품예상분)	24,000,000[3)] 6,000,000[4)]	(대) 제품	30,000,000

[1)] 50,000,000×80% = 40,000,000 [2)] 50,000,000×20% = 10,000,000
[3)] 30,000,000×80% = 24,000,000 [4)] 30,000,000×20% = 6,000,000

문제 25번	건설계약 진행률 추정	출제구분	재출제	난이도	★★☆	정답	③

- 당기계약수익 = 총건설계약금액×진행률 - 전기계약수익
- 20,000,000(20x2년 계약수익) = 50,000,000×20x2년말 진행률 - 15,000,000(20x1년 계약수익)
  →∴20x2년말 진행률 = 70%

문제 26번	2차연도 건설계약손익	출제구분	재출제	난이도	★★☆	정답	①

- 20x2년 계약손익 : $(340,000,000\times\frac{120,000,000+144,000,000}{330,000,000}-340,000,000\times\frac{120,000,000}{300,000,000})-144,000,000=\triangle 8,000,000$
- 연도별 계약손익 계산

구분	20x1년	20x2년
진행률	$\frac{120,000,000}{300,000,000}=40\%$	$\frac{120,000,000+144,000,000}{330,000,000}=80\%$
계약수익	340,000,000×40% = 136,000,000	340,000,000×80% - 136,000,000 = 136,000,000
계약원가	120,000,000	144,000,000
계약손익	16,000,000	△8,000,000

문제 27번	사외적립자산 일반사항	출제구분	신유형	난이도	★★☆	정답	①

- ② 사외적립자산은 공정가치로 측정하며, 확정급여채무의 현재가치에서 차감하여 순확정급여부채(자산)의 과목으로 하여 재무상태표에 표시한다.
  →확정급여채무(현재가치) - 사외적립자산(공정가치) = 순확정급여부채
  ③ 당해 회계기간에 대하여 회사가 적립한 기여금은 자산으로 인식한다.
  →(차) 사외적립자산 xxx (대) 현금 xxx
  ④ 사외적립자산은 재측정요소가 발생한다.(재측정손익 : 사외적립자산실제투자수익 - 사외적립자산이자수익)
  →재측정요소는 사외적립자산의 예상치 못한 변동을 말하며 기타포괄손익으로 인식한다.

Guide 사외적립자산 회계처리

기여금 적립시	(차) 사외적립자산	xxx	(대) 현금	xxx
이자수익(수익발생)	(차) 사외적립자산	xxx	(대) 퇴직급여(이자수익)	xxx
퇴직시(퇴직급여지급)	(차) 확정급여채무	xxx	(대) 사외적립자산	xxx

문제 28번	현금결제형 주식기준보상 당기보상비용	출제구분	재출제	난이도	★ ☆ ☆	정답	②

- 30,000개 × 150,000(20x1년말 주가차액보상권의 개당 공정가치) × $\frac{1}{3}$ = 1,500,000,000(15억원)

Guide 현금결제형 주식기준보상 보고기간말 회계처리

보고기간말	• 주가차액보상권은 보고기간말 공정가치로 재측정하고 기대권리소멸률을 반영한 보상원가를 용역제공비율에 따라 가득기간에 걸쳐 인식 →(차) 주식보상비용(당기비용) xxx (대) 장기미지급비용(부채) xxx
가득일 이후	• 가득일 이후에도 매 보고기간말의 공정가치를 기준으로 보상원가를 재측정하고 보상원가의 재측정으로 변동한 금액은 주식보상비용과 장기미지급비용으로 처리

문제 29번	이연법인세자산 · 부채와 법인세비용	출제구분	재출제	난이도	★ ★ ☆	정답	④

- △유보(가산할 일시적차이) 800,000
- 미지급법인세(당기법인세) : 2,800,000 × 30% = 840,000
- 이연법인세부채 : 400,000 × 30% + 400,000 × 30% = 240,000
- 회계처리

(차) 법인세비용(대차차액)	1,080,000	(대) 미지급법인세(당기법인세)	840,000
		이연법인세부채	240,000

Guide 이연법인세 계산구조

대상	• 일시적차이(유보)
공시	• 이연법인세자산(부채)는 비유동자산(부채)로만 표시하고 소정 요건을 충족하는 경우 상계하여 표시 • 현재가치평가를 하지 않음.
절차	• **[1단계]** 미지급법인세(과세소득 × 당기세율) = (세전순이익 ± 영구적차이 ± 일시적차이) × 당기세율 **[2단계]** 이연법인세자산(부채) = 유보(△유보) × 미래예상세율(평균세율) **[3단계]** 법인세비용 = 대차차액에 의해 계산 주의 이연법인세자산(부채)은 당기세율이 아니라 소멸시점의 미래예상세율을 적용함.

문제 30번	2차연도 법인세비용 계산	출제구분	재출제	난이도	★ ★ ☆	정답	④

- ㉠ 20x2년말 이연법인세자산 10,000이 계상되어야 하므로, 20x1년말 현재 계상되어 있는 이연법인세자산 50,000 중 40,000을 제거한다.
  ㉡ 20x2년말 이연법인세부채 40,000이 계상되어야 하므로, 20x1년말 현재 계상되어 있는 이연법인세부채 10,000에 30,000을 추가로 계상한다.
- 법인세비용은 대차차액으로 구한다.

→(차) 법인세비용(대차차액)	270,000	(대) 미지급법인세(당기법인세)	200,000
		이연법인세자산	40,000
		이연법인세부채	30,000

문제 31번	감가상각방법의 회계추정변경	출제구분	재출제	난이도	★ ★ ★	정답	④

- 20x1년 감가상각비 : [(500,000-100,000)÷5년]×6/12 = 40,000
- 감가상각방법 변경은 회계추정변경이므로 변경효과를 전진적으로 인식한다.(잔존내용연수 = 3년)
  - ㉠ 20x2년초 장부금액 : 500,000 - 40,000 = 460,000
  - ㉡ 20x2년말 감가상각비 : (460,000 - 0)×3/(1+2+3) = 230,000
  - ㉢ 20x2년말 장부금액 : 460,000 - 230,000 = 230,000

Guide **회계변경의 처리**

회계정책변경	• 처리 : (원칙)소급법 →전기재무제표 재작성O
회계추정변경	• 처리 : 전진법 →전기재무제표 재작성X 주의 회계정책의 변경인지 회계추정의 변경인지 구분하는 것이 어려운 경우에는 이를 회계추정의 변경으로 봄.

문제 32번	희석주당순이익 계산	출제구분	신유형	난이도	★ ★ ☆	정답	③

- 희석주당순이익 : $\frac{\text{희석당기순이익}(19,250,000)}{\text{가중평균유통보통주식수}(3,000\text{주}) + \text{잠재적보통주식수}(500\text{주})} = 5,500$

→기본주당순이익 6,000보다 5,500으로 감소했으므로 희석효과가 있다.(∴희석주당순이익은 5,500으로 인정된다.)

Guide **기본주당이익·희석주당이익의 산정**

기본주당이익	• 보통주당기순이익 = 당기순이익 - 우선주배당금 • 기본주당이익 = $\frac{\text{보통주당기순이익}}{\text{가중평균유통보통주식수}}$
희석주당이익	• 희석당기순이익 = 보통주당기순이익 + 전환우선주배당금 + 전환사채이자등의 비용×(1 - t) • 희석주당이익 = $\frac{\text{희석당기순이익}}{\text{가중평균유통보통주식수} + \text{잠재적보통주식수}}$

문제 33번	지분법손익 계산	출제구분	신유형	난이도	★ ★ ★	정답	②

- 지분법이익 : 800,000(당기순이익)×25% = 200,000
  →기타포괄손익의 증감은 기타포괄손익으로 인식하며, 배당금을 수령시는 투자주식을 감소시킨다.

*참고 ㈜삼일 회계처리

취득시(20x1년초)	(차) 관계기업투자주식	1,000,000	(대) 현금	1,000,000
중간배당금 수취(20x1년 중)	(차) 현금	50,000	(대) 관계기업투자주식	50,000
기타포괄이익 보고시(20x1년말)	(차) 관계기업투자주식	25,000	(대) 지분법자본변동	25,000
당기순이익 보고시(20x1년말)	(차) 관계기업투자주식	200,000	(대) 지분법이익	200,000

Guide 취득일이후 지분법 회계처리

당기순이익 보고시	• '피투자회사의 순이익×지분율'만큼 지분법이익(당기손익)을 인식함. →(차) 관계기업투자주식 xxx (대) 지분법이익 xxx
배당시	• 배당결의시 : (차) 미수배당금 xxx (대) 관계기업투자주식 xxx • 배당수령시 : (차) 현금 xxx (대) 미수배당금 xxx 주의 지분법에서는 피투자회사가 배당을 하면 순자산이 감소하므로 투자주식을 감소시키는 처리를 하며, 배당금수익을 인식하는 것이 아님.
기타포괄손익 증감시	• '피투자회사의 기타포괄손익×지분율'만큼 지분법자본변동(기타포괄손익)을 인식함. →(차) 관계기업투자주식 xxx (대) 지분법자본변동 xxx

문제 34번	지분법의 적용	출제구분	재출제	난이도	★ ☆ ☆	정답	②

- 지분법을 적용함에 있어 피투자회사(관계기업)로부터 배당금을 수취시는 투자주식을 감소시킨다.
- 영업권은 상각하지 않으나 손상대상이다.

Guide 취득일이후 지분법 회계처리[위 33번 문제 가이드와 동일]

당기순이익 보고시	• '피투자회사의 순이익×지분율'만큼 지분법이익(당기손익)을 인식함. →(차) 관계기업투자주식 xxx (대) 지분법이익 xxx
배당시	• 배당결의시 : (차) 미수배당금 xxx (대) 관계기업투자주식 xxx • 배당수령시 : (차) 현금 xxx (대) 미수배당금 xxx 주의 지분법에서는 피투자회사가 배당을 하면 순자산이 감소하므로 투자주식을 감소시키는 처리를 하며, 배당금수익을 인식하는 것이 아님.
기타포괄손익 증감시	• '피투자회사의 기타포괄손익×지분율'만큼 지분법자본변동(기타포괄손익)을 인식함. →(차) 관계기업투자주식 xxx (대) 지분법자본변동 xxx

문제 35번	외화부채의 외환손익	출제구분	재출제	난이도	★ ★ ☆	정답	④

• 20x1년말 외환손실(외화환산손실) : 환율 증가분이 계상된다. → $2,500×(@1,200 - @1,000) = 500,000

*참고 회계처리

20x1년 3월 30일(구입일)	(차) 기계장치	2,500,000	(대) 외화미지급금	2,500,000
20x1년 12월 31일(보고기간말)	(차) 외환손실(외화환산손실)	500,000	(대) 외화미지급금	500,000
20x2년(대금지급일)	(차) 외화미지급금	3,000,000	(대) 현금	2,750,000
			외환이익(외환차익)	250,000

*저자주 K-IFRS는 외화환산손익과 외환차손익을 구분하지 않고, 외환손익으로 일원화하여 규정하고 있습니다.

Guide 외화자산·부채의 환율적용

외화자산	환율증가	• 외환이익(∵받을 돈 증가)
	환율감소	• 외환손실(∵받을 돈 감소)
외화부채	환율증가	• 외환손실(∵줄 돈 증가)
	환율감소	• 외환이익(∵줄 돈 감소)

문제 36번	파생상품평가손익	출제구분	재출제	난이도	★ ☆ ☆	정답	③

• 현금흐름위험회피 목적으로 체결한 파생상품의 평가손익 중 위험회피에 효과적인 부분 : 기타포괄손익

Guide 파생상품평가손익의 처리

❒ 파생상품은 계약상 권리·의무에 따라 자산·부채로 재무제표에 계상하며, 평가손익은 다음과 같이 처리함.

매매목적1)	• 당기손익	
공정가치위험회피2)	• 당기손익	
현금흐름위험회피3)	위험회피에 효과적인 부분	• 기타포괄손익
	위험회피에 효과적이지 못한 부분	• 당기손익

1)매매목적으로 파생상품을 이용하는 것을 말함.

2)위험회피대상항목이 자산, 부채, 확정계약으로서 당해 항목의 공정가치변동을 상쇄하기 위하여 파생상품을 이용하는 것을 말함.

3)위험회피대상항목이 미래에 예상되는 거래로서 당해 거래에 따른 미래현금흐름변동을 상쇄하기 위하여 파생상품을 이용하는 것을 말함.

문제 37번	리스이용자 이자비용과 감가상각비	출제구분	재출제	난이도	★ ★ ★	정답	④

- 사용권자산(=리스부채) : 50,000×2.40183=120,092 →감가상각기간은 소유권이전이 있으므로 내용연수 3년
- 20x1년 이자비용 : 120,092×12%=14,411
- 20x1년 감가상각비 : [120,092-30,092(추정잔존가치)]÷3년=30,000

∴14,411(이자비용)+30,000(감가상각비)=44,411

* 참고 회계처리

20x1년초(리스개시일)	(차) 사용권자산	120,092	(대) 리스부채	120,092
20x1년말(보고기간말)	(차) 이자비용	14,411	(대) 현금	50,000
	리스부채	35,589		
	(차) 감가상각비	30,000	(대) 감가상각누계액	30,000

Guide 리스이용자 회계처리

리스개시일	• (차) 사용권자산(원가) xxx (대) 리스부채 xxx 현금(리스개설직접원가) xxx 리스부채: ❒ 지급되지 않은 리스료를 내재이자율로 할인한 현재가치 (내재이자율 산정불가시는 리스이용자의 증분차입이자율로 할인)
보고기간말	• (차) 이자비용 xxx (대) 현금 xxx 리스부채 xxx (차) 감가상각비 xxx (대) 감가상각누계액 xxx 이자비용: ❒ 리스부채 장부금액×내재이자율

감가상각:

구분	감가상각대상금액	감가상각기간
소유권이전O	원가-추정잔존가	내용연수
소유권이전X	원가-보증잔존가	Min[리스기간, 내용연수]

문제 38번	현금흐름표 직접법의 유용성	출제구분	신유형	난이도	★ ★ ☆	정답	①

- 직접법은 당기순이익에서 조정을 거쳐 현금의 흐름을 사후적으로 확인하는 간접법에 비하여 영업거래의 다양한 원천별 현금의 흐름내역을 일목요연하게 제시해 줌으로써 진정한 의미에서의 현금흐름을 파악할 수 있는 방법으로 미래현금흐름을 추정하는 데 보다 유용한 정보를 제공한다.
  →즉, 현금유입의 발생원천과 현금유출의 운용에 관한 개별정보는 미래현금흐름의 예측에 더 유용하다.
  →한편, 직접법은 현금흐름을 개별 항목별로 파악할 수 있기 때문에 전문회계지식이 없더라도 그 내용을 쉽게 파악할 수 있다.

문제 39번	매출활동 현금유입액	출제구분	재출제	난이도	★ ★ ★	정답	①

• 대손발생액 계산

대손발생	?	기초대손충당금	50,000
기말대손충당금	70,000	당기대손상각비	30,000

→대손발생 = 10,000

• 발생주의 순매출액 : 560,000
매출채권(총액)의 증가 :(100,000)
대손발생 : (10,000)
현금주의 매출액 450,000

Guide ▶ 발생주의의 현금주의 전환 : 매출액

❒ (+)로 출발하며 자산의 증감은 역방향으로 가감하며, 부채의 증감은 순방향으로 가감하여 분석

• **발생주의 순매출액**(매출할인·에누리·환입을 차감한 후의 금액) : xxx ▶ (+)로 출발함에 주의!
매출채권(총액)의 증가 : (xxx)
선수금의 증가 : xxx
대손발생 : (xxx)
현금주의 매출액(매출채권회수액, 선수금수령액, 현금매출) xxx

문제 40번	간접법과 영업활동현금흐름	출제구분	기출변형	난이도	★ ★ ☆	정답	③

• 91,000(당기순이익) + 3,000(유형자산처분손실) - 2,000(사채상환이익) + 2,000(미지급이자증가) - 3,000(재고자산증가) - 2,000(매출채권증가) + 3,000(매입채무증가) - 3,000(미지급법인세감소) = 89,000

Guide ▶ 간접법 영업활동현금흐름 계산구조

〈출발점〉 법인세비용차감전순이익		
현금수입·지출이 없는 손익계정	• 감가상각비, 금융자산평가손익 • 이자비용, 이자수익, 배당수익*)	• 비용 → 가산 • 수익 → 차감
투자·재무활동관련 손익계정	• 자산처분손익, 부채상환손익	
영업활동관련 자산·부채계정	• 매출채권(순액), 선수금, 매입채무, 선급금 • 재고자산(순액), 미수수익, 선급비용 • 선수수익, 미지급비용, FVPL금융자산	• 자산증(감) → 차감(가산) • 부채증(감) → 가산(차감)

*) 영업활동으로 분류되는 경우 가감조정을 해주는 이유는 현금흐름표 양식상 이들을 직접법을 적용한 것처럼 별도로 표시해주기 때문임.

주의 영업활동관련 자산·부채계정 관련손익(예 매출채권 대손상각비, FVPL금융자산평가이익·처분이익, 재고자산 감모손실, 퇴직급여 등)은 위의 현금수입·지출이 없는 손익계정에서 고려치 않음. 따라서, 영업활동과 관련없는 대여금이나 미수금 해당분 대손상각비는 위의 현금수입·지출이 없는 손익계정에서 고려(가산)함.

3P FINAL

POTENTIALITY
PASSION
PROFESSION

3P는 여러분의 무한한 잠재적 능력과 반드시 성취하겠다는 열정을 토대로 전문가의 길로 나아가는 세무라이선스 파이널시리즈의 학습 정신입니다.

수험생 여러분의 합격을 응원합니다.

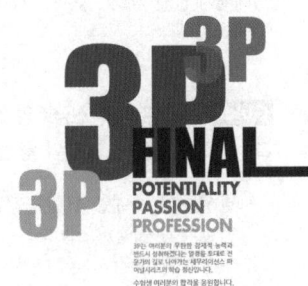

재경관리사 공개기출해설[재무]

2022년 7월에 시행된 기출문제에 대한 완벽한 해설을 관련이론(가이드)과 함께 제시하였습니다. 해당 문제는 합본부록을 참고바랍니다.

FINAL

Certified Accounting Manager

재무회계
공개기출문제해설
[2022년 07월 시행]

SEMOOLICENCE

문제 1번	재무보고의 필요성	출제구분	기출변형	난이도	★ ☆ ☆	정답	④

• 종업원은 급여인상에 대한 협상이나 이직에 대한 의사결정을 위해 회사에 대한 재무적 정보를 필요로 하며, 경영자는 필요 자금이나 미래의 성장과 같은 예측을 위해 회사의 재무적 정보를 필요로 한다.

Guide 이해관계자에 따른 재무보고의 필요성

주주	• 주주는 투자한 주식의 주가가 상승할 경우 이를 매각하여 처분이익을 얻으려고 하거나, 보유하는 동안 주식을 통해 배당을 받고자 함. →따라서, 주주는 새로운 회사에 투자할 것인가의 여부와 기존투자액을 변경 또는 유지할 것인가를 결정하기 위해서 회사의 재무적 정보를 필요로 함.
채권자	• 채권자는 회사에 자금을 빌려주고 일정기간동안 이자를 받으며 빌려준 돈을 상환받는 데 관심이 있음. →따라서, 채권자는 자금을 더 빌려줄 것인가의 여부를 결정짓고 회사의 상환능력을 평가하기 위한 재무적 정보를 필요로 함.
정부(국세청 등)	• 정부는 과세를 위한 과세표준 결정 등을 위해 회사의 재무적 정보를 필요로 함.
종업원	• 종업원은 자신들이 회사에 기여한 생산성과 회사가 그 대가를 지급할 수 있는지의 능력을 판단하여 급여인상에 대한 협상을 함. 또한 다른 회사로 이직하는 것이 나은지 아니면 계속 현재의 회사에서 일하는 것이 나은지에 대한 판단을 해야 할 때가 있음. →따라서, 이러한 의사결정을 위해서 회사에 대한 재무적 정보를 필요로 함.
경영자	• 경영자는 올바른 경영을 하기 위해서 회사가 필요로 하는 자금은 얼마인지 또한 회사가 미래에 어디까지 성장할 수 있는지를 예측하여야만 함. →따라서, 이와 같은 예측을 위해서 회사의 재무적 정보를 필요로 함.

문제 2번	재무제표 요소 중 자산·부채의 측정	출제구분	재출제	난이도	★ ★ ☆	정답	④

• ②(기업이 부채를 이행할 때 이전해야 하는 현금이나 그 밖의 경제적 자원의 현재가치)는 현행원가가 아니라 '이행가치(부채)'에 대한 설명이다.

Guide 재무제표 요소의 측정

역사적원가	자산		• 지급한대가+거래원가(예 건물취득시 취득세)
	부채		• 수취한대가-거래원가(예 사채발행시 사채발행비)
현행가치	공정가치	자산	• 시장참여자 사이의 정상거래에서 자산매도시 받게 될 가격
		부채	• 시장참여자 사이의 정상거래에서 부채이전시 지급하게 될 가격
	사용가치(자산)		• 자산사용과 처분으로 기대하는 현금흐름 및 그 밖의 경제적효익의 현재가치
	이행가치(부채)		• 부채이행시 이전해야 하는 현금 및 그 밖의 경제적자원의 현재가치
	현행원가	자산	• 측정일에 동등한 자산의 원가로서 측정일에 지급할 대가(측정일에 발생할 거래원가 포함) →즉, 자산구입시 지급대가를 의미함.
		부채	• 측정일에 동등한 부채에 대해 수취할 수 있는 대가(측정일에 발생할 거래원가 차감) →즉, 부채발생시 수취대가를 의미함.

문제 3번	K-IFRS '재무보고를 위한 개념체계' 개정으로 인한 문제 불성립

* 저자주 본 문제는 '재무보고를 위한 개념체계'의 개정 전 규정에 의한 문제로서 2019년 이전 규정에 의한 문제입니다. 현행 규정이 아닌 일반적인 강학상의 회계이론에 근거하여 출제하였다고 하더라도 상식적으로 이해할 수 없는 부분이며, 시험의 신뢰성을 훼손하지 않기 위해서라도 현행 규정에 근거한 명확한 출제를 하는 것이 바람직하다고 사료됩니다.

문제 4번	포괄손익계산서 표시	출제구분	재출제	난이도	★ ☆ ☆	정답	④

• 비용을 기능별로 분류하는 기업은 감가상각비, 기타 상각비와 종업원급여비용을 포함하여 비용의 성격에 대한 추가 정보를 공시한다.[K-IFRS 제1001호 문단104]

Guide 비용 분류방법(이하 둘 중 선택 적용)

성격별 분류법	• 비용은 그 성격별로 통합함.(즉, 각 항목의 유형별로 구분표시) →예 감가상각비, 원재료구입, 운송비, 종업원급여, 광고비 등 • 매출원가를 다른 비용과 분리하여 공시하지 않음. • 기능별로 재배분하지 않으므로 적용이 간단함.(미래현금흐름 예측에는 유용함)
기능별 분류법 (=매출원가법)	• 비용은 그 기능별로 분류함. →예 매출원가, 물류원가, 관리활동원가 등 • 적어도 매출원가를 다른 비용과 분리하여 공시함. • 목적적합하나, 자의적인 기능별 배분과 판단이 개입될 수 있음. • 기능별로 분류시에는 성격별 분류에 따른 추가공시가 필요함.

문제 5번	보고기간후 사건	출제구분	재출제	난이도	★ ★ ☆	정답	④

• ① 보고기간말과 재무제표 발행승인일 사이에 투자자산의 공정가치(시장가치) 하락은 수정을 요하지 않는 보고기간후사건의 대표적인 사례에 해당한다.
→공정가치의 하락은 일반적으로 보고기간말의 상황과 관련된 것이 아니라 보고기간 후에 발생한 상황이 반영된 것이므로, 그 투자자산에 대해서 재무제표에 인식된 금액을 수정하지 아니한다.

② 수정을 요하지 않는 보고기간후사건이 중요한 경우에, 이를 공시하지 않는다면 특정 보고기업에 대한 일반목적재무제표에 기초하여 내리는 주요 이용자의 의사결정에 영향을 줄 것으로 합리적으로 예상할 수 있다. 따라서 기업은 수정을 요하지 않는 보고기간후사건으로서 중요한 것은 그 범주별로 다음 사항을 공시한다.[K-IFRS 제1010호 문단21]

> ㉠ 사건의 성격
> ㉡ 사건의 재무적 영향에 대한 추정치. 그러한 추정을 할 수 없는 경우에는 이에 대한 설명

③ 보고기간말 이전에 구입한 자산의 취득원가나 매각한 자산의 대가를 보고기간 후에 결정하는 경우는 수정을 요하는 보고기간후사건의 예로 규정되어 있다.

④ 수정을 요하는 보고기간후사건이란 보고기간말에 존재하였던 상황에 대해 증거를 제공하는 사건을 말한다.(수정을 요하지 않는 보고기간후사건 : 보고기간 후에 발생한 상황을 나타내는 사건)

문제 6번	이동평균법 기말재고자산금액	출제구분	재출제	난이도	★ ★ ☆	정답	①

- 4월 22일 현재 이동평균단가 : (80,000+22,000)÷(1,000개+200개)=@85
- 매출원가 : 800개×@85=68,000
- 기말재고 : (80,000+22,000+24,000)-68,000=58,000

문제 7번	선입선출법과 총평균법 기말재고	출제구분	재출제	난이도	★ ★ ☆	정답	②

- 선입선출법 기말재고 : (1,000개×2,400)+(1,000개×3,000)=5,400,000
- 총평균법 기말재고 : $2,000개 \times @\frac{6,000,000+5,000,000+4,800,000+3,000,000}{3,000개+2,000개+2,000개+1,000개}=4,700,000$

문제 8번	재고자산감모손실 · 평가손실	출제구분	재출제	난이도	★ ★ ★	정답	④

- 재고자산감모손실 · 평가손실은 비용이나 매출원가로 처리하므로 처리방법 불문하고 당기이익을 감소시킨다.
- 개당 순실현가능가치(NRV) : 160-160×5%=152
- 재고자산감모손실과 재고자산평가손실 계산

장부수량×단위당원가	실제수량×단위당원가	실제수량×단위당시가
(100개×@200=20,000)	(95개×@200=19,000)	(95개×@152=14,440)

재고자산감모손실 1,000　　재고자산평가손실 4,560

∴당기손익에 미치는 영향 : 1,000+4,560=5,560(감소)

문제 9번	유형자산 취득원가 포함여부	출제구분	재출제	난이도	★ ☆ ☆	정답	③

- 보유중인 건물에 대하여 부과되는 재산세 : 비용처리한다.
  매입할인 : 매입가격(구입가격)에서 차감한다.

Guide 유형자산 취득원가 포함 항목

㉠ 관세 및 환급 불가능한 취득관련 세금(취득세, 등록세)을 가산하고 매입할인과 리베이트 등을 차감한 구입가격
→주의 보유자산 재산세와 자동차세는 비용처리함.

㉡ 경영진이 의도하는 방식으로 가동하는데 필요한 장소와 상태에 이르게 하는데 직접 관련되는 다음과 같은 원가

- 유형자산의 매입 또는 건설과 직접적으로 관련되어 발생한 종업원급여
- 설치장소 준비원가, 최초의 운송 및 취급 관련 원가, 설치원가 및 조립원가
- 유형자산이 정상적 작동여부를 시험하는 과정에서 발생하는 원가
  비교 시제품의 순매각금액 : ㉠ 일반기업회계기준 - 원가차감 ㉡ K-IFRS - 당기손익
- 전문가에게 지급하는 수수료, 구입시 중개수수료 · 보험료

㉢ 자산을 해체, 제거, 복구하는데 소요될 것으로 최초에 추정되는 원가(=복구원가)

문제 10번	유형자산 후속측정(재평가)	출제구분	재출제	난이도	★ ☆ ☆	정답	④

- 재평가로 인하여 자산이 감소된 경우 재평가손실의 과목으로 당기손익 처리한다.(단, 재평가잉여금이 계상되어 있는 경우는 재평가잉여금과 상계한 후 재평가손실을 인식한다.)

Guide 재평가손익 처리방법

최초재평가	재평가증가액	• '장부금액 〈 공정가치' →재평가잉여금(자본 : 기타포괄손익)	
	재평가감소액	• '장부금액 〉 공정가치' →재평가손실(당기손익)	
재평가이후 후속재평가	재평가손실 인식후 재평가잉여금이 발생	◉전기재평가손실	• 재평가이익(당기손익)
		◉나머지 금액	• 재평가잉여금(자본)
	재평가잉여금 인식후 재평가손실이 발생	◉전기재평가잉여금	• 재평가잉여금과 상계
		◉나머지 금액	• 재평가손실(당기손익)

문제 11번	유형자산 손상차손	출제구분	재출제	난이도	★ ★ ☆	정답	④

- 손상차손 계산

구분	기계장치A	기계장치B
장부금액	225,000,000	80,000,000
회수가능액	Max[150,000,000, 135,000,000] = 150,000,000	Max[40,000,000, 96,000,000] = 96,000,000
손상차손	225,000,000 - 150,000,000 = 75,000,000	없음

Guide 유형자산 손상차손

손상차손(당기손익)	• 손상차손액 = 장부금액 - 회수가능액
회수가능액	• 회수가능액 = Max[순공정가치, 사용가치] → {순공정가치 : 매각금액 – 처분부대원가 사용가치 : 기대미래현금흐름의 현재가치
회계처리	• (차) 유형자산손상차손 xxx (대) 손상차손누계액(유형자산 차감) xxx

문제 12번	연구개발지출과 소프트웨어 회계처리	출제구분	재출제	난이도	★ ★ ☆	정답	②

- 당기비용
  연구단계지출(350,000 = 연구비)과 자산인식조건을 만족시키지 못하는 개발단계지출(1,000,000 = 경상개발비)
  →350,000 + 1,000,000 = 1,350,000
- 무형자산(개발비)
  자산인식조건 만족 개발단계지출(900,000)과 자산인식조건 만족 내부개발소프트웨어(250,000)
  →900,000 + 250,000 = 1,150,000

Guide 연구개발지출과 소프트웨어의 처리

연구개발지출	연구단계활동 지출	• 비용(연구비)
	개발단계활동 지출	• 자산인식요건 충족O : 무형자산(개발비) • 자산인식요건 충족X : 비용(경상개발비)
소프트웨어	내부개발소프트웨어	• 자산인식요건 충족시 '개발비'의 과목으로 무형자산 처리
	외부구입소프트웨어	• 자산인식요건 충족시 '소프트웨어'의 과목으로 무형자산 처리

문제 13번	무형자산 상각	출제구분	재출제	난이도	★ ★ ★	정답	④

- 무형자산의 내용연수가 '비한정'이라는 용어는 '무한(infinite)'을 의미하지 않는다.[K-IFRS 제1038호 문단91]
  →왜냐하면, 무형자산의 내용연수를 추정하는 시점에서 여러 가지 요인을 종합적으로 고려하여 볼 때 미래경제적효익의 지속연수를 결정하지 못할 뿐이지, 그렇다고 해서 미래경제적효익이 무한히 지속될 것으로 보는 것은 아니기 때문이다.(참고로, K-IFRS의 적용사례에는 무형자산의 내용연수 평가에 대한 다양한 사례를 제시하고 있다.)

Guide 무형자산 상각여부 및 검토와 변경

상각여부	내용연수가 유한	• 내용연수가 유한한 무형자산은 내용연수에 걸쳐 상각함.
	내용연수가 비한정	• 내용연수가 비한정인 무형자산은 상각하지 않음. →매년 또는 손상징후가 있을 때 손상검사를 수행함. →'비한정'이라는 용어는 '무한(infinite)'을 의미하지 않음.
검토와 변경	• 잔존가치 · 상각기간 · 상각방법은 적어도 매 회계기간말에 검토함. • 잔존가치 · 상각기간 · 상각방법의 변경은 회계추정의 변경으로 회계처리함.	

문제 14번	재고자산의 투자부동산으로의 계정대체	출제구분	재출제	난이도	★ ★ ★	정답	①

- 재고자산(판매목적 건물)을 제3자에게 운용리스로 제공하는 것은 투자부동산으로의 계정대체에 해당한다.
- 재고자산 장부금액과 대체시점(용도변경시점)의 공정가치의 차액은 당기손익으로 인식한다.

㉠ (차) 재고자산	13억-10억=3억	(대) 재평가이익(당기손익)	3억
㉡ (차) 투자부동산	13억	(대) 재고자산	13억

* 저자주 문제의 명확한 성립을 위해 누락된 단서인 '(주)삼일은 투자부동산에 대하여 공정가치모형을 적용하고 있다'를 추가하기 바랍니다.

Guide 투자부동산 계정대체 세부고찰(회계처리)

투자부동산에 원가모형 적용시	• 대체전 자산의 장부금액으로 대체함.(∴별도 손익이 발생하지 않음)	
투자부동산에 공정가치모형 적용시	투자부동산 ▶ 자가사용부동산 투자부동산 ▶ 재고자산	• 변경시점에 투자부동산평가손익 인식후 공정가치로 대체
	자가사용부동산 ▶ 투자부동산	• 변경시점의 장부금액과 공정가치의 차액은 유형자산 재평가모형과 동일한 방법으로 회계처리
	재고자산 ▶ 투자부동산	• 재고자산 장부금액과 대체시점의 공정가치의 차액은 당기손익으로 인식

문제 15번	금융자산의 분류	출제구분	재출제	난이도	★★★	정답	④

- 파생상품은 'AC금융자산과 FVOCI금융자산의 충족조건을 만족시키지 못하는 그 외 모든 금융자산'에 해당하므로, FVPL금융자산(당기손익-공정가치측정금융자산)으로 분류된다.

Guide 금융자산 분류

원칙

- 사업모형과 현금흐름특성에 근거하여 다음과 같이 분류·측정함.

분류·측정	충족조건	해당증권
AC금융자산 [상각후원가측정]	• ㉠ 현금흐름수취목적 사업모형일 것 ㉡ 원리금지급만으로 구성된 현금흐름일 것	채무상품
FVOCI금융자산 [기타포괄손익-공정가치측정]	• ㉠ 현금흐름수취와 금융자산매도목적 사업모형일 것 ㉡ 원리금지급만으로 구성된 현금흐름일 것	채무상품
FVPL금융자산 [당기손익-공정가치측정]	• 그 외 모든 금융자산 → 예 단기매매항목	지분상품 채무상품 파생상품

선택

- 최초인식시점에 다음과 같이 측정하기로 선택할 수 있음.

분류·측정	충족조건	해당증권
FVOCI금융자산 [기타포괄손익-공정가치측정]	• 단기매매항목이 아닐 것	지분상품
FVPL금융자산 [당기손익-공정가치측정]	• 회계불일치를 제거하거나 유의적으로 줄이기 위한 경우일 것	지분상품 채무상품

문제 16번	FVPL금융자산(지분상품) 처분손익	출제구분	재출제	난이도	★ ★ ☆	정답	④

- 장부금액(20x1년말 공정가치) : 1,000주×@10,500 = 10,500,000
  처분금액(20x2년초 공정가치) : 1,000주×@9,700 = 9,700,000
- 처분손익 : 9,700,000(처분금액) - 10,500,000(장부금액) = △800,000(손실)

*참고 회계처리

20x1년초	(차) FVPL금융자산	10,000,000	(대) 현금	10,000,000
20x1년말	(차) FVPL금융자산	500,000	(대) FVPL금융자산평가이익	500,000
20x2년초	(차) 현금 FVPL금융자산처분손실	9,700,000 800,000	(대) FVPL금융자산	10,500,000

Guide FVPL금융자산(지분상품/채무상품) 회계처리

취득	거래원가	• 취득과 직접 관련된 거래원가는 발생즉시 당기비용으로 처리함. 주의 AC금융자산과 FVOCI금융자산의 거래원가는 취득원가에 가산함.
	채무상품	• 이자지급일사이에 취득한 경우에는 경과이자는 취득원가에서 제외하여 미수이자로 계상하며, 보유기간 해당분만 이자수익으로 인식함. →∴취득원가 = 구입가 - 경과이자
평가	평가손익	• 공정가치와 장부금액의 차액을 당기손익 처리함.
	회계처리	• 평가손익을 FVPL금융자산에서 직접 가감함. →(차) FVPL금융자산 xxx (대) FVPL금융자산평가이익 xxx 주의 ∴'장부금액=전기말 공정가치'가 되며, 채무상품은 할인·할증상각이 없음.
처분	처분손익	• 처분금액(매각대금-거래원가) - 장부금액
	이자수익	• 채무상품을 이자지급일 사이에 처분시 경과이자는 이자수익으로 우선 인식함.

문제 17번	사채발행 기본사항	출제구분	신유형	난이도	★ ☆ ☆	정답	③

- 사채는 유효이자율법에 의해 상각후원가로 측정하며, 할인발행시 상각후원가(장부금액)는 매기 증가한다.

Guide 사채 할인발행과 할증발행 비교

*할인·할증발행 : 이자비용(유효이자) = 장부금액×시장이자율

	발행조건	당기말 장부금액	이자비용	상각액
할인발행	액면이자율〈시장이자율	전기말 장부금액 + 상각액 (장부금액은 매기 증가)	이자비용 매기 증가	이자비용 - 액면이자 (매기 증가)
할증발행	액면이자율〉시장이자율	전기말 장부금액 - 상각액 (장부금액은 매기 감소)	이자비용 매기 감소	액면이자 - 이자비용 (매기 증가)

문제 18번	사채할증발행과 사채상환	출제구분	재출제	난이도	★ ★ ★	정답	②

* 저자주 문제의 명확한 성립을 위해 선지 ②,③,④에 누락된 '20x1년말'을 추가하기 바랍니다.

- 발행금액(현재가치) : 10,000×2.5771+100,000×0.7938=105,151
- 사채할증발행차금 : 105,151-100,000=5,151
- 유효이자율법에 의한 상각표

일자	액면이자(10%)	유효이자(8%)	상각액	장부금액
20x1년 1월 1일				105,151
20x1년 12월 31일	10,000	105,151×8%=8,412	10,000-8,412=1,588	105,151-1,588=103,563

- ① 고속철 할증발행시 총이자비용=총액면이자-총사채할증발행차금
  →총액면이자(10,000×3년)-총사채할증발행차금(5,151)=24,849

  ② 20x1년말 장부금액 : 103,563〈유효이자율법에 의한 상각표 참조!〉

  ③ 20x1년말 사채상환손익 : 장부금액(103,563)-상환금액(105,000)=△1,437(상환손실)

  ④ 20x1년말 사채할증발행차금상각액 : 1,588〈유효이자율법에 의한 상각표 참조!〉

* 참고 회계처리

20x1년 1월 1일	(차)	현금	105,151	(대) 사채	100,000
				사채할증발행차금	5,151
20x1년 12월 31일	(차)	이자비용	8,412	(대) 현금	10,000
		사채할증발행차금	1,588		
	(차)	사채	100,000	(대) 현금	105,000
		사채할증발행차금	3,563		
		사채상환손실	1,437		

문제 19번	전환사채 일반사항	출제구분	신유형	난이도	★ ★ ☆	정답	②

• ① 전환사채는 부채요소와 자본요소를 모두 가지고 있는 복합금융상품이다.

요소구분	❐ ㉠ 부채요소(금융부채) = 일반사채 : 현금 등 금융자산을 인도하기로 하는 계약 ㉡ 자본요소(지분상품) = 전환권 : 확정수량 보통주로 전환할 수 있는 권리를 보유자에게 부여하는 콜옵션 ❐ 자본요소는 잔여지분이라는 정의와 일관되도록 하기 위해, 부채요소해당액(사채현재가치)을 먼저 측정하고, 발행금액에서 부채요소해당액을 차감한 금액으로 자본요소해당액을 측정하도록 규정하고 있다. →발행금액 - 부채요소해당액(현재가치) = 자본요소해당액(전환권가치)

② 전환권조정은 이자지급시점에 다음과 같이 이자비용으로 인식되므로 옳은 설명이다.

발행시점 (액면발행)	(차) 현금(발행금액) (차) 전환권조정(전환사채 차감)	xxx xxx	(대) 전환사채(액면금액 = 발행금액) (대) 전환권대가(발행금액 - 현재가치) 상환할증금(전환사채 가산)	xxx xxx xxx
이자지급시점	(차) 이자비용	xxx	(대) 현금(액면이자) 전환권조정(상각액)	xxx xxx

③ 보통주의 발행을 청구할 수 있는 권리가 부여된 사채는 신주인수권부사채이다.

전환사채	• 유가증권의 소유자가 일정한 조건하에 보통주로의 전환권을 행사할 수 있는 사채로서, 전환권을 행사하면 보통주로 전환되는 사채
신주인수권부사채	• 유가증권의 소유자가 일정한 조건하에 신주인수권을 행사하여 보통주 발행을 청구할 수 있는 권리가 부여된 사채

④ 상환할증금은 전환사채에 가산하여 표시한다.

문제 20번	충당부채의 인식	출제구분	재출제	난이도	★ ★ ☆	정답	②

• ② 충당부채 : 반드시 재무제표에 부채로 인식하여야 한다.
→우발부채 : 부채로 인식할 수 없으며 주석으로 공시한다.
→우발자산 : 자산으로 인식할 수 없으며 경제적효익 유입가능성이 높은 경우에만 주석으로 공시한다.

④ 화재 등으로 인한 미래 멸실액은 충당부채 인식요건을 충족하지 않으므로 충당부채를 계상하지 않는다.
→충당부채는 다음의 요건을 모두 충족하는 경우에 인식한다.

㉠ 현재의무(법적의무나 의제의무) 존재 ㉡ 자원유출 가능성 높음 ㉢ 신뢰성있는 금액추정 가능

Guide 충당부채·우발부채·우발자산 인식

	충당부채	우발부채	우발자산
조건	유출가능성이 높다 and 측정가능	유출가능성이 높다 or 유출가능성이 높더라도 측정불가능	유입가능성이 높다
인식	F/S에 부채인식	주석공시(F/S인식불가)	주석공시(F/S인식불가)
그 외의 사항은 아예 공시하지 않음			

문제 21번	자본과 주식 세부고찰	출제구분	재출제	난이도	★ ★ ★	정답	②

- ① 발행주식수 : 5,000,000,000(자본금)÷5,000(주당 액면금액) = 1,000,000주
  ② 주당 주식발행금액 : (5,000,000,000 + 3,000,000,000)÷1,000,000주 = @8,000
  ③ 법정자본금 : 5,000,000,000(자본금)
  ④ 주당이익(EPS) : $\frac{1,000,000,000(\text{당기순이익})}{1,000,000\text{주}}$ = 1,000

* 저자주 문제의 명확한 성립을 위해 누락된 단서인 '단, 설립시 발행한 우선주는 없다.'를 추가하기 바랍니다.

문제 22번	기타포괄손익의 집계	출제구분	재출제	난이도	★ ☆ ☆	정답	③

- 기타포괄손익누계액 : 2,500,000(보험수리적이익) + 500,000(유형자산 재평가잉여금) = 3,000,000
  →주식발행초과금, 자기주식처분이익 : 자본 가산항목

Guide 기타포괄손익 항목

- FVOCI금융자산평가손익(지분상품/채무상품), 재평가잉여금, 보험수리적손익(확정급여제도 재측정손익)
- 해외사업장외화환산차이, 현금흐름위험회피파생상품평가손익(위험회피에 효과적인 부분)

문제 23번	라이선스와 수익인식	출제구분	재출제	난이도	★ ★ ☆	정답	②

- 라이선스 기간 전체에 걸쳐 존재하는, 기업의 지적재산에 접근할 권리인 접근권이 4년간 보장되어 있는 라이선스 거래이다. 따라서, 기간에 걸쳐 수행하는 의무에 해당하므로 4년에 걸쳐 수익으로 인식한다.
- 20x1년 라이선스 수익인식액 : 100,000,000÷4년=25,000,000

Guide 구별되는 라이선스의 접근권과 사용권

접근권	정의	• 라이선스 기간 전체에 걸쳐 존재하는, 기업의 지적재산에 접근할 권리
	수익인식	• 기간에 걸쳐 이행하는 수행의무로 회계처리(진행률에 따라 수익인식)
사용권	정의	• 라이선스를 부여하는 시점에 존재하는, 기업의 지적재산을 사용할 권리
	수익인식	• 한 시점에 이행하는 수행의무로 회계처리(사용권 이전시점에 수익인식)

문제 24번	할부판매 매출채권 장부금액	출제구분	재출제	난이도	★ ★ ☆	정답	③

- 회계처리

20x1년초	(차) 매출채권	90,000,000	(대) 매출	30,000,000×2.7232 = 81,696,000
			현재가치할인차금	8,304,000
	(차) 매출원가	xxx	(대) 상품	xxx
20x1년말 (20x2년초)	(차) 현금	30,000,000	(대) 매출채권	30,000,000
	(차) 현재가치할인차금	4,084,800	(대) 이자수익	81,696,000×5% = 4,084,800

- 매출채권잔액 계산

매출채권 : 90,000,000 - 30,000,000 = 60,000,000
현재가치할인차금 : 8,304,000 - 4,084,800 = (4,219,200)
55,780,800

* 고속철 미래현금흐름의 현재가치를 구해도 된다. →30,000,000÷1.05 + 30,000,000÷1.05^2 ≒55,782,313
* 저자주 매출채권잔액 보다는 매출채권장부금액을 물어야 명확한 출제가 되므로, 아쉬운 출제로 사료됩니다!

문제 25번	계약원가의 구성항목	출제구분	신유형	난이도	★ ★ ☆	정답	③

- ① 판매원가 : 계약활동에 귀속될 수 없거나 특정계약에 배분할 수 없는 원가이므로 건설계약의 원가에서 제외한다.
  ② 생산설비와 건설장비의 임차원가 : 특정계약에 직접 관련된 원가인 (가)에 해당한다.
  ③ 건설인력의 급여지급에 대한 사무처리 원가 : 계약활동 전반에 귀속될 수 있는 공통원가로서 특정계약에 배분할 수 있는 원가인 (나)에 해당한다.
  ④ 계약에 사용된 생산설비와 건설장비의 감가상각비 : 특정계약에 직접 관련된 원가인 (가)에 해당한다.

Guide 계약원가 구성항목과 제외항목

구성항목	계약직접원가	❖특정계약에 직접 관련된 원가 • 현장감독을 포함한 현장인력의 노무원가, 건설에 사용된 재료원가 • 계약에 사용된 생산설비 · 건설장비의 감가상각비와 임차원가 • 생산설비, 건설장비 및 재료를 현장으로 운반하거나 현장에서 운반하는 데 소요되는 원가, 계약과 직접 관련된 설계와 기술지원 원가 • 예상하자보수원가를 포함한 복구 · 보증공사의 추정원가, 제3자의 보상금청구
	계약공통원가	❖계약활동 전반에 귀속될 수 있는 공통원가로서 특정계약에 배분할 수 있는 원가 • 보험료, 특정 계약에 직접 관련되지 않은 설계와 기술지원 원가 • 건설간접원가(건설인력의 급여지급에 대한 사무처리원가를 포함), 차입원가
	기타원가	❖계약조건에 따라 발주자에게 청구할 수 있는 기타 원가 • 계약조건에 보상받을 수 있도록 규정된 일부 일반관리원가와 개발원가
제외항목	❖계약활동에 귀속될 수 없거나 특정계약에 배분할 수 없는 원가 • 계약에 보상이 명시되어 있지 않은 일반관리원가 • 판매원가 • 계약에 보상이 명시되어 있지 않은 연구개발원가 • 특정계약에 사용하지 않는 유휴 생산설비나 건설장비의 감가상각비	

문제 26번	손실예상 건설계약 회계처리	출제구분	재출제	난이도	★ ★ ☆	정답	③

- 총계약원가가 총계약수익을 초과할 가능성이 높은 경우(건설계약 총예상손실)에 예상되는 손실은 즉시 당기비용으로 인식한다.
  →계약 전체에서 손실발생이 예상되는 경우 예상되는 손실을 즉시 인식한다. 즉, 보수적인 관점에서 예상손실을 진행된 부분만큼 인식하지 않고 예상시점에 조기 인식하는 것이다.

* 저자주 참고로, K-IFRS 제1115호 '고객과의 계약에서 생기는 수익'에서는 계약 전체에서 손실 발생이 예상되는 경우에 대한 회계처리를 명시적으로 언급하고 있지 않습니다.(K-IFRS 제1115호 '고객과의 계약에서 생기는 수익'이 공포되면서 종전 K-IFRS 제1011호 '건설계약'은 더 이상 적용되지 않습니다. 그러나 제1115호에서는 건설계약의 회계처리에 적용할 구체적인 계정이나 분개 등이 언급되어 있지 않아 제1115호의 내용만으로는 건설계약을 어떻게 회계처리해야 하는지 명확하지 않은 상태이긴 하나, 종전 제1011호에 의한 회계처리를 실제 적용하더라도 문제는 없을 것으로 판단하고 있는 것이 현재 회계학계의 입장입니다.)

문제 27번	사외적립자산 공정가치 계산	출제구분	기출변형	난이도	★ ★ ★	정답	④

- 기여금의 불입(사외적립자산 적립) : (차) 사외적립자산 800,000 (대) 현금 800,000
- 사외적립자산 기대수익 : (차) 사외적립자산 200,000 (대) 퇴직급여 200,000
- 사외적립자산 재측정요소(실제수익 - 기대수익) : (차) 재측정손실 50,000 (대) 사외적립자산 50,000
  →'실제수익 - 기대수익'이 (+)이면 재측정이익, (-)이면 재측정손실

∴20x1년말 사외적립자산 공정가치 : 2,000,000 + 800,000 + 200,000 - 50,000 = 2,950,000

Guide 확정급여제도 회계처리 순서

① 과거근무원가(증가시)	(차) 퇴직급여	xxx	(대) 확정급여채무	xxx
② 퇴직급여 지급	(차) 확정급여채무	xxx	(대) 사외적립자산	xxx
③ 사외적립자산 적립	(차) 사외적립자산	xxx	(대) 현금	xxx
④ 확정급여채무 이자원가	(차) 퇴직급여	xxx	(대) 확정급여채무	xxx
⑤ 확정급여채무 당기근무원가	(차) 퇴직급여	xxx	(대) 확정급여채무	xxx
⑥ 확정급여채무 재측정요소(보험수리적손익)	(차) 재측정손실	xxx	(대) 확정급여채무	xxx
⑦ 사외적립자산 기대수익(이자수익)	(차) 사외적립자산	xxx	(대) 퇴직급여	xxx
⑧ 사외적립자산 재측정요소(실제수익-기대수익)	(차) 사외적립자산	xxx	(대) 재측정이익	xxx

문제 28번	주식기준보상거래 일반	출제구분	재출제	난이도	★ ☆ ☆	정답	③

- 주식결제형 주식기준보상거래의 보상원가 산정시 지분상품의 공정가치는 재측정 없이 부여일 공정가치로 측정하고 기대권리소멸률을 반영한 보상원가를 용역제공비율(=당기말까지 기간÷용역제공기간)에 따라 가득기간에 걸쳐 인식한다.

문제 29번	2차연도 이연법인세자산 · 부채	출제구분	재출제	난이도	★ ★ ☆	정답	②

- 유보(차감할 일시적차이) 900,000
- 미지급법인세(당기법인세) : 5,500,000 × 25% = 1,375,000
- 이연법인세자산 : 300,000 × 30% + 300,000 × 30% + 300,000 × 30% = 270,000
- 회계처리
  (차) 법인세비용(대차차액) 1,105,000 (대) 미지급법인세(당기법인세) 1,375,000
  이연법인세자산 270,000

Guide 이연법인세 계산구조

대상	• 일시적차이(유보)
공시	• 이연법인세자산(부채)는 비유동자산(부채)로만 표시하고 소정 요건을 충족하는 경우 상계하여 표시 • 현재가치평가를 하지 않음.
절차	• [1단계] 미지급법인세(과세소득 × 당기세율) = (세전순이익 ± 영구적차이 ± 일시적차이) × 당기세율 [2단계] 이연법인세자산(부채) = 유보(△유보) × 미래예상세율(평균세율) [3단계] 법인세비용 = 대차차액에 의해 계산 주의 이연법인세자산(부채)은 당기세율이 아니라 소멸시점의 미래예상세율을 적용함.

문제 30번	2차연도말 법인세비용 계산	출제구분	재출제	난이도	★★☆	정답	①

- 20x2년말 이연법인세자산 200,000이 계상되어야 하므로, 20x1년말 현재 계상되어 있는 이연법인세부채 50,000을 제거하고 추가로 이연법인세자산 150,000을 계상한다. 법인세비용은 대차차액으로 구한다.

→(차)	법인세비용(대차차액)	200,000	(대) 미지급법인세(당기법인세)	400,000
	이연법인세부채	50,000		
	이연법인세자산	150,000		

문제 31번	오류수정후 순이익	출제구분	재출제	난이도	★★☆	정답	②

- 매출총이익 취소로 인한 순이익 감소액 : 200,000,000
- 보험료 결산수정분개(선급보험료 50,000,000/보험료 50,000,000)로 인한 비용감소(순이익 증가) : 50,000,000

∴수정후 법인세비용차감전순이익 : 300,000,000 - 200,000,000 + 50,000,000 = 150,000,000

문제 32번	희석주당이익 산정시 잠재적보통주	출제구분	재출제	난이도	★★☆	정답	④

- 자기주식은 기본주당이익 산정에 있어 자기주식의 취득시점 이후부터 매각시점까지의 기간 동안 가중평균유통보통주식수에 포함하지 아니한다.

Guide 잠재적보통주

- 잠재적보통주는 다음과 같다.[K-IFRS 제1033호 문단7]
  - ㉠ 보통주로 전환할 수 있는 금융부채나 지분상품 →예 전환사채, 전환우선주
  - ㉡ 옵션과 주식매입권 →예 신주인수권, 주식선택권
  - ㉢ 사업인수·자산취득과 같이 계약상 합의에 따라 조건이 충족되면 발행하는 보통주 →예 조건부발행보통주

문제 33번	유의적인 영향력이 있는 경우	출제구분	재출제	난이도	★☆☆	정답	④

- 기업이 다음 중 하나 이상에 해당하는 경우 일반적으로 유의적인 영향력을 보유한다는 것이 입증된다.[K-IFRS 제1028호 문단6]

㉠ 피투자자의 이사회나 이에 준하는 의사결정기구에 참여
㉡ 배당이나 다른 분배에 관한 의사결정에 참여하는 것을 포함하여 정책결정과정에 참여
㉢ 기업과 피투자자 사이의 중요한 거래
㉣ 경영진의 상호 교류
㉤ 필수적 기술정보의 제공

문제 34번	지분법의 적용	출제구분	재출제	난이도	★ ☆ ☆	정답	③

• 피투자회사(관계기업)가 배당금지급을 결의한 시점에 투자회사가 수취하게 될 배당금 금액을 당기순이익으로 인식하는 것이 아니라, 투자주식계정에서 직접 차감한다.

Guide 취득일이후 지분법 회계처리

당기순이익 보고시	• '피투자회사의 순이익×지분율'만큼 지분법이익(당기손익)을 인식함. →(차) 관계기업투자주식 xxx (대) 지분법이익 xxx
배당시	• 배당결의시 : (차) 미수배당금 xxx (대) 관계기업투자주식 xxx • 배당수령시 : (차) 현금 xxx (대) 미수배당금 xxx 주의 지분법에서는 피투자회사가 배당을 하면 순자산이 감소하므로 투자주식을 감소시키는 처리를 하며, 배당금수익을 인식하는 것이 아님.
기타포괄손익 증감시	• '피투자회사의 기타포괄손익×지분율'만큼 지분법자본변동(기타포괄손익)을 인식함. →(차) 관계기업투자주식 xxx (대) 지분법자본변동 xxx

문제 35번	기능통화와 표시통화	출제구분	재출제	난이도	★ ★ ☆	정답	④

• 기업은 어떤 통화든지 표시통화로 사용할 수 있다.(기능통화와 표시통화가 다른 경우에는 기능통화를 표시통화로 환산하여 재무제표에 보고해야 함.)
→표시통화와 기능통화는 반드시 동일한 화폐로 사용하여야 하는 것은 아니다.

Guide 기능통화와 표시통화

기능통화	• 영업활동이 이루어지는 주된 경제환경의 통화로, 장부에 기록(거래인식)하는 통화 →기능통화 이외의 통화는 모두 외화에 해당함. • 기능통화는 일단 결정된 이후에는 원칙적으로 변경불가함. →기능통화가 변경되는 경우에는 기능통화가 변경된 날의 환율을 사용하여 모든 항목을 새로운 기능통화로 환산하여 전진적용함.
표시통화	• 재무제표를 표시할 때 사용하는 통화 →국내영업기업의 기능통화는 원화로서 이는 표시통화와 동일함. • 기업은 어떤 통화든지 표시통화로 사용할 수 있으나, 기능통화와 표시통화가 다른 경우에는 기능통화를 표시통화로 환산하여 재무제표에 보고해야 함. • 기능통화를 표시통화로 환산시 환산차이는 기타포괄손익으로 인식함. 예시 ㉠ 국내영업기업 달러화는 외화 → 이를 환산한 원화는 기능통화 → 원화는 표시통화와 동일 ㉡ 미국현지법인 엔화는 외화 → 이를 환산한 달러화는 기능통화(장부기록) → 이를 환산한 원화는 표시통화

문제 36번	파생상품 일반사항	출제구분	재출제	난이도	★ ★ ☆	정답	④

• 위험회피수단으로 지정되지 않고 매매목적 등으로 보유하고 있는 파생상품의 평가손익은 당기손익으로 계상해야 한다.

*참고 비파생금융상품과 내재파생상품

파생상품은 원금 이상의 손실을 입을 수 있는 것인데 반해, 비파생금융상품은 주식과 같이 종이 조각이 되면 끝이 나는 즉, 원금 이상의 손실을 입지 않는 것을 의미한다. 한편, 내재파생상품은 전환사채의 전환권과 같은 경우를 예로 들 수 있으며 만약 전환권이 독립적으로 거래·양도 등이 가능하면 내재파생상품이 아니다. 이 경우 내재파생상품을 주계약과 분리하여 파생상품으로 처리한다.

Guide 파생상품평가손익의 처리

❒ 파생상품은 계약상 권리·의무에 따라 자산·부채로 재무제표에 계상하며, 평가손익은 다음과 같이 처리함.

매매목적[1)]	• 당기손익	
공정가치위험회피[2)]	• 당기손익	
현금흐름위험회피[3)]	위험회피에 효과적인 부분	• 기타포괄손익
	위험회피에 효과적이지 못한 부분	• 당기손익

[1)] 매매목적으로 파생상품을 이용하는 것을 말함.

[2)] 위험회피대상항목이 자산, 부채, 확정계약으로서 당해 항목의 공정가치변동을 상쇄하기 위하여 파생상품을 이용하는 것을 말함.

[3)] 위험회피대상항목이 미래에 예상되는 거래로서 당해 거래에 따른 미래현금흐름변동을 상쇄하기 위하여 파생상품을 이용하는 것을 말함.

문제 37번	리스이용자 이자비용과 감가상각비	출제구분	재출제	난이도	★★★	정답	②

- 사용권자산(=리스부채) : 50,000×2.40183=120,092 →감가상각기간은 소유권이전이 있으므로 내용연수 5년
- 20x1년 이자비용 : 120,092×12%=14,411
- 20x1년 감가상각비 : [120,092－20,092(추정잔존가치)]÷5년=20,000

∴14,411(이자비용)+20,000(감가상각비)=34,411

*참고 회계처리

20x1년초(리스개시일)	(차) 사용권자산	120,092	(대) 리스부채	120,092
20x1년말(보고기간말)	(차) 이자비용	14,411	(대) 현금	50,000
	리스부채	35,589		
	(차) 감가상각비	20,000	(대) 감가상각누계액	20,000

Guide ▶ 리스이용자 회계처리

리스개시일	• (차) 사용권자산(원가)	xxx	(대) 리스부채	xxx
			현금(리스개설직접원가)	xxx
	리스부채	❒ 지급되지 않은 리스료를 내재이자율로 할인한 현재가치 (내재이자율 산정불가시는 리스이용자의 증분차입이자율로 할인)		
보고기간말	• (차) 이자비용	xxx	(대) 현금	xxx
	리스부채	xxx		
	(차) 감가상각비	xxx	(대) 감가상각누계액	xxx
	이자비용	❒ 리스부채 장부금액×내재이자율		
	감가상각	구분	감가상각대상금액	감가상각기간
		소유권이전O	원가-추정잔존가	내용연수
		소유권이전X	원가-보증잔존가	Min[리스기간, 내용연수]

문제 38번	매입활동 현금지급액	출제구분	재출제	난이도	★★☆	정답	③

- 발생주의 순매입액 : (150,000,000)
  매입채무의 증가 : 15,000,000
  현금주의 매입액 (135,000,000)

Guide ▶ 발생주의의 현금주의 전환 : 매입액

❒ (-)로 출발하며 자산의 증감은 역방향으로 가감하며, 부채의 증감은 순방향으로 가감하여 분석

- **발생주의 순매입액**(매입할인·에누리·환출을 차감한 후의 금액) : (xxx) ▶ (-)로 출발함에 주의!
  매입채무의 증가 : xxx
  선급금의 증가 : (xxx)
  현금주의 매입액(매입채무지급액, 선급금지급액, 현금매입) (xxx)

문제 39번	현금주의 이자비용 유출액	출제구분	재출제	난이도	★ ★ ★	정답	③

• 유출액 분석이므로 분석시 (-)로 출발한다.

• 이자지급액(현금주의 유출액) 계산

발생주의 이자비용	(110,000)
미지급이자 증가	15,000
선급이자 감소	5,000
현금주의 이자비용	(90,000)

Guide 발생주의의 현금주의 전환 : 이자비용

이자비용 유출액

• (-)로 출발하며, 자산의 증감은 역방향으로, 부채의 증감은 순방향으로 가감하여 분석

이자비용 유출액〈금액은 가정치임〉		
발생주의이자비용	(10,000)	→ (-)로 출발함에 주의!
사채할인발행차금(현재가치할인차금)상각액	1,000	
미지급이자증가(or선급이자감소)	2,000	
유출액(현금주의이자비용)	(7,000)	

➡ (차) 이자비용 100 (대) 현금 80
사채할인발행차금 20

직접법	• 사채할인발행차금을 계산시 가산
간접법	• 사채할인발행차금을 당기순이익에 가산

문제 40번	현금흐름표상 활동의 구분	출제구분	재출제	난이도	★ ☆ ☆	정답	④

• 선물계약, 선도계약, 옵션계약 및 스왑계약에 따른 현금유출은 투자활동 현금흐름에 해당한다.(단, 단기매매목적으로 계약을 보유하거나 현금유출이 재무활동으로 분류되는 경우는 제외한다.)[K-IFRS 제1007호 문단16]

Guide 영업활동 현금흐름 사례[K-IFRS 제1007호 문단14]

• 영업활동 현금흐름은 주로 기업의 주요 수익창출활동에서 발생한다. 따라서 영업활동 현금흐름은 일반적으로 당기순손익의 결정에 영향을 미치는 거래나 그 밖의 사건의 결과로 발생한다. 영업활동 현금흐름의 예는 다음과 같다.

㉠ 재화의 판매와 용역 제공에 따른 현금유입
㉡ 로열티, 수수료, 중개료 및 기타수익에 따른 현금유입
㉢ 재화와 용역의 구입에 따른 현금유출
㉣ 종업원과 관련하여 직·간접으로 발생하는 현금유출
㉤ 법인세의 납부 또는 환급. 다만 재무활동과 투자활동에 명백히 관련되는 것은 제외한다.
㉥ 단기매매목적으로 보유하는 계약에서 발생하는 현금유입과 현금유출

재경관리사 공개기출해설[재무]

2022년 9월에 시행된 기출문제에 대한 완벽한 해설을 관련이론(가이드)과 함께 제시하였습니다. 해당 문제는 합본부록을 참고바랍니다.

FINAL

Certified Accounting Manager

재무회계
공개기출문제해설
[2022년 09월 시행]

SEMOOLICENCE

문제 1번	일반목적재무보고의 의의	출제구분	재출제	난이도	★ ★ ☆	정답	④

• 현재 및 잠재적 투자자, 대여자 및 그 밖의 채권자는 정보를 제공하도록 직접 요구할 수 없고, 필요로 하는 정보의 많은 부분을 일반목적재무보고서에 의존해야만 한다. 따라서 그들이 주요이용자이다.
→보고기업의 경영진도 해당 기업에 대한 재무정보에 관심이 있다. 그러나 경영진은 그들이 필요로 하는 재무정보를 내부에서 구할 수 있기 때문에 일반목적재무보고서에 의존할 필요가 없다.

Guide 일반목적재무보고 일반사항

주요이용자	• 일반목적재무보고서 대상 주요이용자 : 현재 및 잠재적 투자자, 대여자 및 그 밖의 채권자 ㉠ 경영진은 그들이 필요로 하는 재무정보를 내부에서 구할 수 있기 때문에 일반목적재무보고서에 의존할 필요가 없음. ㉡ 규제기관(감독당국) 그리고 투자자, 대여자와 그 밖의 채권자가 아닌 일반대중도 일반목적재무보고서가 유용하다고 여길 수 있음. →그렇더라도 일반목적재무보고서는 이러한 그 밖의 집단을 주요 대상으로 한 것이 아님.
목적	• 일반목적재무보고의 목적은 현재 및 잠재적 투자자, 대여자와 그 밖의 채권자가 기업에 자원을 제공하는 것과 관련된 의사결정을 할 때 유용한 보고기업 재무정보를 제공하는 것임.

문제 2번	근본적 질적특성의 구성	출제구분	재출제	난이도	★ ☆ ☆	정답	①

• 근본적 질적특성 : 목적적합성(예측가치와 확인가치, 중요성), 표현충실성

Guide 재무정보의 질적특성 개괄

재무정보의 질적특성	구성요소	포괄적 제약요인
근본적 질적특성	목적적합성(예측가치와 확인가치, 중요성), 표현충실성	원가
보강적 질적특성	비교가능성, 검증가능성, 적시성, 이해가능성	

문제 3번	중간재무보고의 대상기간과 비교형식	출제구분	재출제	난이도	★ ★ ☆	정답	①

• 자본변동표는 당 회계연도 1월 1일부터 9월 30일까지의 누적기간을 대상으로 작성하고 직전 회계연도의 동일 기간을 대상으로 작성한 자본변동표와 비교 표시한다.

Guide 중간재무보고 대상기간과 비교형식

재무상태표	• 중간보고기간말과 직전 연차보고기간말을 비교하는 형식으로 작성 주의 직전 중간보고기간말을 비교하는 형식으로 작성하는게 아님.
포괄손익계산서	• 중간기간과 누적기간을 직전회계연도의 동일기간과 비교하는 형식으로 작성
현금흐름표 자본변동표	• 누적기간을 직전회계연도의 동일기간과 비교하는 형식으로 작성 주의 중간기간을 직전회계연도 동일기간과 비교형식으로 작성하는게 아님.

문제 4번	재무제표 표시(재무상태표 작성기준)	출제구분	재출제	난이도	★ ☆ ☆	정답	②

• 중요치 않은 항목은 성격이나 기능이 유사한 항목과 통합하여 표시할 수 있다.

Guide **재무제표 표시 일반사항 개괄**

K-IFRS 준수	• K-IFRS를 준수하여 작성하는 기업은 그 준수사실을 주석에 명시적이고 제한없이 기재함. • 부적절한 회계정책은 공시·주석·보충자료를 통해 설명하더라도 정당화될수 없음.
계속기업	• 경영진은 재무제표작성시 계속기업으로서의 존속가능성을 평가해야함.
발생기준	• 기업은 현금흐름정보를 제외하고는 발생기준 회계를 사용하여 재무제표를 작성함.
중요성과 통합표시	• 유사한 항목은 중요성 분류에 따라 F/S에 구분표시하며, 상이한 성격·기능을 가진 항목은 구분 표시함. →다만, 중요치 않은 항목은 성격·기능이 유사한 항목과 통합표시 가능함.
상계	• K-IFRS에서 요구하거나 허용하지 않는 한 자산·부채, 수익·비용은 상계하지 아니함. →단, 재고자산평가충당금과 대손충당금(손실충당금)과 같은 평가충당금을 차감하여 관련자산을 순액으로 측정하는 것은 상계표시에 해당하지 아니함.
보고빈도	• 전체 재무제표(비교정보를 포함)는 적어도 1년마다 작성함.
비교정보	• 최소한 두 개의 재무상태표와 두 개씩의 그외 재무제표·관련주석을 표시해야 함.
표시의 계속성	• 표시·분류는 소정사항의 경우를 제외하고는 매기 동일해야함.

문제 5번	수정을 요하는 보고기간후사건	출제구분	기출변형	난이도	★ ★ ☆	정답	④

• 모두 수정을 요하는 보고기간후사건에 해당한다.
→보고기간말에 이미 자산손상이 발생되었음을 나타내는 정보를 보고기간 후에 입수하는 경우나 이미 손상차손을 인식한 자산에 대하여 손상차손금액의 수정이 필요한 정보를 보고기간 후에 입수하는 경우는 수정을 요하는 보고기간후사건에 해당한다. 다음과 같은 예를 들 수 있다.
㉠ 보고기간후의 매출처파산은 일반적으로 보고기간말에 고객 신용이 손상되었음을 확인해준다.
㉡ 보고기간후의 재고자산 판매는 보고기간말의 순실현가능가치에 대한 증거를 제공할 수 있다.

Guide **기타 수정을 요하는 보고기간후사건**

• 보고기간말 이전 사건의 결과로서 보고기간말에 종업원에게 지급하여야 할 법적의무나 의제의무가 있는 이익분배나 상여금지급 금액을 보고기간 후에 확정하는 경우

문제 6번	기말재고자산 평가 일반사항	출제구분	재출제	난이도	★ ★ ☆	정답	①

• 선입선출법은 먼저 매입된 재고자산이 먼저 판매된다는 가정하에 가장 최근에 매입된 항목을 기말재고액으로 결정하는 방법이다.
→선입선출 가정은 일반적으로 물량흐름과 일치(유사)하므로 개별법과 유사한 결과를 얻을 수 있다는 장점이 있을 뿐, 선입선출법 자체가 실제 물량흐름을 고려하여 기말재고액을 결정하는 방법인 것은 아니다.
(예 모래, 시멘트, 석탄 등 야적해서 판매하는 재고의 실제 물량흐름은 나중에 매입한 것이 먼저 판매됨)

문제 7번	총평균법과 선입선출법 기말재고 차이	출제구분	재출제	난이도	★ ★ ☆	정답	④

- 총평균법 기말재고 : 700개×@$\frac{(1,000개\times100)+(500개\times120)+(1,500개\times140)+(200개\times150)}{3,200개}$=87,500
- 선입선출법 기말재고 : 5/15매입분(500개×140)+11/10매입분(200개×150)=100,000

∴두 평가금액의 차이 : 100,000-87,500=12,500

문제 8번	기말재고 순장부금액	출제구분	재출제	난이도	★ ★ ★	정답	①

*고속철 기말재고 순장부금액 : (1,500개×@90)+(4,500개×@500)+(2,000개×@300)=2,985,000

*참고 재고자산감모손실·평가손실 분석[상품A·상품C는 감모손실이 없다. & 상품B는 평가손실이 없다.]

㉠ 재고자산감모손실(상품B) : (5,000개-4,500개)×@500=250,000

장부수량(5,000개)×단위당원가(@500)=2,500,000	실제수량(4,500개)×단위당원가(@500)=2,250,000

재고자산감모손실(250,000)

→(차) 재고자산감모손실(매출원가) 250,000 (대) 재고자산(상품B) 250,000

㉡ 재고자산평가손실(상품A) : 1,500개×(@100-@90)=15,000

실제수량(1,500개)×단위당원가(@100)=150,000	실제수량(1,500개)×단위당시가(@90)=135,000

재고자산평가손실(15,000)

→(차) 재고자산평가손실(매출원가) 15,000 (대) 재고자산평가충당금(재고자산차감) 15,000

㉢ 재고자산평가손실(상품C) : 2,000개×(@400-@300)=200,000

실제수량(2,000개)×단위당원가(@400)=800,000	실제수량(2,000개)×단위당시가(@300)=600,000

재고자산평가손실(200,000)

→(차) 재고자산평가손실(매출원가) 200,000 (대) 재고자산평가충당금(재고자산차감) 200,000

㉣ 기말재고 순장부금액 : (1,500개×@100+5,000개×@500+2,000개×@400)-(250,000+15,000+200,000)=2,985,000

문제 9번	유형자산 취득원가 포함여부	출제구분	재출제	난이도	★ ★ ☆	정답	②

• 기계장치의 취득금액 : 700,000,000+15,000,000=715,000,000
→기계장치에서 생산된 새로운 상품을 소개하는 데 소요되는 광고비와 기계장치와 관련된 산출물에 대한 수요가 형성되는 과정에서 발생하는 가동손실은 취득원가에 포함되지 않는 항목에 해당한다.

Guide 유형자산 취득원가 포함/불포함 항목

포함항목	• ㉠ 관세 및 환급불가능한 취득 관련 세금(취득세, 등록세)을 가산하고 매입할인과 리베이트 등을 차감한 구입가격 →주의 보유자산 재산세와 자동차세는 비용처리함. ㉡ 경영진 의도방식으로 가동시 필요한 장소·상태에 이르게 하는데 직접 관련되는 다음 원가 ㉠ 유형자산의 매입 또는 건설과 직접적으로 관련되어 발생한 종업원급여 ㉡ 설치장소 준비원가, 최초의 운송 및 취급 관련 원가, 설치원가 및 조립원가 ㉢ 유형자산이 정상적 작동여부를 시험하는 과정에서 발생하는 원가 비교 시제품의 순매각금액 : ㉠ 일반기업회계기준 - 원가차감 ㉡ K-IFRS - 당기손익 ㉣ 전문가에게 지급하는 수수료, 구입시 중개수수료·보험료 ㉢ 자산을 해체, 제거, 복구하는데 소요될 것으로 최초에 추정되는 원가(=복구원가)
불포함항목	• ㉠ 새로운 시설을 개설하는 데 소요되는 원가 ㉡ 새로운 상품과 서비스를 소개하는 데 소요되는 원가(예 광고·판촉활동관련 원가) ㉢ 새로운 지역, 새로운 고객층 대상 영업을 하는 데 소요되는 원가(예 직원 교육훈련비) ㉣ 관리 및 기타 일반간접원가, 경영진 의도방식으로 가동될 수 있으나 아직 실제 사용되지는 않고 있는 경우 또는 가동수준이 완전조업도에 미치지 못하는 경우에 발생하는 원가 ㉤ 산출물에 대한 수요가 형성되는 과정에서 발생하는 가동손실과 같은 초기가동손실 ㉥ 기업의 영업 전부 또는 일부를 재배치하거나 재편성하는 과정에서 발생하는 원가 ㉦ 부수 영업활동 손익(예 건설시작 전에 건설용지를 주차장 용도로 사용시 손익)

문제 10번	유형자산 감가상각 일반사항	출제구분	재출제	난이도	★ ☆ ☆	정답	②

• 자산에 내재된 미래경제적효익의 예상되는 소비형태가 유의적으로 달라졌다면 달라진 소비형태를 반영하기 위하여 감가상각방법을 변경하며, 그러한 변경은 회계추정의 변경으로 회계처리한다.[K-IFRS 제1016호 문단61]

Guide 유형자산 감가상각

의의	• 자산 이용에 따라 효익이 발생하는 기간에 체계적·합리적 방법에 의한 원가의 배분과정 →감가상각대상액=취득원가-잔존가치
상각방법	• 미래경제적효익의 예상 소비형태를 가장 잘 반영하는 방법에 따라 선택함. →적어도 매 회계기간말에 재검토하며, 감가상각방법의 변경은 회계추정의 변경으로 처리함.
동시취득	• 토지·건물을 동시 취득시에도 분리가능한 자산이므로 별개의 자산으로 회계처리함. →건물이 위치한 토지 가치가 증가하더라도 건물의 감가상각대상금액에는 영향을 미치지 않음.
토지	• 원칙적으로 채석장·매립지 등을 제외하고는 토지의 내용연수는 무한하므로 감가상각하지 않음.

문제 11번	유형자산(토지) 재평가와 순이익에의 영향	출제구분	기출변형	난이도	★ ★ ☆	정답	②

- 재평가로 인하여 자산이 감소된 경우 재평가손실의 과목으로 당기손익 처리한다.(단, 전기재평가잉여금이 계상되어 있는 경우는 동 금액과 상계한 후 나머지 금액을 재평가손실로 처리한다.)
- 20x1년말 재평가증가액 : 15,000 - 10,000 = 5,000(재평가잉여금)
- 20x2년말 재평가감소액 : 7,000 - 15,000 = △8,000
  - 전기재평가잉여금 5,000과 상계한다.
  - 나머지 3,000은 재평가손실(당기손익)로 인식한다. →∴당기순이익은 3,000 감소한다.

*참고 회계처리

20x1년초(취득시)	(차) 토지	10,000	(대) 현금	10,000
20x1년말(재평가)	(차) 토지	5,000	(대) 재평가잉여금	5,000
20x2년말(재평가)	(차) 재평가잉여금	5,000	(대) 토지	8,000
	재평가손실	3,000		

Guide 재평가손익 처리방법

최초재평가	재평가증가액	• '장부금액 〈 공정가치' →재평가잉여금(자본 : 기타포괄손익)	
	재평가감소액	• '장부금액 〉 공정가치' →재평가손실(당기손익)	
재평가이후 후속재평가	재평가손실 인식후 재평가잉여금이 발생	◉전기재평가손실	• 재평가이익(당기손익)
		◉나머지 금액	• 재평가잉여금(자본)
	재평가잉여금 인식후 재평가손실이 발생	◉전기재평가잉여금	• 재평가잉여금과 상계
		◉나머지 금액	• 재평가손실(당기손익)

문제 12번	연구단계활동과 개발단계활동의 구분	출제구분	재출제	난이도	★ ★ ☆	정답	①

• ① 무형자산을 창출하기 위한 내부 프로젝트를 연구단계와 개발단계로 구분할 수 없는 경우에는 그 프로젝트에서 발생한 지출은 모두 연구단계에서 발생한 것으로 본다.
③ 사업결합으로 취득한 영업권[=외부구입(유상취득) 영업권]은 신뢰성있는 측정이 가능하므로 무형자산으로 인식한다. 반면, 내부적으로 창출한 영업권은 원가를 신뢰성있게 측정할 수 없고 기업이 통제하고 있는 식별가능한 자원이 아니기 때문에 무형자산으로 인식하지 않는다.

Guide 연구단계활동과 개발단계활동

의의	• 인식기준을 충족하는지를 평가하기 위해 무형자산 창출과정을 연구단계와 개발단계로 구분함. 주의 무형자산을 창출하기 위해 내부 프로젝트를 연구단계와 개발단계로 구분할 수 없는 경우에는 발생한 지출은 모두 연구단계에서 발생한 것으로 봄.	
회계처리	연구단계활동 지출	• 비용(연구비)
	개발단계활동 지출	• 자산인식요건 충족O : 무형자산(개발비) • 자산인식요건 충족X : 비용(경상개발비)
연구활동	• 새로운 지식을 얻고자 하는 활동 • 연구결과나 기타 지식을 탐색, 평가, 최종 선택, 응용하는 활동 • 재료·장치·제품·공정·시스템등에 대한 여러 가지 대체안을 탐색하는 활동 • 새롭거나 개선된 재료·장치·제품·공정·시스템 등에 대한 여러 가지 대체안을 제안, 설계, 평가, 최종 선택하는 활동	
개발활동	• 생산이나 사용 전의 시제품과 모형을 설계, 제작, 시험하는 활동 • 새로운 기술과 관련된 공구, 지그, 주형, 금형등을 설계하는 활동 • 상업적 생산 목적으로 실현가능한 경제적 규모가 아닌 시험공장을 설계, 건설, 가동하는 활동 • 신규 또는 개선된 재료·장치·제품·공정·시스템등에 대하여 최종적으로 선정된 안을 설계, 제작, 시험하는 활동	

문제 13번	무형자산 상각	출제구분	재출제	난이도	★ ★ ☆	정답	①

• 내용연수가 비한정인 무형자산(=상각하지 않는 무형자산)에 대하여 사건과 상황이 그 자산의 내용연수가 비한정이라는 평가를 계속하여 정당화하는지를 매 회계기간에 검토한다. 사건과 상황이 그러한 평가를 정당화하지 않는 경우에 비한정 내용연수를 유한 내용연수로 변경하는 것은 회계추정의 변경으로 회계처리한다.[K-IFRS 제1038호 문단 109]

Guide 무형자산 상각 세부고찰

상각여부	내용연수가 유한	• 내용연수가 유한한 무형자산은 내용연수에 걸쳐 상각함.
	내용연수가 비한정	• 내용연수가 비한정인 무형자산은 상각하지 않음. →매년 또는 손상징후가 있을 때 손상검사를 수행함. →'비한정'이라는 용어는 '무한(infinite)'을 의미하지 않음.
잔존가치 증감	• 잔존가치는 해당자산의 장부금액과 같거나 큰 금액으로 증가할 수도 있으며, 잔존가치가 이후에 장부금액보다 작은 금액으로 감소될 때까지는 상각액은 영(0)이 됨.	
상각중지	• 매각예정으로 분류되는 날과 재무상태표에서 제거되는 날 중 이른 날에 중지함. →즉, 더 이상 사용하지 않을 때도 상각을 중지하지 아니함. 다만, 완전히 상각하거나 매각예정으로 분류되는 경우에는 상각을 중지함.	
검토와 변경	• 잔존가치·상각기간·상각방법은 적어도 매 회계기간말에 검토함. • 잔존가치·상각기간·상각방법의 변경은 회계추정의 변경으로 회계처리함.	

문제 14번	투자부동산 해당여부	출제구분	재출제	난이도	★ ☆ ☆	정답	④

• 장래 용도(사용목적)를 결정하지 못한 채로 보유하고 있는 토지는 투자부동산의 예에 해당한다.

* 저자주 K-IFRS 개정으로 '정상적인'은 '통상적인'으로 문구가 변경되었으니 참고바랍니다.

Guide 투자부동산에 해당하는 항목과 해당하지 않는 항목

투자부동산O [예시]	• 장기시세차익을 얻기 위하여 보유하고 있는 토지 →통상적인 영업과정에서 단기간에 판매하기 위하여 보유하는 토지는 제외함. • 장래 용도를 결정하지 못한 채로 보유하고 있는 토지 • 직접소유하고 운용리스로 제공하는 건물 • 운용리스로 제공하기 위하여 보유하는 미사용 건물 • 미래에 투자부동산으로 사용하기 위하여 건설·개발중인 부동산
투자부동산X [예시]	• 통상영업과정에서 판매 또는 이를 위하여 건설·개발 중인 부동산 →예 가까운 장래에 판매하거나 개발하여 판매하기 위한 목적으로만 취득한 부동산 • 자가사용부동산 →미래에 자가사용하기 위한 부동산, 미래에 개발 후 자가사용할 부동산, 종업원이 사용하고 있는 부동산(종업원이 시장요율로 임차료를 지급하고 있는지는 관계없음), 처분 예정인 자가사용부동산을 포함함. • 금융리스로 제공한 부동산

문제 15번	현금및현금성자산 집계	출제구분	재출제	난이도	★ ★ ☆	정답	③

• 100,000(양도성예금증서)+130,000(배당금지급통지표)+100,000(당좌예금)=330,000
→양도성예금증서(60일 만기) : 취득당시 만기가 3개월 이내인 단기금융상품이므로 현금성자산에 해당한다.
→환매채(120일 만기) : 3개월 이내의 환매조건이 아니므로 현금성자산에 해당하지 않는다.

* 저자주 문제의 명확한 성립을 위해 '양도성예금증서(60일 만기)'로 문제 자료를 수정하여 풀이하였습니다.

Guide 현금성자산

현금성자산	• 유동성이 매우 높은 단기투자자산으로서 확정금액의 현금전환이 용이하고 가치 변동위험이 경미한 자산을 말함. • 투자자산은 취득당시 만기(상환일)가 3개월 이내인 경우에만 현금성자산으로 분류되며, 지분상품은 원칙적으로 현금성자산에서 제외함. 주의 결산일로부터 3개월 이내가 아님. 사례 다음은 현금성자산으로 분류함. ① 취득당시 만기가 3개월 이내인 금융기관이 취급하는 단기금융상품 ② 취득당시 만기가 3개월 이내에 도래하는 채무증권 ③ 취득당시 상환일까지의 기간이 3개월 이내인 상환우선주 ④ 3개월 이내의 환매조건인 환매채

문제 16번	금융자산 분류별 취득원가	출제구분	재출제	난이도	★ ★ ★	정답	②

- (주)용산의 지분상품 : FVPL금융자산(당기손익-공정가치측정금융자산)
  →취득원가 : 1,000,000(FVPL금융자산 거래원가는 당기비용 처리함)
- (주)마포의 채무상품 : AC금융자산(상각후원가측정금융자산)
  →취득원가 : 1,000,000(액면발행)
- (주)구로의 지분상품 : FVOCI금융자산(기타포괄손익-공정가치측정금융자산)
  →취득원가 : 1,650,000(FVPL금융자산 이 외의 금융자산 거래원가는 취득 공정가치에 가산)

Guide 금융자산 분류

원칙

- 사업모형과 현금흐름특성에 근거하여 다음과 같이 분류 · 측정함.

분류 · 측정	충족조건	해당증권
AC금융자산 [상각후원가측정]	• ㉠ 현금흐름수취목적 사업모형일 것 ㉡ 원리금지급만으로 구성된 현금흐름일 것	채무상품
FVOCI금융자산 [기타포괄손익-공정가치측정]	• ㉠ 현금흐름수취와 금융자산매도목적 사업모형일 것 ㉡ 원리금지급만으로 구성된 현금흐름일 것	채무상품
FVPL금융자산 [당기손익-공정가치측정]	• 그 외 모든 금융자산 →예 단기매매항목	지분상품 채무상품 파생상품

선택

- 최초인식시점에 다음과 같이 측정하기로 선택할 수 있음.

분류 · 측정	충족조건	해당증권
FVOCI금융자산 [기타포괄손익-공정가치측정]	• 단기매매항목이 아닐 것	지분상품
FVPL금융자산 [당기손익-공정가치측정]	• 회계불일치를 제거하거나 유의적으로 줄이기 위한 경우일 것	지분상품 채무상품

문제 17번	FVPL금융자산 평가손익	출제구분	재출제	난이도	★ ★ ☆	정답	①

- 20x1년 중 처분(4주) 후 20x1년말 보유 주식수 : 10주 - 4주(처분) = 6주
- 20x1년말 평가손익 : 6주×(3,000 - 2,000) = 6,000(이익)

*참고 회계처리

20x1.1.7	(차) FVPL금융자산	10주×2,000=20,000	(대)	현금	20,000
20x1.9.10	(차) 현금	4주×3,000=12,000	(대)	FVPL금융자산 처분이익	4주×2,000=8,000 4,000
20x1.12.31	(차) FVPL금융자산	6,000	(대)	평가이익	6주×(3,000 - 2,000)=6,000

문제 18번	FVOCI금융자산(채무상품) 처분손익	출제구분	재출제	난이도	★ ★ ★	정답	④

• 회계처리

20x1년 1월 1일	(차) FVOCI금융자산	951,963	(대) 현금	951,963
20x1년 12월 31일	(차) 현금	100,000[1]	(대) 이자수익	114,236[2]
	FVOCI금융자산	14,236		
	(차) FVOCI금융자산	13,801	(대) 평가이익(기타포괄손익)	13,801[3]
20x2년 1월 1일 (처분시점)	(차) FVOCI금융자산	10,000[4]	(대) 평가이익(기타포괄손익)	10,000
	(차) 현금	990,000	(대) FVOCI금융자산	990,000
	(차) 평가이익	23,801[5]	(대) **처분이익**	**23,801**

[1] 1,000,000 × 10% = 100,000 [2] 951,963 × 12% = 114,236 [3] 980,000 - (951,963 + 14,236) = 13,801
[4] 990,000 - 980,000 = 10,000 [5] 13,801 + 10,000 = 23,801

*고속철 원가법(상각후원가)에 의한 처분손익과 동일함. →990,000 - (951,963 + 14,236) = 23,801(이익)

*저자주 문제의 명확한 성립을 위해 누락된 단서인 '단, 기대신용손실은 없다고 가정한다.'를 추가하기 바랍니다.

Guide FVOCI금융자산(채무상품) 평가와 처분

평가손익	산식	❒ 최초평가시 평가손익 = 당기공정가치 - 총장부금액
		❒ 최초평가후 평가손익 = 당기공정가치 - (전기공정가치 + 상각액)
	• 평가손익(발생시 상계)은 기타포괄손익 처리하며, 자산 제거시 당기손익으로 재분류함. 비교 FVOCI금융자산(지분상품)의 평가손익은 당기손익으로 재분류하지 않음.	
기대신용손실	• 신용이 손상되지 않은 경우에도 손상차손(당기손익)과 평가손익(기타포괄손익)을 인식함. 비교 AC금융자산 : 손상차손(당기손익)과 손실충당금(자산차감)을 인식함. • 전기말 기대신용손실과의 차액을 손상차손(환입)으로 인식함.	
처분손익	• 처분시 공정가치(=처분금액)로 먼저 선평가하여 평가손익(기타포괄손익)을 인식함.	

선평가	(차) FVOCI금융자산	xxx	(대) 평가이익(기타포괄손익)	xxx
처분	(차) 현금	xxx	(대) FVOCI금융자산	xxx
재분류	(차) 평가이익(기타포괄손익누계)	xxx	(대) 처분이익	xxx

문제 19번	사채할인발행 이자비용 추이	출제구분	재출제	난이도	★ ☆ ☆	정답	④

• 사채 할인발행의 경우
  - 유효이자율법하의 이자비용 = 장부금액 × 유효이자율
  - 장부금액이 매기 증가하므로 이자비용(유효이자)도 매기 증가한다.

*참고 ①번 그래프 : 사채 할증발행의 경우 이자비용 추이이다.
→장부금액이 매기 감소하므로 이자비용(유효이자)도 매기 감소한다.
③번 그래프 : 사채 액면발행의 경우 이자비용 추이이다.
→또는 상각방법을 유효이자율법이 아닌 정액법을 적용한 경우의 이자비용 추이이다.

문제 20번	충당부채 인식	출제구분	재출제	난이도	★ ☆ ☆	정답	①

• 충당부채와 우발부채의 인식은 다음과 같다.

자원유출가능성 \ 금액추정가능성	신뢰성있게 추정가능	추정불가능
가능성이 높음	충당부채로 인식	우발부채로 주석공시
가능성이 어느 정도 있음(높지 않음)	우발부채로 주석공시	우발부채로 주석공시
가능성이 희박(아주 낮음)	공시하지 않음	공시하지 않음

• (ㄱ) : 충당부채, (ㄴ) : 우발부채, (ㄷ) : 공시하지 않음

문제 21번	자본거래의 자본항목별 영향 분석	출제구분	재출제	난이도	★ ★ ☆	정답	③

• 각 자본항목에 미치는 영향 분석(금액은 가정치임)

		회계처리	자본금	이익잉여금	총자본
①	주식배당	(차) 이익잉여금 500 (대) 자본금 500	증가	감소	불변
②	주식의 할인발행	(차) 현금 400 (대) 자본금 500 주식할인발행차금(자본차감) 100	증가	불변	증가
③	자기주식 취득	(차) 자기주식(자본차감) 500 (대) 현금 500	**불변**	불변	감소
④	현금배당	(차) 이익잉여금 500 (대) 현금 500	불변	감소	감소

문제 22번	자기주식 회계처리	출제구분	재출제	난이도	★ ☆ ☆	정답	④

• 소각시 '취득원가〈액면금액'인 경우 : 감자차익이 계상된다.
• 소각시 '취득원가〉액면금액'인 경우 : 감자차손이 계상된다.

Guide 자기주식 회계처리

<table>
<tr><td>취득시</td><td colspan="2">(차) 자기주식 xxx (대) 현금 xxx</td></tr>
<tr><td>재발행시
(처분)</td><td>재발행가 〉 취득원가
(차) 현금 xxx (대) 자기주식 xxx
자기주식처분이익 xxx</td><td>재발행가 〈 취득원가
(차) 현금 xxx (대) 자기주식 xxx
자기주식처분손실 xxx</td></tr>
<tr><td>소각시</td><td>액면금액 〉 취득원가
(차) 자본금(액면) xxx (대) 자기주식 xxx
감자차익 xxx</td><td>액면금액 〈 취득원가
(차) 자본금(액면) xxx (대) 자기주식 xxx
감자차손 xxx</td></tr>
<tr><td>수증시</td><td>취득시
- 회계처리 없음 -</td><td>처분시
(차) 현금 xxx (대) 자기주식처분이익 xxx</td></tr>
</table>

❐ 취득시 자기주식은 취득원가로 기록하며, 자기주식은 부(-)의 자본항목으로 표시함.
❐ 자기주식처분손실(감자차손)은 부(-)의 자본항목으로 표시한 후 이익잉여금으로 상각하며, 자기주식처분이익(감자차익)은 자본에 가산하여 표시함.
❐ 자기주식처분손실(감자차손)과 자기주식처분이익(감자차익)은 발생순서에 관계없이 서로 상계함.

문제 23번	수익인식기준	출제구분	재출제	난이도	★ ★ ★	정답	④

• 검사조건부판매의 수익인식

합의한 규격에 따른 것인지를 객관적으로 판단할 수 있는 경우	• 고객의 인수는 형식적인 것이므로 고객의 인수여부와 관계없이 수익을 인식함. → 즉, 인수수락 여부에 관계없이 인수 전이라도 이전시점에 수익을 인식함.
합의한 규격에 따른 것인지를 객관적으로 판단할 수 없는 경우	• 고객이 인수하는 시점에 수익을 인식함.

문제 24번	장기할부판매 현재가치할인차금상각표	출제구분	재출제	난이도	★ ★ ☆	정답	③

• 매출채권 장부금액은 매출채권 원금회수액만큼 매년 감소하며, 할부금회수액은 매년 2,000,000원으로 일정
→매출채권 장부금액이 매년 감소하므로, 이자수익(=매출채권 장부금액×유효이자율)도 매년 감소한다.
→할부금회수액은 매년 일정, 이자수익은 매년 감소하므로, 매출채권 원금회수액(=할부금회수액-이자수익)은 매년 증가한다.

*참고 상각표 작성〈20x3년말은 단수차이 조정함.〉 & 회계처리

일자	할부금 회수액	이자수익(r=12%)〈유효이자〉	매출채권 원금회수액〈순채권회수액〉	매출채권 장부금액
20x1.01.01				4,803,660
20x1.12.31	2,000,000	4,803,660×12%=576,439	2,000,000-576,439=1,423,561	4,803,660-1,423,561=3,380,099
20x2.12.31	2,000,000	3,380,099×12%=405,612	2,000,000-405,612=1,594,388	3,380,099-1,594,388=1,785,711
20x3.12.31	2,000,000	1,785,711×12%=214,289	2,000,000-214,289=1,785,711	1,785,711-1,785,711=0

20x1년초	(차) 매출채권	6,000,000	(대) 매출	4,803,660
			현재가치할인차금	1,196,340
	(차) 매출원가	xxx	(대) 상품	xxx
20x1년말	(차) 현금	2,000,000	(대) 매출채권	2,000,000
	(차) 현재가치할인차금	576,439	(대) 이자수익	576,439
20x2년말	(차) 현금	2,000,000	(대) 매출채권	2,000,000
	(차) 현재가치할인차금	405,612	(대) 이자수익	405,612
20x3년말	(차) 현금	2,000,000	(대) 매출채권	2,000,000
	(차) 현재가치할인차금	214,289	(대) 이자수익	214,289

문제 25번	2차연도와 3차연도 건설계약손익	출제구분	재출제	난이도	★ ★ ☆	정답	②

• 연도별 계약손익 계산

구분	20x1년	20x2년	20x3년
진행률	$\frac{60,000,000}{150,000,000}=40\%$	$\frac{60,000,000+52,000,000}{160,000,000}=70\%$	$\frac{60,000,000+52,000,000+53,000,000}{165,000,000}=100\%$
계약수익	170,000,000×40% =68,000,000	170,000,000×70% - 68,000,000 =51,000,000	170,000,000×100% - (68,000,000+51,000,000) =51,000,000
계약원가	60,000,000	52,000,000	53,000,000
계약손익	8,000,000	△1,000,000	△2,000,000

문제 26번	건설계약 1차연도 계약자산 · 계약부채	출제구분	재출제	난이도	★ ★ ☆	정답	③

• 20x1년 계약수익 : $120,000,000\times\frac{40,000,000}{100,000,000}=48,000,000$

• 20x1년 계약이익 : 48,000,000(계약수익) - 40,000,000(계약원가) = 8,000,000

• 20x1년말 미성공사 : 40,000,000(계약원가) + 8,000,000(계약이익) = 48,000,000

• 20x1년말 계약자산(=미청구공사) : 48,000,000(미성공사) - 40,000,000(진행청구액) = 8,000,000

*고속철 '미성공사 = 누적계약수익'이므로, 누적계약수익 48,000,000이 미성공사금액이 된다.

*참고 20x1년 회계처리

계약원가 발생	(차) 미성공사	40,000,000	(대) 현금	40,000,000
계약대금 청구	(차) 공사미수금	40,000,000	(대) 진행청구액	40,000,000
계약대금 수령	(차) 현금	xxx	(대) 공사미수금	xxx
계약손익인식	(차) 계약원가 미성공사	40,000,000 8,000,000	(대) 계약수익	48,000,000

문제 27번	확정급여제도 일반사항	출제구분	기출변형	난이도	★ ★ ☆	정답	④

• 확정급여제도의 경우 사외적립자산은 공정가치로 측정하여 재무상태표에 인식되는 순확정급여부채를 결정할 때 차감한다.

Guide 퇴직급여제도 비교

	기업의 부담	종업원수령액	위험부담자
확정기여제도(DC형)	출연금액에 한정 (기여금 납부함으로써 모든 의무가 종결됨.)	불확정적	종업원
확정급여제도(DB형)	변동적	확정적	기업

Guide 재분류조정(기타포괄손익으로 인식되었으나 당기손익으로 재분류된 금액) 발생여부 구분

재분류조정이 발생하는 기타포괄손익	재분류조정이 발생하지 않는 기타포괄손익
• FVOCI금융자산평가손익(채무상품) • 해외사업장외화환산차이 • 현금흐름위험회피파생상품평가손익(위험회피 효과적 부분)	• 재평가잉여금의 변동 • 보험수리적손익(확정급여제도 재측정요소) • FVOCI금융자산평가손익(지분상품)

Guide 확정급여제도의 재무제표 표시

재무상태표	• 확정급여채무(현재가치)에서 사외적립자산(공정가치)을 차감금액을 순확정급여부채로 표시 ❒ 순확정급여부채 = 확정급여채무(현재가치) - 사외적립자산(공정가치)
포괄손익계산서	• 포괄손익계산서에는 다음의 금액을 퇴직급여로 계상함. ❒ 퇴직급여 = 당기근무원가 + (확정급여채무 이자원가 - 사외적립자산의 수익)

문제 28번	현금결제형 주식기준보상 당기보상비용	출제구분	재출제	난이도	★ ☆ ☆	정답	①

• 10,000개 × 150,000(20x1년말 주가차액보상권의 개당 공정가치) × $\frac{1}{3}$ = 500,000,000(5억원)

Guide 현금결제형 주식기준보상 보고기간말 회계처리

보고기간말	• 주가차액보상권은 보고기간말 공정가치로 재측정하고 기대권리소멸률을 반영한 보상원가를 용역제공비율에 따라 가득기간에 걸쳐 인식 →(차) 주식보상비용(당기비용) xxx (대) 장기미지급비용(부채) xxx
가득일 이후	• 가득일 이후에도 매 보고기간말의 공정가치를 기준으로 보상원가를 재측정하고 보상원가의 재측정으로 변동한 금액은 주식보상비용과 장기미지급비용으로 처리

문제 29번	건설계약 세무조정과 이연법인세자산 · 부채	출제구분	신유형	난이도	★ ★ ★	정답	④

- 세무조정 : 익금불산입 500,000 - 300,000 = 200,000(△유보)

회사계상 수익(by 진행기준) = 500,000	세무상 수익(by 완성기준) = 300,000

익금불산입 200000(△유보)

- 이연법인세부채((△유보) : 200,000 × 30% = 60,000

*참고 회계처리

(차) 법인세비용(대차차액) xxx (대) 미지급법인세(당기법인세) xxx
이연법인세부채 60,000

* 저자주 당기 설립되었고 장기건설계약 관련 수익 자료를 제시하고 있으므로 완성기준에 의한 수익은 계상될 수 없습니다. 따라서, 엄밀히 말해 문제가 성립되지 않는다고 보면 되겠습니다.

Guide 이연법인세 계산구조

대상	• 일시적차이(유보)
공시	• 이연법인세자산(부채)는 비유동자산(부채)로만 표시하고 소정 요건을 충족하는 경우 상계하여 표시 • 현재가치평가를 하지 않음.
절차	• [1단계] 미지급법인세(과세소득 × 당기세율) = (세전순이익 ± 영구적차이 ± 일시적차이) × 당기세율 [2단계] 이연법인세자산(부채) = 유보(△유보) × 미래예상세율(평균세율) [3단계] 법인세비용 = 대차차액에 의해 계산 주의 이연법인세자산(부채)은 당기세율이 아니라 소멸시점의 미래예상세율을 적용함.

문제 30번	이연법인세자산 · 부채 도출과 법인세비용	출제구분	재출제	난이도	★ ★ ★	정답	②

- 세무조정 내역
  - 손금불산입 접대비한도초과액 50,000(기타사외유출)
  - 손금불산입 감가상각비한도초과액 80,000(유보)
  - 익금불산입 FVPL금융자산평가이익 20,000(△유보)
- 미지급법인세(당기법인세) : (2,000,000 + 50,000 + 80,000 - 20,000) × 20% = 422,000
- 이연법인세자산 : 80,000(유보) × 20% - 20,000(△유보) × 20% = 12,000
- 회계처리

(차) 법인세비용(대차차액) 410,000 (대) 미지급법인세(당기법인세) 422,000
이연법인세자산 12,000

* 저자주 본 문제는 관세사 기출문제로서, 재경관리사 시험에 그대로 출제되었습니다.

Guide 이연법인세 계산구조[위 29번과 동일]

문제 31번	회계추정변경 사항	출제구분	재출제	난이도	★ ☆ ☆	정답	④

• 재고자산 원가흐름의 가정을 변경하는 것은 회계정책의 변경에 해당한다.

Guide 회계정책변경 사례

재고자산 원가흐름의 가정 변경	• 예 선입선출법에서 가중평균법으로 변경
유형자산과 무형자산의 측정기준 변경	• 예 원가모형에서 재평가모형으로 변경
투자부동산의 측정기준 변경	• 예 원가모형에서 공정가치모형으로 변경

문제 32번	유상증자 · 자기주식취득과 EPS	출제구분	기출변형	난이도	★ ★ ☆	정답	②

• 가중평균유통보통주식수 계산

1/1	3/1	7/1	12/31
12,000주	3,000주	(3,000주)	

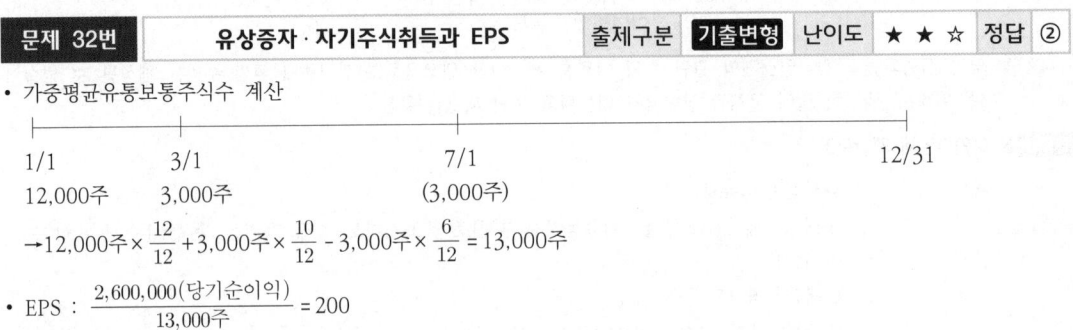

$$\rightarrow 12{,}000\text{주} \times \frac{12}{12} + 3{,}000\text{주} \times \frac{10}{12} - 3{,}000\text{주} \times \frac{6}{12} = 13{,}000\text{주}$$

• EPS : $\frac{2{,}600{,}000(\text{당기순이익})}{13{,}000\text{주}} = 200$

*저자주 문제의 명확한 성립을 위해 누락된 단서인 '단, 우선주는 없다.'를 추가하기 바랍니다.

Guide 가중평균유통보통주식수의 산정

우선주	• 발행된 총주식수에서 우선주식수를 차감
자기주식	• 보유기간(취득~매각)동안 유통보통주식수에서 제외 주의 기초에 발행주식수 10주, 자기주식수 1주인 경우 유통주식수 9주로 계산
무상증자 · 주식배당 · 주식분할	• 기초에 실시된 것으로 간주 →단, 기중 유상증자 발행신주는 유상증자의 납입일에 실시된 것으로 간주
유상증자	• 일반적인 경우(공정가치이상 유상증자) 납입일을 기준으로 가중평균

문제 33번	지분법적용과 평가차액 조정	출제구분	재출제	난이도	★ ★ ★	정답	②

- 건물의 평가차액(200,000)을 ㈜용산의 감가상각시에 평가차액 조정액[(200,000×지분율)÷내용연수]을 관계기업투자주식에서 차감한다. →(차) 지분법이익(지분법손실) xxx (대) 관계기업투자주식 xxx

- 20x1년말 관계기업투자주식 장부금액 계산
  취득원가 : = 1,000,000
  당기순이익 : 300,000×30% = 90,000
  평가차액조정액 : (200,000×30%)÷5년 = (12,000)
  1,078,000

*참고 ㈜삼일 회계처리

취득시(20x1년초)	(차) 관계기업투자주식	1,000,000	(대) 현금	1,000,000
당기순이익 보고시(20x1년말)	(차) 관계기업투자주식	90,000	(대) 지분법이익	90,000
평가차액조정(20x1년말)	(차) 지분법이익	12,000	(대) 관계기업투자주식	12,000

*저자주 지분법 적용과 관련하여 평가차액의 조정을 묻는 문제로서, 재경관리사 시험수준을 초과하는 무리한 출제로 사료됩니다. 다만, 회계사·세무사 등 전문직 시험에서는 빈출되고 있는 문제입니다.

Guide **평가차액 조정**

산식	취득원가 - 순자산장부가×지분율 = (순자산공정가 - 순자산장부가)×지분율 + 영업권 '더 지불한 금액' = '내가 과대평가한 금액' ⇓ **평가차액** + '추가지불액' ⇓ **투자차액** 주의 순자산공정가와 순자산장부가가 일치하는 경우는 차이 전액이 영업권이 됨.
평가차액	• 평가차액은 실현(비용화)되는 방법에 따라 상각하여 투자주식에 차감함. →회계처리 : (차) 지분법이익(지분법손실) xxx (대) 관계기업투자주식 xxx

차액조정

대상	조정시점	조정액
재고자산	매출시 (∵재고과소→매출원가과소→이익과대→투자주식과대)	평가차액×지분율
건물	감가상각시 (∵건물과소→감가상각비과소→이익과대→투자주식과대)	(평가차액×지분율)÷내용연수
토지	처분시 (∵토지과소→처분이익과대→이익과대→투자주식과대)	평가차액×지분율

문제 34번	기능통화와 표시통화	출제구분	재출제	난이도	★ ★ ☆	정답	③

• 기업의 표시통화와 기능통화가 다른 경우에는 경영성과와 재무상태를 표시통화로 환산하여 재무제표에 보고한다.

Guide 기능통화와 표시통화

기능통화	• 영업활동이 이루어지는 주된 경제환경의 통화로, 장부에 기록(거래인식)하는 통화 →기능통화 이외의 통화는 모두 외화에 해당함. • 기능통화는 일단 결정된 이후에는 원칙적으로 변경불가함. →기능통화가 변경되는 경우에는 기능통화가 변경된 날의 환율을 사용하여 모든 항목을 새로운 기능통화로 환산하여 전진적용함.
표시통화	• 재무제표를 표시할 때 사용하는 통화 →국내영업기업의 기능통화는 원화로서 이는 표시통화와 동일함. • 기업은 어떤 통화든지 표시통화로 사용할 수 있으나, 기능통화와 표시통화가 다른 경우에는 기능통화를 표시통화로 환산하여 재무제표에 보고해야 함. • 기능통화를 표시통화로 환산시 환산차이는 기타포괄손익으로 인식함. 예시 ㉠ 국내영업기업 달러화는 외화 → 이를 환산한 원화는 기능통화 → 원화는 표시통화와 동일 ㉡ 미국현지법인 엔화는 외화 → 이를 환산한 달러화는 기능통화(장부기록) → 이를 환산한 원화는 표시통화

문제 35번	화폐성 · 비화폐성항목 구분	출제구분	재출제	난이도	★ ☆ ☆	정답	②

• 재고자산, 선수금, 영업권(무형자산)은 비화폐성항목에 해당한다.

Guide 화폐성·비화폐성항목

화폐성항목	• 현금, 매출채권, 미수금, 대여금, 매입채무, 미지급금, 차입금, 미지급비용, 미수수익 등
비화폐성항목	• 재고자산, 유형자산, 무형자산, 지분상품, 선수금, 선급금, 선급비용, 선수수익 등

문제 36번	파생상품의 적용	출제구분	재출제	난이도	★ ★ ☆	정답	①

• 9개월 후의 외화대금 수령분 $2,000를 일정 안정된 환율로 매도하는 통화선도 매도계약을 체결한다.

문제 37번	리스용어의 정의	출제구분	재출제	난이도	★ ☆ ☆	정답	②

• 리스이용자의 증분차입이자율에 대한 정의에 해당한다.

Guide 리스용어의 정의 주요사항

리스약정일	• 리스계약일과 리스의 주요 조건에 대하여 계약당사자들이 합의한 날 중 이른 날 주의 리스는 리스약정일에 분류함.
리스개시일	• 리스제공자가 리스이용자에게 기초자산을 사용할수 있게 하는 날 주의 리스에 따른 자산, 부채, 수익, 비용의 최초인식일임.(즉, 회계처리시점)
리스료	• 리스이용자가 리스제공자에게 지급하는 금액 →고정리스료 + 변동리스료 + 매수선택권행사가격(소유권이전금액) + 종료선택권행사가격 + 보증잔존가치
내재이자율	• 소유권이전이 확실하지 않은 경우 다음 산식을 성립시키게 하는 할인율 (리스료 + 무보증잔존가치)의 현재가치 = 공정가치 + 리스개설직접원가(제공자) (리스료 + 무보증잔존가치): '리스총투자' / 공정가치 + 리스개설직접원가(제공자): '리스순투자'

문제 38번	판매형리스 일반사항	출제구분	신유형	난이도	★ ★ ★	정답	②

• 판매형리스에서 리스제공자가 인식할 매출액 계산시 리스료의 현재가치는 시장이자율로 할인하여 계산한다.

Guide 판매형리스 회계처리

거래형태	• 제조자나 판매자가 제조·구매한 자산을 금융리스방식으로 판매하는 경우의 리스를 말함. →∴리스자산을 정상판매시 매출손익과 리스기간 이자수익의 두 종류의 이익이 발생함.
매출액	• (차) 리스채권 xxx (대) 매출 xxx 매출액: ❒ Min[리스료를 시장이자율로 할인한 현재가치, 공정가치]
매출원가	• (차) 매출원가 xxx (대) 상품 xxx 매출원가: ❒ 취득(제조)원가 - 무보증잔존가치를 시장이자율로 할인한 현재가치 →취득(제조)원가 : 장부금액과 다른 경우에는 장부금액 적용
보고기간말	• (차) 현금 xxx (대) 이자수익 xxx 리스채권 xxx 이자수익: ❒ 리스채권 장부금액 × 시장이자율

문제 39번	현금흐름표상 활동의 구분	출제구분	재출제	난이도	★ ☆ ☆	정답	③

- 기업은 단기매매목적으로 유가증권이나 대출채권을 보유할 수 있으며, 이 때 유가증권이나 대출채권은 판매를 목적으로 취득한 재고자산과 유사하다. 따라서 단기매매목적으로 보유하는 유가증권의 취득과 판매에 따른 현금흐름은 영업활동으로 분류한다. 마찬가지로 금융회사의 현금 선지급이나 대출채권은 주요 수익창출활동과 관련되어 있으므로 일반적으로 영업활동으로 분류한다.[K-IFRS 제1007호 문단15]

Guide 영업활동 현금흐름 사례[K-IFRS 제1007호 문단14]

- 영업활동 현금흐름은 주로 기업의 주요 수익창출활동에서 발생한다. 따라서 영업활동 현금흐름은 일반적으로 당기순손익의 결정에 영향을 미치는 거래나 그 밖의 사건의 결과로 발생한다. 영업활동 현금흐름의 예는 다음과 같다.
  ㉠ 재화의 판매와 용역 제공에 따른 현금유입
  ㉡ 로열티, 수수료, 중개료 및 기타수익에 따른 현금유입
  ㉢ 재화와 용역의 구입에 따른 현금유출
  ㉣ 종업원과 관련하여 직·간접으로 발생하는 현금유출
  ㉤ 법인세의 납부 또는 환급. 다만 재무활동과 투자활동에 명백히 관련되는 것은 제외한다.
  ㉥ 단기매매목적으로 보유하는 계약에서 발생하는 현금유입과 현금유출

문제 40번	투자활동 순현금흐름 집계	출제구분	재출제	난이도	★ ★ ☆	정답	④

- 500,000(유형자산의 처분) - 1,000,000(FVOCI금융자산 취득) = - 500,000

*참고 매출채권의 회수, 급여의 지급 : 영업활동현금흐름
차입금의 상환, 유상증자 : 재무활동현금흐름
배당금의 지급 : 영업활동현금흐름 또는 재무활동현금흐름 중 선택

Guide 투자활동현금흐름의 예[K-IFRS 제1007호 문단16]

㉠ 유형자산, 무형자산 및 기타 장기성 자산의 취득·처분
㉡ 다른 기업의 지분상품이나 채무상품 및 공동기업 투자지분의 취득·처분
㉢ 제3자에 대한 선급금 및 대여금과 선급금 및 대여금의 회수(금융회사의 현금 선지급과 대출채권 제외)
㉣ 선물계약, 선도계약, 옵션계약 및 스왑계약

재경관리사 공개기출해설[재무]

2022년 11월에 시행된 기출문제에 대한 완벽한 해설을 관련이론(가이드)과 함께 제시하였습니다. 해당 문제는 합본부록을 참고바랍니다.

FINAL

Certified Accounting Manager

재무회계
공개기출문제해설
[2022년 11월 시행]

SEMOOLICENCE

문제 1번	재무회계 · 관리회계 차이점	출제구분	재출제	난이도	★ ☆ ☆	정답	③

• ① 국제회계기준에는 재무회계에 대한 기준서가 존재하며, 이를 통해서 재무회계 회계처리가 이루어진다.
② 종업원은 자신들이 회사에 기여한 생산성과 회사가 그 대가를 지급할 수 있는지의 능력을 판단하여 급여인상에 대한 협상을 한다. 또한 다른 회사로 옮기는 것이 나은지 아니면 계속 현재의 회사에서 일하는 것이 나은지에 대한 판단을 해야 할 때가 있다. 이러한 의사결정을 위해서 회사에 대한 재무적 정보를 필요로 하므로 종업원도 재무정보이용자(회계정보이용자)에 해당한다.
④ 관리회계는 외부보고 보다는 내부보고에 사용된다.

Guide **재무회계와 관리회계 비교**

구분	재무회계	관리회계
목적	• 외부보고(회계정보 제공)	• 내부보고(의사결정정보 제공)
회계정보이용자	• 주주, 채권자 등 외부이해관계자	• 경영자 등 내부이해관계자
보고서류 (보고양식)	• 기업회계기준에 의한 재무제표 →∴정형화(일정양식이 있음.)	• 이용목적에 따라 작성된 보고서 →∴비정형화(일정양식이 없음)
작성기준 (작성근거)	• 기업회계기준(일반적으로 인정된 회계원칙) →법적강제력 있음.	• 경제이론, 경영학, 통계학 등 →법적강제력 없음.
보고시점	• 1년, 분기, 반기,	• 주기적 또는 수시
정보의 성격	• 과거지향적	• 미래지향적

문제 2번	K-IFRS '재무보고를 위한 개념체계' 개정으로 인한 문제 불성립

* 저자주 본 문제는 '재무보고를 위한 개념체계'의 개정 전 규정에 의한 문제로서 2019년 이전 규정에 의한 문제입니다. 현행 규정이 아닌 일반적인 강학상의 회계이론에 근거하여 출제하였다고 하더라도 상식적으로 이해할 수 없는 부분이며, 시험의 신뢰성을 훼손하지 않기 위해서라도 현행 규정에 근거한 명확한 출제를 하는 것이 바람직하다고 사료됩니다.

문제 3번	재무제표 요소 중 자산의 측정	출제구분	재출제	난이도	★ ★ ☆	정답	①

• ② 사용가치(자산) ③ 현행원가(자산) ④ 공정가치(자산)

Guide **재무제표 요소의 측정**

역사적원가	자산		• 지급한대가+거래원가(예 건물취득시 취득세)
	부채		• 수취한대가-거래원가(예 사채발행시 사채발행비)
현행가치	공정가치	자산	• 시장참여자 사이의 정상거래에서 자산매도시 받게 될 가격
		부채	• 시장참여자 사이의 정상거래에서 부채이전시 지급하게 될 가격
	사용가치(자산)		• 자산사용과 처분으로 기대하는 현금흐름 및 그 밖의 경제적효익의 현재가치
	이행가치(부채)		• 부채이행시 이전해야 하는 현금 및 그 밖의 경제적자원의 현재가치
	현행원가	자산	• 측정일에 동등한 자산의 원가로서 측정일에 지급할 대가(측정일에 발생할 거래원가 포함) →즉, 자산구입시 지급대가를 의미함.
		부채	• 측정일에 동등한 부채에 대해 수취할 수 있는 대가(측정일에 발생할 거래원가 차감) →즉, 부채발생시 수취대가를 의미함.

문제 4번	유동자산 집계	출제구분	기초문제	난이도	★ ☆ ☆	정답	③

• 유동자산 : 당좌자산+재고자산
→당좌자산 : 80,000(단기대여금)+400,000(선급비용)+320,000(매출채권)=800,000
→재고자산 : 250,000
• 유동자산 : 800,000+250,000=1,050,000

문제 5번	특수관계자 공시	출제구분	재출제	난이도	★ ★ ★	정답	③

• ① 최상위 지배자와 지배기업이 다른 경우에는 최상위 지배자의 명칭도 공시한다.
② 주요 경영진에 대한 보상의 총액과 분류별(단기종업원급여, 퇴직급여, 기타장기급여, 해고급여, 주식기준보상) 금액을 공시한다.
③ 개인의 경우 다음 중 어느 하나에 해당한다면 보고기업과 특수관계가 있는 것으로 본다.

> ㉠ 보고기업에 지배력 또는 공동지배력이 있는 경우
> ㉡ 보고기업에 유의적인 영향력이 있는 경우
> ㉢ 보고기업 또는 그 지배기업의 주요 경영진의 일원인 경우

④ 지배기업과 그 종속기업 사이의 관계는 거래의 유무에 관계없이 공시한다.

Guide 특수관계자 공시사항

지배·종속 공시사항	• 지배기업과 그 종속기업 사이의 관계는 거래의 유무에 관계없이 공시 • 지배기업의 명칭을 공시 • 최상위지배자와 지배기업이 다른 경우에는 최상위지배자의 명칭도 공시 주의 기업과 단순히 통상적인 업무 관계를 맺고 있는 자금제공자, 노동조합, 공익기업 그리고 보고기업에 지배력, 공동지배력 또는 유의적인 영향력이 없는 정부부처와 정부기관(기업 활동의 자율성에 영향을 미치거나 기업의 의사결정과정에 참여할 수 있다 하더라도 상관없음)은 특수관계자가 아님.
주요경영진 공시사항	• 주요 경영진에 대한 보상의 총액 • 분류별 금액 →단기종업원급여, 퇴직급여, 기타장기급여, 해고급여, 주식기준보상
기타 공시사항	• 특수관계자거래가 있는 경우 F/S에 미치는 특수관계의 잠재적 영향파악에 필요한 거래, 약정을 포함한 채권·채무 잔액에 대한 정보뿐만 아니라 특수관계의 성격도 공시

문제 6번	재고자산감모손실 계산	출제구분	재출제	난이도	★ ★ ☆	정답	①

• 제품은 장부수량(1,000개)과 실사수량(1,000개)이 동일하므로 재고자산감모손실이 발생하지 않는다.
• 상품의 장부상 단위당원가 : 4,400,000(장부금액)÷1,100개(장부수량)=4,000
• 상품의 재고자산감모손실 계산

장부수량×단위당원가	실사수량×단위당원가
1,100개×4,000=4,400,000	1,000개×4,000=4,000,000

400,000(재고자산감모손실)

문제 7번	총평균법과 이동평균법 상대적 크기 비교	출제구분	재출제	난이도	★ ★ ☆	정답	②

• 일반적으로 이동평균법을 적용할 때 매출원가가 총평균법보다 낮게 평가된다.

Guide **재고자산 원가흐름의 가정별 상대적 크기[물가상승 & 기초재고수량〈기말재고수량]**

기말재고자산	• 선입선출법 〉 이동평균법 ≧ 총편균법
매출원가	• 선입선출법 〈 이동평균법 ≦ 총편균법
당기순이익	• 선입선출법 〉 이동평균법 ≧ 총편균법

문제 8번	재고자산감모손실 · 평가손실	출제구분	재출제	난이도	★ ★ ★	정답	④

• 재고자산감모손실 · 평가손실은 비용이나 매출원가로 처리하므로 처리방법 불문하고 당기이익을 감소시킨다.
• 개당 순실현가능가치(NRV) : 160 - 10 = 150
• 재고자산감모손실과 재고자산평가손실 계산

장부수량×단위당원가	실제수량×단위당원가	실제수량×단위당시가
(100개×@200 = 20,000)	(95개×@200 = 19,000)	(95개×@150 = 14,250)

재고자산감모손실 1,000　　　재고자산평가손실 4,750

∴당기손익에 미치는 영향 : 1,000 + 4,750 = 5,750(감소)

문제 9번	감가상각방법별 감가상각비 금액 비교	출제구분	재출제	난이도	★ ☆ ☆	정답	②

• ① 정액법 감가상각비 : $(5,000,000 - 500,000) \times \frac{1}{5} = 900,000$

② 정률법 감가상각비 : $5,000,000 \times 0.451 = 2,255,000$

③ 생산량비례법 감가상각비 : $(5,000,000 - 500,000) \times \frac{1,500\text{개}}{6,000\text{개}} = 1,125,000$

④ 연수합계법 감가상각비 : $(5,000,000 - 500,000) \times \frac{5}{1+2+3+4+5} = 1,500,000$

Guide **감가상각방법별 감가상각비**

정액법	• 감가상각대상액 × $\frac{1}{\text{내용연수}}$	정률법	• 기초장부금액 × 상각률
연수합계법	• 감가상각대상액 × $\frac{\text{연수의 역순}}{\text{내용연수합계}}$	생산량비례법	• 감가상각대상액 × $\frac{\text{당기생산량}}{\text{총예정생산량}}$
이중체감법	• 기초장부금액 × $\frac{2}{\text{내용연수}}$		

문제 10번	유형자산 후속측정(재평가와 제거)	출제구분	기출변형	난이도	★★☆	정답	①

• ① 어떤 유형자산 항목과 관련하여 자본에 계상된 재평가잉여금은 그 자산이 제거될 때 이익잉여금으로 직접 대체할 수 있다. 자산이 폐기되거나 처분될 때에 재평가잉여금 전부를 이익잉여금으로 대체하는 것이 그러한 경우에 해당될 수 있다.[K-IFRS 제1016호 문단41]
→즉, 재평가잉여금은 재분류조정이 발생하지 않는 기타포괄손익이므로 자산이 폐기되거나 제거될 때 재평가잉여금을 당기손익으로 재분류할 수 없다. 다만, 이익잉여금으로 대체하는 것은 가능하다.
③ 자산의 장부금액이 재평가로 인하여 증가된 경우에 그 증가액은 기타포괄손익으로 인식하고 재평가잉여금의 과목으로 자본에 가산한다. 그러나 동일한 자산에 대하여 이전에 당기손익으로 인식한 재평가감소액이 있다면 그 금액을 한도로 재평가증가액만큼 당기손익으로 인식한다.[K-IFRS 제1016호 문단39]
④ 자산의 장부금액이 재평가로 인하여 감소된 경우에 그 감소액은 당기손익으로 인식한다. 그러나 그 자산에 대한 재평가잉여금의 잔액이 있다면 그 금액을 한도로 재평가감소액을 기타포괄손익으로 인식한다.[K-IFRS 제1016호 문단40]

Guide **재평가손익 처리방법**

최초재평가	재평가증가액	• '장부금액 〈 공정가치' →재평가잉여금(자본 : 기타포괄손익)	
	재평가감소액	• '장부금액 〉 공정가치' →재평가손실(당기손익)	
재평가이후 후속재평가	재평가손실 인식후 재평가잉여금이 발생	◉전기재평가손실	• 재평가이익(당기손익)
		◉나머지 금액	• 재평가잉여금(자본)
	재평가잉여금 인식후 재평가손실이 발생	◉전기재평가잉여금	• 재평가잉여금과 상계
		◉나머지 금액	• 재평가손실(당기손익)

문제 11번	유형자산 손상차손환입액	출제구분	재출제	난이도	★★☆	정답	②

• 손상차손환입액 : Min[㉠ 손상되지 않았을 경우의 장부금액 ㉡ 회수가능액] - 손상후 장부금액
→손상되지 않았을 경우의 장부금액 : 100,000-100,000×2년/5년 = 60,000
→회수가능액 : 50,000
→손상후 장부금액 : 40,000 - 40,000×1년/4년 = 30,000
∴Min[㉠ 60,000 ㉡ 50,000] - 30,000 = 20,000

*참고 회계처리

20x1년 1월 1일	(차) 기계장치	100,000	(대) 현금	100,000
20x1년 12월 31일	(차) 감가상각비	20,000	(대) 감가상각누계액	20,000
	(차) 손상차손	40,000	(대) 손상차손누계액	40,000
20x2년 12월 31일	(차) 감가상각비	10,000	(대) 감가상각누계액	10,000
	(차) 손상차손누계액	20,000	(대) 손상차손환입	20,000

Guide **유형자산 손상차손과 손상차손환입**

손상차손	• 손상차손액 = 장부금액 - 회수가능액 • 회수가능액 = Max[순공정가치, 사용가치] → {순공정가치 : 매각금액 – 처분부대원가, 사용가치 : 기대미래현금흐름의 현재가치} • (차) 유형자산손상차손(당기손익) xxx (대) 손상차손누계액(유형자산 차감) xxx
손상차손 환입	• 손상차손환입액 = Min[㉠ 손상되지 않았을 경우의 장부금액 ㉡ 회수가능액] - 손상후 장부금액 • (차) 손상차손누계액 xxx (대) 유형자산손상차손환입(당기손익) xxx

문제 12번	다양한 무형자산의 집계	출제구분	기출변형	난이도	★ ★ ★	정답	①

- 새로운 지식을 얻고자 하는 활동 지출액
  - 연구단계활동에 해당하므로 '연구비' 과목으로 비용처리한다.
- 내부적으로 창출된 브랜드의 가치평가금액
  - 사업을 전체적으로 개발하는데 발생한 원가와 구별할 수 없으므로 무형자산으로 인식하지 않는다.
- 내부적으로 창출된 영업권의 가치평가금액
  - 사업결합으로 취득한 영업권(=외부구입 영업권)은 신뢰성있는 측정이 가능하므로 무형자산으로 인식하나, 내부창출영업권은 원가를 신뢰성있게 측정할 수 없고 기업이 통제하고 있는 식별가능한 자원이 아니기 때문에 무형자산으로 인식하지 않는다.
- 개발단계 지출로 자산인식 조건을 만족하는 금액
  - 자산요건을 충족하는 개발단계활동 지출은 '개발비' 과목으로 무형자산 처리한다.
- 사업결합으로 취득한 고객목록 평가금액
  - 내부창출이 아닌 사업결합으로 유상취득한 고객목록이므로 영업권과 분리하여 무형자산 처리한다.

∴무형자산에 해당하는 금액의 합계 : 320,000(개발비)+180,000(고객목록)=500,000

Guide **브랜드·고객목록 회계처리**

내부적으로 창출한 것	• 무형자산으로 인식하지 않음.
사업결합(또는 외부구입)으로 취득한 것	• 영업권과 분리하여 무형자산으로 인식함.

참고 브랜드, 고객목록에 대한 취득후(또는 완성후)의 지출은 항상 발생시점에 당기손익으로 인식함.
→이는 내부에서 창출하였는지 사업결합(외부구입)으로 취득하였는지에 관계없이 당기손익 처리함.

문제 13번	무형자산 상각 일반사항	출제구분	기출변형	난이도	★ ★ ☆	정답	③

- ① 내용연수가 유한한 무형자산의 상각대상금액은 내용연수 동안 체계적인 방법으로 배분하여야 한다. 상각은 자산을 사용할 수 있는 때부터 시작한다.[K-IFRS 제1038호 문단97]
  ② 내용연수가 비한정인 무형자산은 상각하지 아니한다.[K-IFRS 제1038호 문단107]
  →상각하지 않는 무형자산에 대하여 사건과 상황이 그 자산의 내용연수가 비한정이라는 평가를 계속하여 정당화하는지를 매 회계기간에 검토한다. 사건과 상황이 그러한 평가를 정당화하지 않는 경우에 비한정 내용연수를 유한한 내용연수로 변경하는 것은 회계추정의 변경으로 회계처리한다.[K-IFRS 제1038호 문단109]
  ③ 무형자산의 상각방법은 자산의 경제적 효익이 소비될 것으로 예상되는 형태를 반영한 방법이어야 한다. 다만, 그 형태를 신뢰성 있게 결정할 수 없는 경우에는 정액법을 사용한다.[K-IFRS 제1038호 문단97]
  ④ 잔존가치는 적어도 매 회계연도 말에는 검토하며, 잔존가치의 변동은 회계추정의 변경으로 처리한다.[K-IFRS 제1038호 문단102]
  →내용연수가 유한한 무형자산의 상각기간과 상각방법은 적어도 매 회계연도 말에 검토한다. 자산의 예상 내용연수가 과거의 추정치와 다르다면 상각기간을 이에 따라 변경한다. 자산이 갖는 미래경제적효익의 예상소비형태가 변동된다면, 변동된 소비형태를 반영하기 위하여 상각방법을 변경한다. 그러한 변경은 회계추정의 변경으로 회계처리한다.[K-IFRS 제1038호 문단104]

*저자주 유형자산과 달리 무형자산은 감가상각이 아니라 '상각'이라는 용어이어야 합니다. 지문 ②에서 '감가상각하지 않고'라는 문구는 출제오류에 해당합니다.

문제 14번	투자부동산 공정가치모형 회계처리	출제구분	재출제	난이도	★ ★ ☆	정답	④

- 투자부동산이 공정가치모형이므로 감가상각없이 공정가치 증감을 평가손익으로 인식한다.
- 20x2년말 평가손익 : 95,000,000(20x2년말 공정가치) - 97,000,000(20x1년말 공정가치) = △2,000,000(손실)

20x1년초	(차) 투자부동산	100,000,000	(대) 현금	100,000,000
20x1년말	(차) 투자부동산평가손실	3,000,000	(대) 투자부동산	3,000,000
20x2년말	(차) 투자부동산평가손실	2,000,000	(대) 투자부동산	2,000,000

*참고 원가모형이라면 감가상각비(100,000,000÷10년=10,000,000)를 인식한다.(잔존가치는 없다고 가정)

20x1년초	(차) 투자부동산	100,000,000	(대) 현금	100,000,000
20x1년말	(차) 감가상각비	10,000,000	(대) 감가상각누계액	10,000,000
20x2년말	(차) 감가상각비	10,000,000	(대) 감가상각누계액	10,000,000

문제 15번	AC금융자산의 재분류	출제구분	신유형	난이도	★ ★ ★	정답	④

- AC금융자산의 재분류 후 이자수익 인식<금액은 임의 가정치임>
  ㉠ FVPL금융자산으로 재분류한 경우 : 취득일의 액면이자율을 사용하여 인식한다.

(차) 현금	6,000	(대) 이자수익	액면금액×액면이자율=6,000

  ㉡ FVOCI금융자산으로 재분류한 경우 : 취득일의 유효이자율을 사용하여 인식하고 조정하지 않는다.

(차) 현금	6,000	(대) 이자수익	장부금액×유효이자율(취득일)=9,306
FVOCI금융자산	3,306		

→AC금융자산을 재분류할 때, FVOCI금융자산으로 재분류시는 취득일의 유효이자율을 사용한다.

*비교 FVPL금융자산을 AC금융자산이나 FVOCI금융자산으로 재분류한 경우에는 재분류일의 현행 시장이자율을 사용하여 조정한다.(즉, 유효이자율 재산정 필요)

Guide AC금융자산의 재분류

AC ➡ FVPL	재분류금액	• 재분류일의 공정가치로 측정함.
	재분류손익	• 공정가치와 재분류 전 장부금액의 차액은 당기손익 처리
AC ➡ FVOCI	재분류금액	• 재분류일의 공정가치로 측정함.
	재분류손익	• 공정가치와 재분류 전 장부금액의 차액은 기타포괄손익 처리
	재분류이후 이자수익	• 재분류 전 장부금액과 유효이자율을 그대로 적용함.(처음부터 FVOCI금융자산인 것처럼 처리) →재분류 전 유효이자율을 변경하지 않고 그대로 사용함.

문제 16번	금융자산 · 금융부채의 의의와 해당항목	출제구분	기출변형	난이도	★ ★ ☆	정답	③

- 미지급법인세는 금융부채에 해당하지 아니한다.
  →계약에 의하지 않은 부채나 자산은 금융부채나 금융자산이 아니다. 이러한 예로는 정부가 부과하는 법적 요구사항에 따라 발생하는 법인세와 관련된 부채(미지급법인세)를 들 수 있다.

Guide 금융상품 해당항목

금융자산 해당여부	금융자산 O	• 현금및현금성자산, 대여금, 매출채권, 미수금, 미수수익, FVPL금융자산, FVOCI금융자산, AC금융자산, 금융기관취급 기타금융상품
	금융자산 X	• 재고자산, 유형자산, 무형자산, 사용권자산, 선급비용, 선급금, 계약에 의하지 않은 자산, 법인세관련 자산(이연법인세자산)
금융부채 해당여부	금융부채 O	• 매입채무, 지급어음, 차입금, 사채, 미지급금, 미지급비용, 금융리스부채, 금융보증계약, 상환우선주(보유자에게 상환청구권이 있는 경우)
	금융부채 X	• 선수금, 선수수익, 품질보증의무, 당기법인세부채(미지급법인세), 이연법인세부채, 충당부채, 의제의무

문제 17번	금융부채 일반사항	출제구분	재출제	난이도	★ ★ ☆	정답	②

- 당기손익-공정가치측정 금융부채의 관련되는 거래원가는 발생즉시 당기비용으로 인식한다.

*참고 사채상환손익이 발생하는 이유

❐ 사채상환시점의 시장이자율이 변동되어 현재가치(사채의 실질가치)가 변동되기 때문임.
→즉, 현재가치(=사채의 실질가치=사채가격)

$$\frac{\text{이자}}{(1+r)}+\cdots\cdots+\frac{\text{이자}+\text{원금}}{(1+r)^n}$$

㉠ 시장이자율(r)이 상승하면 현재가치(사채의 실질가치) 하락으로 싼가격에 상환하므로 상환이익이 발생함.
㉡ 시장이자율(r)이 하락하면 현재가치(사채의 실질가치) 상승으로 비싼가격에 상환하므로 상환손실이 발생함.

Guide 금융부채 인식

최초인식	• 금융부채는 금융상품의 계약당사자가 되는 때에만 재무상태표에 인식함. • 최초 인식시점에는 공정가치로 측정함.	
거래원가	FVPL금융부채	• 발생즉시 당기비용으로 인식 (차) 현금 100 (대) 금융부채 100 수수료비용 10 현금 10
	그 외 금융부채	• 공정가치에서 차감 (차) 현금 100 (대) 금융부채 100 할인차금 10 현금 10

문제 18번	사채할인발행 발행금액	출제구분	재출제	난이도	★ ☆ ☆	정답	②

- '액면이자율(5%) 〉 시장이자율(6%)' ⇒ 할인발행에 해당한다.
- 액면이자 : 10,000,000×5%=500,000
- 현금흐름 : 20x1년말 이자 500,000, 20x2년말 원리금 500,000+10,000,000=10,500,000
- 자금조달금액(=발행금액) : 500,000×2.673+10,000,000×0.8396=9,732,500

*참고 회계처리

20x1.1.1	(차) 현금 사채할인발행차금	9,732,500 267,500	(대) 사채	10,000,000
20x1.12.31	(차) 이자비용	9,732,500×6%=583,950	(대) 현금 사채할인발행차금	500,000 83,950

문제 19번	전환사채 일반사항	출제구분	재출제	난이도	★ ★ ☆	정답	③

- ① 전환사채는 다음과 같이 부채요소와 자본요소를 모두 가지고 있는 복합금융상품이므로 옳은 설명이다.

요소구분	❒ ㉠ 부채요소(금융부채)=일반사채 : 현금 등 금융자산을 인도하기로 하는 계약 ㉡ 자본요소(지분상품)=전환권 : 확정수량 보통주로 전환할 수 있는 권리를 보유자에게 부여하는 콜옵션 ❒ 자본요소는 잔여지분이라는 정의와 일관되도록 하기 위해, 부채요소해당액(사채현재가치)을 먼저 측정하고, 발행금액에서 부채요소해당액을 차감한 금액으로 자본요소해당액을 측정하도록 규정하고 있다. →발행금액 - 부채요소해당액(현재가치)=자본요소해당액(전환권가치)

② 전환권조정은 이자지급시점에 다음과 같이 이자비용으로 인식되므로 옳은 설명이다.

발행시점 (액면발행)	(차) 현금(발행금액) (차) 전환권조정(전환사채 차감)	xxx xxx	(대) 전환사채(액면금액=발행금액) (대) 전환권대가(발행금액 - 현재가치) 상환할증금(전환사채 가산)	xxx xxx xxx
이자지급시점	(차) 이자비용	xxx	(대) 현금(액면이자) 전환권조정(상각액)	xxx xxx

③ 보통주의 발행을 청구할 수 있는 권리가 부여된 사채는 신주인수권부사채이다.

전환사채	• 유가증권의 소유자가 일정한 조건하에 보통주로의 전환권을 행사할 수 있는 사채로서, 전환권을 행사하면 보통주로 전환되는 사채
신주인수권부사채	• 유가증권의 소유자가 일정한 조건하에 신주인수권을 행사하여 보통주 발행을 청구할 수 있는 권리가 부여된 사채

④ 상환할증금은 전환사채에 가산하여 표시하므로 옳은 설명이다.

문제 20번	제품보증충당부채 기말잔액	출제구분	재출제	난이도	★★★	정답	③

- 1년간 보증조건이므로, 20x1년 매출분에 대하여는 20x2년말 계상할 제품보증충당부채는 없다.
  →따라서, 20x2년 매출분에 대하여만 제품보증충당부채 잔액을 계산하여야 한다.
- 20x2년말 제품보증충당부채 : 14,000,000×2% - 100,000(실제 제품보증비 발생액) = 180,000

*참고 회계처리

20x1년	매출시	(차) 현금(매출채권)	10,000,000	(대) 매출	10,000,000
	보증시	(차) 보증비	50,000	(대) 현금	50,000
	결산시	(차) 보증비	150,000	(대) 제품보증충당부채	150,000[1]
20x2년	매출시	(차) 현금(매출채권)	14,000,000	(대) 매출	14,000,000
	보증시	(차) 제품보증충당부채	120,000	(대) 현금	220,000
		보증비	100,000		
	결산시	(차) 제품보증충당부채	30,000	(대) 제품보증충당부채환입	30,000[2]
		(차) 보증비	180,000	(대) 제품보증충당부채	180,000[3]

[1] 10,000,000×2% - 50,000 = 150,000 [2] 150,000 - 120,000 = 30,000 [3] 14,000,000×2% - 100,000 = 180,000

문제 21번	자본과 주식 세부고찰	출제구분	재출제	난이도	★★★	정답	②

- ① 발행주식수 : 5,000,000,000(자본금)÷5,000(주당 액면금액) = 1,000,000주
  ② 주당 주식발행금액 : (5,000,000,000 + 3,000,000,000)÷1,000,000주 = @8,000
  ③ 법정자본금 : 5,000,000,000(자본금)
  ④ 주당이익(EPS) : $\frac{1,000,000,000(\text{당기순이익})}{1,000,000\text{주}} = 1,000$

*저자주 문제의 명확한 성립을 위해 누락된 단서인 '단, 설립시 발행한 우선주는 없다.'를 추가하기 바랍니다.

문제 22번	처분후 차기이월미처분이익잉여금	출제구분	신유형	난이도	★★☆	정답	②

- 이익준비금은 현금배당액의 10%이상을 자본금의 50%에 달할 때까지 적립한다.
  →따라서, 이익준비금 최소적립액은 일반적으로 '현금배당×10%'이다.

미처분이익잉여금(중간배당 차감 및 당기순이익 가산 후 금액)	:	300,000
임의적립금 이입액	:	0
이익잉여금처분액		
〈1순위〉 이익준비금	:	(60,000×10% = 6,000)
〈2순위〉 기타법정적립금	:	(0)
〈3순위〉 이익잉여금처분에 의한 상각액(주식할인발행차금 등)	:	(30,000)
〈4순위〉 배당금(현금배당 및 주식배당)	:	(60,000)
〈5순위〉 임의적립금	:	(0)
차기이월미처분이익잉여금		204,000

문제 23번	고객과의 계약에서 생기는 수익 일반사항	출제구분	신유형	난이도	★ ★ ☆	정답	②

• ① 다음 기준을 모두 충족하는 때에만, K-IFRS 제1115호 '고객과의 계약에서 생기는 수익'의 적용범위에 포함되는 고객과의 계약으로 회계처리한다. 따라서, 고객에게 이전할 재화나 용역에 대하여 받을 권리를 갖게 될 대가의 회수가능성이 높은 경우에만 고객과의 계약으로 회계처리한다.[K-IFRS 제1115호 문단9]

승인과 확약	• 계약 당사자들이 계약을 서면으로, 구두로, 그 밖의 사업 관행에 따라 승인하고 각자의 의무를 수행하기로 확약한다.
권리 식별가능	• 이전할 재화나 용역과 관련된 각 당사자의 권리를 식별할 수 있다.
지급조건 식별가능	• 이전할 재화나 용역의 지급조건을 식별할 수 있다.
상업적실질 존재	• 계약에 상업적 실질이 있다. →계약의 결과로 기업의 미래현금흐름의 위험 · 시기 · 금액이 변동될 것으로 예상된다.
높은 회수가능성	• 고객에게 이전할 재화 · 용역에 대하여 받을 권리를 갖게 될 대가의 회수가능성이 높다. →대가의 회수 가능성이 높은지를 평가할 때에는 지급기일에 고객이 대가(금액)를 지급할 수 있는 능력과 지급할 의도만을 고려한다. 기업이 고객에게 가격할인(price concessions)을 제공할 수 있기 때문에 대가가 변동될 수 있다면, 기업이 받을 권리를 갖게 될 대가는 계약에 표시된 가격보다 적을 수 있다.

② 거래가격은 고객에게 약속한 재화나 용역을 이전하고 그 대가로 기업이 받을 권리를 갖게 될 것으로 예상하는 금액이며, 제3자를 대신해서 회수한 금액(예 일부 판매세)은 제외한다.[K-IFRS 제1115호 문단47]

④ 고객에게 약속한 재화나 용역, 즉 자산을 이전하여 수행의무를 이행할 때(또는 기간에 걸쳐 이행하는 대로) 수익을 인식한다. 자산은 고객이 그 자산을 통제할 때(또는 기간에 걸쳐 통제하게 되는 대로) 이전된다.[K-IFRS 제1115호 문단31]

문제 24번	라이선스와 수익인식	출제구분	재출제	난이도	★ ★ ☆	정답	③

• 라이선스 기간 전체에 걸쳐 존재하는, 기업의 지적재산에 접근할 권리인 접근권이 4년간 보장되어 있는 라이선스 거래이다. 따라서, 기간에 걸쳐 수행하는 의무에 해당하므로 4년에 걸쳐 수익으로 인식한다.

• 20x1년 라이선스 수익인식액 : 200,000,000÷4년=50,000,000

Guide 구별되는 라이선스의 접근권과 사용권

접근권	정의	• 라이선스 기간 전체에 걸쳐 존재하는, 기업의 지적재산에 접근할 권리
	수익인식	• 기간에 걸쳐 이행하는 수행의무로 회계처리(진행률에 따라 수익인식)
사용권	정의	• 라이선스를 부여하는 시점에 존재하는, 기업의 지적재산을 사용할 권리
	수익인식	• 한 시점에 이행하는 수행의무로 회계처리(사용권 이전시점에 수익인식)

문제 25번	계약수익과 계약원가의 인식	출제구분	기출변형	난이도	★ ★ ☆	정답	③

• ① 건설계약의 결과를 신뢰성있게 추정할 수 있는 경우, 건설계약과 관련한 계약수익과 계약원가는 보고기간말 현재 계약활동의 진행률을 기준으로 각각 수익과 비용으로 인식한다.

② 하도급계약에 따라 수행될 공사에 대해 하도급자에게 선급한 금액은 진행률 산정을 위한 누적발생원가에서 제외시켜야 한다.

④ 건설계약의 결과를 신뢰성있게 추정할 수 없는 경우, 계약수익은 계약원가의 범위 내에서 회수가능성이 높은 금액만 인식하며, 발생한 원가는 모두 당해 기간의 비용으로 인식한다.

문제 26번	2차연도 건설계약손익	출제구분	재출제	난이도	★ ★ ☆	정답	②

• 20x2년 계약손익 : $(50{,}000{,}000 \times \frac{30{,}000{,}000}{40{,}000{,}000} - 50{,}000{,}000 \times \frac{10{,}000{,}000}{40{,}000{,}000}) - (30{,}000{,}000 - 10{,}000{,}000) = 5{,}000{,}000$

• 연도별 계약손익 계산

구분	20x1년	20x2년
진행률	$\frac{10{,}000{,}000}{40{,}000{,}000} = 25\%$	$\frac{30{,}000{,}000}{40{,}000{,}000} = 75\%$
계약수익	50,000,000×25% = 12,500,000	50,000,000×75% - 12,500,000 = 25,000,000
계약원가	10,000,000	30,000,000 - 10,000,000 = 20,000,000
계약손익	2,500,000	5,000,000

문제 27번	종업원급여와 퇴직급여제도	출제구분	기출변형	난이도	★ ☆ ☆	정답	③

• ① 확정기여제도에서의 기업의 부담은 출연금액에 한정된다. 따라서, 운용결과에 따라 추가납부 의무가 없다.
② 기여금 불입으로 모든 의무가 종료되는 것은 확정기여제도이며, 확정급여제도는 기업의 부담이 변동적이므로 기여금을 불입한다해도 퇴직급여와 관련된 모든 의무가 종료된다고 볼 수 없다.
③ 보험수리적 가정은 상황변화에 따라 상이한 값을 적용한다.
④ 재측정요소는 확정급여채무나 사외적립자산의 예상치 못한 변동을 말하며, 기타포괄손익으로 인식하므로 올바른 설명이다.

Guide 퇴직급여제도 비교

	기업의 부담	종업원수령액	위험부담자
확정기여제도(DC형)	출연금액에 한정 (기여금 납부함으로써 모든 의무가 종결됨.)	불확정적	종업원
확정급여제도(DB형)	변동적	확정적	기업

문제 28번	현금결제형 주식기준보상 당기보상비용	출제구분	재출제	난이도	★ ★ ☆	정답	④

• 20x1년 주식보상비용 : 300개×15,000(20x1년말 주가차액보상권의 개당 공정가치)× $\frac{1}{3}$ = 1,500,000

→(차) 주식보상비용 1,500,000 (대) 장기미지급비용 1,500,000

• 20x1년 주식보상비용 : 300개×20,000(20x2년말 주가차액보상권의 개당 공정가치)× $\frac{2}{3}$ - 1,500,000 = 2,500,000

→(차) 주식보상비용 2,500,000 (대) 장기미지급비용 2,500,000

Guide 현금결제형 주식기준보상 보고기간말 회계처리

보고기간말	• 주가차액보상권은 보고기간말 공정가치로 재측정하고 기대권리소멸률을 반영한 보상원가를 용역제공비율에 따라 가득기간에 걸쳐 인식 →(차) 주식보상비용(당기비용) xxx (대) 장기미지급비용(부채) xxx
가득일 이후	• 가득일 이후에도 매 보고기간말의 공정가치를 기준으로 보상원가를 재측정하고 보상원가의 재측정으로 변동한 금액은 주식보상비용과 장기미지급비용으로 처리

문제 29번	이연법인세자산 인식 항목	출제구분	재출제	난이도	★ ☆ ☆	정답	①

- ① 가산할 일시적 차이가 발생하면 미래 과세소득이 증가하게 되어 미래 납부할 법인세를 증가시킨다. 이로 인하여 미래 자산 유출이 증가하게 되어 이를 이연법인세부채로 계상한다. 이연법인세자산과는 달리 이연법인세부채의 경우에는 실현가능성을 검토하지 않고 바로 부채로 계상한다.
  ② 차감할 일시적 차이의 법인세효과는 미래 법인세부담을 감소시키기 때문에 차감할 일시적차이가 사용될 수 있는 과세소득의 발생가능성이 높은 경우에 차감할 일시적차이에 대하여 이연법인세자산을 인식한다.
  ③ 결손금이 발생하게 되면 차기 이후 회계연도의 이익발생시 납부할 법인세가 감소되는 효과가 나타나므로 이연법인세자산을 계상한다.
  ④ 이월세액공제액이 발생하게 되면 차기 이후 회계연도의 이익발생시 납부할 법인세가 감소되는 효과가 나타나므로 이연법인세자산을 계상하게 된다. 다만, 미시용 세무상결손금이나 일시적차이를 일으키는 유보사항과는 달리 세액공제액은 전액이 법인세 산출세액에서 직접 차감되므로 이월세액공제액을 이연법인세자산 금액으로 계상한다.

문제 30번	1차연도 이연법인세자산 · 부채 계산	출제구분	재출제	난이도	★ ☆ ☆	정답	①

- 가산할 일시적차이 = △유보
- 이연법인세부채 : 6,000,000 × 20% = 1,200,000

*참고 회계처리

(차) 법인세비용(대차차액)	xxx	(대) 미지급법인세(당기법인세)	xxx
		이연법인세부채	1,200,000

문제 31번	기말재고자산 오류수정과 이익분석	출제구분	재출제	난이도	★ ★ ★	정답	②

- 오류분석

	20x1년	20x2년	20x3년
20x1년 기말과대 5,000	이익과대 5,000[1]	이익과소 5,000[2]	-
20x2년 기말과소 2,000	-	이익과소 2,000[3]	이익과대 2,000[4]
20x3년 기말과대 3,000	-	-	이익과대 3,000[5]
합계	**이익과대 5,000**	**이익과소 7,000**	**이익과대 5,000**

[1] 20x1년 매출원가과소 5,000 → 20x1년 이익과대 5,000
[2] 20x2년 기초과대 5,000 → 20x2년 매출원가과대 5,000 → 20x2년 이익과소 5,000
[3] 20x2년 매출원가과대 2,000 → 20x2년 이익과소 2,000
[4] 20x3년 기초과소 2,000 → 20x3년 매출원가과소 2,000 → 20x3년 이익과대 2,000
[5] 20x3년 매출원가과소 3,000 → 20x3년 이익과대 3,000

- 20x3년 오류수정후 당기순이익
  20x3년 이익과대 5,000이므로 이익이 5,000만큼 감소되어야 한다.
  →∴30,000 - 5000 = 25,000
- 20x3년 오류수정후 이익잉여금
  3년에 걸쳐 총이익 3,000 과대계상(= 20x1년 이익과대 5,000 + 20x2년 이익과소 7,000 + 20x3년 이익과대 5,000)이므로, 오류수정후 이익잉여금은 3,000 감소되어야 한다.
  →∴100,000 - 3000 = 97,000

문제 32번	유상증자와 EPS	출제구분	재출제	난이도	★ ★ ☆	정답	②

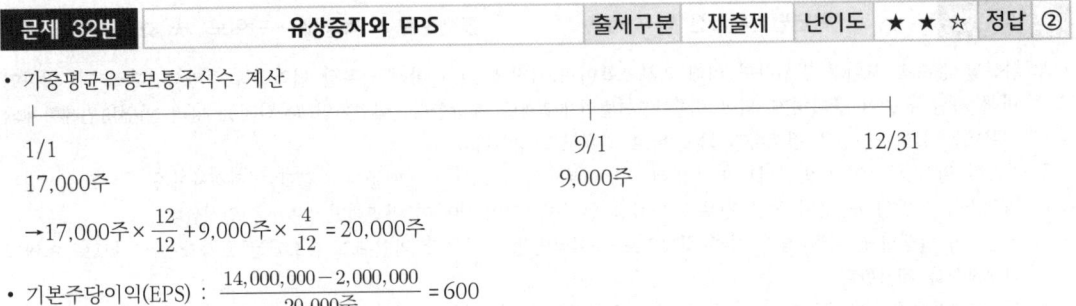

• 가중평균유통보통주식수 계산

1/1 17,000주 — 9/1 9,000주 — 12/31

$\rightarrow 17{,}000주 \times \frac{12}{12} + 9{,}000주 \times \frac{4}{12} = 20{,}000주$

• 기본주당이익(EPS) : $\frac{14{,}000{,}000 - 2{,}000{,}000}{20{,}000주} = 600$

문제 33번	관계기업 유의적 영향력과 내부거래	출제구분	기출변형	난이도	★ ★ ★	정답	④

• 투자자와 관계기업 사이의 상향거래(관계기업이 투자자에게 판매하는 등의 거래)나 하향거래(투자자가 관계기업에게 판매하는 등의 거래)에서 발생한 당기손익에 대하여 투자자는 그 관계기업에 대한 투자지분과 무관한 손익까지만 투자자의 재무제표에 인식한다.
→즉, 내부거래로 발생한 관계기업의 당기손익 중 투자자의 지분은 제거한다.

* 저자주 내부미실현손익의 제거에 대한 내용은 고급회계 분야로서 재경관리사 시험수준을 초과하므로 수험목적상 위 문구 정도 숙지하기 바랍니다.

Guide 유의적인 영향력

원칙	• 직·간접으로 의결권의 20%이상 소유시 명백한 반증이 있는 경우를 제외하고는 유의적인 영향력이 있는 것으로 보아 지분법을 적용함.
예외	❖20%미만 이더라도 유의적인 영향력이 있는 경우 • 의사결정기구·정책결정과정에 참여하는 경우와 필수적 기술정보를 제공하는 경우 주의 일반적 기술정보제공이 아님. • 중요한 거래가 있는 경우와 경영진의 상호 교류가 이루어지는 경우 ❖유의적인 영향력이 있어도 지분법적용을 배제하는 경우 • 12개월 이내에 매각할 목적으로 투자주식을 취득하여 적극적으로 매수자를 찾고 있는 일시보유목적의 투자주식 →매각예정비유동자산으로 분류함.

* 참고 '간접'의 의미

개요	• 종속기업을 통하여 피투자자에 대한 의결권을 소유하는 것을 말함. →즉, 아래에서 A는 반드시 모회사의 종속기업이어야 함. 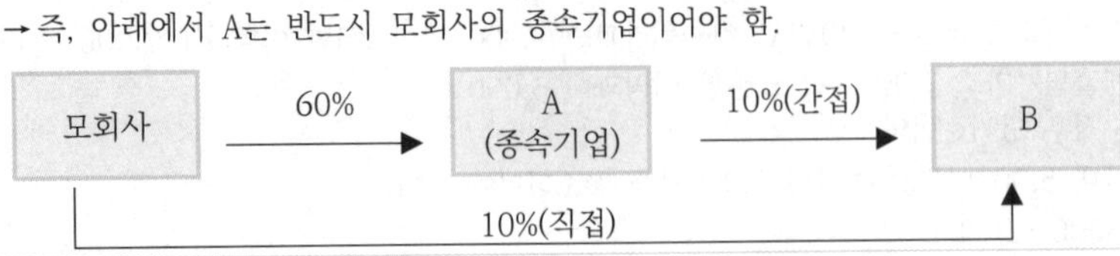
지분율 계산	• 단순하게 합산하여 판단함. →위에서 10%(직접)+10%(간접)=20% 이므로 모회사는 B에 대해 유의적인 영향력 있음.

문제 34번	관계기업투자주식 장부금액	출제구분	재출제	난이도	★ ★ ☆	정답	①

- 20x1년 ㈜용산 당기순손실(이익잉여금 감소) : 1,000,000 - 1,100,000 = △100,000
- 20x1년말 ㈜삼일 관계기업투자주식 장부금액 : 850,000(취득원가) - 100,000(당기순이익) × 30% = 820,000

*참고 ㈜삼일 회계처리

취득시(20x1년초)	(차) 관계기업투자주식	850,000	(대) 현금	850,000
당기순손실 보고시(20x1년말)	(차) 지분법손실	30,000	(대) 관계기업투자주식	30,000

문제 35번	비상각자산(토지) 재평가모형 외화환산	출제구분	재출제	난이도	★ ★ ★	정답	③

- 20x1년말 재평가잉여금(기타포괄손익) : ($14,000 × 1,200) - ($10,000 × 1,000) = 6,800,000

20x1년 4월 1일(환율 : 1,000/1$)	(차) 외화토지	10,000,000	(대) 현금	10,000,000
20x1년 12월 31일(환율 : 1,200/1$)	(차) 외화토지	6,800,000	(대) 재평가잉여금	6,800,000

*저자주 비상각자산 재평가모형 외화환산은 난이도 자체를 떠나 재경관리사 시험과는 어울리지 않는 어색한 출제로서, 적절하지 않은 무리한 출제로 사료됩니다. 다만, 출제가 된 만큼 이하 '참고'에서 구체적 내용은 제시하도록 하겠습니다.

*참고 비상각자산(토지) 외화환산

환산방법

원가모형	거래일환율	• 환율변동효과(외환차이) 없음.
재평가모형	공정가치 결정일환율	• 손익을 당기손익(재평가손실)으로 인식하는 경우 →그 손익에 포함된 환율변동효과(외환차이)도 당기손익
		• 손익을 기타포괄손익(재평가잉여금)으로 인식하는 경우 →그 손익에 포함된 환율변동효과(외환차이)도 기타포괄손익

[예시] 공정가치결정일환율을 적용한다 함은 장부금액이 언제의 금액인지를 검토하여 그때의 환율을 적용함을 의미함.(무조건 기말환율을 적용하는 화폐성항목과 다름.)

	20x1년초(거래일)	20x1년말(재평가O)	20x2년말(재평가X)
장부금액	$100	$130	$130
환율적용	20x1년초 환율	20x1년말 환율	20x1년말 환율 (∴회계처리 없음)

[기타] '그 손익에 포함된 환율변동효과도 기타포괄손익'의 의미

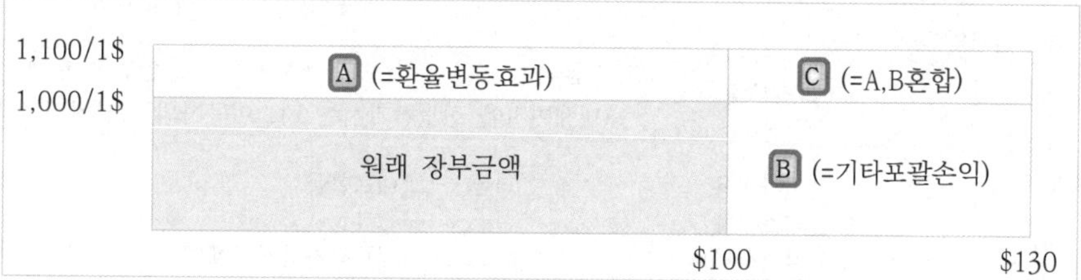

→B 를 기타포괄손익으로 인식하는 경우 A , B , C 전체를 기타포괄손익 처리함.

문제 36번	파생상품회계 일반원칙	출제구분	재출제	난이도	★ ★ ☆	정답	②

• 공정가치위험회피 목적으로 보유하고 있는 파생상품의 평가손익은 당기손익으로 인식한다.

Guide **파생상품평가손익의 처리**

❖파생상품은 계약상 권리 · 의무에 따라 자산 · 부채로 재무제표에 계상하며, 평가손익은 다음과 같이 처리함.

매매목적[1)]	• 당기손익	
공정가치위험회피[2)]	• 당기손익	
현금흐름위험회피[3)]	위험회피에 효과적인 부분	• 기타포괄손익
	위험회피에 효과적이지 못한 부분	• 당기손익

[1)]매매목적으로 파생상품을 이용하는 것을 말함.
[2)]위험회피대상항목이 자산, 부채, 확정계약으로서 당해 항목의 공정가치변동을 상쇄하기 위하여 파생상품을 이용하는 것을 말함.
[3)]위험회피대상항목이 미래에 예상되는 거래로서 당해 거래에 따른 미래현금흐름변동을 상쇄하기 위하여 파생상품을 이용하는 것을 말함.

문제 37번	리스이용자 감가상각비 계산	출제구분	기출변형	난이도	★ ★ ★	정답	②

• 사용권자산(리스부채) : 400,000(리스료의 현재가치)+100,000(리스개설직접원가)=500,000
• 감가상각대상금액 : 500,000-0(추정잔존가치)=500,000
• 감가상각기간 : 소유권이전이 있으므로 내용연수 5년 적용
• 20x1년 감가상각비 : 500,000÷5년=100,000

*참고 회계처리

20x1년초(리스개시일)	(차) 사용권자산	500,000	(대) 리스부채	400,000
			현금	100,000
20x1년말(보고기간말)	(차) 이자비용	xxx	(대) 현금	xxx
	리스부채	xxx		
	(차) 감가상각비	100,000	(대) 감가상각누계액	100,000

Guide **리스이용자 회계처리**

<table>
<tr><td rowspan="2">리스개시일</td><td colspan="2">• (차) 사용권자산(원가) xxx (대) 리스부채 xxx
현금(리스개설직접원가) xxx</td></tr>
<tr><td>리스부채</td><td>❒ 지급되지 않은 리스료를 내재이자율로 할인한 현재가치
(내재이자율 산정불가시는 리스이용자의 증분차입이자율로 할인)</td></tr>
<tr><td rowspan="3">보고기간말</td><td colspan="2">• (차) 이자비용 xxx (대) 현금 xxx
리스부채 xxx
(차) 감가상각비 xxx (대) 감가상각누계액 xxx</td></tr>
<tr><td>이자비용</td><td>❒ 리스부채 장부금액×내재이자율</td></tr>
<tr><td>감가상각</td><td><table><tr><td>구분</td><td>감가상각대상금액</td><td>감가상각기간</td></tr><tr><td>소유권이전O</td><td>원가-추정잔존가</td><td>내용연수</td></tr><tr><td>소유권이전X</td><td>원가-보증잔존가</td><td>Min[리스기간, 내용연수]</td></tr></table></td></tr>
</table>

문제 38번	매입활동 현금지급액	출제구분	재출제	난이도	★ ★ ☆	정답	①

• 발생주의 순매입액 : (145,000,000)
매입채무의 증가 : 25,000,000
현금주의 매입액 (120,000,000)

Guide 발생주의의 현금주의 전환 : 매입액

❒ (-)로 출발하며 자산의 증감은 역방향으로 가감하며, 부채의 증감은 순방향으로 가감하여 분석

• **발생주의 순매입액**(매입할인 · 에누리 · 환출을 차감한 후의 금액)	: (xxx)	▶ (-)로 출발함에 주의!
매입채무의 증가	: xxx	
선급금의 증가	: (xxx)	
현금주의 매입액(매입채무지급액, 선급금지급액, 현금매입)	(xxx)	

문제 39번	리스부채 원금상환 현금흐름 활동 분류	출제구분	신유형	난이도	★ ☆ ☆	정답	③

• 리스부채 원금상환에 따라 발생하는 현금흐름은 재무활동 현금흐름으로 분류한다.

Guide 재무활동 현금흐름 사례[K-IFRS 제1007호 문단17]

㉠ 주식이나 기타 지분상품의 발행에 따른 현금유입
㉡ 주식의 취득이나 상환에 따른 소유주에 대한 현금유출
㉢ 담보 · 무담보부사채 및 어음의 발행과 기타 장 · 단기차입에 따른 현금유입
㉣ 차입금의 상환에 따른 현금유출
㉤ 리스이용자의 리스부채 상환에 따른 현금유출

문제 40번	간접법 현금흐름 추정	출제구분	재출제	난이도	★ ★ ☆	정답	②

• 법인세비용차감전순이익	500,000
감가상각비	300,000
유형자산처분손실	150,000
재고자산의 증가	(300,000)
매출채권의 (ㄱ)	X
영업활동으로 인한 현금흐름	50,000

→ X = -600,000(∴매출채권의 증가)

Guide 간접법 영업활동현금흐름 계산구조

〈출발점〉 법인세비용차감전순이익		
현금수입 · 지출이 없는 손익계정	• 감가상각비, 금융자산평가손익 • 이자비용, 이자수익, 배당수익*)	• 비용 → 가산 • 수익 → 차감
투자 · 재무활동관련 손익계정	• 자산처분손익, 부채상환손익	
영업활동관련 자산 · 부채계정	• 매출채권(순액), 선수금, 매입채무, 선급금 • 재고자산(순액), 미수수익, 선급비용 • 선수수익, 미지급비용, FVPL금융자산	• 자산증(감) → 차감(가산) • 부채증(감) → 가산(차감)

*) 영업활동으로 분류되는 경우 가감조정을 해주는 이유는 현금흐름표 양식상 이들을 직접법을 적용한 것처럼 별도로 표시해주기 때문임.

주의 영업활동관련 자산 · 부채계정 관련손익(예 매출채권 대손상각비, FVPL금융자산평가이익 · 처분이익, 재고자산 감모손실, 퇴직급여 등)은 위의 현금수입 · 지출이 없는 손익계정에서 고려치 않음. 따라서, 영업활동과 관련없는 대여금이나 미수금 해당분 대손상각비는 위의 현금수입 · 지출이 없는 손익계정에서 고려(가산)함.

3P 3P 3P

FINAL

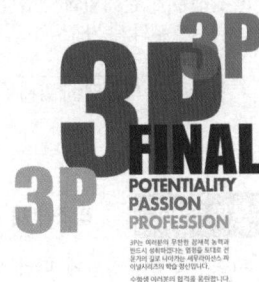

POTENTIALITY
PASSION
PROFESSION

3P는 여러분의 무한한 잠재적 능력과 반드시 성취하겠다는 열정을 토대로 전문가의 길로 나아가는 세무라이선스 파이널시리즈의 학습 정신입니다.

수험생 여러분의 합격을 응원합니다.

재경관리사 공개기출해설[재무]

2022년 12월에 시행된 기출문제에 대한 완벽한 해설을 관련이론(가이드)과 함께 제시하였습니다. 해당 문제는 합본부록을 참고바랍니다.

FINAL

Certified Accounting Manager

재무회계 공개기출문제해설

[2022년 12월 시행]

SEMOOLICENCE

문제 1번	K-IFRS와 일반기업회계기준 특징	출제구분	기출변형	난이도	★ ☆ ☆	정답	②

• 한국채택국제회계기준은 상세하고 구체적인 회계처리 방법을 제시하지 않는 원칙중심의 회계기준이다.
→회계처리, 재무제표의 구체적인 양식이나 계정과목을 정형화하지 않고 다양성과 재량을 부여한다.

Guide 국제회계기준의 특징

원칙중심	• 기본원칙과 방법론만 제시 주의 규칙중심이 아님. →회계처리, 양식, 계정과목을 정형화하지 않고 다양성과 재량을 부여
연결재무제표중심	• 연결재무제표를 기본재무제표로 제시 주의 개별재무제표 중심이 아님.
공시강화	• 주석을 통한 많은 공시항목을 요구함.
공정가치확대	• 원칙적으로 자산·부채의 공정가치 측정을 요구
협업제정	• 독자적이 아닌 각국의 협업을 통해 제정

문제 2번	예측가치와 확인가치	출제구분	재출제	난이도	★ ☆ ☆	정답	④

• 재무정보가 예측가치를 갖기 위해서 그 자체가 예측치 또는 예상치일 필요는 없다.

Guide 근본적 질적특성 개괄

목적적합성	예측가치와 확인가치	• 이용자들이 미래 결과를 예측하기 위해 사용하는 절차의 투입요소로 재무정보가 사용될 수 있다면 그 재무정보는 예측가치를 갖음. →재무정보가 과거 평가에 대해 피드백을 제공한다면(과거 평가를 확인하거나 변경시킨다면) 확인가치를 갖음. • 재무정보가 예측가치를 갖기 위해서 그 자체가 예측치 또는 예상치일 필요는 없음.
	중요성	• 정보가 누락·잘못기재된 경우 일반목적재무보고서에 근거하여 이루어지는 주요이용자의 의사결정에 영향을 줄 수 있다면 그 정보는 중요한 것임. • 중요성은 개별기업 재무보고서 관점에서 해당 정보와 관련된 항목의 성격이나 규모 또는 이 둘 모두에 근거하여 해당 기업에 특유한 측면의 목적적합성을 의미함.
표현충실성	완전한 서술 중립적 서술 오류없는 서술	• 오류가 없다는 것은 현상의 기술에 오류나 누락이 없고, 보고정보를 생산하는데 사용되는 절차의 선택과 적용시 절차상 오류가 없음을 의미함. →즉, 오류가 없다는 것은 모든 면에서 완벽, 정확하다는 것을 의미하지는 않음.

문제 3번	보강적 질적특성의 적용과 원가제약	출제구분	기출변형	난이도	★ ★ ☆	정답	③

• ① 비교가능성, 검증가능성, 적시성, 이해가능성 : 보강적 질적특성
② 목적적합성(예측가치와 확인가치, 중요성), 표현충실성 : 근본적 질적특성
③ 보강적 질적특성은 가능한 한 극대화되어야 한다. 그러나 보강적 질적특성은 정보가 목적적합하지 않거나 나타내고자 하는 바를 충실하게 표현하지 않으면, 개별적으로든 집단적으로든 그 정보를 유용하게 할 수 없다. 한편, 보강적 질적특성을 적용하는 것은 어떤 규정된 순서를 따르지 않는 반복적인 과정이며, 때로는 하나의 보강적 질적특성이 다른 질적 특성의 극대화를 위해 감소되어야 할 수도 있다.
④ 원가는 재무보고로 제공될 수 있는 정보에 대한 포괄적 제약요인이다. 재무정보의 보고에는 원가가 소요되고, 해당 정보 보고의 효익이 그 원가를 정당화한다는 것이 중요하다.

문제 4번	재무제표 표시 일반사항	출제구분	기출변형	난이도	★ ★ ☆	정답	②

• 재무제표와 주석에 적용하는 중요성의 기준은 다를 수 있다.
→즉, 재무제표에는 중요하지 않아 구분하여 표시하지 않은 항목이라도 주석에서는 구분 표시해야 할 만큼 충분히 중요할 수 있다.

Guide 문제와 관련된 재무제표 표시 일반사항 내용

K-IFRS 준수	• K-IFRS에 따라 작성된 재무제표는 공정하게 표시된 재무제표로 봄. • K-IFRS를 준수하여 작성하는 기업은 준수 사실을 주석에 명시적이고 제한없이 기재함. • K-IFRS의 요구사항을 모두 충족한 경우가 아니라면 준수하여 작성되었다고 기재해서는 안됨. • 부적절한 회계정책은 이에 대하여 공시·주석·보충자료를 통해 설명하더라도 정당화될 수 없음. →극히 드문 상황으로서 K-IFRS의 요구사항을 준수하는 것이 오히려 개념체계에서 정하고 있는 재무제표의 목적과 상충되어 재무제표이용자의 오해를 유발할 수 있다고 경영진이 결론을 내리는 경우에는, 관련 감독체계가 이러한 요구사항으로부터의 일탈을 의무화하거나 금지하지 않는다면 소정 항목을 공시하고 K-IFRS의 요구사항을 달리 적용함.
중요성과 통합표시	• 유사한 항목은 중요성 분류에 따라 재무제표에 구분하여 표시함. 상이한 성격이나 기능을 가진 항목은 구분하여 표시함. →다만, 중요하지 않은 항목은 성격이나 기능이 유사한 항목과 통합하여 표시할 수 있음. 주의 재무제표와 주석에 적용하는 중요성의 기준은 다를 수 있음. 즉, 재무제표에는 중요하지 않아 구분하여 표시하지 않은 항목이라도 주석에서는 구분 표시해야 할 만큼 충분히 중요할 수 있음.
보고빈도	• 전체 재무제표(비교정보를 포함)는 적어도 1년마다 작성함. • 보고기간종료일을 변경하여 재무제표의 보고기간이 1년을 초과하거나 미달하는 경우 재무제표 해당 기간뿐만 아니라 다음 사항을 추가로 공시함. ㉠ 보고기간이 1년을 초과하거나 미달하게 된 이유 ㉡ 재무제표에 표시된 금액이 완전하게 비교가능하지는 않다는 사실

문제 5번	중간재무보고서에 포함할 구성요소	출제구분	재출제	난이도	★ ☆ ☆	정답	③

• 중간재무보고서는 최소한 다음의 구성요소를 포함하여야 한다.[K-IFRS 제1034호 문단8]

요약재무상태표, 요약포괄손익계산서, 요약자본변동표, 요약현금흐름표, 선별적 주석

• 중간재무보고서의 최소 내용은 요약재무제표와 선별적 주석을 포함하는 것으로 보며, 중간재무보고서에 요약재무제표와 선별적 주석이 아닌 전체 재무제표를 포함할 수 있다.[K-IFRS 제1034호 문단6,7]
→∴이익잉여금처분계산서나 제조원가명세서는 재무제표에 포함되지 않으므로 중간재무보고서의 구성요소가 아니다.

문제 6번	선입선출법 매출원가	출제구분	기출변형	난이도	★ ☆ ☆	정답	②

• 선입선출법 가정에 의해 총판매분 2,700개(7/8 1,200개와 10/7 1,500개)는 먼저 매입된 수량이 먼저 판매된 것으로 보아 매출원가를 계산한다.
• 매출원가 : (1,000개×@2,000)+(1,500개×@2,500)+(200개×2,800)=6,310,000

*저자주 문제오류에 해당합니다. '기말재고자산 실사결과 확인된 재고수량은 3,500개'를 '기말재고자산 실사결과 확인된 재고수량은 800개'로 수정바랍니다.

문제 7번	매출원가(신) 계산	출제구분	기출변형	난이도	★ ★ ★	정답	①

• 이하 도표에 해당 금액을 대입하여 매출원가(구)를 먼저 계산한다.

기초재고	400,000
당기매입	1,000,000

||

① 매출원가(구)[평가 · 감모손실 반영전](?)	530,000
② 평가손실	500,000
③ 정상감모손실	50,000
④ 비정상감모손실	20,000
⑤ 기말재고[평가 · 감모손실 반영후]	300,000

• 매출원가(신) = ① + ② + ③ : 530,000 + 500,000 + 50,000 = 1,080,000

*비교 만약, 문제에 '재고자산감모손실과 재고자산평가손실을 모두 매출원가에 반영한다'라고 제시한 경우

→매출원가(신) = ① + ② + ③ + ④ : 530,000 + 500,000 + 50,000 + 20,000 = 1,100,000

문제 8번	재고자산평가방법과 상대적 크기 분석	출제구분	재출제	난이도	★ ★ ★	정답	②

• 매출액을 A라 가정하며, 매출액(8,500개×판매단가)은 총평균법, 선입선출법 모두 동일하다.

총평균법의 평균단가 : $\frac{6,000,000+8,400,000}{3,000개+7,000개}$ = @1,440

• 기말재고 - ㉠ 총평균법 : 1,500개×@1,440 = 2,160,000 ㉡ 선입선출법 : 1,500개×@1,200 = 1,800,000

→∴선입선출법을 적용했을 때보다 총평균법을 적용하였을 경우 360,000원 만큼 크다.

• 매출원가 - ㉠ 총평균법 : 14,400,000 - 2,160,000 = 12,240,000 ㉡ 선입선출법 : 14,400,000 - 1,800,000 = 12,600,000

→∴선입선출법을 적용했을 때보다 총평균법을 적용하였을 경우 360,000원 만큼 작다.

• 매출총이익(당기순이익) - ㉠ 총평균법 : A - 12,240,000(매출원가) ㉡ 선입선출법 : A - 12,600,000(매출원가)

→∴선입선출법을 적용했을 때보다 총평균법을 적용하였을 경우 360,000원 만큼 크다.

• 매출총이익률 - ㉠ 총평균법 : $\frac{A-12,240,000}{A}$ ㉡ 선입선출법 : $\frac{A-12,600,000}{A}$

→∴선입선출법을 적용했을 때보다 총평균법을 적용했을 경우 상대적으로 더 크다.

문제 9번	유형자산 일반사항	출제구분	신유형	난이도	★★☆	정답	①

• 일상적인 수선·유지와 관련하여 발생하는 원가는 해당 유형자산의 장부금액에 포함하여 인식하지 아니한다. 이러한 원가는 발생시점에 당기손익으로 인식한다.[K-IFRS 제1016호 문단12]

Guide 유형자산 후속원가

수선·유지	• 일상적인 수선·유지 관련원가는 발생시점에 당기손익으로 인식함.
정기교체	사례 용광로의 내화벽돌 교체, 항공기의 좌석 등 내부설비 교체 • 인식기준을 충족하는 경우에는 해당 유형자산의 장부금액에 포함하여 인식하고, 대체되는 부분의 장부금액은 제거함.
종합검사	사례 항공기의 결함에 대한 정기적인 종합검사 • 인식기준을 충족하는 경우에는 해당 유형자산의 장부금액에 포함하여 인식하고, 직전 종합검사에서의 원가와 관련되어 남아 있는 장부금액을 제거함. 주의 해당 유형자산을 매입·건설할 때 종합검사와 관련된 원가를 분리하여 인식하였는지 여부와 관계없이 위와 같이 회계처리함.

문제 10번	유형자산(토지) 재평가와 순이익에의 영향	출제구분	재출제	난이도	★★☆	정답	③

• 재평가로 인하여 자산이 증가된 경우 재평가잉여금의 과목으로 기타포괄손익 처리한다.(단, 전기재평가손실이 계상되어 있는 경우는 동 금액을 재평가이익으로 인식한 후 나머지 금액을 재평가잉여금 처리한다.)
• 20x1년말 재평가감소액 : 5,000 - 10,000 = △5,000(재평가손실)
• 20x2년말 재평가증가액 : 13,000 - 5,000 = 8,000
  - 전기재평가손실 5,000을 재평가이익(당기손익)으로 인식한다.
  - 나머지 3,000은 재평가잉여금(기타포괄손익)으로 인식한다.

*참고 회계처리

20x1년초(취득시)	(차) 토지	10,000	(대) 현금	10,000
20x1년말(재평가)	(차) 재평가손실	5,000	(대) 토지	5,000
20x2년말(재평가)	(차) 토지	8,000	(대) 재평가이익	5,000
			재평가잉여금	3,000

Guide 재평가손익 처리방법

최초재평가	재평가증가액	• '장부금액 〈 공정가치' →재평가잉여금(자본 : 기타포괄손익)	
	재평가감소액	• '장부금액 〉 공정가치' →재평가손실(당기손익)	
재평가이후 후속재평가	재평가손실 인식후 재평가잉여금이 발생	◉전기재평가손실	• 재평가이익(당기손익)
		◉나머지 금액	• 재평가잉여금(자본)
	재평가잉여금 인식후 재평가손실이 발생	◉전기재평가잉여금	• 재평가잉여금과 상계
		◉나머지 금액	• 재평가손실(당기손익)

문제 11번	유형자산 제거와 회계처리 추정	출제구분	재출제	난이도	★★★	정답	③

- 20x1년/20x2년 감가상각누계액 : (5,000,000 - 0)×2년/5년 = 2,000,000
- 20x3년 7월 1일 처분시점 감가상각비 : [(5,000,000 - 0)÷5년]×6/12 = 500,000
  →∴회사는 처분시점 감가상각비 500,000을 누락하여, 감가상각누계액을 2,000,000을 상계하였다.
- 올바른 회계처리

처분시 회계처리	(차) 현금	3,500,000	(대) 비품(컴퓨터)	5,000,000
	감가상각누계액	2,500,000	유형자산처분이익	1,000,000

- 이익에 미치는 영향 분석

회사의 처리	올바른 처리
감가상각비 : 0 / 처분이익 : 500,000	감가상각비 : 500,000 / 처분이익 : 1,000,000

∴이익에의 영향은 없음

문제 12번	연구·개발단계 지출의 비용인식	출제구분	재출제	난이도	★★★	정답	②

- 연구비(비용) : 3,000,000 + 27,000,000 = 30,000,000
  경상개발비(비용) : 7,000,000
  개발비(자산) : 40,000,000
- 상각개시시점 : 자산이 사용가능한 시점인 20x2년부터 시작〈∴20x1년 개발비상각비는 없다.〉

∴20x1년 총비용 : 30,000,000(연구비) + 7,000,000(경상개발비) = 37,000,000

Guide 연구단계와 개발단계 지출의 처리

의의	• 인식기준을 충족하는지를 평가하기 위해 무형자산 창출과정을 연구단계와 개발단계로 구분함. 주의 무형자산을 창출하기 위해 내부 프로젝트를 연구단계와 개발단계로 구분할 수 없는 경우에는 발생한 지출은 모두 연구단계에서 발생한 것으로 봄.	
회계처리	연구단계활동 지출	• 비용(연구비)
	개발단계활동 지출	• 자산인식요건 충족O : 무형자산(개발비) • 자산인식요건 충족X : 비용(경상개발비)

문제 13번	무형자산 상각	출제구분	기출변형	난이도	★ ★ ☆	정답	③

• ③ 내용연수가 유한한 무형자산의 상각기간과 상각방법은 적어도 매 회계연도 말에 검토한다. 자산의 예상 내용연수가 과거의 추정치와 다르다면 상각기간을 이에 따라 변경한다. 자산이 갖는 미래경제적효익의 예상소비형태가 변동된다면, 변동된 소비형태를 반영하기 위하여 상각방법을 변경한다. 그러한 변경은 회계추정의 변경으로 회계처리한다.[K-IFRS 제1038호 문단104]

④ 상각하지 않는 무형자산에 대하여 사건과 상황이 그 자산의 내용연수가 비한정이라는 평가를 계속하여 정당화하는지를 매 회계기간에 검토한다. 사건과 상황이 그러한 평가를 정당화하지 않는 경우에 비한정 내용연수를 유한 내용연수로 변경하는 것은 회계추정의 변경으로 회계처리한다.[K-IFRS 제1038호 문단109]

Guide 무형자산 상각여부 및 검토와 변경

상각여부	내용연수가 유한	• 내용연수가 유한한 무형자산은 내용연수에 걸쳐 상각함.
	내용연수가 비한정	• 내용연수가 비한정인 무형자산은 상각하지 않음. →매년 또는 손상징후가 있을 때 손상검사를 수행함. →'비한정'이라는 용어는 '무한(infinite)'을 의미하지 않음.
검토와 변경	• 잔존가치 · 상각기간 · 상각방법은 적어도 매 회계기간말에 검토함. • 잔존가치 · 상각기간 · 상각방법의 변경은 회계추정의 변경으로 회계처리함.	

문제 14번	투자부동산 공정가치모형 평가손익	출제구분	기출변형	난이도	★ ★ ☆	정답	①

• 공정가치모형이므로 당기손익에 미치는 영향은 공정가치 증가분인 평가이익이 된다.
→20x2년 평가이익 : 120,000,000(20x2년말 공정가치) - 100,000,000(20x1년말 공정가치) = 20,000,000

20x1년초	(차) 투자부동산	100,000,000	(대) 현금	100,000,000
20x1년말	- 회계처리 없음 -			
20x2년말	(차) 투자부동산	20,000,000	(대) 투자부동산평가이익	20,000,000

*참고 원가모형이라면 당기손익에 미치는 영향은 감가상각비[(100,000,000 - 20,000,000) ÷ 10년=8,000,000]이다.

Guide 투자부동산 평가모형(선택)

원가모형	• 감가상각 O	• 공정가치는 주석공시
공정가치모형	• 감가상각 X	• 평가손익(당기손익)

문제 15번	FVOCI금융자산 일반사항	출제구분	재출제	난이도	★ ★ ☆	정답	④

• ① 기타포괄손익-공정가치측정금융자산은 원칙적으로 공정가치로 평가하여 평가손익을 기타포괄손익에 반영한다.

② 기타포괄손익-공정가치측정금융자산으로 분류되는 채무상품은 당기손익-공정가치측정금융자산이나 상각후원가측정금융자산으로 분류변경(재분류)할 수 있다.

③ 당기손익-공정가치측정금융자산의 거래원가만 당기비용으로 인식하며 그 외의 금융자산은 공정가치(취득원가)에 가산한다.

④ 기타포괄손익-공정가치측정금융자산(채무상품)과 상각후원가측정금융자산(채무상품)만 손상대상에 해당하며, 지분상품은 손상대상에 해당하지 않는다.
→따라서, 기타포괄손익-공정가치측정금융자산(지분상품)에 대한 손상차손은 인식하지 않는다.

문제 16번	사채할인발행 1차연도말 장부금액	출제구분	재출제	난이도	★ ☆ ☆	정답	①

• 20x1년 12월 31일 사채할인발행차금상각액 : 87,565×10% - 100,000×5% = 3,757
∴20x1년 12월 31일의 순장부금액 : 87,565+3,757 = 91,322

*참고 회계처리

20x1년초	(차) 현금 사채할인발행차금	87,565 12,435	(대) 사채	100,000
20x1년말	(차) 이자비용	87,565×10% = 8,757	(대) 현금 사채할인발행차금	100,000×5% = 5,000 3,757

문제 17번	복합금융상품 일반사항	출제구분	기출변형	난이도	★ ★ ☆	정답	④

• 전환사채는 부채요소(금융부채,현재가치)와 자본요소(지분상품,전환권대가)를 모두 가지고 있는 복합금융상품이다.〈발행금액 - 부채요소(금융부채,현재가치) = 자본요소(지분상품,전환권대가)〉
→자본요소(전환권대가)는 잔여지분이라는 정의와 일관되도록 하기 위해, 부채요소(현재가치)을 먼저 측정하고, 발행금액에서 부채요소를 차감한 금액으로 자본요소를 측정하도록 규정하고 있다.
→∴발행금액에서 금융부채의 공정가치를 차감한 잔액을 지분상품(자본)으로 인식한다.

Guide 복합금융상품의 종류

전환사채	• 유가증권의 소유자가 일정한 조건하에 보통주로의 전환권을 행사할 수 있는 사채로서, 전환권을 행사하면 보통주로 전환되는 사채
신주인수권부사채	• 유가증권의 소유자가 일정한 조건하에 신주인수권을 행사하여 보통주 발행을 청구할 수 있는 권리가 부여된 사채
전환우선주	• 유가증권의 소유자가 일정한 조건하에 전환권을 행사할 수 있는 우선주로서, 전환권을 행사하면 보통주로 전환되는 우선주
교환사채	• 유가증권의 소유자가 사채발행자가 보유하고 있는 유가증권과 교환을 청구할 수 있는 권리가 부여된 사채

문제 18번	사채발행 기본사항	출제구분	재출제	난이도	★ ☆ ☆	정답	①

• 사채는 유효이자율법에 의해 상각후원가로 측정하며, 시장이자율보다 액면이자율이 더 작은 경우에는 할인발행되는데 이 경우 상각후원가(장부금액)는 매기 증가한다.

Guide 사채 할인발행과 할증발행 비교

*할인·할증발행 : 이자비용(유효이자) = 장부금액×시장이자율

	발행조건	당기말 장부금액	이자비용	상각액
할인발행	액면이자율〈시장이자율	전기말 장부금액+상각액 (장부금액은 매기 증가)	이자비용 매기 증가	이자비용 - 액면이자 (매기 증가)
할증발행	액면이자율〉시장이자율	전기말 장부금액 - 상각액 (장부금액은 매기 감소)	이자비용 매기 감소	액면이자 - 이자비용 (매기 증가)

문제 19번	전환사채 전환권대가	출제구분	재출제	난이도	★ ★ ☆	정답	②

- 상환할증금 : 390,000
- 현재가치(원리금 · 상환할증금을 일반사채 유효이자율로 할인) : 3,390,000×0.7118=2,413,002
- 전환권대가 : 3,000,000(발행금액) - 2,413,002(현재가치) = 586,998

*참고 전환권조정 : 586,998(전환권대가)+390,000(상환할증금)=976,998

*참고 발행시점 회계처리

(차) 현금(발행금액)	3,000,000	(대) 전환사채(액면금액 = 발행금액)	3,000,000
(차) 전환권조정(전환권대가+상환할증금)	976,998	(대) 전환권대가(발행금액 - 현재가치)	586,998
		상환할증금	390,000

문제 20번	충당부채 인식요건	출제구분	기출변형	난이도	★ ☆ ☆	정답	③

- 충당부채 용어정의 : 충당부채는 지출하는 시기 또는 금액이 불확실한 부채이다.[K-IFRS 제1037호 문단10]

*저자주 ②번 지문은 문제오류에 해당합니다. '당해 의무'를 '해당 의무'로 수정하기 바라며, '매우 높다'를 '높다'로 수정 바랍니다.

Guide 충당부채 인식요건[K-IFRS 제1037호 문단14]

*충당부채는 다음의 요건을 모두 충족하는 경우에 인식함.

현재의무	• 과거사건의 결과로 현재의무(법적의무나 의제의무)가 존재한다.
자원유출	• 해당 의무를 이행하기 위하여 경제적 효익이 있는 자원을 유출할 가능성이 높다.
금액추정	• 해당 의무를 이행하기 위하여 필요한 금액을 신뢰성 있게 추정할 수 있다.

문제 21번	우선주 배당액(누적적 · 비참가적)	출제구분	기출변형	난이도	★ ★ ☆	정답	③

- 우선주가 누적적 우선주이므로, '우선주의 배당률에 해당하는 금액(=우선주자본금×배당률)'을 누적분을 우선주에 배당하고, 나머지 금액 모두를 보통주에게 배당한다.
- 우선주배당금 : ㉠+㉡=150,000
  ㉠ 누적분(20x1년/20x2년) : [500,000(우선주자본금)×10%(배당률)]×2년=100,000
  ㉡ 당기분(20x3년) : 500,000(우선주자본금)×10%(배당률)=50,000

*참고 보통주배당금 : 500,000(배당금총액) - 150,000(우선주배당금) = 350,000

문제 22번	이익잉여금 처분 일반사항	출제구분	기출변형	난이도	★ ☆ ☆	정답	④

• ① 이익준비금(법정적립금) 적립 : (차) 이익잉여금 xxx (대) 이익준비금 xxx
② 현금배당 : (차) 이익잉여금 xxx (대) 현금 xxx
③ 임의적립금 적립 : (차) 이익잉여금 xxx (대) 임의적립금 xxx
④ 자기주식의 처분(재발행) : (차) 현금 xxx (대) 자기주식 xxx
자기주식처분이익 xxx

→기타 이익잉여금 처분거래 : 주식배당, 이익잉여금처분에 의한 상각액(주식할인발행차금, 감자차손 등)

*참고 이익잉여금처분계산서 양식

이익잉여금처분계산서
20x1년 1월 1일부터 12월 31일까지

xxx회사 처분확정일 : 20x2. 2. 22

Ⅰ.	미처분이익잉여금		xxx
	전기이월미처분이익잉여금	xxx	
	회계정책변경누적효과/전기오류수정손익	xxx	
	중간배당액	(xxx)	
	당기순이익	xxx	
Ⅱ.	임의적립금이입액		xxx
	합계		xxx
Ⅲ.	이익잉여금처분액		(xxx)
	〈1순위〉 이익준비금	xxx	
	〈2순위〉 기타법정적립금	xxx	
	〈3순위〉 이익잉여금처분에 의한 상각액	xxx	
	〈4순위〉 배당금(현금배당과 주식배당 구분기재)	xxx	
	〈5순위〉 임의적립금	xxx	
Ⅳ.	차기이월미처분이익잉여금		xxx

문제 23번	5단계 수익인식모형	출제구분	재출제	난이도	★ ☆ ☆	정답	②

• 모든 유형의 계약에 적용되는 수익인식의 단계는 다음과 같다.

【1단계】계약의 식별	• 고객과의 계약인지 여부를 확인하는 단계
【2단계】수행의무 식별	• 고객에게 수행할 의무가 무엇인지를 확인하는 단계
【3단계】거래가격 산정	• 고객에게 받을 대가를 측정하는 단계
【4단계】거래가격 배분	• 거래가격을 수행의무별로 배분하는 단계
【5단계】수익인식	• 수행의무의 이행시 수익을 인식하는 단계

문제 24번	할부판매 매출총이익과 이자수익	출제구분	기출변형	난이도	★ ★ ☆	정답	①

- 20x1년 매출총이익 계산
  매출액(현가) : 3,000,000×2.48685 = 7,460,550
  매출원가 : (7,000,000)
  460,550

- 20x1년 이자수익 : 7,460,550×10% = 746,055

*참고 회계처리

20x1년초	(차) 매출채권	9,000,000	(대) 매출	3,000,000×2.48685 = 7,460,550
			현재가치할인차금	1,539450
	(차) 매출원가	7,000,000	(대) 상품	7,000,000
20x1년말	(차) 현금	3,000,000	(대) 매출채권	3,000,000
	(차) 현재가치할인차금	746,055	(대) 이자수익	7,460,550×10% = 746,055

문제 25번	건설계약 연도별 계약손익	출제구분	재출제	난이도	★ ★ ☆	정답	①

- 계약손익 계산

	20x1년	20x2년	20x3년
진행률	$\frac{60,000,000}{300,000,000}$=20%	$\frac{180,000,000}{360,000,000}$=50%	$\frac{360,000,000}{360,000,000}$=100%
계약수익	500,000,000×20% =100,000,000	500,000,000×50%-100,000,000 =150,000,000	500,000,000×100%-250,000,000 =250,000,000
계약원가	60,000,000	120,000,000	180,000,000
계약이익	40,000,000	30,000,000	70,000,000

Guide 계약손익 계산

수익인식방법	• 장·단기 모두 진행기준에 의함.
계약수익	• 계약금액×진행률 - 전기누적계약수익
계약원가	• 추정총계약원가×진행률 - 전기누적계약원가 ⇒ '당기발생계약원가'와 동일함.

문제 26번	손실예상 건설계약 회계처리	출제구분	재출제	난이도	★ ★ ☆	정답	④

- 총계약원가가 총계약수익을 초과할 가능성이 높은 경우(건설계약 총예상손실)에 예상되는 손실은 즉시 당기비용으로 인식한다.
  →계약 전체에서 손실발생이 예상되는 경우 예상되는 손실을 즉시 인식한다. 즉, 보수적인 관점에서 예상손실을 진행된 부분만큼 인식하지 않고 예상시점에 조기 인식하는 것이다.

*저자주 참고로, K-IFRS 제1115호 '고객과의 계약에서 생기는 수익'에서는 계약 전체에서 손실 발생이 예상되는 경우에 대한 회계처리를 명시적으로 언급하고 있지 않습니다.(K-IFRS 제1115호 '고객과의 계약에서 생기는 수익'이 공포되면서 종전 K-IFRS 제1011호 '건설계약'은 더 이상 적용되지 않습니다. 그러나 제1115호에서는 건설계약의 회계처리에 적용할 구체적인 계정이나 분개 등이 언급되어 있지 않아 제1115호의 내용만으로는 건설계약을 어떻게 회계처리해야 하는지 명확하지 않은 상태이긴 하나, 종전 제1011호에 의한 회계처리를 실제 적용하더라도 문제는 없을 것으로 판단하고 있는 것이 현재 회계학계의 입장입니다.)

문제 27번	확정급여제도 손익 구분	출제구분	재출제	난이도	★ ★ ☆	정답	①

• 다음은 당기손익으로 인식한다.

㉠ 당기근무원가

→ (차) 퇴직급여(당기손익) xxx (대) 확정급여채무 xxx

㉡ 과거근무원가

→ (차) 퇴직급여(당기손익) xxx (대) 확정급여채무 xxx

㉢ 정산으로 인한 손익

→ (차) 확정급여채무 xxx (대) 사외적립자산 xxx
정산손실(당기손익) xxx 현금 xxx

㉣ 순확정급여부채 및 사외적립자산의 순이자

→ (차) 퇴직급여(이자원가) xxx (대) 확정급여채무 xxx
(차) 사외적립자산 xxx (대) 퇴직급여(이자수익) xxx

• 재측정요소의 다음 3가지는 기타포괄손익으로 인식한다.

㉠ 확정급여채무의 재측정손익(보험수리적손익)

→ (차) 재측정손실(기타포괄손익) xxx (대) 확정급여채무 xxx

㉡ 사외적립자산의 재측정손익(투자손익 : 실제수익 - 기대수익)

→ (차) 사외적립자산 xxx (대) 재측정이익(기타포괄손익) xxx

㉢ 순확정급여자산('사외적립자산>확정급여채무'인 경우)의 자산인식상한 초과액

→ (차) 재측정손실(기타포괄손익) xxx (대) 사외적립자산조정충당금 xxx

*저자주 본 문제는 세무사 기출문제의 지문을 그대로 인용한 문제로, 재측정요소에 대한 구체적인 내용은 재경관리사 시험수준을 초과하므로 참고만 하기 바랍니다.

문제 28번	주식결제형 주식기준보상 보상원가 측정	출제구분	재출제	난이도	★ ☆ ☆	정답	①

• 주식기준보상 보상원가 측정(거래상대방이 종업원인 경우)

적용순서	보상원가	측정기준일	비고
〈1순위〉	• 제공받는 재화·용역 공정가치	일반적으로 추정불가	
〈2순위〉	• 부여한 지분상품 공정가치	**부여일**	재측정하지 않음
〈3순위〉	• 부여한 지분상품 내재가치(=주가 - 행사가격)	제공받는 날	재측정(기말 & 가득기간이후)

참고 거래상대방이 종업원이 아닌 경우는 모두 제공받는 날을 기준으로 위 순위대로 측정함.

문제 29번	법인세회계 표시 · 공시	출제구분	신유형	난이도	★ ★ ☆	정답	②

• ① 과거기간의 당기법인세에 대하여 당기에 인식한 조정사항은 주석으로 공시한다.[K-IFRS 제1012호 문단80]
→ 저자주 K-IFRS 제1012호 문단80의 공시사항에 규정된 내용입니다. 지엽적이므로 참고만하기 바랍니다.

② 당기법인세자산과 당기법인세부채는 항상 상계하여 표시하는 것이 아니라, K-IFRS 제1012호 문단71에 규정하고 있는 소정의 요건을 모두 충족하는 경우에만 상계하여 표시한다.(이하 '가이드' 참조!)

③ 이연법인세자산(이연법인세부채)는 비유동자산(비유동부채)로 계상한다.
→ 저자주 K-IFRS 제1012호(법인세)에서는 이연법인세자산 · 부채의 유동 · 비유동 구분에 대하여 규정하고 있지 않습니다. 그러나 K-IFRS 제1001호(재무제표 표시)에 따라 기업이 자산과 부채를 유동 · 비유동 구분법을 선택한 경우에는 이연법인세자산 · 부채를 비유동항목으로 분류하여야 합니다.
→기업이 재무상태표에 유동자산과 비유동자산, 그리고 유동부채와 비유동부채로 구분하여 표시하는 경우, 이연법인세자산(부채)은 유동자산(부채)으로 분류하지 아니한다.(K-IFRS 제1001호 문단56)

④ 당기법인세자산 : 과거기간 납부금액이 납부할 금액을 초과시 환급받을 미수법인세를 의미
당기법인세부채 : 당기 및 과거기간에 대한 당기법인세 중 납부되지 않은 미지급법인세를 의미
→미수법인세(미지급법인세)는 유동자산(유동부채)로 표시한다.

Guide 법인세회계의 상계표시

당기법인세자산 당기법인세부채	• 다음 조건을 모두 충족하는 경우에만 상계하여 유동자산(부채)로 분류함. ㉠ 인식된 금액에 대한 법적으로 집행가능한 상계권리를 가지고 있다. ㉡ 순액결제하거나, 자산을 실현하는 동시에 부채를 결제할 의도가 있다.
이연법인세자산 이연법인세부채	• 다음 조건을 모두 충족하는 경우에만 상계하여 비유동자산(부채)로 분류함. ㉠ 당기법인세자산 · 부채를 상계할 수 있는 법적으로 집행가능한 권리를 가지고 있다. ㉡ 이연법인세자산과 이연법인세부채가 다음의 각 경우에 동일한 과세당국에 의해서 부과되는 법인세와 관련되어 있다. ⓐ 과세대상기업이 동일한 경우 ⓑ 과세대상기업은 다르지만 당기법인세 부채와 자산을 순액결제할 의도가 있거나, 유의적금액의 이연법인세부채가 결제되거나 이연법인세자산이 회수될 미래의 각 회계기간마다 자산을 실현하는 동시에 부채를 결제할 의도가 있는 경우

문제 30번	2차연도말 법인세비용 계산	출제구분	재출제	난이도	★ ★ ☆	정답	③

- 20x1년말 이연법인세부채 300,000이 계상되어야 하므로, 현재 계상되어 있는 이연법인세자산 400,000을 제거하고 추가로 이연법인세부채 300,000을 계상한다. 법인세비용은 대차차액으로 구한다.

→(차) 법인세비용(대차차액)	3,200,000	(대)	미지급법인세(당기법인세)	2,500,000
			이연법인세자산	400,000
			이연법인세부채	300,000

Guide 이연법인세 계산구조

대상	• 일시적차이(유보)
공시	• 이연법인세자산(부채)는 비유동자산(부채)로만 표시하고 소정 요건 충족시 상계 표시 • 현재가치평가를 하지 않음.
절차	• **[1단계]** 미지급법인세(과세소득×당기세율) = (세전순이익±영구적차이±일시적차이)×당기세율 **[2단계]** 이연법인세자산(부채) = 유보(△유보)×미래예상세율(평균세율) **[3단계]** 법인세비용 = 대차차액에 의해 계산 **주의** 이연법인세자산(부채)은 당기세율이 아니라 소멸시점의 미래예상세율을 적용함.

문제 31번	기말재고자산 오류수정과 이익분석	출제구분	재출제	난이도	★ ★ ★	정답	①

- 오류분석

	20x1년	20x2년
20x1년 기말과소 3,000	이익과소 3,000[1]	이익과대 3,000[2]
20x2년 기말과대 2,000	-	이익과대 2,000[3]
합계	**이익과소 3,000**	**이익과대 5,000**

[1]20x1년 매출원가과대 3,000 → 20x1년 이익과소 3,000
[2]20x2년 기초과소 3,000 → 20x2년 매출원가과소 3,000 → 20x2년 이익과대 3,000
[3]20x2년 매출원가과소 2,000 → 20x2년 이익과대 2,000

- 20x2년 오류수정후 당기순이익
20x2년 이익과대 5,000이므로 이익이 5,000만큼 감소되어야 한다. →∴35,000 - 5,000 = 30,000

*참고 이익잉여금에의 영향
2년에 걸쳐 총이익 2,000 과대계상(= 20x1년 이익과소 3,000 + 20x2년 이익과대 5,000)이므로, 오류수정후 이익잉여금은 2,000 감소되어야 한다.

문제 32번	EPS계산시 발행주식수 · 유통주식수의 구분	출제구분	재출제	난이도	★ ★ ★	정답	①

- 가중평균유통보통주식수 계산과 관련하여 발행주식수와 유통주식수는 동일할 수도 있지만 다를 수도 있다.
  →예 기초시점에 1,000주를 발행한 상태에서 100주를 재매입하여 자기주식으로 보유하고 있다면 발행주식수는 1,000주이나 유통주식수는 900주이다.
- 가중평균유통보통주식수 계산

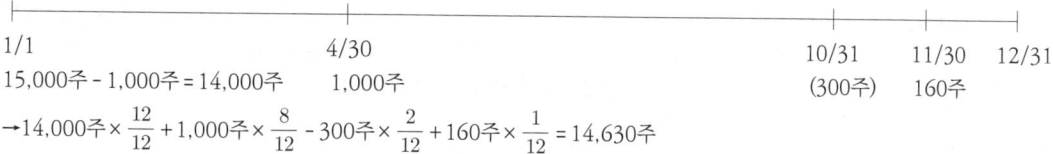

1/1	4/30	10/31	11/30	12/31
15,000주 - 1,000주 = 14,000주	1,000주	(300주)	160주	

$\rightarrow 14{,}000주\times\frac{12}{12}+1{,}000주\times\frac{8}{12}-300주\times\frac{2}{12}+160주\times\frac{1}{12}=14{,}630주$

Guide 가중평균유통보통주식수의 산정

우선주	• 발행된 총주식수에서 우선주식수를 차감
자기주식	• 보유기간(취득~매각)동안 유통보통주식수에서 제외 주의 기초에 발행주식수 10주, 자기주식수 1주인 경우 유통주식수 9주로 계산
무상증자 · 주식배당 · 주식분할	• 기초에 실시된 것으로 간주 →단, 기중 유상증자 발행신주는 유상증자의 납입일에 실시된 것으로 간주
유상증자	• 일반적인 경우(공정가치이상 유상증자) 납입일을 기준으로 가중평균

문제 33번	기타포괄이익과 지분법 장부금액	출제구분	신유형	난이도	★ ★ ★	정답	③

- 당기순이익 : 1,000,000(총포괄이익) - 200,000(기타포괄이익) = 800,000
- 지분법자본변동 : 200,000(기타포괄이익) × 30% = 60,000 →기타포괄손익의 증감은 기타포괄손익으로 인식
- 지분법이익 : 800,000(당기순이익) × 30% = 240,000
- 관계기업투자주식 장부금액 : 3,000,000 + 60,000 + 240,000 = 3,300,000

*참고 ㈜삼일 회계처리

취득시(20x1년초)	(차) 관계기업투자주식	3,000,000	(대) 현금	3,000,000
기타포괄이익 보고시(20x1년말)	(차) 관계기업투자주식	60,000	(대) 지분법자본변동	60,000
당기순이익 보고시(20x1년말)	(차) 관계기업투자주식	240,000	(대) 지분법이익	240,000

Guide 취득일이후 지분법 회계처리

당기순이익 보고시	• '피투자회사의 순이익 × 지분율'만큼 지분법이익(당기손익)을 인식함. →(차) 관계기업투자주식 xxx (대) 지분법이익 xxx
배당시	• 배당결의시 : (차) 미수배당금 xxx (대) 관계기업투자주식 xxx • 배당수령시 : (차) 현금 xxx (대) 미수배당금 xxx 주의 지분법에서는 피투자회사가 배당을 하면 순자산이 감소하므로 투자주식을 감소시키는 처리를 하며, 배당금수익을 인식하는 것이 아님.
기타포괄손익 증감시	• '피투자회사의 기타포괄손익 × 지분율'만큼 지분법자본변동(기타포괄손익)을 인식함. →(차) 관계기업투자주식 xxx (대) 지분법자본변동 xxx

문제 34번	지분법 회계처리	출제구분	기출변형	난이도	★ ☆ ☆	정답	①

- ① 지분법은 취득시점에서 관계기업투자주식을 취득원가로 측정한다.
  ② 위 문제33번 '가이드' 참조!
  ③ 위 문제33번 '가이드' 참조!
  ④ 투자자와 관계기업 사이의 상향거래(관계기업이 투자자에게 판매하는 등의 거래)나 하향거래(투자자가 관계기업에게 판매하는 등의 거래)에서 발생한 당기손익에 대하여 투자자는 그 관계기업에 대한 투자지분과 무관한 손익까지만 투자자의 재무제표에 인식한다.(즉, 내부거래로 발생한 관계기업의 당기손익 중 투자자의 지분은 제거한다.)
  →저자주 내부미실현손익의 제거에 대한 내용은 고급회계 분야로서 재경관리사 시험수준을 초과하므로 수험목적상 위 문구정도 숙지하기 바랍니다.

문제 35번	재고자산평가손실의 환산	출제구분	기출변형	난이도	★ ★ ★	정답	①

- 장부금액은 거래일환율, 순실현가능가치는 마감환율로 환산하여 순실현가능가치가 작은 경우 평가손실을 인식한다.
- 장부금액 : $2,000×@1,000 = 2,000,000
  순실현가능가치 : $1,600×@1,300 = (2,080,000)
  평가손실 0

  →오히려, 순실현가능가치가 더 크므로 재고자산평가손실은 발생하지 않는다.

Guide 재고자산 저가법에 따른 환산

장부금액	• 거래일환율(그 금액이 결정된 날의 환율)로 환산
순실현가능가치(NRV)	• 마감환율(그 가치가 결정된 날의 환율)로 환산
평가손실	• 장부금액-Min[장부금액, 순실현가능가치] →즉, 순실현가능가치가 장부금액 보다 작은 경우 평가손실을 인식

문제 36번	선물과 옵션	출제구분	기출변형	난이도	★ ★ ☆	정답	①

- 유럽형 옵션은 만기일에만 권리를 행사할 수 있으나, 미국형 옵션은 만기일 이전에 언제라도 권리를 행사할 수 있다.

Guide 파생상품의 종류

선물	• 현재 합의된 가격으로 미래에 표준화된 특정대상을 인수할 것을 불특정다수와 약정한 조직화된 시장인 장내거래(선물거래소)에서의 계약 →예 배추밭떼기 : 3개월 후에 ₩100에 산다는 계약 • 거래증거금이 필요하며 일일정산제도가 있음.	• 무조건 계약을 이행해야함. • 권리와 의무 모두 존재
선도	• 선물과 동일하나 장외거래이며 특정인과의 계약임. →장외거래이므로 상대방의 신용상태파악이 필수적임.	
옵션	• 특정대상을 일정기간 내에 미리 정해진 가격으로 사거나 팔수 있는 권리에 대한 계약 →예 3개월 후에 ₩1,000에 살 수 있는 권리를 ₩100에 사는 계약을 한 경우 3개월 후에 가격동향을 판단하여 가격이 오르면 권리를 행사함. →미국형옵션 : 만기 전에 언제라도 권리행사 가능 유럽형옵션 : 만기에만 권리행사 가능	• 계약파기 가능 • 권리나 의무중 하나만 존재
스왑	• 거래 쌍방 간에 상품 또는 경제적조건을 서로 맞바꾸는 것	

문제 37번	리스제공자 이자수익	출제구분	신유형	난이도	★ ★ ★	정답	①

- 20x1년초 리스채권[공정가치(신규취득시 취득원가)] : 120,092 〈또는 50,000×2.40183=120,092〉
- 20x1년 인식할 이자수익 : 120,092×12%=14,411

*참고 ㈜삼일리스 회계처리

20x1년초	(차) 리스채권	120,092	(대) 선급리스자산	120,092
20x1년말	(차) 현금	50,000	(대) 이자수익	14,411
			리스채권(대차차액)	35,589

Guide 리스제공자 회계처리

리스개시일	• (차) 리스채권	xxx	(대) 선급리스자산	xxx
			현금(리스개설직접원가)	xxx
	리스채권	❐ (리스료+무보증잔존가치)를 내재이자율로 할인한 현가 =공정가치(신규취득시 취득원가)+리스개설직접원가		
보고기간말	• (차) 현금	xxx	(대) 이자수익	xxx
			리스채권	xxx
	이자수익	❐ 리스채권 장부금액×내재이자율		

문제 38번	간접법과 영업활동현금흐름	출제구분	재출제	난이도	★ ☆ ☆	정답	④

- 20,000(순이익)+4,600(감가상각비)+2,400(유형자산처분손실)-15,000(매출채권증가)+2,500(재고자산감소)+10,400(매입채무증가)=24,900

Guide 간접법 영업활동현금흐름 계산구조

〈출발점〉 법인세비용차감전순이익		
현금수입·지출이 없는 손익계정	• 감가상각비, 금융자산평가손익 • 이자비용, 이자수익, 배당수익*)	• 비용 → 가산 • 수익 → 차감
투자·재무활동관련 손익계정	• 자산처분손익, 부채상환손익	
영업활동관련 자산·부채계정	• 매출채권(순액), 선수금, 매입채무, 선급금 • 재고자산(순액), 미수수익, 선급비용 • 선수수익, 미지급비용, FVPL금융자산	• 자산증(감) → 차감(가산) • 부채증(감) → 가산(차감)

*) 영업활동으로 분류되는 경우 가감조정을 해주는 이유는 현금흐름표 양식상 이들을 직접법을 적용한 것처럼 별도로 표시해주기 때문임.

주의 영업활동관련 자산·부채계정 관련손익(예 매출채권 대손상각비, FVPL금융자산평가이익·처분이익, 재고자산감모손실, 퇴직급여 등)은 위의 현금수입·지출이 없는 손익계정에서 고려치 않음. 따라서, 영업활동과 관련없는 대여금이나 미수금 해당분 대손상각비는 위의 현금수입·지출이 없는 손익계정에서 고려(가산)함.

문제 39번	현금주의 이자수익	출제구분	기출변형	난이도	★ ★ ★	정답	④

- 유입액 분석이므로 분석시 (+)로 출발한다.
- 이자수취액(현금주의 유입액) 계산

발생주의 이자수익	200,000
미수이자 감소	10,000
선수이자 증가	20,000
현금주의 이자수익	230,000

Guide 발생주의의 현금주의 전환 : 이자수익

이자수익 유입액

- (+)로 출발하며, 자산의 증감은 역방향으로, 부채의 증감은 순방향으로 가감하여 분석

이자수익 유입액〈금액은 가정치임〉		
발생주의이자수익	10,000	→ (+)로 출발함에 주의!
현재가치할인차금상각액	(2,000)	
미수이자증가(or선수이자감소)	(3,000)	
유입액(현금주의이자수익)	5,000	

➡(차) 현금 80 (대) 이자수익 100
　　현재가치할인차금 20

직접법	• 현재가치할인차금을 계산시 차감
간접법	• 현재가치할인차금을 당기순이익에서 차감

문제 40번	투자활동 순현금흐름	출제구분	신유형	난이도	★ ★ ★	정답	②

*고속철 다음의 계정에 관련 자료를 기입하여 대차차액으로 처분순액(장부금액)을 먼저 계산한다.

기초순액(장부금액)	70,000	처분순액(장부금액)	A
		감가상각비	15,000
취득	0	기말순액(장부금액)	35,000

→A(처분된 기계장치 장부금액) = 20,000

- 처분 회계처리 추정

(차) 현금(처분금액) B (대) 기계장치(장부금액) 20,000
　　　　　　　　　　　　기계장치처분이익 30,000

→B(처분금액) = 50,000

∴현금유입(처분금액) = 50,000, 현금유출(취득) = 0 →순현금흐름 : 50,000 - 0 = 50,000(유입)

기출문제오답노트

서술형 기출문제에서 답으로 등장하는 오답 문구를 빠짐없이 정리하여 제시함으로써 수험생들의 오답노트 작성의 수고로움을 덜도록 하였으며, 혼동할 수 있는 문구를 다시 한번 확인 및 최종 점검할 수 있도록 하였습니다.

재경관리사 공개기출해설 [재무]

FINAL

Certified Accounting Manager

제2편.

기출문제오답노트

SEMOOLICENCE

3P 3P 3P

FINAL

POTENTIALITY
PASSION
PROFESSION

3P는 여러분의 무한한 잠재적 능력과 반드시 성취하겠다는 열정을 토대로 전문가의 길로 나아가는 세무라이선스 파이널시리즈의 학습 정신입니다.

수험생 여러분의 합격을 응원합니다.

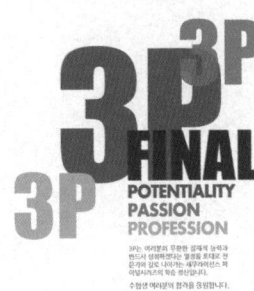

재무회계 기출문제오답노트

- 개념체계와 한국채택국제회계기준이 상충되는 경우에는 개념체계가 한국채택국제회계기준보다 우선한다.

  [X] : 개념체계는 회계기준이 아니다. 따라서 개념체계의 어떠한 내용도 회계기준이나 회계기준의 요구사항에 우선하지 아니한다.
  →∴개념체계와 한국채택국제회계기준이 상충될 경우에는 한국채택국제회계기준이 개념체계보다 우선한다.

- 기업내부의 정보이용자를 위한 회계가 재무회계이고 기업외부의 정보이용자를 위한 회계가 관리회계이다.

  [X] : 반대의 설명이다.

- 관리회계는 내부보고 보다는 외부보고에 사용된다.

  [X] : 관리회계는 외부보고 보다는 내부보고에 사용된다.

- 재무제표는 경영자 등 내부 이해관계자의 경제적 의사결정에 유용한 기업의 정보를 제공하기 위하여 작성된다.

  [X] : 재무제표는 투자자, 채권자 등 일반적인 외부이해관계자에게 경제적 의사결정에 유용한 기업의 정보를 제공하기 위하여 작성된다.

- 재무제표는 특정한 범주의 정보이용자에 한하여 경제적 의사결정에 유용한 기업의 정보를 제공하기 위하여 작성된다.

  [X] : 재무제표는 투자자, 채권자 등 일반적인 외부이해관계자에게 경제적 의사결정에 유용한 기업의 정보를 제공하기 위하여 작성된다.

- 재무회계는 의사결정을 위한 내부보고가 목적이다.

  [X] : 재무회계(X) → 관리회계(O)

- 재무회계는 재무제표를 통해 보고하며 관리회계는 일반적으로 인정된 회계원칙에 따라 정해진 양식으로 보고하여야 한다.

  [X] : 관리회계는 법적 강제력이 없으므로 일정한 양식이 없다.

- K-IFRS에는 관리회계에 대한 기준서가 존재하며, 이를 통해서 관리회계 회계처리가 이루어진다.

  [X] : 관리회계(X) → 재무회계(O)

● 주주와 채권자는 재무정보를 필요로 하지만 종업원의 경우는 해당되지 않는다.

[X] : 종업원도 재무정보이용자(회계정보이용자)에 해당한다.

● 종업원이 급여인상에 대한 협상을 할 때는 재무정보를 필요로 하지 않는다.

[X] : 종업원은 자신들이 회사에 기여한 생산성과 회사가 그 대가를 지급할 수 있는지의 능력을 판단하여 급여인상에 대한 협상을 한다. 또한 다른 회사로 옮기는 것이 나은지 아니면 계속 현재의 회사에서 일하는 것이 나은지에 대한 판단을 해야 할 때가 있다. 이러한 의사결정을 위해서 회사에 대한 재무적 정보를 필요로 한다.

● 종업원이나 경영자는 외부 이해관계자가 아닌 내부 이해관계자이므로 재무정보를 필요로 하지 않는다.

[X] : 종업원은 급여인상에 대한 협상이나 이직에 대한 의사결정을 위해 회사에 대한 재무적 정보를 필요로 하며, 경영자는 필요 자금이나 미래의 성장과 같은 예측을 위해 회사의 재무적 정보를 필요로 한다.

주주	• 주주는 투자한 주식의 주가가 상승할 경우 이를 매각하여 처분이익을 얻으려고 하거나, 보유하는 동안 주식을 통해 배당을 받고자 함. →따라서, 주주는 새로운 회사에 투자할 것인가의 여부와 기존투자액을 변경 또는 유지할 것인가를 결정하기 위해서 회사의 재무적 정보를 필요로 함.
채권자	• 채권자는 회사에 자금을 빌려주고 일정기간동안 이자를 받으며 빌려준 돈을 상환받는 데 관심이 있음. →따라서, 채권자는 자금을 더 빌려줄 것인가의 여부를 결정짓고 회사의 상환능력을 평가하기 위한 재무적 정보를 필요로 함.
정부(국세청 등)	• 정부는 과세를 위한 과세표준 결정 등을 위해 회사의 재무적 정보를 필요로 함.
종업원	• 종업원은 자신들이 회사에 기여한 생산성과 회사가 그 대가를 지급할 수 있는지의 능력을 판단하여 급여인상에 대한 협상을 함. 또한 다른 회사로 이직하는 것이 나은지 아니면 계속 현재의 회사에서 일하는 것이 나은지에 대한 판단을 해야 할 때가 있음. →따라서, 이러한 의사결정을 위해서 회사에 대한 재무적 정보를 필요로 함.
경영자	• 경영자는 올바른 경영을 하기 위해서 회사가 필요로 하는 자금은 얼마인지 또한 회사가 미래에 어디까지 성장할 수 있는지를 예측하여야만 함. →따라서, 이와 같은 예측을 위해서 회사의 재무적 정보를 필요로 함.

● 관리회계는 회계기준에 따라 지정된 형식으로 지정된 시점(보통 1년단위)에 공시가 된다.

[X] : 관리회계(X) → 재무회계(O)

●— 현재 및 잠재적 투자자, 대여자 및 기타채권자에 해당하지 않는 기타 당사자들(예를 들어 감독당국)이 일반목적재무보고서가 유용하다고 여긴다면 이들도 일반목적재무보고의 주요대상에 포함된다.

[X] : 현재 및 잠재적 투자자, 대여자 및 그 밖의 채권자는 정보를 제공하도록 직접 요구할 수 없고, 필요로 하는 정보의 많은 부분을 일반목적재무보고서에 의존해야만 한다. 따라서 그들이 주요이용자이다.
→보고기업의 경영진도 해당 기업에 대한 재무정보에 관심이 있다. 그러나 경영진은 그들이 필요로 하는 재무정보를 내부에서 구할 수 있기 때문에 일반목적재무보고서에 의존할 필요가 없다.
→그 밖의 당사자들, 예를 들어 규제기관(감독당국) 그리고(투자자, 대여자와 그 밖의 채권자가 아닌) 일반대중도 일반목적재무보고서가 유용하다고 여길 수 있다. 그렇더라도 일반목적재무보고서는 이러한 그 밖의 집단을 주요 대상으로 한 것이 아니다.
∴규정상 감독당국(규제기관), 경영진, 일반대중은 일반목적재무보고의 주요대상에 포함하지 않는다.

●— 경영진은 필요로 하는 재무정보를 내부에서 구할 수 있기 때문에 의사결정을 위하여 일반목적재무보고서에 의존한다.

[X] : 경영진은 필요로 하는 재무정보를 내부에서 구할 수 있기 때문에 일반목적재무보고서에 의존할 필요가 없다.

●— 보고기업의 경영진도 해당 기업에 대한 재무정보에 관심이 있기 때문에 일반목적재무보고서에 의존할 필요가 있다.

[X] : 경영진은 필요로 하는 재무정보를 내부에서 구할 수 있기 때문에 일반목적재무보고서에 의존할 필요가 없다.

●— 일반목적재무보고서는 미래의 현금흐름에 대한 예측이 반영된 재무정보를 제공한다.

[X] : 과거 현금흐름이 반영된 재무성과에 관한 정보의 제공을 통해 기업의 미래 순현금유입 창출 능력을 평가하는데 도움이 되는 것이며, 미래의 현금흐름에 대한 예측이 이미 반영된 재무정보를 제공하는 것은 아니다.

●— 국제회계기준은 규정중심의 회계기준으로 상세하고 구체적인 회계처리방법을 제시한다.

[X] : 원칙중심의 회계기준이다.

●— 한국채택국제회계기준은 재무제표의 구체적인 양식이나 계정과목을 정형화하고 있다.

[X] : 한국채택국제회계기준은 상세하고 구체적인 회계처리 방법을 제시하지 않는 원칙중심의 회계기준이다.
→회계처리, 재무제표의 구체적인 양식이나 계정과목을 정형화하지 않고 다양성과 재량을 부여한다.

●— 모든 기업의 재무상태표는 통일양식으로 작성된다.

[X] : 기업마다 재무상태표의 양식을 재량적으로 결정 가능하다.

●— 국제회계기준은 개별재무제표를 기본 재무제표로 제시하고 있다.

[X] : 국제회계기준은 연결재무제표를 기본 재무제표로 제시하고 있다.

●— 국제회계기준을 적용한 후 주석공시 양이 줄어들었다.

[X] : 국제회계기준은 공시강화가 특징이므로 적용 후 주석공시 양이 증가하였다.

●— 국제회계기준은 원칙적으로 자산·부채에 대해 공정가치 측정을 할 수 없다.

[X] : 원칙적으로 공정가치로 측정할 것을 요구하고 있다.

●— 국제회계기준의 도입으로 회계정보의 국제적 비교가능성이 제고된 반면 재무제표에 대한 신뢰성은 낮아졌다.

[X] : 통일된 회계기준에 의하여 재무제표가 작성되므로 회계정보의 국제적 비교가능성은 물론 재무제표에 대한 신뢰성도 증가되었다.

●— 목적적합성과 표현충실성은 보강적 질적특성에 해당한다.

[X] : 보강적 질적특성(X) → 근본적 질적특성(O)

●— 재무정보가 과거 평가에 대해 피드백을 제공, 즉 확인하거나 변경시킨다면 예측가치를 가진다.

[X] : 예측가치(X) → 확인가치(O)

●— 정보가 예측가치를 지니기 위해서는 그 자체가 예측치이어야 한다.

[X] : 정보가 예측가치를 가지기 위해서는 그 자체가 예측치일 필요는 없다.

●— 거래 성격별 정보의 중요성 기준은 산업의 특유한 측면을 반영하여 회계기준 상에 명시되어 있다.

[X] : 중요성에 대한 획일적인 계량 임계치를 정하거나 특정한 상황에서 무엇이 중요한 것인지를 미리 결정할 수 없다. 즉, 중요성은 기업마다 다르므로 회계기준위원회가 사전에 규정할 수 없다.

●— 표현충실성은 모든 면에서 정확한 것을 의미한다.

[X] : 표현충실성은 모든 면에서 정확한 것을 의미하지는 않는다.[개념체계 문단2.18]

●— 오류가 없다는 것은 보고 정보를 생산하는데 사용되는 절차의 선택과 적용시 절차상 오류가 없음을 의미하며, 모든 면에서 완벽하게 정확하다는 것을 의미한다.

[X] : 오류가 없다는 것은 모든 면에서 완벽하게 정확하다는 것을 의미하지는 않는다.

●— 적시성과 이해가능성은 근본적 질적특성에 해당한다.

[X] : 근본적 질적특성(X) → 보강적 질적특성(O)

●— 정보는 오래될수록 유용성이 떨어지므로 보고기간 말 후에는 적시성이 사라지게 된다.

[X] : 일부 정보이용자는 추세를 식별하고 평가할 필요가 있을 수 있기 때문에, 일부 정보는 보고기간 말 후에도 오랫동안 적시성이 있을 수 있다.

●— 분 · 반기재무제표를 작성 · 공시하는 것은 재무제표의 근본적 질적특성을 충족시키기 위한 것이다.

[X] : 분·반기재무제표를 작성하여 공시하는 것은 보강적 질적특성의 적시성에 해당한다.

●— 보강적 질적특성은 가능한 극대화 되어야 하며 근본적 질적특성의 극대화를 위해 감소되거나 포기될 수 없다.

[X] : 보강적 질적특성은 가능한 한 극대화되어야 한다. 그러나 보강적 질적특성은 정보가 목적적합하지 않거나 나타내고자 하는 바를 충실하게 표현하지 않으면, 개별적으로든 집단적으로든 그 정보를 유용하게 할 수 없다. 한편, 보강적 질적특성을 적용하는 것은 어떤 규정된 순서를 따르지 않는 반복적인 과정이며, 때로는 하나의 보강적 질적특성이 다른 질적 특성의 극대화를 위해 감소되어야 할 수도 있다.

●— 재무정보가 제공되기 위해서는 해당 정보 보고의 효익이 관련 원가를 정당화할 수 있어야 하는 것은 아니다.

[X] : 원가는 재무보고로 제공될 수 있는 정보에 대한 포괄적 제약요인이다. 재무정보의 보고에는 원가가 소요되고, 해당 정보 보고의 효익이 그 원가를 정당화한다는 것이 중요하다.

●— 재무상태 측정에 가장 관련이 되는 요소는 수익, 비용, 이익이다.

[X] : 재무상태 관련요소는 자산, 부채, 자본이다.

●— 재무상태에 관한 정보는 주로 포괄손익계산서, 성과에 관한 정보는 재무상태표에서 얻을 수 있다.

[X] : 재무상태에 관한 정보는 주로 재무상태표, 성과에 관한 정보는 포괄손익계산서에서 얻을 수 있다.

●— 특정시점의 재무상태는 어디까지나 과거사건에 대한 기록이므로 이를 통해 미래현금창출능력을 예측하기는 어렵다.

[X] : 미래현금창출능력을 예측하기는 어렵다.(X) → 미래현금창출능력을 예측할 수 있다.(O)

●— 기업의 수익성과 관련된 정보는 추가적인 자원을 효과적으로 동원할 수 있는지 판단하는데 유용하지 않다.

[X] : 판단하는데 유용하지 않다.(X) → 판단하는데 유용하다.(O)

●— 자산은 과거사건의 결과로 기업이 경제적 자원을 이전해야 하는 현재의무이다.

[X] : 부채의 정의에 대한 설명이다.

●— 부채는 과거사건의 결과로 기업이 통제하는 현재의 경제적 자원이다.

[X] : 자산의 정의에 대한 설명이다.

●— 증여받은 재화는 관련된 지출이 없으므로 자산으로 인식할 수 없다.

[X] : 지출의 발생과 자산의 취득은 밀접하게 관련되어 있으나 양자가 반드시 일치하는 것은 아니다.

●— 지출이 발생하였으나 당해 회계기간 후에 관련된 경제적 효익이 기업에 유입될 가능성이 높지 않다고 판단되는 경우에는 재무상태표에 우발자산을 인식한다.

[X] : 지출이 발생하였으나 당해 회계기간 후에 관련된 경제적 효익이 기업에 유입될 가능성이 높지 않다고 판단되는 경우에는 재무상태표에 자산으로 인식하지 아니하며, 대신에 그러한 거래는 포괄손익계산서에 비용으로 인식한다.

●— 현행원가는 기업이 부채를 이행할 때 이전해야 하는 현금이나 그 밖의 경제적자원의 현재가치이다.

[X] : 현행원가(X) → 이행가치(O)

●— 이행가치는 기업이 부채를 이행할 때 이전해야 하는 현금이나 그 밖의 경제적자원의 할인하지 아니한 금액이다.

[X] : 할인하지 아니한 금액(X) → 현재가치(O)

●— 한국채택국제회계기준 개념체계는 계속기업과 발생주의를 기본가정으로 하고 있다.

[X] : K-IFRS는 계속기업을 유일한 기본가정으로 규정하고 있다.

●— 기업이 경영활동을 청산할 의도나 필요성이 있더라도 계속기업의 가정에 따라 재무제표를 작성한다.

[X] : 청산할 의도나 필요가 있다면 계속기업과는 다른 기준에 따라 작성되어야 한다.

●— 모든 재무제표는 발생기준회계를 사용하여 작성한다.

[X] : 현금흐름정보를 제외하고는 발생기준 회계를 사용하여 재무제표를 작성한다.

●— 재무상태표 작성과 관련하여 중요하지 않은 항목이더라도 성격이나 기능이 유사한 항목끼리 통합하여 표시할 수 없다.

[X] : 중요치 않은 항목은 성격이나 기능이 유사한 항목과 통합하여 표시할 수 있다.

●— 재무제표 본문과 주석에 적용하는 중요성의 기준은 항상 일치하여야 한다.

[X] : 재무제표와 주석에 적용하는 중요성의 기준은 다를 수 있다.
→즉, 재무제표에는 중요하지 않아 구분하여 표시하지 않은 항목이라도 주석에서는 구분 표시해야 할 만큼 충분히 중요할 수 있다.

●— 자산·부채 및 자본은 상계하여 순액에 의하여 기재함을 원칙으로 한다.

[X] : 총액기재가 원칙이다.

●— 재무제표 표시와 관련하여 매출채권에 대한 대손충당금을 차감하여 순액으로 표시하는 것은 상계표시에 해당한다.

[X] : K-IFRS에서 요구하거나 허용하지 않는 한 자산과 부채 그리고 수익과 비용은 상계하지 아니한다.
→ 단, 재고자산에 대한 재고자산평가충당금과 매출채권에 대한 대손충당금과 같은 평가충당금을 차감하여 관련 자산을 순액으로 측정하는 것은 상계표시에 해당하지 아니한다.

●— 재무상태표에는 가지급금이나 가수금 등 미결산항목이 표시될 수 있으나, 이러한 임시계정은 주석으로 공시해야 한다.

[X] : 재무상태표에는 가지급금이나 가수금 등 미결산항목이 표시될 수 없다.

●— 재무상태표에 포함될 항목은 세부적으로 명시되어 있으며, 기업의 재량에 따라 추가 또는 삭제하는 것은 허용되지 않는다.

[X] : 기업마다 재무상태표의 양식 및 재무상태표에 포함할 항목 등을 재량적으로 결정가능하다.

●— 재무상태표의 형식이나 계정과목순서에 대해서 강제규정을 두고 있다.

[X] : 기업마다 재무상태표의 양식 및 재무상태표에 포함할 항목 등을 재량적으로 결정가능하다.

- 재무상태표를 작성할 때 반드시 유동성배열법을 사용하여야 한다.

  [X] : 유동성 순서에 따른 표시방법(=유동성배열법)이 신뢰성 있고 더욱 목적적합한 정보를 제공하는 경우를 제외하고는 유동자산과 비유동자산, 유동부채와 비유동부채로 재무상태표에 구분하여 표시(=유동성·비유동성 구분법)한다.

- 보고기간 현재의 결제기간이 12개월 이내의 장기차입금에 대해 보고기간후 재무제표 발행승인일 전에 지급기일을 장기로 재조정하는 약정이 체결되었다면 비유동부채로 분류한다.

  [X] : 보고기간후 재무제표발행승인일 전에 지급기일 장기 재조정약정이 체결되었더라도, 보고기간일 현재 기준으로 12개월 이내에 결제일이 도래하면 유동부채로 분류한다.

- 포괄손익계산서 작성시 법인세비용은 꼭 표시하여야 하는 것은 아니며 중요하다고 생각되는 경우 표시하여야 하는 항목이다.

  [X] : K-IFRS에서는 수익, 금융원가, 법인세비용 등을 포괄손익계산서에 반드시 포함하도록 규정하고 있다.(즉, 표시하여야 하는 최소한의 항목으로 수익, 금융원가, 법인세비용 등이 있다.)

- 한국채택국제회계기준은 비용을 기능별 분류만 규정하고 있다.

  [X] : 비용의 성격별 또는 기능별 분류방법 중에서 신뢰성 있고 더욱 목적적합한 정보를 제공할 수 있는 방법을 적용하여 표시한다.

- 포괄손익계산서에서 비용을 표시할 때 반드시 기능별로 분류하여 표시한다.

  [X] : 성격별 또는 기능별 분류방법 중에서 선택 적용한다.

- 비용을 성격별로 분류하여 손익계산서를 작성한 기업은 비용의 기능별 배부에 대한 내용을 주석에 추가적으로 공시하여야 한다.

  [X] : 비용을 기능별로 분류하는 기업은 감가상각비, 기타 상각비와 종업원급여비용을 포함하여 비용의 성격에 대한 추가 정보를 공시한다.[K-IFRS 제1001호 문단104]

- 기타포괄손익 항목은 관련 법인세 효과를 차감한 순액으로 표시해야만 한다.

  [X] : 기타포괄손익의 구성요소는 다음 중 한 가지 방법으로 표시할수 있다.

① 관련 법인세효과를 차감한 순액으로 표시
② 법인세효과 반영전 금액으로 표시하고, 법인세효과는 단일금액으로 합산표시

- 주석은 특수한 형태의 재무제표로서 재무보고를 위한 개념체계의 적용을 받지 아니한다.

  [X] : 주석은 특수한 형태의 재무제표가 아니라 일반적인 재무제표 중의 하나이므로, 동일하게 재무보고를 위한 개념체계의 적용을 받는다.

- 수정을 요하는 보고기간후사건이란 보고기간 후에 발생한 상황을 나타내는 사건을 말한다.

  [X] : 수정을 요하는 보고기간후사건이란 보고기간말에 존재하였던 상황에 대해 증거를 제공하는 사건을 말한다.(수정을 요하지 않는 보고기간후사건 : 보고기간 후에 발생한 상황을 나타내는 사건)

- 수정을 요하는 보고기간후사건이란 재무제표 발행 승인일 후에 발생한 상황을 나타내는 사건을 말한다.

  [X] : 수정을 요하는 보고기간후사건이란 보고기간말에 존재하였던 상황에 대해 증거를 제공하는 사건을 말한다.(수정을 요하지 않는 보고기간후사건 : 보고기간 후에 발생한 상황을 나타내는 사건)

- 보고기간후사건이란 보고기간말과 재무제표 발행승인일 사이에 발생한 유리한 사건만을 말한다.

  [X] : 유리하거나 불리한 사건을 말한다.

- 보고기간말 이전에 계류중인 소송사건이 보고기간후에 확정되어 금액수정을 요하는 경우 재무제표의 수정이 불필요하다.

  [X] : 재무제표를 수정할 필요가 있는 사건에 해당한다.

- 투자자산의 시장가치가 하락한 경우는 수정을 요하는 보고기간 후 사건이다.

  [X] : 보고기간말과 재무제표 발행승인일 사이에 투자자산의 공정가치(시장가치) 하락은 수정을 요하지 않는 보고기간후사건의 대표적인 사례에 해당한다.
  →공정가치의 하락은 일반적으로 보고기간말의 상황과 관련된 것이 아니라 보고기간 후에 발생한 상황이 반영된 것이므로, 그 투자자산에 대해서 재무제표에 인식된 금액을 수정하지 아니한다.

- 보고기간 후에 배당을 선언한 경우, 그 배당금을 보고기간말의 부채로 인식한다.

  [X] : 그 배당금을 보고기간말의 부채(미지급배당금)로 인식하지 아니한다. 따라서, 보고기간말 재무상태표 이익잉여금은 이익잉여금처분전의 재무상태를 표시한다.

- 보고기간후에 기업의 청산이 확정되었더라도 재무제표는 계속기업의 기준에 기초하여 작성하고 청산관련 내용을 주석에 기재한다.

  [X] : 보고기간 후에 기업의 청산이 있는 경우 계속기업의 기준하에 재무제표를 작성해서는 안되며, 이 경우 이를 공시한다.

●— 보고대상기간 중에 아무런 거래도 존재하지 않았다면 지배기업과 종속기업 사이의 관계에 대한 공시는 생략할 수 있다.

[X] : 지배기업과 그 종속기업 사이의 관계는 거래의 유무에 관계없이 공시한다.

●— 특수관계자와의 거래가 없을 때는 특수관계에 대한 주석기재를 생략할 수 있다.

[X] : 특수관계자거래가 없더라도 특수관계 자체가 기업의 당기순손익과 재무상태에 영향을 줄 수 있다. 지배기업과 그 종속기업 사이의 관계는 거래의 유무에 관계없이 공시한다.

●— 특수관계자 공시에 있어 최상위 지배자와 지배기업이 다른 경우에는 최상위 지배자의 명칭은 공시하지 않는다.

[X] : 최상위 지배자와 지배기업이 다른 경우에는 최상위 지배자의 명칭도 공시한다.

●— 특수관계자 공시에 있어 최상위 지배자와 지배기업이 다른 경우에는 최상위 지배자의 명칭만 공시한다.

[X] : 최상위 지배자의 명칭만 공시한다.(X) → 최상위 지배자의 명칭도 공시한다.(O)

●— 특수관계자 공시에 있어 주요 경영진 보상에 관해서는 주식기준보상액만 공시한다.

[X] : 주요 경영진에 대한 보상의 총액과 분류별 금액(단기종업원급여, 퇴직급여, 기타장기급여, 해고급여, 주식기준보상)을 공시한다.

●— 특수관계자 공시에 있어 주요 경영진에 대한 보상에는 단기종업원급여와 퇴직급여만을 포함한다.

[X] : 주요 경영진에 대한 보상에는 단기종업원급여, 퇴직급여, 기타장기급여, 해고급여, 주식기준보상을 포함한다.

●— 특수관계자와의 거래가 있는 경우의 주석공시는 거래 금액에 대한 정보만 기재하면 된다.

[X] : 특수관계자거래가 있는 경우, 기업은 이용자가 재무제표에 미치는 특수관계의 잠적 영향을 파악하는 데 필요한 거래, 약정을 포함한 채권·채무잔액에 대한 정보뿐만 아니라 특수관계의 성격도 공시한다.

●— 당해기업과 통상적인 업무관계를 맺고 있는 자금제공자는 당해기업의 특수관계자이다.

[X] : 기업과 단순히 통상적인 업무 관계를 맺고 있는 자금제공자, 노동조합, 공익기업 그리고 보고기업에 지배력, 공동지배력 또는 유의적인 영향력이 없는 정부부처와 정부기관(기업 활동의 자율성에 영향을 미치거나 기업의 의사결정과정에 참여할 수 있다 하더라도 상관없음)은 특수관계자가 아니다.

● 보고기업에 유의적인 영향력을 행사할 수 있는 개인은 보고기업과 특수관계자가 아니다.

[X] : 개인의 경우 다음 중 어느 하나에 해당한다면 보고기업과 특수관계가 있는 것으로 본다.

㉠ 보고기업에 지배력 또는 공동지배력이 있는 경우 ㉡ 보고기업에 유의적인 영향력이 있는 경우 ㉢ 보고기업 또는 그 지배기업의 주요 경영진의 일원인 경우

● 중간재무보고서는 당해 회계연도 누적기간을 직전 연차보고기간 말과 비교하는 형식으로 작성한 재무상태표를 포함하여야 한다.

[X] : 당해 회계연도 누적기간(X) → 당해 중간보고기간말(O)

● 중간재무보고서의 포괄손익계산서는 당해 중간보고기간말과 직전 연차보고기간말을 비교하는 형식으로 작성한다.

[X] : 포괄손익계산서는 중간기간과 누적기간을 직전회계연도의 동일기간과 비교하는 형식으로 작성한다.

● 특정 중간기간에 보고된 추정금액이 최종 중간기간에 중요하게 변동하였지만 최종 중간기간에 대하여 별도의 재무보고를 하지 않는 경우 추정의 변동내용과 금액을 해당 회계연도의 연차재무제표에 주석으로 공시되지 않는다.

[X] : 추정의 변동내용과 금액을 해당 회계연도의 연차재무제표에 주석으로 공시한다.

● 정상영업과정에서 단기간에 판매키 위해 보유하고 있는 토지는 투자부동산으로 분류한다.

[X] : 재고자산으로 분류한다.

● 정상영업과정에서 단기간에 판매키 위해 보유하고 있는 토지는 투자부동산으로 분류한다.

[X] : 투자부동산(X) → 재고자산(O)

● 재고자산의 취득원가와 관련하여 매입시 발생한 매입운임은 당기비용으로 처리하며, 판매시 발생한 판매비용은 매입가격에 가산한다.

[X] : 매입운임은 매입원가에 가산하며, 판매비용은 판매비와관리비로 처리한다.

● 재고자산 구입후 상품의 하자로 인해 매입대금을 할인받는 경우 항상 당기수익으로 인식한다.

[X] : 매입에누리(재고자산 구입후 상품의 하자로 인해 매입대금을 할인받는 경우)는 매입원가를 결정할 때 차감한다.

● 재고자산의 매입할인, 리베이트 및 기타 유사한 항목은 매입원가를 결정할 때 차감하지 않는다.

[X] : 매입할인, 리베이트 및 기타 유사한 항목은 매입원가를 결정할 때 차감한다.

● 재료원가나 노무원가 중 비정상적으로 낭비된 부분도 취득에 필요한 부대비용으로 보고 재고자산의 취득원가에 포함한다.

[X] : 발생기간의 비용으로 처리한다.

● 재료원가, 노무원가 및 기타 제조원가 중 비정상적으로 낭비된 부분과 후속 생산단계에 투입하기 전에 보관이 필요한 경우 이외에 발생하는 보관원가도 취득원가에 산입한다.

[X] : 발생기간의 비용으로 처리한다.

● 재고자산의 취득과정에서 정상적으로 발생한 매입부대비용 외에 매입 후 보관단계에서 발생한 보관비용과 비효율적 사용으로 인한 지출도 취득원가에 산입한다.

[X] : 재료원가, 노무원가 및 기타 제조원가 중 비정상적으로 낭비된 부분과 후속 생산단계에 투입하기 전에 보관이 필요한 경우 이외에 발생하는 보관원가는 발생기간의 비용으로 처리한다.

● 재고자산을 현재의 장소에 현재의 상태로 이르게 하는데 기여하지 않은 관리간접원가는 재고자산의 취득원가에 포함한다.

[X] : 취득원가에 포함하지 않고 비용처리한다.

● 재고수량 결정방법을 계속기록법에서 실지재고조사법으로 변경하면 장부상의 재고수량은 수시로 파악가능하게 된다.

[X] : 재고수량을 수시로 파악가능한 것은 계속기록법이다.

● 실지재고조사법에서는 실지재고조사를 통해 기말재고수량을 파악하므로 재고장에 입고기록 및 출고기록을 일절 수행하지 않는다.

[X] : 실지재고조사법(periodic inventory method)은 상품재고장에 입고기록만 할 뿐, 출고기록을 하지 않는다.
→계속기록법(perpetual inventory method)은 상품의 입·출고시마다 수량을 계속적으로 기록한다.

계속기록법	• 상품의 입·출고시마다 수량을 계속적으로 기록하는 방법으로 장부상 재고잔량을 기말재고수량으로 결정하는 방법임. 계속기록법 산식은 다음과 같음. ❒ 기초재고수량+당기매입수량-당기판매수량=기말재고수량 →계속기록법에 의할 경우 기초재고수량, 당기매입수량, 당기판매수량이 모두 기입되므로 언제든지 장부상의 재고수량을 파악할 수 있음.
실지재고조사법	• 정기적으로 실지재고조사를 통하여 재고수량을 파악하는 방법으로 상품재고장에 입고기록만 할 뿐, 출고기록을 하지 않음. 실지재고조사법 산식은 다음과 같음. ❒ 기초재고수량+당기매입수량-기말재고수량(실사)=당기판매수량 →즉, 기초재고수량과 당기매입수량만 기록하고 당기판매수량은 기말에 실지재고조사를 한 후에 일괄적으로 파악하는 방법임.

●— 재고자산 단위원가는 개별법, 선입선출법, 후입선출법 및 가중평균법을 사용하여 결정한다.

[X] : K-IFRS에서는 후입선출법이 인정되지 않는다.

●— 재고자산 선입선출법은 실제 물량흐름을 고려하여 기말재고액을 결정하는 방법이다.

[X] : 선입선출법은 먼저 매입된 재고자산이 먼저 판매된다는 가정하에 가장 최근에 매입된 항목을 기말재고액으로 결정하는 방법이다.

→선입선출 가정은 실제 물량흐름과 유사하므로 개별법과 유사한 결과를 얻을 수 있다는 장점이 있을 뿐, 선입선출법 자체가 실제 물량흐름을 고려하여 기말재고액을 결정하는 방법인 것은 아니다.(예 모래, 시멘트, 석탄 등 야적해서 판매하는 재고의 실제 물량흐름은 나중에 매입한 것이 먼저 판매됨)

●— 선입선출법하에서 실지재고조사법과 계속기록법에 의한 기말재고자산 금액은 다르게 측정된다.

[X] : 선입선출법하에서 실지재고조사법, 계속기록법에 의한 기말재고금액은 동일하다.

●— 재고자산에 이동평균법을 적용할 때 매출원가가 총평균법보다 높게 평가된다.

[X] : 일반적으로 이동평균법을 적용할 때 매출원가가 총평균법보다 낮게 평가된다.

→재고자산 원가흐름의 가정별 상대적 크기[물가상승 & 기초재고수량<기말재고수량]

기말재고자산	• 선입선출법 〉 이동평균법 ≧ 총편균법
매출원가	• 선입선출법 〈 이동평균법 ≦ 총편균법
당기순이익	• 선입선출법 〉 이동평균법 ≧ 총편균법

●— 재고자산에 대해서는 저가법을 적용할 수 없다.

[X] : 저가법 적용을 강제하고 있다.

●— 재고자산은 취득원가와 순실현가능가치 중 높은 금액으로 측정한다.

[X] : 취득원가와 순실현가능가치 중 낮은 금액으로 측정한다.(저가법)

●— 원재료의 현행대체원가가 장부금액보다 낮게 추정된다면 예외 없이 재고자산평가손실이 발생한다.

[X] : 완성될 제품이 원가이상으로 판매예상하는 경우에는 예외적으로 그 생산에 투입하기 위해 보유하는 원재료를 감액하지 않는다. →즉, 평가손실을 인식하지 않는다.

●— 한번 손상된 재고자산은 그 후속기간에 환입할 수 없다.

[X] : 매 후속기간에 순실현가능가치를 재평가한다. 재고자산의 감액을 초래했던 상황이 해소되거나 경제상황의 변동으로 순실현가능가치가 상승한 명백한 증거가 있는 경우에는 최초의 장부금액을 초과하지 않는 범위 내에서 평가손실을 환입한다. 그 결과 새로운 장부금액은 취득원가와 수정된 순실현가능가치 중 작은 금액이 된다. 판매가격의 하락 때문에 순실현가능가치로 감액한 재고항목을 후속기간에 계속 보유하던 중 판매가격이 상승한 경우가 이에 해당한다.[K-IFRS 제1002호 문단33]

●— 토지 및 건물 등의 부동산은 재고자산으로 분류될 수 없으며 모든 기업에서 유형자산으로 분류한다.

[X] : 부동산매매업의 토지·건물은 판매목적 보유자산이므로 유형자산이 아닌 재고자산으로 분류된다.

●— 일상적인 수선유지와 관련하여 발생한 원가는 해당 유형자산의 장부금액에 포함한다.

[X] : 일상적인 수선·유지와 관련하여 발생하는 원가는 해당 유형자산의 장부금액에 포함하여 인식하지 아니한다. 이러한 원가는 발생시점에 당기손익으로 인식한다.[K-IFRS 제1016호 문단12]

●— 기계장치 주요부품의 교체시 유형자산의 인식기준 충족여부와 상관없이 동 지출은 발생시점에 비용으로 인식한다.

[X] : 유형자산의 인식기준 충족여부에 따라 장부금액에 포함하거나 발생시점에 비용으로 인식한다.

●— 유형자산의 정기적인 종합검사 과정에서 발생하는 원가가 인식기준을 충족한다면 해당 유형자산의 일부가 대체되는 것으로 본다.

[X] : 정기적인 종합검사과정에서 발생하는 원가가 인식기준을 충족하는 경우에는 유형자산의 일부가 대체되는 것으로 보아 해당 유형자산의 장부금액에 포함하여 인식한다. 이 경우 직전에 이루어진 종합검사에서의 원가와 관련되어 남아 있는 장부금액을 제거한다.[K-IFRS 제1016호 문단14]

●— 보유중인 건물에 대하여 부과되는 재산세는 취득원가에 포함한다.

[X] : 비용처리한다.

●— 외부에서 구입한 유형자산의 취득원가에는 관세 및 환급불가능한 취득 관련 세금을 차감하고 리베이트 등을 가산한다.

[X] : 관세 및 환급불가능한 취득 관련 세금을 가산하고 리베이트 등을 차감한다.

●— 토지와 건물 일괄구입 후 기존건물 철거로 발생한 폐자재들을 처리하는 비용이 발생하는 경우 당기손실로 처리한다.

[X] : 토지와 건물 일괄구입 후 기존건물 철거로 발생한 건물철거비용(폐자재처분수입은 차감, 폐자재처리비용은 가산)은 토지의 취득원가로 처리한다.

→∴폐자재들을 처리하는 비용이 발생하는 경우 이는 당기손실이 아닌 토지의 취득원가로 처리한다.

●— 정부보조금은 관련 자산에서 차감하는 방법으로 처리한다.

[X] : 정부보조금은 재무상태표에 이연수익으로 표시하거나, 관련 자산에서 차감하는 방법 중 한 가지 방법을 선택할 수 있다.

●— 정부보조금을 관련 자산에서 차감하는 방법으로 표시하는 경우 유형자산의 장부금액은 유형자산 취득금액으로 한다.

[X] : 유형자산 취득금액(X) → 유형자산 취득금액에서 정부보조금을 차감한 금액(X)

●— 수익관련보조금은 자산의 장부금액에서 차감하여 표시하고 자산의 내용연수에 걸쳐 감가상각비를 감소하는 방식으로 당기손익에 인식할 수 있다.

[X] : 수익관련보조금은 이연수익(부채) 처리후 비용과 상계 또는 수익에 가산한다.

●— 토지와 건물을 같이 취득하였다면 단일 자산으로 계정분류한다.

[X] : 토지와 건물을 동시에 취득하는 경우에도 이들은 분리가능한 자산이므로 별개의 자산으로 회계처리한다.[K-IFRS 제1016호 문단58]

●— 보유하고 있는 토지의 시장가치의 증가는 건물의 감가상각대상금액에 영향을 미친다.

[X] : 건물이 위치한 토지의 가치가 증가하더라도 건물의 감가상각대상금액에는 영향을 미치지 않는다.[K-IFRS 제1016호 문단58]

●— 소비형태를 신뢰성 있게 결정할 수 없는 경우에는 감가상각은 정률법을 사용해야 한다.

[X] : 소비형태를 신뢰성 있게 결정할 수 없다하여 특정 감가상각방법을 강제 적용하지는 아니하며, 미래경제적효익의 예상 소비형태를 추정하여 가장 잘 반영하는 방법을 선택하여야 한다.

●— 유형자산 감가상각방법은 예상소비형태를 가장 잘 반영할 수 있는 방법을 선택하여 일관성 있게 적용하여야 하고 후속기간에 이를 변경할 수 없다.

[X] : 자산에 내재된 미래경제적효익의 예상되는 소비형태가 유의적으로 달라졌다면 달라진 소비형태를 반영하기 위하여 감가상각방법을 변경하며, 그러한 변경은 회계추정의 변경으로 회계처리한다.[K-IFRS 제1016호 문단61]

●— 유형자산의 감가상각방법의 변경은 회계정책의 변경에 해당한다.

[X] : 회계추정의 변경에 해당한다.

●— 감가상각방법의 변경과 관련하여 비교표시되는 전기 재무제표를 재작성해야 한다.

[X] : 회계추정의 변경은 전진법을 적용하므로 전기 재무제표를 재작성하지 않는다.

●— 유형자산 평가모형을 원가모형에서 재평가모형으로의 변경은 회계추정의 변경이다.

[X] : 평가모형을 변경하는 것은 회계정책의 변경에 해당한다.

●— 유형자산의 재평가모형과 관련하여 재평가 결과 발생한 평가손익은 재평가잉여금의 과목으로 자본(기타포괄손익)으로 인식한다.

[X] : 원칙적으로, 평가이익은 재평가잉여금(자본)으로 처리하며, 평가손실은 재평가손실(당기손익)로 처리한다.

●— 유형자산 재평가로 인하여 자산이 감소된 경우 그 감소액은 기타포괄손실로 인식하고 재평가잉여금의 과목으로 자본(기타포괄손익누계액)에 차감한다.

[X] : 재평가로 인하여 자산이 감소된 경우 재평가손실의 과목으로 당기손익 처리한다.(단, 재평가잉여금이 계상되어 있는 경우는 재평가잉여금과 상계한 후 재평가손실을 인식한다.)

●— 자산의 회수가능액은 순공정가치와 사용가치 중 작은 금액이다.

[X] : 작은 금액(X) → 큰 금액(O)

●— 유형자산에 대해 재평가모형을 적용하는 경우 손상차손을 인식하지 않는다.

[X] : 유형자산에 대해 재평가모형을 적용하는 경우에도 손상차손을 인식한다.
→재평가잉여금을 감소시키고 그 차액을 손상차손으로 인식한다.

●— 자산손상을 시사하는 징후가 있는지를 검토할 때는 경제상황과 같은 외부정보는 고려하지 않는다.

[X] : 내부정보(내부정보원천)와 외부정보(외부정보원천)를 모두 고려한다.

●— 유형자산에 대하여 손상차손 또는 손상차손환입을 인식한 후에는 재평가모형을 적용한 경우에만 수정된 장부금액에서 잔존가치를 차감한 금액에 기초하여 잔존내용연수에 걸쳐 감가상각을 한다.

[X] : 유형자산에 대하여 손상차손 또는 손상차손환입을 인식한 후에는 원가모형을 적용하든 재평가모형을 적용하든 관계없이 수정된 장부금액에서 잔존가치를 차감한 금액에 기초하여 잔존내용연수에 걸쳐 감가상각을 한다.

●— 당해 유형자산이 폐기되거나 제거될 때에는 해당 자산과 관련하여 자본(기타포괄손익누계액)에 계상된 재평가잉여금을 당기손익으로 재분류한다.

[X] : 어떤 유형자산 항목과 관련하여 자본에 계상된 재평가잉여금은 그 자산이 제거될 때 이익잉여금으로 직접 대체할 수 있다. 자산이 폐기되거나 처분될 때에 재평가잉여금 전부를 이익잉여금으로 대체하는 것이 그러한 경우에 해당될 수 있다.[K-IFRS 제1016호 문단41]

→즉, 재평가잉여금은 재분류조정이 발생하지 않는 기타포괄손익이므로 자산이 폐기되거나 제거될 때 재평가잉여금을 당기손익으로 재분류할 수 없다. 다만, 이익잉여금으로 대체하는 것은 가능하다.

●— 내부적으로 창출한 고객목록, 브랜드 등은 개별 식별이 어렵기 때문에 영업권으로 인식한다.

[X] : 내부적으로 창출한 브랜드, 제호, 출판표제, 고객 목록과 이와 실질이 유사한 항목은 사업을 전체적으로 개발하는 데 발생한 원가와 구별할 수 없으므로 무형자산으로 인식하지 아니한다.[K-IFRS 제1038호 문단64]

→브랜드, 제호, 출판표제, 고객목록, 그리고 이와 실질이 유사한 항목(외부에서 취득하였는지 또는 내부적으로 창출하였는지에 관계없이)에 대한 취득이나 완성 후의 지출은 발생시점에 항상 당기손익으로 인식한다. 왜냐하면 그러한 지출은 사업을 전체적으로 개발하기 위한 지출과 구분할 수 없기 때문이다.[K-IFRS 제1038호 문단20]

●— 사업결합으로 취득한 영업권(유상취득 영업권)은 무형자산으로 인식하지 아니한다.

[X] : 사업결합으로 취득한 영업권(유상취득 영업권)은 무형자산으로 인식하며, 내부창출 영업권은 자산으로 인식하지 아니한다.

●— 내부적으로 창출한 영업권은 일정 요건을 충족하는 경우 무형자산으로 인식한다.

[X] : 사업결합으로 취득한 영업권[=외부구입(유상취득) 영업권]은 신뢰성있는 측정이 가능하므로 무형자산으로 인식한다. 반면, 내부적으로 창출한 영업권은 원가를 신뢰성있게 측정할 수 없고 기업이 통제하고 있는 식별가능한 자원이 아니기 때문에 무형자산으로 인식하지 않는다.

●— 무형자산을 창출하기 위한 내부 프로젝트를 연구단계와 개발단계로 구분할 수 없는 경우에는 그 프로젝트에서 발생한 지출은 모두 개발단계에서 발생한 것으로 본다.

[X] : 개발단계에서 발생한 것으로 본다.(X) → 연구단계에서 발생한 것으로 본다.(O)

●— 재료, 장치, 제품, 공정, 시스템이나 용역에 대한 여러가지 대체안을 탐색하는 활동은 미래경제적효익이 창출될 것으로 예상되므로 무형자산으로 인식한다.

[X] : 연구단계활동이므로 그 지출은 당기비용으로 처리한다.

●— 내용연수가 유한한 무형자산은 경제적효익이 소비되는 형태를 신뢰성있게 결정할 수 없는 경우에는 정률법을 적용하여 상각한다.

[X] : 무형자산의 상각방법은 자산의 경제적 효익이 소비될 것으로 예상되는 형태를 반영한 방법이어야 한다. 다만, 그 형태를 신뢰성있게 결정할 수 없는 경우에는 정액법을 사용한다.[K-IFRS 제1038호 문단97]

●— 무형자산의 상각기간, 상각방법을 변경하는 경우에는 회계정책의 변경으로 본다.

[X] : 내용연수가 유한한 무형자산의 상각기간과 상각방법은 적어도 매 회계연도 말에 검토한다. 자산의 예상 내용연수가 과거의 추정치와 다르다면 상각기간을 이에 따라 변경한다. 자산이 갖는 미래경제적효익의 예상소비형태가 변동된다면, 변동된 소비형태를 반영하기 위하여 상각방법을 변경한다. 그러한 변경은 회계추정의 변경으로 회계처리한다.[K-IFRS 제1038호 문단104]

●— 무형자산의 잔존가치와 상각기간, 상각방법을 적어도 매 회계연도 말에 검토하며, 검토결과 잔존가치, 상각기간, 상각방법을 변경하는 경우에는 회계추정의 변경으로 보고 소급적용하여 회계처리한다.

[X] : 회계추정의 변경은 전진법으로 회계처리한다.(회계정책의 변경은 소급법으로 회계처리한다.)

●— 내용연수가 비한정인 무형자산은 상각하지 않고, 내용연수가 유한한 무형자산으로 변경할 수 없다.

[X] : 내용연수가 비한정인 무형자산(=상각하지 않는 무형자산)에 대하여 사건과 상황이 그 자산의 내용연수가 비한정이라는 평가를 계속하여 정당화하는지를 매 회계기간에 검토한다. 사건과 상황이 그러한 평가를 정당화하지 않는 경우에 비한정 내용연수를 유한 내용연수로 변경하는 것은 회계추정의 변경으로 회계처리한다.[K-IFRS 제1038호 문단109]

●— 내용연수가 비한정인 무형자산이란 내용연수가 무한하여 미래 경제적 효익이 무한할 것으로 기대되는 무형자산을 의미한다.

[X] : 무형자산의 내용연수가 '비한정'이라는 용어는 '무한(infinite)'을 의미하지 않는다.[K-IFRS 제1038호 문단91]
→왜냐하면, 무형자산의 내용연수를 추정하는 시점에서 여러 가지 요인을 종합적으로 고려하여 볼 때 미래경제적효익의 지속연수를 결정하지 못할 뿐이지, 그렇다고 해서 미래경제적효익이 무한히 지속될 것으로 보는 것은 아니기 때문이다.

●— 무형자산의 장부금액이 재평가로 인하여 증가된 경우 원칙적으로 그 증가액은 당기손익(재평가이익)으로 인식한다.

[X] : 무형자산의 장부금액이 재평가로 인하여 증가된 경우에 그 증가액은 기타포괄손익으로 인식하고 재평가잉여금의 과목으로 자본에 가산한다. 그러나 그 증가액 중 그 자산에 대하여 이전에 당기손익으로 인식한 재평가감소에 해당하는 금액이 있다면 그 금액을 한도로 당기손익으로 인식한다.[K-IFRS 제1038호 문단85]
→무형자산의 재평가 회계처리는 기본적으로 유형자산과 동일함.

- 내용연수가 비한정인 무형자산은 최소한 3년에 1회 이상의 손상검사가 이루어져야 한다.

[X] : 다음의 각 경우에 회수가능액과 장부금액을 비교하여 내용연수가 비한정인 무형자산의 손상검사를 수행하여야 한다.[K-IFRS 제1038호 문단108]

㉠ 매년	㉡ 무형자산의 손상을 시사하는 징후가 있을 때

- 무형자산 손상검토시 회수가능액은 순공정가치와 사용가치 중 작은 금액을 기준으로 판단한다.

[X] : 작은 금액(X) → 큰 금액(O)

- 투자부동산은 보고기간말에 공정가치모형과 원가모형 중 하나를 선택하여 각각의 투자부동산에 다르게 선택하여 적용할 수 있다.

[X] : 투자부동산은 공정가치모형과 원가모형 중 하나를 선택하여 모든 투자부동산에 적용한다.

- 투자부동산은 원가모형만 적용이 가능하다.

[X] : 투자부동산은 공정가치모형의 적용도 가능하다.(∵공정가치모형과 원가모형 중 하나를 선택하므로)

- 투자부동산의 공정가치모형 적용시 공정가치 변동으로 발생하는 손익은 당기손익에 반영하지 않는다.

[X] : 공정가치모형의 평가손익은 당기손익으로 인식한다.

- 투자부동산에 공정가치모형을 적용할 경우 공정가치 변동으로 인한 손익은 기타포괄손익으로 반영한다.

[X] : 공정가치모형의 평가손익은 당기손익으로 인식한다.

- 투자부동산의 공정가치모형에서 공정가치를 산정할 때에는 매각, 또는 다른 형태의 처분으로 발생할 수 있는 거래원가를 차감하여야 한다.

[X] : 투자부동산의 공정가치를 산정할 때에는 매각이나 다른 형태의 처분으로 발생할 수 있는 거래원가를 차감하지 않고 산정한다.

- 통상적인 영업과정에서 판매를 위한 부동산이나 이를 위하여 건설 또는 개발 중인 부동산은 투자부동산으로 분류하여야 한다.

[X] : 통상적인 영업과정에서 판매를 위한 부동산이나 이를 위하여 건설 또는 개발 중인 부동산은 투자부동산에 해당하지 않는다.

● 투자부동산은 매 회계기간마다 원가모형과 공정가치모형을 다르게 선택할 수 있다.

[X] : 모든 회계정책은 일관성있게 적용하며, 평가모형의 변경은 회계정책의 변경에 따른다.

● 재고자산을 공정가치모형으로 처리하는 투자부동산으로 대체시에는 재고자산의 장부금액으로 대체한다.

[X] : 공정가치로 대체하고 재고자산 장부금액과의 차액은 당기손익으로 처리한다.

● 공정가치모형 적용 임대수익 목적의 건물을 자가사용으로 전환하면 유형자산으로 분류하고 대체시점에서 발생한 재평가차액을 기타포괄손익으로 인식한다.

[X] : 공정가치모형 적용 임대수익 목적의 건물을 자가사용으로 전환하면 유형자산으로 분류하고, 변경시점에 투자부동산평가손익을 인식 후 공정가치로 대체한다.

● 사용권자산과 무형자산(예 : 특허권, 상표권)은 금융자산에 해당한다.

[X] : 사용권자산과 무형자산(예 : 특허권, 상표권)은 금융자산이 아니다.

금융자산 O	• 현금및현금성자산, 대여금, 매출채권, 미수금, 미수수익, FVPL금융자산, FVOCI금융자산, AC금융자산, 금융기관취급 기타금융상품
금융자산 X	• 재 고자산, 유형자산, 무형자산, 사용권자산, 선급비용, 선급금, 계약에 의하지 않은 자산, 법인세관련 자산(이연법인세자산)

● 잠재적으로 유리한 조건으로 거래상대방과 금융자산이나 금융부채로 교환하기로 한 계약상 권리는 금융부채이다.

[X] : 잠재적으로 유리한 조건으로 거래상대방과 금융자산이나 금융부채를 교환하기로 한 계약상 권리는 금융자산이다.

● 기업이 자신의 지분으로 결제되거나 결제될 수 있는 계약으로서 수취할 자기지분상품의 수량이 확정된 파생상품은 금융자산에 해당하지 않는다.

[X] : 확정된 파생상품(X) → 변동가능한 비파생상품(O)

● 원칙적으로 모든 채무상품은 상각후원가측정금융자산으로 분류한다.

[X] : 사업모형과 충족조건에 따라 AC금융자산, FVOCI금융자산, FVPL금융자산 모두로 분류된다.

● 단기매매목적의 채무상품은 기타포괄손익-공정가치측정금융자산으로 분류한다.

[X] : 상각후원가측정금융자산(AC금융자산)과 기타포괄손익-공정가치측정금융자산(FVOCI금융자산)의 충족조건을 만족시키지 못하는 그 외 모든 금융자산(예 매매목적 채무상품)은 당기손익-공정가치측정금융자산(FVPL금융자산)으로 분류한다.

● 매매목적의 파생상품은 기타포괄손익-공정가치측정금융자산으로 분류한다.

[X] : 파생상품은 '상각후원가측정금융자산(AC금융자산)과 기타포괄손익-공정가치측정금융자산(FVOCI금융자산)의 충족 조건을 만족시키지 못하는 그 외 모든 금융자산'에 해당하므로 당기손익-공정가치측정금융자산(FVPL금융자산)으로 분류한다.

● 단기매매 목적으로 보유하는 지분상품에 대한 공정가치 변동을 기타포괄손익으로 인식하기로 선택한 경우 기타포괄손익-공정가치측정금융자산으로 분류한다.

[X] : 단기매매목적 외의 지분상품에 대한 공정가치 변동을 기타포괄손익으로 인식하기로 선택한 경우 FVOCI금융자산(기타포괄손익-공정가치측정금융자산)으로 분류한다.
→단기매매목적 외의 지분상품 중 FVOCI금융자산(기타포괄손익-공정가치측정금융자산)으로 지정한 것을 제외하고는 FVPL금융자산(당기손익-공정가치측정금융자산)으로 분류한다.

원칙	• 사업모형과 현금흐름특성에 근거하여 다음과 같이 분류·측정함.		
	분류·측정	충족조건	해당증권
	AC금융자산 [상각후원가측정]	• ㉠ 현금흐름수취목적 사업모형일 것 ㉡ 원리금지급만으로 구성된 현금흐름일 것	채무상품
	FVOCI금융자산 [기타포괄손익-공정가치측정]	• ㉠ 현금흐름수취와 금융자산매도목적 사업모형일 것 ㉡ 원리금지급만으로 구성된 현금흐름일 것	채무상품
	FVPL금융자산 [당기손익-공정가치측정]	• 그 외 모든 금융자산 →예 단기매매항목	지분상품 채무상품 파생상품
선택	• 최초인식시점에 다음과 같이 측정하기로 선택할 수 있음.		
	분류·측정	충족조건	해당증권
	FVOCI금융자산 [기타포괄손익-공정가치측정]	• 단기매매항목이 아닐 것	지분상품
	FVPL금융자산 [당기손익-공정가치측정]	• 회계불일치를 제거하거나 유의적으로 줄이기 위한 경우일 것	지분상품 채무상품

● 기타포괄손익-공정가치측정금융자산의 취득시 지출한 거래원가는 당기비용으로 인식한다.

[X] : 당기손익-공정가치측정금융자산의 거래원가만 당기비용으로 인식하며 그 외의 금융자산은 공정가치(취득원가)에 가산한다.

● 기타포괄손익-공정가치측정금융자산에 대한 손상차손은 인식하지 않는다.

[X] : FVOCI금융자산 중 채무상품은 손상차손 인식대상에 해당한다.

● 유동부채가 유동자산을 초과하는 경우도 금융자산의 손상 발생에 대한 객관적인 증거이다.

[X] : 손상 발생의 객관적인 증거로 열거된 사항에 해당하지 않는다.

- 상각후원가측정금융자산 최초 취득시 지급한 거래원가는 당기비용으로 인식한다.

  [X] : 최초 인식하는 공정가치에 가산한다.

- 상각후원가측정금융자산의 손상차손은 당기손익이 아닌 기타포괄손익으로 인식한다.

  [X] : 당기손익으로 인식한다.

- 기타포괄손익-공정가치측정금융자산은 공정가치로 평가하여 평가손익을 당기손익에 반영한다.

  [X] : 당기손익에 반영한다.(X) → 기타포괄손익에 반영한다.(O)

- 기타포괄손익-공정가치측정금융자산으로 분류되는 채무상품의 손상차손은 손실충당금을 설정하여 금융상품의 장부금액에서 차감하여 표시한다.

  [X] : 기타포괄손익-공정가치측정금융자산의 손실충당금을 인식하고 측정하는데 손상 요구사항을 적용한다. 그러나 해당 손실충당금은 기타포괄손익에서 인식하고 재무상태표에서 금융자산의 장부금액을 줄이지 아니한다.[K-IFRS 제1109호 문단5.5.2] 즉, FVOCI금융자산에 대해서 인식하는 손상차손은 손실충당금으로 인식하지 않고 기타포괄손익(FVOCI금융자산평가손익)에서 조정한다.

  →[이유] FVOCI금융자산의 보고기간말 장부금액은 공정가치로 표시되어야 하는데, 손상차손을 인식하면서 이를 손실충당금의 변동으로 회계처리하면 장부금액(손실충당금이 차감된 순액)이 공정가치와 다른 금액으로 표시되는 문제가 발생한다. 따라서 기타포괄손익으로 인식했던 평가손익에서 조정한다. 이렇게 회계처리하면 공정가치로 인식했던 재무상태표상 금융자산의 장부금액은 줄어들지 않는다.

- 채무상품인 당기손익-공정가치측정금융자산은 다른 금융상품으로 재분류할 수 없다.

  [X] : 금융자산의 재분류는 채무상품만 가능하며 지분상품은 재분류가 불가하다.

  → 따라서, 채무상품인 FVPL금융자산은 다른 금융상품(AC금융자산, FVOCI금융자산)으로 재분류할 수 있다.

- 상각후원가측정금융자산을 재분류할 때 최초 취득일의 액면이자율을 사용하고 조정하지 않는다.

  [X] : AC금융자산의 재분류 후 이자수익 인식은 다음과 같다.〈금액은 임의 가정치임〉

  ㉠ FVPL금융자산으로 재분류한 경우 : 취득일의 액면이자율을 사용하여 인식한다.

(차)	현금	6,000	(대)	이자수익	액면금액×액면이자율=6,000

  ㉡ FVOCI금융자산으로 재분류한 경우 : 취득일의 유효이자율을 사용하여 인식하고 조정하지 않는다.

(차)	현금	6,000	(대)	이자수익	장부금액×유효이자율(취득일)=9,306
	FVOCI금융자산	3,306			

  →∴AC금융자산을 재분류할 때, FVOCI금융자산으로 재분류시는 취득일의 유효이자율을 사용한다.

● 기타포괄손익-공정가치측정금융자산으로 분류되는 채무상품은 당기손익-공정가치측정금융자산으로 분류변경할 수 없다.

[X] : 기타포괄손익-공정가치측정금융자산으로 분류되는 채무상품은 당기손익-공정가치측정금융자산이나 상각후원가측정금융자산으로 분류변경(재분류)할 수 있다.

● 금융자산의 현금흐름에 대한 계약상 권리는 양도하였지만 양도자가 매도 후 일정기간 후에 당해 금융자산을 재매입하기로 한 경우에는 당해 금융자산을 제거한다.

[X] : 양도자가 매도한 금융자산을 재매입시점의 '공정가치로 재매입'할 수 있는 권리를 보유하고 있는 경우에 위험과 보상의 대부분이 이전된 것으로 보아 금융자산을 제거하며, 단순한 재매입약정은 금융자산에 대한 권리를 양도하였다고 할 수 없으므로 금융자산을 계속 인식한다.

● 매입채무와 미지급금은 금융부채에 해당하지 않는다.

[X] : 매입채무와 미지급금은 금융부채에 해당한다.

금융자산 해당여부	금융자산 O	• 현금및현금성자산, 대여금, 매출채권, 미수금, 미수수익, FVPL금융자산, FVOCI금융자산, AC금융자산, 금융기관취급 기타금융상품
	금융자산 X	• 재고자산, 유형자산, 무형자산, 사용권자산, 선급비용, 선급금, 계약에 의하지 않은 자산, 법인세관련 자산(이연법인세자산)
금융부채 해당여부	금융부채 O	• 매입채무, 지급어음, 차입금, 사채, 미지급금, 미지급비용, 금융리스부채, 금융보증계약, 상환우선주(보유자에게 상환청구권이 있는 경우)
	금융부채 X	• 선수금, 선수수익, 품질보증의무, 당기법인세부채(미지급법인세), 이연법인세부채, 충당부채, 의제의무

● 매입채무와 미지급금, 미지급법인세는 금융부채에 해당한다.

[X] : 미지급법인세는 금융부채에 해당하지 아니한다.
→계약에 의하지 않은 부채나 자산은 금융부채나 금융자산이 아니다. 이러한 예로는 정부가 부과하는 법적 요구사항에 따라 발생하는 법인세와 관련된 부채(미지급법인세)를 들 수 있다.

● 현재의무를 이행하는데 소요되는 현금지출에 대한 추정치로 측정한 충당부채도 당기손익-공정가치측정금융부채로 지정할 수 있다.

[X] : 충당부채는 금융부채에 해당하지 않는다.

● 잠재적으로 불리한 조건으로 거래상대방과 금융자산이나 금융부채를 교환하기로 한 계약상 의무는 금융자산으로 분류한다.

[X] : 금융자산으로 분류한다.(X) → 금융부채로 분류한다.(O)

- 부채가 단기매매활동의 자금조달에 사용된다는 사실만으로도 당해 부채를 단기매매금융부채로 분류하기에 충분하다.

  [X] : 부채가 단기매매활동의 자금조달에 사용된다는 사실만으로는 당해 부채를 단기매매금융부채로 분류할 수 없다.

- 당기손익-공정가치측정금융부채의 거래원가는 최초인식하는 공정가치에 차감하여 측정한다.

  [X] : 당기손익-공정가치측정금융부채의 거래원가는 발생즉시 당기비용으로 인식한다.

- 사채할인발행차금 상각액은 매기 감소한다.

  [X] : 상각액은 할인발행이나 할증발행 모두에서 매기 증가한다.

- 연속상환사채의 발행금액은 사채로부터 발생하는 미래현금흐름의 사채 상환시점의 시장이자율로 할인한 현재가치가 된다.

  [X] : 연속상환사채의 발행금액은 일반사채와 동일하게 사채로부터 발생하는 미래현금흐름의 사채 발행시점의 시장이자율로 할인한 현재가치이다.

- 전환사채는 유가증권의 소유자가 사전에 약정된 가격으로 보통주의 발행을 청구할 수 있는 권리가 부여된 사채를 의미한다.

  [X] : 보통주의 발행을 청구할 수 있는 권리가 부여된 사채는 신주인수권부사채이다.

전환사채	• 유가증권의 소유자가 일정한 조건하에 보통주로의 전환권을 행사할 수 있는 사채로서, 전환권을 행사하면 보통주로 전환되는 사채
신주인수권부사채	• 유가증권의 소유자가 일정한 조건하에 신주인수권을 행사하여 보통주 발행을 청구할 수 있는 권리가 부여된 사채

- 전환사채는 부채요소와 자산요소를 모두 가지고 있는 복합금융상품이다.

  [X] : 전환사채는 부채요소와 자본요소를 모두 가지고 있는 복합금융상품이다.

요소구분	❐ ㉠ 부채요소(금융부채)=일반사채 : 현금 등 금융자산을 인도하기로 하는 계약 ㉡ 자본요소(지분상품)=전환권 : 확정수량 보통주로 전환할 수 있는 권리를 보유자에게 부여하는 콜옵션 ❐ 자본요소는 잔여지분이라는 정의와 일관되도록 하기 위해, 부채요소해당액(사채현재가치)을 먼저 측정하고, 발행금액에서 부채요소해당액을 차감한 금액으로 자본요소해당액을 측정하도록 규정하고 있다. →발행금액 - 부채요소해당액(현재가치) = 자본요소해당액(전환권가치)

●— 복합금융상품의 발행금액에서 지분상품(자본)의 공정가치를 차감한 잔액은 금융부채로 인식한다.

[X] : 전환사채는 부채요소(금융부채, 현재가치)와 자본요소(지분상품, 전환권대가)를 모두 가지고 있는 복합금융상품이다.
〈발행금액 - 부채요소(금융부채, 현재가치) = 자본요소(지분상품, 전환권대가)〉
→자본요소(전환권대가)는 잔여지분이라는 정의와 일관되도록 하기 위해, 부채요소(현재가치)을 먼저 측정하고, 발행금액에서 부채요소를 차감한 금액으로 자본요소를 측정하도록 규정하고 있다.
→∴발행금액에서 금융부채의 공정가치를 차감한 잔액을 지분상품(자본)으로 인식한다.

●— 상환할증금지급조건에 의해 발행된 상환할증금은 전환사채의 액면금액에서 차감하여 표시한다.

[X] : 상환할증금은 전환사채에 가산하여 표시한다.

●— 전환권대가는 자본으로 인식하지 않고 일반사채와 마찬가지로 전액 부채로 계상한다.

[X] : 전환권대가는 자본의 가산항목이다.

●— 전환사채 만기에 주식으로 전환되지 못했을 경우 투자자에게 지급되는 상환할증금은 지급이 확정된 시점에서 인식한다.

[X] : 지급이 확정된 시점에서 인식한다.(X) → 발행시점에서 인식한다.(O)

●— 복합금융상품의 발행금액에서 지분상품의 공정가치를 차감한 잔액을 금융부채로 인식한다.

[X] : 복합금융상품 발행금액에서 금융부채현재가치(부채요소)를 차감한 잔액을 지분상품(자본요소)으로 인식한다.

●— 전환우선주란 유가증권의 소유자가 일정한 조건하에 우선권을 행사할 수 있는 우선주로서, 우선권을 행사하면 보통주로 전환되는 우선주이다.

[X] : 우선권(X) → 전환권(O)
(즉, 전환우선주란 유가증권의 소유자가 일정한 조건하에 전환권을 행사할 수 있는 우선주로서, 전환권을 행사하면 보통주로 전환되는 우선주이다.)

●— 충당부채란 자원의 유출가능성이 높고 지출 금액이 불확실하지만 지출 시기는 확정되어 있는 의무를 의미한다.

[X] : 충당부채는 지출의 시기와 금액이 모두 불확실한 부채이다.

●— 화재, 폭발 또는 기타 재해에 의한 재산상의 손실에 대비한 보험에 가입하고 있지 않은 경우 이의 멸실에 대비하여 충당부채를 계상한다.

[X] : 화재 등으로 인한 미래 멸실액은 충당부채 인식요건을 충족하지 않으므로 충당부채를 계상하지 않는다.
→충당부채는 다음의 요건을 모두 충족하는 경우에 인식한다.
㉠ 과거사건의 결과로 현재의무(법적의무나 의제의무)가 존재한다.
㉡ 해당 의무를 이행하기 위하여 경제적효익이 있는 자원을 유출할 가능성이 높다.
㉢ 해당 의무를 이행하기 위하여 필요한 금액을 신뢰성있게 추정할 수 있다.

●— 충당부채를 반드시 재무상태표에 금액으로 인식할 필요는 없으며 주석으로 공시해도 된다.

[X] : 충당부채는 반드시 재무제표에 인식하여야 한다.

●— 충당부채의 명목금액과 현재가치의 차이가 중요하다더라도 예상되는 지출액의 명목금액으로 인식한다.

[X] : 충당부채의 명목금액과 현재가치의 차이가 중요한 경우에는 현재가치로 평가한다.

●— 구조조정의 일환으로 관련 자산을 매각할 때 예상처분이익은 구조조정충당부채를 측정할 때 반영한다.

[X] : 구조조정의 일환으로 자산의 매각을 계획하는 경우라도 구조조정과 관련하여 예상되는 자산 처분이익은 문단51(예상되는 자산 처분이익은 충당부채를 측정하는 데 고려하지 아니한다.)에 따라 구조조정충당부채를 측정하는데 고려하지 아니한다.[K-IFRS 제1037호 문단83]

●— 충당부채의 일부를 제3자가 변제할 것이 거의 확실시 되는 경우 변제금액을 제외한 잔액에 대해서만 충당부채를 인식한다.

[X] : 의무금액 총액을 충당부채로 인식하며, 제3자가 변제할 것이 확실한 금액은 자산으로 인식한다.

●— 미래의 예상영업손실은 최선의 추정치를 금액으로 하여 충당부채를 인식한다.

[X] : 미래의 예상영업손실은 충당부채로 인식하지 않는다.

●— 손실부담계약을 체결하고 있는 경우에는 관련된 현재의무를 충당부채로 인식하지 않는다.

[X] : 손실부담계약이란 계약상의 의무에 따라 발생하는 회피 불가능한 원가가 당해 계약에 의하여 받을 것으로 기대되는 경제적효익을 초과하는 계약을 말하며, 이러한 손실부담계약을 체결한 경우에는 관련된 현재의무를 충당부채로 인식한다.

● 손실부담계약의 경우 회피불가능한 원가는 계약을 이행하기 위하여 소요되는 원가와 계약을 이행하지 못하였을 때 지급하여야 할 위약금 중 큰 금액이다.

[X] : 큰 금액(X) → 작은 금액(O)

● 과거 사건의 결과로 인한 현재의무가 존재하고 당해 의무를 이행하기 위하여 자원이 유출될 가능성이 높다면 그 금액을 신뢰성있게 추정할 수 있더라도 우발부채로 인식할 수 있다.

[X] : 과거 사건의 결과로 인한 현재의무가 존재하고 당해 의무를 이행하기 위하여 자원이 유출될 가능성이 높으며 그 금액을 신뢰성있게 추정할 수 있는 경우는 충당부채로 인식한다.

● 우발부채는 재무제표상 부채로 인식하고, 유형별로 그 성격을 주석에 추가적으로 설명한다.

[X] : 우발부채는 재무제표상 부채로 인식할 수 없으며 주석으로 공시한다.

● 우발부채는 자원이 유출될 가능성이 아주 낮더라도 주석으로 기재해야만 한다.

[X] : 우발부채는 당해 의무이행 위해 자원이 유출될 가능성이 아주 낮은 경우는 공시하지 않는다.

● 주식발행비는 주식발행가액에서 직접 차감하지 아니하고 비용으로 회계처리한다.

[X] : 신주발행시에 직접 발생한 주식발행비는 주식발행가액에서 직접 차감한다.

● 주식할인발행차금 상각으로 이익잉여금을 처분하면 자본금은 증가한다.

[X] : 자본금의 증감과 무관하다. 즉, 자본금에 영향을 미치지 않는다.

● 주식할인발행차금을 상각하는 것은 액면금액에 미달한 자본을 불입하는 것이다.

[X] : 주식할인발행차금을 상각하는 것은 자본의 불입과 무관하다.

● 무상증자를 실시하면 총자본에 증감이 발생한다.

[X] : (차) 이익잉여금 xxx (대) 자본금 xxx
→총자본 불변

● 자기주식을 처분하는 경우 자기주식처분손익은 당기손익에 반영한다.

[X] : 자기주식처분손익은 당기손익이 아니라 자본에 가감하는 항목이다.

● 자기주식을 처분하는 경우 처분가액과 취득원가와의 차액을 자기주식처분손익으로 기타포괄손익에 반영한다.

[X] : 자기주식처분손익은 기타포괄손익이 아니라 자본에 가감하는 항목이다.

● 자기주식의 매각이나 소각에 따른 손실은 자기주식처분이익으로 우선 상계한다.

[X] : 자기주식의 매각(재발행)에 따른 손실(자기주식처분손실)은 자기주식처분이익으로 우선 상계하며, 자기주식의 소각에 따른 손실(감자차손)은 감자차익으로 우선 상계한다.

● 주식병합으로 자본금과 총자본이 증가한다.

[X] : 주식병합(예 5,000원 주식 2주를 10,000원 주식 1주로 합치는 것)으로 자본금, 이익잉여금, 총자본 모두 불변이다.

● 자본변동표는 재무상태표에 표시되어 있는 자본의 기말잔액만 제시하고 기초잔액은 제공하지 않는다.

[X] : 자본변동표는 자본의 각 항목별 기초잔액, 변동사항, 기말잔액을 표시해 주는 재무보고서로서, 자본을 구성하고 있는 각 분류별 납입자본, 각 분류별 기타포괄손익의 누계액과 이익잉여금의 누계액 등에 대한 포괄적인 정보를 제공해 준다.

● 주식할인발행차금 상각으로 이익잉여금을 처분하면 자본금은 증가하고 자본총계는 변함이 없다.

[X] : (차) 이익잉여금(자본감소) xxx (대) 주식할인발행차금(자본증가) xxx
→∴자본금과 자본총계 모두에 영향이 없다.

● 고객에게 이전할 재화나 용역에 대하여 받을 권리를 갖게 될 대가의 회수가능성이 높지 않더라도 계약에 상업적 실질이 존재하고 이전할 재화나 용역의 지급조건을 식별할 수 있으면 고객과의 계약으로 회계처리한다.

[X] : 다음 기준을 모두 충족하는 때에만, K-IFRS 제1115호 '고객과의 계약에서 생기는 수익'의 적용범위에 포함되는 고객과의 계약으로 회계처리한다. 따라서, 고객에게 이전할 재화나 용역에 대하여 받을 권리를 갖게 될 대가의 회수가능성이 높은 경우에만 고객과의 계약으로 회계처리한다.[K-IFRS 제1115호 문단9]

승인과 확약	• 계약 당사자들이 계약을 서면으로, 구두로, 그 밖의 사업 관행에 따라 승인하고 각자의 의무를 수행하기로 확약한다.
권리 식별가능	• 이전할 재화나 용역과 관련된 각 당사자의 권리를 식별할 수 있다.
지급조건 식별가능	• 이전할 재화나 용역의 지급조건을 식별할 수 있다.
상업적실질 존재	• 계약에 상업적 실질이 있다. →계약의 결과로 기업의 미래현금흐름의 위험·시기·금액이 변동될 것으로 예상된다.
높은 회수가능성	• 고객에게 이전할 재화·용역에 대하여 받을 권리를 갖게 될 대가의 회수가능성이 높다. →대가의 회수 가능성이 높은지를 평가할 때에는 지급기일에 고객이 대가(금액)를 지급할 수 있는 능력과 지급할 의도만을 고려한다. 기업이 고객에게 가격할인(price concessions)을 제공할 수 있기 때문에 대가가 변동될 수 있다면, 기업이 받을 권리를 갖게 될 대가는 계약에 표시된 가격보다 적을 수 있다.

●— 매출에 대해 확신유형의 보증을 제공하는 경우 총판매금액 중 일부를 보증의무에 배분하여 별도 수행의무별 수익을 인식한다.

[X] : 확신유형의 보증 회계처리는 다음과 같다.

- 고객이 보증을 별도로 구매할 수 있는 선택권이 있는 경우는 수행의무로 회계처리(수행의무에 거래가격을 배분함.)하나, 고객이 보증을 별도로 구매할 수 있는 선택권이 없는 경우에는 예상원가를 충당부채로 인식한다.

●— 거래가격 산정시 제3자를 대신해서 회수한 금액도 포함되어야 하며, 변동대가, 비현금대가 및 고객에게 지급할 대가 등이 미치는 영향을 고려하여야 한다.

[X] : 거래가격은 고객에게 약속한 재화나 용역을 이전하고 그 대가로 기업이 받을 권리를 갖게 될 것으로 예상하는 금액이며, 제3자를 대신해서 회수한 금액(예 일부 판매세)은 제외한다.[K-IFRS 제1115호 문단47]

●— 자산은 고객이 그 자산을 통제하지 않더라도 인도하였을 때 이전된다.

[X] : 고객에게 약속한 재화나 용역, 즉 자산을 이전하여 수행의무를 이행할 때(또는 기간에 걸쳐 이행하는 대로) 수익을 인식한다. 자산은 고객이 그 자산을 통제할 때(또는 기간에 걸쳐 통제하게 되는 대로) 이전된다.[K-IFRS 제1115호 문단31]

●— 장기할부판매의 경우 판매대금을 회수하는 시점에 수익을 인식한다.

[X] : 장기할부판매는 판매시점(인도시점)에 수익을 인식한다.

●— 장기할부판매의 경우 수익은 재화의 인도여부와 관계없이 회수기일도래기준에 따라 인식한다.

[X] : 인도기준에 따라 인식한다.

●— 장기할부판매로 인한 매출채권의 명목금액과 현재가치의 차이가 중요하더라도 매출채권의 장부금액은 명목금액으로 한다.

[X] : 현재가치로 평가하여 명목금액에서 현재가치할인차금을 차감한 금액을 장부금액으로 한다.

●— 장기할부판매에서 구분된 이자부분은 정액법을 사용하여 가득하는 시점에 수익으로 인식한다.

[X] : 정액법(X) → 유효이자율법(O)

●— 위탁매출은 수탁자에게 상품을 발송한 시점에 수익을 인식한다.

[X] : 수탁자가 판매한 시점에 수익을 인식한다.

●— 자동차회사에서 구매고객에게 일정기간 동안 무상수리를 제공하는 무상수리제도는 고객충성제도에 대한 예에 해당한다.

[X] : 무상수리제도는 판매와 직접 관련하여 발생하는 추가적인 원가부담 예상액으로서 현재의무이므로 '판매보증충당부채'의 회계처리가 적용된다.

●— 고객충성제도에서 기업이 직접 보상을 제공한다면 보상점수의 회수 전 최초의 매출거래가 발생할 때 보상점수에 배분된 대가를 수익으로 인식한다.

[X] : 기업이 직접 보상을 제공하는 경우 매출거래가 발생할 때 보상점수에 배분된 대가는 계약부채(이연매출)로 인식한 후 보상점수가 회수되고 의무를 이행한 때에 수익으로 인식한다.

●— 판매자가 아닌 제3자가 보상을 제공하는 경우에는 고객충성제도에 해당하지 않는다.

[X] : 고객충성제도는 기업이 보상을 제공하는 경우와 제3자가 보상을 제공하는 경우 모두에 적용한다.

●— 재화를 설치하는 조건으로 판매하는 경우 설치용역이 별도 구분되는 수행의무인 경우 설치와 재화를 하나의 수행의무로 보아 수익으로 인식합니다.

[X] : 설치용역이 재화와 별도 구분(구별)되는 경우에는 별도의 수행의무로 보아 개별판매가격 비율로 배분하여 각각 수익을 인식한다. 이 경우 설치용역은 기간에 걸쳐 수행되는 수행의무이므로 진행기준을 적용한다.

●— 설치용역이 재화판매에 부수적으로 제공된 경우 설치용역수수료를 진행기준으로 수익인식한다.

[X] : 설치용역수수료의 수익인식은 다음과 같다.

설치용역이 재화와 구별O	• 별도수행의무로 보아 개별판매가격비율로 배분하여 각각 수익인식 → 설치용역은 기간에 걸쳐 수행되는 수행의무이므로 진행기준 적용
설치용역이 재화와 구별X (부수제공)	• 단일수행의무로 보아 재화의 통제가 이전되는 시점에 수익인식

●— 검사조건부판매의 경우 재화나 용역이 합의된 규격에 부합하는지 객관적으로 판단이 가능한 경우에는 고객이 인수한 시점에 수익을 인식한다.

[X] : 검사조건부판매의 수익인식은 다음과 같다.

합의한 규격에 따른 것인지를 객관적으로 판단할 수 있는 경우	• 고객의 인수는 형식적인 것이므로 고객의 인수여부와 관계없이 수익을 인식함. → 즉, 인수수락 여부에 관계없이 인수 전이라도 이전시점에 수익을 인식함.
합의한 규격에 따른 것인지를 객관적으로 판단할 수 없는 경우	• 고객이 인수하는 시점에 수익을 인식함.

●— 건설계약에서 계약원가는 계약체결일로부터 계약의 최종완료일까지의 기간에 당해 계약에 귀속되는 직접원가만을 포함한다.

[X] : 계약원가는 계약직접원가와 계약공통원가(보험료, 건설간접원가, 차입원가 등)로 구성된다.

●— 건설계약에 있어 하도급계약에 따라 수행될 공사에 대해 하도급자에게 선급한 금액은 진행률 산정을 위한 누적발생계약원가에 포함시켜야 한다.

[X] : 하도급자에게 선급한 금액은 진행률 산정을 위한 누적발생계약원가에서 제외시켜야 한다.

●— 건설계약에 있어 계약체결 전에 발생한 원가는 계약의 체결이후에 발생한 원가가 아니므로 계약원가로 포함될 수 없다.

[X] : 계약에 직접 관련되며 일정요건(식별가능, 측정가능, 계약체결 가능성이 높음.)을 충족시 계약원가에 포함한다.

●— 계약수익은 진행률과 관계없이 청구한 금액으로 인식한다.

[X] : 건설계약의 결과를 신뢰성있게 추정할 수 있는 경우, 건설계약과 관련한 계약수익과 계약원가는 보고기간말 현재 계약활동의 진행률을 기준으로 각각 수익과 비용으로 인식한다.

●— 건설계약의 결과를 신뢰성 있게 추정할 수 없는 경우, 건설계약과 관련한 계약수익과 계약원가는 보고기간 말 현재 계약활동의 진행률을 기준으로 각각 수익과 비용으로 인식한다.

[X] : 건설계약의 결과를 신뢰성있게 추정할 수 없는 경우, 계약수익은 계약원가의 범위 내에서 회수가능성이 높은 금액만 인식하며, 발생한 원가는 모두 당해 기간의 비용으로 인식한다.

●— 진행률 계산시 발주자에게서 받은 기성금과 선수금도 공사의 정도를 반영하기 때문에 포함해야 한다.

[X] : 계약의 진행률은 계약의 성격에 따라 원가비율, 측량비율(예노동시간비례법), 물리적 완성비율 등으로 측정할 수 있다. 그러나 발주자에게서 수령한 기성금과 선수금은 수행의무의 이행정도를 반영하지 못하므로 진행률로 사용할 수 없다.

●— 비화폐성급여는 단기종업원급여에 포함되지 않는다.

[X] : 의료, 주택, 자동차, 무상 또는 일부 보조로 제공되는 재화나 용역과 같은 현직종업원을 위한 비화폐성급여도 단기종업원급여에 포함한다.

●— 확정급여제도에서 가입자의 미래급여금액은 사용자나 가입자가 출연하는 기여금과 기금의 운영 효율성 및 투자수익에 따라 결정된다.

[X] : 확정급여제도(X) → 확정기여제도(O)

- 확정기여제도는 보험수리적 평가기법에 따라 퇴직 후 예상급여를 확정시키고 이에 대한 지급을 기업이 보증하는 형태이다.

  [X] : 확정기여제도(X) → 확정급여제도(O)

- 확정급여제도는 기업이 종업원 퇴직시 약정된 퇴직급여의 지급을 약속한 것으로 그 운용과 위험을 종업원이 부담한다.

  [X] : 확정급여제도는 그 운용과 위험을 기업이 부담한다.

- 확정급여제도란 보험수리적 위험과 투자위험을 종업원이 부담하는 퇴직급여제도를 의미한다.

  [X] : 확정급여제도는 보험수리적 위험과 투자위험을 기업이 부담하는 퇴직급여제도이다.

- 확정기여제도를 도입한 기업은 기여금의 운용결과에 대한 납부의무가 있다.

  [X] : 확정기여제도에서의 기업의 부담은 출연금액에 한정된다.

- 확정급여제도는 기업이 기여금을 불입함으로써 퇴직급여와 관련된 모든 의무가 종료된다.

  [X] : 기업이 기여금을 불입함으로써 퇴직급여 관련 모든 의무가 종료되는 것은 확정기여제도이다.

- 보고기간말 현재 근로기준법에 따라 전임직원에게 지급할 급여를 계산하여 퇴직급여충당부채를 계상한다.

  [X] : 예상 미래지급액의 현재가치로 부채를 계상한다.

- 확정급여채무의 현재가치를 계산할 때 종업원 이직률, 임금상승률, 할인율 등의 가정은 상황 변화에 관계없이 동일한 값을 적용한다.

  [X] : 보험수리적 가정은 상황변화에 따라 상이한 값을 적용한다.

- 확정급여제도에서는 사외적립자산을 출연하는데 이때 사외적립자산은 장부금액으로만 측정한다.

  [X] : 사외적립자산은 기금(보험회사)이 보유하고 있는 자산을 말하며, 보고기간말에 공정가치로 측정하고 재무상태표에 확정급여채무에서 차감하여 표시한다.

●— 확정급여제도의 경우 사외적립자산은 공정가치로 측정하여 재무상태표에 인식되는 순확정급여부채를 결정할 때 가산한다.

[X] : 가산한다.(X) → 차감한다(O)

재무상태표	• 확정급여채무(현재가치)에서 사외적립자산(공정가치)을 차감금액을 순확정급여부채로 표시 ❐ 순확정급여부채 = 확정급여채무(현재가치) - 사외적립자산(공정가치)
포괄손익계산서	• 포괄손익계산서에는 다음의 금액을 퇴직급여로 계상함. ❐ 퇴직급여 = 당기근무원가 + (확정급여채무 이자원가 - 사외적립자산의 수익)

●— 확정급여제도하에서 당해 회계기간에 대하여 사외에 적립한 기여금은 비용으로 인식한다.

[X] : 당해 회계기간에 대하여 회사가 적립한 기여금은 자산으로 인식한다.
→(차) 사외적립자산 xxx (대) 현금 xxx

●— 확정급여제도하에서 사외적립자산과 확정급여채무는 차감하지 않고 재무상태표에 각각 자산과 부채로 표시한다.

[X] : 사외적립자산은 공정가치로 측정하며, 확정급여채무의 현재가치에서 차감하여 순확정급여부채(자산)의 과목으로 하여 재무상태표에 표시한다.
→확정급여채무(현재가치) - 사외적립자산(공정가치) = 순확정급여부채

●— 확정급여제도하에서 사외적립자산은 재측정요소가 발생하지 않는다.

[X] : 사외적립자산은 재측정요소가 발생한다.(재측정손익 : 사외적립자산실제투자수익 - 사외적립자산이자수익)
→재측정요소는 사외적립자산의 예상치 못한 변동을 말하며 기타포괄손익으로 인식한다.

●— 주식기준보상거래는 종업원에게만 부여하고 거래상대방에게 부여하지는 않는다.

[X] : 주식기준보상약정은 특정 가득조건이 있다면 그 가득조건이 충족되는 때에 거래상대방에게 대가를 받을 권리를 획득하게 하는 기업과 종업원을 포함한 거래상대방 사이의 계약이므로, 주식기준보상거래는 종업원과 거래상대방 모두에게 부여한다.

●— 종업원에게 제공받은 용역의 보상원가는 부여일 이후 지분상품 공정가치 변동을 반영하여 측정한다.

[X] : 종업원으로부터 제공받는 용역의 공정가치는 일반적으로 신뢰성있게 측정할 수 없을 것이기 때문에 부여일의 지분상품의 공정가치에 기초하여 측정하며, 부여한 지분상품의 공정가치는 추후 가치가 변동하는 경우에도 추정치를 변경하지 않는다. 즉, 재측정하지 않는다.

●— 주식결제형 주식기준보상거래의 보상원가 산정시 지분상품의 공정가치는 부여일 현재로 측정하고 이 후에 공정가치가 변동되는 경우 변동분을 반영한다.

[X] : 재측정없이 부여일 공정가치로 측정하고 기대권리소멸률을 반영한 보상원가를 용역제공비율(=당기말까지 기간÷용역제공기간)에 따라 가득기간에 걸쳐 인식한다.

●— 현금결제형 주식기준보상거래는 기업이 재화나 용역을 제공받는 대가로 자신의 지분상품을 부여하는 거래이다.

[X] : 기업이 재화나 용역을 제공받는 대가로 자신의 지분상품을 부여하는 것은 주식결제형 주식기준보상거래이다.

●— 이연법인세자산·부채를 계산할 때 미수이자와 같은 일시적차이는 제외하고 영구적차이만 고려한다.

[X] : 영구적차이는 제외하고 일시적차이만 고려한다.

●— 이연법인세자산은 유동자산과 비유동자산으로 구분된다.

[X] : 이연법인세자산(부채)는 비유동자산(부채)로만 표시한다.

●— 이연법인세자산과 부채는 현재가치로 할인한다.

[X] : 이연법인세 자산과 부채는 할인하지 아니한다.

→이연법인세 자산과 부채를 신뢰성 있게 현재가치로 할인하기 위해서는 각 일시적차이의 소멸시점을 상세히 추정하여야 한다. 많은 경우 소멸시점을 실무적으로 추정할 수 없거나 추정이 매우 복잡하다. 따라서 이연법인세 자산과 부채를 할인하도록 하는 것은 적절하지 않다. 또한 할인을 강요하지 않지만 허용한다면 기업 간 이연법인세 자산과 부채의 비교가능성이 저해될 것이다. 따라서 K-IFRS에서는 이연법인세 자산과 부채를 할인하지 않도록 하였다.

●— 이연법인세자산(부채)에 적용되는 세율은 차이 발생시점의 한계세율로 인식한다.

[X] : 소멸시점의 평균세율로 인식한다.

● 당기법인세자산과 당기법인세부채는 항상 상계하여 표시한다.

[X] : 당기법인세자산과 당기법인세부채는 항상 상계하여 표시하는 것이 아니라, K-IFRS 제1012호 문단71에 규정하고 있는 소정의 요건을 모두 충족하는 경우에만 상계하여 표시한다. 상계표시와 관련된 내용은 다음과 같다.

당기법인세자산 당기법인세부채	• 다음 조건을 모두 충족하는 경우에만 상계하여 유동자산(부채)로 분류함. ㉠ 인식된 금액에 대한 법적으로 집행가능한 상계권리를 가지고 있다. ㉡ 순액결제하거나, 자산을 실현하는 동시에 부채를 결제할 의도가 있다.
이연법인세자산 이연법인세부채	• 다음 조건을 모두 충족하는 경우에만 상계하여 비유동자산(부채)로 분류함. ㉠ 당기법인세자산·부채를 상계할 수 있는 법적으로 집행가능한 권리를 가지고 있다. ㉡ 이연법인세자산과 이연법인세부채가 다음의 각 경우에 동일한 과세당국에 의해서 부과되는 법인세와 관련되어 있다. ⓐ 과세대상기업이 동일한 경우 ⓑ 과세대상기업은 다르지만 당기법인세 부채와 자산을 순액결제할 의도가 있거나, 유의적 금액의 이연법인세부채가 결제되거나 이연법인세자산이 회수될 미래의 각 회계기간마다 자산을 실현하는 동시에 부채를 결제할 의도가 있는 경우

● 재고자산 원가흐름의 가정을 선입선출법에서 가중평균법으로 변경하는 것은 회계추정의 변경에 해당한다.

[X] : 재고자산 원가흐름의 가정변경은 회계정책의 변경이다.

● 유형자산의 측정기준을 원가모형에서 재평가모형으로 변경하는 것은 회계추정의 변경에 해당한다.

[X] : 회계정책의 변경에 해당한다.

● 재고자산의 진부화 여부에 대한 판단추정치를 변경하는 것은 회계정책의 변경에 해당한다.

[X] : 회계추정의 변경에 해당한다.

● 회계변경이 회계정책의 변경인지 회계추정의 변경인지 구분하는 것이 어려운 경우에는 이를 회계정책의 변경으로 본다.

[X] : 회계추정의 변경으로 본다.

● 감가상각방법을 변경한 경우에는 비교 표시되는 전기 재무제표를 재작성해야 한다.

[X] : 회계추정의 변경은 전진법을 적용하므로 전기 재무제표를 재작성하지 않는다.

● 재고자산 단위원가 결정방법을 선입선출법에서 가중평균법으로 변경하는 것은 오류수정에 해당된다.

[X] : 회계정책의 변경에 해당한다.

●— 중요한 오류가 발생한 과거기간의 재무제표가 비교표시되는 경우에도 그 재무정보를 재작성할 필요는 없다.

[X] : 당기 중에 발견한 당기 잠재적 오류는 재무제표의 발행승인일 전에 수정한다. 그러나, 중요한 오류를 후속기간에 발견하는 경우 이러한 전기오류는 해당 후속기간의 재무제표에 비교표시된 재무정보를 재작성하여 수정한다.

●— 전기오류의 수정은 반드시 오류가 발견된 기간의 당기손익으로 보고한다.

[X] : 전기오류의 수정은 오류가 발견된 기간의 당기손익으로 보고하지 않는다. 따라서 과거 재무자료의 요약을 포함한 과거기간의 정보는 실무적으로 적용할 수 있는 최대한 앞선 기간까지 소급재작성한다.

●— 전기오류수정은 중요한 오류라 할지라도 당기손익에 반영한다.

[X] : 전기오류의 수정은 오류가 발견된 기간의 당기손익으로 보고하지 않는다. 따라서 과거 재무자료의 요약을 포함한 과거기간의 정보는 실무적으로 적용할 수 있는 최대한 앞선 기간까지 소급재작성한다.

●— 재고자산을 선입선출법에서 가중평균법으로 변경하는 것은 오류수정에 해당된다.

[X] : 회계정책의 변경에 해당된다.

●— 자기주식을 취득하면 기본주당이익을 감소시키는 효과가 생긴다.

[X] : 자기주식을 취득하면 유통보통주식수가 감소하므로 기본주당이익을 증가시킨다.

●— 주당이익 계산시 가중평균유통보통주식수에는 결산기말 현재 발행된 우선주식수를 포함해야 한다.

[X] : 우선주식수는 제외한다.

●— 주당이익 계산시 당기 중 무상증자를 실시한 경우 무상증자를 실시한 날짜를 기준일로 하여 가중평균유통주식수를 계산한다.

[X] : 기초에 실시된 것으로 간주하여 주식수를 조정한다.

●— 주당이익 계산시 주식분할이 실시된 경우에는 주식분할이 이루어진 날을 기준으로 가중평균유통보통주식수를 구한다.

[X] : 당기 중에 무상증자, 주식배당, 주식분할 및 주식병합이 실시된 경우에는 기초에 실시된 것으로 간주하여 가중평균유통보통주식수를 증가 또는 감소시켜 주며 다만, 기중에 유상증자 등으로 발행된 신주에 무상증자 등이 실시된 경우에는 당해 유상신주의 납입일에 실시된 것으로 간주해 가중평균유통보통주식수를 조정한다.

●— 주당이익 계산시 당기 중 유상증자로 보통주가 발행된 경우 기초에 실시된 것으로 간주하여 주식수를 조정한다.

[X] : 그 납입일을 기준으로 주식수를 조정한다.

- 기본주당이익의 계산시 당해 회계기간과 관련된 누적적 우선주에 대한 세후배당금은 배당금의 지급이 결의된 경우에만 당기순손익에서 차감한다.

  [X] : 누적적 우선주는 배당금을 지급하지 못하였을 경우 그 부족액을 후년도의 이익에서 충당할 수 있는 우선주를 말하며, 누적적 우선주의 배당금은 배당결의 여부에 관계없이 손실이 발생한 경우에도 당해 회계기간과 관련된 세후배당금을 차감하여 산정한다.

  예시 전기당기순손실 50,000원, 당기순이익 200,000원, 전기,당기 모두 유통보통주식은 1,000주, 우선주는 비참가적, 누적적 우선주. 당기에 전기분과 당기분 우선주배당 30,000원씩 60,000원을 배당키로 결의함.

  - 전기 기본EPS : $\frac{-50,000-30,000}{1,000주}$ = -80
  - 당기 기본EPS : $\frac{200,000-30,000}{1,000주}$ =170 → $\frac{200,000-60,000}{1,000주}$ =140(X)

  *배당결의하지 않은 경우에도 위와 동일함!

- 유의적인 영향력을 판단함에 있어 피투자자에 대한 의결권은 투자자의 지분율과 지배기업이 보유하고 있는 지분율의 합계로 계산한다.

  [X] : 지배기업(X) → 종속기업(O)

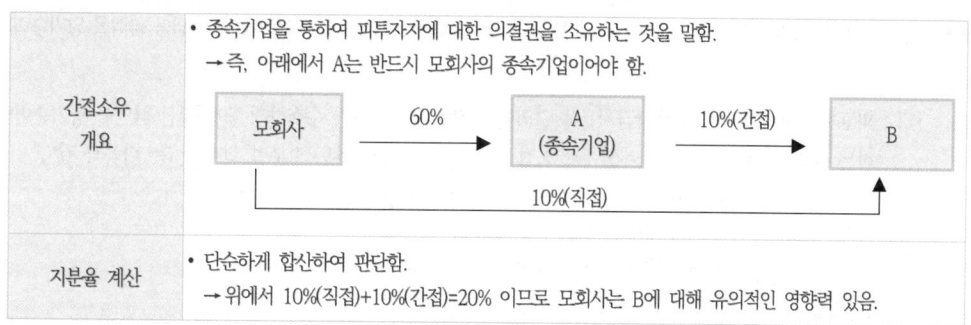

간접소유 개요	• 종속기업을 통하여 피투자자에 대한 의결권을 소유하는 것을 말함. →즉, 아래에서 A는 반드시 모회사의 종속기업이어야 함. 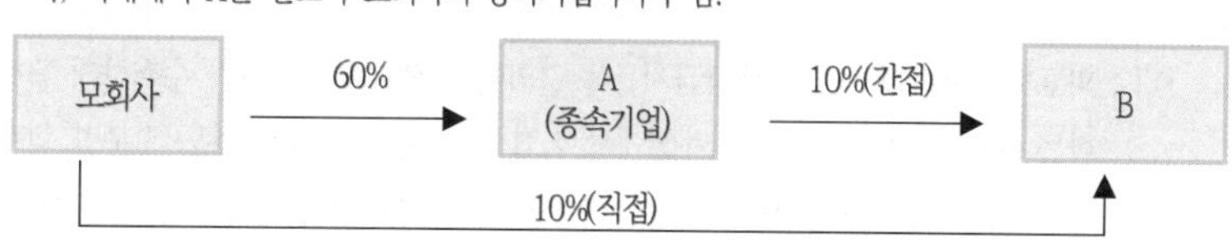
지분율 계산	• 단순하게 합산하여 판단함. → 위에서 10%(직접)+10%(간접)=20% 이므로 모회사는 B에 대해 유의적인 영향력 있음.

- 지분법과 관련하여 기업이 해당 피투자자에 대하여 유의적인 영향력이 있는지 여부를 평가할 때에는 다른 기업이 보유한 잠재적 의결권은 고려하지 않는다.

  [X] : 기업이 해당 피투자자에 대하여 유의적인 영향력이 있는지 여부를 평가할 때에는 다른 기업이 보유한 잠재적 의결권도 고려하여야 한다. 지분율기준 유의적 영향력의 세부내용은 다음과 같다.

원칙	• 투자자가 직접으로 또는 간접(예 종속기업을 통하여)으로 피투자자에 대한 의결권의 20%이상을 소유하고 있다면 명백한 반증이 있는 경우를 제외하고는 유의적인 영향력이 있는 것으로 보아 지분법을 적용함.
고려사항	• 유의적인 영향력 판단을 위한 지분율 계산에 고려할 사항은 다음과 같음. ㉠ 유의적인 영향력을 판단함에 있어 피투자자에 대한 의결권은 투자자의 지분율과 종속기업이 보유하고 있는 지분율의 단순합계로 계산함. ㉡ 기업이 해당 피투자자에 대하여 유의적인 영향력이 있는지 여부를 평가할 때에는, 다른 기업이 보유한 잠재적 의결권(예 주식매입권, 주식콜옵션, 보통주식으로 전환할 수 있는 채무상품이나 지분상품, 또는 그 밖의 유사한 금융상품)을 포함하여 현재 행사할 수 있거나 전환할 수 있는 잠재적 의결권의 존재와 영향을 고려하여야 함.

- 지분법은 취득시점에 관계기업투자주식을 공정가치로 측정한다.

  [X] : 공정가치(X) → 취득원가(O)

- 지분법 회계처리에서 취득시점 이후 발생한 피투자회사의 순자산 변동액은 투자주식 계정에 반영하지 않는다.

  [X] : 반영하지 않는다.(X) → 반영한다.(O)

- 지분법 적용에 있어 배당금수취시 투자수익을 즉시 인식하므로 투자주식 계정이 증가한다.

  [X] : 배당금 수취시는 투자주식을 감소시킨다.

- 지분법 적용에 있어 투자회사가 수취하게 될 배당금 금액은 취득한 기간의 당기순손익에 포함한다.

  [X] : 배당금 수취시는 투자주식을 감소시킨다.

- 지분법 적용에 있어 피투자회사가 배당금지급을 결의한 시점에 투자회사가 수취하게 될 배당금 금액을 당기순이익으로 인식한다.

  [X] : 피투자회사(관계기업)가 배당금지급을 결의한 시점에 투자회사가 수취하게 될 배당금 금액을 당기순이익으로 인식하는 것이 아니라, 투자주식계정에서 직접 차감한다. 취득일 이후 지분법 회계처리는 다음과 같다.

당기순이익 보고시	• '피투자회사의 순이익×지분율'만큼 지분법이익(당기손익)을 인식함. →(차) 관계기업투자주식 xxx (대) 지분법이익 xxx
배당시	• 배당결의시 : (차) 미수배당금 xxx (대) 관계기업투자주식 xxx • 배당수령시 : (차) 현금 xxx (대) 미수배당금 xxx 주의 지분법에서는 피투자회사가 배당을 하면 순자산이 감소하므로 투자주식을 감소시키는 처리를 하며, 배당금수익을 인식하는 것이 아님.
기타포괄손익 증감시	• '피투자회사의 기타포괄손익×지분율'만큼 지분법자본변동(기타포괄손익)을 인식함. →(차) 관계기업투자주식 xxx (대) 지분법자본변동 xxx

- 투자자와 관계기업 사이의 상향거래나 하향거래에서 발생한 당기손익에 대하여 투자자는 그 관계기업에 대한 투자지분과 관련된 손익까지만 투자자의 재무제표에 인식한다.

  [X] : 투자자와 관계기업 사이의 상향거래(관계기업이 투자자에게 판매하는 등의 거래)나 하향거래(투자자가 관계기업에게 판매하는 등의 거래)에서 발생한 당기손익에 대하여 투자자는 그 관계기업에 대한 투자지분과 무관한 손익까지만 투자자의 재무제표에 인식한다.
  →즉, 내부거래로 발생한 관계기업의 당기손익 중 투자자의 지분은 제거한다.

- 기능통화란 영업활동이 이루어지는 주된 경제환경의 통화로서 기업의 본사가 속해있는 국가의 통화이다.

  [X] : 기능통화란 영업활동이 이루어지는 주된 경제환경의 통화로, 장부에 기록(거래인식)하는 통화이다.

●— 표시통화와 기능통화를 동일한 화폐로 결정할 수 없다.

[X] : 국내 영업기업의 기능통화는 원화로서 이는 표시통화와 동일하다.

●— 표시통화와 기능통화는 반드시 동일한 화폐로 사용하여야 한다.

[X] : 기업은 어떤 통화든지 표시통화로 사용할 수 있다.(기능통화와 표시통화가 다른 경우에는 기능통화를 표시통화로 환산하여 재무제표에 보고해야 함.)
→표시통화와 기능통화는 반드시 동일한 화폐로 사용하여야 하는 것은 아니다.

●— 기업의 표시통화와 기능통화가 다른 경우에는 경영성과와 재무상태를 기능통화로 환산하여 재무제표에 보고한다.

[X] : 기업의 표시통화와 기능통화가 다른 경우에는 경영성과와 재무상태를 표시통화로 환산하여 재무제표에 보고한다.

●— 기능통화와 표시통화가 다른 경우 기능통화로 회계거래를 인식하며 표시통화로 회계장부에 기록한다.

[X] : 기능통화와 표시통화가 다른 경우에는 기능통화를 표시통화로 환산하여 재무제표에 보고해야 한다.(즉, 반드시 환산하는 절차가 필요하다.)

●— 화폐성 외화자산·부채의 환산시 발생하는 외화환산이익·손실은 기타포괄손익으로 처리한다.

[X] : 기타포괄손익(X) → 당기손익(O)

●— 역사적원가로 측정하는 비화폐성 외화항목은 마감환율로 매 보고기간말 환산한다.

[X] : 마감환율(X) → 거래일의 환율(O)

●— 비화폐성 외화자산·부채 중 공정가치로 측정하는 항목은 당해 자산·부채의 최초 거래일의 환율로 환산한다.

[X] : 거래일의 환율(X) → 공정가치 결정일의 환율(O)

●— 외화표시재무제표를 원화로 환산시 환산에서 생기는 외환차이는 당기손익으로 처리한다.

[X] : 기타포괄손익으로 처리한다.

●— 재무제표의 외화환산과 관련하여 포괄손익계산서의 수익과 비용은 마감환율을 적용한다.

[X] : 포괄손익계산서의 수익과 비용은 해당 거래일의 환율을 적용하되 환율이 유의적으로 변동하지 않을 경우에는 해당 기간의 평균환율을 적용할 수 있다.

●— 선물의 경우에는 권리나 의무 중 하나만 부담하지만 옵션의 경우에는 거래시 권리와 의무를 모두 부담한다.

[X] : 선물의 경우에는 권리와 의무를 모두 부담하지만 옵션의 경우에는 거래시 권리나 의무 중 하나만 부담한다.

●— 미국형 옵션은 만기일에만 권리를 행사할 수 있는 옵션이며, 유럽형 옵션은 만기일 이전에는 언제라도 권리를 행사할 수 있는 옵션이다.

[X] : 유럽형 옵션은 만기일에만 권리를 행사할 수 있으나, 미국형 옵션은 만기일 이전에 언제라도 권리를 행사할 수 있다.

●— 위험회피수단으로 지정된 파생상품의 평가손익은 위험회피유형별로 회계처리가 동일하다.

[X] : 위험회피수단으로 지정된 파생상품 평가손익은 위험회피 유형별로 다음과 같이 처리한다.

보유목적	평가손익	
공정가치위험회피	• 당기손익	
현금흐름위험회피	위험회피에 효과적O	• 기타포괄손익
	위험회피에 효과적X	• 당기손익

●— 위험회피수단으로 지정되지 않고 매매목적으로 보유하고 있는 파생상품의 평가손익은 자본조정으로 인식한다.

[X] : 자본조정(X) → 당기손익(O)

●— 위험회피수단으로 지정되지 않고 매매목적 등으로 보유하고 있는 파생상품의 평가손익은 기타포괄손익으로 계상해야 한다.

[X] : 기타포괄손익(X) → 당기손익(O)

●— 공정가치위험회피회계란 인식된 자산이나 부채 또는 미인식된 확정계약의 전체 또는 일부의 현금흐름 변동에 대한 위험회피를 의미한다.

[X] : 현금흐름 변동(X) → 공정가치 변동(O)

●— 공정가치위험회피를 적용하는 경우 위험회피수단에 대한 손익은 기타포괄손익으로 인식한다.

[X] : 기타포괄손익(X) → 당기손익(O)

●— 현금흐름위험회피회계란 인식된 자산이나 부채 또는 발생가능성이 매우 높은 예상거래의 공정가치변동에 대한 위험회피를 의미한다.

[X] : 공정가치 변동(X) → 미래현금흐름 변동(O)

- 위험회피대상항목이 미래에 예상되는 거래로서 당해 거래에 따른 미래현금흐름 변동을 상쇄하기 위해 파생상품을 이용하는 경우에는 공정가치위험회피회계를 적용한다.

  [X] : 공정가치위험회피회계(X) → 현금흐름위험회피회계(O)

- 현금흐름위험회피를 적용하는 경우 위험회피수단에 대한 손익 중 위험회피에 효과적인 부분은 당해 회계연도의 당기손익으로 인식한다.

  [X] : 당기손익(X) → 기타포괄손익(O)

- 현금흐름 위험회피회계에서 위험회피에 효과적이지 않은 부분은 당해 회계연도의 기타포괄손익으로 인식한다.

  [X] : 기타포괄손익(X) → 당기손익(O)

- 파생상품 회계처리와 관련하여 현금흐름 위험회피회계시 손익은 모두 당기손익으로 계상한다.

  [X] : 위험회피에 효과적인 부분은 기타포괄손익, 위험회피에 효과적이지 못한 부분은 당기손익 처리한다.

- 리스이용자는 각 리스를 운용리스나 금융리스로 분류한다.

  [X] : 리스제공자는 금융리스나 운용리스로 분류하나, 리스이용자는 분류하지 않는다.

- 계약의 다른 속성들을 고려할 때 기초자산의 소유에 따른 위험과 보상의 대부분을 이전하지 않는다는 점이 분명한 경우는 리스가 일반적으로 금융리스로 분류되는 상황의 사례이다.

  [X] : 계약의 다른 속성들을 고려할 때 기초자산의 소유에 따른 위험과 보상의 대부분을 이전하지 않는다는 점이 분명하다면 그 리스는 운용리스로 분류한다.

- 운용리스란 기초자산의 소유에 따른 위험과 보상의 대부분을 리스이용자에게 이전하는 리스를 말한다.

  [X] : 운용리스(X) → 금융리스(O)

- 리스이용자가 리스를 해지시 손실을 리스이용자가 부담하는 경우 금융리스로 분류한다.

  [X] : 리스이용자가 리스를 해지할 경우 해지로 인한 리스제공자의 손실을 리스이용자가 부담하는 경우는 금융리스로 분류될 가능성이 있는 것이지, 반드시 금융리스로 분류하는 것은 아니다.

- 금융리스의 경우 리스이용자의 입장에서 보증잔존가치와 무보증잔존가치는 모두 리스료에 포함한다.

  [X] : 무보증잔존가치는 리스료의 구성항목에 포함되지 않는다.

- 지수나 요율(이율)에 따라 달라지는 변동리스료는 리스료에 포함되지 않는다.

  [X] : 변동리스료는 리스료의 구성항목에 포함된다.

- 금융리스이용자 입장에서는 무보증잔존가치는 지급의무가 없으나 리스료에는 포함된다.

  [X] : 무보증잔존가치는 리스료에 포함되지 않는다.

- 내재이자율은 리스제공자의 목표수익률을 의미하며, 내재이자율 산정시에는 리스료만을 고려하고 무보증잔존가치는 제외한다.

  [X] : 내재이자율은 리스료 및 무보증잔존가치의 현재가치 합계액을 기초자산의 공정가치와 리스제공자의 리스개설직접원가의 합계액과 동일하게 하는 할인율을 말한다.
  →내재이자율은 엄밀히 말해 목표수익률과 동일한 개념은 아니며, 리스료와 무보증잔존가치 모두를 고려하여 산정된다.

계산구조	• 소유권이전이 확실하지 않은 경우 다음 산식을 성립시키게 하는 할인율 (리스료+무보증잔존가치)의 현재가치 = 공정가치+리스개설직접원가(리스제공자) '리스총투자' = '리스순투자'	
비교분석 → 참고사항	목표수익률 (목표투자수익률)	• 리스료를 산정하기 위하여 리스제공자가 사전적(ex-ante)으로 설정한 이자율을 말함.
	내재이자율	• 리스료가 결정된 이후 사후적(ex-post)으로 해당 리스거래에서 리스제공자가 얻게 되는 수익률을 말함.

- 무보증잔존가치가 있는 경우에도 리스이용자의 리스부채와 리스제공자의 리스채권의 금액은 같다.

  [X] : 무보증잔존가치가 있는 경우 리스부채와 리스채권 금액은 다르다.
  - 리스부채 : 리스료의 현가
  - 리스자산 : '리스료+무보증잔존가치'의 현가

- 금융리스의 경우 리스제공자가 금융리스자산과 관련된 감가상각비를 계상한다.

  [X] : 리스제공자는 감가상각이 없다.

- 판매형리스에서 리스제공자가 인식할 매출액 계산시 리스료의 현재가치는 리스제공자의 증분차입이자율로 할인하여 계산한다.

  [X] : 리스제공자의 증분차입이자율(X) → 시장이자율(O)

- 운용리스의 경우 리스이용자는 리스자산과 리스부채를 동시에 계상한다.

  [X] : 리스자산(X) → 사용권자산(O)

- 현금흐름표는 영업활동현금흐름, 투자활동현금흐름, 관리활동현금흐름 및 재무활동현금흐름으로 구분하여 표시한다.

  [X] : 현금흐름표에는 관리활동현금흐름은 표시하지 않는다.

- 현금흐름표는 영업활동현금흐름, 투자활동현금흐름, 잉여현금흐름 및 재무활동현금흐름으로 구분하여 표시한다.

  [X] : 현금흐름표에는 잉여현금흐름은 표시하지 않는다.

- 이자수입은 손익의 결정에 영향을 미치므로 영업활동 현금흐름으로만 분류해야 한다.

  [X] : 이자수입과 배당수입은 투자활동 현금흐름으로도 분류할 수 있다.

- 법인세로 인한 현금흐름은 반드시 영업활동으로 인한 현금흐름으로 분류한다.

  [X] : 법인세로 인한 현금흐름은 재무활동·투자활동에 명백히 관련되지 않는 한 영업활동 현금흐름으로 분류한다.
  →즉, 영업활동으로 분류가 원칙이며, 투자활동이나 재무활동으로의 분류도 가능하다.

- 법인세로 인한 현금흐름은 영업활동과 투자활동에 명백히 관련되지 않는 한 재무활동 현금흐름으로 분류한다.

  [X] : 법인세로 인한 현금흐름은 재무활동·투자활동에 명백히 관련되지 않는 한 영업활동 현금흐름으로 분류한다.
  →즉, 영업활동으로 분류가 원칙이며, 투자활동이나 재무활동으로의 분류도 가능하다.

- 단기매매목적으로 보유하는 계약에서 발생하는 현금유출입은 투자활동 현금흐름이다.

  [X] : 영업활동 현금흐름이다.

- 단기매매목적으로 보유하는 유가증권의 취득과 판매에 따른 현금흐름은 투자활동으로 분류한다.

  [X] : 영업활동으로 분류한다.

- 장·단기차입금에 따른 현금유입은 영업활동 현금흐름이다.

  [X] : 재무활동 현금흐름이다.

● 간접법을 적용하여 표시한 영업활동 현금흐름은 직접법에 의한 영업활동 현금흐름에서는 파악할 수 없는 정보를 제공하기 때문에 미래현금흐름을 추정하는 데 보다 유용한 정보를 제공한다.

[X] : 직접법은 당기순이익에서 조정을 거쳐 현금의 흐름을 사후적으로 확인하는 간접법에 비하여 영업거래의 다양한 원천별 현금의 흐름내역을 일목요연하게 제시해 줌으로써 진정한 의미에서의 현금흐름을 파악할 수 있는 방법으로 미래현금흐름을 추정하는 데 보다 유용한 정보를 제공한다.

→즉, 현금유입의 발생원천과 현금유출의 운용에 관한 개별정보는 미래현금흐름의 예측에 더 유용하다.

→한편, 직접법은 현금흐름을 개별 항목별로 파악할 수 있기 때문에 전문회계지식이 없더라도 그 내용을 쉽게 파악할 수 있다.

● 직접법과 간접법은 영업활동뿐만 아니라 투자활동 및 재무활동도 현금흐름표상의 표시방법이 다르다.

[X] : 직접법, 간접법은 영업활동을 표시하는 방법이므로, 직접법과 간접법 모두에서 투자활동, 재무활동 표시방법은 동일하다.

공개기출문제[2019년~2022년]

주관처 공개기출문제를 원형 그대로 편집하여 제시하였습니다. 다만, 기출문제의 출력량이 방대한 관계로 이를 다운사이즈로 편집하여 콤팩트하게 볼 수 있도록 편제하였습니다. 제한 시간을 체크하여 먼저 풀어 본 후 제1편의 해설을 통해 숙지바랍니다.

재경관리사 공개기출해설 [재무]

FINAL

Certified Accounting Manager

합본부록.
재무회계 공개기출문제

[2019년~2022년]

SEMOOLICENCE

3P 3P 3P FINAL

POTENTIALITY
PASSION
PROFESSION

3P는 여러분의 무한한 잠재적 능력과 반드시 성취하겠다는 열정을 토대로 전문가의 길로 나아가는 세무라이선스 파이널시리즈의 학습 정신입니다.

수험생 여러분의 합격을 응원합니다.

2019년 1월 시행 재무회계 공개기출문제

1. 다음 중 재무회계와 관리회계에 관한 설명으로 가장 올바르지 않은 것은?

① 관리회계는 일반적으로 인정된 회계원칙에 따라 정해진 양식으로 보고해야 한다.
② 관리회계의 주된 목적은 경영자의 관리적 의사결정에 유용한 정보를 제공하는 것이다.
③ 재무회계는 법적 강제력이 있는 반면 관리회계는 내부보고 목적이므로 법적 강제력이 없다.
④ 재무회계의 주된 목적은 외부정보이용자의 경제적 의사결정에 유용한 정보를 제공하는 것이다.

2. 다음 중 재무상태표의 작성기준에 관한 설명으로 가장 올바르지 않은 것은?

① 재무상태표에는 가지급금이나 가수금 등 미결산항목이 표시될 수 있으나, 이러한 임시계정은 주석으로 공시해야 한다.
② 자산·부채 및 자본은 총액에 의하여 기재함을 원칙으로 한다.
③ 재무상태표상에 자산·부채 및 자본을 기재하는 경우에는 종류와 성격별로 적정하게 구분 표시해야 한다.
④ 재무상태표상에 자본거래에서 발생한 잉여금과 손익거래에서 발생한 잉여금을 구분하여 표시해야 한다.

3. 다음 중 재무제표의 질적 특성에 대한 설명으로 가장 올바르지 않은 것은?

① 재무정보가 제공되기 위해서는 반드시 해당 정보 보고의 효익이 관련 원가를 정당화 할 수 있어야 한다.
② 비교가능성과 검증가능성은 보강적 질적 특성에 해당한다.
③ 목적적합성과 충실한 표현은 근본적 질적 특성에 해당한다.
④ 보강적 질적 특성은 가능한 극대화 되어야 하며 근본적 질적 특성의 극대화를 위해 감소되거나 포기될 수 없다.

4. 다음은 자산에 속하는 계정들의 진액이다. 유동성 분 류에 따라 재무상태표에 유동자산으로 계상될 금액은 얼마인가?

ㄱ. 단기대여금	40,000원	ㄴ. 매출채권	400,000원
ㄷ. 선급비용	600,000원	ㄹ. 선급금	50,000원
ㅁ. 기계장치	865,000원		

① 1,000,000원　② 1,040,000원
③ 1,090,000원　④ 1,155,000원

5. 다음 중 수정을 요하는 보고기간 후 사건에 해당하는 것을 모두 고른 것은?

ㄱ. 보고기간 말에 존재하였던 현재의무가 보고기간 후에 소송사건의 확정에 의해 확인되는 경우
ㄴ. 보고기간 말 이전 사건의 결과로서 보고기간 말에 종업원에게 지급하여야 할 법적 의무가 있는 상여금 지급금액을 보고기간 후에 확정하는 경우
ㄷ. 보고기간 말과 재무제표 발행승인일 사이에 투자자산의 시장가치가 하락하는 경우

① ㄱ　② ㄱ, ㄷ
③ ㄱ, ㄴ　④ ㄱ, ㄴ, ㄷ

6. 다음은 ㈜삼일의 20X1년 재고수불부이다. ㈜삼일은 20X1년 1월 1일에 설립되었으며, ㈜삼일의 김사장은 기말재고자산을 총평균법으로 평가할지 선입선출법으로 평가할지 고민 중이다. 재고자산평가방법에 대한 다음의 설명 중 가장 올바르지 않은 것은?

	수량	단가	금액
5/5 구입	3,000개	2,000원	6,000,000원
6/6 구입	7,000개	3,000원	21,000,000원
9/9 판매	8,500개		
기말	1,500개		
(단, 매출총이익률=매출총이익/매출액)			

① 기말재고자산금액은 선입선출법을 적용했을 때보다 총평균법을 적용하였을 경우 450,000원만큼 작다.
② 매출총이익률은 선입선출법을 적용했을 때보다 총평균법을 적용했을 경우 상대적으로 더 크다.
③ 매출원가는 선입선출법을 적용했을 때보다 총평균법을 적용하였을 경우 450,000원만큼 크다.
④ 당기순이익은 선입선출법을 적용했을 때보다 총평균법을 적용하였을 경우 450,000원만큼 작다.

7. ㈜삼일은 재고자산을 선입선출법에 의하여 평가하고 있다. 다음의 자료를 토대로 ㈜삼일의 20X1년 기말재고자산의 금액을 측정한 것으로 가장 옳은 것은?

	장부수량	취득단가	장부금액
전기이월	3,000개	@12,000	36,000,000원
구입(20X1.07.01)	2,000개	@14,000	28,000,000원
시용판매(20X1.11.25)(*)	4,800개		
구입(20X1.12.22)	1,500개	@14,500	21,750,000원
차기이월	1,700개		

(*)㈜삼일은 당기 중 4,800개를 시용판매 하였으나 그 중 300개는 고객이 기말 현재까지 매입의사를 표시하지 않고 있다.

① 24,550,000원　② 24,650,000원
③ 28,750,000원　④ 29,000,000원

8. 다음은 모자를 수입하여 판매하는 ㈜삼일의 상품재고 현황이다.

	장부수량	장부금액	실사수량	실사수량에 따른 기말재고자산금액
모자	1,200개	4,800,000원	1,000개	4,000,000원

㈜삼일은 섬유신소재의 개발로 상품재고를 다음연도로 이월하여 정상가격으로 판매하기가 곤란하다고 판단하였다. 모자의 순실현가능가치가 3,000,000원일 때 ㈜삼일이 모자에 대한 재고자산평가손실로 인식 할 금액은 얼마인가? 단, 기초시점에 재고자산평가손실충당금은 없다.

① 0원 ② 800,000원
③ 1,000,000원 ④ 1,800,000원

9. ㈜삼일은 영업활동에 사용하던 건물(부속토지 포함) 을 20X4년 12월 31일에 현금을 받고 처분하였다. 동 건물과 관련된 사항은 다음과 같다.

건물의 취득원가	5,000,000원
취득일	20X1년 10월 1일
내용연수	20년
잔존가치	500,000원
감가상각방법	정액법
부속토지(취득원가)	3,000,000원
처분금액(건물 및 부속토지)	7,000,000원

20X4년도에 ㈜삼일의 토지 · 건물 처분에 대한 회계처리로 가장 옳은 것은?(단, ㈜삼일은 최초 인식시점 이후 유형자산을 원가모형으로 회계처리하고 있음)

	차변	금액	대변	금액
①	(차) 현금	7,000,000	(대) 토지	3,000,000
	감가상각누계액	731,250	건물	5,000,000
	유형자산처분손실	268,750		
②	(차) 현금	7,000,000	(대) 토지	3,000,000
	유형자산처분손실	200,000	건물	4,200,000
③	(차) 현금	7,000,000	(대) 토지	3,000,000
	감가상각누계액	900,000	건물	5,000,000
	유형자산처분손실	100,000		
④	(차) 현금	7,000,000	(대) 토지	3,000,000
	유형자산처분손실	100,000	건물	4,100,000

10. 다음 중 유형자산의 인식에 관한 설명으로 가장 옳은 것은?

① 안전 또는 환경상의 이유로 취득하는 유형자산은 직접적인 미래 경제적 효익을 기대할 수 없으므로 자산으로 인식할 수 없다.
② 일상적인 수선·유지와 관련하여 발생하는 후속적 원가는 해당 유형자산의 장부금액에 포함된다.
③ 사용 중이던 유형자산의 일부가 대체될 때 발생하는 원가는 항상 수선비(비용)으로 인식한다.
④ 유형자산의 정기적인 종합검사 과정에서 발생하는 원가가 인식기준을 충족한다면 해당 유형자산의 일부가 대체되는 것으로 본다.

11. 다음 중 무형자산의 상각에 대한 설명으로 가장 올바르지 않은 것은?

① 내용연수가 유한한 무형자산은 내용연수 동안 상각을 하고, 내용연수가 비한정인 무형자산은 상각을 하지 않는다.
② 무형자산의 상각방법은 자산의 경제적 효익이 소비되는 형태를 반영해야 하며, 소비되는 형태를 신뢰성있게 결정할수 없는 경우에는 정액법을 사용한다.
③ 내용연수가 비한정인 무형자산은 상각을 하지 않고, 손상징후에 관계없이 최소 매년 손상검사를 수행하여 손상차손을 인식한다.
④ 무형자산의 잔존가치와 상각기간, 상각방법을 적어도 매 회계연도 말에 검토하며, 검토결과 잔존가치, 상각기간, 상각방법을 변경하는 경우에는 회계추정의 변경으로 보고 소급적용하여 회계처리한다.

12. 다음 중 내부적으로 창출한 무형자산에 관한 설명으로 가장 올바르지 않은 것은?

① 내부적으로 창출한 영업권은 자산으로 인식하지 아니한다.
② 재료, 장치, 제품, 공정, 시스템이나 용역에 대한 여러 가지 대체안을 탐색하는 활동은 미래경제적효익이 창출될 것으로 예상되므로 무형자산으로 인식한다.
③ 무형자산을 창출하기 위한 내부 프로젝트를 연구단계와 개발단계로 구분할 수 없는 경우에는 그 프로젝트에서 발생한 지출은 모두 연구단계에서 발생한 것으로 본다.
④ 내부 프로젝트의 연구단계에서 발생한 지출은 발생시점에 비용으로 인식한다.

13. ㈜삼일은 20X1년초에 임대수익 및 시세차익 등을 목적으로 건물을 10억원에 취득하였다. 취득당시 건물의 내용연수는 10년, 잔존가치는 없으며, 회사의 감가상각방법은 정액법이다. 건물의 회계처리와 관련하여 ㈜삼일의 20X2년 당기순이익에 미치는 영향은 얼마인가(단, 법인세비용은 고려하지 않으며, ㈜삼일은 투자부동산을 공정가치모형으로 측정하고 있다)?

ㄱ. 공정가치

구분	20X1년 12월 31일	20X2년 12월 31일
건물	8억원	12억원

① 2억원 당기순이익 감소
② 4억원 당기순이익 감소
③ 2억원 당기순이익 증가
④ 4억원 당기순이익 증가

14. 다음 중 금융자산의 분류에 대한 설명으로 가장 올바르지 않은 것은?

① 원칙적으로 지분상품은 당기손익-공정가치측정금융자산으로 분류한다.
② 단기매매항목이 아닌 지분상품은 최초 취득시 기타포괄손익-공정가치측정금융자산으로 지정할수 있다.
③ 원리금 수취 목적의 채무상품은 상각후원가측정금융자산으로 분류한다.
④ 매매목적의 채무상품은 기타포괄손익-공정가치측정금융자산으로 분류한다.

15. ㈜서울은 20X1년초에 ㈜용산의 주식 1,000주를 취득하고 당기손익-공정가치 측정 금융자산으로 분류하였다. 20X2년초에 1,000주를 공정가치로 처분한 경우 ㈜서울이 20X2년의 포괄손익계산서에 계상할 처분손익은 얼마인가?

일자	구분	주당금액
20X1년 1월 3일	취득원가	10,000원
20X1년 12월 31일	공정가치	9,500원
20X2년 1월 1일	공정가치	10,200원

① 손실 500,000원　② 손실 700,000원
③ 이익 200,000원　④ 이익 700,000원

16. 다음 중 금융자산의 제거에 관한 설명으로 가장 올바르지 않은 것은?

① 금융자산의 현금흐름에 대한 계약상 권리가 소멸한 경우에는 당해 금융자산을 제거한다.
② 금융자산의 현금흐름에 대한 계약상 권리를 양도하고 양도자가 매도 후에 미리 정한 가격으로 당해 금융자산을 재매입하기로 한 경우에는 당해 금융자산을 제거한다.
③ 금융자산의 현금흐름에 대한 계약상 권리를 양도하고 위험과 보상의 대부분을 이전하면 당해 금융자산을 제거한다.
④ 금융자산의 현금흐름에 대한 계약상 권리를 양도하고, 양수자가 당해 금융자산을 제3자에게 매각할 수 있는 능력을 가지고 있다면 당해 금융자산을 제거한다.

17. ㈜삼일은 20X1년 1월 1일에 다음과 같은 조건의 사 채를 발행하였다. 20X1년 12월 31일 현재 사채할인발행차금 잔액은 얼마인가

ㄱ. 액면금액 : 20,000,000원
ㄴ. 만기일 : 20X3년 12월 31일(3년)
ㄷ. 액면이자율 : 4%(매년 말 이자지급조건)
ㄹ. 발행일의 시장이자율 : 6%
ㅁ. 이자율 6%, 3년 연금현가계수 : 2.6730
　이자율 6%, 3년 현가계수 : 0.8396

① 733,776원　② 777,802원
③ 783,776원　④ 820,202원

18. 다음 중 전환사채에 관한 설명으로 가장 올바르지 않은 것은?

① 전환사채의 발행금액과 미래현금흐름의 현재가치를 일치시켜 주는 이자율을 유효이자율이라고 한다.
② 전환권대가에 해당하는 부분은 무조건 부채로 계상한다.
③ 전환사채의 발행금액에는 전환권대가가 포함되어 있다.
④ 상환할증금 지급조건의 경우 보장수익률이 액면이자율보다 높다.

19. 다음 중 우발부채 및 우발자산에 관한 설명으로 가장 올바르지 않은 것은?

① 과거사건에 의해 발생하였으나 불확실한 미래사건의 발생 여부에 의하여서만 그 존재가 확인되는 잠재적 의무는 우발부채이다.
② 과거사건에 의해 발생하였으나 불확실한 미래사건의 발생 여부에 의하여서만 그 존재가 확인되는 잠재적 자산은 우발자산이다.
③ 우발자산은 재무상태표에 자산으로 기록하지 않는다.
④ 우발부채는 당해 의무 이행을 위해 자원이 유출될 가능성이 아주 낮더라도 주석으로 기재해야 한다.

20. 다음 중 ㈜삼일의 충당부채에 관한 회계처리로 가장 올바르지 않은 것은?

① 판매시점으로부터 2년간 품질을 보증(확신유형의 보증)하는 조건으로 제품을 판매하여 20X1년 중에 판매한 제품에 대해 추정한 보증수리비용을 충당부채로 인식하였다.
② 충당부채를 계상할 때 현재의무의 이행에 소요되는 지출에 대한 보고기간종료일 현재의 최선의 추정치를 산출하였다.
③ 충당부채의 명목가액과 현재가치의 차이가 중요하여 예상 지출의 현재가치로 충당부채를 평가하였다.
④ 화재, 폭발 또는 기타 재해에 의한 재산상의 손실에 대비한 보험에 가입하고 있지 않아 이의 멸실에 대비하여 충당부채를 계상하였다.

21. 다음은 결산일이 12월 31일인 ㈜삼일의 20X1년말 재무상태표상 자본에 관한 정보이다. 20X1년말 ㈜삼일의 기타포괄손익누계액은 얼마인가?

ㄱ. 보통주자본금	50,000,000원
ㄴ. 주식발행초과금	8,000,000원
ㄷ. 매도가능금융자산평가이익	3,000,000원
ㄹ. 자기주식	2,500,000원
ㅁ. 미처분이익잉여금	8,000,000원
ㅂ. 유형자산재평가잉여금	4,000,000원

① 4,000,000원　② 7,000,000원
③ 15,000,000원　④ 17,500,000원

22. 다음 중 ㈜삼일의 자본변동표에 표시되지 않는 항목으로 가장 옳은 것은?

① 당기순손실의 발생　② 유상증자에 따른 신주발행
③ 기계장치의 취득　④ 자기주식의 취득

23. 방송프로그램 제작사인 ㈜삼일은 20X1년 1월 1일 방송프로그램의 캐릭터를 장난감 제조사인 ㈜용산에게 2년간 사용할 수 있는 계약을 체결하고 100,000,000원을 받았다. ㈜용산은 현재 및 향후 캐릭터를 사용한 장난감 제작 권리를 가진다. 20X1년 ㈜삼일의 라이선스 수익인식 금액은 얼마인가?

① 0원　② 25,000,000원
③ 50,000,000원　④ 100,000,000원

24. ㈜삼일은 20X1년 1월 1일 ㈜용산에 상품을 할부로 판매하였다. 할부대금은 매년 말 10,000,000원씩 3년간 회수하기로 하였다. 상품판매시의 시장이자율이 5%인 경우 ㈜삼일의 20X2년 1월 1일 재무상태표상 매출채권 잔액은 얼마인가(3년, 5% 연금현가계수는 2.7232 이며, 소수점 이하는 반올림한다)?

① 30,000,000원　② 18,593,600원
③ 9,523,280원　④ 10,000,000원

25. ㈜서울은 ㈜부산과 총공사계약금액 11,000,000원에 공장 건설계약을 체결하였다. 총공사기간은 계약일로부터 3년이고 건설계약과 관련된 연도별 자료는 다음과 같다. 진행률은 누적발생계약원가에 기초하여 계산한다고 할 때, 20X2년에 인식할 계약손익은 얼마인가?

	20X1년	20X2년	20X3년
당기발생원가	3,000,000원	5,400,000원	3,600,000원
추가예정원가	7,000,000원	3,600,000원	-
대금청구액	4,000,000원	4,500,000원	1,500,000원
대금회수액	3,500,000원	4,000,000원	2,500,000원

① 700,000원 계약손실　② 1,000,000원 계약손실
③ 1,300,000원 계약손실　④ 2,100,000원 계약손실

26. ㈜삼일은 20X1년 건설공사를 계약금액 30,000,000원에 수주하였다. 20X1년 중 발생할 것으로 예상되는 ㈜삼일의 예상원가발생액, 계약대금 청구액은 다음과 같다. ㈜삼일이 누적발생계약에 기초하여 계산된 진행률에 따라 수익을 인식한다면, 20X1년말 재무상태표에 표시할 미청구공사 또는 초과청구공사는 얼마인가?

	20X1년
누적발생계약원가	4,000,000원
추정총계약원가	20,000,000원
당기대금청구액	5,500,000원

① 미청구공사 300,000원　② 미청구공사 500,000원
③ 초과청구공사 300,000원　④ 초과청구공사 500,000원

27. 다음 중 종업원급여(퇴직급여)의 회계처리에 관한 설명으로 가장 옳은 것은?

① 확정기여제도(DC 형)를 도입한 기업은 기여금의 운용결과에 따라 추가납부의무가 있다.
② 확정급여제도(DB 형)는 기업이 기여금을 불입함으로써 퇴직급여와 관련된 모든 의무가 종료된다.
③ 확정급여채무의 현재가치를 계산할 때 종업원 이직률, 조기퇴직률, 임금상승률, 할인율 등의 가정은 상황변화에 관계없이 전기와 동일한 값을 적용하였다.
④ 확정급여제도를 도입하고, 확정급여채무와 사외적립자산의 재측정요소는 기타포괄손익으로 인식하였다.

28. 다음 중 주식기준보상거래에 관한 설명으로 가장 올바르지 않은 것은?

① 주식결제형 주식기준보상거래는 기업이 재화나 용역을 제공받는 대가로 자신의 지분상품을 부여하는 것이다.
② 현금결제형 주식기준보상거래는 기업이 재화나 용역을 제공받는 대가로 기업의 지분상품의 가격에 기초하여 현금 등을 지급하는 것이다.
③ 주식결제형 주식기준보상거래의 보상원가 산정시 지분상품의 공정가치는 부여일 현재로 측정하고 이후에 공정가치가 변동되는 경우 변동분을 반영한다.
④ 선택형 주식기준보상거래는 결제방식으로 현금 지급이나 기업의 지분상품 발행을 선택할 수 있다.

29. 다음 중 이연법인세자산·부채와 관련한 회계처리를 가장 올바르게 수행한 회계담당자는?

① 오대리 : 난 어제 이연법인세자산·부채를 계산하면서 유동성·비유동성을 구분하느라 밤새 한숨도 못 잤어.
② 박대리 : 이연법인세 자산과 부채는 현재가치할인하지 않는 것이 맞아.
③ 이대리 : 이연법인세자산·부채 계산에 적용되는 세율을 차이 발생시점의 한계세율로 인식했어.
④ 김대리 : 이연법인세자산·부채를 계산할 때 미수이자와 같은 일시적 차이는 제외하고 영구적 차이만 고려했어.

30. 다음 중 오류수정에 관한 설명으로 가장 옳은 것은?

① 중요한 오류가 발생한 과거기간의 재무제표가 비교표시되는 경우에도 그 재무정보를 재작성할 필요는 없다.
② 중요한 오류란 재무정보이용자의 의사결정에 영향을 미치는 오류를 말한다.
③ 전기오류의 수정은 반드시 오류가 발견된 기간의 당기손익으로 보고한다.
④ 재고자산 단위원가 결정방법을 선입선출법에서 가중평균법으로 변경하는 것은 항상 오류수정에 해당된다.

31. 다음은 ㈜삼일의 20X1년 회계연도(20X1년 1월 1일 - 20X1년 12월 31일) 당기순이익과 자본에 대한 자료이다. ㈜삼일의 20X1년 회계연도 기본주당이익은 얼마인가(단, 유통보통주식수는 월할계산을 가정한다)?

ㄱ. 당기순이익 : 100,000,000원	
ㄴ. 보통주식수 내역	
기초(1월 1일) 보통주식수	20,000주
기중(7월 1일) 공정가치로 유상증자	10,000주

① 3,333원 ② 4,000원 ③ 5,000원 ④ 10,000원

32. 다음 중 지분법 회계처리에 관한 설명으로 가장 올바르지 않은 것은?

① 피투자자로부터 배당금수취시 투자수익을 즉시 인식하므로 투자주식 계정이 증가한다.
② 피투자자의 기타포괄손익 변동액 중 투자자의 지분 해당액은 투자자의 기타포괄손익으로 인식한다.
③ 투자자가 피투자자에 대해 유의적인 영향력을 행사할 수 있는 경우에 적용한다.
④ 피투자자의 당기순손익 중 투자자의 지분 해당액은 투자자의 당기순손익으로 인식한다.

33. ㈜삼일은 20X1년 1월 1일에 ㈜용산의 보통주 30%를 3,000,000원에 취득하였고 그 결과 ㈜용산의 의사결정에 유의적인 영향력을 행사할 수 있게 되었다. ㈜용산에 대한 재무정보 및 기타 관련정보가 다음과 같을 경우 ㈜삼일의 20X1년말 현재 관계기업투자주식의 장부금액은 얼마인가?

㈜용산에 대한 재무정보
ㄱ. 20X1년 1월 1일 현재 순자산장부금액 : 9,000,000원(공정가치와 일치함)
ㄴ. 20X1년 당기순이익 : 1,000,000원
(㈜용산의 20X1년 중 순자산 장부금액 변동은 당기순이익으로 인한 것 외에 없다고 가정한다.)

① 3,000,000원 ② 3,240,000원
③ 3,300,000원 ④ 4,000,000원

34. 다음 중 환율변동효과와 관련하여 괄호 안에 들어갈 단어로 가장 옳은 것은?

기능통화와 표시통화가 다른 경우 표시통화로 재무상태와 경영성과를 환산하여 보고해야 한다. 재무상태표의 자산과 부채는 (ㄱ)을 적용하고, 포괄손익계산서의 수익과 비용은 (ㄴ)을 적용하되 환율이 유의적으로 변동하지 않을 경우에는 해당 기간의 평균환율을 적용할 수 있다.

	ㄱ	ㄴ
①	보고기간 말의 마감환율	해당 거래일의 환율
②	해당 거래일의 환율	보고기간 말의 마감환율
③	해당 기간의 평균환율	보고기간 말의 마감환율
④	해당 기간의 평균환율	해당 거래일의 환율

35. 외화거래를 최초로 인식하는 경우 거래일의 외화와 기능통화 사이의 현물환율을 외화금액에 적용하여 기능통화로 기록한다. 다음의 외화자산 및 부채 중 보고기간 말의 환율을 적용하여 환산하여야 할 항목으로 가장 올바르지 않은 것은?

① 선수금 ② 매입채무
③ 매출채권 ④ 장기차입금

36. ㈜삼일의 대표이사는 환율하락에 따른 수출대금의 가치감소를 우려하여 20X1년 11월 30일에 결제일이 도래하는 통화선도계약 $1,000,000을 이용하여 환위험을 회피하려고 한다. 다음 자료를 통해 통화선도의 거래형태와 통화선도 거래손익을 올바르게 설명한 것은?

구분	일자	환율
수출일	20X1년 9월 1일	1,200원/$
대금회수일	20X1년 11월 30일	1,100원/$
제품수출대금:$1,000,000, 통화선도 약정환율:1,150원/$		

	거래형태	통화선도거래손익
①	매도계약	이익 50,000,000원
②	매도계약	손실 50,000,000원
③	매입계약	손실 50,000,000원
④	매입계약	이익 50,000,000원

37. 다음 중 리스에 관한 설명으로 가장 옳은 것은?

① 리스이용자만이 중요한 변경 없이 사용할 수 있는 특수한 성격의 리스자산인 경우 운용리스로 분류한다.
② 운용리스의 경우 리스이용자가 운용리스자산과 관련된 감가상각비를 계상한다.
③ 금융리스의 경우 리스이용자가 금융리스자산과 관련된 감가상각비를 계상한다.
④ 리스약정일 현재 최소리스료의 현재가치가 리스자산 공정가치에 현저히 미달하는 경우에 반드시 금융리스로 분류한다.

38. 다음 중 괄호 안에 들어갈 단어로 가장 옳은 것은?

( )은 리스약정일 현재 리스제공자가 수령하는 최소리스료와 무보증잔존가치의 현재가치 합계액을 리스자산의 공정가치 및 리스제공자의 리스개설직접원가의 합계액과 일치시키는 할인율을 말한다.

① 내재이자율 ② 증분차입이자율
③ 리스보증수익율 ④ 우량회사채이자율

39. 현금흐름표의 작성방법에는 직접법과 간접법이 있다. 다음 중 현금흐름표의 작성방법에 관한 설명으로 가장 올바르지 않은 것은?

① 직접법은 현금흐름을 개별 항목별로 파악할 수 있기 때문에 거래유형별 현금흐름의 내용을 쉽게 파악할 수 있다.

② 간접법은 당기순이익과 영업활동으로 인한 현금흐름과의 차이를 명확하게 보여준다.

③ 간접법으로 영업활동현금흐름을 작성하더라도 이자 및 배당금 수취, 이자지급 및 법인세 납부는 직접법을 적용한 것처럼 별도로 표시해야 한다.

④ 직접법과 간접법은 영업활동뿐만 아니라 투자활동 및 재무활동도 현금흐름표상의 표시방법이 다르다

40. ㈜삼일은 20X1년에 설립되었으며, 20X1년에 아래와 같은 이자비용 회계처리를 수행하였다. ㈜삼일이 20X1년 현금흐름표에 인식할 이자지급액으로 가장 옳은 것은?

(차) 이자비용	1,100,000원	(대) 미지급비용	800,000원
		현금	300,000원

① 300,000원　　② 500,000원

③ 600,000원　　④ 1,000,000원

2019년 3월 시행 재무회계 공개기출문제

1. 다음은 재무회계와 관리회계를 비교한 것이다. 빈칸에 들어갈 내용으로 가장 옳은 것은?

구분	재무회계	관리회계
주된목적	외부정보이용자의 경제적 의사결정에 유용한 정보의 제공	경영자의 관리적 의사결정에 유용한 정보의 제공
보고대상	(ㄱ)	(ㄴ)
보고양식	재무제표	(ㄷ)

	(ㄱ)	(ㄴ)	(ㄷ)
①	내부이용자	외부이해관계자	일정한 양식 없음
②	외부이해관계자	내부이용자	재무제표
③	내부이용자	외부이해관계자	재무제표
④	외부이해관계자	내부이용자	일정한 양식 없음

2. 다음 중 주석에 관한 설명으로 가장 올바르지 않은 것은?

① 주석은 특수한 형태의 재무제표로서 재무회계개념체계의 적용을 받지 아니한다.
② 주석은 정보이용자의 이해를 위해 재무상태표, 포괄손익계산서에 대한 추가적인 정보를 포함한다.
③ 주석에는 재무상태표 본문에 인식되지 않은 자원과 의무에 대한 내용도 공시될 수 있다.
④ 주석은 재무제표에 포함된다.

3. 다음 중 목적적합성과 표현충실성에 관한 설명으로 가장 올바르지 않은 것은?

① 표현충실성은 모든 면에서 정확한 것을 의미한다.
② 재무정보가 유용하기 위해서는 목적적합한 현상을 표현하는 것뿐만 아니라 나타내고자 하는 현상을 충실하게 표현해야 한다.
③ 표현충실성을 위해 서술은 완전하고, 중립적이며, 오류가 없어야 할 것이다.
④ 목적적합한 재무정보는 정보이용자의 의사결정에 차이가 나도록 할 수 있다.

4. 다음 중 포괄손익계산서의 작성과 관련된 설명으로 가장 올바르지 않은 것은?

① 단일포괄손익계산서 또는 별개의 손익계산서와 포괄손익계산서 중 하나의 양식을 선택할 수 있다.
② 포괄손익은 크게 당기손익과 기타포괄손익으로 구성된다.
③ 영업이익은 수익에서 매출원가 및 판매비와관리비에 해당하는 비용을 차감하여 산출한 금액이다.
④ 비용을 성격별로 분류하여 손익계산서를 작성한 기업은 비용의 기능별 배부에 대한 내용을 주석에 추가적으로 공시하여야 한다.

5. 다음 중 중간재무보고서에 포함시켜야 할 구성요소 로 가장 올바르지 않은 것은?

① 요약재무상태표　② 요약포괄손익계산서
③ 선별적 주석　④ 요약이익잉여금처분계산서

6. 재고자산 평가방법으로 이동평균법을 적용하고 있는 ㈜삼일의 재고자산수불부가 다음과 같을 때, ㈜삼일의 기말재고자산 금액으로 가장 옳은 것은(단, 기말재고자산 실사결과 확인된 재고수량은 600개이다)?

	수량	단가	금액
전기이월	1,000개	80원	80,000원
3월 5일 구입	200개	110원	22,000원
4월 22일 판매	800개		
6월 8일 구입	200개	120원	24,000원
기말	600개		

① 58,000원　② 62,000원
③ 68,000원　④ 72,000원

7. 다음 중 ㈜삼일의 재무상태표상 재고자산으로 표시 될 순장부금액은 얼마인가?

	장부 수량	단위당 장부금액	실사 수량	단위당 순실현가능가치
상 품	1,500개	@100	1,500개	@90
제 품	5,000개	@500	4,500개	@1,000
재공품	2,000개	@250	2,000개	@300

① 2,885,000원　② 3,150,000원
③ 5,235,000원　④ 5,735,000원

8. 다음 중 재무상태표상 재고자산으로 분류되어야 할 항목으로 가장 올바르지 않은 것은?

① 의류회사에서 공장의 일부를 폐쇄하면서 처분하고자 하는 설비자산
② 자동차제조회사의 공장에서 생산 중에 있는 미완성 엔진
③ 건설회사에서 분양사업을 위해 신축하는 건물
④ 부동산매매업을 영위하는 기업에서 보유하는 판매목적 토지

9. ㈜삼일은 연구개발을 전담할 연구소를 신축하기로 하였다. 이와 관련하여 20X1년 1월 1일에 50,000,000원을 지출하였고, 연구소는 20X3년 중에 완공될 예정이다. 회사의 차입금 현황이 다음과 같을 경우 20X1년도 일반차입금에 대한 자본화 이자율은 얼마인가(단, 차입금은 모두 만기가 3년 후이고 적수계산시 월할계산을 가정한다)?

차입처	차입일	차입금	연이자율	용도
K은행	20X1년 1월 1일	10,000,000원	6%	일반 차입금
S은행	20X1년 7월 1일	20,000,000원	9%	일반 차입금

① 6% ② 7.5%
③ 8% ④ 9%

10. 다음은 ㈜삼일이 20X1년 7월 1일에 취득하여 20X1년말 현재 사용 중인 기계장치들에 대한 내용이다. 20X1년말 사용 중인 기계장치들에 대하여 자산손상을 시사하는 징후가 존재하였다. ㈜삼일이 20X1년말에 유형자산손상차손으로 인식해야 할 금액은 얼마인가?

구분	기계장치A	기계장치B
20X1년말 장부금액	225,000,000	80,000,000
20X1년말 처분시 예상 순공정가치	150,000,000	40,000,000
계속 사용할 경우의 사용가치	135,000,000	96,000,000

① 0원 ② 59,000,000원
③ 74,000,000원 ④ 75,000,000원

11. 다음 중 무형자산에 해당하는 것으로 가장 옳은 것은?

① 훈련을 통해 습득된 종업원의 기술
② 사업결합으로 취득한 영업권
③ 조직 개편에 관련된 지출
④ 프로젝트 연구단계에서 발생한 지출

12. 제조업을 영위하고 있는 ㈜삼일은 신제품 개발활동과 관련하여 6,000,000원을 개발비로 계상하였다(해당 개발비는 무형자산인식기준을 충족함). 해당 무형자산은 20X1년 10월 1일부터 사용 가능하며, 내용연수는 5년이고 잔존가치는 없다. 동 개발비의 경제적 효익이 소비되는 형태를 신뢰성 있게 결정할 수 없다고 가정할 경우, 개발비 관련하여 20X1년에 인식할 무형자산상각비는 얼마인가?

① 300,000원 ② 600,000원
③ 1,200,000원 ④ 6,000,000원

13. 다음 중 투자부동산으로 분류되지 않는 것은?

① 장기 시세차익을 얻기 위하여 보유하고 있는 토지
② 장래 용도를 결정하지 못한 채로 보유하고 있는 토지
③ 미래에 투자부동산으로 사용하기 위하여 건설 또는 개발 중인 부동산
④ 금융리스로 제공한 부동산

14. ㈜삼일은 20X1년 1월 1일에 다음과 같은 조건의 상각후원가측정금융자산을 취득 당시의 공정가치로 취득하였다. 이 경우 ㈜삼일의 상각후원가측정금융자산의 취득원가는 얼마인가?

ㄱ. 액면금액 : 100,000원
ㄴ. 발행일 : 20X1년 1월 1일
ㄷ. 만기일 : 20X2년 12월 31일(2년)
ㄹ. 액면이자율 : 10%, 매년 말 지급조건
ㅁ. 시장이자율 : 20X1년 1월 1일 현재 12%
ㅂ. 현가계수

이자율	1년	2년	계
12%	0.89286	0.79719	1.69005

① 96,000원 ② 96,620원 ③ 98,991원 ④ 100,000원

15. ㈜삼일은 20X1년 1월 1일 다음과 같이 금융자산을 취득하였다. 최초 인식시점에 재무상태표에 인식될 금융자산의 분류별 측정금액은 각각 얼마인가?

㈜용산의 지분증권	㈜마포의 채무증권	㈜구로의 지분증권
취득가격 : 1,000,000원 거래원가 : 100,000원 *단기매매목적	액면가액 : 1,000,000원 시장이자율 : 10% 액면이자율 : 10% *계약상 현금흐름 수취목적	취득가격 : 1,500,000원 거래원가 : 150,000원 *취득시점에 기타포괄손익으로 지정

	당기손익-공정가치측정 금융자산	기타포괄손익-공정가치측정 금융자산	상각후원가 측정 금융자산
①	1,100,000원	1,650,000원	1,000,000원
②	1,000,000원	1,650,000원	1,000,000원
③	1,100,000원	1,500,000원	1,100,000원
④	1,000,000원	1,500,000원	1,000,000원

16. 다음 중 재무상태표상에 기재될 현금및현금성자산의 잔액을 계산하면 얼마인가?

ㄱ. 요구불예금	1,650,000원
ㄴ. 타인발행수표	2,500,000원
ㄷ. 취득일로부터 상환일까지의 기간이 2개월인 상환우선주	1,000,000원
ㄹ. 결산일로부터 만기일이 1개월 남은 1년 만기 정기예금	1,220,000원

① 3,870,000원 ② 4,150,000원
③ 5,150,000원 ④ 6,370,000원

17. ㈜삼일은 20X1년 1월 1일에 만기 3년, 액면금액 100,000,000원, 표시이자율 10%인 사채를 발행하였다. 이자는 매년 말에 지급되고 사채발행시점의 유효이자율은 8%라고 할 때 ㈜삼일이 동 사채의 발행기간에 걸쳐 인식하게 될 이자비용은 총 얼마인가?

구분	1년	2년	3년	합계
8%	0.92593	0.85734	0.79383	2.57710

① 20,974,200원 ② 23,755,000원
③ 24,846,000원 ④ 30,000,000원

18. 다음 중 전환사채에 관한 설명으로 가장 올바르지 않은 것은?

① 전환사채는 일반사채와 전환권의 두 가지 요소로 구성되는 복합적 성격을 지닌 금융상품이다.
② 전환사채는 전환사채보유자의 요구에 따라 주식으로 전환할 수 있는 권리가 내재되어 있어 일반적으로 일반사채보다 표면금리가 낮게 책정되어 발행된다.
③ 상환할증금지급조건의 전환사채는 발행시점에 상환할증금을 인식한다.
④ 전환권대가에 해당하는 부분은 무조건 부채로 계상한다.

19. ㈜삼일은 소송에 패소할 경우를 대비하여 의무이행을 위하여 지급할 금액을 보험회사가 변제해주는 보험에 가입하였다. ㈜삼일이 소송으로 지급할 금액이 10억원이며 보험회사로부터 11억원을 변제 받을 것이 확실한 경우, 변제받을 금액과 관련하여 ㈜삼일이 재무상태표 상 자산으로 인식할 금액은 얼마인가?

① 0원　② 1억원
③ 10억원　④ 11억원

20. 다음 중 충당부채에 관한 설명으로 가장 올바르지 않은 것은?

① 충당부채는 과거사건이나 거래의 결과에 의한 현재의무로서, 지출의 시기 또는 금액이 불확실하지만 그 의무를 이행하기 위하여 자원이 유출될 가능성이 높고 또한 금액을 신뢰성 있게 추정할 수 있는 의무를 말한다.
② 충당부채로 인식하는 금액은 현재의무의 이행에 소요되는 지출에 대한 보고기간종료일 현재의 최선의 추정치이어야 한다.
③ 충당부채를 설정하는 의무에는 명시적인 법규 또는 계약의무는 아니지만 과거의 실무 관행에 의해 기업이 이행해 온 의무도 포함된다.
④ 충당부채는 반드시 재무상태표에 부채로 인식할 필요는 없으며 주석으로만 공시한다.

21. 다음은 12월말 결산법인인 ㈜삼일의 20X1년 자본거래 내역이다. 20X1년말 결산시 ㈜삼일의 자본에 대한 보고금액으로 올바르게 짝지어진 것은?

ㄱ. 20X1년 2월 4일 회사는 액면가액 5,000원의 주식 100,000주를 주당 7,500원에 발행하였다.
ㄴ. 20X1년 10월 10일 이사회결의를 통하여 ㈜삼일의 자기주식 5,000주를 주당 10,000원에 취득하였다.

자본변동표
20X1년 1월 1일부터 20X1년 12월 31일까지
㈜삼일 (단위: 백만원)

구분	자본금	주식발행 초과금	자기 주식	이익 잉여금	총계
20X1.1.1	500	750	(100)	xxx	xxx
자본의 변동					
20X1.12.31	(가)	(나)	(다)	xxx	xxx

	(가)	(나)	(다)
①	500	1,000	(50)
②	500	750	(150)
③	1,000	1,000	(150)
④	1,000	750	(50)

22. ㈜삼일은 20X1년초 설립된 회사로 설립시에 보통주와 우선주를 모두 발행하였다. 설립일 이후 자본금의 변동은 없었으며, 20X1년 12월 31일 현재 보통주자본금과 우선주자본금은 다음과 같다.

구분	주당액면금액	발행주식수	자본금
보통주	1,000원	1,000주	1,000,000원
우선주(*)	1,000원	500주	500,000원

*우선주의 배당률은 5%이며, 비누적적·비참가적 우선주이다.

㈜삼일은 20X1년 12월 31일로 종료되는 회계연도의 정기주주총회에서 배당금 총액을 200,000원으로 선언할 예정인 경우 우선주 주주에게 배분될 배당금은 얼마인가?

① 10,000원　② 25,000원
③ 75,000원　④ 100,000원

23. ㈜삼일은 ㈜용산에 20X1년 1월 1일 제품 A를 2년 후에 이전하기로 하고 5,000원을 수령하였다. ㈜삼일의 증분차입이자율이 5%인 경우 ㈜삼일이 20X2년 인식할 매출액은 얼마인가?

① 0원　② 5,000원　③ 5,250원　④ 5,513원

24. 고객충성제도는 재화나 용역을 구매하는 고객에게 인센티브를 제공하기 위하여 사용된다. 다음 중 고객충성제도의 예로 가장 올바르지 않은 것은?

① 신용카드회사에서 카드이용금액에 비례하여 적립해주는 포인트제도
② 헤어숍에서 일정횟수를 이용하는 경우 부여하는 무료이용권
③ 가전회사에서 구매고객에게 1년간 무상수리를 제공하는 무상수리제도
④ 항공사에서 일정 마일리지가 누적되는 경우 제공되는 무료항공권

25. ㈜서울은 20X1년 2월 5일에 ㈜부산과 공장건설계약을 맺었다. 총공사계약액은 120,000,000원이며 ㈜서울은 누적발생계약원가에 기초하여 진행률을 산정하여 진행기준에 따라 수익을 인식한다. ㈜서울의 건설계약과 관련한 20X1년 자료는 다음과 같다.

누적발생원가	추정총계약원가	공사대금청구액
20,000,000원	100,000,000원	30,000,000원

㈜서울의 20X1년 재무상태표상 초과청구공사 또는 미청구공사 금액은 얼마인가?

① 초과청구공사 6,000,000원
② 초과청구공사 11,000,000원
③ 미청구공사 6,000,000원
④ 미청구공사 11,000,000원

26. 다음 중 건설계약에 관한 설명으로 가장 올바르지 않은 것은?

① 공사가 완료된 후에 일정 기간 발생하는 하자보수원가를 추정하여 하자보수비로 인식하고 상대계정으로 하자보수충당부채를 인식한다.
② 진행률 계산 시 발주자에게서 받은 기성금과 선수금도 공사의 정도를 반영하기 때문에 포함해야 한다.
③ 계약수익은 수령하였거나 수령할 대가의 공정가치로 측정한다.
④ 진행률은 보고기간 말마다 다시 측정하며 진행률의 변동은 회계추정의 변경으로 회계처리한다.

27. 다음 중 확정급여형 퇴직급여제도와 관련하여 당기손익으로 인식되는 항목으로 가장 올바르지 않은 것은?

① 당기근무원가 ② 이자원가
③ 보험수리적손익 ④ 과거근무원가

28. ㈜삼일은 임원 10명에게 3년의 용역제공조건으로 1인당 주식결제형 주식선택권 100개를 부여하였다. 20X4년 주식선택권의 권리행사로 아래와 같이 회계처리한 경우 ㈜삼일의 자본항목의 변화로 가장 옳은 것은?(단위 : 원)

(차) 현금	20,000,000	(대)자기주식	22,000,000
주식선택권	5,000,000	자기주식처분이익	3,000,000

① 3,000,000원 증가 ② 20,000,000원 증가
③ 22,000,000원 증가 ④ 25,000,000원 증가

29. 20X1년초 사업을 개시한 ㈜삼일의 과세소득과 관련된 다음 자료를 이용하여 20X1년말 재무상태표상의 이연법인세자산(부채)금액을 구하면 얼마인가?

법인세비용차감전순이익	4,000,000원
가산(차감)조정	
접대비한도초과액	600,000원
감가상각비한도초과액	900,000원
과세표준	5,500,000원
세율	25%

〈 추가자료 〉
ㄱ. 차감할 일시적차이가 사용될 수 있는 미래과세소득의 발생 가능성은 높다고 가정한다.
ㄴ. 감가상각비한도초과액에 대한 일시적차이는 20X2년, 20X3년, 20X4년에 걸쳐 300,000원씩 소멸하며, 일시적차이가 소멸될 것으로 예상되는 기간의 과세소득에 적용될 것으로 기대되는 평균세율은 다음과 같다.

연도	20 X2년	20 X3년	20 X4년
세율	25%	30%	30%

① 이연법인세부채 225,000 ② 이연법인세자산 255,000
③ 이연법인세부채 325,000 ④ 이연법인세자산 375,000

30. ㈜삼일은 유형자산의 측정기준을 원가모형에서 재평가모형으로 변경하였다. 유형자산에 대하여 재평가모형을 적용하는 것이 재무상태, 재무성과 또는 현금흐름에 미치는 영향에 대하여 신뢰성 있고 더 목적적합한 정보를 제공하는 경우 해당 측정기준의 변경은 다음 중 어디에 해당하는가?

① 회계정책의 변경 ② 회계추정의 변경
③ 오류수정 ④ 관련법규의 개정

31. 다음 정보를 이용하여 ㈜삼일의 주가를 계산하시오.

1. 업종 평균 주가수익률(PER)=10배
2. ㈜삼일의 주당이익(EPS)=500원

① 5원 ② 50원
③ 500원 ④ 5,000원

32. 20X1년 1월 1일 ㈜삼일은 ㈜용산의 보통주 30%를 850,000원에 취득하여 유의적인 영향력을 행사하게 되었으며, 취득 당시 ㈜용산의 순자산 장부금액과 공정가치는 2,000,000원으로 동일하였다. 20X1년 ㈜용산의 자본은 아래와 같으며, 당기순이익 이외에 자본의 변동은 없다고 가정한다.(단위 : 원)

	20X1년 1월 1일	20X1년 12월 31일
자본금	900,000	900,000
이익잉여금	1,100,000	1,300,000
합계	2,000,000	2,200,000

20X1년말 ㈜삼일의 관계기업투자주식의 장부금액은 얼마인가?

① 850,000원 ② 880,000원
③ 910,000원 ④ 930,000원

33. 다음 중 관계기업투자주식의 회계처리에 관한 설명으로 가장 올바르지 않은 것은?

① 관계기업투자주식을 취득한 시점에는 취득원가로 기록한다.
② 피투자기업으로부터 배당금수취시 투자수익을 즉시 인식하므로, 투자주식 계정이 증가한다.
③ 관계기업에 관련된 영업권의 상각은 허용되지 않는다.
④ 피투자기업의 당기순이익은 투자기업의 지분법이익으로 보고된다.

34. 자동차 제조업을 영위하는 ㈜삼일의 20X1 회계연도(20X1년 1월 1일-20X1년 12월 31일) 중 발생한 수출실적이 다음과 같을 경우 20X1년 재무상태표상 매출채권과 (포괄)손익계산서상 외화환산손익을 바르게 짝지은 것은(단, 기능통화는 원화이다)?

(1) 수출액 및 대금회수

수출일	수출액	대금회수일
20X1년 6월 11일	$10,000	20X2년 3월 10일

(2) 일자별 환율

일자	20X1년 6월 11일	20X1년 12월 31일
환율	1,200원/$	1,250원/$

(3) 기타정보
상기 수출대금은 계약상 대금회수일에 이상 없이 모두 회수되었으며, 상기 수출과 관련된 매출채권 이외의 채권·채무는 없다.

	매출채권	외화환산손익
①	12,500,000원	손실 500,000원
②	12,000,000원	손실 100,000원
③	12,500,000원	이익 500,000원
④	12,000,000원	이익 100,000원

35. 화폐성항목이란 확정되었거나 결정가능한 화폐단위수량으로 받을 권리나 지급할 의무가 있는 자산·부채를 말한다. 다음 중 화폐성항목에 해당하는 것으로 가장 옳은 것은?

① 차입금 ② 선수금
③ 재고자산 ④ 건물

36. ㈜삼일은 20X1년 11월 1일에 미국에 제품 $1,000,000를 수출하고 수출대금은 6개월 후에 받기로 하였다. ㈜삼일의 대표이사는 환율변동에 따른 수출대금의 가치감소를 우려하고 있다. 만약 당신이 ㈜삼일의 경리과장이라면 대표이사에게 환위험을 회피(Hedging)하기 위하여 어떻게 조언할 것인가?

① 통화선도 매도계약을 체결하도록 권유한다.
② $1,000,000를 6개월간 외화예금으로 가입하도록 권유한다.
③ KOSPI200 주가지수선물의 매도계약을 체결하도록 권유한다.
④ KOSPI200 주가지수옵션의 풋옵션 계약을 체결하도록 권유한다.

37. 다음 중 리스에 관한 설명으로 가장 올바르지 않은 것은?

① 리스기간 종료시점까지 리스자산의 소유권이 리스이용자에게 이전되는 경우 금융리스로 분류한다.
② 금융리스이용자는 리스약정일에 측정된 최소리스료의 현재가치와 리스자산의 공정가치 중 작은 금액을 리스기간개시일에 금융리스부채로 인식한다.
③ 리스약정일 현재 최소리스료의 현재가치가 적어도 리스자산 공정가치의 대부분에 상당하는 경우 금융리스로 분류한다.
④ 리스이용자의 입장에서 무보증잔존가치는 지급의무가 없으나 최소리스료에는 포함한다.

38. ㈜서울은 20X1년 1월 1일에 ㈜부산과 리스기간 3년의 차량운용리스계약을 체결하였다. 리스계약서상 리스료의 지급기일은 다음과 같다. 리스이용자인 ㈜부산이 20X1년에 인식해야 할 리스료는 얼마인가?

지급기일	리스료
20X1년 12월 31일	1,500,000원
20X2년 12월 31일	2,000,000원
20X3년 12월 31일	2,500,000원

① 1,500,000원 ② 2,000,000원
③ 2,500,000원 ④ 6,000,000원

39. 다음은 ㈜삼일의 이자수익과 관련된 재무제표 자료이다.

ㄱ. 재무상태표 관련자료

구분	20X2년 12월 31일	20X1년 12월 31일
미수이자	20,000원	30,000원

ㄴ. 포괄손익계산서 관련자료

구분	20X2년	20X1년
이자수익	190,000원	150,000원

㈜삼일의 20X2년 현금흐름표에 표시될 이자수취액은 얼마인가?

① 180,000원 ② 190,000원
③ 200,000원 ④ 210,000원

40. 제조업을 영위하는 ㈜삼일의 다음 거래에 따른 결과를 현금흐름표상 영업활동, 투자활동 및 재무활동 현금흐름으로 나타낸 것이다. 가장 올바르지 않은 것은?

① 유형자산의 취득에 따른 현금유출 – 투자활동 현금흐름
② 원재료 구입에 따른 현금유출 – 영업활동 현금흐름
③ 매출채권 매각에서 발생하는 현금유입 – 투자활동 현금흐름
④ 주식의 발행에 따른 현금유입 – 재무활동 현금흐름

2019년 5월 시행 재무회계 공개기출문제

1. 다음 중 국제회계기준의 특징에 관한 설명으로 가장 옳은 것은?

① 국제회계기준은 규정중심의 회계기준으로 상세하고 구체적인 회계처리 방법을 제시한다.
② 국제회계기준은 원칙적으로 자산부채에 대해 공정가치 측정을 할 수 없다.
③ 국제회계기준을 적용한 후 주석공시 양이 줄어들었다.
④ 국제회계기준은 연결재무제표를 기본 재무제표로 제시하고 있다.

2. 다음 중 재무상태표의 작성기준에 관한 설명으로 가장 올바르지 않은 것은?

① 재무상태표에는 가지급금이나 가수금 등 미결산항목이 표시될 수 있으나, 이러한 임시계정은 주석으로 공시해야 한다.
② 자산·부채 및 자본은 총액에 의하여 기재함을 원칙으로 한다.
③ 재무상태표상에 자산·부채 및 자본을 기재하는 경우에는 종류와 성격별로 적정하게 구분 표시해야 한다.
④ 재무상태표상에 자본거래에서 발생한 잉여금과 손익거래에서 발생한 잉여금을 구분하여 표시해야 한다.

3. 다음 중 '재무보고를 위한 개념체계'의 목적과 위상에 관한 설명으로 가장 올바르지 않은 것은?

① 재무제표 작성자가 한국채택국제회계기준을 적용하고 한국채택국제회계기준이 미비한 주제에 대한 회계처리를 하는 데 도움을 준다.
② 감사인이 재무제표에 대한 의견을 형성하는 데 도움을 준다.
③ 개념체계는 한국회계기준위원회가 향후 새로운 한국채택국제회계기준의 제·개정을 검토할 때에 도움을 준다.
④ 개념체계와 한국채택국제회계기준이 상충될 경우에는 개념체계가 우선한다.

4. 다음 중 특수관계자 공시에 관한 설명으로 가장 올 바르지 않은 것은?

① 당해기업이 통상적인 대출을 받은 은행 등 금융기관은 당해기업의 특수관계자가 아니다.
② 종속기업과 매출 등 거래가 없다면 주석으로 특수관계자 공시를 할 필요가 없다.
③ 주요 경영진에 대한 보상의 총액과 분류별(단기종업원급여, 퇴직급여, 기타장기급여, 해고급여, 주식기준보상) 금액을 공시한다.
④ 당해기업이 유의적인 영향력을 행사하는 기업은 당해기업의 특수관계자이다.

5. 다음은 ㈜삼일의 20X1년 재고수불부이다. ㈜삼일은 20X1년 1월 1일에 설립되었으며, ㈜삼일의 김사장은 기말재고자산을 총평균법으로 평가할지 선입선출법으로 평가할지 고민 중이다. 재고자산평가방법에 관한 설명으로 가장 올바르지 않은 것은?

	수량	단가	금액
5/5 구입	3,000개	2,000원	6,000,000원
6/6 구입	7,000개	3,000원	21,000,000원
9/9 판매	8,500개		
기말	1,500개		

(단, 매출총이익률 = 매출총이익/매출액)

① 기말재고자산금액은 선입선출법을 적용했을 때보다 총평균법을 적용하였을 경우 450,000원만큼 작다.
② 매출총이익률은 선입선출법을 적용했을 때보다 총평균법을 적용했을 경우 상대적으로 더 크다.
③ 매출원가는 선입선출법을 적용했을 때보다 총평균법을 적용하였을 경우 450,000원만큼 크다.
④ 당기순이익은 선입선출법을 적용했을 때보다 총평균법을 적용하였을 경우 450,000원만큼 작다.

6. 다음은 자산에 속하는 계정들의 잔액이다. 유동성 분 류에 따라 재무상태표에 유동자산으로 계상될 금액은 얼마인가?

ㄱ. 단기대여금	40,000원	ㄴ. 매출채권	400,000원
ㄷ. 선급비용	600,000원	ㄹ. 선급금	50,000원
ㅁ. 기계장치	865,000원		

① 1,000,000원 ② 1,040,000원
③ 1,090,000원 ④ 1,155,000원

7. ㈜삼일의 재고자산과 관련하여 20X1년 포괄손익계산 서에 비용으로 계상될 금액은 얼마인가(단, 기말재고자산 장부수량과 실사수량은 일치한다)?

ㄱ. 20X1년 판매가능상품 (=기초재고자산+당기매입액)	450,000원
ㄴ. 20X1년 기말재고자산 장부금액 (재고자산평가손실 차감 전)	130,000원
ㄷ. 기말재고자산의 예상판매가격	150,000원
ㄹ. 기말재고자산의 예상판매비용	60,000원

① 320,000원 ② 340,000원 ③ 360,000원 ④ 380,000원

8. 다음 중 재고자산의 취득원가에 관한 설명으로 가장 옳은 것은?

① 매입시 발생한 매입운임은 당기비용으로 처리한다.
② 매입시 발생한 하역료는 매입가격에 가산한다.
③ 판매시 발생한 판매수수료는 매입가격에 가산한다.
④ 매입할인 및 리베이트는 매입원가를 결정할 때 가산한다.

9. ㈜삼일은 영업활동에 사용하던 건물(부속토지 포함) 을 20X4년 12월 31일에 현금을 받고 처분하였다. 동 건물과 관련된 사항은 다음과 같다.

건물의 취득원가	5,000,000원
취득일	20X1년 10월 1일
내용연수	20년
잔존가치	500,000원
감가상각방법	정액법
부속토지(취득원가)	3,000,000원
처분금액(건물 및 부속토지)	7,000,000원

20X4년도에 ㈜삼일의 토지 · 건물 처분에 대한 회계처리로 가장 옳은 것은?(단, ㈜삼일은 최초 인식시점 이후 유형자산을 원가모형으로 회계처리하고 있음)

① (차) 현금 7,000,000 (대) 토지 3,000,000
감가상각누계액 731,250 건물 5,000,000
유형자산처분손실 268,750

② (차) 현금 7,000,000 (대) 토지 3,000,000
유형자산처분손실 200,000 건물 4,200,000

③ (차) 현금 7,000,000 (대) 토지 3,000,000
감가상각누계액 900,000 건물 5,000,000
유형자산처분손실 100,000

④ (차) 현금 7,000,000 (대) 토지 3,000,000
유형자산처분손실 100,000 건물 4,100,000

10. ㈜삼일이 20X1년 연수동 신축과 관련하여 지출한 금액은 다음과 같으며 완공까지는 약 3년이 소요될 예정이다.

지출일	지출액	비고
20X1년 1월 1일	10,000,000원	공사착공
20X1년 6월 1일	12,000,000원	
20X1년 9월 1일	9,000,000원	

20X1년 적격자산에 대한 연평균지출액은 얼마인가(단, 월할계산을 가정한다)?

① 19,000,000원 ② 20,000,000원
③ 24,000,000원 ④ 28,000,000원

11. 다음 중 재무상태표에 무형자산으로 보고하기 어려운 항목은?

① 프로젝트 연구단계에서 발생한 지출
② 어업권
③ 저작권
④ 프랜차이즈

12. 다음 중 관련된 원가의 발생이 재무제표상 무형자산으로 인식되기 위하여 갖추어야 할 요건으로 가장 올바르지 않은 것은?

① 식별 가능할 것
② 통제 가능할 것
③ 사업결합으로 취득할 것
④ 미래 경제적 효익의 발생과 연관될 것

13. ㈜삼일은 20X1년 10월 1일 다음과 같은 건물을 구 입하였으나 장래 사용목적을 결정하지 못하여 투자부동산으로 분류하여 보유하고 있다. 투자부동산의 회계처리와 관련하여 ㈜삼일의 20X1년 당기순이익에 미치는 영향은 얼마인가(단, 법인세비용은 고려하지 않으며, ㈜삼일은 원가모형으로 투자부동산을 평가하고 있다)?

ㄱ. 취득원가 : 600,000,000원
ㄴ. 감가상각방법 및 내용연수 : 정액법, 30년
ㄷ. 잔존가치 : 60,000,000원
ㄹ. 공정가치

구분	20X1.10.1	20X1.12.31
투자부동산	600,000,000원	610,000,000원

① 2,500,000원 당기순이익 증가
② 4,500,000원 당기순이익 증가
③ 2,500,000원 당기순이익 감소
④ 4,500,000원 당기순이익 감소

14. 다음은 ㈜삼일의 20X2년 12월 31일 현재 매출채권 잔액 및 대손충당금에 관한 자료이다. 20X2년 중 대손이 확정되어 상계된 매출채권은 얼마인가?

〈매출채권 잔액 및 대손충당금〉

구분	매출채권 잔액	대손충당금
20X2년 12월 31일	1,600,000원	85,000원

20X1년말 대손충당금 잔액은 42,500원이고, 20X2년에 인식한 대손상각비는 72,500원이다.

① 10,000원 ② 15,000원
③ 27,000원 ④ 30,000원

15. 다음 중 한국채택국제회계기준에 의한 금융상품의 발행자가 금융상품을 금융부채(financial liability)와 지분상품(equity instrument)으로 분류할 때에 관한 설명으로 가장 올바르지 않은 것은?

① 잠재적으로 불리한 조건으로 거래상대방과 금융자산이나 금융부채를 교환하기로 한 계약상 의무는 금융자산으로 분류한다.
② 향후 현대자동차 에쿠스 5대의 가치에 해당하는 확정되지 않은 금액의 현금을 대가로 자기지분상품 380주를 인도하는 계약은 지분상품으로 분류하지 않는다.
③ 발행자가 보유자에게 미래의 시점에 확정된 금액을 의무적으로 상환해야 하는 의무가 있는 우선주는 금융부채로 분류한다.
④ 삼일회계법인과 동일한 공정가치에 해당하는 자기지분상품을 인도할 계약은 인도할 자기지분상품의 수량이 확정되지 않았으므로 금융부채로 분류한다.

16. ㈜서울은 20X1년초에 ㈜용산의 주식 1,000주를 기타포괄손익-공정가치측정금융자산으로 분류하고 있다. ㈜서울이 20X1년과 20X2년말의 재무상태표에 기타포괄손익누계액으로 계상할 평가손익은 각각 얼마인가(단, 법인세효과는 고려하지 않는다)?

일자	구분	주당금액
20X1년 1월 3일	취득원가	5,000원
20X1년 12월 31일	공정가치	6,500원
20X2년 12월 31일	공정가치	4,900원

	20X1년말	20X2년말
①	0원	0원
②	이익 1,500,000원	손실 100,000원
③	이익 1,500,000원	이익 100,000원
④	이익 1,500,000원	손실 1,600,000원

17. ㈜삼일은 20X1년 1월 1일에 만기 3년, 액면금액 100,000,000원, 표시이자율 10%인 사채를 발행하였다. 이자는 매년 말에 지급되고 사채 발행시점의 유효이자율은 8%라고 할 때 사채의 발행가액은 얼마인가?

8%	1년	2년	3년	합계
현가계수	0.92593	0.85734	0.79383	2.57710

① 95,025,800원 ② 100,000,000원
③ 105,154,000원 ④ 106,245,000원

18. ㈜삼일은 20X1년 1월 1일에 다음과 같은 조건으로 전환사채를 발행하였다. 전환사채 발행에 관한 설명으로 가장 올바르지 않은 것은?

ㄱ. 액면금액 : 1,000,000원
ㄴ. 액면이자율 : 10%(매년말 이자지급)
ㄷ. 발행금액 : 1,000,000원
ㄹ. 상환할증금 : 100,000원
ㅁ. 동일한 조건의 일반사채의 경우의 발행금액 : 900,000원
ㅂ. 만기 : 3년

① 사채발행일에는 전환사채 발행으로 부채가 900,000원 증가한다.
② 사채발행일에는 전환사채 발행으로 자본(전환권대가)이 100,000원 증가한다.
③ 이 전환사채와 관련한 이자비용은 동일한 조건의 일반사채에 대한 유효이자율을 적용하여 산정한다.
④ 만기에 지급하는 금액은 액면금액에 이자비용과 상환할증금을 포함한 1,100,000원이다.

19. ㈜삼일은 제조상의 결함이나 하자에 대하여 1년간 제품보증을 시행하고 있다. 20X1년에 판매된 5,000,000원의 제품에서 중요하지 않은 결함이 발견된다면 50,000원의 수리비용이 발생하고, 치명적인 결함이 발생하면 200,000원의 수리비용이 발생할 것으로 예상한다. 20X1년의 매출액 5,000,000원에 대하여 판매된 제품의 80%에는 하자가 없을 것으로 예상하고, 제품의 15%는 중요하지 않은 결함이 발견될 것으로 예상하고, 5%는 치명적인 결함이 있을 것으로 예상하였다. ㈜삼일이 20X1년말에 인식할 충당부채의 금액은 얼마인가?

① 7,500원 ② 10,000원
③ 17,500원 ④ 32,500원

20. 과거사건이나 거래의 결과에 의한 현재의 의무로서, 지출의 시기 또는 금액이 불확실하지만 그 의무를 이행하기 위하여 자원이 유출될 가능성이 높고 또한 당해 금액을 신뢰성 있게 추정할 수 있을 경우 적절한 회계처리는 무엇인가?

① 재무상태표에 우발자산으로 인식하고 주석에 공시한다.
② 재무상태표에 충당부채로 인식한다.
③ 재무상태표에 부채로 인식하지 않고 주석으로만 공시한다.
④ 재무상태표에 우발자산으로 인식하나 주석에는 공시하지 않는다.

21. 다음은 ㈜삼일의 자본변동표이다. 다음 중 자본변동표 표시방법으로 가장 올바르지 않은 것은?

자본변동표
제12기 20X1년 1월 1일부터 20X1년 12월 31일까지
㈜삼일 (단위 : 백만원)

구분	자본금	주식발행초과금	기타자본요소	이익잉여금	합계
기초	xxx	xxx	xxx	xxx	xxx
① 유상증자	100	-	-	-	100
② 기타포괄손익-공정가치측정금융자산평가이익	-	-	-	30	30
③ 당기순이익	-	-	-	10	10
④ 배당금지급	-	-	-	(20)	(20)
기말	xxx	xxx	xxx	xxx	xxx

22. 다음은 결산일이 12월 31일인 ㈜삼일의 20X1년말 재무정보이다. 20X1년말 ㈜삼일의 기타포괄손익누계액은 얼마인가?

ㄱ. 자본금	5,000,000원
ㄴ. 주식발행초과금	1,000,000원
ㄷ. 보험수리적이익	2,500,000원
ㄹ. 유형자산 재평가잉여금	500,000원
ㅁ. 미처분이익잉여금	4,600,000원
ㅂ. 자기주식처분이익	1,000,000원

① 1,000,000원 ② 2,500,000원
③ 3,000,000원 ④ 4,000,000원

23. ㈜서울은 20X1년 1월 1일 ㈜부산에 상품을 할부로 판매하였다. 상품의 원가는 6,000,000원이며, 할부대금은 매년 말 3,000,000원씩 3년간 회수하기로 하였다. 또한 시장이자율은 12%이며, 연금현가계수(12%, 3년)는 2.40183이다. 동 할부매출과 관련하여 ㈜서울이 20X1년에 인식할 매출총이익은 얼마인가?

① 0원 ② 1,205,490원
③ 2,070,149원 ④ 3,000,000원

24. 한 시점에 이행하는 수행의무는 고객이 약속된 자산을 통제하고 기업이 의무를 이행하는 시점에 수익을인식한다. 고객이 자산을 통제하는 시점의 예가 아닌 것은?

① 고객은 기업이 수행하는 대로 기업의 수행에서 제공하는 효익을 동시에 얻고 소비한다.
② 자산의 소유에 따른 유의적인 위험과 보상이 고객에게 있다.
③ 고객에게 자산의 법적소유권이 있다.
④ 판매기업이 자산의 물리적 점유를 이전하였다.

25. ㈜삼일건설은 ㈜용산과 20X1년 7월 1일 총 계약금액 50,000,000원의 공장신축공사계약을 체결하였다. 회사가 진행기준으로 수익을 인식한다면 ㈜삼일건설의 20X2년 공사손익은 얼마인가? 단, ㈜삼일건설은 누적발생원가에 기초하여 진행률을 산정한다.

	20X1년	20X2년
당기발생계약원가	10,000,000원	30,000,000원
추정총계약원가	40,000,000원	40,000,000원
공사대금청구액(연도별)	25,000,000원	25,000,000원

① 이익 4,000,000원 ② 이익 5,000,000원
③ 이익 7,500,000원 ④ 이익 8,000,000원

26. 다음 중 건설계약의 수익과 원가 인식방법에 관한 설명으로 가장 올바르지 않은 것은?

① 건설계약의 결과를 신뢰성있게 추정할 수 있는 경우, 건설계약과 관련한 계약수익과 계약원가는 보고기간말 현재 계약활동의 진행률을 기준으로 각각 수익과 비용으로 인식한다.
② 하도급계약에 따라 수행될 공사에 대해 하도급자에게 선급한 금액은 진행률 산정을 위한 누적발생원가에 포함시켜야 한다.
③ 총계약원가가 총계약수익을 초과할 가능성이 높은 경우, 예상되는 손실을 즉시 비용으로 인식한다.
④ 건설계약의 결과를 신뢰성 있게 추정할 수 없는 경우, 계약수익은 계약원가의 범위 내에서 회수가능성이 높은 금액만 인식하며, 발생한 계약원가는 모두 당해 기간의 비용으로 인식한다.

27. 다음 중 퇴직급여에 관한 설명으로 가장 올바르지 않은 것은?

① 퇴직급여제도는 확정기여제도와 확정급여제도를 포함한다.
② 당기근무원가는 당기에 종업원이 근무용역을 제공함에 따라 발생하는 확정급여채무의 현재가치 증가액을 말한다.
③ 확정급여제도에서는 사외적립자산을 출연하는데 이때 사외적립자산은 장부금액으로만 측정한다.
④ 확정기여제도는 기업이 기여금을 불입함으로써 퇴직급여와 관련된 모든 의무가 종료된다.

28. 다음 중 주식결제형 주식기준보상(주식선택권)과 관련하여 괄호 안에 들어갈 단어로 가장 옳은 것은?

종업원 및 유사용역제공자에게 제공받은 용역의 보상원가는 부여한 지분상품의 공정가치에 수량을 곱한 금액으로 산정한다. 부여한 지분상품의 공정가치를 신뢰성 있게 추정할 수 있는 경우 지분상품의 공정가치는 (　) 현재로 측정한다.

① 부여일 ② 퇴사일
③ 입사일 ④ 결산일

29. 다음은 ㈜삼일의 20X1년과 20X2년말의 이연법인세 자산·부채의 내역이다. ㈜삼일이 20X2년에 인식할 법인세비용은 얼마인가(20X2년 과세소득에 대하여 부담할 법인세액은 400,000원이다)?

〈각 회계연도 말 재무상태표 금액〉

구분	20X2년말	20X1년말
이연법인세자산	150,000원	-
이연법인세부채	-	50,000원

① 100,000원 ② 150,000원
③ 200,000원 ④ 400,000원

30. ㈜삼일은 20X1년 1월 1일에 취득한 내용연수 5년의 기계장치 100,000원을 정률법으로 상각하여 오던 중 20X3년 1월 1일에 정액법으로 감가상각방법을 변경하기로 하였다. ㈜삼일이 취득한 기계장치의 내용연수 종료시점의 잔존가치는 없으며, 정률법의 상각률이 40%일 경우 ㈜삼일이 회계변경으로 인하여 20X3년 인식할 감가상각비는 얼마인가?

① 12,000원 ② 14,400원
③ 20,000원 ④ 40,000원

31. 다음 정보를 이용하여 ㈜삼일의 주가를 계산하시오.

1. 업종 평균 주가수익률(PER)=10배 2. ㈜삼일의 주당이익(EPS)=500원

① 5원 ② 50원 ③ 500원 ④ 5,000원

32. 20X1년초 ㈜삼일은 ㈜한양의 보통주 40%를 900,000원에 취득하여 유의적인 영향력을 행사하게 되었다. 주식취득일 현재 ㈜한양의 순자산장부금액은 2,000,000원으로 공정가치와 동일하였다. ㈜한양의 20X1년 당기순이익이 300,000원이라 할 때 20X1년말 ㈜삼일의 재무상태표에 기록될 관계기업투자주식(지분법적용투자주식)의 장부금액은 얼마인가(단, 20X1년말 영업권과 관련된 손상차손 인식금액은 없다)?

① 900,000원 ② 920,000원 ③ 1,020,000원 ④ 1,200,000원

33. 다음 중 지분법 회계처리에 관한 설명으로 가장 올바르지 않은 것은?

① 지분법은 취득시점에서 관계기업투자자산을 취득원가로 기록한다.
② 피투자회사의 당기순이익 중 투자회사의 지분에 해당하는 금액은 투자회사의 지분법이익으로 보고된다.
③ 피투자회사가 배당금지급을 결의한 시점에 투자회사가 수취하게 될 배당금 금액을 투자주식 계정에서 직접 차감한다.
④ 취득시점 이후 발생한 피투자회사의 순자산 변동액은 투자주식 계정에 전혀 반영하지 않는다.

34. 다음 중 기능통화와 표시통화에 관한 설명으로 가장 올바르지 않은 것은?

① 기능통화란 영업활동이 이루어지는 주된 경제환경의 통화로서 기업의 본사가 속해있는 국가의 통화를 의미한다.
② 표시통화란 재무제표를 표시할 때 사용하는 통화로서 기업은 어떤 통화든지 표시통화로 사용할 수 있다.
③ 기업의 표시통화와 기능통화가 다른 경우에는 경영성과와 재무상태를 표시통화로 환산하여 재무제표에 보고한다.
④ 기능통화로 외화거래를 최초로 인식하는 경우에 거래일의 외화와 기능통화 상의 현물환율을 외화금액에 적용하여 기록한다.

35. 다음 중 화폐성항목이 아닌 것을 고르면?

① 매입채무 ② 장기차입금
③ 장기성매출채권 ④ 선급금

36. 다음 중 파생금융상품에 해당하지 않는 것은?

① 상장주식 ② 주가지수선물
③ 통화선물 ④ 주식옵션

37. 다음 중 리스이용자의 리스료에 포함되는 항목으로 가장 올바르지 않은 것은?

① 리스기간 종료시점의 잔존가치 중 보증되지 않은 금액
② 지수나 요율(이율)에 따라 달라지는 변동리스료
③ 리스이용자가 매수선택권을 행사할 것이 상당히 확실한 경우에 그 매수선택권의 행사가격
④ 고정리스료

38. ㈜삼일리스는 20X1년 1월 1일에 매기말 12,000원 지급조건의 금융리스계약을 체결하고 4년간의 리스기간종료후 소유권을 ㈜용산에 이전하기로 하였다. 리스약정일 현재의 리스료의 현가는 40,000원이고, 리스자산의 내용연수 5년, 잔존가치 0원, 감가상각방법이 정액법인 경우 20X1년의 ㈜용산의 감가상각비는 얼마인가?

① 0원 ② 10,000원
③ 8,000원 ④ 12,000원

39. 다음 중 현금흐름표상 활동의 구분이 다른 하나를 고르면?

① 원재료 매입대금 지급에 따른 현금유출
② 재화의 판매와 용역의 제공에 따른 현금유입
③ 종업원과 관련하여 직·간접적으로 발생하는 현금유출
④ 유형자산의 취득에 따른 현금유출

40. 다음은 ㈜삼일의 20X2년과 20X1년 기말의 재무상태표이다. 이 자료를 이용하여 ㈜삼일의 20X2년 중 영업활동으로 인한 현금흐름을 구하면 얼마인가?

(1) 재무상태표(단위 : 원)

	20X2년 기말	20X1년 기말
자산		
현금및현금성자산	55,000	50,000
매출채권	30,000	20,000
기계장치	165,000	100,000
감가상각누계액	(50,000)	(20,000)
자산총계	**200,000**	**150,000**
부채		
매입채무	50,000	20,000
단기차입금	-	30,000
부채총계	**50,000**	**50,000**
자본		
자본금	20,000	20,000
이익잉여금 (당기순이익:50,000)	130,000	80,000
자본총계	**150,000**	**100,000**
부채와 자본총계	200,000	150,000

(2) 추가정보
- 당기중 기계장치의 처분은 없었다.
- 전기말 단기차입금은 당기중 전액 현금상환하였다.
- 이익잉여금은 전액 당기순이익으로 인해 증가하였다.

① 5,000원 ② 50,000원
③ 85,000원 ④ 100,000원

2019년 7월 시행 재무회계 공개기출문제

1. 다음 중 한국채택국제회계기준과 일반기업회계기준의 특징으로 가장 올바르지 않은 것은?

① 한국채택국제회계기준은 비용을 기능별 분류만 규정하고 있다.
② 한국채택국제회계기준은 연결재무제표를 기본 재무제표로 제시하고 있다.
③ 일반기업회계기준은 자본항목을 자본금, 자본잉여금, 자본조정, 기타포괄손익누계액, 이익잉여금(결손금)으로 구분하고 있다.
④ 한국채택국제회계기준은 포괄손익계산서를 작성하도록 하고 있다.

2. 다음 중 재무상태표의 기본요소에 관한 설명으로 가장 올바르지 않은 것은?

① 재무상태의 측정에 직접적으로 관련되는 요소는 자산, 부채 및 자본이다.
② 일반적으로 지출의 발생과 자산의 취득은 밀접하게 관련되어 있다.
③ 자본은 자산에서 부채를 차감한 후의 잔여지분에 해당하며 재무상태표에는 성격별로 소분류하여 표시할 수 있다.
④ 미래에 특정 자산을 취득하겠다는 경영진의 의사결정은 기업에 현재 의무를 발생시킨다.

3. 다음 중 재무제표의 근본적인 질적 특성에 관한 설명으로 가장 올바르지 않은 것은?

① 재무정보가 이용자에게 유용하기 위해서는 목적적합성과 충실한 표현의 두 가지 요건을 모두 충족하여야 한다.
② 재무정보가 예측가치를 가지기 위해 반드시 그 자체에 예측치 또는 측정치를 포함할 필요는 없다.
③ 거래 성격별 정보의 중요성 기준은 산업의 특유한 측면을 반영하여 회계기준 상에 명시되어 있다.
④ 충실한 표현을 위해서는 서술이 완전하고, 중립적이며, 오류가 없어야 한다.

4. 다음 중 재무상태표의 작성기준으로 가장 올바르지 않은 것은?

① 한국채택국제회계기준에서 요구하거나 허용하지 않는 한 자산과 부채 그리고 수익과 비용은 상계하지 않는다.
② 중요하지 않은 항목은 성격이나 기능이 유사한 항목과 통합하여 표시할 수 있다.
③ 재무상태표에 포함될 항목은 세부적으로 명시되어 있으며, 기업의 재량에 따라 추가 또는 삭제하는 것은 허용되지 않는다.
④ 유동성 순서에 따른 표시방법이 신뢰성 있고 더욱 목적적합한 정보를 제공하는 경우를 제외하고는 유동자산과 비유동자산, 유동부채와 비유동부채로 재무상태표에 구분하여 표시한다.

5. 다음 중 수정을 요하는 보고기간 후 사건에 해당하는 것을 모두 고른 것은?

ㄱ. 보고기간 말에 존재하였던 현재의무가 보고기간 후에 소송사건의 확정에 의해 확인되는 경우
ㄴ. 보고기간 말 이전 사건의 결과로서 보고기간 말에 종업원에게 지급하여야 할 법적 의무가 있는 상여금 지급금액을 보고기간 후에 확정하는 경우
ㄷ. 보고기간 말과 재무제표 발행승인일 사이에 투자자산의 시장가치가 하락하는 경우

① ㄱ ② ㄱ, ㄷ
③ ㄱ, ㄴ ④ ㄱ, ㄴ, ㄷ

6. 다음 자료에서 재고자산평가손실은 ㈜삼일의 재고자산이 진부화되어 발생하였다. 다음 중 ㈜삼일의 20X2년 포괄손익계산서상 매출원가는 얼마인가? 단, ㈜삼일은 재고자산감모손실과 재고자산평가손실을 모두 매출원가에 반영한다.

20X1년 12월 31일 재고자산	400,000원
20X2년 매입액	1,000,000원
20X2년 재고자산평가손실	550,000원
20X2년 재고자산감모손실(정상감모)	20,000원
20X2년 12월 31일 재고자산 (평가손실과 감모손실 차감 후)	300,000원

① 1,000,000원 ② 1,100,000원
③ 1,120,000원 ④ 1,670,000원

7. 다음은 ㈜삼일의 20X1회계연도 결산시 재고자산과 관련된 자료이다. 재고자산과 관련된 결산수정분개가 당기손익에 미치는 영향으로 가장 옳은 것은?

ㄱ. 결산수정분개전 기말재고자산 장부상 수량	100개
ㄴ. 결산수정분개전 기말재고자산 장부상 매입단가	200원/개
ㄷ. 기말재고자산 실사수량	95개
ㄹ. 기말재고자산의 예상판매가격	160원/개
ㅁ. 기말재고자산의 예상판매비용	예상판매가격의 5%

① 4,800원 증가 ② 5,560원 증가
③ 4,800원 감소 ④ 5,560원 감소

8. 자동차부품제조업을 영위하고 있는 ㈜삼일은 당기 중 원자재를 후불 조건으로 수입하는 과정에서 다음과 같은 항목의 원가가 발생하였다. 동 매입거래에 의하여 재무상태표 상에 증가하게 될 재고자산의 가액은 얼마인가(단, 거래당시의 환율은 @1,100원이다)?

ㄱ. 재고자산의 매입원가	USD 1,000
ㄴ. 매입할인	USD 120
ㄷ. 운송보험료	80,000원
ㄹ. 재고자산 매입관리부서 인원의 매입기간 인건비	20,000원

① 968,000원 ② 1,048,000원
③ 1,118,000원 ④ 1,140,000원

9. ㈜삼일의 재무상태표상 유형자산으로 표시되는 기계장치의 취득금액으로 가장 옳은 것은?

기계장치의 취득과 관련하여 발생한 원가	금액
구입금액	700,000,000원
기계장치에서 생산된 새로운 상품을 소개하는데 소요되는 광고비	50,000,000원
기계장치와 관련된 산출물에 대한 수요가 형성되는 과정에서 발생하는 가동손실	30,000,000원
경영진이 의도하는 방식으로 자산을 가동하는데 필요한 장소와 상태에 이르게 하는데 직접 관련이 있는 전문가에게 지급한 수수료	15,000,000원
합계	795,000,000원

① 700,000,000원 ② 715,000,000원
③ 750,000,000원 ④ 795,000,000원

10. 다음은 ㈜삼일이 사용 중인 기계장치와 관련된 내용이다. ㈜삼일이 기계장치와 관련하여 20X2년에 인식할 감가상각비는 얼마인가(단, 기계장치는 정액법으로 상각하고, 잔존가치는 0원이라고 가정한다)?

ㄱ. 20X1년말 현재 기계장치 장부금액(손상차손 인식전) : 60,000,000원
ㄴ. 20X1년말 현재 기계장치의 순공정가치 : 35,000,000원
ㄷ. 20X1년말 현재 기계장치의 사용가치 : 30,000,000원
ㄹ. 20X1년말 현재 기계장치의 잔존내용연수 : 10년
ㅁ. ㈜삼일은 20X1년말 상기 기계장치에 대해서 손상차손을 인식함

① 600,000원 ② 3,000,000원
③ 3,500,000원 ④ 3,888,889원

11. 20X1년 중 ㈜삼일은 연구 및 개발활동과 관련하여 총 500억원을 지출하였다. 새로 개발한 무형자산이 20X2년부터 사용가능할 것으로 예측된 경우 연구 및 개발비와 관련하여 20X1년 중 비용으로 계상할 금액은 얼마인가?

구분	금액	비고
연구단계	300억원	
개발단계	200억원	자산인식요건 충족 80억원 자산인식요건 미충족 120억원
합계	500억원	

① 120억원 ② 300억원
③ 420억원 ④ 500억원

12. ㈜삼일은 신제품 개발 프로젝트와 관련하여 당기 중 90억원을 지출하였다. 동 지출 중 20억원은 새로운 지식을 얻고자 하는 활동으로 소요되었고 70억원은 사용 전의 시제품을 설계, 제작 및 시험하는 활동으로 소요되었다. 다음 중 이에 관한 회계처리로 가장 옳은 것은?

① 20억원은 기간비용으로 처리하고, 70억원 중 무형자산인식기준을 충족하지 못하는 것은 발생시점에 비용으로 인식하고, 무형자산 인식기준을 충족하는 것은 무형자산으로 인식한다.
② 신제품 프로젝트와 관련하여 발생한 90억원은 전액 개발단계에 속하는 활동이므로 무형자산으로 인식한다.
③ 신제품 프로젝트와 관련하여 발생한 90억원은 전액 연구단계에 속하는 활동이므로 현금지출시점에 비용으로 인식한다.
④ 개발단계에서 지출한 금액은 무형자산을 완성해 그것을 판매하려는 기업의 의도가 없더라도 무형자산으로 인식한다.

13. 다음 중 투자부동산과 관련된 내용으로 올바르지 않은 것은?

① 투자부동산은 임대수익이나 시세차익 또는 두 가지 모두를 얻기 위하여 소유자나 금융리스의 이용자가 보유하고 있는 부동산을 말한다.
② 장래 용도를 결정하지 못한 채로 보유하고 있는 토지는 투자부동산에 해당되는 경우의 예이다.
③ 미래에 투자부동산으로 사용하기 위하여 건설 또는 개발 중인 부동산은 투자부동산으로 분류하여야 한다.
④ 정상적인 영업과정에서 판매를 위한 부동산이나 이를 위하여 건설 또는 개발 중인 부동산은 투자부동산으로 분류하여야 한다.

14. 다음 중 상각후원가측정금융자산에 관한 설명으로 가장 올바르지 않은 것은?

① 원칙적으로 지분상품은 상각후원가측정금융자산으로 분류될 수 없다.
② 상각후원가측정금융자산은 유효이자율법을 적용하여 상각후원가로 평가한다.
③ 원칙적으로 모든 채무증권은 상각후원가측정금융자산으로 분류한다.
④ 상각후원가측정금융자산 취득시 지출된 거래원가는 취득원가에 우선 가산한 후 유효이자율법에 의해 이자수익에 가감된다.

15. ㈜삼일은 20X1년 1월 1일 다음과 같이 금융자산을 취득하였다. 최초 인식시점에 재무상태표에 인식될 금융자산의 분류별 측정금액은 각각 얼마인가?

㈜용산의 지분증권	㈜마포의 채무증권	㈜구로의 지분증권
취득가격 : 1,000,000원 거래원가 : 100,000원 *단기매매목적	액면가액 : 1,000,000원 시장이자율 : 10% 액면이자율 : 10% *계약상 현금흐름 수취목적	취득가격 : 1,500,000원 거래원가 : 150,000원 *취득시점에 기타포괄손익인식금융자산으로 지정

	당기손익-공정가치측정 금융자산	기타포괄손익-공정가치측정 금융자산	상각후원가 측정 금융자산
①	1,100,000원	1,650,000원	1,000,000원
②	1,000,000원	1,650,000원	1,000,000원
③	1,100,000원	1,500,000원	1,100,000원
④	1,000,000원	1,500,000원	1,000,000원

16. 다음 중 금융자산의 제거에 관한 설명으로 가장 올바르지 않은 것은?

① 금융자산의 현금흐름에 대한 계약상 권리가 소멸한 경우에는 당해 금융자산을 제거한다.
② 금융자산의 현금흐름에 대한 계약상 권리를 양도하고 양도자가 매도 후에 미리 정한 가격으로 당해 금융자산을 재매입하기로 한 경우에는 당해 금융자산을 제거한다.
③ 금융자산의 현금흐름에 대한 계약상 권리를 양도하고 위험과 보상의 대부분을 이전하면 당해 금융자산을 제거한다.
④ 금융자산의 현금흐름에 대한 계약상 권리를 양도하고, 양수자가 당해 금융자산을 제3자에게 매각할 수 있는 능력을 가지고 있다면 당해 금융자산을 제거한다.

17. ㈜삼일은 20X1년 1월 1일에 만기 3년, 액면금액 100,000,000원, 표시이자율 10%인 사채를 발행하였다. 이자는 매년 말에 지급되고 사채발행시점의 유효이자율은 8%라고 할 때 ㈜삼일이 동 사채의 발행기간에 걸쳐 인식하게 될 이자비용은 총 얼마인가?

구분	1년	2년	3년	합계
8%	0.92593	0.85734	0.79383	2.57710

① 20,974,200원 ② 23,755,000원
③ 24,846,000원 ④ 30,000,000원

18. ㈜삼일은 20X1년 1월 1일 액면금액 1,000,000원의 전환사채를 액면발행하였으며, 전환조건은 사채액면 50,000원당 액면가 10,000원인 보통주 1주로 전환할 수 있다. 전환청구일 현재 전환권대가는 50,000원, 사채상환할증금은 120,000원, 전환권조정은 100,000원이었다. 이 경우 전환으로 발행한 주식의 주식발행초과금으로 계상할 금액은 얼마인가?

① 900,000원 ② 980,000원
③ 870,000원 ④ 1,000,000원

19. 다음 중 재무상태표에 충당부채를 인식하는 경우로 짝지어진 것은?

자원유출가능성 \ 금액추정가능성	신뢰성있게 추정가능	추정 불가능
가능성이 높음	(ㄱ)	(ㄴ)
가능성이 높지 않음	-	-
가능성이 아주 낮음	(ㄷ)	-

① (ㄱ) ② (ㄱ), (ㄴ)
③ (ㄱ), (ㄷ) ④ (ㄱ), (ㄴ), (ㄷ)

20. ㈜삼일은 20X1년 1월 1일 거래처의 토지에 구축물을 설치하고 이를 이용하는 계약을 체결하였다. 구축물의 취득원가는 1,000,000원, 내용연수는 5년이며, 잔존가치는 50,000원이며 정액법으로 감가상각한다. ㈜삼일은 5년 후에 구축물을 해체하고 원상복구를 해야 하며, 5년 후에 복구비용으로 지출할 금액은 200,000원으로 추정하였다. 복구비용은 충당부채의 인식요건을 충족하며, 현재가치 계산시 적용할 할인율은 10%이다. ㈜삼일이 20X1년 1월 1일에 인식할 복구충당부채는 얼마인가?

기간 이자율	현가 이자요소	연금의 현가 이자요소
5년 10%	0.62092	3.79079

① 93,138원 ② 124,184원
③ 200,000원 ④ 758,158원

21. 다음은 ㈜삼일의 제1기말(2019년 12월 31일) 현재의 주요 재무정보이다. ㈜삼일은 제1기에 증자 및 배당이 없었다. (단위 : 원)

자본금	5,000,000,000
주식발행초과금	3,500,000,000
…	…
자본총계	10,000,000,000

㈜삼일의 2019년 당기순이익은 1,500,000,000원이고, 주당 액면금액은 5,000원일 때 2019년말 현재 자본에 대한 설명으로 다음 중 가장 올바르지 않은 것은?

① ㈜삼일의 법정자본금은 5,000,000,000원이다.
② ㈜삼일의 발행주식수는 1,000,000주이다.
③ ㈜삼일의 기말 이익잉여금은 1,500,000,000원이다.
④ ㈜삼일의 주식발행금액은 주당 10,000원이다.

22. ㈜삼일은 20X1년초 설립된 회사로 설립시에 보통주와 우선주를 모두 발행하였다. 설립일 이후 자본금의 변동은 없었으며, 20X3년 12월 31일 현재 보통주자본금과 우선주 자본금은 다음과 같다.

구분	주당액면금액	발행주식수	자본금
보통주	1,000원	1,000주	1,000,000원
우선주(*)	1,000원	500주	500,000원

*비누적·비참가적 우선주, 배당률 5 %

㈜삼일은 설립된 이후 어떠한 배당도 하지 않았으나 20X3년 12월 31일로 종료되는 회계연도의 정기주주총회에서 배당금 총액을 300,000원으로 선언할 예정일 경우 우선주 주주에게 배분될 배당금은 얼마인가?

① 275,000원 ② 100,000원
③ 50,000원 ④ 25,000원

23. ㈜서울은 20X1년 1월 1일 ㈜부산에 상품을 할부로 판매하였다. 상품의 원가는 6,000,000원이며, 할부대금은 매년 말 3,000,000원 씩 3년간 회수하기로 하였다. 또한 시장이자율은 12%이며, 연금현가계수(12%, 3년)는 2.40183이다. 동 할부매출과 관련하여 ㈜서울이 20X1년에 인식할 매출총이익은 얼마인가?

① 0원 ② 1,205,490원
③ 2,070,149원 ④ 3,000,000원

24. 고객충성제도는 재화나 용역을 구매하는 고객에게 인센티브를 제공하기 위하여 사용된다. 다음 중 고객충성제도의 예로 가장 올바르지 않은 것은?

① 신용카드회사에서 카드이용금액에 비례하여 적립해주는 포인트제도
② 헤어숍에서 일정횟수를 이용하는 경우 부여하는 무료이용권
③ 가전회사에서 구매고객에게 1년간 무상수리를 제공하는 무상수리제도
④ 항공사에서 일정 마일리지가 누적되는 경우 제공되는 무료항공권

25. ㈜삼일은 20X1년 1월 5일에 서울시와 교량건설도 급공사 계약을 체결하였다. 총계약금액은 500,000,000원이며 공사가 완성되는 20X3년 12월 31일까지 건설과 관련된 회계자료는 다음과 같다. ㈜삼일이 공사진행기준으로 수익을 인식한다면 20X1년, 20X2년 및 20X3년 공사이익으로 계상할 금액은 얼마인가? 단, ㈜삼일은 누적발생원가에 기초하여 진행률을 산정한다.

	20X1년	20X2년	20X3년
당해연도발생 계약원가	60,000,000	120,000,000	180,000,000
추정 총계약원가	300,000,000	360,000,000	360,000,000
공사대금청구액 (연도별)	140,000,000	160,000,000	200,000,000

	20X1년	20X2년	20X3년
①	40,000,000원	20,000,000원	80,000,000원
②	40,000,000원	30,000,000원	70,000,000원
③	60,000,000원	30,000,000원	50,000,000원
④	60,000,000원	50,000,000원	30,000,000원

26. ㈜삼일은 20X1년 건설공사를 계약금액 30,000,000원에 수주하였다. 20X1년 ㈜삼일의 예상원가발생액, 계약대금 청구액은 다음과 같다. ㈜삼일이 누적발생계약원가에 기초하여 계산된 진행률에 따라 수익을 인식한다면, 20X1년 말 재무상태표에 표시할 미청구공사 또는 초과청구공사는 얼마인가?

	20X1년
누적발생계약원가	4,000,000원
추정총계약원가	20,000,000원
당기대금청구액	5,500,000원

① 미청구공사 300,000원 ② 미청구공사 500,000원
③ 초과청구공사 300,000원 ④ 초과청구공사 500,000원

27. ㈜삼일은 종업원이 퇴직한 시점에 일시불급여를 지급하며, 일시불급여는 종업원의 퇴직 전 최종임금의 1%에 근무연수를 곱하여 산정된다. 종업원의 연간 임금은 1차년도에 10,000원이며 향후 매년 7%(복리)씩 상승하는 것으로 가정하며 할인율은 10%라고 가정한다. 종업원은 5년간 근무하고 퇴사할 예정이며, 보험수리적 가정 및 기타 추가적인 조정사항이 없을 경우 다음 항목 중 매년 금액이 증가하는 것은?

① 당기근무원가 ② 이자원가
③ 확정급여채무의 현재가치 ④ ①, ②, ③ 모두 증가

28. ㈜삼일은 20X1년 1월 1일에 기술이사인 나기술씨에게 다음과 같은 조건의 현금결제형 주가차액보상권 27,000개를 부여하였다. 이 경우 20X1년 포괄손익계산서에 계상할 당기보상비용은 얼마인가(단, 나기술씨는 20X3년 12월 31일 이전에 퇴사하지 않을 것으로 예상된다)?

> ㄱ. 기본조건 : 20X3년 12월 31일까지 의무적으로 근무할 것
> ㄴ. 행사가능기간 : 20X4년 1월 1일~20X5년 12월 31일
> ㄷ. 20X1년말 추정한 주가차액보상권의 공정가치 : 250,000원/개

① 22.5억원 ② 25억원
③ 27억원 ④ 67.5억원

29. 다음은 ㈜삼일의 20X1년 이연법인세 계산에 필요한 자료이다. 다음 자료를 토대로 이연법인세부채 금액을 계산하시오.

ㄱ. 가산할 일시적차이 (20X4년에 2,000,000원 전액 실현)	2,000,000원
ㄴ. 20X4년 예상되는 평균세율	10%
ㄷ. 3년, 1원의 현가계수	0.6086

① 121,720원 ② 200,000원
③ 1,217,200원 ④ 2,000,000원

30. ㈜삼일은 20X1년 1월 1일에 취득한 기계장치 1,000,000원을 생산량비례법으로 상각하여 오던 중 20X3년 1월 1일에 정액법으로 감가상각방법을 변경하기로 하였다. 감가상각방법 변경 후 잔존내용연수가 8년이라고 한다면 ㈜삼일이 회계변경으로 인하여 20X3년 인식할 감가상각비는 얼마인가(잔존가치는 0원이라고 가정한다)?

기계장치 감가상각비	20X1년	20X2년
생산량비례법	200,000원	160,000원

① 80,000원 ② 128,000원 ③ 160,000원 ④ 200,000원

31. 다음 중 '기본주당이익'의 계산에 관한 설명으로 가장 올바르지 않은 것은?

① 당해 회계기간과 관련한 누적적 우선주에 대한 세후배당금은 배당이 결의된 경우에만 당기순손익에서 차감한다.
② 기본주당이익은 지배기업의 보통주에 귀속되는 특정 회계기간의 당기순손익을 그 기간의 유통된 보통주식수를 가중평균한 주식수로 나누어 계산한다.
③ 당기 중에 무상증자를 실시한 경우, 당해 사건이 있기 전의 유통보통주식수를 비교표시되는 최초기간의 개시일에 그 사건이 일어난 것처럼 비례적으로 조정한다.
④ 채무를 변제하기 위하여 보통주를 발행하는 경우, 채무변제일이 가중평균유통보통주식수를 산정하기위한 보통주 유통일수 계산의 기산일이 된다.

32. 다음의 자료를 이용하여 물음에 답하시오.

> 20X1년 1월 1일 ㈜삼일은 ㈜용산의 보통주 30%를 900,000원에 취득하여 유의적인 영향력을 행사하게 되었으며, 취득 당시 ㈜용산의 순자산 장부금액과 공정가치는 2,000,000원으로 동일하였다.
> 20X1년의 ㈜용산의 당기순이익은 500,000원이었고 당기순이익 이외의 기타 자본의 변동은 없었으며, 20X1년 중 ㈜삼일과 ㈜용산간의 내부거래는 존재하지 않았다.

20X1년말 ㈜삼일의 재무상태표에 계상될 ㈜용산의 관계기업투자주식 장부금액은 얼마인가?

① 900,000원 ② 950,000원
③ 1,050,000원 ④ 1,100,000원

33. 지분법은 투자자가 피투자자에 대해 유의적인 영향력을 행사할 수 있는 경우에 적용한다. 다음 중 유의적인 영향력을 행사할 수 있는 경우는 어느 것인가(A회사는 투자자, B회사는 피투자자이다)?

① A회사는 B회사의 주식을 15% 보유하고 있으며 지분율 이외의 다른 조건은 존재하지 않는다.
② A회사는 6개월 이후에 매각할 목적으로 B회사의 의결권 있는 주식을 25% 취득하여 적극적으로 매수자를 찾고 있는 중이다.
③ A회사는 B회사의 주식을 20% 보유하고 있으나 모두 우선주이며 의결권은 없다.
④ A회사는 B회사의 주식을 10% 보유하고 있으나 이사회에 과반수가 참여하여 의결권을 행사할 수 있다.

34. 다음 중 기능통화와 표시통화에 관한 설명으로 가장 올바르지 않은 것은?

① 기능통화란 영업활동이 이루어지는 주된 경제 환경의 통화이다.
② 기능통화로 외화거래를 최초로 인식하는 경우에 거래일의 외화와 기능통화 사이의 현물환율을 외화금액에 적용하여 기록한다.
③ 표시통화란 재무제표를 표시할 때 사용하는 통화이다.
④ 표시통화와 기능통화는 반드시 동일한 화폐로 사용하여야 한다.

35. 원화를 기능통화로 사용하고 있는 ㈜삼일은 20X1년 10월 1일에 중국 현지공장에서 재고자산을 CNY 2,000에 매입하여 기말까지 보유하고 있다. 이 재고자산의 기말 순실현가능가치는 CNY 1,800이다. CNY 대비 원화의 환율이 다음과 같을 때 ㈜삼일이 20X1년 상기 재고자산에 대하여 인식할 평가손실 금액은 얼마인가?

> •20X1년 10월 1일 : CNY 1 = 110원
> •20X1년 12월 31일 : CNY 1 = 115원

① 13,000원 ② 92,000원
③ 132,000원 ④ 142,000원

36. ㈜삼일은 상품을 $2,000을 외상으로 매출하고, 대금을 9개월 후에 달러($)로 지급받기로 하였다. 이 경우 ㈜삼일은 외화매출채권 $2,000은 환율변동위험에 노출되게 되었다. 해당 거래와 관련하여 환율변동위험을 회피할 수 있는 방법으로 가장 옳은 것은?

① 약정된 환율로 9개월 후 $2,000을 매도하는 통화선도계약을 체결한다.
② 약정된 환율로 9개월 후 $2,000을 매입하는 통화선도계약을 체결한다.
③ 약정된 환율로 9개월 후 $2,000을 거래할 수 있는 콜옵션을 매입한다.
④ 약정된 환율로 9개월 후 $2,000을 거래할 수 있는 풋옵션을 매도한다.

37. 다음 중 ( ) 안에 들어갈 단어로 가장 옳은 것은?

> 리스이용자의 ( )은 리스이용자가 비슷한 경제적 환경에서 비슷한 기간에 걸쳐 비슷한 담보로 사용권자산과 가치가 비슷한 자산 획득에 필요한 자금을 차입한다면 지급해야 하는 이자율을 말한다.

① 내재이자율 ② 증분차입이자율
③ 증분리스이자율 ④ 우량회사채이자율

38. ㈜삼일리스는 20X1년 1월 1일 ㈜용산과 금융리스 계약을 체결하였다. 20X1년 ㈜용산의 감가상각비(정액법 적용)는 얼마인가?

> ㄱ. 리스기간 : 20X1년 1월 1일~20X4년 12월 31일
> ㄴ. 리스자산 내용연수 : 5년
> ㄷ. 리스자산 잔존가치 : 0(영)
> ㄹ. 리스실행일 현재 리스료의 현재가치 : 400,000원
> ㅁ. 리스실행일 현재 공정가치 : 400,000원
> ㅂ. 리스기간 종료 후 소유권을 ㈜용산에 이전하기로 하였다.

① 80,000원 ② 100,000원
③ 130,000원 ④ 140,000원

39. 다음은 ㈜삼일의 감사보고서에 나타난 재무상태표 중 매출채권과 대손충당금에 관한 부분이다. 20X2년 포괄손익계산서상의 매출액은 560,000원, 대손상각비가 30,000원이다. 매출활동으로 인한 현금유입액은 얼마인가?

구분	20X2년 12월 31일	20X1년 12월 31일
매출채권	500,000원	400,000원
대손충당금	(70,000원)	(50,000원)

① 450,000원 ② 480,000원
③ 510,000원 . ④ 600,000원

40. 다음 중 영업활동으로 인한 현금흐름으로 분류되지 않는 것은?

① 재화와 용역의 구입에 따른 현금유출
② 종업원급여와 관련하여 발생하는 현금유출
③ 단기매매목적으로 보유하는 자산에서 발생하는 현금흐름
④ 장기차입금에 따른 현금유입

2019년 9월 시행 재무회계 공개기출문제

1. 다음은 재무회계와 관리회계의 특징을 구분한 것이다. 옳게 설명하고 있는 것을 모두 고르면?

구분		재무회계	관리회계
(가)	보고대상	투자자, 채권자 등 외부 이해관계자	경영자 및 기타 내부이용자
(나)	작성근거	일반적으로 인정된 회계원칙	경제이론, 경영학, 통계학 등
(다)	보고양식	일정한 양식없음	재무제표
(라)	보고시점	보통 1년(또는 분기, 반기)	주기적 또는 수시
(마)	법적강제력	있음	없음

① (가),(나),(다) ② (가),(나),(라)
③ (가),(나),(다),(라) ④ (가),(나),(라),(마)

2. 다음 중 재무제표의 활용에 대한 설명으로 가장 옳은 것은?

① 특정 시점의 재무상태는 어디까지나 과거 사건에 대한 기록이므로 이를 통해 미래 현금창출능력을 예측하기는 어렵다.
② 만기가 도래한 금융약정을 이행할 기업의 능력을 예측하기 위해 유동성과 관련된 정보를 파악해 볼 수 있다.
③ 기업의 수익성과 관련된 정보는 추가적인 자원을 효과적으로 동원할 수 있는지 판단하는데 있어서는 유용하지 않다.
④ 재무상태에 관한 정보는 주로 포괄손익계산서에서, 성과에 관한 정보는 재무상태표에서 확인할 수 있다.

3. 다음의 빈칸에 들어갈 알맞은 말을 바르게 짝지은 것은?

> 재무제표가 제공하는 정보가 정보이용자의 의사결정에 목적적합성을 제공하기 위해서 기본적으로 갖추어야 할 주요 질적 특성으로 (ㄱ)와 (ㄴ), (ㄷ)을 들 수 있다.
> 정보가 정보이용자들이 미래 결과를 예측하기 위해 사용하는 절차의 투입요소로 사용될 수 있다면 그 재무정보는 (ㄱ)를 갖는다. 재무정보가 과거 평가에 대한 피드백을 제공, 즉 확인하거나 변경시킨다면 (ㄴ)를 갖는다.
> 정보가 누락되거나 잘못 기재된 경우 특정 보고기업의 재무정보에 근거한 정보이용자의 의사결정에 영향을 줄 수 있다면 그 정보는 중요한 것이다.
> (ㄷ)은 개별 기업 재무보고서 관점에서 해당 정보와 관련된 항목의 성격이나 규모 또는 이 둘 모두에 근거하여 해당 기업에 특유한 측면의 목적적합성을 의미한다.

	(ㄱ)	(ㄴ)	(ㄷ)
①	예측가치	확인가치	중요성
②	충실한표현	비교가능성	중요성
③	확인가치	예측가치	적시성
④	적시성	이해가능성	확인가치

4. 다음 중 포괄손익계산서에 대한 설명으로 가장 올바르지 않은 것은?

㈜삼일 20X1년 1월 1일부터 20X1년 12월 31일까지	
매출	XXX
매출원가	(XXX)
매출총이익	XXX
판매비와관리비	(XXX)
영업이익	XXX
법인세비용	(XXX)
당기순이익	XXX
기타포괄이익	XXX
총포괄이익	XXX

① 확정급여제도의 재측정요소는 기타포괄손익 항목이다.
② 포괄손익계산서를 작성할 때 '단일 포괄손익계산서'또는 '별개의 손익계산서와 포괄손익계산서' 중 하나의 양식을 선택하여 표시할 수 있다.
③ 포괄손익계산서는 기타포괄손익을 후속적으로 당기순이익으로 재분류되는 항목과 재분류되지 않는 항목을 구분하여 표시한다.
④ 포괄손익계산서에서 비용을 성격별 분류를 하는 경우 주석에 기능별 분류 내용을 공시해야 한다.

5. 다음 중 중간재무보고서에 대한 설명으로 가장 올바르지 않은 것은?

① 중간재무보고서는 한 회계연도보다 짧은 회계기간을 대상으로 하는 재무제표를 말한다.
② 포괄손익계산서는 당해 중간보고기간말과 직전 연차보고기간말을 비교하는 형식으로 작성한다.
③ 자본변동표는 당해 회계연도 누적기간을 직전 회계연도의 동일기간과 비교하는 형식으로 작성한다.
④ 현금흐름표는 당해 회계연도 누적기간을 직전 회계연도의 동일기간과 비교하는 형식으로 작성한다.

6. 다음 중 재고자산에 관한 설명으로 가장 올바르지 않은 것은?

① 고객에 대한 판매를 목적으로 구입한 상품, 미착품, 적송품은 모두 재고자산에 포함된다.
② 제품 또는 반제품의 제조를 위한 과정에 있는 미완성 자산도 재고자산에 포함된다.
③ 토지 및 건물 등의 부동산은 재고자산으로 분류될 수 없으며 모든 기업에서 유형자산으로 분류한다.
④ 영업활동의 일환인 서비스를 제공하기 위해 사용될 원재료 및 소모품은 재고자산으로 분류된다.

7. ㈜삼일은 상품재고자산의 단위원가 결정방법으로 이동평균법을 채택하고 있다. ㈜삼일의 20X1년 재고자산과 관련된 자료가 다음과 같을 때 아래의 각 물음에 답하시오.

구분	단위	단위원가
기초재고(1.1)	100개	@100
매입(3.5)	300개	@200
매출(6.15)	300개	
매입(11.10)	100개	
매출(12.22)	50개	@225
실사 결과 재고수량(12.31)	150개	

㈜삼일이 20X1년 포괄손익계산서에 매출원가로 인식할 금액은 얼마인가(단, 재고자산 감모손실은 없다.)?

① 62,500원 ② 65,000원
③ 66,000원 ④ 67,500원

8. 다음은 ㈜삼일의 재고수불부이다. ㈜삼일이 기말재고 자산을 총평균법과 선입선출법으로 각각 평가할 경우 두 평가금액의 차이는 얼마인가?

구분	단위	단위원가
기초재고(1.1)	1,000개	@100
매입(3.5)	500개	@120
매입(5.15)	1,500개	@140
매입(11.10)	200개	@150
총 판매가능수량	3,200개	
매출(4.22)	1,500개	
매출(9.29)	1,000개	
총 판매수량	2,500개	
기말재고(12.31)	700개	

① 2,500원 ② 7,500원
③ 10,000원 ④ 12,500

9. 다음 중 재고자산의 평가에 관한 설명으로 가장 올바르지 않은 것은?

① 재고자산은 취득원가와 순실현가능가치 중 낮은 금액으로 측정한다.
② 원재료의 현행대체원가가 장부금액보다 낮게 추정된다면 예외없이 재고자산평가손실이 발생한다.
③ 상품 및 제품의 순실현가능가액은 예상판매가격에서 추가예상원가 및 기타 판매비용을 차감한 금액으로 추정한다.
④ 재고자산의 판매가 계약에 의해 확정되어 있는 경우 순실현가능가액은 그 계약가격이다.

10. 다음 중 20X2년 ㈜용산의 기계장치A의 감가상각에 관한 설명으로 가장 올바르지 않은 것은?

> ㈜용산은 20X1년에 회사를 설립하고 기계장치A를 구입하였다. 구입시점에는 동 기계장치를 10년 사용할 것으로 예상하였고 매년 균등하게 소비될 것이라 판단되어 10년의 내용연수를 적용하여 정액법으로 감가상각하였다. 그러나 예상보다 회사의 성장추세가 빨라 20X2년의 생산량이 20X1년 대비 80% 이상 늘어났으며, 20X3년의 생산량도 20X2년 대비 100% 이상 늘어날 것으로 예상된다. 이에 따라 기계장치A의 마모나 손상이 기존 예측치보다 빠르게 진행될 것으로 판단되어 내용연수를 8년으로 변경하고자 한다. 또한, 회사는 소비형태를 보다 잘 반영하는 생산량비례법으로 감가상각방법을 변경하고자 한다.

① ㈜용산은 자산의 미래경제적효익이 소비되는 형태를 반영하여 감가상각방법을 결정해야 한다.
② ㈜용산은 기계장치A의 감가상각방법 변경에 대하여 회계추정의 변경으로 처리해야 한다.
③ ㈜용산은 자산의 미래경제적효익이 소비되는 형태가 변하지 않는 한 감가상각방법을 매 회계기간에 일관성있게 적용한다.
④ 소비형태를 신뢰성있게 결정할 수 없는 경우에는 정률법을 사용해야 한다.

11. 다음은 ㈜삼일의 20X1년 중 연구 및 개발활동으로 지출한 내역이다.

> ㄱ. 연구활동관련 : 100,000원
> ㄴ. 개발활동관련 : 150,000원
> -개발활동에 소요된 150,000원 중 30,000원은 20X1년 4월 1일부터 동년 9월 30일까지 지출되었으며 나머지 120,000원은 10월 1일에 지출되었다. 단, 10월 1일에 지출된 120,000원만 무형자산 인식기준을 충족하며, 동일부터 사용가능하게 되었다.

개발비는 취득후 5년간 정액법으로 상각한다. 20X1년 12월 31일 ㈜삼일의 재무상태표에 보고되어야 할 무형자산 금액과 포괄손익계산서상 무형자산상각비는 각각 얼마인가(단, 무형자산에 대해서 원가모형을 선택하고 있다)?

	무형자산	무형자산상각비
①	94,000원	6,000원
②	100,000원	24,000원
③	114,000원	6,000원
④	120,000원	24,000원

12. 다음 중 무형자산의 후속 측정에 관한 설명으로 가장 올바르지 않은 것은?

① 내용연수가 비한정인 무형자산은 최소한 1년에 1회 이상의 손상검사가 이루어져야 한다.
② 손상검토시 회수가능액은 순공정가치와 사용가치 중 작은 금액을 기준으로 판단한다.
③ 무형자산의 경제적 효익이 소비되는 형태를 신뢰성 있게 결정할 수 없는 경우 정액법으로 상각한다.
④ 무형자산의 잔존가치, 상각기간 및 상각방법의 적정성에 대하여 매 보고기간 말에 재검토하여야 한다.

13. ㈜삼일은 20X1년초에 다음과 같은 건물을 구입하였으나 장래 사용목적을 결정하지 못하여 투자부동산으로 분류하고 있다. 투자부동산의 회계처리와 관련하여 ㈜삼일의 20X1년 당기순이익에 미치는 영향은 얼마인가(단, 법인세비용은 고려하지 않으며, ㈜삼일은 투자부동산을 원가모형으로 측정하고 있다)?

ㄱ. 취득원가 : 10억원
ㄴ. 감가상각방법 및 내용연수 : 정액법, 10년
ㄷ. 잔존가치 : 1억원
ㄹ. 공정가치

구분	20X1.1.1	20X1.12.31
건물	10억원	8억원

① 90,000,000원 당기순이익 감소
② 200,000,000원 당기순이익 감소
③ 90,000,000원 당기순이익 증가
④ 200,000,000원 당기순이익 증가

14. 다음 중 금융자산의 분류에 대한 설명으로 가장 올바르지 않은 것은?

① 원칙적으로 지분상품은 당기손익-공정가치측정금융자산으로 분류한다.
② 단기매매항목이 아닌 지분상품은 최초 취득시 기타포괄손익-공정가치측정금융자산으로 지정할 수 있다.
③ 원리금 수취 목적의 채무상품은 상각후원가측정금융자산으로 분류한다.
④ 매매목적의 채무상품은 기타포괄손익-공정가치측정금융자산으로 분류한다.

15. 다음 중 기타포괄손익-공정가치측정금융자산에 관한 설명으로 가장 옳은 것은?

① 기타포괄손익-공정가치측정금융자산은 원칙적으로 공정가치로 평가하여 평가손익을 당기손익으로 반영한다.
② 기타포괄손익-공정가치측정금융자산으로 분류되는 채무상품은 당기손익-공정가치측정금융자산으로 분류변경할 수 있다.
③ 기타포괄손익-공정가치측정금융자산 취득시 지출된 거래원가는 당기비용으로 처리한다.
④ 기타포괄손익-공정가치측정금융자산으로 분류되는 채무상품에 대한 손상차손은 인식하지 아니한다.

16. ㈜삼일은 20X1년 1월 1일에 다음과 같은 조건의 상각후원가측정금융자산을 취득 당시의 공정가치로 취득하였다. 이 경우 ㈜삼일의 상각후원가측정금융자산의 취득원가는 얼마인가?

ㄱ. 액면금액 : 100,000원
ㄴ. 발행일 : 20X1년 1월 1일
ㄷ. 만기일 : 20X2년 12월 31일(2년)
ㄹ. 액면이자율 : 10%, 매년 말 지급조건
ㅁ. 시장이자율 : 20X1년 1월 1일 현재 12%
ㅂ. 현가계수

이자율	1년	2년	계
12%	0.89286	0.79719	1.69005

① 96,000원　② 96,620원
③ 98,991원　④ 100,000원

17. ㈜삼일은 20X1년 1월 1일에 만기 3년, 액면금액 100,000,000원, 표시이자율 10%인 사채를 발행하였다. 이자는 매년 말에 지급되고 사채 발행시점의 유효이자율은 8%라고 할 때 사채의 발행가액은 얼마인가?

8%	1년	2년	3년	합계
현가계수	0.92593	0.85734	0.79383	2.57710

① 95,025,800원　② 100,000,000원
③ 105,154,000원　④ 106,245,000원

18. ㈜삼일은 20X1년 1월 1일 사채(액면 1,000,000원, 표시이자율 10%, 이자지급일 매년 12월 31일 후급, 만기 3년)를 951,980원에 발행하였다. ㈜삼일이 동 사채를 20X2년 1월 1일 847,180원에 상환할 경우 이로 인한 사채상환손익은 얼마인가?(20X1년 1월 1일의 시장이자율은 12%이며, 사채발행차금은 유효이자율법으로 상각한다.)

① 사채상환이익 119,038원　② 사채상환손실 119,038원
③ 사채상환손실 190,788원　④ 사채상환이익 190,788원

19. 다음 중 충당부채를 인식해야 할 상황으로 가장 올바르지 않은 것은?

① A사는 제품을 판매하는 시점에 구매자에게 제품보증을 약속하고 있으나 법적 의무가 존재하는 것은 아니다. 과거 경험에 비추어 보면 제품 보증 요청이 발생할 가능성이 높다.
② B사는 해양플랜트 사업을 영위하고 있으며 해양오염을 유발하고 있다. 결산일 현재 발생한 해양오염을 복구할 것을 요구하는 법안이 차기 2월 중 제정될 것이 거의 확실하다.
③ C사는 고객으로부터의 손해배상 소송사건에 계류 중이다. 법률전문가는 당기 말 현재 기업이 배상책임을 이행할 가능성이 높다고 조언하고 있다.
④ D사는 주기적인 수선을 요하는 설비자산을 이용하여 제품을 생산하고 있다. 과거 경험에 따르면 동 설비자산의 노후로 인하여 1년 후 중요한 금액의 수선비가 발생할 가능성이 높은 것으로 예상된다.

20. ㈜삼일은 판매일로부터 2년간 판매한 제품에 발생하는 하자를 무상으로 수리해주는 제품보증정책을 시행하고 있다. 이러한 보증은 제품이 합의된 규격에 부합되므로 ㈜삼일이 의도한 대로 작동할 것이라는 확신을 고객에게 주며, 확신에 더하여 고객에게 용역을 제공하지 않는다. 제품보증비용은 매출액의 2%가 발생할 것으로 예측된다. 20X1년의 매출액과 실제 제품보증 발생액이 다음과 같은 경우 20X1년말 재무상태표상 제품보증과 관련하여 충당부채로 계상할 금액은 얼마인가?

	20X1년
매출액	1,000,000원
20X1년 판매분에 대한 실제 제품보증 발생액	5,000원

① 0원 ② 5,000원
③ 15,000원 ④ 20,000원

21. 결산일이 12월 31일인 ㈜삼일의 유상증자 관련 자료는 다음과 같을 때 유상증자시 행할 분개로 옳은 것은?

- 20X1년 5월 1일에 현금을 납입받고 보통주 2,000주를 유상증자하였다.
- 주당 액면금액과 발행가액은 각각 5,000원과 7,000원이다.
- 유상증자와 직접 관련된 원가 200,000원이 발생하였다.
- 장부에 1,000,000원의 주식발행초과금이 계상되어 있다.

① (차) 현금 13,800,000 (대) 자본금 13,800,000
② (차) 현금 13,800,000 (대) 자본금 10,000,000
주식발행초과금 3,800,000
③ (차) 현금 14,000,000 (대) 자본금 10,000,000
주식발행초과금 4,000,000
④ (차) 현금 14,000,000 (대) 자본금 10,000,000
주식발행초과금 4,000,000
(차) 신주발행비 200,000 (대) 현금 200,000

22. ㈜삼일의 제12기 자본항목과 관련된 주요사항이 다음과 같을 때 20X2년말 결산시 ㈜삼일의 자본에 대한 보고금액으로 올바르게 짝지어진 것은 어느 것인가(단, 아래 자료 이외에 자본에 영향을 미치는 사건의 발생은 없다고 가정한다)?

ㄱ. 20X2년 11월 11일 이사회 결의를 통하여 ㈜삼일의 자기주식 5,000주를 한 주당 10,000원에 취득하였다.
ㄴ. ㈜삼일은 20X1년초에 토지를 1,000백만원에 취득하였다. 이 토지는 20X1년말에 1,020백만원으로 재평가되었고 20X2년말에는 1,070백만원으로 재평가되었다.

자본변동표
제12기 20X2년 1월 1일부터 20X2년 12월 31일까지
㈜삼일 (단위 : 백만원)

구분	자본금	주식발행초과금	자기주식	재평가잉여금	이익잉여금	합계
20X2년초	500	800	(100)	20	xxx	xxx
자본의 변동	xxx	xxx	xxx	xxx	xxx	xxx
20X2년말	500	(ㄱ)	(ㄴ)	(ㄷ)	xxx	xxx

	(ㄱ)	(ㄴ)	(ㄷ)
①	750	(150)	20
②	800	(150)	70
③	750	(100)	20
④	800	(100)	70

23. 다음 중 수익인식 기준에 대한 설명으로 가장 올바르지 않은 것은?

① 고객충성제도를 시행하는 경우 보상점수를 배부하는 대가는 상대적 개별판매가격에 따라 배분된 금액이다.
② 매출에 확신유형의 보증을 제공하는 경우 총 판매금액을 수익으로 인식하고 보증에 대해서는 충당부채를 인식한다.
③ 라이선스 계약이 접근권에 해당하면 일정기간 동안 권리를 부여하는 수행의무가 부여된 것이므로 그 기간에 걸쳐 수익을 인식한다.
④ 검사 조건부 판매의 경우 재화나 용역이 합의된 규약에 부합하는지 객관적으로 판단이 가능한 경우에는 고객이 인수하는 시점에 수익을 인식한다.

24. ㈜삼일은 20X1년 12월 31일 ㈜반품에 50,000,000원(원가 30,000,000원)의 제품을 판매하고 1년 이내 반품할 수 있는 권리를 부여하였다. 인도일 현재 10,000,000원(원가 6,000,000원)이 반품될 것으로 예상된다면 ㈜삼일이 20X1년에 인식할 매출액은 얼마인가?

① 10,000,000원 ② 20,000,000원
③ 40,000,000원 ④ 50,000,000원

25. ㈜삼일은 20X1년 4월 1일에 서울시로부터 총공사 계약액 50억원인 축구경기장 공사를 수주하였다. 공사는 20X3년 8월 1일에 완공되었으며 공사와 관련된 정보는 아래와 같다고 할 때 진행기준을 적용하는 경우 20X2년과 20X3년도의 계약손익은 각각 얼마인가? 단,㈜삼일은 누적발생원가에 기초하여 진행률을 산정한다.

	20X1년	20X2년	20X3년
추정총계약원가	45억원	48억원	48억원
당기발생계약원가	9억원	27억원	12억원
공사대금회수	8억원	25억원	10억원

	20X2년	20X3년
①	계약손실 0.5억원	계약손실 0.5억원
②	계약손실 0.5억원	계약손실 2.0억원
③	계약이익 0.5억원	계약이익 0.5억원
④	계약이익 0.5억원	계약이익 2.0억원

26. 다음 중 건설계약의 계약수익과 관련된 설명으로 가장 올바르지 않은 것은?

① 계약수익은 건설사업자가 발주자로부터 지급받을 건설계약금액에 근거하여 계상한다.
② 계약수익은 수령하였거나 수령할 대가의 공정가치로 측정한다.
③ 계약수익은 최초에 합의된 계약금액과 공사변경, 보상금 및 장려금에 따라 추가되는 금액으로 구성되어 있다.
④ 계약수익은 진행률과 관계없이 청구한 금액으로 인식한다.

27. 다음 중 주식기준보상거래에 관한 설명으로 가장 올바르지 않은 것은?

① 주식결제형 주식기준보상거래는 기업이 재화나 용역을 제공받는 대가로 기업의 지분상품을 부여하는 것이다.
② 현금결제형 주식기준보상거래는 기업이 재화나 용역을 제공받는 대가로 기업의 지분상품의 가격에 기초하여 현금 등을 지급하는 것이다.
③ 주식결제형 주식기준보상거래의 보상원가 산정시 지분상품의 공정가치는 부여일 현재로 측정하고 이후에 공정가치가 변동되는 경우 변동분을 반영한다.
④ 선택형 주식기준보상거래는 결제방식으로 현금 지급이나 기업의 지분상품 발행을 선택할 수 있다.

28. 다음 중 종업원급여(퇴직급여)의 회계처리에 관한 설명으로 가장 옳은 것은?

① 확정기여제도(DC 형)를 도입한 기업은 기여금의 운용결과에 따라 추가납부의무가 있다.
② 확정급여제도(DB 형)는 기업이 기여금을 불입함으로써 퇴직급여와 관련된 모든 의무가 종료된다.
③ 확정급여채무의 현재가치를 계산할 때 종업원 이직률, 조기퇴직률, 임금상승률, 할인율 등의 가정은 상황 변화에 관계없이 전기와 동일한 값을 적용한다.
④ 확정급여채무와 사외적립자산의 재측정요소는 기타포괄손익으로 인식한다.

29. ㈜삼일의 20X1년도 법인세와 관련한 세무조정사항은 다음과 같다. 20X0년 12월 31일 현재 이연법인세자산과 이연법인세부채의 잔액은 없었다. 법인세법상 당기손익-공정가치측정금융자산평가이익은 익금불산입하고 기타 법인세법과의 차이는 손금불산입한다. 20X1년도의 포괄손익계산서의 법인세비용은 얼마인가(단, 이연법인세자산의 실현가능성은 높으며, 법인세율은 20%이고 이후 변동이 없다고 가정한다.)?

법인세비용차감전순이익	2,000,000원
접대비 한도초과액	100,000원
감가상각비 한도초과액	60,000원
당기손익-공정가치측정금융자산평가이익	20,000원

① 420,000원 ② 424,000원
③ 436,000원 ④ 440,000원

30. 다음 중 회계변경과 오류수정에 관한 설명으로 가장 올바르지 않은 것은?

① 회계정책의 변경을 반영한 재무제표가 거래, 기타 사건 또는 상황이 재무상태, 재무성과 또는 현금흐름에 미치는 영향에 대하여 신뢰성 있고 더 목적적합한 정보를 제공하는 경우에는 회계정책을 변경할 수 있다.
② 전기오류수 오류라 할지라도 당기손익에 반영한다.
③ 제조원가 계산시 수율 변경은 회계추정으로 본다.
④ 회계정책의 정은 중요한변경으로 인한 누적효과를 합리적으로 결정하기 어려운 경우에 실무적으로 소급적용이 가능한 가장 이른 회계기간에 반영한다.

31. ㈜삼일의 20X1년 당기순이익은 10,000,000원이며, 우선주배당금은 1,000,000원이다. ㈜삼일의 20X1년 1월 1일 유통보통주식수는 18,000주이며, 10월 1일에는 유상증자를 통해 보통주 8,000주를 발행하였다. ㈜삼일의 20X1년도 기본주당순이익은 얼마인가(단, 유상신주의 발행금액과 공정가치는 동일하며, 가중평균 유통보통주식수는 월할로 계산한다.)?

① 300원 ② 350원
③ 400원 ④ 450원

32. ㈜서울은 20X1년 1월 1일 ㈜용산의 보통주 30%를 3,000,000원에 취득하였고 그 결과 ㈜용산에 유의적인 영향력을 행사할 수 있게 되었다. ㈜용산에 대한 재무정보 및 기타 관련정보가 다음과 같을 경우 ㈜서울의 20X1년말 현재 지분법을 적용한 관계기업투자주식의 장부금액은 얼마인가?

*㈜용산에 대한 재무정보
ㄱ. 20X1년 1월 1일 현재 순자산장부금액 :
9,000,000원(공정가치와 일치함)
ㄴ. 20X1년 당기순이익 : 1,000,000원

① 3,000,000원 ② 3,240,000원
③ 3,300,000원 ④ 4,000,000원

33. 다음 중 지분법으로 회계처리하는 경우에 해당하는 것은(A회사는 투자자, B회사는 피투자자이다)?

① A회사는 B회사의 주식을 40% 보유하고 있으나 계약상 B회사에 관한 의결권을 행사할 수 없다.
② A회사는 12개월 이내에 매각할 목적으로 B회사의 의결권 있는 주식을 30% 취득하여 적극적으로 매수자를 찾고 있는 중이다.
③ A회사는 B회사의 주식을 20% 보유하고 있으나 모두 우선주이며 의결권은 없다.
④ A회사는 B회사의 의결권 있는 주식의 25%를 보유하고 있으며, B회사의 이사회에 참여할 수 있다.

34. 다음 중 기능통화에 의한 외화거래의 보고에 관한 설명으로 가장 올바르지 않은 것은?

① 기능통화로 외화거래를 최초로 인식하는 경우에 거래일의 외화와 기능통화 사이의 현물환율을 외화금액에 적용하여 기록한다.
② 역사적원가로 측정하는 비화폐성 외화항목은 마감환율로 매 보고기간말 환산한다
③ 화폐성항목의 결제시점에 생기는 외환차이는 그 외환차이가 생기는 회계기간의 당기손익으로 인식한다.
④ 비화폐성항목에서 생긴 손익을 기타포괄손익으로 인식하는 경우에 그 손익에 포함된 환율변동효과도 기타포괄손익으로 인식한다.

35. 12월말 결산법인인 ㈜삼일은 20X1년 12월 1일에 미국고객에게 $1,000의 상품을 판매하고, 대금은 4개월 후인 20X2년 3월 31일에 회수하였다. 이 기간 중 환율변동효과는 다음과 같을 경우 20X2년에 계상할 외환차손익은 얼마인가?

20X1년 12월 1일(거래발생일)	1$=1,000원
20X1년 12월 31일(보고기간말)	1$=1,100원
20X2년 3월 31일(대금결제일)	1$=1,050원

① 외환차익 50,000원 ② 외환차익 100,000원
③ 외환차손 50,000원 ④ 외환차손 100,000원

36. ㈜삼일은 20X1년 10월 1일 미국으로부터 원재료를 100달러에 수입하고 대금은 5개월 후에 지급하기로 하였다. 이와 함께 환율이 상승하고 있는 최근의 추세가 앞으로도 지속될 것으로 예상하고 5개월 후에 100달러를 1,200원/달러에 매입하는 통화선도계약을 체결하였다. 환율정보는 다음과 같다. 회사의 결산일은 12월 31일이며 이 계약은 20X2년 2월 28일에 실행되었다. 주어진 계약과 관련되어 20X1년과 20X2년의 회계처리에 대한 설명으로 올바른 것은?

일자	현물환율	선도환율
20X1년 10월 1일	1,180원/달러	1,200원/달러(5개월)
20X1년 12월 31일	1,210원/달러	1,220원/달러(2개월)
20X2년 2월 28일	1,230원/달러	

① 20X1년 12월 31일에는 통화선도평가이익 2,000원이 인식된다.
② 20X1년 12월 31일에는 통화선도평가손익을 인식하지 않는다.
③ 20X2년 2월 28일에 인식할 통화선도거래이익은 2,000원이다.
④ 20X2년 2월 28일에 인식할 통화선도거래이익은 없다.

37. 일반적으로 금융리스로 분류되는 상황의 예가 아닌 것은?

① 단기리스 또는 소액 기초자산 리스
② 리스이용자가 선택권을 행사할 수 있는 날의 공정가치보다 충분히 낮을 것으로 예상되는 가격으로 기초자산을 매수할 수 있는 선택권을 가지고 있고, 그 선택권을 행사할 것이 리스약정일 현재 상당히 확실한 경우
③ 리스약정일 현재, 리스료의 현재가치가 적어도 기초자산 공정가치의 대부분에 해당하는 경우
④ 리스기간 종료시점 이전에 기초자산의 소유권이 리스이용자에게 이전되는 리스

38. 다음 중 리스에 관한 설명으로 가장 올바르지 않은 것은?

① 금융리스에서 리스제공자가 리스채권으로 인식할 금액은 리스료의 현재가치와 무보증잔존가치의 현재가치를 합한 금액이다.
② 리스이용자는 리스개시일에 리스기간 동안에 지급할 리스료의 현재가치에 해당하는 금액을 리스부채로 인식한다.
③ 리스이용자의 입장에서 보증잔존가치와 무보증잔존가치는 모두 리스료에 포함한다.
④ 리스제공자는 리스약정일을 기준으로 운용리스나 금융리스로 분류한다.

39. 다음 자료를 이용하여 영업활동으로 인한 현금흐름을 계산하시오.

당기순이익	2,500,000원	선급비용의 증가	200,000원
감가상각비	300,000원	재고자산의 감소	100,000원
유형자산처분손실	450,000원	매입채무의 증가	350,000원

① 2,000,000원 ② 2,500,000원
③ 3,000,000원 ④ 3,500,000원

40. 다음 중 이자와 배당금의 수취 및 지급에 따른 현금흐름에 관한 설명으로 가장 올바르지 않은 것은?

① 이자수입은 손익의 결정에 영향을 미치므로 영업활동 현금흐름으로만 분류해야 한다.
② 유형자산 처분에 따른 현금유입은 투자활동으로 분류한다.
③ 이자지급은 재무자원을 획득하는 원가로 보아 재무활동 현금흐름으로 분류할 수 있다.
④ 배당금수입은 투자자산에 대한 수익으로 보아 투자활동 현금흐름으로 분류할 수 있다.

2019년 11월 시행 재무회계 공개기출문제

1. 다음은 한국채택국제회계기준(K-IFRS)의 특징에 대한 설명이다. 빈칸에 들어갈 말로 가장 옳은 것은?

> 연결실체가 재무제표를 작성하는 것을 전제로 제정된 K-IFRS는 (ㄱ) 중심의 회계기준으로서 회사 경영자가 경제적 실질에 기초하여 합리적으로 회계처리할 수 있도록 유도하고 있다. 또한 국제자본시장의 정보이용자들에게 보다 목적적합한 정보를 제공하기 위해 자산과 부채에 대해 (ㄴ)로 측정하여 공시하는 것을 확대하고 있다.

	ㄱ	ㄴ
①	원칙	공정가치
②	원칙	역사적 원가
③	규칙	공정가치
④	규칙	역사적 원가

2. 소모품을 구입하는 경우 일반적으로 자산으로 인식하는 대신 전액을 비용으로 인식한다. 다음 중 이러한 회계처리의 근거로 가장 옳은 것은?

① 적시성 ② 중요성
③ 목적적합성 ④ 예측가치와 확인가치

3. 다음 중 재무상태의 측정에 직접 관련되는 요소에 관한 설명으로 가장 옳은 것은?

① 재무상태 측정에 직접 관련되는 요소는 수익, 비용 및 이익이다.
② 부채는 과거 사건의 결과로 기업이 통제하고 있고 미래경제적효익이 기업에 유입될 것으로 기대되는 자원이다.
③ 자산은 과거 사건에 의하여 발생하였으며 경제적효익을 갖는 자원이 기업으로부터 유출됨으로써 이행될 것으로 기대되는 현재의무이다.
④ 자본은 기업의 자산에서 모든 부채를 차감한 후의 잔여지분이다.

4. 다음은 자산에 속하는 계정들의 잔액이다. 유동성 분류에 따라 재무상태표에 유동자산으로 계상될 금액은 얼마인가?

ㄱ. 단기대여금	80,000원	ㄴ. 선급금	100,000원
ㄷ. 선급비용	400,000원	ㄹ. 재고자산	250,000원
ㅁ. 기계장치	1,000,000원	ㅂ. 매출채권	320,000원

① 650,000원 ② 900,000원
③ 1,050,000원 ④ 1,150,000원

5. 다음 중 보고기간후사건에 관한 회계처리로 가장 올바르지 않은 것은(단, 보고기간말은 20X1년 12월 31일이며, 재무제표 발행 승인일은 20X2년 3월 10일이라고 가정한다)?

① 20X1년 12월 31일 공정가치로 평가한 당기손익-공정가치 측정 금융자산의 공정가치가 20X2년 1월 20일 하락하여 추가적인 평가손실을 20X1년 재무제표에 인식하였다.
② 20X2년 2월 10일에 순실현가능가치 미만의 가격으로 재고자산을 판매하여 이미 인식한 20X1년말 현재의 해당 재고자산의 순실현가능가치 금액을 수정하였다.
③ 20X1년 5월부터 진행 중이던 소송의 결과가 20X2년 1월에 확정되어 이미 인식한 손실금액과의 차이를 20X1년 재무제표에 추가로 인식하였다.
④ 20X1년 12월 2일에 취득한 기계장치의 취득원가가 20X2년 1월 10일 확정되어 이미 인식한 20X1년말 현재의 해당 기계장치의 금액을 수정하였다.

6. ㈜삼일의 재고자산과 관련하여 20X1년 포괄손익계산서에 비용으로 계상될 금액은 얼마인가(단, 기말재고자산 장부수량과 실사수량은 일치한다)?

20X1년 판매가능상품 (=기초재고자산+당기매입액)	450,000원
20X1년 재고자산평가손실	20,000원
20X1년 12월 31일 재고자산 (평가손실 차감후)	90,000원

① 340,000원 ② 350,000원
③ 360,000원 ④ 370,000원

7. ㈜삼일은 재고자산을 총평균법(회계기간 단위로 평균단가를 산출하는 방법)으로 평가하고 있다. 다음의 재고수불부에 따라 계산할 때 기말재고자산 단위당 단가는 얼마인가?

	수량	단가	금액
전기이월	2,000개	2,500원	5,000,000원
3/5 구입	1,000개	2,700원	2,700,000원
6/8 판매	1,500개		
10/24 구입	2,000개	2,900원	5,800,000원
기말	3,500개		

① 2,500원 ② 2,700원
③ 2,900원 ④ 3,857원

8. 다음 중 재고자산의 평가와 관련된 설명으로 가장 올바르지 않은 것은?

① 가중평균법으로 재고자산을 평가하고자 할 때 계속기록법에 따라 장부를 기록하는 경우에는 이동평균법을 적용하여야 한다.
② 선입선출법에 의하면 실지재고조사법과 계속기록법 중 어느것을 사용하는지에 관계없이 한 회계기간에 계상될 기말재고자산 및 매출원가의 금액이 동일하게 산정된다.
③ 선입선출법은 실제 물량의 흐름을 고려하여 기말 재고액을 결정하는 방법이다.
④ 특정 프로젝트별로 생산되는 제품 또는 서비스의 원가는 개별법을 사용하여 결정한다.

9. 다음은 20X0년말 ㈜삼일의 건물과 관련된 자료이다. ㈜삼일은 20X0년말 건물과 관련하여 손상차손을 인식하였다. 20X1년 결산시점에 ㈜삼일이 건물과 관련하여 인식해야 할 감가상각비는?

ㄱ. 20X0년말 건물 장부금액(손상 전) : 50,000,000원
ㄴ. 20X0년말 건물의 순공정가치 : 45,000,000원
ㄷ. 20X0년말 건물의 사용가치 : 35,000,000원
ㄹ. 20X0년말 건물의 잔존내용연수 : 20년
ㅁ. 건물의 잔존가치 : 0원
ㅂ. ㈜삼일은 건물에 대하여 정액법으로 감가상각비를 인식함.

① 2,000,000원 ② 2,250,000원
③ 2,500,000원 ④ 2,750,000원

10. 다음 중 유형자산의 재평가모형과 관련된 설명으로 가장 올바르지 않은 것은?

① 재평가 결과 발생한 평가손익은 재평가잉여금의 과목으로 자본(기타포괄손익)에서 가산 또는 차감처리한다.
② 보고기간 말에 자산의 장부금액이 공정가치와 중요하게 차이나지 않도록 주기적으로 재평가를 수행하여야 한다.
③ 원칙적으로 동일한 분류 내에 있는 유형자산은 동시에 재평가하여야 한다.
④ 자산의 순장부금액을 공정가치로 수정하기 위하여 비례수정법 또는 전액제거법을 사용할 수 있다.

11. 다음 중 무형자산에 해당하지 않는 것은?

① 특허권
② 사업결합으로 취득한 영업권
③ 무형자산 인식요건을 충족한 개발비
④ 새로운 지식을 얻고자 하는 활동에 지출한 연구비

12. 제조업을 영위하는 ㈜삼일은 특허권 취득에 직접적으로 관련하여 20,000,000원을 지출하였다. ㈜삼일은 이를 이용하여 향후 10년간 경제적 효익을 얻을 수 있을 것이라고 판단하고 있으나 법적으로 배타적 권리를 보장받는 기간은 5년이다. 동 특허권은 20X1년 10월 1일부터 사용가능하며 잔존가치는 없다고 할 때, 20X1년말 무형자산 상각비로 인식될 금액은 얼마인가(단, 동 특허권의 경제적 효익이 소비되는 형태는 신뢰성 있게 결정할 수 없다.)?

① 0원 ② 500,000원
③ 1,000,000원 ④ 4,000,000원

13. 제조업을 영위하는 ㈜삼일은 임대수익을 얻기 위한 목적으로 20X1년 1월 1일 건물을 1억원에 취득하였다. 공정가치 모형을 적용할 경우 동 건물과 관련하여 ㈜삼일이 20X2년 말에 수행할 회계처리로 가장 옳은 것은(단, ㈜삼일은 건물을 5년간 사용 가능할 것으로 예상하고 있다)?

〈건물의 공정가치〉
20X1년말 : 95,000,000원
20X2년말 : 90,000,000원

①	(차)	감가상각비	20,000,000
	(대)	감가상각누계액	20,000,000
②	(차)	투자부동산평가손실	2,000,000
	(대)	투자부동산	2,000,000
③	(차)	감가상각비	20,000,000
		투자부동산	15,000,000
	(대)	감가상각누계액	20,000,000
		투자부동산평가이익	15,000,000
④	(차)	투자부동산평가손실	5,000,000
	(대)	투자부동산	5,000,000

14. 다음 중 한국채택국제회계기준에 의한 금융상품의 발행자가 금융상품을 금융부채(financial liability)와 지분상품(equity instrument)으로 분류할 때에 관한 설명으로 가장 올바르지 않은 것은?

① 잠재적으로 불리한 조건으로 거래상대방과 금융자산이나 금융부채를 교환하기로 한 계약상 의무는 금융자산으로 분류한다.
② 향후 현대자동차 에쿠스 5대의 가치에 해당하는 확정되지 않은 금액의 현금을 대가로 자기지분상품 380주를 인도하는 계약은 지분상품으로 분류하지 않는다.
③ 발행자가 보유자에게 미래의 시점에 확정된 금액을 의무적으로 상환해야 하는 의무가 있는 우선주는 금융부채로 분류한다.
④ 삼일회계법인과 동일한 공정가치에 해당하는 자기지분상품을 인도할 계약은 인도할 자기지분상품의 수량이 확정되지 않았으므로 금융부채로 분류한다.

15. ㈜삼일은 20X1년 1월 1일에 다음과 같은 조건의 상각후원가측정금융자산을 취득 당시의 공정가치로 취득하였다. 이 경우 ㈜삼일의 재무상태표상 상각후원가측정금융자산의 20X1년말 장부금액은 얼마인가?

ㄱ. 액면금액 : 100,000원
ㄴ. 발행일 : 20X1년 1월 1일
ㄷ. 만기일 : 20X2년 12월 31일(2년)
ㄹ. 액면이자율 : 10%, 매년 말 지급조건
ㅁ. 시장이자율 : 20X1년 1월 1일 현재 12%
ㅂ. 현가계수

이자율	1년	2년	계
12%	0.89285	0.79719	1.69005

① 96,000원 ② 96,620원
③ 98,214원 ④ 100,000원

16. 다음 중 한국채택국제회계기준 하에서 투자부동산으로의 계정대체가 가능한 경우는?

① 제3자에게 금융리스제공을 개시한 경우
② 제3자에게 운용리스제공을 개시한 경우
③ 자가사용을 개시한 경우
④ 정상적인 영업과정에서 판매하기 위한 개발을 개시한 경우

17. 다음 중 전환사채에 관한 설명으로 가장 올바르지 않은 것은?

① 전환사채는 일반사채와 전환권의 두 가지 요소로 구성되는 복합적 성격을 지닌 금융상품이다.
② 전환사채는 전환사채보유자의 요구에 따라 주식으로 전환할 수 있는 권리가 내재되어 있어 일반적으로 일반사채보다 표면금리가 낮게 책정되어 발행된다.
③ 상환할증금지급조건의 전환사채는 발행시점에 상환할증금을 인식한다.
④ 전환권대가에 해당하는 부분은 무조건 부채로 계상한다.

18. ㈜삼일은 20X1년 1월 1일 만기 3년, 표시이자율 7%, 이자는 매년 말에 지급하는 액면 2,000,000원의 전환사채를 액면발행하였다. ㈜삼일은 전환사채의 만기일에 액면금액의 13%를 할증금으로 지급하기로 하였다. 일반사채의 시장이자율이 12%라고 할 때 발행시점에 계상할 전환권대가와 전환권조정은 각각 얼마인가(12%, 3기간, 현재가치계수 : 0.7118이고 12%, 3기간 연금현재가치계수는 2.4018이다)?

	전환권대가	전환권조정
①	55,080원	260,000원
②	260,000원	260,000원
③	55,080원	315,080원
④	315,080원	55,080원

19. 다음은 ㈜삼일의 사례이다. 사례와 관련된 설명으로 가장 옳은 것은?

20X1년 현재 ㈜삼일은 석유사업을 영위하는 중이며 오염을 유발하고 있다. 이러한 사업이 운영되고 있는 국가에서 오염된 토지를 정화하여야 한다는 법규가 제정되지 않았고, ㈜삼일은 몇 년에 결쳐 토지를 오염시켜 왔었다. 이미 오염된 토지를 정화하는 것을 의무화하는 법류 초안이 연말 후에 제정될 것이 20X1년말 현재 거의 확실시 되었다.

① 토지정화 원가에 대한 최선의 추정치로 충당부채로 인식한다.
② 당해 의무를 이행하기 위해 경제적효익을 갖는 자원의 유출가능성이 매우 높지 않으므로 우발부채로 공시한다.
③ 20X1년말 시점에 법률이 제정되지 않아 현재의무가 존재하지 않으므로 충당부채로 인식하지 않는다.
④ 의무발생사건의 결과 현재의무가 존재하지 않으므로 충당부채 또는 우발부채로 공시하지 않는다.

20. 다음 중 충당부채에 관한 설명으로 가장 올바르지 않은 것은?

① 충당부채를 인식하기 위해서는 과거에 사건이나 거래가 발생하여 현재 의무가 존재하여야 한다.
② 충당부채를 반드시 재무상태표에 금액으로 인식할 필요는 없으며, 주석으로 공시해도 된다.
③ 충당부채를 설정하는 의무에는 법적의무 또는 의제의무가 포함된다.
④ 화재, 폭발 등의 재해에 의한 재산상의 손실에 대비한 보험에 가입하고 있지 않을 때 보험 미가입으로 인하여 재무상태표에 인식하여야 할 부채는 없다.

21. 12월 결산법인인 ㈜삼일의 20X1년 이익잉여금처분계산서 구성항목이 다음과 같을 때 ㈜삼일의 20X1년말 재무상태표상 '이익잉여금(미처분이익잉여금)' 금액은 얼마인가?

ㄱ. 전기이월미처분이익잉여금	:	2,000,000원
ㄴ. 중간배당	:	(-) 200,000원
ㄷ. 당기순이익	:	1,000,000원
ㄹ. 연차배당(20X2년 4월 지급)	:	(-) 300,000원

① 1,800,000원 ② 2,000,000원
③ 2,500,000원 ④ 2,800,000원

22. 다음 중 자본변동표에 관한 설명으로 가장 올바르지 않은 것은?

① 납입자본, 이익잉여금, 기타포괄손익 항목별로 포괄손익, 소유주와의 자본거래 등에 따른 변동액을 표시한다.
② 일정 기간 동안에 발생한 기업실체와 소유주간의 거래 내용을 이해하고 소유주에게 귀속될 이익 및 배당가능이익을 파악하는데 유용하다.
③ 재무상태표에 표시되어 있는 자본의 기말잔액만 제시하고 기초잔액은 제공하지 않는다.
④ 지배기업의 소유주와 비지배지분에게 각각 귀속되는 금액으로 구분하여 표시한 해당 기간의 총포괄손익을 표시한다.

23. ㈜삼일은 20X1년 ㈜용산에 1년 동안 1,000개 이상 구매하는 경우 단가를 100 원으로 소급조정하기로 하고 노트북을 개당 120원에 공급하였다. 20X1년 3월 75개를 판매하고 연 1,000개는 넘지 않을 것으로 예상하였으나 6월 경기상승으로 500개를 판매하였고 연 판매량이 1,000개를 초과할 것으로 예상된 경우 ㈜삼일의 6월 수익금액은 얼마인가?

① 10,000원 ② 48,500원
③ 50,000원 ④ 60,000원

24. 한 시점에 이행하는 수행의무는 고객이 약속된 자산을 통제하고 기업이 의무를 이행하는 시점에 수익을 인식한다. 고객이 자산을 통제하는 시점의 예가 아닌 것은?

① 고객은 기업이 수행하는 대로 기업의 수행에서 제공하는 효익을 동시에 얻고 소비한다.
② 자산의 소유에 따른 유의적인 위험과 보상이 고객에게 있다.
③ 고객에게 자산의 법적소유권이 있다.
④ 판매기업이 자산의 물리적 점유를 이전하였다.

【 25 ~ 26 】 ㈜삼일건설은 20X1년 건설공사를 계약금액 1,500,000원에 수주하였다. 각 회계연도 말 ㈜삼일건설의 계약원가와 계약대금 청구액 및 회수액에 대한 정보가 다음과 같다.

	20X1년	20X2년	20X3년
누적발생계약원가(A)	200,000원	600,000원	1,300,000원
추정총계약원가(B)	1,000,000원	1,200,000원	1,300,000원
누적진행률(A/B)	20%	50%	100%
대금청구액	250,000원	550,000원	700,000원
대금회수액	200,000원	400,000원	900,000원

25. ㈜삼일건설이 각 회계연도에 계약이익으로 인식할 금액은 얼마인가?

	20X1년	20X2년	20X3년
①	50,000원	50,000원	100,000원
②	100,000원	50,000원	50,000원
③	50,000원	50,000원	50,000원
④	100,000원	100,000원	100,000원

26. ㈜삼일이 20X1년과 20X2년 재무상태표상 인식해야 할 계약자산(계약부채) 금액은 얼마인가?

	20X1년	20X2년
①	계약부채 50,000원	계약부채 50,000원
②	계약부채 50,000원	계약자산 50,000원
③	계약자산 50,000원	계약부채 50,000원
④	계약자산 50,000원	계약자산 50,000원

27. 다음 중 퇴직급여에 관한 설명으로 가장 올바르지 않은 것은?

① 퇴직급여제도는 확정기여제도와 확정급여제도를 포함한다.
② 당기근무원가는 당기에 종업원이 근무용역을 제공함에 따라 발생하는 확정급여채무의 현재가치 증가액을 말한다.
③ 확정급여제도에서는 사외적립자산을 출연하는데 이때 사외적립자산은 장부금액으로만 측정한다.
④ 확정기여제도는 기업이 기여금을 불입함으로써 퇴직급여와 관련된 모든 의무가 종료된다.

28. 다음 중 주식기준보상거래에 관한 설명으로 가장 올바르지 않은 것은?

① 주식기준보상거래는 종업원에게만 부여하고 거래상대방에게 부여하지는 않는다.
② 주식결제형 주식기준보상거래로 재화나 용역을 제공받는 경우에는 자본의 증가를 인식하고, 현금결제형 주식기준보상거래로 재화나 용역을 제공받는 경우에는 부채를 인식한다.
③ 주식결제형 주식기준보상거래에서 종업원으로부터 용역을 제공받는 경우에는 제공받는 용역의 공정가치를 일반적으로 신뢰성 있게 측정할 수 없으므로 부여한 지분상품의 공정가치에 기초하여 측정한다.
④ 현금결제형 주식기준보상거래에서 기업은 부채가 결제될 때까지 매 보고기간 말과 결제일에 부채의 공정가치를 재측정하고, 공정가치 변동액을 당기손익으로 인식한다.

29. 20X1년 포괄손익계산서에 계상될 ㈜삼일의 법인세 비용은 얼마인가?

ㄱ. 20X1년 당기법인세 (법인세법상 당기에 납부할 법인세)	2,500,000원
ㄴ. 20X0년말 이연법인세자산 잔액	400,000원
ㄷ. 20X1년말 이연법인세부채 잔액	700,000원

① 1,800,000원　② 2,900,000원
③ 3,200,000원　④ 3,600,000원

30. ㈜삼일은 20X1년 7월 1일 500,000원 (내용연수 5년, 잔존가치 100,000원)에 건물을 취득하고, 20X1년말 정액법으로 감가상각하였다. 그런데 ㈜삼일은 건물에 내재된 미래경제적효익의 예상되는 소비형태의 유의적인 변동을 반영하기 위하여, 20X2년초부터 감가상각방법을 연수합계법으로 변경하고 잔존내용연수는 3년, 잔존가치는 없는 것으로 재추정하였다. 20X2년말 건물의 장부금액은 얼마인가?(감가상각은 월할 상각하며, 건물에 대한 손상차손누계액은 없다.)

① 125,000원　② 180,000원
③ 195,000원　④ 230,000원

31. ㈜삼일의 20X1년 당기순이익으로 500,000,000원을 보고하였으며, ㈜삼일이 발행한 우선주 배당금은 140,000,000원이다. ㈜삼일의 가중평균유통보통주식수가 60,000주일 경우 20X1년도 기본주당순이익은 얼마인가?

① 4,000원　② 6,000원
③ 8,000원　④ 10,000원

32. ㈜서울은 관계기업 ㈜용산으로부터 배당금 10,000원을 수령하였다. ㈜서울이 지분법회계처리를 적용할 경우 해당 배당금과 관련하여 수행할 회계처리로 가장 옳은 것은?

① (차) 현금　10,000　(대) 배당금수익　10,000원
② (차) 현금　10,000　(대) 지분법이익　10,000원
③ (차) 현금　10,000　(대) 관계기업투자주식　10,000원
④ (차) 현금　10,000　(대) 이익잉여금　10,000원

33. 다음 중 관계기업 투자주식의 회계에 관한 설명으로 가장 올바르지 않은 것은?

① 유의적인 영향력 판단에는 지분율 기준과 실질 영향력 기준이 있다.
② 유의적인 영향력을 판단함에 있어 피투자자에 대한 의결권은 투자자의 지분율과 지배기업이 보유하고 있는 지분율의 합계로 계산한다.
③ 투자자가 직접으로 또는 간접으로 피투자자에 대한 의결권의 20%미만을 소유하고 있다면 유의적인 영향력이 없는 것으로 본다.
④ 경영진의 상호교류가 이루어지는 경우 유의적인 영향력이 있는 것으로 본다.

34. 다음 중 화폐성 항목만으로 구성된 것을 고르면?

① 매출채권, 자본금　② 선수금, 기계장치
③ 재고자산, 선급금　④ 매출채권, 단기대여금

35. ㈜삼일의 20X1년(20X1년 1월 1일~20X1년 12월 31일) 중 발생한 수출실적이 다음과 같을 경우 20X1년말 재무상태표상 매출채권으로 인식되는 금액은 얼마인가(단, 기능통화는 원화이다)?

ㄱ. 수출액 및 대금회수일

수출일	수출액	대금회수일
20X1.5.10	$250,000	20X2.1.2

ㄴ. 일자별 환율

일자	20X1.5.10	20X1.12.31	20X2.1.2
환율	1,100원/$	1,070원/$	1,110원/$

ㄷ. 기타정보
상기 수출대금은 대금회수일에 이상 없이 모두 회수되었으며, 상기 수출과 관련된 매출채권 이외의 채권은 없다.

① 257,500,000원　② 267,500,000원
③ 275,000,000원　④ 277,500,000원

36. ㈜삼일은 20X1년 9월 1일에 미국에 제품을 $1,000,000에 수출하고 수출대금은 3개월 후인 20X1년 11월 30일에 받기로 하였다. ㈜삼일의 대표이사는 환율하락에 따른 수출대금의 가치감소를 우려하여 20X1년 11월 30일에 결제일이 도래하는 통화선도계약 $1,000,000을 이용하여 환위험을 회피(Hedging)하려고 한다. 통화선도의 약정환율이 1,150원/$이고 일자별 환율이 다음과 같을 경우 환위험 회피를 위한 통화선도의 거래형태(Position)와 매출채권 및 통화선도 관련손익을 바르게 설명한 것은?

일자	환율
20X1년 9월 1일	1,300원/$
20X1년 11월 30일	1,100원/$

	통화선도 Position	외환차손익	통화선도 거래손익
①	매도계약 (short position)	손실 200,000,000원	이익 50,000,000원
②	매도계약 (short position)	손실 100,000,000원	이익 50,000,000원
③	매도계약 (short position)	이익 200,000,000원	손실 100,000,000원
④	매도계약 (short position)	이익 100,000,000원	손실 50,000,000원

37. 다음 중 리스이용자의 리스료에 포함되는 항목으로 가장 올바르지 않은 것은?

① 고정리스료
② 지수나 요율(이율)에 따라 달라지는 변동리스료
③ 리스기간 종료시점의 잔존가치 중 보증되지 않은 금액
④ 리스이용자가 매수선택권을 행사할 것이 상당히 확실한 경우에 그 매수선택권의 행사가격

38. ㈜삼일리스는 20X1년 1월 1일 ㈜용산과 금융리스 계약을 체결하였다. 20X1년 ㈜용산의 감가상각비(정액법 적용)는 얼마인가?

ㄱ. 리스기간 : 20X1년 1월 1일-20X4년 12월 31일
ㄴ. 리스자산 내용연수 : 5년
ㄷ. 리스자산 잔존가치 : 0(영)
ㄹ. 리스실행일 현재 리스료의 현재가치 : 400,000원
ㅁ. 리스실행일 현재 공정가치 : 400,000원
ㅂ. 리스기간 종료 후 소유권을 ㈜용산에 이전하기로 하였다.

① 80,000원 ② 100,000원
③ 133,000원 ④ 144,000원

39. 다음 ㈜삼일의 20X1년 재무제표 관련 자료를 이용 할 때 현금흐름표에 보고될 영업활동현금흐름은 얼마인가?

당기순이익	20,000원	감가상각비	4,600원
매출채권의 증가	15,000원	재고자산의 감소	2,500원
매입채무의 증가	10,400원		

① 20,200원 ② 21,000원
③ 22,500원 ④ 33,200원

40. 다음 중 현금흐름표 작성과 관련하여 직접법과 간접법 중 선택해서 작성할 수 있는 부분으로 가장 옳은 것은?

① 영업활동 현금흐름
② 투자활동 현금흐름
③ 재무활동 현금흐름
④ 현금및현금성자산의 환율변동효과

2020년 1월 시행 재무회계 공개기출문제

1. 다음 중 일반목적재무보고서가 제공하는 정보에 포함되지 않는 것은?

① 기업의 경제적 자원과 청구권의 성격 및 금액에 대한 정보
② 발생주의 회계가 반영된 기업의 재무성과
③ 과거 현금흐름이 반영된 재무성과
④ 미래의 현금흐름에 대한 예측이 반영된 재무성과

2. 재무제표 정보의 근본적 질적 특성으로 목적적합성과 충실한 표현이 있다. 다음 중 목적적합성과 충실한 표현에 대한 설명으로 가장 올바르지 않은 것은?

① 재무정보가 예측가치를 지니기 위해서는 그 자체가 예측치이어야 한다.
② 정보가 정보이용자들이 미래 결과를 예측하기 위해 사용하는 절차의 투입요소로 사용될 수 있다면 그 재무정보는 예측가치를 가진다.
③ 정보가 누락되거나 잘못 기재된 경우 특정 보고기업의 재무정보에 근거한 정보이용자의 의사결정에 영향을 줄 수 있다면 그 정보는 중요한 것이다.
④ 완벽하게 충실한 표현을 하기 위해서는 서술이 완전하고 중립적이며 오류가 없어야 할 것이다.

3. 다음 중 재무제표의 작성 및 표시에 관한 설명으로 가장 올바르지 않은 것은?

① 경영진은 재무제표를 작성할 때 계속기업으로서의 존속가능성을 평가해야 한다.
② 매출채권에 대해 대손충당금을 차감하여 순액으로 측정하는 것은 상계표시에 해당한다.
③ 기업은 현금흐름 정보를 제외하고는 발생기준 회계를 사용하여 재무제표를 작성한다.
④ 중요하지 않은 항목은 성격이나 기능이 유사한 항목과 통합하여 표시할 수 있다.

4. 다음 중 포괄손익계산서에 관한 설명으로 가장 올바르지 않은 것은

㈜삼일 20X1년 1월 1일부터 20X1년 12월 31일까지

매출	XXX
매출원가	(XXX)
매출총이익	XXX
판매비	(XXX)
관리비	(XXX)
영업이익	XXX
기타수익	XXX
기타비용	(XXX)
금융원가	(XXX)
법인세비용차감전순이익	XXX
법인세비용	(XXX)
당기순이익	XXX
기타포괄손익	XXX
총포괄이익	XXX

① 포괄손익계산서에서 비용을 기능별 분류를 하는 경우 성격별 분류에 대한 추가 정보를 주석에 공시해야 한다.
② 금융원가는 포괄손익계산서에 표시해야 할 최소한의 항목 중 하나이다.
③ 기타포괄손익은 손익거래의 결과임에도 불구하고 당기손익에는 포함되지 않는 항목들을 의미한다.
④ 상기 포괄손익계산서는 비용을 성격별로 분류하고 있다.

5. 다음 중 중간재무보고에 관한 설명으로 가장 올바르지 않은 것은?

① 중간재무보고서는 당해 회계연도 누적기간을 직전 연차보고기간 말과 비교하는 형식으로 작성한 재무상태표를 포함하여야 한다.
② 중간재무보고서는 당해 중간기간과 당해 회계연도 누적기간을 직전 회계연도의 동일기간과 비교하는 형식으로 작성한 포괄손익계산서를 포함하여야 한다.
③ 중간재무보고서는 당해 회계연도 누적기간을 직전 회계연도의 동일기간과 비교하는 형식으로 작성한 자본변동표를 포함하여야 한다.
④ 중간재무보고서는 당해 회계연도 누적기간을 직전 회계연도의 동일기간과 비교하는 형식으로 작성한 현금흐름표를 포함하여야 한다.

6. 다음 중 재고자산에 대한 설명으로 가장 옳은 것은?

① 재고자산은 취득원가와 순실현가능가치 중 높은 금액으로 측정한다.
② 매입할인, 리베이트 및 기타 유사한 항목은 매입원가를 결정할 때 차감하지 않는다.
③ 재고자산을 현재의 장소에 현재의 상태로 이르게 하는데 기여하지 않은 관리간접원가는 재고자산의 취득원가에 포함한다.
④ 판매원가는 재고자산의 취득원가에 포함하지 않는다.

7. 다음은 ㈜삼일의 재고자산과 관련된 자료이다. 선입선출법으로 평가할 경우 3월의 매출총이익은 얼마인가(단, 재고자산과 관련된 감모손실이나 평가손실 등 다른 원가는 없다)?

일자	구분	수량	매입단가	판매단가
3월 1일	기초재고	10개	100원	
3월 8일	매입	30개	110원	
3월 15일	매출	25개		130원
3월 30일	매입	15개	120원	

① 600원 ② 700원
③ 800원 ④ 900원

8. 다음 중 ㈜삼일의 재무상태표상 재고자산으로 표시 될 순장부금액은 얼마인가(단, 각 상품은 성격과 용도가 유사하지 않다.)?

	장부 수량	단위당 장부금액	실사 수량	단위당 순실현가능가치
상품A	1,500개	@100	1,500개	@90
상품B	5,000개	@500	4,500개	@1,000
상품C	2,000개	@400	2,000개	@300

① 2,985,000원 ② 3,150,000원
③ 5,235,000원 ④ 5,735,000원

9. 통신업을 영위하고 있는 ㈜삼일은 20X1년 7월 1일 5억원에 취득하여 사용해 오던 건물 A(내용연수 10년, 정액법, 잔존가치 0원)를 20X5년 4월 1일 3억원에 처분하였다. 다음 중 ㈜삼일이 유형자산 A의 처분과 관련하여 20X5년 포괄손익계산서에 인식할 계정과 금액으로 짝지어진 것은(단, ㈜삼일은 건물을 원가모형으로 후속측정한다)?

① 유형자산처분이익, 10,000,000원
② 유형자산처분이익, 12,500,000원
③ 유형자산처분손실, 10,000,000원
④ 유형자산처분손실, 12,500,000원

10. 다음 중 유형자산의 재평가모형 회계처리에 관한 설명으로 가장 올바르지 않은 것은?

① 재평가의 빈도는 재평가되는 유형자산의 공정가치 변동에 따라 달라진다.
② 특정 유형자산을 재평가할 때, 동일한 분류 내의 유형자산 분류 전체를 재평가한다.
③ 자산의 장부금액이 재평가로 인하여 증가된 경우 원칙적으로 그 증가액은 당기손익(재평가이익)으로 인식한다.
④ 자산의 장부금액이 재평가로 인하여 감소한 경우 원칙적으로 그 감소액은 당기손익(재평가손실)으로 인식한다.

11. 제약회사인 ㈜삼일은 20X1년초에 설립되었으며, 암 치료용 신약 연구・개발 프로젝트를 진행 중에 있다. 다음은 ㈜삼일이 20X1년 동안 암 치료용 신약 연구・개발 프로젝트 A에 소요된 지출들이다.

단계	지출시점	지출액
연구단계	20X1년 1월 1일	100,000원
개발단계	20X1년 5월 1일	150,000원
	20X1년 9월 1일	200,000원

20X1년말에 종료되는 회계연도에 개발비(무형자산)로 인식할 금액과 당기비용으로 인식할 금액은 얼마인가(단, 프로젝트 A의 개발비는 20X1년 9월 1일 지출분만 무형자산인식요건을 충족하였으며, 개발비는 20X2년부터 사용가능 하다고 가정한다)

	개발비(무형자산)	당기비용
①	200,000원	250,000원
②	200,000원	100,000원
③	350,000원	100,000원
④	350,000원	0원

12. 다음 중 무형자산의 후속 측정에 관한 설명으로 가장 올바르지 않은 것은?

① 내용연수가 비한정인 무형자산은 최소한 1년에 1회 이상의 손상검사가 이루어져야 한다.
② 손상검토시 회수가능액은 순공정가치와 사용가치 중 작은 금액을 기준으로 판단한다.
③ 무형자산의 경제적 효익이 소비되는 형태를 신뢰성 있게 결정할 수 없는 경우 정액법으로 상각한다.
④ 무형자산의 잔존가치, 상각기간 및 상각방법의 적정성에 대하여 매 보고기간 말에 재검토하여야 한다.

13. 부동산매매업을 영위하고 있는 ㈜삼일은 당기 중 판매목적으로 보유하던 장부금액 100억원의 상가건물을 제3자에게 운용리스를 통해 제공하기로 하였다. 용도 변경시점의 동 상가건물의 공정가치가 120억원 이었다고 할 때 ㈜삼일의 회계처리로 가장 적절한 것은?

①	(차)	투자부동산	120억
	(대)	재고자산	100억
		재평가이익(당기손익)	20억
②	(차)	투자부동산	120억
	(대)	재고자산	120억
③	(차)	투자부동산	120억
	(대)	재고자산	100억
		재평가잉여금(기타포괄손익)	20억
④	(차)	투자부동산	100억
	(대)	재고자산	100억

14. 다음 중 상각후원가측정금융자산에 관한 설명으로 가장 올바르지 않은 것은?

① 상각후원가측정금융자산은 계약상 현금흐름이 원리금으로만 구성되어 있고, 사업모형이 계약상 현금흐름을 수취하는 것인 금융자산을 의미한다.
② 원칙적으로 모든 채무증권은 상각후원가측정금융자산으로 분류한다.
③ 상각후원가측정금융자산은 유효이자율법을 적용하여 상각후원가로 평가한다.
④ 상각후원가측정금융자산 취득시 지출된 거래원가는 취득원가에 가산한다.

15. 다음 중 재무상태표상에 기재될 현금및현금성자산의 잔액을 계산하면 얼마인가?

ㄱ. 요구불예금	1,650,000원
ㄴ. 타인발행수표	2,500,000원
ㄷ. 취득일로부터 상환일까지의 기간이 2개월인 상환우선주	1,000,000원
ㄹ. 결산일로부터 만기일이 1개월 남은 1년 만기 정기예금	1,220,000원

① 3,870,000원 ② 4,150,000원
③ 5,150,000원 ④ 6,370,000원

16. 다음 중 금융자산의 손상 발생에 대한 객관적인 증거로 보기에 가장 올바르지 않은 것은?

① 유동부채가 유동자산을 초과하는 경우
② 차입자의 재무적 어려움에 관련된 경제적 또는 법률적 이유로 인한 당초 차입조건의 불가피한 완화
③ 차입자의 파산이나 기타 재무구조조정의 가능성이 높은 상태가 된 경우
④ 이자지급이나 원금상환의 불이행이나 지연과 같은 계약 위반

17. 다음 중 후속적으로 상각후원가로 측정되도록 분류되는 금융부채로 가장 옳은 것은?

① 단기간 내에 재매입할 목적으로 부담하는 금융부채
② 유형자산 취득을 위해 은행으로부터 조달한 장기차입금
③ 최초 인식시점에 당기손익-공정가치 측정항목으로 지정한 금융부채
④ 시장이자율보다 낮은 이자율로 대출하기로 한 약정

18. ㈜삼일은 다음과 같은 조건으로 사채를 발행하였다. 20X2년도에 인식할 이자비용은 얼마인가(단, 계산금액은 소수점 첫째자리에서 반올림하고, 가장 근사치를 답으로 선택한다)?

ㄱ. 액면금액 : 1,000,000원
ㄴ. 발행일 : 20X1년 1월 1일
ㄷ. 만기일 : 20X3년 12 월 31일
ㄹ. 액면이자율 및 이자지급조건 : 연10%, 매년 말 지급
ㅁ. 발행일의 시장이자율 : 연 12%
ㅂ. 이자율 12%, 3년 정상연금현가계수 : 2.40183
　이자율 12%, 3년 현가계수 : 0.71178

① 100,000원 ② 114,236원
③ 115,944원 ④ 117,857원

19. 다음 중 우발부채 및 우발자산에 관한 설명으로 가장 올바르지 않은 것은?

① 우발자산은 과거사건에 의해 발생하였으나, 기업이 전적으로 통제할 수 없는 하나 이상의 불확실한 미래사건의 발생 여부에 의하여서만 그 존재가 확인되는 잠재적 자산을 의미한다.
② 우발부채는 재무상태표상 부채로 인식하고, 유형별로 그 성격을 주석에 추가적으로 설명한다.
③ 과거사건에 의하여 발생하였으나, 그 의무를 이행하기 위하여 경제적효익을 갖는 자원이 유출될 가능성이 높지 않은 경우에는 우발부채로 인식한다.
④ 우발부채의 경우 당해 의무를 이행하기 위하여 경제적 효익이 있는 자원을 유출할 가능성이 희박한 경우에는 공시하지 아니한다.

20. ㈜삼일은 제조상의 결함이나 하자에 대하여 1년간 제품보증을 시행하고 있다. 20X1년 7월 1일에 판매된 5,000,000원의 제품에서 중요하지 않은 결함이 발견된다면 50,000원의 수리비용이 발생하고, 치명적인 결함이 발생하면 200,000원의 수리비용이 발생할 것으로 예상한다. 20X1년 7월 1일의 매출액 5,000,000원에 대하여 판매된 제품의 80%에는 하자가 없을 것으로 예상하고, 제품의 15%는 중요하지 않은 결함이 발견될 것으로 예상하고, 5%는 치명적인 결함이 있을 것으로 예상하였다. ㈜삼일이 20X1년말에 인식할 충당부채의 금액은 얼마인가(단, 20X1년에는 결함이나 하자가 발생하지 않았다)?

① 7,500원 ② 10,000원
③ 17,500원 ④ 32,500원

21. 다음은 ㈜삼일의 재무상태표이다. ㈜삼일의 경영자는 누적된 결손금을 해소하고자 무상감자를 고려하고 있다. 다음 중 회사가 무상감자를 실시하는 경우에 관한 설명으로 가장 옳은 것은?

재무상태표

㈜삼일 20X1년 12월 31일 (단위 : 원)

현금	10,000,000	부채	60,000,000
매출채권	20,000,000	자본금	40,000,000
재고자산	30,000,000	주식발행초과금	10,000,000
유형자산	30,000,000	결손금	(20,000,000)
자산총계	90,000,000	부채와자본총계	90,000,000

① 무상감자를 하면 부채비율(부채/자본)이 높아진다.
② 무상감자와 유상감자 모두 순자산에 미치는 영향은 동일하다.
③ 무상감자 후 주식발행초과금은 감소한다.
④ 무상감자 후의 자본총계는 30,000,000원으로 감자 전과 자본총계가 동일하다.

22. 다음은 ㈜삼일의 자본변동표이다. 다음 중 자본변동표 표시방법으로 가장 올바르지 않은 것은?

자본변동표

제12기 20X1년 1월 1일부터 20X1년 12월 31일까지

㈜삼일 (단위 : 백만원)

구분	자본금	주식발행 초과금	기타 자본요소	이익 잉여금	합계
기초	xxx	xxx	xxx	xxx	xxx
① 유상증자	100	-	-	-	100
② 기타포괄손익인식 금융자산평가이익	-	-	-	30	30
③ 당기순이익	-	-	-	10	10
④ 배당금지급	-	-	-	(20)	(20)
기말	xxx	xxx	xxx	xxx	xxx

23. 다음 중 수익인식 기준에 대한 설명으로 가장 올바르지 않은 것은?

① 고객충성제도를 시행하는 경우 보상점수를 배부하는 대가는 상대적 개별판매가격에 따라 배분된 금액이다.
② 매출에 확신유형의 보증을 제공하는 경우 총 판매금액을 수익으로 인식하고 보증에 대해서는 충당부채를 인식한다.
③ 라이선스 계약이 접근권에 해당하면 일정기간 동안 권리를 부여하는 수행의무가 부여된 것이므로 그 기간에 걸쳐 수익을 인식한다.
④ 검사 조건부 판매의 경우 재화나 용역이 합의된 규약에 부합하는지 객관적으로 판단이 가능한 경우에는 고객이 인수하는 시점에 수익을 인식한다.

24. ㈜삼일은 20X1년 1월 1일 ㈜용산에 상품을 할부로 판매하였다. 할부대금은 매년 말 10,000,000원씩 3년간 회수하기로 하였다. 내재이자율은 10%인 경우 ㈜삼일이 20X1년 12월 31일 현재 할부매출과 관련하여 재무상태표에 인식할 장기성매출채권의 순장부금액은 얼마인가(3년 연금 10% 현가계수는 2.4869이다)?

① 17,355,900원 ② 20,000,000원
③ 24,869,000원 ④ 30,000,000원

25. 다음 중 건설계약과 관련된 설명으로 가장 올바르지 않은 것은?

① 계약수익은 수령하였거나 수령할 대가의 공정가치로 측정한다.
② 계약원가는 계약체결일로부터 계약의 최종완료일까지의 기간에 당해 계약에 귀속될 수 있는 직접원가만을 포함한다.
③ 고객에게 청구가능한 수주비의 경우 원가 발생시 자산계정으로 처리하고 이후 진행율에 따라 공사원가로 비용화한다.
④ 예상되는 하자보수원가를 합리적으로 추정하여 하자보수비로 인식하여 계약원가에 포함시킨다.

26. ㈜삼일건설은 ㈜용산과 20X1년 5월 1일, 총계약금액 170,000,000원의 다음과 같은 공장신축공사계약을 체결하였다. 회사가 진행기준으로 수익을 인식한다면 ㈜삼일건설의 20X2년 공사손익은 얼마인가(단, 진행률은 누적발생계약원가에 기초하여 계산한다)?

	20X1년	20X2년
당기발생계약원가	60,000,000원	72,000,000원
추정총계약원가	150,000,000원	165,000,000원
공사대금청구액(연도별)	50,000,000원	80,000,000원

① 손실 4,000,000원 ② 손실 5,000,000원
③ 이익 8,000,000원 ④ 이익 9,000,000원

27. 다음의 빈칸에 들어갈 말로 가장 적절한 것끼리 묶인 것은?

확정급여제도의 회계처리에서 당기근무원가, 과거근무원가와 정산으로 인한 손익, 순확정급여부채 및 사외적립자산의 순이자는 (㉠)으로 인식한다.
보험수리적손익, 순확정급여부채(자산)의 순이자에 포함된 금액을 제외한 사외적립자산의 수익, 순확정급여부채(자산)의 순이자에 포함된 금액을 제외한 자산인식상한 효과의 변동은 (㉡)으로 인식한다.

	㉠	㉡
①	당기손익	당기손익
②	당기손익	기타포괄손익
③	기타포괄손익	당기손익
④	기타포괄손익	기타포괄손익

제1편 공개기출문제해설
제2편 기출제오답노트
합본부록 재무회계 공개기출문제

28. 다음 중 주식결제형 주식기준보상(주식선택권)과 관련하여 괄호 안에 들어갈 단어로 가장 옳은 것은?

> 종업원 및 유사용역제공자에게 제공받은 용역의 보상원가는 부여한 지분상품의 공정가치에 수량을 곱한 금액으로 산정한다. 부여한 지분상품의 공정가치를 신뢰성 있게 추정할 수 있는 경우 지분상품의 공정가치는 ( ) 현재로 측정한다.

① 퇴사일 ② 부여일 ③ 입사일 ④ 결산일

29. ㈜삼일은 20X1년에 사업을 개시하였다. 아래의 자료를 이용할 경우 ㈜삼일의 20X1년 재무상태표에 계상될 이연법인세자산 · 부채는 얼마인가?

> ㄱ. 당기순이익 : 5,000,000원
> ㄴ. 세무조정내역 : 가산할 일시적차이 3,000,000원
> ㄷ. 평균세율 : 20%(매년 동일할 것으로 예상)
> ㄹ. 이연법인세자산·부채를 인식하지 아니하는 예외사항에 해당되지는 않는다고 가정

① 이연법인세부채 600,000원
② 이연법인세자산 600,000원
③ 이연법인세부채 1,000,000원
④ 이연법인세자산 1,000,000원

30. ㈜삼일의 보고기간말 현재 수정전 당기순이익이 10,000,000원이다. 보고기간말과 재무제표 발행승인일 사이에 다음의 사건들이 발생한 경우 수정 후 당기순이익은 얼마인가?

> ㄱ. 보고기간말 이후 화재로 인한 건물 200,000원의 손실 발생
> ㄴ. 당기손익-공정가치 측정 금융자산의 공정가치가 보고기간말과 재무제표가 확정된 날 사이에 하락하여 150,000원 추가 손실 발생
> ㄷ. 보고기간말 이전에 존재했던 소송사건의 결과가 보고기간말 이후에 확정되어 100,000원의 손실 발생

① 9,550,000원 ② 9,850,000원
③ 9,900,000원 ④ 10,000,000원

31. 희석주당이익은 실제 발생된 보통주뿐만 아니라 보통주로 전환될 수 있는 잠재적 보통주까지 감안하여 산출한 주당이익을 말한다. 다음 중 잠재적 보통주에 해당하는 것으로 가장 올바르지 않은 것은?

$$\text{희석주당이익} = \frac{\text{희석당기순이익}}{\text{가중평균유통보통주식수+잠재적보통주식수}}$$

① 보통주로 전환할 수 있는 전환사채
② 보통주로 전환할 수 있는 전환우선주
③ 사업인수나 자산취득과 같이 계약상 합의에 따라 조건이 충족되면 발행하는 보통주
④ 회사가 보유하고 있는 자기주식

32. 다음 중 지분법 회계처리에 관한 설명으로 가장 올바르지 않은 것은?

① 영업권의 상각은 허용되지 않는다.
② 염가매수차익이 발생하는 경우 취득한 기간의 당기순손익에 포함한다.
③ 투자회사가 수취하게 될 배당금 금액은 취득한 기간의 당기순손익에 포함한다.
④ 관계기업투자주식의 장부금액이 '영(0)' 이하가 될 경우 지분변동액에 대한 인식을 중지한다.

33. ㈜삼일은 20X1년 1월 1일 ㈜용산의 보통주 40%를 4,000,000원에 취득하였고 그 결과 ㈜용산에 유의적인 영향력을 행사할 수 있게 되었다. 주식취득일 현재 ㈜용산의 순자산 공정가치가 10,000,000원인 경우 관계기업투자주식의 취득원가 중 영업권에 해당하는 금액은 얼마인가?

① 0원 ② 160,000원
③ 240,000원 ④ 6,000,000원

34. 지분법은 투자자가 피투자자에 대해 유의적인 영향력을 행사할 수 있는 경우에 적용한다. 다음 중 유의적인 영향력을 행사할 수 있는 경우에 해당하는 것은(A회사는 투자자, B회사는 피투자자이다)?

① A회사는 B회사의 주식을 40% 보유하고 있으나 계약상 B회사에 관한 의결권을 행사할 수 없다.
② A회사는 12개월 이내에 매각할 목적으로 B회사의 의결권 있는 주식을 30% 취득하여 적극적으로 매수자를 찾고 있는 중이다.
③ A회사는 B회사의 주식을 20% 보유하고 있으나 모두 우선주이며 의결권은 없다.
④ A회사는 B회사의 의결권 있는 주식의 15%를 보유하고 있으나 B회사의 이사회에 참여할 수 있다.

35. 한국에서 영업을 하는 ㈜서울의 미국 현지법인인 ㈜엘에이의 재무제표이다. ㈜엘에이는 20X1년초 설립되었으며, ㈜엘에이의 기능통화인 달러화로 작성한 20X1년말 재무상태표는 다음과 같다.

<table>
<tr><td rowspan="3">자산</td><td rowspan="3">$4,000</td><td>부채</td><td>$1,000</td></tr>
<tr><td>자본금</td><td>$2,000</td></tr>
<tr><td>이익잉여금
(당기순이익)</td><td>$1,000</td></tr>
<tr><td>합계</td><td>$4,000</td><td>합계</td><td>$4,000</td></tr>
</table>

㈜엘에이의 재무상태표를 표시통화인 원화로 환산시 환율이 유의적으로 변동할 경우 부채에 적용할 환율로 가장 옳은 것은?

① 해당 거래일의 환율 ② 보고기간말의 마감환율
③ 평균환율 ④ 차입시 환율

36. 다음 중 선물거래의 특징에 관한 설명으로 가장 올바르지 않은 것은?

① 증거금제도 ② 일일정산제도
③ 비표준화 계약 ④ 청산소

37. 다음 중 리스에 관한 설명으로 가장 올바르지 않은 것은?

① 금융리스에서 리스제공자가 리스채권으로 인식할 금액은 리스료의 현재가치와 무보증잔존가치의 현재가치를 합한 금액이다.
② 리스이용자의 입장에서 보증잔존가치와 무보증잔존가치는 모두 리스료에 포함한다.
③ 리스이용자는 리스개시일에 사용권자산과 리스부채를 인식한다.
④ 리스제공자는 각 리스를 운용리스나 금융리스로 분류한다.

38. ㈜삼일리스는 20X1년 1월 1일(리스약정일)에 ㈜대구(리스이용자)와 기계장치에 대한 금융리스계약을 체결하였으며, 관련자료는 다음과 같다. 이러한 리스거래로 인하여 리스이용자인 ㈜대구가 20X1년에 인식할 이자비용과 감가상각비의 합계액은 얼마인가(단, 계산금액은 소수점 첫째자리에서 반올림함을 원칙으로 하고, 가장 근사치를 답으로 선택한다)?

ㄱ. 리스기간 : 3년(리스기간 종료시 ㈜대구는 소유권을 이전 받음)
ㄴ. 리스료 총액 : 300,000원 (매 100,000원씩 매년 말 3회 후불)
ㄷ. 리스자산의 취득원가 : 240,183원(리스약정일의 공정가치와 동일)
ㄹ. 리스자산의 내용연수와 잔존가치 : 내용연수 5년, 잔존가치 40,183원
ㅁ. 리스의 내재이자율 : 연 12%
ㅂ. 이자율 1 %, 3년 연금현가계수 : 2.40183
　이자율 12%, 3년 현가계수 : 0.71178

① 24,018원 ② 28,822원
③ 40,000원 ④ 68,822원

39. 다음 중 흑자도산하는 기업을 조기에 파악하기 위한 적합한 재무제표로 가장 옳은 것은?

① 재무상태표 ② 포괄손익계산서
③ 현금흐름표 ④ 자본변동표

40. 다음은 ㈜삼일의 영업활동으로 인한 현금흐름을 계산하기 위한 자료이다. ㈜삼일의 영업활동으로 인한 현금흐름이 (+)5,000,000원이라고 할 때 당기순이익은 얼마인가? (단위 : 원)

유형자산처분손실	200,000	매출채권의 증가	900,000
감가상각비	300,000	재고자산의 감소	1,000,000
		매입채무의 감소	500,000

① 3,300,000원 ② 4,300,000원
③ 4,500,000원 ④ 4,900,000원

2020년 5월 시행 재무회계 공개기출문제

1. 우리나라는 2011년부터 모든 상장사에 대하여 국제 회계기준을 전면 도입하였다. 다음 중 이에 따른 효과에 대한 설명으로 가장 올바르지 않은 것은?

① 회계정보의 국제적 비교가능성이 제고된 반면 재무제표에 대한 신뢰성은 낮아졌다.
② 각국의 회계기준이 별도로 운영됨에 따라 발생했던 비용손실이 절감되었다.
③ 국제적 합작계약 등에서 상호이해가능성이 증가되었다.
④ 해외사업 확장을 촉진하여 자본시장의 활성화에 기여할 수 있었다.

2. 다음 중 재무상태표의 작성기준으로 가장 올바르지 않은 것은?

① 한국채택국제회계기준에서 요구하거나 허용하지 않는 한 자산과 부채 그리고 수익과 비용은 상계하지 않는다.
② 중요하지 않은 항목은 성격이나 기능이 유사한 항목과 통합하여 표시할 수 있다.
③ 재무상태표에 포함될 항목은 세부적으로 명시되어 있으며, 기업의 재량에 따라 추가 또는 삭제하는 것은 허용되지 않는다.
④ 유동성 순서에 따른 표시방법이 신뢰성 있고 더욱 목적적합한 정보를 제공하는 경우를 제외하고는 원칙적으로 유동성·비유동성 구분법을 선택해야 한다.

3. 다음 중 일반목적재무보고의 목적에 관한 설명으로 가장 올바르지 않은 것은?

① 일반목적재무보고의 목적은 현재 및 잠재적 투자자, 대여자 및 기타 채권자가 기업에 자원을 제공하는 것에 대한 의사결정을 할 때 유용한 보고기업 재무정보를 제공하는 것이다.
② 현재 및 잠재적 투자자, 대여자 및 기타채권자에 해당하지 않는 기타 당사자들(예를 들어, 감독당국)이 일반목적재무보고서가 유용하다고 여긴다면 이들도 일반목적재무보고의 주요 대상에 포함된다.
③ 보고기업의 경제적 자원과 청구권의 성격 및 금액에 대한 정보는 정보이용자가 보고기업의 재무적 강점과 약점을 식별하는 데 도움을 줄 수 있다.
④ 보고기업의 경제적 자원과 청구권의 변동은 그 기업의 재무성과, 그리고 채무상품 또는 지분상품의 발행과 같은 그 밖의 사건 또는 거래에서 발생한다.

4. 다음 중 재무상태표상 유동항목으로 분류될 항목으로 가장 올바르지 않은 것은?

① 정상 영업주기 내에 판매될 것으로 예상되는 재고자산
② 사용제한 없는 보통예금
③ 단기매매 목적으로 보유하는 다른 기업의 주식
④ 보고기간 후 12개월 이내에 결제일이 도래하는 차입금으로서 보고기간 후 12개월 이상 만기를 연장할 것으로 기대하고 있고, 그런 재량권이 있는 차입금

5. 다음 중 수정을 요하는 보고기간 후 사건이 아닌 것은?

① 보고기간말에 지급의무가 존재하였던 종업원에 대한 상여금액을 보고기간 후에 확정하는 경우
② 재무제표가 부정확하다는 것을 보여주는 부정이나 오류를 보고기간 후에 발견한 경우
③ 보고기간말과 재무제표 발행승인일 사이에 기타포괄손익-공정가치 측정 금융자산의 시장가치가 하락한 경우
④ 보고기간말에 존재하였던 현재의무가 보고기간 후에 소송사건의 확정에 의해 확인되는 경우

6. 다음은 ㈜삼일의 20X1년 재고수불부이다. ㈜삼일이 재고자산을 선입선출법으로 평가하는 경우와 총평균법(회계기간 단위로 평균단가를 산출하는 방법)으로 평가하는 경우 각각의 기말재고자산금액은 얼마인가?

	수량	단가	금액
전기이월	3,000개	2,000원	6,000,000원
1.20 구입	2,000개	2,500원	5,000,000원
6.15 판매	(2,500개)		
8.14 구입	2,000개	2,800원	5,600,000원
10.1 판매	(3,500개)		
12.4 구입	1,000개	3,000원	3,000,000원
기말	2,000개		

	선입선출법	총평균법
①	5,800,000원	4,900,000원
②	5,800,000원	5,700,000원
③	6,400,000원	4,900,000원
④	6,400,000원	5,700,000원

7. 다음 중 재고자산에 관한 설명으로 가장 올바르지 않은 것은?

① 재고자산의 매입원가는 매입가격에 취득과정에 직접 관련된 매입운임, 하역료 및 기타 원가를 가산한 금액이다.
② 매입할인 및 리베이트는 매입원가를 결정할 때 차감한다.
③ 재고자산의 전환원가는 직접노무원가 등 생산과 직접 관련된 원가를 포함한다.
④ 재고자산 구입 후 상품의 하자로 인해 매입대금을 할인받는 경우 항상 당기수익으로 인식한다.

8. 다음 자료에서 재고자산평가손실은 ㈜삼일의 재고자산이 진부화되어 발생하였다. 다음 중 ㈜삼일의 20X2년 포괄손익계산서상 매출원가는 얼마인가?(단, ㈜삼일은 재고자산평가손실과 정상재고자산감모손실을 매출원가에 반영하고, 비정상재고자산감모손실은 기타비용으로 처리하고 있다.)

20X1년 12월 31일 재고자산	400,000원
20X2년 매입액	1,000,000원
20X2년 재고자산평가손실	550,000원
20X2년 재고자산감모손실(비정상감모)	20,000원
20X2년 12월 31일 재고자산 (평가손실과 감모손실 차감 후)	300,000원

① 1,080,000원 ② 1,100,000원
③ 1,120,000원 ④ 1,670,000원

9. 전자기기 제조업을 영위하는 ㈜삼일은 당기 중 신제품 A의 출시를 위해 필요한 유형자산 B를 취득하였다. 이와 관련된 지출항목이 다음과 같다고 할 때, 유형자산 B의 취득원가로 계상될 금액은 얼마인가?

지출항목	금액
유형자산 B의 매입가격	100,000,000원
최초의 운송	5,000,000원
설치 및 조립	3,000,000원
신제품 A를 시장에 소개하기 위한 광고	5,000,000원
정상적인 가동 여부를 확인하는데 소요된 원가	2,000,000원
유형자산 B의 관리 업무를 담당하는 직원에 대한 급여	10,000,000원

① 100,000,000원 ② 108,000,000원
③ 110,000,000원 ④ 115,000,000원

10. ㈜삼일은 20X1년 1월 1일에 기계장치(내용연수는 5년, 잔존가치는 없음)를 100,000원에 취득하였다. ㈜삼일은 기계장치에 대하여 원가모형을 적용하고 있으며, 감가상각방법으로 정액법을 사용한다. 20X1년말에 동 기계장치의 회수가능액이 40,000원으로 하락하여 손상차손을 인식하였다. 그러나 20X2년말에 동 기계장치의 회수가능액이 80,000원으로 회복되었다. 20X2년말에 인식할 손상차손환입액은 얼마인가?

① 20,000원 ② 30,000원
③ 40,000원 ④ 50,000원

11. 다음은 20X1년 ㈜삼일의 엔진 개발과 관련하여 20X1년 6월 30일까지 발생한 지출에 대한 자료이다. 동 엔진이 20X1년 7월 1일부터 사용가능할 것으로 예측된 경우 20X1년 ㈜삼일이 엔진 개발과 관련하여 무형자산 상각비를 포함한 인식해야 할 총비용은 얼마인가(단, 엔진 개발비에 대하여 내용연수 10년, 정액법 상각함)?

연구단계	개발단계
•엔진 연구 결과의 평가를 위한 지출 : 3,000,000원 •여러 가지 대체안 탐색 활동을 위한 지출 : 27,000,000원	•자산인식조건을 만족하는 개발단계 지출 : 40,000,000원 •자산인식조건을 만족하지 않는 개발단계 지출 : 7,000,000원

① 30,000,000원 ② 37,000,000원
③ 39,000,000원 ④ 75,000,000원

12. 다음 중 내부적으로 창출한 무형자산의 인식에 대 한 설명으로 가장 올바르지 않은 것은?

① 내부적으로 창출한 영업권은 일정 요건을 충족하는 경우 무형자산으로 인식한다.
② 내부프로젝트에서 발생한 원가 중 연구단계에서 발생한 원가는 항상 발생한 기간의 비용으로 인식한다.
③ 개발단계는 연구단계보다 훨씬 더 진전되어 있는 상태이므로 무형자산의 식별이 가능하다.
④ 생산 전 또는 사용 전의 시제품과 모형을 설계, 제작 및 시험하는 활동은 일반적으로 개발단계에 해당한다.

13. 다음은 ㈜삼일이 보유하고 있는 자산의 내역이다. 투자부동산으로 계정분류 되어야 할 금액으로 가장 적절한 것은?

ㄱ. 장기 시세차익을 얻기 위하여 보유하고 있는 토지	100,000,000원
ㄴ. 장래 사용목적을 결정하지 못한 채로 보유하고 있는 건물	80,000,000원
ㄷ. 직원 연수원으로 사용할 목적의 건물	50,000,000원
ㄹ. 금융리스로 제공한 토지	40,000,000원

① 90,000,000원 ② 100,000,000원
③ 140,000,000원 ④ 180,000,000원

14. 다음 중 금융자산에 해당하지 않는 것은?

① 다른 기업의 지분상품
② 거래상대방에게서 현금 등 금융자산을 수취할 계약상 권리
③ 잠재적으로 유리한 조건으로 거래상대방과 금융자산이나 금융부채를 교환하기로 한 계약상 권리
④ 기업이 자신의 지분으로 결제되거나 결제될 수 있는 계약으로서 수취할 자기지분상품의 수량이 확정된 비파생상품

15. ㈜삼일은 20X1년 1월 1일 다음과 같은 조건의 회사채에 투자하기로 하였다. 동 투자사채의 취득과 관련하여 유출될 현금은 얼마인가(소수점 이하 첫째 자리에서 반올림한다.)? 단, ㈜삼일은 동 투자사채를 기타포괄손익-공정가치측정금융자산으로 분류하였다.

ㄱ. 액면금액 : 200,000,000원
ㄴ. 만기일 : 20X2년 12월 31일
ㄷ. 액면이자율 : 12%, 매년 말 지급 조건
ㄹ. 시장이자율 : 8%
ㅁ. 금융거래 수수료 : 액면금액의 0.5%

① 186,479,592원 ② 200,000,000원
③ 214,266,118원 ④ 215,266,118원

16. 다음 중 금융자산의 손상에 대한 설명으로 가장 올바르지 않은 것은?

① 신용이 손상되지 않은 경우 금융상품의 신용위험이 유의적으로 증가하지 않았다면 보고기간 말에 12개월 기대신용손실금액에 해당하는 금액으로 손실충당금을 측정한다.
② 상각후원가측정금융자산의 손상차손은 당기비용 처리하고 손실충당금을 설정한다.
③ 기타포괄손익-공정가치측정금융자산으로 분류되는 채무상품의 손상차손은 손실충당금을 설정하여 금융상품의 장부금액에서 차감하여 표시한다.
④ 상각후원가측정금융자산과 기타포괄손익-공정가치측정금융자산으로 분류되는 채무상품에 대해서 손상차손을 인식할 수 있다.

17. ㈜삼일은 20X1년 1월 1일에 액면금액 50,000,000원의 사채를 48,275,300원에 발행하였다. 다음 중 ㈜삼일이 만기까지 매년 인식해야 할 유효이자율법에 의한 이자비용의 금액 변화를 나타낸 그래프로 가장 옳은 것은?

①
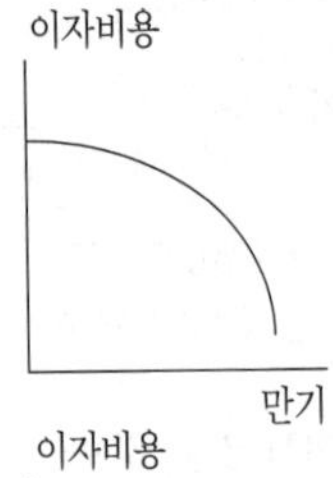

②
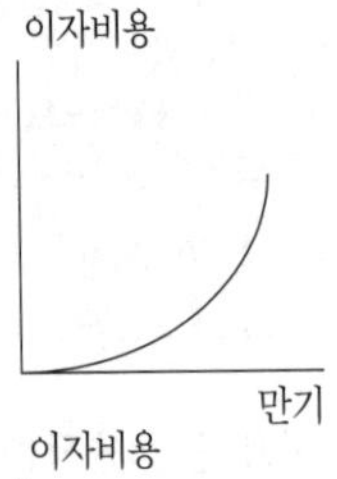

③
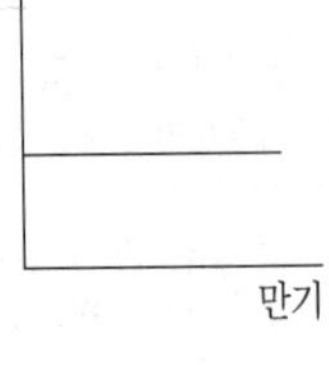

④
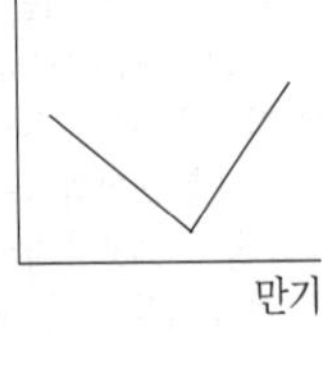

18. 다음 중 전환사채에 관한 설명으로 가장 올바르지 않은 것은?

① 전환사채는 일반사채와 전환권의 두 가지 요소로 구성되는 복합적 성격을 지닌 금융상품이다.
② 전환사채는 전환사채보유자의 요구에 따라 주식으로 전환할 수 있는 권리가 내재되어 있어 일반적으로 일반사채보다 표면금리가 낮게 책정되어 발행된다.
③ 상환할증금지급조건의 전환사채는 발행시점에 상환할증금을 인식한다.
④ 전환권대가에 해당하는 부분은 무조건 부채로 계상한다.

19. 20X1년초 사업을 개시한 ㈜삼일은 판매 후 3년 동안 제품에서 발생하는 결함을 무상으로 수리해주고 있으며, 보증비용은 매출액의 2%로 추정된다. 20X1년말 재무상태표에 제품보증충당부채로 계상되어야 할 금액은 얼마인가?

ㄱ. 20X1년 매출액은 2,000억원임
ㄴ. 20X1년 중 당기 매출분에 대해 20억원의 제품보증비가 발생함.

① 10억원 ② 20억원 ③ 30억원 ④ 40억원

20. 다음 중 충당부채를 인식해야 할 상황으로 가장 올바르지 않은 것은?

① A사는 제품을 판매하는 시점에 구매자에게 제품보증을 약속하고 있으나 법적 의무가 존재하는 것은 아니다. 과거 경험에 비추어 보면 제품 보증 요청이 발생할 가능성이 높다.
② B사는 해양플랜트 사업을 영위하고 있으며 해양오염을 유발하고 있다. 결산일 현재 발생한 해양오염을 복구할 것을 요구하는 법안이 차기 2월 중 제정될 것이 거의 확실하다.
③ C사는 고객으로부터의 손해배상 소송사건에 계류 중이다. 법률전문가는 당기 말 현재 기업이 배상책임을 이행할 가능성이 높다고 조언하고 있다.
④ D사는 주기적인 수선을 요하는 설비자산을 이용하여 제품을 생산하고 있다. 과거 경험에 따르면 동 설비자산의 노후로 인하여 1년 후 중요한 금액의 수선비가 발생할 가능성이 높은 것으로 예상된다.

21. 다음은 20X1년말 ㈜삼일의 주요 재무정보의 일부이다. ㈜삼일은 20X1년에 신설된 법인으로 당기에 추가적인 증자 및 배당은 존재하지 않았다. ㈜삼일의 20X1년 당기순이익은 1,000,000,000원이고, 1주당 액면금액은 10,000원일 때 20X1년말 현재 자본에 관한 설명으로 가장 올바르지 않은 것은?

자본금	10,000,000,000원
주식발행초과금	3,000,000,000원
이익잉여금	1,000,000,000원
자본총계	14,000,000,000원

① ㈜삼일의 발행주식수는 1,000,000주이다.
② ㈜삼일의 주식발행금액은 주당 13,000원이다.
③ ㈜삼일의 20X1년 주당이익은 1,400원이다.
④ ㈜삼일의 법정자본금은 10,000,000,000원이다.

22. ㈜삼일의 제12기 자본항목과 관련된 주요사항이 다음과 같을 때 20X2년말 결산시 ㈜삼일의 자본에 대한 보고금액으로 올바르게 짝지어진 것은 어느 것인가(단, 이래 자료 이외에 자본에 영향을 미치는 사건의 발생은 없다고 가정한다)?

ㄱ. 20X2년 11월 11일 이사회 결의를 통하여 ㈜삼일의 자기주식 10,000주를 한 주당 10,000원에 취득하였다.
ㄴ. ㈜삼일은 20X1년초에 토지를 1,000백만원에 취득하였다. 이 토지는 20X1년말에 1,020백만원으로 재평가되었고 20X2년말에는 1,100백만원으로 재평가되었다.

자본변동표
제12기 20X2년 1월 1일부터 20X2년 12월 31일까지
㈜삼일 (단위 : 백만원)

구분	자본금	주식발행초과금	자기주식	재평가잉여금	이익잉여금	합계
20X2년초	500	800	(100)	20	xxx	xxx
자본의 변동	xxx	xxx	xxx	xxx	xxx	xxx
20X2년말	500	(ㄱ)	(ㄴ)	(ㄷ)	xxx	xxx

	(ㄱ)	(ㄴ)	(ㄷ)
①	750	(150)	20
②	800	(150)	100
③	750	(200)	20
④	800	(200)	100

23. 한 시점에 이행하는 수행의무는 고객이 약속된 자산을 통제하고 기업이 의무를 이행하는 시점에 수익을인식한다. 한 시점에 이행하는 수행의무에서 고객이 자산을 통제하는 시점의 예가 아닌 것은?

① 고객은 기업이 수행하는 대로 기업의 수행에서 제공하는 효익을 동시에 얻고 소비한다.
② 자산의 소유에 따른 유의적인 위험과 보상이 고객에게 있다.
③ 고객에게 자산의 법적소유권이 있다.
④ 판매기업이 자산의 물리적 점유를 이전하였다.

24. 고객충성제도는 재화나 용역을 구매하는 고객에게 인센티브를 제공하기 위하여 사용된다. 다음 중 고객충성제도의 예로 가장 올바르지 않은 것은?

① 신용카드회사에서 카드이용금액에 비례하여 적립해주는 포인트제도
② 헤어숍에서 일정횟수를 이용하는 경우 부여하는 무료이용권
③ 가전회사에서 구매고객에게 1년간 무상수리를 제공하는 무상수리제도
④ 항공사에서 일정 마일리지가 누적되는 경우 제공되는 무료항공권

25. ㈜삼일건설은 ㈜용산과 20X1년 7월 1일 총 계약금액 50,000,000원의 공장신축공사계약을 체결하였다. 회사가 진행기준으로 수익을 인식한다면 ㈜삼일건설의 20X2년 계약이익은 얼마인가? 단, ㈜삼일건설은 누적발생원가에 기초하여 진행률을 산정한다.

	20X1년	20X2년
누적발생계약원가	10,000,000원	30,000,000원
추정총계약원가	40,000,000원	40,000,000원
공사대금청구액(연도별)	15,000,000원	20,000,000원

① 4,000,000원 ② 5,000,000원
③ 7,500,000원 ④ 8,000,000원

26. ㈜서울은 ㈜마포로부터 건설공사를 수주하였다. ㈜마포와 체결한 건설공사에서 손실이 발생할 것으로 예상되는 경우 ㈜서울이 수행할 회계처리로 가장 옳은 것은?

① 건설계약에서 예상되는 손실액은 당기에 즉시 비용으로 인식한다.
② 건설계약에서 예상되는 손실액은 진행률에 따라 비용으로 인식한다.
③ 건설계약에서 예상되는 손실액은 공사완료시점에 비용으로 인식한다.
④ 건설계약에서 예상되는 손실액은 전기에 인식했던 수익에서 직접 차감한다.

27. 다음 중 퇴직급여에 관한 설명으로 가장 올바르지 않은 것은?

① 퇴직급여제도는 확정기여제도와 확정급여제도를 포함한다.
② 당기근무원가는 당기에 종업원이 근무용역을 제공함에 따라 발생하는 확정급여채무의 현재가치 증가액을 말한다.
③ 확정급여제도에서는 사외적립자산을 출연하는데 이때 사외적립자산은 회사가 불입한 원금으로만 측정한다.
④ 확정기여제도는 기업이 기여금을 불입함으로써 퇴직급여와 관련된 모든 의무가 종료된다.

28. ㈜삼일은 20X1년 1월 1일에 기술책임자인 홍길동 이사에게 다음과 같은 조건의 현금결제형 주가차액보상권 20,000개를 부여하였다. 이 경우 20X1년 포괄손익계산서에 계상될 당기보상비용은 얼마인가(단, 홍길동 이사는 20X3년 12월 31일 이전에 퇴사하지 않을 것으로 예상된다)?

ㄱ. 기본조건 : 20X3.12.31까지 의무적으로 근무할 것
ㄴ. 행사가능기간 : 20X4.1.1 ~ 20X4.12.31
ㄷ. 20X1년말 추정한 주가차액보상권의 공정가치 : 150,000원/개

① 10억원 ② 15억원
③ 20억원 ④ 30억원

29. ㈜삼일은 20X1년에 영업을 개시하였다. ㈜삼일의 과세소득과 관련된 자료는 다음과 같다. 20X1년말 재무상태표에 계상될 이연법인세자산(부채)(A)과 포괄손익계산서에 계상될 법인세비용(B)는 각각 얼마인가?

법인세비용차감전순이익	3,000,000원
가산(차감)조정	
일시적차이가 아닌 차이	600,000원
일시적차이	800,000원
과세표준	4,400,000원(세율:30%)

〈 추가자료 〉

ㄱ. 일시적차이가 사용될 수 있는 미래과세소득의 발생가능성은 높다고 가정한다.

ㄴ. 일시적차이는 20X2년, 20X3년에 걸쳐 400,000원씩 소멸하며, 미래에도 세율의 변동은 없는 것으로 가정한다.

		(A)	(B)
①	이연법인세부채	180,000원	1,140,000원
②	이연법인세자산	240,000원	1,080,000원
③	이연법인세부채	420,000원	1,320,000원
④	이연법인세자산	420,000원	1,560,000원

30. 다음 중 회계변경과 오류수정의 회계에 관한 설명으로 가장 올바르지 않은 것은?

① 회계정책의 변경을 반영한 재무제표가 거래, 기타 사건 또는 상황이 재무상태, 재무성과 또는 현금흐름에 미치는 영향에 대하여 신뢰성 있고 더 목적적합한 정보를 제공하는 경우에는 회계정책을 변경할 수 있다.

② 전기오류수정은 중요한 오류라 할지라도 당기손익에 반영한다.

③ 제조원가 계산시 수율 변경은 회계추정으로 본다.

④ 회계정책의 변경으로 인한 누적효과를 합리적으로 결정하기 어려운 경우에 실무적으로 소급적용이 가능한 가장 이른 회계기간에 반영한다.

31. 다음은 ㈜삼일의 20X1 회계연도(20X1년 1월 1일- 20X1년 12월 31일) 당기순이익과 자본금 변동상황에 대한 자료이다. ㈜삼일의 20X1년도 보통주 기본주당순이익은 얼마인가?

ㄱ. 당기순이익 500,000,000원

ㄴ. 자본금변동사항(액면 5,000원)

	보통주자본금
- 1.1 기초	50,000주 250,000,000원
- 4.1 유상증자(30%)	15,000주 75,000,000원
- 10.1 자기주식구입	(5,000)주 (25,000,000원)

*유통보통주식수 계산시 월할계산을 가정한다.

*4.1 유상증자시 시가이하로 유상증자 하지 아니함.

ㄷ. 20X1 회계연도 이익에 대한 배당(현금배당)

- 우선주 : 20,000,000원

① 4,000원 ② 6,000원

③ 8,000원 ④ 10,000원

32. 다음 중 관계기업 투자주식의 회계에 관한 설명으로 가장 올바르지 않은 것은?

① 유의적인 영향력 판단에는 지분율 기준과 실질 영향력 기준이 있다.

② 유의적인 영향력을 판단함에 있어 피투자자에 대한 의결권은 투자자의 지분율과 지배기업이 보유하고 있는 지분율의 합계로 계산한다.

③ 투자자가 직접으로 또는 간접으로 피투자자에 대한 의결권의 20% 미만을 소유하고 있다면 유의적인 영향력이 없는 것으로 본다.

④ 경영진의 상호교류가 이루어지는 경우 유의적인 영향력이 있는 것으로 본다.

33. ㈜서울은 20X1년 1월 1일 ㈜용산의 보통주 20%를 2,000,000원에 취득하였고 그 결과 ㈜용산에 유의적인 영향력을 행사할 수 있게 되었다. ㈜용산에 대한 재무정보 및 기타 관련 정보가 다음과 같을 경우 ㈜서울의 20X1년말 현재 지분법을 적용한 관계기업투자주식의 장부금액은 얼마인가?

*㈜용산에 대한 재무정보

ㄱ. 20X1년 1월 1일 현재 순자산장부금액 : 10,000,000원(공정가치와 일치함)

ㄴ. 20X1년 당기순이익 : 6,000,000원

① 800,000원 ② 1,200,000원

③ 2,000,000원 ④ 3,200,000원

34. 다음 중 환율변동효과와 관련하여 괄호 안에 들어 갈 단어로 가장 옳은 것은?

기능통화와 표시통화가 다른 경우 표시통화로 재무상태와 경영성과를 환산하여 보고해야 한다. 재무상태표의 자산과 부채는 (ㄱ)을 적용하고, 포괄손익계산서의 수익과 비용은 (ㄴ)을 적용하되 환율이 유의적으로 변동하지 않을 경우에는 해당 기간의 평균환율을 적용할 수 있다.

	ㄱ	ㄴ
①	보고기간 말의 마감환율	해당 거래일의 환율
②	해당 거래일의 환율	보고기간 말의 마감환율
③	해당 기간의 평균환율	보고기간 말의 마감환율
④	해당 기간의 평균환율	해당 거래일의 환율

35. ㈜삼일의 20X1년(20X1년 1월 1일~20X1년 12월 31일) 중 발생한 수출실적이 다음과 같을 경우 20X1년말 재무상태표상 매출채권으로 인식되는 금액은 얼마인가(단, 기능통화는 원화이다)?

ㄱ. 수출액 및 대금회수일

수출일	수출액	대금회수일
20X1.5.10	$200,000	20X2.1.2
20X1.7.15	$50,000	20X2.2.14

ㄴ. 일자별 환율

일자	20X1.5.10	20X1.7.15	20X1.12.31	20X2.1.2
환율	1,100원/$	1,120원/$	1,070원/$	1,110원/$

ㄷ. 기타정보
상기 수출대금은 대금회수일에 이상 없이 모두 회수되었으며, 상기 수출과 관련된 매출채권 이외의 채권은 없다.

① 267,500,000원 ② 275,000,000원
③ 276,000,000원 ④ 277,500,000원

36. ㈜삼일은 20X1년 11월 1일에 미국에 제품 $1,000,000를 수출하고 수출대금은 6개월 후에 받기로 하였다. ㈜삼일의 대표이사는 환율변동에 따른 수출대금의 가치감소를 우려하고 있다. 만약 당신이 ㈜삼일의 경리과장이라면 대표이사에게 환위험을 회피(Hedging)하기 위하여 어떻게 조언할 것인가?

① $1,000,000를 6개월간 외화예금으로 가입하도록 권유한다.
② KOSPI200 주가지수선물의 매도계약을 체결하도록 권유한다.
③ KOSPI200 주가지수옵션의 풋옵션 계약을 체결하도록 권유한다.
④ 통화선도 매도계약을 체결하도록 권유한다.

37. 다음 중 ( ) 안에 들어갈 단어로 가장 옳은 것은?

리스이용자의 ( )은 리스이용자가 비슷한 경제적 환경에서 비슷한 기간에 걸쳐 비슷한 담보로 사용권자산과 가치가 비슷한 자산 획득에 필요한 자금을 차입한다면 지급해야 하는 이자율을 말한다.

① 내재이자율 ② 증분차입이자율
③ 증분리스이자율 ④ 우량회사채이자율

38. ㈜삼일리스는 20X1년 1월 1일에 매기말 12,000원 지급조건의 금융리스계약을 체결하고 4년간의 리스기간종료후 소유권을 ㈜용산에 이전하기로 하였다. 리스약정일 현재의 리스료의 현가는 40,000원이고, 리스자산의 내용연수 5년, 잔존가치 0원, 감가상각방법이 정액법인 경우 20X1년의 ㈜용산의 감가상각비는 얼마인가?

① 0원 ② 10,000원
③ 8,000원 ④ 12,000원

39. 다음 중 현금흐름표의 작성에 관한 설명으로 가장 올바르지 않은 것은?

① 자산 취득시 직접 관련된 부채를 인수하는 경우는 비현금거래로 현금흐름표에서 제외한다.
② 영업활동 현금흐름을 직접법으로 보고하면 간접법에 비해 미래현금흐름을 추정하는데 보다 유용한 정보를 제공한다.
③ 단기매매목적으로 보유하는 계약에서 발생하는 현금유출입은 투자활동 현금흐름이다.
④ 주식의 취득이나 상환에 따른 소유주에 대한 현금유출은 재무활동 현금흐름이다.

40. 다음은 ㈜삼일의 이자수익과 관련된 재무제표 자료이다.

ㄱ. 재무상태표 관련자료

구분	20X2년 12월 31일	20X1년 12월 31일
미수이자	20,000원	30,000원

ㄴ. 포괄손익계산서 관련자료

구분	20X2년	20X1년
이자수익	200,000원	150,000원

㈜삼일의 20X2년 현금흐름표에 표시될 이자수취액은 얼마인가?

① 180,000원 ② 190,000원
③ 200,000원 ④ 210,000원

2020년 7월 시행 재무회계 공개기출문제

1. 다음 중 한국채택국제회계기준과 일반기업회계기준의 특징으로 가장 올바르지 않은 것은?

① 한국채택국제회계기준은 연결재무제표를 기본 재무제표로 제시하고 있다.
② 한국채택국제회계기준은 비용을 기능별 분류만 규정하고 있다.
③ 일반기업회계기준은 자본항목을 자본금, 자본잉여금, 자본조정, 기타포괄손익누계액, 이익잉여금(결손금)으로 구분하고 있다.
④ 한국채택국제회계기준은 포괄손익계산서를 작성하도록 하고 있다.

2. 다음 중 목적적합성과 표현충실성에 관한 설명으로 가장 올바르지 않은 것은?

① 재무정보가 유용하기 위해서는 목적적합한 현상을 표현하는 것뿐만 아니라 나타내고자 하는 현상을 충실하게 표현해야 한다.
② 완벽하게 충실한 표현을 하기 위해서는 서술이 완전하고, 중립적이며, 오류가 없어야 할 것이다.
③ 목적적합한 재무정보는 정보이용자의 의사결정에 차이가 나도록 할 수 있다.
④ 오류가 없다는 것은 보고정보를 생산하는데 사용되는 절차의 선택과 적용 시 절차상 오류가 없음을 의미하며, 모든 면에서 완벽하게 정확하다는 것을 의미한다.

3. 다음 중 재무상태표 작성방법에 관한 설명으로 가장 옳은 것은?

① 재무상태표의 형식이나 계정과목순서에 대해서 강제규정을 두고 있다.
② 기업이 정상영업주기 내에 실현될 것으로 예상되거나 정상영업주기 내에 판매하거나 소비될 의도가 있는 자산은 유동자산으로 분류한다.
③ 재무상태표를 작성할 때 반드시 유동성배열법을 사용하여야 한다.
④ 보고기간 현재의 결제기간이 12개월 이내의 장기차입금에 대해 보고기간 후 재무제표 발행승인일 전에 지급기일을 장기로 재조정하는 약정이 체결되었다면 비유동부채로 분류한다.

4. 다음은 자산에 속하는 계정들의 잔액이다. 유동성 분류에 따라 재무상태표에 유동자산으로 계상될 금액은 얼마인가

ㄱ. 장기대여금	40,000원	ㄴ. 매출채권	400,000원
ㄷ. 재고자산	600,000원	ㄹ. 선급금	50,000원
ㅁ. 기계장치	800,000원	ㅁ. 개발비	40,000원

① 1,000,000원 ② 1,040,000원 ③ 1,050,000원 ④ 1,090,000원

5. 다음 중 수정을 요하는 보고기간후사건에 해당하지 않는 것은?

① 보고기간말에 존재하였던 현재의무가 보고기간후에 소송사건의 확정에 의해 확인되는 경우
② 보고기간말과 재무제표 발행승인일 사이에 투자자산의 공정가치가 하락하는 경우
③ 보고기간말 이전에 구입한 자산의 취득원가를 보고기간 후에 결정하는 경우
④ 보고기간말 이전 사건의 결과로서 보고기간말에 종업원에게 지급하여야 할 의제의무가 있는 상여금 지급 금액을 보고기간후에 확정하는 경우

6. 다음 중 재무상태표상 재고자산으로 분류되어야 할 항목으로 가장 올바르지 않은 것은?

① 의류회사에서 공장의 일부를 폐쇄하면서 처분하고자 하는 설비자산
② 자동차제조회사 공장에서 생산 중에 있는 미완성 엔진
③ 건설회사에서 분양사업을 위해 신축하는 건물
④ 부동산매매업을 영위하는 기업에서 보유하는 판매목적 토지

7. ㈜삼일은 재고자산을 선입선출법에 의하여 평가하고 있다. 다음의 자료를 토대로 ㈜삼일의 20X1년 기말재고자산의 금액을 측정한 것으로 가장 옳은 것은?

	장부수량	취득단가	장부금액
전기이월	3,000개	@12,000	36,000,000원
구입(20X1.07.01)	2,000개	@14,000	28,000,000원
시용판매(20X1.11.25)(*)	4,800개		
구입(20X1.12.22)	1,500개	@14,500	21,750,000원
차기이월	1,700개		

(*)㈜삼일은 당기 중 4,800개를 시용판매 하였으나 그 중 300개는 고객이 기말 현재까지 매입의사를 표시하지 않고 있다.

① 24,550,000원 ② 24,650,000원
③ 28,750,000원 ④ 29,000,000원

8. 재고자산은 매년 결산일 현재의 순실현가능가치와 취득원가를 비교하여 둘 중 낮은 금액으로 측정한다. 다음 중 이와 관련된 설명으로 가장 올바르지 않은 것은?

① 한번 손상된 재고자산은 그 후속기간에 환입될 수 없다.
② 저가법은 원칙적으로 재고자산 항목별로 적용한다.
③ 기업은 매 후속기간에 순실현가능가치를 재평가한다.
④ 순실현가능가치의 중요한 하락은 물리적 손상뿐만 아니라 기술적 진부화에 의해서도 발생할 수 있다.

9. ㈜서울은 사용 중이던 차량운반구를 ㈜부산이 사용하던 기계장치와 교환하였다. 이 교환과 관련하여 ㈜서울은 공정가치의 차액 1,000,000원을 현금으로 지급하였다. 이 경우 ㈜서울이 인식해야 할 처분손익은 얼마인가(단, 동 교환거래는 상업적 실질이 있다고 가정하며, 차량운반구의 공정가치가 기계장치의 공정가치보다 명백하다.)?

	차량운반구	기계장치
취득원가	4,000,000원	5,000,000원
감가상각누계액	3,500,000원	2,500,000원
공정가치	2,000,000원	3,000,000원

① 유형자산처분이익 1,000,000원
② 유형자산처분이익 1,500,000원
③ 유형자산처분손실 500,000원
④ 유형자산처분손익 0원

10. 다음 중 유형자산의 취득원가에 포함되는 요소가 아닌 것으로 올바르게 짝지어진 것은?

ㄱ. 설치장소 준비를 위한 지출
ㄴ. 최초의 운송 및 취급관련 원가
ㄷ. 보유중인 건물에 대하여 부과되는 재산세
ㄹ. 취득세
ㅁ. 매입할인

① ㄱ, ㄴ, ㄷ　② ㄴ, ㄹ, ㅁ
③ ㄷ, ㅁ　④ ㄱ, ㄴ, ㄷ, ㄹ, ㅁ

11. 다음 중 유형자산의 감가상각에 관한 설명으로 가장 올바르지 않은 것은?

① 감가상각방법은 자산의 미래경제적효익이 소비될 것으로 예상되는 형태를 반영한다.
② 감가상각방법은 적어도 매 회계연도 말에 재검토하며, 재검토 결과 자산에 내재된 미래경제적효익의 예상되는 소비형태에 유의적인 변동이 있다면 이를 반영하기 위하여 감가상각방법을 변경한다. 이러한 변경은 회계정책의 변경으로 회계처리한다.
③ 채석장이나 매립지 등을 제외하고는 토지의 내용연수가 무한하므로 감가상각하지 않는다.
④ 정률법은 내용연수 초기에 감가상각비를 많이 계상하다가 내용연수 후기로 갈수록 감가상각비를 적게 계상하는 방법인데, 이를 체감잔액법이라고도 한다.

12. 다음은 ㈜삼일이 20X1년 중 신제품 A의 연구 및 개발활동과 관련하여 발생시킨 원가의 내역이다. 이와 관련하여 당해 포괄손익계산서에 비용으로 계상될 금액은 모두 얼마인가(단, 신제품 A와 관련하여 계상된 무형자산은 20X1년 7월 1일부터 사용이 가능하며 내용연수 5년, 정액법으로 상각한다.)?

일자	세부내역	금액
20X1.01.01	연구단계에서 발생한 지출	200,000원
20X1.03.01	개발단계에서 발생한 지출로 자산인식 조건을 만족시키지 못함	1,500,000원
20X1.04.01	개발단계에서 발생한 지출로 자산인식조건을 만족시킴	500,000원
20X1.05.01	프로젝트 개발과 관련된 내부개발 소프트웨어로 자산인식 조건을 만족시킴	800,000원

① 1,300,000원　② 1,700,000원
③ 1,830,000원　④ 1,960,000원

13. 다음 중 무형자산의 상각에 관한 설명으로 가장 올바르지 않은 것은?

① 내용연수가 비한정인 무형자산은 상각하지 않고, 내용연수가 유한한 무형자산으로 변경할 수 없다.
② 내용연수가 유한한 무형자산은 자산을 사용할 수 있는 때부터 상각한다.
③ 내용연수가 유한한 무형자산의 상각방법은 자산의 경제적 효익이 소비되는 형태를 반영한 방법이어야 한다.
④ 내용연수가 유한한 무형자산의 상각기간과 상각방법은 적어도 매 회계연도 말에 검토한다.

14. 다음 중 투자부동산의 후속적 측정에 대한 설명으로 가장 올바르지 않은 것은?

① 원가모형으로 측정해 오던 투자부동산이 매각예정으로 분류된다면 별도의 기준서에 따라 처리하여야 한다.
② 최초 인식 이후 투자부동산의 평가방법을 원가모형으로 선택한 경우에는 모든 투자부동산에 대하여 원가모형을 적용한다.
③ 공정가치모형을 선택한 경우에는 해당 투자부동산이 감가상각 대상자산인 경우에도 감가상각은 수행하지 않는다.
④ 공정가치모형에서 공정가치를 산정할 때에는 매각, 또는 다른 형태의 처분으로 발생할 수 있는 거래원가를 차감하여야 한다.

15. ㈜서울은 20X1년초에 ㈜용산의 주식 1,000주를 취득하고 당기손익-공정가치 측정 금융자산으로 분류하였다. 20X2년초에 1,000주를 공정가치로 처분한 경우 ㈜서울이 20X2년의 포괄손익계산서에 계상할 처분손익은 얼마인가?

일자	구분	주당금액
20X1년 1월 3일	취득원가	10,000원
20X1년 12월 31일	공정가치	9,500원
20X2년 1월 1일	공정가치	10,200원

① 손실 500,000원　② 손실 700,000원
③ 이익 200,000원　④ 이익 700,000원

16. ㈜삼일은 20X1년 1월 1일에 다음과 같은 조건의 회사채를 취득하였으며, 이 사채를 기타포괄손익-공정가치 측정 금융자산으로 분류하였다. ㈜삼일이 이 회사채를 20X2년 1월 1일에 현금 990,000원에 처분하였다. ㈜삼일이 처분 시점에서 인식해야 할 금융자산처분손익은 얼마인가(단, 계산금액은 소수점 첫째자리에서 반올림하고, 가장 근사치를 답으로 선택한다.)?

ㄱ. 발행일 : 20X1년 1월 1일
ㄴ. 액면가액 : 1,000,000원
ㄷ. 만기일 : 20X3년 12월 31일
ㄹ. 표시이자율 : 10%(매년 말 지급조건)
ㅁ. 취득원가 : 951,963원(유효이자율 12%)
ㅂ. 20X1년 12월 31일 사채의 공정가치 : 980,000원

① 금융자산처분손실 10,000원
② 금융자산처분이익 10,000원
③ 금융자산처분손실 23,801원
④ 금융자산처분이익 23,801원

17. ㈜삼일은 다음과 같은 조건으로 사채를 발행하였으며, 상각후원가 측정 금융부채로 분류하였다. 20X2년도에 인식할 이자비용은 얼마인가(단, 계산금액은 소수점 첫째자리에서 반올림하고, 가장 근사치를 답으로 선택한다.)?

ㄱ. 액면금액 : 1,000,000원
ㄴ. 발행일 : 20X1년 1월 1일
ㄷ. 만기일 : 20X3년 12 월 31일
ㄹ. 액면이자율 및 이자지급조건 : 연10%, 매년 말 지급
ㅁ. 발행일의 시장이자율 : 연 12%
ㅂ. 이자율 12%, 3년 정상연금현가계수 : 2.40183
이자율 12%, 3년 현가계수 : 0.71178

① 100,000원 ② 114,236원
③ 115,944원 ④ 120,000원

18. ㈜삼일은 20X1년 1월 1일에 다음과 같은 조건의 사채를 발행하였다. 사채 발행으로 인하여 동 일자에 ㈜삼일이 현금으로 조달가능한 금액은 얼마인가?

ㄱ. 액면금액 : 30,000,000원
ㄴ. 액면이자 지급조건 : 매년 말 지급조건
ㄷ. 발행일 : 20X1년 1월 1일
ㄹ. 만기일 : 20X3년 12월 31일(3년)
ㅁ. 액면이자율 : 5%
ㅂ. 시장이자율 : 3%
ㅅ. 현가계수

이자율	1년	2년	3년	계
3%	0.9709	0.9426	0.9151	2.8286

① 25,695,900원 ② 30,000,000원
③ 30,156,900원 ④ 31,695,900원

19. 다음의 빈칸에 들어갈 말로 가장 적절한 것은 무엇인가?

(㉠)은 사채소유자가 일정한 조건 하에 전환권을 행사할 수 있는 사채로서, 권리를 행사하면 보통주로 전환되는 사채를 말한다. 반면에, (㉡)은 유가증권 소유자가 사전에 약정된 가격으로 보통주의 발행을 청구할 수 있는 권리가 부여된 사채를 말한다.

	㉠	㉡
①	전환사채	신주인수권부사채
②	신주인수권부사채	전환사채
③	영구채	회사채
④	회사채	영구채

20. 20X1년초 사업을 개시한 ㈜삼일은 제품판매 후 발생한 결함을 2년간 무상으로 수리해주고 있으며, 보증비용은 매출액의 5%로 추정된다. ㈜삼일이 20X1년말 재무상태표상 인식해야 할 제품보증충당부채는 얼마인가?

ㄱ. 20X1년 매출액 : 50억원
ㄴ. 20X1년 중 당기 매출분에 대해 2억원의 제품보증비가 발생함.

① 0.5억원 ② 1.5억원
③ 2.0억원 ④ 2.5억원

21. 다음 중 자본거래가 각 자본항목에 미치는 영향으로 가장 올바르지 않은 것은?

	자본금	이익잉여금	총자본
① 주식배당	증가	감소	증가
② 주식의 할인발행	증가	불변	증가
③ 자기주식 취득	불변	불변	감소
④ 현금배당	불변	감소	감소

22. ㈜삼일은 20X1년 10월 1일에 자기주식 150주(주당 액면 5,000원)를 주당 6,000원에 취득하고, 20X1년 11월 2일 50주를 주당 7,000원에, 50주는 20X1년 12월 5일 주당 5,500에 매각하였다. 나머지 50주는 20X1년 12월 31일 주당 6,500원에 매각하였다. 다음 설명 중 가장 옳은 것은?(단, 20X1년 10월 이전에 자기주식 거래는 없었다.)

① 20X1년 10월 1일 거래로 자본이 100,000원 증가한다.
② 20X1년 11월 2일 거래로 자본잉여금이 100,000원 증가한다.
③ 20X1년 12월 5일 거래로 자본이 75,000원이 감소한다.
④ 20X1년 12월 31일 거래로 자본이 325,000원 증가한다.

23. 다음의 세금과공과 중 전액 당기의 영업비용으로 처리하여야 할 금액의 합계액은 얼마인가?

ㄱ. 재산세	100,000원
ㄴ. 취득세	200,000원
ㄷ. 종합부동산세	800,000원

단, 취득세는 당기 토지의 취득과 관련된 제세공과금이고, 재산세와 종합부동산세는 본사 건물과 관련된 것임.

① 180,000원 ② 280,000원 ③ 300,000원 ④ 380,000원

24. ㈜서울은 20X1년 1월초 ㈜부산에 상품을 할부판매하고 할부금을 매년 말에 2,000,000원씩 3년간 회수하기로 하였다. ㈜서울이 작성한 현재가치할인차금 상각표가 다음과 같을 때, 할부매출과 관련된 20X2년말 매출채권의 장부금액은 얼마인가?

일자	할부금 회수액	이자수익 (12%)	매출채권 원금회수액	매출채권 장부금액
20X1.01.01				4,803,660
20X1.12.31	2,000,000	576,439	1,423,561	xxx
20X2.12.31	2,000,000			xxx
20X3.12.31	2,000,000			xxx

① 1,423,561원 ② 1,785,711원
③ 1,956,538원 ④ 3,380,099원

25. ㈜삼일건설은 ㈜용산과 20X1년 7월 1일 총 계약금액 50,000,000원의 공장신축공사계약을 체결하였다. 회사가 누적발생계약원가에 기초하여 진행률을 측정하여 진행기준으로 수익을 인식한다면 ㈜삼일건설의 20X2년 계약손익은 얼마인가?

	20X1년	20X2년
당기발생계약원가	10,000,000원	30,000,000원
추정총계약원가	40,000,000원	40,000,000원
공사대금청구액(연도별)	25,000,000원	25,000,000원

① 이익 4,000,000원 ② 이익 5,000,000원
③ 이익 7,500,000원 ④ 이익 8,000,000원

26. ㈜서울은 20X1년 2월 5일에 ㈜부산과 공장건설계약을 맺었다. 총공사계약액은 120,000,000원이며 ㈜서울은 누적발생계약원가에 기초하여 진행률을 산정하여 진행기준에 따라 수익을 인식한다. ㈜서울의 건설계약과 관련한 20X1년 자료는 다음과 같다.

누적발생원가	추정총계약원가	공사대금청구액
20,000,000원	100,000,000원	30,000,000원

㈜서울의 20X1년말 재무상태표상 초과청구공사 또는 미청구공사 금액은 얼마인가?

① 초과청구공사 6,000,000원
② 초과청구공사 11,000,000원
③ 미청구공사 6,000,000원
④ 미청구공사 11,000,000원

27. 다음 중 퇴직급여에 관한 설명으로 가장 올바르지 않은 것은?

① 확정급여제도란 보험수리적위험과 투자위험을 종업원이 부담하는 퇴직급여제도를 의미한다.
② 확정급여채무의 현재가치는 예측단위적립방식으로 계산된다.
③ 확정기여제도란 기업이 기금에 출연하기로 약정한 금액을 납부하고, 기금의 책임하에 종업원에게 급여를 지급하는 퇴직급여제도이다.
④ 확정급여제도의 경우 사외적립자산은 공정가치로 측정하여 재무상태표에 인식되는 순확정급여부채를 결정할 때 차감한다.

28. 다음 중 현금결제형 주식기준보상거래에 대한 설명으로 가장 올바르지 않은 것은?

① 제공받는 재화나 용역과 그 대가로 부담하는 부채를 부채의 공정가치로 측정한다.
② 기업이 재화나 용역을 제공받는 대가로 자신의 지분상품을 부여하는 거래이다.
③ 부채가 결제될 때까지 매 보고기간 말과 결제일에 부채의 공정가치를 재측정한다.
④ 공정가치의 변동액은 당기손익으로 회계처리한다.

29. 다음 중 재무상태표상 자산·부채의 장부금액과 세무회계상 자산·부채의 가액인 세무기준액의 일시적차이를 발생시키는 항목으로 가장 옳은 것은?

① 감가상각비 한도초과액 ② 접대비 한도초과액
③ 기부금 한도초과액 ④ 임원퇴직금 한도초과액

30. ㈜삼일의 과세소득과 관련된 다음 자료를 이용하여 20X1년말 재무상태표상의 이연법인세자산(부채)금액을 구하면 얼마인가?

법인세비용차감전순이익	4,000,000원
가산(차감)조정	
일시적차이가 아닌 차이	600,000원
일시적차이	900,000원
과세표준	5,500,000원(세율:25%)

〈 추가자료 〉
ㄱ. 일시적차이가 사용될 수 있는 미래과세소득의 발생가능성은 높다고 가정한다.
ㄴ. 일시적차이는 20X2년, 20X3년, 20X4년에 걸쳐 300,000원씩 소멸하며, 일시적차이가 소멸될 것으로 예상되는 기간의 과세소득에 적용될 것으로 기대되는 평균세율은 30%로 동일하다.
ㄷ. 20X0년말 재무상태표상 이연법인세자산(부채)는 없다.

① 이연법인세부채 225,000원
② 이연법인세자산 270,000원
③ 이연법인세부채 325,000원
④ 이연법인세자산 370,000원

31. 도소매업을 영위하는 ㈜삼일의 외부감사인이 회계감사 과정에서 다음과 같은 사실을 발견하였다. 동 발견사항에 대하여 수정할 경우 20X1년 ㈜삼일의 수정후 당기순이익(손실)은 얼마인가(단, 법인세효과는 고려하지 않는다)?

> (1) ㈜삼일이 제시한 20X1년 수정전 당기순이익 : 300,000,000원
> (2) 외부감사인이 발견한 사항
> ㈜삼일은 20X1년 12월 26일에 ㈜하나에 판매를 위탁하기 위하여 상품을 발송하였고, ㈜하나는 동 수탁상품을 20X2년 1월 3일에 제3자에게 판매함. ㈜삼일은 동 위탁매출에 대하여 상품을 발송한 시점인 20X1년 12월 26일에 매출(5억원)과 이에 대응되는 매출원가(4억원)를 인식함.

① 이익 110,000,000원 ② 이익 200,000,000원
③ 손실 100,000,000원 ④ 손실 200,000,000원

32. 다음은 ㈜삼일의 제11기(20X1년 1월 1일 ~ 20X1년 12월 31일) 당기순이익과 자본금 변동상황에 대한 자료이다. 이를 이용하여 ㈜삼일의 20X1년도 가중평균유통보통주식 수를 구하시오.

ㄱ. 당기순이익 : 100,000,000원
ㄴ. 자본금변동사항(액면금액 500원)

	보통주자본금	우선주자본금
기초	5,000주 2,500,000원	2,000주 1,000,000원
4월 1일 무상증자(40%)	2,000주 1,000,000원	600주 300,000원

ㄷ. 20X1년 7월 1일에 자기주식(보통주) 1,000주를 1,000,000원에 취득
ㄹ. 무상신주의 배당기산일은 원구주에 따르며, 유통보통주식수는 월할로 계산

① 5,000주 ② 5,500주
③ 6,000주 ④ 6,500주

33. 20X1년초 ㈜삼일은 ㈜한양의 보통주 40%를 800,000원에 취득하여 유의적인 영향력을 행사하게 되었다. 주식취득일 현재 ㈜한양의 순자산장부금액은 2,000,000원으로 공정가치와 동일하였다. ㈜한양의 20X1년 당기순이익이 300,000원이라 할 때 20X1년말 ㈜삼일의 재무상태표에 기록될 관계기업투자주식(지분법적용투자주식)의 장부금액은 얼마인가?

① 900,000원 ② 920,000원
③ 1,020,000원 ④ 1,200,000원

34. 다음 중 지분법 회계처리에 관한 설명으로 가장 올바르지 않은 것은?

① 지분법은 취득시점에서 관계기업투자주식을 취득원가로 기록한다.
② 피투자회사의 당기순이익 중 투자회사의 지분에 해당하는 금액은 투자회사의 지분법이익으로 보고된다.
③ 피투자회사가 배당금지급을 결의한 시점에 투자회사가 수취하게 될 배당금 금액을 당기순이익으로 인식한다.
④ 투자자와 관계기업 사이의 내부거래에서 발생한 당기손익에 대하여 투자자는 그 관계기업에 대한 투자지분과 무관한 손익까지만 투자자의 재무제표에 인식한다.

35. 다음 중 기능통화 및 표시통화에 관한 설명으로 가장 올바르지 않은 것은?

① 기능통화란 영업활동이 이루어지는 주된 경제 활동의 통화를 말한다.
② 표시통화란 재무제표를 표시할 때 사용하는 통화이다.
③ 기능통화와 표시통화가 다른 경우 기능통화로 회계거래를 인식하며 표시통화로 회계장부에 기록한다.
④ 기능통화는 일단 결정된 이후에는 실제 거래, 사건과 상황에 변화가 있지 않는 한 변경할 수 없다.

36. 다음 중 파생상품회계의 일반원칙에 관한 설명으로 가장 올바르지 않은 것은?

① 매매목적으로 보유하고 있는 파생상품의 평가손익은 당기손익으로 처리한다.
② 위험회피회계를 적용하기 위해서는 일정한 요건을 충족해야 한다.
③ 공정가치 위험회피회계에서 위험회피수단에 대한 손익은 당해 회계연도의 당기손익으로 인식한다.
④ 현금흐름 위험회피회계에서 위험회피에 효과적이지 않은 부분은 당해 회계연도의 기타포괄손익으로 인식한다.

37. 다음 중 리스에 관한 설명으로 가장 올바르지 않은 것은?

① 리스이용자의 입장에서 보증잔존가치와 무보증잔존가치는 모두 리스료에 포함한다.
② 금융리스에서 리스제공자가 리스채권으로 인식할 금액은 리스료의 현재가치와 무보증잔존가치의 현재가치를 합한 금액이다.
③ 리스이용자는 리스개시일에 사용권자산과 리스부채를 인식하는 것을 원칙으로 한다.
④ 리스제공자는 각 리스를 운용리스나 금융리스로 분류한다.

38. ㈜삼일은 기중에 다음과 같은 자금의사결정을 하였다. 아래의 의사결정으로 인한 현금흐름 중 투자활동 관련 순현금흐름은 얼마인가?

매출채권의 회수	950,000원
차입금의 상환	1,000,000원
유형자산의 처분	800,000원
관계기업투자주식의 취득	1,000,000원
유상증자	2,000,000원
급여의 지급	500,000원
배당금의 지급	800,000원
무형자산의 취득	500,000원

① 500,000원 현금유입　② 500,000원 현금유출
③ 700,000원 현금유입　④ 700,000원 현금유출

39. 다음 ㈜삼일의 20X1년 재무제표 관련 자료를 이용할 때 현금흐름표에 보고될 영업활동현금흐름은 얼마인가?

당기순이익	20,000원	감가상각비	4,600원
매출채권의 증가	15,000원	재고자산의 감소	2,500원
매입채무의 증가	10,400원		

① 20,200원　② 21,000원
③ 22,500원　④ 33,200원

40. 제조업을 영위하는 ㈜삼일의 다음 거래에 따른 결과를 현금흐름표상 영업활동, 투자활동 및 재무활동 현금흐름으로 나타낸 것이다. 가장 올바르지 않은 것은?

① 유형자산의 취득에 따른 현금유출 - 투자활동 현금흐름
② 원재료 구입에 따른 현금유출 - 영업활동 현금흐름
③ 매출채권 매각에서 발생하는 현금유입 - 투자활동 현금흐름
④ 자금차입에 따른 현금유입 - 재무활동 현금흐름

2020년 9월 시행 재무회계 공개기출문제

1. 다음은 재무회계와 관리회계의 특징을 구분한 것이다. 옳게 설명하고 있는 것을 모두 고르면?

구분		재무회계	관리회계
(가)	보고대상	투자자, 채권자 등 외부 이해관계자	경영자 및 기타 내부이용자
(나)	작성근거	일반적으로 인정된 회계원칙	경제이론, 경영학, 통계학 등
(다)	보고양식	일정한 양식없음	재무제표
(라)	보고시점	보통 1년(또는 분기, 반기)	주기적 또는 수시
(마)	법적강제력	있음	있음

① (가),(나),(다) ② (가),(나),(라)
③ (가),(나),(다),(라) ④ (가),(나),(라),(마)

2. 다음은 재무보고를 위한 개념체계 중 일반목적재무보고의 목적에 관한 설명이다. 가장 올바르지 않은 것은?

① 현재 및 잠재적 투자자, 대여자 및 기타 채권자는 일반목적재무보고서가 대상으로 하는 주요 이용자이다.
② 보고기업의 경제적 자원과 청구권의 성격 및 금액에 대한 정보는 정보이용자가 보고기업의 재무적 강점과 약점을 식별하는 데 도움을 줄 수 있다.
③ 보고기업의 경제적 자원과 청구권의 변동은 그 기업의 재무성과, 그리고 채무상품 또는 지분상품의 발행과 같은 그 밖의 사건 또는 거래에서 발생한다.
④ 보고기업의 경영진도 해당 기업에 대한 재무정보에 관심이 있기 때문에 일반목적재무보고서에 의존할 필요가 있다.

3. 다음의 빈칸에 들어갈 알맞은 말을 바르게 짝지은 것은?

재무제표가 제공하는 정보가 정보이용자의 의사결정에 목적적합성을 제공하기 위해서 기본적으로 갖추어야 할 주요 질적 특성으로 (ㄱ)와 (ㄴ), (ㄷ)을 들 수 있다.
정보가 정보이용자들이 미래 결과를 예측하기 위해 사용하는 절차의 투입요소로 사용될 수 있다면 그 재무정보는 (ㄱ)를 갖는다. 재무정보가 과거 평가에 대한 피드백을 제공, 즉 확인하거나 변경시킨다면 (ㄴ)를 갖는다.
정보가 누락되거나 잘못 기재된 경우 특정 보고기업의 재무정보에 근거한 정보이용자의 의사결정에 영향을 줄 수 있다면 그 정보는 중요한 것이다.
(ㄷ)은 개별 기업 재무보고서 관점에서 해당 정보와 관련된 항목의 성격이나 규모 또는 이 둘 모두에 근거하여 해당 기업에 특유한 측면의 목적적합성을 의미한다.

	(ㄱ)	(ㄴ)	(ㄷ)
①	예측가치	확인가치	중요성
②	충실한표현	비교가능성	중요성
③	확인가치	예측가치	적시성
④	적시성	이해가능성	확인가치

4. 다음 중 포괄손익계산서에 대한 설명으로 가장 올바르지 않은 것은?

㈜삼일 20X1년 1월 1일부터 20X1년 12월 31일까지	
매출	XXX
매출원가	(XXX)
매출총이익	XXX
판매비와관리비	(XXX)
영업이익	XXX
법인세비용	(XXX)
당기순이익	XXX
기타포괄이익	XXX
총포괄이익	XXX

① 포괄손익계산서는 기타포괄손익을 후속적으로 당기순이익으로 재분류되는 항목과 재분류되지 않는 항목을 구분하여 표시한다.
② 기타포괄손익 항목은 관련 법인세 효과를 차감한 순액으로 표시해야만 한다.
③ 포괄손익계산서에서 비용을 기능별 분류를 하는 경우 주석에 성격별 분류 내용을 공시해야 한다.
④ 포괄손익계산서를 작성할 때 '단일 포괄손익계산서' 또는 '별개의 손익계산서와 포괄손익계산서' 중 하나의 양식을 선택하여 표시할 수 있다.

5. 다음 중 수정을 요하는 보고기간 후 사건에 해당하는 것을 모두 고른 것은?

ㄱ. 보고기간말 기준으로 보고되었던 매출채권 평가금액 중 일부가 보고기간후 매출처의 파산으로 인하여 수정을 요하게 된 경우
ㄴ. 보고기간말 이전에 자산손상이 발생되었음을 나타내는 정보를 보고기간후에 입수한 경우
ㄷ. 보고기간말에 존재하였던 소송사건에 대한 현재의무가 보고기간후의 재판 결과에 의해 확정된 경우
ㄹ. 재무제표가 부정확하다는 것을 보여주는 부정이나 오류에 대한 증거를 보고기간후에 발견한 경우

① ㄱ, ㄴ, ㄷ ② ㄱ, ㄷ, ㄹ
③ ㄴ, ㄷ, ㄹ ④ ㄱ, ㄴ, ㄷ, ㄹ

6. 자동차 부품제조업을 영위하고 있는 ㈜삼일은 당기 중 원자재를 후불 조건으로 수입하는 과정에서 다음과 같은 항목의 원가가 발생하였다. 동 매입거래에 의하여 재무상태표상에 증가하게 될 재고자산의 가액은 얼마인가(단, 거래당시의 환율은 @1,100원이다)?

ㄱ. 재고자산의 매입원가	USD 800
ㄴ. 매입할인	USD 80
ㄷ. 운송보험료	80,000원
ㄹ. 환급 불가한 수입관세 및 제세금	15,000원
ㄹ. 재고자산 매입관리부서 인원의 매입기간 인건비	20,000원

① 792,000원 ② 872,000원
③ 887,000원 ④ 907,000원

7. 다음은 ㈜삼일의 20X1년 재고수불부이다. ㈜삼일은 20X1년 1월 1일에 설립되었으며, ㈜삼일의 김사장은 기말재고자산을 총평균법으로 평가할지 선입선출법으로 평가할지 고민 중이다. 재고자산평가방법에 관한 설명으로 가장 올바르지 않은 것은?

	수량	단가	금액
5/5 구입	3,000개	2,000원	6,000,000원
6/6 구입	7,000개	1,500원	10,500,000원
9/9 판매	8,500개		
기말	1,500개		
(단, 매출총이익률=매출총이익/매출액)			

① 기말재고자산금액은 선입선출법을 적용했을 때보다 총평균법을 적용하였을 경우 225,000원만큼 작다.
② 매출총이익률은 선입선출법을 적용했을 때보다 총평균법을 적용했을 경우 상대적으로 더 크다.
③ 매출원가는 선입선출법을 적용했을 때보다 총평균법을 적용하였을 경우 225,000원만큼 작다.
④ 당기순이익은 선입선출법을 적용했을 때보다 총평균법을 적용하였을 경우 225,000원만큼 크다.

8. 다음 자료를 토대로 재고자산과 관련하여 ㈜삼일의 20X2년 포괄손익계산서에 비용으로 보고되는 금액은 얼마인가? (단, 재고자산감모손실은 발생하지 않았다.)

20X1년 12월 31일 재고자산	200,000원
20X2년 매입액	180,000원
20X2년 재고자산평가손실	73,000원
20X2년 12월 31일 재고자산 (평가손실 차감후)	50,000원

① 280,000원 ② 312,000원
③ 330,000원 ④ 348,000원

9. ㈜삼일의 재무상태표상 유형자산으로 표시되는 기계장치의 취득금액으로 가장 옳은 것은?

기계장치의 취득과 관련하여 발생한 원가	금액
구입금액	700,000,000원
기계장치에서 생산된 새로운 상품을 소개하는데 소요되는 광고비	50,000,000원
기계장치와 관련된 산출물에 대한 수요가 형성되는 과정에서 발생하는 가동손실	30,000,000원
경영진이 의도하는 방식으로 자산을 가동하는데 필요한 장소와 상태에 이르게 하는데 직접 관련이 있는 전문가에게 지급한 수수료	15,000,000원
경영진이 의도하는 방식으로 가동될 수 있으나 아직 실제로 사용되지는 않고 있음에 따라 발생하는 원가	500,000원
합계	795,500,000원

① 715,000,000원 ② 715,500,000원
③ 730,500,000원 ④ 750,000,000원

10. 다음 중 20X2년 ㈜용산의 기계장치 A의 감가상각에 관한 설명으로 가장 올바르지 않은 것은?

> ㈜용산은 20X1년에 회사를 설립하고 기계장치 A를 구입하였다. 구입시점에는 동 기계장치를 10년 사용할 것으로 예상하였고, 매년 균등하게 소비될 것이라 판단되어 10년의 내용연수를 적용하여 정액법으로 감가상각하였다. 그러나 예상보다 회사의 성장추세가 빨라 20X2년의 생산량이 20X1년 대비 80% 이상 늘어났으며, 20X3년의 생산량도 20X2년 대비 100% 이상 늘어날 것으로 예상된다. 이에 따라 기계장치 A의 마모나 손상이 기존 예측치보다 빠르게 진행될 것으로 판단되어 내용연수를 8년으로 변경하고자 한다. 또한, 회사는 소비형태를 보다 잘 반영하는 생산량비례법으로 감가상각방법을 변경하고자 한다.

① ㈜용산은 자산의 미래경제적효익이 소비되는 형태를 반영하여 감가상각방법을 결정해야 한다.
② ㈜용산은 기계장치 A의 감가상각방법 변경에 대하여 회계추정의 변경으로 처리해야 한다.
③ ㈜용산은 자산의 미래경제적효익이 소비되는 형태가 변하지 않는 한 감가상각방법을 매 회계기간에 일관성있게 적용한다.
④ 소비형태를 신뢰성있게 결정할 수 없는 경우에는 정률법을 사용해야 한다.

11. ㈜삼일은 20X1년 1월 1일 임직원 연수동의 건설에 착공하였다. 회사가 20X1년 중 동 연수동 신축과 관련하여 지출한 금액은 다음과 같으며 완공까지는 약 3년이 소요될 예정이다.

지출일	지출액	비고
20X1년 1월 1일	10,000,000원	공사착공
20X1년 7월 1일	8,000,000원	
20X1년 9월 1일	9,000,000원	

한편, 회사의 차입금 현황은 다음과 같다.

차입처	차입일	차입금	연이자율	용도
K은행	20X1.01.01	8,000,000	10%	특정목적 차입금
S은행	20X1.07.01	20,000,000	8%	일반목적 차입금

㈜삼일이 20X1년에 자본화 할 차입원가는 얼마인가?

① 800,000원 ② 1,520,000원
③ 1,600,000원 ④ 2,400,000원

12. ㈜삼일은 20X1년 7월 1일 기계장치 A를 100억원에 취득한 후 이를 신약개발활동에 사용하고 있다. 동 활동이 개발비의 인식요건을 충족하며, 당기 말 현재 동 신약개발활동이 계속 진행 중이라면 ㈜삼일이 당기 포괄손익계산서에 비용으로 인식할 금액은 얼마인가(단, 기계장치 A는 내용연수 5년, 정액법으로 상각한다.)?

① 0억원 ② 10억원
③ 20억원 ④ 100억원

13. 다음 중 무형자산으로 인식하기 위하여 필요한 조건이 아닌 것은?

① 자산의 물리적인 형체는 없지만 식별가능해야 한다.
② 자산으로부터 발생하는 미래 경제적효익이 기업에 유입될 가능성이 높아야 한다.
③ 자산의 원가를 신뢰성 있게 측정할 수 있어야 한다.
④ 사업결합에 의해 취득한 자산이어야 한다.

14. 다음 중 투자부동산의 계정대체에 관한 설명으로 가장 올바르지 않은 것은?

① 원가모형 적용 임대수익 목적의 건물을 자가사용으로 전환하면 유형자산으로 분류하고 별도의 손익은 인식하지 않는다.
② 공정가치모형 적용 임대수익 목적의 건물을 자가사용으로 전환하면 유형자산으로 분류하고 대체시점에서 발생한 재평가차액을 기타포괄손익으로 인식한다.
③ 자가사용건물을 제3자에게 운용리스로 제공하는 경우에는 투자부동산으로 분류한다.
④ 자가사용건물의 사용이 종료되면 투자부동산으로 대체한다.

15. ㈜삼일은 20X1년 1월 1일 다음과 같이 금융자산을 취득하였다. 최초 인식시점에 재무상태표에 인식될 금융자산의 분류별 측정금액은 각각 얼마인가?

㈜용산의 지분증권	㈜마포의 채무증권	㈜구로의 지분증권
취득가격 : 1,000,000원 거래원가 : 100,000원 *단기매매목적	액면가액 : 1,000,000원 시장이자율 : 10% 액면이자율 : 10% *계약상 현금흐름 수취목적	취득가격 : 1,500,000원 거래원가 : 150,000원 *취득시점에 기타포괄손익-공정가치측정금융자산으로 지정

	당기손익-공정가치측정 금융자산	기타포괄손익-공정가치측정 금융자산	상각후원가 측정 금융자산
①	1,100,000원	1,650,000원	1,000,000원
②	1,000,000원	1,650,000원	1,000,000원
③	1,100,000원	1,500,000원	1,100,000원
④	1,000,000원	1,500,000원	1,000,000원

16. ㈜삼일의 단기매매목적으로 취득한 금융자산의 취득, 처분내역은 다음과 같다. 다음 자료를 이용하여 물음에 답하시오. (㈜삼일의 결산일은 12월 31일이며, 시가를 공정가치로 본다)

20X1.1.7	주당 액면금액이 500원인 ㈜용산의 주식 10주를 주당 2,000원에 취득하였다.
20X1.9.10	㈜용산 주식 중 4주를 총 3,000원에 처분하였다.
20X1.12.31	㈜용산 주식의 시가는 주당 3,000원이었다.
20X2.4.10	㈜용산 주식 중 2주를 주당 2,000원에 처분하였다.
20X2.12.31	㈜용산 주식의 시가는 주당 1,500원이다.

20X1년 ㈜삼일의 포괄손익계산서에 보고될 당기손익-공정가치 측정 금융자산의 평가손익은 얼마인가?

① 평가이익 6,000원 ② 평가이익 10,000원
③ 평가손실 5,000원 ④ 평가손실 6,000원

17. 다음은 ㈜삼일의 20X2년 12월 31일 현재 매출채권잔액 및 대손충당금에 관한 자료이다. 20X2년 중 대손이 확정되어 상계된 매출채권은 얼마인가?

〈매출채권 잔액 및 대손충당금〉

구분	매출채권 잔액	대손충당금
20X2년 12월 31일	1,600,000원	85,000원

20X1년말 대손충당금 잔액은 42,500원이고, 20X2년에 인식한 대손상각비는 72,500원이다.

① 10,000원 ② 15,000원
③ 27,000원 ④ 30,000원

18. ㈜삼일은 20X1년 1월 1일에 액면금액 50,000,000원의 사채를 48,275,300원에 발행하였다. 다음 중 ㈜삼일이 만기까지 매년 인식해야 할 유효이자율법에 의한 이자비용의 금액 변화를 나타낸 그래프로 가장 옳은 것은?

①
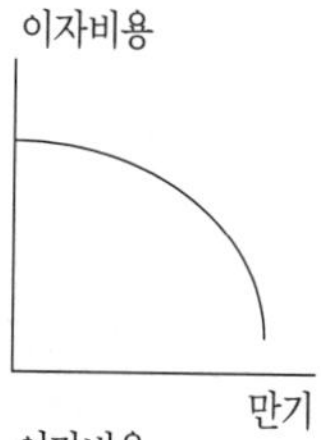

②
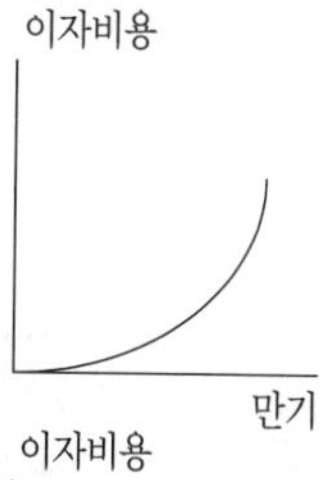

③
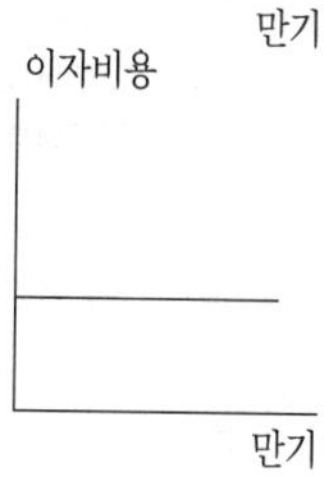

④
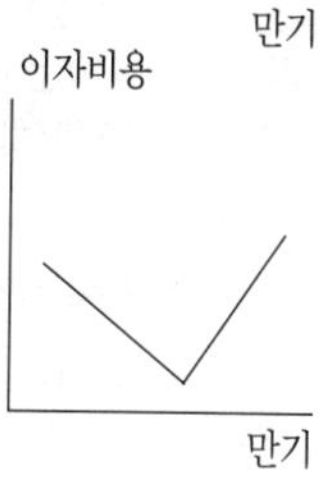

19. ㈜삼일은 20X1년 1월 1일 사채(액면 1,000,000원, 표시이자율 10%, 이자지급일 매년 12월 31일 후급, 만기 3년)를 951,980원에 발행을 하였다. ㈜삼일이 동 사채를 20X2년 1월 1일 847,180원에 상환할 경우 이로 인한 사채상환손익은 얼마인가? 20X1년 1월 1일의 시장이자율은 12 %이며, 사채발행차금은 유효이자율법으로 상각한다.

① 사채상환이익 119,038원 ② 사채상환손실 119,038원
③ 사채상환이익 152,820원 ④ 사채상환손실 152,820원

20. 다음 중 충당부채에 관한 설명으로 가장 올바르지 않은 것은?

① 미래의 예상 영업손실은 부채의 정의에 부합하지 못할 뿐 아니라 충당부채의 인식기준도 충족하지 못하기 때문에 충당부채로 인식하지 않는다.
② 계약상의 의무에 따라 발생하는 회피 불가능한 원가가 당해 계약 때문에 받을 것으로 기대되는 경제적 효익을 초과하는 계약을 체결한 경우에는 관련된 현재의무를 충당부채로 인식한다.
③ 구조조정을 완료하는 날까지 발생할 것으로 예상하는 영업손실은 충당부채로 인식하지 않지만 손실부담계약과 관련된 예상영업손실은 충당부채로 인식한다.
④ 구조조정의 일환으로 관련 자산을 매각할 때 예상처분이익은 구조조정충당부채를 측정하는 데 반영한다.

21. 다음 중 이익잉여금 처분에 관한 설명으로 가장 올바르지 않은 것은?

① 이익준비금은 현금배당의 10% 이상을 자본금의 1/2 이 될 때까지 의무적립한다.
② 현금배당은 자산과 자본의 감소를 유발한다.
③ 주식할인발행차금 상각으로 이익잉여금을 처분하면 자본금은 증가하고 자본총계는 변함이 없다.
④ 주식배당은 자본금은 증가하나 자본총계는 변함이 없다.

22. 다음은 20X1년 ㈜삼일의 주요 재무정보의 일부이다. ㈜삼일은 20X1년초에 신설된 법인으로 당기에는 배당이 존재하지 않았다. 다음 중 ㈜삼일의 20X1년말 현재 자본에 대한 설명으로 가장 올바르지 않은 것은(단, 1주당 액면금액은 500원이다)?

	20X1년 12월 31일
자본총계	5,000,000원
자본금	1,000,000원
주식발행초과금	3,000,000원
이익잉여금	1,000,000원

① 20X1년의 주당이익은 1,000원이다.
② 법정자본금은 1,000,000원이다.
③ 발행주식수는 2,000주이다.
④ 20X1 년 당기순이익은 1,000,000원이다.

23. 기업은 고객에게 약속한 재화나 용역을 이전하여 수행의무를 이행할 때 수익을 인식하여야 하는데, 만약 수행의무가 한 시점에 이행되는 경우라면 고객이 약속된 자산을 통제하고 기업이 의무를 이행하는 시점에서 수익을 인식한다. 여기서 고객이 자산을 통제하는 시점의 예로 가장 올바르지 않은 것은?

① 판매기업이 자산에 대해 현재 지급청구권이 있다.
② 판매기업에게 자산의 법적 소유권이 있다.
③ 판매기업이 자산의 물리적 점유를 이전하였다.
④ 자산의 소유에 따른 유의적인 위험과 보상이 고객에게 있다.

24. 고객충성제도는 재화나 용역을 구매하는 고객에게 인센티브를 제공하기 위하여 사용된다. 다음 중 고객충성제도의 예로 가장 올바르지 않은 것은?

① 신용카드회사에서 카드이용금액에 비례하여 적립해주는 포인트제도
② 헤어숍에서 일정횟수를 이용하는 경우 부여하는 무료이용권
③ 가전회사에서 구매고객에게 1 년간 무상수리를 제공하는 무상수리제도
④ 항공사에서 일정 마일리지가 누적되는 경우 제공되는 무료항공권

25. ㈜삼일건설은 20X1년 1월 1일에 대전시로부터 교량건설을 총공사계약액 50,000,000원에 수주하였다. 공사기간은 20X1년 1월 1일부터 20X3년 12월 31일까지이다. 추정총계약원가는 40,000,000원으로 공사기간 동안 변동이 없으며, 회사는 누적발생계약원가에 기초하여 공사진행률을 측정하고 있다. 20X1년과 20X2년 계약수익이 다음과 같을 때 20X2년말 공사진행률을 계산한 것으로 가장 옳은 것은?

ㄱ. 20X1년 계약수익 : 20,000,000원
ㄴ. 20X2년 계약수익 : 10,000,000원

① 10% ② 2% ③ 40% ④ 60%

26. 다음은 ㈜삼일건설의 재무제표에 대한 주석이다. 다음 괄호 안에 들어갈 용어로 가장 옳은 것은?

> 건설계약과 관련하여 진행기준에 의하여 수익을 인식하고 있습니다. 계약활동의 진행률은 진행단계를 반영하지 못하는 계약원가를 제외하고 수행한 공사에 대하여 발생한 누적계약원가를 추정 총계약원가로 나눈 비율로 측정하고 있습니다. 누적발생원가에 인식한 이익을 가산한 금액이 진행청구액을 초과하는 금액은 ( )(으)로 표시하고 있습니다.

① 공사선수금 ② 계약자산
③ 계약부채 ④ 계약수익

27. 다음 중 퇴직급여에 관한 설명으로 가장 올바르지 않은 것은?

① 퇴직급여제도는 확정기여제도와 확정급여제도를 포함한다.
② 당기근무원가는 당기에 종업원이 근무용역을 제공함에 따라 발생하는 확정급여채무의 현재가치 증가액을 말한다.
③ 확정급여제도에서는 사외적립자산을 출연하는데 이때 사외적립자산은 장부금액으로만 측정한다.
④ 확정기여제도는 기업이 기여금을 불입함으로써 퇴직급여와 관련된 모든 의무가 종료된다.

28. ㈜삼일은 20X1년 1월 1일에 판촉담당이사인 나판 촉씨에게 현금결제형 주식선택권 10,000개를 부여하였다. 나판 촉씨는 20X3년 12월 31일 이전에 퇴사하지 않을 것으로 예상된다. 이러한 현금결제형 주식선택권과 관련하여 ㈜삼일이 20X1년 포괄손익계산서에 계상할 주식보상비용은 얼마인가?

> ㄱ. 용역제공조건 : 20X3년 12월 31일까지 의무적으로 근무할 것
> ㄴ. 20X1년말 추정한 주가차액보상권의 공정가치 : 300,000원/개
> ㄷ. 행사가능기간 : 20X4년 1월 1일-20X6년 12월 31일

① 10억원 ② 20억원
③ 30억원 ④ 40억원

29. ㈜삼일은 결손이 누적되고 미래 과세소득이 발생하지 않을 것이라 판단하여 미사용 세무상 결손금에 대하여 더 이상 이연법인세자산을 인식하지 않기로 하였다. 전기까지 인식하였던 세무상 결손금에 대한 이연법인세자산을 더 이상을 인식하지 않을 경우 ㈜삼일의 재무제표에 미치는 영향으로 가장 옳은 것은?

① 부채비율(부채/자본)의 감소
② 당기순이익의 감소
③ 법인세비용의 감소
④ 법인세비용차감전순이익의 감소

30. 다음은 20X1년초에 설립된 ㈜삼일의 20X1년도 법인세 관련 자료이다. 20X1년도 법인세비용(A)과 20X1년말 이연법인세자산(B)은 각각 얼마인가?(단, 차감할 일시적 차이의 미래 실현가능성은 높다.)

> · 법인세비용차감전순이익 : 500,000원
> · 감가상각비 한도초과액(일시적차이) : 100,000원
> · 20X1년 법인세율은 30%이며, 20X2년부터는 영구적으로 20%의 법인세율이 적용됨

	(A)	(B)
①	160,000원	20,000원
②	165,000원	20,000원
③	165,000원	30,000원
④	160,000원	30,000원

31. 다음 중 회계추정의 변경 사항이 아닌 것은?

① 매출채권에 대한 대손상각률의 변경
② 유형자산의 감가상각방법의 변경
③ 유형자산 잔존가치의 변경
④ 재고자산 원가흐름의 가정을 개별법에서 평균법으로 변경

32. 다음은 ㈜삼일의 20X1 회계연도(20X1년 1월 1 일~20X1년 12월 31일) 자본금 변동상황(액면 5,000원)에 대한 자료이다. ㈜삼일의 20X1년도 가중평균유통보통주식수는 몇 주인가?

구분	보통주자본금	우선주자본금
기초	50,000주 250,000,000원	20,000주 100,000,000원
4. 1 유상증자(20%)	10,000주 50,000,000원	기중 변동사항 없음
10. 1 자기주식구입	(2,000)주 (10,000,000원)	

*가중평균유통보통주식수 계산시 월할계산을 가정한다.
*4.1 유상증자시 시가이하로 유상증자 하지 아니함

① 56,000주 ② 57,000주
③ 58,000주 ④ 59,000주

33. 지분법은 투자자가 피투자자에 대해 유의적인 영향력을 행사할 수 있는 경우에 적용한다. 다음 중 유의적인 영향력을 행사할 수 있는 경우에 해당하는 것으로 가장 올바르지 않은 것은?

① 피투자자의 이사회나 이에 준하는 의사결정기구에 참여하는 경우
② 투자자와 피투자자가 동일지배하에 있는 경우
③ 투자자와 피투자자 사이의 중요한 거래가 있는 경우
④ 필수적 기술정보를 제공하는 경우

34. 20X1년 1월 1일 ㈜삼일은 ㈜용산의 보통주 30%를 850,000원에 취득하여 유의적인 영향력을 행사하게 되었으며, 취득 당시 ㈜용산의 순자산 장부금액과 공정가치는 2,000,000원으로 동일하였다. 20X1년 ㈜용산의 자본은 아래와 같으며, 20X1년 7월 1일 중간배당으로 100,000원을 주주들에게 지급하였고 그 외 자본의 변동은 모두 당기순이익으로 인한 것이다.(단위 : 원)

	20X1년 1월 1일	20X1년 12월 31일
자본금	900,000	900,000
이익잉여금	1,100,000	1,300,000
합계	2,000,000	2,200,000

20X1년말 ㈜삼일이 포괄손익계산서에 인식할 지분법이익은 얼마인가?

① 60,000원　② 75,000원
③ 90,000원　④ 120,000원

35. ㈜삼일은 20X1년 3월 30일 기계장치를 2,500달러에 구입하였으며 이에 대한 결제일이 20X2년 4월 1일이다. 이에 관련된 각 시점의 환율은 다음과 같다. 상기 거래와 관련하여 ㈜삼일이 20X1년말 현재 계상할 외화환산손익은 얼마인가?

20X1년 03월 30일의 환율 1,000원/달러
20X1년 12월 31일의 환율 1,200원/달러
20X2년 04월 01일의 환율 1,100원/달러

① 외화환산이익 100,000원　② 외화환산손실 100,000원
③ 외화환산이익 500,000원　④ 외화환산손실 500,000원

36. ㈜삼일의 대표이사는 환율하락에 따른 수출대금의 가치감소를 우려하여 20X1년 11월 30일에 결제일이 도래하는 통화선도계약 $1,000,000을 이용하여 환위험을 회피하려고 한다. 다음 자료를 통해 통화선도의 거래형태와 통화선도 거래손익을 올바르게 설명한 것은?

구분	일자	환율
수출일	20X1년 9월 1일	1,200원/$
대금회수일	20X1년 11월 30일	1,100원/$
제품수출대금:$1,000,000, 통화선도 약정환율:1,150원/$		

	거래형태	통화선도거래손익
①	매도계약	이익 50,000,000원
②	매도계약	손실 50,000,000원
③	매입계약	손실 50,000,000원
④	매입계약	이익 50,000,000원

37. ㈜삼일리스는 20X1년 1월 1일에 매기말 12,000원 지급조건의 금융리스계약을 체결하고 4년간의 리스기간종료후 소유권을 ㈜용산에 이전하기로 하였다. 리스약정일 현재의 리스료의 현재가치는 50,000원이고, 리스자산의 내용연수 5년, 잔존가치 0원, 감가상각방법이 정액법인 경우 20X1년의 ㈜용산의 사용권자산에 대한 감가상각비는 얼마인가?

① 0원　② 8,000원
③ 10,000원　④ 12,000원

38. 다음 중 현금흐름표에 관한 설명으로 가장 올바르지 않은 것은?

① 현금흐름표는 회계기간 동안 발생한 현금흐름을 영업활동, 투자활동 및 재무활동으로 분류하여 보고한다.
② 영업활동은 기업의 주요 수익창출활동, 그리고 투자활동이나 재무활동이 아닌 기타의 활동을 말한다.
③ 투자활동은 유·무형자산, 다른 기업의 지분상품이나 채무상품 등의 취득과 처분활동, 제3자에 대한 대여 및 회수활동 등을 포함한다.
④ 간접법을 적용하여 표시한 영업활동 현금흐름은 직접법에 의한 영업활동 현금흐름에서는 파악할 수 없는 정보를 제공하기 때문에 미래현금흐름을 추정하는 데 보다 유용한 정보를 제공한다.

39. 다음 중 현금흐름표상 활동의 구분이 다른 하나를 고르면?

① 원재료 매입대금 지급에 따른 현금유출
② 재화의 판매와 용역의 제공에 따른 현금유입
③ 종업원과 관련하여 직·간접적으로 발생하는 현금유출
④ 차입금의 상환에 따른 현금유출

40. 다음은 ㈜삼일의 매입활동과 관련된 재무상태표와 포괄손익계산서의 일부이다. ㈜삼일의 모든 매입은 외상으로 이루어진다고 할 때, 20X1년 중 ㈜삼일이 매입처에 지급한 현금은 얼마인가?

ㄱ. 재무상태표 일부

	20X0년 12월 31일	20X1년 12월 31일
매입채무	0원	25,000,000원

ㄴ. 당기 재고자산 매입액은 160,000,000원이다.

① 100,000,000원　② 120,000,000원
③ 135,000,000원　④ 155,000,000원

2020년 11월 시행 재무회계 공개기출문제

1. 다음 중 일반목적재무보고서가 제공하는 정보에 포함되지 않는 것은?

① 기업의 경제적 자원과 청구권의 성격 및 금액에 대한 정보
② 발생주의 회계가 반영된 기업의 재무성과
③ 과거 현금흐름이 반영된 재무성과
④ 미래의 현금흐름에 대한 예측이 반영된 재무성과

2. 다음 중 정보이용자의 의사결정에 차이가 나도록 하는 목적적합한 재무정보에 대한 설명으로 가장 올바르지 않은 것은?

① 재무정보에 예측가치와 확인가치 또는 둘 모두가 있다면 의사결정에 차이가 나도록 할 수 있다.
② 미래 결과를 예측하기 위해 사용하는 절차의 투입요소로 사용될 수 있다면 그 정보는 예측가치를 갖는다.
③ 재무정보가 과거 평가에 대해 피드백을 제공, 즉 확인하거나 변경시킨다면 예측가치를 가진다.
④ 재무정보가 예측가치를 가지기 위해서는 그 자체로 예측치가 될 필요는 없다.

3. 다음 중 자산의 측정방법에 대한 설명으로 가장 타당한 것은?

① 역사적원가 : 자산의 취득 또는 창출에 발생한 원가의 가치로서, 자산을 취득 또는 창출하기 위하여 지급한 대가와 거래원가를 포함한다.
② 공정가치 : 기업이 자산의 사용과 궁극적인 처분으로 얻을 것으로 기대하는 현금흐름 또는 그 밖의 경제적효익의 현재가치이다.
③ 사용가치 : 측정일 현재 동등한 자산의 원가로서 측정일에 지급할 대가와 그 날에 발생할 거래원가를 포함한다.
④ 현행원가 : 측정일에 시장참여자 사이의 정상거래에서 자산을 매도할 때 받게 될 가격이다.

4. 다음 중 재무제표에 관한 설명으로 가장 올바르지 않은 것은?

① 재무상태표는 일정시점의 기업 재무상태를 보여주는 보고서이다.
② 포괄손익계산서는 기업의 경영성과를 보고하기 위하여 일정기간 동안에 일어난 거래나 사건을 통해 발생한 수익과 비용을 나타내는 보고서이다.
③ 자본변동표는 자본의 크기와 그 변동에 관한 정보를 제공하는 재무보고서이다.
④ 현금흐름표는 영업활동현금흐름, 투자활동현금흐름, 잉여현금흐름 및 재무활동현금흐름으로 구분하여 표시한다.

5. 다음 중 특수관계자 공시에 대한 설명으로 가장 올바르지 않은 것은?

① 최상위 지배자와 지배기업이 다른 경우에는 최상위 지배자의 명칭도 공시한다.
② 주요 경영진의 보상에는 단기종업원급여, 퇴직급여, 기타 장기종업원급여, 해고급여 및 주식기준보상을 포함한다.
③ 지배기업과 그 종속기업 사이의 관계는 거래의 유무에 관계없이 공시한다.
④ 보고기업에 유의적인 영향력을 행사할 수 있는 개인은 보고기업과 특수관계자가 아니다.

6. 자동차부품제조업을 영위하고 있는 ㈜삼일은 당기 중 원자재를 선적지 인도조건으로 수입하는 과정에서 다음과 같은 항목의 원가가 발생하였다. 동 매입거래에 의하여 재무상태표 상에 증가하게 될 재고자산의 가액은 얼마인가(단, 거래 당시의 환율은 @1,100원이다)?

ㄱ. 재고자산의 매입원가	USD 1,000
ㄴ. 매입할인	USD 120
ㄷ. 운송보험료	80,000원
ㄹ. 재고자산 매입관리부서 인원의 매입기간 인건비	20,000원

① 968,000원 ② 1,048,000원
③ 1,118,000원 ④ 1,140,000원

7. 다음 자료에서 재고자산평가손실은 ㈜삼일의 재고자산이 진부화되어 발생하였다. 다음 자료 중 ㈜삼일의 20X2년 포괄손익계산서상 매출원가 등 관련비용은 얼마인가?

20X1년 12월 31일 재고자산	500,000원
20X2년 매입액	2,000,000원
20X2년 재고자산평가손실	200,000원
20X2년 재고자산감모손실(정상감모)	100,000원
20X2년 12월 31일 재고자산 (평가손실과 감모손실 차감 후)	1,000,000원

① 1,200,000원 ② 1,300,000원
③ 1,400,000원 ④ 1,500,000원

8. 다음은 ㈜삼일의 재고수불부이다. ㈜삼일이 기말재고자산을 총평균법과 선입선출법으로 각각 평가할 경우 두 평가금액의 차이는 얼마인가?

구분	단위	단위원가
기초재고(1.1)	1,000개	@100
매입(3.5)	500개	@120
매입(5.15)	1,500개	@140
매입(11.10)	200개	@150
총 판매가능수량	3,200개	
매출(4.22)	1,500개	
매출(9.29)	1,000개	
총 판매수량	2,500개	
기말재고(12.31)	700개	

① 2,500원 ② 7,500원 ③ 10,000원 ④ 12,500원

9. ㈜삼일은 공장을 신축하기로 하였으며, 이와 관련하여 20X1년 1월 1일 24,000,000원을 지출하였고, 공장은 20X3년 중에 완공될 예정이다. ㈜삼일은 공장신축을 위해서 아래와 같이 특정목적으로 차입을 하였다. ㈜삼일이 유형자산 건설과 관련된 차입원가를 자본화할 때 20X1년 특정차입금과 관련하여 자본화할 차입원가는 얼마인가(단, 편의상 월할 계산 한다고 가정한다)?

차입금액	차입기간	연이자율	비고
24,000,000원	20X1년 3월 1일 ~ 20X2년 6월 30일	3%	공장신축을 위한 특정차입금

① 600,000원 ② 700,000원 ③ 800,000원 ④ 960,000원

10. 다음 중 유형자산의 손상에 관한 설명으로 가장 옳은 것은?

① 유형자산에 대해 재평가모형을 적용하는 경우 손상차손을 인식하지 않는다.
② 자산의 회수가능액은 순공정가치와 사용가치 중 작은 금액이다.
③ 기업은 매 보고기간말마다 자산손상을 시사하는 징후가 있는지를 검토하여야 한다.
④ 자산손상을 시사하는 징후가 있는지를 검토할 때는 경제상황과 같은 외부정보는 고려하지 않는다.

11. ㈜삼일은 영업활동에 사용하던 건물(부속토지 포함)을 20X4년 12월 31일에 현금을 받고 처분하였다. 동 건물과 관련된 사항은 다음과 같다.

건물의 취득원가	5,000,000원
취득일	20X1년 10월 1일
내용연수	20년
잔존가치	500,000원
감가상각방법	정액법
부속토지(취득원가)	3,000,000원
처분금액(건물 및 부속토지)	7,000,000원

20X4년도에 ㈜삼일의 토지 · 건물 처분에 대한 회계처리로 가장 옳은 것은?(단, ㈜삼일은 최초 인식시점 이후 유형자산을 원가모형으로 회계처리하고 있음)

	차변	금액	대변	금액
①	(차) 현금	7,000,000	(대) 토지	3,000,000
	감가상각누계액	731,250	건물	5,000,000
	유형자산처분손실	268,750		
②	(차) 현금	7,000,000	(대) 토지	3,000,000
	유형자산처분손실	200,000	건물	4,200,000
③	(차) 현금	7,000,000	(대) 토지	3,000,000
	감가상각누계액	812,500	건물	5,000,000
	유형자산처분손실	187,500		
④	(차) 현금	7,000,000	(대) 토지	3,000,000
	유형자산처분손실	100,000	건물	4,100,000

12. 20X1년 중 ㈜삼일은 연구 및 개발활동과 관련하여 총 500억원을 지출하였다. 새로 개발한 무형자산이 20X2년부터 사용가능할 것으로 예측된 경우 연구 및 개발비와 관련하여 20X1년 중 비용으로 계상할 금액은 얼마인가?

구분	금액	비고
연구단계	300억원	
개발단계	200억원	자산인식요건 충족 80억원 자산인식요건 미충족 120억원
합계	500억원	

① 120억원 ② 300억원
③ 420억원 ④ 500억원

13. 다음 중 내부적으로 창출한 무형자산에 관한 설명으로 가장 올바르지 않은 것은?

① 재료, 장치, 제품, 공정, 시스템이나 용역에 대한 여러 가지 대체안을 탐색하는 활동에서 발생한 지출은 비용으로 인식한다.
② 내부 프로젝트의 연구단계에서는 미래경제적효익을 창출할 무형자산이 존재한다는 것을 제시할 수 없기 때문에, 내부 프로젝트의 연구단계에서 발생한 지출은 발생시점에 비용으로 인식한다.
③ 무형자산을 창출하기 위한 내부 프로젝트를 연구단계와 개발단계로 구분할 수 없는 경우에는 그 프로젝트에서 발생한 지출은 모두 연구단계에서 발생한 것으로 본다.
④ 내부적으로 창출한 고객목록, 브랜드 등은 개별식별이 어렵기 때문에 영업권으로 인식한다.

14. ㈜삼일은 20X1년 3월 1일에 임대수익을 얻을 목적으로 건물을 1,000,000원에 취득하여 공정가치 모형을 적용하여 회계처리하기로 하였다. ㈜삼일은 동 건물을 20X2년 10월 1일에 본사사옥으로 사용 목적을 변경하고, 즉시 사용하기 시작하였다. 동 건물의 20X1년 12월 31일과 20X2년 10월 1일의 공정가치는 각각 900,000원과 1,100,000원이었으며, 유형자산으로 대체된 상기 건물에 대해서 ㈜삼일은 원가모형을 적용하기로 하였다. 20X2년 10월 1일 현재 동 건물의 내용연수는 10년이고, 잔존가치는 없는 것으로 추정하였다. 상기 건물에 대한 회계처리가 ㈜삼일의 20X2년 당기순손익에 미치는 영향은(단, 감가상각비의 계산이 필요한 경우 정액법을 적용하여 월할 계산하기로 한다)?

① 당기순이익 90,000원 감소
② 당기순이익 27,500원 감소
③ 당기순이익 172,500원 증가
④ 당기순이익 200,000원 증가

15. 다음 중 당기손익-공정가치 측정 금융자산에 관한 설명으로 가장 올바르지 않은 것은?

① 단기매매 목적의 금융자산은 당기손익-공정가치 측정 금융자산으로 분류된다.
② 채무상품인 당기손익-공정가치 측정 금융자산은 다른 금융상품으로 재분류할 수 없다.
③ 당기손익-공정가치 측정 금융자산은 취득후 공정가치로 평가하여 당기손익에 반영한다.
④ 당기손익-공정가치 측정 금융자산 취득시 지출된 거래원가는 당기비용으로 처리한다.

16. ㈜삼일은 20X1년 1월 1일에 다음과 같은 조건의 상각후원가측정금융자산을 취득 당시의 공정가치로 취득하였다. 이 경우 ㈜삼일의 상각후원가측정금융자산의 취득원가는 얼마인가(단, 소수점은 반올림한다)?

ㄱ. 액면금액 : 100,000원
ㄴ. 발행일 : 20X1년 1월 1일
ㄷ. 만기일 : 20X2년 12월 31일(2년)
ㄹ. 액면이자율 : 10%, 매년 말 지급조건
ㅁ. 시장이자율 : 20X1년 1월 1일 현재 12%
ㅂ. 현가계수

이자율	1년	2년	계
12%	0.89286	0.79719	1.69005

① 96,000원 ② 96,620원
③ 98,991원 ④ 100,000원

17. ㈜삼일은 20X1년 1월 1일에 만기 3년, 액면금액 100,000,000원, 표시이자율 10 인 사채를 발행하였다. 이자는 매년 말에 지급되고 사채 발행시점의 유효이자율은 8%라고 할 때 ㈜삼일이 동 사채의 발행기간에 걸쳐 인식하게 될 총이자비용은 얼마인가?

구분	1년	2년	3년	합계
8%	0.92593	0.85734	0.79383	2.57710

① 20,974,200원 ② 23,755,000원
③ 24,846,000원 ④ 30,000,000원

18. ㈜삼일은 사채를 할인발행하고, 사채할인발행차금에 대하여 유효이자율법으로 상각하지 않고 정액법을 적용하여 상각하였다. 이러한 오류가 발행연도 재무제표에 미치는 영향을 바르게 지적한 것은?

	사채의 장부금액	당기순이익
①	과대계상	과대계상
②	과대계상	과소계상
③	과소계상	과대계상
④	과소계상	과소계상

19. ㈜삼일은 20X1년 1월 1일에 다음과 같은 조건으로 전환사채를 발행하였다. 다음 중 동 전환사채에 관한 설명으로 가장 올바르지 않은 것은?

ㄱ. 액면금액 : 10,000,000원
ㄴ. 액면이자율 : 5%(매년 말 이자지급)
ㄷ. 발행금액 : 10,000,000원
ㄹ. 상환할증금 : 1,000,000원(만기까지 주식으로 전환하지 않을 경우 만기에 지급)
ㅁ. 동일한 조건의 일반사채인 경우의 발행가액 : 8,200,000원
ㅂ. 만기 : 3년
ㅅ. 발행시 사채발행비는 발생하지 아니함.
ㅇ. 전환권대가는 자본으로 분류됨.

① 동 전환사채의 발행금액 10,000,000원에는 전환권대가 1,800,000원이 포함되어 있다.
② 상환할증금을 지급하는 조건이므로 보장수익률은 액면이자율 5%보다 높을 것이다.
③ 동 전환사채와 관련한 이자비용은 동일한 조건의 일반사채에 대한 유효이자율을 적용하여 산정한다.
④ 전환권 행사시 ㈜삼일의 총자산은 증가한다.

20. 다음 중 충당부채로 인식될 수 있는 사례로 가장 올바르지 않은 것은(단, 해당 의무를 이행하기 위하여필요한 금액을 신뢰성있게 추정할 수 있다고 가정한다)?

① 회사의 소비자 소송사건에 대하여 패소가능성이 높다는 법률 전문가의 의견이 있는 경우
② 토지 오염원을 배출하고 있는 회사에 대하여 토지의 정화에 관한 법률 제정이 확실시 되는 경우
③ 제품에 대해 만족하지 못하는 고객에게 법적의무가 없음에도 불구하고 환불해주는 정책을 펴고 있으며, 고객에게 이 사실이 널리 알려져 있는 경우
④ 회사의 특정 사업부문의 미래 영업손실이 예상되는 경우

21. 다음은 결산일이 12월 31일인 ㈜삼일의 20X1년말 재무상태표상 자본에 관한 정보이다. 20X1년말 ㈜삼일의 기타포괄손익누계액은 얼마인가?

ㄱ. 보통주자본금	50,000,000원
ㄴ. 주식발행초과금	8,000,000원
ㄷ. 해외사업환산이익	3,000,000원
ㄹ. 자기주식	2,500,000원
ㅁ. 미처분이익잉여금	8,000,000원
ㅂ. 유형자산재평가잉여금	4,000,000원

① 4,000,000원 ② 7,000,000원
③ 15,000,000원 ④ 17,500,000원

22. 다음 중 자기주식의 취득 및 처분에 관한 회계처리에 관한 설명으로 가장 올바르지 않은 것은?

① 자기주식을 취득하는 경우 취득원가를 자본에서 차감하는 형식으로 기재한다.
② 자기주식을 처분하는 경우 처분가액과 취득원가와의 차액을 자기주식처분손익으로 기타포괄손익에 반영한다.
③ 자기주식을 소각하는 경우 액면금액과 취득원가와의 차액을 감자차손익으로 반영한다.
④ 자기주식을 보유하고 있는 기간동안 자기주식에 대한 평가손익은 인식하지 않는다.

23. 수익인식 5단계 모형에 따라 수익을 인식하는 순서가 아래와 같다면 다음 빈칸에 들어갈 말로 가장 옳은 것은?

[1단계] 계약 식별
[2단계] (㉠)
[3단계] (㉡)
[4단계] 거래가격 배분
[5단계] 수행의무별 수익인식

	㉠	㉡
①	수행의무 식별	거래가격 산정
②	통제이전	수행의무 식별
③	수행의무 식별	통제이전
④	거래가격 산정	통제이전

24. ㈜삼일은 20X1년 12월 31일 ㈜반품에 50,000,000원(원가 30,000,000원)의 제품을 판매하고 1년 이내 반품할 수 있는 권리를 부여하였다. 인도일 현재 10,000,000원(원가 6,000,000원)이 반품될 것으로 예상된다면 ㈜삼일이 20X1년에 인식할 매출원가는 얼마인가?

① 24,000,000원 ② 34,000,000원
③ 44,000,000원 ④ 54,000,000원

25. 다음은 ㈜삼일건설의 재무제표에 대한 주석이다. 다음 괄호 안에 들어갈 용어로 가장 옳은 것은?

건설계약과 관련하여 진행기준에 의하여 수익을 인식하고 있습니다. 계약활동의 진행률은 진행단계를 반영하지 못하는 계약원가를 제외하고 수행한 공사에 대하여 발생한 누적계약원가를 추정 총계약원가로 나눈 비율로 측정하고 있습니다.
총계약원가가 총계약수익을 초과할 가능성이 높은 경우에 예상되는 손실은 ( ) 당기비용으로 인식하고 있습니다.

① 즉시 ② 진행률에 따라
③ 이연하여 ④ 공사완료시점에

26. ㈜삼일은 20X1년 건설공사를 계약금액 30,000,000원에 수주하였다. 20X1년 ㈜삼일의 예상원가 발생액, 계약대금 청구액은 다음과 같다. ㈜삼일이 누적발생계약원가에 기초하여 계산된 진행률에 따라 수익을 인식한다면, 20X1년말 재무상태표에 표시할 미청구공사(계약자산) 또는 초과청구공사(계약부채)는 얼마인가?

	20X1년
누적발생계약원가	4,000,000원
추정총계약원가	20,000,000원
당기대금청구액	5,500,000원

① 미청구공사(계약자산) 300,000원
② 미청구공사(계약자산) 500,000원
③ 초과청구공사(계약부채) 300,000원
④ 초과청구공사(계약부채) 500,000원

27. 다음의 빈칸에 들어갈 말로 가장 적절한 것끼리 묶인 것은?

확정급여제도의 회계처리에서 당기근무원가, 과거근무원가와 정산으로 인한 손익, 순확정급여부채 및 사외적립자산의 순이자는 (㉠)으로 인식한다.
보험수리적손익, 순확정급여부채(자산)의 순이자에 포함된 금액을 제외한 사외적립자산의 수익, 순확정급여부채(자산)의 순이자에 포함된 금액을 제외한 자산인식상한 효과의 변동은 (㉡)으로 인식한다.

	㉠	㉡
①	당기손익	당기손익
②	당기손익	기타포괄손익
③	기타포괄손익	당기손익
④	기타포괄손익	기타포괄손익

28. 다음 중 주식기준보상 회계처리에 관한 설명으로 가장 올바르지 않은 것은?

① 주식선택권 행사로 신주가 발행되는 경우 행사가격이 액면금액을 초과하는 부분은 주식발행초과금으로 처리한다.
② 가득기간 중 각 회계기간에 인식할 주식보상비용은 당기말 인식할 누적보상원가에서 전기말까지 인식한 누적보상원가를 차감하여 계산한다.
③ 종업원에게 제공받은 용역 보상원가는 부여일 이후 지분상품 공정가치 변동을 반영하여 측정한다.
④ 주식선택권의 권리를 행사하지 않아 소멸되는 경우에도 과거에 인식한 보상원가를 환입하지 않고 계속 자본항목으로 분류한다.

29. 다음 중 법인세회계에 관한 설명으로 가장 올바르지 않은 것은?

① 법인세회계의 이론적 근거는 수익·비용대응의 원칙이다.
② 차감할 일시적차이는 이연법인세자산을 발생시킨다.
③ 이연법인세자산과 부채는 현재가치로 할인한다.
④ 일시적차이로 인해 법인세비용과 당기법인세에 차이가 발생한다.

30. ㈜삼일의 20X1년도 법인세와 관련한 세무조정사항은 다음과 같다. 20X0년 12월 31일 현재 이연법인세자산과 이연법인세부채의 잔액은 없었다. 법인세법상 당기손익-공정가치 측정 금융자산평가이익은 익금불산입하고 기타 법인세법과의 차이는 손금불산입한다. 20X1년도의 포괄손익계산서의 법인세비용은 얼마인가(단, 이연법인세자산의 실현가능성은 높으며, 법인세율은 20%이고 이후 변동이 없다고 가정한다)?

법인세비용차감전순이익	2,000,000원
접대비한도초과액	100,000원
감가상각비한도초과액	60,000원
당기손익-공정가치측정금융자산평가이익	20,000원

① 420,000원　② 424,000원
③ 436,000원　④ 440,000원

31. 다음 중 회계추정의 변경에 해당하지 않는 것은?

① 수취채권의 대손상각률 변경
② 재고자산 원가흐름의 가정을 선입선출법에서 평균법으로 변경
③ 유형자산 감가상각방법의 변경
④ 유형자산 내용연수의 변경

32. ㈜삼일의 20X1년 당기순이익은 10,000,000원이며, 우선주배당금은 1,000,000원이다. ㈜삼일의 20X1년 1월 1일 유통보통주식수는 18,000주이며, 10월 1일에는 유상증자를 통해 보통주 8,000주를 발행하였다. ㈜삼일의 20X1년도 기본주당순이익은 얼마인가(단, 유상신주의 발행금액과 공정가치는 동일하며, 가중평균 유통보통주식수는 월할로 계산한다)?

① 300원　② 350원
③ 400원　④ 450원

33. 20X1년 1월 1일 ㈜삼일은 ㈜용산의 보통주 30%를 850,000원에 취득하여 유의적인 영향력을 행사하게 되었으며, 취득 당시 ㈜용산의 순자산 장부금액과 공정가치는 2,000,000원으로 동일하였다. 20X1년 ㈜용산의 자본은 아래와 같으며, 당기순이익 이외에 자본의 변동은 없다고 가정한다. (단위 : 원)

	20X1년 1월 1일	20X1년 12월 31일
자본금	900,000	900,000
이익잉여금	1,100,000	1,300,000
합계	2,000,000	2,200,000

20X1년말 ㈜삼일의 관계기업투자주식의 장부금액은 얼마인가?

① 850,000원　② 880,000원
③ 910,000원　④ 930,000원

34. 지분법은 투자자가 피투자자에 대해 유의적인 영향력을 행사할 수 있는 경우에 적용한다. 다음 중 유의적인 영향력을 행사할 수 있는 경우에 해당하는 것은(A회사는 투자자, B회사는 피투자자이다)?

① A회사는 B회사의 주식을 40% 보유하고 있으나 계약상 B회사에 관한 의결권을 행사할 수 없다.
② A회사는 12개월 이내에 매각할 목적으로 B회사의 의결권 있는 주식을 30% 취득하여 적극적으로 매수자를 찾고 있는 중이다.
③ A회사는 B회사의 주식을 20% 보유하고 있으나 모두 우선주이며 의결권은 없다.
④ A회사는 B회사의 의결권 있는 주식의 15%를 보유하고 있으나 B회사의 이사회에 참여할 수 있다.

35. 자동차 제조업을 영위하는 ㈜삼일의 20X1 회계연도(20X1년 1월 1일-20X1년 12월 31일) 중 발생한 수출실적이 다음과 같을 경우, 20X1년 재무상태표상 매출채권과 (포괄)손익계산서상 외화환산손익을 바르게 짝지은 것은(단, 기능통화는 원화이다)?

(1) 수출액 및 대금회수

수출일	수출액	대금회수일
20X1년 6월 11일	$8,000	20X2년 3월 10일

(2) 일자별 환율

일자	20X1년 6월 11일	20X1년 12월 31일
환율	1,100원/$	1,200원/$

(3) 기타정보
상기 수출대금은 계약상 대금회수일에 이상 없이 모두 회수되었으며, 상기 수출과 관련된 매출채권 이외의 채권·채무는 없다.

	매출채권	외화환산손익
①	9,600,000원	손실 800,000원
②	8,800,000원	손실 100,000원
③	9,600,000원	이익 800,000원
④	8,800,000원	이익 100,000원

36. ㈜삼일은 상품 $2,000을 외상으로 매출하고, 대금을 9개월 후에 달러($)로 지급받기로 하였다. 이 경우 ㈜삼일의 외화매출채권 $2,000은 환율변동위험에 노출되게 되었다. 해당 거래와 관련하여 환율변동위험을 회피할 수 있는 방법으로 가장 옳은 것은?

① 약정된 환율로 9개월 후 $2,000을 매도하는 통화선도계약을 체결한다.
② 약정된 환율로 9개월 후 $2,000을 매입하는 통화선도계약을 체결한다.
③ 약정된 환율로 9개월 후 $2,000을 거래할 수 있는 콜옵션을 매입한다.
④ 약정된 환율로 9개월 후 $2,000을 거래할 수 있는 풋옵션을 매도한다.

37. ㈜삼일리스는 20X2년 1월 1일 ㈜용산과 기계장치 에 대한 금융리스계약을 다음과 같이 체결하였다. 20X2년말 ㈜삼일리스가 인식해야 할 리스채권을 계산한 것으로 가장 옳은 것은(단, 소수점은 반올림한다)?

ㄱ. 리스료 : 매년 말 200,000원씩 지급
ㄴ. 20X2년 1월 1일 현재 리스채권의 현가 : 758,158 원
ㄷ. 내재이자율 : 10%
ㄹ. 리스기간 : 5년

① 124,184원 ② 633,974원
③ 758,158원 ④ 800,000원

38. 다음 중 현금흐름표에 대한 설명으로 가장 올바르지 않은 것은?

① 현금흐름표는 기업의 현금흐름을 나타내는 표로서 현금의 변동내용을 명확하게 보고하기 위하여 당해 회계기간에 속하는 현금의 유입과 유출내용을 적정하게 표시하는 보고서이다.
② 법인세로 인한 현금흐름은 영업활동과 투자활동에 명백히 관련되지 않는 한 재무활동 현금흐름으로 분류한다.
③ 현금흐름표에서는 기업의 경영활동에 따른 현금흐름을 영업활동·투자활동·재무활동으로 구분한다.
④ 현금흐름표를 작성하는 방법은 영업활동 현금흐름을 어떻게 계산하느냐에 따라 간접법과 직접법으로 구분된다.

39. ㈜삼일은 제조업을 영위하고 있으며 모든 매출은 외상으로 이루어진다. 다음 자료를 이용하여 20X1년 매출로부터의 현금유입액을 계산하면 얼마인가(선수금에 의한 매출, 매출에누리와 환입, 매출할인 등은 없다고 가정함)?

ㄱ.재무상태표

구분	20X1년초	20X1년말
매출채권	10,000원	20,000원
대손충당금(매출채권)	300원	470원

ㄴ.포괄손익계산서(20X1.1.1 - 20X1.12.31)
매출액 560,000원 대손상각비(매출채권) 550원

① 524,470원 ② 532,170원
③ 549,620원 ④ 569,010원

40. 다음 중 이자와 배당금의 수취 및 지급에 따른 현금흐름에 관한 설명으로 가장 올바르지 않은 것은?

① 금융회사의 경우 이자수입은 일반적으로 영업활동 현금흐름으로 분류한다.
② 이자지급은 재무자원을 획득하는 원가로 보아 재무활동 현금흐름으로 분류할 수 있다.
③ 배당금지급은 기업이 배당금을 지급할 수 있는 능력이 있는지 여부를 판단하는데 도움을 주기위해 투자활동 현금흐름으로 분류할 수 있다.
④ 배당금수입은 투자자산에 대한 수익으로 보아 투자활동 현금흐름으로 분류할 수 있다.

2021년 1월 시행 재무회계 공개기출문제

1. 다음 중 재무회계와 관리회계에 관한 설명으로 가장 올바르지 않은 것은?

① 재무회계는 기업외부의 정보이용자를 위한 회계인 반면 관리회계는 기업내부의 정보이용자를 위한 회계이다.
② 재무회계는 재무제표라는 양식으로 보고하지만 관리회계는 일정한 양식이 없다.
③ 재무회계와 관리회계 모두 법적 강제력을 가진다.
④ 재무회계는 일반적으로 인정된 회계원칙에 따라 작성되지만 관리회계는 경제·경영·통계 등 다양한 정보를 활용하여 작성된다.

2. 다음 중 주석에 관한 설명으로 가장 올바르지 않은 것은?

① 주석은 재무제표에 포함된다.
② 주석은 정보이용자의 이해를 위해 재무상태표, 포괄손익계산서에 대한 추가적인 정보를 포함한다.
③ 주석은 특수한 형태의 재무제표로서 재무회계 개념체계의 적용을 받지 아니한다.
④ 주석에는 재무상태표 본문에 인식되지 않은 자원과 의무에 대한 내용도 공시될 수 있다.

3. 다음 중 재무상태표상 유동항목으로 분류될 항목으로 가장 올바르지 않은 것은?

① 정상영업주기 내에 판매될 것으로 예상되는 재고자산
② 사용제한 없는 보통예금
③ 단기매매목적으로 보유하는 다른 기업의 주식
④ 보고기간후 12개월 이내에 결제일이 도래하는 차입금으로서 보고기간후 12개월 이상 만기를 연장할 것으로 기대하고 있고, 그런 재량권이 있는 차입금

4. 다음 중 포괄손익계산서에 관한 설명으로 가장 올바르지 않은 것은?

① 포괄손익계산서는 일정기간 동안 소유주의 투자나 소유주에 대한 분배거래를 제외한 기타거래에서 발생하는 순자산의 변동내용을 표시하는 동태적 보고서이다.
② 포괄손익계산서는 단일의 포괄손익계산서를 작성하거나 당기순손익을 표시하는 손익계산서와 포괄손익계산서를 포함하는 2개의 보고서로 작성될 수 있다.
③ 포괄손익계산서에서 비용을 표시할 때는 기능별로 분류하여 표시하여야 한다.
④ 기타포괄손익항목은 관련 법인세효과를 차감한 순액으로 표시하거나 세전금액으로 표시하고 관련 법인세효과는 단일 금액으로 합산하여 표시하는 방법이 가능하다.

5. 다음 중 보고기간후사건에 관한 회계처리로 가장 올바르지 않은 것은(단, 보고기간말은 20X1년 12월 31일이며, 재무제표 발행 승인일은 20X2년 3월 10일이라고 가정한다)?

① 20X2년 2월 10일에 순실현가능가치 미만의 가격으로 재고자산을 판매하여 이미 인식한 20X1년말 현재의 해당 재고자산의 순실현가능가치 금액을 수정하였다.
② 20X1년 12월 31일 공정가치로 평가한 당기손익-공정가치 측정 금융자산의 공정가치가 20X2년 1월 20일 하락하여 추가적인 평가손실을 20X1년 재무제표에 인식하였다.
③ 20X1년 5월부터 진행 중이던 소송의 결과가 20X2년 1월에 확정되어 이미 인식한 손실금액과의 차이를 20X1년 재무제표에 추가로 인식하였다.
④ 20X1년 12월 2일에 취득한 기계장치의 취득원가가 20X2년 1월 10일 확정되어 이미 인식한 20X1년말 현재의 해당 기계장치의 금액을 수정하였다.

6. 다음은 ㈜삼일의 20X1회계연도 결산시 재고자산과 관련된 자료이다. 재고자산과 관련된 결산수정분개가 당기손익에 미치는 영향으로 가장 옳은 것은?

ㄱ. 결산수정분개전 기말재고자산 장부상 수량	100개
ㄴ. 결산수정분개전 기말재고자산 장부상 매입단가	200원/개
ㄷ. 기말재고자산 실사수량	95개
ㄹ. 기말재고자산의 예상판매가격	160원/개
ㅁ. 기말재고자산의 예상판매비용	예상판매가격의 5%

① 4,800원 증가　　② 5,560원 증가
③ 4,800원 감소　　④ 5,560원 감소

7. ㈜삼일은 창업연도부터 개별법으로 재고자산을 평가 해왔으나, 회사의 규모가 커지고 판매상품의 종류가 많아짐에 따라 재고자산평가방법을 선입선출법으로 변경하고자 한다. 재고자산평가방법을 선입선출법으로 변경할 경우 ㈜삼일의 기말재고자산 금액은 얼마인가?

	수량	단가	금액
전기이월	1,000개	1,000원	1,000,000원
2월 3일 구입	2,000개	1,500원	3,000,000원
8월 7일 판매	2,750개		
9월 5일 구입	3,000개	2,000원	6,000,000원
기말	3,250개		

① 5,375,000원　　② 6,000,000원
③ 6,375,000원　　④ 6,500,000원

8. 다음 자료에서 재고자산평가손실은 ㈜삼일의 재고자산이 진부화되어 발생하였다. 다음 중 ㈜삼일의 20X2년 포괄손익계산서상 매출원가는 얼마인가?(단, 재고자산감모손실과 재고자산평가손실은 매출원가로 인식한다고 가정한다.)

20X1년 12월 31일 재고자산	400,000원
20X2년 매입액	1,000,000원
20X2년 재고자산평가손실	550,000원
20X2년 재고자산감모손실(정상감모)	20,000원
20X2년 12월 31일 재고자산 (평가손실과 감모손실 차감 후)	300,000원

① 1,080,000원　② 1,100,000원
③ 1,120,000원　④ 1,670,000원

9. 다음 중 유형자산에 관한 설명으로 가장 올바르지 않은 것은?

① 유형자산은 기업이 재화나 용역의 생산 등에 사용할 목적으로 보유하는 자산이다.
② 유형자산은 통상적으로 한 회계기간을 초과하여 사용될 것이 예상된다.
③ 사무용 소모품은 대표적인 유형자산의 예에 해당한다.
④ 모든 유형자산에 대하여 감가상각이 필요한 것은 아니다.

10. ㈜삼일의 20X2년말 기계장치의 장부금액은 얼마인가?

> ㈜삼일은 20X1년초 기계장치 1대를 50,000원에 취득하였다. 동 기계장치의 내용년수는 5년이고, 잔존가치는 없으며 감가상각방법은 정액법을 채택하기로 하였다. ㈜삼일은 이 기계장치에 대해 재평가모형을 적용하고 있으며, 20X2년말의 공정가치는 100,000원이었다.(전액제거법으로 회계처리한다)

① 50,000원　② 60,000원
③ 80,000원　④ 100,000원

11. ㈜삼일은 20X1년 1월 1일에 기계장치를 총 8,000,000원을 지급하는 조건으로 취득하였다. 단, 지급조건은 기계장치 구입시점에 현금 5,000,000원을 지급하고 나머지 3,000,000원은 무이자부 약속어음을 발행하여 지급하는 것이다. 이 약속어음은 매연도말에 1,000,000원씩 3회 분할지급하는 조건이며, 약속어음 발행당시의 시장이자율은 연 12%이다. 이자율 12%, 기간 3년일 경우 정상연금 현재가치계수는 2.4018이고, 1원의 현재가치계수는 0.7118이다. ㈜삼일의 기계장치 취득을 기록하기 위한 회계처리에 대한 설명으로 가장 옳은 것은(단, ㈜삼일은 현재가치할인차금 계정을 사용하여 회계처리하는 방법을 선택하고 있다)?

① 기계장치의 취득원가는 8,000,000원이며 장기미지급금 계정(대변)에 기록되는 금액은 3,000,000원이다.
② 장기미지급금 계정(대변)에 기록되는 금액은 2,401,800원이고, 현재가치할인차금 계정 대변에 598,200원이 기록된다.
③ 기계장치의 취득원가는 7,135,400원이고, 현재가치할인차금 계정의 차변에는 864,600원이 기록된다.
④ 기계장치의 취득원가는 7,401,800원이다.

12. ㈜삼일이 20X1년초에 취득한 특허권 관련 자료는다음과 같다.

취득원가	내용연수	20X1년말	
		순공정가치	사용가치
500,000원	5년	400,000원	360,000원

특허권은 정액법으로 상각하며, 잔존가치는 0원이다. ㈜삼일이 20X1년말에 인식할 특허권 장부금액과 관련 손상차손 금액은 얼마인가?

	장부금액	손상차손
①	400,000원	0원
②	360,000원	0원
③	400,000원	40,000원
④	360,000원	40,000원

13. 다음 중 무형자산의 후속 측정에 관한 설명으로 가장 옳은 것은?

① 내용연수가 비한정인 무형자산은 최소한 3년에 1회 이상의 손상검사가 이루어져야 한다.
② 손상검토시 회수가능액은 순공정가치와 사용가치 중 작은 금액을 기준으로 판단한다.
③ 무형자산의 경제적 효익이 소비되는 형태를 신뢰성 있게 결정할 수 없는 경우 정률법으로 상각한다.
④ 무형자산의 잔존가치, 상각기간 및 상각방법의 적정성에 대하여 매 보고기간 말에 재검토하여야 한다.

14. ㈜삼일은 20X1년 10월 1일 다음과 같은 건물을 구입하고 투자부동산으로 분류하였다. 투자부동산의 회계처리와 관련하여 ㈜삼일의 20X1년 당기순이익에 미치는 영향은 얼마인가(단, 법인세비용은 고려하지 않으며, 원가모형으로 투자부동산을 측정하고 있다)?

> ㄱ. 취득원가 : 600,000,000원
> ㄴ. 감가상각방법 및 내용연수 : 정액법, 30년
> ㄷ. 잔존가치 : 60,000,000원
> ㄹ. 공정가치

구분	20X1.10.1	20X1.12.31
투자부동산	600,000,000원	610,000,000원

① 당기순이익 5,500,000원 증가
② 당기순이익 10,000,000원 증가
③ 당기순이익 4,500,000원 감소
④ 당기순이익 20,000,000원 감소

15. 다음 중 재무상태표상에 기재될 현금및현금성자산 잔액은 얼마인가?

· 양도성예금증서(60일 만기)	100,000원
· 배당금지급통지표	130,000원
· 환매채(90일 만기)	90,000원
· 당좌예금	100,000원

① 290,000원 ② 320,000원
③ 330,000원 ④ 420,000원

16. ㈜삼일은 20X1년 1월 1일 다음과 같은 조건의 회사채에 투자하기로 하였다. 동 투자사채의 취득과 관련하여 유출될 현금은 얼마인가(단, 소수점 이하 첫째 자리에서 반올림하며, ㈜삼일은 동 투자사채를 기타포괄손익-공정가치측정금융자산으로 분류하였다)?

ㄱ. 액면금액 : 200,000,000원
ㄴ. 만기일 : 20X2년 12월 31일
ㄷ. 액면이자율 : 12%, 매년 말 지급 조건
ㄹ. 시장이자율 : 8%
ㅁ. 금융거래 수수료 : 액면금액의 0.5%

① 186,479,592원 ② 200,000,000원
③ 214,266,118원 ④ 215,266,118원

17. 다음 중 금융자산의 제거에 관한 설명으로 가장 올바르지 않은 것은?

① 금융자산의 현금흐름에 대한 계약상 권리가 소멸한 경우에는 당해 금융자산을 제거한다.
② 금융자산의 현금흐름에 대한 계약상 권리를 양도하고 양도자가 매도 후에 미리 정한 가격으로 당해 금융자산을 재매입하기로 한 경우 당해 금융자산을 제거한다.
③ 금융자산의 현금흐름에 대한 계약상 권리를 양도하고 위험과 보상의 대부분을 이전하면 당해 금융자산을 제거한다.
④ 금융자산의 현금흐름에 대한 계약상 권리를 양도하고, 양수자가 당해 금융자산을 제3자에게 매각할 수 있는 능력을 가지고 있다면 당해 금융자산을 제거한다.

18. ㈜삼일은 20X1년 1월 1일 액면금액 1,000,000원, 액면이자율 연 8%(매년 말 이자지급), 만기 3년인 회사채를 950,244원에 발행하였다. 발행당시 유효이자율은 연 10%이었으며, 사채할인발행차금에 대하여 유효이자율법으로 상각하고 있다. ㈜삼일의 20X1년말 재무상태표에 표시할 사채의 장부금액은 얼마인가(단, 소수점은 반올림한다)?

① 965,268원 ② 989,752원
③ 1,000,000원 ④ 1,045,268원

19. 전환사채의 발행금액이 3,000,000원이고 전환사채의 발행요건과 동일한 요건으로 발행되되 전환권이 부여되지 않은 사채의 가치가 2,500,000원인 경우, 전환사채의 발행금액 중 2,500,000원은 (ㄱ)(으)로, 전환권가치인 500,000원은 (ㄴ)(으)로 분리하여 표시한다. 다음 중 ㄱ, ㄴ에 들어갈 가장 올바른 용어들로 짝지어진 것은?

	ㄱ	ㄴ
①	금융부채	금융부채
②	지분상품(자본)	지분상품(자본)
③	지분상품(자본)	금융부채
④	금융부채	지분상품(자본)

20. ㈜삼일은 제조상의 결함이나 하자에 대하여 1년간 제품보증을 시행하고 있다. 20X1년 7월 1일에 판매된 5,000,000원의 제품에서 중요하지 않은 결함이 발견된다면 100,000원의 수리비용이 발생하고, 치명적인 결함이 발생하면 300,000원의 수리비용이 발생할 것으로 예상한다. 20X1년 7월 1일의 매출액 5,000,000원에 대하여 판매된 제품의 75%에는 하자가 없을 것으로 예상하고, 제품의 15%는 중요하지 않은 결함이 발견될 것으로 예상하고, 10%는 치명적인 결함이 있을 것으로 예상하였다. ㈜삼일이 20X1년말에 인식할 충당부채의 금액은 얼마인가(단, 20X1년에는 결함이나 하자가 발생하지 않았다)?

① 15,000원 ② 30,000원
③ 40,000원 ④ 45,000원

21. 다음은 자본거래가 각 자본항목에 미치는 영향을 나타내고 있다. 다음 중 가장 올바르지 않은 것은?

		주식배당	무상증자	주식분할
①	자본금	증가	증가	불변
②	주식수	불변	증가	증가
③	이익잉여금	감소	감소가능	불변
④	총자본	불변	불변	불변

22. 12월 결산법인인 ㈜삼일의 20X1년 이익잉여금처분 계산서 구성항목이 다음과 같을 때 ㈜삼일의 20X1년말 재무상태표상 '이익잉여금(미처분이익잉여금)' 금액은 얼마인가?

ㄱ. 전기이월미처분이익잉여금	:	2,000,000원
ㄴ. 중간배당	:	(-) 200,000원
ㄷ. 당기순이익	:	1,000,000원
ㄹ. 연차배당(20X2년 4월 지급)	:	(-) 300,000원

① 1,800,000원 ② 2,000,000원
③ 2,500,000원 ④ 2,800,000원

23. ㈜삼일은 20X1년 12월 31일 ㈜반품에 60,000,000원(원가 24,000,000원)의 제품을 판매하고 1년 이내 반품할 수 있는 권리를 부여하였다. 인도일 현재 20,000,000원(원가 8,000,000원)이 반품될 것으로 예상된다면 ㈜삼일이 20X1년에 인식할 매출액은 얼마인가?

① 15,000,000원　② 35,000,000원
③ 40,000,000원　④ 60,000,000원

24. ㈜서울은 20X1년 1월 1일 ㈜부산에 상품을 할부로 판매하였다. 상품의 원가는 6,000,000원이며, 할부대금은 매년 말 3,000,000원씩 3년간 회수하기로 하였다. 또한 시장이자율은 12%이며, 연금현가계수(12%, 3년)는 2.40183이다. 동 할부매출과 관련하여 ㈜서울이 20X1년에 인식할 매출총이익은 얼마인가?

① 0원　② 1,205,490원
③ 2,070,149원　④ 3,000,000원

25. 다음 중 건설계약의 계약수익과 관련된 설명으로 가장 올바르지 않은 것은?

① 계약수익은 건설사업자가 발주자로부터 지급받을 건설계약금액과 진행률에 근거하여 계상한다.
② 계약수익은 수령하였거나 수령할 대가의 공정가치로 측정한다.
③ 계약수익은 진행률과 관계없이 청구한 금액으로 인식한다.
④ 계약수익은 최초에 합의된 계약금액과 공사변경, 보상금 및 장려금에 따라 추가되는 금액으로 구성되어 있다.

26. ㈜삼일건설은 ㈜용산과 20X1년 5월 1일, 총 계약금액 170,000,000원의 다음과 같은 공장신축공사계약을 체결하였다. 회사가 진행기준으로 수익을 인식한다면 ㈜삼일건설의 20X2년 계약손익은 얼마인가(단, 진행률은 누적발생계약원가에 기초하여 계산한다)?

	20X1년	20X2년
당기발생계약원가	60,000,000원	72,000,000원
추정총계약원가	150,000,000원	165,000,000원
공사대금청구액(연도별)	50,000,000원	80,000,000원

① 손실 4,000,000원　② 손실 5,000,000원
③ 이익 8,000,000원　④ 이익 9,000,000원

27. 다음 중 퇴직급여제도에 관한 설명으로 가장 옳은 것은?

① 확정급여제도에서 가입자의 미래급여금액은 사용자나 가입자가 출연하는 기여금과 기금의 운영 효율성 및 투자수익에 따라 결정된다.
② 확정기여제도는 보험수리적 평가기법에 따라 퇴직 후 예상급여를 확정시키고 이에 대한 지급을 기업이 보증하는 형태이다.
③ 확정급여제도에서는 사외적립자산을 출연하는데 이때 사외적립자산은 장부금액으로만 측정한다.
④ 재측정요소는 후속 기간에 당기손익으로 재분류되지 않으며, 자본 내에서 대체할 수 있다.

28. 다음 중 주식기준보상거래에 관한 설명으로 가장 올바르지 않은 것은?

① 주식기준보상거래는 종업원에게만 부여하고 거래상대방에게 부여하지는 않는다.
② 주식결제형 주식기준보상거래로 재화나 용역을 제공받는 경우에는 자본의 증가를 인식하고, 현금결제형 주식기준보상거래로 재화나 용역을 제공받는 경우에는 부채를 인식한다.
③ 주식결제형 주식기준보상거래에서 종업원으로부터 용역을 제공받는 경우에는 제공받는 용역의 공정가치를 일반적으로 신뢰성 있게 측정할 수 없으므로 부여한 지분상품의 공정가치에 기초하여 측정한다.
④ 현금결제형 주식기준보상거래에서 기업은 부채가 결제될 때까지 매 보고기간 말과 결제일에 부채의 공정가치를 재측정하고, 공정가치 변동액을 당기손익으로 인식한다.

29. 다음은 ㈜삼일의 20X1년과 20X2년말의 이연법인세 자산·부채의 내역이다. ㈜삼일이 20X2년에 인식할 법인세비용은 얼마인가(20X2년 과세소득에 대하여 부담할 법인세액은 400,000원이다)?

〈각 회계연도 말 재무상태표 금액〉

구분	20X2년말	20X1년말
이연법인세자산	50,000원	-
이연법인세부채	-	50,000원

① 300,000원　② 350,000원
③ 400,000원　④ 500,000원

30. ㈜삼일은 결손이 누적되고 미래 과세소득이 발생하지 않을 것이라 판단하여 미사용 세무상 결손금에 대하여 더 이상 이연법인세자산을 인식하지 않기로 하였다. 전기까지 인식하였던 세무상 결손금에 대한 이연법인세자산을 더 이상 인식하지 않을 경우 ㈜삼일의 재무제표에 미치는 영향으로 가장 옳은 것은?

① 부채비율(부채/자본)의 감소
② 당기순이익의 감소
③ 법인세비용의 감소
④ 법인세비용차감전순이익의 감소

31. ㈜삼일은 20X1년 1월 1일에 취득한 내용연수 5년의 기계장치 100,000원을 정률법으로 상각하여 오던 중 20X3년 1월 1일에 정액법으로 감가상각방법을 변경하기로 하였다. ㈜삼일이 취득한 기계장치의 내용연수 종료시점의 잔존가치는 없으며, 정률법의 상각률이 40%일 경우 ㈜삼일이 회계변경으로 인하여 20X3년 인식할 감가상각비는 얼마인가?

① 12,000원 ② 14,400원
③ 20,000원 ④ 40,000원

32. 다음 정보를 이용하여 ㈜삼일의 주가를 계산하시오.

1. 업종 평균 주가수익률(PER)	10배
2. ㈜삼일의 당기순이익	50,000원
3. ㈜삼일의 가중평균유통보통주식수	1,000주

① 500원 ② 5,000원
③ 10,000원 ④ 100,000원

33. 다음 중 관계기업 투자주식의 회계에 관한 설명으로 가장 올바르지 않은 것은?

① 유의적인 영향력 판단에는 지분율 기준과 실질 영향력 기준이 있다.
② 유의적인 영향력을 판단함에 있어 피투자자에 대한 의결권은 투자자의 지분율과 지배기업이 보유하고 있는 지분율의 합계로 계산한다.
③ 실질영향력기준이 적용되지 않을 경우 투자자가 직접으로 또는 간접으로 피투자자에 대한 의결권의 20% 미만을 소유하고 있다면 유의적인 영향력이 없는 것으로 본다.
④ 경영진의 상호교류가 이루어지는 경우 유의적인 영향력이 있는 것으로 본다.

34. 다음 중 기능통화와 표시통화에 관한 설명으로 가장 올바르지 않은 것은?

① 기능통화란 영업활동이 이루어지는 주된 경제 환경의 통화이다.
② 기능통화로 외화거래를 최초로 인식하는 경우에 거래일의 외화와 기능통화 사이의 현물환율을 외화금액에 적용하여 기록한다.
③ 표시통화란 재무제표를 표시할 때 사용하는 통화이다.
④ 표시통화와 기능통화는 반드시 동일한 화폐로 사용하여야 한다.

35. 다음 중 파생금융상품에 해당하지 않는 것은?

① 상장주식 ② 주가지수선물
③ 통화선물 ④ 주식옵션

36. ㈜삼일은 20X1년 10월 1일 미국으로부터 원재료를 100달러에 수입하고 대금은 5개월 후에 지급하기로 하였다. 이와 함께 환율이 상승하고 있는 최근의 추세가 앞으로도 지속될 것으로 예상하고 5개월 후에 100달러를 1,200원/달러에 매입하는 통화선도계약을 체결하였다. 회사의 결산일은 12월 31일 이고, 이 계약은 20X2년 2월 28일에 실행되었다. 주어진 계약과 관련되어 20X1년과 20X2년의 회계처리에 대한 설명으로 옳은 것은?

일자	현물환율	선도환율
20X1년 10월 1일	1,180원/달러	1,200원/달러(5개월)
20X1년 12월 31일	1,210원/달러	1,220원/달러(2개월)
20X2년 2월 28일	1,230원/달러	

① 20X1년 12월 31일에는 통화선도평가이익 2,000원이 인식된다.
② 20X1년 12월 31일에는 통화선도평가손익을 인식하지 않는다.
③ 20X2년 2월 28일에 인식할 통화선도거래이익은 2,000원이다.
④ 20X2년 2월 28일에 인식할 통화선도거래이익은 없다.

37. ㈜삼일리스는 20X1년 1월 1일에 매기말 50,000원 지급조건의 금융리스계약을 체결하고 4년간의 리스기간종료후 소유권을 ㈜용산에 이전하기로 하였다. 리스약정일 현재의 리스료의 현가는 100,000원이고, 리스자산의 내용연수 5년, 잔존가치 0, 감가상각방법이 정액법인 경우 20X1년의 ㈜용산의 감가상각비는 얼마인가?

① 0원 ② 20,000원
③ 16,000원 ④ 24,000원

38. 다음은 ㈜삼일의 현금흐름표상 활동별 현금유출 · 입을 표시한 것이다. 다음 중 ㈜삼일의 현금흐름표에 대한 분석으로 가장 올바르지 않은 것은?

영업활동 현금흐름	투자활동 현금흐름	재무활동 현금흐름
현금유입(+)	현금유출(-)	현금유출(-)

① 영업활동 현금흐름이 (+)이므로, 분명 당기순이익이 발생했을 것이다.
② 유형자산의 처분으로 투자활동 현금흐름을 (+)로 만들 수 있다.
③ 영업활동 현금흐름을 증가시키기 위해 배당금의 지급은 재무활동 현금흐름으로 분류할 수 있다.
④ 재무활동 현금흐름이 (-)이니 차입금상환, 배당금지급 등이 있었을 것이다.

39. 다음은 ㈜삼일의 매입활동과 관련된 재무상태표와 포괄손익계산서의 일부이다.

ㄱ. 재무상태표 일부

	20X0년 12월 31일	20X1년 12월 31일
매입채무	0원	25,000,000원

ㄴ. 당기 재고자산 매입액은 160,000,000원이다.

㈜삼일의 모든 매입은 외상으로 이루어진다고 할 때, 20X1년 중 ㈜삼일이 매입처에 지급한 현금은 얼마인가?

① 100,000,000원 ② 120,000,000원
③ 135,000,000원 ④ 155,000,000원

40. 다음 중 현금흐름표에 대한 설명으로 올바르지 않은 것은?

① 현금흐름표는 영업활동에 관한 정보뿐만 아니라 투자활동 및 재무활동에 관한 정보도 제공한다.
② 직접법과 간접법은 영업활동뿐만 아니라 투자활동 및 재무활동도 현금흐름표상 표시방법이 다르다.
③ 직접법은 현금흐름을 개별 항목별로 파악할 수 있기 때문에 전문회계지식이 없더라도 그 내용을 쉽게 파악할 수 있다.
④ 현금흐름표상 현금및현금성자산은 보유현금과 요구불예금(이상 '현금') 및 현금성자산을 말한다.

2021년 3월 시행 재무회계 공개기출문제

1. 다음 중 국제회계기준의 특징으로 볼 수 없는 것은?

① 국제회계기준은 원칙중심 회계기준이다.
② 국제회계기준은 연결재무제표가 아닌 개별재무제표 중심이다.
③ 국제회계기준의 가장 큰 특징은 역사적 원가에 기초한 측정에서 공정가치 측정으로 대폭 그 방향을 전환하였다는 점이다.
④ 국제회계기준은 각국의 협업을 통해 기준을 제정한다.

2. 다음 중 재무제표를 통해 제공되는 정보가 이용자에 게 유용하기 위해 갖추어야 할 속성 가운데 근본적인 질적 특성에 해당되는 것들로만 짝지어진 것은?

① 중요성, 예측가치와 확인가치, 충실한 표현
② 중요성, 비교가능성, 검증가능성
③ 적시성, 이해가능성, 충실한 표현
④ 비교가능성, 검증가능성, 적시성

3. 다음 중 자산의 측정방법에 대한 설명으로 가장 타당한 것은?

① 역사적원가 : 자산의 취득 또는 창출에 발생한 원가의 가치로서, 자산을 취득 또는 창출하기 위하여 지급한 대가와 거래원가를 포함한다.
② 공정가치 : 기업이 자산의 사용과 궁극적인 처분으로 얻을 것으로 기대하는 현금흐름 또는 그 밖의 경제적효익의 현재가치이다.
③ 사용가치 : 측정일 현재 동등한 자산의 원가로서 측정일에 지급할 대가와 그 날에 발생할 거래원가를 포함한다.
④ 현행원가 : 측정일에 시장참여자 사이의 정상거래에서 자산을 매도할 때 받게 될 가격이다.

4. 다음은 자산에 속하는 계정들의 잔액이다. 유동성 분류에 따라 재무상태표에 유동자산으로 계상될 금액은 얼마인가?

ㄱ. 단기대여금	40,000원	ㄴ. 매출채권	400,000원
ㄷ. 재고자산	600,000원	ㄹ. 선급금	50,000원
ㅁ. 기계장치	800,000원	ㅂ. 미수금	40,000원

① 1,040,000원 ② 1,050,000원
③ 1,090,000원 ④ 1,130,000원

5. 다음 중 특수관계자와의 거래에 관한 공시에 대한 설명으로 가장 올바르지 않은 것은?

① 수익·비용거래 및 채권·채무 거래 등에 대하여 그 성격이 유사한 항목은 통합하여 공시할 수 있다.
② 보고대상기간 중에 아무런 거래도 존재하지 않았다면 지배기업과 종속기업 사이의 관계에 대한 공시는 생략할 수 있다.
③ 지배기업, 종속기업, 관계기업 등 공시의 대상이 되는 특수관계자의 범주별로 해당 거래를 분류하여 공시한다.
④ 주요 경영진에 대한 보상의 총액 및 그 구성 내역을 공시한다.

6. 다음 중 재고자산의 취득원가에 관한 설명으로 가장 올바르지 않은 것은?

① 구매자가 외상매입금을 조기에 지급할 경우와 판매자가 매입금액의 일부를 할인해 주는 경우에는 할인 받은 부분을 재고자산의 취득가액에서 차감하여 기록한다.
② 외부구입시 재고자산의 취득원가는 구입가액뿐만 아니라 판매가능한 상태에 이르기까지 소요된 구입원가 및 제반부대비용을 포함한다.
③ 재고자산 구입 이후 상품에 하자가 있어 매입대금의 일정액을 할인 받는 경우 이는 재고자산의 취득가액에서 차감해야 한다.
④ 재고자산의 취득과정에서 정상적으로 발생한 매입부대비용 외에 매입 후 보관단계에서 발생한 보관비용과 비효율적 사용으로 인한 지출도 취득원가에 산입한다.

7. ㈜삼일의 재고자산과 관련하여 20X1년 포괄손익계산 서에 비용으로 계상될 금액은 얼마인가(단, 기말재고자산 장부수량과 실사수량은 일치한다)?

ㄱ. 20X1년 판매가능상품 (=기초재고자산+당기매입액)	450,000원
ㄴ. 20X1년 기말재고자산 장부금액 (재고자산평가손실 차감 전)	150,000원
ㄷ. 기말재고자산의 예상판매가격	170,000원
ㄹ. 기말재고자산의 예상판매비용	40,000원

① 320,000원 ② 340,000원
③ 360,000원 ④ 380,000원

8. 재고자산 평가방법으로 이동평균법을 적용하고 있는 ㈜삼일의 재고자산수불부가 다음과 같을 때, ㈜삼일의 기말재고자산 금액으로 가장 옳은 것은(단, 기말재고자산 실사결과 확인된 재고수량은 400개이다)?

	수량	단가	금액
전기이월	1,000개	90원	90,000원
3월 5일 구입	200개	150원	30,000원
4월 22일 판매	900개		
6월 8일 구입	200개	110원	22,000원
7월 12일 판매	100개		
기말	400개		

① 36,000원 ② 38,400원 ③ 41,600원 ④ 44,000원

9. 기계장치의 일부를 대체하기 위해 돈이 지출되었는데 해당 금액을 기계장치의 장부금액으로 회계처리 하였다. 해당 지출은 유형자산의 인식기준을 충족하였기 때문에 기계장치의 장부금액에 포함하여 인식하는 것이 회계원칙에 부합한다고 할 때, 다음 설명 중 가장 올바르지 않은 것은?

① 동 지출을 기계장치의 장부금액에 포함하여 인식한 회계처리는 올바르며 대체되는 부분의 장부금액은 제거한다.
② 대체되는 부분의 장부금액 제거 여부는 그 부분을 분리 인식하였는지 여부와는 관계가 없다.
③ 동 지출은 당기손익에 영향을 미친다.
④ 유형자산의 인식기준을 충족하였다 하더라도 동 지출은 발생시점에 비용으로 인식해야 한다.

10. ㈜삼일이 20X1년 연수동 신축과 관련하여 지출한 금액은 다음과 같으며 완공까지는 약 3년이 소요될 예정이다.

지출일	지출액	비고
20X1년 1월 1일	15,000,000원	공사착공
20X1년 6월 1일	24,000,000원	
20X1년 10월 1일	8,000,000원	

20X1년 적격자산에 대한 연평균지출액은 얼마인가?(단, 월할계산을 가정한다)

① 23,500,000원 ② 31,000,000원
③ 33,000,000원 ④ 47,000,000원

11. ㈜삼일의 재무팀장은 재무제표를 최종 검토하던 중 20X1년 12월 31일에 손상차손을 인식한 건물에 대해 당기(20X2년) 중 어떠한 회계처리도 하지 않았다는 사실을 발견하여 이를 반영하려 한다. 아래 내용을 참고하여 수정 후 당기 손익계산서 상 감가상각비와 손상차손환입 금액을 가장 올바르게 나열한 것은?

> 20X1년 12월 31일의 손상전 장부금액은 30,000만원이고 손상 후 장부금액은 12,000만원이다. 동 건물의 20X1년 12월 31일 기준 잔존내용연수는 10년, 잔존가치는 0원이고 감가상각방법은 정액법이다. 20X2년말에 손상차손환입을 시사하는 징후가 발생하였고 20X2년 12월 31일 현재 동 건물의 순공정가치는 28,000만원, 사용가치는 22,000만원이다.

	감가상각비	손상차손환입
①	1,000만원	10,000만원
②	1,000만원	11,200만원
③	1,200만원	16,200만원
④	1,200만원	17,200만원

12. 다음은 ㈜삼일이 20X1년 중 신제품 A의 연구 및 개발활동과 관련하여 발생시킨 원가의 내역이다. 이와 관련하여 당해 포괄손익계산서에 비용으로 계상될 금액은 모두 얼마인가(단, 신제품 A와 관련하여 계상된 무형자산은 20X1년 7월 1일부터 사용이 가능하며 내용연수 5년, 정액법으로 상각한다.)?

일자	세부내역	금액
20X1.01.01	연구단계에서 발생한 지출	200,000원
20X1.03.01	개발단계에서 발생한 지출로 자산인식 조건을 만족시키지 못함	1,500,000원
20X1.04.01	개발단계에서 발생한 지출로 자산인식조건을 만족시킴	500,000원
20X1.05.01	프로젝트 개발과 관련된 내부개발 소프트웨어로 자산인식 조건을 만족시킴	800,000원

① 1,300,000원 ② 1,700,000원
③ 1,830,000원 ④ 1,960,000원

13. 다음 중 무형자산의 상각에 대한 설명으로 가장 올바르지 않은 것은?

① 내용연수가 유한한 무형자산은 내용연수 동안 상각을 하고, 내용연수가 비한정인 무형자산은 상각을 하지 않는다.
② 무형자산의 상각방법은 자산의 경제적 효익이 소비되는 형태를 반영해야 하며, 소비되는 형태를 신뢰성 있게 결정할 수 없는 경우에는 정액법을 사용한다.
③ 무형자산의 잔존가치, 상각기간과 상각방법을 적어도 매회계연도 말에 검토한다.
④ 무형자산의 잔존가치, 상각기간, 상각방법을 변경하는 경우에는 회계추정의 변경으로 보고 소급적용하여 회계처리한다.

14. 다음 중 투자부동산으로 분류되지 않는 것은?

① 정상적인 영업과정에서 단기간에 판매하기 위하여 보유하는 토지
② 미래에 투자부동산으로 사용하기 위하여 건설 또는 개발 중인 부동산
③ 장기 시세차익을 얻기 위하여 보유하고 있는 토지
④ 장래 용도를 결정하지 못한 채로 보유하고 있는 토지

15. ㈜삼일의 20X1 년말 재무상태표에 표시될 기타포괄손익-공정가치측정금융자산의 기타포괄손익누계액은 얼마인가?

> ㈜삼일은 20X0년초 기타포괄손익-공정가치측정금융자산을 취득하였다. 취득시 공정가치는 100,000원이고, 취득관련수수료는 10,000원이다. 20X0년말 동 금융자산의 공정가치는 100,000원이다. 20X1년말 동 금융자산의 공정가치는 150,000원이다.

① 10,000원 ② 20,000원
③ 40,000원 ④ 50,000원

16. 다음 중 손상차손 인식 대상 금융자산에 해당하는 것은?

① 당기손익-공정가치측정금융자산(지분상품)
② 당기손익-공정가치측정금융자산(채무상품)
③ 기타포괄손익-공정가치측정금융자산(지분상품)
④ 기타포괄손익-공정가치측정금융자산(채무상품)

17. ㈜삼일은 20X1년초 만기 3년, 액면이자율 5%, 액면금액 100,000원의 사채를 87,565 원에 할인발행하였다. 사채 발행시점의 유효이자율이 10%라면 20X2년말에 ㈜삼일의 재무상태표 상 동 사채의 순장부금액은 얼마로 평가되겠는가(단, 소수점 첫째자리에서 반올림한다)?

① 91,322원 ② 93,765원
③ 95,454원 ④ 100,000원

18. 다음 중 ㈜삼일의 20X1년 12월 31일 사채 관련 분개에 관한 설명으로 가장 옳은 것은(소수점 이하는 반올림한다)?

> ㈜삼일은 20X1년 1월 1일 사채(액면 100,000원, 표시이자율 10%, 이자는 매년 말에 지급, 만기일은 20X3년 12월 31일이고, 유효이자율은 8%)를 발행하였다. 20X1년 12월 31일에 사채를 105,000원에 상환하였다.
> (가치계산표 : 3년 8% 단일금액의 현재가치=0.7938, 3년 8% 정상연금의 현재가치=2.5771)

① 3년동안 사채의 총이자비용은 8,412원이다.
② 사채의 장부금액은 103,563원이다.
③ 사채상환손실은 3,563원이다.
④ 사채할증발행차금상각액은 2,000원이다.

19. 다음 자료를 이용하여 전환사채 발행일에 ㈜삼일이 부채로 계상할 금액을 계산하면 얼마인가?

> ㈜ 삼일은 다음과 같은 조건으로 전환사채를 액면발행하였다.
> ㄱ. 액면금액 : 3,000,000원
> ㄴ. 액면이자 : 지급하지 않음
> ㄷ. 발행일 : 20X1년 1월 1일
> ㄹ. 만기일 : 20X3년 12월 31일 (3년)
> ㅁ. 상환할증금 : 390,000원
> ㅂ. 전환사채가 일반사채인 경우의 시장이자율 : 12%
> (12%, 3년의 현재가치계수는 0.7118이다)
> ㅅ. 전환권대가는 자본으로 분류됨.

① 2,135,400원 ② 2,413,002원
③ 3,000,000원 ④ 3,390,000원

20. 다음 중 손실부담계약에 관한 설명으로 가장 올바르지 않은 것은?

① 손실부담계약을 체결한 경우에는 관련된 현재의 의무를 충당부채로 인식 및 측정한다.
② 손실부담계약은 계약상 의무에 따른 회피 불가능한 원가가 당해 계약에 의하여 받을 것으로 기대되는 경제적 효익을 초과하는 계약을 뜻한다.
③ 일반적인 구매주문과 같이 보상없이 해약할 수 있는 계약은 의무발생이 없으므로 충당부채로 인식되지 않는다.
④ 회피 불가능한 원가는 계약을 이행하기 위하여 필요한 원가와 계약을 이행하지 못하였을 때 지급하여야 할 보상금 중 큰 금액이다.

21. 다음은 ㈜삼일의 제1기말(20X1년 12월 31일) 현재의 주요 재무정보이다. ㈜삼일은 제1기에 증자 및 배당 등 다른 자본거래가 없었다.(단위 : 원)

자본금	5,000,000,000
주식발행초과금	3,500,000,000
…	…
자본총계	10,000,000,000

㈜삼일의 20X1년 당기순이익은 1,500,000,000원이고, 주당 액면금액은 5,000원일 때 20X1년말 현재 자본에 대한 설명으로 가장 올바르지 않은 것은?

① ㈜삼일의 법정자본금은 5,000,000,000원이다.
② ㈜삼일의 발행주식수는 1,000,000주이다.
③ ㈜삼일의 기말 이익잉여금은 1,500,000,000원이다.
④ ㈜삼일의 주식발행금액은 주당 10,000원이다.

22. 다음은 12월말 결산법인인 ㈜삼일의 20X1년 자본거래 내역이다. 20X1년말 결산시 ㈜삼일의 자본에 대한 보고금액으로 올바르게 짝지어진 것은?

> ㄱ. 20X1년 2월 4일 회사는 액면가액 5,000원의 주식 100,000주를 주당 7,500원에 발행하였다.
> ㄴ. 20X1년 10월 10일 이사회결의를 통하여 ㈜삼일의 자기주식 5,000주를 주당 10,000원에 취득하였다.

자본변동표
20X1년 1월 1일부터 20X1년 12월 31일까지

㈜삼일 (단위:백만원)

구분	자본금	주식발행초과금	자기주식	이익잉여금	총계
20X1.1.1	500	750	(100)	xxx	xxx
자본의 변동					
20X1.12.31	(가)	(나)	(다)	xxx	xxx

	(가)	(나)	(다)
①	500	1,000	(50)
②	500	750	(150)
③	1,000	1,000	(150)
④	1,000	750	(50)

23. 수익인식 5단계 모형에 따라 수익을 인식하는 순서가 아래와 같다면 다음 빈칸에 들어갈 말로 가장 옳은 것은?

[1단계] 계약 식별
[2단계] (㉠)
[3단계] (㉡)
[4단계] 거래가격 배분
[5단계] 수행의무별 수익인식

	㉠	㉡
①	수행의무 식별	거래가격 산정
②	통제이전	수행의무 식별
③	수행의무 식별	통제이전
④	거래가격 산정	수행의무 식별

24. ㈜삼일은 20X1년 12월 31일 ㈜반품에 50,000,000원(원가 30,000,000원)의 제품을 판매하고 1년 이내 반품할 수 있는 권리를 부여하였다. 인도일 현재 10,000,000원(원가 6,000,000원)이 반품될 것으로 예상된다면 ㈜삼일이 20X1년에 인식할 매출액은 얼마인가?

① 10,000,000원 ② 20,000,000원
③ 30,000,000원 ④ 40,000,000원

25. ㈜서울은 20X1년 2월 5일에 ㈜부산과 공장 건설계약을 맺었다. 총공사계약액은 120,000,000원이며 ㈜서울은 누적발생계약원가에 기초하여 진행률을 산정하여 진행기준에 따라 수익을 인식한다. ㈜서울의 건설계약과 관련한 20X1년 자료는 다음과 같다.

누적발생원가	추정총계약원가	공사대금청구액
40,000,000원	100,000,000원	40,000,000원

㈜서울의 20X1년말 재무상태표상 계약자산 또는 계약부채의 금액은 얼마인가?

① 계약자산 6,000,000원 ② 계약부채 6,000,000원
③ 계약자산 8,000,000원 ④ 계약부채 8,000,000원

26. 다음 중 건설계약의 수익과 원가 인식방법에 관한 설명으로 가장 올바르지 않은 것은?

① 건설계약의 결과를 신뢰성있게 추정할 수 있는 경우, 건설계약과 관련한 계약수익과 계약원가는 보고기간말 현재 계약활동의 진행률을 기준으로 각각 수익과 비용으로 인식한다.
② 하도급계약에 따라 수행될 공사에 대해 하도급자에게 선급한 금액은 진행률 산정을 위한 누적발생원가에 포함시켜야 한다.
③ 총계약원가가 총계약수익을 초과할 가능성이 높은 경우, 예상되는 손실을 즉시 비용으로 인식한다.
④ 건설계약의 결과를 신뢰성 있게 추정할 수 없는 경우, 계약수익은 계약원가의 범위 내에서 회수가능성이 높은 금액만 인식하며, 발생한 계약원가는 모두 당해 기간의 비용으로 인식한다.

27. 다음의 빈칸에 들어갈 말로 가장 적절한 것끼리 묶인 것은?

확정급여제도의 회계처리에서 당기근무원가, 과거근무원가와 정산으로 인한 손익, 순확정급여부채 및 사외적립자산의 순이자는 (㉠)으로 인식한다.
보험수리적손익, 순확정급여부채(자산)의 순이자에 포함된 금액을 제외한 사외적립자산의 수익, 순확정급여부채(자산)의 순이자에 포함된 금액을 제외한 자산인식상한 효과의 변동은 (㉡)으로 인식한다.

	㉠	㉡
①	당기손익	당기손익
②	당기손익	기타포괄손익
③	기타포괄손익	당기손익
④	기타포괄손익	기타포괄손익

28. ㈜삼일은 20X1년 1월 1일에 기술이사인 나기술씨에게 다음과 같은 조건의 현금결제형 주가차액보상권27,000개를 부여하였다. 이 경우 20X1년 포괄손익계산서에 계상할 당기보상비용은 얼마인가(단, 나기술씨는 20X3년 12월 31일 이전에 퇴사하지 않을 것으로 예상된다)?

ㄱ. 기본조건 : 20X3년 12월 31일까지 의무적으로 근무
ㄴ. 행사가능기간 : 20X4년 1월 1일~20X5년 12월 31 일
ㄷ. 20X1년말 추정한 주가차액보상권의 공정가치 : 250,000원/개

① 22.5억원 ② 25억원 ③ 27억원 ④ 67.5억원

29. ㈜삼일의 과세소득과 관련된 다음 자료를 이용하여 20X1년말 재무상태표상의 이연법인세자산(부채)금액을 구하면 얼마인가?

법인세비용차감전순이익	4,000,000원
가산(차감)조정	
일시적차이가 아닌 차이	600,000원
일시적차이	900,000원
과세표준	5,500,000원(세율:25%)

〈 추가자료 〉
ㄱ. 일시적차이가 사용될 수 있는 미래과세소득의 발생가능성은 높다고 가정한다.
ㄴ. 일시적차이는 20X2년, 20X3년, 20X4년에 걸쳐 300,000원씩 소멸하며, 일시적차이가 소멸될 것으로 예상되는 기간의 과세소득에 적용될 것으로 기대되는 평균세율은 30%로 동일하다.
ㄷ. 20X0년말 재무상태표상 이연법인세자산(부채)는 없다.

① 이연법인세부채 225,000원
② 이연법인세자산 270,000원
③ 이연법인세부채 325,000원
④ 이연법인세자산 370,000원

30. 다음은 ㈜삼일의 20X1년과 20X2년말의 법인세회계와 관련된 내역이다. 20X2년도에 ㈜삼일이 계상하여야 할 법인세비용은 얼마인가?

	20X1년말	20X2년말
이연법인세자산	10,000원	50,000원
20X2년 당기법인세	200,000원	

① 110,000원 ② 120,000원
③ 160,000원 ④ 190,000원

31. 도소매업을 영위하는 ㈜삼일의 외부감사인이 회계감사 과정에서 다음과 같은 사실을 발견하였다. 동 발견사항에 대하여 수정할 경우 20X1년 ㈜삼일의 수정후 당기순이익(손실)은 얼마인가(단, 법인세효과는 고려하지 않는다)?

(1) ㈜삼일이 제시한 20X1년 수정전 당기순이익 : 300,000,000원
(2) 외부감사인이 발견한 사항
㈜삼일은 20X1년 12월 26일에 ㈜하나에 판매를 위탁하기 위하여 상품을 발송하였고, ㈜하나는 동 수탁상품을 20X2년 1월 3일에 제3자에게 판매함. ㈜삼일은 동 위탁매출에 대하여 상품을 발송한 시점인 20X1년 12월 26일에 매출(5억원)과 이에 대응되는 매출원가(4억원)를 인식함.

① 이익 110,000,000원 ② 이익 200,000,000원
③ 손실 100,000,000원 ④ 손실 200,000,000원

32. 다음은 ㈜삼일의 20X1년 회계연도(20X1년 1월 1일 - 20X1년 12월 31일) 당기순이익과 자본에 대한 자료이다. ㈜삼일의 20X1년 회계연도 기본주당이익은 얼마인가(단, 유통보통주식수는 월할계산을 가정한다)?

ㄱ. 당기순이익 : 45,000,000원
ㄴ. 보통주식수 내역
기초(1월 1일) 보통주식수 10,000주
기중(7월 1일) 공정가치로 유상증자 5,000주

① 2,250원 ② 3,000원
③ 3,600원 ④ 4,500원

33. 지분법은 투자자가 피투자자에 대해 유의적인 영향력을 행사할 수 있는 경우에 적용한다. 다음 중 유의적인 영향력을 행사할 수 있는 경우에 해당하는 것으로 가장 올바르지 않은 것은?

① 피투자자의 이사회나 이에 준하는 의사결정기구에 참여하는 경우
② 필수적 기술정보를 제공하는 경우
③ 투자자와 피투자자 사이의 중요한 거래가 있는 경우
④ 투자자와 피투자자가 동일지배하에 있는 경우

34. ㈜삼일은 20X1년 1월 1일에 ㈜용산의 보통주 30%를 3,000원에 취득하였고 그 결과 ㈜용산의 의사결정에 유의적인 영향력을 행사할 수 있게 되었다. ㈜용산에 대한 재무정보 및 기타 관련정보가 다음과 같을 경우 ㈜삼일의 20X1년말(보유 1년차말) 현재 관계기업투자주식 장부금액은 얼마인가?

·20X1년 1월 1일 현재 순자산장부금액 : 10,000원(공정가치와 일치함)
·20X1년 당기순이익 : 1,000원
·양 회사간 내부거래는 없었다.

① 3,000원 ② 3,240원
③ 3,300원 ④ 4,000원

35. ㈜삼일의 20X1년(20X1년 1월 1일~20X1년 12월 31일) 중 발생한 수출실적이 다음과 같을 경우 20X1년말 재무상태표상 매출채권으로 인식되는 금액은 얼마인가(단, 기능통화는 원화이다)?

ㄱ. 수출액 및 대금회수일

수출일	수출액	대금회수일
20X1.5.10	$200,000	20X2.1.2
20X1.7.15	$50,000	20X2.2.14

ㄴ. 일자별 환율

일자	환율
20X1.5.10	1,100원/$
20X1.7.15	1,120원/$
20X1.12.31	1,070원/$
20X2.1.2	1,110원/$

ㄷ. 기타정보
상기 수출대금은 대금회수일에 이상 없이 모두 회수되었으며, 상기 수출과 관련된 매출채권 이외의 채권은 없다.

① 267,500,000원 ② 275,000,000원
③ 276,000,000원 ④ 277,500,000원

36. 다음 중 파생상품과 관련하여 괄호 안에 들어갈 단어로 가장 옳은 것은?

( )는 수량·규격·품질 등이 표준화되어 있는 특정 대상에 대하여 현재 시점에서 결정된 가격에 의해 미래 일정시점에 인도·인수할 것을 약정한 계약으로서 조직화된 시장에서 정해진 방법으로 거래되는 것을 말한다.

① 선물거래 ② 투기거래
③ 스왑거래 ④ 헷지거래

37. 다음 중 (　) 안에 들어갈 단어로 가장 옳은 것은?

> 리스이용자의 (　)은 리스이용자가 비슷한 경제적 환경에서 비슷한 기간에 걸쳐 비슷한 담보로 사용권자산과 가치가 비슷한 자산 획득에 필요한 자금을 차입한다면 지급해야 하는 이자율을 말한다.

① 내재이자율　② 증분차입이자율
③ 증분리스이자율　④ 우량회사채이자율

38. ㈜삼일은 20X1년에 설립되었으며, 20X1년에 아래와 같은 이자비용 회계처리를 수행하였다. ㈜삼일이 20X1년 현금흐름표에 인식할 이자지급액으로 가장 옳은 것은?

(차) 이자비용	1,100,000원	(대) 미지급비용	800,000원
		현금	300,000원

① 300,000원　② 500,000원
③ 800,000원　④ 1,100,000원

39. ㈜삼일은 제조업을 영위하고 있으며 모든 매출은 외상으로 이루어진다. 다음 자료를 이용하여 20X1년 매출로부터의 현금유입액을 계산하면 얼마인가(선수금에 의한 매출, 매출에누리와 환입, 매출할인 등은 없다고 가정함)?

ㄱ.재무상태표

	20X1년초	20X1년말
매출채권	20,000원	10,000원
대손충당금(매출채권)	470원	300원

ㄴ.포괄손익계산서(20X1.1.1-20X1.12.31)
매출액 560,000원　대손상각비(매출채권) 550원

① 524,470원　② 532,170원
③ 549,620원　④ 569,280원

40. 다음 중 이자와 배당금의 수취 및 지급에 따른 현금흐름에 관한 설명으로 가장 올바르지 않은 것은?

① 금융회사의 경우 이자수입은 일반적으로 영업활동 현금흐름으로 분류한다.
② 이자지급은 재무자원을 획득하는 원가로 보아 재무활동 현금흐름으로 분류할 수 있다.
③ 배당금지급은 기업이 배당금을 지급할 수 있는 능력이 있는지 여부를 판단하는데 도움을 주기위해 투자활동 현금흐름으로 분류할 수 있다.
④ 배당금수입은 투자자산에 대한 수익으로 보아 투자활동 현금흐름으로 분류할 수 있다.

2021년 5월 시행 재무회계 공개기출문제

1. 우리나라는 2011 년부터 모든 상장사에 대하여 국제회계기준을 전면 도입하였다. 다음 중 이에 따른 효과에 대한 설명으로 가장 올바르지 않은 것은?

① 각국의 회계기준이 별도로 운영됨에 따라 발생했던 비용이 절감되었다.
② 회계정보의 국제적 비교가능성이 제고된 반면 재무제표에 대한 신뢰성은 낮아졌다.
③ 국제적 합작계약 등에서 상호이해가능성이 증가되었다.
④ 해외사업 확장을 촉진하여 자본시장의 활성화에 기여할 수 있었다.

2. 다음 중 재무제표의 기본가정에 대한 설명으로 가장 올바르지 않은 것은?

① 기본가정이란 회계이론 전개의 기초가 되는 사실들을 의미한다.
② 기업에 경영활동을 청산할 의도나 필요성이 있더라도 계속기업의 가정에 따라 재무제표를 작성한다.
③ 목적적합성은 재무제표를 통해 제공되는 정보가 갖추어야 할 근본적인 질적 특성이지만 개념체계에서 규정하는 기본가정에 해당하지는 않는다.
④ 재무회계개념체계에서는 계속기업을 기본가정으로 규정한다.

3. 다음 중 포괄손익계산서의 기본요소에 대한 설명으로 가장 올바르지 않은 것은?

① 경영성과의 측정을 위해 기록되는 포괄손익계산서의 기본요소에는 수익, 비용이 있다.
② 광의의 수익의 정의에는 수익뿐만 아니라 차익이 포함된다.
③ 비용에는 아직 실현되지 않은 손실은 포함하지 않는다.
④ 수익의 발생은 자산의 증가 또는 부채의 감소를 수반한다.

4. 다음 중 재무제표의 작성 및 표시에 관한 설명으로 가장 올바르지 않은 것은?

① 경영진은 재무제표를 작성할 때 계속기업으로서의 존속가능성을 평가해야 한다.
② 매출채권에 대해 대손충당금을 차감하여 순액으로 측정하는 것은 상계표시에 해당한다.
③ 기업은 현금흐름 정보를 제외하고는 발생기준 회계를 사용하여 재무제표를 작성한다.
④ 중요하지 않은 항목은 성격이나 기능이 유사한 항목과 통합하여 표시할 수 있다.

5. 다음 중 12월말 결산법인인 ㈜삼일의 3분기 중간재무보고서에 대한 설명으로 가장 올바르지 않은 것은?

① 자본변동표는 당 회계연도 7월 1일부터 9월 30일까지의 중간기간과 1월 1일부터 9월 30일까지의 누적기간을 대상으로 작성하고 직전 회계연도의 동일 기간을 대상으로 작성한 자본변동표와 비교 표시한다.
② 포괄손익계산서는 당 회계연도 7월 1일부터 9월 30일까지의 중간기간과 1월 1일부터 9월 30일까지의 누적기간을 대상으로 작성하고 직전 회계연도의 동일 기간을 대상으로 작성한 포괄손익계산서와 비교 표시한다.
③ 현금흐름표는 당 회계연도 1월 1일부터 9월 30일까지의 누적기간을 대상으로 작성하고 직전 회계연도의 동일 기간을 대상으로 작성한 현금흐름표와 비교 표시한다.
④ 재무상태표는 당 회계연도 9월 30일 현재를 기준으로 작성하고 직전 회계연도 12월 31일 재무상태표와 비교 표시한다.

6. 다음 중 재무상태표상 재고자산으로 분류되어야 할 항목으로 가장 올바르지 않은 것은?

① 부동산매매업을 영위하는 기업에서 보유하는 판매목적 토지
② 자동차제조회사 공장에서 생산 중에 있는 미완성 엔진
③ 건설회사에서 분양사업을 위해 신축하는 건물
④ 의류회사에서 공장의 일부를 폐쇄하면서 처분하고자 하는 설비자산

7. 자동차 부품제조업을 영위하고 있는 ㈜삼일은 당기 중 원자재를 후불 조건으로 수입하는 과정에서 다음과 같은 항목의 원가가 발생하였다. 동 매입거래에 의하여 재무상태표상에 증가하게 될 재고자산의 가액은 얼마인가(단, 거래당시의 환율은 $1=1,000원이다)?

ㄱ. 재고자산의 매입원가	USD 1,000
ㄴ. 매입할인	USD 100
ㄷ. 운송보험료	100,000원
ㄹ. 환급 불가한 수입관세 및 제세금	20,000원
ㄹ. 재고자산 매입관리부서 인원의 매입기간 인건비	50,000원

① 900,000원 ② 1,000,000원
③ 1,020,000원 ④ 1,070,000원

8. 다음 자료에서 재고자산평가손실은 ㈜삼일의 재고자산이 진부화되어 발생하였다. 다음 자료 중 ㈜삼일의 20X2년 포괄손익계산서상 매출원가 등 관련비용은 얼마인가?

20X1년 12월 31일 재고자산	500,000원
20X2년 매입액	2,000,000원
20X2년 재고자산평가손실	200,000원
20X2년 재고자산감모손실(정상감모)	100,000원
20X2년 12월 31일 재고자산 (평가손실과 감모손실 차감 후)	1,000,000원

① 1,200,000원 ② 1,300,000원
③ 1,400,000원 ④ 1,500,000원

9. ㈜서울은 사용 중이던 차량운반구 A를 ㈜부산이 사용하던 차량운반구 B와 교환하였다. 이 교환과 관련하여 ㈜서울은 공정가치의 차액 300,000원을 현금으로 지급하였다. 이 경우 ㈜서울이 차량운반구 B의 취득원가로 인식해야 할 금액은 얼마인가(단, 동 거래는 상업적 실질이 결여된 거래임)?(단위 : 원)

	차량운반구 A	차량운반구 B
취득원가	3,500,000	4,000,000
감가상각누계액	1,200,000	1,500,000
공정가치	1,700,000	2,000,000

① 2,600,000원 ② 2,300,000원
③ 2,000,000원 ④ 1,700,000원

10. ㈜삼일은 공장을 신축하기로 하였으며, 이와 관련하여 20X1년 1월 1일 24,000,000원을 지출하였고, 공장은 20X3년 중에 완공될 예정이다. ㈜삼일은 공장신축을 위해서 아래와 같이 특정목적으로 차입을 하였다. ㈜삼일이 유형자산 건설과 관련된 차입원가를 자본화할 때 20X1년 특정차입금과 관련하여 자본화할 차입원가는 얼마인가(단, 편의상 월할계산 한다고 가정한다)?

차입금액	차입기간	연이자율	비고
24,000,000원	20X1년 5월 1일 ~ 20X2년 6월 30일	5%	공장신축을 위한 특정차입금

① 600,000원 ② 700,000원
③ 800,000원 ④ 960,000원

11. 다음은 20X1년말 ㈜삼일의 건물과 관련된 자료이다. ㈜삼일은 20X1년말 건물과 관련하여 손상차손을 인식하였다. 20X2년 결산시점에 ㈜삼일이 건물과 관련하여 인식해야 할 감가상각비는?

ㄱ. 20X1년말 건물 장부금액(손상 전) : 50,000,000원
ㄴ. 20X1년말 건물의 순공정가치 : 45,000,000원
ㄷ. 20X1년말 건물의 사용가치 : 35,000,000원
ㄹ. 20X1년말 건물의 잔존내용연수 : 20년
ㅁ. 건물의 잔존가치 : 0원
ㅂ. ㈜삼일은 건물에 대하여 정액법으로 감가상각비를 인식함.

① 2,000,000원 ② 2,250,000원
③ 2,500,000원 ④ 2,750,000원

12. 다음 중 내부적으로 창출한 무형자산에 관한 설명으로 가장 올바르지 않은 것은?

① 내부적으로 창출한 영업권은 원가를 신뢰성 있게 측정할 수 없고 기업이 통제하고 있는 식별가능한 자원이 아니기 때문에 자산으로 인식하지 아니한다.
② 내부 프로젝트의 연구단계에서는 미래경제적효익을 창출할 무형자산이 존재한다는 것을 제시할 수 없기 때문에 연구단계에서 발생한 지출은 발생시점에 비용으로 인식한다.
③ 무형자산을 창출하기 위한 내부 프로젝트를 연구단계와 개발단계로 구분할 수 없는 경우에는 그 프로젝트에서 발생한 지출은 모두 개발단계에서 발생한 것으로 본다.
④ 재료, 장치, 제품, 공정, 시스템이나 용역에 대한 여러 가지 대체안을 탐색하는 활동은 연구단계에 속하는 활동의 일반적인 예에 해당한다.

13. 제조업을 영위하고 있는 ㈜삼일은 신제품 개발활동과 관련하여 6,000,000원을 개발비로 계상하였다(해당 개발비는 무형자산인식기준을 충족함). 해당 무형자산은 20X1년 10월 1일부터 사용 가능하며, 내용연수는 5년이고 잔존가치는 없다. 동 개발비의 경제적 효익이 소비되는 형태를 신뢰성 있게 결정할 수 없다고 가정할 경우, 개발비 관련하여 20X1년에 인식할 무형자산상각비는 얼마인가?

① 300,000원 ② 600,000원
③ 1,200,000원 ④ 6,000,000원

14. 다음 중 투자부동산으로 분류되는 것으로 가장 옳은 것은?

① 자가사용 부동산
② 정상적인 영업과정에서 판매하기 위한 부동산이나 이를 위하여 건설 또는 개발 중인 부동산
③ 금융리스로 제공한 부동산
④ 장래 사용목적을 결정하지 못한 채로 보유하고 있는 토지

15. ㈜서울은 20X1년초에 ㈜용산의 주식 1,000주를 기타포괄손익-공정가치 측정 금융자산으로 분류하고 있다. ㈜서울이 20X1년과 20X2년말의 재무상태표에 기타포괄손익누계액으로 계상할 평가손익은 각각 얼마인가(단, 법인세 효과는 고려하지 않는다)?

일자	구분	주당금액
20X1년 1월 3일	취득원가	5,000원
20X1년 12월 31일	공정가치	6,500원
20X2년 12월 31일	공정가치	4,900원

	20X1년말	20X2년말
①	0원	0원
②	이익 1,500,000원	손실 100,000원
③	이익 1,500,000원	이익 100,000원
④	이익 1,500,000원	손실 1,600,000원

16. 다음 중 금융자산의 손상 발생에 대한 객관적인 증거로 보기에 가장 올바르지 않은 것은?

① 이자지급이나 원금상환의 불이행이나 지연과 같은 계약 위반
② 차입자의 재무적 어려움에 관련된 경제적 또는 법률적 이유로 인한 당초 차입조건의 불가피한 완화
③ 차입자의 파산이나 기타 재무구조조정의 가능성이 높은 상태가 된 경우
④ 유동부채가 유동자산을 초과하는 경우

17. 다음 중 양도자가 소유에 따른 위험과 보상의 대부분을 이전하는 경우에 해당하는 예로 가장 옳은 것은?

① 금융자산을 아무런 조건이 없이 매도한 경우
② 유가증권대여계약을 체결한 경우
③ 양도자가 매도 후에 미리 정한 가격 또는 매도가격에 양도자에게 금전을 대여하였더라면 그 대가로 받았을 이자수익을 더한 금액으로 양도자산을 재매입하는 거래의 경우
④ 양도자가 양수자에게 발생가능성이 높은 대손의 보상을 보증하면서 단기 수취채권을 매도한 경우

18. 다음 중 전환사채에 관한 설명으로 가장 올바르지 않은 것은?

① 전환권대가에 해당하는 부분은 무조건 부채로 계상한다.
② 전환사채는 전환사채보유자의 요구에 따라 주식으로 전환할 수 있는 권리가 내재되어 있어 일반적으로 일반사채보다 표면금리가 낮게 책정되어 발행된다.
③ 상환할증금지급조건의 전환사채는 발행시점에 상환할증금을 인식한다.
④ 전환사채는 일반사채와 전환권의 두 가지 요소로 구성되는 복합적 성격을 지닌 금융상품이다.

19. ㈜삼일은 20X1년 1월 1일 액면금액 1,000,000원의 전환사채를 액면발행하였으며, 전환조건은 사채액면 50,000원당 액면가 10,000원인 보통주 1주로 전환할 수 있다. 전환청구일 현재 전환권대가는 50,000원, 사채상환할증금은 120,000원, 전환권조정은 100,000원이었다. 이 경우 전환으로 발행한 주식의 주식발행초과금으로 계상할 금액은 얼마인가?

① 870,000원 ② 900,000원
③ 980,000원 ④ 1,000,000원

20. 다음 중 충당부채의 회계처리에 관한 설명으로 가장 옳은 것은?

① 미래의 예상 영업손실은 최선의 추정치를 금액으로 하여 충당부채로 인식한다.
② 충당부채로 인식하는 금액은 현재의무의 이행에 소요되는 지출에 대한 보고기간말 현재의 최선의 추정치이어야 하며 이 경우 관련된 사건과 상황에 대한 불확실성이 고려되어야 한다.
③ 충당부채란 과거사건이나 거래의 결과에 의한 현재의무로서, 그 의무를 이행하기 위하여 자원이 유출될 가능성이 높고 지출금액이 불확실하지만, 지출 시기는 확정되어 있는 의무를 의미한다.
④ 충당부채의 명목금액과 현재가치의 차이가 중요하더라도 의무를 이행하기 위하여 예상되는 지출액의 명목금액으로 평가한다.

21. ㈜삼일은 20X1년초 설립된 회사로 설립 시에 보통주와 우선주를 모두 발행하였다. 설립일 이후 자본금의 변동은 없었으며, 20X3년 12월 31일 현재 보통주자본금과 우선주자본금은 다음과 같다.

구분	주당액면금액	발행주식수	자본금
보통주	1,000원	1,000주	1,000,000원
우선주(*)	1,000원	500주	500,000원

*비누적·비참가적 우선주, 배당률 5%

㈜삼일은 설립된 이후 어떠한 배당도 하지 않았으나 20X3년 12월 31일로 종료되는 회계연도의 정기주주총회에서 배당금 총액을 300,000원으로 선언할 예정일 경우 우선주 주주에게 배분될 배당금은 얼마인가?

① 25,000원 ② 50,000원
③ 275,000원 ④ 300,000원

22. 다음은 ㈜삼일의 재무상태표이며, ㈜삼일의 경영자는 누적된 결손금을 해소하고자 무상감자를 고려하고 있다. 다음 중 회사가 무상감자를 실시하는 경우에 관한 설명으로 가장 옳은 것은?

재무상태표

㈜삼일 20X1년 12월 31일 (단위 : 원)

현금	10,000,000	부채	60,000,000
매출채권	20,000,000	자본금	40,000,000
재고자산	30,000,000	주식발행초과금	10,000,000
유형자산	30,000,000	결손금	(20,000,000)
자산총계	90,000,000	부채와자본총계	90,000,000

① 무상감자를 하면 부채비율(부채/자본)이 높아진다.
② 무상감자와 유상감자 모두 순자산에 미치는 영향은 동일하다.
③ 무상감자 후 주식발행초과금은 감소한다.
④ 무상감자 후의 자본총계는 30,000,000원으로 감자 전과 자본총계가 동일하다.

23. 다음 중 수익에 관한 설명으로 가장 올바르지 않은 것은?

① 수익은 정상적인 경영활동에서 발생하는 경제적 효익의 총유입을 말하며, 자산의 증가 또는 부채의 감소 형태로 나타난다. 다만, 주주의 지분참여로 인한 자본증가는 수익에 포함되지 않는다.
② 수익은 고객에게 기업의 재화나 용역을 제공하고 대가를 받기로 한 계약에서 발생하는 것으로 부가가치세처럼 제3자를 대신해서 받는 것은 수익으로 보지 않는다.
③ 복수의 계약을 하나의 상업적 목적으로 일괄 협상하는 경우에도 복수의 계약에서 약속한 재화나 용역이 단일 수행의무에 해당하지 않는다면 둘 이상의 계약을 하나의 계약으로 회계처리 할 수 없다.
④ 정유사가 특정지역 고객수요를 적시에 충족시키기 위해 서로 유류를 교환하기로 한 계약같이 고객에게 판매를 쉽게 하기 위해 같은 사업 영역에 있는 기업간의 비화폐성 교환은 수익으로 보지 않는다.

24. 기업은 고객에게 약속한 재화나 용역을 이전하여 수행의무를 이행할 때 수익을 인식하여야 하는데, 만약 수행의무가 한 시점에 이행되는 경우라면 고객이 약속된 자산을 통제하고 기업이 의무를 이행하는 시점에서 수익을 인식한다. 여기서 고객이 자산을 통제하는 시점의 예로 가장 올바르지 않은 것은?

① 판매기업이 자산에 대해 현재 지급청구권이 있다.
② 판매기업이 자산의 물리적 점유를 이전하였다.
③ 판매기업에게 자산의 법적 소유권이 있다.
④ 자산의 소유에 따른 유의적인 위험과 보상이 고객에게 있다.

25. ㈜삼일은 20X1년도에 계약금액 400억원의 사무실용 빌딩 건설공사를 수주하였다. 공사 관련 정보가 다음과 같을 경우, 20X2년 계약이익은 얼마인가? ㈜삼일은 누적발생계약원가에 기초하여 진행률을 산정한다.

	20X1년	20X2년	20X3년
추정총계약원가	250억원	300억원	300억원
당기발생계약원가	100억원	110억원	90억원

① 10억원　② 20억원
③ 50억원　④ 60억원

26. ㈜삼일은 20X1년 건설공사를 계약금액 30,000,000원에 수주하였다. 20X1년 ㈜삼일의 예상원가 발생액, 계약대금 청구액은 다음과 같다. ㈜삼일이 누적발생계약원가에 기초하여 계산된 진행률에 따라 수익을 인식한다면, 20X1년말 재무상태표에 표시할 미청구공사(계약자산) 또는 초과청구공사(계약부채)는 얼마인가?

	20X1년
누적발생계약원가	4,000,000원
추정총계약원가	20,000,000원
당기대금청구액	5,500,000원

① 초과청구공사(계약부채) 300,000원
② 초과청구공사(계약부채) 500,000원
③ 미청구공사(계약자산) 300,000원
④ 미청구공사(계약자산) 500,000원

27. ㈜삼일은 확정급여형 퇴직급여제도를 시행하고 있다. 20X1년말 사외적립자산의 공정가치 금액은 얼마인가? 단, 20X1년에 기여금의 추가불입 및 퇴사자는 없다고 가정한다.

ㄱ. 20X1년초 사외적립자산의 공정가치	:	2,000,000원
ㄴ. 당기근무원가	:	800,000원
ㄷ. 사외적립자산의 기대수익	:	200,000원
ㄹ. 사외적립자산의 실제수익	:	150,000원

① 2,050,000원　② 2,150,000원
③ 2,200,000원　④ 3,000,000원

28. ㈜삼일은 임원 10명에게 3년의 용역제공조건으로 1인당 주식결제형 주식선택권 100개를 부여하였다. 20X4년 주식선택권의 권리행사로 아래와 같이 회계처리한 경우 ㈜삼일의 자본항목의 변화로 가장 옳은 것은?(단위 : 원)

(차) 현금	20,000,000	(대) 자기주식	22,000,000
주식선택권	5,000,000	자기주식처분이익	3,000,000

① 3,000,000원 증가　② 20,000,000원 증가
③ 22,000,000원 증가　④ 25,000,000원 증가

29. 20X1년초 사업을 개시한 ㈜삼일의 과세소득과 관련된 다음 자료를 이용하여 20X1년말 재무상태표상의 이연법인세자산(부채)금액을 구하면 얼마인가?

법인세비용차감전순이익	4,000,000원
가산(차감)조정	
접대비한도초과액	600,000원
감가상각비한도초과액	900,000원
제품보증충당부채 설정액	500,000원
과세표준	6,000,000원
세율	25%

〈 추가자료 〉

ㄱ. 차감할 일시적차이가 사용될 수 있는 미래과세소득의 발생 가능성은 높다고 가정한다.

ㄴ. 감가상각비한도초과액에 대한 일시적차이는 20X2년, 20X3년, 20X4년에 걸쳐 300,000원씩 소멸하며, 제품보증충당부채 설정액에 대한 일시적차이는 20X3년 소멸할것으로 예상된다. 일시적차이가 소멸될 것으로 예상되는 기간의 과세소득에 적용될 것으로 기대되는 평균세율은 다음과 같다

연도	20 X2년	20 X3년	20 X4년
세율	25%	30%	30%

① 이연법인세부채 225,000 ② 이연법인세자산 255,000
③ 이연법인세부채 325,000 ④ 이연법인세자산 405,000

30. 다음은 ㈜삼일의 20X1년과 20X2년말의 법인세회계와 관련된 내역이다. 20X2년도에 ㈜삼일이 계상하여야 할 법인세비용은 얼마인가?

	20X1년말	20X2년말
이연법인세자산	10,000원	50,000원
이연법인세부채	30,000원	10,000원
20X2년 당기법인세	200,000원	

① 110,000원 ② 120,000원
③ 140,000원 ④ 190,000원

31. ㈜삼일은 20X2년에 처음으로 회계감사를 받았는데, 기말상품재고에 대하여 다음과 같은 오류가 발견되었다. 20X1년 및 20X2년에 ㈜삼일이 보고한 당기순이익이 다음과 같을 때, 20X2년의 오류수정 후 당기순이익은 얼마인가? (단, 법인세효과는 무시한다)

	당기순이익	기말상품재고오류
20X1년	30,000원	3,000원 과대평가
20X2년	35,000원	2,000원 과소평가

① 30,000원 ② 36,000원
③ 38,000원 ④ 40,000원

32. 다음은 ㈜삼일의 20X1 회계연도(20X1년 1월 1일 ~ 20X1년 12월 31일) 당기순이익과 자본금변동상황에 대한 자료이다. 이를 이용하여 ㈜삼일의 20X1년도 가중평균유통보통주식수를 구하면 얼마인가

구분	보통주자본금	우선주자본금
기초	100,000주 500,000,000원	20,000주 100,000,000원
4. 1 유상증자(20%)	20,000주 100,000,000원 (공정가치 이상으로 발행됨)	기중 변동사항 없음
7. 1 무상증자(10%)	12,000주 60,000,000원	
*유통보통주식수 계산시 월할계산을 가정한다.		

① 120,000주 ② 126,500주
③ 127,000주 ④ 132,000주

33. 다음 중 관계기업투자주식의 회계처리에 관한 설명으로 가장 올바르지 않은 것은?

① 유의적인 영향력 판단에는 지분율 기준과 실질 영향력 기준이 있다.
② 유의적인 영향력을 판단함에 있어 피투자자에 대한 의결권은 투자자의 지분율과 지배기업이 보유하고 있는 지분율의 합계로 계산한다.
③ 실질영향력기준이 적용되지 않을 경우 투자자가 직접으로 또는 간접으로 피투자자에 대한 의결권의 20% 미만을 소유하고 있다면 유의적인 영향력이 없는 것으로 본다.
④ 경영진의 상호교류가 이루어지는 경우 유의적인 영향력이 있는 것으로 본다.

34. 다음 중 기능통화와 표시통화에 관한 설명으로 가장 올바르지 않은 것은?

① 기능통화란 영업활동이 이루어지는 주된 경제환경의 통화를 의미한다.
② 표시통화란 재무제표를 표시할 때 사용하는 통화로서 기업은 어떤 통화든지 표시통화로 사용할 수 있다.
③ 기업의 표시통화와 기능통화가 다른 경우에는 경영성과와 재무상태를 기능통화로 환산하여 재무제표에 보고한다.
④ 기능통화로 외화거래를 최초로 인식하는 경우에 거래일의 외화와 기능통화 상의 현물환율을 외화금액에 적용하여 기록한다.

35. 한국에서 영업을 하는 ㈜서울의 미국 현지법인인 ㈜엘에이의 재무제표이다. ㈜엘에이는 20X1년초 설립되었으며, ㈜엘에이의 기능통화인 달러화로 작성한 20X1년말 재무상태표는 다음과 같다.

자산	$4,000	부채	$1,000
		자본금	$2,000
		이익잉여금 (당기순이익)	$1,000
합계	$4,000	합계	$4,000

㈜엘에이의 재무상태표를 표시통화인 원화로 환산시 환율이 유의적으로 변동할 경우 부채에 적용할 환율로 가장 옳은 것은?

① 해당 거래일의 환율 ② 보고기간말의 마감환율
③ 평균환율 ④ 차입시 환율

36. 다음 거래목적 중 파생상품평가손익을 당기손익으로 처리하지 않는 것은?

① 매매목적으로 체결한 파생상품의 평가손익
② 공정가치위험회피 목적으로 체결한 파생상품의 평가손익
③ 현금흐름위험회피 목적으로 체결한 파생상품의 평가손익 중 위험회피에 효과적인 부분
④ 현금흐름위험회피 목적으로 체결한 파생상품의 평가손익 중 위험회피에 효과적이지 못한 부분

37. 다음 중 리스에 관한 설명으로 가장 올바르지 않은 것은?

① 리스이용자의 입장에서 보증잔존가치와 무보증잔존가치는 모두 리스료에 포함한다.
② 금융리스에서 리스제공자가 리스채권으로 인식할 금액은 리스료의 현재가치와 무보증잔존가치의 현재가치를 합한 금액이다.
③ 리스이용자는 리스개시일에 사용권자산과 리스부채를 인식하는 것을 원칙으로 한다.
④ 리스제공자는 각 리스를 운용리스나 금융리스로 분류한다.

38. ㈜삼일의 20X1년도 매출액은 100,000원이고 대손상각비로 5,000원을 계상하였다. 다음의 자료를 이용하여 ㈜삼일의 매출로 인한 현금유입액을 계산하면 얼마인가?

구분	20X1년 1월 1일	20X1년 12월 31일
매출채권	10,000원	20,000원
대손충당금	1,000원	2,000원

① 56,000원 ② 66,000원
③ 76,000원 ④ 86,000원

39. 다음은 ㈜삼일의 영업활동으로 인한 현금흐름을 계산하기 위한 자료이다. ㈜삼일의 간접법에 의한 영업활동으로 인한 현금흐름이 (+)5,000,000원이라고 할 때 당기순이익은 얼마인가?(단위 : 원)

유형자산처분손실	200,000	매출채권의 증가	900,000
감가상각비	300,000	재고자산의 감소	1,000,000
		매입채무의 감소	500,000

① 3,300,000원 ② 4,300,000원
③ 4,500,000원 ④ 4,900,000원

40. 다음의 자료를 이용하여 20X1년의 현금흐름표를 직접법에 의하여 작성할 경우 공급자에 대한 현금유출액은 얼마인가?

· 20X1년 매출원가는 60,000원이다.
· 20X1년 재고자산 및 매입채무 관련 자료

	20X1년 1월 1일	20X1년 12월 31일
재고자산	5,000원	9,000원
매입채무	2,000원	4,000원

① 58,000원 ② 60,000원
③ 62,000원 ④ 64,000원

2021년 6월 시행 재무회계 공개기출문제

1. 다음은 재무회계와 관리회계를 비교한 것이다. 빈칸에 들어갈 내용으로 가장 옳은 것은?

구분	재무회계	관리회계
주된목적	외부정보이용자의 경제적 의사결정에 유용한 정보의 제공	경영자의 관리적 의사결정에 유용한 정보의 제공
보고대상	(ㄱ)	(ㄴ)
보고양식	재무제표	(ㄷ)

	(ㄱ)	(ㄴ)	(ㄷ)
①	외부이해관계자	내부이용자	일정한 양식 없음
②	외부이해관계자	내부이용자	재무제표
③	내부이용자	외부이해관계자	재무제표
④	내부이용자	외부이해관계자	일정한 양식 없음

2. 다음 중 재무상태표의 기본요소에 관한 설명으로 가장 올바르지 않은 것은?

① 일반적으로 지출의 발생과 자산의 취득은 밀접하게 관련되어 있다.
② 미래에 특정 자산을 취득하겠다는 경영진의 의사결정은 기업에 현재 의무를 발생시킨다.
③ 재무상태의 측정에 직접적으로 관련되는 요소는 자산, 부채 및 자본이다.
④ 자본은 자산에서 부채를 차감한 후의 잔여지분에 해당한다.

3. 다음 중 자산의 측정방법에 대한 설명으로 가장 옳은 것은?

① 사용가치: 시장참여자 사이의 정상거래에서 자산을 매도할 때 받게 될 가격
② 현행원가: 자산의 사용과 처분으로 얻을 것으로 기대하는 현금흐름
③ 공정가치: 측정일 현재 동등한 자산의 원가로서 측정일에 지급할 대가와 그 날에 발생할 거래원가
④ 역사적원가: 자산의 취득 또는 창출에 발생한 원가의 가치로서, 자산을 취득 또는 창출하기 위하여 지급한 대가와 거래원가

4. 다음 중 포괄손익계산서에 관한 설명으로 가장 올바르지 않은 것은?

포괄손익계산서

㈜삼일 20X1년 1월 1일부터 20X1년 12월 31일까지

매출	XXX
매출원가	(XXX)
매출총이익	XXX
판매비	(XXX)
관리비	(XXX)
영업이익	XXX
기타수익	XXX
기타비용	(XXX)
금융원가	(XXX)
법인세비용차감전순이익	XXX
법인세비용	(XXX)
당기순이익	XXX
기타포괄손익	XXX
총포괄이익	XXX

① 포괄손익계산서에서 비용을 기능별 분류를 하는 경우 성격별 분류에 대한 추가 정보를 주석에 공시해야 한다.
② 금융원가는 포괄손익계산서에 표시해야 할 최소한의 항목 중 하나이다.
③ 기타포괄손익은 손익거래의 결과임에도 불구하고 당기손익에는 포함되지 않는 항목들을 의미한다.
④ 상기 포괄손익계산서는 비용을 성격별로 분류하고 있다.

5. 다음 중 특수관계자 공시에 대한 설명으로 가장 옳은 것은?

① 최상위 지배자와 지배기업이 다른 경우에는 최상위 지배자의 명칭은 공시하지 않는다.
② 주요 경영진에 대한 보상에는 단기종업원급여만을 포함한다.
③ 보고기업에 유의적인 영향력을 행사할 수 있는 개인은 보고기업과 특수관계자이다.
④ 지배기업의 보고서에서 지배기업과 거래가 있는 종속기업만 명칭을 공시한다.

6. 단일 제품을 생산하는 ㈜삼일은 제품생산에 투입될 취득원가 100,000원의 원재료와 제조원가 200,000원의 제품 재고를 보유하고 있다. 원재료의 현행대체원가가 90,000원이고 제품의 순실현가능가치가 230,000원일 때, 저가법에 의한 재고자산평가손실은(단, 기초에 재고자산평가충당금은 없다.)?

① 0원 ② 10,000원 ③ 20,000원 ④ 30,000원

7. ㈜삼일의 재고자산과 관련하여 20X1년 포괄손익계산서에 비용으로 계상될 금액은 얼마인가(단, 기말재고자산 장부수량과 실사수량은 일치한다)?

20X1년 판매가능상품 (=기초재고자산+당기매입액)	500,000원
20X1년 재고자산평가손실	50,000원
20X1년 12월 31일 재고자산 (평가손실 차감후)	50,000원

① 400,000원 ② 450,000원 ③ 500,000원 ④ 550,000원

8. 다음 중 재고자산의 평가에 관한 설명으로 가장 올바르지 않은 것은?

① 재고자산은 취득원가와 순실현가능가치 중 낮은 금액으로 측정한다.
② 상품 및 제품의 순실현가능가액은 예상판매가격에서 추가예상원가 및 기타 판매비용을 차감한 금액으로 추정한다.
③ 원재료의 현행대체원가가 장부금액보다 낮게 추정된다면 예외없이 재고자산평가손실이 발생한다.
④ 재고자산의 판매가 계약에 의해 확정되어 있는 경우 순실현가능가액은 그 계약가격에 기초한다.

9. 다음 중 회사가 정부보조금으로 취득한 유형자산이 있을 경우와 관련된 설명으로 가장 올바르지 않은 것은?

① 정부보조금 회계처리 방법 결정에 있어서 기업에 어느 정도의 재량권이 부여되어 있다.
② 정부보조금은 재무상태표에 이연수익으로 표시할 수 있다.
③ 정부보조금은 재무상태표에 관련 자산에서 차감하는 방법으로 표시할 수 있다.
④ 정부보조금을 관련 자산에서 차감하는 방법으로 표시하는 경우 유형자산의 장부금액은 유형자산 취득금액으로 한다.

10. 통신업을 영위하고 있는 ㈜삼일은 20X1년 7월 1일 5억원에 취득하여 사용해 오던 건물 A(내용연수 10년, 정액법, 잔존가치 0원)를 20X5년 4월 1일 3억원에 처분하였다. 다음 중 ㈜삼일이 건물 A의 처분과 관련하여 20X5년 포괄손익계산서에 인식할 계정과 금액으로 짝지어진 것은(단, ㈜삼일은 건물을 원가모형으로 후속측정한다)?

① 유형자산처분이익, 10,000,000원
② 유형자산처분이익, 12,500,000원
③ 유형자산처분손실, 10,000,000원
④ 유형자산처분손실, 12,500,000원

11. 다음 중 유형자산의 재평가모형 회계처리에 관한 설명으로 가장 올바르지 않은 것은?

① 재평가의 빈도는 재평가되는 유형자산의 공정가치 변동에 따라 달라진다.
② 자산의 장부금액이 재평가로 인하여 증가된 경우 원칙적으로 그 증가액은 당기손익(재평가이익)으로 인식한다.
③ 자산의 장부금액이 재평가로 인하여 감소한 경우 원칙적으로 그 감소액은 당기손익(재평가손실)으로 인식한다.
④ 특정 유형자산을 재평가할 때, 동일한 분류 내의 유형자산은 동시에 재평가한다.

12. 다음은 20X1년 ㈜삼일의 엔진 개발과 관련하여 20X1년 6월 30일까지 발생한 지출에 대한 자료이다. 동 엔진이 20X1년 7월 1일부터 사용가능할 것으로 예측된 경우 20X1년 ㈜삼일이 엔진 개발과 관련하여 무형자산 상각비를 포함한 인식해야 할 총비용은 얼마인가(단, 엔진 개발비에 대하여 내용연수 10년, 정액법 상각함)?

연구단계	개발단계
•엔진 연구 결과의 평가를 위한 지출 : 3,000,000원 •여러 가지 대체안 탐색 활동을 위한 지출 : 27,000,000원	•자산인식조건을 만족하는 개발단계 지출 : 40,000,000원 •자산인식조건을 만족하지 않는 개발단계 지출 : 7,000,000원

① 30,000,000원 ② 37,000,000원
③ 39,000,000원 ④ 75,000,000원

13. 다음 중 내부적으로 창출한 무형자산의 인식에 대한 설명으로 가장 올바르지 않은 것은?

① 내부적으로 창출한 영업권은 일정 요건을 충족하는 경우 무형자산으로 인식한다.
② 내부프로젝트에서 발생한 원가 중 연구단계에서 발생한 원가는 항상 발생한 기간의 비용으로 인식한다.
③ 개발단계는 연구단계보다 훨씬 더 진전되어 있는 상태이므로 무형자산의 식별이 가능하다.
④ 생산 전 또는 사용 전의 시제품과 모형을 설계, 제작 및 시험하는 활동은 일반적으로 개발단계에 해당한다.

14. 다음 중 투자부동산에 해당하는 것을 모두 고르면?

ㄱ. 정상적인 영업과정에서 판매하기 위한 부동산이나 이를 위하여 건설 또는 개발 중인 부동산
ㄴ. 자가사용중인부동산
ㄷ. 미래에 투자부동산으로 사용하기 위하여 건설 또는 개발 중인 부동산
ㄹ. 리스제공자가 운용리스로 제공하기 위하여 보유하고 있는 미사용 건물
ㅁ. 금융리스로 제공한 부동산

① ㄱ, ㄴ ② ㄴ, ㄷ
③ ㄷ, ㄹ ④ ㄹ, ㅁ

15. 다음 중 금융상품에 대한 설명으로 가장 올바르지 않은 것은?

① 금융상품은 정기예·적금과 같은 정형화된 상품 뿐만 아니라 다른 기업의 지분상품, 거래상대방에게서 현금 등 금융자산을 수취할 계약상의 권리 등을 포함하는 포괄적인 개념이다.
② 한국채택국제회계기준은 보유자에게 금융자산을 발생시키고 동시에 상대방에게 금융부채나 지분상품을 발생시키는 모든 계약을 금융상품으로 정의하였다.
③ 매입채무와 미지급금은 금융부채에 해당하지 않는다.
④ 현금및현금성자산, 지분상품 및 채무상품은 금융자산에 해당한다.

16. ㈜삼일은 20X1년 1월 1일에 다음과 같은 조건의 상각후원가측정금융자산을 취득 당시의 공정가치로 취득하였다. 이 경우 ㈜삼일의 재무상태표상 상각후원가측정금융자산의 20X1년말 장부금액은 얼마인가(소수점 첫 번째 자리에서 반올림한다)?

ㄱ. 액면금액 : 100,000원
ㄴ. 발행일 : 20X1년 1월 1일
ㄷ. 만기일 : 20X2년 12월 31일(2년)
ㄹ. 액면이자율 : 10%, 매년 말 지급조건
ㅁ. 시장이자율 : 20X1년 1월 1일 현재 12%

현가계수	1년	2년	계
12%	0.89285	0.79719	1.69004

① 96,000원 ② 96,620원 ③ 98,214원 ④ 100,000원

17. 다음 중 금융자산 제거의 경제적 실질 판단 요소에 포함되는 사항으로 가장 올바르지 않은 것은?

① 금융자산의 현금흐름 양도에 대한 판단
② 법률상 금융자산의 이전여부
③ 금융자산의 소유에 따른 위험과 보상의 이전여부
④ 금융자산에 대한 통제권 상실여부

18. ㈜삼일은 20X1년 1월 1일에 액면금액 50,000,000원의 사채를 48,275,300원에 발행하였다. 다음 중 ㈜삼일이 만기까지 매년 인식해야 할 유효이자율법에 의한 이자비용의 금액 변화를 나타낸 그래프로 가장 옳은 것은?

①
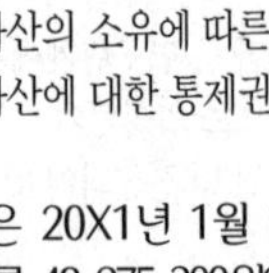

②
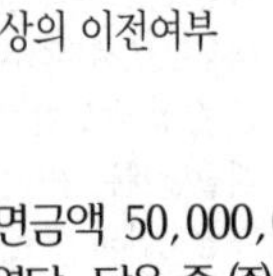

③
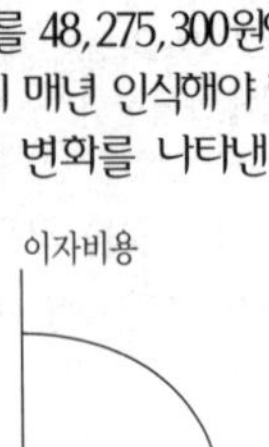

④
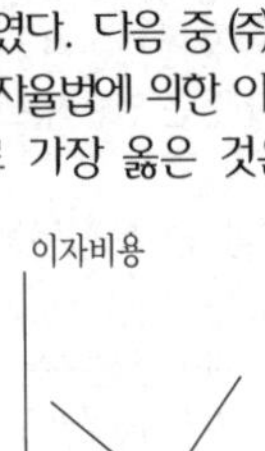

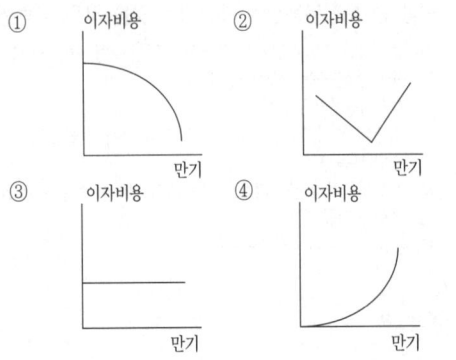

19. 다음 중 사채 보유자의 희망에 따라 주식으로 전환할 수 있는 권리가 내재되어 있는 사채를 무엇이라 하는가?

① 전환사채 ② 영구채
③ 신주인수권부사채 ④ 회사채

20. ㈜삼일은 제조상의 결함이나 하자에 대하여 1년간 제품보증을 시행하고 있다. 20X1년 7월 1일에 판매된 5,000,000원의 제품에서 중요하지 않은 결함이 발견된다면 50,000원의 수리비용이 발생하고, 치명적인 결함이 발생하면 300,000원의 수리비용이 발생할 것으로 예상한다. 20X1년 7월 1일의 매출액 5,000,000원에 대하여 판매된 제품의 80%에는 하자가 없을 것으로 예상하고, 제품의 15%는 중요하지 않은 결함이 발견될 것으로 예상하고, 5%는 치명적인 결함이 있을 것으로 예상하였다. ㈜삼일이 20X1년말에 인식할 충당부채의 금액은 얼마인가(단, 20X1년에는 결함이나 하자가 발생하지 않았다)?

① 7,500원 ② 15,000원
③ 17,500원 ④ 22,500원

21. 다음은 20X1년 ㈜삼일의 주요 재무정보의 일부이다. ㈜삼일은 20X1년 1월 1일에 신설된 법인으로 당기에는 배당이 존재하지 않았다. (단위 : 원)

	20X1년 12월 31일
자본총계	5,000,000
자본금	500,000
주식발행초과금	3,000,000
이익잉여금	1,500,000

다음 중 ㈜삼일의 20X1년말 현재 자본에 대한 설명으로 가장 올바르지 않은 것은(단, 1주당 액면금액은 500원이다)?

① 20X1년의 주당이익은 3,000원이다.
② 법정자본금은 500,000원이다.
③ 발행주식수는 1,000주이다.
④ 20X1년 당기순이익은 1,500,000원이다.

22. 12월 결산법인인 ㈜삼일의 20X1년 이익잉여금처분 계산서 구성항목이 다음과 같을 때 ㈜삼일의 20X1년말 재무상태표상 '이익잉여금(미처분이익잉여금)' 금액은 얼마인가?

ㄱ. 전기이월미처분이익잉여금	:	2,000,000원
ㄴ. 중간배당	:	(-) 200,000원
ㄷ. 당기순이익	:	1,000,000원
ㄹ. 연차배당(20X2년 4월 지급)	:	(-) 300,000원

① 1,800,000원 ② 2,000,000원
③ 2,500,000원 ④ 2,800,000원

23. ㈜삼일은 20X1년 1월 1일에 ㈜대전과 계약을 체결하면서 20X2년말에 상품(재고자산)을 이전하기로 약속하였다. ㈜삼일이 동 계약 체결일에 ㈜대전으로부터 상품대금으로 100,000원을 수령한 경우 ㈜삼일은 어느 보고기간에 얼마의 수익을 인식하여야 하는가? 단, ㈜삼일의 증분차입이자율은 연 5%라고 가정하고 상품의 이전은 계약대로 이루어졌다고 가정한다.

① 20X1년에 100,000원을 수익으로 인식
② 20X2년에 100,000원을 수익으로 인식
③ 20X2년에 105,000원을 수익으로 인식
④ 20X2년에 110,250원을 수익으로 인식

24. 무선통신사업을 영위하는 ㈜삼일은 20X1년 1월 1일 고객에게 24개월간 통신서비스를 제공하고 핸드폰 단말기를 판매하였다. 계약금액과 개별 판매시 공정가치가 아래와 같을 때 ㈜삼일이 20X1년 수익으로 인식할 금액은 얼마인가(금융요소는 무시한다)?

수행의무	계약금액	공정가치(개별판매시)
핸드폰 단말기	24만원	40만원
통신서비스	월 4만원	월 5만원

① 72만원　② 75만원
③ 88만원　④ 100만원

25. ㈜서울은 20X1년 2월 5일에 ㈜부산과 공장건설계약을 맺었다. 총공사계약액은 120,000,000원이며 ㈜서울은 누적발생계약원가에 기초하여 진행률을 산정하여 진행기준에 따라 수익을 인식한다. ㈜서울의 건설계약과 관련한 20X1년 자료는 다음과 같다.

누적발생원가	추정총계약원가	공사대금청구액
20,000,000원	100,000,000원	30,000,000원

㈜서울의 20X1년 재무상태표상 계약부채(초과청구공사) 또는 계약자산(미청구공사) 금액은 얼마인가?

① 계약부채(초과청구공사) 6,000,000원
② 계약부채(초과청구공사) 10,000,000원
③ 계약자산(미청구공사) 6,000,000원
④ 계약자산(미청구공사) 10,000,000원

26. ㈜삼일은 ㈜용산의 공장신축과 관련하여 20X1년초 공사계약을 체결하였다. 총공사계약금액은 3억원, 예정완공일은 20X3년말이며 기타 공사 관련 내용은 다음과 같다. 20X2년 ㈜삼일의 계약손익은 얼마인가? 단, ㈜삼일은 누적발생계약원가에 기초하여 진행률을 산정한다.

	20X1년	20X2년	20X3년
당기발생계약원가	1.0억원	0.5억원	1.0억원
누적발생계약원가	1.0억원	1.5억원	2.5억원
추정총계약원가	2.5억원	2.5억원	2.5억원

① 0.1억원 이익　② 0.1억원 손실
③ 0.2억원 이익　④ 0.2억원 손실

27. ㈜삼일은 확정급여형 퇴직급여제도를 시행하고 있다. 확정급여채무의 현재가치와 사외적립자산의 공정가치 변동 내역이 다음과 같을 경우 20X1년 당기비용으로 인식할 금액은 얼마인가?

〈확정급여채무의 현재가치〉

20X1.1.1	100,000원
당기근무원가	10,000원
이자원가	3,000원
보험수리적 손익	200원
20X1.12.31	113,200원

〈사외적립자산의 공정가치〉

20X1.1.1	50,000원
사외적립자산의 적립	5,000원
사외적립자산의 기대수익	1,000원
재측정요소	0원
20X1.12.31	56,000원

① 11,000원　② 12,000원
③ 12,200원　④ 13,000원

28. ㈜삼일은 20X1년 1월 1일에 기술책임자인 홍길동 이사에게 다음과 같은 조건의 현금결제형 주가차액보상권 30,000개를 부여하였다. 이 경우 20X1년 포괄손익계산서에 계상될 당기보상비용은 얼마인가(단, 홍길동 이사는 20X3년 12월 31일 이전에 퇴사하지 않을 것으로 예상된다)?

ㄱ. 기본조건 : 20X3년 12월 31일까지 의무적으로 근무할 것
ㄴ. 행사가능기간 : 20X4년 1월 1일~20X4년 12월 31일
ㄷ. 20X1 년 말 추정한 주가차액보상권의 공정가치 : 150,000원/개

① 10억원　② 15억원
③ 20억원　④ 30억원

29. 다음 중 법인세회계에 관한 설명으로 가장 올바르지 않은 것은?

① 법인세회계의 이론적 근거는 수익·비용대응의 원칙이다.
② 차감할 일시적차이는 이연법인세자산을 발생시킨다.
③ 이연법인세자산과 부채는 현재가치로 할인한다.
④ 일시적차이로 인해 법인세비용과 당기법인세에 차이가 발생한다.

30. ㈜삼일은 20X1년에 사업을 개시하였다. 아래의 자료를 이용할 경우 ㈜삼일의 20X1년 재무상태표에 계상될 이연법인세자산 · 부채는 얼마인가?

ㄱ. 당기순이익 : 5,000,000원
ㄴ. 세무조정내역 : 가산할 일시적차이 3,000,000원
ㄷ. 평균세율 : 20%(매년 동일할 것으로 예상)
ㄹ. 이연법인세자산·부채를 인식하지 아니하는 예외사항에 해당되지는 않는다고 가정

① 이연법인세부채 600,000원
② 이연법인세자산 600,000원
③ 이연법인세부채 1,000,000원
④ 이연법인세자산 1,000,000원

31. 도소매업을 영위하는 ㈜삼일의 외부감사인이 회계감사 과정에서 다음과 같은 사실을 발견하였다. 동 발견사항에 대하여 수정할 경우 20X1년 ㈜삼일의 수정후 당기순이익(손실)은 얼마인가(단, 법인세효과는 고려하지 않는다)?

(1) ㈜삼일이 제시한 20X1년 수정전 당기순이익 : 200,000,000원
(2) 외부감사인이 발견한 사항
㈜삼일은 20X1년 12월 26일에 ㈜하나에 판매를 위탁하기 위하여 상품을 발송하였고, ㈜하나는 동 수탁상품을 20X2년 1월 3일에 제3자에게 판매함. ㈜삼일은 동 위탁매출에 대하여 상품을 발송한 시점인 20X1년 12월 26일에 매출(4억원)과 이에 대응되는 매출원가(3.1억원)를 인식함.

① 이익 110,000,000원
② 이익 200,000,000원
③ 이익 290,000,000원
④ 손실 350,000,000원

32. ㈜삼일의 20X1년 보통주 발행주식수 변동상황은 다음과 같다. 20X1년의 당기순이익이 2,600,000원일 경우, 20X1년의 기본주당순이익은 얼마인가?(단, 가중평균유통보통주식수는 월할로 계산한다)

일자	내용	주식수
20X1년 1월 1일	기초 유통보통주식수	12,000주
20X1년 3월 1일	공정가치로 유상증자	3,000주
20X1년 7월 1일	자기주식 취득	3,000주

① 150원
② 200원
③ 250원
④ 300원

33. 지분법은 투자자가 피투자자에 대해 유의적인 영향력을 행사할 수 있는 경우에 적용한다. 다음 중 유의적인 영향력을 행사할 수 있는 경우에 해당하는 것으로 가장 올바르지 않은 것은?

① 피투자자의 이사회나 이에 준하는 의사결정기구에 참여하는 경우
② 필수적 기술정보를 제공하는 경우
③ 투자자와 피투자자 사이의 중요한 거래가 있는 경우
④ 투자자와 피투자자가 동일지배하에 있는 경우

34. 한국에서 영업을 하는 ㈜삼일의 종속기업인 ㈜LA (미국 현지법인)는 20X1년초에 설립되었으며, 설립시 자본금은 $1,000이다. ㈜LA의 기능통화인 달러화로 작성한 20X1년말 재무제표의 구성내역은 다음과 같다(단, 자본총계는 자본금 $1,000와 당기순이익 $2,000로 구성되어 있고 자본금은 설립시 출자 이후 변동이 없다).

과목	자산총계	부채총계	자본총계
20X1년말	$5,000	$2,000	$3,000

일자별 환율은 다음과 같다.

일자	20X1년초	20X1년말	20X1년 평균
환율(원/$)	1,000	1,200	1,150

㈜삼일은 연결재무제표를 작성하기 위해 ㈜LA의 재무제표를 ㈜삼일의 기능통화이자 표시통화인 원화로 환산하려고 한다. 다음 중 ㈜LA의 재무제표 구성내역의 환산결과로 가장 올바르지 않은 것은?

① 자산총계 5,750,000원
② 부채총계 2,400,000원
③ 자본금 1,000,000원
④ 당기순이익 2,300,000원

35. 다음 중 기능통화에 의한 외화거래의 보고에 관한 설명으로 가장 올바르지 않은 것은?

① 기능통화로 외화거래를 최초로 인식하는 경우에 거래일의 외화와 기능통화 사이의 현물환율을 외화금액에 적용하여 기록한다.
② 역사적원가로 측정하는 비화폐성 외화항목은 마감환율로 매 보고기간말 환산한다.
③ 화폐성항목의 결제시점에 생기는 외환차이는 그 외환차이가 생기는 회계기간의 당기손익으로 인식한다.
④ 공정가치로 측정하는 비화폐성항목에서 생긴 손익을 기타포괄손익으로 인식하는 경우에 그 손익에 포함된 환율변동효과도 기타포괄손익으로 인식한다.

36. 다음 중 파생상품과 관련한 회계처리에 대한 설명으로 가장 올바르지 않은 것은?

① 파생상품은 당해 계약상의 권리와 의무에 따라 자산 또는 부채로 인식하여 재무제표에 계상하여야 한다.
② 내재파생상품은 파생상품이 아닌 주계약을 포함하는 복합상품의 구성요소이며, 복합상품의 현금흐름 중 일부를 독립적인 파생상품의 경우와 유사하게 변동시키는 금융상품을 말한다.
③ 위험회피수단으로 지정되지 않고 매매목적 등으로 보유하고 있는 파생상품의 평가손익은 기타포괄손익으로 계상해야 한다.
④ 위험회피대상항목은 공정가치 변동위험 또는 미래현금흐름 변동위험에 노출된 자산, 부채, 확정계약 또는 미래에 예상되는 거래를 말한다.

37. 다음 중 리스이용자의 리스료에 포함되는 항목으로 가장 올바르지 않은 것은?

① 고정리스료
② 지수나 요율(이율)에 따라 달라지는 변동리스료
③ 리스기간 종료시점의 잔존가치 중 보증되지 않은 금액
④ 리스이용자가 매수선택권을 행사할 것이 상당히 확실한 경우에 그 매수선택권의 행사가격

38. 다음은 ㈜삼일의 현금흐름표상 활동별 현금유출 · 입을 표시한 것이다. ㈜삼일의 현금흐름표에 대한 분석으로 가장 올바르지 않은 것은?

영업활동 현금흐름	투자활동 현금흐름	재무활동 현금흐름
현금유입(+)	현금유출(-)	현금유출(-)

① 당기순손실이 발생하더라도 영업활동 현금흐름은 (+)가 될 수 있다.
② 유형자산의 처분으로 대규모 처분손실이 발생한 투자활동 현금흐름은 (-)가 될 수 있다.
③ 배당금의 지급은 재무활동 현금흐름으로 분류할 수 있다.
④ 이자의 지급은 재무활동 현금흐름으로 분류할 수 있다.

39. 다음은 ㈜삼일의 이자수익과 관련된 재무제표 자료이다.

ㄱ. 재무상태표 관련자료

구분	20X2.12.31	20X1.12.31
미지급이자	20,000원	30,000원
미수이자	40,000원	20,000원

ㄴ. 포괄손익계산서 관련자료

구분	20X2년	20X1년
이자수익	200,000원	150,000원

㈜삼일의 20X2년 현금흐름표에 표시될 이자수취액은 얼마인가?

① 180,000원　　② 190,000원
③ 200,000원　　④ 210,000원

40. 다음 자료의 빈칸에 들어갈 말로 알맞게 짝지어진 것은?

영업활동으로 인한 현금흐름	50,000원
감가상각비	300,000원
유형자산처분손실	150,000원
법인세비용차감전순이익	500,000원
재고자산의 증가	300,000원
매입채무의 (ㄱ)	(ㄴ)원

	ㄱ	ㄴ		ㄱ	ㄴ
①	증가	1,250,000원	②	증가	600,000원
③	감소	600,000원	④	감소	1,250,000원

2021년 7월 시행 재무회계 공개기출문제

1. 다음은 한국채택국제회계기준(K-IFRS)의 특징에 대한 설명이다. 빈칸에 가장 알맞은 말로 가장 옳은 것은?

> 연결실체가 재무제표를 작성하는 것을 전제로 제정된 K-IFRS는 (ㄱ) 중심의 회계기준으로서 회사 경영자가 경제적 실질에 기초하여 합리적으로 회계처리할 수 있도록 유도하고 있다. 또한 국제자본시장의 정보이용자들에게 보다 목적적합한 정보를 제공하기 위해 자산과 부채에 대해 (ㄴ)로 측정하여 공시하는 것을 강조하고 있다.

	ㄱ	ㄴ
①	원칙	공정가치
②	원칙	역사적 원가
③	규칙	공정가치
④	규칙	역사적 원가

2. 다음의 빈칸에 들어갈 알맞은 말을 올바르게 짝지은 것은?

> 재무제표가 제공하는 정보가 정보이용자의 의사결정에 목적적합성을 제공하기 위해서 기본적으로 갖추어야 할 주요 질적 특성으로 (ㄱ)와 (ㄴ), (ㄷ)을 들 수 있다.
> 정보가 정보이용자들이 미래 결과를 예측하기 위해 사용하는 절차의 투입요소로 사용될 수 있다면 그 재무정보는 (ㄱ)를 갖는다. 재무정보가 과거 평가에 대한 피드백을 제공, 즉 확인하거나 변경시킨다면 (ㄴ)를 갖는다.
> 정보가 누락되거나 잘못 기재된 경우 특정 보고기업의 재무정보에 근거한 정보이용자의 의사결정에 영향을 줄 수 있다면 그 정보는 중요한 것이다.
> (ㄷ)은 개별 기업 재무보고서 관점에서 해당 정보와 관련된 항목의 성격이나 규모 또는 이 둘 모두에 근거하여 해당 기업에 특유한 측면의 목적적합성을 의미한다.

	(ㄱ)	(ㄴ)	(ㄷ)
①	예측가치	확인가치	중요성
②	충실한표현	비교가능성	중요성
③	확인가치	예측가치	적시성
④	적시성	이해가능성	확인가치

3. 다음 중 유용한 재무정보의 질적 특성에 관한 설명으로 가장 올바르지 않은 것은?

① 목적적합한 재무정보는 정보이용자의 의사결정에 차이가 나도록 할 수 있다. 재무정보에 예측가치, 확인가치 또는 이 둘 모두가 있다면 그 재무정보는 의사결정에 차이가 나도록 할 수 있다.

② 표현충실성은 모든 면에서 정확한 것을 의미하지는 않는다. 오류가 없다는 것은 현상의 기술에 오류나 누락이 없고, 보고 정보를 생산하는 데 사용되는 절차의 선택과 적용 시 절차상 오류가 없음을 의미한다. 이 맥락에서 오류가 없다는 것은 모든 면에서 완벽하게 정확하다는 것을 의미하지는 않는다.

③ 검증가능성은 합리적인 판단력이 있고 독립적인 서로 다른 관찰자가 어떤 서술이 표현충실성이라는데, 비록 반드시 완전히 일치하지는 못하더라도, 의견이 일치할 수 있다는 것을 의미한다. 계량화된 정보가 검증가능하기 위해서 단일 점추정치이어야 한다.

④ 비교가능성, 검증가능성, 적시성 및 이해가능성은 목적적합하고 충실하게 표현된 정보의 유용성을 보강시키는 질적 특성이다. 때로는 하나의 보강적 질적 특성이 다른 질적 특성의 극대화를 위해 감소되어야 할 수도 있다.

4. 다음은 자산에 속하는 계정들의 잔액이다. 유동성 분류에 따라 재무상태표에 유동자산으로 계상될 금액은 얼마인가?

ㄱ.단기대여금	40,000원	ㄴ.매출채권	400,000원
ㄷ.선급비용	600,000원	ㄹ.종속기업투자	50,000원
ㅁ.기계장치	865,000원		

① 1,000,000원 ② 1,040,000원
③ 1,090,000원 ④ 1,155,000원

5. 기업은 회계정보의 적시성 확보를 위하여 중간재무 보고서를 작성한다. 다음 중 이와 관련된 설명으로 가장 올바르지 않은 것은?

① 연차재무제표에 적용하는 회계정책을 일관성 있게 적용하여 작성하여야 한다.

② 중간재무보고에는 주관이 많이 개입되므로 회계정보의 신뢰성을 낮출 수 있다는 문제점이 있다.

③ 최종적인 연차재무제표의 결과는 보고기간 중 몇 번의 중간보고가 이루어지는지와 무관하다.

④ 요약재무상태표, 요약포괄손익계산서, 요약자본변동표, 요약현금흐름표 및 연차재무제표에서 요구하는 모든 주석사항이 포함되어야 한다.

6. 다음 중 재고자산에 대한 설명으로 가장 옳은 것은?

① 재고자산은 취득원가와 순실현가능가치 중 높은 금액으로 측정한다.
② 매입할인, 리베이트 및 기타 유사한 항목은 매입원가를 결정할 때 차감하지 않는다.
③ 재고자산을 현재의 장소에 현재의 상태로 이르게 하는데 기여하지 않은 관리간접원가는 재고자산의 취득원가에 포함한다.
④ 판매원가는 재고자산의 취득원가에 포함하지 않는다.

7. 다음은 모자를 수입하여 판매하는 ㈜삼일의 상품재고 현황이다.

	장부수량	장부금액	실사수량	실사수량에 따른 기말재고자산금액
모자	1,200개	4,800,000원	1,000개	4,000,000원

㈜삼일은 섬유신소재의 개발로 상품재고를 다음연도로 이월하여 정상가격으로 판매하기가 곤란하다고 판단하였다. 모자의 순실현가능가치가 3,000,000원일 때 ㈜삼일이 모자에 대한 재고자산평가손실로 인식할 금액은 얼마인가? 단, 기초에 재고자산평가충당금 없다.

① 0원　② 800,000원
③ 1,000,000원　④ 1,800,000원

8. 다음은 재고자산에 대하여 가중평균법을 적용하고있는 ㈜삼일의 자료이다. ㈜삼일이 실지재고조사법을 적용하는 경우와 계속기록법을 적용하는 각각의 경우 20X1년도 매출원가 금액은 얼마인가?

일자	적요	수량	단가	금액
20X1.01.01	기초재고	1,000개	@100	100,000원
20X1.03.29	매 입	2,000개	@115	230,000원
20X1.06.12	매 출	(2,500개)		
20X1.09.24	매 입	500개	@180	90,000원
20X1.12.31	기말재고	1,000개		

	실지재고조사법	계속기록법
①	300,000원	275,000원
②	275,000원	300,000원
③	250,000원	275,000원
④	300,000원	250,000원

9. ㈜삼일이 보유하고 있는 건물의 20X3년말 장부금액은 얼마인가?

> 20X1년초 건물을 1,000,000원에 취득하였다. 건물의 내용년수는 5년이고, 잔존가치는 0원이며, 정액법으로 감가상각하기로 하였다. 20X3년초 건물 엘리베이터 설치비용 100,000원을 지출하였으며 이로 인해 건물의 기능이 향상되어 내용연수가 2년 연장되었다(유형자산의 인식요건을 충족함)

① 500,000원　② 560,000원
③ 640,000원　④ 700,000원

10. ㈜삼일은 20X1년 중 기숙사 신축과 관련하여 지출한 금액은 다음과 같다. 20X1년 1월 1일 착공한 이 공사는 20X2년 중에 완공할 예정이다.

지출일	지출액	비고
20X1년 1월 1일	10,000,000원	착수금 지급
20X1년 4월 1일	9,000,000원	1차 중도금 지급
20X1년 7월 1일	6,000,000원	2차 중도금 지급
20X1년 11월 1일	12,000,000원	3차 중도금 지급

한편, ㈜삼일의 특정차입금 관련 사항은 아래와 같다.

차입일	금액	연 이자율
20X1년 1월 1일	5,000,000원	12%

특정차입금 중 1,000,000원을 20X1년 1월 1일부터 6월 30일까지 연 이자율 9%(단리) 정기예금에 예치하였을 때, 유형자산 취득과 관련된 적격자산의 자본화 차입원가는 얼마인가?

① 455,000원　② 500,000원
③ 555,000원　④ 600,000원

11. 제조업을 영위하는 ㈜삼일은 20X1년 1월 1일에 경리과장이 사용할 컴퓨터를 5,000,000원에 취득해서 사용하다가 20X3년 7월 1일에 3,500,000원에 처분하면서 다음과 같이 500,000원의 처분이익을 계상하였다. ㈜삼일은 이 컴퓨터에 대해 내용연수 5년, 잔존가치 0원, 정액법을 적용하여 감가상각해 왔다. 당신이 ㈜삼일의 담당회계사라면 이 회계처리에 대해 ㈜삼일의 경리과장에게 바르게 조언한 것은?

㈜삼일의 회계처리

(차) 현금	3,500,000	(대) 컴퓨터	5,000,000
감가상각누계액	2,000,000	유형자산처분이익	500,000

① 회사는 처분한 컴퓨터의 전기말 재무상태표상 장부금액과 당기중 처분가액과의 차액을 처분이익으로 계상하였으므로 회사의 회계처리는 적정합니다.
② 회사는 당기 6개월분에 대한 감가상각비 500,000원을 계상하지 않았으며, 유형자산처분이익 500,000원을 과소계상 하였으므로 당기순이익에 미치는 영향은 없습니다.
③ 포괄손익계산서에 유형자산처분이익으로 1,500,000원이 계상되어야 적정하지만 금액적으로 차액이 별로 중요하지 않은 것으로 판단됩니다.
④ ①, ②, ③ 모두 올바른 조언임

12. 다음 중 무형자산의 후속 측정에 관한 설명으로 가장 올바르지 않은 것은?

① 내용연수가 비한정인 무형자산은 최소한 1년에 1회 이상의 손상검사가 이루어져야 한다.
② 손상검토시 회수가능액은 순공정가치와 사용가치 중 큰 금액을 기준으로 판단한다.
③ 자산의 장부금액이 재평가로 인하여 증가된 경우 원칙적으로 그 증가액은 당기손익(재평가이익)으로 인식한다.
④ 특정 무형자산을 재평가할 때, 동일한 유형 내의 무형자산 유형 전체를 재평가한다.

13. 다음 중 무형자산의 상각에 관한 설명으로 가장 올바르지 않은 것은?

① 내용연수가 유한인 무형자산은 자산을 사용할 수 있는 때부터 상각한다.
② 내용연수가 비한정인 무형자산은 상각하지 않고, 내용연수가 유한한 무형자산으로 변경할 수 없다.
③ 내용연수가 유한인 무형자산은 경제적효익이 소비되는 형태를 신뢰성 있게 결정할 수 없는 경우에는 정액법을 적용하여 상각한다.
④ 내용연수가 유한한 무형자산의 상각기간과 상각방법은 적어도 매 회계연도 말에 검토한다.

14. ㈜삼일은 부동산매매업을 영위하고 있다. ㈜삼일은 당기 중 판매목적으로 보유하던 장부가액 10억원의 상가건물을 제3자에게 운용리스를 통해 제공하기로 하였다. 용도변경 시점의 동 상가건물의 공정가치는 13억원이었으며, ㈜삼일은 투자부동산에 대하여 공정가치모형을 적용하고 있다. ㈜삼일이 용도변경시점에 ㈜삼일의 회계처리로 가장 옳은 것은?

①	(차)	투자부동산	13억
	(대)	재고자산	10억
		재평가이익(당기손익)	3억
②	(차)	투자부동산	13억
	(대)	재고자산	13억
③	(차)	투자부동산	13억
	(대)	재고자산	10억
		재평가잉여금(기타포괄손익)	3억
④	(차)	투자부동산	10억
	(대)	재고자산	10억

15. ㈜삼일의 단기매매목적으로 취득한 금융자산의 취득, 처분내역은 다음과 같다. 다음 자료를 이용하여 물음에 답하시오. (㈜삼일의 결산일은 12월 31일이며, 시가를 공정가치로 본다)

20X1.01.07 : 주당 액면금액이 500원인 ㈜용산의 주식 10주를 주당 2,000원에 취득하였다.
20X1.09.10 : ㈜용산 주식 중 5주를 주당 3,000원에 처분하였다.
20X1.12.31 : ㈜용산 주식의 시가는 주당 3,000원이었다.
20X2.04.10 : ㈜용산 주식 중 2주를 주당 2,000원에 처분하였다.
20X2.12.31 : ㈜용산 주식의 시가는 주당 1,500원이다.

20X1년 ㈜삼일의 포괄손익계산서에 보고될 당기손익-공정가치 측정 금융자산의 평가손익은 얼마인가?

① 평가이익 5,000원 ② 평가이익 6,000원
③ 평가손실 5,000원 ④ 평가손실 6,000원

16. 다음은 ㈜삼일의 20X2년 12월 31일 현재 매출채권 잔액 및 대손충당금에 관한 자료이다. 20X2년 중 대손이 확정되어 상계된 매출채권은 얼마인가?

〈매출채권 잔액 및 대손충당금〉

구분	매출채권 잔액	대손충당금
20X2년 12월 31일	1,600,000원	85,000원

20X1년말 대손충당금 잔액은 42,500원이고, 20X2년에 인식한 대손상각비는 72,500원이다.

① 10,000원 ② 15,000원
③ 27,000원 ④ 30,000원

17. ㈜삼일은 20X1년 1월 1일에 만기 3년, 액면금액 100,000,000원, 표시이자율 10%인 사채를 발행하였다. 이자는 매년 말에 지급되고 사채 발행시점의 유효이자율은 8%라고 할 때 사채의 발행가액은 얼마인가?

8%	1년	2년	3년	합계
현가계수	0.92593	0.85734	0.79383	2.57710

① 95,025,800원 ② 100,000,000원
③ 105,154,000원 ④ 106,245,000원

18. 보유자가 확정된 사채금액을 면제 받으면서 확정수량으로 발행자의 보통주로 전환할 수 있는 전환사채는 (ㄱ)에 속한다. 전환사채의 발행금액이 3,000,000원이고 전환사채의 발행요건과 동일한 요건으로 발행하되 전환권이 부여되지 않은 사채의 가치가 2,500,000원인 경우, 전환사채의 발행금액 중 2,500,000원은 (ㄴ)(으)로, 전환권 가치인 500,000원은 (ㄷ)(으)로 분리하여 표시한다. 다음 중 ㄱ, ㄴ, ㄷ 에 들어갈 가장 올바른 용어들로 짝지어진 것은?

	ㄱ	ㄴ	ㄷ
①	금융보증계약	지분상품(자본)	금융부채
②	금융보증계약	금융부채	지분상품(자본)
③	복합금융상품	지분상품(자본)	금융부채
④	복합금융상품	금융부채	지분상품(자본)

19. ㈜삼일은 다음과 같은 조건으로 전환사채를 액면발행하였다. ㈜삼일이 전환사채 발행시점에 계상할 전환권대가는 얼마인가(단, 전환권대가는 자본으로 분류된다)?

ㄱ. 액면금액 : 6,000,000원
ㄴ. 액면이자 : 지급하지 않음
ㄷ. 발행일 : 20X1년 1월 1일
ㄹ. 만기일 : 20X3년 12월 31일(3년)
ㅁ. 상환할증금 : 780,000원(원금상환방법: 상환기일에 액면금액의 113%를 일시상환)
ㅂ. 전환사채가 일반사채인 경우의 시장이자율 : 12% (12%, 3년의 현재가치계수는 0.7118이다)

① 0원 ② 780,000원
③ 1,173,996원 ④ 1,729,200원

20. ㈜삼일은 20X1년 1월 1일 거래처의 토지에 구축물을 설치하고 이를 이용하는 계약을 체결하였다. 구축물의 취득원가는 1,000,000원, 내용연수는 5년이며, 잔존가치는 50,000원이며 정액법으로 감가상각한다. ㈜삼일은 5년 후에 구축물을 해체하고 원상복구를 해야 하며, 5년 후에 복구비용으로 지출할 금액은 200,000원으로 추정하였다. 복구비용은 충당부채의 인식요건을 충족하며, 현재가치 계산시 적용할 할인율은 10%이다. ㈜삼일이 20X1년 1월 1일에 인식할 복구충당부채는 얼마인가(단, 소수점 이하는 절사한다)?

① 93,138원 ② 124,184원
③ 200,000원 ④ 758,158원

21. 다음 중 자기주식의 취득 및 처분에 관한 회계처리에 관한 설명으로 가장 올바르지 않은 것은?

① 자기주식을 처분하는 경우 처분가액과 취득원가와의 차액을 자기주식처분손익으로 기타포괄손익에 반영한다.
② 자기주식을 취득하는 경우 취득원가를 자본에서 차감하는 형식으로 기재한다.
③ 자기주식을 소각하는 경우 액면금액과 취득원가와의 차액을 감자차손익으로 반영한다.
④ 자기주식을 보유하고 있는 기간동안 자기주식에 대한 평가손익은 인식하지 않는다.

22. ㈜삼일의 제12기 자본항목과 관련된 주요사항이 다음과 같을 때 20X2년말 결산시 ㈜삼일의 자본에 대한 보고금액으로 올바르게 짝지어진 것은 어느 것인가(단, 아래 자료 이외에 자본에 영향을 미치는 사건의 발생은 없다고 가정한다)?

ㄱ. 20X2년 11월 11일 이사회 결의를 통하여 ㈜삼일의 자기주식 5,000주를 한 주당 10,000원에 취득하였다.
ㄴ. ㈜삼일은 20X1년초에 토지를 1,000백만원에 취득하였다. 이 토지는 20X1년말에 1,020백만원으로 재평가되었고 20X2년말에는 1,070백만원으로 재평가되었다.

자본변동표
제12기 20X2년 1월 1일부터 20X2년 12월 31일까지
㈜삼일 (단위 : 백만원)

구분	자본금	주식발행초과금	자기주식	재평가잉여금	이익잉여금	합계
20X2년초	500	800	(100)	20	xxx	xxx
자본의 변동	xxx	xxx	xxx	xxx	xxx	xxx
20X2년말	500	(ㄱ)	(ㄴ)	(ㄷ)	xxx	xxx

	(ㄱ)	(ㄴ)	(ㄷ)
①	750	(150)	20
②	800	(150)	70
③	750	(100)	20
④	800	(100)	70

23. 방송프로그램 제작사인 ㈜삼일은 20X1년 1월 1일 장난감 제조사인 ㈜용산과 4년간 방송프로그램 캐릭터 사용계약을 체결하였다. ㈜용산은 현재 및 향후 방송에 나올 캐릭터를 모두 사용할 권리를 가지고 4년간 사용대가로 계약일에 100,000,000원을 지급하였다. 20X1년 ㈜삼일의 라이선스 수익인식 금액은 얼마인가?

① 0원 ② 25,000,000원
③ 50,000,000원 ④ 100,000,000원

24. 다음 중 고객과의 계약에서 생기는 수익에 관한 설명으로 가장 올바르지 않은 것은?

① 고객에게 이전할 재화나 용역에 대하여 받을 권리를 갖게 될 대가의 회수가능성이 높지 않더라도 계약에 상업적 실질이 존재하고 이전할 재화나 용역의 지급조건을 식별할 수 있으면 고객과의 계약으로 회계처리한다.
② 수익을 인식하기 위해서는 [고객과의 계약 식별-수행의무 식별-거래가격 산정-거래가격을 계약 내 수행의무에 배분-수행의무를 이행할 때 수익인식]의 단계를 거친다.
③ 거래가격 산정시 제 3자를 대신해서 회수한 금액은 제외되어야 하며, 변동대가, 비현금대가 및 고객에게 지급할 대가 등이 미치는 영향을 고려하여야 한다.
④ 자산은 고객이 그 자산을 통제할 때 이전된다.

25. 다음 중 건설계약의 수익과 원가 인식방법에 관한 설명으로 가장 올바르지 않은 것은?

① 건설계약의 결과를 신뢰성 있게 추정할 수 있는 경우, 건설계약과 관련한 계약수익과 계약원가는 보고기간 말 현재 계약활동의 진행률을 기준으로 각각 수익과 비용으로 인식한다.
② 하도급계약에 따라 수행될 공사에 대해 하도급자에게 선급한 금액은 진행률 산정을 위한 누적발생원가에 포함시켜야 한다.
③ 총계약원가가 총계약수익을 초과할 가능성이 높은 경우, 예상되는 손실을 즉시 비용으로 인식한다.
④ 건설계약의 결과를 신뢰성 있게 추정할 수 없는 경우, 계약수익은 계약원가의 범위 내에서 회수가능성이 높은 금액만 인식하며, 발생한 계약원가는 모두 당해 기간의 비용으로 인식한다.

26. ㈜삼일건설은 20X1년 1월 1일에 대전시로부터 교량건설을 총공사계약액 50,000,000원에 수주하였다. 공사기간은 20X1년 1월 1일부터 20X3년 12월 31일까지이다. 추정 총계약원가는 40,000,000원으로 공사기간 동안 변동이 없으며, 회사는 누적발생계약원가에 기초하여 공사진행률을 측정하고 있다. 20X1년과 20X2년 계약수익이 다음과 같을 때 20X2년말 누적공사진행률을 계산한 것으로 가장 옳은 것은?

ㄱ. 20X1년 계약수익 : 15,000,000원
ㄴ. 20X2년 계약수익 : 25,000,000원

① 30% ② 50%
③ 60% ④ 80%

27. ㈜삼일은 20X1년 도입한 확정기여형 종업원 퇴직급여제도를 운영하고 있다. 20X1년 종업원 근무용역에 따라 납부할 퇴직급여기여금은 300,000원이다. 20X1년 10월 31일 1차 납부금액은 120,000원이다. 미납금액의 납부기일은 20X2년 3월 31일이다. 20X1년 12월말 퇴직급여회계처리로 가장 옳은 것은?

①	(차) 퇴직급여	120,000	(대) 퇴직급여부채	120,000
②	(차) 퇴직급여	120,000	(대) 미지급비용	120,000
③	(차) 퇴직급여	180,000	(대) 퇴직급여부채	180,000
④	(차) 퇴직급여	180,000	(대) 미지급비용	180,000

28. 다음 중 주식기준보상거래에 관한 설명으로 가장 올바르지 않은 것은?

① 주식결제형 주식기준보상거래는 기업이 재화나 용역을 제공받는 대가로 기업의 지분상품을 부여하는 것이다.
② 현금결제형 주식기준보상거래는 기업이 재화나 용역을 제공받는 대가로 기업의 지분상품의 가격에 기초하여 현금 등을 지급하는 것이다.
③ 주식결제형 주식기준보상거래의 보상원가 산정시 지분상품의 공정가치는 부여일 현재로 측정하고 이후에 공정가치가 변동되는 경우 변동분을 반영한다.
④ 선택형 주식기준보상거래는 결제방식으로 현금 지급이나 기업의 지분상품 발행을 선택할 수 있다.

29. 다음은 ㈜삼일의 20X1년과 20X2년말의 이연법인세 자산·부채의 내역이다. ㈜삼일이 20X2년에 인식할 법인세비용은 얼마인가(20X2년 과세소득에 대하여 부담할 법인세액은 400,000원이다)?

〈각 회계연도 말 재무상태표 금액〉

구분	20X2년말	20X1년말
이연법인세자산	150,000원	-
이연법인세부채	-	50,000원

① 200,000원 ② 400,000원
③ 450,000원 ④ 600,000원

30. 다음 중 이연법인세자산으로 인식할 수 있는 항목으로 가장 올바르지 않은 것은?

① 차감할 일시적차이 ② 가산할 일시적차이
③ 미사용 세무상결손금 ④ 미사용 세액공제

31. 다음 중 회계정책의 변경에 해당하지 않은 것은?

① 재고자산 원가흐름의 가정변경
② 유형자산의 측정기준 변경
③ 투자부동산의 측정기준 변경
④ 유형자산 잔존가치의 변경

32. 다음 중 가중평균유통보통주식수 산정방법에 대하여 가장 올바른 설명을 하고 있는 사람은?

① 이부장 : 자기주식은 취득시점 이후부터 매각시점까지의 기간 동안 가중평균유통보통주식수에 포함하지 않습니다.
② 김차장 : 당기 중 무상증자를 실시한 경우, 무상증자를 실시한 날짜를 기준일로 하여 가중평균유통보통주식수를 계산합니다.
③ 정과장 : 당기 중 유상증자로 보통주가 발행된 경우 기초에 실시된 것으로 간주하여 주식수를 조정합니다.
④ 박사원 : 가중평균유통보통주식수에는 결산기말 현재 발행된 우선주식수를 포함해야 합니다.

33. ㈜삼일은 20X1년 1월 1일 ㈜용산의 보통주 40%를 4,000,000원에 취득하였고 그 결과 ㈜용산에 유의적인 영향력을 행사할 수 있게 되었다. 주식 취득일 현재 ㈜용산의 순자산 공정가치가 9,000,000원인 경우 관계기업투자주식의 취득원가 중 영업권에 해당하는 금액은 얼마인가?

① 0원 ② 160,000원
③ 400,000원 ④ 6,000,000원

34. ㈜삼일은 기계장치를 제조 판매하는 기업이다. 아래 자료를 이용하여 물음에 답하라.

ㄱ. ㈜삼일이 생산하는 기계장치의 수요자 중 90% 는 유럽연합(EU)에 속한 국가의 회사이고, 나머지 10%는 미국의 회사이다. 따라서 ㈜삼일은 영업활동이 이루어지는 주된 경제 환경인 유럽의 법규와 제품규격에 맞게 제품을 생산하며, 제품의 가격 역시 해당 기준 충족 여부에 따라 차이가 있다.

ㄴ. ㈜삼일의 매매계약서에 표시된 기계장치 제품의 가격은 수요자가 속한 국가의 통화인 유로(€) 또는 달러($)로 표시하고, 제품이 판매되는 거래일의 국제환율을 적용하여 구매자로부터 유럽 통화인 유로(€)로 수령하여 보유 관리한다. ㈜삼일이 기계장치를 제조하는데 필요한 부품의 매입과 제작에 종사하는 근로자의 임금지급 결제통화는 한국 통화인 원(₩)이다.

기능통화, 표시통화의 정의와 ㈜삼일의 경영환경을 고려하여 자료에서 제시된 통화들을 모두 분류할 때 다음 중 가장 옳은 것은?

	기능통화	표시통화
①	유로	원
②	유로	달러
③	달러	원
④	원	달러

35. 자동차 제조업을 영위하는 ㈜삼일의 20X1 회계연도 (20X1년 1월 1일-20X1년 12월 31일) 중 발생한 수출실적이 다음과 같을 경우 20X1년 재무상태표상 매출채권과 (포괄)손익계산서상 외화환산손익을 바르게 짝지은 것은(단, 기능통화는 원화이다)?

(1) 수출액 및 대금회수

수출일	수출액	대금회수일
20X1년 6월 11일	$10,000	20X2년 3월 10일

(2) 일자별 환율

일자	20X1년 6월 11일	20X1년 12월 31일
환율	1,200원/$	1,250원/$

(3) 기타정보
상기 수출대금은 계약상 대금회수일에 이상 없이 모두 회수되었으며, 상기 수출과 관련된 매출채권 이외의 채권·채무는 없다.

	매출채권	외화환산손익
①	12,500,000원	손실 500,000원
②	12,000,000원	손실 100,000원
③	12,500,000원	이익 500,000원
④	12,000,000원	이익 100,000원

36. 다음 중 파생상품 회계처리에 관한 설명으로 가장 올바르지 않은 것은?

① 위험회피수단으로 지정되지 않고 매매목적 등으로 보유하고 있는 파생상품의 평가손익은 자본조정으로 계상한다.
② 매매목적의 파생상품은 공정가치로 평가한다.
③ 위험회피대상항목은 공정가치변동위험 또는 미래현금흐름 변동위험에 노출된 자산, 부채, 확정계약 또는 미래에 예상되는 거래를 말한다.
④ 파생상품은 해당 계약에 따라 발생된 권리와 의무를 자산, 부채로 인식하여 재무제표에 계상한다.

37. ㈜삼일리스는 20X1년 1월 1일(리스약정일)에 ㈜대구(리스이용자)와 기계장치에 대한 금융리스계약을 체결하였으며, 관련 자료는 다음과 같다. 이러한 리스거래로 인하여 리스이용자인 ㈜대구가 20X1년에 인식할 이자비용과 감가상각비의 합계액은 얼마인가(단, 계산금액은 소수점 첫째자리에서 반올림함을 원칙으로 하고, 가장 근사치를 답으로 선택한다)?

ㄱ. 리스기간 : 3년(리스기간 종료시 ㈜대구는 소유권을 이전받음)
ㄴ. 리스료 총액 : 300,000원(매 100,000원씩 매년 말 3회 후불)
ㄷ. 리스자산의 취득원가 : 240,183원(리스약정일의 공정가치와 동일)
ㄹ. 리스자산의 내용연수와 잔존가치 : 내용연수 5년, 잔존가치 40,183원
ㅁ. 리스의 내재이자율 : 연 12%
ㅂ. 이자율 12%, 3년 연금현가계수 : 2.40183
　　이자율 12%, 3년 현가계수 : 0.71178

① 24,018원　　② 28,822원
③ 40,000원　　④ 68,822원

38. 다음은 특정 현금흐름을 영업활동, 투자활동 및 재무활동과 짝지은 것이다. 잘못 짝지어진 것은 어느 것인가?

① 선수금의 증가 - 영업활동
② 비품의 취득 - 투자활동
③ 단기매매금융자산의 취득 - 투자활동
④ 단기차입금의 상환 - 재무활동

39. ㈜삼일은 기중에 다음과 같은 자금의사결정을 하였다. 아래의 의사결정으로 인한 현금흐름 중 투자활동 관련 순현금흐름은 얼마인가?

매출채권의 회수	950,000원
차입금의 상환	1,000,000원
유형자산의 취득	800,000원
관계기업투자주식의 처분	1,000,000원
유상증자	2,000,000원
급여의 지급	500,000원
배당금의 지급	800,000원
무형자산의 처분	500,000원

① 500,000원 현금유입　② 500,000원 현금유출
③ 700,000원 현금유입　④ 700,000원 현금유출

40. 다음은 ㈜삼일의 이자수익과 관련된 재무제표 자료이다.

ㄱ. 재무상태표 관련자료

구분	20X2.12.31	20X1.12.31
미지급이자	20,000원	30,000원
미수이자	40,000원	20,000원

ㄴ. 포괄손익계산서 관련자료

구분	20X2년	20X1년
이자수익	200,000원	150,000원

㈜삼일의 20X2년 현금흐름표에 표시될 이자수취액은 얼마인가?

① 180,000원　② 190,000원
③ 200,000원　④ 210,000원

2021년 9월 시행 재무회계 공개기출문제

1. 다음 중 재무회계에서 재무제표를 작성하는 목적에 대한 설명으로 가장 올바르지 않은 것은?

① 재무제표는 주로 과거 사건의 재무적 영향을 표시하기 위한 것이다.
② 재무제표는 특정한 범주의 정보이용자에 한하여 경제적 의사결정에 유용한 기업의 정보를 제공하기 위하여 작성된다.
③ 재무제표는 위탁받은 자원에 대한 경영진의 수탁책임이나 회계책임의 결과를 반영하고자 한다.
④ 재무제표는 그 고유 한계로 인하여 경제적 의사결정을 위해 필요할 수 있는 모든 정보를 제공하지는 못한다.

2. 다음 중 재무제표를 통해 제공되는 정보가 이용자에게 유용하기 위해 갖추어야 할 속성 가운데 근본적인 질적 특성에 해당되는 것들로만 짝지어진 것은?

① 중요성, 예측가치와 확인가치, 표현충실성
② 중요성, 비교가능성, 신뢰성
③ 적시성, 이해가능성, 신뢰성
④ 비교가능성, 검증가능성, 적시성

3. 다음 중 자산의 측정방법에 대한 설명으로 가장 옳은 것은?

① 역사적원가 : 자산의 취득 또는 창출에 발생한 원가의 가치로서, 자산을 취득 또는 창출하기 위하여 지급한 대가와 거래원가를 포함한다.
② 공정가치 : 기업이 자산의 사용과 궁극적인 처분으로 얻을 것으로 기대하는 현금흐름 또는 그 밖의 경제적효익의 현재가치이다.
③ 사용가치 : 측정일 현재 동등한 자산의 원가로서 측정일에 지급할 대가와 그 날에 발생할 거래원가를 포함한다.
④ 현행원가 : 측정일에 시장참여자 사이의 정상거래에서 자산을 매도할 때 받게 될 가격이다.

4. 다음 중 포괄손익계산서에서 당기순손익과 총포괄손익 간에 차이를 발생시키는 항목으로 가장 옳은 것은?

① 투자부동산 평가손익
② 확정급여제도의 재측정요소
③ 당기손익-공정가치 측정 금융자산 평가손익
④ 자기주식처분이익

5. 다음 중 특수관계자 공시에 대한 설명으로 가장 올바르지 않은 것은?

① 최상위 지배자와 지배기업이 다른 경우에는 최상위 지배자의 명칭도 공시한다.
② 주요 경영진의 보상에는 단기종업원급여, 퇴직급여, 기타 장기종업원급여, 해고급여 및 주식기준보상을 포함한다.
③ 지배기업과 그 종속기업 사이의 관계는 거래의 유무에 관계없이 공시한다.
④ 보고기업에 유의적인 영향력을 행사할 수 있는 개인은 보고기업과 특수관계자가 아니다.

6. ㈜삼일은 재고자산을 선입선출법에 의하여 평가하고있다. 다음의 자료를 토대로 ㈜삼일의 20X1년 기말재고자산 금액을 측정한 것으로 가장 옳은 것은?

	장부수량	취득단가	장부금액
전기이월	3,000개	@12,000	36,000,000원
구입(20X1.07.01)	2,000개	@14,000	28,000,000원
시용판매(20X1.11.25)(*)	4,800개		
구입(20X1.12.22)	1,500개	@14,500	21,750,000원
차기이월	1,700개		

(*)㈜삼일은 당기 중 4,800개를 시용판매 하였으나 그 중 300개는 고객이 기말 현재까지 매입의사를 표시하지 않고 있다.

① 24,550,000원 ② 24,650,000원
③ 28,750,000원 ④ 29,000,000원

7. ㈜삼일은 8월 21일 발생한 홍수로 인하여 보유하고 있던 재고자산이 손상되었다. ㈜삼일의 당기 회계자료 중 일부는 다음과 같다.

(1) 재고자산 : 1/1 500,000원, 8/21 ?
    매출채권 : 1/1 2,000,000원, 8/21 2,400,000원
(2) 1월 1일부터 8월 21일까지 발생한 거래
    매출채권 현금회수액 : 7,000,000원
    매입액 : 6,300,000원
(3) 8월 21일 현재 도착지 인도조건의 매입 중인 운송상품 10,000원이 있다.
(4) 손상된 재고자산의 처분가치 : 200,000원

매출총이익률이 20%라고 할 때 홍수로 인한 재고손실액은 얼마인가(단, ㈜삼일은 모든 판매와 구매를 외상으로 하고 있다)?

① 662,000원 ② 670,000원
③ 672,000원 ④ 680,000원

8. 다음 자료에서 재고자산평가손실은 ㈜삼일의 재고자산이 진부화되어 발생하였다. 다음 자료 중 ㈜삼일의 20X2년 포괄손익계산서상 매출원가 등 관련비용은 얼마인가?

20X1년 12월 31일 재고자산	500,000원
20X2년 매입액	2,000,000원
20X2년 재고자산평가손실	200,000원
20X2년 재고자산감모손실(정상감모)	100,000원
20X2년 12월 31일 재고자산 (평가손실과 감모손실 차감 후)	1,200,000원

① 1,200,000원　② 1,300,000원
③ 1,400,000원　④ 1,500,000원

9. 다음 중 유형자산의 인식에 관한 설명으로 가장 옳은 것은?

① 안전 또는 환경상의 이유로 취득하는 유형자산은 직접적인 미래 경제적 효익을 기대할 수 없으므로 자산으로 인식할 수 없다.
② 일상적인 수선·유지와 관련하여 발생하는 후속적 원가는 해당 유형자산의 장부금액에 포함된다.
③ 사용 중이던 유형자산의 일부가 대체될 때 발생하는 원가는 항상 수선비(비용)으로 인식한다.
④ 유형자산의 정기적인 종합검사 과정에서 발생하는 원가가 인식기준을 충족한다면 해당 유형자산의 일부가 대체되는 것으로 본다.

10. ㈜삼일의 재무상태표상 유형자산으로 표시되는 기계장치의 취득금액으로 가장 옳은 것은?

기계장치의 취득과 관련하여 발생한 원가	금액
구입금액	700,000,000원
기계장치에서 생산된 새로운 상품을 소개하는데 소요되는 광고비	50,000,000원
기계장치와 관련된 산출물에 대한 수요가 형성되는 과정에서 발생하는 가동손실	30,000,000원
경영진이 의도하는 방식으로 자산을 가동하는데 필요한 장소와 상태에 이르게 하는데 직접 관련이 있는 전문가에게 지급한 수수료	15,000,000원
경영진이 의도하는 방식으로 가동될 수 있으나 아직 실제로 사용되지는 않고 있음에 따라 발생하는 원가	500,000원
합계	795,500,000원

① 715,000,000원　② 715,500,000원
③ 730,500,000원　④ 750,000,000원

11. 다음은 ㈜삼일의 공장장과 김대리의 대화이다. 다음 중 대화의 주제인 감가상각방법에 대한 설명으로 가장 올바르지 않은 것은?

> 공장장 : 김대리, 작년에 새로 설치한 기계장치 말이야. 절삭 부분 마모가 너무 심해. 요즘처럼 물량이 많으면 내년 말에는 교체해야 되겠어.
> 김대리 : 공장장님, 구입품의서에는 5년은 쓸 수 있다고 되어 있었는데 마모된 부품만 교체하면 계속 사용할 수 있지 않습니까?
> 공장장 : 그 부품이 이 장치의 핵심일세. 그걸 교체하느니 새로 사는게 나을걸세.
> 김대리 : 그러면 생산물량에 따라서 교체시기가 달라지는 겁니까?
> 공장장 : 그렇지, 예전처럼 물량이 안정적이면 괜찮은데 최근 들어 물량이 엄청나게 늘지 않았는가. 이 기계로는 총 300만대 이상은 생산 못해. 예년에 우리가 연평균 60만대씩 생산했으니 5년동안 사용할 거라고 생각했었는데, 올해는 벌써 100만대를 넘었어. 아무래도 교체 시기를 앞당겨야 할 것 같네.
> 김대리 : 알겠습니다. 이사님께 보고드려서 감가상각방법을 정액법에서 생산량비례법으로 바꾸고 교체 관련 예산이 적기에 반영되도록 노력하겠습니다.
> 공장장 : 고맙네.

① 감가상각방법은 최소 매 회계연도 말에 재검토가 필요하다.
② 감가상각방법의 변경은 회계추정의 변경으로 처리한다.
③ 상기 사례에서 감가상각방법의 변경과 관련하여 김대리는 비교 표시되는 전기 재무제표를 재작성해야 한다.
④ 유형자산의 감가상각방법은 자산의 미래경제적효익이 소비되는 형태를 반영하여 결정해야 한다.

12. 다음 중 무형자산의 상각에 대한 설명으로 가장 올바르지 않은 것은?

① 내용연수가 유한한 무형자산은 내용연수 동안 상각을 하고, 내용연수가 비한정인 무형자산은 상각을 하지 않는다.
② 무형자산의 상각방법은 자산의 경제적 효익이 소비되는 형태를 반영해야 하며, 소비되는 형태를 신뢰성있게 결정할 수 없는 경우에는 정액법을 사용한다.
③ 무형자산의 잔존가치, 상각기간과 상각방법을 적어도 매 회계연도 말에 검토한다.
④ 무형자산의 잔존가치, 상각기간, 상각방법을 변경하는 경우에는 회계추정의 변경으로 보고 소급적용하여 회계처리한다.

13. 제조업을 영위하는 ㈜삼일은 특허권 취득에 직접적으로 관련하여 20,000,000원을 지출하였다. ㈜삼일은 이를 이용하여 향후 10년간 경제적 효익을 얻을 수 있을 것이라고 판단하고 있으나 법적으로 배타적 권리를 보장받는 기간은 5년이다. 동 특허권은 20X1년 10월 1일부터 사용 가능하며 잔존가치는 없다고 할 때, 20X1년말 무형자산 상각비로 인식될 금액은 얼마인가(단, 동 특허권의 경제적 효익이 소비되는 형태는 신뢰성있게 결정할 수 없다)?

① 0원 ② 500,000원
③ 1,000,000원 ④ 4,000,000원

14. ㈜삼일은 20X1년초에 임대수익 및 시세차익 등을 목적으로 건물을 10 억원에 취득하였다. 취득당시 건물의 내용연수는 10년, 잔존가치는 없으며, 회사의 감가상각방법은 정액법이다. 건물의 회계처리와 관련하여 ㈜삼일의 20X2년 당기순이익에 미치는 영향은 얼마인가(단, 법인세비용은 고려하지 않으며, ㈜삼일은 투자부동산을 공정가치 모형으로 측정하고 있다)?

ㄱ. 공정가치

구분	20X1년 12월 31일	20X2년 12월 31일
건물	8억원	12억원

① 2억원 당기순이익 감소 ② 4억원 당기순이익 감소
③ 2억원 당기순이익 증가 ④ 4억원 당기순이익 증가

15. ㈜삼일의 단기매매목적으로 취득한 금융자산의 취득, 처분내역은 다음과 같다. 다음 자료를 이용하여 물음에 답하시오. (㈜삼일의 결산일은 12월 31일이며, 시가를 공정가치로 본다)

20X1.1.7	주당 액면금액이 500원인 ㈜용산의 주식 10주를 주당 2,000원에 취득하였다.
20X1.9.10	㈜용산 주식 중 4주를 주당 3,000원에 처분하였다.
20X1.12.31	㈜용산 주식의 시가는 주당 3,000원이었다.
20X2.4.10	㈜용산 주식 중 2주를 주당 2,000원에 처분하였다.
20X2.12.31	㈜용산 주식의 시가는 주당 1,500원이다.

20X1년 ㈜삼일의 포괄손익계산서에 보고될 당기손익-공정가치 측정 금융자산의 평가손익은 얼마인가?

① 평가이익 6,000원 ② 평가이익 10,000원
③ 평가손실 5,000원 ④ 평가손실 6,000원

16. ㈜삼일은 20X1년 1월 1일에 다음과 같은 조건의 회사채를 취득하였으며 이 사채를 기타포괄손익-공정가치 측정 금융자산으로 분류하였다. ㈜삼일이 이 회사채를 20X2년 1월 1일에 현금 990,000원에 처분하였다. ㈜삼일이 처분시점에서 인식해야 할 금융자산처분손익을 계산한 것으로 가장 옳은 것은(단, 소수점 첫째자리에서 반올림한다)?

ㄱ. 발행일 : 20X1년 1월 1일
ㄴ. 액면가액 : 1,000,000원
ㄷ. 만기일 : 20X3년 12월 31일
ㄹ. 표시이자율 : 10%(매년 말 지급조건)
ㅁ. 취득원가 : 951,963원(유효이자율 12%)
ㅂ. 20X1년 12월 31일 사채의 공정가치 : 980,000원

① 금융자산처분손실 10,000원
② 금융자산처분이익 10,000원
③ 금융자산처분손실 23,801원
④ 금융자산처분이익 23,801원

17. ㈜삼일은 20X1년 1월 1일에 다음과 같은 조건의 사채를 발행하였다. 사채 발행으로 인하여 동 일자에 ㈜삼일이 현금으로 조달가능한 금액은 얼마인가?

ㄱ. 액면금액 : 30,000,000원
ㄴ. 액면이자 지급조건 : 매년 말 지급조건
ㄷ. 발행일 : 20X1년 1월 1일
ㄹ. 만기일 : 20X3년 12월 31일(3년)
ㅁ. 액면이자율 : 5%
ㅂ. 시장이자율 : 3%
ㅅ. 현가계수

이자율	1년	2년	3년	계
3%	0.9709	0.9426	0.9151	2.8286

① 25,695,900원 ② 30,000,000원
③ 30,156,900원 ④ 31,695,900원

18. 다음 중 복합금융상품의 종류와 그에 대한 설명으로 가장 올바르지 않은 것은?

① 전환사채란 유가증권 소유자가 일정한 조건하에 보통주로의 전환권을 행사할 수 있는 사채로서, 전환권을 행사하면 보통주로 전환되는 사채이다.
② 신주인수권부사채란 유가증권의 소유자가 일정한 조건하에 신주인수권을 행사하여 보통주 발행을 청구할 수 있는 권리가 부여된 사채이다.
③ 전환우선주란 유가증권의 소유자가 일정한 조건하에 우선권을 행사할 수 있는 우선주로서, 우선권을 행사하면 보통주로 전환되는 우선주이다.
④ 교환사채란 유가증권의 소유자가 사채발행자가 보유하고 있는 유가증권과 교환을 청구할 수 있는 권리가 부여된 사채이다.

19. ㈜삼일은 20X1년 1월 1일에 만기 3년, 표시이자율 7%, 이자는 매년 말에 지급하는 액면금액 3,000,000원의 전환사채를 액면발행하였다. ㈜삼일은 전환사채의 만기일에 액면금액의 13%를 할증금으로 지급하기로 하였다. 일반사채의 시장이자율이 12%라고 할 때 발행시점에 계상할 전환권대가와 전환권조정은 각각 얼마인가(전환권대가는 자본으로 분류되며, 12%, 3년의 현재가치계수는 0.7118이고, 12%, 3년의 연금현재가치계수는 2.4018이다)?

	전환권대가	전환권조정
①	82,620원	472,620원
②	55,080원	260,000원
③	78,495원	315,080원
④	82,620원	55,080원

20. 다음은 소송사건 사례에 대한 자료이다. 소송사건과 관련하여 해당연도에 해당하는 충당부채 또는 우발부채로 인식하는 방법에 대한 설명으로 올바르지 않은 것은?

> 20X0년 결혼식 후에 10명이 사망하였는데, 기업이 판매한 제품 때문에 식중독이 생겼을 가능성이 있다. 그 기업에 손해배상을 청구하는 법적 절차가 시작되었으나, 기업은 그 책임에 대해 이의를 제기하였다. 법률 전문가는 20X0년 12월 31일로 종료하는 연차 재무제표의 발행승인일까지는 기업에 책임이 있는지 밝혀지지 않을 가능성이 높다고 조언하였다. 그러나 법률 전문가는 20X1년 12월 31일로 종료하는 연차 재무제표를 작성할 때에는 소송 사건의 진전에 따라 기업에 책임이 있다고 밝혀질 가능성이 높다고 조언하였다.

① 20X0년 12월 31일 과거 의무발생사건의 결과로 생기는 현재의무는 재무제표가 승인되는 시점에 사용 가능한 증거에 따르면 과거 사건의 결과로 생기는 의무는 없다.
② 20X0년 12월 31일 충당부채를 인식하지 아니한다. 다만 유출될 가능성이 희박하지 않다면 그 사항을 충당부채로 공시한다.
③ 20X1년 12월 31일 과거 의무발생사건의 결과로 생기는 현재의무는 사용 가능한 증거에 따르면 현재의무가 존재한다.
④ 20X1년 12월 31일 의무를 이행하기 위한 금액의 최선의 추정치로 충당부채를 인식한다.

21. 다음은 20X1년말 ㈜삼일의 주요 재무정보의 일부이다. ㈜삼일은 20X1년에 신설된 법인으로 당기에 추가적인 증자 및 배당은 존재하지 않았다. ㈜삼일의 20X1년 당기순이익은 1,000,000,000원이고, 1주당 액면금액은 10,000원일 때 20X1년말 현재 자본에 관한 설명으로 가장 옳은 것은?

자본금	10,000,000,000원
주식발행초과금	3,000,000,000원
이익잉여금	1,000,000,000원
자본총계	14,000,000,000원

① ㈜삼일의 발행주식수는 100,000주이다.
② ㈜삼일의 주식발행금액은 주당 13,000원이다.
③ ㈜삼일의 20X1년 주당이익은 1,400원이다.
④ ㈜삼일의 법정자본금은 13,000,000,000원이다.

22. 다음은 12월말 결산법인인 ㈜삼일의 20X1년 자본거래 내역이다. 20X1년말 결산시 ㈜삼일의 자본에 대한 보고금액으로 올바르게 짝지어진 것은?

> ㄱ. 20X1년 2월 4일 회사는 액면가액 5,000원의 주식 100,000주를 주당 7,500원에 발행하였다.
> ㄴ. 20X1년 10월 10일 이사회결의를 통하여 ㈜삼일의 자기주식 5,000주를 주당 10,000원에 취득하였다.

자본변동표
20X1년 1월 1일부터 20X1년 12월 31일까지
㈜삼일 (단위:백만원)

구분	자본금	주식발행초과금	자기주식	이익잉여금	총계
20X1.1.1	500	750	(100)	xxx	xxx
자본의 변동					
20X1.12.31	(가)	(나)	(다)	xxx	xxx

	(가)	(나)	(다)
①	500	1,000	(50)
②	500	750	(150)
③	1,000	1,000	(150)
④	1,000	750	(50)

23. ㈜삼일은 ㈜용산에 20X1년 1월 1일 제품 A를 2년 후에 이전하기로 하고 5,000원을 수령하였다. ㈜삼일의 증분차입이자율이 5%인 경우 ㈜삼일이 20X2년 인식할 매출액은 얼마인가(단, 소수점 첫째자리에서 반올림한다)?

① 0원 ② 5,000원
③ 5,250원 ④ 5,513원

24. ㈜서울은 20X1년 1월초 ㈜부산에 상품을 할부판매하고 할부금을 매년 말에 2,000,000원씩 3년간 회수하기로 하였다. ㈜삼일이 작성한 현재가치할인차금 상각표가 다음과 같을 때, 다음 항목 중 매년 값이 증가하는 항목으로 가장 옳은 것은?

일자	할부금 회수액	이자수익	매출채권 원금회수액	매출채권 장부금액
20X1.1.1				4,803,660
20X1.12.31	2,000,000	576,439	1,423,561	xxx
20X2.12/31				
20X3.12.31				

① 할부금 회수액　② 이자수익
③ 매출채권 원금회수액　④ 매출채권 장부금액

25. 다음 중 건설계약의 계약수익과 관련된 설명으로 가장 올바르지 않은 것은?

① 계약수익은 건설사업자가 발주자로부터 지급받을 건설계약금액에 근거하여 계상한다.
② 계약수익은 수령하였거나 수령할 대가의 공정가치로 측정한다.
③ 계약수익은 진행률과 관계없이 청구한 금액으로 인식한다.
④ 계약수익은 최초에 합의된 계약금액과 공사변경, 보상금 및 장려금에 따라 추가되는 금액으로 구성되어 있다.

26. ㈜삼일은 ㈜용산의 공장신축과 관련하여 20X1년초 공사계약을 체결하였다. 총공사계약금액은 3억원, 예정완공일은 20X3년말이며 기타 공사 관련 내용은 다음과 같다. 20X2년 ㈜삼일의 계약손익은 얼마인가? 단,㈜삼일은 누적발생원가에 기초하여 진행률을 측정한다.

	20X1년	20X2년	20X3년
당기발생계약원가	1.0억원	0.5억원	1.0억원
누적발생계약원가	1.0억원	1.5억원	2.5억원
추정총계약원가	2.5억원	2.5억원	2.5억원

① 0.1억원 이익　② 0.1억원 손실
③ 0.2억원 이익　④ 0.2억원 손실

27. 다음 중 종업원급여(퇴직급여)의 회계처리에 관한 설명으로 가장 옳은 것은?

① 확정기여제도(DC형)를 도입한 기업은 기여금의 운용결과에 따라 추가납부 의무가 있다.
② 확정급여제도(DB형)는 기업이 기여금을 불입함으로써 퇴직급여와 관련된 모든 의무가 종료된다.
③ 확정급여채무(DB형)의 현재가치를 계산할 때 종업원 이직률, 조기퇴직률, 임금상승률, 할인율 등의 가정은 상황 변화에 관계없이 전기와 동일한 값을 적용한다.
④ 확정급여채무와 사외적립자산의 재측정요소는 기타포괄손익으로 인식한다.

28. ㈜삼일은 20X1년 1월 1일에 기술책임자인 홍길동이사에게 다음과 같은 조건의 현금결제형 주가차액보상권 10,000개를 부여하였다. 이 경우 20X1년 포괄손익계산서에 계상될 당기보상비용은 얼마인가(단, 홍길동 이사는 20X3년 12월 31일 이전에 퇴사하지 않을 것으로 예상된다)?

ㄱ. 기본조건 : 20X3년 12월 31일까지 의무적으로 근무할 것
ㄴ. 행사가능기간 : 20X4년 1월 1일~20X4년 12월31 일
ㄷ. 20X1년말 추정한 주가차액보상권의 공정가치 : 150,000원/개

① 5억원　② 10억원
③ 15억원　④ 30억원

29. ㈜삼일은 20X1년에 영업을 개시하였다. ㈜삼일의 과세소득과 관련된 자료는 다음과 같다. 20X1년말 재무상태표에 계상될 이연법인세자산(부채)(A)과 포괄손익계산서에 계상될 법인세비용(B)는 각각 얼마인가?

법인세비용차감전순이익	3,000,000원
가산(차감)조정	
일시적차이가 아닌 차이	600,000원
일시적차이	800,000원
과세표준	4,400,000원(세율:30%)

〈 추가자료 〉
ㄱ. 일시적차이가 사용될 수 있는 미래과세소득의 발생가능성은 높다고 가정한다.
ㄴ. 일시적차이는 20X2년, 20X3년에 걸쳐 400,000원씩 소멸하며, 미래에도 세율의 변동은 없는 것으로 가정한다.

		(A)	(B)
①	이연법인세부채	180,000원	1,140,000원
②	이연법인세자산	240,000원	1,080,000원
③	이연법인세부채	420,000원	1,320,000원
④	이연법인세자산	420,000원	1,560,000원

30. 20X1년 포괄손익계산서에 계상될 ㈜삼일의 법인세 비용은 얼마인가?

ㄱ. 20X1년 당기법인세 (법인세법상 당기에 납부할 법인세)	2,500,000원
ㄴ. 20X0년말 이연법인세자산 잔액	400,000원
ㄷ. 20X1년말 이연법인세부채 잔액	700,000원

① 1,800,000원　② 2,900,000원
③ 3,200,000원　④ 3,600,000원

31. 회계추정의 변경이란 기업환경의 변화, 새로운 정보의 획득 또는 경영의 축적에 따라 지금까지 사용해 오던 회계적 추정치의 근거와 방법 등을 바꾸는 것을 말한다. 다음 중 유형자산과 관련된 회계추정의 변경에 해당하지 않는 것은?

① 감가상각방법의 변경
② 내용연수의 변경
③ 잔존가치의 변경
④ 원가모형을 재평가모형으로 변경

32. 다음은 ㈜삼일의 20X1 회계연도(20X1년 1월 1일- 20X1년 12월 31일) 당기순이익과 자본금 변동상황에 대한 자료이다. ㈜삼일의 20X1년도 보통주 기본주당순이익은 얼마인가?

ㄱ. 당기순이익 500,000,000원
ㄴ. 자본금변동사항(액면 5,000원)

	보통주자본금
- 1.1 기초	50,000주 250,000,000원
- 4.1 유상증자(30%)	15,000주 75,000,000원
- 10.1 자기주식구입	(5,000)주 (25,000,000원)

*유통보통주식수 계산시 월할계산을 가정한다.
*4.1 유상증자시 시가이하로 유상증자 하지 아니함.

ㄷ. 20X1 회계연도 이익에 대한 배당(현금배당)
- 우선주 : 20,000,000원

① 4,000원 ② 6,000원
③ 8,000원 ④ 10,000원

33. 20X1년초 ㈜삼일은 ㈜한양의 보통주 40%를 800,000원에 취득하여 유의적인 영향력을 행사하게 되었다. 주식취득일 현재 ㈜한양의 순자산장부금액은 2,000,000원으로 공정가치와 동일하였다. ㈜한양의 20X1년 당기순이익이 400,000원이라 할 때 20X1년말 ㈜삼일의 재무상태표에 기록될 관계기업투자주식(지분법적용투자주식)의 장부금액은 얼마인가(단, 20X1년말 영업권과 관련된 손상차손 인식금액은 없다)?

① 800,000원 ② 960,000원
③ 1,020,000원 ④ 1,200,000원

34. 지분법은 투자자가 피투자자에 대해 유의적인 영향력을 행사할 수 있는 경우에 적용한다. 다음 중 유의적인 영향력을 행사할 수 있는 경우에 해당하는 것은(A회사는 투자자, B회사는 피투자자이다)?

① A회사는 B회사의 주식을 40% 보유하고 있으나 계약상 B회사에 관한 의결권을 행사할 수 없다.
② A회사는 B회사의 의결권 있는 주식의 15%를 보유하고 있으나 B회사의 이사회에 참여할 수 있다.
③ A회사는 B회사의 주식을 20% 보유하고 있으나 모두 우선주이며 의결권은 없다.
④ A회사는 12개월 이내에 매각할 목적으로 B회사의 의결권 있는 주식을 15% 취득하여 적극적으로 매수자를 찾고 있는 중이다.

35. 다음 중 환율변동효과와 관련하여 괄호 안에 들어갈 단어로 가장 옳은 것은?

기능통화와 표시통화가 다른 경우 표시통화로 재무상태와 경영성과를 환산하여 보고해야 한다. 재무상태표의 자산과 부채 환산에는 보고기간말의 마감환율을 적용하고 포괄손익계산서의 수익과 비용 환산에는 해당 거래일의 환율을 적용한다. 이때 발생하는 환산차이는 (   )으로 인식한다.

① 영업손익 ② 당기손익
③ 이익잉여금 ④ 기타포괄손익

36. 다음 거래목적 중 파생상품평가손익을 기타포괄손익으로 인식하여 자본항목(기타포괄손익누계액)으로 처리하는 것은?

① 공정가치위험회피 목적의 파생상품평가손익
② 매매목적의 파생상품평가손익
③ 현금흐름위험회피 목적으로 체결한 파생상품의 평가손익 중 위험회피에 효과적인 부분
④ 현금흐름위험회피 목적으로 체결한 파생상품의 평가손익 중 위험회피에 효과적이지 못한 부분

37. 다음 중 일반적으로 금융리스로 분류되는 상황의 예로 가장 올바르지 않은 것은?

① 단기리스 또는 소액 기초자산 리스
② 리스이용자가 선택권을 행사할 수 있는 날의 공정가치보다 충분히 낮을 것으로 예상되는 가격으로 기초자산을 매수할 수 있는 선택권을 가지고 있고, 그 선택권을 행사할 것이 리스약정일 현재 상당히 확실한 경우
③ 리스약정일 현재, 리스료의 현재가치가 적어도 기초자산 공정가치의 대부분에 해당하는 경우
④ 리스기간 종료시점 이전에 기초자산의 소유권이 리스이용자에게 이전되는 리스

38. ㈜삼일의 현금흐름표를 이용하여 요구사항에 답하시오.

현금흐름표
제X1기 : 20X1년 1월 1일부터 20X1년 12월 31일까지

(단위 : 억원)

영업활동현금흐름	A
당기순이익	xxx
가산) 감가상각비	B
투자활동현금흐름	(300)
건물매입으로 인한 현금유출	(300)
재무활동현금흐름	-
현금및현금성자산의 변동	C
기초현금및현금성자산	150
기말현금및현금성자산	50

㈜삼일은 20X1년 1월 1일에 건물을 구입하여 영업활동에 사용하고 있다. 건물의 내용연수가 10년으로 추정되며, 잔존가치는 없고 감가상각방법이 정액법인 경우 A, B, C 에 해당하는 설명으로 옳은 것은(단, 감가상각비 외에 비현금항목은 없으며, 영업활동 관련 자산부채의 변동은 없는 것으로 가정한다)?

	A	B	C
①	400억원	0억원	100억원 감소
②	200억원	0억원	100억원 증가
③	200억원	30억원	100억원 감소
④	400억원	30억원	100억원 증가

39. 다음 중 현금흐름표에 대한 설명으로 가장 올바르지 않은 것은?

① 현금흐름표는 영업활동에 관한 정보뿐만 아니라 투자활동 및 재무활동에 관한 정보도 제공한다.
② 직접법과 간접법은 영업활동뿐만 아니라 투자활동 및 재무활동도 현금흐름표상 표시방법이 다르다.
③ 직접법은 현금흐름을 개별 항목별로 파악할 수 있기 때문에 전문회계지식이 없더라도 그 내용을 쉽게 파악할 수 있다.
④ 현금흐름표상 현금및현금성자산은 보유현금과 요구불예금(이상'현금') 및 현금성자산을 말한다.

40. 다음은 ㈜삼일의 매입활동과 관련된 재무상태표와 포괄손익계산서의 일부이다.

ㄱ. 재무상태표 일부

	20X0년 12월 31일	20X1년 12월 31일
매입채무	5,000,000원	25,000,000원

ㄴ. 당기 재고자산 매입액은 160,000,000원이다.

㈜삼일의 모든 매입은 외상으로 이루어진다고 할 때, 20X1년 중 ㈜삼일이 매입처에 지급한 현금은 얼마인가?

① 100,000,000원 ② 120,000,000원
③ 140,000,000원 ④ 180,000,000원

2021년 11월 시행 재무회계 공개기출문제

1. 다음은 재무회계와 관리회계의 특징을 구분한 것이다. 옳게 설명하고 있는 것을 모두 고르면?

구분		재무회계	관리회계
(가)	보고대상	투자자, 채권자 등 외부 이해관계자	경영자 및 기타 내부 이용자
(나)	작성근거	일반적으로 인정된 회계원칙	경제이론, 경영학, 통계학 등
(다)	보고양식	일정한 양식없음	재무제표
(라)	보고시점	보통 1년(또는 분기, 반기)	주기적 또는 수시
(마)	법적강제력	있음	있음

① (가),(나),(라) ② (나),(다),(라)
③ (나),(라),(마) ④ (다),(라),(마)

2. 다음 중 재무제표의 활용에 대한 설명으로 가장 옳은 것은?

① 특정 시점의 재무상태는 어디까지나 과거 사건에 대한 기록이므로 기업의 미래현금흐름의 시기 및 확실성을 예측하는데 활용할 수 없다.
② 만기가 도래한 금융약정을 이행할 기업의 능력을 예측하기 위해 유동성과 관련된 정보를 파악해 볼 수 있다.
③ 기업의 수익성과 관련된 정보는 추가적인 자원을 효과적으로 동원할 수 있는지 판단하는데 있어서는 유용하지 않다.
④ 재무상태에 관한 정보는 주로 포괄손익계산서에서, 성과에 관한 정보는 재무상태표에서 확인할 수 있다.

3. 다음 중 자산의 측정방법에 대한 설명으로 가장 옳은 것은?

① 역사적원가 : 자산의 취득 또는 창출에 발생한 원가의 가치로서, 자산을 취득 또는 창출하기 위하여 지급한 대가와 거래원가를 포함한다.
② 공정가치 : 기업이 자산의 사용과 궁극적인 처분으로 얻을 것으로 기대하는 현금흐름 또는 그 밖의 경제적효익의 현재가치이다.
③ 사용가치 : 측정일 현재 동등한 자산의 원가로서 측정일에 지급할 대가와 그 날에 발생할 거래원가를 포함한다.
④ 현행원가 : 측정일에 시장참여자 사이의 정상거래에서 자산을 매도할 때 받게 될 가격이다.

4. 다음 중 포괄손익계산서에 대한 설명으로 가장 올바르지 않은 것은?

포괄손익계산서

㈜삼일 20X1년 1월 1일부터 20X1년 12월 31일까지

매출	xxx
매출원가	(xxx)
매출총이익	xxx
판매비와관리비	(xxx)
영업이익	xxx
법인세비용	(xxx)
당기순이익	xxx
기타포괄이익	xxx
총포괄이익	xxx

① 포괄손익계산서에는 기타포괄손익을 후속적으로 당기순이익으로 재분류되는 항목과 재분류되지 않는 항목을 구분하여 표시한다.
② 기타포괄손익 항목은 관련 법인세 효과를 차감한 순액으로만 표시해야 한다.
③ 포괄손익계산서에서 비용을 기능별로 분류하는 경우 주석에 성격별 분류 내용을 공시해야 한다.
④ 포괄손익계산서를 작성할 때 '단일 포괄손익계산서' 또는 '별개의 손익계산서와 포괄손익계산서' 중 하나의 양식을 선택하여 표시할 수 있다.

5. 다음 중 특수관계자 공시에 대한 설명으로 가장 올바르지 않은 것은?

① 수익·비용 거래 및 채권·채무 거래 등에 대하여 그 성격이 유사한 항목은 통합하여 공시할 수 있다.
② 지배기업, 종속기업, 관계기업 등 공시의 대상이 되는 특수관계자의 범주별로 해당 거래를 분류하여 공시한다.
③ 보고대상기간 중에 아무런 거래도 존재하지 않았다면 지배기업과 종속기업 사이의 관계에 대한 공시는 생략할 수 있다.
④ 주요 경영진에 대한 보상의 총액 및 그 구성 내역을 공시한다.

6. 다음 중 재고자산의 취득원가에 포함되어야 할 항목으로 가장 옳은 것은?

ㄱ. 매입원가
ㄴ. 재고자산의 판매와 관련된 원가
ㄷ. 수입관세 및 제세금*
ㄹ. 재고자산 관리직원에 대한 급여
*과세당국으로부터 추후 환급받을 수 있는 금액제외

① ㄱ,ㄴ ② ㄱ,ㄷ
③ ㄱ,ㄴ,ㄷ ④ ㄴ,ㄷ,ㄹ

7. 다음은 ㈜삼일의 20X1년 재고수불부이다. ㈜삼일은 20X1년 1월 1일에 설립되었으며, ㈜삼일의 김사장은 기말재고자산을 총평균법으로 평가할지 선입선출법으로 평가할지 고민 중이다. 재고자산평가방법에 관한 설명으로 가장 올바르지 않은 것은?

	수량	단가	금액
5/5 구입	3,000개	3,000원	9,000,000원
6/6 구입	5,000개	4,000원	20,000,000원
9/9 판매	6,500개		
기말	1,500개		
(단, 매출총이익률=매출총이익/매출액)			

① 매출총이익률은 선입선출법을 적용했을 때보다 총평균법을 적용했을 경우 상대적으로 더 크다.
② 기말재고자산금액은 총평균법을 적용했을 때보다 선입선출법을 적용하였을 경우 562,500원만큼 크다.
③ 매출원가는 총평균법을 적용했을 때보다 선입선출법을 적용하였을 경우 562,500원만큼 작다.
④ 당기순이익은 총평균법을 적용했을 때보다 선입선출법을 적용하였을 경우 562,500원만큼 크다.

8. 다음 자료에서 재고자산평가손실은 ㈜삼일의 재고자산이 진부화되어 발생하였다. 다음 중 ㈜삼일의 20X2년 포괄손익계산서상 매출원가는 얼마인가(단, 재고자산감모손실과 재고자산평가손실은 매출원가로 인식한다고 가정한다)?

20X1년 12월 31일 재고자산	400,000원
20X2년 매입액	1,000,000원
20X2년 재고자산평가손실	550,000원
20X2년 재고자산감모손실	20,000원
20X2년 12월 31일 재고자산 (평가손실과 감모손실 차감 후)	300,000원

① 1,080,000원 ② 1,100,000원
③ 1,120,000원 ④ 1,670,000원

9. 다음 중 유형자산의 취득원가에 관한 설명으로 가장 올바르지 않은 것은?

① 토지는 취득세, 등록세 등 취득부대원가를 가산한 금액을 취득원가로 한다.
② 토지만 사용할 목적으로 토지와 건물을 일괄구입하는 경우 일괄구입대가 모두 토지의 취득원가로 처리한다.
③ 토지와 건물 일괄구입 후 기존 건물을 철거할 때 발생하는 건물철거비용은 토지의 원가에 가산한다.
④ 토지와 건물 일괄구입 후 기존 건물 철거로 발생한 폐자재들을 처리하는 비용이 발생하는 경우 당기손실로 처리한다.

10. ㈜삼일의 재무상태표상 유형자산으로 표시되는 기계장치의 취득금액으로 가장 옳은 것은?

기계장치의 취득과 관련하여 발생한 원가	금액
구입금액	700,000,000원
기계장치에서 생산된 새로운 상품을 소개하는데 소요되는 광고비	50,000,000원
기계장치와 관련된 산출물에 대한 수요가 형성되는 과정에서 발생하는 가동손실	30,000,000원
경영진이 의도하는 방식으로 자산을 가동하는데 필요한 장소와 상태에 이르게 하는데 직접 관련이 있는 전문가에게 지급한 수수료	15,000,000원
경영진이 의도하는 방식으로 가동될 수 있으나 아직 실제로 사용되지는 않고 있음에 따라 발생하는 원가	500,000원
합계	795,500,000원

① 715,000,000원 ② 715,500,000원
③ 730,500,000원 ④ 750,000,000원

11. ㈜삼일은 연구개발을 전담할 연구소를 신축하기로 하였다. ㈜삼일이 20X1년 중 연구소 신축과 관련하여 지출한 금액은 다음과 같으며 완공까지는 약 3년이 소요될 예정이다.

지출일	지출액	비고
20X1년 1월 1일	10,000,000원	공사착공
20X1년 6월 1일	12,000,000원	
20X1년 9월 1일	9,000,000원	

20X1 년 차입원가 산정시 적격자산에 대한 연평균 지출액은 얼마인가(단, 연평균 지출액 계산은 월 단위 기준으로 계산한다)?

① 19,000,000원 ② 20,000,000원
③ 24,000,000원 ④ 28,000,000원

12. 다음 중 내부적으로 창출한 무형자산에 관한 설명으로 가장 올바르지 않은 것은?

① 내부적으로 창출한 영업권은 자산으로 인식하지 아니한다.
② 내부 프로젝트의 연구단계에서 발생한 지출은 발생시점에 비용으로 인식한다.
③ 무형자산을 창출하기 위한 내부 프로젝트를 연구단계와 개발단계로 구분할 수 없는 경우에는 그 프로젝트에서 발생한 지출은 모두 연구단계에서 발생한 것으로 본다.
④ 재료, 장치, 제품, 공정, 시스템이나 용역에 대한 여러 가지 대체안을 탐색하는 활동은 미래경제적효익이 창출될 것으로 예상되므로 무형자산으로 인식한다.

13. 다음은 20X1년 ㈜삼일의 엔진 개발과 관련하여 20X1년 6월 30일까지 발생한 지출에 대한 자료이다. 동 엔진이 20X1년 7월 1일부터 사용가능할 것으로 예측된 경우 20X1년 ㈜삼일이 엔진 개발과 관련하여 무형자산 상각비를 포함한 인식해야 할 총비용은 얼마인가(단, 엔진 개발비에 대하여 내용연수 5년, 정액법 상각함)?

연구단계	개발단계
•엔진 연구 결과의 평가를 위한 지출 : 3,000,000원 •여러 가지 대체안 탐색 활동을 위한 지출 : 27,000,000원	•자산인식조건을 만족하는 개발단계 지출 : 40,000,000원 •자산인식조건을 만족하지 않는 개발단계 지출 : 7,000,000원

① 30,000,000원 ② 37,000,000원
③ 41,000,000원 ④ 75,000,000원

14. 다음 중 투자부동산으로의 계정대체가 가능한 경우로 가장 옳은 것은?

① 제3자에게 운용리스제공을 개시한 경우
② 제3자에게 금융리스제공을 개시한 경우
③ 자가사용을 개시한 경우
④ 정상적인 영업과정에서 판매하기 위한 개발을 시작한 경우

15. 다음 중 금융상품에 대한 설명으로 가장 올바르지 않은 것은?

① 금융상품은 금전신탁, 중개어음 등 금융기관의 정형화된 상품뿐만 아니라 비정형적인 계약상의 권리(의무)를 포함한다.
② 사용권자산과 무형자산(예: 특허권, 상표권)은 금융자산에 해당한다.
③ 금융리스는 금융상품에 해당하지만 운용리스는 금융상품에 해당하지 않는다.
④ 미래경제적효익이 현금 등 금융자산을 수취할 권리가 아니라 재화나 용역의 수취인 자산은 금융자산이 아니다.

16. ㈜삼일은 20X1년 1월 1일에 다음과 같은 조건의 회사채를 취득하였으며, 회사가 이 사채를 상각후원가측정금융자산으로 분류할 경우 20X2년 12월 31일에 인식해야 할 이자수익을 계산한 것으로 옳은 가장 것은(단, 소수점 이하는 절사한다)?

ㄱ. 발행일 : 20X1년 1월 1일
ㄴ. 액면가액 : 1,000,000원
ㄷ. 만기일 : 20X3년 12월 31일
ㄹ. 표시이자율 : 8%(매년 말 지급조건)
ㅁ. 취득원가 : 950,266원(유효이자율 10%)

① 80,000원 ② 95,267원
③ 96,529원 ④ 100,000원

17. 다음 중 금융상품에 대한 설명으로 가장 올바르지 않은 것은?

① 금융상품은 거래당사자에게 금융자산을 발생시키고 동시에 거래상대방에게 금융부채나 지분상품을 발생시키는 모든 계약을 말한다.
② 매입채무와 미지급금은 금융부채에 해당한다.
③ 현금및현금성자산, 매출채권, 다른 기업의 지분상품 및 채무상품은 금융자산에 해당한다.
④ 잠재적으로 유리한 조건으로 거래상대방과 금융자산이나 금융부채로 교환하기로 한 계약상 권리는 금융부채이다.

18. 다음의 빈칸에 들어갈 말로 가장 적절한 것은 무엇인가?

(㉠)은 사채소유자가 일정한 조건 하에 전환권을 행사할 수 있는 사채로서, 권리를 행사하면 보통주로 전환되는 사채를 말한다. 반면에, (㉡)은 유가증권 소유자가 사전에 약정된 가격으로 보통주의 발행을 청구할 수 있는 권리가 부여된 사채를 말한다.

	㉠	㉡
①	영구채	회사채
②	신주인수권부사채	전환사채
③	전환사채	신주인수권부사채
④	회사채	영구채

19. ㈜삼일은 20X1년 1월 1일 만기 3년, 표시이자율 7%, 이자는 매년 말에 지급하는 액면 1,000,000원의 전환사채를 액면발행하였다. ㈜삼일은 전환사채의 만기일에 액면금액의 13%를 할증금으로 지급하기로 하였다. 일반사채의 시장이자율이 12%라고 할 때 발행시점에 계상할 전환권대가와 전환권조정은 각각 얼마인가(12%, 3기간, 현재가치계수 : 0.7118이고 12%, 3기간 연금현재가치계수는 2.4018이다)?

	전환권대가	전환권조정		전환권대가	전환권조정
①	27,540원	130,000원	②	130,000원	130,000원
③	27,540원	157,540원	④	157,540원	27,540원

20. ㈜삼일은 판매일로부터 1년간 판매한 제품에 발생하는 하자를 무상으로 수리해주는 제품보증정책(확신유형의 보증)을 시행하고 있다. 제품보증비용은 매출액의 2%가 발생할 것으로 예측된다. 각 회계연도의 매출액과 실제 제품보증 발생액이 다음과 같은 경우 20X2년 말 재무상태표상 제품보증충당부채로 계상할 금액은 얼마인가?

	20X1년	20X2년
매출액	10,000,000원	14,000,000원
20X1년 판매분에 대한 제품보증비용	50,000원	100,000원
20X2년 판매분에 대한 제품보증비용	-	120,000원

① 60,000원 ② 160,000원
③ 180,000원 ④ 280,000원

21. ㈜삼일은 20X1년초 설립된 회사로 설립시에 보통주와 우선주를 모두 발행하였다. 설립일 이후 자본금의 변동은 없었으며, 20X1년 12월 31일 현재 보통주자본금과 우선주자본금은 다음과 같다.

구분	주당액면금액	발행주식수	자본금
보통주	1,000원	5,000주	5,000,000원
우선주(*)	1,000원	2,000주	2,000,000원

*우선주의 배당률은 10%이며, 비누적적·비참가적 우선주이다.

㈜삼일은 20X1년 12월 31일로 종료되는 회계연도의 정기주주총회에서 배당금 총액을 300,000원으로 선언할 예정인 경우 우선주 주주에게 배분될 배당금은 얼마인가?

① 70,000원 ② 100,000원
③ 200,000원 ④ 300,000원

22. 다음 중 자본거래가 각 자본항목에 미치는 영향에 관한 설명으로 가장 올바르지 않은 것은?

		주식배당	무상증자	주식분할
①	자본금	증가	증가	불변
②	주식수	불변	증가	증가
③	이익잉여금	감소	감소가능	불변
④	총자본	불변	불변	불변

23. 수익인식 5단계 모형에 따라 수익을 인식하는 순서가 아래와 같다면 다음 빈칸에 들어갈 말로 가장 옳은 것은?

[1단계] 고객과의 계약 식별
[2단계] 별도의 수행의무 식별
[3단계] (㉠)
[4단계] 각 수행의무에 거래가격 배분
[5단계] (㉡)

	㉠	㉡
①	통제 이전 시점 식별	각 수행의무 충족시 수익인식
②	거래가격의 산정	변동대가 고려
③	통제 이전 시점 식별	변동대가 고려
④	거래가격의 산정	각 수행의무 충족시 수익인식

24. ㈜삼일은 20X1년 12월 31일 ㈜반품에 60,000,000원(원가 30,000,000원)의 제품을 판매하고 1년 이내 반품할 수 있는 권리를 부여하였다. 인도일 현재 매출액 기준 10,000,000원(원가 5,000,000원)이 반품될 것으로 예상된다면 ㈜삼일이 20X1년에 인식할 매출액은 얼마인가?

① 10,000,000원 ② 40,000,000원
③ 50,000,000원 ④ 60,000,000원

25. 수익인식 5단계 중 한 시점에 이행하는 수행의무는 고객이 약속된 자산을 통제하고 기업이 의무를 이행하는 시점에 수익을 인식한다. 고객이 자산을 통제하는 시점으로 가장 올바르지 않은 것은?

① 고객은 기업이 수행하는 대로 기업의 수행에서 제공하는 효익을 동시에 얻고 소비한다.
② 자산의 소유에 따른 유의적인 위험과 보상이 고객에게 있다.
③ 고객에게 자산의 법적소유권이 있다.
④ 판매기업이 자산의 물리적 점유를 이전하였다.

26. ㈜삼일건설은 ㈜용산과 20X1년 7월 1일 총 계약금액 90,000,000원의 공장신축공사계약을 체결하였다. 회사가 누적발생계약원가에 기초하여 진행률을 측정하여 진행기준으로 수익을 인식한다면 ㈜삼일건설의 20X2년 계약손익은 얼마인가?(단위 : 원)

	20X1년	20X2년	20X3년
당기발생계약원가	10,000,000	30,000,000	40,000,000
추정총계약원가	80,000,000	80,000,000	80,000,000
공사대금청구액(연도별)	10,000,000	30,000,000	50,000,000

① 이익 1,250,000원 ② 이익 3,750,000원
③ 이익 4,500,000원 ④ 이익 5,000,000원

27. 다음 중 확정급여채무의 현재가치 증감 항목으로 가장 올바르지 않은 것은?

① 당기근무원가
② 확정급여채무의 이자원가
③ 확정급여채무에서 발생한 보험수리적손익
④ 사외적립자산의 이자수익

28. ㈜삼일은 20X1년 1월 1일에 기술책임자인 홍길동이사에게 다음과 같은 조건의 현금결제형 주가차액보상권 30,000개를 부여하였다. 이 경우 20X1년 포괄손익계산서에 계상될 당기보상비용은 얼마인가(단, 홍길동 이사는 20X4년 12월 31일 이전에 퇴사하지 않을 것으로 예상된다)?

> ㄱ. 기본조건 : 20X4년 12월 31일까지 의무적으로 근무할 것
> ㄴ. 행사가능기간 : 20X5년 1월 1일~20X5년 12월31 일
> ㄷ. 20X1년말 추정한 주가차액보상권의 공정가치 : 150,000원/개

① 10억원 ② 11.25억원
③ 15억원 ④ 20억원

29. 다음 중 법인세회계에 관한 설명으로 가장 올바르지 않은 것은?

① 이연법인세자산은 유동자산과 비유동자산으로 구분된다.
② 이연법인세부채는 비유동부채로만 계상한다.
③ 차감할일시적차이가 사용될 수 있는 미래과세소득의 발생 가능성이 높은 경우에 이연법인세자산을 인식한다.
④ 일시적차이가 소멸될 것으로 예상되는 기간의 과세소득에 적용될 것으로 기대되는 평균세율을 적용하여 이연법인세자산·부채를 측정한다.

30. 다음은 ㈜삼일의 20X1년과 20X2년말의 법인세회계와 관련된 내역이다. 20X2년에 ㈜삼일이 계상하여야 할 법인세비용은 얼마인가?

	20X1년말	20X2년말
이연법인세자산	10,000원	50,000원
이연법인세부채	30,000원	10,000원
20X2년 당기법인세	200,000원	

① 110,000원 ② 120,000원
③ 140,000원 ④ 190,000원

31. ㈜삼일은 20X1년 1월 1일에 취득한 내용연수 5년의 기계장치 100,000원을 정률법으로 상각하여 오던 중 20X3년 1월 1일에 정액법으로 감가상각방법을 변경하기로 하였다. ㈜삼일이 취득한 기계장치의 내용연수 종료시점의 잔존가치는 없으며, 정률법의 상각률이 40%일 경우 ㈜삼일이 회계변경으로 인하여 20X3년 인식할 감가상각비는 얼마인가?

① 12,000원 ② 14,400원
③ 20,000원 ④ 40,000원

32. ㈜삼일의 20X1년 당기순이익은 20,000,000원이며, 우선주배당금은 2,000,000원이다. ㈜삼일의 20X1년 1월 1일 유통보통주식수는 17,000주이며, 9월 1일에는 유상증자를 통해 보통주 9,000주를 발행하였다. ㈜삼일의 20X1년 기본주당순이익은 얼마인가(단, 유상신주의 발행금액과 공정가치는 동일하며, 가중평균유통보통주식수는 월할로 계산한다)?

① 300원 ② 600원
③ 900원 ④ 1,000원

33. 20X1년초에 ㈜삼일은 ㈜용산의 주식 30%를 1,000,000원에 취득하면서 ㈜용산에 대해 유의적인 영향력을 갖게 되었다. 20X1년초 ㈜용산의 순자산 장부금액은 2,000,000원이었으며, 건물을 제외한 자산과 부채에 대해서는 공정가치와 장부금액이 일치하였다. 동 건물의 공정가치는 장부금액보다 200,000원 높게 평가되었으며, 잔존내용연수 5년, 잔존가치 0원, 정액법으로 감가상각하고 있다. ㈜용산의 20X1년 당기순이익이 300,000원 일 경우, ㈜삼일의 20X1년말 재무제표상 관계기업투자주식의 장부금액은 얼마인가?

① 98,000원 ② 1,078,000원
③ 1,090,000원 ④ 1,102,000원

34. 원화를 기능통화로 사용하고 있는 ㈜삼일은 20X1년 10월 1일에 중국 현지공장에서 재고자산을 CNY2,000에 매입하여 기말까지 보유하고 있다. 이 재고자산의 기말 순실현가능가치는 CNY1,800이다. CNY 대비 원화의 환율이 다음과 같을 때 ㈜삼일이 20X1년 상기 재고자산에 대하여 인식할 평가손실 금액은 얼마인가?

> •20X1년 10월 01일 : CNY 1=110원
> •20X1년 12월 31일 : CNY 1=115원

① 13,000원 ② 92,000원
③ 132,000원 ④ 142,000원

35. 다음 중 재무제표의 외화환산에 관한 설명으로 가장 올바르지 않은 것은?

① 기능통화와 표시통화가 다른 경우 표시통화로 재무상태와 경영성과를 환산하여 보고해야 한다.
② 연결실체는 연결재무제표를 작성하기 위하여 각 기업의 경영성과와 재무상태를 같은 통화로 표시한다.
③ 포괄손익계산서의 수익과 비용은 마감환율을 적용한다.
④ 재무제표의 환산에서 생기는 외환차이는 기타포괄손익으로 인식한다.

36. ㈜삼일은 원재료 $2,000을 외상으로 매입하고, 대금을 9개월 후에 달러($)로 지급하기로 하였다. 이 경우 ㈜삼일의 외화매입채무 $2,000은 환율변동위험에 노출되게 되었다. 해당 거래와 관련하여 환율변동위험을 회피할 수 있는 방법으로 가장 옳은 것은?

① 약정된 환율로 9개월 후 $2,000을 매도하는 통화선도계약을 체결한다.
② 약정된 환율로 9개월 후 $2,000을 매입하는 통화선도계약을 체결한다.
③ 약정된 환율로 9개월 후 $2,000을 거래할 수 있는 콜옵션을 매입한다.
④ 약정된 환율로 9개월 후 $2,000을 거래할 수 있는 풋옵션을 매도한다.

37. ㈜삼일리스는 20X1년 1월 1일(리스약정일)에 ㈜대구(리스이용자)와 기계장치에 대한 금융리스계약을 체결하였으며, 관련 자료는 다음과 같다. 이러한 리스거래로 인하여 리스이용자인 ㈜대구가 리스부채와 사용권자산에 대해 20X1년에 인식할 이자비용과 감가상각비의 합계액은 얼마인가(단, 계산금액은 소수점 첫째자리에서 반올림함을 원칙으로 하고, 가장 근사치를 답으로 선택한다)?

ㄱ. 리스기간 : 3년(리스기간 종료시 ㈜대구는 소유권을 이전받음)
ㄴ. 리스료 총액 : 150,000원(매 50,000원씩 매년 말 3회 후불)
ㄷ. 리스자산의 취득원가 : 120,092원(리스약정일의 공정가치와 동일)
ㄹ. 리스자산의 내용연수와 잔존가치 : 내용연수 5년, 잔존가치 20,092원
ㅁ. 리스의 내재이자율 : 연 12%
ㅂ. 이자율 12%, 3년 연금현가계수 : 2.40183
이자율 12%, 3년 현가계수 : 0.71178

① 18,000원 ② 34,411원
③ 44,411원 ④ 47,744원

38. 다음 중 현금흐름표에 관한 설명으로 가장 올바르지 않은 것은?

① 현금흐름표는 회계기간 동안 발생한 현금흐름을 영업활동, 투자활동 및 재무활동으로 분류하여 보고한다.
② 영업활동은 기업의 주요 수익창출활동, 그리고 투자활동이나 재무활동이 아닌 기타의 활동을 말한다.
③ 투자활동은 유·무형자산, 다른 기업의 지분상품이나 채무상품 등의 취득과 처분활동, 제3자에 대한 대여 및 회수활동 등을 포함한다.
④ 간접법을 적용하여 표시한 영업활동 현금흐름은 직접법에 의한 영업활동 현금흐름에서는 파악할 수 없는 정보를 제공하기 때문에 미래현금흐름을 추정하는 데 보다 유용한 정보를 제공한다.

39. 다음은 유통업을 영위하는 ㈜삼일의 매입활동 관련 자료이다.

ㄱ. 재무상태표 관련자료

구분	20X2년 12월 31일	20X1년 12월 31일
재고자산	67,000원	92,000원
매입채무	55,000원	70,000원

ㄴ. 포괄손익계산서 관련자료

구분	20X2년	20X1년
매출원가	210,000원	165,000원

㈜삼일의 모든 매입은 외상으로 이루어진다고 할 때, 20X2년 중 ㈜삼일이 매입처에 지급한 현금은 얼마인가?

① 200,000원 ② 210,000원
③ 225,000원 ④ 250,000원

40. ㈜삼일은 기중에 다음과 같은 자금의사결정을 하였다. 아래의 의사결정으로 인한 현금흐름 중 투자활동관련 순현금흐름은 얼마인가?

매출채권의 회수	950,000원
차입금의 상환	1,000,000원
유형자산의 처분	500,000원
기타포괄손익-공정가치측정금융자산의 취득	1,000,000원
유상증자	2,000,000원
급여의 지급	500,000원
배당금의 지급	800,000원

① 200,000원 현금유입 ② 350,000원 현금유출
③ 450,000원 현금유입 ④ 500,000원 현금유출

2021년 12월 시행 재무회계 공개기출문제

1. 다음 중 국제회계기준의 특징으로 가장 올바르지 않은 것은?

① 국제회계기준은 원칙중심 회계기준이다.
② 국제회계기준은 개별재무제표가 아닌 연결재무제표 중심이다.
③ 국제회계기준의 가장 큰 특징은 공정가치 측정에서 역사적 원가에 기초한 측정으로 대폭 그 방향을 전환하였다는 점이다.
④ 국제회계기준은 각국의 협업을 통해 기준을 제정한다.

2. 다음 중 재무제표의 기본가정에 대한 설명으로 가장 올바르지 않은 것은?

① 기본가정이란 회계이론 전개의 기초가 되는 사실들을 의미한다.
② 기업에 경영활동을 청산할 의도나 필요성이 있더라도 계속기업의 가정에 따라 재무제표를 작성한다.
③ 목적적합성은 재무제표를 통해 제공되는 정보가 갖추어야 할 근본적인 질적 특성이지만 개념체계에서 규정하는 기본가정에 해당하지는 않는다.
④ 재무보고를 위한 개념체계에서는 계속기업을 기본가정으로 규정한다.

3. 다음의 빈칸에 들어갈 알맞은 말을 올바르게 짝지은 것은?

> 재무제표가 제공하는 정보가 정보이용자의 의사결정에 목적적합성을 제공하기 위해서 기본적으로 갖추어야 할 주요 질적 특성으로 (ㄱ)와 (ㄴ), (ㄷ)을 들 수 있다.
> 정보가 정보이용자들이 미래 결과를 예측하기 위해 사용하는 절차의 투입요소로 사용될 수 있다면 그 재무정보는 (ㄱ)를 갖는다. 재무정보가 과거 평가에 대한 피드백을 제공, 즉 확인하거나 변경시킨다면 (ㄴ)를 갖는다.
> 정보가 누락되거나 잘못 기재된 경우 특정 보고기업의 재무정보에 근거한 정보이용자의 의사결정에 영향을 줄 수 있다면 그 정보는 중요한 것이다.
> (ㄷ)은 개별 기업 재무보고서 관점에서 해당 정보와 관련된 항목의 성격이나 규모 또는 이 둘 모두에 근거하여 해당 기업에 특유한 측면의 목적적합성을 의미한다.

	(ㄱ)	(ㄴ)	(ㄷ)
①	충실한표현	비교가능성	중요성
②	예측가치	확인가치	중요성
③	확인가치	적시성	중요성
④	적시성	이해가능성	확인가치

4. 다음 중 재무제표의 작성 및 표시에 관한 설명으로 가장 올바르지 않은 것은?

① 경영진은 재무제표를 작성할 때 계속기업으로서의 존속가능성을 평가해야 한다.
② 매출채권에 대해 대손충당금을 차감하여 순액으로 측정하는 것은 상계표시에 해당한다.
③ 기업은 현금흐름 정보를 제외하고는 발생기준 회계를 사용하여 재무제표를 작성한다.
④ 중요하지 않은 항목은 성격이나 기능이 유사한 항목과 통합하여 표시할 수 있다.

5. 다음 중 수정을 요하는 보고기간 후 사건에 해당하는 것을 모두 고른 것은?

> ㄱ. 보고기간 말에 존재하였던 현재의무가 보고기간 후에 소송사건의 확정에 의해 확인되는 경우
> ㄴ. 보고기간 말 이전 사건의 결과로서 보고기간 말에 종업원에게 지급하여야 할 법적 의무가 있는 상여금 지급금액을 보고기간 후에 확정하는 경우
> ㄷ. 보고기간 말과 재무제표 발행승인일 사이에 투자자산의 공정가치가 하락하는 경우

① ㄱ　　② ㄱ, ㄷ
③ ㄱ, ㄴ　　④ ㄱ, ㄴ, ㄷ

6. 단일 제품을 생산하는 ㈜삼일은 제품생산에 투입될 취득원가 100,000원의 원재료와 제조원가 200,000원의 제품 재고를 보유하고 있다. 원재료의 현행대체원가가 90,000원이고 제품의 순실현가능가치가 230,000원일 때, 저가법에 의한 재고자산평가손실은 얼마인가(단, 기초에 재고자산평가충당금은 없다)?

① 0원　　② 10,000원
③ 20,000원　　④ 30,000원

7. 재고자산 평가방법으로 이동평균법을 적용하고 있는 ㈜삼일의 재고자산수불부가 다음과 같을 때, ㈜삼일의 기말재고자산 금액으로 가장 옳은 것은(단, 기말재고자산 실사결과 확인된 재고수량은 600개이다)?

	수량	단가	금액
전기이월	1,000개	80원	80,000원
3월 5일 구입	200개	110원	22,000원
4월 22일 판매	800개		
6월 8일 구입	200개	120원	24,000원
기말	600개		

① 58,000원　　② 62,000원
③ 68,000원　　④ 72,000원

8. 다음 중 재고자산의 평가에 관한 설명으로 가장 올바르지 않은 것은?

① 재고자산은 취득원가와 순실현가능가치 중 낮은 금액으로 측정한다.
② 상품 및 제품의 순실현가능가액은 예상판매가격에서 추가예상원가 및 기타 판매비용을 차감한 금액으로 추정한다.
③ 원재료의 현행대체원가가 장부금액보다 낮게 추정된다면 예외없이 재고자산평가손실이 발생한다.
④ 재고자산의 판매가 계약에 의해 확정되어 있는 경우 순실현가능가액은 그 계약가격에 기초한다.

9. ㈜삼일은 20X1년 1월 1일 내용연수 5년, 잔존가치 500,000원인 기계장치를 5,000,000원에 취득하였다. 다음 감가상각방법 중 20X1년 감가상각비로 인식되는 금액이 가장 작은 것은?

① 정액법
② 정률법(상각률 : 0.451)
③ 생산량비례법(추정 총생산제품수량 : 6,000개 중 20X1년 생산량 1,500개)
④ 연수합계법

10. 다음 중 유형자산의 후속측정에 관한 설명으로 가장 올바르지 않은 것은?

① 기업은 원가모형과 재평가모형 중 하나를 회계정책으로 선택하여 유형자산의 유형별로 동일하게 적용하여야 한다.
② 재평가모형이란 취득일 이후 재평가일의 공정가치로 해당 자산금액을 수정하고, 당해 공정가치에서 재평가일 이후의 감가상각누계액과 손상차손누계액을 차감한 금액을 장부금액으로 공시한다.
③ 재평가로 인하여 자산이 증가된 경우 그 증가액은 기타포괄이익으로 인식하고 재평가잉여금의 과목으로 자본(기타포괄손익누계액)에 가산한다.
④ 재평가로 인하여 자산이 감소된 경우 그 감소액은 기타포괄손실로 인식하고 재평가잉여금의 과목으로 자본(기타포괄손익누계액)에 차감한다.

11. 다음 중 유형자산의 손상에 관한 설명으로 가장 올바르지 않은 것은?

① 기업은 매보고기간 말마다 자산손상을 시사하는 징후가 있는지를 검토하고 그러한 징후가 있다면 당해 자산의 회수가능가액을 추정하여 회수가능액이 장부금액에 미달하는 경우 손상차손을 인식한다.
② 자산손상을 시사하는 징후가 있는지를 검토할 때는 외부정보와 내부정보 모두 고려해야 한다.
③ 자산의 회수가능액은 당해 자산의 순공정가치와 사용가치 중 큰 금액이다.
④ 유형자산에 대하여 손상차손 또는 손상차손환입을 인식한 후에는 재평가모형을 적용한 경우에만 수정된 장부금액에서 잔존가치를 차감한 금액에 기초하여 잔존내용연수에 걸쳐 감가상각을 한다.

12. ㈜삼일은 20X1년 7월 1일 기계장치 A를 100억원에 취득한 후 이를 신약개발활동에 사용하고 있다. 동 활동이 개발비의 인식요건을 충족하며, 당기 말 현재 동 신약개발활동이 계속 진행 중이라면 ㈜삼일이 당기 포괄손익계산서에 비용으로 인식할 금액은 얼마인가(단, 기계장치 A는 내용연수 5년, 정액법으로 상각한다)?

① 0억원　　② 10억원
③ 20억원　　④ 100억원

13. 다음 중 무형자산의 후속 측정에 관한 설명으로 가장 옳은 것은?

① 내용연수가 비한정인 무형자산은 최소한 3 년에 1 회 이상의 손상검사가 이루어져야 한다.
② 손상검토시 회수가능액은 순공정가치와 사용가치 중 작은 금액을 기준으로 판단한다.
③ 무형자산의 경제적 효익이 소비되는 형태를 신뢰성 있게 결정할 수 없는 경우 정률법으로 상각한다.
④ 무형자산의 잔존가치, 상각기간 및 상각방법의 적정성에 대하여 매 보고기간 말에 재검토하여야 한다.

14. 부동산매매업을 영위하고 있는 ㈜삼일은 당기 중 판매목적으로 보유하던 장부금액 120억원의 상가건물을 제3자에게 운용리스를 통해 제공하기로 하였다. 용도 변경시점의 동 상가건물의 공정가치가 150억원이었다고 가정할 때, ㈜삼일의 회계처리로 가장 옳은 것은(단, ㈜삼일은 투자부동산에 대하여 공정가치모형을 적용한다)?

①	(차)	투자부동산	150억
	(대)	재고자산	120억
		재평가이익(당기손익)	30억
②	(차)	투자부동산	150억
	(대)	재고자산	150억
③	(차)	투자부동산	150억
	(대)	재고자산	120억
		재평가잉여금(기타포괄손익)	30억
④	(차)	투자부동산	120억
	(대)	재고자산	120억

15. 다음 중 상각후원가측정금융자산에 관한 설명으로 가장 올바르지 않은 것은?

① 상각후원가측정금융자산은 계약상 현금흐름이 원리금으로만 구성되어 있고, 사업모형이 계약상 현금흐름을 수취하는 것인 금융자산을 의미한다.
② 상각후원가측정금융자산 취득시 지출된 거래원가는 취득원가에 가산한다.
③ 상각후원가측정금융자산은 유효이자율법을 적용하여 상각후원가로 평가한다.
④ 원칙적으로 모든 채무증권은 상각후원가측정금융자산으로 분류한다.

16. 다음 중 기타포괄손익-공정가치측정 금융자산에 관한 설명으로 가장 옳은 것은?

① 기타포괄손익-공정가치측정 금융자산은 원칙적으로 공정가치로 평가하여 평가손익을 당기손익으로 반영한다.
② 기타포괄손익-공정가치측정 금융자산으로 분류되는 채무상품은 당기손익-공정가치측정 금융자산으로 분류변경할 수 있다.
③ 기타포괄손익-공정가치측정 금융자산 취득시 지출된 거래원가는 당기비용으로 처리한다.
④ 기타포괄손익-공정가치측정 금융자산으로 분류되는 채무상품에 대한 손상차손은 인식하지 아니한다.

17. ㈜삼일은 20X1년 1월 1일 다음과 같은 조건의 회사채에 투자하기로 하였다. 동 투자사채의 취득원가는 얼마인가(단, 소수점 이하 첫째 자리에서 반올림하며, ㈜삼일은 동 투자사채를 기타포괄손익-공정가치측정금융자산으로 분류하였다)?

ㄱ. 액면금액 : 200,000,000원
ㄴ. 만기일 : 20X2년 12월 31일
ㄷ. 액면이자율 : 12%, 매년 말 지급 조건
ㄹ. 시장이자율 : 8%
ㅁ. 금융거래 수수료 : 액면금액의 0.5%

① 186,479,592원 ② 200,000,000원
③ 214,266,118원 ④ 215,266,118원

18. 다음 중 금융부채에 관한 설명으로 가장 올바르지 않은 것은?

① 금융부채는 원칙적으로 최초인식시 공정가치로 인식한다.
② 당기손익-공정가치측정 금융부채와 관련되는 거래원가는 당기손익으로 처리한다.
③ 사채의 상환손익이 발생하는 이유는 상환일의 시장이자율이 발행일의 시장이자율과 다르기 때문이다.
④ 연속상환사채의 발행금액은 사채로부터 발생하는 미래현금흐름의 사채 상환시점의 시장이자율로 할인한 현재가치가 된다.

19. 20X1년 4월 1일 발행한 사채(액면 1,000,000원, 표시이자율 10%, 이자지급일 매년 3월 31일 후급, 만기 20X4년 3월 31일)를 20X2년 4월 1일 공정가치(단, 공정가치는 아래의 현가계수 자료를 이용해서 계산하시오)로 상환할 경우 이 사채의 조기상환손익은 얼마인가(단, 단수차이로 인해 오차가 있다면 가장 근사치를 선택하며, 20X1년 4월 1일과 20X2년 4월 1일의 시장이자율은 각각 8%와 10%이다)?

	8%		10%	
	1원의 현가계수	연금현가계수	1원의 현가계수	연금현가계수
2년	0.8573	1.7833	0.8264	1.7355
3년	0.7938	2.5771	0.7513	2.4868

① 사채상환이익 35,680원 ② 사채상환이익 90,780원
③ 사채상환손실 35,680원 ④ 사채상환손실 90,780원

20. ㈜삼일은 20X1년초에 한정 생산판매한 제품에 대하여 3년 동안 품질을 보증하기로 하였다. 20X1년 중 실제 발생한 품질보증비는 210원이다. ㈜삼일은 기대가치를 계산하는 방식으로 최선의 추정치 개념을 사용하여 충당부채를 인식한다. ㈜삼일은 이 제품의 품질보증과 관련하여 20X1년말에 20X2년 및 20X3년에 발생할 것으로 예상되는 품질보증비 및 예상 확률을 다음과 같이 추정하였다.

20X2년		20X3년	
품질보증비	예상확률	품질보증비	예상확률
144원	10%	220원	40%
296원	60%	300원	50%
640원	30%	500원	10%

㈜삼일은 20X2년 및 20X3년에 발생할 것으로 예상되는 품질보증비에 대해 설정하는 충당부채를 20%의 할인율을 적용하여 현재가치로 측정하기로 하였다. ㈜삼일의 20X1년말 재무상태표에 보고될 제품보증충당부채는 얼마인가(단, 20X2년과 20X3년에 발생할 것으로 예상되는 품질보증비는 각 회계연도말에 발생한다고 가정한다)?

① 520원 ② 560원
③ 730원 ④ 770원

21. 20X1년 설립된 ㈜삼일의 20X1년 당기순이익은 1,000,000,000원이고, 1 주당 액면금액은 5,000원이다. 20X1년말 자본이 아래와 같을 때 가장 옳은 것은(단, 설립 이후 추가 증자는 없었다)?

자본금	5,000,000,000원
주식발행초과금	3,000,000,000원
이익잉여금	1,000,000,000원
자본총계	9,000,000,000원

① ㈜삼일의 발행주식수는 1,600,000주이다.
② ㈜삼일의 주식발행금액은 주당 8,000원이다.
③ ㈜삼일의 법정자본금은 9,000,000,000원이다.
④ ㈜삼일의 20X1년 주당이익은 2,000원이다.

22. 다음 중 자본변동표에 관한 설명으로 가장 올바르지 않은 것은?

① 납입자본, 이익잉여금, 기타포괄손익 등 자본의 각 항목별로 포괄손익, 소유주와의 자본거래 등에 따른 변동액을 표시한다.
② 일정 기간 동안에 발생한 기업실체와 소유주간의 거래 내용을 이해하고 소유주에게 귀속될 이익 및 배당가능이익을 파악하는데 유용하다.
③ 재무상태표에 표시되어 있는 자본의 기말잔액만 제시하고 기초잔액은 제공하지 않는다.
④ 지배기업의 소유주와 비지배지분에게 각각 귀속되는 금액으로 구분하여 표시한 해당 기간의 총포괄손익을 표시한다.

23. 수익인식 5단계 중 한 시점에 이행하는 수행의무는 고객이 약속된 자산을 통제하고 기업이 의무를 이행하는 시점에 수익을 인식한다. 고객이 자산을 통제하는 시점으로 가장 올바르지 않은 것은?

① 판매기업이 자산에 대해 현재 지급청구권이 있다.
② 고객에게 자산의 법적소유권이 있다.
③ 판매기업이 자산의 물리적 점유를 이전하였다.
④ 고객은 기업이 수행하는 대로 기업의 수행에서 제공하는 효익을 동시에 얻고 소비한다.

24. ㈜삼일은 20X2년 3월 1일 ㈜용산에 상품 10,000개를 10,000,000원(원가 7,000,000원)에 외상으로 판매하고 6개월 이내에 반품할 수 있는 권리는 부여하였다. 회사의 과거 경험에 따르면 판매일 현재 전체 매출 중 500개가 반품될 것으로 예상되고, 예상이 합리적이라면 ㈜삼일이 해당 상품의 인도일에 인식해야 할 매출총이익을 계산한 것으로 가장 옳은 것은?

① 2,500,000원　② 2,650,000원
③ 2,850,000원　④ 3,000,000원

25. ㈜삼일은 20X1년 1월 5일에 서울시와 교량건설 도급공사 계약을 체결하였다. 총계약금액은 500,000,000원이며 공사가 완성되는 20X3년 12월 31일까지 건설과 관련된 회계자료는 다음과 같다. ㈜삼일이 공사진행기준으로 수익을 인식한다면 20X1년, 20X2년 및 20X3년 공사이익으로 계상할 금액은 얼마인가? 단, ㈜삼일은 누적발생원가에 기초하여 진행률을 산정한다. (단위 : 원)

	20X1년	20X2년	20X3년
당해연도발생 계약원가	60,000,000	120,000,000	180,000,000
추정 총계약원가	300,000,000	360,000,000	360,000,000
공사대금청구액 (연도별)	140,000,000	160,000,000	200,000,000

	20X1년	20X2년	20X3년
①	40,000,000원	20,000,000원	80,000,000원
②	40,000,000원	30,000,000원	70,000,000원
③	60,000,000원	30,000,000원	50,000,000원
④	60,000,000원	50,000,000원	30,000,000원

26. ㈜서울은 ㈜마포로부터 건설공사를 수주하였다. ㈜마포와 체결한 건설공사에서 손실이 발생할 것으로 예상되는 경우 ㈜서울이 수행할 회계처리로 가장 옳은 것은?

① 건설계약에서 예상되는 손실액은 진행률에 따라 비용으로 인식한다.
② 건설계약에서 예상되는 손실액은 공사완료시점에 비용으로 인식한다.
③ 건설계약에서 예상되는 손실액은 당기에 즉시 비용으로 인식한다.
④ 건설계약에서 예상되는 손실액은 전기에 인식했던 수익에서 직접 차감한다.

27. ㈜삼일은 확정급여형 퇴직급여제도를 시행하고 있다. 확정급여채무의 현재가치와 사외적립자산의 공정가치 변동 내역이 다음과 같을 경우 20X1년 당기손익에 미치는 영향은 얼마인가?

〈확정급여채무의 현재가치〉

20X1.1.1	100,000원
당기근무원가	10,000원
이자원가	2,000원
보험수리적 손익	200원
20X1.12.31	112,200원

〈사외적립자산의 공정가치〉

20X11.1	50,000원
사외적립자산의 적립	5,000원
사외적립자산의 기대수익	2,000원
재측정요소	100원
20X1.12.31	57,100원

① 10,000원　② 11,000원
③ 12,000원　④ 12,200원

28. ㈜삼일은 20X1년 1월 1일 임원 10명에게 용역제공 조건으로 주식결제형 주식선택권을 부여하였다. 주식결제형 주식기준보상과 관련하여 20X2년 주식보상비용 계산시 필요한 정보로 가장 올바르지 않은 것은?

① 용역제공기간(가득기간)
② 부여된 지분상품의 수량
③ 연평균기대권리소멸률
④ 보고기간말 현재 주가차액보상권의 공정가치

29. ㈜삼일은 20X1년에 사업을 개시하였으며 20X1년 당기순이익은 2,000,000원이다. 당기 세무조정으로 인하여 20X1년말에는 미래 법인세부담을 경감시키는 차감할 일시적차이 500,000원이 존재한다. ㈜삼일의 20X1년 재무상태표에 계상될 이연법인세자산·부채는 얼마인가(단, 일시적 차이가 소멸될 것으로 예상되는 기간의 과세소득에 적용될 것으로 기대되는 평균세율은 30%이고 이연법인세자산·부채 인식요건을 모두 만족한다)?

① 이연법인세자산 150,000원
② 이연법인세자산 210,000원
③ 이연법인세부채 150,000원
④ 이연법인세부채 210,000원

30. 다음은 ㈜삼일의 20X1년과 20X2년말의 법인세회계와 관련된 내역이다. 20X2년에 ㈜삼일이 계상하여야 할 법인세비용은 얼마인가?

	20X1년말	20X2년말
이연법인세자산	10,000원	50,000원
이연법인세부채	50,000원	10,000원
20X2년 당기법인세	200,000원	

① 110,000원 ② 120,000원
③ 160,000원 ④ 190,000원

31. ㈜삼일의 20X3년말 회계감사과정에서 발견된 기말재고자산 관련 오류사항은 다음과 같다.

20X1년말	20X2년말	20X3년말
5,000원 과대	2,000원 과대	3,000원 과대

위의 오류사항을 반영하기 전 20X3년말 이익잉여금은 100,000원, 20X3년도 당기순이익은 30,000원이었다. 오류를 수정한 후의 20X3년말 이익잉여금(A)과 20X3년도 당기순이익(B)은 각각 얼마인가(단, 오류는 중요한 것으로 가정한다)?

	(A)	(B)
①	90,000원	27,000원
②	97,000원	27,000원
③	90,000원	29,000원
④	97,000원	29,000원

32. ㈜삼일의 20X1년초 자본의 일부 내역은 다음과 같다.

	보통주	우선주
액면금액	5,000원	5,000원
발행주식수	15,000주	2,000주
자기주식	1,000주	0주

다음은 20X1년 중 주식수의 변동내역이다.

20X1년 4월 30일	보통주 유상증자 1,000주 발행
20X1년 6월 30일	보통주 유상증자 500주 발행
20X1년 10월 31일	보통주 자기주식 300주 취득
20X1년 11월 30일	보통주 자기주식 160주 재발행

20X1년의 가중평균유통보통주식수는 얼마인가(단, 유통발행주식수는 월수로 계산하여 가장 근사치를 선택한다)?

① 14,853주 ② 14,880주
③ 15,000주 ④ 15,200주

33. ㈜삼일은 20X1년 1월 1일에 ㈜용산의 발행주식총수의 40%를 4,000원에 취득하였으며, ㈜용산의 주식은 지분법으로 회계처리한다. 주식취득일 현재 ㈜용산의 자산·부채의 장부금액은 공정가치와 동일하였다. 20X1년초와 20X1년말 ㈜용산의 순자산장부금액은 아래와 같으며 20X1년 중 이익잉여금의 처분은 없었다.

구분	20X1년 1월 1일	20X1년 12월 31일
자본금	5,000원	5,000원
이익잉여금	5,000원	25,000원
순자산장부금액	10,000원	30,000원

㈜삼일의 20X1년말 재무상태표에 계상될 ㈜용산의 관계기업투자주식(지분법적용투자주식) 장부금액은 얼마인가?

① 11,000원 ② 11,800원
③ 12,000원 ④ 13,000원

34. ㈜삼일은 20X1년 4월 1일에 유형자산으로 분류되는 토지를 $10,000에 취득하였다. ㈜삼일은 유형자산에 대해 재평가모형을 적용하고 있으며, 매년 말에 공정가치로 재평가한다. 20X1년말 토지의 공정가치가 $15,000일 경우, ㈜삼일이 20X1년말에 인식할 재평가잉여금(기타포괄손익)은 얼마인가(단, ㈜삼일의 기능통화는 원화이며, 관련 환율은 다음과 같다)?

일자	20X1년 4월 1일	20X1년 12월 31일
환율(₩/$)	1,000	1,200

① 2,000,000원 ② 3,000,000원
③ 5,000,000원 ④ 8,000,000원

35. 다음 중 기능통화, 표시통화 및 외화거래에 대한 설명으로 가장 올바르지 않은 것은?

① 재무제표를 표시통화로 환산할 때 발생하는 환산차이는 당기손익으로 인식한다.
② 외화거래를 보고기간 말에 기능통화로 환산할 때 화폐성항목은 마감환율로 환산하고, 외환차이를 당기손익으로 인식한다.
③ 외화거래를 보고기간 말에 기능통화로 환산할 때 역사적원가로 측정하는 비화폐성항목은 거래일의 환율로 환산하기 때문에, 외환차이가 발생하지 않는다.
④ 외화거래를 보고기간 말에 기능통화로 환산할 때 공정가치로 측정하는 비화폐성항목은 공정가치가 결정된 날의 환율로 환산하며, 외환차이는 당기손익 또는 기타포괄손익으로 인식한다.

36. ㈜삼일은 6개월 후에 $2,000의 재고자산을 구입할 예정이며 현재 환율은 1,000원/$ 이다. 그러나 6개월 후에 환율이 1,100원/$ 으로 상승한다면 재고자산의 매입으로 인한 현금 유출액은 당초 계획보다 증가하게 될 것이다. ㈜삼일은 이를 회피하기 위하여 6개월 후에 $2,000를 $1당 1,050원에 매입하는 통화선도계약을 체결하였다. 해당 거래의 위험회피유형으로 가장 옳은 것은?

① 공정가치위험회피 ② 현금흐름위험회피
③ 해외사업장순투자위험회피 ④ 매매목적위험회피

37. ㈜삼일리스는 20X1년 1월 1일 ㈜용산과 금융리스 계약을 체결하였다. 20X1년 ㈜용산의 감가상각비(정액법 적용)는 얼마인가?(단, 소수점 첫째자리에서 반올림한다)

ㄱ. 리스기간 : 20X1년 1월 1일 - 20X4년 12월 31일
ㄴ. 기초자산 내용연수 : 5년
ㄷ. 기초자산 잔존가치 : 0(영)
ㄹ. 리스료 지급방법 : 리스기간 동안 매년 말 지급
ㅁ. 리스실행일 현재 리스료의 현재가치 : 400,000원
ㅂ. 리스실행일 현재 기초자산의 공정가치 : 400,000원
ㅅ. 리스기간 종료 후 소유권을 ㈜용산에 이전하기로 하였다.

① 80,000원 ② 100,000원
③ 133,333원 ④ 144,444원

38. ㈜삼일은 제조업을 영위하고 있으며 모든 매출은 외상으로 이루어진다. 다음 자료를 이용하여 20X1년매출로부터의 현금유입액을 계산하면 얼마인가(선수금에 의한 매출, 매출에누리와 환입, 매출할인 등은 없다고 가정함)?

ㄱ.재무상태표

	20X1년초	20X1년말
매출채권	10,000원	20,000원
대손충당금(매출채권)	300원	470원

ㄴ.포괄손익계산서(20X1.1.1 - 20X1.12.31)
매출액 560,000원 대손상각비(매출채권) 550원

① 524,470원 ② 532,170원
③ 549,620원 ④ 569,010원

39. 다음 ㈜삼일의 20X1년 재무제표 관련 자료를 이용하여 현금흐름표에 보고될 영업활동현금흐름을 계산하면 얼마인가?

당기순이익	20,000원	감가상각비	4,600원
매출채권의 증가	15,000원	재고자산의 감소	2,500원
매입채무의 증가	10,400원		

① 20,200원 ② 21,000원
③ 22,500원 ④ 33,200원

40. 현금의 유입과 유출이 없는 중요한 거래는 현금흐름표에는 표시되지 않지만 재무제표를 이해하는데 목적적합한 정보인 경우 주석으로 표시한다. 다음 중 현금의 유입과 유출이 없는 거래가 아닌 것은?

① 현물출자로 인한 유형자산의 취득
② 주식배당
③ 전환사채의 전환
④ 유상증자

2022년 1월 시행 재무회계 공개기출문제

1. 다음은 재무회계와 관리회계의 특징을 구분한 것이다. 옳게 설명하고 있는 것을 모두 고르면?

	구분	재무회계	관리회계
(가)	보고대상	투자자, 채권자 등 외부 이해관계자	경영자 및 기타 내부 이용자
(나)	작성근거	일반적으로 인정된 회계원칙	경제이론, 경영학, 통계학 등
(다)	보고양식	일정한 양식없음	재무제표
(라)	보고시점	보통 1년(또는 분기, 반기)	주기적 또는 수시
(마)	법적강제력	있음	있음

① (가),(나),(라) ② (나),(다),(라)
③ (나),(라),(마) ④ (다),(라),(마)

2. 다음 중 자산의 측정방법에 대한 설명으로 가장 올바르지 않은 것은?

① 사용가치 : 기업이 자산의 사용과 궁극적인 처분으로 얻을 것으로 기대하는 현금흐름의 현재가치
② 현행원가 : 기업이 부채를 이행할 때 이전해야 하는 현금이나 그 밖의 경제적 자원의 현재가치
③ 역사적원가 : 기업이 자산을 취득 또는 창출하기 위하여 지급한 대가(거래원가 포함)
④ 공정가치 : 자산 측정일에 시장참여자 사이의 정상거래에서 자산을 매도할 때 받을 가격 등

3. 다음 중 기타포괄손익 항목 중 후속적으로 당기손익으로 재분류 되지 않는 항목은?

① 재평가잉여금의 변동
② 해외사업장의 재무재표 환산으로 인한 손익
③ 현금흐름위험회피의 위험회피수단평가손익 중 효과적인 부분
④ 관계기업의 재분류되는 기타포괄손익에 대한 지분

4. 다음은 자산에 속하는 계정들의 잔액이다. 재무상태표에 유동자산으로 계상될 금액은 얼마인가?

(가) 단기대여금	50,000원	(라) 선급금	100,000원
(나) 매출채권	200,000원	(마) 기계장치	450,000원
(다) 재고자산	300,000원	(바) 개발비	200,000원

① 250,000원 ② 550,000원
③ 650,000원 ④ 750,000원

5. 다음 중 재무제표 보고기간 후에 발생한 사건에 대한 설명으로 가장 올바르지 않은 것은?

① 수정을 요하지 않는 보고기간 후 사건의 예로 보고기간 말과 재무제표 발행 승인일 사이에 투자자산의 공정가치의 하락을 들 수 있다.
② 수정을 요하지 않는 보고기간 후 사건으로서 중요한 것은 그 범주별로 사건의 성격이나 재무적 영향에 대한 추정치 등을 공시하여야 한다.
③ 수정을 요하는 보고기간 후 사건의 예로 보고기간 말 이전에 구입한 자산의 취득원가나 매각한 자산의 대가를 보고기간 후에 결정하는 경우 등을 들 수 있다.
④ 수정을 요하는 보고기간 후 사건이란 보고기간 후에 발생한 상황을 나타내는 사건을 말한다.

6. 다음 중 재고자산에 대한 설명으로 가장 옳은 것은?

① 재고자산은 취득원가와 순실현가능가치 중 높은 금액으로 측정한다.
② 매입할인, 리베이트 및 기타 유사한 항목은 매입원가를 결정할 때 차감하지 않는다.
③ 재고자산을 현재의 장소에 현재의 상태로 이르게 하는데 기여하지 않은 관리간접원가는 재고자산의 취득원가에 포함한다.
④ 판매원가는 재고자산의 취득원가에 포함하지 않는다.

7. ㈜삼일은 창업연도부터 개별법으로 재고자산을 평가 해왔으나, 회사의 규모가 커지고 판매상품의 종류가 많아짐에 따라 재고자산평가방법을 선입선출법으로 변경하고자 한다. 재고자산평가방법을 선입선출법으로 변경할 경우 ㈜삼일의 기말재고자산 금액은 얼마인가?

	수량	단가	금액
전기이월	1,000개	1,000원	1,000,000원
2월 3일 구입	2,000개	1,500원	3,000,000원
8월 7일 판매	2,750개		
9월 5일 구입	3,000개	2,000원	6,000,000원
기말	3,250개		

① 5,375,000원 ② 6,000,000원
③ 6,375,000원 ④ 6,500,000원

8. 다음은 ㈜삼일의 20X1년 재고수불부이다. ㈜삼일은 20X1년 1월 1일에 설립되었으며, ㈜삼일의 김사장은 기말재고자산을 총평균법으로 평가할지 선입선출법으로 평가할지 고민 중이다. 재고자산평가방법에 관한 설명으로 가장 올바르지 않은 것은?

	수량	단가	금액
5/5 구입	3,000개	2,000원	6,000,000원
6/6 구입	7,000개	3,000원	21,000,000원
9/9 판매	8,500개		
기말	1,500개		
(단, 매출총이익률=매출총이익/매출액)			

① 기말재고자산금액은 선입선출법을 적용했을 때보다 총평균법을 적용하였을 경우 450,000원만큼 작다.
② 매출총이익률은 선입선출법을 적용했을 때보다 총평균법을 적용했을 경우 상대적으로 더 크다.
③ 매출원가는 선입선출법을 적용했을 때보다 총평균법을 적용하였을 경우 450,000원만큼 크다.
④ 당기순이익은 선입선출법을 적용했을 때보다 총평균법을 적용하였을 경우 450,000원만큼 작다.

9. 다음은 의류 제조업을 영위하는 ㈜삼일이 20X1년 1월 1일에 취득한 자산의 목록이다. 동 자산의 취득으로 인하여 20X1년말에 증가할 유형자산의 금액은 얼마인가(단, ㈜삼일은 모든 상각대상 유형자산에 대하여 내용연수 4년, 정액법, 잔존가치 0원을 적용한다)?

ㄱ. 본사 사옥 건설을 위해 취득한 토지	10억
ㄴ. 임대수익을 얻을 목적으로 취득한 건물	8억
ㄷ. 재고자산의 운송을 위해 취득한 설비자산	2억
ㄹ. 제조공장 내 구축물을 자체 건설하는데 소요된 원가 (20X1년말 현재 건설중임.)	1억

① 12억 ② 12.5억
③ 13억 ④ 21억

10. 다음 중 유형자산의 취득원가에 관한 설명으로 가장 올바르지 않은 것은?

① 토지는 취득세, 등록세 등 취득부대원가를 가산한 금액을 취득원가로 한다.
② 토지만 사용할 목적으로 토지와 건물을 일괄구입하는 경우 일괄구입대가 모두 토지의 취득원가로 처리한다.
③ 토지와 건물 일괄구입 후 기존 건물을 철거할 때 발생하는 건물 철거비용은 토지의 원가에 가산한다.
④ 토지와 건물 일괄구입 후 기존 건물 철거로 발생한 폐자재들을 처리하는 비용이 발생하는 경우 당기손실로 처리한다.

11. 통신업을 영위하고 있는 ㈜삼일은 20X1년 7월 1일 5억원에 취득하여 사용해 오던 건물 A(내용연수 10년, 정액법, 잔존가치 0원)를 20X5년 1월 1일 3억원에 처분하였다. 다음 중 ㈜삼일이 건물 A의 처분과 관련하여 20X5년 포괄손익계산서에 인식할 계정과 금액으로 가장 옳은 것은(단, ㈜삼일은 건물을 원가모형으로 후속측정한다)?

① 유형자산처분이익 25,000,000원
② 유형자산처분이익 12,500,000원
③ 유형자산처분손실 25,000,000원
④ 유형자산처분손실 12,500,000원

12. 다음은 ㈜삼일의 프로젝트 개발활동과 관련된 지출 내용이다. 무형자산(개발비)으로 회계처리가 가능한 금액은 얼마인가?

프로젝트	금액	내용
가	350,000원	프로젝트 연구단계에서의 지출
나	900,000원	프로젝트 개발단계에서의 지출로 자산 인식조건을 만족시킴.
다	1,000,000원	프로젝트 개발단계에서의 지출로 자산 인식조건을 만족시키지 못함.
라	250,000원	프로젝트 개발과 관련된 내부개발 소프트웨어로 자산 인식조건을 만족시킴.

① 900,000원 ② 1,150,000원
③ 1,500,000원 ④ 1,600,000원

13. 다음 중 무형자산의 상각에 대한 설명으로 가장 올바르지 않은 것은?

① 내용연수가 유한한 무형자산은 내용연수동안 상각하지만 내용연수가 비한정인 무형자산은 상각하지 않는다.
② 무형자산의 잔존가치는 처분으로 회수가능한 금액을 근거로 하여 추정하며, 적어도 매 회계기간말에 검토한다.
③ 무형자산의 상각방법을 변경하는 경우에는 회계추정의 변경으로 본다.
④ 내용연수가 비한정인 무형자산이란 내용연수가 무한하여 미래 경제적 효익이 무한할 것으로 기대되는 무형자산을 의미한다.

14. 다음 중 투자부동산의 후속 측정에 관한 설명으로 가장 옳은 것은?

① 투자부동산으로 분류된 건물에 대하여 공정가치모형을 적용할 경우 감가상각은 하지 않는다.
② 투자부동산은 보고기간 말에 공정가치모형과 원가모형 중 하나를 선택하여 각각의 투자부동산에 다르게 선택하여 적용할 수 있다.
③ 투자부동산의 공정가치모형 적용시 공정가치 변동으로 발생하는 손익은 당기손익에 반영하지 않는다.
④ 투자부동산은 원가모형만 적용이 가능하다.

15. 다음 중 상각후원가측정금융자산에 관한 설명으로 가장 올바르지 않은 것은?

① 원칙적으로 지분상품은 상각후원가측정금융자산으로 분류될 수 없다.
② 상각후원가측정금융자산은 유효이자율법을 적용하여 상각후원가로 평가한다.
③ 원칙적으로 모든 채무증권은 상각후원가측정금융자산으로 분류한다.
④ 상각후원가측정금융자산 취득시 지출된 거래원가는 취득원가에 우선 가산한 후 유효이자율법에 의해 이자수익에 가감된다.

16. ㈜서울은 20X1년초에 ㈜용산의 주식 1,000주를 취득하고 당기손익-공정가치측정 금융자산으로 분류하였다. 20X2년초에 1,000주를 공정가치로 처분한 경우 ㈜서울이 20X2년의 포괄손익계산서에 계상할 처분손익은 얼마인가?

일자	구분	주당금액
20X1년 1월 3일	취득원가	10,000원
20X1년 12월 31일	공정가치	9,500원
20X2년 1월 1일	공정가치	10,200원

① 손실 500,000원 ② 손실 200,000원
③ 이익 200,000원 ④ 이익 700,000원

17. 다음 중 금융자산 제거의 경제적 실질 판단 요소에 포함되는 사항으로 가장 올바르지 않은 것은?

① 법률상 금융자산의 이전 여부
② 금융자산의 소유에 따른 위험과 보상의 이전 여부
③ 금융자산의 현금흐름 양도에 대한 판단
④ 금융자산에 대한 통제권 상실 여부

18. ㈜삼일은 20X1년 1월 1일에 만기 3년, 액면금액 100,000,000원, 표시이자율 10%인 사채를 발행하였다. 이자는 매년 말에 지급되고 사채 발행시점의 유효이자율은 8%라고 할 때 사채의 발행가액은 얼마인가?

8%	1년	2년	3년	합계
현가계수	0.92593	0.85734	0.79383	2.57710

① 100,000,000원 ② 103,197,900원
③ 105,154,000원 ④ 106,245,000원

19. 다음 중 전환사채에 대한 설명으로 가장 올바르지 않은 것은?

① 전환사채는 전환사채소유자가 일정한 조건 하에 전환권을 행사할 수 있는 사채로, 일반사채보다 표면금리가 낮게 책정된다.
② 전환권에 대한 대가가 자본으로 분류되는 전환사채는 복합금융상품에 해당한다.
③ 전환사채 만기에 주식으로 전환되지 못했을 경우 투자자에게 지급되는 상환할증금은 지급이 확정된 시점에서 인식한다.
④ 전환권조정은 사채할인발행차금과 마찬가지로 상환기간동안 유효이자율법을 적용하여 상각하고 상각된 금액은 이자비용으로 인식한다.

20. 전자제품을 판매하는 ㈜삼일은 확신유형의 보증으로 판매 후 1년간 판매한 제품에서 발생하는 결함을 무상으로 수리해주고 있다. 과거의 판매경험에 의하면 제품보증비용은 매출액의 5%가 발생할 것으로 예상된다. ㈜삼일의 20X1년도 매출액이 200억원이고 20X1년 중 발생된 제품보증비용이 7억원인 경우, 포괄손익계산서에 계상되는 20X1년도 제품보증비는 얼마인가?

① 0억원 ② 3억원
③ 7억원 ④ 10억원

21. 다음은 ㈜삼일의 제1기말(20X1년 12월 31일) 현재의 주요 재무정보이다. ㈜삼일은 제1기에 증자 및 배당 등 다른 자본거래가 없었다.(단위 : 원)

자본금	5,000,000,000
주식발행초과금	3,500,000,000
…	…
자본총계	10,000,000,000

㈜삼일의 20X1년 당기순이익은 1,500,000,000원이고, 주당 액면금액은 5,000원일 때 20X1년말 현재 자본에 대한 설명으로 가장 올바르지 않은 것은?

① ㈜삼일의 법정자본금은 5,000,000,000원이다.
② ㈜삼일의 발행주식수는 1,000,000주이다.
③ ㈜삼일의 기말 이익잉여금은 1,500,000,000원이다.
④ ㈜삼일의 주식발행금액은 주당 10,000원이다.

22. 다음 중 자기주식에 관한 설명으로 가장 올바르지 않은 것은?

① 주식을 발행한 회사가 자사발행주식을 재취득한 주식을 말한다.
② 자기주식의 매각이나 소각에 따른 손실은 자기주식처분이익으로 우선 상계한다.
③ 상법상 자기주식취득은 주가수준 유지나 stock option과 같은 특별한 경우에 한하여 인정하고 있다.
④ 자기주식처분에 따른 손실에 대한 자기주식처분이익 상계 후 잔액은 결손금 처리순서에 준하여 처리한다.

23. 기업은 고객에게 약속한 재화나 용역을 이전하여 수행의무를 이행할 때 수익을 인식하여야 하는데, 만약 수행의무가 한 시점에 이행되는 경우라면 고객이 약속된 자산을 통제하고 기업이 의무를 이행하는 시점에서 수익을 인식한다. 여기서 고객이 자산을 통제하는 시점의 예로 가장 올바르지 않은 것은?

① 판매기업이 자산에 대해 현재 지급청구권이 있다.
② 판매기업이 자산의 물리적 점유를 이전하였다.
③ 판매기업에게 자산의 법적 소유권이 있다.
④ 자산의 소유에 따른 유의적인 위험과 보상이 고객에게 있다.

24. ㈜삼일은 20X1년 12월 31일 ㈜반품에 50,000,000원(원가 30,000,000원)의 제품을 판매하고 1년 이내 반품할 수 있는 권리를 부여하였다. 인도일 현재 판매금액 중 10,000,000원이 반품될 것으로 예상된다면 ㈜삼일이 20X1년에 인식할 매출원가는 얼마인가?

① 21,000,000원 ② 24,000,000원
③ 27,000,000원 ④ 30,000,000원

25. 다음 중 건설계약에 관한 설명으로 가장 올바르지 않은 것은?

① 진행률 계산시 발주자에게서 받은 기성금과 선수금도 공사의 정도를 반영하므로 이를 기준으로 진행률을 결정할 수 있다.
② 공사가 완료된 후에 일정기간 발생하는 하자보수원가를 추정하여 하자보수비로 인식하고 상대계정으로 하자보수충당부채를 인식한다.
③ 계약수익은 수령하였거나 수령할 대가의 공정가치로 측정한다.
④ 진행률은 보고기간 말마다 다시 측정하며 진행률의 변동은 회계추정의 변경으로 회계처리한다.

26. ㈜삼일건설은 20X1년 1월 1일에 대전시로부터 교량건설을 총공사계약액 50,000,000원에 수주하였다. 공사기간은 20X1년 1월 1일부터 20X3년 12월 31일까지이다. 추정총계약원가는 40,000,000원으로 공사기간 동안 변동이 없으며, 회사는 누적발생계약원가에 기초하여 공사진행률을 측정하고 있다. 20X1년과 20X2년 계약수익이 다음과 같을 때 20X2년말 누적공사진행률을 계산한 것으로 가장 옳은 것은?

ㄱ. 20X1년 계약수익 : 20,000,000원
ㄴ. 20X2년 계약수익 : 10,000,000원

① 10% ② 20%
③ 40% ④ 60%

27. 다음 중 확정급여형 퇴직급여제도와 관련하여 당기손익으로 인식되는 항목으로 가장 올바르지 않은 것은?

① 당기근무원가 ② 이자원가
③ 보험수리적손익 ④ 과거근무원가

28. ㈜삼일은 20X1년 1월 1일 임원 10명에게 2년의 용역제공조건(20X1년 1월 1일부터 20X2년 12월 31일)으로 1인당 주식결제형 주식선택권 100개를 부여하였다. 부여일 현재 주식선택권의 단위당 공정가치는 100원으로 추정되며 추정권리상실률은 20%로 예상되는 경우 ㈜삼일이 20X1년 중 인식할 주식보상비용은 얼마인가?

① 40,000원 ② 50,000원
③ 80,000원 ④ 100,000원

29. 20X1년초 사업을 개시한 ㈜삼일의 과세소득과 관련된 다음 자료를 이용하여 20X1 년 말 재무상태표상의 이연법인세자산(부채)금액을 구하면 얼마인가?

법인세비용차감전순이익	4,000,000원
가산(차감)조정	
접대비한도초과액	600,000원
감가상각비한도초과액	900,000원
과세표준	5,500,000원
세율	25%

〈 추가자료 〉
ㄱ. 차감할 일시적차이가 사용될 수 있는 미래과세소득의 발생가능성은 높다고 가정한다.
ㄴ. 감가상각비한도초과액에 대한 일시적차이는 20X2년, 20X3년, 20X4년에 걸쳐 300,000원씩 소멸하며, 일시적차이가 소멸될 것으로 예상되는 기간의 과세소득에 적용될 것으로 기대되는 평균세율은 다음과 같다.

연도	20X2년	20X3년	20X4년
세율	25%	30%	30%

① 이연법인세부채 225,000원
② 이연법인세자산 255,000원
③ 이연법인세부채 325,000원
④ 이연법인세자산 375,000원

30. ㈜삼일은 결손이 누적되고 미래 과세소득이 발생하지 않을 것이라 판단하여 미사용 세무상 결손금에 대하여 더 이상 이연법인세자산을 인식하지 않기로 하였다. 전기까지 인식하였던 세무상 결손금에 대한 이연법인세자산을 더 이상을 인식하지 않을 경우 ㈜삼일의 재무제표에 미치는 영향으로 가장 옳은 것은?

① 부채비율(부채/자본)의 감소
② 법인세비용의 증가
③ 당기순이익 증가
④ 법인세비용차감전순이익의 감소

31. 다음 중 회계추정의 변경에 해당하는 것으로 가장 올바르지 않은 것은?

① 수취채권의 대손상각률 변경
② 재고자산 원가흐름의 가정을 선입선출법에서 평균법으로 변경
③ 유형자산 감가상각방법의 변경
④ 유형자산 내용연수의 변경

32. 다음 정보를 이용하여 ㈜삼일의 주가를 계산하면 얼마인가?

ㄱ. 업종 평균 주가수익률(PER)	10배
ㄴ. ㈜삼일의 당기순이익	50,000원
ㄷ. ㈜삼일의 가중평균유통보통주식수	1,000주

① 500원 ② 5,000원
③ 10,000원 ④ 50,000원

33. ㈜삼일은 20X1년 1월 1일 ㈜용산의 보통주 40%를 4,000,000원에 취득하였고 그 결과 ㈜용산에 유의적인 영향력을 행사할 수 있게 되었다. 주식 취득일 현재 ㈜용산의 순자산 공정가치가 9,000,000원인 경우 관계기업투자주식의 취득원가 중 영업권에 해당하는 금액은 얼마인가?

① 0원 ② 160,000원
③ 400,000원 ④ 5,000,000원

34. 다음 중 환율변동효과와 관련하여 괄호 안에 들어 갈 단어로 가장 옳은 것은?

> 기능통화와 표시통화가 다른 경우 표시통화로 재무상태와 경영성과를 환산하여 보고해야 한다. 재무상태표의 자산과 부채는 (ㄱ)을 적용하고, 포괄손익계산서의 수익과 비용은 (ㄴ)을 적용하되 환율이 유의적으로 변동하지 않을 경우에는 (ㄷ)을 적용할 수 있다.

	ㄱ	ㄴ	ㄷ
①	보고기간말의 마감환율	해당 거래일의 환율	해당기간의 평균환율
②	보고기간말의 마감환율	해당기간의 평균환율	해당 거래일의 환율
③	해당기간의 평균환율	보고기간말의 마감환율	해당 거래일의 환율
④	해당기간의 평균환율	해당 거래일의 환율	보고기간말의 마감환율

35. 외화거래를 최초로 인식하는 경우 거래일의 외화와 기능통화 사이의 현물환율을 외화금액에 적용하여 기능통화로 기록한다. 다음의 외화자산 및 부채 중 보고기간 말의 마감환율을 적용하여 환산하여야 할 화폐성항목으로 가장 올바르지 않은 것은?

① 선수금 ② 매입채무
③ 매출채권 ④ 장기차입금

36. 다음 거래목적 중 파생상품평가손익을 당기손익으로 처리하지 않는 것은?

① 매매목적으로 체결한 파생상품의 평가손익
② 공정가치위험회피 목적으로 체결한 파생상품의 평가손익
③ 현금흐름위험회피 목적으로 체결한 파생상품의 평가손익 중 위험회피에 효과적인 부분
④ 현금흐름위험회피 목적으로 체결한 파생상품의 평가손익 중 위험회피에 효과적이지 못한 부분

37. 다음 중 리스와 관련된 용어에 대한 설명으로 가장 올바르지 않은 것은?

① 리스총투자는 금융리스에서 리스제공자가 받게 될 리스료와 무보증잔존가치의 합계액을 말한다.
② 리스순투자는 리스총투자를 리스의 내재이자율로 할인한 금액을 말하며, 리스개시일 현재 기초자산의 공정가치와 리스제공자가 지출한 리스개설직접원가로 구성된다.
③ 변동리스료는 리스기간 중에 기초자산의 사용권에 대하여 리스이용자가 리스제공자에게 지급하는 리스료의 일부로서 시간의 경과가 아닌 리스개시일 후 사실이나 상황의 변화 때문에 달라지는 부분을 말한다.
④ 내재이자율은 리스제공자의 목표수익률을 의미하며, 내재이자율 산정 시에는 리스료만을 고려하고 무보증잔존가치는 제외한다.

38. ㈜삼일리스는 20X1년 1월 1일(리스약정일)에 ㈜대구(리스이용자)와 기계장치에 대한 금융리스계약을 체결하였으며, 관련 자료는 다음과 같다. 이러한 리스거래로 인하여 리스이용자인 ㈜대구가 20X1년에 인식할 감가상각비는 얼마인가(단, 계산금액은 소수점 첫째자리에서 반올림함을 원칙으로 하고, 가장 근사치를 답으로 선택한다)?

> ㄱ. 리스기간 : 3년(리스기간 종료시 ㈜대구는 소유권을 이전 받음)
> ㄴ. 리스료 총액 : 300,000원(매 100,000원씩 매년 말 3회 후불)
> ㄷ. 기초자산의 취득원가 : 240,183원(리스약정일의 공정가치와 동일)
> ㄹ. 기초자산의 내용연수와 잔존가치 : 내용연수 5년, 잔존가치 40,183원
> ㅁ. 리스의 내재이자율 : 연 12%
> ㅂ. 이자율 12%, 3년 연금현가계수 : 2.40183
> 이자율 12%, 3년 현가계수 : 0.71178

① 24,018원 ② 28,822원
③ 40,000원 ④ 68,822원

39. 다음은 ㈜삼일의 매입활동과 관련된 재무상태표와 포괄손익계산서의 일부이다.

ㄱ. 재무상태표 일부

	20X0년 12월 31일	20X1년 12월 31일
매입채무	10,000,000원	35,000,000원

ㄴ. 당기 재고자산 매입액은 160,000,000원이다.

㈜삼일의 모든 매입은 외상으로 이루어진다고 할 때, 20X1년 중 ㈜삼일이 매입처에 지급한 현금은 얼마인가?

① 120,000,000원 ② 135,000,000원
③ 155,000,000원 ④ 185,000,000원

40. 다음은 ㈜삼일의 20X1년 영업활동에 관련된 자료이다. 20X1년 12월 31일로 종료되는 회계연도에 ㈜삼일의 현금흐름표에 보고되어야 할 영업활동 현금흐름은 얼마인가(단, 상기 자료 이외에 간접법으로 현금흐름표 작성 시 고려할 사항은 없다고 가정함)?

당기순이익	15,000,000원
매출채권의 증가	3,000,000원
매입채무의 감소	2,500,000원
감가상각비	1,000,000원

① 8,500,000원 ② 9,000,000원
③ 10,000,000원 ④ 10,500,000원

2022년 3월 시행 재무회계 공개기출문제

1. 다음은 한국채택국제회계기준(K-IFRS)의 특징에 대한 설명이다. 빈칸에 알맞은 말로 가장 옳은 것은?

> 연결실체가 재무제표를 작성하는 것을 전제로 제정된 K-IFRS는 (ㄱ) 중심의 회계기준으로서 회사 경영자가 경제적 실질에 기초하여 합리적으로 회계처리할 수 있도록 유도하고 있다. 또한 국제자본시장의 정보이용자들에게 보다 목적적합한 정보를 제공하기 위해 자산 및 부채에 대한 (ㄴ) 적용이 확대되었다.

	ㄱ	ㄴ
①	원칙	공정가치
②	원칙	역사적 원가
③	규칙	공정가치
④	규칙	역사적 원가

2. 다음 중 '재무보고를 위한 개념체계'의 목적과 위상에 관한 설명으로 가장 올바르지 않은 것은?

① 특정 거래나 다른 사건에 적용할 회계기준이 없거나 회계기준에서 회계정책 선택이 허용되는 경우에 재무제표 작성자가 일관된 회계정책을 개발하는 데 도움을 준다.
② 모든 이해관계자가 회계기준을 이해하고 해석하는 데 도움을 준다.
③ 한국회계기준위원회가 일관된 개념에 기반하여 한국채택국제회계기준을 제·개정하는 데 도움을 준다.
④ 개념체계와 한국채택국제회계기준이 상충될 경우에는 개념체계가 우선한다.

3. 다음 중 재무제표 작성과 관련된 설명으로 가장 올바르지 않은 것은?

① 경영진이 경영활동의 중단 이외에 다른 현실적 대안이 없는 경우 재무제표는 계속기업의 기준 하에 작성되지 않는다.
② 원칙적으로 당기 재무제표에 보고되는 모든 금액에 대해 전기 비교정보를 공시하여야 한다.
③ 재무제표와 주석에 적용하는 중요성의 기준은 항상 일치시켜야 한다.
④ 자산과 부채는 원칙적으로 상계하지 않으나 매출채권에 대한 대손충당금을 순액으로 측정하여 보고하는 것은 상계표시에 해당하지 않는다.

4. 다음 중 포괄손익계산서에 관한 설명으로 가장 올바르지 않은 것은?

① 포괄손익계산서는 일정기간 동안 소유주의 투자나 소유주에 대한 분배거래를 제외한 기타거래에서 발생하는 순자산의 변동내용을 표시하는 동태적 보고서이다.
② 포괄손익계산서는 단일의 포괄손익계산서를 작성하거나 당기순손익을 표시하는 손익계산서와 포괄손익계산서를 포함하는 2개의 보고서로 작성될 수 있다.
③ 포괄손익계산서에서 비용을 표시할 때는 기능별로 분류하여 표시하여야 한다.
④ 기타포괄손익항목은 관련 법인세효과를 차감한 순액으로 표시하거나 세전금액으로 표시하고 관련 법인세효과는 단일 금액으로 합산하여 표시하는 방법이 가능하다.

5. 다음 중 보고기간후사건에 관한 회계처리로 가장 올바르지 않은 것은(단, 보고기간말은 20X1년 12월 31일이며, 재무제표 발행 승인일은 20X2년 3월 10일이라고 가정한다)?

① 20X2년 2월 10일에 순실현가능가치 미만의 가격으로 재고자산을 판매하여 이미 인식한 20X1년말 현재의 해당 재고자산의 순실현가능가치 금액을 수정하였다.
② 20X1년 12월 31일 공정가치로 평가한 당기손익-공정가치 측정 금융자산의 공정가치가 20X2년 1월 20일 하락하여 추가적인 평가손실을 20X1년 재무제표에 인식하였다.
③ 20X1년 5월부터 진행 중이던 소송의 결과가 20X2년 1월에 확정되어 이미 인식한 손실금액과의 차이를 20X1년 재무제표에 추가로 인식하였다.
④ 20X1년 12월 2일에 취득한 기계장치의 취득원가가 20X2년 1월 10일 확정되어 이미 인식한 20X1년말 현재의 해당 기계장치의 금액을 수정하였다.

6. 다음 중 재고자산에 대한 설명으로 가장 올바르지 않은 것은?

① 재고자산이란 정상적인 영업과정에서 판매를 위하여 보유중이거나 생산중인 자산을 의미한다.
② 재고자산 구입 후 상품의 하자로 인해 매입대금을 할인받는 경우 재고자산의 매입가액에서 차감한다.
③ 재료원가나 노무원가 중 비정상적으로 낭비된 부분도 취득에 필요한 부대비용으로 보고 재고자산의 취득원가에 포함된다.
④ 재고자산을 현재의 장소에 현재의 상태로 이르게 하는데 발생한 기타의 원가도 취득에 필요한 부대비용으로 보아 재고자산의 취득원가에 포함된다.

7. 다음은 ㈜삼일의 20X1년 재고자산수불부이다. ㈜삼일의 재고자산을 선입선출법으로 평가하는 경우와 이동평균법으로 평가하는 경우 재고자산수불부상의 7월 31일 현재 각각의 재고자산 금액은 얼마인가?

	수량	단가	금액
6월 1일 재고자산	3,000개	2,500원	7,500,000원
6월 5일 구입	2,000개	2,000원	4,000,000원
6월 30일 판매	3,500개		
7월 1일 구입	1,000개	1,800원	1,800,000원
7월 20일 판매	2,000개		

① 선입선출법 900,000원, 이동평균법 1,050,000원
② 선입선출법 900,000원, 이동평균법 1,250,000원
③ 선입선출법 1,250,000원, 이동평균법 900,000원
④ 선입선출법 1,250,000원, 이동평균법 1,050,000원

8. 다음 자료에서 재고자산평가손실은 ㈜삼일의 재고자산이 진부화되어 발생하였다. 다음 자료 중 ㈜삼일의 20X2년 포괄손익계산서상 매출원가 등 관련비용은 얼마인가?

20X1년 12월 31일 재고자산	1,000,000원
20X2년 매입액	3,000,000원
20X2년 재고자산평가손실	300,000원
20X2년 재고자산감모손실(정상감모)	200,000원
20X2년 12월 31일 재고자산 (평가손실과 감모손실 차감 전)	1,500,000원

① 2,500,000원　② 2,700,000원
③ 2,800,000원　④ 3,000,000원

9. 다음 자료를 바탕으로 ㈜삼일이 보유하고 있는 20X3년말 건물의 장부금액을 계산하면 얼마인가?

20X1년초 건물을 1,000,000원에 취득하였다. 건물의 내용연수는 5년이고, 잔존가치는 0원이며, 정액법으로 감가상각하기로 하였다. 20X3년초 건물 엘리베이터 설치비용 100,000원을 지출하였으며 이로 인해 건물의 기능이 향상되어 내용연수가 2년 연장되었다(유형자산의 인식요건을 충족함).

① 500,000원　② 560,000원
③ 600,000원　④ 700,000원

10. 다음 중 유형자산의 취득원가에 포함되는 항목으로 올바르게 짝지어진 것은?

ㄱ. 설치장소 준비를 위한 지출
ㄴ. 최초의 운송 및 취급관련 원가
ㄷ. 보유중인 건물에 대하여 부과되는 재산세
ㄹ. 취득세
ㅁ. 매입할인

① ㄱ, ㄴ, ㄷ　② ㄴ, ㄹ, ㅁ
③ ㄱ, ㄴ, ㄹ　④ ㄱ, ㄴ, ㄷ, ㄹ, ㅁ

11. ㈜삼일은 20X1년초 영업활동에 사용할 목적으로 취득원가 30억원의 토지를 매입하여 재평가모형을 적용하고 있다. 20X1년말 해당 토지의 공정가치는 27억원으로 추정되어 3억원의 당기손실을 인식하였다. 20X2년말 토지의 공정가치는 36억원으로 추정된다. 20X2년말 ㈜삼일의 토지에 관한 회계처리로 가장 옳은 것은?

①	(차)토지	9억	(대)토지재평가이익(당기손익)	3억
			재평가잉여금(기타포괄손익)	6억
②	(차)토지	6억	(대)토지재평가이익(당기손익)	6억
③	(차)토지	9억	(대)재평가잉여금(기타포괄손익)	9억
④	(차)토지	9억	(대)토지재평가이익(당기손익)	9억

12. 다음 중 재무제표상 무형자산으로 인식되기 위하여 갖추어야 할 요건으로 가장 올바르지 않은 것은?

① 식별 가능할 것
② 통제 가능할 것
③ 사업결합으로 취득할 것
④ 미래 경제적 효익의 발생과 연관될 것

13. 다음 중 내부적으로 창출한 무형자산에 관한 설명으로 가장 올바르지 않은 것은?

① 무형자산을 창출하기 위한 내부 프로젝트를 연구단계와 개발단계로 구분할 수 없는 경우에는 그 프로젝트에서 발생한 지출은 모두 개발단계에서 발생한 것으로 본다.
② 내부 프로젝트의 연구단계에서는 미래경제적효익을 창출할 무형자산이 존재한다는 것을 제시할 수 없기 때문에 연구단계에서 발생한 지출은 발생한 기간의 비용으로 인식한다.
③ 내부적으로 창출한 영업권은 원가를 신뢰성 있게 측정할 수 없고 기업이 통제하고 있는 식별가능한 자원이 아니기 때문에 자산으로 인식하지 아니한다.
④ 재료, 장치, 제품, 공정, 시스템이나 용역에 대한 여러 가지 대체안을 탐색하는 활동은 연구단계에 속하는 활동의 일반적인 예에 해당한다.

14. 다음 중 투자부동산으로 분류되는 것으로 가장 옳은 것은?

① 자가사용 부동산
② 정상적인 영업과정에서 판매하기 위한 부동산이나 이를 위하여 건설 또는 개발 중인 부동산
③ 금융리스로 제공한 부동산
④ 장래 사용목적을 결정하지 못한 채로 보유하고 있는 토지

15. 다음 중 금융자산의 분류에 대한 설명으로 가장 올바르지 않은 것은?

① 일반적으로 지분증권은 당기손익-공정가치측정 금융자산으로 분류한다.
② 단기매매항목이 아닌 지분상품은 최초 인식시 기타포괄손익-공정가치측정 금융자산으로 지정할 수 있다.
③ 원리금 수취 목적의 채무상품은 상각후원가측정금융자산으로 분류한다.
④ 파생상품은 기타포괄손익-공정가치측정 금융자산으로 분류한다.

16. ㈜삼일은 20X1년 1월 1일 다음과 같이 금융자산을 취득하였다. 최초 인식시점에 재무상태표에 인식될 금융자산의 분류별 측정금액은 각각 얼마인가?

㈜용산의 지분증권	㈜삼정의 채무증권	㈜한일의 지분증권
취득가격 : 1,500,000원 거래원가 : 150,000원 *단기매매목적	액면가액 : 1,000,000원 시장이자율 : 10% 액면이자율 : 10% *계약상 현금흐름 수취목적	취득가격 : 1,000,000원 거래원가 : 100,000원 *취득시점에 기타포괄손익-공정가치측정금융자산으로 지정

	당기손익-공정가치측정 금융자산	기타포괄손익-공정가치측정 금융자산	상각후원가측정 금융자산
①	1,500,000원	1,000,000원	1,000,000원
②	1,650,000원	1,000,000원	1,000,000원
③	1,500,000원	1,100,000원	1,000,000원
④	1,650,000원	1,100,000원	1,100,000원

17. 다음 중 금융자산의 손상에 대한 설명으로 가장 올바르지 않은 것은?

① 기타포괄손익-공정가치측정금융자산으로 분류되는 채무상품의 손상차손은 손실충당금을 설정하여 금융상품의 장부금액에서 차감하여 표시한다.
② 상각후원가측정금융자산의 손상차손은 당기비용 처리하고 손실충당금을 설정한다.
③ 신용이 손상되지 않은 경우 금융상품의 신용위험이 유의적으로 증가하지 않았다면 보고기간 말에 12개월 기대신용손실금액에 해당하는 금액으로 손실충당금을 측정한다.
④ 상각후원가측정금융자산과 기타포괄손익-공정가치측정금융자산으로 분류되는 채무상품에 대해서 손상차손을 인식할 수 있다.

18. 다음의 빈칸에 들어갈 말로 가장 적절한 것은 무엇인가?

> (㉠)은 사채소유자가 일정한 조건 하에 전환권을 행사할 수 있는 사채로서, 권리를 행사하면 보통주로 전환되는 사채를 말한다. 반면에, (㉡)은 유가증권 소유자가 사전에 약정된 가격으로 보통주의 발행을 청구할 수 있는 권리가 부여된 사채를 말한다.

	㉠	㉡
①	전환사채	회사채
②	신주인수권부사채	전환사채
③	전환사채	신주인수권부사채
④	회사채	영구채

19. 보유자가 확정된 사채금액을 면제 받으면서 확정수량으로 발행자의 보통주로 전환할 수 있는 전환사채는 (ㄱ)에 속한다. 전환사채의 발행금액이 3,000,000원이고 전환사채의 발행요건과 동일한 요건으로 발행하되 전환권이 부여되지 않은 사채의 가치가 2,500,000원인 경우, 전환사채의 발행금액 중2,500,000원은 (ㄴ)(으)로, 전환권가치인 500,000원은 (ㄷ)(으)로 분리하여 표시한다. 다음 중 ㄱ, ㄴ, ㄷ 에 들어갈 가장 올바른 용어들로 짝지어진 것은?

	ㄱ	ㄴ	ㄷ
①	금융보증계약	지분상품(자본)	금융부채
②	금융보증계약	금융부채	지분상품(자본)
③	복합금융상품	지분상품(자본)	금융부채
④	복합금융상품	금융부채	지분상품(자본)

20. 다음 중 충당부채로 인식될 수 있는 사례로 가장 올바르지 않은 것은(단, 해당 의무를 이행하기 위하여필요한 금액을 신뢰성 있게 추정할 수 있다고 가정한다)?

① 회사의 소비자 소송사건에 대하여 패소가능성이 높다는 법률전문가의 의견이 있는 경우
② 토지 오염원을 배출하고 있는 회사에 대하여 토지의 정화에 관한 법률 제정이 확실시 되는 경우
③ 제품에 대해 만족하지 못하는 고객에게 법적의무가 없음에도 불구하고 환불해주는 정책을 펴고 있으며, 고객에게 이 사실이 널리 알려져 있는 경우
④ 회사의 특정 사업부문의 미래 영업손실이 예상되는 경우

21. ㈜삼일은 20X1년초 설립된 회사로 설립시에 보통주와 우선주를 모두 발행하였다. 설립일 이후 자본금의 변동은 없었으며, 20X1년 12월 31일 현재 보통주자본금과 우선주자본금은 다음과 같다.

구분	주당액면금액	발행주식수	자본금
보통주	1,000원	1,000주	1,000,000원
우선주(*)	1,000원	500주	500,000원

*우선주의 배당률은 5%이며, 비누적적·비참가적 우선주이다.

㈜삼일은 20X1년 12월 31일로 종료되는 회계연도의 정기주주총회에서 배당금 총액을 200,000원으로 선언할 예정인 경우 우선주 주주에게 배분될 배당금은 얼마인가?

① 15,000원 ② 25,000원 ③ 75,000원 ④ 100,000원

22. 다음은 12월말 결산법인인 ㈜삼일의 20X1년 자본거래 내역이다. 20X1년말 결산시 ㈜삼일의 자본에 대한 보고금액으로 올바르게 짝지어진 것은?

ㄱ. 20X1년 2월 4일 회사는 액면가액 5,000원의 주식 100,000주를 주당 7,500원에 발행하였다.
ㄴ. 20X1년 10월 10일 이사회결의를 통하여 ㈜삼일의 자기주식 5,000주를 주당 10,000원에 취득하였다.

자본변동표
20X1년 1월 1일부터 20X1년 12월 31일까지
㈜삼일 (단위:백만원)

구분	자본금	주식발행 초과금	자기 주식	이익 잉여금	총계
20X1.1.1	500	500	(50)	xxx	xxx
자본의 변동					
20X1.12.31	(가)	(나)	(다)	xxx	xxx

	(가)	(나)	(다)
①	500	1,000	(100)
②	500	750	(150)
③	1,000	1,000	(150)
④	1,000	750	(100)

23. ㈜삼일은 20X1년 12월 31일 ㈜반품에 50,000,000원(원가 30,000,000원)의 제품을 판매하고 1년 이내 반품할 수 있는 권리를 부여하였다. 인도일 현재 판매금액 중 10,000,000원이 반품될 것으로 예상된다면 ㈜삼일이 20X1년에 인식할 매출액은 얼마인가?

① 10,000,000원 ② 20,000,000원
③ 40,000,000원 ④ 50,000,000원

24. 고객충성제도는 재화나 용역을 구매하는 고객에게 인센티브를 제공하기 위하여 사용된다. 다음 중 고객충성제도의 예로 가장 올바르지 않은 것은?

① 신용카드회사에서 카드이용금액에 비례하여 적립해 주는 포인트제도
② 헤어숍에서 일정횟수를 이용하는 경우 부여하는 무료이용권
③ 항공사에서 일정 마일리지가 누적되는 경우 제공되는 무료항공권
④ 가전회사에서 구매고객에게 1년간 무상수리를 제공하는 무상수리제도

25. ㈜삼일건설은 ㈜용산과 20X1년 7월 1일 총 계약금액 60,000,000원의 공장신축공사계약을 체결하였다. 회사가 누적발생계약원가에 기초하여 진행률을 측정하여 진행기준으로 수익을 인식한다면 ㈜삼일건설의 20X2년 계약이익은 얼마인가?(단위 : 원)

	20X1년	20X2년	20X3년
당기발생계약원가	10,000,000	30,000,000	10,000,000
추정총계약원가	50,000,000	50,000,000	50,000,000
공사대금청구액 (연도별)	25,000,000	25,000,000	10,000,000

① 2,000,000원 ② 5,000,000원
③ 6,000,000원 ④ 8,000,000원

26. ㈜서울은 20X1년 2월 5일에 ㈜부산과 공장건설계약을 맺었다. 총공사계약액은 150,000,000원이며 ㈜서울은 누적발생계약원가에 기초하여 진행률을 산정하여 진행기준에 따라 수익을 인식한다. ㈜서울의 건설계약과 관련한 20X1년 자료는 다음과 같다.

누적발생원가	추정총계약원가	공사대금청구액
30,000,000원	100,000,000원	50,000,000원

㈜서울의 20X1년말 재무상태표상 계약자산 또는 계약부채의 금액은 얼마인가?

① 계약부채 5,000,000원 ② 계약부채 10,000,000원
③ 계약자산 5,000,000원 ④ 계약자산 10,000,000원

27. 다음은 확정급여제도를 도입한 ㈜삼일의 당 기말관련 결산자료이다. ㈜삼일의 보고기간 종료일 현재 재무상태표에 표시될 순확정급여부채(자산)의 잔액은 얼마인가?

ㄱ. 확정급여채무의 현재가치 : 700,000원
ㄴ. 사외적립자산의 공정가치 : 80,000원

① 순확정급여자산 620,000원
② 순확정급여자산 780,000원
③ 순확정급여부채 620,000원
④ 순확정급여부채 780,000원

28. 다음에서 제시하고 있는 주식기준보상의 내용 중 (가), (나), (다)에 들어갈 용어들로 올바르게 짝지어진 것은?

주식기준보상약정에 따라 거래상대방이 기업의 지분상품 등을 받을 권리를 획득하게 하는 용역을 기업이 제공받는지를 결정짓는 조건을 (가)이라 하며, 여기에는 (나)와(과) 특정기간 중 용역을 제공하고 특정 성과목표를 달성해야하는 (다)으로 구분된다.

	(가)	(나)	(다)
①	보상원가	용역제공조건	성과조건
②	가득조건	용역제공조건	성과조건
③	주식선택권	보상원가	가득조건
④	성과조건	보상원가	가득조건

29. 다음은 ㈜삼일의 20X1년과 20X2년말의 법인세회계와 관련된 내역이다. 20X2년말 ㈜삼일의 이연법인세부채 금액은 얼마인가?

	20X1년말	20X2년말
이연법인세자산	10,000원	50,000원
이연법인세부채	50,000원	?
20X2년 당기법인세	200,000원	
20X2년 법인세비용	150,000원	

① 10,000원 ② 40,000원
③ 60,000원 ④ 100,000원

30. 20X1년 포괄손익계산서에 계상될 ㈜삼일의 법인세 비용은 얼마인가?

ㄱ. 20X1년 당기법인세 (법인세법상 당기에 납부할 법인세)	2,500,000원
ㄴ. 20X0년말 이연법인세자산 잔액	600,000원
ㄷ. 20X1년말 이연법인세부채 잔액	450,000원

① 2,350,000원 ② 2,950,000원
③ 3,100,000원 ④ 3,550,000원

31. 다음 중 회계변경에 대한 설명으로 가장 올바르지 않은 것은?

① 회계정책의 변경은 재무제표의 작성과 보고에 적용하던 회계정책을 다른 회계정책으로 바꾸는 것을 말한다.
② 재고자산의 진부화 여부에 대한 판단추정치를 변경하는 것은 회계정책의 변경에 해당한다.
③ 회계변경이 회계정책의 변경인지 회계추정의 변경인지 구분하는 것이 어려운 경우에는 이를 회계추정의 변경으로 본다.
④ 회계추정의 변경에 대하여 회계처리시 회사는 과거에 보고된 재무제표에 대하여 어떠한 수정도 하지 않는다.

32. 다음 중 가중평균유통보통주식수 산정방법에 대하여 가장 올바른 설명을 하고 있는 사람은 누구인가?

① 김부장 : 자기주식은 취득시점 이후부터 매각시점까지의 기간 동안 가중평균유통보통주식수에 포함하지 않습니다.
② 이차장 : 당기 중 무상증자를 실시한 경우, 무상증자를 실시한 날짜를 기준일로 하여 가중평균유통주식수를 계산합니다.
③ 박과장 : 당기 중 유상증자로 보통주가 발행된 경우 기초에 실시된 것으로 간주하여 주식수를 조정합니다.
④ 정사원 : 가중평균유통보통주식수에는 결산기말 현재 발행된 우선주식수를 포함해야 합니다.

33. 20X1년초 ㈜삼일은 ㈜한양의 보통주 40%를 900,000원에 취득하여 유의적인 영향력을 행사하게 되었다. 주식취득일 현재 ㈜한양의 순자산장부금액은 2,000,000원으로 공정가치와 동일하였다. ㈜한양의 20X1년 당기순이익이 300,000원이라 할 때 20X1년말 ㈜삼일의 재무상태표에 기록될 관계기업투자주식(지분법적용투자주식)의 장부금액은 얼마인가(단, 20X1년말 영업권과 관련된 손상차손 인식금액은 없다)?

① 900,000원 ② 920,000원
③ 1,020,000원 ④ 1,200,000원

34. 화폐성항목이란 미래에 확정되었거나 결정가능한 화폐단위 수량으로 받을 권리나 지급할 의무가 있는 자산・부채를 말한다. 다음 중 화폐성항목에 해당하는 것으로 가장 옳은 것은?

① 선수금 ② 차입금
③ 재고자산 ④ 토지

35. 한국에서 영업을 하는 ㈜서울의 미국 현지법인인 ㈜LA는 20X1년초 설립되었으며, ㈜LA의 기능통화인 달러화로 작성한 20X1년말 재무상태표는 다음과 같다. ㈜LA의 재무상태표를 표시통화인 원화로 환산시 자산에 적용할 환율로 가장 옳은 것은?

자산	$4,000	부채	$1,000
		자본금	$2,000
		이익잉여금 (당기순이익)	$1,000

① 보고기간말의 마감환율 ② 회사 설립일의 환율
③ 평균환율 ④ 역사적 환율

36. 다음 중 파생상품과 관련하여 괄호 안에 들어갈 단어로 가장 옳은 것은?

( )는 수량·규격·품질 등이 표준화되어 있는 특정 대상에 대하여 현재 시점에서 결정된 가격에 의해 미래 일정시점에 인도·인수할 것을 약정한 계약으로서 조직화된 시장에서 정해진 방법으로 거래되는 것을 말한다.

① 선물거래 ② 장외거래
③ 스왑거래 ④ 헷지거래

37. 다음 중 리스에 관한 설명으로 가장 옳은 것은?

① 금융리스의 경우 리스이용자의 입장에서 보증잔존가치와 무보증잔존가치는 모두 리스료에 포함한다.
② 금융리스에서 리스제공자가 리스채권으로 인식할 금액은 리스료의 현재가치와 무보증잔존가치의 현재가치를 합한 금액이다.
③ 지수나 요율(이율)에 따라 달라지는 변동리스료는 리스료에 포함되지 않는다.
④ 리스이용자는 각 리스를 운용리스나 금융리스로 분류한다.

38. ㈜삼일은 기중에 다음과 같은 자금의사결정을 하였다. 아래의 의사결정으로 인한 현금흐름 중 투자활동 관련 순현금흐름은 얼마인가?

매출채권의 회수	950,000원
차입금의 상환	1,000,000원
유형자산의 처분	500,000원
기타포괄손익-공정가치측정금융자산의 취득	1,000,000원
유상증자	2,000,000원
급여의 지급	500,000원
배당금의 지급	800,000원

① 200,000원 현금유입　② 350,000원 현금유출
③ 450,000원 현금유입　④ 500,000원 현금유출

39. ㈜삼일은 20X1년에 설립되었으며, 20X1년에 아래와 같은 이자비용 회계처리를 수행하였다. ㈜삼일이 20X1년 현금흐름표에 인식할 이자지급액으로 가장 옳은 것은?

(차) 이자비용	1,100,000원	(대) 미지급비용	300,000원
		현금	800,000원

① 300,000원　② 500,000원
③ 800,000원　④ 1,100,000원

40. 다음 ㈜삼일의 20X1년 재무제표 관련 자료를 이용하여 현금흐름표에 보고될 영업활동현금흐름은 얼마인가?

당기순이익	50,000원	감가상각비	2,500원
유형자산처분이익	1,800원	매출채권의 감소	15,000원
재고자산의 증가	10,000원	매입채무의 감소	22,000원

① 23,700원　② 33,700원
③ 35,500원　④ 37,300원

2022년 5월 시행 재무회계 공개기출문제

1. 다음 중 재무회계에서 재무제표를 작성하는 목적에 대한 설명으로 가장 올바르지 않은 것은?

① 재무제표는 주로 과거 사건의 재무적 영향을 표시하기 위한 것이다.
② 재무제표는 그 고유 한계로 인하여 경제적 의사결정을 위해 필요할 수 있는 모든 정보를 제공하지는 못한다.
③ 재무제표는 위탁받은 자원에 대한 경영진의 수탁책임이나 회계책임의 결과를 반영하고자 한다.
④ 재무제표는 경영자 등 내부 이해관계자의 경제적 의사결정에 유용한 기업의 정보를 제공하기 위하여 작성된다.

2. 다음 중 자산의 측정방법에 대한 설명으로 가장 올바르지 않은 것은?

① 사용가치 : 기업이 자산의 사용과 궁극적인 처분으로 얻을 것으로 기대하는 현금흐름의 현재가치
② 현행원가 : 기업이 부채를 이행할 때 이전해야 하는 현금이나 그 밖의 경제적 자원의 현재가치
③ 역사적원가 : 기업이 자산을 취득 또는 창출하기 위하여 지급한 대가(거래원가 포함)
④ 공정가치 : 자산 측정일에 시장참여자 사이의 정상거래에서 자산을 매도할 때 받을 가격

3. 다음 중 재무상태표의 작성기준으로 가장 올바르지 않은 것은?

① 한국채택국제회계기준에서 요구하거나 허용하지 않는 한 자산과 부채 그리고 수익과 비용은 상계하지 않는다.
② 중요하지 않은 항목이더라도 성격이나 기능이 유사한 항목끼리 통합하여 표시할 수 없다.
③ 재무상태표에 포함될 항목이 한국채택국제회계기준에서 세부적으로 명시되어 있지 않으므로 기업의 재량에 따라 결정하는 것이 가능하다.
④ 유동성 순서에 따른 표시방법이 신뢰성 있고 더욱 목적적합한 정보를 제공하는 경우를 제외하고는 원칙적으로 유동성·비유동성 구분법을 선택해야 한다.

4. 다음은 자산에 속하는 계정들의 잔액이다. 유동성 분류에 따라 재무상태표에 유동자산으로 계상될 금액은 얼마인가?

ㄱ. 단기대여금	40,000원	ㄴ. 매출채권	400,000원
ㄷ. 선급비용	600,000원	ㄹ. 선급금	50,000원
ㅁ. 기계장치	865,000원		

① 1,000,000원 ② 1,040,000원
③ 1,090,000원 ④ 1,155,000원

5. 다음 중 보고기간후사건에 관한 설명으로 가장 올바르지 않은 것은?

① 보고기간 후에 기업의 청산이 확정되었더라도 재무제표는 계속기업의 기준에 기초하여 작성하고 청산 관련 내용을 주석에 기재한다.
② 보고기간 후에 배당을 선언한 경우, 그 배당금을 보고기간 말의 부채로 인식하지 않는다.
③ 보고기간 말 이전에 계류중인 소송사건이 보고기간 후에 확정되어 금액수정을 요하는 경우 재무제표의 수정이 필요하다.
④ 보고기간후사건이란 보고기간 말과 재무제표 발행승인일 사이에 발생한 유리하거나 불리한 사건을 말한다.

6. 자동차 부품제조업을 영위하고 있는 ㈜삼일은 당기 중 원자재를 후불 조건으로 수입하는 과정에서 다음과 같은 항목의 원가가 발생하였다. 동 매입거래에 의하여 재무상태표상에 증가하게 될 재고자산의 가액은 얼마인가(단, 거래당시의 환율은 $1=1,000원이다)?

ㄱ. 재고자산의 매입원가	USD 1,000
ㄴ. 매입할인	USD 100
ㄷ. 운송보험료	100,000원
ㄹ. 환급 불가한 수입관세 및 제세금	20,000원
ㄹ. 재고자산 매입관리부서 인원의 매입기간 인건비	50,000원

① 900,000원 ② 1,000,000원
③ 1,020,000원 ④ 1,070,000원

7. 다음 자료에서 재고자산평가손실은 ㈜삼일의 재고자산이 진부화되어 발생하였다. 자료를 바탕으로 ㈜삼일의 20X2년 포괄손익계산서상 매출원가 등 관련비용을 계산하면 얼마인가?

20X1년 12월 31일 재고자산	300,000원
20X2년 매입액	2,000,000원
20X2년 재고자산평가손실	400,000원
20X2년 재고자산감모손실(정상감모)	100,000원
20X2년 12월 31일 재고자산 (평가손실과 감모손실 차감 후)	1,000,000원

① 1,200,000원 ② 1,300,000원
③ 1,400,000원 ④ 1,500,000원

8. 다음 중 재고자산의 평가와 관련된 설명으로 가장 올바르지 않은 것은?

① 선입선출법은 실제 물량의 흐름을 고려하여 기말 재고액을 결정하는 방법이다.
② 선입선출법에 의하면 실지재고조사법과 계속기록법 중 어느것을 사용하는지에 관계없이 한 회계기간에 계상될 기말재고자산 및 매출원가의 금액이 동일하게 산정된다.
③ 가중평균법으로 재고자산을 평가하고자 할 때 계속기록법에 따라 장부를 기록하는 경우에는 이동평균법을 적용하여야 한다.
④ 특정 프로젝트별로 생산되는 제품 또는 서비스의 원가는 개별법을 사용하여 결정한다.

9. 다음 중 회사가 정부보조금으로 취득한 유형자산이 있을 경우와 관련된 설명으로 가장 올바르지 않은 것은?

① 정부보조금 회계처리 방법 결정에 있어서 기업에 어느 정도의 재량권이 부여되어 있다.
② 정부보조금은 재무상태표에 이연수익(부채)으로 표시할 수 있다.
③ 정부보조금은 재무상태표에 관련 자산의 장부금액에서 차감하는 방법으로 표시할 수 있다.
④ 정부보조금을 관련 자산에서 차감하는 방법으로 표시하는 경우 유형자산의 장부금액은 유형자산 취득금액으로 한다.

10. ㈜삼일의 재무상태표에 유형자산으로 표시되는 기계장치의 취득금액은 얼마인가?

(1) 매입금액 : 600,000원
(2) 설치장소까지의 운송비 : 30,000원
(3) 관세 및 취득세 : 10,000원
(4) 시운전비 : 50,000원
(5) 매입할인 : 20,000원
(6) 다른 기계장치의 재배치 과정에서 발생한 원가 :50,000원

① 620,000원　② 650,000원
③ 660,000원　④ 670,000원

11. ㈜삼일은 20X1년 1월 1일 임직원 연수동의 건설에 착공하였다. 회사가 20X1년 중 동 연수동 신축과 관련하여 지출한 금액은 다음과 같으며 완공까지는 약 3년이 소요될 예정이다.

지출일	지출액	비고
20X1년 1월 1일	10,000,000원	공사착공
20X1년 7월 1일	8,000,000원	
20X1년 10월 1일	8,000,000원	

한편, 20X1년말 현재 회사의 차입금 현황은 다음과 같다.

차입처	차입일	차입금	연이자율	용도
K은행	20X1.1.1	8,000,000	10%	특정목적 차입금
S은행	20X1.7.1	20,000,000	8%	일반목적 차입금

㈜삼일이 20X1년에 자본화 할 차입원가는 얼마인가(단, 연평균지출액과 이자비용은 월할 계산한다)?

① 1,440,000원　② 1,520,000원
③ 1,600,000원　④ 2,400,000원.

12. 다음 나열된 항목 중 무형자산에 해당되는 금액의 합계는 얼마인가?

미래의 기술에 관한 지식 탐구활동 지출액	140,000원
내부적으로 창출된 브랜드의 가치평가금액	200,000원
천연가스의 탐사 권리 취득을 위한 지출액	160,000원
개발단계 지출로 자산인식 조건을 만족하는 금액	320,000원
사업결합으로 취득한 고객목록 평가금액	180,000원

① 660,000원　② 800,000원
③ 820,000원　④ 1,000,000원

13. 다음 중 무형자산의 상각에 대한 설명으로 가장 올바르지 않은 것은?

① 내용연수가 유한한 무형자산은 내용연수 동안 상각을 하고, 내용연수가 비한정인 무형자산은 상각을 하지 않는다.
② 무형자산의 상각방법은 자산의 경제적 효익이 소비되는 형태를 반영해야 하며, 소비되는 형태를 신뢰성 있게 결정할 수 없는 경우에는 정액법을 사용한다.
③ 무형자산의 잔존가치, 상각기간과 상각방법을 적어도 매 회계연도 말에 검토한다.
④ 무형자산의 잔존가치, 상각기간, 상각방법을 변경하는 경우에는 회계추정의 변경으로 보고 소급적용하여 회계처리한다.

14. 다음 중 투자부동산에 해당하는 것을 모두 고른 것으로 가장 옳은 것은?

ㄱ. 정상적인 영업과정에서 판매하기 위한 부동산이나 이를 위하여 건설 또는 개발 중인 부동산
ㄴ. 자가사용부동산
ㄷ. 미래에 투자부동산으로 사용하기 위하여 건설 또는 개발 중인 부동산
ㄹ. 리스제공자가 운용리스로 제공하기 위하여 보유하고 있는 미사용 건물
ㅁ. 금융리스로 제공한 부동산

① ㄱ, ㄴ　② ㄴ, ㄷ
③ ㄷ, ㄹ　④ ㄹ, ㅁ

15. 다음 중 금융자산의 분류에 대한 설명으로 가장 올바르지 않은 것은?

① 원리금 수취와 매도의 목적을 모두 가지고 있는 경우 기타포괄손익-공정가치 측정 금융자산으로 분류한다.
② 원리금 수취만의 목적으로 보유하는 채무상품에 대해 회계불일치를 제거하기 위해 최초 인식 시점에 당기손익-공정가치 측정 금융자산으로 지정할 수 있다.
③ 기타포괄손익-공정가치 측정 금융자산 취득시 지출된 거래원가는 금융자산의 취득원가에 가산한다.
④ 단기매매 목적으로 보유하는 지분상품에 대한 공정가치 변동을 기타포괄손익으로 인식하기로 선택한 경우 기타포괄손익-공정가치 측정 금융자산으로 분류한다.

16. ㈜서울은 ㈜용산의 주식을 취득하고 기타포괄손익- 공정가치 측정 금융자산으로 분류하였다. 해당 주식과 관련하여 인식하게 될 계정과목 중 당기손익에 반영되는 항목으로 가장 옳은 것은?

① 주식보유로 인한 배당수익
② 주식처분으로 인한 처분손익
③ 공정가치평가로 인한 평가손익
④ 주식취득과 관련하여 발생한 거래원가

17. 다음은 ㈜삼일의 20X2년 12월 31일 현재 매출채권 잔액 및 대손충당금에 관한 자료이다. 20X2년 중 대손이 확정되어 상계된 매출채권은 얼마인가?

〈매출채권 잔액 및 대손충당금〉

구분	매출채권 잔액	대손충당금
20X2년 12월 31일	1,600,000원	85,000원

20X1년말 대손충당금 잔액은 42,500원이고, 20X2년에 인식한 대손상각비는 72,500원이다.

① 10,000원　② 15,000원
③ 27,000원　④ 30,000원

18. 다음과 같은 조건의 사채를 발행한 경우 동 사채로 인하여 만기까지 인식해야 하는 총 이자비용은 얼마인가?

ㄱ. 액면금액 : 50,000,000원
ㄴ. 발행일 : 20X1년 1월 1일
ㄷ. 만기일 : 20X3년 12월 31일
ㄹ. 액면이자율 및 이자지급조건 : 연 4%, 매년 말 지급
ㅁ. 발행일의 시장이자율 : 6%
ㅂ. 이자율 6%, 3년 연금현가계수 : 2.6730
　이자율 6%, 3년 현가계수 : 0.8396

① 2,674,000원　② 5,037,600원
③ 6,000,000원　④ 8,674,000원

19. 다음 중 사채 보유자의 희망에 따라 주식으로 전환 할 수 있는 권리가 내재되어 있는 사채로 가장 옳은 것은?

① 전환사채　② 영구채
③ 신주인수권부사채　④ 회사채

20. 다음은 ㈜삼일의 사례이다. 사례와 관련된 설명으로 가장 옳은 것은?

20X1년 현재 ㈜삼일은 석유사업을 영위하는 중이며 오염을 유발하고 있다. 이러한 사업이 운영되고 있는 국가에서 오염된 토지를 정화하여야 한다는 법규가 제정되지 않았고, ㈜삼일은 몇 년에 걸쳐 토지를 오염시켜 왔었다. 이미 오염된 토지를 정화하는 것을 의무화하는 법률 초안이 연말 후에 제정될 것이 20X1년말 현재 거의 확실시 되었다.

① 토지정화 원가에 대한 최선의 추정치로 충당부채로 인식한다.
② 당해 의무를 이행하기 위해 경제적효익을 갖는 자원의 유출가능성이 매우 높지 않으므로 우발부채로 공시한다.
③ 20X1년말 시점에 법률이 제정되지 않아 현재의무가 존재하지 않으므로 충당부채로 인식하지 않는다.
④ 의무발생사건의 결과 현재의무가 존재하지 않으므로 충당부채 또는 우발부채로 공시하지 않는다.

21. 다음은 결산일이 12월 31일인 ㈜삼일의 20X1년 말 재무정보이다. 20X1년말 ㈜삼일의 기타포괄손익누계액은 얼마인가?

ㄱ. 자본금	5,000,000원
ㄴ. 주식발행초과금	1,000,000원
ㄷ. 보험수리적이익	2,500,000원
ㄹ. 유형자산 재평가잉여금	500,000원
ㅁ. 미처분이익잉여금	4,600,000원
ㅂ. 자기주식처분이익	1,000,000원

① 1,000,000원　② 2,500,000원
③ 3,000,000원　④ 4,000,000원

22. 다음은 12월말 결산법인인 ㈜삼일의 20X1년 자본 거래내역이다. 20X1년말 결산시 ㈜삼일의 자본에 대한 보고금액으로 올바르게 짝지어진 것은?

ㄱ. 20X1년 2월 4일 회사는 액면가액 5,000원의 주식 100,000주를 주당 8,500원에 발행하였다.
ㄴ. 20X1년 10월 10일 이사회결의를 통하여 ㈜삼일의 자기주식 5,000주를 주당 6,000원에 취득하였다.

자본변동표
20X1년 1월 1일부터 20X1년 12월 31일까지
㈜삼일 (단위:백만원)

구분	자본금	주식발행초과금	자기주식	이익잉여금	총계
20X1.1.1	500	750	(100)	xxx	xxx
자본의 변동					
20X1.12.31	(가)	(나)	(다)	xxx	xxx

	(가)	(나)	(다)
①	500	1,100	(70)
②	500	750	(130)
③	1,000	1,100	(130)
④	1,000	750	(70)

23. ㈜삼일은 20X1년 ㈜용산에 1년 동안 1,000개 이상 구매하는 경우 단가를 100원으로 소급조정하기로 하고 노트북을 개당 120원에 공급하는 계약을 체결하였다. 20X1년 3월 75개를 판매하고 연 1,000개는 넘지 않을 것으로 예상하였으나 6월 경기상승으로 500개를 판매하였고 연 판매량이 1,000개를 초과할 것으로 예상될 경우 ㈜삼일의 6월 수익금액은 얼마인가?

① 10,000원 ② 48,500원
③ 50,000원 ④ 60,000원

24. 다음 중 수익에 관한 설명으로 가장 올바르지 않은 것은?

① 수익은 정상적인 경영활동에서 발생하는 경제적 효익의 총유입을 말하며, 자산의 증가 또는 부채의 감소 형태로 나타난다. 다만, 주주의 지분참여로 인한 자본증가는 수익에 포함되지 않는다.
② 수익은 고객에게 기업의 재화나 용역을 제공하고 대가를 받기로 한 계약에서 발생하는 것으로 부가가치세처럼 제3자를 대신해서 받는 것은 수익으로 보지 않는다.
③ 정유사가 특정지역 고객수요를 적시에 충족시키기 위해 서로 유류를 교환하기로 한 계약같이 고객에게 판매를 쉽게 하기 위해 행하는 같은 사업 영역에 있는 기업간의 비화폐성 교환은 수익으로 보지 않는다.
④ 복수의 계약을 하나의 상업적 목적으로 일괄 협상하는 경우에도 복수의 계약에서 약속한 재화나 용역이 단일 수행의무에 해당하지 않는다면 둘 이상의 계약을 하나의 계약으로 회계처리 할 수 없다.

25. 다음 중 건설계약의 수익과 원가 인식방법에 관한 설명으로 가장 올바르지 않은 것은?

① 건설계약의 결과를 신뢰성있게 추정할 수 있는 경우, 건설계약과 관련한 계약수익과 계약원가는 보고기간말 현재 계약활동의 진행률을 기준으로 각각 수익과 비용으로 인식한다.
② 하도급계약에 따라 수행될 공사에 대해 하도급자에게 선급한 금액은 진행률 산정을 위한 누적발생원가에 포함시켜야 한다.
③ 총계약원가가 총계약수익을 초과할 가능성이 높은 경우, 예상되는 손실을 즉시 비용으로 인식한다.
④ 건설계약의 결과를 신뢰성 있게 추정할 수 없는 경우, 계약수익은 계약원가의 범위 내에서 회수가능성이 높은 금액만 인식하며, 발생한 계약원가는 모두 당해 기간의 비용으로 인식한다.

26. 다음은 ㈜삼일건설의 재무제표에 대한 주석이다. 다음 괄호 안에 들어갈 용어로 가장 옳은 것은?

건설계약과 관련하여 진행기준에 의하여 수익을 인식하고 있습니다. 계약활동의 진행률은 진행단계를 반영하지 못하는 계약원가를 제외하고 수행한 공사에 대하여 발생한 누적계약원가를 추정 총계약원가로 나눈 비율로 측정하고 있습니다. 누적발생원가에 인식한 이익을 가산한 금액이 진행청구액을 초과하는 금액은 ( )(으)로 표시하고 있습니다.

① 공사선수금 ② 계약자산
③ 계약부채 ④ 계약수익

27. 다음 중 종업원급여에 대한 설명으로 가장 올바르지 않은 것은?

① 확정급여채무의 현재가치란 종업원이 당기와 과거기간에 근무용역을 제공하여 발생한 채무를 기업이 결제하는 데 필요한 예상 미래 지급액의 현재가치(사외적립자산 차감 전)를 의미한다.
② 종업원급여는 단기종업원급여, 퇴직급여, 기타장기종업원급여, 해고급여의 네 가지 범주를 포함한다.
③ 단기종업원급여는 종업원이 관련 근무용역을 제공하는 연차보고기간 후 12 개월이 되기 전에 모두 결제될 것으로 예상되는 종업원급여로 해고급여는 제외한다.
④ 확정급여제도는 기업이 종업원 퇴직시 약정된 퇴직급여의 지급을 약속한 것으로 그 운용과 위험을 종업원이 부담한다.

28. ㈜삼일은 20X1년 1월 1일에 기술이사인 나기술씨에게 다음과 같은 조건의 현금결제형 주가차액보상권27,000개를 부여하였다. 이 경우 20X1년 포괄손익계산서에 계상할 당기보상비용은 얼마인가(단, 나기술씨는 20X3년 12월 31일 이전에 퇴사하지 않을 것으로 예상된다)?

ㄱ. 기본조건 : 20X3년 12월 31일까지 의무적으로 근무할 것
ㄴ. 행사가능기간 : 20X4년 1월 1일~20X5년 12 월31일
ㄷ. 20X1년초 추정한 주가차액보상권의 공정가치 : 200,000원/개
ㄹ. 20X1년말 추정한 주가차액보상권의 공정가치 : 250,000원/개

① 18억원 ② 22.5억원
③ 27억원 ④ 67.5억원

29. ㈜삼일의 과세소득과 관련된 다음 자료를 이용하여 20X1년말 재무상태표상의 이연법인세자산(부채)금액을 구하면 얼마인가?

법인세비용차감전순이익	4,000,000원
가산(차감)조정	
일시적차이가 아닌 차이	600,000원
일시적차이	900,000원
과세표준	5,500,000원(세율:25%)

〈 추가자료 〉
ㄱ. 일시적차이가 사용될 수 있는 미래과세소득의 발생가능성은 높다고 가정한다.
ㄴ. 일시적차이는 20X2년, 20X3년, 20X4년에 걸쳐 300,000원씩 소멸하며, 일시적차이가 소멸될 것으로 예상되는 기간의 과세소득에 적용될 것으로 기대되는 평균세율은 30%로 동일하다.
ㄷ. 20X0년말 재무상태표상 이연법인세자산(부채)은 없다.

① 이연법인세부채 225,000원
② 이연법인세자산 270,000원
③ 이연법인세부채 325,000원
④ 이연법인세자산 370,000원

30. 다음은 ㈜삼일의 20X1년과 20X2년말의 법인세회계와 관련된 내역이다. 20X2년에 ㈜삼일이 계상하여야 할 법인세비용은 얼마인가?

	20X1년말	20X2년말
이연법인세자산	10,000원	50,000원
이연법인세부채	30,000원	10,000원
20X2년 미지급법인세	200,000원	

① 110,000원 ② 120,000원
③ 140,000원 ④ 190,000원

31. 20X1년에 설립된 ㈜삼일은 재고자산의 원가흐름에 대한 가정을 20X1년까지 선입선출법을 적용하여 단가결정을 하였으나, 20X2년부터 평균법으로 변경하였다. 원가흐름에 대한 가정에 따른 각 연도말 재고자산의 장부금액이 다음과 같다.

	20X1년	20X2년
선입선출법	45,000원	50,000원
평균법	35,000원	45,000원

㈜삼일이 평균법으로의 회계정책변경에 대한 소급효과를 모두 결정할 수 있다고 가정할 경우 상기 회계변경이 20X2년말 이익잉여금에 미치는 영향은 얼마인가(단, 상기 회계변경 반영 전 ㈜삼일의 20X1년말 및 20X2년말 재무상태표에는 선입선출법을 적용한 금액으로 재고자산이 표시되어 있다)?

① 5,000원 증가 ② 10,000원 증가
③ 5,000원 감소 ④ 10,000원 감소

32. ㈜삼일의 20X1년 당기순이익은 3,000,000원이다. ㈜삼일의 20X1년 1월 1일 유통보통주식수는 10,000주이며, 4월 1일 자기주식 1,000주를 취득하였고, 10월 1일에는 유상증자를 통해 3,000주를 발행하였다. 20X1년 우선주배당금이 400,000원인 경우, ㈜삼일의 20X1년 기본주당순이익은 얼마인가?(단, 가중평균유통주식수는 월수로 계산한다)

① 300원 ② 280원
③ 260원 ④ 240원

33. 다음 중 지분법과 관련된 설명으로 가장 올바르지 않은 것은?

① 투자자가 직접 또는 간접으로 피투자자에 대한 의결권의 20% 이상을 소유하고 있다면 명백한 반증이 없는 한 유의적인 영향력이 있는 것으로 본다.
② 기업이 해당 피투자자에 대하여 유의적인 영향력이 있는지 여부를 평가할 때에는 다른 기업이 보유한 잠재적 의결권은 고려하지 않는다.
③ 투자자의 보고기간종료일과 관계기업의 보고기간종료일이 다른 경우, 관계기업은 투자자의 재무제표와 동일한 보고기간종료일의 재무제표를 재작성한다.
④ 유의적인 영향력이란 투자자가 피투자자의 재무정책과 영업정책에 관한 의사결정에 참여할 수 있는 능력을 말한다.

34. 20X1년 1월 1일 ㈜삼일은 ㈜용산의 발행주식총수의 30%를 6,000원에 취득하였다. 주식취득일 현재 ㈜용산의 순자산장부금액은 18,000원이고 자산・부채의 장부금액은 공정가치와 동일하였다. 20X1년 손익계산서상 당기순이익은 6,000원이다. ㈜삼일의 20X1년말 재무상태표에 계상될 ㈜용산의 투자주식금액 및 관련 지분법이익은 각각 얼마인가?

	투자주식금액	지분법이익
①	7,200원	1,800원
②	7,200원	3,000원
③	7,800원	1,800원
④	7,800원	3,000원

35. ㈜삼일은 자동차 제조업을 영위하는 업체로서 기능통화는 원화이다. 20X1년 회계연도(20X1년 1월 1일~20X1년 12월 31일) 중 발생한 수출실적이 다음과 같을 경우 ㈜삼일의 20X1년말 재무상태표상 매출채권과 포괄손익계산서상 외화환산손익으로 가장 옳은 것은?

(1) 수출액 및 대금회수일

수출일	수출액	대금회수일
20X1년 11월 21일	$80,000	20X2년 1월 20일

(2) 일자별 환율

일자	20X1.11.21	20X1.12.31	20X2.1.20
환율	1,100원/$	1,080원/$	1,170원/$

(3) 기타정보
상기 수출대금은 대금회수일에 이상없이 모두 회수되었으며, 상기 수출과 관련된 매출채권 이외의 채권・채무는 없다.

	매출채권	외화환산손익
①	86,400,000원	손실 1,600,000원
②	86,400,000원	손실 5,600,000원
③	93,600,000원	이익 1,600,000원
④	93,600,000원	이익 7,200,000원

36. 다음 중 파생상품과 관련한 회계처리에 대한 설명으로 가장 올바르지 않은 것은?

① 파생상품은 당해 계약상의 권리와 의무에 따라 자산 또는 부채로 인식하여 재무제표에 계상하여야 한다.
② 내재파생상품은 파생상품이 아닌 주계약을 포함하는 복합상품의 구성요소이며, 복합상품의 현금흐름 중 일부를 독립적인 파생상품의 경우와 유사하게 변동시키는 금융상품을 말한다.
③ 위험회피대상항목은 공정가치 변동위험 또는 미래현금흐름 변동위험에 노출된 자산, 부채, 확정계약 또는 미래에 예상되는 거래를 말한다.
④ 위험회피수단으로 지정되지 않고 매매목적 등으로 보유하고 있는 파생상품의 평가손익은 기타포괄손익으로 계상해야 한다.

37. ㈜삼일은 20X1년 1월 1일 ㈜용산리스로부터 기계장치를 3년간 리스하기로 하고, 매년 말 고정리스료로 1,000,000원씩 지급하기로 하였다. 리스계약을 체결하는 과정에서 ㈜삼일은 100,000원의 리스개설직접원가를 지출하였고, ㈜용산리스는 50,000원의 리스개설직접원가를 지출하였다. 동 기계장치는 원가모형을 적용하고 내용연수는 5년이며 정액법으로 감가상각한다. 리스기간 종료시 동 기계장치는 ㈜용산리스에 반환하는 조건이다. 리스개시일 현재 ㈜용산리스의 내재이자율은 알 수 없으며, ㈜삼일의 증분차입이자율은 10%이다. ㈜삼일이 리스개시일에 인식할 사용권자산은 얼마인가?

기간	단일금액 1원의 현재가치 (할인율 10%)	정상연금 1원의 현재가치 (할인율 10 %)
3년	0.7513	2.4869

① 2,486,900원　② 2,536,900원
③ 2,586,900원　④ 2,636,900원

38. ㈜삼일은 기중에 다음과 같은 자금의사결정을 하였다. 아래의 의사결정으로 인한 현금흐름 중 투자활동 관련 순현금흐름은 얼마인가?

매출채권의 회수	950,000원
차입금의 상환	1,000,000원
유형자산의 취득	800,000원
관계기업투자주식의 처분	1,000,000원
유상증자	2,000,000원
급여의 지급	500,000원
배당금의 지급	800,000원
무형자산의 처분	500,000원

① 500,000원 현금유입　② 500,000원 현금유출
③ 700,000원 현금유입　④ 700,000원 현금유출

39. 다음은 ㈜삼일의 20X1년 영업활동에 관련된 자료이다. 20X1년 12월 31일로 종료되는 회계연도에 ㈜삼일의 현금흐름표에 보고되어야 할 영업활동 현금흐름은 얼마인가(단, 상기 자료 이외에 간접법으로 현금흐름표 작성시 고려할 사항은 없다고 가정함)?

당기순이익	15,000,000	매출채권의 증가	3,000,000
매입채무의 감소	2,500,000	감가상각비	1,000,000

① 8,500,000원　② 9,000,000원
③ 10,000,000원　④ 10,500,000원

40. ㈜삼일의 20X1년도 포괄손익계산서상 이자비용은 100,000원이다. 다음 자료를 이용하여 ㈜삼일이 20X1년도에 현금으로 지급한 이자금액을 계산하면 얼마인가?

구분	20X0년 12월 31일	20X1년 12월 31일
미지급이자	10,000원	25,000원
선급이자	10,000원	5,000원

① 70,000원　② 80,000원　③ 90,000원　④ 100,000원

2022년 6월 시행 재무회계 공개기출문제

1. 다음 중 일반목적재무보고에 관한 설명으로 가장 올바르지 않은 것은?

① 경영진은 필요한 재무정보를 기업내부에서 얻을 수 없으므로 의사결정을 위하여 일반목적재무보고에 의존한다.
② 현재 및 향후 잠재적인 투자자, 대여자 및 기타채권자가 일반목적재무보고의 주요 이용자에 해당한다.
③ 감독당국 및 일반 대중도 일반목적재무보고를 유용하게 활용할 수 있다.
④ 일반목적재무보고의 목적은 기업에 자원을 제공하는 것에 대한 의사결정을 할 때 유용한 보고기업 재무정보를 제공하는 것이다.

2. 다음의 빈칸에 들어갈 알맞은 말을 올바르게 짝지은 것은?

> 재무제표가 제공하는 정보가 정보이용자의 의사결정에 목적적합성을 제공하기 위해서 기본적으로 갖추어야 할 주요 질적 특성으로 (ㄱ)와 (ㄴ), (ㄷ)을 들 수 있다.
> 정보가 정보이용자들이 미래 결과를 예측하기 위해 사용하는 절차의 투입요소로 사용될 수 있다면 그 재무정보는 (ㄱ)를 갖는다. 재무정보가 과거 평가에 대한 피드백을 제공, 즉 확인하거나 변경시킨다면 (ㄴ)를 갖는다.
> 정보가 누락되거나 잘못 기재된 경우 특정 보고기업의 재무정보에 근거한 정보이용자의 의사결정에 영향을 줄 수 있다면 그 정보는 중요한 것이다.
> (ㄷ)은 개별 기업 재무보고서 관점에서 해당 정보와 관련된 항목의 성격이나 규모 또는 이 둘 모두에 근거하여 해당 기업에 특유한 측면의 목적적합성을 의미한다.

	(ㄱ)	(ㄴ)	(ㄷ)
①	충실한표현	비교가능성	중요성
②	예측가치	확인가치	중요성
③	예측가치	적시성	중요성
④	적시성	이해가능성	확인가치

3. 다음 중 포괄손익계산서의 기본요소에 대한 설명으로 가장 올바르지 않은 것은?

① 경영성과의 측정을 위해 기록되는 포괄손익계산서의 기본요소에는 수익, 비용이 있다.
② 광의의 수익의 정의에는 수익뿐만 아니라 차익이 포함된다.
③ 비용에는 아직 실현되지 않은 손실은 포함하지 않는다.
④ 수익의 발생은 자산의 증가 또는 부채의 감소를 수반한다.

4. 다음 중 포괄손익계산서의 구성요소 중 기타포괄손익으로 분류될 항목으로 가장 적절하지 않은 것은?

① 유형자산의 재평가잉여금
② 관계기업에 대한 지분법평가이익
③ 기타포괄손익-공정가치측정 금융자산의 평가손실
④ 해외사업장의 재무제표 환산으로 인한 손익

5. 다음 중 당해기업의 특수관계자로 가장 올바르지 않은 것은?

① 당해기업과 통상적인 업무 관계를 맺고 있는 경우
② 당해기업 또는 그 지배기업의 주요 경영진의 일원인 경우
③ 보고기업에 공동지배력이 있는 경우
④ 보고기업에 유의적인 영향력이 있는 경우

6. 다음 중 재고자산의 수량결정방법과 관련된 설명으로 가장 올바르지 않은 것은?

① 계속기록법에서는 장부상의 재고잔량을 기말재고수량으로 결정한다.
② 계속기록법에서는 기중 언제라도 장부상에서 재고수량을 파악할 수 있다.
③ 실지재고조사법에서는 실지재고조사를 통해 기말재고수량을 파악하므로 재고장에 입고기록 및 출고기록을 일절 수행하지 않는다.
④ 실지재고조사법에서는 기말재고를 먼저 확정한 뒤에 당기판매수량을 계산한다.

7. ㈜삼일은 재고자산을 선입선출법에 의하여 평가하고있다. 다음의 자료를 토대로 ㈜삼일의 20X1년 기말재고자산 금액을 측정한 것으로 가장 옳은 것은?

	장부수량	취득단가	장부금액
전기이월	3,000개	@12,000	36,000,000원
구입(20X1.07.01)	2,000개	@14,000	28,000,000원
시용판매(20X1.11.25)(*)	4,800개		
구입(20X1.12.22)	1,500개	@14,500	21,750,000원
차기이월	1,700개		

*㈜삼일은 당기 중 4,800개를 시용판매 하였으나 그 중 300개는 고객이 기말 현재까지 매입의사를 표시하지 않고 있다.

① 24,550,000원 ② 24,650,000원
③ 28,750,000원 ④ 29,000,000원

8. 다음은 ㈜삼일의 20X1회계연도 결산시 재고자산과 관련된 자료이다. 재고자산과 관련된 결산수정분개가 당기손익에 미치는 영향으로 가장 옳은 것은(단, 20X1년 기초재고자산의 재고자산평가충당금은 없다)?

ㄱ. 결산수정분개전 기말재고자산 장부상 수량	100개
ㄴ. 결산수정분개전 기말재고자산 장부상 매입단가	200원/개
ㄷ. 기말재고자산 실사수량	95개
ㄹ. 기말재고자산의 예상판매가격	160원/개
ㅁ. 기말재고자산의 예상판매비용	예상판매가격의 5%

① 4,800원 증가 ② 5,560원 증가
③ 4,800원 감소 ④ 5,560원 감소

9. ㈜서울은 사용 중이던 차량운반구 A를 ㈜부산이 사용하던 차량운반구 B와 교환하였다. 이 교환과 관련하여 ㈜서울은 공정가치의 차액 300,000원을 현금으로 지급하였다. 이 경우 ㈜서울이 차량운반구 B의 취득원가로 인식해야 할 금액은 얼마인가(단, 동 거래는 상업적 실질이 결여된 거래임)?(단위 : 원)

	차량운반구 A	차량운반구 B
취득원가	3,500,000	4,000,000
감가상각누계액	1,200,000	1,500,000
공정가치	1,700,000	2,000,000

① 2,600,000원 ② 2,300,000원
③ 2,000,000원 ④ 1,700,000원

10. 통신업을 영위하고 있는 ㈜삼일은 20X1년 7월 1일 5억원에 취득하여 사용해 오던 건물 A(내용연수 10년, 정액법, 잔존가치 0원)를 20X5년 4월 1일 3억원에 처분하였다. 다음 중 ㈜삼일이 건물 A의 처분과 관련하여 20X5년 포괄손익계산서에 인식할 계정과 금액으로 올바르게 짝지어진 것은(단, ㈜삼일은 건물을 원가모형으로 후속측정한다)?

① 유형자산처분이익, 10,000,000원
② 유형자산처분이익, 12,500,000원
③ 유형자산처분손실, 10,000,000원
④ 유형자산처분손실, 12,500,000원

11. 다음 중 유형자산의 손상에 관한 설명으로 가장 옳은 것은?

① 유형자산에 대해 재평가모형을 적용하는 경우 손상차손을 인식하지 않는다.
② 자산의 회수가능액은 순공정가치와 사용가치 중 작은 금액이다.
③ 기업은 매 보고기간말마다 자산손상을 시사하는 징후가 있는지를 검토하여야 한다.
④ 자산손상을 시사하는 징후가 있는지를 검토할 때는 경제상황과 같은 외부정보는 고려하지 않는다.

12. 다음 중 무형자산으로 인식하기 위하여 필요한 조건이 아닌 것은?

① 자산의 물리적인 형체는 없지만 식별가능해야 한다.
② 자산으로부터 발생하는 미래 경제적효익이 기업에 유입될 가능성이 높아야 한다.
③ 자산의 원가를 신뢰성 있게 측정할 수 있어야 한다.
④ 사업결합에 의해 취득한 자산이어야 한다.

13. 다음은 20X1년 ㈜삼일의 엔진 개발과 관련하여 20X1년 9월 30일까지 발생한 지출에 대한 자료이다. 동 엔진이 20X1년 10월 1일부터 사용가능할 것으로 예측된 경우 20X1년 ㈜삼일이 엔진 개발과 관련하여 무형자산 상각비를 포함한 인식해야 할 총비용은 얼마인가(단, 엔진 개발비에 대하여 내용연수 10년, 정액법 상각함)?

연구단계	개발단계
•엔진 연구 결과의 평가를 위한 지출 : 3,000,000원	•자산인식조건을 만족하는 개발단계 지출 : 40,000,000원
•여러 가지 대체안 탐색 활동을 위한 지출 : 27,000,000원	•자산인식조건을 만족하지 않는 개발단계 지출 : 7,000,000원

① 1,925,000원 ② 38,000,000원
③ 39,000,000원 ④ 77,000,000원

14. 부동산매매업을 영위하고 있는 ㈜삼일은 당기 중 판매목적으로 보유하던 장부금액 100억원의 상가건물을 제3자에게 운용리스를 통해 제공하기로 하였다. 용도 변경시점의 동 상가건물의 공정가치가 140억원 이었다고 할 때 ㈜삼일의 회계처리로 가장 옳은 것은(단, ㈜삼일은 투자부동산에 대하여 공정가치모형을 적용하고 있다)?

①	(차)	투자부동산	100억
	(대)	재고자산	100억
②	(차)	투자부동산	140억
	(대)	재고자산	100억
		재평가잉여금(기타포괄손익)	40억
③	(차)	투자부동산	140억
	(대)	재고자산	140억
④	(차)	투자부동산	140억
	(대)	재고자산	100억
		재평가이익(당기손익)	40억

15. 다음 중 지분상품으로 분류될 수 있는 계약으로 가장 옳은 것은?

① 100억의 가치에 해당하는 지분상품을 인도할 계약
② 100킬로그램의 금의 가치에 해당하는 현금에 상응하는 지분상품을 인도할 계약
③ 액면 100억의 사채에 대한 상환 대신 1만주의 주식으로 교환할 계약
④ 공모가액의 80% 해당하는 현금을 대가로 주식 1만주를 인도할 계약

16. ㈜삼일은 20X1년 1월 1일 ㈜광주가 발행한 주식 100주를 주당 10,000원에 취득하고, 기타포괄손익-공정가치측정 금융자산으로 분류하였다. 20X1년말 ㈜광주가 발행한 주식의 주당 공정가치는 12,000원이다. ㈜삼일은 동 주식 전부를 20X2년 6월 30일에 주당 13,000원에 처분하였다. 주식의 취득과 처분시 거래원가는 발생하지 않았다고 가정할 때, 상기 주식에 대한 회계처리가 ㈜삼일의 20X2년도 당기순손익과 기타포괄손익에 미치는 영향은 각각 얼마인가?

① 당기순손익 영향없음, 기타포괄손익 100,000원 증가
② 당기순손익 100,000원 증가, 기타포괄손익 100,000원 증가
③ 당기순손익 200,000원 증가, 기타포괄손익 100,000원 증가
④ 당기순손익 300,000원 증가, 기타포괄손익 100,000원 증가

17. ㈜삼일은 20X1년 3월 28일 200,000원에 취득한 채권을 기타포괄손익-공정가치측정 금융자산으로 분류하였다. 20X1년 12월 31일 채권의 공정가치가 250,000원이었고, 이를 20X2년 3월 30일에 280,000원에 매도하였다. 다음 중 처분일의 회계처리로 가장 옳은 것은(단, 취득 시점 표시이자율과 시장이자율은 동일하며, 이자는 무시한다)?

①	(차)	현금	280,000원
	(대)	기타포괄손익-공정가치측정금융자산	200,000원
		처분이익	80,000원
②	(차)	현금	280,000원
	(대)	기타포괄손익-공정가치측정금융자산	200,000원
		평가이익(기타포괄손익)	80,000원
③	(차)	현금	280,000원
		평가이익(기타포괄손익)	50,000원
	(대)	기타포괄손익-공정가치측정금융자산	250,000원
		처분이익	80,000원
④	(차)	현금	280,000원
		평가이익(기타포괄손익)	50,000원
	(대)	기타포괄손익-공정가치측정금융자산	200,000원
		처분이익	130,000원

18. 다음 중 금융부채의 분류에 관한 설명으로 가장 올바르지 않은 것은?

① 당기손익-공정가치 측정 금융부채는 단기매매금융부채와 당기손익인식지정금융부채로 나누어진다.
② 부채가 단기매매활동의 자금조달에 사용된다는 사실만으로도 당해 부채를 단기매매금융부채로 분류하기에 충분하다.
③ 위험회피수단으로 회계처리하지 아니하는 파생상품부채는 단기매매금융부채에 해당한다.
④ 당기손익인식항목으로 지정될 경우 서로 다른 기준에 따라 자산이나 부채를 측정하거나 그에 따른 손익을 인식함으로써 발생할 수 있는 인식이나 측정의 불일치가 제거되거나 유의적으로 감소된다면 당기손익인식금융부채로 지정할 수 있다.

19. ㈜삼일은 20X1년 1월 1일 액면금액 1,000,000원, 표시이자율 5%, 만기 3년인 사채를 922,687원에 할인발행하였다. 사채의 발행당시 유효이자율이 12%일 때 ㈜삼일이 사채발행으로 인하여 만기 3년 동안 인식해야 할 총 이자비용을 계산한 것으로 가장 옳은 것은?

① 150,000원 ② 240,000원 ③ 227,313원 ④ 317,313원

20. 다음 중 ㈜삼일의 충당부채에 관한 회계처리로 가장 올바르지 않은 것은?

① 판매시점으로부터 2년간 품질을 보증(확신유형의 보증)하는 조건으로 제품을 판매하여 20X1년 중에 판매한 제품에 대해 추정한 보증수리비용을 충당부채로 인식하였다.
② 화재, 폭발 또는 기타 재해에 의한 재산상의 손실에 대비한 보험에 가입하고 있지 않아 이의 멸실에 대비하여 충당부채를 계상하였다.
③ 충당부채의 명목가액과 현재가치의 차이가 중요하여 예상 지출의 현재가치로 충당부채를 평가하였다.
④ 충당부채를 계상할 때 현재의무의 이행에 소요되는 지출에 대한 보고기간종료일 현재의 최선의 추정치를 산출하였다.

21. 다음은 ㈜삼일의 제1기말(20X1년 12월 31일) 현재의 주요 재무정보이다. ㈜삼일은 제1기에 증자 및 배당 등 다른 자본거래가 없었다.(단위 : 원)

자본금	5,000,000,000
주식발행초과금	3,500,000,000
…	…
자본총계	10,000,000,000

㈜삼일의 20X1년 당기순이익은 1,500,000,000원이고, 주당 액면금액은 5,000원일 때 20X1년말 현재 자본에 대한 설명으로 가장 올바르지 않은 것은?

① ㈜삼일의 법정자본금은 5,000,000,000원이다.
② ㈜삼일의 발행주식수는 1,000,000주이다.
③ ㈜삼일의 기말 이익잉여금은 1,500,000,000원이다.
④ ㈜삼일의 주식발행금액은 주당 10,000원이다.

22. 다음 중 이익잉여금 처분에 관한 설명으로 가장 올바르지 않은 것은?

① 현금배당은 자산과 자본의 감소를 유발한다.
② 주식배당은 자본금은 감소하나 자본총계는 변함이 없다.
③ 주식할인발행차금 상각으로 이익잉여금을 처분하면 자본금 및 자본총계는 변함이 없다.
④ 이익준비금은 현금배당의 10% 이상을 자본금의 1/2이 될 때까지 의무적립한다.

23. 수익인식 5단계 모형에 따라 수익을 인식하는 순서가 아래와 같다면 다음 빈칸에 들어갈 말로 가장 옳은 것은?

[1단계] 계약 식별
[2단계] (㉠)
[3단계] (㉡)
[4단계] 거래가격 배분
[5단계] 수행의무별 수익인식

	㉠	㉡
①	수행의무 식별	거래가격 산정
②	통제이전	수행의무 식별
③	수행의무 식별	통제이전
④	거래가격 산정	수행의무 식별

24. ㈜삼일은 20X1년 12월 31일 ㈜반품에 50,000,000원(원가 30,000,000원)의 제품을 판매하고 1년 이내 반품할 수 있는 권리를 부여하였다. 인도일 현재 판매가 10,000,000원의 제품이 반품될 것으로 예상된다면 ㈜삼일이 20X1년에 인식할 매출액은 얼마인가?

① 10,000,000원　② 40,000,000원
③ 44,000,000원　④ 46,000,000원

25. ㈜삼일건설은 20X1년 1월 1일에 대전시로부터 교량건설을 총공사계약액 50,000,000원에 수주하였다. 공사기간은 20X1년 1월 1일부터 20X3년 12월 31일까지이다. 추정총계약원가는 40,000,000원으로 공사기간 동안 변동이 없으며, 회사는 누적발생계약원가에 기초하여 공사진행률을 측정하고 있다. 20X1년과 20X2년 계약수익이 다음과 같을 때 20X2년말 누적공사진행률을 계산한 것으로 가장 옳은 것은?

ㄱ. 20X1년 계약수익 : 15,000,000원
ㄴ. 20X2년 계약수익 : 20,000,000원

① 30%　② 50%
③ 70%　④ 80%

26. ㈜삼일건설은 20X1년 5월 1일 총 계약금액 340,000,000원의 공장신축 공사계약을 체결하였다. 20X2년의 당기계약손익은 얼마인가?

	20X1년	20X2년
당기발생계약원가	120,000,000원	144,000,000원
총공사계약원가	300,000,000원	330,000,000원
공사대금청구액(연도별)	100,000,000원	160,000,000원

① 계약손실 8,000,000원　② 계약손실 10,000,000원
③ 계약이익 8,000,000원　④ 계약이익 18,000,000원

27. 확정급여제도하에서 기업은 미래에 종업원에게 지급할 퇴직급여의 수급권을 보장하기 위하여 사외기금제도를 이용한다. 다음 중 사외적립자산에 대한 설명으로 가장 옳은 것은?

① 사외적립자산은 공정가치로 측정한다.
② 사외적립자산과 확정급여채무는 차감하지 않고 재무상태표에 각각 자산과 부채로 표시한다.
③ 당해 회계기간에 대하여 회사가 사외에 적립한 기여금은 비용으로 인식한다
④ 사외적립자산은 재측정요소가 발생하지 않는다.

28. ㈜삼일은 20X1년 1월 1일에 기술책임자인 홍길동이사에게 다음과 같은 조건의 현금결제형 주가차액보상권 30,000개를 부여하였다. 이 경우 20X1년 포괄손익계산서에 계상될 당기보상비용은 얼마인가(단, 홍길동 이사는 20X3년 12월 31일 이전에 퇴사하지 않을 것으로 예상된다)?

ㄱ. 기본조건 : 20X3년 12월 31일까지 의무적으로 근무할 것
ㄴ. 행사가능기간 : 20X4년 1월 1일~20X5년 12 월31일
ㄷ. 20X1년초 추정한 주가차액보상권의 공정가치 : 100,000원/개
ㄹ. 20X1년말 추정한 주가차액보상권의 공정가치 : 150,000원/개

① 10억원　② 15억원
③ 20억원　④ 30억원

29. ㈜삼일은 20X1년에 영업을 개시하였다. ㈜삼일의 과세소득과 관련된 자료는 다음과 같다. 20X1년말 재무상태표에 계상될 이연법인세자산(부채)(A)과 포괄손익계산서에 계상될 법인세비용(B)는 각각 얼마인가?

법인세비용차감전순이익	3,000,000원
가산(차감)조정	
일시적차이가 아닌 차이	600,000원
일시적차이	(800,000원)
과세표준	2,800,000원(세율:30%)

〈 추가자료 〉
ㄱ. 일시적차이가 사용될 수 있는 미래과세소득의 발생가능성은 높다고 가정한다.
ㄴ. 일시적차이는 20X2년, 20X3년에 걸쳐 400,000원씩 소멸하며, 미래에도 세율의 변동은 없는 것으로 가정한다.

		(A)	(B)
①	이연법인세부채	120,000원	960,000원
②	이연법인세자산	240,000원	1,080,000원
③	이연법인세자산	420,000원	1,320,000원
④	이연법인세부채	240,000원	1,080,000원

30. 다음은 ㈜삼일의 20X1년과 20X2년말의 법인세회계와 관련된 내역이다. 20X2년에 ㈜삼일이 계상하여야 할 법인세비용은 얼마인가?

	20X1년말	20X2년말
이연법인세자산	50,000원	10,000원
이연법인세부채	10,000원	40,000원
20X2년 당기법인세	200,000원	

① 130,000원 ② 190,000원
③ 210,000원 ④ 270,000원

31. ㈜삼일은 20X1년 7월 1일 500,000원 (내용연수 5년, 잔존가치 100,000원)에 건물을 취득하고, 20X1년말 정액법으로 감가상각하였다. 그런데 ㈜삼일은 건물에 내재된 미래경제적효익의 예상되는 소비형태의 유의적인 변동을 반영하기 위하여, 20X2년초부터 감가상각방법을 연수합계법으로 변경하고 잔존내용연수는 3년, 잔존가치는 없는 것으로 재추정하였다. 20X2년말 건물의 장부금액은 얼마인가?(감가상각은 월할 상각하며, 건물에 대한 손상차손누계액은 없다.)

① 125,000원 ② 195,000원 ③ 210,000원 ④ 230,000원

32. ㈜삼일의 20X1년 가중평균유통보통주식수는 3,000주이며, 기본주당순이익은 6,000원이다. 희석당기순이익은 19,250,000원이며 잠재적 보통주식수는 500주일 경우 희석주당순이익으로 가장 옳은 것은?

① 4,500원 ② 5,000원 ③ 5,500원 ④ 6,000원

33. ㈜삼일은 20X1년초에 ㈜용산의 주식 25%를 1,000,000원에 취득하면서 유의적인 영향력을 행사할 수 있게 되었다. 취득일 현재 ㈜용산의 순자산 장부금액은 4,000,000원이며, 자산 및 부채의 장부금액은 공정가치와 동일하다. ㈜용산은 20X1년도에 당기순이익 800,000원과 기타포괄이익 100,000원을 보고하였다. ㈜삼일이 20X1년 중에 ㈜용산으로부터 중간배당금 50,000원을 수취하였다면, ㈜삼일이 20X1년도 당기손익으로 인식할 지분법이익은 얼마인가?

① 185,000원 ② 200,000원
③ 212,500원 ④ 225,000원

34. 다음 중 관계기업투자주식의 회계처리에 관한 설명으로 가장 올바르지 않은 것은?

① 관계기업투자주식을 취득한 시점에는 취득원가로 기록한다.
② 피투자기업으로부터 배당금 수취시 투자수익을 즉시 인식하므로, 투자주식 계정이 증가한다.
③ 관계기업에 관련된 영업권의 상각은 허용되지 않는다.
④ 피투자기업의 당기순이익은 투자기업의 지분법이익으로 보고된다.

35. ㈜삼일은 20X1년 3월 30일 기계장치를 2,500달러에 구입하였으며 이에 대한 결제일이 20X2년 4월 1일이다. 이에 관련된 각 시점의 환율은 다음과 같다. 상기 거래와 관련하여 ㈜삼일이 20X1년말 현재 계상할 외화환산손익은 얼마인가(단, ㈜삼일은 유형자산에 대하여 원가모형을 적용하여 회계처리하고 있다)?

20X1년 03월 30일의 환율 1,000원/달러
20X1년 12월 31일의 환율 1,200원/달러
20X2년 04월 01일의 환율 1,100원/달러

① 외화환산이익 100,000원 ② 외화환산손실 100,000원
③ 외화환산이익 500,000원 ④ 외화환산손실 500,000원

36. 다음 거래목적 중 파생상품평가손익을 기타포괄손익으로 인식하여 자본항목(기타포괄손익누계액)으로 처리하는 것은?

① 공정가치위험회피 목적의 파생상품평가손익
② 매매목적의 파생상품평가손익
③ 현금흐름위험회피 목적으로 체결한 파생상품의 평가손익 중 위험회피에 효과적인 부분
④ 현금흐름위험회피 목적으로 체결한 파생상품의 평가손익 중 위험회피에 효과적이지 못한 부분

37. ㈜삼일리스는 20X1년 1월 1일(리스약정일)에 ㈜용산(리스이용자)와 기계장치에 대한 금융리스계약을 체결하였으며, 관련 자료는 다음과 같다. 이러한 리스거래로 인하여 리스이용자인 ㈜용산이 20X1년에 인식할 이자비용과 감가상각비의 합계액은 얼마인가(단, 계산금액은 소수점 첫째자리에서 반올림함을 원칙으로 하고, 가장 근사치를 답으로 선택한다)?

ㄱ. 리스기간 : 3년(리스기간 종료시 ㈜용산은 소유권을 이전받음)
ㄴ. 리스료 총액 : 150,000원(매 50,000원씩 매년 말 3회 후불)
ㄷ. 기초자산의 취득원가 : 120,092원(리스약정일의 공정가치와 동일)
ㄹ. 기초자산의 내용연수와 잔존가치 : 내용연수 3년, 잔존가치 30,092원
ㅁ. 리스의 내재이자율 : 연 12%
ㅂ. 이자율 12%, 3년 연금현가계수 : 2.40183
이자율 12%, 3년 현가계수 : 0.71178

① 14,411원 ② 30,000원
③ 40,031원 ④ 44,411원

38. 다음 중 현금흐름표에 관한 설명으로 가장 올바르지 않은 것은?

① 간접법을 적용하여 표시한 영업활동 현금흐름은 직접법에 의한 영업활동 현금흐름에서는 파악할 수 없는 정보를 제공하기 때문에 미래현금흐름을 추정하는 데 보다 유용한 정보를 제공한다.
② 영업활동은 기업의 주요 수익창출활동, 그리고 투자활동이나 재무활동이 아닌 기타의 활동을 말한다.
③ 투자활동은 유·무형자산, 다른 기업의 지분상품이나 채무상품 등의 취득과 처분활동, 제3자에 대한 대여 및 회수활동 등을 포함한다.
④ 현금흐름표는 회계기간 동안 발생한 현금흐름을 영업활동, 투자활동 및 재무활동으로 분류하여 보고한다.

39. 다음은 ㈜삼일의 감사보고서에 나타난 재무상태표 중 매출채권과 대손충당금에 관한 부분이다. 20X2년 포괄손익계산서상의 매출액은 560,000원, 대손상각비가 30,000원이다. 매출활동으로 인한 현금유입액은 얼마인가?

구분	20X2년 12월 31일	20X1년 12월 31일
매출채권	500,000원	400,000원
대손충당금	(70,000원)	(50,000원)

① 450,000원 ② 480,000원
③ 510,000원 ④ 600,000원

40. ㈜삼일의 20X1년도 당기순이익은 91,000원이다. 다음에 제시된 자료를 이용하여 ㈜삼일의 20X1년도 영업활동현금흐름을 구하면 얼마인가(단, 이자지급 및 법인세납부는 영업활동으로 분류한다)?

유형자산처분손실	3,000원
사채상환이익	2,000원
사채의 감소	7,000원
미지급이자의 증가	2,000원
재고자산(순액)의 증가	3,000원
매출채권(순액)의 증가	2,000원
매입채무의 증가	3,000원
미지급법인세의 감소	3,000원

① 68,000원 ② 87,000원
③ 89,000원 ④ 91,000원

2022년 7월 시행 재무회계 공개기출문제

1. 다음 중 재무보고의 필요성에 대한 설명으로 가장 올바르지 않은 것은?

① 주주는 투자와 관련된 의사결정에 유용한 재무정보를 얻을 수 있다.
② 채권자는 원리금 상환능력 등의 판단에 유용한 재무정보를 얻을 수 있다.
③ 정부(국세청 등)는 과세표준 결정 등에 유용한 재무정보를 얻을 수 있다.
④ 종업원이나 경영자는 외부 이해관계자가 아닌 내부 이해관계자이므로 필요하지 않다.

2. 다음 중 자산 및 부채의 측정방법에 대한 설명으로 가장 올바르지 않은 것은?

① 공정가치 : 측정일에 시장참여자간 정상거래에서 자산을 매도할 때 받을 가격 등
② 사용가치 : 기업이 자산의 사용과 궁극적인 처분으로 얻을 것으로 기대하는 현금흐름 등
③ 역사적원가 : 기업이 자산을 취득 또는 창출하기 위하여 지급한 대가(거래원가 포함)
④ 현행원가 : 기업이 부채를 이행할 때 이전해야 하는 현금이나 그 밖의 경제적 자원의 현재가치

3. 다음 중 재무제표 요소의 인식에 관한 설명으로 가장 올바르지 않은 것은?

① 미래 경제적 효익의 유입(유출) 가능성이 높고 이를 금액적으로 신뢰성 있게 측정할 수 있다면 재무제표에 인식되어야 한다.
② 인식 요건을 충족하는 항목을 재무상태표나 손익계산서상에 누락하였다면 관련된 내용을 주석에 상세히 공시하는 것으로 대체할 수 있다.
③ 주문 후 아직 인도되지 않은 재고자산 매입대금에 대한 부채는 일반적으로 재무상태표에 부채로 인식되지 않는다.
④ 비용의 인식은 부채의 증가나 자산의 감소에 대한 인식과 동시에 이루어진다.

4. 다음 중 포괄손익계산서의 작성과 관련된 설명으로 가장 올바르지 않은 것은?

① 단일포괄손익계산서 또는 별개의 손익계산서와 포괄손익계산서 중 하나의 양식을 선택할 수 있다.
② 포괄손익은 크게 당기손익과 기타포괄손익으로 구성된다.
③ 당기순손익과 총포괄손익은 비지배지분과 지배기업의 소유주 지분으로 구분하여 표시하여야 한다.
④ 비용을 성격별로 분류하여 손익계산서를 작성한 기업은 비용의 기능별 배부에 대한 내용을 주석에 추가적으로 공시하여야 한다.

5. 다음 중 재무제표 보고기간후사건에 관한 설명으로 가장 올바르지 않은 것은?

① 수정을 요하지 않는 보고기간후사건의 예로 보고기간 말과 재무제표 발행 승인일 사이에 투자자산의 공정가치의 하락을 들 수 있다.
② 수정을 요하지 않는 보고기간후사건으로서 중요한 것은 그 범주별로 사건의 성격이나 재무적 영향에 대한 추정치 등을 공시하여야 한다.
③ 수정을 요하는 보고기간후사건의 예로 보고기간 말 이전에 구입한 자산의 취득원가나 매각한 자산의 대가를 보고기간 후에 결정하는 경우 등을 들 수 있다.
④ 수정을 요하는 보고기간후사건이란 재무제표 발행 승인일 후에 발생한 상황을 나타내는 사건을 말한다.

6. 재고자산 평가방법으로 이동평균법을 적용하고 있는 ㈜삼일의 재고자산수불부가 다음과 같을 때, ㈜삼일의 기말재고자산 금액으로 가장 옳은 것은(단, 기말재고자산 실사결과 확인된 재고수량은 600개이다)?

	수량	단가	금액
전기이월	1,000개	80원	80,000원
3월 5일 구입	200개	110원	22,000원
4월 22일 판매	800개		
6월 8일 구입	200개	120원	24,000원
기말	600개		

① 58,000원 ② 62,000원
③ 68,000원 ④ 72,000원

7. 다음은 ㈜삼일의 20X1년 재고수불부이다. ㈜삼일이 재고자산을 선입선출법으로 평가하는 경우와 총평균법(회계기간 단위로 평균단가를 산출하는 방법)으로 평가하는 경우 각각의 기말재고자산금액은 얼마인가?

	수량	단가	금액
전기이월	3,000개	2,000원	6,000,000원
1.20 구입	2,000개	2,500원	5,000,000원
6.15 판매	(2,500개)		
8.14 구입	2,000개	2,400원	4,800,000원
10.1 판매	(3,500개)		
12.4 구입	1,000개	3,000원	3,000,000원
기말	2,000개		

	선입선출법	총평균법
①	5,400,000원	4,000,000원
②	5,400,000원	4,700,000원
③	5,800,000원	4,000,000원
④	5,800,000원	4,700,000원

8. 다음은 ㈜삼일의 20X1 회계연도 결산시 재고자산과 관련된 자료이다. 재고자산과 관련된 결산수정분개가 당기손익에 미치는 영향으로 가장 옳은 것은(단, 20X1년 기초재고자산의 재고자산평가충당금은 없다)?

ㄱ. 결산수정분개전 기말재고자산 장부상 수량	100개
ㄴ. 결산수정분개전 기말재고자산 장부상 매입단가	200원/개
ㄷ. 기말재고자산 실사수량	95개
ㄹ. 기말재고자산의 예상판매가격	160원/개
ㅁ. 기말재고자산의 예상판매비용	예상판매가격의 5%

① 4,800원 증가 ② 5,560원 증가
③ 4,800원 감소 ④ 5,560원 감소

9. 다음 중 유형자산의 취득원가에 포함되는 요소가 아닌 것으로 올바르게 짝지어진 것은?

ㄱ. 설치장소 준비를 위한 지출
ㄴ. 최초의 운송 및 취급관련 원가
ㄷ. 보유중인 건물에 대하여 부과되는 재산세
ㄹ. 취득세
ㅁ. 매입할인

① ㄱ, ㄴ, ㄷ ② ㄴ, ㄹ, ㅁ
③ ㄷ, ㅁ ④ ㄱ, ㄴ, ㄷ, ㄹ, ㅁ

10. 다음 중 유형자산의 후속측정에 관한 설명으로 가장 올바르지 않은 것은?

① 원가모형과 재평가모형 중 하나를 회계정책으로 선택하여 유형자산의 유형별로 동일하게 적용하여야 한다.
② 재평가모형은 취득일 이후 재평가일의 공정가치로 해당 자산금액을 수정하고, 당해 공정가치에서 재평가일 이후의 감가상각누계액과 손상차손누계액을 차감한 금액을 장부금액으로 공시한다.
③ 재평가로 인하여 자산이 증가된 경우 그 증가액은 기타포괄이익으로 인식하고 재평가잉여금의 과목으로 자본(기타포괄손익누계액)에 가산한다.
④ 재평가로 인하여 자산이 감소된 경우 그 감소액은 기타포괄손실로 인식하고 재평가잉여금의 과목으로 자본(기타포괄손익누계액)에 차감한다.

11. 다음은 ㈜삼일이 20X1년 7월 1일에 취득하여 20X1 년 현재 사용 중인 기계장치들에 대한 내용이다. 20X1년말 사용 중인 기계장치들에 대하여 자산손상을 시사하는 징후가 존재하였다. ㈜삼일이 20X1년말에 유형자산손상차손으로 인식해야 할 금액은 얼마인가?

구분	기계장치A	기계장치B
20X1년말 장부금액	225,000,000	80,000,000
20X1년말 처분시 예상 순공정가치	150,000,000	40,000,000
계속 사용할 경우의 사용가치	135,000,000	96,000,000

① 0원 ② 59,000,000원
③ 74,000,000원 ④ 75,000,000원

12. 다음은 ㈜삼일의 프로젝트 개발활동과 관련된 지출내용이다. ㈜삼일의 프로젝트 개발활동과 관련하여 무형자산(개발비)으로 회계처리가 가능한 금액은 얼마인가?

프로젝트	금액	내용
가	350,000원	프로젝트 연구단계에서의 지출
나	900,000원	프로젝트 개발단계에서의 지출로 자산 인식조건을 만족시킴.
다	1,000,000원	프로젝트 개발단계에서의 지출로 자산 인식조건을 만족시키지 못함.
라	250,000원	프로젝트 개발과 관련된 내부개발 소프트웨어로 자산 인식조건을 만족시킴.

① 900,000원 ② 1,150,000원
③ 1,500,000원 ④ 1,600,000원

13. 다음 중 무형자산의 상각에 관한 설명으로 가장 올바르지 않은 것은?

① 내용연수가 유한한 무형자산은 내용연수 동안 상각하지만 내용연수가 비한정인 무형자산은 상각하지 않는다.
② 무형자산의 잔존가치는 처분으로 회수가능한 금액을 근거로 하여 추정하며 적어도 매 회계기간말에 검토한다.
③ 상각기간이나 상각방법을 변경하는 경우에는 회계추정의 변경으로 본다.
④ 내용연수가 비한정인 무형자산이란 내용연수가 무한하여 미래 경제적 효익이 무한할 것으로 기대되는 무형자산을 의미한다.

14. ㈜삼일은 부동산매매업을 영위하고 있다. ㈜삼일은 당기 중 판매목적으로 보유하던 장부가액 10억원의 상가건물을 제3자에게 운용리스를 통해 제공하기로 하였다. 용도변경 시점의 동 상가건물의 공정가치는 13억원이었으며, ㈜삼일은 투자부동산에 대하여 공정가치모형을 적용하고 있다. ㈜삼일이 용도변경시점에 ㈜삼일의 회계처리로 가장 옳은 것은?

① (차) 투자부동산 13억
(대) 재고자산 10억
재평가이익(당기손익) 3억
② (차) 투자부동산 13억
(대) 재고자산 13억
③ (차) 투자부동산 13억
(대) 재고자산 10억
재평가잉여금(기타포괄손익) 3억
④ (차) 투자부동산 10억
(대) 재고자산 10억

15. 다음 중 금융자산의 분류에 관한 설명으로 가장 올바르지 않은 것은?

① 일반적으로 지분증권은 당기손익-공정가치 측정 금융 자산으로 분류한다.
② 단기매매항목이 아닌 지분상품은 최초 인식시 기타포괄손익-공정가치 측정 금융자산으로 지정할 수 있다.
③ 원리금 수취 목적의 채무상품은 상각후원가측정금융자산으로 분류한다.
④ 매매목적의 파생상품은 기타포괄손익-공정가치측정 금융자산으로 분류한다.

16. ㈜서울은 20X1년초에 ㈜용산의 주식 1,000주를 취득하고 당기손익-공정가치 측정 금융자산으로 분류하였다. 20X2년초에 1,000주를 공정가치로 처분한 경우 ㈜서울이 20X2년의 포괄손익계산서에 계상할 처분손익은 얼마인가?

일자	구분	주당금액
20X1년 1월 3일	취득원가	10,000원
20X1년 12월 31일	공정가치	10,500원
20X2년 1월 1일	공정가치	9,700원

① 이익 300,000원 ② 이익 500,000원
③ 손실 300,000원 ④ 손실 800,000원

17. 다음의 빈칸에 들어갈 말로 가장 적절한 것끼리 묶인 것은?

사채는 (㉠)로 후속 측정한다. 만약 사채발행 시점에 시장이자율이 계약상 액면이자율보다 더 큰 경우에는 사채가 (㉡)되는데 이 경우에는 (㉠)가 만기로 갈수록 점점 증가하게 된다.

	㉠	㉡
①	공정가치	할인발행
②	공정가치	할증발행
③	상각후원가	할인발행
④	상각후원가	할증발행

18. 다음 중 ㈜삼일의 20X1년 12월 31일 사채 관련 분개에 관한 설명으로 가장 옳은 것은(소수점 이하는 반올림 한다)?

㈜삼일은 20X1년 1월 1일 사채(액면 100,000원, 표시이자율 10%, 이자는 매년 말에 지급, 만기일은 20X3년 12월 31일이고, 유효이자율은 8%)를 발행하였다. 20X1년 12월 31일에 표시이자 지급후 사채를 105,000원에 상환하였다.
(가치계산표 : 3년 8% 단일금액의 현재가치=0.7938, 3년 8% 정상연금의 현재가치=2.5771)

① 3년동안 사채의 총이자비용은 8,412원이다.
② 사채의 장부금액은 103,563원이다.
③ 사채상환손실은 3,563원이다.
④ 사채할증발행차금상각액은 2,000원이다.

19. 다음 중 전환사채에 관한 설명으로 가장 옳은 것은?

① 전환사채는 부채요소와 자산요소를 모두 가지고 있는 복합금융상품을 의미한다.
② 전환사채의 전환권조정은 사채할인발행차금과 유사하게 상환기간동안 유효이자율법을 적용하여 상각하고 상각된 금액은 이자비용으로 인식한다.
③ 전환사채는 유가증권의 소유자가 사전에 약정된 가격으로 보통주의 발행을 청구할 수 있는 권리가 부여된 사채를 의미한다.
④ 상환할증금지급조건에 의해 발행된 상환할증금은 전환사채의 액면금액에서 차감하여 표시한다.

20. 다음 중 충당부채에 관한 설명으로 가장 올바르지 않은 것은?

① 충당부채를 인식하기 위해서는 과거에 사건이나 거래가 발생하여 현재 의무가 존재하여야 한다.
② 충당부채를 반드시 재무상태표에 금액으로 인식할 필요는 없으며, 주석으로 공시해도 된다.
③ 충당부채를 설정하는 의무에는 법적의무 또는 의제의무가 포함된다.
④ 화재, 폭발 등의 재해에 의한 재산상의 손실에 대비한 보험에 가입하고 있지 않을 때 보험 미가입으로 인하여 재무상태표에 인식하여야 할 부채는 없다.

21. 20X1년 설립된 ㈜삼일의 20X1년 당기순이익은 1,000,000,000원이고, 1주당 액면금액은 5,000원이다. 20X1년말 자본이 아래와 같을 때 가장 옳은 것은(단, 설립 이후 추가 증자는 없었다)?

자본금	5,000,000,000원
주식발행초과금	3,000,000,000원
이익잉여금	1,000,000,000원
자본총계	9,000,000,000원

① ㈜삼일의 발행주식수는 1,600,000주이다.
② ㈜삼일의 주식발행금액은 주당 8,000원이다.
③ ㈜삼일의 법정자본금은 9,000,000,000원이다.
④ ㈜삼일의 20X1년 주당이익은 2,000원이다.

22. 다음은 결산일이 12월 31일인 ㈜삼일의 20X1년말 재무정보이다. 20X1년말 ㈜삼일의 기타포괄손익누계액은 얼마인가?

ㄱ. 자본금	5,000,000원
ㄴ. 주식발행초과금	1,000,000원
ㄷ. 보험수리적이익	2,500,000원
ㄹ. 유형자산 재평가잉여금	500,000원
ㅁ. 미처분이익잉여금	4,600,000원
ㅂ. 자기주식처분이익	1,000,000원

① 500,000원 ② 1,500,000원
③ 3,000,000원 ④ 4,000,000원

23. 방송프로그램 제작사인 ㈜삼일은 20X1년 1월 1일 장난감 제조사인 ㈜용산과 4년간 방송프로그램 캐릭터 사용계약을 체결하였다. ㈜용산은 현재 및 향후 방송에 나올 캐릭터를 모두 사용할 권리를 가지고 4년간 사용대가로 계약일에 100,000,000원을 지급하였다. 20X1년 ㈜삼일의 라이선스 수익인식 금액은 얼마인가?

① 0원 ② 25,000,000원
③ 50,000,000원 ④ 100,000,000원

24. ㈜삼일은 20X1년 1월 1일 ㈜용산에 상품을 할부로 판매하였다. 할부대금은 매년 말 30,000,000원씩 3년간 회수하기로 하였다. 상품판매시의 시장이자율이 5%인 경우 ㈜삼일의 20X2년 1월 1일 재무상태표상 매출채권 잔액은 얼마인가(3년, 5% 연금현가계수는 2.7232이며, 소수점 이하는 반올림한다)?

① 28,569,840원 ② 30,000,000원
③ 55,780,800원 ④ 60,000,000원

25. ㈜삼일은 ㈜서울로부터 건설공사를 수주하였다. 건설계약과 관련한 계약원가의 구성은 다음과 같을 때, (나)항에 들어갈 구성 항목으로 가장 옳은 것은?

계약원가	(가)	특정계약에 직접 관련된 원가
	(나)	계약활동 전반에 귀속될 수 있는 공통원가로 특정 계약에 배분할 수 있는 원가
		계약 조건에 따라 발주자에게 청구 가능한 기타 원가

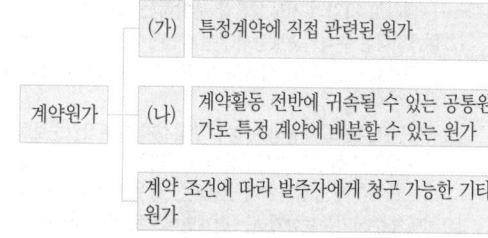

① 판매원가
② 생산설비와 건설장비의 임차원가
③ 건설인력의 급여지급에 대한 사무처리 원가
④ 계약에 사용된 생산설비와 건설장비의 감가상각비

26. ㈜서울은 ㈜용산으로부터 건설공사를 수주하였다. ㈜용산과 체결한 건설공사에서 손실이 발생할 것으로 예상되는 경우 ㈜서울이 수행할 회계처리로 가장 옳은 것은?

① 건설계약에서 예상되는 손실액은 진행률에 따라 비용으로 인식한다.
② 건설계약에서 예상되는 손실액은 공사완료시점에 비용으로 인식한다.
③ 건설계약에서 예상되는 손실액은 당기에 즉시 비용으로 인식한다.
④ 건설계약에서 예상되는 손실액은 전기에 인식했던 수익에서 직접 차감한다.

27. ㈜삼일은 확정급여형 퇴직급여제도를 시행하고 있다. 20X1년말 사외적립자산의 공정가치 금액은 얼마인가(단, 20X1년에 중도퇴사자는 없다)?

ㄱ. 20X1년초 사외적립자산의 공정가치	:	2,000,000원
ㄴ. 기여금의 불입	:	800,000원
ㄷ. 사외적립자산의 기대수익	:	200,000원
ㄹ. 사외적립자산의 실제수익	:	150,000원

① 2,050,000원 ② 2,150,000원
③ 2,200,000원 ④ 2,950,000원

28. 다음 중 주식기준보상거래에 관한 설명으로 가장 올바르지 않은 것은?

① 주식결제형 주식기준보상거래는 기업이 재화나 용역을 제공받는 대가로 기업의 지분상품을 부여하는 것이다.
② 현금결제형 주식기준보상거래는 기업이 재화나 용역을 제공받는 대가로 기업의 지분상품의 가치에 기초하여 현금 등을 지급하는 것이다.
③ 종업원으로부터 제공받는 경우 주식결제형 주식기준보상거래의 보상원가 산정시 지분상품의 공정가치는 부여일 현재로 측정하고 이후에 공정가치가 변동되는 경우 변동분을 반영한다.
④ 선택형 주식기준보상거래는 결제방식으로 현금 지급이나 기업의 지분상품 발행을 선택할 수 있다.

29. ㈜삼일의 과세소득과 관련된 다음 자료를 이용하여 20X1년 말 재무상태표상의 이연법인세자산(부채)금액을 구하면 얼마인가?

법인세비용차감전순이익	4,000,000원
가산(차감)조정	
일시적차이가 아닌 차이	600,000원
일시적차이	900,000원
과세표준	5,500,000원(세율:25%)

〈 추가자료 〉
ㄱ. 일시적차이가 사용될 수 있는 미래과세소득의 발생가능성은 높다고 가정한다.
ㄴ. 일시적차이는 20X2년, 20X3년, 20X4년에 걸쳐 300,000원씩 소멸하며, 일시적차이가 소멸될 것으로 예상되는 기간의 과세소득에 적용될 것으로 기대되는 평균세율은 30%로 동일하다.
ㄷ. 20X0년말 재무상태표상 이연법인세자산(부채)은 없다.

① 이연법인세부채 225,000원
② 이연법인세자산 270,000원
③ 이연법인세부채 325,000원
④ 이연법인세자산 370,000원

30. 다음은 ㈜삼일의 20X1년과 20X2년말의 이연법인세 자산·부채의 내역이다. ㈜삼일이 20X2년에 인식할 법인세비용은 얼마인가(20X2년 과세소득에 대하여 부담할 법인세액은 400,000원이다)?

〈각 회계연도 말 재무상태표 금액〉

구분	20X2년말	20X1년말
이연법인세자산	200,000원	50,000원
이연법인세부채	-	50,000원

① 200,000원 ② 400,000원
③ 450,000원 ④ 600,000원

31. 김회계사는 ㈜삼일의 20X1 회계연도 감사과정에서 다음과 같은 사실을 발견하였다. 동 발견사항에 대하여 수정할 경우 ㈜삼일의 수정 후 20X1년 법인세비용차감전순이익은 얼마인가?

ㄱ. 회사가 제시한 20X1년 법인세비용차감전순이익 : 300,000,000원
ㄴ. 담당공인회계사가 발견한 사항 :
- 20X1년 중 설치조건부 판매를 하였고 이에 대해 ㈜삼일은 200,000,000원의 매출총이익을 인식하였음. 이와 관련하여 20X1년말 현재 계약의 중요한 부분을 차지하는 설치가 아직 완료되지 않았음을 발견함.
- ㈜삼일은 20X1년 7월 1일 건물에 대한 보험료 1년치 100,000,000원을 선급하고 지출하는 시점에 전액 보험료로 비용처리하였음

① 100,000,000원 ② 150,000,000원
③ 250,000,000원 ④ 350,000,000원

32. 희석주당이익은 실제 발생된 보통주뿐만 아니라 보통주로 전환될 수 있는 잠재적 보통주까지 감안하여 산출한 주당이익을 말한다. 다음 중 잠재적 보통주에 해당하는 것으로 가장 올바르지 않은 것은?

$$\text{희석주당순이익} = \frac{\text{희석당기순이익}}{\text{가중평균유통보통주식수+잠재적보통주식수}}$$

① 보통주로 전환할 수 있는 전환사채
② 보통주로 전환할 수 있는 전환우선주
③ 사업인수나 자산취득과 같이 계약상 합의에 따라 조건이 충족되면 발행하는 보통주
④ 회사가 보유하고 있는 자기주식

33. 지분법은 투자자가 피투자자에 대해 유의적인 영향력을 행사할 수 있는 경우에 적용한다. 다음 중 유의적인 영향력을 행사할 수 있는 경우에 해당하는 것으로 가장 올바르지 않은 것은?

① 피투자자의 이사회나 이에 준하는 의사결정기구에 참여하는 경우
② 필수적 기술정보를 제공하는 경우
③ 투자자와 피투자자 사이의 중요한 거래가 있는 경우
④ 투자자와 피투자자가 동일지배하에 있는 경우

34. 다음 중 지분법 회계처리에 관한 설명으로 가장 올바르지 않은 것은?

① 지분법은 취득시점에서 관계기업투자주식을 취득원가로 기록한다.
② 피투자회사의 당기순이익 중 투자회사의 지분에 해당하는 금액은 투자회사의 지분법이익으로 보고된다.
③ 피투자회사가 배당금지급을 결의한 시점에 투자회사가 수취하게 될 배당금 금액을 당기순이익으로 인식한다.
④ 투자자와 관계기업 사이의 내부거래에서 발생한 당기손익에 대하여 투자자는 그 관계기업에 대한 투자지분과 무관한 손익까지만 투자자의 재무제표에 인식한다.

35. 다음 중 기능통화와 표시통화에 관한 설명으로 가장 올바르지 않은 것은?

① 기능통화란 영업활동이 이루어지는 주된 경제 환경의 통화이다.
② 기능통화로 외화거래를 최초로 인식하는 경우에 거래일의 외화와 기능통화 사이의 현물환율을 외화금액에 적용하여 기록한다.
③ 표시통화란 재무제표를 표시할 때 사용하는 통화이다.
④ 표시통화와 기능통화는 반드시 동일한 화폐로 사용하여야 한다.

36. 다음 중 파생상품과 관련한 회계처리에 대한 설명으로 가장 올바르지 않은 것은?

① 파생상품은 당해 계약상의 권리와 의무에 따라 자산 또는 부채로 인식하여 재무제표에 계상하여야 한다.
② 내재파생상품은 파생상품이 아닌 주계약을 포함하는 복합상품의 구성요소이며, 복합상품의 현금흐름 중 일부를 독립적인 파생상품의 경우와 유사하게 변동시키는 금융상품을 말한다.
③ 위험회피대상항목은 공정가치 변동위험 또는 미래현금흐름 변동위험에 노출된 자산, 부채, 확정계약 또는 미래에 예상되는 거래를 말한다.
④ 위험회피수단으로 지정되지 않고 매매목적 등으로 보유하고 있는 파생상품의 평가손익은 기타포괄손익으로 계상해야 한다.

37. ㈜삼일리스는 20X1년 1월 1일(리스약정일)에 ㈜한강(리스이용자)와 기계장치에 대한 금융리스계약을 체결하였으며, 관련 자료는 다음과 같다. 이러한 리스거래로 인하여 리스이용자인 ㈜한강의 리스부채와 사용권자산에 대해 20X1년에 인식할 이자비용과 감가상각비의 합계액은 얼마인가(단, 계산금액은 소수점 첫째자리에서 반올림함을 원칙으로 하고, 가장 근사치를 답으로 선택한다)?

ㄱ. 리스기간 : 3년(리스기간 종료시 ㈜한강은 소유권을 이전받음)
ㄴ. 리스료 총액 : 150,000원(매 50,000원씩 매년 말 3회 후불)
ㄷ. 기초자산의 취득원가 : 120,092원(리스약정일의 공정가치와 동일)
ㄹ. 기초자산의 내용연수와 잔존가치 : 내용연수 5년, 잔존가치 20,092원
ㅁ. 리스의 내재이자율 : 연 12%
ㅂ. 이자율 12%, 3년 연금현가계수 : 2.40183
이자율 12%, 3년 현가계수 : 0.71178

① 18,000원 ② 34,411원
③ 44,411원 ④ 47,744원

38. 다음은 ㈜삼일의 매입활동과 관련된 재무상태표와 포괄손익계산서의 일부이다. ㈜삼일의 모든 매입은 외상으로 이루어진다고 할 때, 20X1년 중 ㈜삼일이 매입처에 지급한 현금은 얼마인가?

ㄱ. 재무상태표 일부

	20X0년 12월 31일	20X1년 12월 31일
매입채무	0원	15,000,000원

ㄴ. 당기 재고자산 매입액은 150,000,000원이다.

① 100,000,000원 ② 120,000,000원
③ 135,000,000원 ④ 155,000,000원

39. ㈜삼일의 20X1년도 포괄손익계산서상 이자비용은 110,000원이다. 다음 자료를 이용하여 ㈜삼일이 20X1년도에 현금으로 지급한 이자금액을 계산하면 얼마인가?

구분	20X0년 12월 31일	20X1년 12월 31일
미지급이자	10,000원	25,000원
선급이자	10,000원	5,000원

① 70,000원 ② 80,000원
③ 90,000원 ④ 100,000원

40. 다음 중 영업활동으로 인한 현금흐름으로 분류되지 않는 것은?

① 단기매매목적으로 보유하는 자산에서 발생하는 현금흐름
② 로열티, 수수료, 중개료 및 기타수익에 따른 현금유입
③ 종업원급여와 관련하여 발생하는 현금유출
④ 선물계약에 따른 현금유출

2022년 9월 시행 재무회계 공개기출문제

1. 다음 중 일반목적재무보고에 관한 설명으로 가장 올바르지 않은 것은?

① 일반목적재무보고의 목적은 기업에 자원을 제공하는 것에 대한 의사결정을 할 때 유용한 보고기업 재무정보를 제공하는 것이다.
② 현재 및 향후 잠재적인 투자자, 대여자 및 기타채권자가 일반목적재무보고의 주요 이용자에 해당한다.
③ 감독당국 및 일반 대중도 일반목적재무보고를 유용하게 활용할 수 있다.
④ 경영진은 필요한 재무정보를 기업내부에서 얻을 수 없으므로 의사결정을 위하여 일반목적재무보고에 의존한다.

2. 다음 중 재무제표를 통해 제공되는 정보가 이용자에게 유용하기 위해 갖추어야 할 속성 가운데 근본적인 질적 특성에 해당되는 것들로만 짝지어진 것은?

① 중요성, 예측가치와 확인가치, 표현충실성
② 중요성, 비교가능성, 신뢰성
③ 적시성, 이해가능성, 신뢰성
④ 비교가능성, 검증가능성, 적시성

3. 다음 중 12월말 결산법인인 ㈜삼일의 3분기 중간재무보고서에 관한 설명으로 가장 올바르지 않은 것은?

① 자본변동표는 당 회계연도 7월 1일부터 9월 30일까지의 중간기간과 1월 1일부터 9월 30일까지의 누적기간을 대상으로 작성하고 직전 회계연도의 동일 기간을 대상으로 작성한 자본변동표와 비교 표시한다.
② 포괄손익계산서는 당 회계연도 7월 1일부터 9월 30일까지의 중간기간과 1월 1일부터 9월 30일까지의 누적기간을 대상으로 작성하고 직전 회계연도의 동일 기간을 대상으로 작성한 포괄손익계산서와 비교 표시한다.
③ 현금흐름표는 당 회계연도 1월 1일부터 9월 30일까지의 누적기간을 대상으로 작성하고 직전 회계연도의 동일 기간을 대상으로 작성한 현금흐름표와 비교 표시한다.
④ 재무상태표는 당 회계연도 9월 30일 현재를 기준으로 작성하고 직전 회계연도 12월 31일 재무상태표와 비교 표시한다.

4. 다음 중 재무상태표의 작성기준으로 가장 올바르지 않은 것은?

① 한국채택국제회계기준에서 요구하거나 허용하지 않는 한 자산과 부채 그리고 수익과 비용은 상계하지 않는다.
② 중요하지 않은 항목이더라도 성격이나 기능이 유사한 항목끼리 통합하여 표시할 수 없다.
③ 재무상태표에 포함될 항목이 한국채택국제회계기준에서 세부적으로 명시되어 있지 않으므로 기업의 재량에 따라 결정하는 것이 가능하다.
④ 유동성 순서에 따른 표시방법이 신뢰성 있고 더욱 목적적합한 정보를 제공하는 경우를 제외하고는 원칙적으로 유동성·비유동성 구분법을 선택해야 한다.

5. 다음 중 수정을 요하는 보고기간 후 사건에 해당하 는 것을 모두 고른 것은?

ㄱ. 보고기간 말에 존재하였던 현재의무가 보고기간 후에 소송사건의 확정에 의해 확인되는 경우
ㄴ. 보고기간 말에 이미 자산손상이 발생되었음을 나타내는 정보를 보고기간 후에 입수하는 경우
ㄷ. 보고기간 말 이전에 구입한 자산의 취득원가나 매각한 자산의 대가를 보고기간 후에 결정하는 경우
ㄹ. 재무제표가 부정확하다는 것을 보여주는 부정이나 오류를 발견한 경우

① ㄱ, ㄴ, ㄷ
② ㄱ, ㄷ, ㄹ
③ ㄴ, ㄷ, ㄹ
④ ㄱ, ㄴ, ㄷ, ㄹ

6. 다음 중 재고자산의 평가와 관련된 설명으로 가장 올바르지 않은 것은?

① 선입선출법은 실제 물량의 흐름을 고려하여 기말 재고액을 결정하는 방법이다.
② 선입선출법에 의하면 실지재고조사법과 계속기록법 중 어느 것을 사용하는지에 관계없이 한 회계기간에 계상될 기말재고자산 및 매출원가의 금액이 동일하게 산정된다.
③ 가중평균법으로 재고자산을 평가하고자 할 때 계속기록법에 따라 장부를 기록하는 경우에는 이동평균법을 적용하여야 한다.
④ 특정 프로젝트별로 생산되는 제품 또는 서비스의 원가는 개별법을 사용하여 결정한다.

7. 다음은 ㈜삼일의 재고수불부이다. ㈜삼일이 기말재고자산을 총평균법과 선입선출법으로 각각 평가할 경우 두 평가금액의 차이는 얼마인가?

구분	단위	단위원가
기초재고(1.1)	1,000개	@100
매입(3.5)	500개	@120
매입(5.15)	1,500개	@140
매입(11.10)	200개	@150
총 판매가능수량	3,200개	
매출(4.22)	1,500개	
매출(9.29)	1,000개	
총 판매수량	2,500개	
기말재고(12.31)	700개	

① 2,500원 ② 7,500원
③ 10,000원 ④ 12,500원

8. 다음 중 ㈜삼일의 재무상태표상 재고자산으로 표시될 순장부금액은 얼마인가(단, 각 상품은 성격과 용도가 유사하지 않다.)?

	장부수량	단위당 장부금액	실사수량	단위당 순실현가능가치
상품A	1,500개	@100	1,500개	@90
상품B	5,000개	@500	4,500개	@1,000
상품C	2,000개	@400	2,000개	@300

① 2,985,000원 ② 3,150,000원
③ 5,235,000원 ④ 5,735,000원

9. 다음 중 ㈜삼일의 재무상태표상 유형자산으로 표시 되는 기계장치의 취득금액으로 가장 옳은 것은?

기계장치의 취득과 관련하여 발생한 원가	금액
구입금액	700,000,000원
기계장치에서 생산된 새로운 상품을 소개하는데 소요되는 광고비	50,000,000원
기계장치와 관련된 산출물에 대한 수요가 형성되는 과정에서 발생하는 가동손실	30,000,000원
경영진이 의도하는 방식으로 자산을 가동하는데 필요한 장소와 상태에 이르게 하는데 직접 관련이 있는 전문가에게 지급한 수수료	15,000,000원
합계	795,000,000원

① 700,000,000원 ② 715,000,000원
③ 750,000,000원 ④ 795,000,000원

10. 다음 중 유형자산의 감가상각에 관한 설명으로 가장 올바르지 않은 것은?

① 감가상각방법은 자산의 미래경제적효익이 소비될 것으로 예상되는 형태를 반영한다.
② 감가상각방법은 적어도 매 회계연도 말에 재검토하며, 재검토 결과 자산에 내재된 미래경제적효익의 예상되는 소비형태에 유의적인 변동이 있다면 이를 반영하기 위하여 감가상각방법을 변경한다. 이러한 변경은 회계정책의 변경으로 회계처리한다.
③ 채석장이나 매립지 등을 제외하고는 토지의 내용연수가 무한하므로 감가상각하지 않는다.
④ 정률법은 내용연수 초기에 감가상각비를 많이 계상하다가 내용연수 후기로 갈수록 감가상각비를 적게 계상하는 방법인데, 이를 체감잔액법이라고도 한다.

11. ㈜삼일은 20X1년초에 토지를 10,000원에 구입하였으며, 이 토지에 대해 재평가모형을 적용하여 매년 말에 재평가하였다. 토지는 20X1년말에 15,000원, 20X2년말에 7,000원으로 각각 재평가되었다. 20X2년말에 시행한 토지의 재평가가 ㈜삼일의 20X2년도 당기순이익에 미치는 영향은 얼마인가?

① 영향 없음 ② 3,000원 감소
③ 5,000원 감소 ④ 8,000원 감소

12. 다음 중 내부적으로 창출한 무형자산에 관한 설명으로 가장 올바르지 않은 것은?

① 무형자산을 창출하기 위한 내부 프로젝트를 연구단계와 개발단계로 구분할 수 없는 경우에는 그 프로젝트에서 발생한 지출은 모두 개발단계에서 발생한 것으로 본다.
② 내부 프로젝트의 연구단계에서는 미래경제적효익을 창출할 무형자산이 존재한다는 것을 제시할 수 없기 때문에 연구단계에서 발생한 지출은 발생한 기간의 비용으로 인식한다.
③ 내부적으로 창출한 영업권은 원가를 신뢰성 있게 측정할 수 없고 기업이 통제하고 있는 식별가능한 자원이 아니기 때문에 자산으로 인식하지 아니한다.
④ 재료, 장치, 제품, 공정, 시스템이나 용역에 대한 여러 가지 대체안을 탐색하는 활동은 연구단계에 속하는 활동의 일반적인 예에 해당한다.

13. 다음 중 무형자산의 상각에 관한 설명으로 가장 올바르지 않은 것은?

① 내용연수가 비한정인 무형자산은 상각하지 않으며, 내용연수가 유한한 무형자산으로 변경할 수 없다.
② 내용연수가 유한한 무형자산은 자산을 사용할 수 있는 때부터 상각한다.
③ 내용연수가 유한한 무형자산의 상각방법은 자산의 경제적 효익이 소비되는 형태를 반영한 방법이어야 한다.
④ 내용연수가 유한한 무형자산의 상각기간과 상각방법은 적어도 매 회계연도 말에 검토한다.

14. 다음 중 투자부동산으로 분류되는 것으로 가장 옳은 것은?
① 자가사용 부동산
② 정상적인 영업과정에서 판매하기 위한 부동산이나 이를 위하여 건설 또는 개발 중인 부동산
③ 금융리스로 제공한 부동산
④ 장래 사용목적을 결정하지 못한 채로 보유하고 있는 토지

15. 다음 중 재무상태표상에 기재될 현금및현금성자산 잔액은 얼마인가?

· 양도성예금증서	100,000원
· 배당금지급통지표	130,000원
· 환매채(120일 만기)	90,000원
· 당좌예금	100,000원

① 290,000원 ② 320,000원
③ 330,000원 ④ 420,000원

16. ㈜삼일은 20X1년 1월 1일 다음과 같이 금융자산을 취득하였다. 최초 인식시점에 재무상태표에 인식될 금융자산의 분류별 측정금액은 각각 얼마인가?

㈜용산의 지분증권	㈜마포의 채무증권	㈜구로의 지분증권
취득가격 : 1,000,000원 거래원가 : 100,000원 *단기매매목적	액면가액 : 1,000,000원 시장이자율 : 10% 액면이자율 : 10% *계약상 현금흐름 수취목적	취득가격 : 1,500,000원 거래원가 : 150,000원 *취득시점에 기타포괄손익-공정가치측정 금융자산으로 지정

	당기손익-공정가치측정 금융자산	기타포괄손익-공정가치측정 금융자산	상각후원가 측정 금융자산
①	1,100,000원	1,650,000원	1,000,000원
②	1,000,000원	1,650,000원	1,000,000원
③	1,100,000원	1,500,000원	1,100,000원
④	1,000,000원	1,500,000원	1,000,000원

17. ㈜삼일의 단기매매목적으로 취득한 금융자산의 취득, 처분내역은 다음과 같다. 다음 자료를 이용하여 물음에 답하시오. (㈜삼일의 결산일은 12월 31일이며, 시가를 공정가치로 본다)

20X1.1.7	주당 액면금액이 500원인 ㈜용산의 주식 10주를 주당 2,000원에 취득하였다.
20X1.9.10	㈜용산 주식 중 4주를 총 3,000원에 처분하였다.
20X1.12.31	㈜용산 주식의 시가는 주당 3,000원이었다.

20X1년 ㈜삼일의 포괄손익계산서에 보고될 당기손익-공정가치 측정 금융자산의 평가손익은 얼마인가?
① 평가이익 6,000원 ② 평가이익 10,000원
③ 평가손실 5,000원 ④ 평가손실 6,000원

18. ㈜삼일은 20X1년 1월 1일에 다음과 같은 조건의 회사채를 취득하였으며, 이 사채를 기타포괄손익인식-공정가치측정금융자산으로 분류하였다. ㈜삼일이 이 회사채를 20X2년 1월 1일에 현금 990,000원에 처분하였다. ㈜삼일이 처분시 인식해야 할 금융자산처분손익을 계산한 것으로 가장 옳은 것은(단, 소수점 첫째자리에서 반올림한다)?

ㄱ. 발행일 : 20X1년 1월 1일
ㄴ. 액면가액 : 1,000,000원
ㄷ. 만기일 : 20X3년 12월 31일
ㄹ. 표시이자율 : 10%(매년 말 지급조건)
ㅁ. 취득원가 : 951,963원(유효이자율 12%)
ㅂ. 20X1년 12월 31일 사채의 공정가치 : 980,000원

① 금융자산처분손실 10,000원
② 금융자산처분이익 10,000원
③ 금융자산처분손실 23,801원
④ 금융자산처분이익 23,801원

19. ㈜삼일은 20X1년 1월 1일에 액면금액 50,000,000원의 사채를 48,275,300원에 발행하였다. 다음 중 ㈜삼일이 만기까지 매년 인식해야 할 유효이자율법에 의한 이자비용의 금액 변화를 나타낸 그래프로 가장 옳은 것은?

①
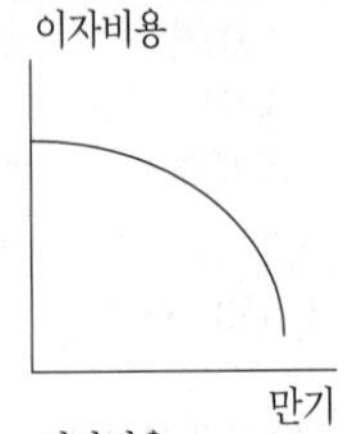

②
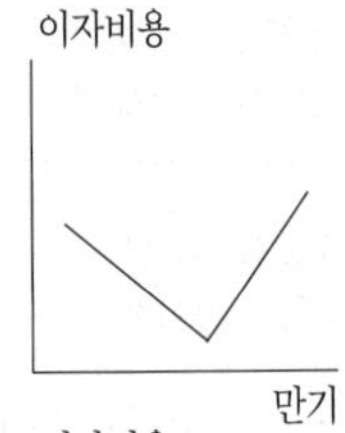

③
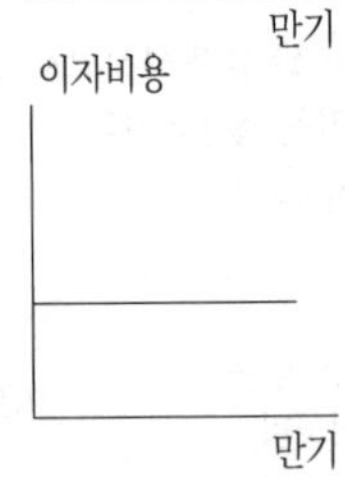

④
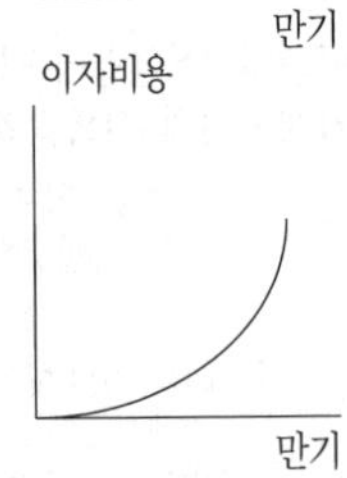

20. 다음 중 재무상태표에 충당부채를 인식하는 경우로 짝지어진 것은?

자원유출가능성 \ 금액추정가능성	신뢰성있게 추정가능	추정 불가능
가능성이 높음	(ㄱ)	(ㄴ)
가능성이 높지 않음	-	-
가능성이 아주 낮음	(ㄷ)	-

① (ㄱ) ② (ㄱ), (ㄴ)
③ (ㄱ), (ㄷ) ④ (ㄱ), (ㄴ), (ㄷ)

21. 다음 중 자본거래가 각 자본항목에 미치는 영향으 로 가장 올바르지 않은 것은?

	자본금	이익잉여금	총자본
① 주식배당	증가	감소	불변
② 주식의 할인발행	증가	불변	증가
③ 자기주식 취득	감소	불변	감소
④ 현금배당	불변	감소	감소

22. 다음 중 자기주식의 회계처리에 관한 설명으로 가 장 올바르지 않은 것은?

① 취득시 분개
(차)자기주식 xxx (대)현금 xxx
② 처분시 분개(취득원가<처분가액)
(차)현금 xxx (대)자기주식 xxx
자기주식처분이익 xxx
③ 처분시 분개(취득원가>처분가액)
(차)현금 xxx (대)자기주식 xxx
자기주식처분손실 xxx
④ 소각시 분개(취득원가<액면금액)
(차)자본금 xxx (대)자기주식 xxx
감자차손 xxx

23. 다음 중 수익인식 기준에 관한 설명으로 가장 올바르지 않은 것은?

① 고객충성제도를 시행하는 경우 보상점수를 배부하는 대가는 상대적 개별판매가격에 따라 배분된 금액이다.
② 매출에 확신유형의 보증을 제공하는 경우 총 판매금액을 수익으로 인식하고 보증에 대해서는 충당부채를 인식한다.
③ 라이선스 계약이 접근권에 해당하면 일정기간 동안 권리를 부여하는 수행의무가 부여된 것이므로 그 기간에 걸쳐 수익을 인식한다.
④ 검사 조건부 판매의 경우 재화나 용역이 합의된 규약에 부합하는지 객관적으로 판단이 가능한 경우에는 고객이 인수하는 시점에 수익을 인식한다.

24. ㈜삼일은 20X1년 1월초 ㈜부산에 상품을 할부판매하고 할부금을 매년 말에 2,000,000원씩 3년간 회수하기로 하였다. ㈜삼일이 작성한 현재가치할인차금 상각표가 다음과 같을 때, 매년 값이 증가하는 항목으로 가장 옳은 것은?

일자	할부금 회수액	이자수익	매출채권 원금회수액	매출채권 장부금액
20X1.1.1				4,803,660
20X1.12.31	2,000,000	576,439	1,423,561	xxx
20X2.12/31				
20X3.12/31				

① 할부금 회수액 ② 이자수익
③ 매출채권 원금회수액 ④ 매출채권 장부금액

25. ㈜삼일건설은 ㈜용산과 20X1년 5월 1일, 총 계약금액 170,000,000원의 다음과 같은 공장신축 공사계약을 체결하였다. 회사가 진행기준으로 수익을 인식한다면 ㈜삼일건설의 20X2년과 20X3년 계약손익은 얼마인가(단, 진행률은 누적발생계약원가에 기초하여 계산한다)?(단위 : 원)

	20X1년	20X2년	20X3년
당기발생계약원가	60,000,000	52,000,000	53,000,000
추정총계약원가	150,000,000	160,000,000	165,000,000
공사대금청구액 (연도별)	50,000,000	80,000,000	40,000,000

	20X2년	20X3년
①	계약손실 1,000,000원	계약이익 2,000,000원
②	계약손실 1,000,000원	계약손실 2,000,000원
③	계약이익 7,000,000원	계약손실 2,000,000원
④	계약이익 8,000,000원	계약손실 3,000,000원

26. ㈜서울은 20X1년 2월 5일에 ㈜부산과 공장 건설계약을 맺었다. 총공사계약액은 120,000,000원이며 ㈜서울은 누적발생계약원가에 기초하여 진행률을 산정하여 진행기준에 따라 수익을 인식한다. ㈜서울의 건설계약과 관련한 20X1년 자료는 다음과 같다.

누적발생원가	추정총계약원가	공사대금청구액
40,000,000원	100,000,000원	40,000,000원

㈜서울의 20X1년말 재무상태표상 계약자산 또는 계약부채의 금액은 얼마인가?

① 계약자산 6,000,000원 ② 계약부채 6,000,000원
③ 계약자산 8,000,000원 ④ 계약부채 8,000,000원

27. 다음 중 퇴직급여에 관한 설명으로 가장 올바르지 않은 것은?

① 확정급여제도란 보험수리적위험과 투자위험을 기업이 부담하는 퇴직급여제도를 의미한다.
② 확정급여채무의 현재가치는 예측단위적립방식으로 계산된다.
③ 순확정급여부채(자산)의 재측정요소는 기타포괄손익으로 인식하고 후속기간에 당기손익으로 재분류하지 않는다.
④ 확정급여제도의 경우 사외적립자산은 공정가치로 측정하여 재무상태표에 인식되는 순확정급여부채를 결정할 때 가산한다.

28. ㈜삼일은 20X1년 1월 1일에 기술책임자인 홍길동 이사에게 다음과 같은 조건의 현금결제형 주가차액보상권 10,000개를 부여하였다. 이 경우 20X1년 포괄손익계산서에 계상될 당기보상비용은 얼마인가(단, 홍길동 이사는 20X3년 12월 31일 이전에 퇴사하지 않을 것으로 예상된다)

ㄱ. 기본조건 : 20X3년 12월 31일까지 의무적으로 근무할 것
ㄴ. 행사가능기간 : 20X4년 1월 1일~20X4년 12월 31일
ㄷ. 20X1년말 추정한 주가차액보상권의 공정가치 : 150,000원/개

① 5억원 ② 10억원
③ 15억원 ④ 30억원

29. ㈜삼일은 20X1년초에 설립된 회사로 장기건설계약과 관련된 수익을 재무보고 목적으로는 진행기준을 적용하여 인식하고, 세무신고 목적으로는 완성기준을 적용하여 인식한다.

연도	진행기준	완성기준
20X1년	500,000원	300,000원

법인세율이 30%일 경우 상기 자료를 토대로 ㈜삼일이 20X1년말 인식할 이연법인세자산(부채)의 금액은 얼마인가?

① 이연법인세자산 30,000원
② 이연법인세자산 60,000원
③ 이연법인세부채 30,000원
④ 이연법인세부채 60,000원

30. ㈜삼일의 20X1년 법인세와 관련한 세무조정사항은 다음과 같다. 20X0년 12월 31일 현재 이연법인세자산과 이연법인세부채의 잔액은 없었다. 20X1년의 포괄손익계산서의 법인세비용은 얼마인가(단, 이연법인세자산의 실현가능성은 높으며, 법인세율은 20%이고 이후 변동이 없다고 가정한다)?

법인세비용차감전순이익	2,000,000원
접대비한도초과액	50,000원
감가상각비한도초과액	80,000원
당기손익-공정가치측정금융자산평가이익	20,000원

① 400,000원 ② 410,000원
③ 420,000원 ④ 440,000원

31. 다음 중 회계추정의 변경 사항이 아닌 것은?

① 매출채권에 대한 대손상각률의 변경
② 유형자산의 감가상각방법의 변경
③ 유형자산 잔존가치의 변경
④ 재고자산 원가흐름의 가정을 개별법에서 평균법으로 변경

32. ㈜삼일의 20X1년 보통주 발행주식수 변동상황은 다음과 같다. 20X1년의 당기순이익이 2,600,000원일 경우, 20X1년의 기본주당순이익은 얼마인가?(단, 가중평균유통보통주식수는 월할로 계산한다)

일자	내용	주식수
20X1년 1월 1일	기초 유통보통주식수	12,000주
20X1년 3월 1일	공정가치로 유상증자	3,000주
20X1년 7월 1일	자기주식 취득	3,000주

① 150원 ② 200원
③ 250원 ④ 300원

33. 20X1년초에 ㈜삼일은 ㈜용산의 주식 30%를 1,000,000원에 취득하면서 ㈜용산에 대해 유의적인 영향력을 갖게 되었다. 20X1년초 ㈜용산의 순자산 장부금액은 2,000,000원이었으며, 건물을 제외한 자산과 부채에 대해서는 공정가치와 장부금액이 일치하였다. 동 건물의 공정가치는 장부금액보다 200,000원 높게 평가되었으며, 잔존내용연수 5년, 잔존가치 0원, 정액법으로 감가상각하고 있다. ㈜용산의 20X1년 당기순이익이 300,000원일 경우, ㈜삼일의 20X1년말 재무제표상 관계기업투자주식의 장부금액은 얼마인가?

① 98,000원 ② 1,078,000원
③ 1,090,000원 ④ 1,102,000원

34. 다음 중 기능통화와 표시통화에 관한 설명으로 가장 올바르지 않은 것은?

① 기능통화란 영업활동이 이루어지는 주된 경제환경의 통화를 의미한다.
② 표시통화란 재무제표를 표시할 때 사용하는 통화로서 기업은 어떤 통화든지 표시통화로 사용할 수 있다.
③ 기업의 표시통화와 기능통화가 다른 경우에는 경영성과와 재무상태를 기능통화로 환산하여 재무제표에 보고한다.
④ 외화거래를 최초로 인식하는 경우 거래일의 환율을 외화금액에 적용하여 기능통화로 기록한다.

35. 다음 중 화폐성 항목으로 가장 옳은 것은?

① 재고자산 ② 매출채권
③ 선수금 ④ 영업권

36. ㈜삼일은 상품 $3,000을 외상으로 매출하고, 대금을 9개월 후에 달러($)로 지급받기로 하였다. 이 경우 ㈜삼일의 외화매출채권 $3,000은 환율변동위험에 노출되게 되었다. 해당 거래와 관련하여 환율변동위험을 회피할 수 있는 방법으로 가장 옳은 것은?

① 약정된 환율로 9개월 후 $3,000을 매도하는 통화선도계약을 체결한다.
② 약정된 환율로 9개월 후 $3,000을 매입하는 통화선도계약을 체결한다.
③ 약정된 환율로 9개월 후 $3,000을 거래할 수 있는 콜옵션을 매입한다.
④ 약정된 환율로 9개월 후 $3,000을 거래할 수 있는 풋옵션을 매도한다.

37. 다음 중 ( ) 안에 들어갈 단어로 가장 옳은 것은?

리스이용자의 ( )은 리스이용자가 비슷한 경제적 환경에서 비슷한 기간에 걸쳐 비슷한 담보로 사용권자산과 가치가 비슷한 자산 획득에 필요한 자금을 차입한다면 지급해야 하는 이자율을 말한다.

① 내재이자율 ② 증분차입이자율
③ 증분리스이자율 ④ 우량회사채이자율

38. 다음 중 제조자나 판매자인 리스제공자의 금융리스에 관한 설명으로 가장 올바르지 않은 것은?

① 리스제공자가 인식할 매출액은 기초자산의 공정가치와 리스료의 현재가치 중 적은 금액으로 한다.
② 리스제공자가 인식할 매출액 계산시 리스료의 현재가치는 리스제공자의 증분차입이자율로 할인하여 계산한다.
③ 리스제공자가 인식할 매출원가는 원칙적으로 기초자산의 원가에서 무보증잔존가치의 현재가치를 차감한 금액으로 한다.
④ 리스제공자가 인식할 매출원가의 계산시 리스자산의 원가와 리스자산의 장부금액이 다를 경우에는 기초자산의 장부금액에서 무보증잔존가치의 현재가치를 차감한 금액을 매출원가로 한다.

39. 다음은 특정 현금흐름을 영업활동, 투자활동 및 재무활동과 짝지은 것이다. 잘못 짝지어진 것은 어느 것인가?

① 선수금의 증가 – 영업활동
② 비품의 취득 – 투자활동
③ 단기매매금융자산의 취득 – 투자활동
④ 단기차입금의 상환 – 재무활동

40. ㈜삼일은 기중에 다음과 같은 자금의사결정을 하였다. 아래의 의사결정으로 인한 현금흐름 중 투자활동 관련 순현금흐름은 얼마인가?

매출채권의 회수	950,000원
차입금의 상환	1,000,000원
유형자산의 처분	500,000원
기타포괄손익-공정가치측정금융자산의 취득	1,000,000원
유상증자	2,000,000원
급여의 지급	500,000원
배당금의 지급	800,000원

① 200,000원 현금유입 ② 350,000원 현금유출
③ 450,000원 현금유입 ④ 500,000원 현금유출

2022년 11월 시행 재무회계 공개기출문제

1. 다음 중 재무회계와 관리회계에 관한 설명으로 가장 옳은 것은?
   ① 국제회계기준에는 관리회계에 대한 기준서가 존재하며, 이를 통해서 관리회계 회계처리가 이루어진다.
   ② 주주와 채권자는 재무정보를 필요로 하지만 종업원의 경우는 필요로 하지 않는다.
   ③ 재무회계는 일반적으로 인정된 회계원칙에 근거하여 재무제표 양식으로 보통 1년 단위(또는 분기, 반기)로 공시된다.
   ④ 관리회계는 내부보고 보다는 외부보고에 사용된다.

2. 다음 중 재무제표 요소의 인식에 관한 설명으로 가장 올바르지 않은 것은?
   ① 미래 경제적 효익의 유입(유출) 가능성이 높고 이를 금액적으로 신뢰성 있게 측정할 수 있다면 재무제표에 인식되어야 한다.
   ② 자산이나 부채의 정의를 충족하는 항목이 인식되지 않더라도, 기업은 해당 항목에 대한 정보를 주석에 제공해야 할 수도 있다.
   ③ 주문 후 아직 인도되지 않은 재고자산 매입대금에 대한 부채는 일반적으로 재무상태표에 부채로 인식되지 않는다.
   ④ 비용의 인식은 부채가 증가하는 경우에만 인식된다.

3. 다음 중 자산의 측정방법에 관한 설명으로 가장 옳은 것은?
   ① 역사적원가 : 자산의 취득 또는 창출에 발생한 원가의 가치로서, 자산을 취득 또는 창출하기 위하여 지급한 대가와 거래원가를 포함한다.
   ② 현행원가 : 기업이 자산의 사용과 궁극적인 처분으로 얻을 것으로 기대하는 현금흐름 또는 그 밖의 경제적효익의 현재가치이다.
   ③ 공정가치 : 측정일 현재 동등한 자산의 원가로서 측정일에 지급할 대가와 그 날에 발생할 거래원가를 포함한다.
   ④ 사용가치 : 측정일에 시장참여자 사이의 정상거래에서 자산을 매도할 때 받게 될 가격이다.

4. 다음은 자산에 속하는 계정들의 잔액이다. 유동성 분류에 따라 재무상태표에 유동자산으로 계상될 금액은 얼마인가?(단위 : 원)

ㄱ. 단기대여금	80,000	ㄴ. 이연법인세자산	100,000
ㄷ. 선급비용	400,000	ㄹ. 재고자산	250,000
ㅁ. 기계장치	1,000,000	ㅂ. 매출채권	320,000

   ① 650,000원　　② 730,000원
   ③ 1,050,000원　　④ 1,150,000원

5. 다음 중 특수관계자 공시에 관한 설명으로 가장 옳은 것은?
   ① 최상위 지배자와 지배기업이 다른 경우에는 최상위 지배자의 명칭은 공시를 생략할 수 있다.
   ② 주요 경영진에 대한 보상에는 단기종업원급여와 퇴직급여만을 포함한다.
   ③ 보고기업에 유의적인 영향력을 행사할 수 있는 개인은 보고기업과 특수관계에 있다.
   ④ 지배기업과 그 종속기업 사이의 관계는 거래가 없을 경우 공시를 생략할 수 있다.

6. 20X1년말 재고실사를 수행한 결과 ㈜삼일의 재고자산 현황은 아래와 같다. 자료를 바탕으로 ㈜삼일이 재고자산감모손실로 인식할 금액을 계산하면 얼마인가(장부금액은 재고자산감모손실 인식 전 금액임)?

	장부수량	장부금액	실사수량
상품	1,100개	4,400,000원	1,000개
제품	1,000개	3,000,000원	1,000개

   ① 400,000원　　② 1,000,000원
   ③ 1,400,000원　　④ 1,900,000원

7. 지난 2년간 재고자산의 매입가격이 계속적으로 상승했을 경우, 기말재고 평가시 이동평균법을 적용했을 경우와 총평균법을 적용했을 경우에 관한 설명으로 가장 올바르지 않은 것은?(단, 기말재고 수량이 기초재고 수량보다 크다)
   ① 총평균법은 회계기간 단위로 품목별 총평균원가를 산출하는 방법이고, 이동평균법은 자산을 취득할 때마다 장부재고금액을 장부재고수량으로 나누어 평균단가를 산출하는 방법이다.
   ② 이동평균법을 적용할 때 매출원가가 보다 높게 평가된다.
   ③ 총평균법을 적용할 때 기말재고자산이 보다 낮게 평가된다.
   ④ 총평균법을 적용할 때 회계적 이익이 보다 낮게 평가된다.

8. 다음은 ㈜삼일의 20X1년 결산시 재고자산과 관련된 자료이다. 재고자산과 관련된 결산수정분개가 당기손익에 미치는 영향으로 가장 옳은 것은(단, 20X1년 기초재고자산의 재고자산평가충당금은 없다)?

ㄱ. 결산수정분개전 기말재고자산 장부상 수량	100개
ㄴ. 결산수정분개전 기말재고자산 장부상 매입단가	200원/개
ㄷ. 기말재고자산 실사수량	95개
ㄹ. 기말재고자산의 예상판매가격	160원/개
ㅁ. 기말재고자산의 예상판매비용	10원/개

① 5,560원 증가 ② 5,560원 감소
③ 5,750원 증가 ④ 5,750원 감소

9. ㈜삼일은 20X1년 1월 1일 내용연수 5년, 잔존가치 500,000원인 기계장치를 5,000,000원에 취득하였다. 다음 중 20X1년 감가상각비가 가장 크게 인식되는 상각방법은 무엇인가?

① 정액법
② 정률법(상각률: 0.451)
③ 생산량비례법(추정 총생산제품수량 6,000개 중 20X1년 생산량 1,500개)
④ 연수합계법

10. 다음 중 유형자산의 후속측정에 관한 설명으로 가장 올바르지 않은 것은?

① 당해 자산이 폐기되거나 제거될 때에는 해당 자산과 관련하여 자본(기타포괄손익누계액)에 계상된 재평가잉여금을 당기손익으로 재분류한다.
② 재평가모형은 취득일 이후 재평가일의 공정가치로 해당 자산금액을 수정하고, 당해 공정가치에서 재평가일 이후의 감가상각누계액과 손상차손누계액을 차감한 금액을 장부금액으로 공시한다.
③ 재평가로 인하여 자산이 증가된 경우 그 증가액은 기타포괄이익으로 인식하고 재평가잉여금의 과목으로 자본(기타포괄손익누계액)에 가산한다.
④ 재평가로 인하여 자산이 감소된 경우 그 감소액은 당기손실로 인식한다.

11. ㈜삼일은 20X1년 1월 1일에 기계장치(내용연수는 5년, 잔존가치는 없음)를 100,000원에 취득하였다. ㈜삼일은 기계장치에 대하여 원가모형을 적용하고 있으며, 감가상각방법으로 정액법을 사용한다. 20X1년말에 동 기계장치의 회수가능액이 40,000원으로 하락하여 손상차손을 인식하였다. 그러나 20X2년말에 동 기계장치의 회수가능액이 50,000원으로 회복되었다. 20X2년말에 인식할 손상차손환입액은 얼마인가?

① 10,000원 ② 20,000원
③ 30,000원 ④ 40,000원

12. 다음 항목 중 무형자산에 해당되는 금액의 합계는 얼마인가?

새로운 지식을 얻고자 하는 활동 지출액	140,000원
내부적으로 창출된 브랜드의 가치평가금액	200,000원
내부적으로 창출된 영업권의 가치평가금액	160,000원
개발단계 지출로 자산인식 조건을 만족하는 금액	320,000원
사업결합으로 취득한 고객목록 평가금액	180,000원

① 500,000원 ② 660,000원
③ 800,000원 ④ 860,000원

13. 다음 중 무형자산의 상각에 관한 설명으로 가장 올바르지 않은 것은?

① 내용연수가 유한한 무형자산은 자산을 사용할 수 있는 때부터 상각을 시작한다.
② 내용연수가 비한정인 무형자산은 감가상각하지 않고, 매 회계기간마다 내용연수가 비한정이라는 평가가 정당한지 검토한다.
③ 내용연수가 유한한 무형자산은 경제적효익이 소비되는 형태를 신뢰성 있게 결정할 수 없는 경우에는 정률법을 적용하여 상각한다.
④ 내용연수가 유한한 무형자산은 잔존가치뿐만 아니라 상각기간과 상각방법을 적어도 매 회계연도말에 검토한다.

14. 통신업을 영위하는 ㈜삼일은 임대수익을 얻기 위한 목적으로 20X1년 1월 1일 건물을 1억원에 취득하였다. 공정가치모형을 적용할 경우 동 건물과 관련하여 ㈜삼일이 20X2년말에 수행할 회계처리로 가장 옳은 것은(단, ㈜삼일은 건물을 10년간 사용할 것으로 예상하고 있다)?

〈건물의 공정가치〉
20X1년말 : 97,000,000원
20X2년말 : 95,000,000원

①	(차)	감가상각비	10,000,000
	(대)	감가상각누계액	10,000,000
②	(차)	투자부동산평가손실	5,000,000
	(대)	투자부동산	5,000,000
③	(차)	감가상각비	10,000,000
		투자부동산	15,000,000
	(대)	감가상각누계액	10,000,000
		투자부동산평가이익	15,000,000
④	(차)	투자부동산평가손실	2,000,000
	(대)	투자부동산	2,000,000

15. 다음 중 상각후원가측정금융자산에 관한 설명으로 가장 올바르지 않은 것은?

① 상각후원가측정금융자산을 당기손익-공정가치측정 금융자산으로 재분류하는 경우 재분류일의 공정가치로 대체한다.
② 원리금 수취와 매도가 목적인 채무상품은 기타포괄손익-공정가치측정 금융자산으로 분류한다.
③ 상각후원가측정금융자산을 기타포괄손익-공정가치측정 금융자산으로 재분류하는 경우 공정가치로 대체하되 평가손익을 기타포괄손익으로 인식한다.
④ 상각후원가측정금융자산을 재분류할 때 최초 취득일의 액면이자율을 사용하고 조정하지 않는다.

16. 다음 중 금융상품에 관한 설명으로 가장 올바르지 않은 것은?

① 금융상품은 거래당사자에게 금융자산을 발생시키고 동시에 거래상대방에게 금융부채나 지분상품을 발생시키는 모든 계약을 말한다.
② 잠재적으로 유리한 조건으로 거래상대방과 금융자산이나 금융부채를 교환하기로 한 계약상 권리는 금융자산이다.
③ 매입채무와 미지급금, 미지급법인세는 금융부채에 해당한다.
④ 현금및현금성자산, 매출채권, 다른 기업의 지분상품 및 채무상품은 금융자산에 해당한다.

17. 다음 중 금융부채에 관한 설명으로 가장 올바르지 않은 것은?

① 금융부채는 원칙적으로 최초 인식시 공정가치로 인식한다.
② 당기손익-공정가치측정 금융부채와 관련되는 거래원가는 최초 인식하는 공정가치에서 차감하여 측정한다.
③ 사채의 상환손익이 발생하는 이유는 상환일의 시장이자율이 발행일의 시장이자율과 다르기 때문이다.
④ 연속상환사채의 발행금액은 사채로부터 발생하는 미래현금흐름을 사채 발행시점의 시장이자율로 할인한 현재가치가 된다.

18. ㈜삼일은 20X1년 1월 1일에 다음과 같은 조건의 사채를 발행하였다. ㈜삼일의 사채발행으로 인한 자금조달금액은 얼마인가?

액면가액 : 10,000,000원 액면이자 지급조건 : 매년 말 지급조건 발행일 : 20X1년 1월 1일 만기일 : 20X2년 12월 31일 액면이자율 : 5% 시장이자율 : 6%(사채발행비는 고려되지 않음) (시장이자율 6% , 기간 2년, 1원의 현가계수 0.8396, 1원의 연금현가계수 2.673)

① 8,815,800원 ② 9,732,500원
③ 9,999,800원 ④ 10,000,000원

19. 다음 중 전환사채에 관한 설명으로 가장 올바르지 않은 것은?

① 전환사채는 부채요소와 자본요소를 모두 가지고 있는 복합금융상품을 의미한다.
② 전환사채의 전환권조정은 사채할인발행차금과 유사하게 상환기간동안 유효이자율법을 적용하여 상각하고 상각된 금액은 이자비용으로 인식한다.
③ 전환사채는 유가증권의 소유자가 사전에 약정된 가격으로 보통주의 발행을 청구할 수 있는 권리가 부여된 사채를 의미한다.
④ 상환할증금지급조건에 의해 발행된 상환할증금은 전환사채의 액면금액에 부가하여 표시한다.

20. ㈜삼일은 판매일로부터 1년간 판매한 제품에 발생하는 하자를 무상으로 수리해주는 제품보증정책(확신유형의 보증)을 시행하고 있다. 제품보증비용은 매출액의 2%가 발생할 것으로 예측된다. 각 회계연도의 매출액과 실제 제품보증 발생액이 다음과 같은 경우 20X2년 말 재무상태표상 제품보증충당부채로 계상할 금액은 얼마인가?

	20X1년	20X2년
매출액	10,000,000원	14,000,000원
20X1년 판매분에 대한 제품보증비용	50,000원	120,000원
20X2년 판매분에 대한 제품보증비용	-	100,000원

① 60,000원 ② 160,000원
③ 180,000원 ④ 280,000원

21. 20X1년 설립된 ㈜삼일의 20X1년 당기순이익은 1,000,000,000원이고, 1주당 액면금액은 5,000원이다. 20X1년말 자본이 아래와 같을 때 가장 옳은 것은(단, 설립 이후 추가 증자는 없었다)?

자본금	5,000,000,000원
주식발행초과금	3,000,000,000원
이익잉여금	1,000,000,000원
자본총계	9,000,000,000원

① ㈜삼일의 발행주식수는 1,600,000주이다.
② ㈜삼일의 주식발행금액은 주당 8,000원이다.
③ ㈜삼일의 법정자본금은 9,000,000,000원이다.
④ ㈜삼일의 20X1년 주당이익은 2,000원이다.

22. 결산일이 12월 31일인 ㈜삼일의 20X1년 12월 31일 재무상태표의 이익준비금은 100,000 원, 임의적립금은 50,000원, 미처분이익잉여금은 300,000원이다. 20X1년 재무제표에 대한 결산승인은 20X2년 3월 23일에 개최된 주주총회에서 이루어졌으며, 그 내용이 다음과 같을 때, 20X2년 3월 23일 현재 미처분이익잉여금은 얼마인가?

· 주식할인발행차금 상계 30,000원
· 현금배당 60,000원
· 이익준비금적립 : 법정 최소금액(자본금의 1/2에 미달)

① 160,000원 ② 204,000원
③ 210,000원 ④ 234,000원

23. 다음 중 고객과의 계약에서 생기는 수익에 관한 설명으로 가장 옳은 것은?

① 고객에게 이전할 재화나 용역에 대하여 받을 권리를 갖게 될 대가의 회수가능성이 높지 않더라도 계약에 상업적 실질이 존재하고 이전할 재화나 용역의 지급조건을 식별할 수 있으면 고객과의 계약으로 회계처리한다.
② 수익을 인식하기 위해서는 [고객과의 계약 식별 - 수행의무 식별 - 거래가격 산정 - 거래가격을 계약 내 수행의무에 배분 - 수행의무를 이행할 때 수익인식]의 단계를 거친다.
③ 거래가격 산정시 제3자를 대신해서 회수한 금액도 포함되어야 하며, 변동대가, 비현금대가 및 고객에게 지급할 대가 등이 미치는 영향을 고려하여야 한다.
④ 자산은 고객이 그 자산을 통제하지 않더라도 인도하였을 때 이전된다.

24. 방송프로그램 제작사인 ㈜삼일은 20X1년 1월 1일 장난감 제조사인 ㈜용산과 4년간 방송프로그램 캐릭터 사용계약을 체결하였다. ㈜용산은 현재 및 향후 방송에 나올 캐릭터를 모두 사용할 권리를 가지고 4년간 사용대가로 계약일에 200,000,000원을 지급하였다. 20X1년 ㈜삼일의 라이선스 수익인식 금액은 얼마인가?

① 0원 ② 25,000,000원
③ 50,000,000원 ④ 200,000,000원

25. 다음 중 건설계약의 수익과 원가 인식방법에 관한 설명으로 가장 옳은 것은?

① 계약수익은 진행률과 관계없이 청구한 금액으로 인식한다.
② 하도급계약에 따라 수행될 공사에 대해 하도급자에게 선급한 금액은 진행률 산정을 위한 누적발생원가에 포함시켜야 한다.
③ 총계약원가가 총계약수익을 초과하는 경우, 예상되는 손실을 즉시 당기비용으로 인식한다.
④ 건설계약의 결과를 신뢰성 있게 추정할 수 없는 경우, 건설계약과 관련한 계약수익과 계약원가는 보고기간 말 현재 계약활동의 진행률을 기준으로 각각 수익과 비용으로 인식한다.

26. ㈜삼일건설은 ㈜용산과 20X1년 7월 1일 총 계약금액 50,000,000원의 공장신축공사계약을 체결하였다. 회사가 진행기준으로 수익을 인식한다면 ㈜삼일건설의 20X2년 계약이익은 얼마인가?

	20X1년	20X2년
누적발생계약원가	10,000,000원	30,000,000원
추정총계약원가	40,000,000원	40,000,000원
공사대금청구액(연도별)	5,000,000원	25,000,000원

① 1,000,000원 ② 5,000,000원
③ 7,500,000원 ④ 8,000,000원

27. 다음 중 종업원급여(퇴직급여)의 회계처리에 관한 설명으로 가장 올바르지 않은 것은?

① 확정기여제도(DC 형)를 도입한 기업은 기여금의 운용결과에 따라 추가납부 의무가 없다.
② 확정급여제도(DB 형)는 기업이 기여금을 불입한다해도 퇴직급여와 관련된 모든 의무가 종료된다고 볼 수 없다.
③ 확정급여채무(DB 형)의 현재가치를 계산할 때 종업원 이직률, 조기퇴직률, 임금상승률, 할인율 등의 가정은 상황 변화에 관계없이 전기와 동일한 값을 적용한다.
④ 확정급여채무와 사외적립자산의 재측정요소는 기타포괄손익으로 인식한다.

28. ㈜삼일은 20X1년 1월 1일에 기술책임자인 홍길동이사에게 다음과 같은 조건의 현금결제형 주가차액보상권 300개를 부여하였다. 이 경우 20X2년 포괄손익계산서에 계상될 당기보상비용은 얼마인가(단, 홍길동 이사는 20X3년 12월 31일 이전에 퇴사하지 않을 것으로 예상된다)?

ㄱ. 기본조건 : 20X3년 12월 31일까지 의무적으로 근무할 것
ㄴ. 행사가능기간 : 20X4년 1월 1일~20X5년 12월 31일
ㄷ. 20X1년말 추정한 주가차액보상권의 공정가치 : 15,000원/개
ㄹ. 20X2년말 추정한 주가차액보상권의 공정가치 : 20,000원/개

① 1,000,000원 ② 1,125,000원
③ 1,500,000원 ④ 2,500,000원

29. 다음 중 이연법인세자산으로 인식할 수 있는 항목으로 가장 올바르지 않은 것은?

① 가산할 일시적차이 ② 차감할 일시적차이
③ 미사용 세무상결손금 ④ 미사용 세액공제

30. ㈜삼일은 20X1 년에 사업을 개시하였다. 아래의 자료를 이용할 경우 ㈜삼일의 20X1년 재무상태표에 계상될 이연법인세자산 · 부채는 얼마인가?

ㄱ. 당기순이익 : 9,000,000원
ㄴ. 세무조정내역 : 가산할 일시적차이 6,000,000원
ㄷ. 평균세율 : 20%(매년 동일할 것으로 예상)
ㄹ. 이연법인세자산·부채를 인식하지 아니하는 예외사항에 해당되지는 않는다고 가정

① 이연법인세부채 1,200,000원
② 이연법인세자산 1,200,000원
③ 이연법인세부채 1,800,000원
④ 이연법인세자산 1,800,000원

31. ㈜삼일의 20X3년말 회계감사과정에서 발견된 기말재고자산 관련 오류사항은 다음과 같다. 위의 오류사항을 반영하기 전 20X3년말 이익잉여금은 100,000원, 20X3년 당기순이익은 30,000원이었다. 오류를 수정한 후의 20X3년말 이익잉여금(A)과 20X3년 당기순이익(B)은 각각 얼마인가(단, 오류는 중요한 것으로 가정한다)?

20X1년말	20X2년말	20X3년말
5,000원 과대	2,000원 과소	3,000원 과대

	(A)	(B)
①	90,000원	29,000원
②	97,000원	25,000원
③	90,000원	25,000원
④	97,000원	29,000원

32. ㈜삼일의 20X1년 당기순이익은 14,000,000원이며, 우선주배당금은 2,000,000원이다. ㈜삼일의 20X1년 1월 1일 유통보통주식수는 17,000주이며, 9월 1일에는 유상증자를 통해 보통주 9,000주를 발행하였다. ㈜삼일의 20X1년 기본주당순이익은 얼마인가(단, 유상신주의 발행금액과 공정가치는 동일하며, 가중평균유통보통주식수는 월할로 계산한다)?

① 300원 ② 600원
③ 900원 ④ 1,000원

33. 다음 중 관계기업투자주식의 회계처리에 관한 설명으로 가장 올바르지 않은 것은?

① 유의적인 영향력 판단에는 지분율 기준과 실질 영향력 기준이 있다.
② 유의적인 영향력을 판단함에 있어 피투자자에 대한 의결권은 투자자의 지분율과 종속기업이 보유하고 있는 지분율의 단순합계로 계산한다.
③ 실질영향력기준이 적용되지 않을 경우 투자자가 직접 또는 간접으로 피투자자에 대한 의결권의 20% 미만을 소유하고 있다면 유의적인 영향력이 없는 것으로 본다.
④ 투자자와 관계기업 사이의 상향거래나 하향거래에서 발생한 당기손익에 대하여 투자자는 그 관계기업에 대한 투자지분과 관련된 손익까지만 투자자의 재무제표에 인식한다.

34. 20X1년 1월 1일 ㈜삼일은 ㈜용산의 보통주 30%를 850,000원에 취득하여 유의적인 영향력을 행사하게 되었으며, 취득 당시 ㈜용산의 순자산 장부금액과 공정가치는 2,000,000원으로 동일하였다. 20X1년 ㈜용산의 자본은 아래와 같으며, 당기순손익 이외에 자본의 변동은 없다고 가정한다. 20X1년말 ㈜삼일의 관계기업투자주식의 장부금액은 얼마인가?

	20X1년 1월 1일	20X1년 12월 31일
자본금	900,000원	900,000원
이익잉여금	1,100,000원	1,000,000원
합계	2,000,000원	1,900,000원

① 820,000원 ② 880,000원
③ 910,000원 ④ 930,000원

35. ㈜삼일은 20X1년 4월 1일에 유형자산으로 분류되는 토지를 $10,000에 취득하였다. ㈜삼일은 유형자산에 대해 재평가모형을 적용하고 있으며, 매년 말에 공정가치로 재평가한다. 20X1년말 토지의 공정가치가 $14,000일 경우, ㈜삼일이 20X1년말에 인식할 재평가잉여금(기타포괄손익)은 얼마인가(단, ㈜삼일의 기능통화는 원화이며, 관련 환율은 다음과 같다)?

일자	20X1년 4월 1일	20X1년 12월 31일
환율(₩/$)	1,000	1,200

① 2,000,000원 ② 3,000,000원
③ 6,800,000원 ④ 8,000,000원

36. 다음 중 파생상품회계에 관한 설명으로 가장 올바 르지 않은 것은?

① 위험회피수단으로 지정되지 않고 매매목적으로 보유하고 있는 파생상품의 평가손익은 당기손익으로 처리한다.
② 공정가치위험회피 목적으로 보유하고 있는 파생상품의 평가손익은 기타포괄손익으로 처리한다.
③ 현금흐름위험회피 목적으로 보유하고 있는 파생상품의 평가손익 중 위험회피에 효과적인 부분은 기타포괄손익으로 처리한다.
④ 현금흐름위험회피 목적으로 보유하고 있는 파생상품의 평가손익 중 위험회피에 효과적이지 못한 부분은 당기손익으로 처리한다.

37. ㈜삼일리스는 20X1년 1월 1일 ㈜용산과 금융리스 계약을 체결하였다. 20X1년 ㈜용산이 사용권자산에 대해 인식할 감가상각비(정액법 적용)는 얼마인가?

ㄱ. 리스기간 : 20X1년 1월 1일~20X4년 12월 31 일
ㄴ. 기초자산 내용연수 : 5년
ㄷ. 기초자산 잔존가치 : 0(영)
ㄹ. 리스료 지급방법 : 리스기간 동안 매년 말 지급
ㅁ. 리스실행일 현재 리스료의 현재가치 : 400,000원
ㅂ. ㈜용산의 리스개설직접원가 : 100,000원
ㅅ. 리스기간 종료 후 소유권을 ㈜용산에 이전하기로 하였다.

① 80,000원 ② 100,000원
③ 133,333원 ④ 144,444원

38. 다음은 ㈜삼일의 매입활동과 관련된 재무상태표와 포괄손익계산서의 일부이다. ㈜삼일의 모든 매입은 외상으로 이루어진다고 할 때, 20X1년 중 ㈜삼일이 매입처에 지급한 현금은 얼마인가?

ㄱ. 재무상태표 일부

	20X0년 12월 31일	20X1년 12월 31일
매입채무	10,000,000원	35,000,000원

ㄴ. 당기 재고자산 매입액은 145,000,000원이다.

① 120,000,000원 ② 135,000,000원
③ 155,000,000원 ④ 185,000,000원

39. 다음 중 리스이용자의 리스부채 원금상환에 따라 발생하는 현금흐름의 분류로 가장 옳은 것은?

① 영업활동
② 투자활동
③ 재무활동
④ 영업활동, 투자활동 또는 재무활동 중 기업의 자율선택

40. 다음은 간접법에 의한 영업활동으로 인한 현금흐름계산 자료이다. 자료의 빈칸에 들어갈 말로 알맞게 짝지어진 것은?

영업활동으로 인한 현금흐름	50,000원
법인세비용차감전순이익	500,000원
감가상각비	300,000원
재고자산의 증가	300,000원
유형자산처분손실	150,000원
매출채권의 (ㄱ)	(ㄴ)원

	ㄱ	ㄴ
①	증가	1,250,000
②	증가	600,000
③	감소	600,000
④	감소	1,250,000

2022년 12월 시행 재무회계 공개기출문제

1. 다음 중 한국채택국제회계기준과 일반기업회계기준의 특징으로 가장 올바르지 않은 것은?

① 한국채택국제회계기준은 연결재무제표를 기본 재무제표로 제시하고 있다.
② 한국채택국제회계기준은 재무제표의 구체적인 양식이나 계정과목을 정형화하고 있다.
③ 일반기업회계기준은 자본항목을 자본금, 자본잉여금, 자본조정, 기타포괄손익누계액, 이익잉여금(결손금)으로 구분하고 있다.
④ 한국채택국제회계기준은 자산과 부채에 대한 공정가치 적용이 확대되고 있다.

2. 다음 중 정보이용자의 의사결정에 차이가 나도록 하는 목적적합한 재무정보에 관한 설명으로 가장 올바르지 않은 것은?

① 재무정보에 예측가치와 확인가치 또는 둘 모두가 있다면 의사결정에 차이가 나도록 할 수 있다.
② 미래 결과를 예측하기 위해 사용하는 절차의 투입요소로 사용될 수 있다면 그 정보는 예측가치를 갖는다.
③ 재무정보가 과거 평가에 대해 피드백을 제공, 즉 확인하거나 변경시킨다면 확인가치를 갖는다.
④ 재무정보가 예측가치를 가지기 위해서는 그 자체로 예측치가 되어야만 한다.

3. 다음 중 재무정보의 질적 특성에 관한 설명으로 가장 옳은 것은?

① 적시성과 이해가능성은 근본적 질적 특성에 해당한다.
② 목적적합성과 표현충실성은 보강적 질적 특성에 해당한다.
③ 보강적 질적 특성은 가능한 극대화 되어야 하나 하나의 보강적 질적특성이 다른 질적 특성의 극대화를 위해 감소되어야 할 수도 있다.
④ 재무정보가 제공되기 위해서는 해당 정보 보고의 효익이 관련 원가를 정당화 할 수 있어야 하는 것은 아니다.

4. 다음 중 재무제표 작성에 관한 설명으로 가장 올바르지 않은 것은?

① 비교정보를 포함한 전체 재무제표는 적어도 1 년마다 작성되어야 한다.
② 재무제표 본문과 주석에 적용하는 중요성의 기준은 항상 일치하여야 한다.
③ 중요하지 않은 항목은 성격이나 기능이 유사한 항목과 통합하여 표시할 수 있다.
④ 한국채택국제회계기준을 준수하여 재무제표를 작성하는 기업은 그 사실을 주석에 기재하여야 한다.

5. 다음 중 중간재무보고서에 포함시켜야 할 구성요소로 가장 올바르지 않은 것은?

① 요약재무상태표 ② 요약현금흐름표
③ 요약제조원가명세서 ④ 선별적 주석

6. ㈜삼일은 재고자산을 선입선출법으로 평가하고 있다. 기말 재고자산 실사결과 확인된 재고수량은 3,500개이며, 전기이월분은 모두 전기 말에 일괄하여 매입한 것이다. 다음의 재고수불부에 따르면 매출원가는 얼마인가?

	수량	단가	금액
전기이월	1,000개	2,000원	2,000,000원
5월 5일 구입	1,500개	2,500원	3,750,000원
7월 8일 판매	1,200개		
9월 3일 구입	1,000개	2,800원	2,800,000원
10월 7일 판매	1,500개		
기말	800개		

① 6,210,000원 ② 6,310,000원
③ 6,600,000원 ④ 6,950,000원

7. 다음 자료에서 재고자산평가손실은 ㈜삼일의 재고자산이 진부화되어 발생하였다. 자료를 바탕으로 ㈜삼일의 20X2년 포괄손익계산서상 매출원가를 계산하면 얼마인가?(단, ㈜삼일은 재고자산평가손실과 정상재고자산감모손실을 매출원가에 반영하고, 비정상재고자산감모손실은 기타비용으로 처리하고 있다.)

20X1년 12월 31일 재고자산	400,000원
20X2년 매입액	1,000,000원
20X2년 재고자산평가손실	500,000원
20X2년 재고자산감모손실(정상감모)	50,000원
20X2년 재고자산감모손실(비정상감모)	20,000원
20X2년 12월 31일 재고자산 (모든 평가손실과 감모손실 차감 후)	300,000원

① 1,080,000원 ② 1,100,000원
③ 1,120,000원 ④ 1,400,000원

8. 다음은 ㈜삼일의 20X1년 재고수불부이다. ㈜삼일은 20X1년 1월 1일에 설립되었으며, ㈜삼일의 김사장은 기말재고자산을 총평균법으로 평가할지 선입선출법으로 평가할지 고민 중이다. 재고자산평가방법에 관한 설명으로 가장 올바르지 않은 것은?

	수량	단가	금액
5/5 구입	3,000개	2,000원	6,000,000원
6/6 구입	7,000개	1,200원	8,400,000원
9/9 판매	8,500개		
기말	1,500개		
(단, 매출총이익률=매출총이익/매출액)			

① 기말재고자산금액은 선입선출법을 적용했을 때보다 총평균법을 적용하였을 경우 360,000원만큼 크다.
② 매출총이익률은 선입선출법을 적용했을 때보다 총평균법을 적용했을 경우 상대적으로 더 작다.
③ 매출원가는 선입선출법을 적용했을 때보다 총평균법을 적용하였을 경우 360,000원만큼 작다.
④ 당기순이익은 선입선출법을 적용했을 때보다 총평균법을 적용하였을 경우 360,000원만큼 크다.

9. 다음 중 유형자산에 관한 설명으로 가장 올바르지 않은 것은?

① 일상적인 수선유지와 관련하여 발생한 원가는 해당 유형자산의 장부금액에 포함한다.
② 유형자산은 인식시점의 원가로 측정하며, 원가는 자산을 취득하기 위하여 자산의 취득시점이나 건설시점에서 지급한 현금 또는 현금성자산이나 제공한 기타 대가의 공정가치를 말한다.
③ 감가상각방법은 해당 자산에 내재되어 있는 미래경제적 효익의 예상소비형태를 가장 잘 반영하는 방법에 따라 선택한다.
④ 유형자산의 정기적인 종합검사 과정에서 발생하는 원가가 인식기준을 충족한다면 해당 유형자산의 일부가 대체되는 것으로 보아 해당 유형자산의 장부금액에 포함한다.

10. ㈜삼일은 20X1년초에 토지를 10,000원에 구입하였으며, 이 토지에 대해 재평가모형을 적용하여 매년 말에 재평가하였다. 토지는 20X1년말에 5,000원, 20X2년말에 13,000원으로 각각 재평가되었다. 20X2년말에 시행한 토지의 재평가가 ㈜삼일의 20X2년 당기순이익에 미치는 영향은 얼마인가?

① 영향 없음　② 3,000원 증가
③ 5,000원 증가　④ 8,000원 증가

11. 제조업을 영위하는 ㈜삼일은 20X1년 1월 1일에 경리과장이 사용할 컴퓨터를 5,000,000원에 취득해서 사용하다가 20X3년 7월 1일에 3,500,000원에 처분하면서 다음과 같이 500,000원의 처분이익을 계상하였다. ㈜삼일은 이 컴퓨터에 대해 내용연수 5년, 잔존가치0원, 정액법을 적용하여 감가상각하였다. 당신이 ㈜삼일의 담당회계사라면, 이 회계처리에 대해 ㈜삼일의 경리과장에게 바르게 조언한 것은?

㈜삼일의 회계처리

(차) 현금	3,500,000	(대) 컴퓨터	5,000,000
감가상각누계액	2,000,000	유형자산처분이익	500,000

① 회사는 처분한 컴퓨터의 전기말 재무상태표상 장부금액과 당기중 처분가액과의 차액을 처분이익으로 계상하였으므로 회사의 회계처리는 적정합니다.
② 회사는 당기 6개월분에 대한 감가상각비 500,000원을 계상하지 않았으며, 유형자산처분이익 500,000원을 과소계상 하였으므로 당기순이익이 1,000,000원 과소계상 되었습니다.
③ 포괄손익계산서에 유형자산처분이익으로 1,000,000원이 계상되어야 적정하지만 감가상각비가 500,000원 과소계상되어, 당기순이익에 미치는 영향은 없습니다.
④ ①, ②, ③ 모두 올바른 조언임.

12. 다음은 20X1년 ㈜삼일의 엔진 개발과 관련하여 20X1년 6월 30일까지 발생한 지출에 대한 자료이다. 동 엔진이 20X2년 1월 1일부터 사용가능할 것으로 예측된 경우 20X1년 ㈜삼일이 엔진 개발과 관련하여 무형자산 상각비를 포함한 인식해야 할 총비용은 얼마인가(단, 엔진 개발비에 대하여 내용연수 5년, 정액법 상각함)?

연구단계	개발단계
•엔진 연구 결과의 평가를 위한 지출 : 3,000,000원 •여러 가지 대체안 탐색 활동을 위한 지출 : 27,000,000원	•자산인식조건을 만족하는 개발단계 지출 : 40,000,000원 •자산인식조건을 만족하지 않는 개발단계 지출 : 7,000,000원

① 30,000,000원　② 37,000,000원
③ 41,000,000원　④ 45,000,000원

13. 다음 중 무형자산의 상각에 관한 설명으로 가장 올바르지 않은 것은?

① 내용연수가 유한한 무형자산은 내용연수동안 상각하지만 내용연수가 비한정인 무형자산은 상각하지 않는다.
② 무형자산의 잔존가치는 처분으로 회수가능한 금액을 근거로 하여 추정하며, 적어도 매 회계기간말에 검토한다.
③ 상각기간이나 상각방법을 변경하는 경우에는 회계정책의 변경으로 본다.
④ 상각하지 않는 무형자산에 대하여 매 회계기간마다 내용연수가 비한정이라는 평가가 정당한지 검토한다.

14. ㈜삼일은 20X1년초에 임대수익을 얻을 목적으로 건물을 100,000,000원에 취득하였다. 취득당시 건물의 내용연수는 10년, 잔존가치 20,000,000원이며 감가상각방법은 정액법이다. ㈜삼일은 투자부동산을 공정가치 모형으로 평가하고 있으며, 20X1년말과 20X2년말에 건물의 공정가치는 각각 100,000,000원과 120,000,000원이었다. ㈜삼일이 투자부동산과 관련하여 20X2년에 당기손익으로 인식할 금액은 얼마인가?

① 이익 20,000,000원　② 손실 20,000,000원
③ 이익 36,000,000원　④ 손실 36,000,000원

15. 다음 중 기타포괄손익-공정가치측정 금융자산에 관한 설명으로 가장 옳은 것은?

① 기타포괄손익-공정가치측정 금융자산은 원칙적으로 공정가치로 평가하여 평가손익을 당기손익으로 반영한다.
② 기타포괄손익-공정가치측정 금융자산으로 분류되는 채무상품은 당기손익-공정가치측정 금융자산으로 분류변경할 수 없다.
③ 기타포괄손익-공정가치측정 금융자산 취득시 지출된 거래원가는 당기비용으로 처리한다.
④ 기타포괄손익-공정가치측정 금융자산으로 분류되는 지분상품에 대한 손상차손은 인식하지 아니한다.

16. ㈜삼일은 20X1년초 만기 3년, 액면이자율 5%, 액면금액 100,000원의 사채를 87,565원에 할인발행하였다. 사채발행시점의 유효이자율이 10%라면, 20X1년말 ㈜삼일의 재무상태표상 사채의 순장부금액은 얼마인가(단, 소수점 첫째자리에서 반올림한다)?

① 91,322원　② 93,765원
③ 95,454원　④ 100,000원

17. 다음 중 복합금융상품에 관한 설명으로 가장 올바르지 않은 것은?

① 전환사채란 유가증권 소유자가 일정한 조건하에 보통주로의 전환권을 행사할 수 있는 사채로서, 전환권을 행사하면 보통주로 전환되는 사채이다.
② 신주인수권부사채란 유가증권의 소유자가 일정한 조건하에 신주인수권을 행사하여 보통주 발행을 청구할 수 있는 권리가 부여된 사채이다.
③ 전환우선주란 유가증권의 소유자가 일정한 조건하에 전환권을 행사할 수 있는 우선주로서, 전환권을 행사하면 보통주로 전환되는 우선주이다.
④ 복합금융상품의 발행금액에서 지분상품(자본)의 공정가치를 차감한 잔액은 금융부채로 인식한다.

18. 다음의 빈칸에 들어갈 말로 가장 적절한 것끼리 묶인 것은?

일반적으로 사채는 상각후원가로 후속 측정된다. 만약 사채발행 시점에 시장이자율보다 계약상 액면이자율이 더 작은 경우에는 사채가 (㉠) 되는데 이 경우에는 상각후원가가 만기로 갈수록 점점 (㉡) 하게 된다.

	㉠	㉡
①	할인발행	증가
②	할인발행	감소
③	할증발행	증가
④	할증발행	감소

19. 다음 자료를 이용하여 전환사채 발행일에 ㈜삼일이 전환권대가(자본)로 계상할 금액을 계산하면 얼마인가?

ㄱ. 액면금액 : 3,000,000원
ㄴ. 액면이자 : 지급하지 않음
ㄷ. 발행일 : 20X1년 1월 1일
ㄹ. 만기일 : 20X3년 12월 31일(3년)
ㅁ. 상환할증금 : 390,000원
ㅂ. 전환사채가 일반사채인 경우의 시장이자율 : 12%
(12%, 3년의 현재가치계수는 0.7118이다)

① 397,888원　② 586,998원
③ 864,600원　④ 924,428원

20. 다음 중 충당부채를 재무상태표에 부채로 인식할 수 있는 요건에 해당하지 않는 것은?

① 과거사건의 결과로 현재 의무가 존재한다.
② 당해 의무를 이행하기 위하여 경제적 효익이 있는 자원이 유출될 가능성이 매우 높다.
③ 지출의 시기 및 금액을 확실히 추정할 수 있다.
④ 해당 의무를 이행하기 위하여 필요한 금액을 신뢰성 있게 추정할 수 있다.

21. ㈜삼일은 20X1년초 설립된 회사로 설립시에 보통주와 우선주를 모두 발행하였다. 설립일 이후 자본금의 변동은 없었으며, 20X3년 12월 31일 현재 보통주자본금과 우선주자본금은 다음과 같다. ㈜삼일은 설립된 이후 어떠한 배당도 하지 않았으나 20X3년 12월 31일로 종료되는 회계연도의 정기주주총회에서 배당금 총액을 300,000원으로 선언할 예정일 경우, 우선주 주주에게 배분될 배당금은 얼마인가?

구분	주당액면금액	발행주식수	자본금
보통주	1,000원	1,000주	1,000,000원
우선주(*)	1,000원	500주	500,000원

*누적적·비참가적 우선주, 배당률 10%

① 25,000원　② 50,000원
③ 150,000원　④ 300,000원

22. 다음 중 이익잉여금의 처분거래로 가장 올바르지 않은 것은?

① 이익준비금의 적립　② 현금배당
③ 임의적립금의 적립　④ 자기주식의 처분

23. 수익인식 5 단계 모형에 따라 수익을 인식하는 순서가 아래와 같다면 다음 빈칸에 들어갈 말로 가장 옳은 것은?

[1단계] 계약 식별
[2단계] (㉠)
[3단계] (㉡)
[4단계] 거래가격 배분
[5단계] 수행의무별 수익인식

	㉠	㉡
①	거래가격 산정	계약의 결합
②	수행의무 식별	거래가격 산정
③	수행의무 식별	통제이전
④	거래가격 산정	수행의무 식별

24. ㈜서울은 20X1년 1월 1일 ㈜용산에 상품을 할부로 판매하였다. 상품의 원가는 7,000,000원이며, 할부대금은 매년 말 3,000,000원씩 3년간 회수하기로 하였다. 또한 시장이자율은 10%이며, 연금현가계수(10%, 3년)는 2.48685이다. 동 할부매출과 관련하여 ㈜서울이 20X1년에 인식할 매출총이익과 이자수익은 각각 얼마인가(단, 소수점 이하는 반올림한다)?

	매출총이익	이자수익
①	460,550원	746,055원
②	746,055원	1,200,000원
③	2,000,000원	994,740원
④	2,000,000원	1,200,000원

25. ㈜삼일은 20X1년 1월 5일에 서울시와 교량건설도 급공사계약을 체결하였다. 총계약금액은 500,000,000원이며 공사가 완성되는 20X3년 12월 31일까지 건설과 관련된 회계자료는 다음과 같다. ㈜삼일이 공사진행기준으로 수익을 인식한다면 20X1년, 20X2년 및 20X3년 계약이익으로 계상할 금액은 얼마인가? 단, 진행률은 발생원가에 기초하여 측정한다.(단위 : 원)

	20X1년	20X2년	20X3년
당기계약원가	60,000,000	120,000,000	180,000,000
추정총계약원가	300,000,000	360,000,000	360,000,000
공사대금청구액	140,000,000	160,000,000	200,000,000

	20X1년	20X2년	20X3년
①	40,000,000원	30,000,000원	70,000,000원
②	40,000,000원	60,000,000원	40,000,000원
③	60,000,000원	30,000,000원	50,000,000원
④	60,000,000원	50,000,000원	30,000,000원

26. ㈜서울은 ㈜용산으로부터 건설공사를 수주하였다. ㈜용산과 체결한 건설공사에서 손실이 발생할 것으로 예상되는 경우 ㈜서울이 수행할 회계처리로 가장 옳은 것은?

① 건설계약에서 예상되는 손실액은 진행률에 따라 비용으로 인식한다.
② 건설계약에서 예상되는 손실액은 공사완료시점에 비용으로 인식한다.
③ 건설계약에서 예상되는 손실액은 전기에 인식했던 수익에서 직접 차감한다.
④ 건설계약에서 예상되는 손실액은 당기에 즉시 비용으로 인식한다.

27. 다음의 빈칸에 들어갈 말로 가장 적절한 것끼리 묶인 것은?

확정급여제도의 회계처리에서 당기근무원가, 과거근무원가와 정산으로 인한 손익, 순확정급여부채 및 사외적립자산의 순이자는 (㉠)으로 인식한다.
보험수리적손익, 순확정급여부채(자산)의 순이자에 포함된 금액을 제외한 사외적립자산의 수익, 순확정급여부채(자산)의 순이자에 포함된 금액을 제외한 자산인식상한 효과의 변동은 (㉡)으로 인식한다.

	㉠	㉡
①	당기손익	기타포괄손익
②	당기손익	당기손익
③	기타포괄손익	당기손익
④	기타포괄손익	기타포괄손익

28. 다음 중 주식결제형 주식기준보상(주식선택권)과 관련하여 괄호 안에 들어갈 단어로 가장 옳은 것은?

종업원 및 유사용역제공자에게 제공받은 용역의 보상원가는 부여한 지분상품의 공정가치에 수량을 곱한 금액으로 산정한다. 부여한 지분상품의 공정가치를 신뢰성 있게 추정할 수 있는 경우 지분상품의 공정가치는 ( ) 현재로 측정한다.

① 부여일　② 가득일
③ 행사일　④ 결산일

29. 다음 중 법인세 관련 자산, 부채, 비용(수익)의 재무제표 표시와 공시에 관한 설명으로 가장 올바르지 않은 것은?

① 과거기간의 당기법인세에 대하여 당기에 인식한 조정사항은 주석으로 공시한다.
② 당기법인세자산과 당기법인세부채는 항상 상계하여 표시한다.
③ 이연법인세자산(부채)은 비유동으로 구분한다.
④ 당기법인세자산(부채)은 유동으로 구분한다.

30. 다음 자료를 바탕으로 20X1년 포괄손익계산서에 계상될 ㈜삼일의 법인세비용을 계산하면 얼마인가?

ㄱ. 20X1년 당기법인세 (법인세법상 당기에 납부할 법인세)	2,500,000원
ㄴ. 20X0년말 이연법인세자산 잔액	400,000원
ㄷ. 20X1년말 이연법인세부채 잔액	300,000원

① 1,800,000원 ② 2,900,000원
③ 3,200,000원 ④ 3,600,000원

31. ㈜삼일은 20X2년에 처음으로 회계감사를 받았는데, 기말상품재고에 대하여 다음과 같은 오류가 발견되었다. 20X1년 및 20X2년에 ㈜삼일이 보고한 당기순이익이 다음과 같을 때, 20X2년의 오류수정 후 당기순이익은 얼마인가? (단, 법인세효과는 무시한다)

연도	당기순이익	기말상품재고오류
20X1년	30,000원	3,000원 과소평가
20X2년	35,000원	2,000원 과대평가

① 30,000원 ② 36,000원
③ 38,000원 ④ 40,000원

32. 다음은 ㈜삼일의 20X1년초 자본의 일부 내역과 20X1년 중 주식수의 변동내역이다. 20X1년의 가중평균유통보통주식수는 얼마인가(단, 가중평균유통보통주식수는 월수로 계산하며, 소수점 첫째자리에서 반올림한다)?

1. 20X1년초 자본의 일부 내역

	보통주	우선주
액면금액	5,000원	5,000원
발행주식수	15,000주	2,000주
자기주식	1,000주	0주

2. 20X1년 중 주식수의 변동내역

20X1년 4월 30일	보통주 유상증자 1,000주 발행
20X1년 10월 31일	보통주 자기주식 300주 취득
20X1년 11월 30일	보통주 자기주식 160주 재발행

① 14,630주 ② 14,880주
③ 15,000주 ④ 15,200주

33. ㈜삼일은 20X1년 1월 1일에 ㈜용산의 보통주 30%를 3,000,000원에 취득하였고 그 결과 ㈜용산의 의사결정에 유의적인 영향력을 행사할 수 있게 되었다. ㈜용산에 대한 재무정보 및 기타 관련정보가 다음과 같을 경우 ㈜삼일의 20X1년말 현재 관계기업투자주식의 장부금액은 얼마인가?

㈜용산에 대한 재무정보
ㄱ. 20X1년 1월 1일 현재 순자산장부금액 :
9,000,000원(공정가치와 동일)
ㄴ. 20X1년 총포괄이익 : 1,000,000원(기타포괄이익 200,000원 포함)
*㈜용산의 20X1년 중 순자산 장부금액 변동은 당기순이익 및 기타포괄이익으로 인한 것 외에 없다고 가정한다.

① 3,000,000원 ② 3,240,000원
③ 3,300,000원 ④ 3,360,000원

34. 다음 중 지분법 회계처리에 관한 설명으로 가장 올바르지 않은 것은?

① 지분법은 취득시점에서 관계기업투자주식을 공정가치로 측정한다.
② 피투자회사의 당기순이익 중 투자회사의 지분에 해당하는 금액은 투자회사의 지분법이익으로 보고된다.
③ 피투자회사가 배당금지급을 결의한 시점에 투자회사가 수취하게 될 배당금 금액을 관계기업투자주식에서 직접 차감한다.
④ 투자자와 관계기업 사이의 내부거래에서 발생한 당기손익에 대하여 투자자는 그 관계기업에 대한 투자지분과 무관한 손익까지만 투자자의 재무제표에 인식한다.

35. ㈜삼일은 20X1년 4월 1일에 재고자산을 $2,000에 매입하여 보고기간 말 현재 보유중이다. 매입 시점의 현물환율은 1,000원/$이며, 보고기간말 현물환율은 1,300원/$이다. 20X1년 12월 31일에 재고자산의 순실현가능가치가 $1,600일 경우 ㈜삼일이 인식할 재고자산평가손실은 얼마인가?

① 0원 ② 400,000원
③ 520,000원 ④ 640,000원

36. 다음 중 선물(futures)과 옵션(option)에 관한 설명으로 가장 올바르지 않은 것은?

① 미국형 옵션은 만기일에만 권리를 행사할 수 있는 옵션이며, 유럽형 옵션은 만기일 이전에는 언제라도 권리를 행사할 수 있는 옵션이다.
② 선물거래에는 매일매일의 평가손익을 증거금에 반영하는 체계적인 과정인 '일일정산제도'가 있다.
③ 선물과 옵션 모두 파생상품에 해당한다.
④ 선물과 옵션 모두 위험회피기능을 가지고 있다.

37. ㈜삼일리스는 20X1년 1월 1일(리스약정일)에 ㈜한강(리스이용자)와 기계장치에 대한 금융리스계약을 체결하였으며, 관련 자료는 다음과 같다. 이러한 리스거래로 인하여 ㈜삼일리스가 인식할 20X1년 이자수익은 얼마인가(단, 계산금액은 소수점 첫째자리에서 반올림함을 원칙으로 하고, 가장 근사치를 답으로 선택한다)?

ㄱ. 리스기간 : 3년(리스기간 종료시 ㈜한강은 소유권을 이전받음)
ㄴ. 리스료 총액 : 150,000원(매 50,000원씩 매년 말 3회 후불)
ㄷ. 기초자산의 취득원가 : 120,092원(리스약정일의 공정가치와 동일)
ㄹ. 기초자산의 내용연수와 잔존가치 : 내용연수 5년, 잔존가치 20,092원
ㅁ. 리스의 내재이자율 : 연 12%
ㅂ. 이자율 12%, 3년 연금현가계수 : 2.40183
  이자율 12%, 3년 현가계수 : 0.71178

① 14,411원 ② 24,411원
③ 27,744원 ④ 35,589원

38. 다음 ㈜삼일의 20X1년 재무제표 관련 자료를 이용하여 현금흐름표에 보고될 간접법에 의한 영업활동현금흐름을 계산하면 얼마인가?

법인세비용차감전순이익	20,000원
감가상각비	4,600원
매출채권의 증가	15,000원
재고자산의 감소	2,500원
매입채무의 증가	10,400원
유형자산처분손실	2,400원

① 20,200원 ② 21,000원
③ 22,500원 ④ 24,900원

39. 다음은 ㈜삼일의 이자수익과 관련된 재무제표 자료이다. ㈜삼일의 20X2년 현금흐름표에 표시될 이자수취액은 얼마인가?

ㄱ. 재무상태표 관련자료

구분	20X2년 12월 31일	20X1년 12월 31일
미수이자	20,000원	30,000원
선수이자	40,000원	20,000원

ㄴ. 포괄손익계산서 관련자료

구분	20X2년	20X1년
이자수익	200,000원	150,000원

① 190,000원 ② 200,000원
③ 210,000원 ④ 230,000원

40. ㈜삼일은 20X1년 포괄손익계산서상 기계장치와 관련하여 감가상각비 15,000원, 처분이익 30,000원을 보고하였다. 다음 자료를 이용하여 20X1년 기계장치 처분으로 인한 투자활동 순현금흐름을 계산하면 얼마인가?(단, 기중 기계장치의 취득은 없다)

구분	20X0년 12월 31일	20X1년 12월 31일
기계장치	100,000원	60,000원
감가상각누계액	(30,000원)	(25,000원)
장부금액	70,000원	35,000원

① 45,000원 유입 ② 50,000원 유입
③ 65,000원 유입 ④ 70,000원 유입

3P FINAL

POTENTIALITY
PASSION
PROFESSION

3P는 여러분의 무한한 잠재적 능력과 반드시 성취하겠다는 열정을 토대로 전문가의 길로 나아가는 세무라이선스 파이널시리즈의 학습 정신입니다.

수험생 여러분의 합격을 응원합니다.

Customer Center

수험상담문의

T.031.973.5660

F.031.8056.9660

Email. semoolicence@hanmail.net

SEMOOLICENCE

SINCE 2010

Profession

Passion

Potentiality